Le Routard
Bretagne Sud

Directeur de collection et auteur
Philippe GLOAGUEN

Cofondateurs
Philippe GLOAGUEN
et Michel DUVAL

Rédacteur en chef
Pierre JOSSE

Rédacteurs en chef adjoints
Amanda KERAVEL
et Benoît LUCCHINI

Directrice de la coordination
Florence CHARMETANT

Directrice administrative
Bénédicte GLOAGUEN

Direction éditoriale
Catherine JULHE

Rédaction
Isabelle AL SUBAIHI
Mathilde de BOISGROLLIER
Thierry BROUARD
Marie BURIN des ROZIERS
Véronique de CHARDON
Gavin's CLEMENTE-RUÏZ
Fiona DEBRABANDER
Anne-Caroline DUMAS
Géraldine LEMAUF-BEAUVOIS
Olivier PAGE
Alain PALLIER
Anne POINSOT
André PONCELET

Administration
Carole BORDES
Éléonore FRIESS

2015

hachette

Remarque importante aux hôteliers et restaurateurs

Les enquêteurs du *Routard* travaillent dans le plus strict anonymat. Aucune réduction, aucun avantage quelconque, aucune rétribution n'est jamais demandé en contrepartie. Face aux aigrefins, la loi autorise les hôteliers et restaurateurs à porter plainte.

Avis aux lecteurs

Le Routard, ce n'est pas comme le bon vin, il vieillit mal. On ne veut pas pousser à la consommation, mais évitez de partir avec une édition ancienne. Les modifications sont souvent importantes.
Les réductions accordées à nos lecteurs ne sont jamais demandées par nos rédacteurs afin de préserver leur indépendance. Les hôteliers et restaurateurs sont sollicités par une société de mailing, totalement indépendante de la rédaction, qui reste donc libre de ses choix. De même pour les autocollants et plaques émaillées.

Avec routard.com, choisissez, organisez, réservez et partagez vos voyages !

✓ Rejoignez la plus grande communauté francophone de voyageurs : plus de **2 millions** de visiteurs !
✓ Échangez avec les routarnautes : forums, photos, avis d'hôtels.
✓ Retrouvez aussi toutes les informations actualisées pour choisir et préparer vos voyages : plus de 200 fiches pays, une centaine de dossiers pratiques et un magazine en ligne pour découvrir tous les secrets de votre destination.
✓ Enfin, comparez les offres pour organiser et réserver votre voyage au meilleur prix.

Pictogrammes du *Routard*

Établissements

- Hôtel, auberge, chambres d'hôtes
- Camping
- Restaurant
- Boulangerie, sandwicherie
- Glacier
- Café, salon de thé
- Café, bar
- Bar musical
- Club, boîte de nuit
- Salle de spectacle
- Office de tourisme
- Poste
- Boutique, magasin, marché
- Accès internet
- Hôpital, urgences

Sites

- Plage
- Site de plongée
- Piste cyclable, parcours à vélo

Transports

- Aéroport
- Gare ferroviaire
- Gare routière, arrêt de bus
- Station de métro
- Station de tramway
- Parking
- Taxi
- Taxi collectif
- Bateau
- Bateau fluvial

Attraits et équipements

- Présente un intérêt touristique
- Recommandé pour les enfants
- Adapté aux personnes handicapées
- Ordinateur à disposition
- Connexion wifi
- Inscrit au Patrimoine mondial de l'Unesco

Le *Routard* est imprimé sur un papier issu de forêts gérées.

Tout au long de ce guide, découvrez toutes les photos de la destination sur • *routard.com* • Attention au coût de connexion à l'étranger, assurez-vous d'être en wifi !

I.S.B.N. 978-2-01-002754-3

TABLE DES MATIÈRES

LE MOT DE LA RÉDACTION

Nous avons divisé cette région en deux volumes, la grande majorité d'entre vous ne parcourant pas toute la région au cours d'un même séjour. De même, l'étendue géographique de certaines régions et leur richesse culturelle nécessiteraient, si elles étaient rassemblées en un seul volume, pas moins de 1 000, voire 1 500 pages ! Ce guide serait alors intransportable, indigeste et coûterait... trois fois plus cher. Notre volonté est de conserver un format pratique et un prix économique, tout en vous proposant le maximum d'informations. Ne reste plus qu'à vous souhaiter bonne route !

LE FINISTÈRE SUD

LE PAYS DE QUIMPER

LE PAYS BIGOUDEN

LE CAP SIZUN

LE PAYS DE DOUARNENEZ

LE PORZAY ET LA PRESQU'ÎLE DE CROZON

DES MONTAGNES NOIRES AUX PORTES DE LA CORNOUAILLE

LE PAYS FOUESNANTAIS

LA CÔTE, DE CONCARNEAU AU POULDU

LE MORBIHAN

LORIENT ET LA RADE DU BLAVET ET DU SCORFF

AUTOUR DE LA RIA D'ÉTEL

LE PAYS DU ROI MORVAN

LA BAIE DE QUIBERON ET AURAY

VANNES ET LE GOLFE DU MORBIHAN

Le golfe du Morbihan

LA PRESQU'ÎLE DE RHUYS

LA ROCHE-BERNARD, LA VILAINE MARITIME ET L'ARRIÈRE-PAYS

DU PAYS DE L'OUST À BROCÉLIANDE

LE PAYS DE PONTIVY ET LA VALLÉE DU BLAVET

LA LOIRE-ATLANTIQUE

LE PAYS DU VIGNOBLE NANTAIS

LA VALLÉE DE LA LOIRE

LE PAYS D'ANCENIS

LA VALLÉE DE L'ERDRE

LE PAYS DE RETZ

LA CÔTE DE JADE

L'ESTUAIRE DE LA LOIRE

LA CÔTE D'AMOUR

DE LA BRIÈRE AU PAYS DE CHÂTEAUBRIANT

LE PAYS DE CHÂTEAUBRIANT ET LE PAYS DE LA MÉE (DU MILIEU)

Recommandation à ceux qui souhaitent profiter des réductions et avantages proposés dans le *Routard* par les hôteliers et les restaurateurs.

À l'hôtel, pensez à les demander au moment de la réservation ou, si vous n'avez pas réservé, **à l'arrivée.** Ils ne sont valables que pour les réservations en direct et non cumulables avec d'autres offres promotionnelles (notamment sur Internet). Au restaurant, parlez-en **au moment** de la commande et surtout **avant** que l'addition ne soit établie. Poser votre *Routard* sur la table ne suffit pas : le personnel de salle n'est pas toujours au courant et une fois le ticket de caisse imprimé, il est difficile de modifier le total. En cas de doute, montrez la notice relative à l'établissement dans le *Routard* de l'année, bien sûr, et ne manquez pas de nous faire part de toute difficulté rencontrée.

IMPORTANT : DERNIÈRE MINUTE

Sauf rare exception, le *Routard* bénéficie d'une parution annuelle à date fixe. Entre deux dates, des événements fortuits (formalités, taux de change, catastrophes naturelles, conditions d'accès aux sites, fermetures inopinées, etc.) peuvent intervenir et modifier vos projets de voyage. Pour éviter les déconvenues, nous vous recommandons de consulter la rubrique « Guide » par pays de notre site ● ***routard.com*** ● et plus particulièrement les dernières ***Actus voyageurs.***

NOS NOUVEAUTÉS

CANARIES (paru)

Un air de perpétuel printemps, du sable blond et des criques anthracite, quatre parcs nationaux somptueux... Voici à peine les hors-d'œuvre qu'offrent les sept îles des Canaries. Du soleil (même en hiver) et, bien plus encore, une riche palette de couleurs, d'odeurs et de paysages, née de l'activité volcanique. La nature se pare ici de tous les visages : aridité sauvage et dunes solaires de Fuerteventura, forêts humides alimentées par les alizés sur La Palma et La Gomera, majestueux sommet du Teide à Ténérife, côtes déchiquetées et profonds ravins à Gran Canaria, délires de couleurs sur El Hierro... La main de l'homme a parsemé le tout de multiples sentiers, de villes coloniales et d'églises baroques. Sans compter les étonnantes fantaisies architecturales de César Manrique à Lanzarote. Loin des clichés et si proche de nous, un univers à part entière, à la croisée de l'Europe et de l'Afrique, où le farniente se savoure entre randonnées et plongées.

MADÈRE (mai 2015)

Madère réunit, au milieu de l'océan, un climat à la douceur légendaire et une flore exubérante – bougainvillées, mimosas, amaryllis, oiseaux de paradis (symboles de l'île), flamboyants, jacarandas – qui lui vaut son surnom bien mérité d'« île aux fleurs ». Et aussi des montagnes volcaniques déchirées par l'érosion et de vertigineux à-pics. Le paradis des randonneurs, le long de l'ingénieux système d'irrigation des *levadas,* ces canaux récupérant les eaux de pluie. L'île de Madère est une citadelle entaillée de toutes parts, avec ses parcelles de vigne indomptables accrochées aux pentes et travaillées à la main. À Funchal, capitale anglophile, on se rue dans les églises et les musées, entre deux arrivées de paquebots venus goûter aux tropiques et aux barriques. Au-delà des vagues s'ancre le reste de l'archipel : la petite Porto Santo, réputée pour sa longue plage de sable clair. L'avènement du tourisme, puis l'entrée du Portugal dans l'Union européenne ont toutefois modifié bien des choses et, surtout, inversé la tendance à l'émigration. On vient désormais de toute l'Europe à la recherche d'une vie aussi douce que l'air.

LES COUPS DE CŒUR DU ROUTARD

FINISTÈRE SUD

- **Respirer à pleins poumons l'air du large, perché sur la mythique pointe du Raz** ou sur l'un des autres promontoires moins fréquentés du Finistère Sud............. p. 127
- **Découvrir Locronan,** village magnifiquement resté dans son jus. D'ailleurs, on y tourne plein de films d'époque... p. 143
- **Flâner hors saison dans la ville close de Concarneau,** l'une des splendides cartes postales du Finistère. .... p. 197

MORBIHAN

- **Assister à la parade du Festival interceltique,** début août, **à Lorient,** et participer à un *fest-noz* jusqu'au bout de la nuit.. p. 235
- **Plonger dans les eaux turquoise de l'île de Groix !** Un petit paradis isolé, aux allures de plage du Pacifique. .... p. 249
- **Découvrir une autre Bretagne, légendaire et mystérieuse,** sur le sentier des chapelles Sainte-Barbe et Saint-Fiacre, dans le pays du roi Morvan. .... p. 269
- Par grand vent, **affronter les éléments déchaînés** sur la Côte Sauvage quiberonnaise... p. 288
- **Retrouver les panoramas sauvages** peints par Monet ou contemplés par Sarah Bernhardt, à **Belle-Île-en-Mer.** ... p. 308, 310
- Admirer les monstres des mers, ces impressionnants voiliers, au **port de plaisance de La Trinité-sur-Mer,** la mecque de la voile, puis continuer la balade sur le **chemin de la Hune** pour apprécier le coucher de soleil sur le chenal..... p. 336
- **Voguer parmi les îles du golfe du Morbihan,** dont les paysages oscillent entre rêve et réalité. .... p. 365
- **S'offrir un véritable voyage dans le temps à Rochefort-en-Terre,** une cité construite sur un éperon rocheux, dont l'unité architecturale a scrupuleusement été préservée.................................. p. 415

LOIRE-ATLANTIQUE

- À Nantes, **prendre un verre à la brasserie Art nouveau *La Cigale,*** ou **dévaler les marches du passage Pommeraye.** .... p. 474, 486
- **Déguster un bon sandre au beurre blanc,** arrosé d'un muscadet, sur la levée de la Divatte.................................... p. 517
- **Passer de la Bretagne à la Toscane** au hasard des petites rues de **Clisson...** p. 506
- Embarquer à bord d'*Escal'Atlantic* à **Saint-Nazaire** et **revivre les grandes heures des paquebots transatlantiques.** .... p. 565
- **Avoir une pensée pour Jacques Tati, qui filma *Les Vacances de M. Hulot*** (le grand-père de Nicolas) près de Saint-Nazaire, sur la plage qui porte désormais son nom.. p. 569
- **Se faire conter la fabuleuse histoire du sel** dans les marais salants rosés de **Guérande** (ville fortifiée superbe et méconnue)................................. p. 591
- **Découvrir le marais de la Brière à bord d'un chaland,** avant de s'installer à table sous le **vaste toit d'une chaumière.** .... p. 606

Nous tenons à remercier tout particulièrement Loup-Maëlle Besançon, Thierry Bessou, Gérard Bouchu, François Chauvin, Grégory Dalex, Stéphanie Déro, Fabrice Doumergue, Cédric Fischer, Carole Fouque, Michelle Georget, David Giason, Claude Hervé-Bazin, Emmanuel Juste, Dimitri Lefèvre, Fabrice de Lestang, Romain Meynier, Éric Milet, Pierre Mitrano, Jean-Sébastien Petitdemange, Thomas Rivallain et Dominique Roland pour leur collaboration régulière.

Emmanuelle Bauquis
Mathilde Blanchard
Jean-Jacques Bordier-Chêne
Michèle Boucher
Mathilde Bouron
Sophie Cachard
Jeanne Cochin
Agnès Debiage
Jérôme Denoix
Joséphine Desfougères
Tovi et Ahmet Diler
Clélie Dudon
Sophie Duval
Alain Fisch
Cécile Gastaldo
Bérénice Glanger
Adrien et Clément Gloaguen
Bernard Hilaire
Sébastien Jauffret
Blanche-Flore Laize
Virginie Leibel
Jacques Lemoine
Julien Léopold
Jacques Muller
Caroline Ollion
Martine Partrat
Odile Paugam et Didier Jehanno
Julia Pouyet
Émile Pujol
Maud Régent
Anaïs Rougale
Prakit Saiporn
Jean-Luc et Antigone Schilling
Alicia Tawil
Caroline Vallano
Juliana Verdier

Direction : Nathalie Bloch-Pujo
Contrôle de gestion : Jérôme Boulingre et Alexis Bonnefond
Secrétariat : Catherine Maîtrepierre
Direction éditoriale : Catherine Julhe
Édition : Matthieu Devaux, Géraldine Péron, Olga Krokhina, Gia-Quy Tran, Julie Dupré, Pauline Fiot, Camille Loiseau, Béatrice Macé de Lépinay, Emmanuelle Michon, Martine Schmitt et Marion Sergent
Préparation-lecture : Dorica Lucaci
Cartographie : Frédéric Clémençon et Aurélie Huot
Fabrication : Nathalie Lautout et Audrey Detournay
Relations presse France : COM'PROD, Fred Papet. ☎ 01-70-69-04-69.
● *info@comprod.fr* ●
Illustration : Anne-Sophie de Précourt
Direction marketing : Adrien de Bizemont, Lydie Firmin et Laure Illand
Contacts partenariats : André Magniez (EMD). ● *andremagniez@gmail.com* ●
Édition des partenariats : Élise Ernest
Informatique éditoriale : Lionel Barth
Couverture : Clément Gloaguen et Seenk
Maquette intérieure : le-bureau-des-affaires-graphiques.com, Thibault Reumaux et npeg.fr
Relations presse : Martine Levens (Belgique) et Maureen Browne (Suisse)
Régie publicitaire : Florence Brunel-Jars

Remerciements

– Marie-Julie Gouniot, Christophe Leux et Agnès de L'Espinay, du Comité régional du tourisme ;
– Jean-Luc Jourdain et Marion Coïc de l'Agence de Développement touristique du Finistère ;
– Monsieur Lévy et Armelle Jouan, du Comité départemental du tourisme du Morbihan ;
– Bruno Bodard de l'office de tourisme de Vannes ;
– Manuel Houvenaeghel, directeur de l'office de tourisme du pays de Lorient ;
– L'office de tourisme intercommunal de la presqu'île de Rhuys ;
– Amélie Sauzet, de Loire-Atlantique Tourisme ;
– Jean Blaise, directeur général du Voyage à Nantes ;
– Stéphanie Olivier, Katia Forêt et Claire Mandin du Voyage à Nantes, ainsi que Ghislain de La Gatinais et Isabelle Ragueneau ;
– Ingrid Pinca, Andrea Klose, d'Escal'Atlantic à Saint-Nazaire ;
– Anne-Laure Blouët, directrice de l'office de tourisme de Brière ;
– Ainsi que tous les pays touristiques et offices de tourisme du Finistère, du Morbihan, de la Loire-Atlantique, qui, année après année, nous apportent leur aide précieuse.

COMMENT Y ALLER ?

PAR LA ROUTE

L'autoroute depuis Paris

De Paris à Rennes ou Nantes, compter 4h grand maximum. Au Mans, direction Rennes par l'A 81. On arrive alors au péage situé 15 km avant la bretelle de Vitré, symboliquement installé à la limite même du duché de Bretagne. L'autoroute ne s'appelle alors plus autoroute mais voie express et elle est gratuite. Pour se rendre à Nantes, continuer sur l'A 11, appelée l'Océane.

Tarifs autoroutiers

Pour préparer votre voyage (simulation d'itinéraires) et connaître le coût des principaux tronçons autoroutiers, consultez le site • *autoroutes.fr* •

Les petites routes tranquilles

➢ ***Pour Redon et le Pays gallo :*** l'idéal est de musarder en Anjou avant d'y arriver. Une départementale méconnue vous mènera à Redon par Guémené-Penfao (Loire-Atlantique), à ne pas confondre avec Guémené-sur-Scorff (Morbihan), patrie de l'andouille.

➢ ***Pour Vannes, Lorient, Quiberon, Carnac et toute la côte sud de la Bretagne, jusqu'à Quimper :*** principal accès par la voie express Nantes-Quimper-Brest qui dessert très bien le littoral et se ramifie en de nombreuses routes secondaires. Mais la circulation peut y être très dense les jours redoutés par Bison Futé. Venant de Paris ou de la Normandie, on préfère, à condition d'avoir le temps, la route du centre de la Bretagne, celle qui part de Rennes et passe par la forêt de Brocéliande (escale indispensable) et par Ploërmel.

➢ ***Pour Brest :*** la voie express qui relie Rennes à Brest par Saint-Brieuc est le chemin le plus rapide. La route la plus belle, c'est celle du centre de la Bretagne encore une fois : Loudéac, Mûr-de-Bretagne, Huelgoat (attention, ces villes sont traitées dans le guide *Bretagne Nord*) ; 2 voies assez larges, peu de tournants vicieux et, surtout, des échappées formidables sur l'Argoat, pays des bois et des rivières à saumons. Cette route est pratique pour ceux qui se rendent dans le Finistère Sud, de la presqu'île de Crozon au nord du Pays bigouden.

➢ ***Pour Nantes et la Loire-Atlantique :*** l'accès le plus direct reste l'autoroute A 11, l'Océane. Au Mans, l'A 81 conduit à Laval. Nantes... tout le monde descend. Elle devient ensuite N 165 vers Saint-Nazaire et La Baule. Mais la plus belle manière de rejoindre la ville d'Anne de Bretagne, pour ceux qui ont le temps, reste sans conteste la route des rives de la Loire. Pour cela, sortez à Angers, passez la Corniche angevine, Chalonnes, Ingrandes (limite de l'Anjou et de la Bretagne), Saint-Florent-le-Vieil, Liré (patrie de Joachim du Bellay), et prenez la D 751 par Champtoceaux.

➢ ***Le covoiturage :*** le principe est simple, économique, écologique. Il s'agit de mettre en relation un chauffeur et des passagers afin de partager le trajet et les frais, que ce soit

de manière régulière ou de manière exceptionnelle (pour les vacances, par exemple). • *blablacar.fr* • (disponible sur le Web et sur mobile).

EN BUS

▲ **EUROLINES**
☎ *0892-89-90-91 (0,34 €/mn). Lun-sam 8h-21h, dim 10h-18h.* • *eurolines.fr* • *Eurolines propose 10 % de réduc pour les jeunes (12-25 ans) et les seniors. 2 bagages gratuits par pers en Europe. 20 points de résa en France.* Première *low cost* par bus en Europe, Eurolines dessert une soixantaine de villes françaises. Le principe : sur les trajets internationaux, Eurolines prend et dépose des passagers.

EN TRAIN

Les trains au départ de Paris

Les TGV pour la Bretagne Sud partent de la ***gare Montparnasse*** pour Vannes, Lorient et Quimper. Pour la Loire-Atlantique, des trains vers Nantes, Saint-Nazaire, La Baule et Le Croisic (via Le Mans et Angers).

Pour préparer votre voyage

– ***e-billet :*** réservez, achetez et imprimez votre e-billet sur Internet.
– ***m-billet :*** plus besoin de support papier, vous pouvez télécharger le code-barres de votre voyage correspondant à votre réservation directement dans votre smartphone, à l'aide de l'application *SNCF Direct*.
– ***Billet à domicile :*** commandez votre billet par Internet ou par téléphone au ☎ *36-35 (0,34 €/mn, hors surcoût éventuel de votre opérateur)* ; la SNCF vous l'envoie gratuitement à domicile sous 48h, en France.

Pour voyager au meilleur prix

La SNCF propose des tarifs adaptés à chacun de vos voyages.
➢ ***Prem's :*** des petits prix disponibles toute l'année, jusqu'à 90 jours avant le départ. Billets non échangeables et non remboursables (offres soumises à conditions). Impossible de poser des options de réservation sur ces billets : il faut les payer immédiatement.
➢ ***Les IDTGV :*** des prix mini, à saisir sur Internet uniquement.
➢ ***Les tarifs Loisirs***
Une offre pour programmer votre voyage tout en gardant des billets modifiables : ils sont échangeables et remboursables. Pour bénéficier des meilleures réductions, pensez à réserver vos billets à l'avance (les réservations sont ouvertes jusqu'à 90 jours avant le départ) ou à voyager en période de faible affluence.
➢ ***Les cartes de réduction***
Pour ceux qui voyagent régulièrement, profitez de réductions garanties tout le temps avec les cartes Enfant +, Jeune 12-17, Jeune 18-27, Week-end ou Senior + (valables 1 an).

Renseignements et réservations

– ***Internet :*** • *voyages-sncf.com* •
– ***Téléphone :*** ☎ *36-35 (0,34 € TTC/mn).*
– Également dans les gares, les boutiques SNCF et les agences de voyages agréées.

Comment circuler en Bretagne Sud ?

Le TER

La Région Bretagne et SNCF proposent des tarifs régionaux accessibles à tous pour voyager en train ou en car TER Bretagne. Pour les voyageurs occasionnels, les tarifs *Pelmël* permettent d'obtenir jusqu'à 50 % de réduction, et les enfants voyagent gratuitement avec les billets *Ribambël* (jusqu'à 4 enfants de moins de 12 ans accompagnés d'un adulte payant). Pour les jeunes, le tarif TER moins

de 26 ans coûte 8 € pour un trajet de moins de 150 km et 15 € au delà. Pour les voyageurs fréquents, l'abonnement *Uzuël* offre 75 % de réduction sur leurs trajets quotidiens.

Pour découvrir la Bretagne Sud

Voyagez avec le train touristique *Tire-Bouchon* et rejoignez la presqu'île de Quiberon en toute sérénité.
Le Tire-Bouchon circule tous les jours en juillet et août ainsi que les w-e des 15 derniers jours de juin et des 15 premiers jours de septembre. Billet A/R : 5,40 €, Pass journée : 7 € (tarif 2014).

Pour tout renseignement

– **Nº Vert :** ☎ *0800-880-562 (appel gratuit depuis un poste fixe, lun-ven 6h15 à 20h et sam 10h à 17h).*

▲ VOYAGES-SNCF.COM

– Infos et résas depuis la France : ● voyages-sncf.com ● et sur tablette et mobile avec les applis V. (trains) et V. Hôtel (hôtels).
– Réserver un vol, un hôtel, une voiture : ☎ 0899-500-500 (1,35 € l'appel, puis 0,34 €/mn).
– Une question ? Rubrique Contact ou au ☎ 09-70-60-99-60 (nº non surtaxé).
Voyages-sncf.com, distributeur de voyages en ligne de la SNCF, vous propose ses meilleurs prix de train, d'avion, d'hôtel et de location de voitures en France et en Europe. Accédez aussi à ses services exclusifs : billets à domicile (en France), Alerte Résa, calendrier des prix, offres de dernière minute...

EN AVION

✈ ***Aéroport de Nantes-Atlantique :*** *à* ***Bouguenais.*** ☎ *0892-568-800 (0,34 €/mn).* ● *nantes.aeroport.fr* ● *À 12 km au sud-ouest du centre. Liaison par navette aéroport avec le centre-ville ttes les 30 mn.* Nombreux vols à destination et en provenance de Paris, Marseille, Bordeaux, Strasbourg, Toulouse, Lyon, Ajaccio, Montpellier, Nice... avec *HOP !* et *Air France*. Desserte également de nombreuses villes européennes, notamment avec *Eastern Airways, Easyjet, Flybe, Ryanair...*

✈ ***Aéroport de Lann-Bihoué-en-Plœmeur à Lorient :*** ☎ *02-97-87-21-50.* ● *lorient.aeroport.fr* ● Dessert Paris-Orly-Ouest et Lyon avec *HOP !* (voir plus loin).

✈ ***Aéroport de Quimper-Cornouaille :*** ***Pluguffan.*** ☎ *02-98-94-30-30.* ● *quimper.aeroport.fr* ● Dessert Orly avec *HOP !*, et, l'été seulement, Figari avec *HOP !* et Londres avec *Bristish Airways* ● *britishairways.com* ● Voir plus loin pour les vols avec *HOP !*

▲ AIR FRANCE

Rens et résas au ☎ 36-54 (0,34 €/mn – tlj 6h30-22h), sur ● airfrance.fr ●, dans les agences Air France et dans ttes les agences de voyages. Fermées dim.
➢ Au départ de Paris (Roissy-Charles-de-Gaulle et Orly), Air France dessert Nantes et Brest avec des vols directs quotidiens.
➢ Liaisons directes de Nantes vers Marseille, Nice, Bastia et Ajaccio (en été). Sans compter les liaisons avec la compagnie *HOP !* (voir ci-après).
Air France propose à tous des tarifs attractifs toute l'année. Vous avez la possibilité de consulter les meilleurs tarifs du moment directement sur la page « Meilleures offres ET promotions ».
Le programme de fidélisation Air France KLM permet de cumuler des *miles* à son rythme et de profiter d'un large choix de primes. Avec votre carte *Flying Blue,* vous êtes immédiatement identifié comme client privilégié lorsque vous voyagez avec tous les partenaires.
Air France propose également la carte *Fréquence Jeune,* réservée aux jeunes âgés de 2 à 24 ans résidant en France métropolitaine, dans les départements d'outre-mer, au Maroc, en Tunisie ou en Algérie. Avec plus de 1 000 destinations et plus de 100 partenaires, *Flying Blue Jeune* offre autant d'occasions de cumuler des *miles* partout dans le monde.

NOUVEAUTÉ

LA LOIRE À VÉLO (février 2015)

Eh oui, 800 km de voies aménagées pour les vélos de la région Centre à la côte Atlantique ; l'occasion de pédaler le long des berges d'un fleuve encore sauvage, au rythme de la petite reine. Découvrez, le nez au vent, les richesses des régions Centre et Pays de la Loire : lavoirs anciens, îles éphémères, villages troglodytiques, châteaux Renaissance, mais aussi réserves naturelles abritant toute une faune et une flore spécifiquement ligériennes. Le fleuve royal ne ménage pas ses effets pour vous séduire d'étapes en étapes. Un trajet qui serpente aussi à travers des vignobles réputés et permet ainsi de goûter aux richesses d'un terroir béni des dieux.

Un guide pratique : à chaque étape sa carte en couleurs et les sites à visiter. Accompagné d'un carnet d'adresses pour se loger, se restaurer, louer des vélos et bichonner sa monture à deux-roues.

▲ **HOP !**
Rens et résas sur • hop.com •, via les canaux de ventes Air France, dans ttes les agences de voyages et au centre d'appel ☎ 0825-30-22-22 (0,15 €/mn, tte l'année). HOP ! propose des tarifs attractifs toute l'année. Possibilité de consulter les meilleurs tarifs du moment sur *• hop.com •*

➢ ***Depuis Quimper,*** vols directs vers Paris-Orly-Ouest. Vols saisonniers vers Figari.

➢ ***Depuis Nantes,*** vols directs vers Bordeaux, Lille, Lyon, Montpellier, Strasbourg et Toulouse. Vols saisonniers vers Calvi et Figari. Également en Europe, vers Düsseldorf, Bruxelles et Milan.

➢ ***Depuis Lorient,*** vols directs vers Lille, Lyon, Rodez, Perpignan et Paris-Orly-Ouest.

BRETAGNE SUD UTILE

▸ Pour la carte générale de la Bretagne Sud, se reporter au cahier couleur.

ABC DE LA BRETAGNE

▸ *Superficie :* 34 023 km² (5 % de la France métropolitaine, Loire-Atlantique incluse).
▸ *Préfecture régionale :* Rennes.
▸ *Préfectures départementales :* Rennes (Ille-et-Vilaine ; Bretagne Nord) ; Saint-Brieuc (Côtes-d'Armor ; Bretagne Nord) ; Quimper (Finistère) ; Vannes (Morbihan).
▸ *Population :* env 3 220 000 habitants.
▸ *Densité :* 118 hab./km².
▸ *Principaux secteurs d'activité :* agriculture et agroalimentaire, pêche, automobile, tourisme, construction navale. La Bretagne se situe à la 7ᵉ place du classement des économies régionales.
▸ *Phares :* plus d'un tiers des phares répertoriés en France sont situés en Bretagne.
▸ *Le sentier des douaniers :* long de 1 700 km, on peut le parcourir en... 80 jours (en moyenne).

AVANT LE DÉPART

Adresses utiles

À Paris

■ ***Maison de la Bretagne :*** *8, rue de l'Arrivée, 75015.* ☎ *01-53-63-11-50.* • *maisondelabretagne.com* • Ⓜ *Montparnasse-Bienvenüe. Lun-ven 9h30-18h.*

■ ***Gîtes de France :*** *40, av. de Flandre.* ☎ *01-49-70-75-75.* • *gites-de-france.com* • Ⓜ *Stalingrad. Plus d'accueil public, commandes uniquement par tél ou Internet.* Les résas sont à faire auprès des relais départementaux des Gîtes de France (indiqués dans ce guide en introduction de chaque département).

■ ***Ti Ar Vretoned*** (autrefois appelée la *Mission bretonne*) **:** *22, rue Delambre, 75014.* ☎ *01-43-35-26-41.* • *contact@missionbretonne.org* • *missionbretonne.org* • Ⓜ *Montparnasse-Bienvenüe, Vavin ou Edgar-Quinet. Ouv lun, mar, mer et ven 18h-23h ; sam 10h30-14h. Téléphoner avt pour que l'on vous ouvre.* L'association culturelle la plus active de Paris. Organise des conférences, des concerts et *festoù-deiz*.

■ ***Coop Breizh :*** *10, rue du Maine, 75014.* ☎ *01-43-20-84-60.* • *coop-breizh.fr* • Ⓜ *Montparnasse-Bienvenüe, Edgar-Quinet ou Gaîté. Tlj sf dim, 10h-13h, 14h-19h.* La librairie bretonnante de la capitale. Fonds très riche : livres, disques, journaux et périodiques bretons. Souvenirs, jolies cartes postales, etc. Accueil hyper sympa, ça va de soi ! Également spécialiste de la culture celte.

En Bretagne

Comité régional du tourisme : *1, rue Raoul-Ponchon, 35069 Rennes Cedex. ☎ 02-99-28-44-30. • tourismebretagne.com* • Toute l'information touristique : hébergements, loisirs, destinations... et brochures téléchargeables.

Comités départementaux du tourisme : se reporter aux chapitres correspondants.

■ **Rando Accueil Bretagne :** *7c, rue Pierre-Texier, 35760 Montgermont. ☎ 02-99-26-13-50. • info@rando-accueil.com • rando-accueil.com • Ouv tte l'année sf en août, lun-ven 9h-12h30, 14h-18h.* Une adresse indispensable pour obtenir toute information sur les randonnées et organiser son hébergement avec le réseau d'adresses labellisées « Rando Accueil ».

■ **Institut culturel de Bretagne :** *château de l'Hermine, 6, rue de la Porte-Poterne, 56000 Vannes.* Pour toute information : *☎ 06-31-32-32-04 ; • cath.latour@orange.fr* • Multiples renseignements sur la culture bretonne.

Carte d'adhésion internationale aux auberges de jeunesse (carte FUAJ)

Cette carte vous ouvre les portes des 4 000 auberges de jeunesse du réseau HI-Hostelling International en France et dans le monde. Vous pouvez ainsi parcourir 90 pays à des prix avantageux et bénéficier de tarifs préférentiels avec les partenaires des auberges de jeunesse HI. Enfin, vous intégrez une communauté mondiale de voyageurs partageant les mêmes valeurs : plaisir de la rencontre, respect des différences et échange dans un esprit convivial. Il n'y a pas de limite d'âge pour séjourner en auberge de jeunesse. Il faut simplement être adhérent.

Pour l'obtenir en France

– ***En ligne,*** avec un paiement sécurisé, sur le site *• hifrance.org •*

– ***Dans toutes les auberges de jeunesse,*** points d'informations et de réservations en France. Liste des AJ sur *• hifrance.org •*

– ***Par correspondance*** auprès de l'antenne nationale *(27, rue Pajol, 75018 Paris ; ☎ 01-44-89-87-27),* en envoyant une photocopie d'une pièce d'identité et un chèque à l'ordre de la FUAJ du montant correspondant à l'adhésion + 2 € pour les frais d'envoi. Vous recevrez votre carte sous 15 j.

Les tarifs de l'adhésion 2015

– ***Carte internationale individuelle FUAJ - de 26 ans :*** 7 €. Pour les mineurs, une autorisation parentale et la carte d'identité du parent tuteur sont nécessaires pour l'inscription.

– ***Carte internationale individuelle FUAJ + de 26 ans :*** 11 €.

– ***Carte internationale FUAJ Famille :*** 20 €. Pour les familles ayant un ou plusieurs enfants de - de 16 ans. Les enfants de + de 16 ans devront acquérir une carte individuelle FUAJ.

En Belgique

Réservée aux personnes résidant en Belgique. La carte d'adhésion est obligatoire. Son prix varie selon l'âge : entre 3 et 15 ans, 4 € ; entre 16 et 25 ans, 10 € ; après 25 ans, 16 €.

Renseignements et inscriptions

■ ***À Bruxelles :*** ***LAJ,*** *rue de la Sablonnière, 28, 1000. ☎ 02-219-56-76. • lesaubergesdejeunesse.be •*

En Suisse (SJH)

Réservée aux personnes résidant en Suisse. Le prix de la carte dépend de l'âge : 22 Fs pour les - de 18 ans, 33 Fs pour les adultes et 44 Fs pour une famille avec des enfants de - de 18 ans.

Renseignements et inscriptions

■ ***Schweizer Jugendherbergen (SJH) :*** *service des membres, Schaffhauserstr. 14, 8006 Zurich. ☎ 044-360-14-14. • youthhostel.ch •*

Au Canada

Elle coûte 35 $Ca pour une durée de 16 à 28 mois et 175 $Ca pour une carte valable à vie (tarifs hors taxes). Gratuit pour les enfants de - de 18 ans.

■ ***Auberges de jeunesse du Saint-Laurent / St Laurent Youth Hostels :*** *3514, av. Lacombe, Montréal (Québec) H3T 1M1. ☎ 514- 731-1015. N° gratuit (au Canada) : ☎ 1-800-663-5777.*

■ ***Canadian Hostelling Association :*** *301-20 James St, Ottawa (Ontario) K2P 0T6. ☎ 613-237-7884. • hihostels.ca •*

Pour réserver votre séjour en auberge de jeunesse HI

– ***En France :*** *• hifrance.org •* Accès aux offres spéciales et dernières minutes.

– ***En France et dans le monde :*** *• hihostels.com •* Si vous prévoyez un séjour itinérant, vous pouvez réserver plusieurs auberges en une seule fois !

Cartes de paiement

Quelle que soit la carte que vous possédez, chaque banque gère elle-même le processus d'opposition et le numéro de téléphone correspondant ! Avant de partir, notez donc bien le numéro d'opposition propre à votre banque (il figure souvent sur votre contrat, au dos des tickets de retrait ou à côté des distributeurs de billets), ainsi que le numéro à 16 chiffres de votre carte. Bien entendu, conservez ces informations en lieu sûr et séparément de votre carte. Par ailleurs, l'assistance médicale se limite aux 90 premiers jours du voyage et l'assistance véhicule aux cartes haut de gamme (renseignez-vous auprès de votre banque). Avant le départ, pensez bien à VÉRIFIER LA DATE D'EXPIRATION DE VOTRE CARTE BANCAIRE !

– ***Carte Visa :*** *assistance médicale ; numéro d'urgence (Europ Assistance) : ☎ (00-33) 01-41-85-85-85 (24h/24). Pour faire opposition, contactez le numéro communiqué par votre banque ou, à défaut, le ☎ 0892-705-705 (0,34 €/mn). • visa.fr •*

– ***Carte MasterCard :*** *assistance médicale incluse ; numéro d'urgence : ☎ (00-33) 01-45-16-65-65. • mastercardfrance.com • En cas de perte ou de vol, composez le numéro communiqué par votre banque pour faire opposition.*

– ***Carte American Express :*** *en cas de pépin, téléphoner au ☎ (00-33) 01-47-77-72-00. Numéro accessible tlj 24h/24. • americanexpress.fr •*

– Pour toutes les cartes émises par ***La Banque Postale :*** *composez le ☎ 0825-809-803 (0,15 €/mn).*

– Également un numéro d'appel valable ***quelle que soit votre carte de paiement*** : *☎ 0892-705-705 (serveur vocal à 0,34 €/mn) depuis la France métropolitaine et les DOM-TOM, ☎ (00-33) 5-55-42-51-96 depuis l'étranger. • labanquepostale.fr •*

– Petite mesure de précaution : si vous retirez de l'argent dans un distributeur, utilisez de préférence les distributeurs attenants à une agence bancaire. En cas de pépin avec votre carte (carte avalée, erreurs de code...), vous aurez un interlocuteur dans l'agence, pendant les heures ouvrables du moins.

BUDGET

Recommandation à ceux qui souhaitent profiter des réductions et avantages proposés dans le *Routard* par les hôteliers et les restaurateurs.

À l'hôtel, pensez à les demander **au moment** de la réservation ou, si vous n'avez pas réservé, **à l'arrivée.** Ils ne sont valables que pour les réservations en direct et non cumulables avec d'autres offres promotionnelles (notamment sur Internet). Au restaurant, parlez-en **au moment** de la commande et surtout **avant** que l'addition ne soit établie. Poser votre *Routard* sur la table ne suffit pas : le personnel de salle n'est pas toujours au courant et une fois le ticket de caisse imprimé, il est difficile de modifier le total. En cas de doute, montrez la notice relative à l'établissement dans le *Routard* de l'année, bien sûr, et ne manquez pas de nous faire part de toute difficulté rencontrée.

Nous vous indiquons ci-dessous l'échelle des tarifs auxquels nous nous référons pour l'ensemble de nos guides France.

Hébergement

D'une manière générale, nous indiquons des fourchettes de prix allant de la chambre double la moins chère en basse saison à celle la plus chère en haute saison. Ce qui implique parfois d'importantes fourchettes de prix, pas toujours en adéquation avec la rubrique dans laquelle l'établissement est cité. Le classement retenu est donc celui du prix de la majorité des chambres et de leur rapport qualité-prix.
À noter que lorsque les lieux d'hébergement sont équipés d'un accès Internet et/ou wifi, nous le mentionnons sans autre précision. Si le coût en est élevé, on l'indique (cher).
– Les tarifs des ***campings*** sont calculés sur la base d'un emplacement pour deux avec tente et voiture en haute saison. Ils sont classés en tête de rubrique « Où dormir ? ».
– ***Les auberges de jeunesse*** et ***gîtes d'étape*** pratiquent en règle générale des tarifs « Bon marché » pour une nuitée en dortoir (avec ou sans les draps). Le tarif indiqué est celui du lit en dortoir et/ou parfois de la chambre double, quand il y en a.
– ***En chambres d'hôtes,*** les prix sont donnés sur la base d'une chambre double. Ils incluent le petit déjeuner. Les cartes de paiement sont rarement acceptées. Dans les cas contraires, nous indiquons « petit déj en sus » et « CB acceptées ».
– Concernant les ***hôtels,*** la base reste celle d'une nuit en chambre double (sans petit déjeuner), sauf exception, notamment pour les chambres familiales. Lorsque le prix du petit déj est élevé par rapport au prix de la chambre, on le signale.
– ***Bon marché :*** jusqu'à 50 €.
– ***Prix moyens :*** de 50 à 70 €.
– ***Chic :*** de 70 à 100 €.
– ***Plus chic :*** de 100 à 150 €.
– ***Beaucoup plus chic :*** au-delà de 150 €.

Restaurants

Notre critère de classement est le prix du premier menu servi le soir (hors boissons). Les notions de « Prix moyens » ou « Plus chic » n'engagent donc que les prix. Autrement dit, certains restos chic proposant parfois d'intéressantes formules, notamment au déjeuner, pourront malgré tout être classés dans la rubrique « Plus chic ».

- ***Très bon marché :*** moins de 12 €.
- ***Bon marché :*** de 12 à 20 €.
- ***Prix moyens :*** de 20 à 30 €.
- ***Plus chic :*** de 30 à 40 €.
- ***Beaucoup plus chic :*** plus de 40 €.

VIVE LES MARIÉS !

En Bretagne, selon la tradition, chaque invité payait son repas. Cette règle démocratique permettait à tous, riche ou pauvre, d'inviter tout le village. Cette tradition existe encore dans certains endroits.

CLIMAT BRETON : ORAGES ET DES ESPOIRS !

Nulle part ailleurs, le ciel ne change aussi rapidement : gris et nuageux un jour, d'un bleu pur le lendemain. Brumeux à l'aube, clair à midi, parfait dans la soirée. Nulle part ailleurs, le ciel n'a d'aussi belles couleurs. Car ici, le temps marche avec les marées et suit les cycles de la lune. « Il pleut toujours en Bretagne », dit-on. Comme s'il ne pleuvait pas ailleurs !

Erreurs, clichés et préjugés défavorables ont dessiné une Bretagne promontoire archi-humide de l'Europe occidentale. Il y pleut, bien sûr. Mais il y fait beau aussi. Très beau même, quand le vent l'a décidé.

Curieusement, il tombe moins de pluie à Carnac qu'à Nice. Entourée par deux mers, la Manche et l'Atlantique, la péninsule armoricaine jouit d'un vrai climat océanique, doux et tonique. Il ne fait jamais très froid ni trop chaud. L'air du littoral est si riche en iode que le seul fait de le respirer est déjà une cure de bien-être. Allez-y en arrière-saison si vous le pouvez, vous aurez un temps souvent exceptionnel. C'est en hiver que la Bretagne subit ses plus fortes tempêtes.

- ***La côte sud :*** climat plus ensoleillé, plus chaud, plus sec que sur la côte nord. À Carnac (Morbihan), il y a seulement 128 jours de pluie en moyenne par an et 2 055 heures de soleil. Par comparaison, Biarritz compte 177 jours de pluie par an. La température moyenne dans le Morbihan est de 18 °C en été. La côte sud du Finistère jouit aussi de ces avantages avec des microclimats : Pays fouesnantais, Pays bigouden.
- ***Stations climatiques classées :*** Carnac, Quiberon.

LE JOUR LE PLUS LONG

Grâce à son positionnement géographique, la Bretagne connaît en été une durée du jour plus longue que partout ailleurs en France : plus on va vers l'ouest, plus les jours rallongent. Or, comme l'heure légale est fixée à Paris, la latitude ouest accorde presqu'une heure de lumière en plus par rapport à l'est du pays !

Répondeur météo

■ ***Météo marine :*** *ts les bulletins marine pour les activités de bord de mer et la navigation : rivage, glisse, côte et large.* ☎ *08-99-71-08-08 (1,35 €/appel + 0,34 €/mn).*

LIVRES DE ROUTE

En voyage, le livre audio, c'est malin. Écoutez un extrait de ***Fleur de tonnerre*** **de Jean Teulé**, lu par Jean-Christophe Lebert, et vous serez déjà en Bretagne. *Extrait offert par Audiolib.*

– ***Le Cheval d'orgueil,*** de Pierre Jakez Hélias (éd. Terre humaine/Plon, 2001 ; Pocket, 1999). Les mémoires d'un Breton du Pays bigouden. Un des incontournables de la littérature bretonne, vendu à plus de 2 millions d'exemplaires.
– ***Pêcheur d'Islande,*** de Pierre Loti (1886 ; éd. Gallimard, « Folio », 1988). Beaucoup de force romanesque, mais surtout une description fidèle de la rude vie des pêcheurs d'Islande fin XIXe-début XXe s. Le départ en campagne de pêche, l'attente de la femme amoureuse et inquiète, les naufrages, etc.
– ***L'Île des capitaines,*** de Jean Bulot (1988 ; éd. De Certaines, 2001). Chroniques maritimes et sociales d'une île du Ponant du XVIIe au XXe s. Jean Bulot, ancien commandant de l'*Abeille Flandre,* un des remorqueurs de haute mer les plus puissants du monde, basé à Brest, fait ici référence à son île natale, l'île d'Arz, dans le golfe du Morbihan, qui a engendré nombre de carrières brillantes dans la marine.
– ***La Légende de la mort chez les Bretons armoricains,*** d'Anatole Le Braz (1902 ; éd. Yoran Embanner, 2011). Un des plus célèbres écrivains et collecteurs de légendes bretonnes nous décrit ici l'importance de la mort et de sa personnification, l'*Ankou,* dans l'imaginaire breton.
– ***Mémoires d'un paysan bas-breton,*** de Jean-Marie Déguignet (éd. an Here, 1999 ; Pocket, 2001). À travers le récit de la vie d'un homme, c'est le quotidien breton du XIXe s qui nous est rapporté.
– ***Nous les Seznec, toute l'affaire,*** de Denis Seznec (éd. Robert Laffont, 2010). Une véritable somme sur la vie de *Guillaume Seznec,* injustement condamné pour un crime qu'il n'avait pas commis... Un modèle exemplaire de contre-enquête opiniâtrement menée par Denis, le petit-fils de Guillaume Seznec, sur ce qui apparaît aujourd'hui comme l'une des plus énormes erreurs judiciaires du XXe s. Il y est, bien sûr, souvent question de la Bretagne. Les Bretons de toutes générations se sont d'ailleurs totalement identifiés au combat pour la réhabilitation de Guillaume Seznec, et cette rigoureuse et bouleversante contre-enquête remet définitivement en cause la prétendue infaillibilité de la justice (encore plus après l'affaire d'Outreau et celle de Patrick Dils !).
– ***Quiberon d'antan à travers la carte postale ancienne,*** de Jean Garnier (éd. HC, « Images d'antan », 2012). Une promenade historique à travers plus de 200 cartes postales du début du XXe s. On y découvre un Quiberon en plein essor économique grâce à son port de pêche, mais aussi touristique avec l'arrivée des premiers vacanciers transformant ainsi la presqu'île en destination balnéaire.
– ***Deux vagabonds en Bretagne,*** de Pierre Josse et Bernard Pouchèle (éd. Terre de Brume, 2000). Une balade nostalgique en textes et photos couvrant les 15 dernières années du XXe s. Une Bretagne qui change nécessairement, mais qui sait aussi allier habilement tradition et modernité. Petits contes délicieusement poétiques, photos détournées par les légendes ironiques de Bernard Pouchèle (mais jamais dénuées de tendresse) tentent de restituer l'âme de la Bretagne et de faire partager l'émotion de nos deux vagabonds... Hélas épuisé, mais on le trouve encore sur les sites (neuf ou d'occasion).

MUSÉES ET MONUMENTS NATIONAUX

Les monuments et musées nationaux sont gratuits pour les enseignants et jeunes européens de moins de 26 ans. • *monuments-nationaux.fr* • *rmn.fr* • Pour la région Bretagne Sud, sont concernés :
– les ***alignements de Carnac*** (56340) ;
– le site des ***mégalithes de Locmariaquer*** (56740).

PERSONNES HANDICAPÉES

Le label Tourisme et Handicap

Ce label national, créé par le secrétariat d'État à la Consommation et au Tourisme en partenariat avec les professionnels du tourisme et les associations représentant les personnes handicapées, permet d'identifier les lieux de vacances (hôtels, campings, sites naturels, etc.), de loisirs (parcs d'attractions, etc.) ou de culture (musées, monuments, etc.) accessibles aux personnes handicapées. Il apporte aux touristes en situation de handicap une information fiable sur l'accessibilité des lieux. Cette accessibilité, visualisée par un pictogramme correspondant aux quatre types de handicaps (moteur, visuel, auditif et mental), garantit un accueil et une utilisation des services proposés avec un maximum d'autonomie dans un environnement sécurisant.

Pour connaître la liste des sites labellisés : • *rendezvousenfrance.com* • rubrique « Tourisme et Handicaps »).

TOURISME & HANDICAP

Par ailleurs, dans notre guide, nous indiquons par le logo ♿ les établissements qui possèdent un accès ou des chambres pouvant accueillir des personnes handicapées. Certaines adresses sont parfaitement équipées selon les critères les plus modernes. D'autres, plus simples, plus anciennes aussi, sans répondre aux normes les plus récentes, favorisent l'accueil des personnes handicapées en facilitant l'accès à leur établissement, tant sur le plan matériel que sur le plan humain. Évidemment, les handicaps étant très divers, des lieux accessibles à certaines personnes ne le seront pas pour d'autres. Appelez donc auparavant pour savoir si l'équipement de l'hôtel ou du resto est compatible avec votre niveau de mobilité.
Malgré les combats menés par les nombreuses associations, l'intégration des personnes handicapées à la vie de tous les jours est encore balbutiante en France. Il tient à chacun de nous de faire changer les choses. Une prise de conscience est nécessaire, nous sommes tous concernés.

SITES INTERNET

Vous trouverez de nombreux sites internet sur la région. Voici, à notre avis, les plus intéressants à explorer :
• ***routard.com*** • Rejoignez la plus grande communauté francophone de voyageurs ! Échangez avec les routarnautes : forums, photos, avis d'hôtels. Retrouvez aussi toutes les informations actualisées pour choisir et préparer vos voyages : plus de 200 fiches pays, une centaine de dossiers pratiques et un magazine en ligne pour découvrir tous les secrets de votre destination. Enfin, comparez les offres pour organiser et réserver votre voyage au meilleur prix. Routard.com, le voyage à portée de clics !
• ***bretagne.com*** • Tout type d'infos sur la Bretagne, sa culture (contes et légendes, patrimoine, gastronomie) et des infos pratiques (météo, agenda, etc.). La rubrique « Sorties en Bretagne » permet de télécharger des balades audio en MP3 !

• ***tourismebretagne.com*** • Portail touristique du conseil régional. Bien fait et très complet : patrimoine, gastronomie, randonnées, thalassothérapie, cartographie, vidéos, etc.
• ***ouest-france.fr*** • L'actualité régionale avec le quotidien le plus lu de France.
• ***tebeotv.fr*** • Le site d'une chaîne de TV encore récente, diffusée seulement sur le Finistère.
• ***bretagne-celtic.com*** • Explore le passé celte de la Bretagne. Rubriques bien fournies sur le druidisme, les mégalithes, etc.
• ***breizh-partitions.fr*** • Chansons et partitions bretonnantes ou celtes (gratuites), extraits sonores plutôt amusants, bonne description des instruments, etc.
• ***bretagne-web.net*** • Le site des amoureux de la Bretagne, de très belles photos, des idées d'excursions, des infos pratiques et des webcams un peu partout en Bretagne pour voir les lieux en temps réel 24h/24.
• ***rando.abri.free.fr*** • Des itinéraires de promenades détaillés et visualisables sur une carte, aux quatre coins de la Bretagne. Réservation d'hébergements avec le réseau d'adresses labellisées « Rando Accueil ».
• ***recettes-bretonnes.fr*** • Du *kig ha farz* au *kouign amann,* en passant par le far breton et les crêpes flambées, tous les secrets des spécialités bretonnes salées et sucrées.

URGENCE MOBILE

☎ ***112 :*** c'est le numéro d'urgence commun à la France et à tous les pays de l'UE, à composer en cas d'accident, agression ou détresse. Il permet de se faire localiser et aider en français, tout en améliorant les délais d'intervention des services de secours.

En cas de perte ou de vol de votre téléphone portable

Suspendre aussitôt sa ligne permet d'éviter de douloureuses surprises au retour du voyage ! Voici les numéros des quatre opérateurs français, accessibles depuis la France et l'étranger :
– ***SFR :*** *depuis la France,* ☎ *1023 ; depuis l'étranger,* 📱 *+ 33-6-1000-1023.*
– ***Bouygues Télécom :*** *depuis la France comme depuis l'étranger,* ☎ *0800-29-1000 ; depuis l'étranger,* ☎ *+ 33-1-46-10-86-86.*
– ***Orange :*** *depuis la France comme depuis l'étranger,* 📱 *+ 33-6-07-62-64-64.*
– ***Free :*** *depuis la France,* ☎ *3244 ; depuis l'étranger,* ☎ *+ 33-1-78-56-95-60.*
Vous pouvez aussi demander la suspension de votre ligne depuis le site internet de votre opérateur.

VISITES EN BRETAGNE SUD

Sites à consulter :
• *vpah.culture.fr* • *tourismebretagne.com* • et le site des Villes d'art et d'histoire et des Villes historiques de Bretagne • *cites-art.com/* •

Les Villes d'art et d'histoire

– Quimper (Finistère) ;
– Concarneau (Finistère) ;
– Lorient (Morbihan) ;
– Vannes (Morbihan) ;
– Nantes (Loire-Atlantique) ;
– Guérande (Loire-Atlantique).

Les Villes historiques

– Quimperlé (Finistère) ;
– Hennebont (Morbihan) ;
– Port-Louis (Morbihan) ;
– Auray (Morbihan) ;
– Pontivy (Morbihan) ;
– Châteaubriant (Loire-Atlantique).

Les Petites Cités de caractère

– Locronan (Finistère) ;
– Pont-Croix (Finistère) ;
– Guémené-sur-Scorff (Morbihan) ;
– Josselin (Morbihan) ;
– Malestroit (Morbihan) ;
– Rochefort-en-Terre (Morbihan) ;
– La Roche-Bernard (Morbihan).

Les Communes du patrimoine rural

De petits villages bénéficient d'un label particulier attribué pour la qualité du site, des animations et pour l'habitat. Il s'agit de Ploéven (Finistère), Concoret, Cruguel, Guéhenno, Le Guerno, Noyal-Muzillac, Peillac, Ploërdut, Séglien et Tréhorenteuc (Morbihan).
Chaque village est doté de circuits d'interprétation et de découverte du patrimoine. Pour tout renseignement complémentaire, contacter ***Les Communes du patrimoine rural de Bretagne,*** *13, rue Jean-Jaurès, CS 36841, 35768 Montgermont. ☎ 02-99-23-92-83. • contactt@cprb.org • cprb.org •*

HOMMES, CULTURE, ENVIRONNEMENT

« En Bretagne,
la pluie ne mouille que les cons. »

Olivier de Kersauson.

La Bretagne, ça vous gagne !

« La Bretagne est l'élément résistant de la France », pensait l'historien Jules Michelet. Il voyait juste : ici, la terre et les hommes affrontent depuis des siècles les assauts furieux de la nature et les vicissitudes de l'histoire.
Quel est donc ce curieux trident, découpé et hérissé comme aucune autre région connue, qui s'avance telle une gueule inquiétante au milieu de l'océan Atlantique ? C'est la Bretagne, le Vieux Pays, comme l'appelaient les anciens.
Regardez le Massif armoricain sur votre atlas, entouré de ses trois mers : Atlantique, Manche et... Atlantique et Manche mélangées (la mer d'Iroise) !
« Ici a commencé, il y a bien longtemps, un dialogue immense entre terre et vagues où se sont façonnés les hommes », a écrit Michel Le Bris, écrivain passionné par cette Bretagne à la fois vécue et rêvée.
Partout, la terre et la mer se rencontrent d'étrange manière, s'unissant pour mieux dessiner le paysage. Ainsi les abers, anciennes vallées fluviales, sont remontés deux fois par jour par les marées. Témoins aussi de ce mariage : le Pays bigouden, le golfe du Morbihan et les insolites flèches sableuses de Mousterlin (Fouesnant), du sillon de Talbert (Pleubian, dans les Côtes-d'Armor) et de Quiberon. Enfin, c'est dans les îles que cette union est la plus frappante : Sein, Groix, Belle-Île..., autant d'univers à échelle humaine où le temps s'écoule au rythme des marées, tout simplement.
« La bonne façon de connaître notre pays, c'est de lui faire l'amour à vélo », disait Morvan Lebesque.
Ami routard, rien ne va ici à-la-vitesse-du-cheval-vapeur-au-galop ! Alors, bride ton moteur, chausse tes Pataugas, et laisse-toi aller de colline en vallée, dans la grande métamorphose celtique des parfums de l'air, des landes et de la mer, qui fera naître sous tes pas ta propre épopée arthurienne...
Oiseau de passage, tu repartiras *Breton a galon* – « Breton de cœur ».

GLAS

Voici une couleur propre à la Bretagne. Elle évoque la nature, notamment la mer et le ciel avec leurs teintes changeantes. Le glas évolue constamment entre le bleu, le vert et le gris. Voici le secret de la beauté de la Bretagne !

ARCHITECTURE

On reconnaît une ferme ancienne, un manoir ou une chapelle bretonne au premier coup d'œil ! Les épais murs de granit armoricain aux teintes variées (bleu, bleu-gris, rose ou jaune « kersanton »), les petites ouvertures, les toitures en ardoise, les clochers sculptés et dentelés, les chapelles, les manoirs et les fermes à chaque croisement de chemin : on est bel et bien en Bretagne et nulle part ailleurs. Cet habitat, cet art, ce style témoignent d'une culture rurale enracinée, d'un savoir-vivre ancestral adapté à une nature rude et à un climat océanique, d'une inspiration venue de la terre autant que de la mer. Voilà une architecture originale, donc, à dominante paysanne et religieuse, conçue par des architectes talentueux mais souvent inconnus.

L'art roman arrive tardivement en Bretagne et laisse une empreinte définitive et un style puissant : l'utilisation du granit à gros grain et des motifs très stylisés sur les chapiteaux. L'abbatiale de Quimperlé dans le Finistère Sud (première moitié du XIIe s) constitue un bel exemple d'audace dans la conception. La première floraison de l'art gothique en architecture au XIIIe s est influencée par l'art normand, comme le montrent l'abbaye de Beauport (Côtes-d'Armor) et la cathédrale de Dol (Ille-et-Vilaine). L'art anglais a inspiré quelques chantiers jusqu'au début du XVe s, comme l'église de Saint-Herbot (Finistère Nord) avec son clocher carré.

Au XIVe s, avant les déchirements de la guerre de Succession (1341-1364), l'architecture ***gothique*** bretonne affine et précise son style, en particulier les églises et les chapelles de campagne. La cathédrale de Tréguier, dans les Côtes-d'Armor, est sans doute le monument le plus remarquable de cette période. Les grandes forteresses de la Bretagne ducale datent d'une époque guerrière où il fallait se défendre contre les Français ou les Anglais. Sortent alors de terre des châteaux comme ceux de Vitré, de Clisson, de Saint-Malo, de Guérande ou de Brest. La superbe enceinte urbaine de Dinan, les châteaux de Combourg et de Blain, le donjon du Grand-Fougeray démontrent la rigueur de l'architecture défensive bretonne du XVe s. Les grandes familles alliées au duc de Bretagne construisent de prestigieux monuments comme l'église de Kernascleden, près du Faouët, qu'admirait le peintre Maurice Denis en 1910. Ainsi se répand le style gothique flamboyant. Au début du XVIe s, Jean II de Rohan possède en son château de Josselin le premier escalier à l'italienne, une rareté en France. En plein bocage breton apparaissent des chefs-d'œuvre, des kyrielles de ***manoirs*** à l'architecture sévère mais élégante (environ 10 000 en tout sur toute la Bretagne), des ribambelles de ***chapelles*** rustiques d'une finesse extrême (comme La Cour en Lantic, près de Plouha, ou Runan, près de Pontrieux). Le moindre petit oratoire, la moindre fontaine dédiée à un saint guérisseur se distinguent par un dessin architectural recherché. Avec le duc Jean V, les cathédrales de Nantes et de Quimper se dressent très haut dans le haut Léon, abritant des vitraux remarquables, du mobilier et une orfèvrerie d'une richesse exceptionnelle.

Au XVIe s, la Bretagne rattachée à la France ne peut plus compter sur le mécénat des ducs, mais elle dispose de la richesse et de la créativité des paroisses. Dans le haut Léon toilier (Finistère Nord), une sorte d'aristocratie paysanne composée de riches cultivateurs-marchands supervise les chantiers des ateliers, permettant la construction de somptueux ***enclos paroissiaux.*** Un concept architectural unique en Europe, du « made in Brittany » sur mesure ! Chaque enclos paroissial rassemble derrière un mur d'enceinte : une église en granit, un arc de triomphe imposant, un porche richement orné, une sacristie monumentale, un ossuaire (charnier pour les ossements) et un grand calvaire sculpté de dizaines, parfois de centaines de personnages. Car l'art religieux breton est l'exact reflet du christianisme breton. Un historien de l'art n'a-t-il pas qualifié les calvaires de « Bibles écrites dans la pierre » ?

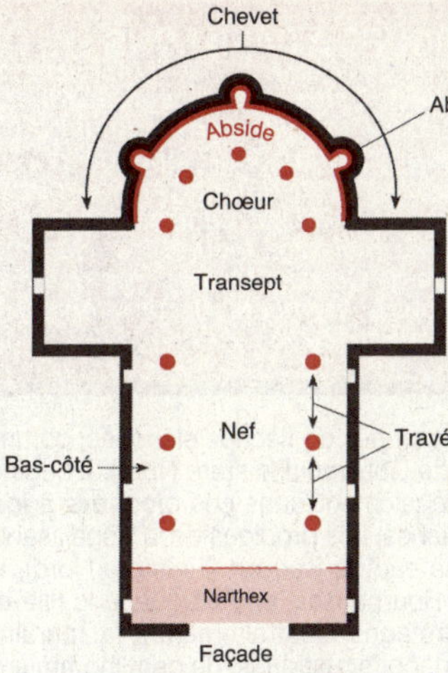

PLAN D'UNE ÉGLISE ROMANE

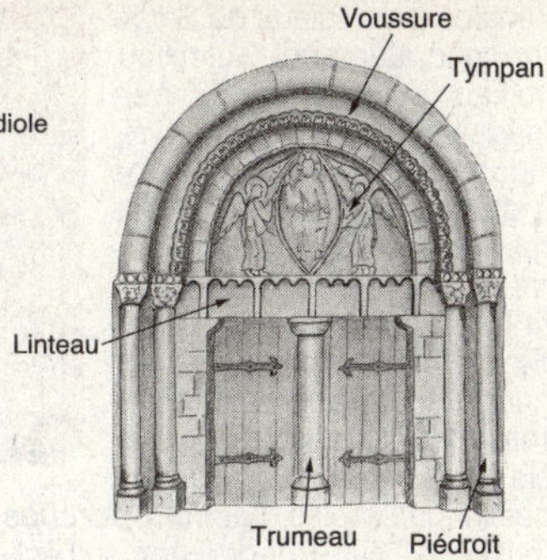

PORTAIL D'ÉGLISE ROMANE

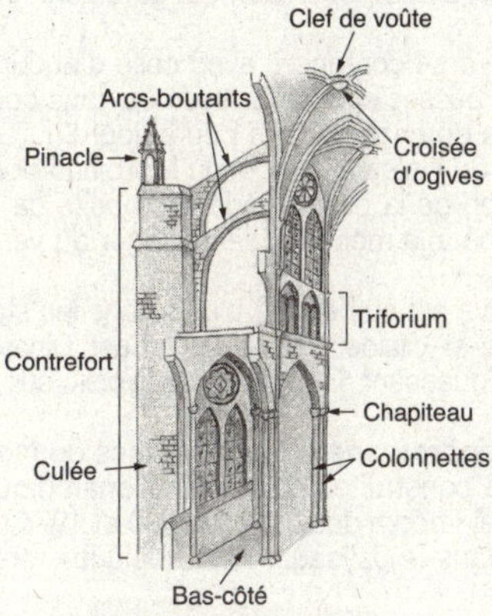

COUPE TRANSVERSALE
D'UNE ÉGLISE GOTHIQUE

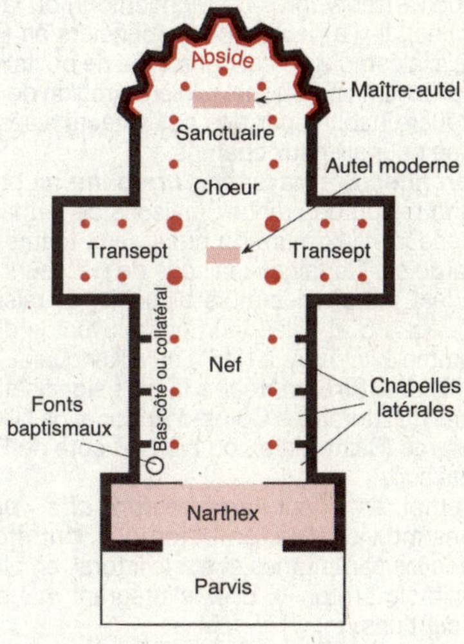

PLAN D'UNE ÉGLISE GOTHIQUE

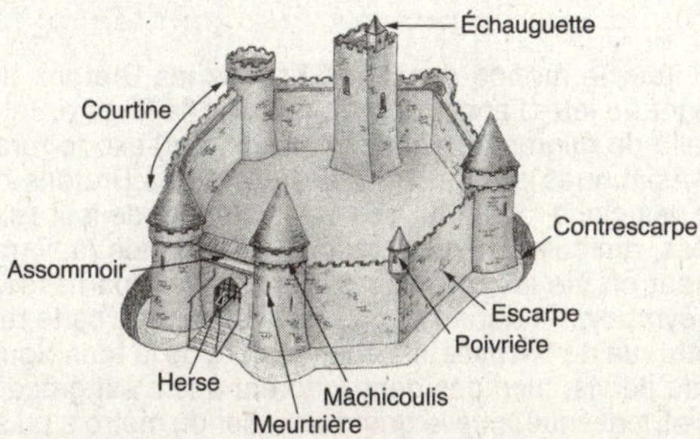

CHÂTEAU FORT

Les enclos paroissiaux de Saint-Thégonnec, Lampaul-Guimiliau, Guimiliau (calvaire de 150 personnages sculptés), La Martyre, La Roche-Maurice et Sizun ne sont guère éloignés les uns des autres. On les trouve sur un territoire grand comme un demi-canton, au cœur du Léon (nord du Finistère). C'est à travers ces étonnants chefs-d'œuvre d'architecture et de sculpture que se révèle l'âme bretonne. Et que dire de ces innombrables ***clochers-porches*** couronnés de flèches élancées, comme le Kreisker à Saint-Pol-de-Léon ou l'église de Goulven (Finistère Nord). L'originalité des églises de basse Bretagne réside également dans ces ***clochers à jour*** sculptés en dentelle et bordés de hautes galeries. Les prodiges de la Renaissance s'incarnent aussi dans l'architecture du château de Kerjean (Finistère Nord), La Touche-Trébry (près de Moncontour) ou la Bourbansais en Pleugueneuc (Ille-et-Vilaine). Il y a peu de palais princiers en Bretagne, contrairement à la Touraine, mais la campagne est constellée de petits manoirs rustiques, de gentilhommières à taille humaine, de malouinières (région de Saint-Malo) adorables, de logis nobles, naguère habités par des cultivateurs aisés ou des hobereaux qui gardaient leur épée pour aller aux champs.

LES ROUES À CARILLONS

Ces roues à l'intérieur des églises, que l'on actionne par une corde, datent du Moyen Âge. Outre leur fonction religieuse, elles sont dotées de pouvoirs surnaturels. Celle de Laniscat soigne, dit-on, les maladies incurables. Quant à la roue de Confort-Meilars, elle guérit les bègues et les muets. Certains en ont sacrément abusé !

L'architecture paysanne bretonne ne peut se confondre avec celle d'aucune autre région de France : maisons de ferme basses et solides, avec ou sans cour intérieure, aux murs de granit, aux toitures de chaume (très peu aujourd'hui) et d'ardoise. Certaines maisons de pêcheurs du Finistère Sud et du Morbihan possèdent parfois des murs blanchis, en raison de la plus grande luminosité de la Bretagne Sud. Elles tournent souvent le dos à la mer pour se protéger du vent, comme à Île-Tudy, à Kerity ou à Kerlouan.

L'architecture balnéaire la plus significative est à chercher plutôt dans les stations du littoral des Côtes-d'Armor et de l'Ille-et-Vilaine : Erquy, Saint-Cast, Dinard, Paramé (Saint-Malo), ou bien du côté de Fouesnant, Carnac et Le Croisic sur la côte sud.

Un mot, enfin, sur l'***architecture dite « néobretonne ».*** Ces myriades de maisons individuelles, en béton gris, ont été construites de manière anarchique dans les campagnes et sur le littoral, en plein boom des années 1960 et 1970 (le « miracle breton »). Elles s'intègrent mal dans le paysage, sauf quelques rares exceptions.

BRETONS DE PARIS

Montparnasse ! Tout le monde descend ! Et tous les Bretons descendirent sur les quais avant de jeter l'ancre dans le quartier de la gare. Tel fut le début de l'histoire : celle de migrants pauvres chassés par l'exode rural. Un peu à la manière des Asiatiques du XIIIe arrondissement, les Bretons du début du XXe s formèrent des clans, ouvrirent des cafés au nom de leur ville d'attache, fondèrent cercles, amicales et associations folkloriques (aujourd'hui culturelles), maintinrent en vie les traditions du pays. Montparnasse : terminus ! Montparnasse, symbole du départ et de l'arrivée, comme cette rue du Départ qui répond à cette rue de l'Arrivée, de chaque côté de la tour. Sous l'immense dalle de béton du parvis, bien des gens ignorent que c'est grâce à un Breton d'Uzel, Fulgence Bienvenüe, que le grand chantier du métro a pu se faire sous la capitale, il y a un peu plus de cent ans.

BOISSONS

– ***Le cidre :*** fermier, artisanal, bouché, traditionnel, pasteurisé, il y a bien de quoi se perdre au pays du cidre. À chaque terroir correspond une variété de cidre, à chaque producteur un assemblage. Résultat, il est difficile de trouver un cidre fermier qui fasse l'unanimité. Les crus les plus réputés sont ceux du pays de Fouesnant, parmi lesquels on trouve l'AOC cidre-de-cornouaille. Mais cela n'empêche pas d'en trouver de très bons partout ailleurs, genre *Kerisac* pour les cidres bouchés. Nous avons beaucoup aimé le *Manoir du Kinkiz* de Hervé Seznec et le *Ty Glas* de M. Séhédic, mais n'hésitez pas à partir sur la route du cidre et à goûter selon vos envies. Le cidre se décline en eau-de-vie et en alcool, en lambic et en pommeau, et la cuisine au cidre, en vogue, marie agréablement le goût de la pomme aux viandes ou aux poissons.

LA « PISTE » BRETONNE

Cette coutume de partir en piste (s'alcooliser en bande) est souvent à l'origine de terribles malheurs. Pourquoi en Bretagne plus qu'ailleurs ? Autrefois, à bord des bateaux, le seul moyen de conserver les aliments était le sel, qui aiguisait la soif. L'eau était souvent polluée et à l'origine de bien des maladies. Très vite, le jeune marin apprenait à boire du vin. Arrivé au port, boire était une libération de la tension due aux risques encourus en mer. Sans compter l'alcool qui désinhibe pour parler aux femmes.

– ***La bière et la cervoise :*** en pleine mode celtique, on s'est rendu compte que la Bretagne était le seul pays parmi ses frères à ne plus brasser de bière. Il y avait bien eu dans l'Antiquité druidique une quelconque cervoise, puis plus tard quelques moines persévérants. Mais elle ne devait pas valoir la *Guinness,* et les dernières brasseries familiales fermèrent leurs portes au début du XXe s. Conscients de cette terrible injustice, quelques fous se sont lancés il y a une quinzaine d'années dans l'aventure. Une réussite : aujourd'hui, on ne compte pas moins de 15 brasseries en Bretagne. Et elles font de la bonne bière ! Amateurs de *Pils,* passez votre chemin, ici on brasse de la bière artisanale bretonne, non filtrée, non pasteurisée et plutôt alcoolisée. La plus célèbre, la *Coreff* de Morlaix, ambrée et fortement houblonnée, reste bien traditionnelle. Bernard Lancelot, l'autre poids lourd, a pris le parti des bières spéciales. Outre sa *Cervoise* légèrement miellée, il propose une bière au sarrasin *(Telenn Du),* une bière blanche *(Blanche Hermine).* À Huelgoat, dans le Finistère Nord, la brasserie an Alarc'h élabore, quant à elle, la *Hini Du* et la *Tantad.*

Pour les amateurs : ● *bieresbretonnes.fr* ●

– ***Le chouchen :*** nom breton de l'hydromel (*chamillard* en gallo). C'était la boisson des dieux, des druides et des jeunes mariés. Sa mauvaise réputation dans le pays fut transmise par les vieux Bretons : tous avaient un souvenir de cuite au chouchen à raconter, en général un mauvais souvenir...

Le chouchen a été remis au goût du jour par quelques apiculteurs passionnés (et, ne le nions pas, Dominique Lavanant, alias *Imogène,* fut sa meilleure ambassadrice dans le film *Les Galettes de Pont-Aven*). Et pas de souci à se faire : de la bonne eau, du bon miel et des levures naturelles sont les seuls ingrédients à entrer dans la composition d'un chouchen digne de ce nom. Alors qu'il est traditionnellement doux et titre plus de 14°, les amateurs se tournent aujourd'hui plus volontiers vers des chouchen plus secs, plus délicats. Il devient difficile de trouver ceux élaborés à partir de miel de sarrasin, mais certaines marques proposent des produits typés – à défaut d'être typiques – assez intéressants, comme le *chouchen du Pêcheur* ou le *Pétillant* de Pierre Dassonville... Les grands classiques sont le *Yann Gamm* de Coray, le *Lozachmeur* de Baye. Nous, on aime bien le *Rucher Fleuri* de Rochefort-en-Terre. Les chefs s'intéressent de plus en plus aux parfums qu'il peut apporter en cuisine, ainsi qu'à un produit dérivé, l'*Aigriade de miel,* un vinaigre de chouchen, un pur nectar...

– ***Vins :*** à défaut de grands vins, le Pays nantais a le ***muscadet,*** ce qui suffit à sa prospérité. Ami des fruits de mer et protecteur de la langouste, ce « petit-blanc-qui-va-avec-tout » a conquis tout l'Hexagone. Sans oublier le ***gros-plant,*** produit au sud de Nantes, et le coteaux-d'ancenis.

– ***Breizh cola :*** le cola breton joue des coudes depuis 2002 pour se faire une petite place dans la cour des grands. Un combat pas perdu d'avance, puisqu'il a déjà fait un putsch au Festival interceltique de Lorient, au détriment du géant américain !

COIFFES ET COSTUMES

Coiffes et costumes d'autrefois constituent le miroir psychologique de la Bretagne. Les grands habits des paysans bretons ne formaient-ils pas une garde-robe unique par sa diversité et son raffinement ? Ne remontant qu'au XVIe s, les origines du costume breton sont relativement récentes. En supprimant les lois somptuaires, la Révolution française adopta le style « sans culotte », une marque vestimentaire synonyme de république. Mais dans les campagnes bretonnes, alors que les seigneurs banalisaient de force leurs habits, les paysans, fiers de leur liberté conquise, prirent le droit de s'habiller mieux (reprenant les usages de la noblesse de l'Ancien Régime) pour paraître élégants, pour paraître tout simplement. Pierre Jakez Hélias parlait de « code paysan du savoir-vivre » et appelait ce transfert social vestimentaire l'« instinct de seigneurie », très fort en Bretagne.

LA COIFFE BIGOUDÈNE : MITRE... ET RÉALITÉ

Lors de la révolte des Bonnets rouges au XVIIe s, la population, très catholique, supporta mal que les soldats détruisent les clochers des églises. La légende raconte que c'est en souvenir de ces clochers que les femmes firent grandir leurs coiffes. En fait, le phénomène est bien plus récent. Une preuve : le monument « Aux Bigoudènes » construit à Pont-l'Abbé en 1931 montre des femmes avec des coiffes d'à peine 10 cm. C'est après-guerre que les coiffes grandirent démesurément.

« 100 pays, 100 coiffes », dit un vieil adage breton.

On recense habituellement en Bretagne 66 costumes et coiffes, qui représentaient des communautés aux personnalités différentes (à l'échelle d'un pays ou d'une paroisse). Chaque coiffe portait un nom particulier : la ***kornek*** du pays de Baud, la ***borleden*** du pays de Quimper, la ***penn-sardin*** de Douarnenez, et aussi la ***chikoloden,*** la ***touken...*** Chacune revêtait également un aspect particulier (collerette de Fouesnant, mitre verticale du Pays bigouden) et une forme originale : simple comme un bonnet rustique, plate comme une galette, ondulante comme des ailes d'oiseau, découpée comme un papillon, pointue comme une nageoire de poisson ou sérieuse comme une coiffe de religieuse.

Chaque costume, masculin ou féminin, constituait un signe extérieur de richesse, quel que soit le degré de fortune de son propriétaire. Il fallait 3 mois de travail à un tailleur de Ploaré pour confectionner un costume d'apparat ! Pour les hommes, la forme du chapeau breton, le volume du ***bragou bras*** (culotte bouffante), la largeur du velours, la longueur des galons, l'éclat du plastron avaient une grande importance. Pour les femmes, l'élégance de la broderie, les motifs de la dentelle, la finesse des ornementations et des tissus, tout était porteur de sens et preuve de prestance... Autant de signes que le profane devait décrypter tant bien que mal.

On ne sortait son costume des armoires familiales, on ne revêtait la coiffe qu'aux grandes occasions professionnelles ou familiales : marchés, foires, mariages,

deuils, fêtes ou pardons. Mais les Bretons ne les portaient jamais au quotidien. Le costume ou la coiffe révélaient beaucoup sur celui qui le portait : appartenance géographique, métier, réussite économique...
Rien ne sert de pleurer la disparition des robes écarlates de Ploaré, il faut les interpréter comme les fruits artistiques d'une culture bien plus évoluée qu'on ne le pense, trop longtemps victime des préjugés.
Les modes vestimentaires paysannes bretonnes ont commencé à décliner en 1914, au profit des habits citadins modernes. Seules quelques très vieilles femmes de la région de Plougastel-Daoulas (Finistère Nord) et du Pays bigouden (Finistère Sud) arborent encore les costumes et les coiffes. Les cercles celtiques les ressortent à l'occasion des fêtes bretonnes *(festoù-noz),* des pardons et nombreuses manifestations culturelles qui rythment et animent l'été breton. Et si l'image de la Bigoudène est très répandue, c'est que, outre l'aspect spectaculaire de sa coiffe, cette mode a perduré dans le Pays bigouden plus longtemps qu'ailleurs. De cette tradition vestimentaire bretonne, un seul vêtement (qui n'était pas un habit de fête) est parfois encore porté, même par des jeunes des grandes villes françaises : c'est le *kab an aod* de Kerlouan (Finistère Nord), plus connu sous le nom de ***kabig,*** avec sa grosse toile, sa large capuche et ses boutons effilés en corne de vache !

Sites internet

- ***coiffes.free.fr*** • Cartes postales anciennes de Bretonnes en coiffe.
- ***site.voila.fr/bretonnes*** • Photos d'aujourd'hui de jeunes Bretonnes en coiffe lors des fêtes.

CONTES ET LÉGENDES

« La Bretagne est un pays de légendes. » Combien de fois n'a-t-on pas lu ou entendu ce slogan ? La publicité s'est donc parfois emparée de la dimension mystérieuse de la Bretagne, que ce soit pour vanter la saveur des galettes Saint-Michel qu'on se procurerait grâce à des distributeurs installés dans des menhirs (!), ou simplement y attirer le touriste avide de mysticisme. Sous ces légèretés se cache une réelle propension des Bretons à s'inventer des récits et des croyances. Légendes locales ou grands thèmes communs à tous les pays bretons, tous nourrissent profondément l'imaginaire des peuples. Quelques grands écrivains bretons se sont attelés à la collecte de ces contes et légendes ; citons François-Marie Luzel (1821-1895) et Anatole Le Braz (1859-1926), par exemple.

CARABESSEN

Il s'agit du nom de la fée Carabosse en breton. C'était aussi le surnom donné aux « bonnes du curé » car elles étaient souvent âgées et habillées tout en noir.

L'*Ankou*

Voilà quelqu'un qu'on vous souhaite de ne pas rencontrer au détour d'un chemin, ce serait là votre dernière balade. Ce charmant squelette armé d'une faux est la représentation de la mort dans la tradition armoricaine. Il circule la nuit sur son *karrig an Ankou,* le char de l'Ankou, et y embarque les morts vers l'au-delà. Celui qui entend le grincement des roues de ce « convoi de malheur » doit s'attendre à la mort prochaine d'un proche, et jamais personne n'a réchappé d'une rencontre avec lui. Dans certaines régions du littoral, c'est sur le *bag noz,* bateau de nuit, que l'Ankou accomplit sa funèbre besogne.

Les *korrigans*

Ces petits gnomes (*korr* signifie « nain » et le suffixe *ig* « petit »), très présents dans les contes traditionnels, vivent dans la nature et installent généralement leurs repaires dans des grottes ou des dolmens. Ils y amasseraient d'immenses richesses, dont ils feraient profiter les humains les jours de grande bonté uniquement, car ils sont incroyablement avares ! Ils seraient aussi capables de sévères punitions pour ceux qui les mépriseraient. Si vous voyagez beaucoup, vous risquez de rencontrer d'autres ***lutins,*** proches cousins de nos korrigans, comme les trolls en Norvège ou en Suède.

Les légendes arthuriennes

Dans la littérature du Moyen Âge, la « matière de Bretagne » constituait l'origine des romans bretons. Parmi ces récits communs à tout le monde breton (îles Britanniques et Armorique), les légendes du cycle arthurien (ou de la Table ronde) ont été localisées en forêt de Brocéliande (forêt de Paimpont) à partir du XIe s, même s'il semble que ces aventures se soient déroulées en Grande-Bretagne et en Bretagne continentale. Les chevaliers de la Table ronde (dont les plus célèbres sont Arthur, Lancelot et Perceval), Merlin l'Enchanteur, Viviane, la fée Morgane..., tous ces « esprits » hantent aujourd'hui Brocéliande, dont la partie située dans le Morbihan est traitée dans ce guide, l'essentiel de cette forêt se trouvant dans l'Ille-et-Vilaine (Bretagne Nord).

À lire

– ***Le Guide de la Bretagne mystérieuse,*** de Gwenc'hlan Le Scouëzec (éd. Coop Breizh, 2002). Ouvrage épuisé, consultation en bibliothèque ; ***Contes et légendes de haute Bretagne,*** d'Albert Poulain (éd. Ouest-France, 2007).

CUISINE BRETONNE

On s'est longtemps accordé à louer la qualité et la fraîcheur des produits bretons tout en niant presque l'existence d'une gastronomie, la cuisine bretonne étant réputée fruste et sans finesse. Pourtant, Armor et Argoat ont toujours fourni quantité de produits permettant une alimentation extrêmement variée et équilibrée. Mieux que ça, les recettes collectées ont montré l'influence de saveurs exotiques, épices et aromates que les marins rapportaient : safran, vanille, rhum, pruneaux... Ce même goût pour l'exotisme et les produits nouveaux a aussi fait que les Bretons ont très vite intégré le blé noir (ou sarrasin ; au XVIe s) et la pomme de terre (au XVIIIe s) à leur alimentation de base.

SPÉCIALITÉ BRETONNE ?

Jusqu'en 1965, dans l'ancienne gare Montparnasse, on pouvait déguster des krapfen, délicieux beignets soi-disant bretons mais introuvables en pays celte. On sait aujourd'hui que ces douceurs sucrées étaient d'origine allemande, destinées aux soldats d'occupation. On mit 20 ans à s'en rendre compte.

Dans les années 1960, l'agriculture et l'élevage intensifs sont apparus à tout le monde comme la panacée. Aujourd'hui, on paie le prix de cette course folle avec une surproduction, un effondrement des cours, une terrible pollution...
Un peu plus tard, on a compris que l'image de la Bretagne était porteuse et qu'il fallait tirer parti de cette valeur ajoutée. Certains artisans et producteurs ont senti que cela n'avait de sens qu'à condition de respecter ces racines et ce terroir ; qu'il

ne suffisait pas de mettre un triskèle sur une andouille ou une Bigoudène en coiffe sur un *kouign amann* pour les rendre bons... Mais qu'un produit de qualité ferait leur fierté et leur fortune.
Idem dans la restauration. D'un côté, à cause du tourisme, de médiocres crêperies-grill-pizzeria-fruits de mer ont proliféré, et de l'autre, des cuisiniers ont ouvert leur carnet, retrouvé les goûts de leur enfance et planché sur une mise en valeur de leur immense patrimoine culinaire. Ils en ont fait une des cuisines les plus intéressantes qui soient. Des produits frais et sains, cuisinés sans artifice mais avec talent et passion. Maintenant, en route pour le marché...

Les incontournables

– ***Crêpes et galettes :***

« Quand le moulin fera un tour de roue, j'aurai un peu de bouillie ou une crêpe. »

Dicton populaire breton.

Crêpe ou galette ? Généralement, la galette est à base de blé noir (sarrasin) et la crêpe provient du froment. Cela dit, rares sont les crêpiers qui ne mélangent pas les deux farines, pour éviter que la crêpe ne soit trop sèche (mais n'en soufflez pas mot aux puristes !). Dans tous les cas, tout est histoire de sarrasin, de *pillig* et de convivialité dans la *krampouezh* (de son nom breton).
Quatre siècles après les croisades, le blé noir, qui se contente des terres les moins fertiles, recouvrait les champs bretons. On s'en servit alors pour faire la galette, une simple bouillie étalée et desséchée. En fait, il ne s'agit pas de blé, même pas d'une céréale, puisque le sarrasin appartient à la famille des polygonacées, comme la rhubarbe et l'oseille. Il possède néanmoins des qualités nutritionnelles proches du blé, tout en étant dépourvu de gluten. À une époque où le pain n'existait pas, la galette ne tarda pas à devenir la nourriture de base dans les campagnes (du XVIe au XIXe s) et à sauver la population de famines. Dans les foyers ou sur les marchés, les Bretons venaient avec leur cidre (indissociable de la crêpe !) et leur garniture préférée, et constituaient leur propre repas dans une atmosphère de convivialité. Ce mélange de blé noir, sel et eau cuisait sur le *pillig,* une sorte de poêle plate, en fonte, généralement de 40 à 70 cm de diamètre. Jusque-là, aucun Breton ne nous contredira. Mais quand entrent en jeu l'épaisseur de la crêpe et la garniture, rien ne va plus. Disons que d'une manière générale, on trouve en haute Bretagne des galettes à pâte épaisse et en basse Bretagne des crêpes très fines, idéalement garnies uniquement de beurre (car c'est ainsi que la crêpe est dégustée pour elle-même). Après, c'est une affaire de goût... Quant à ce qui peut donner un goût inimitable à une crêpe, c'est le morceau de couenne de porc fraîche parfois encore utilisé pour enduire la poêle, à la place du beurre.
Les amateurs rechercheront sur les devantures des crêperies le label « Crêperies Gourmandes ». Ce label atteste d'une formation et d'un contrôle de qualité.

LA CRÊPE DES GRANDS JOURS

En Bretagne, la crêpe est à base de froment tandis que la galette est fabriquée avec du sarrasin. Le sarrasin était bien moins cher, car il était importé des croisades. Or, il n'y avait aucun impôt sur les plantes étrangères (à la différence du blé ou du seigle). Le sarrasin était donc la farine des pauvres. Le repas de crêpes se faisait une fois par semaine, souvent le vendredi. On proposait des crêpes aux invités, jamais des galettes.

– ***Fars :*** en basse Bretagne, le far est la façon la plus traditionnelle de préparer farines de sarrasin et de froment. On trouve des versions sucrées comme le célèbre far aux pruneaux ou le *pouloudig* du pays de Léon (blé noir, lait et rhum ; parfois, les raisins secs ou même le sucre et la cannelle entrent dans la composition) et des versions salées comme le *farz gwad* d'Ouessant (au sang de porc). Nature ou saupoudré de sucre, émietté ou en tranches, on mangeait le far pour accompagner la viande. Le plat le plus célèbre est le *kig ha farz,* typique du pays de Léon : grosse potée paysanne dans laquelle on trouve des légumes (chou, carotte, rutabaga, etc.), de la viande de porc (essentiellement du lard et de la saucisse fumée, mais aussi des morceaux plus nobles, selon les circonstances) et, bien sûr, le far, qui cuit dans le bouillon, dans un sac de toile. La mode du terroir a relancé ce plat délicieux, pourtant délaissé. Aujourd'hui, de nombreux restos à touristes le proposent tout l'été sur leur carte, pour faire local sans doute...

– ***Kouign amann :*** ici encore, le meilleur côtoie le pire. Un bon *kouign amann* n'est ni trop gras ni trop sucré (enfin, ne rêvez pas, les calories sont là !). Et comme on ne veut pas tomber dans les excès du purisme, on vous signale qu'on en trouve des bons ailleurs qu'à Douarnenez (la patrie d'origine). Il s'agit d'une pâte à pain améliorée, avec du beurre et du sucre, que l'on replie plusieurs fois sur elle-même (c'est ce qui va lui donner sa légèreté). Qualité des produits et coup de main font le reste. Légèrement réchauffé, quand le beurre salé fond dans la bouche, c'est une pure merveille !

– Tout aussi incontournables, les ***traou-mad*** et les galettes de Pont-Aven, les galettes de Pleyben, de Fouesnant, de Saint-Michel, les crêpes dentelle de Quimper, le *gotchial* de Saint-Armel, la fouace, les quatre-quarts et gâteaux de La Trinitaine, toute la gamme des biscuiteries LU (Petit Beurre, Paille d'Or), de la Biscuiterie nantaise (Choco BN), ainsi que le gâteau nantais. Ah ! que de noms familiers !

– ***Sel :*** on ne présente plus le sel de Guérande (*Gwen-Rann,* le « Pays blanc »), l'un des premiers produits du terroir à être devenus à la mode. Y'a qu'à voir l'inflation du prix de l'os à moelle dans les restos parisiens dès lors que trois grains de fleur de sel viennent le décorer ! Sur place, vous le trouverez vendu au kilo à un prix très correct. Les marais de Guérande offraient un triste spectacle avant que de jeunes paludiers – dont beaucoup de fous venus de Paris – ne décident de remettre les œillets (bassins dans lesquels se forme le sel) en état de marche : vase et algues avaient tout bouché, et il a fallu s'armer de patience en attendant la première récolte. Pari gagné. Et le sel breton doit aujourd'hui son succès à sa qualité plus qu'à une quelconque dispense de gabelle !

– ***Beurre :*** symbole fort et produit phare en Bretagne, il était autrefois offert en guise de bienvenue avec le pain et le couteau qui « allaient avec ». Le sel permettait simplement de le conserver (d'où le prestige du beurre doux de Normandie, qui était, avant tout, le signe qu'on avait les moyens d'en acheter souvent). Mais il y a aussi une raison historique au fait que le beurre était salé : les Bretons n'étaient pas assujettis au paiement de la gabelle ; ils utilisaient donc le sel sans compter. Aujourd'hui, on le trouve sur toutes les tables, et il paraît inimaginable de se passer de ce petit goût salé qui vous titille la langue et vous fait saliver. Le beurre est encore fêté chaque année au pardon de Spézet (Finistère Sud), avec sa célèbre motte de beurre sculptée.

Traditionnellement, le beurre pouvait être remplacé certains jours ou pour certains plats par de la graisse de porc salée (encore fabriquée par quelques charcutiers, elle n'a rien à voir avec le saindoux). Confite et délicieuse, c'est sur un simple bout de pain que vous l'apprécierez le mieux.

Avec une consommation annuelle qui avoisine les 8,2 kg par an et par habitant, la France est le pays au monde qui fait la plus grande consommation de beurre.

– ***Le beurre blanc :*** nombreuses sont les légendes sur l'origine de sa recette. Il vit vraisemblablement le jour à Saint-Julien-de-Concelles, près de Nantes, au début du XXe s, et plus précisément à l'auberge de *La Chebuette.* Et depuis, il ne cesse de faire fondre de plaisir les gastronomes. Clémence Lefeuvre, cuisinière de *La Chebuette,* surprit un jour la conversation de deux habitués, qui confiaient préférer la sauce plus épicée d'un concurrent. Clémence ajouta alors à son mélange originel de vinaigre, poivre et beurre fondu des échalotes grises afin de relever le tout. Pour réussir le beurre blanc, voici enfin le secret !

Poissons, coquillages et crustacés

En Bretagne, entre les poissons de mer et les poissons de rivière, entre les coquillages et les crustacés, on n'a que l'embarras du choix ! Autant en profiter pour en faire une cure. S'il se suffit à lui-même, avec juste un peu de beurre, le poisson se prête aussi à toutes les folies. C'est sans doute là que vous apprécierez le plus la nouvelle cuisine bretonne.

> **A VOTÉ !**
>
> *Dans la Rome ancienne, les coquillages en général – et donc les coquilles d'huîtres entre autres – servaient de bulletin de vote. En inscrivant sur la coquille le nom d'un personnage – souvent influent – de la cité, on demandait son bannissement. C'est de là que vient le mot « ostracisme » (du latin* ostrea, *« huître »).*

– À commencer par les soupes de poisson : qu'elles se nomment ***cotriade*** ou ***godaille*** (du côté de l'estuaire de la Loire), elles n'ont rien à envier à la bouillabaisse. À l'origine de la recette de cette dernière : la « part du pêcheur », qui recevait autrefois un poisson de chaque espèce ramenée dans les filets. Cela permettait à sa femme de faire la soupe. Le principe est le même : les poissons du jour, cuits dans un court-bouillon au vin, bien assaisonné. Il existe autant de recettes que de villages, que de familles et même que de jours dans l'année !

– ***La sardine :*** à l'honneur à La Turballe, premier port de la façade atlantique pour la pêche à l'anchois et à la sardine. Si l'anchois est plutôt exporté vers l'Espagne, la sardine grillée est l'un des plats les plus couramment consommés en Loire-Atlantique, y compris à Nantes, où la vente ambulante dans les rues demeure une tradition tenace.

– ***Sardines à l'huile :*** l'incontournable du panier pique-nique. On doit à un confiseur nantais la première conserve au XIXe s. Aujourd'hui, *Connétable, Capitaine Cook, La Belle-Iloise, La Croisicaise...* travaillent encore à l'ancienne des produits de qualité. Oubliez-les dans votre placard pendant quelques années, tout en pensant à les retourner régulièrement pour que la sardine confise doucement.

– ***L'anguille :*** se rencontre dans les estuaires de rivière. Sa larve se laisse porter par les courants du Gulf Stream depuis la mer des Sargasses. Elle est appelée *civelle* (voir ci-après) quand elle parvient aux estuaires de la Loire ou de la Vilaine. Elle remonte alors le cours d'eau pour y terminer sa croissance. De goût assez fort, on la mange soit grillée pour les petites, soit en matelote pour les plus grosses. La préparer n'est cependant pas une mince affaire : il faut la dépouiller alors qu'elle bouge encore !

– ***La civelle :*** alevin d'anguille (bébé de 0,3 g), on la pêche encore à Cormerais et le long de la Loire, au doux bruit des tamis. Prisée des gourmets, elle est devenue rare et son coût conséquent. On la déguste frite ou cuite dans un court-bouillon.

– ***Le brochet :*** ce « requin d'eau douce » se trouve surtout dans le marais de Goulaine, la plus grande frayère à brochets d'Europe. Délicieux, il faut bien le distinguer du brochet d'étang, qui présente parfois un goût de vase ! À déguster avec un beurre blanc nantais.

– ***Le bar :*** apprécie les estuaires et les eaux agitées, où il aime chasser. Poisson noble par excellence, pouvant atteindre 80 cm, il a trouvé en Loire-Atlantique une recette à la hauteur de sa chair goûteuse : le bar en croûte de sel de Guérande, concocté par un chef du Croisic dans les années 1980 et qui a fait sa notoriété.

– ***Fruits de mer :*** qui n'a pas rêvé d'un plateau de fruits de mer, le regard perdu vers le large et le nez plongé dans un bon verre de muscadet ? Assister à une vente à la criée vous mettra à coup sûr l'eau à la bouche : crabes, tourteaux, araignées, étrilles, cigales de mer, galathées, crevettes et, bien sûr, le homard...

Roi des crustacés et crustacé des rois, il n'a pas fini de faire couler de l'encre, ni de faire parler de lui. Le meilleur vient de Bretagne, tout le monde est bien d'accord. Quant à la recette, les tenants du homard « à l'armoricaine » et ceux du homard « à l'américaine » n'ont pas fini de se chamailler et de se disputer la paternité. On aurait improvisé la recette dans les cuisines d'un paquebot effectuant la traversée entre la France et les États-Unis ; ou bien elle serait née de l'imagination de Pierre Fraisse, un célèbre chef parisien, en 1880, pour des clients américains arrivés en retard. Le problème, c'est que l'on retrouve en Bretagne, dès le XIXe s, une recette plus simple mais similaire. Tous les ingrédients sont en tout cas réunis pour en faire un plat breton. En outre, ça fait maintenant plus d'un siècle qu'on le mange en Bretagne « à l'armoricaine ». Peut-être serait-il temps de clore le débat...

LE HOMARD ? COMPLEXE

Pour grandir, il mue. Le homard quitte sa carapace environ 22 fois dans sa vie. Alors sans protection, il est à la solde des prédateurs et se cache 15 jours, le temps que sa carapace durcisse. Autre surprise, les pinces ne sont pas identiques : la plus grosse porte des molaires (pour broyer) et la plus petite a des incisives (pour couper). Quand le homard perd une pince, elle repousse.

On ne peut évidemment pas faire l'impasse sur les ***coquilles Saint-Jacques,*** dont les plus fameuses proviennent d'Erquy, ni sur les langoustines pêchées sur le littoral bigouden. Une belle assiette se doit de comporter également bulots, bigorneaux, clams, palourdes, praires, rigadeaux (coques), pétoncles, amandes de mer... Avec un peu de chance, vous trouverez sur le marché de l'***ormeau*** ; n'hésitez pas, c'est une merveille, malheureusement trop rare. Il est possible d'en manger sur l'île de Groix, qui en fait une de ses spécialités (d'élevage). Mais le prix peut décourager !

– Les ***moules*** et les ***huîtres*** sont deux coquillages rois en Bretagne. Quelques « crus » sont particulièrement réputés : baie du Mont-Saint-Michel (Vivier-sur-Mer), Pénestin... pour les moules ; Cancale, Aber Wrac'h *(Prat ar Coum),* Penerf, Riec-sur-Bélon, golfe du Morbihan... pour les huîtres. Les moules – marinière, au lard ou en mouclade – se trouvent sur toutes les cartes de restos en été. Les huîtres se dégustent toute l'année, même hors des mois en « r » (elles sont alors beaucoup plus laiteuses). Maigres ou grasses, c'est ensuite le goût qui parle. Les huîtres plates sont beaucoup moins grasses que les creuses, c'est bon à savoir...

LES HUÎTRES ET LA DERNIÈRE GUERRE

Autrefois, les huîtres étaient consommées par une élite sociale. Dès 1941, la nourriture ne s'achetait plus que sur présentation de tickets de rationnement. Toutefois, les huîtres (trop rares ?) se vendaient sans ticket. Alors, compte tenu des restrictions alimentaires, très vite, la consommation décupla. La production aussi. À la fin de la guerre, les Français y avaient pris goût.

Viandes

– ***Andouille :*** un des grands classiques de l'Argoat. La plus célèbre, l'*andouille de Guémené-sur-Scorff* (Morbihan), doit être fumée, moelleuse mais pas trop grasse. À la coupe, ses cercles concentriques sont dus à une technique particulière de fabrication : l'embauchage des chaudins. Les chaudins de porc, ou gros intestins, sont sélectionnés avec une attention extrême, triés en fonction de leur diamètre, coupés en lanières pour constituer le cœur. Puis enfilés un à un autour du cœur de l'andouille et dans la baudruche de bœuf. Fumés au bois de chêne ou de

hêtre, on les met à sécher jusqu'à 9 mois selon les goûts. L'andouille embaume à souhait une galette de sarrasin. Victime de son succès, on trouve le pire comme le meilleur.
Tout aussi exceptionnelle, l'*andouille de Baye* (Finistère Sud), ou andouille au lard : un vrai régal. Plus claire que la précédente, dans son cœur se cache... un morceau de lard. Mais partout en Bretagne, les petits charcutiers de village vous proposeront leur andouille maison, dite « de campagne ». Très proche de l'andouille de Vire (en Normandie), c'est un pur délice au petit déjeuner (eh oui !), sur une bonne tartine de beurre salé. Dans tous les cas, préférez les qualités artisanales : l'andouille ne supporte ni le plastique ni la médiocrité.
– ***Volailles et charcuteries :*** peu de bœuf, autrefois, sur les tables bretonnes. Le porc, tué une fois l'an, le remplaçait avantageusement, le plus souvent sous la forme de pâtés, rillettes, saucisses, boudins ou tripes. On mangeait aussi beaucoup de viande blanche, et les volailles faisaient la fierté de la Bretagne (qui en exportait la plus grosse partie aux Parisiens) : chapon et poulet de Janzé, canard nantais au muscadet...

Vous prendrez bien du fromage

– ***Le curé nantais :*** il a été créé à Saint-Julien-de-Concelles, près de Nantes, en 1880, par un fromager conseillé par un curé. C'est un fromage réellement typique de la Bretagne. Sa pâte est molle, au lait cru et entier. Le seul fabricant se trouve à Pornic. Il en existe plusieurs déclinaisons, mais notre préférée reste celle au muscadet.
– ***Machecoulais :*** un autre fromage fabriqué en Loire-Atlantique dans le village de... Machecoul. Fromage à pâte molle et de forme ovale, il a plutôt une texture crémeuse.

PAS DE QUOI EN FAIRE UN FROMAGE

Hormis le curé nantais, la Bretagne ne fabrique pas de fromages particuliers. L'autorisation royale qui dispensait les Bretons de payer la gabelle leur permettait de conserver le beurre en le salant. Donc pas besoin de fabriquer de fromages. Et pourtant, les vaches sont nombreuses ! Voilà pourquoi on y produit du gruyère qui est ensuite affiné en Suisse, ou même du camembert qui part en Normandie.

Fruits et légumes

La France occupée a découvert pendant la guerre l'immense richesse de la Bretagne, pays prodigue et nourricier, qui lui a inlassablement expédié toutes sortes de victuailles. L'Argoat est aujourd'hui l'une des premières régions agricoles françaises. Des groupements de producteurs ont permis de sauvegarder puis de développer des légumes traditionnels, et se battent de façon intelligente pour la promotion de leurs produits. On pense par exemple à *Prince de Bretagne,* qui ne se cantonne plus depuis longtemps à l'artichaut et au chou-fleur. Ils ont réussi à faire passer le délicieux coco de Paimpol en AOC et se battent maintenant pour l'oignon rose de Roscoff et le lentin de Saint-Pol (un délicieux petit champignon qui devrait supplanter sous peu le champignon de Paris).
Mais les richesses du sol breton ne se limitent pas à ça. Pommes de terre primeurs de l'île de Batz, navets jaunes de Belle-Île, fraises de Plougastel, melon petit-gris de Rennes, châtaigne (teillouse) de Redon sont d'une grande qualité gustative ; dommage que leur diffusion reste si confidentielle. Ce qui n'est pas vraiment le cas des pommes ni des kiwis (eh oui ! la Bretagne en produit plus que la Nouvelle-Zélande !) des primeurs nantais ; carottes et mâche nantaises se trouvent sans problème sur tous les étals français. L'Armor n'est pas en reste non plus, depuis que les grands chefs se sont entichés de la cuisine aux algues.

Dernière trouvaille, le kale, qui pousse par champs entiers dans le Pays du Léon (Finistère Nord). Ce chou détox, très apprécié de la jet-set américaine et favori des nutritionnistes pour ses qualités diététiques, fait à présent fureur dans les restos branchés !

... Et les douceurs

– ***Bonbons :*** le berlingot de Nantes, fait de sucre cuit, avait autrefois la forme d'une coquille d'escargot et se vendait en cornets dans les rues de la ville. Citons également le caramel au beurre salé dont la maison *Leroux*, à Quiberon, revendique la création et les niniches, ces sucettes fabriquées avec du caramel pur beurre, un feuilleté praliné ou du sucre de canne aux arômes naturels de fruits.

DRUIDES

C'est au pays de Galles, sur l'île d'Anglesey (autrefois Mona), que se situait le saint des saints du druidisme ancien. Jules César en parle déjà dans *La Guerre des Gaules*. Ce qui ne l'empêcha pas de massacrer les druides qui y habitaient. Des druides, des bardes et des ovates, on en trouvait dans tous les pays de langues brittonique et gaélique : Irlande, Écosse, Cornouailles, Devon, île de Man et, bien sûr, dans notre chère Bretagne péninsulaire.
Les druides, juges suprêmes de la nation et interprètes de la volonté divine, étaient placés au sommet de la hiérarchie sociale, devant le roi celte. Ils étaient tout à la fois prêtres, juges et professeurs. D'où l'origine de leur nom : *druwi-des*, c'est-à-dire « les très voyants, les très savants ». Ils étaient chargés des sacrifices à Ésus, Teutatès, Taranis, Bélénus (dieu solaire, d'où les nombreux Bel-Air que l'on trouve sur la carte), les principales divinités du panthéon druidique.
C'est une erreur de croire que les druides ont dressé les dolmens et les menhirs. Ces mégalithes existaient déjà bien avant l'arrivée des Celtes. Les druides les ont peut-être utilisés pour leurs rituels. Parmi eux nous revient en mémoire celui de la récolte du gui, lors de leur fête de Printemps : le Nouvel an druidique.
Les nouveaux druides d'aujourd'hui sont très discrets et ne souhaitent pas être dérangés pour rien. Pourtant, ils sont bien là. Beaucoup de chapelles dissidentes, de branches sectaires, de rameaux fanatiques. Reste la branche traditionnelle du *Gorsedd* breton, le Collège des druides, des bardes et des ovates de Petite Bretagne.

LE GUI SACRÉ

Les druides avaient sacralisé les arbres et les plantes. C'est ainsi que le chêne, arbre supérieur, était vénéré comme représentation celtique de Jupiter. Lors du Nouvel An, le druide, vêtu d'une robe blanche, y grimpait et, à l'aide de la faucille d'or qu'il arborait pour les grandes cérémonies, il cueillait le gui, son parasite médicinal, dans un linge blanc. Le gui symbolisait la fertilité et soignait bien des maladies. Bonne pioche puisqu'aujourd'hui on l'utilise contre certains cancers.

ÉCONOMIE

Le guide *Bretagne Sud* comprend le Finistère Sud, le Morbihan, ainsi que la Loire-Atlantique, même si ce département est administrativement rattaché à la région Pays-de-la-Loire, bien malgré lui... car, rappelons-le, ce département faisait partie de la Bretagne jusqu'en 1941. Quoi qu'il en soit, ces territoires possèdent des activités économiques similaires comme l'agriculture, la construction navale et le tourisme.

L'agriculture

La Bretagne abrite 7 % des exploitations agricoles françaises, ce qui en fait l'une des premières régions agricoles du pays. L'agriculture de la Bretagne Sud est à l'image de celle de la Bretagne tout entière : elle est la première région française productrice de porcs, de volailles et de légumes. Dans le Finistère, les élevages de porcs et de gros bovins sont dominants. Le Morbihan, lui, est le leader des départements producteurs de volailles : poulets, dindes, dindons, pintades et œufs. Dans le Morbihan et le Finistère Sud, on cultive haricots verts, épinards, petits pois, carottes et flageolets.
En Loire-Atlantique, la production animale (veaux, vaches, porcs, moutons, volailles, œufs et lait) représente les deux tiers des ressources totales. Les productions végétales comprennent les céréales et les oléagineux, des produits maraîchers tels que la mâche, et des appellations de vins du Pays nantais : le muscadet, le gros-plant et le coteaux-d'ancenis. Ce département dispose également de produits certifiés : le sel de Guérande de qualité Label Rouge (10 000 t par an) et les céréales et légumes biologiques.

GLANDER !

Tiens, en parlant des porcs : dès le Moyen Âge, « glander » fut une activité consistant à mener les cochons dans les chênaies pour les nourrir de glands. C'était une façon bien reposante d'occuper sa journée. Pas étonnant qu'aujourd'hui ce mot signifie « rien foutre » !

La pêche

En tonnage, le produit de la pêche bretonne représente 22 % de la production nationale, ce qui place la région en tête. Les principaux ports de Bretagne Sud sont Le Guilvinec, Concarneau et Lorient, où la pêche (de la journée à plus de 20 jours) emploie de nombreux marins. Dans l'ensemble, les ports de la côte sud ciblent des espèces différentes de celles de la côte nord et ramènent merlan, morue, lingue, lieu noir, grenadier... En -Atlantique, La Turballe et Le Croisic bénéficient de deux criées où sont vendus anchois, sardines, merlus, maquereaux, soles, langoustines et tourteaux. L'activité conchylicole est également dynamique, qui produit moules, huîtres et coques dans les rias (Pénestin, Pénerf, Étel, Aven et Belon), ainsi que dans le golfe du Morbihan.

POURQUOI LES HUÎTRES SONT-ELLES VENDUES À LA DOUZAINE ?

Autrefois, on pouvait calculer par douzaines sans être allé à l'école. En effet, le pouce permet de compter sur les quatre autres doigts de la main qui possèdent trois phalanges chacun et qui servent de boulier (4 x 3 = 12). Ce comptage perdure pour beaucoup de produits d'alimentation.

L'industrie

En Bretagne Sud, les industries agro-alimentaires sont omniprésentes – produits laitiers, abattage d'animaux, conserveries de légumes et de poisson, plats cuisinés – et leur localisation est toujours proche des lieux de production agricole. Dans le Finistère Sud, l'abattage et la production de viande de boucherie se concentrent à Châteauneuf-du-Faou, Quimperlé, Guisgriff et Moréac. La production de viande de volailles est présente à Châteaulin, Guisgriff, Locminé, Vannes, Bignan et Pleucadec. Gourin, Saint-Thurien et Locminé sont plus spécialisés dans la transformation de légumes.

Quant à l'***industrie du poisson,*** dont la capitale est Douarnenez, les trois quarts de ses salariés travaillent dans le Finistère. En Loire-Atlantique, l'agro-alimentaire est extrêmement dynamique. Preuve en est le MIN de Nantes, qui est le deuxième marché français après Rungis.

La Bretagne Sud est également marquée par la ***construction navale.*** Les ***chantiers de l'Atlantique de Saint-Nazaire,*** troisièmes chantiers mondiaux de construction navale, ont enfanté de fabuleux paquebots comme le *Normandie,* le *France,* le *Souverain des Mers* ou le *Renaissance* et le *Queen Mary II.* Chaque année, de nouveaux paquebots géants voient le jour à Saint-Nazaire.

L'aéronautique et l'armement sont également présents en Loire-Atlantique. Saviez-vous que l'*Airbus* y est pour moitié fabriqué ? Matra y produit des microprocesseurs et Alcatel y développe des centraux téléphoniques. Et à Bouguenais, Jeanneau Lagoon a fabriqué les voiliers de compétition de Philippe Poupon et de Florence Arthaud.

Le secteur tertiaire

En Bretagne Sud, c'est incontestablement le tertiaire (administrations, armée, commerce, transports, services, tourisme) qui crée le plus d'emplois, avec près de 70 % des actifs.

Dans cette région, la 2e plus prisée en France pour les vacances estivales, la très forte fréquentation touristique se compose essentiellement de Français, d'Anglais, d'Italiens et d'Allemands. Les commerces et cafés-hôtels-restaurants ne chôment pas !

Les Bretons qui entreprennent

Déterminés et persévérants, les entrepreneurs bretons sont excellents dans leur domaine. Citons à Pouldreuzic (Pays bigouden, Finistère Sud) la famille ***Hénaff,*** fabricante du célèbre pâté Hénaff dont la devise a toujours été : « Seul un Breton s'entête à faire aussi bon ! »

À Douarnenez, l'entreprise ***Chancerelle,*** la plus ancienne conserverie de poisson du monde, s'est modernisée malgré la crise et continue de se battre sur un marché difficile. À Quimperlé, citons le groupe ***Bigard*** (abattoirs, transformation de la viande). Une des plus belles réussites industrielles et commerciales en Bretagne Sud reste probablement celle de l'entreprise d'***Yves Rocher,*** décédé en décembre 2009. Ce Breton de La Gacilly (Morbihan), autodidacte, a dirigé la première marque mondiale de cosmétiques d'origine végétale. Selon le magazine *Capital,* Yves Rocher était considéré comme l'homme le plus riche de Bretagne. L'entreprise est toujours dans les mains de la famille. N'oublions pas ***Armor Lux,*** à Quimper, qui a habillé les postiers, les personnels de bord de la SNCF et des aéroports de Paris, ainsi que... le ministre Arnaud Montebourg en 2012. Il a fait de la marinière rayée bleu marine et blanc l'emblème du « made in France ». Notons aussi la nouvelle génération d'entrepreneurs comme ***Serge Roux,*** de Kervignac (Morbihan), fabricant de composants électroniques.

Enfin, bien que la plupart de ses activités industrielles et financières soient déployées hors de Bretagne, ***Vincent Bolloré,*** Breton très attaché à la Bretagne, a gardé le siège de son groupe à Ergué-Gabéric (près de Quimper). Celui-ci, très diversifié, emploie aujourd'hui environ 32 000 salariés et se classe dans les 250 premières entreprises européennes.

EMBLÈMES ET SYMBOLES BRETONS

– ***Le drapeau :*** le fameux ***gwenn ha du*** (« blanc et noir »). Créé en 1923 par Morvan Marchal, fondateur et militant du mouvement nationaliste *Breiz Atao,* il fut déclaré drapeau national breton en 1927 au premier congrès du parti autonomiste breton. Ses cinq bandes noires représentent les cinq évêchés de haute Bretagne, parlant gallo (c'est-à-dire le Rennais, le Nantais, le Dolois, le Malois, le Penthièvre) ; et ses quatre bandes blanches les quatre évêchés bretonnants (c'est-à-dire parlant breton) de basse Bretagne (à savoir : Cornouaille, Léon, Trégor et Vannetais). Le quart gauche est occupé par 11 mouchetures d'hermine. Différentes interprétations accompagnent ce chiffre : il rappellerait les 11 ducs ou duchesses qui furent à la tête de la Bretagne, ou il correspondrait au nombre de lettres du « slogan » *Breizh Dieub* – « Bretagne libre ». En réalité, le nombre de mouchetures d'hermine n'aurait pas de signification, contrairement au nombre d'étoiles du drapeau américain. La tradition veut que l'on porte ce drapeau droit au-dessus de la tête.

UN DRAPEAU NOIR ET BLANC

Interdit après la Seconde Guerre mondiale, symbole fort lors de la vague autonomiste des années 1970, le drapeau breton a aujourd'hui gagné la reconnaissance des Bretons et n'a pas fini de flotter sur le pays et ailleurs (Jean-Loup Chrétien, célèbre astronaute breton, n'a d'ailleurs pas manqué de le faire voyager dans l'espace).

Le premier drapeau breton date de la troisième croisade (1188), lorsqu'il fut décidé de distinguer les croisés selon leur nationalité. Les Bretons se battaient sous une bannière ornée d'une croix noire sur fond blanc, le *kroaz du.* Au XIIIe s, sous le règne de Pierre Mauclerc, apparut le drapeau ducal blanc complètement tapissé d'hermines noires. Plus tard, croix et hermines furent mêlées sur les bannières. À la fin du XIXe s, le drapeau à hermines sur fond blanc refit surface en même temps qu'un certain renouveau identitaire breton. Pour plusieurs raisons, notamment son aspect un peu moyenâgeux et sa ressemblance avec le drapeau royaliste français (fleurs de lis sur fond blanc), il ne convenait pas aux militants, en majorité républicains. Le *gwenn ha du* de Morvan Marchal allait rallier la majorité des suffrages de ces militants, représentant bien la géographie bretonne (avec la symbolique des bandes), conservant les couleurs de base de la Bretagne et l'incontournable hermine.

– ***L'hermine :*** l'hermine est devenue emblème de la Bretagne au début du XIIe s par le mariage d'Alix, héritière du duché de Bretagne, avec Pierre Ier de Dreux, dit « Mauclerc », un duc capétien. En plus de ses armes, Mauclerc portait une hermine pour se distinguer des autres membres de sa famille. Bizarrement, Alix adopta les armes de son mari (et son hermine) et non celles de sa propre famille. Bientôt, les pièces de monnaie furent frappées de l'hermine. On retrouve, bien sûr, le symbole de l'hermine sur le drapeau breton, le *gwenn ha du* (voir ci-avant).

HISTOIRE TRISTE

Un chasseur poursuivait une hermine pour saisir sa précieuse fourrure blanche. L'animal fuit et s'arrêta soudain devant une mare de boue. La duchesse Anne de Bretagne aperçut l'hermine qui refusait de se salir dans l'eau croupissante. Le chasseur la tua, ce qui émut la Duchesse. Ainsi est née la devise de la Bretagne : « Plutôt la mort que la souillure ».

– ***Le triskèle (ou triskell) :*** outre le drapeau, il est, avec l'hermine, le symbole le plus répandu en Bretagne. Sorte de croix formée de trois spirales ou ailes. Ces spirales représenteraient les trois éléments, l'eau, l'air et le feu. D'autres y voient plutôt une roue solaire, dont le roulement vers la droite apporterait harmonie et bonheur, et le roulement vers la gauche malheur et destruction. D'abord utilisé comme motif décoratif par les Celtes (sur les casques et les boucliers notamment), le triskèle fut repris à partir de la fin du Moyen Âge dans l'art religieux et dans l'ornement du mobilier rustique. Plus récemment, au cours du XXe s, le triskèle a souvent pris une connotation nationale, de nombreux partis politiques et

mouvements druidiques le choisissant pour emblème. C'est aussi l'un des motifs favoris des créateurs de bijoux, bagues et pendentifs en particulier.
– ***La croix celtique :*** symbole essentiel du christianisme, la croix est, en pays celte, inscrite dans un cercle. On peut assimiler ce dernier au « cercle druidique », où se tiennent les rites, mais également au symbolisme de la roue, très présent dans la tradition celtique. La roue illustre notamment la notion de temps (en breton, le temps tourne et ne passe pas, et beaucoup d'expressions se rapportent à cette idée). D'ailleurs, si les croix celtiques débordent du cercle, ce n'était pas le cas des toutes premières, qui y tenaient entièrement.

ENVIRONNEMENT

An douar a zo re gozh, evit ober goap anezhan, dit un proverbe breton. « La terre est trop vieille pour qu'on se moque d'elle. » En matière d'environnement, la Bretagne Sud (la partie traitée dans ce guide, soit le Finistère Sud, le Morbihan et la Loire-Atlantique) est exposée aux mêmes dangers et aux mêmes nuisances que la Bretagne Nord.

L'eau potable ? Le porc de l'angoisse !

La première source d'inquiétude est la ***dégradation de la qualité de l'eau,*** au point que le sujet de préoccupation environnementale s'est mué en question de santé publique. La Bretagne est la seule région de France entièrement classée en « zone vulnérable » pour la pollution des eaux par les ***nitrates.*** Un seul chiffre éloquent : 30,6 mg/l de nitrates en moyenne sur l'ensemble des cours d'eaux bretons en 2007, alors que la « valeur guide » vers laquelle il faut tendre est de 25 mg/l de nitrate (la limite réglementaire étant fixée à un maximum de 50 mg/l au robinet et dans les eaux brutes superficielles). Pas très satisfaisant, donc, et une dépollution qui fait au bout du compte de l'eau potable bretonne l'eau du robinet la plus chère de France.
Triste constat pour cette belle province maritime, où l'eau des fontaines sacrées (dédiées aux saints locaux) était naguère vénérée par les Bretons pour ses vertus médicinales et curatives. De 1971 à 2000 – le temps d'une génération humaine –, la concentration en nitrates dans les nombreux cours d'eau bretons (10 kg au km²) a été multipliée par 10 ! Un comble, quand on sait que les rivières bretonnes au XIXe s étaient aussi riches en saumons et en truites que celles d'Écosse et de Norvège...
De quoi scandaliser les amoureux de la Bretagne ! Il aura fallu une condamnation de la Cour européenne de justice d'abord en mars 2001 puis plus récemment en 2013 et en 2014 en raison de la pollution par les nitrates pour que l'État français se décide à réagir. Cela dit, si le problème est loin d'être réglé, il faut toutefois noter que les eaux de baignade sont de bonnes qualités (97,3 % étaient jugées satisfaisantes).

PRÉCIEUSES ALGUES

Peu de gens savent que les algues fournissent 60 % de l'oxygène de la planète. Autrefois, on les utilisait comme chauffage et engrais mais aussi pour blanchir le linge, car elles contiennent de la soude. Aujourd'hui, les utilisations sont innombrables : nourriture, cosmétiques, plastiques, médicaments et même peinture.

Aucune amélioration, en revanche, des eaux côtières destinées à l'élevage des huîtres et des moules n'a, en revanche, été observée. Dans ce cas, les contaminations bactériologiques des eaux littorales proviennent essentiellement d'un traitement des eaux usées issues des toilettes (sympa...), ainsi que de déjections animales épandues sur les terres agricoles ou issues de pâturage des animaux. Pas fameux...

Les pouvoirs publics (État, Région Bretagne, départements et collectivités locales), les agriculteurs et les associations de protection de l'environnement sont mobilisés pour reconquérir la qualité des eaux et des milieux aquatiques en Bretagne. Si les objectifs visés ne sont pas encore atteints, loin s'en faut, la dynamique est lancée et semble commencer à porter ses fruits. Les concentrations en nitrates (qui alimentent les marées vertes, moins importantes en Bretagne Sud) sont en légère baisse depuis une dizaine d'années, et on ambitionne encore une baisse de 30 % de ces quantités de nitrates arrivant dans la mer d'ici 2015.
Par ailleurs, ce sont aujourd'hui déjà 120 communes bretonnes qui n'utilisent plus aucun produit phytosanitaire pour l'entretien des espaces publics, et d'autres sont en train de s'engager dans cette – bonne – voie.
Certaines associations mènent un combat efficace sur le terrain pour la préservation de l'environnement. Ainsi, l'association *Eau et Rivières de Bretagne* accomplit un travail remarquable – « Quand le poisson meurt, l'homme est menacé », répètent-ils depuis des années.

Nitrates et phosphates : à l'aise Breizh !

Quelles sont les causes de cette pollution des nappes souterraines et des nombreuses rivières ? L'***agriculture intensive,*** qui utilise des tonnes d'engrais chimiques (azote, dont proviennent les fameux ***nitrates***), et les déjections animales, plus connues sous le nom de lisier ou de fumier, produites par les ***élevages*** (porcs, veaux, volailles). Or la Bretagne concentre sur son territoire un nombre d'animaux particulièrement élevé : au bout du compte, 90 % des nitrates proviennent de l'agriculture.
Malgré une réglementation plus stricte sur les désherbants chimiques et les pesticides, malgré l'installation en Bretagne de neuf unités de dénitratation (très coûteuses pour le contribuable), le problème demeure, car beaucoup d'agriculteurs ne respectent pas la loi et persistent à pratiquer le « tout chimique ». Une obstination dangereuse pour la santé publique. Ironie de l'histoire : les pollueurs sont aussi les premières victimes. Une étude effectuée chez les agriculteurs exposés au contact des pesticides (désherbants toxiques) montre un taux plus élevé de leucémies, ainsi que de cancers de l'estomac et de la prostate.
La prolifération des algues vertes (nettement moins présentes toutefois en Bretagne Sud) est aussi une conséquence de ces comportements. Générées par les excès de l'agriculture industrielle et par la concentration d'animaux d'élevage (nitrate et lisier), elles sont toxiques pour l'homme, souillent le paysage et dégagent une odeur pestilentielle en se décomposant. L'odeur et les risques sanitaires associés aux marées vertes ne sont pas liés à la présence même des algues dans l'eau, mais à l'émanation d'un gaz toxique – l'hydrogène sulfuré – produit par la décomposition d'épais amas d'algues qui ne seraient pas ramassées rapidement. Pour éviter l'exposition du public à ce risque, les communes ont intensifié leurs efforts pour un ramassage systématique et rapide des algues échouées, et prévoient une fermeture temporaire des plages en cas d'amas d'algues en putréfaction identifiés. À cela s'ajoute la mise en œuvre d'un plan gouvernemental de lutte contre les algues vertes, qui accompagne notamment les agriculteurs dans le changement de leurs pratiques. En Bretagne Sud, seuls Douarnenez et Concarneau ont été confrontés à ce phénomène. Selon l'INRA, les algues vertes disparaîtraient si on réduisait de 35 % les engrais minéraux et si on diminuait de 15 % le cheptel. Un effort raisonnable... La pollution aux nitrates ne doit pas masquer une autre pollution, celle provenant des ***phosphates.*** Nécessaire au développement des plantes et des animaux, on trouve le phosphore dans la nature. Mais les doses dans le sol ne doivent pas dépasser ses besoins naturels. Or, déjections animales (phosphore organique provenant des aliments) et engrais minéraux phosphatés augmentent la teneur des sols en phosphates, qui se répandent ensuite dans l'eau, où ils favorisent le développement d'algues microscopiques susceptibles

de libérer des toxines. Ces *cyanobactéries* sont observées chaque année dans la plupart des plans d'eau douce dédiés à la baignade et aux activités nautiques. Pour résumer, ce sont en moyenne 50 % de ces sites qui font l'objet d'interdictions d'usage pour cause d'efflorescence de ces algues toxiques... Avant même l'interdiction des phosphates dans les lessives destinées aux particuliers (2007), plus de 80 % des phosphates étaient déjà d'origine agricole !

Le vent tourne-t-il ?

Au chapitre des points positifs, notons que le ***secteur éolien*** est en pleine expansion en Bretagne avec la création de plusieurs parcs d'éoliennes, notamment sur le littoral (on parlera alors de pollution visuelle !). Celles-ci permettent de produire de l'électricité grâce à la force du vent, en réduisant les besoins en énergies hydroélectrique et nucléaire. Le développement des ***fermes biologiques*** constitue aussi une alternative aux dérives de l'agriculture industrielle.

N'oublions pas non plus que la Direction régionale de l'Environnement, de l'Aménagement et du Logement de Bretagne (DREAL Bretagne) veille à la protection de la faune et la flore, notamment à travers un réseau d'une soixantaine de sites inclus dans le réseau européen Natura 2000. Les réserves naturelles du Finistère, des Côtes-d'Armor et du Morbihan permettent de découvrir la diversité des richesses naturelles à travers des animations et des visites, et il y en a vraiment pour tous les goûts : on a encore la chance en Bretagne de voir évoluer dans leur milieu naturel les phoques de la mer d'Iroise, les loutres et les fous de Bassan. Et on s'en réjouit !

Pour plus d'informations, consulter les sites • *ars.bretagne.sante.fr* • *voyagez-responsable-tourismebretagne.com* •

Le parc naturel marin d'Iroise

Créé en 2007, il couvre 3 550 km² en mer d'Iroise, l'espace marin s'étendant entre l'île de Sein (au sud), l'île d'Ouessant (au nord) et allant jusqu'aux 12 miles nautiques (22 km) au large.

Située dans une zone de transition entre les eaux de l'Atlantique et celles de la Manche, la mer d'Iroise recèle une riche diversité d'écosystèmes, s'avérant être un véritable sanctuaire en matière de biodiversité. On y recense près de 300 espèces d'algues (le plus grand champ d'algues marines se situe dans l'archipel de Molène) et 120 espèces de poissons. Les dauphins et les colonies de phoques s'en donnent à cœur joie ! L'objectif du parc consiste à mieux faire connaître et à préserver ces richesses naturelles uniques, tout en permettant le développement durable des activités humaines. La politique de gestion et de protection est décidée par une instance locale qui réunit tous les acteurs de la mer (pêcheurs, élus locaux, plaisanciers, scientifiques...). Les actions sont ensuite mises en place par les agents du parc naturel marin d'Iroise.

Pour en savoir plus : • *parc-marin-iroise.fr* •

Adresses et sites internet utiles

■ ***Bretagne environnement :*** • *bretagne-environnement.org* • Un site collaboratif présentant les données chiffrées de l'environnement en Bretagne.

■ ***Eau et Rivières de Bretagne :*** *7, pl. du Champ-au-Roy, 22200 Guingamp.* ☎ *02-96-21-38-77.* • *eau-et-rivieres.asso.fr* • Une des rares associations qui tiennent tête au puissant lobby agroalimentaire. Ses membres font un travail remarquable d'éducation, d'information et de lutte, tout simplement pour que la Bretagne retrouve un jour son eau pure.

■ ***Les énergies renouvelables*** *(éolienne, biogaz...)* **: *centre d'information sur l'Énergie et l'Environnement,*** *96, canal Saint-Martin, 35700 Rennes.*

☎ 02-99-54-42-98.

■ ***La qualité de l'air :*** ● *airbreizh.asso.fr* ●

■ ***La qualité de l'eau :*** ● *observatoire-eau-bretagne.fr* ● Pour tout savoir sur l'eau en Bretagne, des précipitations à la qualité des nappes souterraines.

GÉOGRAPHIE

Poing du continent européen tendu vers l'Atlantique, la Bretagne apparaît sur le globe terrestre comme une péninsule, grande comme la Belgique (34 023 km^2) et pas très haute : 384 m au Tuchen Gador, le sommet de cette chaîne montagneuse (n'ayons pas peur des mots !) qui va de Brest à Lamballe. Parallèles à la côte sud, les Montagnes Noires vont de Locronan à Malestroit en s'aplatissant. Entre les deux, une succession de cuvettes : Châteaulin, Loudéac, Rennes.

Le Massif armoricain est aussi vieux que les Vosges ou les Ardennes. Les schistes constituent les deux tiers de sa surface. Le granit et le gneiss, les micaschistes, les quartzites forment le reste d'une croûte terrestre aux formes très arrondies mais parfois bien marquées. Les petites routes tortueuses de l'Argoat en sont la conséquence. Même au fin fond de la campagne centrale, on n'est jamais à plus de 100 km de la mer, dont l'influence se fait sentir partout (voir « Climat breton : orages et des espoirs » dans « Bretagne Sud utile » plus haut).

La côte, battue par les marées, supporte un marnage de 10 à 12 m en Manche et de 5 à 6 m en Atlantique. Le littoral a connu des variations du niveau de la mer à plusieurs reprises au cours des âges géologiques. La dernière transgression marine, dite « flandrienne », n'est pas si vieille puisque la mer a noyé des sites déjà occupés par l'homme : par exemple, le *cromlech d'Er Lannic* dans le golfe du Morbihan. Les zones basses de Brière ont été noyées, la ville d'Ys aussi peut-être, en baie de Douarnenez. Les estuaires des fleuves, désormais envahis par la mer, pénètrent loin dans la terre. Caps et plages alternent sur une côte en festons qui fait tout le charme du littoral breton.

HISTOIRE

À quand remonte l'histoire de la Bretagne ? Le site paléolithique (âge de la pierre taillée) de Saint-Malo-de-Phily, près de Lohéac, en Ille-et-Vilaine, daterait de 700 000 ans avant l'ère chrétienne. Les dents d'éléphants trouvées sur le site de Menez-Dregan près de Quimper (Finistère Sud), ainsi que les traces de mammouth et de rhinocéros (site du Mont-Dol, près de Dol-de-Bretagne ; Ille-et-Vilaine) attestent de la présence des hommes et de bêtes « exotiques ». Le climat aurait été pourtant bien plus froid qu'aujourd'hui. Que s'est-il passé alors ? Au Mésolithique (10 000 ans avant l'ère chrétienne), le climat se réchauffe, les glaciers fondent et la Manche, à sec jusque-là, se remplit d'eau. C'est au Néolithique (de 5000 à 2000 avant l'ère chrétienne) que les mégalithes apparaissent. Un cairn comme celui de Barnenez en Plouézoch (Finistère Nord) date de 4600 av. J.-C. Les allées couvertes en granit servaient de sépultures. Les ***menhirs*** et les ***dolmens*** ont été dressés à la fin de cette période du Néolithique. Dans la seule région de Carnac (Morbihan), on en dénombre près de 3 000. On ne sait pas précisément à quoi ils servaient. Pierres sacrées destinées à des rituels religieux, repères astronomiques ou énigmatiques sépultures ? Une chose est sûre, les menhirs sont bel et bien l'œuvre de peuples antérieurs aux Celtes, puisque ceux-ci ne vivaient pas encore en Armorique.

L'arrivée des Celtes en Armorique

Au VIIIe s av. J.-C., originaires d'Europe centrale (la Bohême), les Celtes se répandent en Europe et commencent à s'établir en Armorique. On ne parle pas encore de Bretagne, mais d'Armorique. Ce nom dérive du celtique ***aremori*** qui signifie « ***pays du bord de mer*** ». Les Celtes utilisent des armes en fer et montent une belle cavalerie. Ils détiennent une certaine supériorité matérielle. L'Armorique celte du IIe s av. J.-C. se partage en ***cinq États habités par des tribus distinctes*** : les Osismes à l'ouest, les Vénètes au sud, les Curiosolites au nord, les Redones et les Namnètes à l'est. Comme l'écrit Jules César dans *La Guerre des Gaules*, les Vénètes dominent les autres tribus, par la puissance de leur flotte.

La conquête romaine

La guerre se déroule en mer. En 56 av. J.-C., ***les Vénètes,*** combattants pugnaces, affrontent les galères romaines, mais finissent par perdre le combat. Fort de sa victoire sur Vercingétorix en 52 av. J.-C. à Alésia, ***Jules César*** divise la Gaule en trois provinces en plus de la Narbonnaise qui existe déjà : l'Aquitaine, la Belgique et la Lyonnaise, à laquelle se rattache l'Armorique. Des voies romaines relient les principales villes : Darioritum (Vannes), Condevicnum (Nantes), Condate (Rennes), Fanum Martis (Corseul) et Vorgium (Carhaix). Les riches ***Armoricains*** apprennent le latin et tirent profit de la nouvelle civilisation romaine. L'envahisseur apporte le glaive, mais aussi un système administratif et juridique très évolué, des techniques avancées, un mode de vie plus « moderne », un savoir-vivre raffiné. Les villas les plus luxueuses s'équipent de thermes et se parent de mosaïques. L'eau est acheminée par des conduites (aqueducs). On importe du vin et du marbre d'Italie, de l'huile d'Espagne. Les Armoricains découvrent une nouvelle religion, sans pour autant rejeter leurs anciennes croyances.

L'Armorique soumise aux lois romaines s'adapte aux nouvelles mœurs mais maintient sa langue et ses cultes. Les divinités gauloises se mêlent aux dieux romains. Cependant, la pénétration romaine en Armorique ne produit pas de monuments aussi importants que le théâtre d'Arles ou les arènes de Nîmes. L'Armorique, à l'extrémité ouest de l'Europe, reste un secteur géographique isolé, une colonie très éloignée du pouvoir central. Les longs hivers pluvieux et venteux ont probablement dissuadé plus d'un légionnaire romain de venir camper en Armorique !

À partir de 235 apr. J.-C., l'Empire romain traverse une période d'insécurité et d'anarchie. Menaces et razzias des Barbares, raids des Francs et des Alamans, troubles sociaux s'enchaînent. L'Armorique se soulève vers 410 contre les autorités romaines, incapables d'assurer l'ordre. C'est dans ce contexte troublé que débarquent les Bretons. Attention à ne pas assimiler les Bretons aux peuples barbares, comme les Vandales, qui déferlent sur l'Europe en ces temps troublés.

FIER D'ÊTRE BRETON !

On dit que le Breton a mauvais caractère. Il est surtout rebelle contre l'oppresseur. Il s'attaqua aux Romains (Astérix n'est pas qu'une blague), puis aux Francs (les Bretons ne paieront jamais de tribut). Lutta ensuite contre la royauté (les Bonnets rouges contre Louis XIV), puis contre la Révolution (les Chouans). Et, contre les nazis (les premiers résistants étaient bretons). Aujourd'hui, à nouveau avec les Bonnets rouges, la révolte juste continue.

L'Armorique devient la Bretagne

Sur l'île de Bretagne (*Britannia,* selon César), que l'on appelle aujourd'hui la Grande-Bretagne, les dernières légions romaines refluent, laissant la voie libre aux Pictes, aux Angles, aux Saxons venus du continent européen. Sous la pression des ***Scots d'Irlande,*** qui empiètent sur leurs terres, les Bretons s'en vont, migrent vers l'Armorique, de l'autre côté de la Manche (la mer Bretonne). D'autres

clans partent en Galice, à la pointe ouest de l'Espagne. Du Vᵉ au VIIᵉ s, pendant 200 ans environ, ce flux migratoire prend la forme d'un long exode et non d'une invasion brutale. Cela dit, une certaine imagerie romantique voit dans les premiers migrants bretons des « boat people » du monde celtique. En souvenir de leur terre de départ, ils nomment « ***Petite Bretagne*** » leur nouvelle péninsule d'accueil, située à la pointe occidentale du pays des Francs. Beaucoup quittent le pays de Galles et la Cornouailles pour cette Petite Bretagne, où ils fondent des ermitages, des monastères, tout en se préoccupant de la communauté à travers l'établissement des paroisses *(plou)*.
Les nouveaux noms de lieux reprennent les mêmes toponymes. De nos jours, beaucoup de noms de communes commencent par la particule « Lan », « Tre » ou « Aber », comme au pays de Galles. Ces nouveaux arrivants parlent tous la même langue : le breton (rameau du britonnique). Avec le temps et l'évolution linguistique, un Gallois peut aujourd'hui encore comprendre un Breton, mais l'inverse n'est pas vrai. Ce sont néanmoins de très lointains peuples cousins.

L'histoire des saints bretons

Pour maintenir le flambeau du ***christianisme celtique,*** on fit venir l'élite religieuse des monastères gallois. Influencés par le monachisme irlandais, obéissant à la règle de saint Colomban, de nombreux moines-baroudeurs prirent la tête du mouvement, devenant des saints, suite à leur action courageuse et bienfaitrice.
Parmi eux, ***David, le saint patron du pays de Galles,*** et ***Samson,*** « Samzun » en breton. Originaire de la région de Gwent (sud du pays de Galles), un certain ***Malo*** fonde la cité de Saint-Malo, et un autre, ***Brieg,*** s'implante sur le site de Saint-Brieuc. Un moine nommé ***Lunaire*** débarque vers 535, non pas sur la Lune, mais près de Dinard, sur une grève appelée aujourd'hui Saint-Lunaire. Après avoir traversé la Manche avec 60 moines sélectionnés, ***Guirec*** accoste sur la côte nord de la Bretagne dans un lieu devenu Perros-Guirec. Sans oublier d'autres aventuriers de la foi comme ***Gwenolé,*** fondateur de l'abbaye de Landévennec (Finistère Sud), et ***Tugdual,*** l'un des sept saints fondateurs des évêchés bretons. Fondateur de l'école monastique de Landwit (dans le Pembrokeshire), ***Iltude*** jette son sac à l'Aber-Ildut, dans le nord du Finistère. Les 25 lieux-dits Llan-Deilo du pays de Galles ne doivent-ils pas leur nom à ***Thélo,*** qui partit pour la Bretagne dans la grande vague migratoire de cette époque ?

L'AURÉOLE DES SAINTS

Partout dans la chrétienté, l'auréole est le symbole des saints. Au départ, on apposait un disque métallique juste pour protéger la tête des statues de la chute de pierres ou de la tombée des eaux qui suintaient des plafonds. Peu à peu, les fidèles ont cru que cette protection était l'attribut de la sainteté...

Le nord et l'ouest de la Bretagne ont ainsi été christianisés par ces migrants celtiques, tandis que le reste de la vieille Armorique a subi l'influence, moins rude, du christianisme latin et romain. À partir de la fin du Vᵉ s, le nom Bretagne s'est substitué à celui d'Armorique. Dans la vieille société bretonne, les femmes ont autant de droits que leur époux, elles participent au culte religieux et peuvent diriger une chefferie.

Le royaume de Bretagne

Le roi Judicaël (début du VIIᵉ s), fier et rebelle, inquiète Dagobert, le roi des Francs, qui, comme tous les Carolingiens (aux IXᵉ et Xᵉ s), veut déjà soumettre la Bretagne à son autorité. Avec le traité de Verdun (843), ***Charles le Chauve*** hérite de la Francie occidentale qui englobe la Bretagne. Pour contrôler la frontière, Pépin le Bref, Charlemagne et Louis le Pieux s'appuient sur la Marche de

Bretagne, une région tampon constituée par les grands comtés (Vannes, Rennes et Nantes) et favorable aux Francs. Cette Marche est confiée à ***Nominoé,*** puis à ***Erispoé*** (851-857). Au traité d'Angers en août 851, à la suite de la défaite des Francs (à la bataille de Beslé), Erispoé est reconnu roi de Bretagne par Charles le Chauve. Son autorité s'étend sur les pays de Rennes et de Nantes. Erispoé est assassiné en 857 par son cousin ***Salomon*** (857-874).

Sur le plan religieux, la Bretagne dépend de Tours, et l'abbaye Saint-Sauveur de Redon marque le centre de gravité monastique de la vie culturelle et spirituelle. Les moines abandonnent peu à peu les usages celtiques pour se soumettre à la règle latine de saint Benoît. Les Francs étendent ainsi leur mainmise sur la Bretagne. Son territoire atteint alors sa plus grande extension. On l'identifie comme la Bretagne historique, c'est-à-dire grosso modo à l'ensemble géographique constitué par les cinq départements actuels (Loire-Atlantique incluse). À l'époque de Salomon, elle englobait même le Cotentin, fief annexé par les Bretons.

LE ROI ARTHUR ET LES CHEVALIERS DE LA TABLE RONDE

Dès le Moyen Âge, des contes celtes racontaient des aventures mêlées de légendes et de mystères. Lancelot, Merlin l'Enchanteur et l'épée Excalibur peuplaient ces épopées. Le but était de retrouver le Saint-Graal qui recueillit le sang du Christ et donnait l'immortalité. Les nazis, qui croyaient en ces légendes fumeuses, rechercheront inlassablement ce calice. Même des nazis comme Himmler s'acharneront à trouver le Saint-Graal... sans craindre le ridicule !

Des Vikings en Bretagne

Voilà les Vikings qui débarquent à partir de 814. Un fléau ! Ces guerriers blonds aux yeux bleus envahissent la Bretagne. Ils remontent les rivières à bord de leurs drakkars, détruisent les villes, saccagent les abbayes, dévastent les campagnes. Pris de panique, les nobles et les moines s'enfuient, emportant reliques et manuscrits, et se réfugient en pays franc, surtout en Touraine et dans le Berry. Formé par les Angles et les Saxons, ***Alain Barbe-Torte*** **parvient à chasser les Normands de Bretagne.** À la suite de ce haut fait d'armes, le voilà **duc de Bretagne ;** il siège à Nantes. Après le passage des Vikings, la Bretagne est sinistrée. Il faut la reconstruire. On a passé l'an mil. En terre franque, les bâtisseurs de cathédrales sont à l'œuvre.

La Bretagne féodale

Le régime féodal breton repose sur l'autorité du ***duc de Bretagne.*** Pour asseoir son pouvoir sur les comtes et les innombrables seigneurs qui se partagent le pays et ne cessent de se disputer, les ducs (maisons de Nantes, de Rennes, de Cornouaille) renforcent le système administratif et financier du duché. Entre le Xe et le XIVe s, ils agrandissent le domaine ducal. Le duc de Bretagne détient ainsi **un pouvoir de plus en plus important,** mais il est lui-même tenu par un lien supérieur. Après Pierre Ier de Dreux, d'origine capétienne, et dès 1213, le duc de Bretagne doit rendre hommage au roi de France.

Les comtes et les seigneurs lui sont soumis en tant que vassaux. Les plus grands seigneurs, fiers et rebelles, échappent souvent à son pouvoir. Ils ne se laissent pas soumettre car, maîtres chez eux, ils commandent des grands territoires, comme le vicomte de Porhoët. Ce dernier réside au château de Josselin, d'où il jouit d'un immense domaine composé de 140 paroisses, couvrant une superficie de 400 000 ha ! Les seigneurs bretons dirigent, jugent, collectent les impôts, partent à

la guerre (conquête de l'Angleterre) et même aux croisades. Les paysans servent, cultivent la terre, accomplissent leurs obligations féodales : taille, corvées, banalités. Les grandes forteresses bretonnes (Vitré, Fougères, Clisson, Châteaubriant) sont édifiées à cette époque, sur la Marche de Bretagne, pour garder la frontière avec le royaume de France.
Avec le duc ***Pierre Ier de Dreux,*** les armes de Bretagne commencent à porter le symbole de l'***hermine.*** L'ordre de l'Hermine deviendra au siècle suivant la première décoration honorifique bretonne. Ce fut l'un des rares ordres de chevalerie ouverts aux femmes.
C'est au XIIIe s aussi que s'illustre une des grandes figures de l'humanisme breton : ***Yves Hélori, alias saint Yves.*** Clerc chargé d'instruire les causes judiciaires ecclésiastiques, curé dans le Trégor, il se dévoue corps et âme aux déshérités. De son vivant, il est réputé pour être l'avocat des pauvres, le protecteur des miséreux. À sa mort, en 1303, la Bretagne est en deuil. Depuis cette date, saint Yves est le **saint patron des Bretons.** À Rome, aujourd'hui encore, une église s'appelle Saint-Yves-des-Bretons.

La guerre de Succession (1341-1364)

Au début du XIVe s, **le duché breton fonctionne presque comme un petit État autonome.** Le duc Jean III meurt en 1341, sans héritier, ce qui provoque une **guerre de succession.** Deux candidats sont en ligne : son demi-frère, ***Jean de Montfort,*** et sa nièce, ***Jeanne de Penthièvre.*** Jean de Montfort, marié à la fameuse Jeanne la Flamme, cherche appui auprès du roi d'Angleterre. Mariée à Charles de Blois, neveu du roi de France, Jeanne de Penthièvre est naturellement soutenue par la France. S'ensuit un nouveau conflit qui déchire la France et l'Angleterre, déjà affaiblies par la guerre de Cent Ans.
Escarmouches, combats, assassinats, victoires et défaites se succèdent entre 1341 et 1364. La Bretagne est si tiraillée qu'on songe même à un projet de scission du duché en deux morceaux. Le Nord reviendrait à Blois, donc à la France ; le Sud à Montfort, donc à l'Angleterre. À la bataille d'Auray, en septembre 1364, Montfort écrase Charles de Blois, qui est tué. Le roi de France doit reconnaître le vainqueur. ***Montfort devient Jean IV,*** duc de Bretagne. La Bretagne est ravagée par 23 ans de guerre civile, mais au moins, la question de la succession est réglée !

L'État breton

Le XVe s est celui de la paix et de la prospérité. Le ***duc Jean V,*** garant de cette stabilité, ne rend plus qu'un hommage simple au roi de France. Son geste symbolique et honorifique ne constitue pas un acte de soumission. Pendant les 43 ans de son règne, de 1399 à 1442, l'économie prospère, l'industrie textile s'épanouit, les toiles bretonnes s'exportent, le commerce maritime s'intensifie et les arts fleurissent. Rennes devient un centre drapier important. Hormis les grandes villes, la richesse se concentre sur les côtes, autour des ports, car la prospérité vient de la mer. Les marins bretons sont les grands transporteurs des mers. Ils naviguent pour le compte des marchands, d'Anvers à Lisbonne, de Bordeaux à Madère. Les marchandises ? Du blé, des céréales, de la viande, du sel, du poisson, du vin, des ardoises. Ils participent aussi aux voyages de découverte sur des terres nouvelles. En 1484, ***Jean Coëtanlem*** devient grand amiral du Portugal. Selon certains historiens, il aurait révélé à Christophe Colomb l'existence d'une terre au-delà de l'océan, déjà reconnue par les pêcheurs de morue (Terre-Neuve). À San Lucar de Barrameda, en Andalousie, une *calle de los Bretones* atteste la présence de marins bretons dans ce port andalou proche de Séville, d'où partirent tant de flottes espagnoles vers les Indes (l'Amérique). En 1519, deux marins bretons, l'un du Croisic, l'autre de Saint-Malo, embarquent sur les caravelles de Fernand de Magellan qui,

en cherchant la route la plus courte pour les Moluques, accomplit le premier tour du monde de l'histoire en contournant l'Amérique par le sud.
Tandis que la guerre ravage la France et l'Angleterre, la Bretagne reste neutre et forme une grande poche de prospérité, à l'écart de la folie des armes. Elle détient les seuls ports restés en paix. François Ier, roi de France, ennemi juré de Charles Quint, avait donc toutes les raisons pratiques et stratégiques d'annexer ce duché à son royaume. Pour se sentir plus fort, plus invincible. « Bretagne est Pérou pour la France », dit-on alors dans toutes les cours d'Europe.
La Bretagne se croit maîtresse de son sort au XVe s, mais en réalité, elle est considérée comme française par le roi. Une partie de la haute noblesse bretonne se montre favorable à la cause française. Le duc, la bourgeoisie marchande et le peuple ne veulent pas de l'annexion. Tensions entre les deux camps, alliances stratégiques, intérêts divergents, les péripéties se suivent et entraînent l'escalade de la violence, puis la guerre. **En 1488, à *Saint-Aubin-du-Cormier* (Ille-et-Vilaine), les 15 000 soldats de l'armée royale écrasent l'armée bretonne,** composée de 12 000 hommes. Bilan : 6 000 morts côté breton. Un désastre !
En août de la même année, la Bretagne doit signer le traité du Verger, qui accorde un **sursis d'indépendance** aux Bretons. Une clause prévoit qu'Anne, la fille du duc breton François II, ne pourra se marier qu'avec l'accord du roi de France. En septembre 1488, François II meurt. ***Anne de Bretagne*** n'a pas 12 ans, elle est sans alliés, mais les candidats au mariage se bousculent !

Anne, duchesse de Bretagne (1477-1514)

En décembre 1490, ***Anne de Bretagne* épouse par procuration *Maximilien d'Autriche,*** de la dynastie des Habsbourg. Elle n'a que 13 ans. Ce geste arrange les affaires de l'Espagne, alliée aux Anglais. Futur empereur germanique, Maximilien est l'homme le plus puissant d'Europe, qui vient d'annexer la Bourgogne à son empire. Ulcéré par cette alliance, le roi de France ***Charles VIII*** envoie 50 000 hommes en Bretagne et contraint Anne à annuler son union pour l'épouser : c'est une question hautement stratégique pour lui. Le mariage est célébré à Langeais en décembre 1491. **La duchesse de Bretagne devient ainsi reine de France.**

LA TRADITION PERDURE

La quatre-voies est gratuite sur l'ensemble du réseau breton. La raison est fort ancienne : la duchesse Anne de Bretagne s'engagea à épouser le roi de France à condition que l'on supprime les octrois entre la Bretagne et la France ! Cet accord est toujours respecté.

En avril 1498, le roi meurt, et Anne doit épouser ***Louis XII,*** en secondes noces, contrainte et forcée encore une fois. Il est le cousin et le successeur de Charles VIII. **Anne de Bretagne décède à son tour en 1514**, à l'âge de 37 ans, un an avant son époux royal (1515). Ils laissent deux enfants, Claude et Renée, des filles à marier.
Claude épouse en 1515 son cousin issu de germain, ***François Ier.*** Elle lui apporte la Bretagne en dot. **Le rêve français d'annexion se concrétise** de plus en plus. Action souterraine du parti français, intervention militaire, défaite guerrière sur le terrain, et maintenant mariage avec la France. En droit, la Bretagne reste encore un duché, mais ce n'est plus qu'un titre : le duc en est le roi de France. Celui-ci est roi en France et duc en Bretagne. François Ier administre le duché de 1515 à 1532.

Août 1532 : la Bretagne annexée par la France

Plutôt que d'avoir à subir un traité imposé après défaite, la haute noblesse bretonne, qui refuse l'annexion, propose un contrat d'union. On réunit les états à Vannes en 1532, puis l'***édit du Plessis-Macé*** établit un contrat bilatéral entre les deux puissances, qui **maintient les privilèges et les usages du duché.** Il est prévu que les Bretons ne paieront pas d'impôts sans le consentement des états de Bretagne. Une clause prévoit qu'ils ne peuvent être jugés hors de Bretagne. Aucun soldat breton n'ira combattre hors de Bretagne. Au fil du temps, on oubliera ces clauses spécifiques qui ne seront pas respectées par la monarchie française.

ÇA NE MANQUE PAS DE SEL !

Quand la Bretagne fut rattachée à la France, le roi s'engagea à l'exempter de gabelle (impôt sur le sel). Les Bretons prirent l'habitude de saler leur beurre afin de mieux le conserver, d'abord sur les bateaux. L'impôt sur le sel disparut tardivement (1945). La tradition du beurre salé est restée, pour le bonheur des gourmands.

L'âge d'or de la Bretagne (1532-1675)

La Bretagne annexée continue pourtant sur sa lancée. La culture du blé noir (nourriture principale des Bretons), l'exportation du froment, du seigle et des vins nantais, l'extension de la culture du lin et du chanvre, la vente du sel de Guérande, le « roulage » maritime assurent une croissance économique à la « Bretagne française ». Un exemple parmi d'autres : le port de Kerity-Penmarc'h (Pays bigouden) est à cette époque le premier port d'armement du littoral français. Les marins de Saint-Malo pêchent la morue à Terre-Neuve (Amérique du Nord). Au XVIe s, le commerce extérieur breton est largement excédentaire. Sur le plan politique, la Bretagne est dirigée par un gouverneur nommé par le roi, mais celui-ci doit tenir compte d'un contre-pouvoir, le ***Parlement breton,*** créé à Rennes en 1552. Cette institution a la haute main sur les affaires de justice. L'intégration de la Bretagne dans la France se fait donc lentement et sous le contrôle des États attachés aux privilèges ancestraux.

FLEUR BLEUE OU FLEUR BLANCHE ?

On oublie qu'aux XVIe et XVIIe s, la Bretagne devint l'une des provinces les plus riches du royaume. Et ceci grâce à une petite fleur bleue : le lin. Les bateaux bretons transportaient les toiles de lin dans tous les grands ports du Nord et de la Méditerranée. Cette prospérité permit la construction de beaux châteaux et l'essor des enclos paroissiaux. Le lin disparaîtra à cause d'une petite fleur blanche venant d'Orient : le coton (on appelait « indiennes » les tissus qu'il permettait de fabriquer).

1675 : la révolte des Bonnets rouges

Les guerres de Religion ensanglantent la France du XVIe s ; elles atteignent la Bretagne, qui connaît à son tour les guerres de la Ligue, marquées par le brigandage et les massacres de civils. Résultat : le protestantisme ne parvient pas à s'implanter en Bretagne. Voilà le siècle de Louis XIV. Le Roi-Soleil traite la Bretagne comme une obscure colonie rebelle, qu'il faut exploiter et soumettre coûte que coûte à son autorité. Il nomme le ***duc de Chaulnes*** **gouverneur** (1669-1694). La **création de taxes** sur le papier timbré provoque une explosion populaire dans les campagnes de Cornouaille (sud du Finistère). Cet homme dur et brutal dirige la répression. En août 1675, Colbert envoie 6 000 soldats en Bretagne pour mater la ***révolte des Bonnets rouges.*** Les fauteurs de trouble sont torturés, pendus, exécutés. La répression est particulièrement féroce dans le Pays bigouden, où des clochers sont abattus. Le commerce et l'économie en subissent les conséquences néfastes. L'an 1675 marque en quelque sorte la **fin de l'âge d'or breton.**

Le Siècle des lumières

Baisse de la démographie, ralentissement de la production économique, mauvaises récoltes, épidémies, disettes, famines, voilà de manière sommaire à quoi pourrait se résumer le XVIIIe s en Bretagne. L'âge de la régression. Dans ce marasme pourtant, le littoral breton (la « ceinture dorée ») parvient à de meilleurs résultats que l'intérieur des terres. C'est le cas des ports de **Saint-Malo,** de **Brest,** de **Lorient,** de **Nantes,** qui **s'enrichissent grâce à la marine de guerre et aux échanges maritimes** sur toutes les mers du globe. Autre succès du Siècle des lumières : les toiles dites « Bretagnes » faites à Rennes, à Vitré et dans la région de Quintin-Loudéac, qui s'exportent bien. Richelieu a choisi Brest pour y installer l'arsenal et la Royale. Rien d'étonnant si de **grands navigateurs comme *Bougainville, La Pérouse, Kerguelen*** partent de Brest et y reviennent après leurs expéditions lointaines ! Lorient, siège de la **Compagnie des Indes fondée par *Colbert* en 1664**, envoie des vaisseaux jusqu'en Inde et en Chine (Canton), tout comme Saint-Malo, sa rivale du nord, dont la splendeur décline après 1720. Quant à Nantes, ce sont la traite négrière et le commerce triangulaire entre l'Afrique et les Antilles qui assurent l'essentiel de ses revenus.

Richesse des villes, pauvreté des campagnes : le refrain a changé, mais le couplet social est toujours le même. Une Bretagne à deux vitesses, en somme, s'est mise en place avec le temps, et l'écart culturel entre la haute Bretagne francophile et patoisante (on y parle le gallo) et la basse Bretagne bretonnante (on y parle le breton) ne fait que s'accroître. À l'ouest d'une ligne linguistique allant de Binic (Côtes-d'Armor) à La Roche-Bernard (Loire-Atlantique), les gens des campagnes ne parlent que le breton ; à l'est de cette ligne vers Rennes, Nantes, le français domine. La vieille Bretagne est bien présente, elle s'y est maintenue au physique comme au caractère. Les inégalités sociales et matérielles n'ont jamais été aussi importantes entre la noblesse, la bourgeoisie et les paysans. Quand la Révolution éclate, elle divise la Bretagne, qui explose comme une poudrière.

La Révolution et la Chouannerie

En 1789, la majorité des députés bretons favorables à la Révolution se réunissent dans le ***Club breton*** dont l'influence grandit au sein de l'Assemblée constituante. En novembre, ***le Parlement et les états de Bretagne sont abolis,*** ce qui, avec le recul du temps, apparaît comme une erreur historique. Voilà la Bretagne redécoupée et divisée en cinq départements, ceux que nous connaissons encore aujourd'hui. La révolte des paysans s'étend. En haute Bretagne, des châteaux sont pris d'assaut en 1790. La question religieuse enflamme le clergé breton : les trois quarts des prêtres bretons refusent la Constitution civile du clergé et forment les rangs des prêtres réfractaires, opposés aux prêtres jureurs. La levée forcée de 300 000 hommes pour les guerres républicaines de 1792, la mort du roi Louis XVI, la hausse des impôts mécontentent la paysannerie qui affronte la Garde nationale en divers lieux.

C'est finalement toute la société bretonne qui se scinde en deux camps adverses : les ***Blancs,*** contre-révolutionnaires, et les ***Bleus,*** partisans de la Révolution. Les troubles dégénèrent en affrontements violents, en guérilla meurtrière. L'insurrection des Blancs agite le pays de Fougères sous l'égide du ***marquis de La Rouërie,*** le pays de Vitré suit le chef ***Jean Chouan*** (qui donne son nom à ***la Chouannerie***), et le Morbihan insurgé se range derrière ***Cadoudal.*** La réponse républicaine à la contre-Révolution se transforme en Terreur, qui provoque un bain de sang à Nantes avec les massacres ordonnés par Carrier (1794) : 3 000 fusillés, des milliers de morts dans les prisons et jusqu'à 5 000 noyés dans la Loire.

Les Blancs émigrés, soutenus par les Anglais, organisent un débarquement à Quiberon, qui est réprimé dans le sang par le général Hoche. Active pendant des années, la Chouannerie continue avec le Directoire et même après l'arrivée de Bonaparte au pouvoir (10 novembre 1799). Du côté des Bleus, les Bretons engagés dans le combat républicain participent aux grandes batailles. Une anecdote : les soldats bretons de l'armée de l'an II (ceux de Valmy) avaient le droit de porter les cheveux longs, un privilège accordé à la Bretagne depuis le traité de 1532. ***Bonaparte*** au pouvoir, le dictateur **soumet la Bretagne** à sa loi d'airain : envoi de forces militaires, lutte contre les insurgés, mise en coupe réglée de la province, création de Napoléonville (Pontivy) pour écraser la révolte, mise en place d'une administration de préfets très efficace, mépris des coutumes ancestrales et de l'originalité bretonne, fin de l'autonomie.

Le XIXe siècle

L'intégration de la Bretagne à la France républicaine du XIXe s mêle le bonheur et la douleur, le réveil et le mépris. Malgré la construction du chemin de fer, l'ouverture de canaux intérieurs et l'expansion des forges des chantiers de l'Atlantique, la pauvreté règne dans les campagnes, tandis que les côtes s'enrichissent. La misère diminue pourtant grâce à la culture de la pomme de terre, qui permet d'éviter les famines. Sous le Second Empire (1851-1870), la mécanisation de l'agriculture aggrave l'exode rural. Les paysans quittent leurs fermes, trop petites, et s'installent dans les villes, devenant des artisans, des employés, des ouvriers. D'autres suivent la voie ecclésiastique, s'engagent dans la Marine ou partent aux colonies (Afrique, Indochine, Maghreb). En 1900, la Bretagne reste malgré tout l'une des régions les moins industrialisées de France.

C'est cette authenticité celtique, assaillie par les diables du progrès, qui attire les écrivains et les artistes comme Flaubert ou Gauguin. Balzac compare les Chouans à des Peaux-Rouges ou à des Mohicans. Pour intégrer les « sauvages » de Bretagne à la « France du progrès », le gouvernement de la IIIe République s'acharne à éliminer l'identité bretonne. À l'école, les instituteurs ont reçu l'ordre de scolariser, mais aussi de « tuer la langue bretonne » : « Il est interdit de cracher par terre et de parler breton », peut-on lire sur de nombreux écriteaux. Au XIXe s, au même moment, on assiste à un mouvement inverse de **réveil littéraire et identitaire, marqué par des auteurs comme *Anatole Le Braz, Charles Le Goffic, Émile Souvestre, François-Marie Luzel, Hersart de La Villemarqué,*** sans oublier ***Chateaubriand*** (né à Saint-Malo) et ***Ernest Renan*** (originaire de Tréguier).

AH ! CES BRETONS QUI BARAGOUINENT

Le verbe « baragouiner » vient de l'assemblage des mots bretons bara *et* gwin, *le pain et le vin, ces deux produits que réclamaient tant les combattants bretons aux soldats français qui n'y comprenaient rien.*

Les deux guerres mondiales

Pendant la Première Guerre mondiale (1914-1918), près de 130 000 soldats bretons sont tués. L'entre-deux-guerres se caractérise par l'extension du mouvement breton, autour de la revue *Breiz Atao,* qui prône l'autonomie et l'indépendance de la Bretagne. **L'affirmation culturelle devient une revendication politique.** En 1931, le parti national breton (PNB) rassemble jusqu'à 2 000 adhérents, dont une partie s'oriente vers les idées d'extrême droite, tandis que la grande majorité de la population se moque éperdument de ce militantisme outrancier.

INDIGÈNES

Pendant la Première Guerre mondiale, les troupes coloniales ne représentaient que 7 % des combattants français. Le taux de mortalité totale de l'armée française fut de 17 %. En revanche, les soldats marocains, avec les Bretons, dépassèrent les 26 % de tués. Pourquoi ? Parce que la plupart ne parlant pas français, ils étaient placés en première ligne ; ils ne pouvaient pas crier à la rébellion.

La Seconde Guerre mondiale éclate (1939-1945). L'armée allemande envahit la Bretagne à la fin du mois de juin 1940. Répondant à l'appel du général de Gaulle lancé à Londres, les habitants de l'île de Sein sont les premiers à rejoindre l'Angleterre par la mer. De Gaulle passe en revue les 600 premiers volontaires de la France libre : un quart du contingent est constitué de gens venus de l'île de Sein. **De Gaulle s'écrie : « L'île de Sein est donc le quart de la France ! »** En fait, comme l'ensemble de la France, la Bretagne est gouvernée par le régime de Vichy, et celui-ci fait fi de l'histoire de la Bretagne en créant en 1941 un nouveau ***découpage administratif régional.*** C'est ainsi que Nantes et le département de la Loire-Atlantique ont été rattachés à la région artificielle des Pays-de-la-Loire, un découpage encore en vigueur jusqu'à nouvel ordre... Une grave faute qui démembre la Bretagne historique des ducs et des rois !

Les occupants promettent l'indépendance de la Bretagne aux nationalistes du PNB, ce qui provoque une fracture dans le mouvement breton entre collaborateurs et résistants. Le littoral se couvre de blockhaus en béton, le fameux « mur de l'Atlantique ». La Résistance se bat avec peu de moyens mais avec efficacité et courage, comme en témoignent les combats de Saint-Marcel (Morbihan) en juin 1944. En juillet 1944, après le Débarquement de Normandie, les forces alliées, menées par les Américains, pénètrent en Bretagne pour chasser les dernières unités allemandes (150 000 soldats en Bretagne) repliées dans les poches stratégiques de Saint-Malo, Lorient, Saint-Nazaire et Brest. Les terribles bombardements de l'été 1944 détruisent presque entièrement ces grands ports bretons. Après la guerre de 1939-1945, le nom *Breiz Atao,* associé aux collabos que ce mouvement abritait, est devenu une insulte pour la Bretagne libérée.

UN DÉCOUPAGE ABERRANT

La Bretagne amputée du Pays nantais est imaginée par le géographe nazi Walter Christaller et appliquée par le régime de Vichy en 1941 pour punir la résistance bretonne. Un terrible contresens politique (déjà !). Et, en 2014, on a réitéré la même faute historique avec le redécoupage des régions.

Les années d'après-guerre et la renaissance de la Bretagne

Reconstruction des villes détruites, stabilisation démographique, poursuite de l'exode rural, la période d'après-guerre marque un tournant pour la Bretagne. Sur le terrain, elle reste une province essentiellement agricole et encore mal reliée au reste de la France. Grâce à l'action du ***Comité d'étude et de liaison des intérêts bretons (CELIB),*** la Bretagne remporte le combat de la décentralisation, en obtenant une reconnaissance auprès du pouvoir central, au point qu'elle figure au premier rang des régions à bénéficier d'un plan d'aide et de développement : le ***Plan breton.*** Au programme : décentralisation de l'administration, modernisation de l'agriculture, investissements industriels, implantation d'usines, construction de routes et d'autoroutes. La coopérative des agriculteurs de Bretagne (basée à Landerneau) devient la première coopérative de France. Elle est citée en exemple dans l'Europe entière. On assiste à un renouveau commercial et économique sidérant, une incroyable « révolution silencieuse » qui transforme les habitudes, les mentalités et les paysages. Voilà la Bretagne entrée dans l'économie moderne européenne. Un chiffre révélateur : le revenu des agriculteurs bretons (38 % de la population totale) augmente de 45 % en 10 ans entre 1955 et 1965, du jamais vu dans l'histoire de la Bretagne.

En 1978, l'***Amoco Cadiz,*** un pétrolier géant, fait naufrage devant Portsall sur la côte nord du Finistère, provoquant une terrible marée noire. Cette catastrophe écologique entraîne aussi une vraie prise de conscience et accélère le renforcement des lois de protection des océans.

Le renouveau culturel

Dans les années 1980, bien qu'elle ne fût pas la plus riche, la Bretagne était classée première région de France pour son expansion économique et son dynamisme. Au début du XXIe s, à force d'entêtement collectif et d'imagination, la Bretagne semble enfin avoir reconquis ses lettres de noblesse et son image, grâce aussi aux œuvres d'écrivains comme ***Pierre Jakez Hélias,*** au musicien ***Alan Stivell,*** aux poètes ***Xavier Grall*** et ***Glenmor,*** autant d'artistes qui ont contribué au renouveau culturel breton et à sa reconnaissance par le grand public en France et en Europe. La Bretagne n'est plus « une région complexée, isolée et retardée, peuplée de sauvages ». En 1900, il était très mal vu de dire dans un cercle parisien que l'on était breton ou d'origine bretonne. En 2014, annoncer que l'on est breton, d'origine bretonne ou habitant de la Bretagne suscite toujours la curiosité, et parfois l'admiration. À l'heure du village mondial, à l'heure aussi de la confusion des langues, avoir des racines sur une terre de granit est devenu un passeport naturel, un visa pour « mieux vivre » près de la mer, loin des problèmes des grandes métropoles européennes.
Tout change, rien n'est permanent. La Bretagne change, les Bretons changent, le vent et les courants changent sans cesse à la pointe du Finistère, mais la mer et le granit, eux, ne changent pas. Ils représentent les deux éléments symboliques de l'imaginaire breton : le granit a enseigné aux Bretons la force de caractère et la ténacité ; la mer leur a donné des ailes pour rêver et aller au bout du monde découvrir ce qui se cache derrière la ligne d'horizon. La Bretagne est bien plus qu'une culture, une géographie ou une histoire, c'est un état d'esprit, une façon d'être au monde, d'avoir les pieds sur terre et les yeux dans les nuages. Les Bretons s'attachent, on ne les attache pas !

BRETON TOUJOURS !

Le Crédit mutuel de Bretagne édite des chèques libellés en breton. La Bretagne est d'ailleurs la seule région française à bénéficier d'une telle faveur. Quel scandale, le jour où une administration refusa d'encaisser un chèque en breton. Faut dire que les fautifs étaient de Rennes... où l'on ne parle pas cette belle langue !

Quelques dates importantes

– ***De 5000 à 2000 av. J.-C. :*** le peuple, mal connu, des bâtisseurs de mégalithes élève les menhirs, dolmens et allées couvertes.
– ***Du VIIIe au IIe s av. J.-C. :*** expansion des Celtes en Armorique. Le pays est partagé entre plusieurs tribus : Osismes et Curiosolites au nord-est, Vénètes, Redones et Namnètes au sud.
– ***56 av. J.-C. :*** victoire des soldats de Jules César sur les Vénètes et occupation romaine de l'Armorique.
– ***Vers 400 apr. J.-C. :*** pourchassés par les Angles et les Saxons, les Bretons de l'île de Bretagne (l'actuelle Grande-Bretagne) traversent la Manche et s'établissent en Petite Bretagne (l'actuelle Bretagne) où ils fondent des ermitages, ébauches des futures paroisses.
– ***831 :*** destitution du comte de Vannes, Wido, remplacé par Nominoé.
– ***846 :*** constitution de la monarchie. Charles le Chauve reconnaît l'indépendance de la Bretagne et Nominoé comme souverain.
– ***939 :*** arrêt des invasions normandes par Alain Barbe-Torte. On parle le breton dans toute l'Armorique.
– ***1341-1365 :*** la guerre de Succession entre les Blois et les Montfort ravage la Bretagne et se termine par l'accession d'un Montfort, Jean IV, au trône ducal.
– ***1399-1442 :*** règne du duc Jean V, le père du siècle d'or breton ; la marine bretonne est la plus puissante du monde ! Couronné à Rennes, Jean V règne à Nantes dans son magnifique château. Il bat monnaie, nomme des ambassadeurs auprès du pape, lève sa propre armée, donne à son pays un essor formidable.

– ***1406 :*** naissance, à Machecoul, de Gilles de Rais, le « Barbe-Bleue » réputé pour ses crimes atroces, qu'il n'aurait, en fait, pas commis.
– ***1488 :*** défaite de l'armée bretonne à Saint-Aubin-du-Cormier, en Ille-et-Vilaine, et signature du traité du Verger qui place la Bretagne sous la houlette d'une France pourtant saignée par la guerre de Cent Ans.
– ***1491 :*** Anne de Bretagne devient reine de France en épousant Charles VIII.
– ***1498 :*** Charles VIII meurt, Anne de Bretagne épouse Louis XII.
– ***1514 :*** mort d'Anne de Bretagne. Sa fille, Claude de France, hérite du duché et épouse le futur François Ier, qui n'est encore que comte d'Angoulême et duc de Valois.
– ***1532 :*** en août, à Vannes, les états de Bretagne signent l'acte d'union de la Bretagne à la France, laquelle promet de respecter les privilèges bretons ; mais elle ne tiendra qu'en partie ses engagements.
– ***1675 :*** révolte des Bonnets rouges à la suite de l'impôt sur le papier timbré. Répression brutale par le duc de Chaulnes, gouverneur de la province.
– ***XVIe, XVIIe et XVIIIe s :*** apogée de l'art religieux et populaire en Bretagne. On construit d'innombrables églises, calvaires, croix, fontaines en granit...
– ***1718 :*** le marquis de Pontcallec participe à un complot pour la « défense des libertés bretonnes ». Il sera décapité en 1720.
– ***1768 :*** naissance à Saint-Malo de Chateaubriand, qui deviendra écrivain, diplomate, ministre.
– ***1789 :*** révolution en Bretagne. Les représentants de la province fondent le Club breton, qui deviendra le club des Jacobins.
– ***1793-1799 :*** la Chouannerie se développe autour de ses chefs historiques : Cadoudal, La Rouërie, du Boisguy. La dramatique virée de galerne des Vendéens s'achève par le massacre de Savenay, près de Pont-Château.
– ***1828 :*** naissance de Jules Verne à Nantes.
– ***1914-1918 :*** environ 130 000 Bretons sont tués au combat.
– ***1919-1939 :*** renaissance du mouvement nationaliste breton et création du journal *Breiz Atao,* du parti autonomiste breton (1927) et du parti nationaliste breton (1932). Premiers attentats autonomistes (1932).
– ***1940 :*** environ 150 hommes de l'île de Sein répondent à l'appel du 18-Juin et gagnent Londres à bord de leurs bateaux de pêche.
– ***1941 :*** le 30 juin, sur la décision du gouvernement de Vichy, la Loire-Atlantique, appartenant alors à la Bretagne et encore appelée « Loire-Inférieure », est rattachée aux Pays-de-la-Loire.
– ***1957 :*** Mouvement pour l'organisation de la Bretagne (MOB) et constitution du Comité d'étude et de liaison des intérêts bretons (CELIB). La Loire-Inférieure devient Loire-Atlantique.
– ***1966 :*** premiers plastiquages par le Front de libération de la Bretagne (FLB).
– ***1971 :*** naissance du Festival interceltique de Lorient.
– ***1978 :*** naufrage de l'*Amoco Cadiz.*
– ***1970-1980 :*** complète renaissance culturelle et économique. Alan Stivell et Pierre Jakez Hélias font un tabac dans le monde entier.
– ***7 mai 1989 :*** explosion de l'hôtel de région de Nantes.
– ***Mars 1992 :*** élections régionales. Les Verts entrent en politique pour associer écologie et identité culturelle dans la préparation du XIe plan.
– ***Septembre 1996 :*** le pape Jean-Paul II célèbre une messe à Sainte-Anne-d'Auray, réunissant plus de 100 000 personnes.
– ***12 décembre 1999 :*** naufrage du pétrolier *Erika,* affrété par la compagnie *Total Fina Elf,* au large du Finistère. La marée noire qui en découle s'étend des côtes bretonnes à la Vendée : c'est tout l'équilibre écologique de la région qui est sinistré... La tempête qui s'abat sur la France à la fin du même mois freine toute mesure d'intervention.
– ***Octobre 2000 :*** un an après le naufrage de l'*Erika,* grâce au courage de nombreux militaires mais aussi de milliers de bénévoles, les côtes sont nettoyées et à nouveau propres. L'heure est à nouveau aux châteaux de sable.
– ***Décembre 2003 :*** lancement du plus grand paquebot du monde à Saint-Nazaire.

– ***Mai 2008 :*** ouverture à Lorient de la Cité de la voile, en hommage à Éric Tabarly.
– ***2010 :*** motion sur la question de la réunification administrative de la Bretagne votée à l'unanimité par le conseil régional de Bretagne.
– ***2011 :*** la Bretagne fait face à une nouvelle invasion d'algues vertes, liée au déversement d'engrais agricoles dans la mer.
– ***2012 :*** Jean-Marc Ayrault, maire de Nantes, devient Premier ministre.
– ***2013 :*** Nantes élue capitale verte de l'Europe pour l'année. Plus de trois siècles après leur première révolte contre la fiscalité royale de Louis XIV, les Bretons portent à nouveau le bonnet rouge. Ils réclament le retrait de la taxe poids lourds qui pénalise les professionnels du secteur agro-alimentaire breton, déjà lourdement touchés par la crise. Manifestant avec violence en s'attaquant aux portiques destinés à calculer cette redevance, les anti-écotaxes organisent des rassemblements soutenus par des artistes, se transformant ainsi en un véritable mouvement social autour des Bretons.
– ***2014 :*** à l'occasion des discussions autour du redécoupage des régions, les Bretons s'étaient prononcés pour le rattachement de la Loire-Atlantique à la Bretagne. La nouvelle carte adoptée ne le prévoit pas.

LANGUES BRETONNES

Il y a le ***breton*** à l'ouest (basse Bretagne), le ***gallo*** à l'est (haute Bretagne). Et ce n'est pas tout, car le pays bretonnant (c'est-à-dire parlant breton) se partage entre le Vannetais et le Léonard, plus quelques subdivisions. Aux origines de la Bretagne, on trouve des colonies d'émigrants bretons, venus de Grande-Bretagne au Ve s et pourchassés par les Angles et les Saxons. Comme le gallois et le cornique, le breton est issu du britonnique, lui-même rameau historique du celtique et du gallois en place. Outre-Manche, la branche gaélique a donné naissance à l'irlandais, au manxois (île de Man) et au gaélique d'Écosse. C'est du Ve au IXe s, époque du vieux breton, que datent la majeure partie de la toponymie et des patronymes d'aujourd'hui. En 1464, Jehan Lagadeuc écrit le premier dictionnaire breton/français/latin, le *Catholicon*. Curieusement, on n'a jamais parlé le breton à Rennes ni à Nantes, pourtant capitale historique du duché. On le parlait, en revanche, dans presque toute la basse Bretagne, à l'ouest d'une ligne Mont-Saint-Michel/Pornic, du IXe au XIe s. Il y avait également des « colons » bretons en Mayenne, en Normandie et à Jersey.

LES RACINES DE L'HYMNE BRETON

Le Bro gozh ma zadrou *est directement inspiré de l'hymne gallois (1856). Pas vraiment étonnant, puisque le gallois est une langue souvent comprise par les bretonnants – ce qui n'est pas le cas du gaélique irlandais, en revanche. L'hymne breton est évidemment celui des footballeurs du Stade rennais.*

En haute Bretagne, on s'exprimait en gallo (de la racine *gall* : « étranger » – et par extension, « français » en breton) qui, comme le francien, le picard ou le normand, est une langue romane issue du latin populaire, un riche rameau de l'ancien parler d'oïl et qui a supplanté le gaulois. Le gallo n'est pas une création récente, puisqu'il apparaît déjà dans les textes du duc Jean IV en 1371. Le breton serait ainsi une langue d'importation par rapport au gallo. C'est bon à savoir, n'est-ce pas ?
Depuis la IIIe République, les instituteurs imposant le français partout, le breton et le gallo reculent simultanément en effectif et en aire d'influence. En 1999, 300 000 personnes, surtout à l'ouest d'une ligne Saint-Brieuc-Vannes, déclaraient parler le breton. Le britophone d'aujourd'hui a plus de 50 ans, il est agriculteur ou retraité et vit dans les Côtes-d'Armor ou le Finistère.
Il existe maintenant un breton standard utilisé dans l'enseignement, de la maternelle à l'université, sur l'ensemble de la Bretagne. Le nombre d'enfants scolarisés bénéficiant d'un enseignement bilingue (breton-français), toutes filières

confondues (Diwan, public, catholique) ne cesse d'augmenter. Et les écoles Diwan (le Germe) sont désormais intégrées à l'Éducation nationale.
Il existe également des journaux et des chansons de rock en breton. De plus, la redécouverte du *Barzaz-Breizh,* recueil de chants populaires immortalisés en 1839 par Hersart de La Villemarqué, alimente maintes émissions à la télévision régionale. Évoquons enfin la signalisation routière bilingue, très favorablement dans les villes de Quimper et Lorient, pionnières en la matière.
La langue bretonne a des sonorités rocailleuses, mélange d'anglais chuinté et d'allemand guttural. Il est assez difficile d'assimiler une grammaire et un vocabulaire aussi singuliers. En voici quelques éléments à toutes fins utiles.

Quelques mots usuels de breton

Aber	estuaire
Amann	beurre
Anken	chagrin, douleur
Ankou	trépas, mort, fantôme
Argoat	la terre ; le pays des terres ; l'intérieur des terres
Armor	la mer ; le pays de la mer ; les côtes bretonnes
Avel	vent
Aven	rivière
Bara	pain (*bara mar plij :* du pain, s'il vous plaît)
Bihan	petit (Le Bihan / Ar Bihan est un patronyme très fréquent)
Bras	grand (*Mor-Bras :* l'océan, par opposition à *Mor-Bihan,* la petite mer)
Breizh	Bretagne (*Mor-Breizh :* la Manche)
Dour	eau
Enez	île (*Enez Sun :* l'île de Sein)
Feunteun	fontaine
Gast !	putain ! (juron le plus répandu)
Gwin	vin (*gwin ruz :* vin rouge)
Heol	soleil
Hir	long (*maen-hir* signifiant « pierre longue »)
Iliz	église
Izel	bas (*Breizh izel :* la Bretagne occidentale)
Kastell	château
Kenavo	au revoir
Ker	un des toponymes les plus répandus en Bretagne ; signifie « village », « hameau », « groupe de maisons »
Koad	bois, forêt
Kozh	vieux (*an tad kozh :* le grand-père)
Krampouez	crêpes
Lann	lieu sacré, monastère ; lande, ajonc (et Dieu sait s'il y en avait ici)
Lok	lieu isolé, ermitage, fondation religieuse
Maen	pierre, rocher
Mat	bon (*bloavez mat :* bonne année ; *degemer mat :* bienvenue)
Menez	colline érodée ; arrondie au sommet : *Menez Bre*
Meur	grand, vaste (*botmeur :* lieu de refuge, lieu sacré)
Mor	mer (*ar moraer :* le marin ; *ar morzen :* la sirène)

Nevez	neuf
Penn	bout, tête (*Penn Ar Bed :* le bout de la terre = le Finistère)
Pesk	poisson (*soutenbesk :* la soupe de poisson)
Plou	paroisse primitive ; le toponyme le plus répandu avec *ker ;* du latin *pleten* signifiant « peuple », base de l'organisation territoriale en Bretagne autrefois. Son origine remonte à la colonisation de l'Armorique par les Bretons au Ve s.
Roc'h	crête, rocher
Taol	table, dolmen, table de pierre
Ti	maison individuelle (*penn ti :* cabanon des Marseillais, en mieux ! ; *ti an aod :* la maison côtière)
Traez henn	plage (*an draezhenn :* la grève)
Tref, tre (devant une consonne)	trève, division de paroisse
Uhel	haut
War-raok	en avant
War sav	debout
Yeihhedmat !	à votre santé !

Quelques exemples de noms propres

Briand	ce nom signifiait « privilège » ; très courant en Bretagne
Le Gall	Le Français, de *gallus*, « gaulois »
Le Goff	forgeron
Le Pen	la grosse tête, genre hydrocéphale
Le Floc'h	l'écuyer
Le Dantec	les grandes dents
Le Guen	le blanc
Le Queffelu	la bécasse

Expressions et mots français d'origine bretonne

– *Bande de ploucs :* « plouc » vient du toponyme *plou* (voir plus haut). Un « plouc », terme forgé par les non-Bretons évidemment, désigne un niais, un sot, un type mal dégrossi. Éminemment péjoratif, ça va de soi.

– *Baragouiner :* ce verbe viendrait de l'assemblage des mots bretons *bara* et *gwin,* le « pain » et le « vin ». Pour les uns, ce sont les combattants bretons de la Première Guerre mondiale qui, ne parlant pas français, réclamaient *bara* et *gwin.* Pour les autres, ce sont les Bretons venus chercher du travail à Paris qui faisaient du porte

DÉFENSE DE PARLER BRETON !

La République a fait longtemps la guerre au breton parlé. À l'école, les élèves pris en défaut devaient porter au cou la « vache », pièce de bois (ou un sabot) en guise de punition. On humiliait la culture des parents et on culpabilisait les enfants. La dénonciation était la règle, bien que peu efficace ici. Une célèbre affiche proclamait : « Aux élèves des écoles, il est défendu de parler breton, de cracher par terre et d'essuyer son ardoise avec la langue ! » La boucherie de 1914-1918 (près de 130 000 Bretons tués au combat) contribua aussi largement au déclin de la langue.

à porte en quémandant *bara* et *gwin*. Dans les deux cas, on se demandait ce qu'ils pouvaient bien « baragouiner ».
– *Y voir que dalle :* ne rien y voir (*dall* signifie « aveugle »).

■ ***Office public de la langue bretonne*** *(Ofis Pulik Ar Brezhoneg)* **:** *10, rue Nantaise, 35000 Rennes (Roazhon).* ☎ *02-23-44-04-30.* ● *opab-oplb.org* ● Cet organisme dynamique a pour mission de promouvoir le breton et d'en développer son emploi, mais aussi de collecter un maximum de données et de sauvegarder le patrimoine linguistique (entre autres). Son personnel, très serviable, nous a aidés à traduire les noms des communes pour ce guide.

■ ***Bertègn Galezz :*** *ferme des Gallets, 26, av. Pierre-Donzelot, 35700 Rennes (Roazhon).* ☎ *02-99-38-97-65.* ● *bertaeyn-galeizz.com* ● Cette association a pour but de promouvoir le trop méconnu gallo en informant sur son existence et sur son histoire, afin d'en favoriser sa transmission.

LA MER... *SO PHARE AWAY*

Bizarrement, dans beaucoup de régions côtières de Bretagne, les autochtones furent longtemps aussi étrangers à l'univers maritime que des Grenoblois. Très peu d'îles bretonnes se consacrèrent à la pêche (l'exemple de l'île de Batz est saisissant : la seule activité traditionnelle de cette petite île est l'agriculture !). Une bonne partie des Finistériens du Nord, et en particulier les habitants de la fameuse côte du Pays pagan, ne mettaient les pieds dans l'eau que pour piller les épaves ou pour ramasser le goémon, utilisé comme engrais. Pour beaucoup de Bretons, la mer ne pouvait être que source de malheur, et pour vivre en paix, il était préférable de lui tourner le dos (vous allez réagir bruyamment : « Et Groix ? Et Concarneau ? » Oui, bien sûr, mais ça ne formait pas une majorité !).

LE BRAVIGOU

Voici une coutume bretonne très peu connue des non-initiés. Les femmes de marins pêcheurs jettent à l'océan des morceaux de faïence, en offrande à la mer. Ces bouts de vaisselle cassée ont pour but de faire revenir sain et sauf le mari parti en mer. Cet ex-voto est un très beau signe d'amour, toujours en vigueur aujourd'hui. Il arrive donc encore qu'on découvre des morceaux d'assiettes sur les plages bretonnes. Ne les ramassez pas ; ils ne sont efficaces qu'au contact de l'océan !

Aussi, lorsqu'au début du XXe s commence à apparaître la vogue des sports nautiques, et en particulier de la voile, le moins que l'on puisse dire est qu'il ne s'agit pas d'un grand mouvement d'adhésion populaire. Seules les familles bourgeoises ayant leur résidence secondaire sur la côte s'adonnent aux joies de la glisse. Et le Front populaire n'y change rien. Lorsque, dans les années 1950, la plaisance à voile et le dériveur deviennent une véritable mode dans les beaux milieux, lorsque les jeunes gens dans le vent, à Carnac ou à La Trinité-sur-Mer, s'enthousiasment pour la gîte et les bords de près, tout cela reste étranger au bon peuple breton.

Seulement voilà : en 1964, un jeune homme très bien (il est officier de marine) a l'idée saugrenue d'aller battre les Anglais dans une course anglaise, la fameuse « Transat ». Éric Tabarly, jeune Breton, devient non seulement une gloire nationale mais, vis-à-vis des médias,

LE MAL DE MER : LA THÉORIE DES 5 « F »

Les vieux loups de mer savent qu'il a 5 origines principales : le Froid, la Faim, la Frousse, la Fatigue et... la Fête !

le symbole d'une certaine identité bretonne, glorieuse et modeste. Voilà le déclic. Tous les Bretons dans leurs chaumières se sentent concernés et sont pris en flagrant délit de regarder l'océan. Et d'autres gloires bretonnes suivent, prises dans le mouvement : les Kersauson, Poupon, Riguidel, Caradec, Morvan ou Peyron peuplent les années 1970 et 1980 de beaux rêves pour les petits Bretons. Transats, tours du monde, records mythiques, Jules Verne est battu à plates coutures.
Désormais, le moindre club de voile du fin fond du Finistère et du Morbihan est pris d'assaut par ces petits Bretons qui rêvent. En plein hiver, qu'il pleuve, qu'il vente ou qu'il neige, ils y vont, avalent les vagues de face, engloutissent des médailles olympiques, mais ne s'arrêtent pas là. C'est l'océan et ses mythes qu'ils veulent.
Les Bretons et la mer, c'est aussi la pêche à pied. Autrefois un des moyens de subsistance pour des populations pauvres, cette activité est devenue un loisir pour autochtones et touristes. Quel enfant, en vacances en Bretagne, n'a pas traqué la crevette ou le crabe dans le moindre creux de rocher ? Mais attention, cette pêche n'est pas anodine et demande de l'expérience. Chaque port ou village abrite ainsi son « champion », qui connaît chaque rocher de son estran, qui joue avec les horaires de marée, pour être au bon endroit au bon moment. Et celui-là, comme le cueilleur de champignons, garde jalousement ses secrets. Le vrai pêcheur prélève avec parcimonie ce que la nature lui offre et entretient son « jardin » en laissant grandir les coquillages avant de les pêcher, en remettant bien en place les rochers retournés.

L'ARÉNICOLE, UN VRAI PACTOLE

De arena (sable) et colere (qui habite), ce modeste petit ver qu'on utilise pour nos parties de pêche détient un trésor. Une PME bretonne a découvert qu'il possède une molécule fabuleuse pour faciliter les transplantations d'organes et colmater les hémorragies.

MUSIQUE ET DANSE BRETONNES

Histoire condensée

Comme beaucoup de cultures musicales dans le monde, la musique bretonne est intimement liée à l'histoire de la Bretagne et de son peuple. Sa survivance est toujours apparue comme un signe de résistance. Et c'est sans doute grâce à cette mobilisation générale que la Bretagne a su garder une culture vivace et que sa musique se porte aussi bien. Malgré le rattachement à la France en 1532 et les nombreuses périodes de conflits politiques, la Bretagne a su conserver intacte son identité régionale.
Les traditionnels ensembles de ***cornemuses,*** fondés à l'origine pour accompagner les défilés et les processions pendant les festivals, sont toujours d'actualité ; mais la ligne traditionnelle a changé et les *festoù-noz* (pluriel de ***fest-noz,*** « fête de nuit ») restent aujourd'hui le parfait intermédiaire pour transmettre les chansons et les mélodies d'une génération à l'autre. Le collectage des airs et des thèmes traditionnels aux XIXe et XXe s a aussi contribué à la survie d'un grand nombre de complaintes et de chansons, qui donnent un bon aperçu de l'histoire troublée du peuple breton.
Mais attention, de même qu'il est difficile de parler de Bretagne au singulier, il est impossible de parler d'« une » musique bretonne. Quand on se penche un peu sur le sujet, quand on a assisté à deux ou trois concerts, à deux ou trois *festoù-noz,* il est facile de se rendre compte à quel point la musique est variée. Selon les circonstances déjà : on chantait différemment à une noce, à une veillée ou à un

fest-noz (au fait, n'oublions pas que le *fest-noz* est classé depuis 2012 au Patrimoine immatériel de l'humanité par l'Unesco).

La ***gwerz,*** par exemple, est une complainte que l'on chantait le plus souvent a cappella les soirs de veillées : elle véhiculait des histoires, toujours tragiques, une sorte de colportage de l'actualité. Didactiques à l'époque, les *gwerziou* sont aujourd'hui pour nous d'extraordinaires témoignages de la vie quotidienne et du légendaire. D'autres chansons et mélodies *(soniou),* plus gaies, étaient bien sûr chantées, comme partout ailleurs.

L'autre technique particulière et propre à la Bretagne est le ***kan ha diskan,*** le chant à répondre, à « réponner », ou chant tuilé. Il est difficile de trouver une traduction capable de représenter ce couple de chanteurs, se répondant, phrase à phrase, le second empiétant sur la phrase du premier. C'est le chant qui accompagne les danses dans les noces et les *festoù-noz.*

On retrouve le même principe chez le couple de ***sonneurs,*** la bombarde finissant la phrase du biniou au temps fort. Ces musiciens étaient d'ailleurs bien mieux considérés que les chanteurs, mieux payés aussi, et on n'hésitait pas à les faire venir de loin. C'était un signe extérieur de richesse que de pouvoir s'offrir un couple de sonneurs. Ils venaient également sonner à l'occasion des pardons et interprétaient des marches, tout en suivant la procession, et s'affrontaient en concours. Celui de Gourin est toujours un événement, avec ses stars comme Baron et Anneix ou Crépillon et Bigot.

Une création récente, puisqu'elle date de l'après-guerre, est le ***bagad,*** conçu sur le modèle du *pipe band* écossais, en ajoutant la bombarde aux cornemuses et aux percussions. Les plus connus sont le *bagad* militaire de Lann-Bihoué et celui de Quimper.

La tradition changeait aussi selon l'espace : on chantait en breton en basse Bretagne et en gallo en haute Bretagne, de même que l'on jouait plus volontiers bombarde, biniou et *treujenn-gaol* en basse Bretagne, et vielle, violon, accordéon et veuze en haute Bretagne.

LE *BAGAD* DE LANN-BIHOUÉ

Créé en 1952, le seul orchestre breton de la marine nationale a beaucoup contribué au renouveau de cette musique traditionnelle. Et pourtant, la formation faillit disparaître. Ainsi, Michel Debré ne supportait pas que les ordres soient donnés en breton. De plus, le directeur musical est élu par les 32 membres (ce qui est contraire aux règles militaires). Depuis, l'armée leur a offert leurs locaux, à condition qu'ils nourrissent les canards de la base.

Mais la force de la musique bretonne, ce qui explique aussi sa pérennité, c'est d'avoir su évoluer dans le temps. La musique, comme l'ensemble de la culture bretonne, est un immense métissage, fait d'apports extérieurs et d'intégration, d'assimilation. Ainsi ne connaît-on aucun instrument proprement breton : la harpe était jouée sous l'Antiquité pharaonique, la vielle, la veuze et la bombarde ont été rapportées d'Orient après les croisades, le *treujenn-gaol* n'est que la version baroque de la clarinette, le violon fut importé d'Italie et l'accordéon d'Autriche, tout comme le rock a récemment introduit la guitare électrique et la batterie. Ceux qui défendent l'idée d'une culture pure et innée, d'une tradition figée, ne sont que des escrocs intégristes. La richesse d'une culture vient de sa capacité à s'inventer chaque jour, il faut que tradition rime avec création, sinon elle tombe dans le folklo ringard et meurt.

C'est justement ce que la Bretagne a su éviter, en continuant constamment à inventer sa tradition. L'idée avait été lancée localement et timidement, après la Seconde Guerre mondiale, avec la création des cercles celtiques et des *bagadou.* C'est dans les années 1960, autour d'événements politiques et dans un climat d'agitation autonomiste, que la Bretagne s'est trouvée portée sur le devant de la scène, et que sa musique s'est retrouvée médiatisée. ***Glenmor, Stivell*** ont

commencé à faire parler d'eux, suivis de ***Servat*** et des ***Tri Yann.*** En tête de ce renouveau musical, Alan Stivell a introduit avec succès la harpe celtique auprès d'un nouveau public, avec la sortie en 1971 de l'album *Renaissance de la harpe celtique.* C'est pendant cette période créative que ***les sœurs Goadec*** ont été redécouvertes, tout comme les bardes néotraditionnels (comme Glenmor) et les jeunes chanteurs tels Gilles Servat, Gweltaz ar Fur et le harpiste Kirjuhel.
En 1972, le premier festival de musique celtique à Kertlag présentait un programme éclectique, avec la participation de musiciens traditionnels bretons comme les sœurs Goadec. Contre l'avis des aînés et des puristes tradi, ils ont réveillé la tradition bretonne.
Quarante ans après, ils sont toujours là ; à leurs côtés, ***Dan Ar Braz, Yann-Fanch Kemener, Didier Squiban, Erik Marchand, Gabriel Yacoub, Mélaine Favennec, Soldat Louis*** (dont il faut signaler l'excellent *Bienvenue à bord,* avec une chouette version du *bagad* de Lann-Bihoué), etc.
La musique bretonne ne s'est jamais mieux portée qu'aujourd'hui, les artistes créent et inventent de nouveaux textes, de nouvelles mélodies, de nouveaux rythmes, de nouveaux métissages. Repoussant les limites de la musique bretonne au-delà de ses frontières traditionnelles, des groupes comme ***Strobinell, Bleizi Ruz*** et ***Sonerien Du*** ont combiné la guitare électrique, la batterie et l'accordéon avec des instruments plus anciens comme la bombarde, le biniou et la veuze (voir plus loin). Et la relève est assurée avec ***Denez Prigent, Annie Ebrel, Kristen Nicolas,*** mais aussi les ***EV, Red Cardell*** ou ***Ar Re Yaouank*** et quantité de bons groupes de *fest-noz* qui continueront à faire les beaux jours des nuits bretonnes.
Aujourd'hui, la production musicale est divisée entre deux principaux labels, *Keltia musique* et *Coop Breizh.*

La nouvelle musique pop bretonne

Les créateurs de la nouvelle musique pop bretonne sont nombreux. Depuis la fin des années 1990, ils brillent par leur imagination et leur inventivité. Originaire de Rennes, ***Miss DJ Blue*** est née dans une famille bretonnante et militante. Le breton est sa première langue. Pionnière du mouvement de la Breizh'n'bass, elle innove en mariant la tradition bretonne, l'électro et le hip hop. À Quimper, les ***Eostiged*** marient avec brio la danse traditionnelle et les chorégraphies contemporaines. Venu du Pays pagan (côte nord du Finistère), ***Dom Duff*** chante en breton dans la tradition du folk-rock américain, et les ***Ramoneurs de Menhir,*** emmenés par Loran des Bérurier Noir, invitent l'énergie du punk dans leur répertoire. Dans le Pays bigouden (Finistère Sud), ***Oktopus Kafé*** apporte aux mélodies bretonnes des notes de *saudade* et de tango argentin. Le groupe ***Alambig Electrik*** s'inspire aussi de la musique traditionnelle pour en faire une sorte de world-électro Breizh. Le rap breton est bien représenté par le groupe des ***Raggalendo.*** Hors norme, le Rennais ***Florian Baron*** est devenu une star grâce à sa maîtrise de l'oud, la guitare du monde arabo-persan.
Depuis les années 2000, quelques nouveaux noms apparaissent dans l'univers musical breton. Ces jeunes auteurs et musiciens enracinés dans la tradition parviennent à renouveler le style musical breton en l'associant à d'autres styles musicaux venus de tous les horizons. Cette musique hybride et non conventionnelle a donné : ***Cécile Corbel,*** harpiste celtique acclamée en Bretagne et au Japon, ***Rozenn Talec,*** nouvelle voix féminine du Krei Breizh Akademi (académie de la nouvelle musique pop bretonne), ou encore ***Krismenn,*** un artiste qui propose du rap-électro breton gonflé aux embruns. Le groupe ***IMG*** de Rennes serait plutôt à classer dans le style ska-reggae gallo. Citons aussi : la chanteuse ***Gwennyn, Nolwenn Korbell*** (de Douarnenez), à la fois chanteuse et comédienne, ***Arnaud Royer*** de Bécherel, le groupe ***Aodan*** – dont les membres sont considérés par beaucoup comme des « extraterrestres musicaux », ***Titom*** (Thomas Lotout) qui fait la liaison musicale entre la mélodie traditionnelle, le jazz et les rythmes du monde.

Les membres de ***Startijenn*** continuent dans la lignée de Ar Re Yaouank, mais s'engagent sur des voies inattendues avec leur création *El Taqa,* avec le chanteur raï Sofiane Saidi.

Où écouter de la musique et découvrir le vrai folklore ?

Lors de la grande vague folk au milieu des années 1970, les *bistrofolk* ont fait leur apparition en Bretagne. La musique bretonne y côtoie celle des autres pays celtiques frères, comme au ***Festival interceltique de Lorient,*** qui se déroule durant la 1re quinzaine d'août. ● *festival-interceltique.com* ●

N'hésitez pas à entrer dans la danse, car des gens plus expérimentés ne refuseront pas de vous donner quelques conseils. Une recommandation toutefois : les chaussures de ville genre talons hauts ne sont pas des plus conseillées.

Les instruments et les musiciens

– *La veuze :* cornemuse bretonne à un bourdon du Pays nantais, proche de la cornemuse médiévale.
– *Le fiddle :* violon utilisé de façon traditionnelle en Irlande et en Écosse, il revient à la mode depuis quelques années.
– *Le biniou-koz :* c'est l'instrument le plus représentatif de la musique bretonne. Il est constitué d'une poche gonflée à l'aide d'un tuyau par le sonneur qui joue sur une sorte de petit tuyau comprenant six trous.
– *Le biniou-braz :* le cousin breton de la cornemuse écossaise mais plus petit, plus aigu et à un seul bourdon. Sa popularité en Bretagne ne remonte qu'aux années 1940.
– *La bombarde :* un instrument très ancien, venu tout droit du Moyen-Orient, ancêtre du hautbois. Elle comporte six trous et une ou plusieurs clés. Il faut pincer l'anche avec les lèvres et souffler simultanément.
– *Les tambours* et *grosses caisses* sont généralement utilisés dans les *bagadou* (pluriel de *bagad ;* voir définition plus bas).
– *La vielle à roue :* identique à celle du Berry.
– *La harpe celtique* a connu un retour de faveur avec Alan Stivell.
– *La clarinette* (ou *treujenn-gaol* en breton) est pratiquée depuis la fin du XVIIIe s en Bretagne.
– *L'orgue* est également pratiqué en Bretagne, souvent avec une bombarde.
– *Un couple de sonneurs* est généralement constitué d'un joueur de *biniou-koz* et d'un *tabalarder* (joueur de bombarde), ou alors de deux *tabalarders.*
– *Un bagad* (pluriel : *bagadou*) est un ensemble de joueurs de bombarde, de *biniou-braz* et de percussions. Les *bagadou* sont regroupés dans la BAS *(Bodadeg Ar Sonerien),* assemblée des sonneurs.
– *Un cercle celtique* se compose de musiciens, danseurs et chanteurs.
– *Le kan ha diskan* est un chant à refrain pour danser.

Danse et *fest-noz*

La danse a connu une évolution parallèle à celle de la musique. C'est paradoxalement au XVIe s qu'elle va se singulariser, c'est-à-dire au moment même où la Bretagne est rattachée à la France. Jusque-là, on jouait la même musique partout en Europe, avec les mêmes instruments et les mêmes danses (branles, rondes, tioris.). Les distinctions étaient avant tout sociales ; on avait, d'un côté, le « chant des villes », plus universel, et de l'autre, le « chant des champs », plus local.

Fest-noz (« fête de nuit » ; *fest-deiz* pendant la journée) est un terme propre aux montagnes, mais ça n'empêchait pas de danser partout en Bretagne. Le plus souvent à l'occasion de fêtes communautaires, où l'on se retrouvait pour chanter, danser et manger, mais aussi à l'occasion de réunions plus exceptionnelles comme les moissons ou le tassage des sols. La danse était un ciment essentiel de la vie villageoise. Un couple de sonneurs ou de chanteurs animait la soirée et tout le monde dansait. Dans une joyeuse ambiance et surtout dans une délicieuse cacophonie, car ne rêvons pas : les instruments étaient loin d'être aussi fiables qu'aujourd'hui, ils étaient mal accordés, les musiciens étaient le plus souvent des amateurs ayant appris à jouer à l'oreille et à qui on demandait de jouer pendant des heures (ils avaient tout juste le droit de boire !), et il suffit d'observer les gravures anciennes pour s'apercevoir que les pas des danseurs étaient rarement coordonnés. Surtout, on se limitait aux danses du coin : le choix était finalement très restreint et le bal très répétitif.

Les grands classiques sont la gavotte, le *plinn* et la *fisel* du pays des montagnes, l'*an dro,* l'*hanter dro* et les *laridés* du Pays vannetais, sans oublier le *kost er c'hoad,* la danse de Léon, le rond de Saint-Vincent, de Loudéac, la dérobée de Guingamp et les innombrables variantes. Arrivées en Bretagne au XIXe s pour la plupart, quelques danses de couple, bien loin de la tradition bretonne, sont néanmoins pratiquées : *scottish,* valses, valses écossaises, polkas, champenoises.

DANSEUR ET MAÇON

La gavotte est la grande danse traditionnelle bretonne, où les participants sont disposés en cercle ou en ligne et tapent des pieds. Autrefois, le sol des maisons était en terre. C'était un excellent moyen qu'on avait trouvé pour tasser le revêtement tout en s'amusant.

La grande révolution s'opère dans les années 1960, avec le regain d'intérêt pour la musique et les instruments traditionnels. Les cours se multiplient, améliorant de façon singulière la qualité des musiciens amateurs, sans parler des nombreux groupes professionnels qui virent le jour à cette époque. L'autre phénomène fondamental est l'urbanisation du *fest-noz,* qui a été synonyme, pour une fois, de promotion et d'enrichissement. En ville, tous les danseurs se sont retrouvés et chacun a appris la danse de son voisin. Aujourd'hui, un *fest-noz* digne de ce nom comporte facilement une trentaine de danses différentes.

Ce qui frappe la première fois que l'on se rend à un *fest-noz,* c'est tout d'abord son côté collectif et le mélange des générations. C'est ensuite son caractère gai et vivant. Il est aussi manifeste que l'on ne danse plus à un *fest-noz* comme il y a cent ans, car les pas et même la technique ont évolué, accompagnant en cela la musique : la danse s'est faite plus sensuelle, plus légère, et elle a su conquérir un nouveau public. Tout cela sans perdre une once de son âme, car elle est restée comme autrefois une danse avant tout collective. On danse en chaîne, ouverte ou fermée, soudés les uns aux autres pour que l'énergie de chacun se transmette au voisin.

Pendant votre séjour, vous aurez sûrement l'occasion d'assister à un *fest-noz ;* ce jour-là, n'hésitez pas à entrer dans le cercle, vous trouverez toujours quelqu'un pour guider vos pas. Car ce n'est pas, sauf rares exceptions, une danse d'exhibition ; il faut absolument danser pour le comprendre et le vivre. Faites plusieurs expériences, vous verrez les différences qui existent encore d'un pays à l'autre, d'une ville à l'autre, d'un groupe à l'autre. Car il est clair que l'on ne « swingue » pas de la même manière sur des groupes comme Sonnerien Du, Ar re Yaouank ou Carré Manchot qu'au nom d'un couple de sonneurs plus traditionnel. C'est justement la chance du danseur breton que de pouvoir s'éclater aussi bien sur une musique « pure-trad » que rock, afro, orientale ou même techno ! On est bien loin de l'image folklo de la « fête au village » et des danseurs en costumes. D'ailleurs, on le redit, le *fest-noz* a été inscrit au patrimoine mondial immatériel de l'humanité par l'Unesco en 2012 !

Enfin, un énorme coup de cœur pour le CD *Lyannaj,* réalisé par Carré Manchot et le groupe antillais Akiyo Ka. C'est un merveilleux dialogue entre deux cultures, avec des morceaux superbes où les rythmes semblent fusionner en une harmonie confondante. Beaucoup d'amour, de respect pour l'autre, de complicité dans cette association étonnante. À écouter, à réécouter, à danser séance tenante.

NATIONALISME BRETON

Militants autonomistes qui bataillent pour l'indépendance de la Bretagne, défenseurs de la langue et de la culture bretonnes, barbouilleurs de panneaux routiers, dynamiteurs de perceptions ou de pylônes électriques, les nationalistes bretons n'ont qu'un symbole de ralliement : le *gwenn ha du* (en français : le « blanc et noir »), c'est-à-dire le drapeau breton, aux cinq bandes noires et aux quatre bandes blanches (voir plus haut la rubrique « Emblèmes et symboles bretons »).
Éclaté et multiforme, le militantisme breton est insaisissable, car c'est une nébuleuse effervescente constituée ou reconstruite de groupuscules parfois rivaux et dont l'existence est souvent éphémère. Les légalistes sont essentiellement représentés par l'Union démocratique bretonne (UDB), qui a beaucoup flirté avec le parti socialiste. L'Armée révolutionnaire bretonne (l'ARB, officiellement dissoute) reste le bastion de la lutte armée. Parmi les défenseurs de la langue et de la culture bretonnes, on trouve : *Diwan,* animateur de l'école en breton ; *Stourm-ar-Brezhoneg,* qui prône le bilinguisme officiel ; *Emgann,* qui rassemble des rénovateurs ; *Kendalc'h,* qui enseigne la musique et la danse bretonnes, etc. On peut citer aussi l'ADSAV, parti d'extrême droite fondé en 2000, qui est opposé à l'EMSAV (ensemble du mouvement breton), dont la plupart des militants sont de gauche.
La télévision et les radios diffusent des émissions en langue bretonne. Dans le Finistère et le Morbihan, les panneaux routiers sont bilingues, le drapeau breton flotte sur quelques bâtiments officiels, et bon nombre de voitures portent la plaque BZH pour *Breizh* (« Bretagne »). Voilà quelques expressions du nationalisme breton, qui a sa littérature, sa presse, ses mouvements culturels plus ou moins engagés politiquement. Il n'est pas facile de faire la distinction entre le régionalisme de bon aloi et le nationalisme exacerbé ; pour en savoir plus, s'adresser aux Renseignements généraux.
Toutefois, devant la crise économique ambiante, on assiste depuis plusieurs années à une poussée identitaire. Entre autres, le Comité consultatif de l'identité bretonne – créé à Rennes en 1996, avec pour mission de valoriser toute forme d'expression régionale – a soutenu les manifestations de l'automne 2013 opposées à l'écotaxe du gouvernement de François Hollande.

PERSONNAGES

Quelques célébrités de Bretagne

Il y eut la duchesse Anne de Bretagne, la plus célèbre de l'histoire de la province, qu'elle apporta en dot au roi de France (voir plus haut la rubrique « Histoire »).
Tout le monde se souvient de Surcouf, Chateaubriand, Laennec, Ernest Renan, Louison Bobet. Même Jack Kerouac, le poète écrivain de la *beat generation,* était d'ascendance bretonne. Et puis il y a des personnages plus contemporains. Ce choix est tout à fait subjectif et ne se limite pas au sud de la Bretagne. Il est donné par ordre alphabétique.
– ***Nathalie Appéré :*** née en 1975, originaire de Ploemeur près de Lorient, elle est élevée dans le catholicisme social par un père enseignant et une mère secrétaire. Diplômée de l'IEP de Rennes, elle intègre en 2001 l'équipe municipale d'Edmond Hervé qui lui confie, en qualité d'adjointe, la vie associative de la ville. Elle devient en 2008 première adjointe au maire, en charge de la cohésion sociale. En mars 2014, Nathalie Appéré est élue première femme maire de Rennes.

– ***Gérard d'Aboville :*** le rameur solitaire qui a traversé l'Atlantique et le Pacifique. Quand il ne tente pas une autre aventure extraordinaire, il habite au château de Kerantré, à Crac'h, près d'Auray.
– ***Dan Ar Braz :*** né à Quimper en 1949. Il s'est exercé à la guitare sur les musiques de Hendrix et des Shadows, avant de rejoindre le groupe d'Alan Stivell en 1967. Fort d'une carrière solo riche en collaborations (Higelin, le groupe anglais Fairport Convention, le poète Xavier Grall.), il a su, loin des seules frontières de la Bretagne, ouvrir la tradition celte à tous les horizons musicaux.
– ***Alain Bellec, alias Alain Barrière :*** né en 1935 à La Trinité-sur-Mer, ingénieur des Arts et Métiers et chanteur de charme. Vit maintenant à Montréal.
– ***Sarah Bernhardt*** *(1844-1923)* **:** affublée de surnoms les plus variés par ses contemporains (« la Scandaleuse », « la Divine », « le monstre sacré ».), elle n'en reste pas moins une grande tragédienne. Elle avait racheté un fort à Belle-Île-en-Mer, vers la pointe des Poulains, où elle souhaitait être inhumée. Mais l'histoire en décida autrement, puisqu'elle repose au cimetière du Père-Lachaise à Paris.

SARAH BERNHARDT, L'EXCENTRIQUE

Quand elle arrivait chez elle à Belle-Île, c'était toujours accompagnée de sa ménagerie : un boa, un singe et même un crocodile qui finit par croquer Hamlet, le chien adoré. Par représailles, le reptile sera empaillé. On apporta aussi des grenouilles pour entendre leurs coassements le soir, à l'heure de l'apéro.

– ***Vincent Bolloré :*** né en 1952 à Boulogne-Billancourt ! À 29 ans, il devient PDG d'une entreprise de papier à cigarettes, familiale et centenaire, à Ergué-Gabéric. Le voilà à la tête d'un groupe financier et industriel qui touche à tout, avec succès (voir plus haut la rubrique « Économie. Les Bretons qui entreprennent »).
– ***Louise Bourgoin :*** née en 1981 à Vannes de parents enseignants, la jolie blonde (brune, rousse, selon...) excentrique se fait connaître sur Canal + en animant de façon décalée la météo du Grand Journal. Très vite repérée par le grand écran, elle y tient la tête d'affiche d'*Adèle Blanc-Sec* de Luc Besson, en 2010. Elle enchaîne depuis les tournages.
– ***Aristide Briand*** *(1862-1932)* **:** né à Nantes, député en 1902, à plusieurs reprises ministre et président du Conseil. Défenseur de la paix après la Première Guerre mondiale, il participe activement à la création de la Société des Nations (SDN). Prix Nobel de la paix en 1926.
– ***Loïc Caradec*** *(1948-1986)* **:** ingénieur de Sup'Élec, né à La Trinité-sur-Mer, disparu en mer alors qu'il était en tête de la route du rhum, sur *Royale*.
– ***Yves Coppens :*** né à Vannes en 1934. Bourse de la vocation Bleustein-Blanchet, paléontologue, on lui doit la découverte, dans le désert d'Éthiopie, des ossements de Lucy : une des plus anciennes représentantes des hominidés connues sur terre.
– ***Christine and The Queens :*** de son vrai nom Héloïse Letissier, est une chanteuse et auteur-compositrice nantaise, nommée aux Victoires de la musique 2014. Son album « Chaleur Humaine » brise tous les codes, retourne les stigmates et réconcilie dans un format pop et contemporain chanson française très écrite et influences r'n'b. Pas de coiffe bretonne pour ce personnage scénique haut en couleur, mais une inspiration puisée auprès des *drag queens,* qui rompt avec la tradition...
– ***Jacques Demy*** *(1931-1990)* **:** né à Pont-Château. Réalisateur des *Parapluies de Cherbourg* et des *Demoiselles de Rochefort.* Il associe Nantes, la ville où il passa son enfance, et le célèbre passage Pommeraye à ses films *Une chambre en ville* ou *Lola.*
– ***La mère Denis :*** née Jeanne-Marie Le Calvé, à Neuillac (Morbihan), le 9 novembre 1893. On se souviendra longtemps de la vedette des lavandières ou de la lavandière de *Vedette* : « C'est bien vrai, ça ! »

– ***Irène Frain :*** Lorientaise née le 22 mai 1950, agrégée de lettres à 22 ans. Commence par écrire des contes, puis connaît le succès avec *Le Nabab* en 1982.

– ***Jean Guyomarc'h :*** né à Vannes en 1923. À 30 ans, il quitte la minoterie familiale pour créer une usine d'aliments pour le bétail. Aujourd'hui, le groupe qu'il a fondé emploie 5 200 personnes et 55 chiens : les goûteurs du *Royal Canin.*

– ***Jean-Édern Hallier*** *(1936-1997)* **:** possédait le château de la Boissière à Briec, au nord-ouest de Quimper, berceau de la famille. Romantique, tumultueux, provocateur dans le verbe et dans son comportement, cet écrivain spécialiste des farces et attrapes rêvait d'entrer à l'Académie française. Décédé à Deauville en janvier 1997, à l'âge de 61 ans, alors qu'il faisait du vélo.

– ***Pierre Jakez Hélias*** *(1914-1995)* **:** né à Pouldreuzic, célèbre auteur du *Cheval d'orgueil* (2 millions d'exemplaires vendus), chronique de la Bretagne profonde au début du XXe s.

– ***Jean-Jacques Hénaff :*** né en 1938 à Pouldreuzic, ce Bigouden « chimiquement pur » s'octroie 20 % du marché du pâté en boîte (qui porte son nom). Un Breton ne sait faire que du bon !

– ***Max Jacob*** *(1876-1944)* **:** né à Quimper ; une plaque dessinée par Jean Cocteau y désigne sa maison natale. Peintre et poète, il mena une vie de bohème avec les artistes du *Bateau-Lavoir* à Paris.

– ***Louis Jouvet*** *(1887-1951)* **:** né à Crozon et mort à Paris. Comédien, monstre sacré, professeur de tant de générations d'artistes... Et une belle carrière au cinéma *(Hôtel du Nord, Quai des Orfèvres...).*

– ***Jack Kerouac*** *(1922-1969)* **:** de son vrai nom *Jacques Lebris de Kerouac,* l'auteur de *Sur la route,* était issu d'une famille bretonne partie s'installer au Canada.

JACK KEROUAC, BRETON D'AMÉRIQUE

Ses racines sont bretonnes, du Huelgoat. Ses ancêtres émigrèrent d'abord au Québec. Surnommé Ti-Jean, il parla uniquement français jusqu'à l'âge de 6 ans. Une grande communauté québécoise vivait à Lowell (Massachussets), sa ville d'origine. En 1935, il viendra en Bretagne, à la recherche de ses racines.

– ***Jean-Yves Lafesse :*** né à Pontivy en 1957. Qui n'a pas pouffé en écoutant les blagues de cet humoriste ? Le roi de l'imposture s'est d'abord fait connaître pour ses canulars téléphoniques mettant en scène M. et Mme Ledoux. Il sévit aussi à l'écran à travers des sketches humoristiques et en piégeant les passants dans la rue... Toujours efficace !

– ***Michel-Édouard Leclerc :*** né en 1952 à Landerneau, fils d'Édouard Leclerc, « l'épicier de Landerneau », Michel-Édouard a pris en main les rênes de l'empire familial. Maître en communication, il a fréquenté les crypto-marxistes de la Sorbonne pour obtenir une licence de philo, un DEA de sciences politiques, suivi d'un doctorat en sciences éco. Fait du « business » à présent, en respectant les consommateurs et l'environnement. Il préside depuis l'automne 2011 le Fonds Hélène-et-Édouard-Leclerc pour la Culture, proposant un espace culturel d'exposition d'art contemporain accessible à tous, situé dans le domaine des Capucins à Landerneau.

– ***Jean-Yves Le Drian :*** né à Lorient en 1947, ce fils d'ouvrier réussit à devenir agrégé d'histoire. Élu 5 fois député PS, il reste fidèle à ses convictions politiques et refuse d'entrer au gouvernement Fillon. Président du conseil régional de Bretagne, proche de François Hollande depuis longtemps, son expertise dans l'armement lui permet d'être nommé ministre de la Défense.

– ***Philippe Le Prêtre, alias Gildas :*** le célèbre animateur de *Canal +* est né à Auray en 1935.

– ***Nolwenn Leroy :*** née en 1982 à Saint-Renan. Après avoir remporté la Star Academy, puis sorti quelques albums qui n'ont pas vraiment marqué les esprits, la petite Bretonne aux yeux bleus renoue avec ses origines et sort, en 2010, une galette intitulée *Bretonne*. Cet album, qui reprend des incontournables (Tri Yann, Alan Stivell, Miossec...), a connu un franc succès : un retour aux sources émouvant à plus d'un égard.

– ***Narcejac** (1908-1998)* **:** de son vrai nom Pierre Ayraud, indissociable de Boileau, co-auteur de très célèbres romans policiers. Fut professeur de français au lycée Clemenceau de Nantes pendant 20 ans.

– ***Jean Picollec*** **:** né à Concarneau en 1938, éditeur passionné par sa Bretagne natale.

– ***Patrick Poivre d'Arvor*** **:** né en 1947, écrivain et journaliste, célébrissime présentateur du journal télévisé de 20h de *TF1* jusqu'en 2008, il se dit « Breton d'origine et de cœur ». De son vrai nom Patrick Poivre, il empruntera le pseudonyme d'Arvor en mémoire de son grand-père maternel, relieur et poète, Jean d'Arvor.

– ***Alain Resnais** (1922-2014)* **:** né à Vannes, cinéaste *(Pas sur la bouche, Cœurs, Les Herbes folles, Vous n'avez encore rien vu)* qui a souvent filmé son pays natal.

– ***Yves Rocher** (1930-2009)* **:** le célèbre fabricant des produits cosmétiques à base de plantes est né à La Gacilly, bourg de 2 350 habitants, dont il fut le maire pendant 46 ans et le père bienfaiteur.

– ***Guillaume Seznec** (1878-1954)* **:** né à Plomodiern (Finistère), chef d'entreprise. En 1923, lors d'un voyage à Paris, il est accusé d'avoir assassiné le conseiller général Pierre Quémeneur, son associé en affaires. Malgré l'absence totale de preuves, de cadavre, de mobile et d'aveu, Guillaume Seznec est condamné aux travaux forcés à perpétuité au bagne de Cayenne. Il est gracié au bout de vingt ans d'enfer par le général de Gaulle. Dès le début et jusqu'à maintenant, de nombreuses campagnes dénoncent ce qui apparaît aujourd'hui comme l'une des plus grandes erreurs judiciaires du XXe s. La Bretagne, à travers l'opinion publique et de nombreux élus, s'est littéralement identifiée à l'injustice de l'affaire Seznec. À travers l'association France-Justice, Denis, le petit-fils, se bat depuis plus de 40 ans pour la réhabilitation de son grand-père. À lire toutes affaires cessantes : *Nous les Seznec, toute l'affaire*. Bouleversant !

– ***Alan Stivell*** **:** né en Auvergne en 1944. 15 albums à succès pour *Alain Cochevelou,* créateur il y a plus de 30 ans de la musique ethno-moderne bretonne. Un chanteur-musicien (harpiste plus exactement) bretonnant qui a largement contribué au renouveau et au rayonnement la musique bretonne, et un des rares promus au Top 50 !

– ***Éric Tabarly** (1931-1998)* **:** né à Nantes ; cet officier de marine, en gagnant en 1964 la « Transat », spécialité des Anglais, a donné le goût de la mer à toute la Bretagne. Devenu un véritable symbole du renouveau de la course française, c'est en tombant accidentellement d'un de ses *Pen Duick* qu'il disparaît en 1998.

– ***Jacques Tati** (1908-1982)* **:** a tourné, en 1951, le film génial *Les Vacances de M. Hulot* à Saint-Marc-sur-Mer, près de Saint-Nazaire.

– ***Tri Yann*** **:** les trois Jean à l'origine du groupe se sont entourés de musiciens et se produisent à 8. Leur *Vol 007 pour Ploupensec et Kersauce* est un joyeux délire surréaliste, bien loin du folklore breton. Mais, leur interprétation de la comptine populaire « J'entends le loup, le renard et la belette » n'a pas pris une ride !

– ***Jules Verne** (1828-1905)* **:** passe son enfance à Nantes, où il est né. À 11 ans déjà, la passion du voyage le saisit : il fugue sur un caboteur, mais son père le retrouve à Paimbœuf. À 20 ans, il vient faire ses études à Paris et se tourne très vite vers la littérature. Il écrira quelque 60 romans d'exploration, publiés chez Hetzel. Il gardera Nantes comme port d'attache de ses nombreux voilliers.

Caricatures de Bretons et de Bretonnes

– ***Astérix et Obélix*** **:** ils ont fait sourire la France, puis le monde entier, toutes catégories d'âges et de cultures confondues. Ils sont gaulois-armoricains, personnages mythiques nés du génie d'Uderzo et de Goscinny qui connaissaient parfaitement l'histoire : la vraie. La preuve en est que nos auteurs n'ont jamais soumis la Bretagne à Rome. Même si Astérix a un comportement étrange, il campe un vrai caractère de Breton : résistant, libertaire et fort en gueule !

– ***Bécassine :*** taxée de caricature la plus infamante de la Bretagne, elle est née en 1905 de l'imagination de Caumery et du pinceau de Pichon, et n'a cessé, depuis, de séduire des millions de Français. Car, malgré sa bouille ronde, sa mine enfarinée aux joues roses, son œil morne et son allure pataude, cette gouvernante aux idées rétro, née à Clocher-les-Bécasses, village fictif près de Quimper, déborde de bon sens et d'amour. Même sa prétendue sottise ne trompe personne, et surtout pas les Bretons, en tête des abonnés à *La Semaine de Suzette* dans les années 1930 et 1940. N'est pas naïf qui croit, et c'est bien plutôt elle qui lance des traits cinglants aux Parisiens.

– ***Mam Goudig :*** créée il y a 10 ans, par le dessinateur Jean-Paul David (pour faire plaisir à sa grand-mère !), cette mascotte bigoudène, originaire du Finistère, a envahi la Bretagne, de la bande dessinée aux produits dérivés.

RELIGION

LES PARDONS

Aucune terre d'Europe ne possède autant de monuments religieux que la Bretagne. Car entre les Bretons et Dieu, pendant longtemps, il n'y eut pas l'ombre d'un nuage. Alors, on édifia des églises dont les clochers étaient de vrais morceaux de bravoure, on sculpta des calvaires et des croix comme autant de prières. C'est de ce fonds religieux, transmis depuis des siècles, que les pardons découlent naturellement. Leur but : rendre hommage annuellement et collectivement au saint local, véritable intercesseur entre les hommes et la transcendance. Chaque paroisse a le sanctuaire de son éponyme, parfois plusieurs, disséminés dans la campagne, au hasard des chapelles. Aussi les pardons sont-ils nombreux et variés. Certains ont gardé un ton franchement religieux, d'autres beaucoup moins. À chacun ses goûts, à chacun ses dévotions ! Quelle que soit leur tendance, les pardons ont tous connu un regain d'affluence au cours de ces dernières années.

LES FONTAINES MIRACULEUSES

Pour les druides, l'eau était sacrée car source de guérison et de fécondité. Pour ôter cette origine païenne, le clergé catholique a rajouté un saint à chacune de ces fontaines dites miraculeuses. On s'asperge et on boit toujours leurs eaux mystérieuses. Les croyances perdurent.

Les grands pardons de Bretagne Sud

Parmi les plus typiques, originaux, fervents, de longue tradition, classés par ordre chronologique :

– ***Le 1er dimanche de juillet :*** Sainte-Barbe, pardon du Feu, fête des Pompiers, au Faouët (Morbihan).

– ***Le 2e dimanche de juillet :*** pardon de la Petite Troménie, et tous les 6 ans de la Grande Troménie (la prochaine en 2019), à Locronan (Finistère).

– ***Le 26 juillet :*** grand pardon de sainte Anne, à Sainte-Anne-d'Auray (Morbihan).

– ***Le 15 août :*** pardon de la Madone des motards, à Porcaro (Morbihan) ; de Notre-Dame-de-Quelven, à Guern (Morbihan).

– ***Le dimanche après le 15 août :*** pardon de Notre-Dame-de-Crénénan, à Ploërdut (Morbihan).

– ***Le dernier dimanche d'août :*** pardon de Sainte-Anne-la-Palud, à Plonévez-Porzay (Finistère).
– ***Le 1er dimanche de septembre :*** pardon de Notre-Dame-de-Penhors, le plus important du Pays bigouden, à Saint-Guénolé-Pouldreuzic (Finistère) ; pardon de Notre-Dame-de-Rocamadour à Camaret-sur-Mer (Finistère).
– ***Le 8 septembre :*** pardon de Notre-Dame-du-Roncier, à Josselin (Morbihan).
– ***Le 3e dimanche de septembre :*** pardon de Notre-Dame du Vœu, à Hennebont (Morbihan).

Le *Tro Breiz*

Ce « tour de Bretagne » (600 km) est en fait un pèlerinage passant par les sept villes fondées par les saints fondateurs de la chrétienté en Bretagne : Saint-Brieuc, Saint-Malo, Dol-de-Bretagne, Vannes, Quimper, Saint-Pol-de-Léon et Tréguier. Il fallait suivre un itinéraire précis, dit « pèlerinage des Sept-Saints », à savoir : Brieuc, Malo, Sanson (Dol), Patern (Vannes), Corentin (Quimper), Pol (de Léon), Tugdual (Tréguier). Datant du haut Moyen Âge (IXe s), le *Tro Breiz* permet aux pèlerins, selon la tradition, de gagner le paradis à coup sûr, tandis que les autres, après leur mort, doivent effectuer cette distance au purgatoire en avançant chaque année de la longueur de leur cercueil. Très suivi aux XIIe et XIIIe s, il disparut plus ou moins à la fin du Moyen Âge, avant d'être réhabilité depuis 1994.

■ ***Les Chemins du Tro Breiz :*** *1, pl. de l'Évêché, BP 118, 29250 Saint-Pol-de-Léon. ☎ 02-98-69-11-80. • trobreiz.com •* Une association qui organise chaque année un pèlerinage entre 2 villes-étapes du *Tro Breiz,* la première semaine d'août.

SITES INSCRITS AU PATRIMOINE MONDIAL DE L'UNESCO

Organisation des Nations Unies pour l'éducation, la science et la culture

En coopération avec le centre du patrimoine mondial de l'UNESCO

Pour figurer sur la liste du Patrimoine mondial, les sites doivent avoir une valeur universelle exceptionnelle et satisfaire à au moins un des dix critères de sélection. La protection, la gestion, l'authenticité et l'intégrité des biens sont également des considérations importantes.
Le patrimoine est l'héritage du passé dont nous profitons aujourd'hui et que nous transmettons aux générations à venir. Nos patrimoines culturel et naturel sont deux sources irremplaçables de vie et d'inspiration. Ces sites appartiennent à tous les peuples du monde, sans tenir compte du territoire sur lequel ils sont situés. Pour plus d'informations : *• whc.unesco.org •*
– En Bretagne Sud, la ***tour dorée de Camaret-sur-Mer*** (Finistère Sud) a été inscrite en 2008 au titre de fortification Vauban.
– Par ailleurs, noter que le ***fest-noz*** a été inscrit au patrimoine mondial immatériel de l'humanité par l'Unesco en 2012.

SPORTS ET LOISIRS

Les randonnées en Bretagne

Au Moyen Âge, tout Breton qui faisait son *Tro Breiz* (tour de Bretagne, de 600 km, à pied bien sûr) était certain de gagner le paradis. Il fallait suivre un itinéraire précis dit « pèlerinage des Sept-Saints » (voir plus haut « Religion »), à savoir Brieuc,

Malo, Sanson (Dol), Patern (Vannes), Corentin (Quimper), Pol (de Léon), Tugdual (Tréguier). C'est un beau circuit, que nous recommandons.
La Bretagne dispose de 5 000 km de sentiers à parcourir à pied. Il faut distinguer différents types d'itinéraires : GR 34, sentier du littoral, côtier ou des douaniers (c'est le même) ; sentiers de grande randonnée ou GR ; sentiers de promenades et randonnées, ou PR, d'une journée. Certains de ces chemins en boucle longent les canaux en empruntant les anciens chemins de halage.
– ***Le sentier côtier, du littoral ou des douaniers*** *(GR 34)* a été repris par la loi du 31 décembre 1976 et fait l'objet d'une protection particulière de la part du Conservatoire du littoral sur certains secteurs. Il est soumis à des règlements de fréquentation lors des traversées de réserves ornithologiques. Il oblige les riverains du domaine public maritime à laisser un passage de 3 m entre la limite de leur propriété et celle des plus hautes eaux.
– ***Les sentiers de grande randonnée bretons*** *(GR 3, 34, 341, 342, 37, 38, 39)* sont balisés de blanc et de rouge. Ils vont d'un point à un autre, mais le retour sur le même sentier permet d'apprécier la différence de paysage, notamment sur le littoral.
– Les très nombreux ***sentiers de promenades et randonnées*** *(PR)* sont balisés de jaune ou parfois d'autres couleurs à thème. Ils proposent des circuits au départ des points touristiques ou des gîtes d'étape. Leur durée va de 1h environ à la journée au maximum. Ce sont les sentiers idéaux pour être suivis en famille ou par des petits marcheurs.
Pour tous ces sentiers, la durée de l'itinéraire est estimée selon une marche de 4 km à l'heure sans les arrêts. Et n'oubliez pas les haltes photos !

• *randobreizh.com* • Un site consacré à la randonnée en Bretagne.
Comité régional du tourisme de Bretagne : *1, rue Raoul-Ponchon, 35069 Rennes Cedex.* ☎ *02-99-28-44-30.* • *tourismebretagne.com* •
■ ***Fédération française de la randonnée pédestre (FFRP) :*** *centre d'information, 64, Dessous-des-Berges, 75013 Paris.* ☎ *01-44-89-93-93.* • *ffrandon nee.fr* • Ⓜ *Bibliothèque-François-Mitterrand.* Édite de nombreux topoguides.
■ Les associations locales s'occupant de randonnée se pressent sur les sentiers. Renseignez-vous auprès des 2 adresses précédentes et des offices de tourisme, sans oublier les visites organisées par le ***parc naturel régional d'Armorique :*** *15, pl. aux Foires, BP 27, 29590 Le Faou Cedex.* ☎ *02-98-68-81-71.* • *pnr-armorique.fr* •
■ ***Rando Accueil :*** *7c, rue Pierre-Texier, 35760 Montgermont.* ☎ *02-99-26-13-50.* • *info@rando-accueil.com* • *rando-accueil.com* • Rando Accueil est une marque nationale qui identifie des hébergements touristiques conçus pour accueillir dans les meilleures conditions les randonneurs à pied, à cheval, à bicyclette... et tous les passionnés d'activités de nature. Ce sont des gîtes d'étape, des maisons d'hôtes, des hôtels, des campings, des villages vacances... qui accueillent aussi bien le routard qui veut faire halte pour une nuit que la famille, ou le groupe, qui souhaite se rassembler dans un lieu convivial, ou venir découvrir une région durant plusieurs jours. On compte près de 100 établissements labellisés sur la Bretagne.

L'équitation

Il n'est pas interdit – ni impossible en général – d'aller à cheval là où l'on passe à pied. L'itinéraire ***Équibreizh*** propose plus de 2 000 km de circuits balisés. À chaque étape, des hébergements adaptés sont proposés aux cavaliers et à leurs montures. Pour tout ce qui concerne le tourisme équestre et les sentiers de l'Équibreizh, contacter :

■ ***Comité régional de tourisme équestre :*** *5 bis, rue Waldeck-Rousseau, BP 307, 56103 Lorient Cedex.* ☎ *02-97-84-44-00.* • *equibreizh.com* •

Le vélo

La Bretagne et, plus particulièrement, les îles (Groix, Belle-Île, l'île aux Moines...) sont très agréables à parcourir à bicyclette, que ce soit sur la route ou en tout-terrain.

Sur les canaux

La Bretagne, avec ses 600 km de canaux et rivières navigables, possède un réseau fluvial exceptionnel, qui sillonne la région d'est en ouest et du nord au sud.

La pêche en rivière

En Bretagne Sud, plusieurs rivières font le bonheur des pêcheurs et des amateurs de truites, saumons, brochets. Dans le Morbihan, citons le Blavet, la rivière du Scorff et l'Ellé ; dans le Finistère Sud, la rivière de l'Odet près de Quimper ou encore le Goyen.

Les sports de glisse

Le vent n'agite plus guère les ailes des moulins sur la côte bretonne (encore à Erdeven, à Ambon...). Mais il pousse désormais des quantités d'engins sur l'eau (base de vitesse de la rade de Brest) ou sur le sable, pour la plus grande joie des fanas de la glisse !
La pointe de la Torche, dans la baie d'Audierne (Finistère Sud), est un spot incontournable pour les amateurs de glisse en tout genre : surf, windsurf, kitesurf, char à voile. Elle accueille régulièrement des compétitions nationales et internationales.
La grande plage de Kerhilio, sur la presqu'île de Quiberon (Morbihan), compte parmi les spots de kite les plus en vue en Bretagne. On y pratique kitesurf, surf, windsurf.
Pour plus de renseignements : ● *osez-tourismebretagne.com* ● *nautismebretagne.fr* ●

La plongée sous-marine

Jetez-vous à l'eau !

Pourquoi ne pas profiter de votre escapade dans cette région maritime pour vous initier à la plongée sous-marine ? Quel bonheur de virevolter librement en compagnie des poissons, animaux les plus chatoyants de notre planète, de s'extasier devant cette vie insoupçonnée. Les fonds marins bretons sont riches en espèces (requins baleines, phoques gris) et en découvertes : épaves – notamment de sous-marins allemands et du bateau qui servit à transporter la statue de la Liberté ! Pour faire vos premières bulles, pas besoin d'être sportif ni bon nageur. Il suffit d'avoir plus de 8 ans et d'être en bonne santé.
Sachez que l'usage des médicaments est incompatible avec la plongée. De même, les femmes enceintes s'abstiendront formellement de toute incursion sous-marine. Enfin, vérifiez l'état de vos dents : il est toujours désagréable de se retrouver avec un plombage qui saute pendant les vacances. Sauf pour le baptême, un certificat médical vous est demandé, et c'est dans votre intérêt. Par ailleurs, l'initiation des enfants requiert un encadrement qualifié dans un environnement adapté (eau tempérée, sans courant, matériel adéquat).
Non, la plongée ne fait pas mal aux oreilles ! Il suffit de souffler gentiment en se bouchant le nez. Il ne faut pas forcer dans cet étrange « détendeur » que l'on met dans votre bouche, au contraire. Et le fait d'avoir une expiration active est décontractant, puisque c'est la base de toute relaxation. Sachez aussi qu'être dans l'eau modifie l'état de conscience, car les paramètres du temps et de

l'espace sont changés : on se sent (à juste titre) ailleurs. En contrepartie de cet émerveillement, respectez impérativement les règles de sécurité, expliquées au fur et à mesure par votre moniteur. En vacances, c'est le moment ou jamais de vous jeter à l'eau... de jour comme de nuit !
ATTENTION : pensez à respecter un intervalle de 12 à 24h avant de prendre l'avion, afin de ne pas modifier le déroulement de la désaturation.

Les centres de plongée

En France, la majorité des clubs de plongée sont affiliés à la Fédération française d'études et de sports sous-marins (FFESSM). Les autres sont rattachés à l'Association nationale des moniteurs de plongée (ANMP) ou encore au Syndicat national des moniteurs de plongée (SNMP). L'encadrement – équivalent quelle que soit la structure – est assuré par des moniteurs, véritables professionnels de la mer, qui maîtrisent le cadre des plongées et connaissent les spots « sur le bout des palmes ».
Un bon centre de plongée est celui qui respecte toutes les règles de sécurité, sans négliger le plaisir. Méfiez-vous d'un club qui vous embarque sans aucune question préalable sur votre niveau ; il n'est pas « sympa », il est dangereux. Vérifiez si le centre est bien entretenu (rouille, propreté, etc.), si le matériel de sécurité – obligatoire – (oxygène, trousse de secours, téléphone portable ou radio, etc.) est à bord. Les diplômes des moniteurs doivent être affichés. N'hésitez pas à vous renseigner, car vous payez pour plonger ; en échange, vous devez obtenir les meilleures prestations. Enfin, à vous de voir si vous préférez un club genre « usine bien huilée » ou une petite structure souple pratiquant la plongée à la carte et en petit comité.
De plus en plus de clubs proposent désormais des randonnées palmées, encadrées par un guide. Avec des palmes, un masque et un tuba, c'est l'occasion de découvrir en famille les fonds marins.

C'est la première fois ?

Alors, l'histoire commence par un baptême : une petite demi-heure pendant laquelle le moniteur s'occupe de tout et vous tient la main. Laissez-vous aller au plaisir ! Même si vous vous sentez harnaché comme un sapin de Noël déraciné hors saison, tout cet équipement s'oublie complètement une fois dans l'eau. Vous ne descendrez pas en dessous de 5 m. Puis l'histoire se poursuit par un apprentissage progressif.

Formation et niveaux

Les clubs délivrent des formations graduées par niveaux.
Avec le ***niveau I,*** vous descendez à 20 m, accompagné d'un moniteur. Avec le ***niveau II,*** vous êtes autonome dans la zone des 20 m mais encadré jusqu'à la profondeur maxi de 40 m. Ensuite, en passant le ***niveau III,*** vous serez totalement autonome, dans la limite des tables de plongée (65 m). Enfin, le ***niveau IV*** prépare les futurs moniteurs à l'encadrement. Le passage de ces brevets doit être étalé dans le temps, afin de pouvoir acquérir l'expérience indispensable. Demandez conseil à votre moniteur (il y est passé avant vous !). Enfin, tous les clubs délivrent un « carnet de plongée » indiquant l'expérience du plongeur, ainsi qu'un « passeport » mentionnant ses brevets.

Reconnaissance internationale

Indispensable si vous envisagez ensuite de plonger à l'étranger. Chaque brevet passé en France est délivré avec une équivalence internationale CMAS (Confédération mondiale des activités subaquatiques, en accord avec la FFESSM) ou CEDIP (*European Committee of Professional Diving Instructions,* partenaire de l'ANMP). Le meilleur plan consiste à choisir un club où les moniteurs sont aussi

instructeurs PADI (*Professional Association for Diving Instructors,* d'origine américaine), pour obtenir le brevet le mieux reconnu du monde ! En France, de plus en plus de clubs ont cette double casquette, profitez-en.
À l'inverse, si vous avez fait vos premières bulles à l'étranger, vos aptitudes à la plongée seront jaugées, en France, par un moniteur qui – souvent après quelques exercices supplémentaires – vous délivrera le *niveau* correspondant.

En Bretagne Sud

Véritable « mer de prédilection » pour la plongée, l'océan Atlantique offre aux côtes bretonnes les fabuleuses richesses de sa vie sous-marine. En contrepartie, l'humilité est de rigueur pour aborder les innombrables spots de la région, car tempêtes, marées et courants ne pardonnent ni l'inconscience ni même la négligence. Plonger en Bretagne nécessite ainsi – même pour les hommes-grenouilles confirmés – un apprentissage technique très sérieux.
– ***La météo :*** le beau temps s'impose pour plonger. Période idéale : d'avril à octobre, avec une température de 17 °C environ en surface (au fond, l'eau est plus froide). On trouve généralement des spots abrités selon chaque régime météo. Attention à la forte houle d'ouest.
■ ***Répondeur Météo France :*** ☎ *08-99-71-02, suivi du numéro du département (1,35 €/appel + 0,34 €/mn).*
– ***La profondeur :*** la moyenne est de 15 à 20 m. Les plongées dépassent rarement 30 m, réduisant ainsi les risques d'accidents de décompression. Ce n'est pas une raison pour faire n'importe quoi !
– ***La visibilité :*** en moyenne, de 5 à 6 m. Elle peut être réduite aux abords des côtes (brassage du sédiment), mais comparable à la Méditerranée (20 m) quand on plonge sur des roches au grand large ou autour des îles (les Glénan, Groix, Belle-Île). Visibilité limitée sur les épaves.
– ***Les marées :*** facteur essentiel avec lequel il faut jongler. En général, on plonge à l'étale (court moment où la mer ne monte ni ne descend), pour éviter les violents courants de marées. À l'étale de haute mer, visibilité meilleure (eaux claires venues du large) et poissons plus nombreux. L'étale de basse mer permet de gagner au moins 5 m de profondeur sur un spot (paliers de décompression réduits en conséquence).
– ***Les courants :*** violents dans la région et engendrés par les marées, ils sont amplifiés par la géographie du site (golfe du Morbihan).
– ***La vie sous-marine :*** riche et très variée. Votre moniteur vous familiarisera avec les beautés et pièges des fonds bretons, tout en dégotant les choses intéressantes à observer. Certaines espèces affichent une présence systématique sur les spots : laminaires, alcyons, anémones, éponges, tacauds, congres, bars, lieus, vieilles, tourteaux, galathées, oursins. ***Règle d'or :*** respectez cet environnement fragile. Ne prélevez rien, et attention où vous mettez vos palmes !
– ***Derniers conseils :*** en plongée, restez absolument en contact physique avec vos équipiers. Attention aux filets abandonnés sur les roches ou les épaves. Sachez, enfin, qu'en cas de pépin (il faut bien en parler !), votre bateau de plongée dispose d'oxygène (c'est obligatoire !) et qu'il existe un caisson de recompression à Brest.

Quelques lectures

– ***Code Vagnon. Plongée niveaux 1 et 2,*** par Denis Jeant (éd. du Plaisancier).
– ***Plongée plaisir niveaux 1, 2 et 3,*** par Alain Forêt (éd. Gap).
– ***La Plongée expliquée aux enfants,*** par Caroline Hardy Ed. Amphora (épuisé, consultation en bibliothèque).
– ***Planète mers,*** par Laurent Ballesta et Pierre Descamp (éd. Michel Lafon).
– ***Guide de découverte de la vie sous-marine à faible profondeur : Atlantique et Manche,*** Fédération française d'études et de sports sous-marins (éd. Gap).

La plaisance

Voici un site destiné aux amateurs et propriétaires de bateaux de plaisance : • *vogavecmoi.com* •

Les sports traditionnels bretons

– ***Le gouren :*** la lutte bretonne. Peu pratiqué de nos jours, c'est pourtant le plus important des sports bretons, comme en témoigne le célèbre tableau de Gauguin, le *Combat de l'Ange*.
– ***L'essieu de charrette :*** il s'agit d'un essieu de charrette légère ou de char à bancs, d'un arbre de section carrée et d'un poids d'environ 47 kg. Il est présenté sur deux rondins ou deux pierres de même épaisseur, entre lesquels se tient l'athlète. Le jeu consiste à lever l'essieu à bout de bras au-dessus de la tête le plus grand nombre de fois possible en 2 mn. Entre chaque lever, l'athlète doit obligatoirement reposer l'essieu sur les rondins sans le lâcher.
– ***Le lancer de la pierre lourde :*** c'est en réalité un poids de meunier de 20 kg. Le lanceur dispose d'un élan de 2,13 m et il peut lancer à une ou deux mains mais sans se servir de l'anneau. Chaque concurrent a droit à trois essais, sans mordre sur la marque qui lui est imposée.
– ***Le bâton de bouillie :*** le jeu se pratique entre deux adversaires qui s'affrontent selon un tirage au sort préalable. Le bâton est une pièce de bois de 50 à 60 cm de longueur, de section cylindrique. La planche est fixée de chant sur le sol, elle fait 2 m de longueur, 20 cm de hauteur. Les joueurs sont assis par terre, face à face, de part et d'autre de la planche, les pieds à plat contre elle. Une partie se fait en deux manches, plus éventuellement la belle. Le vainqueur est celui qui fait passer la planche à son adversaire ou qui lui fait lâcher le bâton. Rien ne vaut la pratique pour une meilleure compréhension.
– ***Le lever de la perche :*** elle est d'acier éprouvé, cylindrique et d'une longueur de 6 m, munie d'un curseur de 23 cm. Le jeu consiste à lever la perche à la verticale et à la maintenir dans cette position pendant au moins 3 secondes afin que le bas bout pénètre légèrement dans le sol. Une fois ce bas bout au sol, l'essai est terminé, le joueur se saisit de la perche et la pose à terre. Chaque concurrent a droit à trois essais par point fixe du curseur. Ce curseur est déplacé d'une distance appréciée par l'arbitre après chaque essai réussi.
– ***Le tir à la corde :*** d'une longueur de 25 à 32 m, d'un diamètre de 45 mm. Un témoin central : un ruban jaune de 30 cm ; et deux témoins latéraux situés chacun à 3,50 m de part et d'autre du témoin central. Il y a deux équipes de six tireurs chacune, plus un hisseur et un remplaçant. Le hisseur ne peut jamais toucher la corde pendant le jeu, ni servir de remplaçant. Le remplacement d'un tireur se fait au cours d'un match mais jamais pendant un tiré. Les tireurs sont pieds nus, il leur est interdit de tirer couché ou assis ; si quelqu'un tombe, il doit lâcher la corde et se relever avant de la reprendre. Le fait de creuser des trous dans le sol ou de marquer celui-ci à coups de talon disqualifie. Par ailleurs, le dernier tireur n'est pas autorisé à s'enrouler la corde autour du corps.
– ***Le relais avec charge de 50 kg :*** chaque équipe comprend six hommes sans remplaçant et chaque concurrent parcourt 120 m avant de transmettre le sac de 50 kg à son équipier. La charge doit être remise derrière le piquet de départ, et tout sac tombé à terre doit être relevé par le coureur sans aucune aide. Les concurrents franchissent leur obstacle dans leur couloir, et le fait de jeter la charge n'importe où et n'importe comment disqualifie. Elle doit être posée debout, au lieu indiqué.

LE FINISTÈRE SUD

ABC DU FINISTÈRE

- *Superficie :* 6 733 km².
- *Préfecture :* Quimper (63 000 hab. ; traité dans ce guide).
- *Sous-préfectures :* Brest, Morlaix (traités dans le guide *Bretagne Nord*) et Châteaulin (traité dans ce guide).
- *Population :* 899 870 habitants.
- *Signes particuliers :* 1er département côtier de France (près d'un quart du littoral français !) ; plus de 12 % des logements sont des résidences secondaires.

Le Finistère Sud correspond peu ou prou à la vieille région historique de la Cornouaille. Et c'est sûrement dans ce Sud que le Finistère porte le mieux son nom : avec la célèbre pointe du Raz, on touche bien là à la « fin des terres ». Avec ses 800 km de côtes, le Finistère est le premier département maritime de France. Il offre à ses nombreux visiteurs une multitude de paysages aux aspects sauvages et doux.

La pointe du Raz a des voisines d'une beauté encore sauvage, le Pays bigouden comme les Montagnes Noires restent de parfaits exemples d'une Bretagne à l'état brut, Douarnenez demeure une attachante ville populaire... Cette vieille terre de tourisme n'a pas fini de vous surprendre par sa capacité à offrir des villes et des villages qui n'ont jamais connu d'embouteillages et des sites encore très loin de crouler sous les boutiques de « biniouseries ».

Adresses et info utiles

- ***Finistère Tourisme :*** *4, rue du 19-Mars-1962, 29000* ***Quimper.*** *☎ 02-98-76-24-77. • finisteretourisme.com • Ouv tte l'année tlj sf w-e, 8h30-12h30 (12h ven), 13h30-17h30 (17h ven).* Où loger ? Que faire ? Que voir ? Où sortir ? Le site de l'agence départementale du tourisme répond à toutes ces questions pour vous aider à préparer au mieux vos vacances en Finistère.
- ***Relais départemental des gîtes de France :*** *5, allée Sully, 29322* ***Quimper*** *Cedex. ☎ 02-98-64-20-20. • informations@gites-finistere.com • gites-finistere.com •*

– Le conseil général du Finistère a mis en place un ***passeport culturel*** du Finistère qui permet d'obtenir des réductions sur l'entrée de 24 sites, musées et monuments du département. Lors de la visite du 1er de ces lieux, vous paierez plein tarif et demanderez ce passeport. *• passeport.culturel.cg29.fr •*

LE PAYS DE QUIMPER

QUIMPER [kemper]

(29000) 67 000 hab. *Carte Finistère Sud, B-C2*

Pour le plan de Quimper, se reporter au cahier couleur.

Le site a été choisi par les Romains au confluent (d'où son nom *Kemper*) des rivières Steir et Odet. Depuis, la capitale historique de la Cornouaille s'étire noblement le long de l'Odet. Elle aligne toujours de charmantes ruelles médiévales et de paisibles placettes, et possède un vrai caractère. Ses anciens remparts encerclent encore une partie de la ville ancienne, et les nombreuses passerelles fleuries qui semblent jouer à saute-mouton sur l'Odet lui confèrent beaucoup de charme. Quimper vit naître ou séjourner d'illustres personnages : Fréron (polémiste, ennemi de Voltaire), René Madec (aventurier et ancien… nabab aux Indes), Laennec (inventeur de l'auscultation par stéthoscope), Max Jacob (peintre et grand poète). On vous laisse découvrir à présent *Kemper-Corentin,* comme le chantait Georges Brassens. Aujourd'hui, cette préfecture rayonne sur tout le Finistère Sud.

UN VRAI NABAB

René Madec est né à Quimper en 1738. Marin, il s'engage au service du Grand Moghol qui règne sur les Indes. Bataillant contre les Britanniques, il crée sa propre armée privée et gagne une fortune colossale. Il sera nommé nabab, le 3e dans la hiérarchie impériale, puis anobli par Louis XVI. Irène Frain en fera un superbe livre, Le Nabab *(Le Livre de Poche).*

Adresses utiles

Office de tourisme *(plan couleur B2)* **:** *pl. de la Résistance. ☎ 02-98-53-04-05. • quimper-tourisme.com • Juil-août : lun-sam 9h-19h, dim et j. fériés 10h-12h45, 15h-17h45 ; le reste de l'année : lun-sam 9h30-12h30, 13h30-18h30 (9h juin, 18h oct-mars) ; ouv dim mat en juin et sept.* Bien documenté, l'office édite un plan de la ville précis et pratique, un petit plan touristique avec des itinéraires et des conseils de balades. Visites guidées des vieux quartiers tous les jours sauf le dimanche en été. Le *Pass'Quimper (12 € pour 1 ou 2 pers)* donne accès à 6 sites pour 4 visites découvertes (au choix) ainsi que des réductions chez quelques-uns des partenaires de l'office de tourisme, tels que les *Vedettes de l'Odet.* Également un mobisite très complet « Quimper.mobi » et une application iPhone gratuite « Les Mystères de Quimper ». Fait billetterie pour des excursions en bateau : croisières sur l'Odet, les Glénan, Ouessan, etc.

Aéroport de Quimper-Cornouaille *(hors plan couleur par A3)* **:** *29700* ***Pluguffan.*** *☎ 02-98-94-30-30. • quimper.aeroport.fr •*

Gare routière *(plan couleur D2)* **:** *2, pl. Louis-Armand. ☎ 0810-810-029. Près de la gare SNCF. Lun-sam 6h50-19h15 ; dim 10h-13h, 13h45-19h15 (en hiver, 16h-19h45).* Le réseau *Penn-ar-Bed (« Finistère » ; ☎ 0810-810-029 ; • viaoo29.fr •)* dessert de nombreuses villes du Finistère Sud.

Taxis : ***Radio taxi quimpérois,*** *☎ 02-98-90-21-21.* ***Abassides Taxi Radio,*** *☎ 02-98-53-42-42 ou 06-80-25-63-72. Tlj 24h/24.*

Location de voitures : *quartier de la gare ou à l'aéroport, notamment avec* ***Hertz,*** *☎ 02-98-53-12-34 ;* ***Europcar,*** *☎ 02-98-90-00-68 ;* ***Avis,*** *☎ 02-98-90-31-34 ;* ***Rent a Car,*** *☎ 02-98-64-22-34.*

BRETAGNE
TOUT commence en FINISTÈRE
Bonjour ! Je suis votre compagnon de voyage en Finistère. Je vous livrerai tous ses secrets ! Téléchargez-moi !
Nolwenn
Accueil
Agenda
Théma
Trouvez
Application disponible pour Iphone et Androïd. Flashez ce QR Code !
www.finisteretourisme.com
© Crédits photographiques : Y. Le Gal, Fotolia

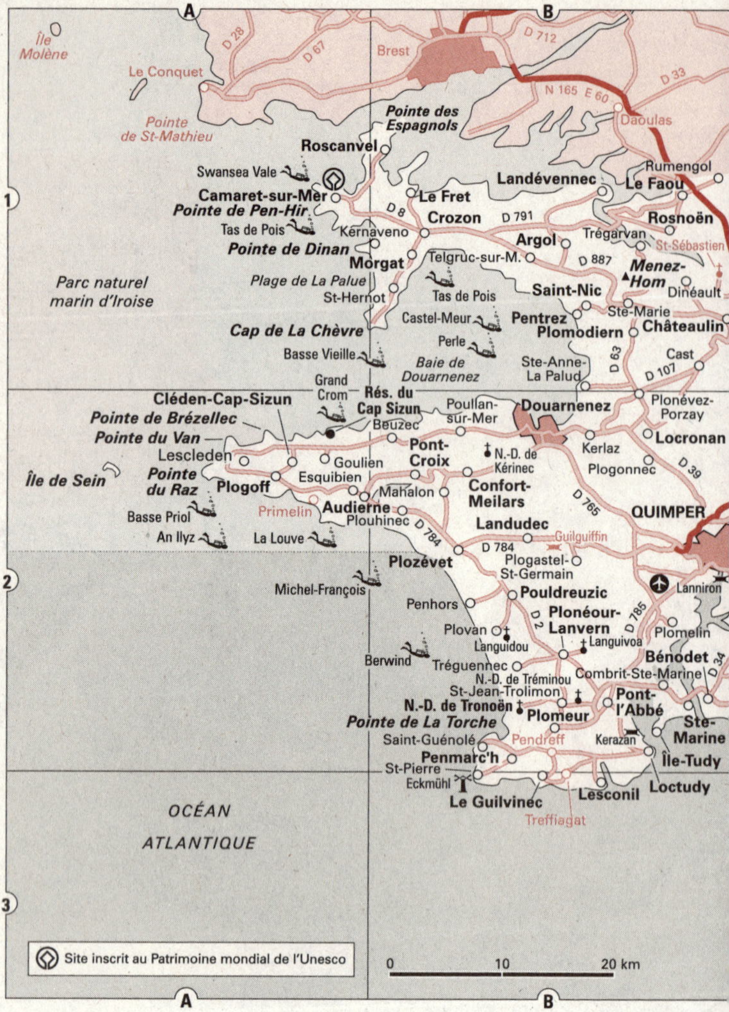

■ **Keltia-Musique** *(plan couleur B1, 1)* **:** *pl. au Beurre.* ☎ *02-98-95-42-65.* Tous les disques de musique bretonne, irlandaise, galloise, les enregistrements des *bagadou*, des méthodes pour apprendre les airs sur différents instruments celtes : bombardes, uillean pipes, tin whistles.

– ***Grand Marché*** **:** *mer et sam mat. Le long des quais du Steir (rue Astor, bd du Moulin-du-Duc et pl. Terre-au-Duc).*

– ***Marché bio*** **:** *à Kerfeunteun, ven à partir de 16h, sur le parking de la Maison pour tous.*

LE FINISTÈRE SUD

Où dormir ?

Campings

⛺ ***Camping municipal*** *(hors plan couleur par A3)* **:** *av. des Oiseaux.* ☎ *02-98-55-61-09 ou 02-98-98-89-89 (mairie).* • *camping-municipal@quimper.fr* • *mairie-quimper.fr* • *Accès : dans le parc de l'ancien séminaire. Ouv tte* *l'année. Prix tente en hte saison : 9 €. CB refusées. 74 empl.* Réservé, en hiver, aux caravanes et camping-cars. Assez simple.

Castel camping L'Orangerie de Lanniron : *chemin de Lanniron. ☎ 02-98-90-62-02. • orangerie@lanniron.com • lanniron.com • Accès : prendre la route de Bénodet ; sur le périphérique, sortir à Lanniron, puis suivre les indications. Ouv 15 mai-15 sept (tte l'année pour les loc). Prix tente : 15,50-33,30 € selon saison. 199 empl. Loc de mobile homes, cottages, studios et maisons pour 2 à 11 pers (310-1 854 €/sem. Réduc de 5 % hors juil-août sur présentation de ce guide).* Dans le parc ouvert à la visite de l'ancienne résidence des évêques de Cornouaille, un camping tout confort. Possibilité de promenade bucolique sur les bords de l'Odet. Une foule d'activités pour petits et grands, ainsi que les équipements qui y sont liés (espace aquatique, golf 9 trous...). Location de vélos. Piscine.

Chic

Escale Océania (plan couleur C2, **14**) : *6, rue Théodore-Le-Hars. ☎ 02-98-53-37-37. • escaleoceania.quimper@oceaniahotels.com • oceaniahotels.com • Doubles 75-105 €. Resto ouv aux résidents le soir lun-jeu ; carte env 25 €. Parking public payant contigu. Remise de 10 % sur la chambre sur présentation de ce guide.* Hôtel central et fonctionnel, récemment refait à neuf. Plus d'une soixantaine de chambres assez spacieuses.

Hôtel Mercure (plan couleur D2, **16**) : *21 bis, av. de la Gare. ☎ 02-98-90-31-71. • h1421@accor.com • mercure.com • Doubles 85-97 € selon saison ; petit déj 15 €. Parking payant. (câble). Réduc de 10 % sur présentation de ce guide.* Très bien situé, cet établissement propose une soixantaine de chambres confortables et climatisées ; l'ensemble a récemment été entièrement rénové. On y trouve tous les services que procurent les hôtels de cette chaîne. Coin bar agréable et excellent buffet au petit déj.

Hôtel Gradlon (plan couleur C1, **12**) : *30, rue de Brest. ☎ 02-98-95-04-39. • contact@hotel-gradlon.com • hotel-gradlon.com • Bien situé, à 2 encablures du centre-ville. Doubles 78-150 € selon confort et saison ; familiales 132-220 € ; petit déj 12 €. Garage payant. Réduc de 10 % sur le prix de la chambre (sf juil-août) sur présentation de ce guide.* Chambres joliment décorées, récentes pour la moitié d'entre elles. La plupart donnent sur un charmant patio fleuri. Les moins chères, sur la rue, sont insonorisées. Nous avons apprécié le bar, avec son salon cosy doté d'une belle cheminée, et la véranda donnant sur le patio. Calme garanti.

Quimper Appart' (plan C2, **11**) : *3, rue de la Mairie. 06-81-55-73-83. • contact@quimper-appart.com • quimper-appart.com • Compter 85-95 € la nuit selon saison. Parking privé gratuit. Café offert sur présentation de ce guide.* Les propriétaires du *Logis du Stang* (voir plus loin « Où dormir ? Où manger dans les proches environs ? ») ont aménagé, dans un ancien hôtel particulier, 2 appartements très calmes, au cœur de la ville cette fois. Côté cour avant, un studio. À l'arrière, sur jardin, un bel appartement de 2 chambres, avec sanitaires privés, pièce commune, cuisine équipée et cheminée. Déco tendance et chaleureuse. Un excellent point de chute pour prendre le temps de découvrir Quimper et ses environs.

Océania Hôtel (hors plan couleur par A3, **15**) : *17, rue de Poher. ☎ 02-98-90-46-26. • oceania.quimper@oceaniahotels.com • oceaniahotels.com • Légèrement excentré : prendre la direction de Pont-l'Abbé, puis c'est fléché. Congés : 24 déc-4 janv. Doubles 79-115 € selon saison ; familiales 119-155 € ; petit déj 15 €. Promos sur le site. Parking gratuit. Réduc de 10 % sur le prix de la chambre sur présentation de ce guide.* Hôtel de très bon standing d'une centaine de chambres, récemment restauré dans un esprit contemporain. Les chambres « Océanes », plus chères, sont plus spacieuses, l'éclairage est tamisé et les salles de bains donnent envie de passer du temps à se pomponner ! Piscine extérieure chauffée ouverte en saison.

Plus chic

🏠 ***Best Western Hôtel Kregenn*** *(plan couleur C2, **13**) : 11-15, rue des Réguaires. ☎ 02-98-95-08-70. • infor mation@kregenn.fr • hotel-kregenn.fr • ♿ Doubles 87-109 € selon saison hors événements ; petit déj 13 €. Parking payant. 💻 📶 Un petit déj par chambre et par nuit offert sur présentation de ce guide.* À deux pas du centre historique, un bel hôtel restauré, qui allie la sobriété du contemporain et l'élégance des meubles anciens. Les propriétaires ont fait preuve d'un goût certain pour assurer le confort des hôtes : tapisseries incrustées de mica d'Italie, tissus achetés en Angleterre, couettes moelleuses, clim pour les chambres donnant côté sud, baignoire-balnéo pour les Luxe. Reste que certaines chambres sont un peu petites, d'autres un peu sombres... Le mieux est de demander à les voir avant. Excellent accueil.

Où manger ?

De très bon marché à bon marché

🍽 ***Crêperie du Quartier*** *(plan couleur B1, **37**) : 16, rue du Sallé. ☎ 02-98-64-29-30. Tlj sf mar soir, jeu soir et dim hors saison. Congés : début oct. Formules 7-10 € au déj ; env 15-20 € à la carte. Le soir, apéritif maison offert sur présentation de ce guide.* Une crêperie de quartier au cadre simple et chaleureux, plébiscitée par nombre de nos lecteurs. Les crêpes sont préparées devant vous, et le patron passe ses dimanches à cultiver ses salades, récolter le miel de ses ruchers ou faire des confitures qui finiront tôt ou tard dans votre assiette. Très bon accueil.

🍽 ***Le Vieux Quimper*** *(plan C1, **29**) : 20, rue Verdelet. ☎ 02-98-95-31-34. • luc.clabon908@ •orange.fr Fermé dim-lun et j. fériés (slt dim soir en saison). Env 12-15 € le repas. Apéritif offert sur présentation de ce guide.* Sans doute l'une des plus vieilles crêperies de Quimper. Petite salle rustique avec ses meubles bretons et murs en pierre apparente. On se régale ici de bonnes crêpes traditionnelles, fines (trop ?) et croustillantes, accompagnées de cidre ou de gros lait.

🍽 ***L'instant T*** *(plan A2, **31**) : 6, pl. du 118e-RI. ☎ 02-98-10-97-55. • fanny-carrie@wanadoo.fr • Ouv en continu mar-sam (sf j. fériés) 9h-18h ; service déj 12h-18h. Congés : 3 sem en août. Formules 13,50-14,70 €. Café offert sur présentation de ce guide.* À la fois épicerie fine et salon de thé, ce petit resto aux couleurs acidulées fera surtout l'affaire au déjeuner. Savoureuse cuisine de marché (fruits et légumes du potager de Monsieur) qui change donc tous les jours. Salades, soupes, plats des familles. Quelques fauteuils confortables à l'étage pour jouer les prolongations jusqu'à l'instant... thé !

🍽 ***Le Petit Gaveau*** *(plan couleur B1-2, **34**) : 14, rue des Boucheries. ☎ 02-98-64-29-86. ♿ Ouv tlj sf dim et lun soir, plus mar soir hors saison. Env 15-18 € à la carte.* Dans une ancienne cour du vieux Quimper transformée en brasserie branchée. Les instruments de musique sont accrochés au mur, sauf le piano, qui trône au milieu de la salle sous une verrière. On peut manger façon snack à midi une salade qu'on compose soi-même, ou le soir, au son du piano, quelques plats plus élaborés du style filet de bœuf ou poisson du jour dans une ambiance plus intime. Microterrasse à l'avant, macroterrasse à l'arrière.

Prix moyens

🍽 ***Le Prieuré*** *(plan A3, **40**) : 1, rue Chanoine-Moreau. ☎ 02-98-75-05-55. • contact@le-prieure.fr • le-prieure.fr • Ouv tlj. Formules déj (sf dim) env 19,50-26,50 € (+ 9 € pour un accord mets et vins) ; menus 31-46 € et plus ! Carte 50-60 €.* Conversion réussie pour cet ancien prieuré dont la déco conçue par la décoratrice bretonne Marie-Hélène Kergoat, marie habilement les vieilles pierres et le contemporain. 2 salles, l'une vaste – dont la baie vitrée lumineuse donne sur la grande cour intérieure – au style épuré, rehaussé de touches bretonnantes, se prête particulièrement aux déjeuners ; l'autre plus cosy, plus baroque, est idéale en soirée. Cuisine fraîche et inventive qui suit inévitablement les saisons et la marée. Le poisson et les fruits de mer y sont rois. Bar-lounge à l'étage.

Le Restau à Vins *(plan couleur A3, **45**) : 3, pl. du Styvel. ☎ 02-98-52-15-52. • contact@restau-a-vins.com • Fermé dim et lun soir. Congés : 2 premières sem de mai, 3 sem en août et 1 sem à Noël. Formule et menu déj en sem 13-16 € ; menus 22,50-34 €.* Un repaire pour les amateurs de vin et de viande rouge (superbe tartare au couteau), mais aussi pour qui préfère le blanc et le poisson. Le patron propose chaque jour un plat différent : « Si tu veux le plat du jour, viens le jour du plat ! » Vous pourrez choisir votre vin parmi 250 références. Belle salle, belle terrasse.

De chic à plus chic

La Fleur de Sel *(plan couleur A3, **43**) : 1, quai Neuf, lieu-dit Cap-Horn. ☎ 02-98-55-04-71. Sur la rive droite de l'Odet. Ouv lun-ven midi. Congés : 24 déc-15 janv. Plat du jour 15 €. Formule env 22 € midi en sem ; menus 29-39 € ; carte env 40 €.* Élégante petite salle aux tons alliant blanc, gris et rouge, idéale pour un tête-à-tête un peu chic. Une poignée de tables sur la terrasse, avec petite vue sur l'Odet. Cuisine de marché inventive et une spécialité : le saumon mariné à la fleur de sel. Ambiance repas d'affaires le midi.

L'Ambroisie *(plan couleur C1, **36**) : 49, rue Élie-Fréron. ☎ 02-98-95-00-02. • gilbert.guyon@me.com • Fermé dim soir et lun. Menus 29 € (déj mar-ven), puis 43-75 €. Apéritif offert sur présentation de ce guide.* Le chef confectionne des plats raffinés de crustacés et poissons de petite pêche locale, avec un brin d'audace mais toujours dans la plus pure tradition quimpéroise. Le tout servi dans une belle salle à manger à la déco contemporaine. Incontestablement, l'une des meilleures tables de la ville.

Où dormir ? Où manger dans les proches environs ?

De prix moyens à chic

Logis du Stang, chambres d'hôtes : *allée de Stang-Youen, 29000 Quimper. 06-81-55-73-83. • contact@logis-du-stang.com • logis-du-stang.com • Sur la voie express, prendre la sortie « Quimper Sud », puis direction Ergué-Armel sur 3 km ; ensuite, suivre les panneaux. Congés : de mi-déc à mi-janv. Doubles 77-87 € selon saison. Apéritif offert et réduc de 10 % sur le prix de la chambre (sf juil-août) sur présentation de ce guide.* À 10 mn du centre-ville, en pleine campagne, dans un endroit de charme où règnent la quiétude et la sérénité. 3 belles chambres indépendantes, meublées avec goût. Délicieux petit déj servi dans la maison de maître habitée par la famille. Beau jardin, bel accueil. Une adresse exceptionnelle et raffinée.

Auberge Ty Coz : *4, Hent-Koz, ancienne route de Brest (D 770), lieu-dit Ty Sanquer, 29000 Quimper. ☎ 02-98-94-50-02. • restaurant-ty-coz@wanadoo.fr • À 7 km au nord de Quimper. Du centre-ville, prendre la rue de Kerfeunteun, l'av. de la France-Libre, puis la route de Loch jusqu'au rond-point de Becharles ; suivre ensuite la D 770. Fermé dim soir et lun. Menus 22 € (déj) en sem, puis 31-60 € ; compter 50 € à la carte. Café offert à nos lecteurs sur présentation de ce guide.* Dans une petite longère typique, une adresse qui cache bien son jeu et qui ravira ceux qui n'en peuvent plus du poisson frais ! Car, s'il est à la carte, on y trouve aussi des viandes scrupuleusement sélectionnées par le chef, fils de boucher et formé dans de grandes maisons parisiennes. Les desserts se défendent bien. Quant à la carte des vins, elle n'est pas en reste, le chef étant aussi sommelier. Accueil aimable et service attentionné.

Plus chic

Manoir Hôtel des Indes : *1, allée de Prad-ar-C'hras. ☎ 02-98-55-48-40. • info@manoir-hoteldesindes.com • manoir-hoteldesindes.com • À 5 km à l'ouest de Quimper, par la route de Douarnenez (D 765). Doubles 130-155 € ; familiales 200-255 € ; petit déj 14,50 €. Promos sur Internet. Apéritif et café offerts sur présentation de ce guide.* La déco orientalisante rend hommage à René Madec, aventurier quimpérois haut en couleur. À l'arrière de l'élégant manoir (l'avant est dédié aux réceptions), 10 jolies chambres, pas très grandes mais décorées avec soin, certaines avec terrasse privative, s'organisent autour du patio central. À l'étage, les juniors suites, aussi spacieuses que luxueuses. Coup de cœur pour la « Nabab » avec sa monumentale charpente en bois. Excellent petit déj-buffet. Superbe piscine en sous-sol avec salle de massage et appareil de fitness. Un établissement où l'on cultive un luxe discret, absolument pas pesant, doublé d'un accueil charmant des propriétaires.

Où boire un verre ? Où écouter de la musique ?

Le XXIe *(plan couleur C2, **32**) : 38, pl. Saint-Corentin. ☎ 02-98-95-92-34. Au-dessus de la cathédrale. Tlj sf dim (plus j. fériés hors saison).* Décor tendance pour boire un verre à toute heure ou déjeuner. Les places sont chères en terrasse dès les premiers rayons de soleil.

Le Ceili *(plan couleur C2, **50**) : 4, rue Aristide-Briand. ☎ 02-98-95-17-61. Tlj.* Ambiance bretonne et celtique garantie. Endroit idéal pour engager la conversation et fraterniser le temps d'une *Coreff* ou d'une *Tellen Du*. Plus calme à l'étage et quelques tonneaux servant de table sur le trottoir. Une institution locale. Concerts réguliers de musique traditionnelle (quelques concerts de jazz en hiver) et *sessions* de temps à autre (le dimanche soir le plus souvent). Grande terrasse aux beaux jours.

Le Comptoir des Halles *(plan couleur B2, **57**) : 16, quai du Steir, à l'intérieur des halles Saint-François. ☎ 02-98-98-00-81. • xavhamon@msn.com • Tlj sf dim-lun et le soir des j. fériés. Congés : vac scol de fév et 3 sem fin juin-début juil. Menus 15-20 €.* Parmi les étals de fruits et légumes, un stand-comptoir tenu par Xavier, qui fait lui-même la tambouille. Menu unique – qui change tous les jours – de spécialités espagnoles, en particulier l'excellente charcuterie. Le patron a son réseau et soutient les petits producteurs ibériques. Bonne petite sélection de vins au verre. Pour se tenir informé, *Charlie Hebdo* et *Le Canard enchaîné* à disposition...

Le Petit Zinc *(plan couleur B2, **58**) : 6, rue Laennec. ☎ 02-98-64-09-57. Mar-sam. Congés : 2des quinzaines de fév et de juil. Env 20 €.* Petit resto le midi, mais surtout bar à vins et tapas le soir, avec son zinc et sa déco un rien baroque. Joyeuse ambiance à l'heure de l'apéro. En été, le jeudi à partir de 19h, si le temps le permet, concert jazz dans la rue.

An Poitin Stil Irish Pub *(plan couleur D2, **54**) : 2, av. de la Libération. ☎ 02-98-90-02-77. En face de la gare. Tlj 15h (17h dim)-1h.* Le pub irlandais de Quimper, où sont données des *sessions* tous les vendredis. Clientèle variable suivant les heures. Déco originale et bonne ambiance. Nos lecteurs pourront laisser leurs valises, sacs à dos... en consigne pour la journée.

Achats

La boutique de François Le Villec *(plan couleur B2, **65**) : 4, rue du Roi-Gradlon. ☎ 02-98-95-31-54. Près de la cathédrale Saint-Corentin. En été,* *tlj 9h30-19h30 ; le reste de l'année, tlj, sf dim et lun mat, 9h30-12h30, 14h-19h.* François Le Villec redonne leur lustre d'antan aux tissus bretons. À vous nappes en coton imprimé, tissus au mètre, et même cravates. Pour un petit souvenir inspiré de la Cornouaille, vous trouverez aussi de la faïence « Genêts jaunes » et de la porcelaine « Fêtes de Cornouaille ».

Les Macarons de Philomène *(plan couleur B2,* ***66****) : 13, rue Kéréon. ☎ 02-98-95-21-40. Tte l'année, tlj sf dim-lun, 9h-19h.* Une halte gourmande à deux pas de la cathédrale.

La Biscuiterie de Quimper-Styvell *(plan couleur A3,* ***67****) : 8, rue du Chanoine-Moreau, Locmaria. ☎ 02-98-53-10-13. Ouv tlj 10h-19h.* La star ici, c'est la crêpe dentelle, pur produit quimpérois. Vendue nature ou enrobée de chocolat, elle est fabriquée artisanalement sur place (roulée au couteau, selon la méthode ancestrale), et avec un peu de chance, vous assisterez à ce « spectacle ». Délicatement feuilletée et croustillante, elle a longtemps fait le délice de l'Élysée ! Délicieux sablés, madeleines, gâteau breton et tout un tas d'autres douceurs en vente sur place.

Magasin d'usine Armor Lux *(hors plan couleur par B3) : 21-23, rue Louison-Bobet, zone industrielle de Kerdroniou-Ouest. ☎ 02-98-90-05-29. Lun-sam, plus dim juil-août. Visites guidées sur rdv slt.* La bonneterie d'Armor, spécialisée dans les pulls marins, a été fondée à Quimper en 1938.

QUIMPER

À voir

Dans le vieux Quimper

La cathédrale Saint-Corentin *(plan couleur B-C2) : pl. Saint-Corentin. Sept-juin, lun-sam 9h45-12h, 13h30-18h30 ; dim et j. fériés 14h-18h30. Juil-août, ouv en continu sf le dim mat.*

Commencée en 1239 et achevée... sous Napoléon III. Pour vous dire qu'elle a été fignolée ! L'une des trois plus anciennes cathédrales gothiques de Bretagne. Façade à porche unique, tout en lignes élégantes, sobres et équilibrées. Tours carrées surmontées de deux magnifiques flèches culminant à 76 m. Elles furent construites en 1856 sur le modèle de celle de l'église de Pont-Croix. Entre les flèches, statue du roi Gradlon. Portail finement sculpté.

À l'intérieur, vous noterez que le chœur n'est pas dans le prolongement de la nef... Il y a un angle de 5° ! Sans doute pris pour intégrer dans le chœur la sépulture d'Alain Canhiard, le vainqueur des Normands en 913. Tandis que la nef, rebâtie en 1424, repose sur des fondations romanes du XIe s, le chœur a gardé son axe antérieur. En raison d'un défaut de conception inhérent à l'architecture gothique, on a dû consolider les voûtes du chœur. Les travaux se sont ensuite déplacés au niveau de la nef. La charpente du XVe s a été restaurée et recouverte d'ardoises du Finistère. Cette restauration a surtout permis de restituer à l'ensemble sa polychromie ocre et rouge originelle. Remarquez, dans les fonts baptismaux, le magnifique vitrail de J.-J. Gruber (1980).

Le musée des Beaux-Arts *(plan couleur C1-2) : 40, pl. Saint-Corentin. ☎ 02-98-95-45-20. • mbaq.fr • ♿ Face à la cathédrale. Juil-août, tlj 10h-19h ; sept-juin, tlj sf mar (et dim mat nov-mars), 9h30-12h, 14h-18h (17h30 nov-mars). Entrée : 5 € ; réduc ; gratuit dim ap-m nov-mars. Livret de jeux pour les enfants maîtrisant la lecture.*

Riche musée qui bénéficia de legs importants. Impossible d'énumérer toutes les richesses qu'il recèle. Voici les plus marquantes : belles œuvres de l'école française du XVIIIe s. Superbes Boudin : *Nature morte aux fruits, La Côte de la Hève, Vue du port de Quimper. Pierrefonds* par Corot. Insolite peinture régionale bretonne décrivant en tableaux réalistes et historiques la vie quotidienne : *L'Oie* de Paul Gauguin, une acquisition qui se trouvait auparavant sur l'imposte de la porte

de la salle à manger dans la maison Marie-Henry au Pouldu (voir ce chapitre), *Rue de Morlaix* et une boîte à dessin de Jules Noël, *Noce en Bretagne* de Leleux, *Retour du pardon de Saint-Anne-la-Palud* de Guillou. Voir tout particulièrement *Les Lavandières de la nuit* de Yan' Dargent. Tout l'esprit des légendes de Bretagne est condensé dans ce tableau. Mention spéciale aux *Noces de Corentin Le Guerveur* de Roussin, tableau plein de vie, belle technique picturale, sens du détail.
Avant de partir, ne manquez pas la *salle Max-Jacob*. Peu d'œuvres du poète né à Quimper, mais surtout une évocation de sa vie. Une partie de la salle est consacrée à Jean Moulin, un de ses amis, qui fut sous-préfet à Châteaulin. Remarquables et bouleversantes eaux-fortes aux titres évocateurs. Admirer *La Prisonnière* ou encore *Paysages mauvais*, pour ceux qui douteraient encore du don prémonitoire de certains artistes...
Derrière la boutique, salle d'expositions temporaires.

Le Musée départemental breton *(plan couleur B-C2)* **:** *1, rue du Roi-Gradlon. ☎ 02-98-95-21-60. • museedepartementalbreton.fr • Adjacent à la cathédrale. Juin-sept, tlj 9h-18h ; oct-mai, tlj sf lun, dim mat et j. fériés, 9h-12h, 14h-17h. Entrée : 5 € ; réduc ; gratuit sam-dim janv-mai et oct-déc. Bibliothèque et centre de documentation : sur rdv. Effort important en faveur du public mal ou non voyant (audioguides, dispositifs tactiles, panneaux en braille...).*

QUIMPER

Ce musée est installé depuis 1911 dans l'ancien palais des Évêques de Cornouaille, dont la construction s'échelonna du XVIe au XVIIIe s. Remarquer le cloître néogothique, ajouté au XIXe s par l'architecte des flèches de la cathédrale. Noter également le donjon style Renaissance (XVIe s), édifié pour l'évêque Claude de Rohan, autour duquel s'organise tout le bâtiment : il abrite un bel escalier en colimaçon qui dessert toutes les salles et se termine par des boiseries sculptées représentant, entre autres, les emblèmes de la famille. Il présente aujourd'hui 4 000 ans d'art régional breton, d'ethnographie et d'archéologie bretonnes.

Au rez-de-chaussée
Présentation de la préhistoire au travers de divers objets (2 colliers d'or remarquables) ; puis évocation de l'habitat et du mode de vie de la cité gallo-romaine des Osismes, avec, outre les parures, les produits de l'orfèvrerie, le trésor monétaire et les objets de la vie quotidienne, la « stèle aux Quatre-Dieux » (d'époque romaine), haute de 3 m et sculptée de plusieurs figures représentant des divinités romaines.
On passe ensuite à l'art médiéval et moderne : deux gisants de chevaliers, l'épée du seigneur de La Fontenelle (XVIe s), un extraordinaire trésor de pièces d'or des royaumes de France et d'Angleterre (XIVe s), une collection de statues religieuses en bois polychrome (du XIVe au XVIIIe s), vitraux, etc. ; à noter, dans la section orfèvrerie médiévale et classique, un livre reliquaire du XVe s, une coupe en argent et vermeil du XVIe s, et les coupes de mariage du XVIIIe s.
Dans les étages supérieurs – où se situait l'ancien appartement de l'évêque –, l'art populaire est à l'honneur.

Aux 1er et 2e étages
Grande variété de costumes traditionnels ainsi que leurs représentations, exécutées par des peintres et sculpteurs de la région. La salle des fresques présente un décor du XVIIIe s, récemment mis au jour et restauré. On y découvre également des sculptures de façades de maisons des XVe et XVIe s. Le parcours retrace ensuite l'évolution du mobilier depuis le XVIIe s jusqu'au renouveau du mobilier breton dans l'entre-deux-guerres.

LE LIT CLOS BRETON

La famille habitant souvent dans une seule pièce, ce meuble permettait un peu d'intimité et conservait la chaleur en hiver. On le fermait grâce à des panneaux coulissants joliment décorés de rosaces en roue de charrette. Autre utilité oubliée : le lit clos protégeait les bébés du danger des cochons affamés qui cohabitaient avec la famille.

Au 3e étage
Riche collection de grès et faïences de Quimper ; c'est la plus importante des collections publiques de ce genre, avec plus de 300 pièces, du XVIIe s à nos jours.
– Enfin, la visite s'achève sur l'espace des expositions temporaires.

*** La rue Kéréon** *(plan couleur B1-2)* **:** *c'est la rue débutant devant la cathédrale.* Autrefois rue des Cordonniers (*kéréon* en breton). Bordée de magnifiques demeures du XVIe s à encorbellement. Façades à colombages ou couvertes d'ardoises. À l'angle de la rue des Boucheries s'élève la plus belle d'entre elles. Avec la cathédrale s'inscrivant dans la perspective, c'est la photo du siècle. Rue du Guéodet, fascinante *maison des Cariatides.*

La rue Élie-Fréron et la place au Beurre *(plan couleur B-C1)* **:** beaucoup de charme. Rue Fréron, *hôtel de Boisrouvray.* La place au Beurre connut les premières imprimeries et librairies quimpéroises. Continuez l'enchantement par la rue du Sallé, avec « trois étoiles » au nº 10. Rue du Lycée, *chapelle du collège des jésuites.*

La place Terre-au-Duc et la place Médard *(plan couleur B2)* **:** nombreuses maisons à pignons et encorbellement, ainsi que le long de la petite rivière Steir (avec sa tour à échauguettes). Elles forment un séduisant décor. La ***rue Saint-Mathieu*** n'est pas en reste, avec encore beaucoup de ruelles, passages et placettes tout autour qui vous livreront leur lot de belles demeures. Renseignez-vous avant d'y aller en voiture.

Les places Saint-Corentin et Laennec *(plan couleur B2)* **:** entièrement piétonnes. On y avait découvert en 1998, lors de travaux d'aménagement, un cimetière complet du XIIe s (dont deux cercueils d'enfants dans un état de conservation exceptionnel) et des esplanades des XIVe et XVe s.

Les halles et le marché Saint-François *(plan couleur B2)* **:** dans le centre-ville, méritent une visite gourmande. Les halles sont en forme de coque de bateau renversée et pleines de jolis étals riches de délicieux produits. Après la visite, rendez-vous à l'un des stands de crêpes à emporter. Elles sont bonnes et fondantes, comme on les aime... Il y a aussi une sandwicherie sympa du nom de « Ti Cass' d'halles ». Et si vous le pouvez, allez-y un samedi, jour où le marché s'étend à toutes les rues alentour.

Le Quartier, centre d'Art contemporain *(plan couleur A1-2)* **:** *10, esplanade François-Mitterrand. ☎ 02-98-55-55-77. • le-quartier.net • ♿ En été, mar-sam 10h-12h, 13h-18h ; dim 14h-18h. Se renseigner hors saison. Fermé 3 sem entre chaque expo. Entrée : 2 € ; réduc ; gratuit dim.* Quatre expositions temporaires par an. Quatre belles salles d'exposition et un espace livres et films d'art.

Dans le quartier de Locmaria

C'est dans ce quartier que se situait l'ancien port de Quimper. Les marées montent jusqu'à la ville, ne l'oublions pas. On y extrayait l'argile qui a donné naissance à l'art de la faïence.

Le musée de la Faïence *(plan couleur A3)* **:** *14, rue Jean-Baptiste-Bousquet. ☎ 02-98-90-12-72. • musee-faience-quimper.com • ♿ Derrière la faïencerie Henriot. Ouv slt de mi-avr à fin sept, tlj sf dim et j. fériés, 10h-18h. Entrée : 4,50 € ; réduc ; possibilité de billet jumelé avec la faïencerie Henriot.*
Installé dans une ancienne faïencerie, le long de l'Odet, son architecture a su astucieusement respecter les proportions de l'usine et le style du quartier. Les 8 salles d'exposition retracent l'histoire de la faïence à Quimper depuis 1699. Son principal intérêt est d'avoir su intégrer et synthétiser les motifs, les couleurs et

les techniques des villes concurrentes comme Rouen ou Nevers, et d'avoir finalement inventé un style propre.
Les premières salles sont consacrées à la technologie, avec des petites maquettes montrant les différentes étapes avant la cuisson et le décor. Ensuite, on attaque les collections proprement dites avec les faïences du XVIIIe s, où l'on retrouve tous les héritages, et où l'on devine déjà l'ébauche d'un style quimpérois. Aujourd'hui emblématique, le petit Breton n'apparaît qu'au XIXe s. Dès lors, le style Quimper s'impose définitivement. Et c'est un parti pris de ne présenter qu'un seul modèle de ce type, car la liste des artistes invités à collaborer aux faïenceries est longue. Grâce à eux, les motifs vont sans cesse s'enrichir et évoluer. Certains laisseront même une emprunte durable : François-Victor Bazin, René-Yves Creston (voir sa mappemonde réalisée pour le Secrétariat d'État à la mer, dont la ceinture équatoriale porte la mention : « Partout où le soleil passe, le Breton passe ». Les œuvres de Mathurin Méheut, Micheau-Vernez, Nicot, Quilivic, Renaud (les grès Odetta) ou Berthe Savigny (connue pour ses bébés) et quelques autres grandes signatures sont particulièrement recherchées des collectionneurs, notamment pour les périodes Art nouveau et Art déco. Dans la dernière salle, expos temporaires saisonnières de grande qualité.

LE BOL-PRÉNOM

Il fut popularisé par les congés payés en 1936. Les premiers vacanciers voulaient rapporter un souvenir abordable et utile (ça change). Le prénom doit être peint à la main levée. Mais attention, les bols prénoms que l'on trouve sur les marchés sont souvent fabriqués en Chine. Bientôt, elle exportera des crêpes en Bretagne !

La faïencerie Henriot-Quimper *(plan couleur A3)* **:** *pl. Bérardier. ☎ 02-98-90-09-36. • contact@henriot-quimper.com • henriot-quimper.com • ♿ Au bout de l'allée de Locmaria, rive gauche de l'Odet. Ouv tte l'année, lun-ven. Entrée : 5 € env ; réduc ; possibilité de billet groupé avec le musée de la Faïence.* La faïencerie, créée en 1690, est l'une des plus anciennes manufactures françaises. C'est la seule faïencerie bretonne à fabriquer et à décorer entièrement à la main toutes ses faïences. Chaque pièce est exécutée selon la technique de la main levée et signée par l'artiste. Après la visite (45 mn), on vous mène tout droit au magasin... Preuve du dynamisme de la maison, la faïencerie signe une ligne de bijoux fantaisie particulièrement créative. Également une galerie où sont exposées les pièces uniques en faïence d'artistes en résidence.

L'école de broderie d'art de Quimper *(plan couleur A3)* **:** *16, rue Haute. ☎ 02-98-95-23-66. • pascaljaouen.com •* Fondée en 1995 par Pascal Jaouen, l'école de broderie s'est s'installée dans les locaux qui abritaient les faïenceries de Quimper. Brodeur professionnel et enfant du pays, il s'attache à moderniser la tradition en réinterprétant les motifs traditionnels des différentes communautés, comme le *glazig*. La broderie glazig, qui a donné son nom à la région de Quimper (« pays Glazik »), se reconnaît à ses motifs caractéristiques de fleur et de cœur, brodé sur deux épaisseurs (lin et drap de laine initialement bleu, d'où le nom) avec du fil de soie aux points de chaînette et de feston. L'espace comprend la boutique-mercerie (vaste choix de fils DMC), l'école, bien sûr, et une galerie où sont présentés les plus

LE PAYS GLAZIK

Il regroupe les communes autour de Quimper et signifie « petit bleu », ce qui rappelle la couleur des costumes masculins. Les soldats de Napoléon étaient habillés en bleu. En 1815, après la défaite de l'empereur, on ne savait pas comment utiliser ces énormes stocks de tissus. Un marchand breton les racheta et les vendit sur les marchés près de Quimper. Le bleu est toujours utilisé pour le costume traditionnel et a donné son nom à la région.

beaux ouvrages des élèves et quelques créations haute couture du Maître. Du linge de table superbe, des robes d'une singulière modernité, qui rendent bel et bien hommage à la tradition ! Les ateliers de confection sont sur place, rien ne vous empêche de passer commande, mais il faut savoir (question prix, *of course !*) que ces travaux peuvent demander plusieurs mois de travail. Également, une salle d'expo temporaire *(en été slt)* dans le prieuré voisin.

L'église Notre-Dame de Locmaria *(plan couleur A3)* **:** *ouv 9h30-17h.* La plus vieille église de Quimper (construite à partir du XIe s) offre un bel exemple d'architecture romane bretonne. Sobriété des lignes, belle charpente en bois, et un chemin de croix réalisé par Louis Noël en faïence de Quimper (vers 1860). À droite, le jardin dans lequel subsistent les vestiges de l'ancien cloître. L'église, classée Monument historique, célèbre encore les offices et rassemble une importante communauté chrétienne.

Le « Jardin remarquable » du prieuré de Locmaria *(plan couleur A3)* **:** *ouv tlj 9h-19h30.* Contigu au prieuré, aménagé façon jardin conventuel à l'époque d'Anne de Bretagne (XVe-XVIe s). Un lieu empreint de fraîcheur et de sérénité sur les bords de l'Odet.

Fêtes et manifestations

– ***Les jeudis de l'Évêché :*** *de mi-juin à mi-sept, à 21h, dans les jardins de l'Évêché (plan couleur C2). Programme disponible à l'office de tourisme. Env 5 €.*
– ***Grand pardon de Ty Mamm Doué :*** *1er dim de juil.* Procession religieuse.
– ***Festival Cornouaille Quimper :*** *5 j. fin juil. Rens au ☎ 02-98-55-53-53. • festival-cornouaille.com •* Existe depuis 1923. Au total, 140 spectacles, concerts, expos, animations, des milliers de participants en costume, jeux bretons, *festoù-noz,* musique dans la rue, un riche programme ! Grand défilé le 4e dimanche matin (clôture) de tous les groupes folkloriques de Bretagne et d'autres pays celtiques. Superbe atmosphère.
– ***Semaines musicales de Quimper :*** *festival de musique classique se déroulant sur 3 sem en août. Rens à l'office de tourisme ou au ☎ 02-98-95-32-43. • semaines-musicales-quimper.org •*
– Et nombreuses **fêtes bretonnes** tt au long de l'année : *rens à l'office de tourisme.*

DANS LES ENVIRONS DE QUIMPER

Le musée de l'Alambic **(distillerie Du Plessis ;** *hors plan couleur par D2)* **:** *77, chemin du Quinquis. ☎ 02-98-90-75-64. À 2,5 km du bourg d'Ergué-Armel, suivre le fléchage. Tlj sf dim et j. fériés, 9h-12h30, 14h-18h30. GRATUIT (pour les particuliers).* Collection privée présentant différents modèles d'alambics en cuivre datant des années 1800 à 1850, quelques modèles ambulants, sortes d'ateliers publics, se déplaçant dans les campagnes, ainsi qu'un magnifique pressoir du XVIIe s. Possibilité d'acheter sur place les produits : pommeau de Bretagne, pastis marin (à base d'algues et de badiane) ou encore melenys (chouchen cerise). Et divers autres produits régionaux comme les caramels au beurre salé au sel de Guérande ou à la pomme.

La cidrerie Manoir du Kinkiz *(hors plan couleur par D2)* **:** *75, chemin du Quinquis. ☎ 02-98-90-20-57. Pas loin du précédent. Visite tlj sf dim, 9h30-12h30, 14h-18h30. GRATUIT (pour les particuliers).* Visite du matériel de ferme évoquant les vieilles techniques de production et leur évolution, le chai, les modes de fabrication du cidre, des eaux-de-vie et du pommeau, et la chaîne de mise en bouteilles (étiquetage, notamment). En fin de parcours, dégustation de différents produits dont le fameux cidre-de-cornouaille (AOC) que fabriquent les Seznec.

La distillerie des Menhirs : *7, Hent-Sant-Philibert, 29700* ***Plomelin.*** *☎ 02-98-94-23-68. • distillerie.fr • Ouv tte l'année. Visite guidée en juil-août : lun-jeu à 10h30, 15h et 16h30 ; ven à 10h30 et 15h.* Spécialité Eddu : whisky de blé noir, cidre et pommeau.

En route, la crêperie ***Les Gorges du Stangala*** *(route de Brest, ☎ 02-98-94-50-72)* s'avère une très bonne halte en haute saison.

COSETTE

Alexandre Massé perdit ses parents très jeune. Orphelin, il dut partir à Paris, dans une fabrique de boutons. Comme il était travailleur, on lui confia vite la direction de l'usine. En inventant le bouton à quatre trous, il révolutionna l'industrie de l'habillement. Son brevet fut acheté dans le monde entier. Fortune faite, il revint à Plomelin et légua, bien sûr, tous ses biens aux orphelins.

La chapelle Notre-Dame-de-Kerdévot : *à env 8 km vers l'est en direction de Coray par la D 15.* Dans un environnement très bucolique, un ensemble chapelle-calvaire remarquable. Le calvaire a perdu les statues de son socle dans la tourmente de la Révolution, mais il reste tous les personnages des croix. Noter la dramatique position du mauvais larron, la souffrance du visage. Chapelle typique du beau style cornouaillais du XVe s, avec un clocher ajouré et une sacristie du XVIIe s. À l'intérieur, magnifique retable flamand, production des ateliers d'Anvers (début du XVIe s). Pardon le 1er week-end de septembre.

À faire

Croisières dans la vallée de l'Odet : *avec les* ***Vedettes de l'Odet.*** *☎ 02-98-57-00-58. • vedettes-odet.com • Selon les marées, l'embarquement s'effectue au port de Corniguel (grand parking gratuit tte la journée). En mars, avr et mai, les croisières se font slt sur résa ; juin-sept, 2 à 4 départs/j. 10h30-18h15. Sur résa par tél ou en vente sur le port de Corniguel ainsi qu'à l'office de tourisme. Billet A/R : 28 € ; réduc, y compris avec le* Pass'Quimper.

LE PAYS BIGOUDEN

Le Pays bigouden s'étend de Sainte-Marine, sur les rives de l'Odet, à Plozévet. Les contrastes géographiques sont importants : côte ouest dépouillée, peu peuplée, côte sud protégée et populeuse, marais contre bocage, etc.
Plus qu'ailleurs, nous vous invitons à vous perdre dans l'incroyable réseau de petites routes de campagne, livrant souvent d'adorables chapelles, émouvantes dans leur simplicité, des croix de chemin, de vieilles fermes, à la longue décoiffées par le vent, lorsque arbres et bosquets ne les protègent plus assez... Un habitat très dispersé donne à cette campagne des espaces très sauvages ou

LA TACHE MONGOLOÏDE

De nombreux petits Bigoudens naissent avec une tache bleue en haut des fesses. Elle disparaît à l'adolescence. Cette empreinte génétique se retrouve chez bien des Asiatiques. Certaines femmes ont aussi les yeux légèrement bridés. On évoque une présence de Huns au IVe s... Personne ne sait. Ils ont aussi des chapeaux ronds, mais c'est autre chose.

romantiques. Pourtant, ici, nulle falaise escarpée, pas de paysage en miettes ou de côte déchiquetée. Beaucoup de plat pays, avec des passages extrêmement pauvres. Terres ingrates, quelques rochers pour baliser de belles plages désertes. Une Bretagne à l'état brut, sans maquillage ni concession, émouvante.

À notre avis, c'est l'une des régions les plus séduisantes de Bretagne. Elle servit de cadre à Pierre Jakez Hélias pour son livre *Le Cheval d'orgueil* (voir « Livres de route » dans « Bretagne Sud utile » en début de guide).

C'est dans le triangle Quimper-Plozévet-Penmarc'h que la fameuse révolte des Bonnets rouges contre les taxes de Louis XIV se révéla la plus dure, ainsi que la répression qui s'ensuivit. Les clochers des églises qui avaient sonné le tocsin de la révolte furent décapités. On dit d'ailleurs que la forme de la coiffe bigoudène en est une allusion !

Car, c'est aussi l'une des régions où les habitants proclament le plus fièrement leur identité et leurs particularismes. À Pors-Poulhan, une statue de femme bigoudène l'affirme d'ailleurs sans détour : « Ici finit le Pays bigouden. » Pour preuve, aussi, les traditionnelles coiffes, très différentes d'un village à l'autre. Si elles ont aujourd'hui, pratiquement disparu, tuées par la voiture (pas bien pratique à y faire entrer !), vous pourrez toutefois tenter votre chance à Plonéour-Lanvern un mardi en début d'après-midi, quand les Bigoudènes se rendent à la réunion du 3e âge, ou à la messe de Pont-l'Abbé.

Adresse utile

i *Maison du tourisme, agence Ouest Cornouaille Développement :* *rond-point de Kermaria, BP 52041, 29122* ***Pont-l'Abbé*** *Cedex. ☎ 02-98-82-30-30. • ouest-cornouaille.com • Lun-ven : sept-juin, 9h-12h, 14h-18h ; juil-août, 9h30-12h30, 14h-18h30.* Rassemble toutes les informations touristiques de l'Ouest Cornouaille (Pays bigouden, cap Sizun, pays de Douarnenez). Accueil gentil comme tout et compétent. Édite des fascicules très bien faits proposant des circuits à vélo, de difficultés variées : *Les Ports de pêche, Les Chapelles du Bout-du-Monde,* etc. D'autres guides, notamment sur les voies vertes et la Véloroute, distribués gratuitement dans tous les offices de tourisme.

COMBRIT-SAINTE-MARINE [kombrid-sant-voran]

(29120) 3 620 hab. *Carte Finistère Sud, B2*

Face à Bénodet (voir plus loin dans « Le Pays fouesnantais »), sur l'estuaire de l'Odet, la commune de Combrit dévoile l'adorable petit port de Sainte-Marine abrité, coloré et pittoresque, très connu dans le milieu de la plaisance. Jolie plage de sable fin. Au loin, vue sur le pont de Cornouaille qui mène de l'autre côté de l'Odet.

Adresses utiles

i *Office de tourisme :* *pl. de Grafenhausen. ☎ 02-98-56-48-41. • paysdepontlabbe-tourisme.com • En saison, lun-sam 9h30-12h30, 14h-19h ; hors saison, ouverture restreinte.*

■ ***Centre nautique :*** *☎ 02-98-56-48-64. • cnsm@wanadoo.fr •* Stages et balades nautiques commentées.

Où dormir à Sainte-Marine et dans les environs ? Où manger ? Où boire un verre ?

De bon marché à prix moyens

Les fermes de Betty, chez Betty Folcher : *Le Stang. 06-74-38-97-57. • b-m.folcher@wanadoo.fr • lesfermesdebetty.com • Fermé déc-mars. Double 75 € ; familiale 150 €. Café offert sur présentation de ce guide.* Betty est une Bretonne convertie. Elle a retroussé ses manches et retapé, avec l'aide de son époux, ce magnifique corps de bâtiment. 4 chambres, dont une familiale formée de 2 parties séparées par les sanitaires, la « Club des Cinq », à l'étage. Les 3 autres, de plain-pied – « Cœur », « Mer », « Campagne » –, bénéficient d'une terrasse privative. Petit déj copieux servi dans la cuisine : belle déco alsacienne, qui rend hommage aux origines de notre hôtesse. Vaste jardin, avec chaises et table, bien au calme. Une belle adresse.

Crêperie de l'Abri : *15, quai Jacques-de-Thézac. ☎ 02-98-51-98-72. Tlj sf lun soir-mar hors saison. Congés : 5 janv-6 fév. Env 15 € à la carte. Café offert sur présentation de ce guide.* En terrasse ou derrière les volets gris d'une maison rénovée datant du XVIIe s, nichée au coin du port, près de l'abri (rose) du marin. Toutes sortes de crêpes à base de bons produits.

Crêperie la Misaine : *4, quai Jacques-de-Thézac (avt l'église). ☎ 02-98-51-90-45. • karagueuzian.claude@wanadoo.fr • Ouv tlj avr-sept et vac scol, sinon fermé lun-mar. Compter env 15 € à la carte. Kir breton offert sur présentation de ce guide.* Beaucoup d'atouts pour cette jolie crêperie posée sur le port : une vue idyllique, un service rapide et joyeux, et des produits frais de qualité, généralement locaux. Belle terrasse et déco chaleureuse à l'intérieur, faite d'objets marins chinés par Brigitte, la souriante maîtresse des lieux. Côté galettes, la « Bigoudène aux Saint-Jacques » est un délice, la « Basque » nous fait voyager plus au sud avec brio, et les classiques bretonnes ne déçoivent pas. Quant aux becs sucrés, leur seul souci sera de choisir !

Café de la Cale : *3, quai Jacques-de-Thézac. ☎ 02-98-56-30-49. • pomat.m@orange.fr • En saison et vac scol, tlj 12h-17h ; sinon, w-e et j. fériés. Congés : de mi-nov à mi-fév.* Pas de voitures dans le coin, tant mieux ! Pas mal de charme pour cette minuscule maison blanche aux volets bleu marine, abritant un zinc, 2 tables rondes et un juke-box. Petite restauration. Sans doute la terrasse la plus sympa de Sainte-Marine.

Café du Port : *2, quai Jacques-de-Thézac. ☎ 02-98-56-44-36. • accueil@lecafeduport.fr • Tlj sf lun-mar hors saison. Congés : de mi-nov à mi-déc et début janv-début fév. Menu déj 19,50 € en sem ; autres menus 29-39 €.* Une terrasse bien ombragée sous son auvent et une belle salle de restaurant aux boiseries marines, dont les baies vitrées ont vue sur le petit port et, en face, Bénodet.

De chic à beaucoup plus chic

Chambres d'hôtes La Ferme de Kerscuntec : *route de Kermor, 29120* ***Combrit.*** *☎ 02-98-51-90-90 ou 06-86-99-78-28. • contact@lafermedekerscuntec.fr • lafermedekerscuntec.fr • Entre Sainte-Marine et Combrit (2e route à gauche après le pont de Cornouaille en venant de Bénodet). Doubles 85-150 € selon saison et confort.* Dans un beau corps de ferme du XVIIe s, les 5 chambres lumineuses au décor épuré, portant le nom d'îles bretonnes – « Molène », « Ouessant »... – sont fabuleuses. Au petit déj, confitures maison confectionnées avec les fruits de la ferme. Accueil très chaleureux et pro. Dans le jardin, des transats invitent au farniente, entre hortensias et vieilles pierres. Plage et chemins de randonnées à proximité. En bref, une adresse idéale pour un séjour au calme.

Hôtel-bistrot du Bac : *19, rue du*

Bac. ☎ 02-98-51-33-33. • contact@hoteldubac.fr • hoteldubac.fr • Doubles 90-150 € selon saison. Formule déj en sem 17 € ; carte env 35 €. *Un petit déj/chambre et par nuit offert sur présentation de ce guide.* Une adresse aimée de tous les coureurs d'océan. Tout est de blanc et de bleu : bleu marine au bistrot, où l'on sert une cuisine de la mer ; bleu clair dans les chambres spacieuses, pour se rapprocher du ciel. Les salles de bains sont un peu décevantes, dommage. De la salle à manger, vue superbe sur l'Odet et le pont de Cornouaille. Terrasse très agréable aux beaux jours. Mêmes propriétaires qu'à la *Villa Tri Men*.

Villa Tri Men : *16, rue du Phare. ☎ 02-98-51-94-94. • contact@trimen.fr • trimen.fr • Resto ouv slt le soir, fermé dim. Doubles 130-245 € selon confort et saison ; petit déj 17 €. Menus 37-77 € ; env 60 € à la carte.* (câble). *Un petit déj/chambre et par nuit offert sur présentation de ce guide.* Cette grande villa, construite en 1913 dans un site exceptionnel au milieu d'un jardin de 4 500 m², a été transformée en un hôtel résolument contemporain. Les 20 chambres (dont 3 suites), toutes différentes et très confortables, ont comme points communs une décoration sobre mais raffinée et une vue imprenable sur Bénodet et le petit port de Sainte-Marine. La belle demeure regorge de surprises picturales : Lionel Floch, Pierre de Belay et Lucien Simon... Dans le jardin, des cottages coquets ouvrent sur l'horizon. Au resto, dont les baies vitrées et la terrasse ouvrent sur l'Odet, carte courte pour une cuisine qui marie subtilement les tendances du marché, les saveurs de la mer et la créativité d'un chef talentueux. Excellent petit déj. Une adresse d'exception.

À voir. À faire

Ne pas manquer la visite de la ***chapelle de Sainte-Marine.*** D'architecture typique, en granit, du XVIe s et en forme de L, elle est dédiée aux pêcheurs avec ses magnifiques ex-voto (maquettes de navires suspendues). Étonnant plafond voûté en bois et vitraux modernes qui ne déparent pas l'ensemble.

L'Abri du marin : *en hte saison slt, tlj sf lun, 10h30-12h30, 14h-19h. ☎ 02-98-51-94-40. Visite : 2 € ; 3 € pour une visite couplée avec la batterie de la pointe de Combrit.* Cette charmante maisonnette aux murs roses, la « couleur du bonheur » selon Jacques de Thézac, est l'un des quinze *Abris du marin* qu'il créa de 1900 à 1952 pour loger et éduquer les gens de mer. Expos temporaires, et salle de lecture comme au bon vieux temps.

➢ ***Balade sur la pointe de Combrit :*** *départ du port. Durée : 1h30 env l'A/R.* Emprunter la route en direction de la pointe de Combrit (on est sur le GR 34). Marcher 10 mn et tourner à gauche par l'impasse de la Fontaine ou plus loin par la rue Ar-Pussou, pour rejoindre le centre nautique et le parc de Kérobistin. Longer l'Odet (jolie vue sur l'estuaire et Bénodet) jusqu'au phare, que l'on contourne. Traverser la route et faire une pause au *Fort* (1862), qui présente des expos temporaires en été. Reprendre un bout de route jusqu'à la maison des douaniers et poursuivre sur le sentier côtier jusqu'à la plage de sable fin de Kermor. Possibilité de retour à la case départ par la route ou de continuer jusqu'à Île-Tudy par le chemin en contrebas des dunes ou par l'intérieur du polder : prévoir alors 1h à 1h30 de plus pour l'aller.

DANS LES ENVIRONS DE SAINTE-MARINE

Le parc botanique de Cornouaille et le musée des Minéraux : *à Combrit. ☎ 02-98-56-44-93. • parcbotanique.com • Accès fléché depuis la D 44. De mars à mi-nov, tlj 10h-12h, 14h-19h (10h-19h juil-août). Entrée par le musée des Minéraux : 7 € ; réduc.* L'une des premières collections de Bretagne, sur 5 ha. Au total, 3 500 espèces de plantes, parmi lesquelles 530 variétés de camélias, 420 de rhododendrons, 230 de vivaces, quelque 2 000 pieds d'azalées, etc. Jardin aquatique.

ÎLE-TUDY [enez-tudi]

(29980) 630 hab. *Carte Finistère Sud, B2*

Petit bourg aux blanches maisons s'étirant sur une presqu'île à l'embouchure de la rivière de Pont-l'Abbé. Un de nos endroits préférés de la Bretagne Sud. Maisons et ruelles étroites rappellent assez l'île de Sein. On a vite fait le tour des lieux. Longue plage de près de 4 km vers la pointe de Combrit.

Adresses utiles

Office de tourisme : *1, rue des Roitelets. ☎ 02-98-56-30-14. • syndicatinitiative.iletudy@orange.fr • ile-tudy.com • Tlj juil-août, 10h-12h30, 13h45-19h ; le reste de l'année, horaires plus restreints ou s'adresser à la mairie (☎ 02-98-56-42-57).*

Centre nautique d'Île-Tudy : *1, rue des Mousses. ☎ 02-98-56-43-10. • cniletudy.free.fr •* Propose en été des stages de catamaran, de planche à voile, etc., pour les adultes et les enfants.

Où dormir ? Où manger ?

Hôtel Modern : *9, pl. de la Cale. ☎ 02-98-56-43-34. • hotelmodern@wanadoo.fr • hotelmodern.com • Tlj Pâques-sept. Fermé le soir dim-jeu hors saison. Doubles 65-75 €. Remise de 10 % sur la chambre (sf juil-août) sur présentation de ce guide.* Le seul hôtel sur le port, vous ne pourrez pas le manquer. Si certaines chambres bénéficient d'une double exposition (la nº 20, notamment), toutes cependant n'ont pas la vue sur la mer. Ambiance familiale.

Où boire un verre ?

Avec tous les jeunes des écoles de voile envahissant cafés et terrasses, ambiance très *Diabolo menthe* sur la placette du vieux port.

Café du Port : *7, pl. de la Cale. ☎ 02-98-56-43-20. • contact@cafeduport-iletudy.com • Ouv tlj de mi-avr à sept ; le reste du temps, ouv ven-dim midi et j. fériés. Congés : 2 sem en janv, 2 sem début oct.* Authentique bistrot de port, décor de vieilles affiches et expos peintures, salle de cinéma à l'étage et concerts *(1 fois/sem en juil-août).* Terrasse avec vue sur la mer. Fait aussi resto (produit de terroir et pêche locale) et sert des vins naturels.

Le Winch : *2, pl. de la Cale. ☎ 02-98-56-36-12. Tlj avr-sept et vac scol ; ven-dim le reste de l'année.* Fred et Phil ont posé leurs valises sur la cale et proposent rhum arrangé et autres breuvages, tartines et tapas, à l'intérieur les soirs de pluie, sinon en terrasse.

PONT-L'ABBÉ [pont-n'-abad]

(29120) 8 430 hab. *Carte Finistère Sud, B2*

C'est la capitale du Pays bigouden. Ville bourgeoise, tranquille, sommeillant au bord de son étang et de son petit port de fond d'estuaire ! Ici, on essaie

LE FINISTÈRE SUD

de perpétuer les traditions, mais les femmes portant la coiffe étant âgées, il devient de plus en plus rare d'en croiser... excepté lors de la fête des brodeuses en juillet.

Adresse et info utiles

Office de tourisme : *11, pl. Gambetta. ☎ 02-98-82-37-99. • paysdepontlabbe-tourisme.com • Tte l'année, lun-sam 9h30-12h, 14h-19h (17h hors saison).*

– **Marché :** *jeu mat, pl. Gambetta et pl. de la République.* Toutes sortes de stands.

Où dormir ? Où manger ?

Hôtel La Tour d'Auvergne – Restaurant Le Bistrot gourmand : *22, pl. Gambetta. ☎ 02-98-87-00-47. • contact@tourdauvergne.fr • tourdauvergne.fr • Tlj sf dim. Doubles 46-49 €. Formules déj en sem 12,50-16 € et menu découverte 23 € ; à la carte, env 35 €.* Ce bistrot gourmand très réussi s'inspire des bouchons lyonnais avec un décor chaleureux où le bois est à l'honneur. Cuisine de saveur et terroir relevée par quelques épices. Le piment d'Espelette n'est jamais bien loin... Chambres simples en dépannage.

Le Cocagne : *23, rue Lamartine. ☎ 02-98-66-19-73. • lecocagne@orange.fr • Fermé dim soir et lun ; hors saison dim soir, mar soir et mer. Formules déj 14-17,50 €, menus 26-34 €. Café offert sur présentation de ce guide.* Filet de barbue sauce champagne, jarreton de porc rôti au miel, lotte à la compotée d'endives... Une carte alléchante, à prix d'amis, dans un cadre sobre et élégant. Bref, un petit resto qui a tout du pays de cocagne !

LE FINISTÈRE SUD

Où dormir dans les environs ?

Le Clos de Trévannec : *chemin de Trévannec, 29120 Pont-l'Abbé. 06-66-74-10-68. • closdetrevannec@orange.fr • closdetrevannec.com • À 2 km de Pont-l'Abbé, vers Loctudy. Résa indispensable le w-e avr-oct. Doubles 40-41 € ; petit déj 5 €. Réduc de 10 % sur le prix de la chambre sur présentation de ce guide.* 4 chambres dans 3 maisons anciennes réhabilitées par les propriétaires.

Où boire un verre ?

Bar de l'Hôtel La Tour d'Auvergne : *voir « Où dormir ? Où manger ? ».* Bar à vins au vaste choix. Décor et ambiance très conviviaux.

Pub La Mars : *25, rue Pasteur. ☎ 02-98-87-15-08. • pub.lamars@wanadoo.fr • Dans une petite rue entre l'église et la rue du Château, à côté du cinéma. Ts les soirs jusque tard. Fermé dim.* Lieu de rendez-vous de la jeunesse pont-l'abbiste après le ciné. Ambiance sympa. Concert le dernier jeudi du mois.

Achats

Les créateurs bretons : 2 boutiques de cadeaux à ne pas manquer si vous voulez découvrir les nouvelles tendances à la mode de Bretagne.

– **Le Minor :** *5, quai Saint-Laurent. ☎ 02-98-87-07-22. Juil-août, lun-sam 9h-13h, 14h-19h ; hors saison, tlj sf dim et lun mat, 9h-12h, 14h-19h.*

Un classique. Linge de table, faïence, vaisselle en porcelaine, etc.
– ***Sophie C :*** *21, rue du Général-de-Gaulle. ☎ 02-98-66-02-60. Ouv mar-sam, plus lun juil-août. Sophie C* a eu la bonne idée d'imaginer Lisette, une Bigoudène accrochée à son parapluie, qu'elle décline dans tous les tons et toutes les matières. Du bol à l'assiette ou sur le linge, Lisette vous accompagnera toute la journée et pendant de nombreuses années.

À voir. À faire

Le château et le Musée bigouden : *château des Barons du Pont, rue Jean-Jaurès. ☎ 02-98-66-09-03 (visite guidée hors saison : ☎ 02-98-66-00-40). • museebigouden.fr • Au bord de l'étang. Juin-sept, tlj 10h-12h30, 14h-18h (non-stop juil-août) ; hors saison, ouv sam-dim 14h-18h et tlj sf lun en mai et pdt les vac scol de fév, de Pâques et de la Toussaint. Fermé entre les vac scol de la Toussaint et de fév. Entrée : 3,50 € ; réduc.* Dans le gros donjon, musée remarquable sur le folklore régional. Les collections proposent une plongée au cœur de l'identité bigoudène : mobilier sculpté, objets du quotidien, coiffes et costumes somptueusement brodés, images d'archives... Un parcours destiné à comprendre la société traditionnelle du Pays bigouden. Expositions temporaires dans les sous-sols.

L'église Notre-Dame-des-Carmes : ancienne chapelle d'un couvent des carmes. Édifiée au XIVe s, modifiée 300 ans plus tard. Propose deux belles rosaces, dont celle du maître-autel avec près de 7 m de diamètre. Un flamboiement de couleurs depuis des siècles, d'une fraîcheur fascinante.

➢ ***Découverte de la flore et de la faune locales :*** belle balade à faire sur le chemin de halage (au départ de la place Gambetta). Elle permet de découvrir une faune (notamment les spatules, assez rares en Europe) et une flore d'aber très intéressantes.

Fêtes et manifestations

– ***Fête des Brodeuses :*** *4-5 j. courant juil.* Défilés de groupes folkloriques de toutes les régions, élection de la reine des brodeuses et l'occasion de croiser de vraies bigoudènes ! Énormément de monde. Défilés et *fest-noz* payants. *• fetedesbrodeuses.com •*
– ***Pardon des Carmes :*** *3e ou 4e dim de juil.*
– ***Fête de la Tréminou :*** *4e dim de sept.* Grand pardon qui célèbre Notre-Dame-de-Tréminou.

DANS LES ENVIRONS DE PONT-L'ABBÉ

La chapelle de Notre-Dame-de-Tréminou : *à 2 km à l'ouest (route de Saint-Jean-Trolimon).* Charmant édifice du XVe s, au clocher ajouré. À l'intérieur, très belles sablières sculptées. La chapelle fut l'un des hauts lieux de la révolte des Bonnets rouges. En effet, c'est du calvaire-chaire que fut mise la dernière main au *Code paysan,* élaboré par les 14 paroisses en rébellion. Véritable cahier de revendications populaires, il annonçait un siècle en avance les cahiers de doléances de 1789. Parmi les demandes, on trouvait notamment l'abolition de la corvée, l'autorisation des mariages entre nobles et roturiers, et l'annulation de la taxe du papier timbré.

LOCTUDY [loktudi]

(29750) 4 200 hab. *Carte Finistère Sud, B2*

Port langoustinier qui se place au 10e rang des ports de pêche français. Station balnéaire et belle côte découpée, ce qui permet de choisir sa plage selon la direction des vents ! Les randonneurs qui empruntent le GR 34 peuvent passer à Île-Tudy en bateau, pendant les vacances scolaires, pour poursuivre la balade.

Adresses utiles

Office de tourisme : *à côté de la mairie. ☎ 02-98-87-53-78. • loctudy.fr/tourisme • Juil-août, lun-sam 9h-12h, 14h-19h ; hors saison, slt le mat lun-ven.*

Cercle nautique : *plage de Langoz. ☎ 02-98-87-42-84. • cnloctudy.com •*

Où dormir ? Où manger ?

Camping

Camping de Kergall : *bd de la Mer. ☎ 02-98-87-59-80. 06-98-25-78-33. Fax : 02-98-87-45-93. Accès : à 50 m de la mer, tt près du centre nautique et 800 m à l'est de la ville. Ouv Pâques-30 sept. Prix tente : 14 €. Caravanes à louer : env 150-200 €/sem. CB refusées. 92 empl.* Assez bien ombragé. Simple et pas cher.

De prix moyens à chic

Hôtel La Porte des Glénan : *19, rue du Port. ☎ 02-98-87-40-21. • laportedesglenan@orange.fr • laportedesglenan.com • Congés : nov-fév. Doubles 45-64 € selon confort et saison. Apéritif maison offert sur présentation de ce guide.* Dans la rue qui mène au port de pêche, cette bonne vieille maison agréablement décorée dans un esprit marin est un hôtel familial à la tenue irréprochable. Agréable séjour et terrasse fleurie pour le petit déj.

Manoir de Penavir : *rue du Commandant-Carfort. ☎ 02-98-87-44-38. • info@penavir.com • penavir.com • Congés : 11 nov-15 avr. Doubles 58-98 € selon saison et exposition.* Un manoir entièrement restauré, dans un grand parc, en bordure de rivière, avec vue sur le port. 4 chambres d'hôtes (dont 2 avec jacuzzi) et 2 appartements dans une atmosphère bretonnante pour rappeler les vacances d'autrefois, avec le confort d'aujourd'hui. Petite piscine extérieure chauffée.

La Mer à Boire : *port de plaisance. ☎ 02-98-87-99-65. • lameraboire@wanadoo.fr • À côté du bureau du port. Ouv avr-sept. Carte 25-30 €. Apéritif maison ou café offert sur présentation de ce guide.* Sur le quai du port de plaisance, cachée derrière les entrepôts, une belle terrasse pour se restaurer d'une cuisine de la mer simple mais efficace ou de bonnes *kouigns* (crêpes bigoudènes), en admirant l'embouchure de la rivière à travers une forêt de mâts.

Où manger dans les environs ?

Relais de Lodonnec : *3, rue des Tulipes, plage de Lodonnec. ☎ 02-98-87-55-34. À 2 km au sud de Loctudy. Ouv tlj sf lun en saison, mar-mer hors saison. Congés : de mi-fév à mi-mars. Le w-e, résa conseillée. Menu déj en sem 15 € ; puis menus 24-34 €. Apéritif maison offert sur présentation de ce guide.*

Dans cette ancienne maison de pêcheur en granit, à 50 m de la plage, se niche l'un des bons restos du Pays bigouden. Cadre plaisant, bois et poutres apparentes. Service diligent. Cuisine traditionnelle avec une pointe de recherche : rosace de Saint-Jacques au safran, feuilleté au foie gras frais... Dans la carte des vins, quelques bouteilles qui devraient suffire à faire votre bonheur.

À voir

L'église : des XIe-XIIe s. Très intéressante pour sa nef romane, l'une des mieux conservées de Bretagne. Finesse des chapiteaux et étranges sculptures à la base des colonnes.

DANS LES ENVIRONS DE LOCTUDY

Le manoir de Kerazan : *route du Suler, Loctudy, sur la D 2. ☎ 09-65-19-61-57 ou 06-65-35-40-40. • kerazan.fr • (en majeure partie). De mi-avr à fin juin et de mi-sept à fin sept, ouv mar-dim 14h-18h ; de juil à début sept, tlj sf lun 10h30-18h30 ; le reste de l'année, sur résa pour les groupes. Entrée : 7 € ; réduc ; intéressant forfait famille 18 €. Librairie-boutique à l'entrée. Crêperie (mêmes horaires). Pique-nique possible dans le parc.*

Au sein d'un superbe parc de 5 ha, aménagé à l'anglaise, se niche une noble bâtisse, datant du XVIe s pour sa partie la plus ancienne. Le dernier propriétaire de ce lieu prestigieux, M. Astor, a légué à l'Institut de France, en 1928, ce manoir entièrement meublé, riche de ses précieuses collections d'art. Resté inchangé depuis lors, le domaine de Kerazan représente l'authentique illustration d'un art de vivre de la fin du XIXe s en Pays bigouden.

– *1re salle :* belles boiseries Louis XVI. Entre autres tableaux, deux toiles de Maurice Denis, peintre de l'école de Pont-Aven, et un tableau de Charles Cottet *(Les Feux de la Saint-Jean)* évoquant les traditions bretonnes.

– *2e salle* (à gauche) *:* la salle à manger décorée : aux murs, des scènes de chasse peintes par T. Deyrolle de l'école de Concarneau ; un bronze de Paul Dubois...

– *3e salle :* la salle de billard. Autour d'un billard anglais du XIXe s, aperçu de l'œuvre d'un maître breton, élève d'Ingres, Auguste Goy. Remarquer le tableau *Le Vieux Quimpérois.*

– *4e salle :* le fumoir. Espace réservé aux hommes, qui venaient y disputer une partie de tric-trac, y discuter assis à califourchon sur d'étranges chaises (les fumeuses) dont le dossier creux contenait les cigares. Cette salle possède des collections italienne, hollandaise et flamande. Noter, dans la vitrine, le service à opium.

– *5e salle :* le salon de Mme Astor restitue le cadre de vie d'une femme distinguée du XIXe s. On peut y voir le carnet de bal que Madame portait comme une bague, le carnet de visite (l'agenda d'aujourd'hui), son service à thé et ses revues de mode. Mobilier Louis XV et Louis XVI.

– *Le vestibule :* tableaux de paysages bretons et marines, beau tableau de Désiré Lucas *(Jeune femme d'Ouessant en costume de veuve).*

– *6e salle :* bureau et bibliothèque restée intacte des générations Astor. Livres précieux, armes et souvenirs.

– *La 7e salle* n'est autre que l'ancienne chapelle. On y découvre 47 pièces de céramique uniques d'Alfred Beau, dont son chef-d'œuvre, *Le Violoncelle,* créé à l'occasion de l'Exposition universelle de Paris de 1878. Cette pièce ne nécessita pas moins de 15 essais de cuisson !

– *À l'étage,* on pénètre dans l'intimité des Astor : chambres, appartements privés, salle de bains (surprenante baignoire, semblable à celle dans laquelle Marat fut assassiné).

➢ Promenade dans le parc jusqu'à la ferme (authentique cadre de vie d'une famille paysanne de la fin du XVIIIe et du début du XIXe s, avec tous ses animaux) et autour du jardin potager à l'ancienne. Espace pique-nique dans le parc.

LE FINISTÈRE SUD

– Une *exposition temporaire* est présentée chaque année sur des thèmes culturels et historiques régionaux.

À faire

Croisières : *avec les* **Vedettes de l'Odet.** *☎ 02-98-57-00-58. • vedettes-odet.com • Croisière sur l'Odet : durée : env 2h30 A/R. De mi-juin à mi-sept, 1 départ chaque ven ; de mi-juil à fin août, 1 départ/j. sf dim-lun. Archipel des Glénan : de mi-juin à mi-sept, 1 départ chaque jeu ; de mi-juil à fin août, 2 départs/j.*

LESCONIL [leskon]

(29740) 3 000 hab. *Carte Finistère Sud, B3*

À 8 km au sud de Pont-l'Abbé, joli port de pêche artisanale, d'une blancheur quasi immaculée et port de plaisance. Plages agréables et calmes.
– Pardon de Notre-Dame-de-la-Mer le 3e dimanche d'août.

Adresses utiles

Office de tourisme : *sémaphore de Lesconil. ☎ 02-98-87-86-99. • plobannalec-lesconil.com • En hte saison, tlj sf dim 9h30-12h30, 14h-19h ; hors saison, ouv slt mar mat et ven mat.*

Centre nautique : *2, rue Victor-Hugo. ☎ 02-98-87-89-43. • centrenautiquelesconil.com •*

Où dormir ? Où manger ?

Campings

Camping des Dunes : *67, rue Paul-Langevin. ☎ 02-98-87-81-78. • campingdesdunes@gmail.com • camping-lesdunes-29.com • Ouv début avr-fin sept. Prix tente en basse saison : 18,80 €. Prix tente en hte saison : 20,80 €. Loc mobile homes : 345-690 €/sem. 140 empl.* Guillaume Lucas propose des emplacements à l'abri du vent, derrière les dunes. Sanitaires modernes, une aire de jeux de 400 m² et un coin thalasso. Grand confort. Locations de vélos à 800 m.

Camping de la Grande Plage : *71, rue Paul-Langevin. ☎ 02-98-87-88-27. • contact@campinggrandeplage.com • campinggrandeplage.com • Ouv de mi-avr à fin sept. Prix tente : 20,40-25,55 € selon saison. Mobile homes à louer : 265-860 €/sem. 120 empl. Réduc : - 5 % en basse et moyenne saisons.* Confortable, bien situé, à 250 m de la plage. Et tout le nécessaire pour un barbecue entre amis. Piscine.

Camping Yelloh ! Village l'Océan Breton – Le Manoir de Kerlut : *route de Plobannalec. ☎ 02-98-82-23-89. • info@yellohvillage-loceanbreton.com • camping-bretagne-oceanbreton.fr • Accès : près du stade. Ouv de fin avr à mi-sept. Prix tente : 18-48 € (avec électricité) selon saison. Loc de bungalows et cottages : 273-1 673 €/sem. 240 empl.* Un camping très confortable, en bord de mer, avec une foule d'activités en sus. Les enfants (« les kerlutins ») adorent. Du canoë, des vélos, de l'accrobranche, une piscine couverte chauffée et son aire de jeux aquatiques et tout et tout. En plus, à proximité du *skatepark* et du centre équestre ! En même temps, pour le prix...

Prix moyens

Cantine de Mer – Tara : *Le Port, quai Ouest. ☎ 02-98-82-27-43.*

• cantinedemer@orange.fr • Fermé jeu midi, plus le soir mer-jeu pdt les vac scol de Pâques et de la Toussaint, et mar soir hors saison. Congés : de mi-nov à fin mars. Formule déj sf dim 13,20 € ; menus 18-23,50 €. Dégustation huîtres, langoustines, bigorneaux en saison 11h-12h, 18h-19h. Vente à emporter. Café offert sur présentation de ce guide. Une bien jolie cantine colorée, ancien entrepôt mécanique, sur le port de pêche. Quelques tables à l'intérieur, avec vue dégagée sur la mer, et en terrasse. Amis viandards, passez votre chemin (même si la joue de porc y est fondante), ici la langoustine règne en maîtresse d'avril à mi-juillet, et le poisson toute l'année. Produits extrafrais cuisinés à peine sortis de l'eau. Accueil gentil tout plein.

Chic

Grand Hôtel des Dunes : *17, rue Laennec. ☎ 02-98-87-83-03. • info@grandhoteldesdunes.com • grandhoteldesdunes.com • En principe, ouv avr-oct. Resto ouv tlj sf lun midi. Doubles 54-93 € selon confort et saison. Formules déj en sem 13-34 €, menus 34-69 €. Digestif maison offert sur présentation de ce guide.* Ce grand établissement jouit d'une belle situation géographique : l'une des façades s'ouvre sur une immense dune qui va rencontrer la mer 300 m plus loin. D'ailleurs, belle balade à faire le long de la côte depuis l'hôtel. Les chambres sont spacieuses, claires et confortables. Préférer, bien sûr, celles côté mer. La nourriture est d'un bon rapport qualité-prix. Goûtez donc au homard grillé des dunes ou à la cassolette de saint-jacques, parmi les spécialités de la maison.

Fêtes

- **Fête des Vieux Métiers :** *dernier w-e de juil, au manoir de Kerhoas.*
- **Fête de la Langoustine :** *1er ou 2e sam d'août, au port.*
- **Fête bretonne :** *mi-août, à l'église de Lesconil.*

LE GUILVINEC (AR GELVENEG)

(29730) 3 100 hab. *Carte Finistère Sud, B3*

Quatrième en importance, et probablement le port de pêche actif le plus charmant de Bretagne. Avec *Léchiagat,* petite commune de l'autre côté de l'estuaire, Le Guilvinec forme un ensemble homogène assez vivant. Assistez, en semaine uniquement, à partir de 16h45, au retour des chalutiers, sous une nuée de goélands. Vous avez même droit à une visite guidée passionnante si vous prenez un billet couplé avec l'entrée du centre *Haliotika* (lire « À voir. À faire »). Un parcours symbolisé par des bronzes emblématiques de l'activité pêche guilviniste (langoustines et poissons) guidera même vos pas du parking de la Petite Sole à la Criée, réunissant pour de bon ville et port. Bref, Le Guilvinec, c'est plein de bonnes vibrations, on a vraiment aimé !

L'ABRI DU MARIN

Située au bout du parking du Guilvinec, la médiathèque accueillait autrefois l'Abri du marin, créé en 1900 par Jacques de Thézac. Ce fut l'un des premiers abris construits sur le littoral breton (13 au total). C'était des lieux où l'on ne servait que de la tisane d'eucalyptus, et où les femmes légères et les jeux d'argent étaient interdits. Cet aristocrate fou de mer voulut offrir aux marins désœuvrés pendant les longs mois d'hiver de quoi s'occuper : cours d'électricité, de navigation ou de TSF…

Adresses et info utiles

Office de tourisme : *pl. de la Petite Sole. ☎ 02-98-58-29-29. • leguilvinec.com • Lun-sam 9h30-19h, dim 10h-13h en saison ; lun-sam midi hors saison.*

Centre nautique de la Grève Blanche : *sur la plage du Guilvinec. 06-62-63-56-20 (en saison). • contact@centrenautiqueduguilvinec.com • Loc de funboards, planches, kayaks, dériveurs (Diablotins et Optimist), catamarans.* Cours particuliers à partir de 7 ans (moniteurs diplômés d'État) et stages. Rando kayak.

– **Marché :** *rue de la Marine. Mar et dim tte l'année.*

Où dormir ? Où manger ?

Yelloh Village La Plage : *241, Hent-Maner-ar-Ster à* **Penmarc'h.** *☎ 02-98-58-61-90. • info@yellohvillage-la-plage.com • villagelaplage.com • Accès : sur la route de Penmarc'h ; fléché. Ouv 11 avr-13 sept. Prix tente : 18-47 € selon saison. Loc 273-1 463 € ; 2 cabanes suspendues 150 €/nuit. Réduc : early booking - 10 % pour les résas avt le 31 déc 2014 ; offre long séjour - 10 % sur tt séjour de 10 nuits 11 avr-10 juil et à partir du 31 août. 410 empl.* Confortable, bien situé, à 250 m de la plage. Un paradis pour les enfants. Dépend de la chaîne *Yelloh Village*. Piscine.

Café-restaurant an Atoll : *pointe de Men-Meur. ☎ 02-98-58-18-73. • anatollcafes@orange.fr • Suivre le rivage sur 500 m du port vers la pointe de Men-Meur. Fermé dim soir en saison, sinon dim tte la journée et lun-mer soir. Formules déj 10,50-14,90 €. Compter env 25 € à la carte. Café offert sur présentation de ce guide.* Petite terrasse et grande vue, agrémentée par le bruit des vagues et le chant de Maryline, le perroquet. Cuisine un brin exotique. Allez vous balader sur la grève après le repas : elle servait au Moyen Âge de carrière pour les socles de croix ou les meules, d'où les flaques circulaires creusées dans certains rochers.

À voir. À faire

Haliotika – La Cité de la Pêche : *terrasse panoramique du port. ☎ 02-98-58-28-38. • haliotika.com • Juil-août : lun-ven 9h30-19h, sam-dim 15h-18h30 ; début avr-fin juin et sept-début nov : lun-ven 10h-12h30, 14h30-18h30 (sf fin sept-fin oct, lun-ven 15h-18h). Entrée : 6-7 € ; réduc ; criée : plus 1 € (entrée couplée avec les expos). Audioguides pour adultes et pour enfants. Visites guidées payantes (8-13 €) des coulisses de la criée, dégustation de langoustine env 4 €, sf lun ou lendemain j. fériés (prendre une p'tite laine, il y fait frisquet !), de la criée hauturière ou du tri du poisson sous criée. Possibilité de sorties en mer (env 50 €). Également des ateliers (« atelier du goût », « art des nœuds » et « petits chefs » pour les enfants, « cuisine des algues »...), pêche à pied... Journée d'immersion (env 35 €).* Pour tout savoir sur le monde de la pêche et de la mer, ses métiers, ses techniques. Vitrine remarquable à plus d'un titre (ici, on ne veut pas entendre parler du mot « musée » !), permettant d'expliquer les bateaux, les hommes, les poissons, les zones de pêche, les filets : reconstitution d'un chalut, d'une passerelle de navigation, coupe d'un chalutier hauturier pour connaître la vie à bord. À ne pas manquer : l'arrivée des chalutiers côtiers à partir de 16h45 sur la terrasse.

PENMARC'H (29760) 5 800 hab. *Carte Finistère Sud, B2*

À l'extrémité de la pointe de Penmarc'h, sentinelle du Pays bigouden cernée par les récifs et souvent assiégée par l'océan. Deux petits ports et deux

villages pour une même commune. *Saint-Guénolé,* d'une part, est un important port de pêche artisanale, spécialisé dans la sardine (premier port sardinier de France), la langoustine et le thon. Ce n'est pas un port d'opérette ! Il s'en dégage un peu l'atmosphère âpre des régions en butte à la crise économique, en même temps qu'on y ressent une certaine chaleur et une humanité. *Kérity,* d'autre part, fut l'un des plus gros ports du Pays bigouden ; il s'oriente davantage vers la plaisance.

Adresses et info utiles

ℹ ***Office de tourisme :*** *pl. du Maréchal-Davout ; au pied du phare. ☎ 02-98-58-81-44. • penmarch.fr/tourisme • Lun-sam 10h-12h30, 14h-19h et dim 11h-17h en saison ; ouv réduite hors saison.* Organise des initiations à la pêche à pied, à la galoche (jeu traditionnel breton) et aux danses bretonnes, ainsi que des visites guidées de la commune, des sorties géologiques sur les rochers de Saint-Guénolé et des visites guidées du port de Saint-Guénolé-Penmarc'h (lire la rubrique « À voir. À faire », plus loin). Demander le jeu de piste gratuit pour toute la famille. Inscription pour la visite du sémaphore de Penmarc'h *(mer mat en juil-août).*

■ ***Centre nautique :*** *pyramide du Steir. ☎ 02-98-58-64-87 (juin-août).*

– ***Marché*** au pied du phare d'Eckmühl *(lun soir en juil-août)* ; ***marché bigouden, produits du Pays bigouden*** *(sur le port de Kérity, mer mat de mi-juin à mi-sept)* ; ***marché*** à Saint-Guénolé *(ven mat tte l'année)* ; ***marché*** au bourg de Penmarc'h *(jeu mat).*

Où dormir ? Où manger dans le coin ?

Campings

⛺ ***Camping Le Domaine de la Joie :*** *à* ***Saint-Guénolé.*** *☎ 02-98-58-63-24. • contact@campingdomainedelajoie.com • campingdomainedelajoie.com • ♿ Accès : sur la route du phare d'Eckmühl, un peu après la chapelle de la Joie, à l'entrée de Saint-Guénolé. Ouv d'avr à mi-sept. Prix tente : 13,50-21,90 € selon saison. Loc de mobile homes 217-742 €/sem, jusqu'à 6 pers. 230 empl.* Tout près de la plage, ce camping propose des animations pour les enfants et les adultes. Piscine.

⛺ ***Camping municipal :*** *à* ***Toul-ar-Ster.*** *☎ 02-98-58-86-88 ou 02-98-58-60-19 (mairie). • campingpenmarch@orange.fr • penmarch.fr • ♿ Accès : sur l'immense plage du Ster, au sud de Penmarc'h. Ouv de mi-juin à mi-sept. Prix tente en hte saison : 10,20 €. 202 empl.* Camping simple, pas cher et en bord de mer.

⛺ ***Camping Les Genêts :*** *rue Gouesnac'h-Névez. ☎ 02-98-58-66-93. 📱 06-83-15-85-92. • campinglesgenets29@orange.fr • camping-finistere-bretagne.fr • ♿ Accès : en bordure de la route Penmarc'h-Loctudy, par Plobannalec (D 53). Ouv avr-sept. Prix tente en basse saison : 13,50-22 € selon saison. Mobile homes et caravanes à louer : 196-770 €/sem. Douches gratuites. 176 empl.* Sur 4 ha d'espace herbu et arboré, à 1 500 m de la plage. Location de vélos. Bons sanitaires chauffés. Dépôt de pain. Piscine.

Bon marché

🏠 ***Chambres d'hôtes Les Hortensias :*** *677, rue du 8-Mai-1945, à* ***Saint-Pierre.*** *☎ 02-98-58-62-75. • mouscoul.f@wanadoo.fr • Doubles 42-44 € ; petit déj 5 €. Également 2 gîtes pour 6 pers. Une bouteille de cidre du pays offerte à partir de la 4e nuit sur présentation de ce guide.* Entre le phare d'Eckmühl et la chapelle, pour qui cherche avant tout le repos et l'authenticité de l'accueil. Espace aménagé dans le jardin pour le pique-nique ou le barbecue. Marie-Thérèse Toulérastel, ainsi qu'en témoigne son livre d'or, est prête à aider tous ceux qui veulent décoder la Bigoudennie, « comme une sculpture pétrie d'émotions ».

Prix moyens

🏠 🍽 ***Hôtel-restaurant Les Ondines :*** *90, rue Pasteur, à **Saint-Guénolé**. ☎ 02-98-58-74-95. • hotel@lesondines.com • hotel-lesondines.net • ♿. Derrière la plage de la Joie. Fermé mar midi, plus mar soir hors saison. Fermé de mi-nov à début avr. Doubles 61-75 € selon saison. Menus 21 € (sf dim)-37 €. 💻 📶 Apéritif maison offert sur présentation de ce guide.* Coup de jeune pour cet hôtel devenu l'un des plus charmants et des plus agréables du pays : un patio où sont servis les repas aux beaux jours, des chambres calmes entièrement rénovées au 1er étage, une cuisine qui a déjà ses adeptes et un accueil aussi spontané que chaleureux. Spécialités de la mer. Salle de billard.

🍽 ***Restaurant La Voilerie :*** *600, rue du Phare, **Saint-Pierre**. ☎ 02-98-58-43-80. Sur la place, face au phare d'Eckmühl. Tlj en saison ; fermé dim soir et mer hors saison. Congés : 15 déc-1er fév. Formules midi en sem 12-15 € ; carte env 29 €.* Une salle à la déco toute simple et une petite terrasse à deux pas du phare. Cuisine soignée, variant suivant le marché et l'arrivage, et poisson préparé de façon inventive.

🏠 🍽 ***La Maison des Rochers :*** *65, rue Roger-Quiniou, à **Saint-Guénolé**. ☎ 02-98-58-71-26. • maison-des-rochers@orange.fr • maison-des-rochers.fr • Doubles 70-80 €. Apparts 420-500 €/sem. Dégressif. Table d'hôtes 26-30 €, boissons incluses. 📶 Apéritif offert sur présentation de ce guide.* Au lieu-dit des rochers de Saint-Guénolé, à 100 m de la mer, 4 chambres d'hôtes spacieuses et bien aménagées dans une grande maison blanche disposant d'un jardin clos. Table d'hôtes bio autour des produits de la mer.

LE FINISTÈRE SUD

Achats

🧺 ***Conserverie artisanale de poissons Océane alimentaire :*** *au port de **Saint-Guénolé**. ☎ 02-98-58-43-04. • ocean-alimentaire@wanadoo.fr • En été, tlj 10h-12h15, 14h-18h30. Fermé en janv. Visite guidée gratuite d'1h en juil-août à 11h (venir ¼ d'h en avance).* Une fabrique assez remarquable, avec de nombreux produits de très grande qualité : soupe, terrine de thon, rillettes de poisson. Pas de soucis concernant l'origine et la fraîcheur : tout vient de Penmarc'h et des ports mitoyens, et a été pêché le matin même.

🧺 ***Compagnie bretonne du poisson :*** *108, rue des Conserveries. ☎ 02-98-58-52-62. • info@lacompagniebretonnedupoisson.fr • Hors saison, lun-ven 9h-12h30, 14h-18h30 ; juil-août, lun-ven 9h-13h, 14h-19h ; sam et j. fériés 10h-12h30, 14h30-18h30. Visites guidées de mi-juin à fin sept, vac de Pâques et de la Toussaint.*

À voir. À faire

À Penmarc'h

L'église Saint-Nonna : édifiée au XVIe s en gothique flamboyant et paraissant trop grande pour un si petit pays. Proportions étonnantes et inhabituelles. Festival d'angles et de lignes de fuite. Large chevet plat et triangulaire. Grand toit à deux versants. Nombreux pignons, tourelles, clochetons, etc. Grosse tour-porche avec caravelles sculptées dans la pierre, signe que les armateurs financèrent la construction.

La chapelle de la Joie : *vers le phare d'Eckmühl.* Date du XVe s. Architecture assez simple, mais pardon important le 15 août. Façade aveugle côté mer pour éviter aux fidèles d'avoir à venir avec palmes et tuba. Entièrement restaurée ; les pierres ont été démontées et sculptées à nouveau pour certaines, puis remontées une par une.

– ***Les peintres :*** la commune de Penmarc'h adhère à « La route des Peintres en Cornouaille ». Possibilité de visite d'ateliers. En juillet-août, des peintres amateurs de l'association Les Talents Dévoilés exposent à Saint-Guénolé, ceux des Harmonies colorées à la chapelle de Saint-Pierre.

➢ La commune de Penmarc'h est le point de départ d'un ***circuit autour de la préhistoire*** : « Ces premiers paysans qui élevèrent des mégalithes ». *Carte à l'office de tourisme.*

➢ ***« La route du vent solaire » :*** itinéraire avec table d'interprétation, reliant, en longeant la mer, la pointe de Penmarc'h à la pointe du Raz. À ne pas manquer !

À Saint-Pierre

Le phare d'Eckmühl : *06-07-21-37-34. Avr-oct et vac scol (sf fév), tlj 10h30-18h (14h-17h30 pdt les vac scol de Noël). Visite de nuit le mar en juil-août 21h30-23h. Entrée : 2,50 € (billet jumelé avec le centre de Découverte maritime : 5 €) ; réduc.* D'une hauteur de 65 m, l'un des plus puissants du pays. Inauguré en 1897 en mémoire du prince d'Eckmühl, dont la fille a financé la construction. Il porte à plus de 50 km. Plus de 300 marches vous mènent à un panorama complet de la région, de la pointe du Raz aux Glénan. L'intérieur est en opaline et la rampe en bronze. À côté, le bateau de sauvetage *Papa Poydenot :* photos, médiathèques, objets d'époque. Accueil remarquable.

Le centre de Découverte maritime, vieux phare : *derrière le phare d'Eckmühl. ☎ 02-98-58-72-87. Ouv avr-sept : tlj sf mar 14h-18h avr-juin et sept, tlj 10h30-18h30 en juil-août. Tarif : 3 € (billet jumelé avec le phare : 5 €) ; réduc.* Musée situé dans le premier phare de Penmarc'h et présentant des expositions liées au patrimoine maritime.

À Saint-Guénolé

L'office de tourisme de Penmarc'h (voir plus haut) organise des visites guidées du ***port de Saint-Guénolé-Penmarc'h*** *(résa obligatoire ; tarif : 5 €).* À l'arrivée des bateaux côtiers, 16h-17h15, découverte du port, débarquement du poisson et criée. À l'arrivée des bateaux hauturiers *(19h30-20h15)* découverte de toute l'infrastructure portuaire, des espèces de poissons, des différents types de bateaux et de pêches, et projection d'un film sur la vie à bord d'un bateau de pêche. Sinon, débarquement des sardiniers (c'est le 1er port sardinier de France) à 7h.

Les rochers de Saint-Guénolé : *entre le port et la plage de Pors-Carn. Découverte géologique ts les mar en juil-août, organisée par l'office de tourisme (5 €).*

Restaurant Les Rochers : *66, rue des Embruns, Penmarc'h, 29760 Saint-Guénolé. ☎ 02-98-58-75-30. • lesrochers@live.fr • Tlj sf mer, plus soir lun-jeu hors saison. Menus 27-47 €.* Les rochers, ce sont ceux que l'on aperçoit, sculptés par le vent et les marées, depuis la salle du restaurant au 1er étage, derrière la longue baie vitrée. Autant dire que le spectacle par beau comme gros temps est absolument divin. Dans l'assiette, une savoureuse cuisine de la mer déclinée dans deux menus. Poissons et fruits de mer issus de la marée, ça va de soi !

Le musée de la Préhistoire : *au nord du bourg, près de la plage de Pors-Carn. ☎ 02-98-58-60-35. 06-83-54-63-39. Ouv juin-sept lun-ven 10h30-12h30, 14h-18h, plus dim ap-m ; vac scol de Pâques et de la Toussaint, horaires variables (se renseigner auprès de l'office de tourisme de*

Penmarc'h, ☎ 02-98-58-81-44). Tarif : 3,50 €. Visites guidées le mer à 11h en juil-août, sur résa (le reste de l'année à partir de 6 pers) : 4,50 € ; réduc. À l'extérieur, stèles, dolmens et allée couverte. À l'intérieur, salles présentant des collections couvrant toutes les périodes de la préhistoire bretonne. En été, atelier de fonte du bronze pour jeunes et adultes.

Sur le chemin de Penmarc'h, grosse ***tour carrée,*** vestige de l'église du XVe s. Remarquer les bateaux sculptés dans la pierre au niveau du porche. L'église était l'une des rares à être dédiées aux pêcheurs. *L'association de sauvegarde de la tour propose en juil-août (mer) une rando à la découverte de Saint-Guénolé (2h30).*

La chapelle de la Madeleine : *à 1 km de Saint-Guénolé, en marge de la route de Plomeur.* Édifiée en 1410. Tout près, fontaine sacrée sculptée (Pustoc'h). Le site dans son ensemble vaut le coup d'œil avec ses jolies maisons de pierre aux volets bleus. Pour un peu, on entendrait les légendes bretonnes siffler dans le vent. Pardon le 3e dimanche de juillet.

PLOMEUR [ploeur], LA POINTE DE LA TORCHE ET NOTRE-DAME-DE-TRONOËN

(29120) *Carte Finistère Sud, B2*

De la pointe de la Torche à Notre-Dame-de-Tronoën, préparez-vous à éprouver quelques jolies sensations. Après la côte sauvage, magnifique, changement de paysage si vous vous enfoncez à l'intérieur des terres : au nord de Plomeur commence une région extrêmement plate et morcelée, ouverte à tous les vents de l'océan. Les fermes, très éparpillées, se réfugient derrière des rangées d'arbres depuis longtemps courbés comme des vieillards. De nombreuses petites routes ne mènent nulle part ou à des hameaux quasi désertés, à des groupes de fermes en ruine, à d'insolites chapelles isolées (notamment aux alentours de Saint-Vio et de Kerbascol). Par temps gris et bruineux, paysage très mélancolique.

Où dormir ? Où manger ?

Campings

Camping de la Torche : *à* ***Roz an Tremen,*** *pointe de la Torche. ☎ 02-98-58-62-82. 06-14-79-96-14. • info@campingdelatorche.fr • campingdelatorche.fr • Accès : à 1,8 km de la pointe de la Torche, bien indiqué en venant de Plomeur. Ouv 1er avr-30 sept (31 oct pour les loc). Prix tente : 15-22 € selon saison. Loc de mobile homes ou de chalets : 230-690 €/sem. 155 empl. Réduc : - 10 % en basse saison sur les loc et le forfait emplacement, sur présentation de ce guide.* Dans un bel environnement. Emplacements bien délimités, bien ombragés. Gardien de nuit. ainsi que de vélos. Accès direct à la plage. Éco-label européen. Piscine.

Camping de Lanven : *lieu-dit La Chapelle-de-Beuzec. ☎ 02-98-82-00-75. 06-61-86-45-16. • campinglanven@wanadoo.fr • campinglanven.com • Accès : derrière la plage de la Torche, à 1 km de Notre-Dame-de-Tronoën. Ouv 1er avr-30 sept. Prix tente : 13-17 € selon saison. Loc de mobile homes : 245-532 €/sem. 159 empl. Réduc : - 5 % sur ts les séjours sur présentation de ce guide.* Camping bien équipé, bien tenu, spacieux, ombragé, et personnel accueillant.

De bon marché à prix moyens

La Chaumière de Keraluic : *Keraluic, 29120 Plomeur. ☎ 02-98-82-10-22. • info@keraluic.fr • keraluic.fr • À la sortie de Plomeur en direction de Saint-Jean-Trolimon. Doubles 55-60 €. Studios 225-425 €/sem selon saison pour 2. Café ou thé offert et 10 % de remise à partir de 3 nuits en basse saison, sur présentation de ce guide.* Dans un vieux corps de ferme et une vraie chaumière avec faîtière, 3 chambres avec beau décor de bois et tout le confort. Également 3 studios. Autour, une aire naturelle de camping *(25 places)* aménagée dans le vaste jardin. Sanitaires impeccables. Petite bibliothèque, jeux d'enfants.

Crêperie Men-Lann-Du : *route de Penmarc'h, à 4 km env. ☎ 02-98-82-01-06. • cotto.yvan@orange.fr • Fermé lun et le soir mar-mer sept-juin. Formule 14 € le midi ; menu 24 €. Apéritif offert sur présentation de ce guide.* Ici, tables et bancs sont posés à même la terre battue. Aux murs, les photos noir et blanc nous rappellent la Bretagne de grand-maman, dont la coiffe était si haute et la crêpe si fine... Mais avec le temps, l'accueil a perdu un peu de son enthousiasme, dommage !

LE FINISTÈRE SUD

À voir

La pointe de la Torche : coin sauvage, magnifique. Sentier qui fait le tour de la petite presqu'île. Superbe point de vue sur les rochers de Saint-Guénolé et la plage de Pors-Carn. S'il est dangereux de se baigner, en revanche les fans de planche à voile ont colonisé le coin. C'est le top des spots sur la côte atlantique, parfois théâtre de la *Coupe de funboard.* En cas de mauvais temps et de mer en furie, le sol tremble quand les vagues s'écrasent et déferlent sur une plage longue de 30 km de Saint-Guénolé à Audierne.

Le calvaire de Notre-Dame-de-Tronoën : *ouv 20 mars-30 sept, tlj sf dim mat, 10h-12h, 14h-18h.* Probablement le plus ancien de Bretagne, et en tout cas, l'un des plus fascinants. On le date du milieu du XVe s. Complètement isolé sur une butte, dans un paysage très austère de dunes, de haies et de friches. Côté mer, les personnages du calvaire, rongés par les vents salins, n'offrent plus que des formes fantomatiques. Tous les détails ont été gommés. Sur les faces moins exposées, on reconnaît nettement certaines scènes. Côté chapelle, superbe *Nativité* à laquelle les lichens donnent un relief fantastique. Un des Rois mages est en costume médiéval. Côté route, on distingue bien (en bas à gauche) la scène du *Lavement de pieds.* Tendresse sublime de la *pietà.* La *chapelle,* côté calvaire, présente deux jolis porches encadrant le clocher, une grande fenêtre rayonnante et un retable intéressant.

La maison de la baie d'Audierne : *Saint-Vio, sur la commune de* ***Tréguennec,*** *à 4 km de Plonéour et à 150 m env de la chapelle Saint-Vio. ☎ 02-98-87-65-07. 07-88-09-14-01. En principe, en été, tlj 13h30-18h ; le reste de l'année, mer (et jeu pdt vac scol) 13h30-18h. Entrée libre. Propose des balades guidées dans la baie. Tarif : 4 € ; réduc.* Centre d'interprétation sur le patrimoine naturel et culturel de la baie.

La plage de Tréguennec : *au nord de la pointe de la Torche, en direction de Prat-Ar-Hastel, sur la commune de Tréguennec.* Immense plage de sable, bordée de galets, qui accueille les naturistes au nord et au sud de Prat-Ar-Hastel. Un peu plus loin, toute petite *chapelle Saint-Vio.*

À faire dans les environs

– ***La Maison des jeux bretons :*** *à* ***Saint-Jean-Trolimon.*** *☎ 02-98-82-13-45. • jeuxbretons@saintjeantrolimon.fr • maisondesjeuxbretons.fr • Ouv 14h-18h : en* *juil-août, lun-sam ; pdt les vac scol, mar-sam ; le reste de l'année, mer et sam (sinon, sur résa pour les groupes). Entrée libre, mais participation volontaire (env 2 €) : don ou tombola.* Un endroit pour (re)découvrir et pratiquer une quinzaine de jeux traditionnels (jeux de boules, de quilles et de palets) pour petits et grands. Une personne est là pour vous expliquer les règles ! Concours annuel « Trophée de Saint-Jean » au mois de juin. À faire aussi bien en famille qu'entre copains !

PLONÉOUR-LANVERN [ploneour-lanwern]

(29720) 6 079 hab. *Carte Finistère Sud, B2*

Rien de particulier, si ce n'est la messe du dimanche où vous pourrez apercevoir encore, avec un peu de chance, deux ou trois Bigoudènes et leur célèbre coiffe. Sur une colline dans les environs, menhir de 4 m de haut.

Adresse utile

Office de tourisme : *pl. du Général-de-Gaulle. ☎ 02-98-91-45-15. • othpb.com • De mi-juil à mi-août, lun-ven 9h30-12h30, 14h-18h, dim et j. fériés 9h30-12h30 ; le reste du temps, ouv plus restreinte.* Infos concernant tout le secteur du haut Pays bigouden.

Où dormir ? Où manger à Plonéour et dans les environs ?

Hôtel des Voyageurs : *1, rue Jean-Jaurès, à Plonéour. ☎ 02-98-87-61-35. • hotelvoyageurs@yahoo.fr • hotelrestaurant-lesvoyageurs.com • Ouv lun-ven nov-Pâques ; tlj sf sam midi le reste de l'année. Congés : 20 déc-19 janv. Doubles 50-75 €. ½ pens demandée en juil-août, 54-56 €/pers. Formule déj en sem 13,80 € ; menus 16-38 €. Apéritif ou café offert sur présentation de ce guide.* Classique hôtel de village et de passage. Certaines chambres sur rue peuvent être bruyantes. Bonne cuisine à prix modérés : soupe de poisson maison, terrine du chef au porto, etc.

Chambres d'hôtes à l'Auberge Bigoudène : *Corn Goarem, route de Penhors, à* ***Plovan.*** *06-71-85-51-87. • auberge-bigoudene@orange.fr • auberge-bigoudene.fr • Double 49 €. Table d'hôtes sur résa 18 €. Apéritif offert sur présentation de ce guide.* 3 chambres coquettes et désuètes dans une grande maison bretonne au milieu de nulle part, balayée par les vents et les éclats du phare. Bonne cuisine : le poulailler et la mer ne sont pas loin !

DANS LES ENVIRONS DE PLONÉOUR-LANVERN

La chapelle de Languivoa : *à 1,5 km au nord de Plonéour-Lanvern.* L'une des six chapelles mutilées en représailles par Louis XIV après la révolte des Bonnets rouges, et aujourd'hui restaurée. Admirez les belles arcades et les chapiteaux à motifs végétaux. Quelques très vieilles demeures paysannes aux alentours.

Plovan : petite église tassée sur elle-même, comme pour ne laisser aucune prise au vent. Clocher ajouré à tour ronde. Joli *calvaire* « rond-point », avec une Vierge qui semble porter une coiffe bretonne.

Gîte Bleu Salé : *Ru Vein, à* ***Plovan*** *(29720). ☎ 02-98-87-63-41. 06-82-83-09-92. • durand-raphalen@wanadoo.fr • gites-charme-finistere.com • Tte l'année à la sem (590-1 290 € selon période) ou au w-e selon dispo, chauffage inclus. Linge de lit fourni (en option pour draps de bain), vélos à dispo. Pour 4 pers max.* Le plus cher mais sans doute le plus beau de la région. Dans un joli penti traditionnel du début du XIXe s, de plain-pied, avec toit de chaume, 2 chambres et une pièce à vivre avec cuisine équipée et vaste baie vitrée face à l'océan. Environnement extra (vaste jardin entretenu), vue inouïe, charme absolu et calme sidéral. Un must !

La chapelle de Languidou : *à 1 km de Plovan.* Pittoresques ruines d'une chapelle du XIIIe s, qu'on découvre, comme ça, en écartant la futaie au bord de la route. Fusion harmonieuse et très romantique avec la nature d'arcades romanes, colonnes cannelées, etc. Magnifique rosace flamboyante.

POULDREUZIC (pouldreuzig)

(29710) 2 106 hab. *Carte Finistère Sud, B2*

Bourg natal de Pierre Jakez Hélias. C'est aussi là que se fabrique le célèbre pâté inventé en 1907 par Jean Hénaff, créateur également du fameux slogan : « Seul un Breton s'entête à faire aussi bon ! »

Adresse utile

Office de tourisme : *route de la Mer. ☎ 02-98-54-49-90. • othpb.com • De mi-juil à mi-août, lun-ven 9h30-12h30, 14h-18h, sam et j. fériés 9h30-12h30 ; le reste de l'année, ouv restreinte.* Infos concernant tout le secteur du haut Pays bigouden. Balades interactives : location de guides multimédias *(4 € la ½ journée)* ou circuits téléchargeables *(sur smartphones).*

Où dormir ? Où manger ?

Campings

Camping Les Peupliers : *à Logan. ☎ 02-98-54-49-98. 06-81-42-32-27. • contact@camping-peupliers-pouldreuzic.com • camping-peupliers-pouldreuzic.com • Accès : par la départementale D 2 depuis Pouldreuzic en direction de Plozévet. Ouv 1er avr-31 oct. Prix tente : 13 €. Loc de mobile homes : 215-565 €/sem. Prix caravane : 255 €. 50 empl. Réduc : - 10 % sur présentation de ce guide sf 15 juil-15 août.* Un camping calme, ombragé, avec de grands emplacements de 140 m^2. Nos préférés : ceux en bordure, avec ombre en journée et coucher de soleil en soirée. Sanitaires récents. Accueil très chaleureux.

Camping de Landrézec : *route de la Mer. ☎ 02-98-54-34-81. • camping-landrezec@wanadoo.fr • camping-landrezec.pagesperso-orange.fr • Ouv 1er juin-30 sept. Prix tente en hte saison : 9,90 €. Loc de caravanes et mobile homes : 200-400 €/sem. Prix caravane : 200 €/sem. CB refusées. 30 empl. Réduc : 1 bouteille de jus de pomme bio offerte sur présentation de ce guide ; - 5 % en juin et sept.* Bien équipé et calme, il dispose de 2 terrains, l'un pour les tentes, l'autre pour les caravanes. Et pour bien commencer la journée, sachez qu'il y flotte le matin une bonne odeur de pain frais en provenance de la boulangerie voisine.

Camping du Manoir de Logan : *à 1 km du village, direction Plozévet (fléché sur la droite). ☎ 02-98-54-41-14. 06-50-84-16-10. • campinglogan@aol.com • location29.com/*

hébergements/logan/ • Accès : à 1 km de Pouldreuzic, en direction de Plozévet. Ouv avr-début oct. Prix tente en hte saison : 10,50 €. Loc 260-500 €/sem. 25 empl. Un camping familial, au milieu des champs et au calme. Emplacements bien délimités par des arbres et des haies d'hortensias, de manière à ce qu'il n'y ait pas de vis-à-vis.

De bon marché à prix moyens

Crêperie Ty Chanig : *19, rue de Pont-l'Abbé. ☎ 02-98-54-37-22. Fermé dim midi, lun ; plus le soir et dim-lun hors saison. Repas autour de 12 €. Apéritif maison offert sur présentation de ce guide.* Accueil chaleureux à l'entrée, goût authentique dans l'assiette, salle plaisante, que demander de plus ? Des petits prix... Ils y sont.

Hôtel-restaurant Le Capricorne : *15, rue de Pont-l'Abbé. ☎ 02-98-54-40-06. • hotel.le.capricorne@orange.fr • hotel-lecapricorne.com • Resto fermé ven soir, dim soir et j. fériés (sf en été) ; sam sur résa. Congés : vac de fév et de la Toussaint. Doubles 66,50-71 € selon saison et confort. Studio 350-435 €/sem. Formule midi en sem 12,90 € ; menus 25-35 €. Kir offert sur présentation de ce guide.* Les chambres sont plutôt bien tenues et fonctionnelles, mais notre préférence va aux 4 studios indépendants donnant sur un petit verger et le clocher (éclairé la nuit) de l'église. Bassin de nage. Dans une salle à manger de style très provincial, copieux menus pour toutes les bourses. Excellent accueil de madame.

Où dormir ? Où manger dans les environs ?

Hôtel-restaurant Breiz-Armor : *sur la plage de Penhors, Pouldreuzic. ☎ 02-98-51-52-53. • breiz-armor@wanadoo.fr • breiz-armor.fr • Resto fermé lun (sf le soir en juil-août). Congés : 2 janv-6 mars et 12 oct-6 nov. Doubles 89-101,50 € selon saison. ½ pens 87-97 €/pers. Menu déj en sem 17,30 €, puis menus 25-62 €.* Hôtel très bien situé en bord de mer, qui n'a cessé de grandir au fil des années. Belles chambres modernes avec vue sur le grand large. Du béton mais dans le style breton. On pardonne d'autant plus que l'atmosphère et les plats du chef sont là pour vous faire passer un bon moment. Jacuzzi, sauna, vélos, etc. Au resto, spécialités de poisson et de fruits de mer, tout droit sortis du vivier en eau de pleine mer. Salle panoramique. Une bonne adresse, appréciée des autochtones et des habitués depuis 3 décennies...

À voir. À faire

La maison natale de Pierre Jakez Hélias : *20, rue de Quimper. ☎ 02-98-54-40-32 (mairie). Juil-août, mar, jeu et ven 15h-18h30 ; visite guidée possible lun et mer à 16h et 17h, couplée avec l'exposition du patrimoine (espace Guichaoua, à côté ; expo de plus de 1 000 machines et outils, four à pain, village reconstitué...). Tarif maison natale : 3 € ; gratuit moins de 16 ans. Visité guidée : 4 €.* Mobilier d'origine, interviews de Pierre Jakez Hélias, extraits de textes (originaux).

➢ Pour compléter la visite et découvrir le patrimoine de Pouldreuzic, circuit d'interprétation ***« Sur les pas de Pierre Jakez Hélias »***, de 8 km environ, qui débute devant la maison.

La maison du Pâté Hénaff : *à la sortie de Pouldreuzic, direction Plozévet (fléché sur la gauche). ☎ 02-98-51-53-76 (musée) et 02-98-54-36-59 (boutique). • henaff.fr • Visite guidée slt : juil-août, lun-sam 11h-18h, sinon se renseigner. Tarif : 5,20 € ; réduc ; gratuit moins de 12 ans.* L'ancienne ferme de la famille Hénaff a été restaurée et accueille aujourd'hui un musée qui retrace toute l'épopée du célèbre pâté. Anciennes machines, photos, vidéos, etc.

La cidrerie artisanale Kerné : *à Mesmeur, Pouldreuzic. ☎ 02-98-54-41-86. À la sortie de Pouldreuzic, direction Plozévet. Ouv lun-sam 9h30-12h (12h30 juil-août), 14h-18h30 (19h juil-août).* Pour les *cider addicts*, étape obligatoire sur la route du cidre. Dégustation et vente sur place de produits régionaux. Pas de visite, malheureusement.

C'EST BON, C'EST BRETON !

Jean Hénaff était agriculteur à Pouldreuzic. En 1902, les sardines quittent les côtes bretonnes pour aller vers les mers chaudes. Il eut alors l'idée de remplir les boîtes de conserve avec... des légumes. Puis du cochon. Les marins adoptèrent cette petite boîte bleue qui fait encore la réputation du Pays bigouden. Aujourd'hui, Hénaff conçoit même des plats pour les... astronautes.

Le musée de l'Amiral : *sur la plage de Penhors, Pouldreuzic. ☎ 02-98-51-52-52. • museedelamiral.com • Juil-août, tlj 10h-19h30 ; le reste de l'année, mar-ven 10h-12h, 14h-18h (19h en juin et sept), sam-dim 14h-18h. Fermé Toussaint-fin janv sf vac de Noël. Entrée : 6 € ; réduc.* Après avoir parcouru le monde, Guy Ségalen a voulu faire partager ses trésors de voyage. C'est ainsi qu'est né le musée de l'Amiral, espace de découverte de la nature et musée inédit présentant plus de 12 000 coquillages et 200 oiseaux de mer, des fossiles, des minéraux... Intéressant circuit pédagogique avec bornes interactives. Objets étonnants comme ces os de baleine, ce homard centenaire, ces saisies douanières ou encore un crabe royal.

La brasserie de Pouldreuzic : *à* **Trégonguen.** *☎ 02-98-54-37-71. À la sortie du village, sur la route de Penhors. Juil-août, visite lun-mar et jeu à 18h, vente lun-ven ; le reste de l'année, vente slt ven 15h-19h et visite sur rdv.* Dans une vieille ferme, visite de la salle de brassage, des cuves de fermentation et de garde, avant de déguster la fameuse bière artisanale locale, la *Penhors.* Goûtez donc la nouvelle bière fraîchement sortie des fûts.

DANS LES ENVIRONS DE POULDREUZIC

Penhors : belle plage sauvage d'où l'on a un beau point de vue sur les pointes du Raz et de Penmarc'h. Voir la *chapelle Notre-Dame de Penhors* : clocher au milieu du bâtiment. Superbe retable de la Vierge. C'est ici que se déroule, le 1er dimanche de septembre, le pardon bigouden le plus important.

Plogastel-Saint-Germain : *à moins de 10 km au nord-est de Pouldreuzic.* Pour sa très secrète et quasi inconnue ***chapelle Saint-Germain.*** *Située à 2,5 km de Plogastel, sur la D 240 vers Pont-l'Abbé.* Élevée en 1510. Porte triomphale gothique dans laquelle s'inscrit parfaitement le porche de l'église, en une harmonieuse répétition. Chapelle très élancée. Les grandes fleurs de lis aux fenestrages sont-elles le résultat du compromis que fut le mariage d'Anne de Bretagne avec un roi français ? Curieux ! Petit calvaire en bord de route. Hameau charmant et paisible.

PLOZÉVET [plozeved]

(29710) 3 045 hab. *Carte Finistère Sud, B2*

Petite bourgade à la « frontière » du Pays bigouden et du cap Sizun. Chaque année, le 3e dimanche d'août, se déroule le *Mondial Folk,* un rendez-vous international de folklore, comme son nom l'indique.

Adresse utile

Office de tourisme : *pl. Henri-Normant. ☎ 02-98-91-45-15. • infos@othpb.com • othpb.com • 17 juin-31 août, lun-sam 9h30-12h30, 14h-18h, dim (14 juil-18 août) et j. fériés 9h30-12h30 ; le reste de l'année, lun-ven 9h30-12h, 14h-17h.* Infos concernant tout le secteur du haut Pays bigouden.

Où dormir ? Où manger ?

Campings

Camping La Corniche : *chemin de la Corniche. ☎ 02-98-91-33-94. • infos@campinglacorniche.com • campinglacorniche.com • Ouv début avr-début nov. Prix tente : 15,70-20,30 € selon saison. Loc de chalets et mobile homes (210-721 €/sem selon capacité et saison). 120 empl. Apéritif maison offert sur présentation de ce guide.* La plage est à 1,5 km, la piscine est chauffée, et il y a pas mal d'ombre.

Camping de la Source : *au lieu-dit Trohinel. ☎ 02-98-91-37-01. 06-17-13-79-23. Accès : par la D 2, route de Pont-l'Abbé. Ouv 1er avr-30 sept. Prix tente : 7,40-10,40 € selon saison. Loc de caravanes et mobile homes : 150-450 €/sem. CB refusées. 25 empl.* Terrain au calme, ombragé, avec de grands emplacements : à vous de choisir l'ombre ou le soleil, à moins que vous ne préfériez la proximité du ruisseau. Ambiance grande famille.

De bon marché à prix moyens

Crêperie Les Sonneurs : *8, rue de Quimper. ☎ 02-98-91-38-39. • creperie-les-sonneurs@hotmail.fr • Tlj sf lun. Formule 11 € ; à la carte, env 15 €. Café offert sur présentation de ce guide.* Mention spéciale pour la « bigoudène », une crêpe pomme, caramel et glace, dressée comme une coiffe.

Restaurant Le menhir : *plage de Kerrest, à 2 km du bourg. ☎ 02-98-91-46-97. Tlj sf lun, plus le soir dim-jeu hors saison. Formule déj en sem 14,50 €, menus 21,50-38 €. Kir offert sur présentation de ce guide (à partir des menus).* Cuisine traditionnelle et vue panoramique. La grande maison blanche est isolée sur une butte au bord de la plage.

À voir

L'église Saint-Démet : bâtie sur une fontaine qui sort de part et d'autre du porche sud. Cette porte du XVe s, voûtée en ogive, est décorée de niches vides aux colonnettes en nid-d'abeilles. Côté Évangile, les piliers à faisceaux de colonnettes qui supportent un arc en plein cintre sont du style de l'école de Pont-Croix et datent du XIIIe s. Simple et joli calvaire. À deux pas, doux et fier visage de Bigouden, dû au sculpteur Quillivic. À proximité de l'office de tourisme, du même auteur, *Couple de sonneurs.*

PAS MORTS POUR RIEN !

Le monument aux morts de Plozévet est atypique et émouvant. Il représente un modeste paysan accolé à un menhir au milieu d'un amoncellement de rochers. Cet habitant de Plozévet perdit ses quatre fils à la guerre de 1914-1918. Il fut à l'origine de la loi dispensant un frère d'aller à la guerre si un autre y est déjà.

Le musée de Petits Meubles bretons : *impasse de la Poste. ☎ 02-98-91-42-04. Juil-août, tlj sf dim et j. fériés, 10h-12h, 15h-18h ; hors saison, sur rdv. Entrée : 3 € ; réduc.* Une petite visite intéressante.

DANS LES ENVIRONS DE PLOZÉVET

Le menhir des Droits de l'homme : *sur la belle plage de Canté, au sud de Plozévet. Avt Keristenvet.* Menhir gravé d'une inscription en hommage aux centaines de victimes du naufrage du bateau *Les Droits de l'homme,* après un combat naval avec les Anglais. Il revenait de l'expédition commandée par Hoche, en soutien aux insurgés irlandais de 1796. L'un des survivants, un prisonnier britannique, revint 43 ans après pour élever ce monument.

LANDUDEC [Landudeg]

(29710) 1 170 hab. *Carte Finistère Sud, B2*

Sur la route de Plozévet à Quimper, un bourg qui vaut surtout pour sa petite église.

Où dormir ?

Camping

Domaine de Bel Air : *à Kéridreuff Ty Varlen, Landudec. ☎ 02-98-91-50-27. • reception.belair@orange.fr • belaircamping.com • Accès : voie express Nantes-Brest, sortie Quimper Nord direction Audierne ; à Landulec, direction Plozévet sur 1 500 m, tourner à gauche puis suivre les indications. Ouv de mi-avr à fin sept. Prix tente : 17-30 € selon saison. Loc : 205-1 020 €/sem. 197 empl. Réduc : promo couple 210 € pour 1 sem de loc en mobile home hors juil-août.* Un camping tout confort. Plein de jeux pour les enfants, et un grand complexe aquatique tout nouveau. Piscine.

Prix moyens

Domaine de Lesvaniel : *☎ 02-98-91-55-05. • domainedelesvaniel@yahoo.fr • domainedelesvaniel.com • Tourner à gauche à partir de la D 784, 2 km après Landudec. Fermé de mi-nov à Noël. Doubles 62-68 €. Réduc de 10 % sur le prix de la chambre sur présentation de ce guide.* Un vaste espace de 30 ha de prés et de bois tout autour, bordés par la rivière Goyen. Une grande et belle maison au caractère typiquement breton, idéale pour un séjour au calme. Très agréable tant au niveau de l'accueil que des prestations. Propose des cours d'équitation.

Plus chic

Château du Guilguiffin, chez M. Philippe Davy : *☎ 02-98-91-52-11. • info@chateau-guilguiffin.com • chateau-guilguiffin.com • À 3 km de Landudec sur la route de Quimper, prendre la route à droite (fléchage). 4 chambres d'hôtes 135-160 € ; 2 suites 3-4 pers 190-250 € ; 2 gîtes 4-5 pers 600-770 €/sem.* Un superbe édifice du XVIIe s, restauré dans le style de l'époque, auquel l'architecte avait donné un genre orientalisant. Un soin particulier a également été apporté à la restauration du parc, planté de plusieurs milliers de jonquilles et d'hortensias

LE FINISTÈRE SUD

commercialisés aux quatre coins du monde. Une merveille... qui vaut bien un petit sacrifice au niveau du prix, compte tenu du luxe et du confort des chambres. Vraiment un endroit où le mot « quiétude » prend tout son sens.

À voir

La fabrique de meubles Pierre Le Gall : *15 bis, rue Ar-Mor. ☎ 02-98-91-52-17. Tlj sf dim, 9h-12h, 13h30-18h30.* Pour les amateurs de tourisme industriel et d'ébénisterie, cette fabrique née au milieu du XIXe s vaut le coup d'œil. La visite des ateliers illustre parfaitement les différentes phases de fabrication des meubles : découpage, sculpture, emboîtage et cirage. Tout est réalisé en bois massif d'après des dessins originaux ou des copies d'ancien.

La fabrique de crêpes « Les Délices Bigouden » : *37, rue André-Foy. ☎ 02-98-91-51-08. Ouv tte l'année lun-sam 9h-12h30, 14h-19h.* Grosso modo, on assiste à deux procédés de fabrication pour une commercialisation en série : la crêpe traditionnelle étalée à la main et la crêpe « mécanique » dont l'étalage se fait par une crêpière automatique. Pas de secret, la meilleure est bien la crêpe préparée à la bonne huile de coude... Vente de produits régionaux : gâteaux bretons, *kouign amann,* cidre, liqueur de fraises de Plougastel et délicieuses confitures.

LE CAP SIZUN

Ici, le Finistère porte bien son nom. Le cap Sizun, c'est bien « la fin des terres », le bout de la France, un bout du monde même. Une côte nord qui s'effiloche dans l'océan, offrant ses plus belles falaises aux seuls oiseaux de mer. Quelques baies sablonneuses côté sud pour adoucir le tableau. Et au bout, tout au bout, la pointe du Raz, paysage devenu mythe (ou l'inverse !). Puis, presque abandonnée à un océan, ici rarement aimable, Sein, l'île au ras des flots. Et pour faire bonne mesure, chapelles et calvaires, étendues encore sauvages de bruyères et d'ajoncs, et une petite cité médiévale.

Adresse utile

■ ***La Maison du vent :*** *29770* ***Goulien.*** *☎ 02-98-70-04-09. Ouv juil-sept et pdt les autres vac scol, tlj sf lun, 14h-18h ; hors saison, sur résa. Entrée libre. Ateliers de fabrication de girouettes (7 €).* Implanté dans l'ancienne école du bourg, cet espace muséographique propose un parcours ludique et pédagogique sur le thème du vent et de l'énergie éolienne.

AUDIERNE [GWAIEN]

(29770) 2 520 hab. *Carte Finistère Sud, A-B2*

Port de pêche plutôt actif encore aujourd'hui : toute une flottille de bateaux multicolores égaie la ria du Goyen, bordée d'anciennes et cossues maisons d'armateurs à l'harmonieux ordonnancement. Dominant le port, la ville déroule, entre ses deux églises, un pittoresque écheveau de ruelles, de venelles et d'escaliers.

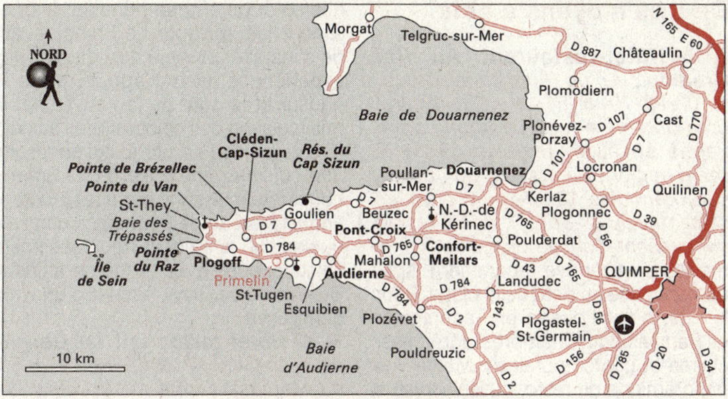

LE PAYS CAPISTE

Adresse et info utiles

Office de tourisme : *8, rue Victor-Hugo. ☎ 02-98-70-12-20. • audierne-tourisme.com • 7 juil-24 août, lun-sam 9h-13h, 14h-19h et dim et j. fériés 10h-13h ; le reste de l'année, lun-sam (fermé sam ap-m oct-avr hors vac scol).*

– **Marchés :** *sam mat tte l'année sur la pl. de la Liberté. Mer de juil-août, marché nocturne sur la place également.*

Où dormir ? Où manger ?

Camping-gîte

Pied à terre à Loquéran : *rue des Lavandières, 29780* ***Plouhinec.*** *☎ 02-98-74-95-06. • loqueran@free.fr • loqueran.com • Au-dessus du port d'Audierne. Du centre d'Audierne, franchir le pont en direction de Plouhinec et prendre immédiatement sur la gauche ; à partir de là, c'est fléché. Dortoir 13 €/pers. Doubles 46-58 €, 39 € en gîte.* Terrain au calme, ombragé, sur les terrasses aménagées du bois de Loquéran. Le gîte d'étape (dortoirs et chambres doubles) est bien agréable lui aussi, avec son accès direct au jardin. Cuisine bien équipée et salle à manger avec terrasse à disposition. Tout est parfaitement entretenu par un couple très sympathique. Vous trouverez à la réception tout ce qu'il faut pour découvrir la région : conseils, cartes, circuits et petites adresses.

Bon marché

Crêperie an Teuzar : *6, quai Pelletan. ☎ 02-98-70-00-46. Tlj sf dim midi. Env 12-15 € à la carte. Café offert sur présentation de ce guide.* Un cadre bien léché évoquant une coque de bateau des temps modernes et une atmosphère cosy qui met tout de suite en confiance. On y savoure de bonnes crêpes qui sortent de l'ordinaire, à base de produits du terroir. À la barre, Virginie, très sympa et toujours souriante. Une poignée de tables en terrasse, face à l'embouchure du Goyen. Carton plein !

De prix moyens à chic

Hôtel-restaurant Au Roi Gradlon : *1, bd Emmanuel-Brusq. ☎ 02-98-70-04-51. • accueil@auroigradlon.com • auroigradlon.com • Fermé en hiver. Doubles 59-104 € selon confort, terrasse ou non et saison. Formules 13,50-15,50 € déj en sem ; menus 25-37 €. Apéritif offert sur présentation de ce guide.* Hôtel moderne et rénové récemment, solidement posé au bord de la plage. Pour la vue, c'est l'océan en Technicolor et Panavision ! Chambres agréables, claires et contemporaines. Même vue panoramique du resto, où les serveurs sont nombreux et attentifs.

Restaurant L'Iroise : *8, quai Camille-Pelletan. ☎ 02-98-70-15-80. • contact@restaurantliroise.com • Fermé dim soir et lun-mar ; de mi-juil à fin août fermé slt sam midi et lun. Congés : 3 sem en janv et 1 sem après la Toussaint. Menus déj 21 €, puis 29 € (suppléments 4-8 €), menu dégustation sur résa slt.* Éric Lavallée, talentueux chef d'origine champenoise, a quasiment fait son tour de France avant de s'installer en baie d'Audierne. Ses expériences lui ont appris, outre la rigueur et le goût de la nouveauté, la manipulation des épices alliées aux différents produits du terroir. Il en résulte une cuisine généreuse d'une grande honnêteté (cuissons parfaites). Exceptionnel plateau de fromages comptant quelque 50 références rigoureusement sélectionnées avec le même affineur. Belle carte des vins. Accueil d'une rare gentillesse.

Hôtel-restaurant Le Goyen : *pl. Jean-Simon. ☎ 02-98-70-08-88. • hotel.le.goyen@wanadoo.fr • legoyen.com • Ouv début avr à mi-nov. Doubles 81-122 € selon confort et saison. Formules déj lun-sam 19-25 €, puis menus 34-79 €. Apéritif maison offert sur présentation de ce guide.* Une grande façade d'allure plus suisse que bretonne. Toutes les chambres, avec balcon, regardent la mer. Cuisine raffinée du chef et formule déj d'un bon rapport qualité-prix.

Où dormir dans les environs ?

Ferme de Kersivian : *Kersivian, 29770 **Esquibien.** ☎ 02-98-70-08-95. 06-35-90-61-26. • jeanpierre.coquet@wanadoo.fr • lesgitesdekersivian.free.fr • À 2 km du centre d'Audierne et à 2 km de l'embarcadère pour l'île de Sein. Prendre la route de la pointe du Raz, puis tourner à droite après le centre Leclerc. Chambres avec douche et w-c sur le palier 40 €. Gîtes ruraux 2-6 pers 229-679 € suivant la saison.* Chambres d'hôtes toutes simples et sympas dans une grande maison paisible, ancien corps de ferme gentiment restauré. Et 2 gîtes indépendants, confortables, avec 3 chambres, jardin privé, cheminée, TV, lave-linge, lave-vaisselle, micro-ondes, etc.

Chambres d'hôtes du manoir de Suguensou : *Suguensou, 29770 **Esquibien.** ☎ 02-98-70-07-23. • suguensou@gmail.com • manoirdesuguensou.com • À 2 km du centre d'Audierne, en direction de Douarnenez, sur le bras de mer du Goyen. Doubles 60-70 €. Également un gîte pour 4 pers 420-550 €/sem. Réduc de 10 % sur le prix de la chambre sur présentation de ce guide.* M. Sérieyx a réhabilité lui-même cette belle maison bourgeoise traditionnelle avec parquet et cheminées. Il met à la disposition de ses hôtes 4 chambres toutes différentes avec salle de bains et toilettes, un salon, ainsi qu'un jardin de 8 000 m² un peu sauvage. Nous apprécions beaucoup la plus grande chambre avec ses 3 fenêtres.

Où boire un verre ?

Parmi les nombreux bars et cafés alignés le long du port, nous avons retenu celui-ci :

Pub L'Escale : *2, rue Lesné. ☎ 02-98-70-17-54. Dans une vieille maison du centre, derrière l'office de* *tourisme. Ouv tte l'année, tlj sf lun hors saison.* Pierre séculaire et bois partout, du parquet aux massives poutres en passant par le bar qui trône au centre de la pièce. À l'apéro se côtoient surfeurs, artistes peintres, touristes et voisins venus en famille. L'ambiance grimpe d'un cran quand la soirée avance. *Coreff* à la pression et assiettes de tapas.

À voir. À faire

➢ Pour découvrir ***la ville et le « vieil Audierne »,*** se procurer le circuit de visite disponible à l'office de tourisme.

Le cimetière de bateaux : *dans l'anse de Locquéran.* Les langoustiers traditionnels d'Audierne et du cap Sizun terminent ici leur carrière, se désagrégeant doucement dans l'eau. Émouvant.

Aquashow : *rue du Goyen. ☎ 02-98-70-03-03. • aquarium.fr • Avr-sept, tlj 10h-19h ; oct-mars, vac scol (ttes zones) tlj 14h-18h. Entrée : 12 € à partir de 12 ans ; 4-11 ans 8 € ; voir aussi les offres spéciales sur leur site internet.* Plus de 150 espèces de poissons, crustacés et requins. Toute la faune aquatique locale sur sept sites. Spectacles (en journée et en soirée) d'oiseaux et autres rapaces bretons également. Jeux de simulation de tempête, bassin tactile passionnant pour les enfants, découverte d'un galion et de ses hôtes (congres, homards, etc.). Spectacle de chasse sous-marine des cormorans. Restauration sur place *(ouv en saison slt),* terrasse panoramique.

La plage de Trescadec : *à 1,5 km vers l'ouest.* 1,5 km de sable fin ! Au-delà, on parvient à la cale de l'Évette, d'où l'on embarque pour l'île de Sein.

■ ***Centre nautique du Cap Sizun :*** *plage de Sainte-Evette, 29770* ***Esquibien.*** *☎ 02-98-70-21-69. 06-81-89-78-83. • voile-capsizun.com •* Propose des cours de voile : Optimist, dériveur, catamaran, planche à voile.

■ ***École de surf de Bretagne** (ESB) :* ***Surfshop Adrenaline,*** *quai Anatole-France. ☎ 02-98-70-07-98. • esb-audierne.com •* La baie des Trépassés est un lieu réputé pour la fréquence de ses vagues et pour sa configuration unique, entre les hautes falaises de la pointe du Raz et de la pointe du Van.

■ ***Compagnie Bretagne écotourisme « Audierne Voile » :*** *ponton B, port d'Audierne. 06-62-44-26-62. • audierne-voile.com •* Sorties en voilier de 2h30 ou à la journée à l'île de Sein. Également des croisières commentées sur les phares de la mer d'Iroise.

Plongée sous-marine

Largement ouverte, la baie d'Audierne est particulièrement exposée. Quand le temps est calme, roches et épaves dévoilent leurs charmes aux plongeurs.

Club de plongée

■ ***Les Plongeurs du Cap :*** *port de plaisance d'Esquibien, à Audierne. ☎ 02-98-70-24-10 ou 06-61-50-85-01. • audierne-plongee.fr • ♿ À proximité de l'embarcadère de l'île de Sein. Ouv tte l'année. Résa obligatoire. Baptême env 35 € ; plongée 29-33 € selon niveau ; snorkelling env 20 € ; forfaits dégressifs 10-12 plongées.* Ce petit club *(FFESSM)* arme un ancien chalutier pour acheminer ses clients sur les spots de plongée. Accueil sympa de Loïc Hascoët et d'une palanquée de moniteurs qui assurent baptêmes, formations jusqu'au monitorat fédéral, stages sur épaves et initiation à la biologie marine. Également des séances (environ 2h) de snorkelling encadrées sur la côte, et des plongées enfant à partir de 8 ans. Équipements complets fournis.

Fêtes et manifestations

– ***Festival Arts à la Pointe :*** *juil-août.* • *artsalapointe.com* • Manifestation culturelle qui associe le patrimoine religieux et la création contemporaine. Musique classique, contemporaine, baroque et/ou traditionnelle dans les églises et chapelles du cap Sizun.
– ***Fête du Goémon :*** *dernier dim de juil ou 1er dim d'août, à* ***Esquibien.*** Démonstration du ramassage à l'ancienne du goémon, du brûlage, de la fabrication des pains de soude.
– ***Route de l'amitié :*** *années impaires, dernier dim de juil ou 1er dim d'août.* • *routeamitie.fr* • Une semaine de navigation côtière et de festivités. D'Audierne au Bono, 180 vieux gréements, voiliers... naviguent ensemble. Animations et concerts gratuits.

DANS LES ENVIRONS D'AUDIERNE

La chapelle Saint-Tugen : *dans un hameau à côté de Primelin, 8 km avt Plogoff.* La plus belle chapelle du cap, construite en 1535 et agrandie au XVIIe s. Tour carrée massive de style gothique flamboyant. Fontaine à l'extérieur. Séduisant enclos avec porte triomphale en ogive et calvaire avec belle *pietà.* Porche sud à tympan ajouré et orné des statues des apôtres. À l'intérieur, nef en forme de carène de navire renversée. Belles sablières sculptées. Arcades ogivales, d'autres romanes avec chapiteaux rudimentaires. La disposition disparate des lieux apporte une touche originale. Dans un coin, la pièce où l'on enfermait les enragés (saint Tugen avait la réputation de guérir la rage et... les maux de dents). Deux retables intéressants, celui de droite et celui du centre. Bateaux ex-voto. Gracieuses peintures du XVIIe s sur la paroi du baptistère.
– Le dimanche avant le 24 juin, ne pas manquer le traditionnel ***pardon.*** Procession la veille au soir (le samedi) autour de la chapelle.

PLOGOFF [plougon] ET LA POINTE DU RAZ

(29770) 1 600 hab. *Carte Finistère Sud, A2*

Une immense majorité de Français n'auraient jamais entendu parler de Plogoff si, de 1976 à 1981, il ne s'était transformé en village retranché pour refuser la construction d'une centrale nucléaire à la pointe du Raz. Mitterrand avait promis d'annuler le projet s'il était élu : il a tenu parole.
Ne pas hésiter à descendre sur la côte et à voir, notamment, le petit port de *Bestré,* qui se trouve juste à droite en sortant du parking de la pointe du Raz. Ce petit port abrite de nombreux bateaux multicolores protégés de la mer par une digue naturelle : superbe !

LES INDIGNÉS DU NUCLÉAIRE

Les confrontations contre la centrale nucléaire de Plogoff, en 1980, furent très violentes des deux côtés. Traumatisée, EDF n'investira guère dans la région dans les 30 années suivantes. Résultat, la Bretagne ne produit que 8 % de son électricité. On en rigole en haut-lieu, mais la région parisienne détient quasiment le même mauvais résultat. Aujourd'hui, on sait que Plogoff avait deux points communs avec Fukushima : la centrale devait être bâtie en bord de mer et près d'une faille sismique...

➢ Deux circuits de randonnée : un au départ de la pointe du Raz (durée : 3h20) et un au départ de l'église de Plogoff (durée : de 2h40 à 5h20).

RHAAH... LA POINTE !

Bout du monde mythique, dont les marins disaient : « Secourez-moi, Grand Dieu, à la pointe du Raz, mon vaisseau est si petit et la mer si grande ! ». Michelet entendit là « ces sifflements qu'on croirait ceux de la tempête... les *crie-rien,* ombres des naufragés qui demandent la sépulture... ». Le site a été totalement réaménagé par le Conservatoire du littoral. Cependant, le lieu reste hyper touristique avec parking géant, boutiques de souvenirs, restos en batterie pour accueillir (souvent très moyennement...) le visiteur, etc.

Infos (très) pratiques sur la pointe du Raz

– *Parking payant (6 € pour les voitures et 4 € pour les motos) et obligatoire 1er avr-30 sept, Toussaint et période Noël-Jour de l'An ; gratuit le reste de l'année.* Certains vont crier à l'injustice, mais il faut savoir que devant l'affluence sur la pointe (plus de 3 millions de pieds par an), la végétation de surface avait quasiment disparu. Une opération de restauration de cette végétation (financée en partie par la taxe du parking) est en cours depuis quelques années. *Du parking, compter un bon km pour atteindre la statue de Notre-Dame-des-Naufragés. Navette à l'aller et/ou au retour en principe réservée aux personnes à mobilité réduite. Visite guidée sur résa, 4 €. Bonne balade sur le sentier des lutins, carnet de découvertes en main.*

– Depuis l'effondrement d'une partie de la falaise, il n'est plus possible d'aller en toute sécurité jusqu'au dernier rocher. Mais depuis le belvédère naturel, le spectacle est toujours au rendez-vous. Soyez toutefois très prudent et n'hésitez pas à faire appel à un guide. Possibilité pour les plus sportifs de rejoindre la pointe du Van en passant par la baie des Trépassés *(compter au moins 3h A/R).* Vous apprécierez alors la différence entre les deux sites.

Adresse utile

i *Maison de la pointe du Raz :* *à* ***Plogoff.*** *☎ 02-98-70-67-18. • pointedu raz.com • Ouv avr-sept, plus Toussaint, période Noël-Jour de l'an ; ttes les infos sur le site avec service de résa pour les balades avec guide (y compris pour les enfants). Auditorium gratuit.*

Où dormir ? Où manger ?

Bon marché

Chambres d'hôtes Ferme de Kerguidy Izella : *chez Annick et Jean-Noël Le Bars, Kerguidy,* ***Plogoff.*** *☎ 02-98-70-35-60. • fermelebars@orange.fr • fermelebars.com • ♿ À 4 km de la pointe du Raz, direction Plogoff (accès fléché depuis la D 784). Doubles 45-48 €. Petit camping à la ferme également, avec sanitaires accessibles aux personnes handicapées. Compter env 12 € pour 2. Une bouteille de cidre offerte sur présentation de ce guide.* Vous pourrez y déguster des produits du jardin. Dans une jolie ferme traditionnelle, à cour fermée, au creux d'une petite vallée. 2 chambres au rez-de-chaussée de cette maison de granit, 4 à l'étage. Simples mais mignonnes et de bon confort. Accueil sincère et chaleureux.

Chambres d'hôtes, chez Marie-Rose et Jean-Paul Ganne : *à* ***Kerhuret.*** *☎ 02-98-70-34-85. • fumoir.29@wanadoo.fr • Passé le village, suivre la D 784 en direction de la pointe du Raz pdt 2,5 km et tourner sur la gauche. Double 48 €. Table d'hôtes occasionnellement avec les produits du fumoir, 25 €*

LE FINISTÈRE SUD

(vin compris). Remise de 10 % sur la chambre (sf juil-août) sur présentation de ce guide. Les 5 chambres sont installées dans d'anciennes étables admirablement réhabilitées, avec tout le confort et des sanitaires privés. Jean-Paul tenait auparavant une table gastronomique en Suisse. Les propriétaires vous feront visiter l'atelier de préparation de poissons fumés et vous conseilleront pour la visite de la région ; la pointe n'est qu'à 5 km. Une excellente étape à tous points de vue. Bon vent !

Crêperie du Cap : *30, rue Pierre-Brossolette. ☎ 02-98-70-60-52. Dans le bourg. Ouv tlj avr-sept ainsi que vac de la Toussaint ; fermé mer hors saison. Formules 11-14 € et carte.* Décor simple et rustique pour cette crêperie réputée dans tout le cap, à juste titre, et tenue par la même famille depuis 3 générations. On y privilégie les produits locaux. Parmi les spécialités : la galette au saumon (du fumoir de Plogoff) et celle à la saucisse de pays. Feu de cheminée en hiver.

De chic à plus chic

Hôtel-restaurant Kermoor : *18, plage du Loch, route de la Pointe-du-Raz. ☎ 02-98-70-62-06. • kermoor.h.rest@wanadoo.fr • kermoor-audierne.com • À 2 km au sud-est de Plogoff par la D 784. Resto fermé dim soir-mar midi. Doubles 85-130 € selon saison. Promos sur le site. Formules 19 € (en sem)-24 €, carte env 35 €. Parking. Réduc de 10 % sur le prix de la chambre (hors vac scol et j. fériés) sur présentation de ce guide.* Pas mal situé : bien en retrait de la route, avec vue sur la mer, et à quelques centaines de mètres de la plage. Piscine avec nage à contre-courant, jacuzzi, spa, hammam... Côté resto, le chef sait concocter de bons petits plats goûteux et copieux. La carte change 2 fois par an, mais le ragoût de homard au cidre et le fameux *kouign amann* sont immuables.

L'ÎLE DE SEIN (enez sun)

(29990) 250 hab. *Carte Finistère Sud, A2*

« Qui voit Sein voit sa fin... » Prolongement de la pointe du Raz (à environ 8 km), l'île apparaît comme une espèce de pince de crabe très mince, de 1,8 km de long sur 800 m de large (100 m dans les parties les plus étroites). N'étaient les maisons de l'unique village, on la distinguerait à peine des flots : son point culminant s'élève à 6,50 m ! Pas d'arbres, presque pas de buissons ; on n'y cultive presque rien, à part, sur de rares parcelles protégées par des murets, quelques pommes de terre. Pourtant, l'île est habitée à l'année (1 328 habitants en 1938, un peu moins de 200 aujourd'hui...). Il y a même un collège pour une poignée d'élèves ! L'administration a, de temps à autre, tenté de faire évacuer Sein, mais ses habitants s'y sont accrochés, contre vents et marées, c'est le cas de le dire !

Aujourd'hui protégée par des digues, l'île a été, par le passé, submergée plusieurs fois. En 1868, par exemple, quand femmes et enfants se réfugièrent sur les toits et dans le clocher de l'église. Le curé donna à tous l'absolution, puis la mer se retira. Une ténacité récompensée : depuis un décret de Colbert, les Sénans, eu égard à ces conditions climatiques extrêmes, ne paient

GÉNÉRAL, LES VOILÀ !

L'île tout entière est Compagnon de la Libération. Après l'appel du 18-Juin du général de Gaulle, tous les hommes quittèrent Sein pour l'Angleterre. Ils ne laissèrent sur l'île que vieillards, femmes et 145 enfants. Il n'en est revenu que 114... En juillet 1940, le général passa en revue ses 600 premiers soldats. À chacun il demanda son origine. Il entendit 150 fois : « De l'île de Sein. » Étonné, il s'exclama : « Sein est-il donc le quart de la France ? »

pas d'impôts locaux ! L'île vit aujourd'hui un peu de la pêche et beaucoup du tourisme (surtout en août !).

Comment y aller ?

En bateau ! Et la traversée (compter 1h) vaut déjà le coup. Belle balade qui longe le cap Sizun, souvent accompagnée par des dauphins qui jouent avec l'étrave des bateaux. Si vous avez des jumelles, c'est le moment de les sortir : minuscules ports de pêche presque accrochés aux falaises, randonneurs sur les sentiers de douaniers... La compagnie *Penn Ar Bed* assure la traversée. Possibilité d'acheter les billets à l'office de tourisme d'Audierne ou à l'embarquement, à la cale de Sainte-Évette (à 3 km au sud d'Audierne, sur la commune d'Esquibien). Résa plus que conseillée, y compris hors saison.

Compagnie maritime Penn-ar-Bed : *rens et résas, ☎ 02-98-80-80-80. • pennarbed.fr • Résa obligatoire. A/R : oct-juin, env 27,80 € ; juil-sept, tlj 34,80 € ; réduc.* Compagnie privée, mais dont les (gros) bateaux assurent de 1 (tte l'année) à 4 (en juil-août) liaisons/j. entre ***Audierne*** et l'île. Juin-sept, 1 A/R chaque dim depuis ***Brest*** et ***Camaret.***

Quelques infos (très) pratiques

Les voitures ne sont pas interdites sur l'île, mais rares sont ceux qui en ont. Sa taille ne justifie pas non plus d'y circuler à vélo : Sein se visite donc à pied. Pas de distributeur d'argent sur l'île. Seulement deux épiceries pour les produits courants (réservation conseillée pour le pain). Enfin, l'eau est rare sur l'île, donc précieuse. Ne la gaspillez pas...

Où dormir ? Où manger ?

De bon marché à prix moyens

Les Trois Dauphins : *16, quai des Paimpolais. ☎ 02-98-70-92-09. Doubles avec lavabo ou douche 52 €, avec sdb 65 €.* Un hôtel tout simple sur les quais. 7 chambres tout en bois, qui font un peu penser à des cabines de bateau. Literie de qualité. Certaines possèdent une petite terrasse. Celles situées sur l'avant ont une vue originale que vous ne trouverez nulle part ailleurs ! Bien sûr, on voit la mer, mais en plus, on est pile en face de la pointe du Raz ! Certains disent que l'on peut même contempler la fin du Vieux Continent allongé sur son lit ! Accueil chaleureux et familial.

Hôtel-restaurant d'Ar-Men : *route du Phare. ☎ 02-98-70-90-77. • hotel.armen@wanadoo.fr • hotel-armen.net • ♿ (resto). À l'écart du village, au bout de l'île. Fermé 2 nov-6 fév. Resto fermé mer et dim soir. Double 58 €. Menu 24 €, sur commande : ragoût de homard 55 €.* « Le dernier hôtel avant l'Amérique », dit leur pub (et on ne peut que s'incliner devant le slogan...). Chambres mignonnettes, toutes avec douche et w-c (un luxe ici). Le chef a fait ses classes en Irlande. Le pain (dont un aux algues) est fait maison...

À voir

Le village : un port mignon comme tout, avec ses façades colorées. Et derrière les quais, des maisons pelotonnées les unes contre les autres pour lutter contre le vent, des ruelles juste assez larges pour permettre le passage des tonneaux d'eau douce.

L'église Saint-Guénolé : si saint Guénolé a, paraît-il, séjourné sur l'île au Ve s, Sein – dont les habitants célébraient moult cultes païens – n'a été évangélisée qu'au XVIIe s ! Ce qui explique que cette église un peu austère n'ait été construite qu'au XIXe s. Les pierres ont été transportées depuis le port, une à une, sur la tête des femmes. Une inscription latine le rappelle sur le portail. Juste devant, deux menhirs semblent engagés dans un débat hautement philosophique ; les Sénans les ont d'ailleurs surnommés les « Causeurs ».

Le musée de l'Île et le musée du Sauvetage en mer : *installés dans l'ancien Abri du marin (XIXe s). Musée de l'Île ouv mai-juin et sept, tlj 13h30-16h ou 17h (selon horaire de départ du dernier bateau) ; en juil-août, 13h30-17h ou 18h (selon l'horaire de départ du dernier bateau). Musée du Sauvetage ouv slt 10h-12h. Entrée : env 2,50 € ; pass pour les musées et le phare 4 € ; réduc.* Au rez-de-chaussée, petit musée un peu amateur mais dont la visite permet de mieux cerner l'existence des Sénans au quotidien. Quelques pièces de costumes traditionnels, dont la fameuse coiffe noire des veuves, adoptée définitivement après la dernière épidémie de choléra (1886). Il y a peu, elle était encore portée par une îlienne chaque dimanche à la messe. Également de vieux journaux et documents écrits, riches en anecdotes : le cadastre, trop compliqué à tenir, donc supprimé en 1858, les campagnes de pêche d'hier au large de l'Espagne et du Portugal, les colères hivernales de l'océan, quand seul l'hélicoptère peut ravitailler l'île (une fois par semaine)... À l'étage, petite expo sur les Forces navales françaises libres.

Le phare de l'île de Sein : *visite en juil-août (11h-16h). Entrée : 3 €.* C'est l'un des trois phares bretons encore habités par un gardien ; 240 marches jusqu'à la lanterne.

Le phare Ar Men : à voir... de loin, puisqu'il s'élève à 12 km de l'île. Sa construction, commencée en 1867, a duré 14 années, au prix de difficultés incroyables. La première année, la météo n'a permis que sept accostages et... 8h de travail ! Depuis le 10 avril 1990, il est automatisé et géré par le service des phares et balises de Brest.

LA POINTE DU VAN

Carte Finistère Sud, A2

Dix fois moins touristique que la pointe du Raz, elle n'attire pas les marchands de biniouseries et friandises en tout – mauvais – genre. Adorable *chapelle Saint-They,* au bord de la falaise, que le vent tente de déraciner. Il paraît que sa cloche sonne d'elle-même quand un bateau est en danger ! Un point de vue incroyable sur la pointe du Raz, que l'on voit s'étirer le plus loin possible en direction de l'Amérique, et sur la baie des Trépassés. Rassurez-vous, celle-ci n'a rien de lugubre. Protégée par les deux pointes, cette baie est, au contraire, vraiment à croquer. Cailloux de toutes sortes pour les amateurs de minéraux. Par temps clair, vue divine sur le phare de Tévennec.

CLÉDEN-CAP-SIZUN [kledenn-ar-c'hab] ET LA POINTE DE BRÉZELLEC

(29770) 1 040 hab. *Carte Finistère Sud, A2*

Petite commune qui a su garder son authenticité. Ses nombreuses pointes rocheuses (Van, Brézellec, Castel Meur et Penharn) en font sa célébrité. Plusieurs petites plages de sable fin et des ports viennent s'y nicher.

Où dormir ? Où manger dans le coin ?

⛺ ***Camping de la Baie :*** *à* ***Lescleden,*** *Cléden-Cap-Sizun. ☎ 02-98-70-64-28. • camping.de.la.baie@orange.fr • Accès : à 2 km à l'ouest de Cléden-Cap-Sizun, sur la route de la baie des Trépassés. Ouv tte l'année. Prix tente : 10,30 €. 27 empl.* Petit camping de campagne, tout simple. Emplacements au-dessus de la baie des Trépassés.

🍽 ***L'Étrave :*** *route de la Pointe-du-Van. ☎ 02-98-70-66-87. ♿ Ouv mai-sept. Fermé mar-mer. Formule 19 € lun-sam ; menus 22-56 € ; 30-35 € à la carte. Café offert sur présentation de ce guide.* Le bâtiment, moderne, est sans charme, mais la salle est assez impressionnante avec son plafond en forme de coque de bateau. Larges baies vitrées qui donnent sur l'océan. Cette table à la campagne possède une solide réputation grâce à son homard au chaudron, dont la recette traditionnelle, secrète, se transmet de génération en génération depuis 1947. La moitié de la salle est essentiellement là pour ça ! Pour le reste, la cuisine demeure tournée vers la mer.

À voir

L'église : *dans le bourg.* Du XVIe s, au style un peu disparate, mais intéressante. Beau clocher ajouré, avec tourelle sur le côté et escalier extérieur. Séduisant porche sud. Au-dessus de l'ogive, balustrade flamboyante et bateaux sculptés.

Curieux ***monument aux morts,*** dans le bourg également, en forme de calvaire, avec un soldat et un marin de part et d'autre. Effarant, impressionnant, pour un si petit village, il aligne plus de cent noms d'hommes morts lors de la guerre 1914-1918 ! C'est là qu'on mesure vraiment le lourd prix que la Bretagne a payé à l'époque...

Aux alentours, allez faire quelques pas à la ***pointe de Brézellec*** pour jouir du poignant combat des rocs et de la mer. Superbes falaises déchiquetées, désertées par les hordes de touristes. Après le parking, suivez le chemin de terre à droite sur 300 m. Promontoire avec un gros rocher rond. Spectaculaire échappée sur toute la côte.

LA RÉSERVE DU CAP SIZUN

Carte Finistère Sud, A2

À 3 km au nord de Goulien, autour de la pointe de Kastel-ar-Roc'h, s'étend l'une des réserves naturelles les plus célèbres d'Europe. Sur 40 ha, une vaste lande, une haute falaise et quelques îlots où observer goélands argentés bruns et marins, fulmars boréals, mouettes tridactyles (1 150 couples environ), cormorans huppés ou la dernière colonie de guillemots (famille des pingouins) du Finistère. Très rares craves à bec rouge, traquets motteux, faucons pèlerin, pipit farlouses et autres fauvettes pitchou. L'observation s'effectue à partir de chemins bien balisés. À vos longues-vues ou à vos jumelles !

➢ *Sentier en accès libre tte l'année. Visites guidées à 14h30 lun-jeu pdt les vac scol de printemps ; à 14h30 lun-mar et 10h30 mer-jeu en juil-août. Tarif : 7 € ; réduc 4 € ; gratuit moins de 12 ans. Durée : 2h. Rens : ☎ 02-98-70-13-53. • cap-sizun@bretagne.vivante.org • bretagne-vivante.org •*

Où camper ?

⛺ ***Camping municipal Kerros :*** *au lieu-dit Kerros (évidemment !), 29770* ***Goulien.*** *☎ 02-98-70-06-04. • goulien.mairie@orange.fr • ♿ Accès : situé*

LE FINISTÈRE SUD

à 4 km de la plage, à mi-parcours entre Poullan-sur-Mer et la pointe du Van, sur la D 7. Ouv fin juin-fin août. Prix tente en hte saison : 9 €. CB refusées. 25 empl. Tranquille. Douches comprises !

PONT-CROIX [pontekroaz]

(29790) 1 710 hab. *Carte Finistère Sud, B2*

Petite cité construite au Moyen Âge, sur la rive droite du Goyen, face au premier gué qui permettait de passer du Pays bigouden au cap Sizun. Quelques grandes familles, dont les Rosmadec, en avaient fait une des plus puissantes seigneuries de la région. Mais cette petite capitale du cap Sizun, avec son port animé et ses foires prospères, a décliné à partir du XIXe s. De ce riche passé, Pont-Croix a gardé un joli patrimoine qui lui a valu le label « Petite Cité de caractère ». Étape architecturale obligatoire, donc, notamment pour la collégiale Notre-Dame-de-Roscudon.

Adresse utile

Office de tourisme : *rue Laennec. ☎ 02-98-70-40-38. ● otsi.pontcroix@wanadoo.fr ● pont-croix.fr ● Juil-août, lun-sam et dim mat ; hors saison, lun-ven et sam mat.* Visites guidées de la collégiale et du quartier médiéval mardi et jeudi en saison (réserver) ; balades découvertes de la nature, randonnées...

Où dormir ?

Chambres d'hôtes La Glycinière : *16, pl. de la République. ☎ 02-98-70-58-50. ● laglyciniere@bbox.fr ● la-glyciniere.com ● Doubles 66-80 € ; familiales. Remise de 10 % sur la chambre à partir de 4 nuits consécutives, sur présentation de ce guide.* Les chambres, spacieuses, avec salle de bains luxueuse et même un salon, sont joliment meublées et baignées d'une lumière tamisée. Cour intérieure et piscine dans le jardin. Cuisine à dispo.

À voir

La collégiale Notre-Dame-de-Roscudon : édifiée au XIIIe s. Son porche, ajouté au XIVe s, est un pur joyau. Festival de rosaces sculptées dans la pierre. La tour-clocher du XVe s a servi, quant à elle, de modèle pour les flèches de la cathédrale de Quimper. À l'intérieur, piliers à fines colonnettes et chapiteaux supportant des arcades romanes. L'ensemble dégage une extraordinaire impression de légèreté et d'élégance. Retable et chaire du XVIIe s.

Les rues anciennes, autour de l'église, sont pleines d'un charme discret. Empruntez les escaliers de la Grande-Rue-Chère, avec ses vieilles demeures, jusqu'à la rivière. Belle ***place de la République*** avec ses rangs de maisons d'une grande homogénéité architecturale. À la hauteur du nº 13 part une rue pavée avec, sur sa droite, une fort belle maison médiévale : *le Marquisat.*

Le musée du Marquisat : *rue de la Prison. ☎ 02-98-70-51-89 ou 02-98-70-40-38 (office de tourisme). (au rdc). Juil-août, tlj 10h30-12h30, 15h30-18h30 ;*

en juin et sept, tlj 15h-18h ; le reste de l'année, dim et j. fériés 15h-18h. Entrée : env 2 € ; gratuit moins de 12 ans. Maison noble qui existe depuis (au moins !) le XVe s, propriété de la famille de Rosmadec et surnommée depuis toujours « le Marquisat » par les gens du coin. On y entre par la reconstitution d'un bon vieux bistrot-épicerie, créé en 1904, où l'on venait aussi bien écluser un verre de rouge (ou de blanc) qu'acheter amidon pour les coiffes, confiture au poids ou beurre moulé. De l'écurie pavée de galets de mer au pigeonnier à la superbe charpente qui abrite aujourd'hui des souvenirs d'école, la visite guidée invite à la découverte du patrimoine du cap Sizun : costumes et coiffes traditionnels, coiffe *penn-sardin* (pour travailler dans les conserveries), meubles (belle armoire de mariage à 5 portes), outils agricoles et objets de la vie de tous les jours (« assiettes de chiffonnier », symboliques d'existences où un sou était un sou...). Petite galerie de peintures et de sculptures des petits maîtres bretons : Floc'h, Bouillon, Sévellec, de Lassance, Quillivic...

Fête et manifestation

– ***Festival Mouezh Ar Gelted :*** *3 j. début août.* Foire à l'ancienne avec ses vieux outils et engins ainsi que ses animations (battage, cortège en costumes sur chars à bancs, musique traditionnelle...).
– ***Fête des Bruyères :*** *1er ou 2e w-e d'août, sur le plateau de Kastel-Koz, à* ***Beuzec-Cap-Sizun.*** *Bagadou,* cercles de danseurs et groupes folkloriques défilent en musique, avec une noce reconstituée qui trône sur un char à bancs. On passe ensuite à table. Le spectacle se poursuit tard dans la nuit. Colorée et très populaire, une des plus belles fêtes de la région !

CONFORT-MEILARS [meilaR]

(29790) 760 hab. *Carte Finistère Sud, B2*

Deux villages (*Confort,* sur la D 765, et *Meilars,* à 1 km au sud-ouest) pour une même commune. Confort-Meilars étant le terroir d'origine de la famille Gloaguen, nous insistons pour lui donner en ces pages une mention très honorable bien méritée.

Où dormir dans les environs ?

Chambres d'hôtes de Kerantum : *chez Laurence Le Du, Kerantum, 29790* ***Mahalon.*** *☎ 02-98-74-51-93. 06-62-52-74-06. • gitesetchambres.kerantum@wanadoo.fr • locations29.com/hebergements/kerantum • (1 gîte). À 3 km par la D 765 en direction de Douarnenez, sur la droite. Double avec douche et w-c 55 €. Gîtes 200-1 100 €/sem. Remise de 10 % sur la chambre (oct-mars hors vac scol) sur présentation de ce guide.* À la ferme, dans une grande demeure : propreté, confort, espace, on aime bien. Cuisine et coin-salon à disposition des 3 chambres. Petit déj copieux (crêpes, far maison). Grand jardin. Accueil sincère et tout en gentillesse. Également 4 gîtes jusqu'à 6 personnes.

À voir

Dès l'arrêt à Confort, les amateurs d'architecture apprécieront un « rond-point » insolite, un beau ***calvaire,*** malheureusement un peu malmené autrefois par les

LE FINISTÈRE SUD

révolutionnaires iconoclastes et, depuis, également par les embruns et les tempêtes... Les 12 apôtres manquants ont été remplacés en 1870.

À côté, une magnifique ***église*** gothique du XVIe s, avec une ravissante flèche ajourée à double balustrade et tourelle sur le côté. À l'intérieur, une « roue à carillon » de la même époque, accrochée sous la voûte, avait autrefois, paraît-il, le pouvoir de faire parler les enfants souffrant de difficultés d'élocution. Intéressantes sablières. Beaux vitraux du XVIe s contant des épisodes de la Bible. Ceux du chœur présentent encore de vives couleurs. Maîtresse-vitre figurant un arbre de Jessé.

DANS LES ENVIRONS DE CONFORT-MEILARS

La chapelle Notre-Dame-de-Kérinec : *sur la D 7, après Confort, en direction de Poullan-sur-Mer.* Une jolie chapelle édifiée du XIIe au XVIIe s dans un environnement verdoyant en dehors des sentiers battus. Harmonieuse architecture. À l'extérieur, une rare chaire à prêcher avec calvaire.

LE PAYS DE DOUARNENEZ

DOUARNENEZ

(29100) 15 500 hab. *Carte Finistère Sud, B2*

Ce port de pêche est l'une des capitales importantes de la mémoire bretonne. Ses héros ne sont pas des saints, des princes ou des gentes dames, mais des marins, des ouvriers... Un petit peuple, longtemps fédéré par la tradition de la pêche à la sardine, dont les habitants tirent leur surnom : les *penn sardin* (« têtes de sardines » en breton !).

Si la 5e ville du Finistère n'aligne pas un patrimoine architectural époustouflant, elle mérite au moins une visite pour son passionnant musée de bateaux à flot, unique en France. On peut également rejoindre à marée basse (avec un guide) l'île Tristan, située à quelques encablures : un site naturel protégé, fréquenté autrefois par le célèbre brigand La Fontenelle, par Tristan et Yseult, et par de nombreux artistes du début du XXe s.

À VOS PIOCHES !

Au XVIe s, La Fontenelle était un brigand qui écumait le Pays bigouden. Avec ses 700 soldats, il se réfugiait sur l'île Tristan. Il fut exécuté en place de Grève, à Paris, en 1602, et son butin considérable n'a jamais été retrouvé. Enfoui sur l'île, le trésor se composait notamment de deux barils d'or et d'une croix de diamants. On le cherche toujours.

UNE SODOME ET GOMORRHE DE LA BRETAGNE

C'est au large de Douarnenez qu'aurait été édifiée la ville mythique d'***Ys,*** capitale de la Cornouaille à l'époque du roi Gradlon et qui possédait une réputation de plaisir et de débauche. Dahut, la fille du roi Gradlon, amoureuse d'un beau jeune homme (qui était, en fait, le diable), accepta, pour ses beaux yeux, de voler les clés des écluses qui protégeaient la ville d'Ys. Les écluses ouvertes, la ville

fut engloutie. Gradlon parvint à s'enfuir avec sa fille en croupe, mais, pour survivre, il dût l'abandonner aux flots. Ys disparue, le roi fonda sa nouvelle capitale à Quimper. Lorsque la mer est forte, on entend tinter les cloches englouties, paraît-il.
Au-delà de la légende, on a longtemps cru qu'une voie romaine bordant la mer était un vestige des fondations de la digue ou des remparts protégeant Ys. C'est d'ailleurs une digue qui, paraît-il, causa la perte de la fameuse cité.

Adresses et info utiles

Office de tourisme du Pays de Douarnenez *(plan C2)* **:** *1, rue du Docteur-Mével.* ☎ *02-98-92-13-35.* • *douarnenez-tourisme.com* • *Juil-août, tlj 10h-18h30 ; le reste de l'année, lun-sam 10h-12h30, 14h-17h30 (18h avr-juin et sept-oct), plus dim mat avr-juin et début sept.* Pour 0,50 €, vous pouvez vous y procurer la brochure *Promenades à pied dans Douarnenez* et celle sur le *Patrimoine religieux dans le pays de Douarnenez.* Organise des balades contées pour enfants (5-10 ans), une « rando crêpes » et des visites guidées à thème, dont une de l'île Tristan (accessible à marée basse).

■ **Compagnies de bus :** ***Voyage d'Ys,*** ☎ *02-98-92-05-42.* ***Réseau Penn-ar-Bed,*** ☎ *02-98-90-68-40.* • *viaoo29.fr* •

■ **Location de vélos :** ***Cycles Stéphan-Garage MBK,*** *87, rue Louis-Pasteur.* ☎ *02-98-92-72-97.*

■ **Centre nautique :** *rue du Birou.* ☎ *02-98-74-13-79.* • *centre-nautique-douarnenez.fr* • Voir la rubrique « À faire » plus loin.

■ **Thalasso Douarnenez :** *Tréboul-Plage.* ☎ *02-98-74-47-47.* • *thalasso.com* • *Formules à partir d'une ½ journée.* Et une grande piscine, avec vue imprenable sur la baie de Douarnenez. Le rêve !

– **Marchés :** *le mat lun-sam aux halles de Douarnenez (plan D2) et sur la pl. de Tréboul. Marché forain mer et sam, pl. de Tréboul.*

Où dormir ?

Camping

Camping de Kerleyou : *15, chemin de Kerleyou.* ☎ *02-98-74-13-03.* • *campingdekerleyou@wanadoo.fr* • *camping-kerleyou.com* • ♿ *Accès : à 1 km de la plage des Sables-Blancs. Ouv d'avr à mi-sept. Prix tente : 13,50-18,80 € selon saison. Loc de chalets et mobile homes 206-731 €/sem. 100 empl.* Bien ombragé, un camping convivial pour des vacances en famille. Très fleuri. Proche du GR 34. Piscine.

Prix moyens

Le Kériolet *(hors plan par D3,* ***17****)* **:** *29, rue Croas-Talud.* ☎ *02-98-92-16-89.* • *keriolet2@orange.fr* • *hotel-keriolet.com* • *Resto fermé lun midi, plus dim soir hors saison. Congés : 10 j. mi-nov. Doubles 55-62 € selon saison. Menus déj en sem 14 €, puis 20-40 €.* *Réduc de 10 % sur le prix de la chambre 11 nov-31 mars sur présentation de ce guide.* Un peu excentré mais proche du sentier des Plomarc'h. 8 chambres confortables, dont 4 (les plus chères) avec vue sur la baie. Au resto, goûteuse cuisine du terroir avec juste ce qu'il faut de créativité : langoustines flambées au pastis, effilochée de raie aux choux... Accueil chaleureux.

Le Bretagne *(plan C3,* ***11****)* **:** *23, rue Duguay-Trouin.* ☎ *02-98-92-30-44.* • *contact@le-bretagne.fr* • *le-bretagne.fr* • *Doubles 49-78 € selon confort et saison.* *Réduc de 10 % sur le prix de la chambre hors août sur présentation de ce guide.* Hôtel classique, dans un petit immeuble des années 1950. Les chambres, à la déco épurée, sont équipées de tout le confort d'aujourd'hui. Préférer celles donnant sur l'arrière. Également un

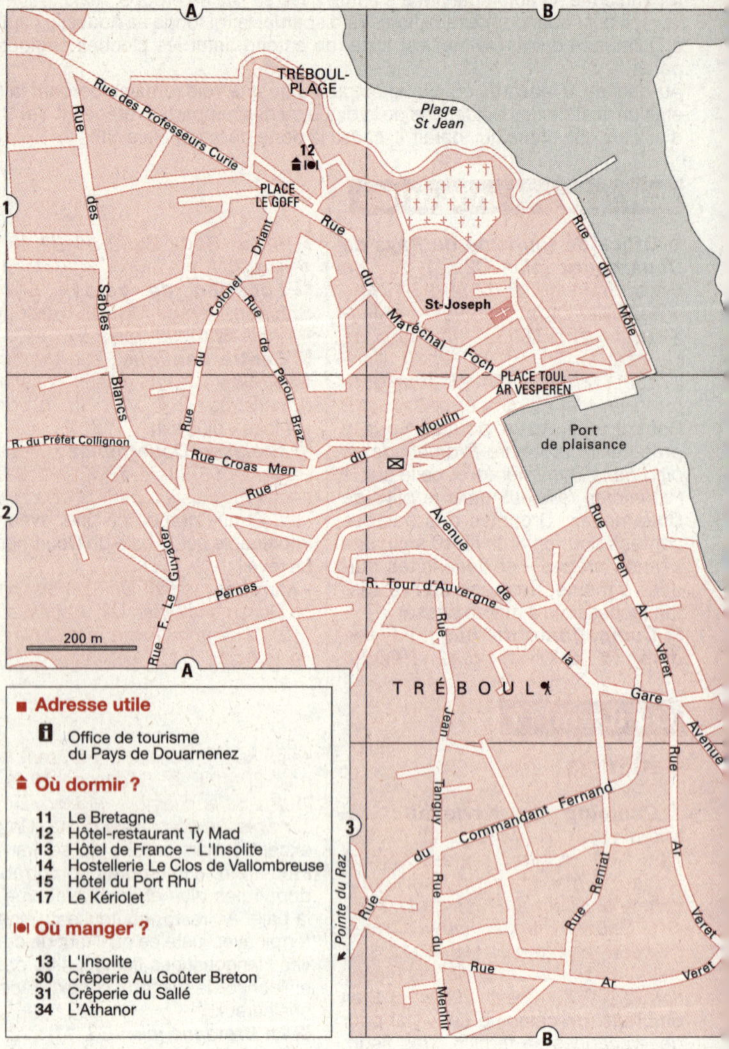

espace détente avec spa, sauna, cardiotraining...

Hôtel de France – L'Insolite (plan C2-3, **13**) : *4, rue Jean-Jaurès. ☎ 02-98-92-00-02. • hotel.de.france.dz@wanadoo.fr • lafrance-dz.com • Resto fermé dim soir et lun. Doubles 59-76 € selon confort et saison. Menus déj en sem 15-18 €, puis menus 31-71 €. Cours de cuisine sam, suivi d'une dégustation le midi en saison hivernale. Apéritif maison offert*

DOUARNENEZ

sur présentation de ce guide. Un hôtel agréablement restauré dans un esprit sobre et contemporain qui ose les couleurs. Au resto, cuisine de très belle tenue, concoctée par 2 chefs qui ont préféré les embruns à la Croisette.

De prix moyens à plus chic

■ ***Hôtel du Port Rhu*** *(plan C3, **15**) :* *99, av. de la Gare. ☎ 02-98-74-00-20.*

• contact@hotel-du-port-rhu.fr • hotel-du-port-rhu.fr • ♿ Congés : janv. Doubles 48-83 € selon saison et confort. Réduc de 10 % sur le prix de la chambre hors juil-août sur présentation de ce guide (à préciser lors de la résa directe). Déco sympa et atmosphère plaisante. Préférer les chambres donnant sur l'arrière, qui offrent une vue sur le Port-Musée et sont plus calmes. Petit jardin pour se prélasser.

Hôtel-restaurant Ty Mad *(plan A1,* ***12****) : plage Saint-Jean, 29100* ***Douarnenez-Tréboul.*** *☎ 02-98-74-00-53. • info@hoteltymad.com • hoteltymad.com • À 3,5 km du centre-ville. Suivre la direction Tréboul, puis « plages » ; fléché. Resto fermé lun, plus mar-mer hors saison. Congés : 15 nov-8 mars. Doubles 100-125 € selon saison et confort ; petit déj 14 €. Formule déj 21 €. Menus 34-71 €, carte env 45 €. (câble).* Cette vénérable demeure n'est autre que l'ancien presbytère de la chapelle Saint-Jean. Le site, qui surplombe l'adorable crique de la plage du même nom, le long du chemin des douaniers, est lui-même classé. Pour la petite histoire, Max Jacob aimait séjourner dans cet hôtel avec ses amis artistes dans les années 1930. Aujourd'hui, c'est une adresse de charme à la déco sobre et contemporaine. Mention spéciale pour la suite logée sous le toit. Offrant une vue remarquable sur le large, la salle du restaurant, d'un blanc immaculé, est meublée, entre autres, dans l'esprit des frères Bouroullec, designers contemporains natifs de Quimper. Les dynamiques patrons cultivent le bien-vivre, l'accueil et le confort (piscine, sauna, hammam, massages). Côté resto, nombreux produits bio et belle carte des vins. Une adresse qui a vraiment tout pour plaire !

Hostellerie Le Clos de Vallombreuse *(plan C2,* ***14****) : 7, rue d'Estienne-d'Orves. ☎ 02-98-92-63-64. • clos.vallombreuse@wanadoo.fr • closvallombreuse.com • ♿ Ouv tte l'année. Doubles 60-170 €. Formule déj en sem 18 €. Menus 25 € (midi en sem)-60 €. Réduc de 10 % sur le prix de la chambre sur présentation de ce guide.* Une des bonnes tables de la ville. Au programme, délicieux produits de la mer comme ce homard grillé glacé au corail. Dans une maison du début du XXe s, surplombant l'océan et construite au milieu d'un petit parc. Belle décoration intérieure. Certaines chambres ont vue sur la mer. Superbe terrasse avec piscine chauffée en saison face au grand large. Espace détente avec hammam, massages, fitness...

DOUARNENEZ

Où dormir dans les environs ?

Flower Camping de la Baie de Douarnenez : *30, rue Luc-Robet, 29100* ***Poullan-sur-Mer.*** *☎ 02-98-74-26-39. • info@camping-douarnenez.com • camping-douarnenez.com • ♿ Accès : à 30 km de la gare. Ouv de fin avr à mi-sept (loc début avr). Prix tente : 16-33 € (avec électricité) selon saison. Loc de chalets et mobile homes pour 2 à 8 pers : 196-826 €/sem. 190 empl.* Dans un beau cadre de verdure. Confortable. Pataugeoire pour les minots, piscine couverte et toboggans pour les plus grands. Location de vélos. Piscine.

Chambres d'hôtes de Kerioret Bella : *à Kerioret-Izella, 29100* ***Kerlaz.*** *06-61-85-75-80. • nuyaouet-jain@bbox.fr • perso.orange.fr/marielouise.jain • De Kerlaz, prendre direction Trezmalouen ; à 2 km env, au croisement à gauche, à 500 m en bas de la descente. Congés : de mi-nov à mi-fév. Double 55 €.* Dans un ancien corps de ferme, 3 chambres dont 1 familiale, toutes avec salle de bains. Déco sobre et de bon goût. Au loin, la mer en ligne de mire. Un bon rapport qualité-prix.

Chambres d'hôtes au Manoir de Kerdanet : *29100* ***Poullan-sur-Mer.*** *☎ 02-98-74-59-03. • manoir.kerdanet@wanadoo.fr • manoirkerdanet.com • Ouv de mi-avr à mi-nov. Doubles 104-124 €, petit déj inclus ; familiale. Réduc de 10 % sf de mi-juin à mi-sept, sur présentation de ce guide.* Au cœur d'un parc de 4 ha, à 6 km de Douarnenez, ce manoir des XVe et XVIe s a été restauré à l'ancienne, le confort moderne en plus. Un vaste salon, aux poutres polychromes et à la cheminée de pierre finement sculptée, s'ouvre sur un escalier à vis qui conduit aux chambres agrémentées chacune d'un lit à baldaquin et d'une cheminée d'époque. Pour qui recherche le calme et l'authenticité. Petit déj copieux.

Où manger ?

De bon marché à prix moyens

Crêperie du Sallé (plan D2, **31**) : *7, quai du Petit-Port. ☎ 02-98-92-22-13. Ouv tlj sf lun, plus mar soir hors saison. Compter 13 €. Café offert sur présentation de ce guide.* Tous les ingrédients qui ont fait le succès de la célèbre *Crêperie du Sallé* dans le vieux Quimper ont été transposés ici, dans cette adorable petite salle aux murs de pierre, décorée comme chez une vieille tante. Qualité de produits irréprochable : lait entier pour la confection de la pâte à crêpes, légumes bio et caramel au beurre salé maison. Carte classique (finalement, on prend toujours les mêmes) pour une addition pas trop salée au final. Une bonne adresse, en somme.

Crêperie Au Goûter Breton (plan D3, **30**) : *36, rue Jean-Jaurès. ☎ 02-98-92-02-74. 06-62-68-17-80. Fermé dim, plus sam soir hors saison. Congés : 15-30 juin. Menus 10-19,50 €. Apéritif maison ou café offert sur présentation de ce guide.* Une façade orange, une enseigne enfantine, une carte annotée d'espiègleries, un décor breton pour un patron très rock. En fond sonore, la musique bretonne se marie donc au rock ou au jazz. Et on ne s'étonnera pas de dégoter dans la carte des « hamburgers armoricains » (steak et crêpe !). Terrasse fleurie sur l'arrière.

De prix moyens à plus chic

L'Athanor (plan C2, **34**) : *1, rue Henri-Barbusse. ☎ 02-98-92-88-97. Tlj. Congés : de mi-fév à mi-mars et 3 sem en oct. Formules et menu déj (sf w-e et fêtes) 14,20-19,60 € ; menus 28,20-49,80 €.* Une adresse dépaysante. Le décor d'*azulejos* ne trompe pas : vous êtes dans une enclave espagnole. Essayez le beau menu espagnol ou choisissez, à la carte, les tapas, les supions, les poivrons grillés, le riz du pêcheur. La paella, déclinée de plusieurs façons, est irrésistible ; elle constitue un plat unique. Mais *L'Athanor* fait aussi honneur à la gastronomie bretonne. Belle carte des vins, variée, avec des crus en provenance du Portugal, de l'Argentine, du Chili, du Brésil, du Mexique, de l'Uruguay... ainsi que du Bordelais !

L'Insolite (plan C2-3, **13**) : *resto de l'Hôtel de France. Voir plus haut « Où dormir ? ».*

Où acheter de bons produits ?

Le véritable kouign amann de Douarnenez : *demander la liste de l'association des artisans à l'office de tourisme.* Ce délicieux gâteau breton à base de pâte feuilletée est la grande spécialité locale. À chacun sa façon de faire : certains le préfèrent doré et craquant, d'autres fondant et peu caramélisé. Un tiers de pâte, un tiers de beurre, un tiers de sucre pour l'un, moitié de farine et le reste à part égale entre beurre demi-sel et sucre pour l'autre. Chacun son *tour,* aussi, c'est le cas de le dire : après avoir superposé la couche de pâte, celle de beurre et celle de sucre, encore faut-il savoir plier (en trois ou en portefeuille), puis passer le rouleau à pâtisserie. Il y en a, comme pour la sieste, qui se contentent de faire reposer la pâte un quart d'heure ; d'autres exigent au moins trois quarts d'heure.

Penn Sardin : *7, rue Le-Breton. ☎ 02-98-92-70-83. Face aux halles. Ouv tte l'année.* Heureusement qu'il y a plein de couleurs partout, sinon ce serait un poil lugubre, tout cet amas de sardines. Mais c'est là que se trouvent les meilleurs produits, pour les amateurs du genre. Plus de 150 références.

À voir

Douarnenez et Tréboul étaient autrefois deux entités bien distinctes. Les habitants de Douarnenez surnommaient d'ailleurs ceux de Tréboul « les Marocains », histoire de bien leur faire sentir qu'ils habitaient presque au bout du monde (soit de l'autre côté de la ria...). Aujourd'hui sonne l'heure de la revanche pour Tréboul, devenue plus attrayante aux yeux de nombreux visiteurs, qui ne font pas l'effort de comprendre la vieille cité et préfèrent aller à la découverte des plages et des vieilles rues de ce village « resté dans son jus ». La fusion administrative, en 1945, entre Douarnenez, Tréboul et les villages voisins de Ploaré et Pouldavid fait que la ville possède aujourd'hui quatre ports : Tréboul (pour la plaisance), Port-Rhu (ancien port de cabotage transformé en musée à flot), le port moderne (pour chalutiers et langoustiers) et l'ancien port du Rosmeur (encore utilisé pour la petite pêche côtière).

UNE GRÈVE DE FEMMES

Les ouvrières des usines de sardines étaient les plus mal payées du pays. En 1924, tandis que les hommes étaient en mer, les femmes firent grève. Les gendarmes à cheval n'hésitèrent pas à charger ! Les ouvrières eurent gain de cause, après 42 jours de grève, grâce à un énorme élan de solidarité. Pas étonnant que Douarnenez eut le 1er maire communiste de France, bien que dans une région très catholique.

➢ ***Les vieux quartiers :*** cette balade (l'office de tourisme édite un dépliant *Promenades à pied dans Douarnenez*) vous fera découvrir l'âme de Douarnenez et comprendre son histoire si intimement liée à l'épopée de la sardine. À ce propos, vous pouvez d'ailleurs suivre le *chemin de la sardine.* Vous parcourrez les rues et venelles avec leur architecture du XIXe s et leurs anciennes conserveries dissimulées entre les maisons.

Le Port-Musée *(plan C2-3) : pl. de l'Enfer, quai du Port-Rhu. ☎ 02-98-92-65-20. • port-musee.org • ♿ (dans le musée, pas dans les bateaux). Juil-août, tlj 10h-19h (musée à quai et bateaux à flot) ; avr-juin et sept-oct, tlj sf lun hors vac scol, 10h-12h30, 14h-18h (musée à quai et bateaux à flot) ; fév-mars et vac scol de Noël (musée à quai seul) tlj sf lun hors vac scol, 10h-12h30, 14h-18h. Entrée : 5,50-7,50 € selon saison ; réduc ; tarif famille.*

Le Port-Musée est un musée de bateaux à flot unique en France, que l'on doit à une poignée d'hommes et de femmes motivés par leur amour de la mer et passionnés de navigation et d'histoire. En quelques années, ces bénévoles infatigables ont sillonné les côtes françaises et européennes pour collecter les derniers bateaux de travail traditionnels avant qu'ils ne disparaissent. C'est donc une collection inestimable de 250 bateaux différents qui constitue le fonds de ce musée. Les 40 embarcations les plus représentatives sont exposées dans les vastes espaces d'une ancienne conserverie, tandis que 7 grands bateaux sont montrés à flot le long des estacades de Port-Rhu. Quatre d'entre eux se visitent et bénéficient d'une muséographie qui allie le son et l'image pour nous dévoiler la vie quotidienne et le labeur des équipages : le travail du sable sur la gabare *Dieu protège,* l'épopée des grandes barges à voile de la Tamise sur le *Northdown,* l'aventure industrielle de la langouste sur l'imposant *Notre-Dame-de-Rocamadour,* la pulsation des sons dans les entrailles de cuivre du remorqueur à vapeur *Saint-Denys,* les parfums de la marine à voile sur l'exceptionnel caboteur norvégien *Anna Rosa,* datant du XIXe s. Quant au musée, il présente des engins primitifs mais combien ingénieux, comme les pirogues monoxyles ou les bateaux de peau des Inuits, la magnificence de toutes les voiles déployées dans la salle des gréements, la douceur des formes de toutes ces embarcations à clins ou à franc bord qui témoignent du génie des constructeurs de nos côtes. Sans oublier les expositions temporaires de longue durée, qui occupent la majeure partie du musée.

À deux pas du musée, la petite ***chapelle Saint-Michel*** *(plan C2)*, du XVIIe s, a conservé son plafond en lambris peints.

Le port du Rosmeur *(plan D2)* **:** bonne petite animation, vieux cafés de marins et restos touristiques. Derrière les quais s'étend un vieux quartier de pêcheurs dont les venelles descendant vers la mer offrent un voyage à travers le temps. Même si les marins n'y déambulent plus par centaines, même si les nombreux magasins fermés témoignent de la crise de la pêche...

PROMENEZ LA LANGOUSTE !

Quand les bateaux revenaient de Mauritanie avec leur cargaison de langoustes, les prix étaient parfois trop bas. Alors, les capitaines voguaient avec leur chargement, dans la baie de Douarnenez, en attendant que les cours remontent. Exceptionnellement, les femmes avaient le droit de monter à bord. Beaucoup d'enfants ont été conçus quand « on promenait la langouste ».

Le port de pêche *(plan D1-2)* **:** *visite guidée 1 fois/sem par l'office de tourisme.* On y débarque un 5e de la production mondiale de thon. Douarnenez, où cette activité a longtemps été florissante, possède encore la plus grande conserverie de poisson de France. Déchargement du poisson de 23h à l'aube. Criée fermée au public.

L'église de Ploaré *(hors plan par D3)* **:** *rue Laennec (route de Quimper).* Magnifique exemple de la Renaissance bretonne. Édifiée au XVIe s. Remarquable surtout pour son clocher flamboyant, avec flèche élancée à lanternons, culminant à plus de 60 m. Beau porche qui a perdu ses statues. À l'intérieur, maître-autel du XVIIe s avec retable et tabernacle polychromes. À droite du chœur, groupe en bois de la Trinité, du XVIIe s.
– Dans le cimetière, à deux pas, la ***tombe de Laennec,*** inventeur du stéthoscope.

Nombreuses ***églises et chapelles*** à découvrir *(horaires d'ouverture à l'office du tourisme).*

Tréboul *(plan B2-3)* **:** cet ancien port de pêche, devenu port de plaisance, est un haut lieu du nautisme. De nombreux peintres y ont séjourné : Boudin, Renoir et Picasso, pour ne citer que les plus célèbres. Beau panorama sur la baie de Douarnenez et balades possibles dans le labyrinthe des ruelles et venelles, derrière le port de plaisance, qui évoquent la vie d'autrefois.

À faire

Les plages : celle ***des Sables-Blancs*** à Tréboul est la plus célèbre. Sa voisine, la ***plage Saint-Jean*** (intéressants vitraux dans la chapelle voisine), n'est pas mal non plus. À deux pas du centre-ville, les pittoresques ***plages des Dames*** *(plan C2)* et de ***Pors-Cad*** face à l'île Tristan et aux installations du port de pêche. À l'est du port du Rosmeur, par le sentier des Plomarc'h (lire ci-après), on atteint l'immense ***plage du Ris.***

Le sentier des Plomarc'h : à flanc de falaise, il longe une partie de la baie de Douarnenez. Petite balade tranquille au départ du port du Rosmeur, à faire de préférence, si vous voulez en savoir plus, avec le dépliant *Promenades à pied dans Douarnenez,* édité par l'office de tourisme. En chemin, beau point de vue sur l'ensemble du port et halte obligatoire au vieux hameau des Plomarc'h, joliment rénové. On peut même y dormir dans une maison de pêcheur transformée en gîte d'étape. Cet ancien village sardinier recèle des trésors du passé tels ses lavoirs ou encore un des plus grands sites industriels gallo-romains du nord de l'Europe : seize cuves où était fabriqué du garum, extrait de poisson cousin du nuoc-mâm vietnamien.

➢ Autre ***sentier côtier,*** celui ***des roches Blanches,*** au départ de ***Tréboul.*** Promenade dominicale préférée des gens du pays, vous ne serez pas vraiment seul. Mais pour qui cherche des rencontres ou des points de vue insolites, c'est pas mal du tout ! Les plus courageux le poursuivront jusqu'à la pointe du Raz (balisage rouge et blanc du GR 34). Compter alors 3 jours.

■ ***Centre nautique de Tréboul :*** *rue du Birou. ☎ 02-98-74-13-79. Stages enfants dès 4 ans (jardin des mers), adolescents et adultes.* Découverte, initiation, perfectionnement dans tous les domaines de la voile et de la mer.

Fêtes et manifestations

– ***Carnaval des Gras :*** *w-e précédant Mardi gras, dans le centre-ville de Douarnenez.* Particulièrement animé, avec mise à feu du Den Paolig le mercredi des Cendres.
– ***Festival Temps Fête – Grande fête des Bateaux :*** *ts les 2 ans (années paires) courant juil. Rens à l'office de tourisme ou à l'Association des fêtes maritimes. ☎ 02-98-92-29-29.* Plusieurs centaines de bateaux : voiliers, goélettes, sloops, thoniers, caboteurs, chaloupes de toutes sortes. Expos, musique, atmosphère unique. À ne pas rater : les Douarnenistes sont des gens qui savent aussi faire la fête !
– ***Festival La Vie en Reuz :*** *ttes les années impaires en juil.* Grande fête populaire estivale, unissant tous les quartiers, rassemblant jeunes et anciens, marins et terriens, musiciens d'ici et d'ailleurs.
– ***Festival de Cinéma de Douarnenez :*** *4e sem d'août. Rens : ☎ 02-98-92-09-21. • festival-douarnenez.com •* Au travers d'une vaste programmation cinématographique, de nombreux invités (réalisateurs, écrivains, artistes, représentants d'associations...) réunis autour d'un thème.

Plongée sous-marine

Assurément, la baie de Douarnenez est l'une des plus belles et des plus sûres de France. Selon la météo, il est aisé de dégoter un coin abrité pour plonger et rêvasser à la fameuse ville d'Ys, que la légende a engloutie dans la baie.

Clubs de plongée

■ ***ISA :*** *port de plaisance de Morgat,* ***Crozon-Morgat.*** *☎ 02-98-27-05-00. • centrisa.fr • ♿ Ouv tte l'année. Adhésion club obligatoire (16 €). Résa conseillée. Baptême env 41 € ; plongée 34-48,20 € selon équipement ; forfaits dégressifs 3-9 plongées.* Installé dans un bâtiment moderne et confortable sur le quai du port, ce club (*FFESSM* et *ANMP, centre SEA Scubapro*) parfaitement équipé propose des formations allant du baptême au niveau IV, des stages enfants à partir de 6 ans et des demi-journées snorkelling. En embarquant sur la *Fauvette,* charmant navire en bois qui assurait autrefois le transport de passagers, vous plongerez en compagnie de moniteurs d'État, également spécialistes de la plongée des ados (13-15 ans). En été, une bonne palanquée d'instructeurs leur prête main-forte. Possibilité d'hébergement (hôtel et camping) à prix réduit.

■ ***Douarnenez Aqua Club :*** *10, quai Marie-Agnès-Péron, au port de plaisance de Tréboul, à* ***Douarnenez.*** *☎ 02-98-74-17-36. • douarnenez-aqua-club.fr • À côté de l'aire de carénage. Ouv mars-nov. Permanence téléphonique ven soir à partir de 21h30. Adhésion club obligatoire (15 €). Plongée env 20 €.* Seul dans la ville, ce petit club *(FFESSM)* est surtout fréquenté par les habitués du coin.

Sorties le week-end et en semaine en été, à bord d'un pneumatique rapide ou de la *Reine de l'Arvor,* pinasse sardinière en bois (un vrai Monument historique !). L'encadrement des plongeurs – tous confirmés – est assuré par des moniteurs bénévoles. Plongée possible sur les épaves du raz de Sein pour les cracks. Venir avec sa combinaison. Hébergement à prix réduit pour les groupes.

■ ***Les Plongeurs du Cap :*** *voir plus haut le chapitre sur Audierne.* Ce club dispose d'un navire de plongée rapide, basé à Lanvers, petit port situé au sud de la baie de Douarnenez.

LE PORZAY ET LA PRESQU'ÎLE DE CROZON

Entre l'Aulne et la baie de Douarnenez trône le *Menez-Hom* (voir plus loin le texte qui lui est consacré), dernier (ou premier !) soubresaut des Montagnes Noires. Il faut presque impérativement grimper jusqu'au sommet de cette ronde montagne. Les jours de grand beau temps, toute la région se découvre à son pied : au sud-est, le Porzay, vaste plaine agricole façonnée par la main de l'homme et piquetée de villages tranquilles ; à l'ouest, la longue presqu'île de Crozon, promontoire de granit en forme de croix (est-ce bien un hasard en Bretagne ?). Terre dure à cultiver, la presqu'île a connu, comme en maints endroits, une hémorragie humaine impitoyable (près de 50 % des exploitations agricoles ont disparu en 20 ans). Du fait de son relatif isolement et de son intérêt stratégique à l'entrée de la rade de Brest, la presqu'île de Crozon a aussi longtemps échappé à la boulimie des promoteurs. Les amoureux de falaises escarpées, de landes désertes, de plages secrètes, ourlées d'une mer d'un bleu quasi permanent, y trouveront donc aujourd'hui leur compte. Un des vrais visages de la Bretagne.

Adresses utiles

ℹ ***Pays touristique de la presqu'île de Crozon et de Châteaulin-Porzay :*** *Maison du tourisme (au 1er étage), bd de Pralognan-la-Vanoise, BP 45, 29160* ***Crozon.*** *☎ 02-98-26-17-18. • tourisme-presquile-crozon.com •* Pour toutes les infos concernant le Porzay, la presqu'île de Crozon, Châteaulin et Locronan : hébergement, loisirs, etc. Bonne doc. Topoguide très complet pour les randonneurs et vététistes. Conseils gratuits et personnalisés.

■ ***Maison du parc naturel régional d'Armorique :*** *15, pl. aux Foires, BP 27, 29590* ***Le Faou.*** *☎ 02-98-81-90-08. • pnr-armorique.fr • Lun-ven 8h30-12h30, 13h30-17h.* Créé en 1968, le parc naturel régional d'Armorique couvre une quarantaine de communes, essentiellement dans le centre du Finistère (monts d'Arrée, voir le *Routard Bretagne Nord*), soit environ 172 000 ha, 112 000 en zone terrestre, 60 000 en zone maritime, et regroupant 56 000 habitants. Au sud, la zone du parc englobe une petite portion des Montagnes Noires (Pleyben et le secteur de Châteaulin/Port-Launay) et l'ensemble de la presqu'île de Crozon.

LOCRONAN [lokoRn]

(29180) 820 hab. *Carte Finistère Sud, B2*

« Petite Cité de caractère », Locronan possède (ce qui est rarissime) une totale unité architecturale. Superbes demeures et hôtels particuliers des

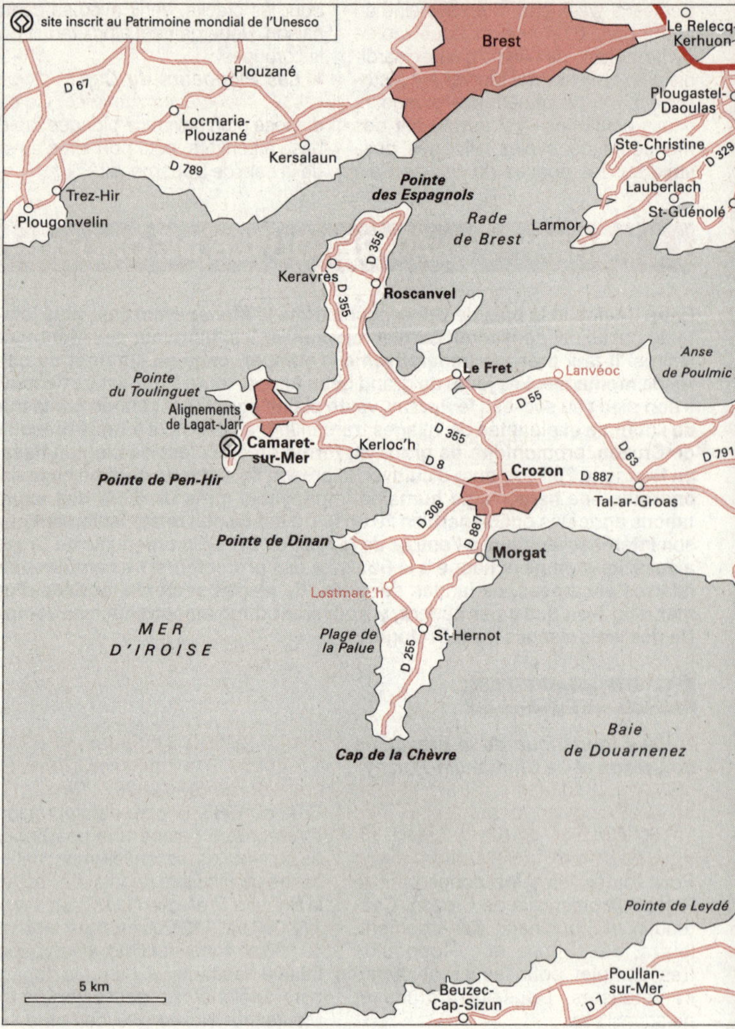

XVIIe et XVIIIe s s'ordonnent harmonieusement autour de la place principale et de son vieux puits. Ses rues constituent un véritable décor de cinéma, souvent choisi pour le tournage de films. Polanski y a réalisé *Tess* avec Nastassja Kinski. Et grâce à lui, les derniers fils électriques ont disparu sous terre ! Philippe de Broca y a également tourné certaines scènes de *Chouans* (avec Philippe Noiret et Sophie Marceau).

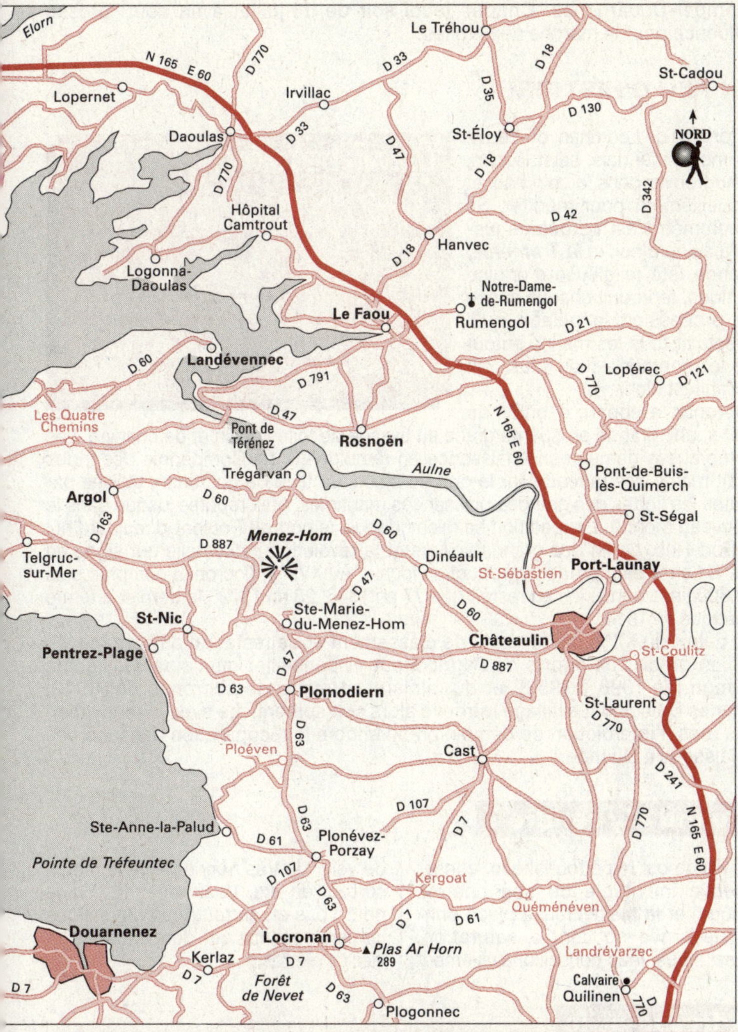

LA PRESQU'ÎLE DE CROZON

AVERTISSEMENT

Attention : parking payant 15 juin-15 sept 9h30-18h30. Forfait de 3 € valable pour tte cette période. Vous pouvez donc revenir autant de fois que vous le voulez, à condition de garder l'autocollant (le coller à l'intérieur du pare-brise). Sinon, parking gratuit au rond-point en arrivant par l'axe

Quimper-Douarnenez. Chaque jeudi soir de mi-juillet à fin août, grosse affluence pour le marché aux étoiles.

UN PEU D'HISTOIRE

À l'origine de Locronan, on trouve un moine irlandais, saint Ronan, venu trouver dans le coin paix et recueillement pour méditer. Sa renommée s'est perpétuée jusqu'à aujourd'hui, et ***la Troménie,*** grande fête religieuse d'origine celtique, reproduit chaque année en procession la balade qu'il effectuait tous les matins autour de la montagne (voir plus loin « Manifestations »).

LE PAIN DES MORTS

Le Jour de l'an celtique se fête le 1er novembre. Durant la nuit, les morts communiquent avec les vivants. Voilà pourquoi on organisait un grand banquet durant lequel on invitait les morts. Ainsi à Locronan, le 1er novembre, on continue, depuis la nuit des temps, à distribuer le pain des morts, de porte à porte.

Locronan a connu, à partir du XIVe s, une grande prospérité grâce au tissage de toiles de lin et de chanvre. Les nombreuses demeures Renaissance en témoignent. La Compagnie des Indes avait même des bureaux sur la grande place. La toile de Locronan, utilisée par toutes les flottes des grandes puissances maritimes, était réputée jusque dans le Nouveau Monde. L'expédition se faisait depuis le port de Pouldavid, aujourd'hui le Port-Rhu. La fin des grands voiliers et la révolution industrielle ont signé au XIXe s l'arrêt de mort de la production locale. Au XVIIe s, Locronan comptait plus de 300 tisserands ; il n'en restait que 77 en 1836, 23 en 1872 ; le dernier a fermé boutique en 1914...

Au début du XXe s, des projets de classement et de restauration sont menés à bien grâce aux efforts de l'agriculteur et conseiller municipal Guillaume Hémon (de 1896 à 1953), et du ministre et maire de Locronan dès 1912, Charles Daniélou. Le village retrouve alors son authenticité avec la rénovation des rues, l'interdiction de démolition ou encore la récupération des lucarnes délaissées à Quimper.

Quand s'y rendre ?

Le village est hypertouristique, conséquence inévitable de son charme unique, et la malheureuse place principale arrive souvent à saturation. Aussi, nous vous conseillons vivement de venir de très bonne heure le matin, surtout en été. Vous aurez le village pour vous et, surtout, une magnifique lumière rasante qui dore façades et vieilles pierres.

Adresse utile

Office de tourisme : *pl. de la Mairie. ☎ 02-98-91-70-14. • locronan-tourisme.com • Tlj avr-sept, mar-sam 10h-12h30, 13h30-18h, dim 14h-18h (tlj 10h-18h juil-août et dim 11h-13h, 15h-18h) ; oct-mars, accueil tél lun-sam.*

Où dormir ? Où manger ?

Camping

Camping de Locronan : *rue de la Troménie. ☎ 02-98-91-87-76. 06-28-80-44-74. • contact@camping-locronan.fr • camping-locronan.fr • Accès : à 400 m du bourg, sur la route de la chapelle ar*

Sonj, montagne de Locronan. Ouv début avr-fin sept. Prix tente : 16-19 € selon saison. Loc de mobile homes (195-825 €/sem) et bungalows toilés (460 €/sem). 103 empl. Ombragé par les pins. Agréable et bien tenu. Piscine.

De prix moyens à chic

Crêperie Les 3 Fées : *3, rue des Charrettes. ☎ 09-66-80-70-23. • creperieles3fees@gmail.com • En contrebas de la pl. de l'Église. Tlj vac scol, sinon fermé mer et le soir lun-jeu. Congés : début janv-début fév. Env 15-20 € à la carte. Digestif offert sur présentation de ce guide.* La magnifique salle est traversée par 2 poutres. Un escalier de meunier mène à la mezzanine plébiscitée par les habitués, et les galettes sont craquantes.

Hôtel-restaurant du Prieuré : *11, rue du Prieuré. ☎ 02-98-91-70-89. • leprieure1@aol.com • hotel-le-prieure.com • (resto slt) À l'entrée du village. Resto fermé sam hors saison. Congés : 2 sem fin nov. Résa conseillée, d'autant plus que la maison accueille parfois des groupes. Doubles 70-78 € selon saison. Formules 15-19 € (sf j. fériés), puis menus 26-40 € ; carte env 30 €. Parking.* Un hôtel de village à l'accueil aimable. Chambres classiques et d'un honorable confort. Celles de l'annexe sont plus sympas mais réservées aux demi-pensionnaires. Grande salle à manger pas désagréable, où l'on déguste des spécialités de poisson et fruits de mer.

Latitude Ouest Hôtel : *route du Bois-du-Névet. ☎ 02-98-91-70-67. • contact@latitudeouest.fr • latitudeouest.fr • Tte l'année. Resto slt le soir. Doubles 69-99 € selon saison et confort ; duplex et mezzanines jusqu'à 6 pers 82-182 €. Apéritif offert et 10 % sur la chambre sur résa (hors 10 juil-25 août et événements particuliers), sur présentation de ce guide.* Dans un parc arboré de 3 ha, à 800 m du village. Chambres « Atlantique », « Orient » ou « Côté Sud », dans un cadre superbe. Enfants bienvenus.

Où dormir dans les environs ?

Camping

Camping la Plage de Tréguer : *plage de Sainte-Anne-la-Palud, 29550* ***Plonévez-Porzay.*** *☎ 02-98-92-53-52. • camping-treguer-plage@wanadoo.fr • camping-treguer-plage.com • Accès : à 6 km de Locronan. Ouv début avr-fin sept. Prix tente : 13,90-21,50 € selon saison. Loc de mobile homes séparés par des haies : 149-669 €/sem pour 4-5 pers. Prix caravane : 97,30-150,50 €/sem. 272 empl. Réduc : - 10 % sur le camping (tente, caravane, camping-car) et - 10 % sur les hébergements locatifs hors juil-août, sur présentation de ce guide.* Entre dunes et campagne, dans un environnement protégé, à côté du site naturel classé de la dune de Sainte-Anne-la-Palud. Ambiance conviviale et animations musicales en été. Commerces. Accès direct à la plage. Piscine.

De prix moyens à chic

Chambres d'hôtes Trézervan : *29180* ***Plogonnec.*** *☎ 02-98-64-48-98. • tfontaine@wanadoo.fr • trezervan.com • À Plogonnec, prendre la direction de Saint-Albin, faire 2,5 km et tourner à droite au lieu-dit Lopéau, puis suivre le fléchage « chambres d'hôtes » sur 2,5 km. Doubles 59-75 €. Table d'hôtes 25 €.* 3 chambres de charme, dont 2 en duplex, avec entrée indépendante dans un joli corps de ferme rénové. Vaste jardin, petit déj extra avec yaourts maison, et accueil chaleureux de Thierry et Valérie. Avec quelques rayons de soleil, l'endroit devient magique !

Relais de Tréfeuntec : *Tréfeuntec, 29550* ***Plonévez-Porzay.*** *☎ 02-98-92-50-03. • hotel29@relais-de-trefeuntec.com • relais-de-trefeuntec.com • À 8 km au nord-ouest de Locronan par la D 63 puis la D 61. Ouv avr-début vac scol de Toussaint. Une* *quinzaine de chambres 56-64 € selon confort (douche avec ou sans w-c, ou sdb).* Grosse maison en pierre dans un hameau cossu, à une tirée d'ailes de la plage de Sainte-Anne-la-Palud récemment reprise. La rénovation est en cours. Chambres toutes simples et au calme. Bar et petite restauration. Projet de concerts et animation.

Chambres d'hôtes chez Josy et René Guégen : *Lanévry, 29100 Kerlaz. ☎ 02-98-92-14-87. • info@lanevry.com • lanevry.com • Prendre la direction Douarnenez ; après Kerlaz, 1re route à droite, suivre les flèches « Gîtes-chambres d'hôtes ». Doubles avec douche et w-c 65-80 € selon saison. Gîtes env 220-620 €/sem selon saison.* 5 chambres de charme et confortables dans une ancienne ferme superbement fleurie. Accueil enthousiaste de Josy. Espace détente avec sauna, hammam, jacuzzi, salon lecture et billard (participation demandée). Également 4 gîtes pour 4 personnes.

De chic à plus chic

Manoir de Moëllien : *à Plonévez-Porzay. ☎ 02-98-92-50-40. • bienvenue@manoirmoellien.fr • manoirmoellien.fr • À 2 km de Locronan, bien fléché. Résa plus que conseillée. Doubles 85-160 € selon saison et confort, ½ pens 42 €/pers. Menu unique le soir sf dim 36 € (non-résidents), carte env 50 €. Remise de 10 % sur le prix de la chambre sur présentation de ce guide.* Séduisant manoir du XVIIe s au cœur d'une paisible campagne, à l'orée d'une forêt de pins. Superbe façade de granit surmontée de lucarnes sculptées. L'intérieur dégage la même atmosphère authentique. Beaux meubles bretons dans la salle à manger. Une vingtaine de chambres de plain-pied dans d'anciennes dépendances, charmantes et tranquilles. Accueil de grande qualité.

LE FINISTÈRE SUD

Où déguster de bons gâteaux ?

Boulangerie-pâtisserie Le Guillou : *pl. de l'Église. ☎ 02-98-91-70-04. • kouignamann-locronan.fr • En face du vieux puits. Fermé lun sf de mi-juil à fin août.* Spécialités de gâteaux bretons et de *kouign amann,* dont une variante aux pommes formidable. On a encore craqué. Là, vraiment, sans remords.

À voir

L'église Saint-Ronan : *en saison, 9h30-19h ; hors saison, 10h-18h.*
Édifiée entre 1420 et 1480 grâce aux donations des ducs de Bretagne. Chef-d'œuvre du gothique flamboyant, cette église n'a jamais subi ni adjonction ni modification. Sinon que la grosse tour carrée, frappée trois fois par la foudre, a perdu définitivement sa flèche en 1808. Porche inspiré de l'un de ceux de la cathédrale de Quimper. Sur sa droite, la *chapelle du Penity,* édifiée à l'emplacement de l'église primitive et du tombeau de saint Ronan pour lui servir de reliquaire.
À l'intérieur, festival de merveilles. À droite de l'entrée, dans la chapelle, *gisant de saint Ronan,* en pierre de Kersanton (1430). Magnifique *Déposition de Croix* en pierre polychrome de la même époque. Au-dessous, deux petits bas-reliefs de Jésus ressuscité. Dans la nef aux proportions massives et harmonieuses tout à la fois, le pavage en pente accentue la perspective. Attardez-vous sur la *chaire,* fascinante bande dessinée déroulant, en dix médaillons, la *vie de saint Ronan* (sculptée en 1707). Somptueux *retable du Rosaire,* du XVIIe s. À côté de l'autel principal, *Saint Ronan* dans une niche, affublé d'un costume d'évêque. Le *vitrail* principal, de la fin du XVe s, prolonge notre béatitude en 18 panneaux racontant la Passion.
Ne manquez pas ensuite d'aller au fond du cimetière pour une très belle vision du *chevet* (avec calvaire).

La chapelle Bonne-Nouvelle : *en bas de la rue Moal.* Date de l'époque de l'église, modifiée ultérieurement. Petit calvaire et fontaine ancienne. La rue Moal était la rue des tisserands, un temps la plus animée du bourg.

Le musée d'Art et d'Histoire : *à côté de l'office de tourisme. Mêmes horaires que l'office de tourisme (voir plus haut « Adresse utile »). Entrée : 2 € ; réduc ; gratuit moins de 12 ans. Démonstration de tissage certains j. en juil-août.* Intéressant petit musée d'arts et de traditions populaires. Étape de la route des Toiles en Bretagne (lin et chanvre) : atelier de tissage et vidéo explicative, métier à tisser du XVIIIe s, costumes, mobilier, outils et objets domestiques. Étape de la route des Peintres en Cornouaille : peintures, gravures, faïences...

Rue Lann, ***maison familiale du peintre surréaliste Yves Tanguy.*** En vacances ici, il y a attiré les frères Prévert, Breton, Eluard... Privé, ne se visite donc malheureusement pas.

Manifestations

– **La Petite Troménie :** *2e dim de juil, ts les ans qui ne sont pas de Grande Troménie (celle-ci ayant lieu ts les 6 ans ; la prochaine en 2019).* Symbolise la promenade qu'effectuait, pieds nus et l'estomac vide, saint Ronan, tous les matins. Procession avec les reliques du saint, sur un parcours de 6 km environ. Pour la grande Troménie, la procession suit un ancien sentier sacré de 12 km que l'on effectue pieds nus. Il est ponctué de 12 étapes avec rites à observer. Le tout en costume traditionnel.
– **Pardon de Sainte-Anne-la-Palud :** *dernier dim d'août.* L'un des plus importants de Bretagne, consacré à l'une des saintes les plus populaires de... Bretagne : Anne, mère de la Vierge (donc patronne des mères de famille). Il réunit chaque année des milliers de pèlerins autour de la chapelle de Sainte-Anne-la-Palud (sur la commune de Plonévez-Porzay), où se trouve une statue de la sainte de 1548 en granit polychrome. Messe en plein air, processions de bannières.
– **Pardon de Notre-Dame de Bonne-Nouvelle :** *1er dim de sept.*

DANS LES ENVIRONS DE LOCRONAN

Le Plas Ar Horn : *suivre la rue du Four jusqu'au croisement de la route de Châteaulin et de celle du camping ; c'est ensuite à 2 km.* Du Plas Ar Horn (289 m), la « montagne » de Locronan, spectaculaire panorama sur la baie de Douarnenez et les Montagnes Noires. Sur place, petite chapelle récente avec des vitraux de Bazaine. On est ici sur l'une des ***collines inspirées*** de Bretagne chères à Barrès.

L'église Saint-Thurien : *à* ***Plogonnec.*** Ce bourg discret sur la D 63, en direction de Quimper, cache cette remarquable église du XVIe s. Séduisant ensemble composé par la porte monumentale, la façade avec pignons en dents de scie et le très original clocher de type Beaumanoir. Ce dernier s'appuie sur de puissants contreforts et est encadré de deux tourelles octogonales surmontées de lanternons. À l'intérieur, beau mobilier. Chaire et confessionnaux du XVIIIe s. Près de la porte, panneau peint du XVIIe s, avec neuf scènes de la vie de saint Maudez. Superbes vitraux du XVIe s représentant le Jugement dernier, la Transfiguration et la Passion. Dans la nef de gauche, vitrail de la Résurrection et des saints. En bas, on reconnaît saint Éloi ferrant un sabot de cheval. Dans le chœur, à droite, vitrail du Jugement dernier avec de très beaux rouges. Résurrection des damnés avec leur cortège de démons cornus et velus (les élus avec les anges). Tout en haut, le Christ sur un arc-en-ciel et en manteau rouge. Nombreuses statues en pierre et bois polychromes du XVIe au XVIIIe s (dont un beau *Saint Maudez*).

La forêt de Nevet : sur la D 7 entre Locronan et Kerlaz. Plan avec possibilités de balades à l'office de tourisme de Locronan. Une belle et encore profonde forêt, bien aménagée pour la randonnée.

*L'église Saint-Germain : à **Kerlaz** (29100), petit village aux portes de Douarnenez.* Église à l'élégant clocher ajouré, au cœur d'un pittoresque petit enclos paroissial aux proportions du village. Belle porte triomphale Renaissance. Ossuaire de la même époque. Croix de 1645. Remarquez les verrières du début du XXe s, dont trois traitent d'un thème rarement représenté : les persécutions du clergé sous la Révolution.

PLOMODIERN [ploudiern]

(29550) 2 140 hab. *Carte Finistère Sud, B1*

Gros bourg et petite « capitale » du Porzay. Centre-ville pas désagréable. Dans les environs, quelques belles plages dont celle de Pors-ar-Vag, fréquentée par les surfeurs.
Saint Corentin, premier évêque de Cornouaille, serait, paraît-il, né ici. Selon la légende, Corentin, alors ermite, pêchait chaque jour le même poisson dans la même source. Il prélevait sur le poisson de quoi se nourrir, puis le rejetait à l'eau. Le lendemain, le poisson (intact !) était à nouveau là...

Adresses utiles

Office de tourisme : *pl. de l'Église. ☎ 02-98-81-27-37. • aulne-porzay-tourisme.com • En saison, lun-sam 9h30-12h30, 15h-19h, plus dim mat ; le reste de l'année, ouv plus restreinte.*

Club nautique de Plomodiern : *à la plage de Pors-ar-Vag. 06-50-92-16-64. Ouv tte l'année.* Stages et location de kayaks, stand up paddle.

Où dormir ? Où manger ?

Camping

Camping de l'Iroise : *au-dessus de la plage de Pors-ar-Vag. ☎ 02-98-81-52-72. • vacances@camping-iroise.fr • camping-iroise.fr • Accès : du bourg de Plomodiern, rejoindre la plage de Pors-ar-Vag. Ouv Pâques-fin sept. Prix tente : 16,70-24,30 €. Loc de mobile homes et chalets 3 à 6 pers : 262-575 €/sem selon saison et capacité. 132 empl.* Un peu d'ombre et beaucoup de haies sur ce terrain en pente douce vers la mer, avec une belle vue sur la baie de Douarnenez. Belle piscine couverte et chauffée, au cas où les algues vertes viendraient à envahir la plage. Piscine.

Coup de folie

Auberge des Glazicks : *7, rue de la Plage. ☎ 02-98-81-52-32. • aubergedesglazicks@orange.fr • Dans le centre de Plomodiern. Fermé lun-mar, plus dim hors vac scol. Congés : 2 sem mi-mars et 2 sem en nov. Résa indispensable. Doubles 160-305 €. Menus 55 € (midi en sem)-170 €.* Au début du XXe s, cet endroit abritait l'atelier d'un maréchal-ferrant. Devant l'affluence des clients, la grand-mère décida de leur offrir la soupe. La 2e génération continua dans cette lignée de resto populaire. Que croyez-vous que fit la 3e génération ? « Nourri » de cette culture culinaire, Olivier Bellin obtient le prix du

Meilleur jeune cuisinier de Bretagne, fait son tour de France et retourne dans la maison familiale ! Amoureux de sa terre natale, ce chef passionné est doté d'une imagination débordante, alliant avec audace viande et produits de la mer, accommodés aux saveurs parfois exotiques. Sa carte suit, bien sûr, les saisons. Les desserts sont une véritable symphonie de goûts et de couleurs. Belle carte des vins. Pour prolonger le plaisir, une poignée de chambres contemporaines, superbes, toutes personnalisées.

Où dormir ? Où manger dans les environs ?

Crêperie Skeud an Amzer : *à Sainte-Marie-du-Menez-Hom, près de l'enclos paroissial. ☎ 02-98-81-51-51. Tlj juil-août ; sinon fermé mar. Congés : déc. Env 12 € à la carte.* Pierres de taille et bolées de cidre *Kerné*. La patronne se prénomme Françoise ; on la dit lunatique, on l'a trouvée sympathique. Et elle fait sans doute les meilleures crêpes de la presqu'île. Ne le dites pas trop fort : la petite salle résonne, résonne, résonne...

Hôtel-crêperie de Porz-Morvan : *route de Lescuz. ☎ 02-98-81-53-23. • christian.nicolas19@wanadoo.fr • porz-morvan.fr • À 3 km de Plomodiern. Ouv tlj avr-oct. Double avec douche ou sdb et w-c 56 € ; petit déj 7 €. Compter 15 € pour un repas. Apéritif maison offert sur présentation de ce guide.* 12 chambres confortables et lumineuses, de plain-pied, ouvrant sur la cour d'une ferme du XIXe s restaurée, avec parc et étang.

Festival

– **Festival du Menez-Hom :** *pdt 1 sem autour du 15 août, dans le bourg. • festivalmenezhom.com •*

DANS LES ENVIRONS DE PLOMODIERN

L'enclos paroissial de Sainte-Marie-du-Menez-Hom : *à 4 km au nord de Plomodiern par la D 47. Chapelle ouv tlj avr-sept, 10h-18h. GRATUIT.*
Dans ce hameau, perché sur l'une des dernières ondulations des Montagnes Noires, s'élève un enclos paroissial parmi les plus séduisants du Finistère Sud. Il faut venir au lever du soleil, un jour clément, pour vous imprégner seul de la douceur romantique de l'enclos. Peut-être y ressentirez-vous les vibrations qui le traversent et qui indiquent qu'il fut probablement le théâtre d'un culte païen au Soleil. Au-dessus de la porte monumentale (XVIIIe s), la Vierge et saint Hervé dans des niches. Le calvaire, du XVIe s, est sublime.
La chapelle offre un élégant clocher à dôme décoré de balustrades et une jolie façade Renaissance. À l'intérieur, de superbes retables aux colonnes torses ornées de vignes dorées abritent les statues de saints. Dans le bas-côté nord, belles sablières.

LE MENEZ-HOM

Carte Finistère Sud, B1

À 3 km de Sainte-Marie-du-Menez-Hom. Montagne de grès armoricain qui culmine à 330 m et livre un panorama époustouflant à 360°. Parking au sommet. Table d'orientation. Par temps clair, possibilité de voir la pointe du Van (près de la pointe du Raz), le cap de la Chèvre, la rade de Brest, les vallées de l'intérieur, etc. Ce paysage lessivé par les embruns de l'Atlantique ressemble au Connemara... Voilà un des coins les plus sauvages, les plus arides de

Bretagne, propice à la méditation solitaire. Mais le site est également très prisé par les mordus de parapente...

À faire

■ ***École de vol libre :*** *Loïc Ollivier. ☎ 02-98-81-50-27. 📱 06-80-32-47-34. • vol-libre-menez-hom.com* • École de parapente sur les pentes du Menez-Hom.

DANS LES ENVIRONS DU MENEZ-HOM

Le musée de l'École rurale : *à **Trégarvan.** ☎ 02-98-26-04-72. • musee-ecole.fr • À 10 km au nord de Sainte-Marie-du-Menez-Hom par la D 47. Nouvelle muséographie.* L'ancienne école, construite en 1907 et fermée en 1974, abrite un musée remis au goût du jour.

SAINT-NIC – PENTREZ (sant-vig – pentrez)

(29550) 720 hab. *Carte Finistère Sud, B1*

Un petit village encore rural (Saint-Nic), une station balnéaire de poche (Pentrez) et des kilomètres de plages où l'on peut se baigner (ce qui n'est pas le cas partout, vous avez dû le remarquer) et s'essayer au char à voile. À admirer, la *chapelle Saint-Côme* (ouverte en été seulement), dotée d'une étonnante charpente de bois aux poutres formidablement sculptées.

Adresses utiles

ℹ ***Office de tourisme :*** *plage de Pentrez. ☎ 02-98-26-55-15. Juil-août slt, lun-jeu et sam 9h30-12h30, 15h-19h, plus ven et dim 9h30-12h30.*

■ ***Club de char à voile :*** *sur la plage. • ccvpentrez.free.fr • 📱 06-11-80-09-79.* Si vous voulez vous initier à la pratique de ce drôle d'engin.

Où manger ?

|●| ***Crêperie de Saint-Côme :*** *à 1,5 km de Saint-Nic, sur la route de la plage, au pied de la chapelle. ☎ 02-98-26-55-86. • pierre.ledroff@laposte.net • Fermé lun-mar hors saison. Congés : 15 nov-10 fév. Autour de 15 €. Apéritif offert sur présentation de ce guide.* Une crêperie, labellisée « gourmande », installée dans une vieille bonne demeure bretonne, tenue par un jeune du pays. Pas mal de tables et carte fleuve qui aligne quelque 580 crêpes différentes et originales (sucré-salé, foie gras, etc.). N'ayez crainte, les crêpes sont entièrement faites maison, avec des produits locaux sélectionnés, et cuites à votre goût. Cidre fait maison. Terrasse à l'arrière.

ARGOL

(29560) 820 hab. *Carte Finistère Sud, B1*

Petit village en dehors des sentiers battus, sur la D 60. Détour intéressant pour admirer l'arc de triomphe de l'enclos de l'église Sainte-Geneviève.

Dans les environs, à Telgruc-sur-Mer, on découvre de jolies plages peu urbanisées : *Trez-Bellec,* la plus grande, *Trez-Bihan,* crique bien protégée. On peut également suivre la côte rocheuse escarpée de la *pointe du Guern* par un petit sentier.

Adresses utiles

Office de tourisme de Telgruc-sur-Mer : *6, rue du Menez-Hom (mairie), 29560* ***Telgruc-sur-Mer.*** *☎ 02-98-27-78-06. Juil-août, lun-sam 9h30-12h30, 14h-19h ; dim 9h30-12h30.* Documentation abondante.

Centre nautique de Telgruc-sur-Mer : *plage de Trez-Bellec, BP 21, 29560* ***Telgruc-sur-Mer.*** *☎ 02-98-27-33-83. • contact@cntelgruc.fr • Au bout de la plage, en contrebas de la grande maison.* Voile, kayak et escalade.

Où camper ? Où manger à Argol et dans les environs ?

Camping L'Armorique : *112, rue de la Plage, 29560* ***Telgruc-sur-mer.*** *☎ 02-98-27-77-33. • contact@campingarmorique.com • campingarmorique.com • Accès : à 700 m de la plage de Trez-Bellec. Ouv avr-fin sept. Prix tente : 14,28-21,38 € selon saison. Loc de bungalows sans sanitaires, mobile homes tt confort (240-750 €/sem) et chalets (320-725 €/sem). 98 empl. Apéritif maison offert en basse saison sur présentation de ce guide.* Posé sur une colline, dans un coin tranquille. Emplacements pour tentes, caravanes et camping-cars (bornes). Camping 4 étoiles familial avec piscine chauffée et toboggan. Piscine.

Crêperie du Roy d'Ys : *7, pl. de l'Église, à Argol. ☎ 02-98-27-77-69. Ouv de mi-juin à mi-sept tlj. Env 13-15 € le repas. Café offert sur présentation de ce guide.* Petite salle sans chichis en face de l'église. Bonnes crêpes maison. Cidre gouleyant. Terrasse aux beaux jours.

LE FINISTÈRE SUD

À voir. À faire

L'enclos paroissial : on est surpris de découvrir une architecture aussi grandiloquente dans un bourg somme toute modeste. Dans les passages latéraux, on trouve les traditionnels échaliers (pierres qui empêchaient les bêtes de pénétrer). La porte principale est d'une grande richesse baroque avec ses lanternons. Au milieu, l'une des deux seules représentations du roi Gradlon existant aujourd'hui, avec celle de la cathédrale de Quimper. Cheval petit et râblé, cavalier fier et élégant.

La Maison des vieux métiers vivants : *ferme de Kerampran. ☎ 02-98-27-79-30. • argol.fr • ♿ Dans le bourg. Début juil, lun-mar et jeu 14h-17h30 ; 15 juil-15 sept, tlj 14h-18h ; avr-juin, fin sept et vac de la Toussaint, mar, jeu et dim 14h-17h30 ; sur résa tte l'année pour les groupes. Entrée : env 5 € ; réduc.* De vieux métiers mis en scène : reconstitution d'ateliers de sabotier, vannier, rémouleur, cordier, tourneur sur bois, tondeur de moutons, brodeuse, potier. Vivants aussi parce que, ici, des retraités (agriculteurs, patrons-pêcheurs) vous racontent ce qu'était leur travail, vous font partager leurs souvenirs. Les activités varient au fil des jours. Hors saison, téléphonez par sécurité, les jours et les heures fluctuant selon les disponibilités des bénévoles.

Le parc de Jeux bretons : *rue du Moulin, près du presbytère. Ouv selon les horaires de la* Maison des vieux métiers vivants, *ci-avt.* Un endroit où s'exercer au palet, à la galoche et autres jeux (à risque !) traditionnels bretons.

CROZON-MORGAT [craon]

(29160) 7 880 hab. *Carte Finistère Sud, B1*

Au confluent de plusieurs routes, cette bourgade du parc naturel régional d'Armorique a donné son nom à la presqu'île. C'est à peu près sa seule caractéristique. Ah si ! Louis Jouvet y est né (mais il n'était pas breton) ! Hyper-touristique en été.

Adresse et info utiles

Office de tourisme de Crozon-Morgat : *bd de Pralognan-la-Vanoise. ☎ 02-98-27-07-92. • tourisme-presquiledecrozon.fr • Juil-août, lun-sam 9h30-13h, 14h-19h et dim 10h-13h ; hors saison, lun-sam 9h30-12h, 14h-18h.* Billetterie pour concerts, transports, balades en mer... Borne interactive accessible tous les jours 24h/24 pour trouver un hébergement, un site, une activité.

– **Marchés :** *le mat, tlj sf lun, sur la pl. de l'Église.* **Grand marché** *les 2e et 4e mer du mois, à Morgat, 1er et 3e mer du mois, en été.*

Où dormir ?

Camping de l'Aber : *à* **Tal-ar-Groas,** *50, route de l'Aber. ☎ 02-98-27-02-96. 📱 06-75-62-39-07. • contact@camping-aber.com • camping-aber.com • ♿ Accès : de Crozon, rejoindre Tal-ar-Groas (6 km), puis tourner à droite pour rejoindre la côte ; de Brest ou Châteaulin, au rond-point de Tal-ar-Groas prendre la petite route qui descend vers la plage de l'Aber, le camping est à 1 km. Ouv 15 mars-15 oct. Prix tente : 14-15,80 € selon saison. Loc de mobile homes : 220-625 €/sem pour 2-4 pers. 100 empl. Kir breton offert sur présentation de ce guide.* Accroché sur la colline et orienté plein sud, ce camping entre mer et campagne, avec vue imprenable sur la baie, a pour devise : « Le respect de chacun est le repos pour tous. » Dépôt de pain. Certains mobile homes ont une terrasse incorporée. Piscine.

Hôtel de la Presqu'île – Restaurant Le Mutin Gourmand : *pl. de l'Église. ☎ 02-98-27-29-29. • mutin.gourmand1@wanadoo.fr • mutingourmand.free.fr • ♿ (1 chambre). Fermé en principe 3 sem en mars et 3 sem en oct. Doubles 70-95 €.* Un vrai hôtel de charme, qui reflète dans son style l'identité bretonne. 3 inspirations pour la déco : les costumes bretons, la faïencerie bretonne et la mer. Communique par la coursive avec le resto *Le Mutin Gourmand* (voir ci-après « Où manger à Crozon et dans les environs ? »).

Où manger à Crozon et dans les environs ?

Le Capri : *à* **Tal-ar-Groas ;** *à 6 km de Crozon sur la route du Faou. ☎ 02-98-27-05-61. Fermé lun, mer soir et jeu soir hors saison ; slt lun midi en été. Menu ouvrier (déj en sem) env 12 € ; autres menus 17,50 € (midi) et carte.* La salle ne paie pas de mine, ni la terrasse au bord du rond-point. Mais les pizzas cuites au feu de bois sont bien bonnes et le menu ouvrier d'un bon rapport qualité-prix.

Le Mutin Gourmand restaurant et bistrot : *voir « Où dormir ? ». ☎ 02-98-27-06-51. ♿ Fermé dim soir, lun, mar midi hors saison ; slt*

LE FINISTÈRE SUD

lun midi et mar midi en hte saison. Congés : en principe 3 sem en mars et 3 sem en oct. Au Bistrot du Mutin, *ouv le midi mer-sam, formule env 16 € et menu 19 € ; au gastro, menus env 26-68 €.* Plusieurs salles en enfilade, décorées dans le même style que l'hôtel. Cette ancienne poste est devenue, en quelques années, la référence gastronomique des habitants du coin. On vient surtout y déguster des produits de la mer. Très beaux desserts. Qui plus est, tout est fait maison, du pain jusqu'au foie gras, un délice ! Et pour les pressés ou les moins argentés, les formules du *Bistrot* permettent de goûter aux talents du chef sans se ruiner.

À voir. À faire

L'église : ne pas manquer le superbe retable. Compte 24 panneaux en bois sculpté et peint, du début du XVIIe s. Près de 400 personnages y figurent, évoquant de façon très naïve et décorative le martyre de 10 000 soldats convertis au christianisme et crucifiés sous le règne de l'empereur Hadrien.

Peninsula Le Labyrinthe : *à* ***Menez-Kerbasguen,*** *route de la pointe de Dinan (D 308). ☎ 02-98-26-25-34. 06-64-66-45-56. • peninsulabyrinthe.com • Tlj 10h-19h en juil-août ; tlj 14h-18h avr-juin et sept ; mer, sam-dim et j. fériés hors saison (14h-17h). Entrée : 7-8 € ; réduc ; tarif famille ; gratuit moins de 5 ans. CB refusées.* Un parc de loisirs et de culture à ciel ouvert, dédié au labyrinthe. Vous pénétrez dans un labyrinthe géant en palissades de bois à la recherche d'une légende locale. Exposition permanente sur l'histoire des labyrinthes dans le monde et jeux variés sur le même thème. À découvrir absolument.

➢ ***VTT dans la presqu'île de Crozon :*** consulter la brochure *Entre mers et monts,* éditée par Pays du Menez-Hom Atlantique, à Crozon *(4 €).* Neuf circuits de différents niveaux, bien expliqués.

Festival

– ***Festival du Bout du Monde :*** *1er w-e d'août. Infos : • festivalduboutdumonde.com •* Un grand rendez-vous pour les fous de musique... du monde.

MORGAT (29160) 7 880 hab. *Carte Finistère Sud, B1*

Petite station balnéaire contiguë à Crozon, lovée au creux d'une baie splendide. Lancée au début du XXe s par Armand Peugeot, qui y fit construire des hôtels pour loger ses cadres en vacances. Quelques villas bourgeoises témoignent encore de cet âge d'or. Belle plage exposée plein sud. L'ancien port de pêche accueille désormais plusieurs centaines de bateaux de plaisance. Hors saison, c'est une destination très agréable et un bon camp de base pour rayonner dans la presqu'île. En saison, Morgat est le symbole d'un certain tourisme institutionnalisé.

Adresses utiles

Bureau d'infos touristiques : *pl. d'Ys. ☎ 02-98-27-29-49. Juil-août, lun-mer 9h30-12h30, 15h-19h, jeu-dim 14h30-19h30 ; sept-juin, lun 9h30-12h.*

Borne interactive accessible tous les jours 24h/24 pour trouver un hébergement, un site, une activité.

■ **Centre nautique de Crozon-Morgat :** *port de plaisance, BP 13. ☎ 02-98-16-00-00. • cncm.fr •* Voile, surf, kayak...

■ **Surfing Sardine :** *1, bd de la France-Libre. 📱 06-50-22-14-59. • surfing-sardine.fr •* Une école de surf.

Où dormir ? Où manger ?

Bon marché

🍽 **Atao-Aman :** *voir « Où boire un verre ? ». Compter 10-12 € pour un repas.*

De prix moyens à plus chic

🏠 **Résidence Odalys Horizon Morgat :** *lieu-dit Penfrat. ☎ 02-98-26-27-12. • morgat@odalys-vacances.com • odalys-vacances.com • ♿ Compter 230-1 325 €/sem pour 4. Wifi Sur présentation de ce guide, 1 sauna pour 2 pers offert.* Piscine couverte et chauffée, sauna et salle de remise en forme. À 600 m de la plage et des commerces, des petites maisons en duplex disséminées dans un parc de 2 ha, où l'on aperçoit des chevreuils au petit matin. Aire de jeux et grands espaces sécurisés pour les enfants, salle de jeux, terrain multisports, boulodrome... Une bonne adresse pour se ressourcer.

🏠 **Hôtel de la Baie :** *40, bd de la Plage. ☎ 02-98-27-07-51. • hotel.delabaie@orange.fr • hoteldelabaie-crozon-morgat.com • Doubles env 50-85 € selon chambre. Non-fumeurs.* Wifi Séparé de la plage par la route, face à la baie, un hôtel qui propose une gamme de chambres adaptée à différents budgets (même en haute saison). Confort très correct (double vitrage), comme les prix.

🏠 🍽 **Hôtel Julia :** *43, rue de Tréflez. ☎ 02-98-27-05-89. • contact@hoteljulia.fr • hoteljulia.fr • ♿ Doubles 61-91 € selon confort et saison. Menus 23-26 €.* Wifi Grande maison blanche à l'écart du bourg, derrière son jardin. Chambres plaisantes, avec ou sans balcon : les plus anciennes sont du genre classique ; les autres, situées dans une partie récente, arborent un esprit plus contemporain. Celles du 2nd étage ont vue sur la mer. Bar-salon rénové dans un style design. Agréable salle à manger à l'atmosphère british. Bonne cuisine traditionnelle.

🏠 **Chambres d'hôtes Kastell Dinn :** *au hameau de Kerlouantec, à 2 km de Morgat. ☎ 02-98-27-26-40 ou 📱 06-62-52-96-61. • menezpat@gmail.com • sejour-insolitebretagne.com • Dans un petit village de caractère, à la croisée des plus belles portions du GR 34. Doubles 55-90 € selon chambre.* Wifi Pierre Carn et Patricia Menesguen, les chaleureux propriétaires, adeptes du tourisme durable, proposent 4 « chambres d'hôtes insolites ». Vous aurez le choix entre la « Quille en l'air », construite sous une coque de bateau retournée, la « Caloge », bateau recouvert d'un toit de chaume, une roulotte et la « Ar vag » (« les pêcheurs »). Cette dernière, avec accès indépendant, est située dans l'ancienne maison de pêcheurs du XVIIIe s, rénovée avec des matériaux naturels, et où vivent Pierre et Patricia. Le petit déj est servi dans une dépendance, « l'Abri du marin », qui dispose d'un coin cuisine pour les hôtes. En juillet-août, autres logements possibles sur place. Superbe.

🍽 **Saveurs et Marées :** *52, bd de la Plage. ☎ 02-98-26-23-18. Tlj avr-sept ; fermé dim soir-lun oct-mars. Formule 15 € en sem ; menus 18,50 € (sf dim)-55 € ; carte. Kir offert sur présentation de ce guide.* Parmi les restos qui jouent à touche-touche le long du port, en voilà un qui tire bien son épingle du jeu, et les habitants du coin ne s'y trompent pas. Déco gentiment fleurie et colorée, petite terrasse avec vue sur la mer, musique agréable pour les oreilles. Les produits sont tous locaux (petits pêcheurs côtiers, agriculteurs locaux). Jetez d'abord un coup d'œil à l'ardoise. Poisson, assiettes et plateaux de fruits de mer à la fraîcheur assurée ! De belles salades également.

Grand Hôtel de la Mer : *17, rue d'Ys. ☎ 02-98-27-02-09. • club.morgat@belambra.fr • belambra.fr • ♿ Hôtel ouv de mi-avr à fin sept. Doubles 61-137 € selon saison et expos ; voir les promos sur leur site. Parking privé gratuit. (réception).* Hôtel construit au début du XXe s et qui a vu séjourner plusieurs personnalités, comme le général de Gaulle ou encore Jean Gabin. Porche triomphal côté terre, ponton et escalier descendant sur la plage côté mer. Pour les chambres donnant sur la mer, quelle vue ! Copieux petit déj-buffet. Terrasse, jardin de 1,5 ha, tennis, bar, aire de jeux pour les enfants, local VTT. Piscine municipale couverte payante en face de l'hôtel. Fait aussi resto.

Où boire un verre ?

Atao-Aman : *34, bd de la Plage. ☎ 02-98-16-00-75. Ouv tlj sf dim hors saison. Fermé janv.* Ce nom aux sonorités exotiques signifie « toujours là » en langue bretonne. Cadre original, mosaïques de style, jardin clos bien tranquille, rythmes afro-cubains et celtiques. On peut y boire d'excellents cocktails, de multiples rhums arrangés, feuilleter des livres dans le coin salon avec cheminée et vieux canapés, consulter ses e-mails et même y manger de bonnes crêpes, dont la « Goinfre » et la « Cochonne ».

Le Relais des Pêcheurs : *quai Kador. ☎ 02-98-27-04-02. Au bout du quai. Fermé lun et mar midi hors saison. (payant).* Bon choix de whiskies. Un bar qui ne paie pas de mine de l'extérieur, mais à l'ambiance bon enfant avec son baby-foot.

À faire

➢ ***Le sentier côtier du cap de la Chèvre :*** petit sentier escarpé et sauvage qui longe les falaises plongeant dans l'océan. Joyeux exercice pour les amateurs de sensations vertigineuses. Il démarre des falaises de la pointe de Morgat, à l'entrée du port. Compter 6 km jusqu'à l'île Vierge (superbe balade !), 12 km jusqu'au cap de la Chèvre en passant par la pointe de Saint-Hernot. Dolmen sur la gauche avant le carrefour de Kerroux. Les plus courageux pourront poursuivre jusqu'à la pointe de Dinan en dominant les belles plages (lire plus loin « Le cap de la Chèvre. À voir. À faire ») de la Palue et de Lostmarc'h (alignements de mégalithes au village).

– ***Initiation à la danse bretonne :*** *ts les mer à 21h, salle du Kador, port de Morgat.*

Plongée sous-marine

■ ***ISA :*** un centre de plongée sérieux, installé sur le port de plaisance de Morgat. Voir plus haut la rubrique « Plongée sous-marine » à Douarnenez.

Fête et manifestations

– ***Les Mardis de Morgat :*** *juil-août. GRATUIT.* Concerts sur le port. Navettes gratuites.
– ***Fête du Thon :*** *14 juil et 15 août.* Dégustation.

LE CAP DE LA CHÈVRE

Carte Finistère Sud, A-B1

Un paysage rude et sauvage qui a, par bonheur, échappé aux promoteurs immobiliers. Allez à la rencontre de ces landes jalonnées de petits hameaux aux très jolies maisons traditionnelles, notamment à Ménesguen et Rostudel, le dernier hameau avant le sémaphore. Est-il besoin de décrire le panorama, depuis le cap, sur la baie de Douarnenez et la pointe du Raz ? Les falaises atteignent parfois 100 m de haut. Petit chemin sur la droite, 500 m avant le phare, menant au point de vue. Hors saison, ou si vous y êtes un beau matin de très bonne heure, c'est tout simplement magique...

Où dormir ? Où manger dans le coin ?

Gîte d'étape de Saint-Hernot : *29160 **Saint-Hernot.** ☎ 02-98-27-15-00. • gites.saint.hernot@presquile-crozon.com • Sur la route du cap de la Chèvre, face à la chapelle. Resto fermé sept-juin, sf sur résa. Congés : de mi-nov à mi-mars. Compter env 17 €/pers en gîte ; double 45 €. Env 20 € à la carte.* 2 dortoirs de 10 et 7 lits pour les randonneurs et 3 chambres d'hôtes, simples, avec douche commune. La terrasse donne sur la chapelle Saint-Hernot.

À voir. À faire

La maison des Minéraux : *29160 **Saint-Hernot.** ☎ 02-98-27-19-73. • maison-des-mineraux.org • Sur la route du cap de la Chèvre, à 4 km de Morgat. Tlj 10h-19h en juil-août ; lun-ven 10h-12h, 14h-17h, plus dim et j. fériés 14h-17h hors saison. Fermé dim et j. fériés de déc à mi-fév. Ateliers pour les enfants. Entrée : env 4,80 € ; réduc.* Superbe collection de pierres de Bretagne et du monde entier, dont une salle de minéraux fluorescents. Organise également en été de passionnantes randonnées-découvertes dans le coin, pour découvrir et comprendre les superbes paysages de la presqu'île de Crozon. Propose aussi des balades sonores *(casque à louer 5 €).*

Les plages : la ***plage de la Palue*** (orientée plein ouest, 2 km de long) est une des plus belles du département. **Interdite à la baignade,** car très dangereuse (vagues et baïnes...), mais super spot pour le surf et le funboard. Dans son prolongement, on trouve la ***plage de Lostmarc'h*** où naturistes et « textiles » cohabitent (**baignade dangereuse, donc interdite** là encore).

LA POINTE DE DINAN

Carte Finistère Sud, A1

Appelée aussi le *château de Dinan,* du fait de son aspect massif et ruiné. Le site n'a rien à envier à celui du cap de la Chèvre. Promontoire livrant de superbes échappées sur roches et falaises déchiquetées. Petite plage de galets dans une crique au pied de l'observatoire. Chaos rocheux dans la mer. Au fond, on aperçoit l'immense plage de sable de l'anse de Dinan et les *Tas de Pois* de la pointe de Pen-Hir.

LE FINISTÈRE SUD

Où dormir dans le coin ?

⛺ ***Camping de la plage de Goulien :*** *à* ***Kernaveno.*** *☎ et fax : 02-98-26-23-16. 📱 06-08-43-49-32. • camping.delaplage.degoulien@presquile-crozon.com • camping-crozon-laplagedegoulien.com • ♿ Accès : à 5,5 km à l'ouest de Crozon par la D 308 et à 100 m de la jolie plage de Goulien* (of course !). *Ouv 1er juin-15 sept (à partir des vac de Pâques pour les loc). Prix tente en hte saison 19 €. Loc de mobile homes 320-650 €/sem. CB refusées. 126 empl. Une partie de minigolf offerte sur présentation de ce guide.* Un camping sympa, avec toutes les commodités de la mer à proximité.

CAMARET-SUR-MER [kameled]

(29570) 2 680 hab. *Carte Finistère Sud, A1*

Cet ancien port langoustier s'est reconverti dans le tourisme et la plaisance. Avec raison, car c'est un port agréable dans une anse splendide où les derniers bateaux de pêche agonisent avec une pittoresque dignité. Beaucoup de monde en juillet et août.

UN ESSAI QUI TOMBE À L'EAU

C'est à Camaret que l'ingénieur américain Fulton expérimenta en 1801 son sous-marin de poche destiné à poser des bombes sur les flancs des navires anglais. Bonaparte n'y crut pas, et Fulton repartit aux États-Unis.

Adresse utile

ℹ ***Office de tourisme :*** *15, quai Kléber, BP 16. ☎ 02-98-27-93-60. • camaretsurmer-tourisme.fr • ♿ Sur le port. Juil-août, lun-sam 9h15-12h30, 14h-19h, dim et j. fériés 10h-12h ; le reste de l'année, lun-sam jusqu'à 18h (17h sam).*

Où dormir ? Où manger ?

Camping

⛺ ***Camping municipal du Lannic :*** *rue Grouannoc'h. ☎ 02-98-27-91-31. • camping.municipal.camaret@orange.fr • camaretsurmer.com • ♿ Accès : sur les hauteurs de Camaret, à 800 m de la plage. Ouv avr-nov. Prix tente : 11,14 €. Mobile homes en loc (210-520 €/sem), dont 1 mobile home 3 chambres et 1 mobile home accessible aux personnes à mobilité réduite. Prix caravane : 96,18 €/sem. 300 empl.* Confort basique, petit terrain, mais pas cher. TV dans tous les mobile homes, chauffage dans toutes les pièces.

De bon marché à prix moyens

🏠 ***Hôtel Vauban :*** *4, quai du Styvel. ☎ 02-98-27-91-36. • contact@hotelvauban-camaret.fr • hotelvauban-camaret.fr • Congés : 20 déc-12 janv. Doubles 45-65 € selon confort et vue.* 📶 Un petit hôtel fort bien tenu, sur les quais. Certaines chambres offrent une jolie vue sur le port et la tour Vauban, et donnent à l'arrière sur un jardin.

🏠 ***Le Styvel :*** *2, quai du Styvel. ☎ 02-98-27-92-74. • hotelstyvel@wanadoo.fr • hotel-du-styvel.com • Face au port et à la chapelle de Rocamadour. Congés : 2 sem en* *janv. Doubles avec douche 40-60 € selon confort et saison. Parking gratuit.* Les chambres sont petites mais plutôt confortables. Préférez celles qui donnent sur le port ; si vous en avez une donnant sur l'arrière, vous risquez bien d'être incommodé par le bruit de la ventilation des cuisines du resto.

Chez Philippe : *22, quai Toudouze. ☎ 02-98-27-90-41. Fermé lun et jeu soir hors saison. Congés : de mi-nov à mi-déc. Menu déj en sem 12 €, puis menus 16,50-27 €.* Un resto tout simple et au cadre sans réelle importance, où les habitués se retrouvent pour trinquer un p'tit coup, accoudés au comptoir. Cuisine classique du large et bien fraîche, car régulièrement approvisionnée par les pêcheurs du coin. Quelques tables posées en terrasse, face au port. Dommage que l'accueil ne suive pas.

De prix moyens à chic

Hôtel de France : *19, quai Toudouze. ☎ 02-98-27-93-06. • hotel-france-camaret@wanadoo.fr • hotel-france-camaret.com • Sur le port. Congés : déc-mars, resto fév. Doubles 68-81 € selon confort et saison ; petit déj-buffet 10 €. Formules déj en sem 16-22 € ; menus à partir de 29 €. Apéritif offert sur présentation de ce guide.* Hôtel classique mais de bon confort. Préférez les chambres avec vue sur le port, sinon vous observerez... la cour intérieure. Salle de resto design joliment éclairée, sur 2 étages (le premier offre un beau panorama). La petite terrasse donne également sur le port. Bonne cuisine du terroir, fruits de mer.

Les Frères de la Côte : *11, quai Toudouze. ☎ 02-98-27-95-42. Ouv 16 fév-14 nov ; tlj en juil-août, sinon fermé mer et le soir dim, lun. Formule déj en sem 14,90 €, menu 27 €. Compter 30 € à la carte. Apéritif maison offert sur présentation de ce guide.* Bretons d'origine, les frères de la famille Philip, après avoir ouvert une belle adresse en Guadeloupe, ont fait un retour aux sources. Dans leur cuisine, ils savent associer la richesse des côtes bretonnes aux parfums des épices découvertes dans les Caraïbes. Un véritable voyage gastronomique dans cet établissement dédié au poisson et aux épices.

Où dormir dans les environs ?

Camping Le Grand Large : *à* **Lambezen.** *☎ 02-98-27-91-41. • contact@campinglegrandlarge.com • campinglegrandlarge.com • Accès : du côté de la pointe Sainte-Barbe. Ouv 1er avr-30 sept. Prix tente : 13,90-23,70 €. Loc de chalets et de résidences (ces dernières sont particulièrement confortables) : 234-750 €/sem pour 2-6 pers. 131 empl.* Le Grand Large, c'est le grand luxe. Accès direct à la plage. Vue magnifique. Tous services. Piscine.

Chambres d'hôtes Trouz Ar Mor : **Kerloc'h.** *☎ 02-98-27-83-57. • trouzarmor@yahoo.com • trouzarmor.com • À 3 km env de Camaret. Prendre la direction de Crozon (fléché sur la droite). Fermé mer hors saison. Doubles 75-84 € selon confort. Table d'hôtes 25 € le soir sur résa. Un massage du dos pour 2 et une séance de sauna offerts à partir de 2 nuits réservées sur présentation de ce guide (sf 15 juil-31 août).* Dans sa maison neuve face à la mer, Frédéric propose 5 chambres dont 4 se partagent 2 salles de bains. Déco colorée tendance asiatique. Très branché philosophies indienne et tibétaine, Frédéric a tout prévu pour vous rendre le séjour des plus agréable : massages thalasso-thérapeutiques, cours de yoga, sauna, réflexologie, gommage aux algues, etc. (moyennant supplément, bien entendu). Le pompon : un bain au chocolat ! Une adresse hors normes qui prend parfois des accents d'auberge espagnole.

Où boire un verre ?

Rhumerie La Goel : *36, quai Toudouze. ☎ 02-98-27-92-37.* Le bar plein de chaleur et de vie à Camaret pour s'enivrer, à l'heure de l'apéro ou en soirée, d'une atmosphère conviviale et bon enfant. Terrasse.

LE FINISTÈRE SUD

Où acheter de bons produits ?

Boulangerie-pâtisserie Hervé Yhuel : *5, quai Toudouze.* ☎ *02-98-27-93-34. Ouv tte l'année. Ouv 6h30-20h. (Un autre magasin à Crozon, rue de la Gare.)* Excellent *kouign amann,* à savourer sur place ou à emporter.

À voir

La tour Vauban : *à l'extrémité du sillon, digue naturelle qui ferme l'entrée de la rade de Camaret.* ☎ *02-98-27-94-22.* ***La tour est en cours de restauration.*** Immanquable : elle est recouverte d'un crépi rouge pétant ! En 2008, le comité du Patrimoine mondial a inscrit les fortifications de Vauban sur la liste du Patrimoine mondial de l'Unesco. 12 sites sont reconnus, parmi lesquels la tour Dorée de Camaret-sur-Mer. Tour fortifiée construite par Vauban, à laquelle l'histoire attribue un rôle crucial dans la victoire des Bretons sur la flotte anglo-hollandaise en 1694.

La chapelle Notre-Dame-de-Rocamadour : *sur le sillon.* Édifiée au XVIe s. Elle devrait son drôle de nom aux voyageurs venus de Scandinavie qui débarquaient à Camaret avant de prendre la route jusqu'au célèbre pèlerinage du Quercy. Autre explication, son nom viendrait du breton *roch'* et *adour,* soit le « rocher au milieu de l'eau ». À l'intérieur, charpente de lambris peints à laquelle pendent des bateaux ex-voto.

La Maison du patrimoine maritime : *15, quai Kléber.* ☎ *02-98-27-82-60. Jouxte l'office de tourisme. Visite sur résa slt. GRATUIT.* Située dans une ancienne conserverie, elle invite à revivre le quotidien des pêcheurs camarétois.

Plongée sous-marine

Très exposée au vent d'ouest, la zone est battue en permanence par de violents courants, rendant les plongées très techniques : les hommes-grenouilles se mettent à l'eau au moment de l'étale et utilisent un compas pour se guider dans le fond, la visibilité tournant régulièrement autour des 5 m. Plongée hors club déconseillée. Prudence.

Dans le coin, les épaves sont particulièrement nombreuses. *La Cordelière,* nef d'Anne de Bretagne, reine de France et épouse de Louis XII, est certainement le navire le plus illustre à y avoir sombré, en 1512, lors d'un combat avec les Anglais. Aujourd'hui, elle est activement recherchée par les hommes du *Groupe de recherche en archéologie navale,* qui sillonnent chaque été les alentours de Brest à bord d'un chalutier remorquant un « poisson » électronique pour débusquer la « grande dame » et, par là même, redécouvrir cette Marine du XVIe s, encore mal connue des historiens (à suivre sur ● *archeonavale.org* ●).

Club de plongée

■ **Club Léo-Lagrange :** *2, rue du Stade.* ☎ *02-98-27-90-49 et 02-98-27-92-20.* ● *info@club-leo-camaret.fr* ● *club-leo-camaret.net* ● *Tte l'année. Résa obligatoire. Baptême en mer 43 € ; forfaits dégressifs à partir de 5 plongées.* Rendez-vous sur le quai Tephany pour embarquement immédiat – par groupes de niveaux – sur l'un des chalutiers ou pilotines (orange et blanc) de cet imposant centre *(FFESSM).* Une sérieuse équipe de moniteurs connaissant tous les spots « sur le bout des palmes » assure baptêmes et formations jusqu'au niveau III. Plongées enfants à partir de 8 ans, et au *Nitrox* (air enrichi en oxygène) pour les confirmés. Équipements complets fournis. Petite fosse de plongée à terre pour des initiations tranquilles. Nombreux plongeurs de l'Europe entière. Également des stages de voile (catamaran et planche).

Fête et manifestation

– ***Festival des Lundis musicaux :*** *fin juin-fin août. Rens : ☎ 02-98-27-90-49 ou à l'office de tourisme.*
– ***Bénédiction de la mer :*** *1er dim de sept.*

DANS LES ENVIRONS DE CAMARET-SUR-MER

Les alignements de Lagatjar : entre Camaret et la pointe du Toulinguet, une centaine de pierres dressées, style Carnac ou Stonehenge.

Le manoir de Coecilian : *sur la crête de Pen-Hat.* Face à l'océan pointent les tourelles d'une vieille bâtisse en ruine. C'est tout ce qui reste du manoir fantasque construit pour ***Saint-Pol-Roux.*** Fuyant Paris (et le parisianisme.), le poète s'y était installé au début du XXe s. Des années 1920 aux années 1940, ce manoir a reçu de nombreux invités de marque, dont Max Jacob, Paul Éluard, Mac Orlan... jusqu'au drame. Dans la nuit du 23 au 24 juin 1940, un soldat allemand tue la servante du manoir, viole et blesse grièvement Divine, la fille de Saint-Pol-Roux, et brutalise le poète alors âgé de 80 ans. À son retour de l'hôpital, Saint-Pol-Roux retrouve son manoir pillé, ses manuscrits brûlés, éparpillés. Il ne s'en remet pas et meurt le 18 octobre de la même année. Divine, elle, survit. Elle meurt en 1985.

La pointe du Toulinguet : tout aussi sauvage et spectaculaire que la pointe de Pen-Hir mais beaucoup moins fréquentée. Sentier (réservé à ceux qui ont le pied sûr) pour rejoindre la pointe de Pen-Hir.

LE FINISTÈRE SUD

LA POINTE DE PEN-HIR

Carte Finistère Sud, A1

La plus touristique des pointes de la presqu'île. Il faut reconnaître que le site est somptueux. Des falaises déchiquetées qui plongent dans des flots souvent tumultueux. Un panorama forcément sublime jusqu'aux îles d'Ouessant et de Molène par beau temps. Une gigantesque croix de Lorraine de béton, dédiée aux Bretons de la France libre. Et, battus par les flots, les fameux rochers des *Tas de Pois* qui, chacun, portent un petit nom : *Pen Glas* (la « Tête verte »), *Ar Forc'h* (la « Fourche »), *Bern Id* (le « Tas de céréales »). Évidemment, il vaut mieux choisir son jour et son heure pour y venir.
Encadrant la pointe de Pen-Hir, belles *plages de Pen-Hat* (baignade interdite) et du *Very'ach.*

LA POINTE DES ESPAGNOLS ET ROSCANVEL

[ROSKANVEL] (29570) *Carte Finistère Sud, B1*

Sur la côte est de la presqu'île de Crozon. Plus sauvage et moins fréquentée que la côte ouest. Depuis longtemps fortifiée (par Vauban) du fait de sa

position stratégique à l'entrée de la rade de Brest, cette côte abrite quelques zones militaires « sensibles » : centre d'entraînement des services secrets, base de sous-marins nucléaires à l'Île-Longue. Au nord de Roscanvel, un paysage austère de landes offre çà et là de magnifiques échappées sur la mer d'Iroise, la rade de Brest et la baie de Camaret.

Où dormir ?

Maison d'hôtes Les Capucins : *hameau de Keravrès, à 2 km de Roscanvel. ☎ 02-98-26-26-09 ou 06-98-36-35-50. • gitedescapucins@yahoo.fr • gite-presquile-crozon.fr • Doubles 56-72 € selon saison ; familiales 95-160 € ; petit déj 7 €. ½ pens 56,80-65 €/pers. Capacité de 14-19 pers. Apéritif offert avec la ½ pens et, hors saison, remise de 10 % sur le prix de la chambre (hors petit déj et linge), sur présentation de ce guide.* Au cœur de cette péninsule qui offre de multiples possibilités de randonnée, un gîte récent de 5 chambres pour 2 à 6 personnes et une suite familiale, plutôt mignonnes, avec douche et w-c privés. Certaines sont mansardées. Coin cuisine en gestion libre et salon avec cheminée. Possibilité aussi de louer le gîte en entier. Une adresse idéale pour les randonneurs.

À voir

La pointe des Espagnols : *accessible en voiture depuis Roscanvel (4 km) ou Camaret-sur-Mer (11 km). Superbe panorama (n'oubliez pas vos jumelles !) sur le port de Brest et le phare du Minou, situés sur la rive opposée. Parking gratuit.* Au nord de la presqu'île de Roscanvel, la pointe des Espagnols domine le goulet de Brest, ce chenal long de 3 km et large de 1,5 km qui ferme la rade de Brest. Elle a été fortifiée par Vauban au XVIIe s.

La pointe tire son nom de son occupation, lors des guerres de Religion, par les troupes espagnoles, qui s'y replièrent après avoir tenté le siège de Brest et y édifièrent un fort en 1594 pour barrer l'entrée de la rade, avant d'en être délogés, quelques mois plus tard, par les Français et les Anglais. Lesdits Anglais l'occuperont à leur tour un siècle plus tard, lors de la bataille de Camaret.

LE FRET

(29160) 7 880 hab. *Carte Finistère Sud, B1*

À 5 km au nord de Crozon, un ancien petit port de pêche encore bien authentique.

Où dormir ? Où manger ?

Hostellerie de la Mer : *11, quai du Fret. ☎ 02-98-27-61-90. • contact@hostelleriedelamer.com • hostelleriedelamer.com • Sur le port. De mi-nov à mars, resto fermé lun midi, sam midi et dim soir. Chambres 58-89 € selon confort et saison. Formules déj en sem 19-22 € ; menus 28-76 € ; à la carte, env 55 €. Café offert et 10 % de remise sur la chambre (ven et dim, nov-mars) sur présentation de ce guide.* Hôtellerie cossue et chambres à la déco assez conventionnelle ; certaines donnent sur la mer. Resto dans un décor traditionnel breton. Jusque-là, l'hôtellerie classique par excellence et bien tenue. Belle surprise, en revanche, côté restauration, avec un chef qui propose une cuisine raffinée et moderne à base de produits du terroir et de la mer.

À faire

➢ ***Croisière commentée jusqu'à Brest :*** *avec la société maritime* ***Azenor*** *(☎ 02-98-41-46-23 ; • azenor.fr •). De mi-avr à mi-juil et sept, tlj sf lun ; de mi-juil à fin août, tlj ; se renseigner pour les horaires. Compter env 15 € l'A/R ; réduc.*

LANDÉVENNEC [landevenneg]

(29560) 380 hab. *Carte Finistère Sud, B1*

Adorable petit village, posé sur un éperon rocheux face à l'embouchure de l'Aulne, tout au bout de la rade de Brest. Une seule et unique rue, qui s'allonge entre l'ancienne abbaye et l'église du XVIIe s avec son romantique cimetière marin. Et pour parfaire l'aspect « petit paradis » du coin, une végétation quasi méditerranéenne : palmiers et figuiers, mimosas et camélias poussent ici grâce à un microclimat exceptionnel. Atmosphère paisible, propice à la méditation. Pas vraiment un hasard, donc, si le site a séduit les bénédictins.

Où dormir ? Où manger ?

De bon marché à prix moyens

■ ▲ ***Gîte d'étape :*** *☎ 02-98-27-72-65 (mairie). • mairie.landevennec@wanadoo.fr • Compter 15 €/pers (draps sur demande).* Dans une maison de bois et d'ardoise derrière la mairie. 3 chambres. Cuisine équipée et réfectoire. La mairie gère aussi un petit camping municipal au bord de l'Aulne, pas franchement ombragé. Et même, à mi-chemin entre gîte et camping, un terrain de tennis (payant).

■ ***Chambres d'hôtes Saint-Patrick :*** *16, rue Saint-Guénolé. ☎ 02-98-27-70-83. • lesaint.patrick@wanadoo.fr • le-saint-patrick.fr • Juste avt l'église. Ouv début avr-fin sept. Resto ouv slt en juil-août, sur résa le soir. Chambres avec lavabo 41-43 € (douche et w-c communs). Prix moyen d'un repas à la carte env 20-25 €. Apéritif offert sur présentation de ce guide.* Un vieux bistrot, intact, avec ses chaises en bois qui raclent le carrelage et son comptoir de poche derrière lequel se serre un cortège de vieux whiskies irlandais, et on peut y goûter sans attendre la Saint-Patrick ! Les chambres sont celles d'une maison de famille : mignonnes comme tout avec leur cheminée en marbre et leurs bibelots posés ici ou là. Les fenêtres de certaines s'ouvrent sur la rade de Brest.

|●| ***Crêperie Goustadig :*** *11, rue de l'Abbaye. 📱 06-15-71-10-20. • danielle.quere@wanadoo.fr • Fermé mar soir et sam midi, hors saison dim soir-lun. Congés : 12 nov-début vac fév. À la carte, env 12 €.* Ici, on ne se prend pas vraiment au sérieux ; d'ailleurs, *goustadig* signifie « tranquillou » en breton. Mais les sympathiques propriétaires, qui ont restauré eux-mêmes cette vieille bâtisse, n'en oublient pas pour autant de faire de bonnes crêpes, à base de produits du jardin et du potager ! Côté déco, là encore, l'esprit est très *goustadig* : quelques tables dépareillées en bois, guirlandes de coquillages aux fenêtres. Une adresse très sympa pour une petite pause en douceur.

À voir

Le musée de l'Ancienne-Abbaye : *☎ 02-98-27-35-90. • musee-abbaye-landevennec.fr • ♿ (musée). Juin-sept, tlj 10h30-19h ; avr-mai, tlj sf sam et j. fériés 10h30-18h ; fin fév-fin mars et oct, tlj sf sam 14h-17h. Fermé 2 nov-fév. Entrée : 6 € ; réduc.* Ce musée moderne présente l'histoire de l'abbaye, ainsi que les objets découverts au cours des fouilles d'un site extrêmement riche : sarcophage en chêne du IXe s, dallage du Xe s réutilisant des éléments gallo-romains, poteries. Des présentations stratigraphiques permettent de visualiser les périodes d'occupation de ce haut lieu du christianisme en Bretagne du VIe au XIXe s.

L'ancienne abbaye bénédictine : fait partie du musée. Il en reste de hauts murs qui, dominant les bords de l'Aulne, offrent l'un des plus beaux panoramas de la région. De l'église subsistent les bases des piliers et l'abside, voisine des vestiges du monastère : cloître carolingien, salle du chapitre et réfectoire. Fondé au Ve s par saint Guénolé *(Gwennolé)*, c'est le plus ancien et le plus célèbre des sanctuaires bretons. Cette abbaye, qui se réclamait de la tradition celtique, a joué un rôle considérable à l'époque dans la propagation du christianisme. En 818, elle adopte la Règle de saint Benoît, puis elle est entièrement reconstruite. Son scriptorium connaît une activité intense interrompue en 913 par l'arrivée des Vikings. De retour d'exil vers le milieu du Xe s, les moines entreprennent la reconstruction : les travaux de l'église abbatiale commencent dès le 2e quart du XIe s. Après bien des vicissitudes (attaques des Anglais, des Ligueurs...), la Révolution française a précipité la chute définitive de Landévennec. Derniers moines dispersés, bâtiments vendus aux enchères et servant ensuite de carrière de pierre. Un noble fortuné a racheté le site à la fin du XIXe s et a consacré sa fortune à relever les ruines.

La nouvelle abbaye : *à proximité du musée de l'Ancienne-Abbaye. ☎ 02-98-27-73-34.* Inaugurée en 1958, la nouvelle abbaye abrite une communauté d'une vingtaine de moines bénédictins. L'église abbatiale se visite. Vente de produits monastiques (dont les pâtes de fruits fabriquées par les moines) et bretons. Librairie.

Le cimetière de bateaux : à pied, un petit chemin oblique sur la droite à l'entrée du domaine de la nouvelle abbaye y descend à travers bois. En voiture, poursuivre au-delà de la nouvelle abbaye. La route, bordée par la forêt communale de Landévennec, longe l'estuaire de l'Aulne. À quelques kilomètres, un belvédère offre un panorama remarquable sur l'île de Térénez, les boucles de l'Aulne et ce cimetière de bateaux. Des vétérans, réformés, de la Royale, dont les coques de métal rouillent doucement dans l'eau de la rivière. Deux officiers veillent jour et nuit sur ce cimetière. Au cas où, sait-on jamais, quelqu'un viendrait à « emprunter » un hublot pour s'aménager une salle de bains tendance marine.

ROSNOËN ET LE FAOU (AR FAOU)

(29580) 1 650 hab. *Carte Finistère Sud, B1*

Si l'on vient de Landévennec, après avoir passé le pont suspendu de Térénez, on s'offre une magnifique arrivée dans le fjord de l'Aulne. Belle route en corniche. Tout au fond, voilà Le Faou (prononcer « Le Fou »), vieille ville portuaire, dont rue et place principales présentent un alignement de maisons médiévales, mais la perspective est gâchée par les nouvelles constructions en béton. Presque trop tranquille hors saison, Le Faou, ville charnière entre le nord et le sud du Finistère et porte d'entrée de la presqu'île de Crozon,

devient plus touristique en été. Nos meilleures adresses se trouvent en fait côté Rosnoën, à 5 km au sud-ouest par la D 47, au cœur d'une campagne joliment vallonnée.

Adresses utiles

Office de tourisme de l'Aulne maritime : *39, rue du Général-de-Gaulle,* ***Le Faou.*** *☎ 02-98-81-06-85. • cc-aulne-maritime.fr • Ouv de mai à mi-sept, mar-sam 9h-13h, 14h-17h ; de début juil à mi-août, 10h-19h.*

Maison du parc naturel régional d'Armorique : *15, pl. aux Foires, BP 27, 29590* ***Le Faou.*** *☎ 02-98-81-90-08. • pnr-armorique.fr •* Voir plus haut « Adresses utiles » au début du chapitre « Le Porzay et la presqu'île de Crozon ».

Où dormir ? Où manger ?

Bon marché

Gîte Ty Bihan et Reskibilou : *Kervezennec,* ***Rosnoën.*** *☎ 02-98-81-93-84. • leguirriecrandoplume@wanadoo.fr • gite-rando-bretagne.fr • Accès fléché depuis la D 791. À partir de 18 €/pers en gîte (chambres de 4 pers) ; double 44 €. CB refusées. (câble). Apéritif maison offert sur présentation de ce guide.* Jolie petite maison du XVIIe s dans un hameau pas loin de la route, et un autre gîte, le *Reskibilou,* en écohabitat. La déco est sympathique. 6 chambres (18 places). Coin cuisine, salle à manger et salon à disposition. On peut acheter à la famille Le Guirriec volailles, légumes, œufs, lait, cidre, etc.

Crêperie La Frégate : *50, rue du Général-de-Gaulle,* ***Le Faou.*** *☎ 02-98-81-09-09. • lafregate3@wanadoo.fr • Fermé lun-mer hors saison, slt mer juil-août. À la carte, 12-15 €.* Dans une belle bâtisse médiévale classée, mariant la pierre et l'ardoise, donnant sur le centre du village, officie Christophe Beuriot, qui accumule les reconnaissances officielles. Ses crêpes ont été distinguées tant pour leur originalité que pour la qualité des produits utilisés, en grande majorité locaux ou bio.

Ferme apicole de Térénez : *☎ 02-98-81-06-90. • stephane.brindeau@nordnet.fr • ferme-apicole-de-terenez.com • Sur la D 791 entre Le Faou et le pont de Térénez (bien indiqué). Doubles 42-50 €.* 6 chambres confortables et agréables, qui peuvent accueillir 2 à 4 personnes. Cadre superbe, vue sur le cimetière de bateaux de Landévennec, et bon accueil. Stéphane Brindeau est apiculteur et transforme avec bonheur ses produits : pain d'épice au miel, bonbons, bougies, jusqu'au dentifrice ! Passionné, il a même ouvert un écomusée de l'Abeille. Les visites sont gratuites et très intéressantes.

Prix moyens

Ferme-auberge du Seillou : *route de Térénez,* ***Rosnoën.*** *☎ 02-98-81-92-21. • fermeaubergeduseillou@wanadoo.fr • fermeaubergeduseillou.com • Sur la D 791, à 4 km du Faou. Resto fermé lun hors saison ; résa recommandée. Congés : oct. Double avec douche ou sdb 51 €. Kig ha farz 17 €.* Dans une belle ferme en pierre, chambres d'hôtes claires et pimpantes. Grande salle à manger. À table, viandes de la ferme (bœuf, poulet, porc) et *kig ha farz* certains soirs. Plusieurs circuits pédestres tout à côté.

Viviers de Térénez : *à 6 km du Faou, sur la D 791. ☎ 02-98-81-90-68. • pascal.brisset.0328@orange.fr • Ouv tlj 10h-21h juil-août ; fermé le soir dim et j. fériés en basse saison. Résa conseillée. Env 25 € à la carte. Café offert sur présentation de ce guide.* Vente de crustacés au détail ou dégustation en terrasse au bord de la grève, avec vue sur l'abbaye de Landévennec.

À voir

L'église Saint-Sauveur : du XVIe s. Près de la rivière, elle compose, avec la petite ville du Faou, un charmant tableau. Petite, mais son clocher à dôme et lanternon est remarquable. Tout comme son porche gothique et ses fonts baptismaux.

L'église Notre-Dame-de-Tout-Remède de Rumengol *(ou la Vieille renommée) : à* ***Rumengol.*** *À 3 km au nord-est du Faou par la D 42.* Remarquable édifice du XVIe s. Tour de 1536 (plaque fondatrice en gothique fleurdelisé à la base). Sous la voûte, Annonciation polychrome et douze apôtres sous baldaquin. À l'intérieur, le must, ce sont les deux retables monumentaux occupant tout le transept. Festival de pampres et grappes dorées, anges et chérubins. À droite, statues de saint Sébastien et de saint Jean Baptiste. À gauche du chœur, Vierge du XVe s, cible du pèlerinage local. À droite, curieux groupe de la Trinité avec un Christ malingre et l'Esprit-Saint perché sur la couronne. À gauche, reliquaire imitant le Kreisker de Saint-Pol-de-Léon. Tribune d'orgue du XVIIe s sur colonne de bois sculpté. C'est vraiment la débauche d'or !

– ***Grand pardon :*** *le 15 août.* Dédié à Notre-Dame-de-Tout-Remède.

CHÂTEAULIN (kastellin) ET PORT-LAUNAY (meilh-ar-wern)

(29150) 5 800 et 510 hab. *Carte Finistère Sud, B-C1*

Ville-carrefour assise dans une boucle de l'Aulne, le long de laquelle est disputée, chaque année (fin mai-début juin), une célèbre course cycliste internationale. Ancien port, *Châteaulin* en conserve la physionomie avec ses deux grands quais bordés d'arbres. Si la ville n'a pas grand-chose à proposer, les amateurs de belles églises ne manqueront pas Notre-Dame.

Posé à 2 km au nord-est, dans un autre méandre de l'Aulne, *Port-Launay* compose, quant à lui, l'un des plus jolis paysages du coin. Maisons basses épousant la courbe du cours d'eau, sur fond de douce colline verdoyante. Ici accostaient autrefois de lourds bateaux, aujourd'hui remplacés par quelques plaisanciers britanniques. Désormais, il n'y a plus que la vedette *Rosmeur* du Douarneniste Jean-Yves Gueguenia t pour vous faire descendre l'Aulne jusqu'au cimetière de bateaux de Landévennec.

Adresses utiles

Office de tourisme : *quai Amiral-Cosmao, à* ***Châteaulin.*** *☎ 02-98-86-02-11. • info@tourisme-porzay.com • Juil-août, lun-sam 10h-12h30, 14h30-19h et dim mat ; le reste de l'année, ouverture restreinte.*

■ ***Piscine municipale de Châteaulin :*** *☎ 02-98-86-06-55. Tte l'année, mar-sam.*

Où camper dans le coin ?

Camping Ty Provost : *29150* ***Dinéault.*** *☎ 02-98-86-29-23. • contact@typrovost.com • typrovost.com • Accès : à 3 km de la gare de Châteaulin, sur la route de Dinéault. Ouv 1er juin-15 sept (loc tte l'année). Prix tente en hte saison : 16,80 €. Chalets et mobile homes pour 1 à*

5 pers : 297-497 €/sem. 44 empl. Réduc : - 10 % sur les emplacements et - 5 % sur le locatif sur présentation de ce guide. Plébiscité par nos lecteurs pour la vue imprenable sur la vallée de l'Aulne et l'accueil très chaleureux. Une adresse sympathique. Salle de jeux et bar dans l'ancien corps de ferme.

Camping Rodaven : *rocade de Parc-Bihan. ☎ 02-98-86-32-93. 06-83-01-52-67. • contact@campingderodaven.fr • campingderodaven.fr • Accès : centre-ville, direction piscine municipale. Ouv début avr-fin sept. Prix tente en hte saison : 11,30 €. Caravanes (30 €/nuit), roulottes (4 pers 190-435 €/sem) et cabanons à louer (2 pers 27 €/nuit). 94 empl. Réduc : - 10 % hors juil-août sur présentation de ce guide.* Très confortable. Beaux sanitaires. Label « Saint-Pierre » (accueil de pêcheurs).

Camping La Pointe : *route de Saint-Coulitz, à* ***Châteaulin.*** *☎ 02-98-86-51-53. 07-80-01-51-48. • lapointecamping@gmail.com • lapointesuperbecamping.com • Accès : à l'entrée de Châteaulin. Ouv de mi-mars à mi-oct. Prix tente : 13,50-18,50 € selon saison. 60 empl. Réduc : - 10 % sur le prix en basse saison et - 5 % en hte saison, sur présentation de ce guide.* Un beau camping avec des emplacements dans les bois et tous les services sur place. Julie et Marcus étant anglais, beaucoup de compatriotes se retrouvent ici. Une bonne occasion de perfectionner vos connaissances de la langue de Shakespeare ! Vous n'êtes qu'à une quinzaine de minutes des plages de la baie et à quelques mètres de la rivière.

Où manger ? Où boire un verre ? Où écouter de la musique ?

Le Minuscule : *5, rue Baltzer, à* ***Châteaulin.*** *☎ 02-98-86-28-66. • leminusculechateaulin@orange.fr • Face à l'ancienne halle au blé, derrière la mairie. Fermé lun et mer hors saison, dim-lun en saison. Formule (sf j. fériés) 16 €, menu 26 € ; carte 18 €. Kir offert sur présentation de ce guide.* Une salle un peu sombre, heureusement agrémentée d'une terrasse aux airs d'écailler sur la rue pour se contenter de moules ou d'une pizza, ou, qui sait, prendre le temps du menu.

Café cabaret Run Ar Puns : *à 3 km, à la sortie de Châteaulin vers Pleyben. ☎ 02-98-86-27-95. • jakez@runarpuns.com • conception.runarpuns.com • Indiqué par un panneau sur la droite de la route. Tlj sf dim-lun, à partir de 18h. Congés : 3 sem début janv. Pour le programme, téléphoner ou visiter leur site.* Bar à concerts installé dans une ancienne ferme à deux pas de la ville mais déjà en pleine campagne. Établissement un tout petit peu difficile à trouver (il suffit de ne pas rater le panneau à droite de la route...), mais où l'on peut entrer se désaltérer ou se réchauffer tant qu'il y a de la lumière. Bon choix de bières, où figurent en bonne place *Coreff* et *Tellen Du* ! Avec l'aide d'une association, le patron organise une trentaine de concerts entre septembre et juin, perpétuant la tradition bretonne qui veut que deux activités soient combinées en un seul lieu. Cet endroit a reçu le label du ministère de la Culture « Scène et musiques actuelles ». Attention, pas de concert en été, mais une belle terrasse. Coup de cœur !

Le Cactus : *28, quai Carnot, à* ***Châteaulin.*** *☎ 02-98-86-13-06. Terrasse face à la mairie. Fermé lun.* Un bar qui propose un bon choix de bières et du cidre à la pression vraiment pas ruineux. Concerts de temps à autre.

À voir. À faire

L'église Notre-Dame : *sur les hauteurs de la ville de Châteaulin, rive gauche.* On découvre soudain, au détour d'un virage en épingle à cheveux, un adorable ensemble enfoui dans la verdure : de vieilles maisons qui escaladent doucement la pente et cette ancienne chapelle (XVᵉ et XVIᵉ s) du château de Châteaulin. Porte gothique, clocher Renaissance à dôme et balustrade. Et un enclos miniature avec ossuaire et calvaire orné d'une représentation du Jugement dernier plutôt parlante. À l'intérieur, retable du maître-autel du XVIIᵉ s, donc très baroque.

Le chemin de halage : le long du canal de Nantes à Brest. Idéal pour une balade à pied ou à vélo. Dans les maisons éclusières ont été installées des mini-expos permanentes et gratuites.

DANS LES ENVIRONS DE CHÂTEAULIN

La chapelle Saint-Sébastien : *à **Saint-Ségal.** À quelques km au nord-est de Port-Launay.* C'est l'une de ces petites églises qui ne font pas d'esbroufe mais qui recèlent de vraies richesses. Comme beaucoup d'autres, elle a été édifiée pour contrer la peste : saint Sébastien est, en effet, censé protéger des maladies infectieuses. Porte monumentale et calvaire du XVIᵉ s ; remarquez les étranges visages lunaires qui décorent chaque face du piédestal. À l'intérieur, la grave simplicité des grandes dalles de pierre s'oppose à l'exubérance des retables polychromes qui illuminent le chœur. Splendide poutre de gloire barrant la nef.

Le groupe sculpté de Cast : *bourg situé sur la D 187 entre Châteaulin et Locronan.* Si l'église, avec son vieux porche et son calvaire, est intéressante, c'est avant tout le superbe groupe sculpté devant, dit *Chasse de saint Hubert,* qui retient l'attention. Quasiment unique en Bretagne. Extrême finesse d'exécution. Vêtements d'époque (vers 1525). Saint Hubert est à genoux, entouré de ses bassets, devant un cerf portant, comme le veut la tradition, un christ en croix dans ses cors.

Le calvaire de Quilinen : pour les accros de beaux calvaires bretons, une étape indispensable sur la route Châteaulin-Quimper. L'un des rares à posséder un socle triangulaire. Édifié au XVIᵉ s, chaque côté mesure 3,90 m. Rapporté aux mesures de l'époque, cela correspond à 12 pieds, c'est-à-dire au nombre des apôtres présents sur le socle. Il y a là, de la part du sculpteur, un symbolisme évident. Le calvaire, avec ses personnages s'étageant harmonieusement, semble se projeter vers le ciel et nous y entraîner. Certains apôtres sont reconnaissables à leurs attributs (saint Pierre et sa grosse clé, par exemple). Le mauvais larron est littéralement cassé en deux sur la croix. À Saint-Vennec, quelques kilomètres au nord de Quilinen, et à la chapelle des Trois-Fontaines (voir plus loin « Dans les environs de Pleyben »), les calvaires présentent la même architecture.

DES MONTAGNES NOIRES AUX PORTES DE LA CORNOUAILLE

On suppose que le nom de « Montagnes Noires » vient des denses forêts qui les recouvraient autrefois. Pour ceux qui découvrent les monts d'Arrée (voir le *Routard Bretagne Nord*), c'en est un peu le prolongement naturel. Ces voisines moins hautes, d'aspect plus doux, traversées par la vallée de l'Aulne, témoignent tout autant d'une Bretagne profonde pleine de mystères, quasi intacte, peu touristique et où ne manquent pas non plus les « bonnes vibrations ». Ce fut aussi une terre de grande émigration. À la fin du XIXᵉ s,

plus de 5 000 Bretons (surtout des environs de Gourin) s'exilèrent en Amérique. New York possède d'ailleurs une petite communauté bretonne (on peut les voir jouer aux boules dans Central Park). Et la région, faute de réels débouchés économiques, a encore perdu 5 % de sa population au dernier recensement.

Adresse utile

i *Pays touristique du Centre-Finistère :* *13, rue de l'Église, 29190* ***Pleyben.*** *☎ 02-98-26-60-25. • tourisme-centrefinistere.com • Tte l'année, lun-ven.* Édite un guide touristique, un dépliant VTT de randonnées, un calendrier des fêtes, des circuits « Patrimoine et Légendes », etc.

PLEYBEN [pleIBen]

(29190) 3 820 hab. *Carte Finistère Sud, C1*

Gros bourg qui aurait pu longtemps se contenter de gérer benoîtement son train-train quotidien, s'il ne possédait pas l'un des sept calvaires monumentaux de Bretagne, un pur chef-d'œuvre.

Adresse utile

i *Office de tourisme :* *pl. Charles-de-Gaulle ; sur le côté gauche de la mairie. ☎ 02-98-26-71-05. • tourismepleyben.fr • Juil-août, lun-ven et sam mat ; le reste de l'année, lun-ven ouv restreinte.* Expositions temporaires.

Où dormir ? Où manger dans le coin ?

⛺ *Camping municipal :* *à* ***Pont-Coblant.*** *☎ 02-98-73-31-22 ou 02-98-26-68-11. • commune-de-pleyben@wanadoo.fr • Près du canal. Ouv de mi-juin à mi-sept. Compter 9,20 € pour 2. CB refusées. 60 empl.* Site paisible, près du canal. Bien ombragé.

🏠 🍽 *Auberge du Poisson Blanc :* *rue des Ardoisiers, à* ***Pont-Coblant.*** *☎ 02-98-73-34-76. • auberge.poissonblanc@gmail.com • À 4,5 km de Pleyben, sur l'ancienne route de Quimper en direction de Briec. Resto ouv ts les midis, plus le soir ven-sam. Auberge fermée dim soir et lun soir en saison. Congés : début nov. Double 52 €. Formules midi en sem 11,90-15 €. Menus 19,50 €-33 € ; compter 25-30 € à la carte.* Au bord du canal de Nantes à Brest, cette auberge abrite une bonne table. Plusieurs salles, dont une au bord de l'eau, pour déguster une cuisine copieuse et fine, avec des plats du terroir comme la salade d'andouille aux lentilles du Puy, la cassolette de Saint-Jacques au lambic ou le poulet fermier rôti.

🍽 🍷 *La Blanche Hermine :* *1, pl. Charles-de-Gaulle. ☎ 02-98-26-61-29. • florence@la-blanche-hermine.com • Fermé lun en juil-août, mer hors saison. Congés : de mi-déc à fin janv. Plats env 12-22 € ; compter 28 € à la carte. Chopinette de chouchen offerte à la fin du repas sur présentation de ce guide.* Face au superbe calvaire, une taverne on ne peut plus bretonne, qui propose une sélection de spécialités du pays. Plats cuisinés au cidre (la fameuse choucroute), et excellents desserts préparés par la patronne. Bon accueil et service efficace. Fait aussi bar, proposant une quarantaine de bières bretonnes *(ouv 9h-minuit).*

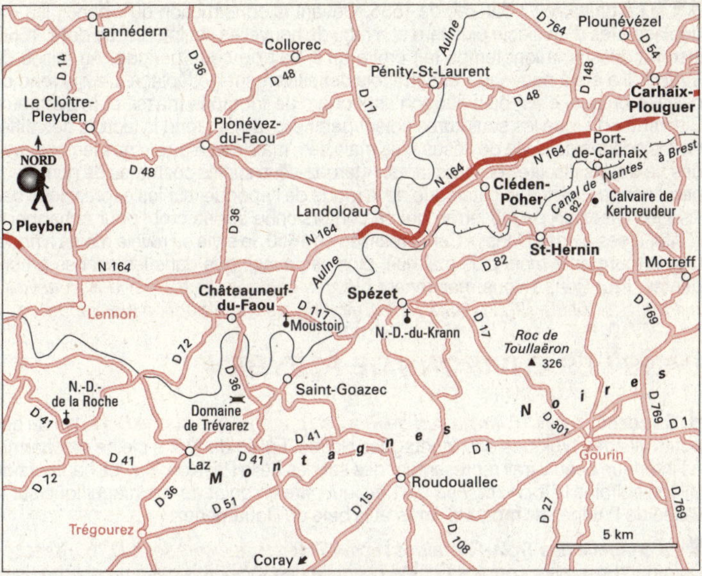

LES MONTAGNES NOIRES

Où acheter de bons produits ?

Chocolaterie Chatillon : *46, pl. Charles-de-Gaulle. ☎ 02-98-26-63-77. Visite lun-ven (juin-sept 9h-12h, 14h-15h, mi-mars-avr 9h30-11h30, 14h-15h) de l'atelier de fabrication artisanale de chocolats fins, florentins, biscuits, etc.*

À voir

L'église Saint-Germain : *juil-août, visites guidées (rens à l'office de tourisme).* On peut s'étonner que l'église soit si imposante pour un village de proportions somme toute modestes. Le magnifique clocher Renaissance à lanternons est l'un des quatre plus beaux de Bretagne et a servi maintes fois de modèle. Façade peu ordinaire de style Cornouaille, à laquelle on a adjoint une flèche sur le côté, reliée par une galerie. Au chevet, curieuse et élégante abside à dômes superposés. À l'intérieur, un enchantement : maître-autel de 1667, retable du Rosaire de 1698, orgie de clefs pendantes, poutres décorées, superbes sablières sculptées polychromes (1571). Elles représentent, avec une inspiration et une imagination sans limite, des scènes de la vie quotidienne et paysanne, ésotérisme, figures grotesques, dans un joyeux mélange de sacré et de profane, avec l'*Ankou,* la mort, omniprésente. Plafond en forme de carène de navire renversée. Magnifique *vitrail de la Passion* (XVIe s), dont les couleurs ont conservé toute leur fraîcheur, et monumental buffet d'orgue de Thomas Dallam (1688-1692).

L'ossuaire : édifié en 1550. L'un des plus anciens de Bretagne. Sa façade présente une belle ornementation. Le croiriez-vous, l'ossuaire a servi de chapelle, mais aussi d'école et, au XIXe s, de... bureau de poste.

Le calvaire : il daterait de 1555. Gênant la construction du clocher, il a été déplacé près d'un siècle plus tard et a reçu de nouvelles sculptures. La date, 1650, inscrite dessus, a longtemps fait croire qu'il était de cette période. Au milieu du XVIIIe s, il a été à nouveau – et cette fois définitivement ! – déplacé. Ce qui rend ce calvaire unique, c'est bien sûr son aspect arc de triomphe massif et majestueux. Bien entendu, que les sculptures soient perchées là-haut rend la lecture des différentes scènes de la vie de Jésus plus malaisée, mais rien n'arrête nos lecteurs avides de détails insolites et saisissants. Attardez-vous sur les costumes de nombreux personnages, véritable catalogue de la mode de l'époque, sur les expressions des visages (visez un peu le larron qui se contorsionne sur sa croix pour échapper à l'Enfer à ses pieds). Dans la *Cène*, réalisée en 1650, le style se révèle moins lyrique, moins tourmenté mais plus maîtrisé, plus sec aussi, que dans les scènes précédentes, etc. Bon, à vous maintenant ! *Visites guidées du site par des bénévoles (juil-août, tlj 10h30-12h30, 14h30-18h). Gratuit, mais contribution bienvenue.*

DANS LES ENVIRONS DE PLEYBEN

Gouezec : *à env 10 km au sud de Pleyben par la D 785, puis la D 41.* Un de ces petits villages typiques des Montagnes Noires. *Église* du XVIe s pleine de charme. À l'intérieur, beau vitrail représentant des scènes de la Passion. Sur les hauteurs du village culmine la *roche du Feu* (281 m), qui offre un point de vue magnifique sur la vallée de l'Aulne, les monts d'Arrée et la baie de Douarnenez.

La chapelle des Trois-Fontaines : *après Gouezec, toujours sur la D 785, direction Quimper.* Ensemble composé d'une chapelle des XVe-XVIe s avec un porche flamboyant et une petite tour-clocher, d'un calvaire dont le socle triangulaire porte trois croix mutilées et d'une fontaine du XVIe s à deux bassins. Superbe cadre champêtre.

CHÂTEAUNEUF-DU-FAOU [KASTELL-NEVEZ-AR-FAOU]

(29520) 3 730 hab. *Carte Finistère Sud, C1*

Gros bourg posé sur une verdoyante colline dominant un méandre de l'Aulne. Ne pas manquer son église au surprenant plafond bleu vif, la gracieuse chapelle Notre-Dame des Portes et l'insolite fontaine souterraine Saint-Jean-Baptiste (devant la boucherie *Colin*). Les berges de la rivière sont appréciées des pêcheurs. Démarche originale, un artiste local, L. Bianchi, a peint une quarantaine de fresques sur les murs de la ville.

Adresse utile

Office de tourisme : *pl. Ar-Segal. ☎ 02-98-81-83-90. • chateauneuf-du-faou.com • Juil-août, lun-sam 10h-18h30, dim et j. fériés 10h30-12h30 ; avr-juin et sept, mar-sam ; oct-mars, horaires restreints.* Bonne petite doc sur le pays.

Où dormir ? Où manger ?

Le Relais de Cornouaille : *9, rue Paul-Sérusier. ☎ 02-98-81-75-36. • relaisdecornouaille@wanadoo.fr • Dans la rue principale. Resto fermé sam-dim soir. Congés : oct. Doubles 57-60 € selon confort ; familiales 70-80 €. ½ pens 53 €/pers, demandée en juil-août. Formule et menu 11-17,50 € en sem ; autres menus 19,50-28 € ;*

carte. *Café offert sur présentation de ce guide.* Bonne cuisine de tradition qui ravit les VRP comme les cars du 3e âge.

À faire

➢ Châteauneuf est le point de départ de nombreuses et très belles ***randonnées.*** L'office de tourisme tient à votre disposition un guide des différents circuits. En particulier, celui de *La Rozière* (le long de l'Aulne) ou celui de *Penn-Ar-Pont* (vallée de l'Aulne et canal de Nantes à Brest).

■ ***Aulne Loisirs Plaisance :*** *base fluviale de loisirs et de détente. Pour tt contact : M. et Mme Guillerm, Penn-Ar-Pont, Châteauneuf-du-Faou. ☎ 02-98-73-28-63.* Excursions et location de vedettes fluviales sans permis. L'Aulne est depuis peu navigable dans sa totalité. Des paysages grandioses, entre Montagnes Noires et monts d'Arrée. Sur les rives se profilent chapelles, moulins, maisons éclusières, anciennes ardoisières. témoins de l'histoire du pays. Vous y trouverez aussi des guinguettes pour vous restaurer.

Manifestation

– ***Le Printemps de Châteauneuf :*** *à Pâques.* Festival traditionnel. Danseurs, chanteurs et sonneurs de toute la Bretagne et d'ailleurs.

DANS LES ENVIRONS DE CHÂTEAUNEUF-DU-FAOU

La chapelle du Moustoir : *à 3 km de la ville. Bien indiqué. On peut aussi s'y rendre à pied en suivant le chemin de halage, le long de l'Aulne.*
Bucolique petite balade. Édifiée au XVIe s et dédiée à saint Ruellin, évêque de Tréguier au VIe s. Elle revient de loin : la foudre a détruit la flèche au XIXe s, et à la fin des années 1970, la chapelle menaçait de tomber en ruine. Mais une association d'amoureux des vieilles pierres lui a rendu son charme d'antan. Venez donc admirer cette petite merveille : charpente de bois en berceau d'origine en grande partie. Remarquable statuaire : groupe de la Sainte Famille, saint Pierre et Saint Louis en pierre polychrome du XVIe s, et cinq statues en bois du XVIIe s (dont une Vierge foulant Ève-serpent). Fonts baptismaux à dais.
À l'extérieur, beau calvaire du XVe s. Sculpté d'un seul tenant du fût à l'extrémité supérieure (noter le diable sous la console du mauvais larron). Enclos abondamment fleuri : un vrai festival de couleurs et de senteurs ! Au début du XXe s, on y célébrait encore le pardon des chevaux.

Saint-Goazec : *à 6 km au sud-est de Châteauneuf par la D 36, puis la D 117.*
Croix dignes d'intérêt ; l'une dans le village, avec une Vierge à l'Enfant ; l'autre en direction de Laz. Elle offre une *pietà* aux traits rudimentaires mais ô combien émouvante ! Le corps du Christ semble étrangement tenir tout seul en l'air.
Ne manquez pas non plus de goûter l'eau de la source *Isabelle*.

Le parc et le château de Trévarez : *sur la route de Laz, à* ***Saint-Goazec.*** *☎ 02-98-26-82-79. • domaine.trevarez@cdp29.fr • cdp29.fr • Mars-juin et sept-12 oct, tlj 13h30-18h30 ; juil-août, tlj 10h-18h30 ; 22 nov-4 janv, tlj 13h30-19h. Fermé janv-fév et du 13 oct au 21 nov. Entrée (parc, château et expos) : 6 € ; réduc ; gratuit moins de 7 ans.*
Sur une superficie de 85 ha, le Domaine départemental de Trévarez propose aux amoureux des fleurs et des plantes un spectacle exceptionnel. Au fil des saisons, le parc labellisé « Jardin remarquable » offre une succession de scènes

changeantes, à découvrir au gré des promenades. L'ordonnancement du jardin régulier occupant l'esplanade du château contraste avec l'aménagement à l'anglaise du reste du parc. Le jardin à l'italienne récemment reconstitué, les jardins contemporains créés il y a quelques années, l'environnement de la chapelle et de l'étang, les fontaines disséminées ici et là : Trévarez abonde d'endroits pittoresques pour flâner. En ces lieux, les fleurs apportent leur vie et leurs couleurs. À ce titre, la richesse du parc tient à la remarquable variété de ses collections de plantes de terre de bruyère. Les camélias en fleur de novembre à mars, les rhododendrons et les azalées (Collection nationale spécialisée) en avril et mai, les hortensias et les fuchsias de juillet à octobre se comptent par milliers à Trévarez. Dans cet écrin de verdure, le château et ses anciennes écuries sont deux curiosités architecturales, nées de la volonté de James de Kerjégu. C'est entre 1893 et 1907 qu'il fait construire ce château de style néogothique, surnommé « le château rose ». Réquisitionné par la Kriegsmarine lors de la dernière guerre, l'édifice est bombardé par la Royal Air Force en 1944. Si la toiture a depuis été refaite, il n'est que partiellement ouvert au public. Les écuries sont, quant à elles, restaurées et réaménagées. Elles se distinguent par un vaste manège surmonté d'une belle verrière.
Tout au long de l'année, Trévarez propose diverses manifestations florales et expositions. Boutiques, « goûter breton », aire de jeux pour enfants agrémentent la visite de ce site labellisé « Patrimoine du XXe s ».

CLÉDEN-POHER [kledenn-poc'her]

(29270) 1 080 hab. Carte Finistère Sud, C-D1

Là encore, un modeste bourg rural qui offre un *enclos paroissial* parmi les plus harmonieux qui soient. Détour obligatoire si vous vous trouvez dans le coin. Environnement paisible et verdoyant. Charmante *église* avec un élégant clocher. Au chevet, la traditionnelle sacristie en forme de carène de navire renversée, qui a été rajoutée, comme tant d'autres, au XVIIIe s. L'*ossuaire* possède une fort belle porte gothico-Renaissance et, à l'angle du toit, un terrifiant *Ankou*. À l'intérieur, charpente d'origine avec figures grotesques sculptées sur les poutres. Pour finir, remarquable *calvaire*. Bien sûr, moins spectaculaire que ceux de Pleyben ou de Guimiliau, mais c'est le plus beau des petits calvaires, chef-d'œuvre d'équilibre et de symétrie. *Pietà* très sobre.

Manifestation

– ***Grand pardon de Notre-Dame de Cléden :*** *le 15 août*. La grand-messe et les vêpres se déroulent en plein air, près du calvaire. À la procession de l'après-midi, des centaines de personnes venant de toute la région suivent en chantant la statue de Notre-Dame de Cléden. Assez impressionnant.

CARHAIX-PLOUGUER [karaez-plouger]

(29270) 8 020 hab. Carte Finistère Sud, D1

Ville-carrefour depuis l'Antiquité (sept voies romaines s'y rejoignaient). La région fut également l'épicentre de la révolte dite « des Bonnets rouges ». Près de 30 000 paysans y formèrent une véritable armée pour s'insurger

contre la fiscalité écrasante de Louis XIV. Pour clore le chapitre historique, Carhaix est également la patrie de La Tour d'Auvergne, spécialiste de la langue et de la grammaire bretonnes, mais surtout connu pour avoir été nommé Premier Grenadier de France par Bonaparte pour son courage et sa générosité. Il est fêté chaque année, le dernier samedi de juin.
Petit centre commerçant et animé, Carhaix fait aussi partie des cités bretonnes qui affirment le plus leur identité celtique. Et la région est désormais devenue un carrefour des Voies vertes en Bretagne (c'est à Carhaix que l'itinéraire européen *Vélodyssée* rejoint le canal de Nantes à Brest). Enfin, Carhaix s'est surtout fait un nom grâce à son festival de musique *Les Vieilles Charrues,* aujourd'hui, le plus fréquenté (tous genres confondus) de France. Carrément dément pour une petite ville de 8 000 habitants !

Adresse utile

ℹ ***Office de tourisme :*** *rue Brizeux. ☎ 02-98-93-04-42. • huelgat-carhaix.tourisme.com • Juin et sept, lun-sam 9h-12h, 14h-18h ; juil-août, lun-sam 9h-12h30, 13h30-19h, dim et j. fériés 10h-12h ; le reste de l'année, mar-sam.* Installé dans l'ancienne maison du Sénéchal, datant du XVIe s. Accueillant et dynamique. À l'image de la ville, donc.

Où dormir ? Où manger ?

Camping

⛺ ***Camping municipal La Vallée de l'Hyères :*** *route Kerniguez, dans la vallée de l'Hyères. ☎ 02-98-99-10-58 ou 02-98-99-33-33 (mairie en hors saison). • camping.municipal@ville-carhaix.fr • ville-carhaix.com • ♿ Accès : dans la vallée de l'Hyères ; par le centre-ville ou le canal (voies vertes). Ouv de mai à mi-sept. Prix tente en hte saison : 8,60 €. Mobile homes 4 et 6 pers : 260-395 €/sem, une roulotte : 52-62 €/nuit. Prix caravane : 77 €/sem. CB refusées. 62 empl.* Spacieux et agréable, au bord de l'Hyères, un confluent du canal de Nantes à Brest. À deux pas, base de loisirs de la vallée de l'Hyères : parcours sportif, plans d'eau...

De bon marché à chic

🏠 ***Hôtel Noz Vad :*** *12, bd de la République. ☎ 02-98-99-12-12. • aemcs@nozvad.com • nozvad.com • ♿ Pas loin de l'église. Fermé dim ap-m. Congés : de mi-déc à la 1re sem de janv incluse. Doubles 51-102 € selon confort.* 💻 📶 Ce bel établissement à la déco contemporaine constitue un bon point de chute pour la découverte du patrimoine régional. Bar calme et convivial au rez-de-chaussée. Accueil pro.

🍴 ***Crêperie Les Salines :*** *23, rue Brizeux. ☎ 02-98-99-11-32. Fermé dim, plus lun soir hors saison. Congés : 10 j. fin août, 1 sem à Noël. Formule déj 9 € ; menus 11,50-15,50 € ; env 12 € à la carte. Café offert sur présentation de ce guide.* Dans cette salle à la déco banale, on sert encore et toujours de goûteuses et originales crêpes à base de farine bio (et bretonne !). Une adresse de qualité.

🍴 ***Le Carrick :*** *18, rue Brizeux. ☎ 02-98-99-45-69. • le.carrick@wanadoo.fr • ♿ Fermé lun, mar soir et dim soir. Congés : 1 sem en janv, 2 sem en juil et 2 sem en oct. Formule déj (en sem) 12 € et menus 18,50-43 €.* 2 salles aux murs lambrissés et aux tables joliment dressées. La déco et le service sont soignés. Une cuisine régionale qui ose quelques échappées comme les gambas à la marseillaise.

Où dormir ? Où manger dans les environs ?

🏠 ***Chambre d'hôtes Les Ânes sont dans le Pré :*** *au lieu-dit Le Pellem, à 3 km du centre. ☎ 02-98-99-44-21. • info@lasdlp.com • lasdlp.com • Double 43 € (lit supplémentaire 10,50 €). Table d'hôtes sur résa 13 €.* Au bord du canal, une chambre avec salle de bains privative et à l'entrée indépendante dans une maison attenante à l'asinerie. Location d'ânes de bât sur résa pour randonner.

Auberge du Poher : *à Port-de-Carhaix, 29270* ***Motreff.*** *☎ 02-98-99-51-18. • aubergedupoher@orange.fr • Sur la D 769. Formule déj en sem 14,50 €. Menus 19,90-28,90 €. Kir offert sur présentation de ce guide.* Une auberge de campagne un brin cossue, qui propose une cuisine régionale traditionnelle : ris de veau, langoustines grillées, etc.

À voir. À faire

Carhaix possède quelques splendides ***maisons*** Renaissance à encorbellement, comme celle qui abrite l'office de tourisme.

L'église Saint-Trémeur : reconstruite au XIXe s, elle a conservé son imposant clocher du XVIe s (copié sur celui de Saint-Herbot). Remarquable portail ogival avec la statue de saint Trémeur qui tient sa tête dans la main. Il ne faisait pas bon se promener aux alentours le jour de la terrible tempête du 15 octobre 1987 : des blocs de 60 kg sont tombés du clocher – toujours en place, n'ayez crainte !

À 500 m, le hameau de ***Petit-Carhaix,*** avec des maisons d'artisans des XVIIe et XVIIIe s. Noter la petite taille des portes : nos ancêtres étaient moins grands que nous ! Jusqu'à la fin du XVIIIe s, il fallait payer un droit de passage pour pouvoir emprunter le pont.

Brasserie Coreff : *2, pl. de la Gare. ☎ 02-98-93-00-70. • brasserie-coreff.com • Possibilité de visite (se renseigner sur les horaires et périodes), expo permanente* Coreff Ambasad *: histoire de la brasserie, visite de l'unité de brassage et dégustation.*
En 1985 eut lieu un événement extraordinaire pour les vrais buveurs de bière (en tout cas en Bretagne), à Morlaix précisément : la naissance d'une bière bretonne, la *Coreff.*
Contrairement à la quasi-totalité des bières françaises et allemandes, la *Coreff* est une bière à haute fermentation (comme la *Guinness,* les bières britanniques et celles des trappistes belges). On ne lui adjoint pas de gaz carbonique pour la refroidir ni la filtrer ; ça se fait naturellement. De même, pas besoin d'en rajouter pour la tirer à la pression. Composants choisis rigoureusement : il faut de l'orge malté de Valenciennes, du houblon de Bourgogne et de Bavière, des levures anglaises de haute fermentation. La *Coreff* est une *bitter* ni filtrée ni pasteurisée. Il y a l'ambrée « historique », la brune, la blanche, la rousse et la blonde. Mais laissons le mot de la fin à un patron de bistrot : « La *Coreff* étant très chargée en houblon, dont on connaît les vertus apaisantes, nous constatons que les consommateurs sont beaucoup plus calmes depuis qu'ils en boivent !... ». Merci à la revue *ArMen* pour toutes ces infos.

– ***Karaez Adrénaline :*** *dans le parc de la vallée de l'Hyères. 06-50-19-15-98 ou 06-50-19-05-97. • karaezadrenaline.com • Mars-nov, mer, w-e et j. fériés 13h-19h (vac scol, tlj) ; juil-août, tlj 10h-19h. Résa conseillée. Tarifs : env 18 € adulte, 8 € enfants.* Plusieurs parcours de différents niveaux pour jouer à Tarzan (tyrolienne, tyro-skate, filet, etc.), ainsi qu'un labyrinthe *(ouv tte l'année sur résa).*

– ***Espace aqualudique Plijadour :*** *ouv tlj. ☎ 02-98-99-39-50. • plijadour.poher.com • Compter env 10 € (piscine seule 5 €), gratuit moins de 4 ans.*
3 bassins intérieurs, toboggan, jacuzzi, parc extérieur avec un plan d'eau, aire de jeux aquatiques....

Festival

– ***Festival Les Vieilles Charrues*** (Gouel an Erer Kozh) : *3e w-e de juil, aux dépendances de Persivien, Kerampuilh. ☎ 02-98-99-25-45 ; ou infos festivaliers : ☎ 0820-890-066 (prix d'un appel local). • vieillescharrues.asso.fr •*
Voilà, au cœur d'une région un peu loin de tout et à la vie culturelle réduite à la portion congrue, un festival musical qui, en quelques années, est devenu l'un des plus fréquentés de France. Une performance à applaudir ! D'autant que l'organisation des Vieilles Charrues repose essentiellement sur le bénévolat !
En 1992, quelques jeunes du coin, impressionnés par la foule réunie à Brest lors d'un rassemblement de bateaux anciens, décident de monter, en plein air, un festival musical. Clin d'œil aux vieux gréements brestois, ils l'intitulent « Les Vieilles Charrues ». Rigolo ! Un peu trop même pour beaucoup de professionnels du spectacle, qui ont longtemps cru à une fête des vieux métiers, à une kermesse agricole. Des raisons à ce succès un peu inespéré ? On peut en proposer quelques-unes : des prix d'entrée bon marché ; une programmation populaire et éclectique (rock, *world music,* variété, musique classique), qui accorde toujours une large place au riche vivier de la musique bretonne. Et peut-être aussi et surtout, ce sens de la fête qu'ont les Bretons, ce plaisir à être ensemble.

DANS LES ENVIRONS DE CARHAIX-PLOUGUER

Plounévézel : *à 4 km au nord-ouest de Carhaix par la D 54.* La *chapelle Sainte-Catherine,* à la sortie du bourg (prendre la route face à la coopérative d'insémination artificielle), vaut absolument le détour. Elle est adorable mais en piteux état. Heureusement que les fermiers de la région ont décidé de la restaurer. Tout à côté de la chapelle, un vénérable *pont gaulois.*

Port-de-Carhaix : *à 6 km de Carhaix, sur le canal de Nantes à Brest construit à partir de 1811 et achevé en 1836.* L'idée d'une liaison Brest-Nantes est née lors du blocus de Brest par les Anglais pendant la Révolution française. Le trafic commercial a toujours été assez faible, mais le canal a néanmoins aidé au développement économique de la région. En 1914, les péniches ont été réquisitionnées et elles ne sont jamais plus revenues sur le canal, signant ainsi son arrêt de mort.

LE FINISTÈRE SUD

SAINT-HERNIN [sent-hern]

(29270) 770 hab. *Carte Finistère Sud, D1*

Sur la route de Spézet, un tout petit village possédant cependant un *enclos paroissial* intéressant. Église de style typiquement cornouaillais, large toit très bas et clocher à balustrade. Niche avec deux belles statues. Ossuaire et calvaire. Sur ce dernier, les trois Marie ressemblent à celles de Brasparts. Au-dessus, Saint Michel terrassant le dragon. Notez l'extraordinaire supplice des larrons : ils sont littéralement brisés en deux sur leur croix (le mauvais, en outre, exprime plus de souffrance que le bon).

DANS LES ENVIRONS DE SAINT-HERNIN

Le calvaire de Kerbreudeur : *à 1 km de Saint-Hernin sur la D 82, insolite apparition, sur le bord de la route, du plus ancien des calvaires de Bretagne.* Il serait antérieur de quelques années à celui de Tronoën. Certaines parties, d'ailleurs, semblent sortir du même atelier. D'apparence très archaïque, il émeut assez par sa solitude dans le paysage remembré. Les scènes sculptées de la base, usées jusqu'à la moelle, ont perdu la plupart de leurs détails. Cependant, on reconnaît aisément le chemin de croix (les deux larrons tirés par une grosse corde) et Saint Jean soutenant la Vierge. À l'un des coins, la Flagellation apparaît moins évidente. Dans la scène des Rois mages, ceux-ci portent l'habit à la Charles VII. À l'intérieur, *Baptême du Christ...* Dommage qu'après le remembrement, le calvaire se soit retrouvé sur la route.

SPÉZET [speɪed]

(29540) 1 930 hab. *Carte Finistère Sud, C1*

Mignon village aux maisons peintes de couleurs éclatantes, au cœur des Montagnes Noires, célèbre outre-Atlantique pour avoir longtemps fourni à la restauration, aux États-Unis, de solides garçons et filles ne rechignant pas au travail. Pour nous, Spézet symbolise la vraie Bretagne, celle qui présente maints signes et particularismes encore bien vivants. Et quand on se retrouve dans la nature, on ressent quelque chose d'indéfinissable dans l'atmosphère. Le mieux, pour le vérifier, est encore de parcourir les nombreux sentiers qui livrent une quantité de petites surprises : ponts gaulois, menhirs, allée couverte, croix de chemin, fontaines, chapelles, éperons rocheux, ruisseaux, bois, landes et tourbières. Le syndicat d'initiative a édité une petite brochure avec tous les itinéraires possibles. Bien balisés.

Adresse utile

- ***Syndicat d'initiative :*** *pôle culturel et touristique de la* ***Maison Bleue,*** *1, rue du Général-de-Gaulle. ☎ 02-98-93-94-70. En saison, lun-sam 10h-12h, 14h-17h ; le reste de l'année, ouv restreinte.* Demandez-leur conseil pour les itinéraires de randonnées.

Où boire un verre ?

- ***Bar Ti Coz :*** *route de Châteauneuf. ☎ 02-98-93-84-82. Fermé lun, plus mar hors saison.* Bistrot sympa. Salle obscure, aux murs et aux poutres noircis par le temps. Collection de sous-verre de toutes les marques de bière existantes. Celles à boire sont excellentes ! La clientèle est essentiellement locale, mais la réputation du lieu a dépassé les limites de la grand-rue de Spézet !

À voir

- ***L'église :*** du XVIIIe s, avec baptistère à dais et trois retables de la même époque. Ossuaire Renaissance.

- ***La chapelle Notre-Dame-du-Krann :*** *à moins de 1 km du bourg. Visite mai-sept, tlj 14h-18h30.* Enfoui dans les arbres, un édifice qui peut paraître d'abord sévère mais qui révèle vite d'intéressants détails architecturaux. Élégant clocher Renaissance avec un escalier de pierre le long du toit. À l'intérieur, un ensemble

LE PARDON DU BEURRE

Le dimanche de la Trinité, une énorme motte de beurre sculpté est exposée à la chapelle de Krann. Elle est offerte à la Vierge. Le beurre est un symbole de fécondité selon les anciennes croyances druidiques.

exceptionnel de vitraux du XVIe s. Maîtresse-vitre représentant la Passion, avec une grande richesse de costumes. Retables de Notre-Dame de la Trinité avec personnages sculptés polychromes. Pas loin, une fontaine.

Fête et manifestation

– ***Pardon de Notre-Dame-du-Krann :*** *dim suivant la Pentecôte.* Une tradition pittoresque dans la région. Des femmes, représentant chaque quartier du village (le bourg, l'eau, la montagne), collectent de l'argent pour acheter une énorme motte de beurre qui sera sculptée de motifs religieux. Jadis, du temps où l'on battait son propre beurre, on le récoltait directement dans les familles pour confectionner une motte par quartier (qui pesait 80 kg).
– ***Fête de Kerlaviou :*** *dernier dim d'août, à* ***Kerlaviou,*** *quelques km à l'est de Spézet.* Jeux traditionnels bretons.

DANS LES ENVIRONS DE SPÉZET

Suivre la route pour ***Roudouallec*** (56110), à travers un paysage sauvage de haies et de tourbières, pour découvrir la *statue de Notre-Dame-des-Montagnes-Noires,* posée à 260 m d'altitude. Puis grimper l'*éperon rocheux de Kudel.*

– Près de Penanvern se trouvent un ***camp féodal*** du XIIe s (malheureusement envahi par la végétation et de ce fait peu visible) et l'allée couverte de *Castel-Ruffel,* un étonnant ensemble mégalithique (à Saint-Goazec).

SCAËR [skaer] (29390) 5 360 hab. *Carte Finistère Sud, C2*

Au cœur d'une campagne profonde qui assure la transition entre les Montagnes Noires et l'une des plus belles portions du littoral breton de Concarneau à Quimperlé. Vous voilà arrivé aux portes de la Cornouaille. Apparemment un petit bourg mais, avec 1 200 ha, Scaër est la commune la plus étendue du département et possède un assez riche patrimoine architectural.

Adresse utile

Bureau d'accueil de l'office de tourisme Quimperlé Terre océane : *pl. de la Libération.* ☎ *02-98-59-49-37.* • *quimperle-terreoceane.com* • *Juil-août, lun-sam 9h30-12h30, 14h-17h30 ; le reste de l'année, horaires plus restreints.* 2 salles d'exposition accueillent en permanence des œuvres d'artistes locaux.

Où dormir ? Où manger à Scaër et dans les environs ?

Camping

Camping municipal Kerisole : *1, rue Louis-Pasteur.* ☎ *02-98-57-60-91 ou 02-98-59-42-10 (mairie).* *06-86-00-11-74.* • *mairie@ville-scaer.fr* • *ville-scaer.fr* • *Ouv 15 juin-31 août. Prix tente en hte saison : 10,50 €. Loue aussi des mobile homes : 295-352 €/sem. CB refusées. 80 empl.* Dans un parc de 15 ha, en bordure de rivière.

De bon marché à prix moyens

Chambres d'hôtes chez Lily et Martial Le Gall : *le Toul ar c'hoat, à l'entrée de la forêt de Coatloc'h. ☎ 02-98-59-00-77. • contact@etape-bretagne.com • Doubles avec douche et w-c 46-114 € ; réduc à partir de la 2e nuit. Table d'hôtes sur résa 26 €, boissons comprises. Apéritif offert sur présentation de ce guide.* Calme, verdure et confort garantis. 5 chambres et 2 suites familiales. Le *Bar Étape,* en dessous, est ouvert de 17h à 20h pour rassasier les voyageurs sans déranger leur repos. Pliez-vous aux rites de la maison, du punch au muscadet de Lily (elle est nantaise) aux véritables crêpes bretonnes fournies à la commande, une fois par semaine, par Martial.

Chambres d'hôtes Famille Penn : *Kerloaï. ☎ 02-98- 57-63-07. • penn.louis@orange.fr • À 4 km au nord-ouest de Scaër par la D 50 vers Coray et Quimper. Double avec douche et w-c 55 € ; tarif dégressif. Gîtes également. Apéritif ou café offert sur présentation de ce guide.* 2 chambres confortables et 2 gîtes pour 3 personnes dans une belle maison à la campagne. Gabrielle s'occupe des gîtes, et à 200 m, ses parents, Thérèse et Louis, s'occupent des chambres.

À la Crêpe d'Autrefois : *1, rue Le Hamp. ☎ 02-98-57-65-85. Fermé dim (plus lun hors saison). Repas env 15 €. Kir breton offert sur présentation de ce guide.* Cette « Crêperie gourmande » propose de bonnes galettes à base de farine bio et produits locaux, dans un cadre style galerie en raison des tableaux exposés.

À voir

La chapelle de Cascadec : autrefois implantée à Scrignac, elle a été reconstruite là, pierre par pierre, en 1932. Récemment restaurée. Propriété privée.

La chapelle Saint-Adrien : du XVe s. Une statue représente le saint ventre ouvert ; serait-ce parce qu'il soigne les maux d'intestins ?

Manifestations

– ***Bourse aux minéraux :*** *chaque année, pdt 3 j. le w-e de Pâques. Rens à l'office de tourisme.* Exposition-vente.
– ***La Cavalcade de Scaër :*** *w-e de Pentecôte, ts les 2 ans, années impaires.* Une des plus grandes manifestations du genre en France, depuis plus de 60 ans : 1 500 participants, des costumes somptueux, des chars, des fanfares, des bals... et de l'humour !
– ***Fête des Sabotiers :*** *courant juil.* Ateliers, démonstrations, expos, etc.

DANS LES ENVIRONS DE SCAËR

➢ ***La forêt de Coatloc'h :*** immense et splendide forêt de 300 ha. Les sabotiers (reconstitution d'une hutte vers la maison forestière) qui y travaillaient autrefois ont cédé la place aux randonneurs. Beaucoup de très beaux sentiers.

BANNALEC [Banaleg]

(29380) 4 940 hab. *Carte Finistère Sud, C2*

Gros bourg de campagne plutôt animé. Carrefour entre Gourin et Pont-Aven, Rosporden et Quimperlé. Arrêtez-vous pour faire le plein d'infos sur le pays touristique des Portes de la Cornouaille avant de repartir vers la côte.

Adresse utile

Bureau d'accueil de l'office de tourisme Quimperlé Terre océane : *1, pl. de la Libération. ☎ 02-98-39-43-34. • quimperle-terreoceane.com • Vac scol de Pâques et juil-août, lun-sam 9h30-12h30, 14h-17h30.* Bonne documentation régionale et accueil sympa.

Où dormir ? Où manger dans les environs ?

Chambres d'hôtes chez Jean-René et Nicole Christien : ***Sainte-Anne.*** *☎ 02-98-39-53-44. • jr.christien@wanadoo.fr • location-gites-christien-bannalec.fr • Dans le bourg, prenez la direction Quimperlé, puis la rue de Kerlagadic à gauche de la mairie ; continuez sur 1,5 km ; à la patte d'oie de Sainte-Anne, descendez sur la gauche : entrée à droite dans la cour de la ferme ; arrêtez la voiture, vous êtes arrivé devant la longère mitoyenne à l'habitation. Double 52 €. Gîte 8 pers. Réduc de 10 % sur le prix de la chambre à partir de 3 nuits sur présentation de ce guide.* Ce couple d'agriculteurs propose 3 chambres confortables et bien équipées, labellisées « Tourisme et Handicaps ». Jardin clos et balades sur les sentiers de la campagne environnante pour la mise au vert.

Chambres d'hôtes L'Escapade : *à* ***Stang-Gac,*** *en pleine campagne. 06-09-94-23-16. • escapade29@free.fr • escapade-sud-finistere.fr • À Bannalec, prendre la direction Quimperlé ; c'est à 5 km sur la gauche. Doubles 48-55 € (tarif dégressif à partir de 3 nuits). Table d'hôtes 22 €, boisson incluse.* Françoise Monnier vous reçoit dans sa belle chaumière construite en 1877 au milieu d'un parc. Les 2 chambres doubles ont une entrée indépendante, et un séjour-salon est à disposition des hôtes. Bon confort et beaucoup de charme. On se sent ici comme chez soi.

À voir

L'église paroissiale : du XVIe s. Clocher à double balustrade surmonté d'une flèche en granit. À l'intérieur, retable en tuffeau du XVIIe s et vestige d'une Vierge ouvrante assez rare (il n'en reste que trois en Bretagne). Pardon annuel : 2e dimanche de septembre.

DANS LES ENVIRONS DE BANNALEC

Nombreuses chapelles intéressantes, malheureusement fermées au public, sauf pour les pardons.

Remarquer la ***chapelle de Saint-Cado.*** Édifiée au XVIIe s dans une superbe nature, en marge (à gauche) de la route de Quimperlé. Architecture originale : plan en forme de trèfle et superbe charpente en coque de bateau renversé. Pardon annuel : dernier dimanche d'août.

À voir aussi : la ***chapelle de la Véronique,*** vers Rosporden (4 km à gauche). Joli clocher ajouré avec tourelle.

➢ De Bannalec, prendre la D 765 en direction de Quimperlé pour qui voudrait « faire la côte » en remontant vers Quimper. Cette partie du littoral appartient en fait toujours au *pays des Portes de la Cornouaille.* Mais la logique bretonne et les habitudes estivales vous pousseront tout naturellement à remonter sur Quimper par la voie rapide avant de redescendre par la voie royale des vacances, de Bénodet à Quimperlé en passant par Concarneau et Pont-Aven.

LE PAYS FOUESNANTAIS

On quitte l'arrière-pays pour revenir petit à petit côté plages. Séparée du Pays bigouden par l'Odet, cette région au sud de Quimper est, avec sa façade océanique jalonnée d'anses et de baies, une des zones les plus « classiquement » touristiques du Finistère Sud. Elle cache pourtant encore de sublimes coins de nature sauvage, à commencer par l'archipel des Glénan.
Frontière entre le Pays bigouden et le Pays fouesnantais, l'Odet prend sa source dans les Montagnes Noires. C'est de ses rives qu'on a longtemps extrait l'argile pour fabriquer la faïence de Quimper. Des croisières avec les *Vedettes de l'Odet* offrent la possibilité d'en descendre ou d'en remonter le cours, sur 16 km, entre des rives verdoyantes balisées de magnifiques châteaux. Les paysages changent sans cesse. L'Odet se fait tantôt lac, tantôt ria. Au lieu-dit *Les Vire-Court,* l'Odet zigzague entre de belles falaises avant de déboucher dans l'anse de Penfoul, entre Sainte-Marine et Bénodet.

BÉNODET [Benoded]

(29950) 3 200 hab. *Carte Finistère Sud, B2*

Station balnéaire pur jus avec trois plages de sable fin, le souvenir d'illustres estivants (Proust, Apollinaire en permission en 1917, Zola ou un peintre du nom de... Winston Churchill), un casino et un centre de thalasso. Fatalement très touristique en juillet et août. Dans l'estuaire de l'Odet, très joli port de plaisance (on en aura une belle vue depuis le pont de Cornouaille), des plus fréquenté également.

Adresses utiles

Office de tourisme : *29, av. de la Mer, BP 10. ☎ 02-98-57-00-14. • benodet.fr • Ouv tte l'année : mars-juin, sept-oct et petites vac scol, lun-sam 9h30-12h,13h30-18h ; juil-août, lun-sam 9h-19h et dim 10h-18h ; nov-fév, lun-sam 9h30-12h, 14h-17h.*

Location de vélos : Cycletty, *5, av. de la Mer, ☎ 02-98-57-12-49 ; et au Letty, ☎ 02-98-57-18-32. • cycletty.loc@libertysurf.fr •*

Où dormir ?

Camping

Camping du Port de Plaisance : *7, route de Quimper, Prad-Poullou,* **Clohars-Fouesnant.** *☎ 02-98-57-02-38. • info@campingbenodet.fr • campingbenodet.fr • Accès : à 600 m au nord-ouest du centre par la D 44 ; à deux pas (bien sûr) du port de plaisance. Ouv d'avr à mi-sept. Loc de mobile homes : 273-1 183 €/sem. 353 empl.* Attention : pas de tente. Très confortable. Le camping complet avec tennis, resto, boîte de nuit, animations, etc. Location de vélos. Fait partie de la chaîne *Yelloh Village*. Piscine.

Prix moyens

Le Cornouaille Hôtel : *62, av. de la Plage. ☎ 02-98-57-03-78. • info@le-cornouaille-hotel.com • le-cornouaille-hotel.com • Fermé déc-fév. Selon* *saison, doubles 55-75 €. Forfaits thalasso. Un petit déj/chambre et par nuit offert sur présentation de ce guide.* Un sympathique hôtel d'une trentaine de chambres récemment rénovées selon les critères standard actuels (parquet flottant, mobilier aux lignes épurées, tissus colorés, TV à écran plat). Situé à 5 mn à pied de l'estuaire, un endroit idéal pour les balades tranquilles et digestives en fin de soirée.

Hôtel Les Bains de Mer : *11, rue de Kerguélen. ☎ 02-98-57-03-41. • accueilbainsdemer@lesbainsdemer.com • lesbainsdemer.com • Dans une rue perpendiculaire à la rue Haute-Fontaine et à la corniche. Resto fermé mer midi, ven, sam midi hors saison. Congés : 15 déc-15 janv. Doubles 55-77 € selon saison. Formule et menu déj en sem 11,50-18 € ; menus 23-29 €. Parking payant. Réduc de 10 % sur le prix de la chambre (nov-mars) sur présentation de ce guide.* Hôtel tout confort, à l'ambiance familiale. Si le temps se couvre, on peut aller faire un plongeon dans la piscine. Chambres plaisantes et bonne cuisine traditionnelle.

Résidence Odalys Les Greens de Bénodet : *route de Guénodou, Golf de l'Odet, 29950* ***Clohars-Fouesnant.*** *☎ 02-98-54-60-85. • benodet@odalys-vacances.com • Fermé en janv. À partir de 65 € la nuit pour un 2-pièces 4 pers (linge de lit et de toilette fournis, lits faits à l'arrivée et ménage quotidien).* Située sur le site *Golf de l'Odet*, à 5 km du centre de Bénodet, de la plage et des commerces, la résidence est composée de maisonnettes et d'appartements de plain-pied ou en étage, spacieux et lumineux. Privilégiez les cottages et les appartements avec vue sur le parcours. Piscine extérieure chauffée et golf 18 trous. Espace remise en forme, sauna, tennis et boulodrome. 20 % de réduction sur les green-fees et tarifs préférentiels sur les stages, réservés aux vacanciers de la résidence.

Beaucoup plus chic

Hôtel-restaurant Kastel : *corniche de la Plage. ☎ 02-98-57-05-01. • hotel-kastel@wanadoo.fr • hotel-kastel.com • Face à la mer, à côté du centre de thalasso. Tlj. Fermé 4-18 janv. Doubles 99-189 € selon saison ; petit déj 15 €. Formules 17 € (midi)-32 € ; carte env 45 €. Parking privé gratuit. Apéro ou café offert sur présentation de ce guide.* Les 25 chambres, très confortables, claires et spacieuses, sont dotées de belles salles de bains. Elles bénéficient toutes d'une vue sur la mer, avec balcon. Copieux petit déj-buffet. Très agréable salle à manger lumineuse pour déguster dans un cadre contemporain une bonne cuisine du terroir, où le poisson est à l'honneur. Un établissement moderne avec piscine, admirablement situé. Service attentionné.

Où manger ? Où boire un verre ?

Bon marché

Crêperie Ker Bonne Aventure : *quai du Commandant-L'Herminier. ☎ 02-98-57-02-00. Ouv 12h-14h30, 19h-22h30. Ouv tlj en juil-août ; sinon fermé lun soir-mar. Congés : 20 sept-1er avr. Compter 12-15 €.* Placée devant un parking et avec ses parasols publicitaires doublés d'une façade assez austère, on aurait vite fait de la snober. Erreur ! Dans la même famille depuis plus de 30 ans, l'une des plus anciennes crêperies de Bénodet est sans doute celle qui compte la plus grosse clientèle d'habitués. Succès justifié avec de fondantes crêpes tournées à la commande, garnies de préparations maison. Les producteurs sont mis en valeur sur la carte (c'est suffisamment rare dans une crêperie pour être signalé) : le blé noir vient d'une minoterie de Pont-l'Abbé et la froment est confectionnée avec du lait fermier (on ne parle même pas de la quantité d'œufs dans la recette !). Également une fameuse soupe de poisson maison. Service diligent et attentionné. Quelle... *Bonne Aventure !*

Prix moyens

Escapades : *37, rue du Poulquer. ☎ 02-98-66-27-97. • contact@escapades-benodet.com • Fermé dim soir et lun sf juil-août. Congés : 12 nov-5 déc. Formules 12,10-17,20 € ; à la carte, compter env 39 €. Apéritif offert sur présentation de ce guide.* Au bout de la plage, une salle et une terrasse certes moins branchées que les autres mais offrant un meilleur rapport qualité-prix. Propose aussi des plateaux de fruits de mer.

Le Transat : *quai L'Herminier. ☎ 02-98-66-29-29. • info@letransat.com • Sur le Vieux-Port. Plat du jour 14 € ; menus 22,50 € (midi en sem)-37 €.* La salle s'organise autour d'un grand comptoir en U. Vaste terrasse en gradins donnant sur le port. Service attentionné et bonne cuisine. Plats du jour à l'humeur marine.

L'Alhambra : *18, corniche de l'Estuaire. ☎ 02-98-57-16-00. • restaurant-lalhambra@orange.fr • Fermé mer, sf juil-fin sept, vac de Tousaint, Noël et fév ; hors saison fermé mer et le soir lun-mar. Congés : après les vac de Noël jusqu'au début des vac de Pâques. Formules env 14,50-19 € (déj en sem) ; menus 27-54,50 €.* Ambiance assez branchée pour ce bar-restaurant au décor sympa que l'on préviligiera pour sa terrasse avec vue directe sur l'estuaire et Sainte-Marine. Idéal pour un simple déjeuner ou un apéro. Grand choix de cocktails maison.

Où manger dans les environs ?

Crêperie Chez Mimi : *au lieu-dit Le Moulin-du-Pont, commune de* ***Pleuven*** *(29170). ☎ 02-98-54-62-02. Sur la D 34 entre Bénodet et Quimper. Fermé dim et j. fériés hors saison, le midi dim et j. fériés en été. Résa indispensable ! Env 12-15 € pour un repas. Kir breton offert sur présentation de ce guide.* Un choix incroyable, des prix très raisonnables, un accueil et un service irréprochables. Terrasse couverte.

La Forge d'Antan : *31, route de Nors-Vraz, Pen-Ar-Valannec, commune de* ***Clohars-Fouesnant*** *(29950). ☎ 02-98-54-84-00. • laforgedantan2@orange.fr • À 5 km à l'ouest de Fouesnant ; fléché depuis la D 34. Tlj sf dim soir lun-mar midi et soir des j. fériés, plus mar soir hors saison. Formules 20-28 € (déj en sem) et menus 51-75 € ; env 55 € à la carte.* Une adresse un peu perdue à la campagne, à la clientèle et à l'ambiance classe. Mais l'accueil reste sincère, la déco joliment rustique, et la cuisine, qui fait la part belle aux produits de la mer, n'est jamais en panne d'imagination.

Où manger une bonne glace ?

Bankiz : *corniche de la Plage. ☎ 02-98-57-01-62. Ouv mai-oct, tlj 14h-22h.* Le glacier de la station où l'on fait la queue jusque tard le soir pour repartir avec un cornet ou une gaufre.

Le Sans-Souci – Glaces de Kerheu : *1, av. de la Plage. ☎ 02-98-57-01-01. Juste à côté du resto de plage Le Sans-Souci (même maison). Fermé 12 nov-15 fév. Cornets 2-4 €.* L'autre incontournable de Bénodet pour ses glaces artisanales réalisées par la ferme de Kerheu (près de Quimper), spécialisée dans les produits laitiers biologiques. Également de fameux sorbets. Très grand choix de parfums en plus des grands classiques : cranberry, coquelicot, barbe à papa, carambar... Flûte, on n'a pas pu tout tester !

Où acheter de bonnes confitures et de bons condiments ?

L'Atelier des Saveurs : *5, route du Letty, 29950 Bénodet. ☎ 02-98-57-01-27. • j.marie.guilbault@wanadoo.fr • atelierdessaveurs.com •*

Ouv mar-sam 15h-19h. Sur résa, visite de l'atelier le mer 14h15-15h15. Après plusieurs années aux commandes d'une table réputée du département, Jean-Marie Guilbault s'est offert une nouvelle vie autour de sa passion première : les confits et *chutneys.* Il s'en fallut de peu pour passer au sucré, concourir et remporter le prix du Meilleur confiturier de France 2011. Un travail essentiellement basé sur la qualité du produit (« on ne fait du bon qu'avec du bon »)... et la créativité du chef. Selon les saisons, on appréciera la délicieuse mirabelle de lorraine, la fraise-céleri ou encore les pâtes à tartiner (fameuse confiture de lait au sarrasin). Également un choix pointu d'épices, riz, légumes secs et de « mélanges maison ». Bref, ici on sait toujours quand on entre, jamais quand on sort, surtout que le patron n'est pas avare de conseils ni d'explications !

Où sortir ?

■ ***Le casino :*** *corniche de la Plage.* ☎ *02-98-66-27-27.* ♿ *Soyez muni d'une pièce d'identité.* Un casino cool où l'on peut arriver dans n'importe quelle tenue (enfin, n'exagérez pas trop tout de même !).

À voir. À faire

Le musée du Bord de mer : *29, av. de la Mer.* ☎ *02-98-57-00-14.* ● *benodet.fr* ● ♿ *Ouv tte l'année ; tlj 10h-13h, 14h-18h en juil-août ; fermé mar-mer hors saison. Entrée : 2 €.* Une évocation nostalgique des vacances balnéaires au travers d'objets, de photos et de films. Tout sur la magie de l'estuaire et de l'Odet, ainsi que sur la navigation de plaisance et les premières régates organisées ici dès 1907.

– ***Croisières sur l'Odet ou aux îles Glénan :*** *avec les* ***Vedettes de l'Odet.*** ☎ *02-98-57-00-58.* ● *vedettes-odet.com* ● *Sur résa. Compter 18-52 € selon durée. 4-8 départs/j. juin-sept selon période (se renseigner) et pdt les vac scol. Également croisière-déjeuner mai-sept tlj à 12h.* C'est d'ici que partent les vedettes pour l'archipel des Glénan en été. Plusieurs formules, avec guide nature, catamaran à vision sous-marine. De l'île Saint-Nicolas, possibilité de louer un kayak.

– ***Stages de voile avec l'UCPA :*** *au Letty.* ☎ *02-98-57-03-26 ou 16-09.* ● *benodet.ucpa.com* ● *En saison, stages de 1 sem à partir de 7 ans.*

– ***Golf de l'Odet :*** *29950* ***Clohars-Fouesnant.*** ☎ *02-98-54-87-88. Entre Bénodet et Quimper.* 18-trous et practice ; parcours et leçons.

FOUESNANT [foën]

(29170) 10 170 hab. *Carte Finistère Sud, C2*

Petite ville sans réel charme mais qui abrite sur sa commune stations balnéaires, plages de sable blanc sur 17 km et sites naturels époustouflants, dont l'archipel des Glénan ! Fouesnant est aussi connu pour son cidre (le meilleur de France, dit-on).

Adresse utile

ℹ ***Office de tourisme :*** *4, espace Kernévéleck, BP 14.* ☎ *02-98-51-18-88.* ● *tourisme-fouesnant.fr* ● *Tte l'année lun-sam 9h-12h, 14h-18h ; juil-août,* *lun-sam 9h-19h et dim 10h-13h.* Accueil très sympa et excellente documentation sur Fouesnant et l'archipel des Glénan. Organise des sorties nature pendant les vacances scolaires. Une partie de la station est accessible aux 4 familles de handicap, notamment le sentier de Penfoulic.

Où dormir ? Où manger ?

Nous avons recensé plus de 20 campings sur la commune et une dizaine sur La Forêt-Fouesnant. L'office de tourisme pourra vous conseiller en fonction de votre budget et de vos centres d'intérêt.

Hôtel l'Orée du Bois : *4, rue de Kergoadig. ☎ 02-98-56-00-06. • contact@hotel-oreedubois.com • hotel-oreedubois.com • Doubles 40-80 € selon confort et saison.* La patronne propose des chambres plutôt coquettes à prix raisonnables, dont certaines offrent même une belle vue, mais dont les moins chères ont seulement un lavabo (douche et w-c sur le palier). À deux pas démarrent les sentiers pédestres.

La Plume Bleue : *22, rue de Cornouaille. ☎ 02-98-56-03-01. • arnaudnadege.fred@free.fr • Fermé lun, plus dim hors saison. Menus 14,95 € (déj en sem) et 19,60 €, carte env 35 €. Café offert sur présentation de ce guide.* Cuisine soignée du terroir et de poisson, qui ravit les locaux et les estivants. Petite terrasse sur rue et une autre plus fleurie derrière la maison.

Où dormir ? Où manger dans les environs ?

LE FINISTÈRE SUD

À Cap-Coz (29170)

À 3 km du bourg de Fouesnant (même commune).

Hôtel-restaurant Belle Vue : *☎ 02-98-56-00-33. • contact@hotel-belle-vue.com • hotel-belle-vue.com • Fermé lun-mar midi. Résa conseillée en saison au resto. Congés : 1er nov-1er mars. Doubles avec douche ou sdb et w-c env 78-110 €. ½ pens 72-85 €/pers. Formule 18 € (midi en sem), menus 28-47 €.* Face à l'océan, dans un coin tranquille à deux pas de la plage de Cap-Coz. Dans la même famille depuis 3 générations. Chambres très confortables, à la déco contemporaine, donnant soit sur mer, soit sur jardin. Excellente cuisine servie dans une salle donnant sur la mer. Le jeune chef a vraiment beaucoup de talent !

Hôtel de la Pointe : *153, av. de la Pointe-du-Cap-Coz. ☎ 02-98-56-01-63. • bienvenue@hotel-capcoz.com • hotel-capcoz.com • Resto fermé dim soir, lun et mar midi hors saison ; lun midi, mar midi et mer en juil-août. Congés : 3 sem en fév-mars, 1 sem fin nov. Doubles 84-106 € selon confort, vue et saison. Au resto, résa conseillée. Formule déj en sem 20 €. Menus déj en sem 30-65 €. Carte env 65 €. (câble).* La grande majorité des chambres ont été joliment restaurées dans un esprit sobre. Les plus chères regardent la mer, de l'autre côté de la rue. L'établissement comporte 2 salles de restaurant dont l'une, réservée aux hôtes de passage, donne sur l'anse de Port-la-Forêt. La table est, à juste titre, réputée dans toute la région. Les plats de la carte changent tous les 4 mois. Encore une excellente adresse.

À la pointe de Mousterlin (29170)

Hôtel de la Pointe de Mousterlin : *108, route de la Pointe. ☎ 02-98-56-04-12. • hoteldelapointe@wanadoo.fr • hoteldelapointefouesnant.com • Ouv tlj (midi et soir) sf d'oct à mi-avr, hôtel fermé dim soir et resto ouvert le soir slt sf ven et dim. Doubles 84-190 € selon confort et saison. Menus 21 € (midi)-65 €. Café offert sur présentation de ce guide.* La même famille tient cet établissement depuis 4 générations. De l'extérieur, les 2 bâtiments des années 1960-1970 qui abritent la quarantaine de chambres ne brillent pas d'un charme irrésistible. Mais à l'intérieur, surprise ! Du moins pour les chambres qui ont été restaurées. Avec leur esprit contemporain et leur déco réussie, elles dégagent une atmosphère très zen. Les plus anciennes sont, en revanche, très classiques. Certaines disposent d'un balcon côté mer ou côté jardin. Et puis Gwenola et Jason Bayes-Morvan ont pensé à tout : piscine chauffée (d'avril à octobre), sauna, jacuzzi, salle de musculation, tennis, bibliothèque, programmes quotidiens d'activités et de découverte de la région. L'accueil est irréprochable. Au resto, excellente cuisine de la mer servie dans un beau décor. Au bas de l'hôtel, l'océan, ses plages et ses dunes offrent une nature sauvage encore préservée. Une adresse idéale pour se ressourcer le temps d'un week-end.

À Beg-Meil (29170)

Crêperie de Kervastard : *22, rue des Glénan. ☎ 02-98-94-96-16. • creperie.kervastard@wanadoo.fr • Tlj sf mar hors saison. Fermé de mi-nov à mi-fév. Menus 12-23 €.* Cette crêperie, la plus ancienne de Fouesnant, a été créée en 1937 dans les dépendances d'une ancienne ferme dont elle porte le nom. Galettes et crêpes servies dans un décor agréable ou sur la terrasse. Accueil très sympa.

Bistrot chez Hubert : *16, rue des Glénan. ☎ 02-98-94-98-04. • hubertjan@wanadoo.fr • Fermé mar, plus lun hors saison. Formule midi en sem 17 € ; carte 35-40 €. Café offert sur présentation de ce guide.* Grande terrasse en plein bourg et belles salles en enfilade où les assiettes bretonnes voisinent avec les verres à pied. Une bien bonne cuisine.

À voir. À faire

L'église Saint-Pierre : construite à la fin du XIe s, chef-d'œuvre de l'art roman, à ne pas rater, donc ! Toit à double pente. À l'intérieur, hautes arcades en plein cintre et fenêtres à meurtrières. Notez les beaux chapiteaux de la croisée de transept, décorés de feuilles d'acanthe, volutes, étoiles et personnages. Émouvant monument aux morts : une femme fouesnantaise, en costume traditionnel, pleurant ses enfants.

DOUCEMENT LES JET-SETTEURS

Les Pompidou aimaient passer leurs vacances à Saint-Tropez, entourés de vedettes et de milliardaires. Mais cet étalage people était insupportable pour De Gaulle, qui prônait le calme familial et la discrétion. Voilà pourquoi le Premier ministre changea de décor et loua par la suite, pendant 8 ans, le manoir de Kernaeret (la maison des Vipères, en breton) à Fouesnant.

➢ ***Les balades « nature » :*** passionnantes, elles ont obtenu un trophée national. Organisées par l'office de tourisme de février à novembre et guidées par la célèbre Lulu, qui n'a pas son pareil pour vous faire humer, au printemps, l'exceptionnel narcisse des Glénan, ou surprendre les hérons cendrés et autres bernaches du polder de Mousterlin ou de la vasière de Cap-Coz.

Fête

– **Fête des Pommiers :** *en général, le 3e dim de juil (rens à l'office de tourisme).* Un concours régional de cidre est organisé.

DANS LES ENVIRONS DE FOUESNANT

La chapelle Sainte-Anne : *à 2 km au nord.* Dans un bel enclos. Flèche gothique encadrée de deux tourelles rondes. Pardon de Sainte-Anne le 26 juillet.

LE FINISTÈRE SUD

La chapelle du Perguet : *vers Bénodet, sur la D 44.* Délicieuse chapelle de campagne. Très beau porche du XVe s et élégant clocher cornouaillais. Petit calvaire.

Le bois et les étangs de Penfoulic : *entre Fouesnant et La Forêt-Fouesnant. ☎ 02-98-56-62-20. Ouv en juil-août. Infos sur le site à la Maison des marais, Kerlennou.* Des hectares de forêt sauvés par le Conservatoire du littoral et un vaste étang salé où eurent lieu, à la fin du XIXe s, quelques pionnières expériences d'aquaculture. On y rencontre de nombreux oiseaux.

Cap-Coz *(29170) :* une étroite avancée de sable qui dépasse à peine du niveau de la mer. Mais la civilisation a réussi à y caser un petit port de pêche, de vieilles villas balnéaires... et les promoteurs y construisent encore à tout-va ! Belles plages le long de la baie de La Forêt-Fouesnant, heureusement moins urbanisée.

Beg-Meil *(29170) :* station balnéaire depuis longtemps célèbre. Superbes plages de sable blanc qui s'étirent jusqu'à la pointe de Mousterlin, bordées de pins et de cyprès. Évidemment, vous n'y serez pas tout seul en été.

La pointe de Mousterlin *(29170) :* le coin le plus nature du Pays fouesnantais. Et un site qui n'a pas d'équivalent en Bretagne. Paysages surprenants de part et d'autre de cette langue rocheuse qui pointe dans l'océan. À l'ouest, vers Bénodet, s'étire la ***mer Blanche,*** séparée de l'océan par une interminable dune que les eaux franchissent deux fois par jour. Rivage d'un aspect presque désolé, donc plages encore sauvages (naturisme toléré sur celle de Kerler). À l'est, vers Beg-Meil, s'étend un polder qui n'est plus exploité aujourd'hui. Là encore, au pied de la dune, succession de belles plages.

LA FORÊT-FOUESNANT

(29940) 3 200 hab. *Carte Finistère Sud, C2*

À 3,5 km de Fouesnant, direction Concarneau, un charmant village et son petit port de pêche au fond d'une anse. Le moderne et très fréquenté port de plaisance s'est développé un peu à l'écart : 4e port de plaisance de Bretagne (1 010 places sur ponton), *Port-la-Forêt* est, entre autres, le port d'attache de Michel Desjoyeaux et Roland Jourdain. Important centre d'entraînement de course au large, qui a déjà formé de nombreux champions. Ponton multicoques où vous pourrez admirer de près ces « géants » des mers.
À voir, au village toujours joliment fleuri, l'*église Notre-Dame-d'Izel Vor,* bijou du XVIe s dont le porche est orné de statues, et le *calvaire* dans l'enclos paroissial. Belle plage familiale de sable fin à Kerleven, à 2 km. Départs d'excursions pour l'archipel des Glénan (1 à 3 par jour en été).
➢ ♿ Signalons que la municipalité a mis en place un sentier de promenade accessible aux personnes à mobilité réduite, qui s'étire sur 3 km le long des rivages boisés de l'anse du bourg.

Adresse et info utiles

ℹ ***Office de tourisme :*** *2, rue du Vieux-Port. ☎ 02-98-51-42-07. • foret-fouesnant-tourisme.com • D'avr à mi-sept, tlj sf dim ap-m.* Très bon accueil et compétent.

– ***Marché nocturne :*** *juil-août, mar soir à partir de 19h à Port-la-Forêt.*

Où dormir ?

Camping

Camping du manoir de Penn Ar Ster : 2, chemin de Pen-ar-Ster. ☎ 02-98-56-97-75. 06-69-07-01-58. • info@camping-pennarster.com • camping-pennarster.com • Accès : à 200 m du bourg. Ouv de mars à mi-nov. Prix tente : 17-24 € selon saison. Mobile homes et chalets à louer (dont 2 chalets avec accès pour les personnes à mobilité réduite) : 250-680 €/sem. 97 empl. Réduc : en hors saison 7 nuits au prix de 6 sur présentation de ce guide. Ce camping, installé sur 3 ha de verdure, bénéficie d'un environnement exceptionnel. Il a d'ailleurs obtenu le prix national des campings fleuris.

Prix moyens

Chambre d'hôtes de Suzette : chez Marie-José et Jean-Michel Guillo, à ***Lanjulien-Huella.*** *☎ 02-98-56-95-01. • marie-jose.guillo@foret-fouesnant.org • gites-chambre-bretagne.com • À 1,5 km du centre du bourg, sur la route de l'*Hôtel des Cerisiers *et à 3 km de la mer. Doubles 55-59 €. Selon saison, légumes du jardin offerts sur présentation de ce guide.* En pleine campagne, calme garanti. Dans une belle longère en pierre, joliment retapée, chambre fraîche et agréable. Grand jardin avec balançoire et jeux pour enfants. Accueil sympa. Location de 5 gîtes également.

Chambres d'hôtes chez Marie-France Rault : 5, rue de la Mer, à ***Kerleven.*** *☎ 02-98-56-95-41. • marie-france.rault@wanadoo.fr • kerleven.fr • Depuis La Forêt-Fouesnant, suivre les indications « Kerleven ». Ouv mai-oct. Double 60 € ; loft avec kitchenette et lave-linge 70 €. Café offert sur présentation de ce guide.* Spécialités bretonnes servies au petit déj. Marie-France Rault est pleine d'attentions pour ses hôtes, qui bénéficient d'une petite piscine chauffée et couverte, dotée d'un jet pour massage. Vous êtes ici à 50 m de la plage.

Hôtel-restaurant du Port : 4, corniche de la Cale. ☎ 02-98-56-97-33. • hotelduport29@wanadoo.fr • hotelduport.fr • Établissement calme sur le vieux port, situé à proximité de Port-la-Forêt (5 mn à pied par la passerelle) et de la plage de Kerleven. Ouv fin fév-fin nov. Resto ouv le soir mar-sam, plus dim midi. Doubles 60-80 € selon confort et saison. Formule 21 €. Menu 42 €. Petit salon agréable et une salle de resto qui donne sur un jardin fleuri. La qualité de la table fidélise les habitués de cette bonne adresse familiale.

LE FINISTÈRE SUD

Où manger ?

Bon marché

Kinawa : Port-la-Forêt, 29940 La Forêt-Fouesnant. ☎ 09-81-92-40-92. • kinawa29@gmail.com • Au port de plaisance. Ouv tlj sf dim ; le midi slt lun-ven et le soir ven-sam hors saison. Fermé nov-mars. Résa indispensable. Plats à l'ardoise. Compter 15-22 € pour un repas. Café ou thé offert sur présentation de ce guide. C'est une vraie démarche éthique et « locavore » qui anime l'équipe du *Kinawa* : produits frais et de saison dans une carte courte mais qui concentre le meilleur de la région ! Les poissons sont livrés quotidiennement, l'andouille vient de Baye et le foie gras est confectionné à Pleven. Petite carte de vins, tous servis au verre. Ambiance joyeuse de retour de régate !

Crêperie Quartier d'Été : 42, rue du Vieux-Port. ☎ 02-98-56-82-40. Ouv tlj sf lun, 11h30-14h, 18h30-21h ; service continu 11h30-21h de mi-juil à mi-août. Fermé fin sept-mars. Autour de 15 €. Digestif offert sur présentation de ce guide. L'hiver, le couple parcourt le monde à bicyclette ! Un esprit d'ouverture et de curiosité que l'on retrouve dans la philosophie de la maison. Galettes onctueuses réalisées à partir de blé noir (100 % français) qui, on le rappelle, ne contient pas de gluten. Garnitures fraîches, accompagnements maison exclusivement (*lemon curd, Nutella* fait de chocolat noir et de praslin, coulis, confitures, beurre salé). Quant aux pommes, elles sont cuites à la vapeur plutôt que poêlées pour éviter la casse sur la balance ! On s'amuse des intitulés qui ne se prennent pas au sérieux : « Trois petites souris » (pour la 3 fromages) ou « Mars Attack » au bon goût de... *Mars !* Bon point aussi, la galette de blé noir servie tout simplement au beurre ou en version sucrée. Une maison authentique et chaleureuse où l'on a vite fait de revenir...

De prix moyens à chic

Café du Port : *32, corniche de la Cale. ☎ 02-98-56-96-67. • noel.lediore@orange.fr • Face au vieux port. Congés : oct-mars. Résa conseillée. Formule déj en sem 17 € ; carte 25-30 €.* Petit resto spécialisé dans les poissons et fruits de mer. Intérieur agréable, genre rustique breton avec des tables et bancs en bois. Quelques tables à l'extérieur.

Auberge du Saint-Laurent : *6, route de Beg-Menez. ☎ 02-98-56-98-07. Sur la route touristique de La Forêt-Fouesnant à Concarneau. Fermé lun-mar ; slt lun midi en saison. Résa conseillée. Formule déj en sem 18 €, puis menus 27-45 €.* Véronique et Philippe vous accueillent dans le cadre rustique et raffiné de cette belle auberge. En été, Véronique pousse les portes-fenêtres pour que ses hôtes profitent du jardin et de la terrasse. Côté cuisine, Philippe prépare aussi bien des recettes traditionnelles qu'une cuisine imaginative, en fonction de la saison. Parmi les spécialités : fricassée d'encornets et coquillages, bouillon de topinambours, ou le filet de canette au jus de *lambig*. Service attentionné et rapport qualité-prix exceptionnel.

Restaurant Les Boucaniers : *13, rue de la Mer. ☎ 02-98-56-81-71. • contact@lesboucaniers.eu • Sur la longue plage de Kerleven. Tlj sf sam midi dim soir et lun soir hors saison. Formule le midi lun-ven 14,90 € ; menus 20-30 €. Café et digestif maison offert sur présentation de ce guide.* Situation idéale pour ce resto qui offre l'un des plus beaux points de vue sur la baie de La Forêt-Fouesnant et de Concarneau. Le chef propose une bonne cuisine de la mer et quelques plats de viande classiques, ainsi que quelques plats exotiques. Une cuisine simple, préparée avec soin. À déguster sur l'une des 2 terrasses face à la mer, les pieds dans le sable, ou dans une salle à la déco relookée. Clientèle jeune et accueil très sympa.

Restaurant La Grange : *4, route de Port-la-Forêt. ☎ 02-98-56-81-09. • cyrille-lecoz@live.fr • À l'entrée du camping de Kerleven. Ouv tlj midi et soir en saison, sinon fermé le soir dim-jeu. Congés : 15-31 mars et 15-30 nov. Formule déj 11,80 € ; menus 20,50-32,80 € ; assiette de fruits de mer env 28 €. Plats à emporter sur commande. Apéritif offert sur présentation de ce guide.* Cyrille Le Coz, jeune chef fier de son titre de Maître Restaurateur et originaire du cru, réalise une cuisine créative en puisant toujours dans son terroir. L'ardoise décline des plats simples qui sustenteront les appétits pressés et carnassiers. Les menus s'avèrent, eux, plus créatifs et ciblés « mer ». Assiettes copieuses, présentations soignées. Mais certains plats sont plus réussis que d'autres. Déco contemporaine pimpante dans la salle ; sinon, grande terrasse aux beaux jours.

Où manger une bonne glace ?

Maison Dutertre : *Port-La-Forêt. 06-77-49-76-30. Avr-sept, tlj (jusqu'à 22h juil-août).* Sorbets à base de fruits frais et crèmes glacées au lait et beurre de baratte.

Fêtes

– **Fête des Cerisiers :** *3e ou 4e dim de juin.* Grande fête traditionnelle animée par des danses, de la musique et des jeux bretons.

– ***Les Nuits celtiques de Peniti :*** *mer soir à 21h fin juin-début sept. Gratuit.* Spectacles, musiques et danses traditionnelles bretonnes au théâtre *Peniti.*

L'ARCHIPEL DES GLÉNAN

Carte Finistère Sud, C3

À environ 18 km de la côte, un groupe d'une dizaine d'îles plus polynésiennes que bretonnes ! Fonds de sable blanc, eau d'une transparence émeraude... Nécropole à l'âge du bronze, propriété des moines de l'abbaye de Saint-Gildas-de-Rhuys au Moyen Âge, repaire de pirates jusqu'au XVIIe s, disputé sous la Révolution par les Français et les Anglais, ce collier d'îles et d'îlots est aujourd'hui surtout connu pour sa mythique école de voile et fait partie de la commune de Fouesnant.

Comment y aller ?

Avec les ***Vedettes de l'Odet*** *(☎ 02-98-57-00-58. ● vedettes-odet.com ● A/R env 34-43 € ; réduc).*

➢ ***De Bénodet :*** début avr-fin sept, 1 à 3 départs/j. selon période.

➢ ***De Concarneau :*** de mi-juil à fin août, 2 départs/j. Départ au port de plaisance.

➢ ***De Loctudy :*** 1 départ/j. de mi-juin à mi-sept ; 2 départs/j. de mi-juil à fin août.

➢ ***De Port-la-Forêt*** *(La Forêt-Fouesnant)* **:** de mi-juil à fin août, 1 à 2 départs/j.

➢ ***De Beg-Meil*** *(La Cale)* **:** avr, 1 départ jeu ; juil-août, 2 départs/j.

À voir. À faire

L'île Saint-Nicolas : la seule que le visiteur d'un jour aura le droit d'aborder. À la fin du XIXe s, l'île comptait encore 85 habitants permanents. Il n'y en a plus aujourd'hui en hiver. Sur 22 ha, deux bars-restaurants *(**Les Viviers des Glénan,** ☎ 02-98-50-68-90 de mai à mi-sept, tlj sur résa ; et **La Boucane,** ☎ 02-98-50-69-00, avr-sept),* le Centre international de plongée des Glénan (voir plus loin) et trois maisons privées. Sans oublier, bien sûr, la plus petite réserve naturelle du monde où, parmi les fameux narcisses des Glénan (uniques au monde, floraison en avril et mai), on voit maintenant proliférer le lézard de murailles. Les spécialistes lui reconnaissent déjà les formes différentes d'une sous-espèce (cf. les théories de Darwin sur l'évolution). On a les Galápagos qu'on peut !

LA RÉPUBLIQUE DES GLÉNAN

Las des contraintes imposées par les autorités de la ville, les peintres qui fréquentaient Concarneau décidèrent, en 1926, de créer une « république » sur l'archipel des Glénan, dotée de son propre gouvernement et de son propre drapeau (une sardine bleue sur fond blanc). Là, ils purent vivre et créer en totale liberté.

L'île de Penfret : 39 ha ; porte le sémaphore de la Marine et un phare. Le ***Centre nautique des Glénan*** *(rens : ☎ 02-98-97-14-84),* la plus célèbre des écoles de voile françaises, y est installé depuis 1947. L'archipel offre, outre la « Chambre » – espace abrité entre les îles Saint-Nicolas, Cigogne et Drennec –, une multitude d'alignements propres à faire progresser rapidement et efficacement les jeunes loups de mer qui s'inscrivent aux stages de voile. L'accueil se fait ici, mais le centre dispose d'autres bâtiments sur les îles Bananec et Cigogne, caillou de 1 ha où les stagiaires logent dans un fort du XVIIIe s ! Si les conditions de vie paraissent spartiates, l'air est pur et la vue sur mer imprenable...

– Parmi les autres îles de l'archipel : l'***île du Loc'h,*** la plus grande avec 58 ha, propriété privée où pointe une cheminée de brique rouge, vestige d'une ancienne usine à iode, ***Brunnec*** (privée elle aussi), ***Quignenec,*** presque entièrement recouverte à marée haute...

Plongée sous-marine

Cet archipel est apprécié pour son sable clair baigné d'eaux turquoise. Autour, les nombreux îlots, rochers et hauts-fonds sont autant de prétextes à de séduisantes explorations sous-marines. Un site exceptionnel dès 5 m de fond et pour tous niveaux.

Club de plongée

■ ***Centre international de plongée (CIP) des Glénan :*** *sur l'île* ***Saint-Nicolas.*** *☎ 02-98-50-57-02 ou 📱 06-84-46-84-82. • cip-glenan.fr • Ouv avr-nov. Résa conseillée. Baptême env 38 € ; plongée env 33-37 € ; tarifs dégressifs 4-10 plongées.* Établi sur l'île Saint-Nicolas depuis 1959, le centre *(FFESSM)* propose des équipements complets à ses plongeurs, ainsi que des formations allant du baptême au monitorat, et des stages sur les épaves, initiation à la biologie marine et apnée. Pour les confirmés, également des plongées *Nitrox (*air enrichi en oxygène) et *Trinix (*mélange air-hélium). Formules au week-end ou à la semaine obligatoires (hébergement en dortoirs rustiques). L'été uniquement, pour des plongées hors internat et stages, les responsables du club – Franck Samson et Laurent Cayatte – disposent aussi d'un bateau sur le continent, au départ de Concarneau.

LA CÔTE, DE CONCARNEAU AU POULDU

Une des plus belles portions du littoral breton, on peut bien vous l'avouer. Adorable région traversée par – au moins ! – trois rivières (l'Aven, le Bélon et la Laïta) qui s'épanouissent dans des estuaires où se lovent de petits ports de pêche. Au programme de la balade aussi, de jolis villages à l'architecture intacte, des bouts de côte romantiques où seuls, pour le moment, quelques privilégiés ont la chance de résider, des plages de sable fin, un peu prises d'assaut en été, et, pour être tout à fait francs, quelques verrues immobilières ici ou là, tout de même... Enfin, une luminosité hors pair qui a attiré nombre de peintres, et pas des moindres !

CONCARNEAU [konk-kerne]

(29900) 20 000 hab. *Carte Finistère Sud, C2*

Port de pêche actif (le 3e de France pour la pêche au chalut, le premier en Europe pour la pêche au thon), Concarneau, classée « Ville d'art et d'histoire », est surtout connue pour sa célèbre ville close, son musée de la Pêche et son Festival des filets bleus, un dimanche de la seconde quinzaine d'août. La pêche fait vivre quelque 1 300 marins embarqués sur 216 bateaux. Concarneau est aussi une station balnéaire réputée. Son port de plaisance est situé

en plein centre-ville, à l'abri des remparts. Comme partout, il est difficile de trouver des places de parking, surtout en été.
– Laissez votre voiture sur le parking gratuit de l'ancienne gare.

Adresse et info utiles

ℹ ***Office de tourisme*** *(plan C2) : quai d'Aiguillon, BP 529. ☎ 02-98-97-01-44. • tourismeconcarneau.fr • D'avr à mi-sept, lun-sam 9h-12h30, 13h30-18h30, dim et j. fériés 10h-13h (juil-août, tlj 9h-19h) ; le reste de l'année, lun-sam 9h-12h, 14h-18h.* Infos sur les visites guidées de la ville et du port de pêche, les balades commentées en vedette en baie de Concarneau, les sorties à bord d'un vieux gréement... L'office a réponse à tout !
– ***Marchés :*** *tte l'année, lun mat et ven mat, sur les places face à l'entrée de la ville close.* ***Marché bio*** *mer soir sur le parvis des halles.*

Où dormir ?

Camping

⛺ ***Camping Les Sables Blancs*** *(plan A1,* ***12****) : av. du Dorlett ; plage des Sables-Blancs. ☎ et fax : 02-98-97-16-44. • contact@camping-lessablesblancs.com • camping-lessablesblancs.com • ♿ Accès : en arrivant à Concarneau, suivre la direction « La côte ». Ouv 1er avr-31 oct. Prix tente : 14,50-27 € selon saison. Loc de cottages : 240-805 €/sem. 149 empl. Réduc : - 5 % sur présentation de ce guide.* Beau camping, bien situé, à 300 m de la mer. Chemin piéton du camping pour gagner le centre de Concarneau. Spa couvert et nouveaux sanitaires. Piscine.

Auberge de jeunesse

🏠 ***Auberge de jeunesse Ethic Étapes*** *(plan C3,* ***10****) : quai de la Croix, BP 116. ☎ 02-98-97-03-47. • concarneau@aj-finistere.org • ajconcarneau.com • Pour ceux qui arrivent par le train : correspondance à Rosporden par bus pour le centre-ville ; l'AJ est à 800 m ensuite (bien fléché). Ouv tte l'année. Compter env 18 €/pers avec le petit déj et les draps. ½ pens env 29 €. Repas 11 €.* 📶 Grande et belle maison installée dans l'ancien *Abri du marin,* le nez sur les rochers, face à l'océan. Propose 76 places en chambres de 4, 6 et 10 lits, presque toutes avec vue sur la mer.

De prix moyens à chic

🏠 ***Hôtel de France et d'Europe*** *(plan C2,* ***15****) : 9, av. de la Gare. ☎ 02-98-97-00-64. • contact@hotel-france-europe.com • hotel-france-europe.com • Congés : 19 déc-19 janv. Doubles 82-135 € selon confort et saison. Ascenseur. Parking privé payant.* 💻 📶 Une vingtaine de chambres fonctionnelles, de style contemporain et climatisées. Également une salle fitness. Beau petit déj-buffet. Et pour boire un verre, bar-salon et adorable terrasse-patio presque exotique et isolée du brouhaha de la ville.

🏠 ***Hôtel des Halles*** *(plan C3,* ***11****) : rue Charles-Limement/pl. de l'Hôtel-de-Ville. ☎ 02-98-97-11-41. • contact@hoteldeshalles.com • hoteldeshalles.com • ♿ À deux pas de la ville close. Doubles 65-85 € selon confort et saison. Parking payant.* 💻 📶 *(câble).* Dans un coin tranquille. Petit hôtel moderne à la déco soignée : couleurs joyeuses et pas mal de boiseries. Ascenseur. Chambres agréables et toutes différentes. Évitez celles donnant sur la soufflerie.

De plus chic à beaucoup plus chic

🏠 ***Hôtel Kermoor*** *(plan A1,* ***14****) : plage des Sables-Blancs. ☎ 02-98-97-02-96. • contact@hotel-kermor.com • hotel-kermor.com • Doubles*

FOUESNANT, QUIMPER
A
B
NORD
16
14
12
R. des Hortensias
Rue
Av. du Dorlett
Rue des Sables Blancs
Avenue Robert Jan
Plage des Sables Blancs
R. H. Cévaër
Bd A. Guillou
Rue Malakoff
R. M. Jacob
Rue Ernest Renan
R. du Maréchal Foch
Plage de Cornouaille
1
2
3
Rue Bayard
Rue
R. du
Bd A. Guillou
Boulevard
Boulevard
Rue L. Hascoët
R. J. Berthou
Rue Amiral Courbet
Rue de la Libération
Bougainville
Katherine
R. Esprit Jourdain
Rue Lapérouse
Rue Bayard
Rue Jean Bart
36
R. Dumont
Plage des Dames
Wylie
Bd Bougainville
OCÉAN ATLANTIQUE
0
100
200 m

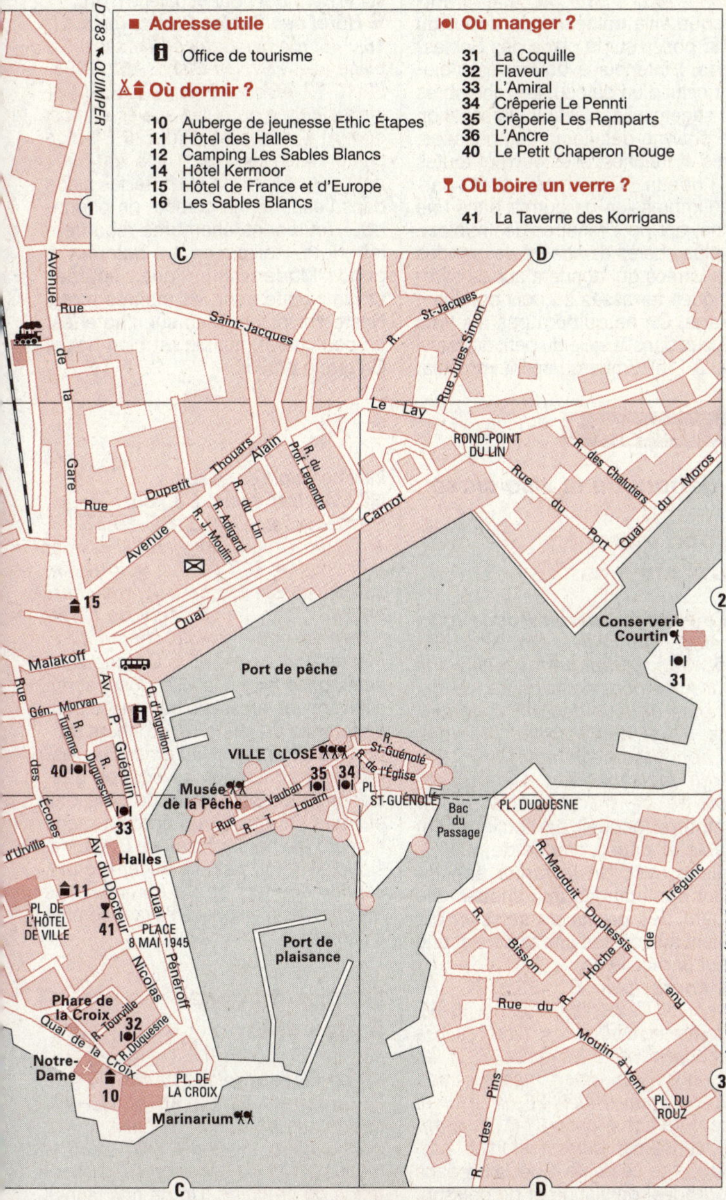
Adresse utile
Office de tourisme
Où dormir ?
10 Auberge de jeunesse Ethic Étapes
11 Hôtel des Halles
12 Camping Les Sables Blancs
14 Hôtel Kermoor
15 Hôtel de France et d'Europe
16 Les Sables Blancs
Où manger ?
31 La Coquille
32 Flaveur
33 L'Amiral
34 Crêperie Le Pennti
35 Crêperie Les Remparts
36 L'Ancre
40 Le Petit Chaperon Rouge
Où boire un verre ?
41 La Taverne des Korrigans
D 783 QUIMPER
TRÉGUNC, QUIMPERLÉ
Rue Saint-Jacques
R. St-Jacques
Rue Jules Simon
Le Lay
ROND-POINT DU LIN
R. des Chalutiers
Rue du Port
Quai du Moros
Avenue de la Gare
Rue Dupetit Thouars
R. Alain
R. du Prof. Legendre
R. du Lin
R. Adigard
R. J. Moulin
Avenue Carnot
Quai
Malakoff
Rue Gén. Morvan
R. Turenne
R. Duguesclin
Av. P. Guéguin
Q. d'Aiguillon
Rue des Écoles
d'Urville
Port de pêche
Conserverie Courtin
VILLE CLOSE
R. St-Guénolé
R. de l'Église
PL. ST-GUÉNOLÉ
Musée de la Pêche
Rue Vauban
R. T. Louarn
Bac du Passage
PL. DUQUESNE
Halles
PL. DE L'HÔTEL DE VILLE
Av. du Docteur Nicolas
Quai Pénéroff
PLACE 8 MAI 1945
Port de plaisance
Phare de la Croix
R. Tourville
R. Duquesne
Quai de la Croix
Notre-Dame
PL. DE LA CROIX
Marinarium
R. Mauduit Duplessis
R. Bisson
R. Hoche
Rue de Trégunc
Rue du Moulin à Vent
R. des Pins
PL. DU ROUZ

CONCARNEAU

env 111-163 € ; petit déj 12 €. Pittoresque villa balnéaire du début du XIXe s, posée sur la plage des Sables-Blancs. L'intérieur évoque irrésistiblement celui d'un bateau. Les chambres sont sagement tarifées, vu la situation et le charme des lieux. Lambrissées, claires et fraîches, elles ouvrent toutes sur l'océan. Certaines, pour parfaire l'impression de dormir dans une cabine, ont pour fenêtres des hublots. Les plus chères disposent de grandes baies vitrées qui donnent sur de sympathiques terrasses en bois dominant la plage. On ne quittera pas les flots des yeux dans la salle du petit déj (servi jusqu'à 11h). Embarquement immédiat sur le *Kermoor* ! Bar et galerie d'art.

Hôtel des Sables Blancs *(plan A1,* ***16****) : 45, rue des Sables-Blancs, sur la plage des... Sables-Blancs. ☎ 02-98-50-10-12. • contact@hotel-les-sables-blancs.com • hotel-les-sables-blancs.com • Doubles 170-220 € selon confort et saison ; familiales 380-500 ; petit déj 14,50 €.* Un hôtel les pieds dans l'eau, conçu comme un paquebot ! Toutes les chambres regardent les flots, terrasses et balcons à gogo ! Modernisme, lignes épurées et luminosité sont les maîtres mots. Resto sur place. Bien sûr, l'hôtel est un peu chérot, mais c'est bien beau ! Un grand bravo !

Où manger ?

En dehors de la ville close

De bon marché à prix moyens

Le Petit Chaperon Rouge *(plan C2,* ***40****) : 7, pl. Duguesclin. ☎ 02-98-60-53-32. • monique.bozec@wanadoo.fr • Au bout de la petite rue qui part juste en face de l'office de tourisme. Tlj sf dim soir-lun, plus dim midi hors saison. Compter env 12 €. Apéritif maison offert sur présentation de ce guide.* Décor plutôt champêtre, accueil particulièrement aimable et pâte à crêpes de qualité. Réalisée avec de la farine spécialement commandée au minotier, elle contient des grains de sarrasin qui donnent aux crêpes une texture et une saveur particulières...

L'Ancre *(plan B3,* ***36****) : 22, rue Dumont-d'Urville. ☎ 02-98-50-56-58. • ancreresto@bbox.fr • Dans la rue qui monte derrière les halles. Tlj sf lun midi en saison, sinon mar-jeu midi. Congés : 5 janv-14 fév, 28 juin-9 juil et 28 sept-15 oct. Menus 21 € (en sem)-30 € ; carte 25 €. Digestif offert sur présentation de ce guide.* Spécialisé dans les grillades, de viande et de poisson, accompagnées d'épices sur la table ou dans les plats : cotriade, coquilles Saint-Jacques, mais aussi autruche. Comme dans tout bon resto, résa indispensable en saison.

L'Amiral *(plan C3,* ***33****) : 1, av. Pierre-Guéguin. ☎ 02-98-60-55-23. • contact@restaurant-lamiral-concarneau.com • Tlj sf lun soir et dim soir en saison, lun tte la journée hors saison. Congés : vac scol de fév et 3 sem en nov. Formule du jour 17 €, menus 20,40 (sem)-43 €.* Ce long vaisseau, posé face à la ville close, abrite à l'avant une brasserie très prisée pour sa formule du jour d'un étonnant rapport qualité-prix, et à l'arrière un restaurant traditionnel, à vocation gastronomique. Belle carte de poissons et fruits de mer. Et un épatant menu homard (du homard bleu de Bretagne, siouplaît !). Ici, pas de discrimination, service courtois et pro comme dans les grandes maisons, à l'avant comme à l'arrière.

De prix moyens à plus chic

Le Flaveur *(plan C3,* ***32****) : 4, rue Duquesne. ☎ 02-98-60-43-47. Fermé lun, plus sam midi et dim soir hors saison. Formule déj 15,50 €, menus 24-46 €. Café offert sur présentation de ce guide.* Un de nos jeunes chefs préférés en Bretagne Sud ! Dans une jolie maison de ville typée Art déco. Cédric Rivière réalise une cuisine gastronomique fine et inventive avec des matières premières tracées – viandes et volailles issues exclusivement de l'agriculture française, poissons de la pêche du jour... – qui suit, de fait, les tendances du marché. Le menu complet du midi est déjà une aubaine. Que dire de plus sinon que le soir, c'est la fête ! Service tout en discrétion de son épouse.

IOI ***La Coquille*** *(plan D2,* ***31****) : quai du Moros.* ☎ *02-98-97-08-52.* • *restaurant-la-coquille@orange.fr* • ♿ *Du centre, direction Trégunc-Quimperlé ; après le pont, 1re à droite, puis fléché. Fermé dim soir et lun. Au bar en sem, intéressante formule déj (bistrot et brasserie) 20 € ; au resto, menus 30-45 €.* Formé chez Robuchon avant d'être le chef de *La Tour d'Argent,* Jean-François Sicallac retrouve une deuxième jeunesse au contact de sa Bretagne natale. Des retrouvailles heureuses qui font souffler un vent de liberté sur sa cuisine teintée d'accents marins bien troussés, respirant la bonne humeur. Sérénité et sobriété caractérisent son travail qui, sous une apparente simplicité, cache la patte d'un grand chef. À l'entrée, le bar propose une formule bistrot à petits prix.

Dans la ville close

Cette partie historique étant très fréquentée, la qualité de la cuisine et l'accueil ne sont pas toujours les préoccupations premières des restaurateurs, assurés de faire le plein avec le flux touristique.

IOI ***Crêperie Le Pennti*** *(plan C2,* ***34****) : 6, pl. Saint-Guénolé.* ☎ *02-98-97-46-02.* • *creperielepennti@wanadoo.fr* • *Tlj sf lun hors saison. Repas env 15 €, cidre inclus. Café offert sur présentation de ce guide.* Petite maison bretonne dont la façade est rongée par la vigne et qui abrite une « crêperie gourmande ». Mais avant de craquer pour les crêpes (« souples ou *kraz ?* »), votre coup de cœur pourrait bien être pour le petit jardin, absolument adorable. L'intérieur est bien chaleureux également.

IOI ***Crêperie Les Remparts*** *(plan C2,* ***35****) : 31, rue Théophile-Louarn.* ☎ *02-98-50-65-66. Tlj sf lun hors saison. Repas env 15-20 €. Café offert sur présentation de ce guide.* Maisonnette nichée derrière les remparts de la ville close. Armoire bretonne au rez-de-chaussée et une mezzanine pour les retardataires. Les crêpes sont excellentes.

Où boire un verre ?

🍷 ***La Taverne des Korrigans*** *(plan C3,* ***41****) : 2, av. du Docteur-Nicolas.* ☎ *02-98-97-02-37. Ouv à partir de 18h30. Fermé lun en été. Congés : oct. Soirée apéro-jazz le 1er sam du mois.* On s'y posera pour le décor : grande pièce baignant dans une semi-pénombre, fresques murales représentant des danses de korrigans sur la lande, têtes grimaçantes en bois sculpté qui jaillissent des murs...

À voir. À faire

★★★ ***La ville close*** *(plan C-D2-3) :* avec le beffroi au coin, l'une des cartes postales les plus achetées du Finistère Sud. Longue d'environ 350 m et large de 100 m. Autant dire qu'une balade en ville close ne vous épuisera pas trop. En revanche, en été, l'une des plus fortes concentrations de touristes au mètre carré. Remparts élevés au XIVe s. Après avoir franchi le porche de la maison du Gouverneur, on enfile la rue Vauban, bien repavée à l'ancienne, bordée de superbes maisons aux enseignes dans le ton des lieux. Mais aussi, malheureusement, on pénètre dans un véritable marché du temple, où boutiques et restaurants se succèdent. Quelques échappées pittoresques sur le port de pêche par des portes percées dans la muraille. Ancienne chapelle de l'hôpital de la Trinité (du XVe s) avec saint Guénolé, tout serein dans sa niche. Belle fontaine place Saint-Guénolé, le cœur de la ville close. Un passeur vous transborde en 3 mn sur la rive de Lanriec par le bac du Passage *(0,90 €/pers)* situé derrière la façade de l'ancien hôpital.

Le musée de la Pêche *(plan C3) : 3, rue Vauban. ☎ 02-98-97-10-20. • museepeche@concarneaucornouaille.fr • musee-peche.fr • ♿ Dans la ville close. Juil-août, 10h-19h ; avr-juin, sept et vac scol de la Toussaint, 10h-18h ; le reste du temps, 10h-12h30, 14h-18h. Fermé entre vac scol de la Toussaint et vac scol de fév (ouv vac scol de Noël). Entrée : env 4,50 € ; gratuit moins de 18 ans. Compter une bonne heure de visite.* Au cœur du centre historique de Concarneau, le musée présente l'histoire des pêches depuis la préhistoire jusqu'à aujourd'hui. Bateaux, objets maritimes, maquettes, films et dioramas éclairent l'activité halieutique. Intéressant document : le « Neptune françois », très ancien relevé de cartes marines. Présentation de bateaux, dont un chalutier à flot, l'*Hémérica*, amarré au quai du Musée. Expos temporaires diverses.

BAGARRE À CONCARNEAU

Printemps 1894. Gauguin marchait sur les quais de Concarneau, accompagné de quelques amis peintres et de sa nouvelle maîtresse, une jeune Malaise âgée de 13 ans, surnommée « Annah la Javanaise ». Cette dernière attira la curiosité d'un groupe de gamins qui commencèrent à lui jeter des pierres. Les gifles fusèrent, et les pêcheurs du coin s'en mêlèrent pour défendre leurs petits. C'est ainsi que Gauguin se retrouva avec une jambe brisée, et les agresseurs avec une amende dérisoire. Alors, il décida de partir à Tahiti.

Le Marinarium *(plan C3) : pl. de la Croix. ☎ 02-98-50-81-64. • marina@mnhn.fr • mnhn.fr • Juil-août, tlj 10h-19h ; avr-juin et sept, 10h-12h, 14h-18h ; fév-mars et oct-déc, 14h-18h. Fermé en janv. Entrée : 5 € ; réduc, notamment sur présentation de ce guide.* Intéressant écomusée sur la faune et la flore. Cet ancien laboratoire de biologie marine française, créé en 1859, est toujours aujourd'hui un centre de recherche et abrite dans ses 10 aquariums une bonne partie de la faune locale. Montages audiovisuels et microscopes permettent de bien se documenter. Animations autour du plancton en salle de laboratoire pendant les vacances scolaires (tout public). Sorties avec les chercheurs pour découvrir flore et faune in situ (sur demande). Pour apprendre, par exemple, que la « coquette » est un poisson qui naît femelle, puis change de sexe au cours de sa vie.

CONCARNEAU

➢ ***La corniche :*** jolie promenade à faire à pied, du Marinarium jusqu'à la plage des Sables-Blancs. Baignade recommandée en attendant le coucher de soleil (la plage faisant face à l'ouest !).

➢ ***Balade commentée dans la baie :*** *rens au 📱 06-63 05 83-47. • croisieres-bleues.fr • Avr-oct 11h-18h. Durée : 50 mn en mer ; env 9 € ; réduc.*

– ***Excursions en bateau :*** les îles Glénan. Voir le chapitre « L'archipel des Glénan » plus haut.

– ***Pêche en mer :*** *à bord du Santa Maria. Contacter M. Bodé à* ***Kerlean,*** *📱 06-62-88-00-87. • santamariapeche.com • Juil-août, lun-ven, sur résa ; hors saison, groupes prioritaires. Tarif : 35 €/pers ; réduc. Durée : ½ journée.* Sur un vrai bateau de pêche, avec équipage. Histoire de se prendre, le temps d'une matinée ou d'un après-midi, pour un marin pêcheur. *Pêche au gros également le sam en juil-août. Compter cette fois env 80 €/pers.*

Le château de Keriolet : *à 5 mn de la ville close, à l'entrée de Concarneau et à proximité de la N 165 ; bien indiqué. ☎ 02-98-97-36-50. • chateaudekeriolet.com • Visite guidée juin-sept slt, tlj sf sam ap-m, 10h30-13h, 14h-18h ; le reste de l'année, se renseigner pour les horaires. Entrée : 5,50 € ; réduc ; forfait famille 14 €.* Ce curieux manoir a été remanié dans le style néogothique à la fin du XIXe s pour le compte d'une princesse russe, la tante du tsar Nicolas II. Il passa ensuite dans les mains de son arrière-petit-fils, le prince Youssoupov, l'assassin de Raspoutine. Puis il fut laissé à l'abandon. Depuis plusieurs années, son propriétaire actuel a entrepris une magnifique et courageuse réhabilitation. En visitant ce joyau de l'architecture du XIXe s, vous contribuerez aussi à la sauvegarde d'un patrimoine exceptionnel.

La conserverie Courtin *(plan D2)* ***:*** *3, quai du Moros. ☎ 02-98-97-01-80. • conserverie-courtin.com • Boutique ouv lun-sam ; visite le mat lun-ven (confirmer horaires par tél). Visite et dégustation gratuites.* L'une des deux conserveries encore en activité sur les 120 que comptait le port de Concarneau au début du XXe s. Vente au détail de velouté de poisson, de boîtes de sardines, etc.

Fêtes et manifestations

– ***Festival Livre et Mer :*** *courant avr. • livremer.org •* Depuis 1984, ce salon célèbre la mer au travers de livres, photos, films.
– ***Festival du Polar :*** *quelques j. mi-juil. • lechienjaune.fr •* Les auteurs en profitent pour dédicacer leurs bouquins. Concerts gratuits en soirée (plutôt jazz).
– ***Festival des Filets bleus :*** *3-4 j. vers le 20 août. Rens au ☎ 02-98-97-09-09. • festivaldesfiletsbleus.fr •* Le festival trouve son origine dans une première manifestation de solidarité avec les familles de pêcheurs, ruinées au début du XXe s suite à la disparition des bancs de sardines. Cette fête traditionnelle est considérée comme la plus ancienne de Bretagne. Concerts de musique bretonne et débauche de beaux costumes régionaux.

TRÉGUNC [tregon]

(29910) 6 800 hab. *Carte Finistère Sud, C2*

Trégunc partage avec sa voisine Névez quelques-unes de ces curieuses *maisons en pierres debout.* Comme chez sa voisine encore, plages, criques et petits ports de pêche, tels que *Pors-Breign* (le « Port-Pourri » !), ponctuent 23 km d'une côte encore sauvage.

Adresse et info utiles

Office de tourisme : ***Kérambourg.*** *☎ 02-98-50-22-05. • tregunctourisme.com • Avr-sept, lun-sam 9h30-12h, 14h-18h (juil-août, lun-sam 9h30-12h30, 14h-19h, plus dim et j. fériés 10h-12h30) ; hiver, horaires restreints. Visites guidées sur le thème du granit jeu mat en saison (tarif 5 €).*
– ***Marchés :*** *traditionnel mer mat, bio mar ap-m à partir de 15h30 sur la place de la mairie ; également à la pointe de Trévignon, dim mat en saison.*

Où dormir ? Où manger dans le coin ?

Campings

Camping Le Loc'h-Ven : *8, route du Camping,* ***Pendruc.*** *☎ et fax : 02-98-50-26-20. • contact@lochven.com • lochven.com • Accès : par la N 165, à 5 km du village ; prendre la direction de Lambell, puis fléché. Ouv de fin avr à mi-sept (début avr-fin sept pour les loc). Prix tente : 12,80-18,50 € selon saison. Loc de mobile homes : 189-686 €/sem. 199 empl. Réduc : - 5 % sur le camping* *et - 10 € par sem sur la loc en pleine saison, sur présentation de ce guide.* Ambiance *Camping !* L'été, les habitués se retrouvent pour prendre l'apéro. La mer en ligne de mire : le camping est à 100 m de la plage de Pendruc !

Camping de la Pommeraie : *à* ***Saint-Philibert.*** *☎ 02-98-50-02-73. • contact@camping-bretagne-lapommeraiedelocean.com • camping-bretagne-lapommeraie delocean.com • Accès : par la voie express, sortie Kerampaou. Ouv 5 avr-fin sept. Prix tente en basse saison : 22-39,50 € (avec électricité) selon saison. Loc de mobile homes pour 2 à 8 pers : 240-1 280 €/sem. 202 empl.* Un magnifique camping, paysagé, avec tous les services possibles et imaginables (y compris club enfants et location de vélos). Piscine couverte chauffée, toboggans aquatiques. Espace de loisirs avec animations. Rivière, aquabike, etc.

De bon marché à prix moyens

Crêperie La Marinière : *1690, route de la Pointe ; à la plage de Trévignon, à 7 km au sud de Trégunc. ☎ 02-98-50-03-62. Avr-sept, tlj (juil-août, en continu 12h-22h). Env 15 € à la carte.* Maisonnette avec terrasse au bord de l'eau. Profitez des jumelles mises à votre disposition pour admirer le panorama qui s'étend de Penmarc'h aux Glénan. N'en oubliez pas vos crêpes, fines et croustillantes. Spécialité : la trévignonnalse (saint-jacques et poireaux).

Restaurant Le Menhir : *17, rue de Concarneau. ☎ 02-98-97-62-35. • menhir3@wanadoo.fr • Dans la rue principale, à 200 m de l'église. Ouv ts les midis, plus sam soir. Congés : Pâques et Toussaint. Menu déj en sem 11,30 €, puis menus 21-43 €. Café offert sur présentation de ce guide.* D'abord il y a l'accueil, souriant et sincère ; puis on découvre la cuisine, à la fois goûteuse, parfumée, traditionnelle et imaginative. Parmi les spécialités, la fricassée de béatilles de canard aux légumes oubliés.

Chic

Les Grandes Roches : *rue des Grande-Roches. ☎ 02-98-97-62-97. • lesgrandesroches@orange.fr • hotel-lesgrandesroches.com • Bien fléché depuis le bourg. Resto fermé mar-mer oct-avr. Congés : 15 nov-30 janv. Doubles 95-145 € selon saison ; petit déj 13 €. Formule le midi 17 €. Menus 26-39 € ; à la carte, env 50 €. Café offert sur présentation de ce guide.* Maud et Nicolas Raday vous reçoivent à cette magnifique adresse composée de plusieurs bâtiments anciens réhabilités et de 2 chaumières de rêve au milieu d'un parc fleuri de 5 ha, avec des roches et un menhir classé Monument historique. Belle piscine chauffée et salle de billard. Au resto, cuisine inventive. Les plats sont servis dans 2 belles salles avec cheminée. Calme et repos garantis dans cette magnifique adresse, qui fait partie de la chaîne des « Hôtels de charme et de caractère » en Bretagne.

À voir. À faire

La chapelle Notre-Dame-de-Kerven : *à la sortie de Trégunc vers Névez. Ouv pour le pardon du 1er w-e de juil.* Chapelle du XVIe s. À l'intérieur, belle statuaire (dont une Vierge du XVIIIe) et retable baroque.

Brasserie de Bretagne : *à* ***Kerouel,*** *à 1 km de Trégunc sur la route de Concarneau. ☎ 02-98-50-29-29. • brasseriedebretagne.com • Ouv juil-août, lun-sam 10h-20h, visite lun-ven à 11h ; le reste de l'année, slt pour les groupes à partir de 50 pers et sur résa. Compter env 1 €. Dégustation gratuite.* Une brasserie qui a fait, en peu de temps, un sacré bonhomme de chemin ! Avec une production de 2 500 000 litres par an, elle fait partie des 7 plus importantes brasseries françaises. Elle s'honore aujourd'hui d'être la brasserie la plus titrée de l'Hexagone ! Elle a d'ailleurs reçu le prix d'Excellence 2007 au Concours agricole de haute ou de basse fermentation, mais pas de pasteurisation, n conservateur. Sa gamme est très étendue : blonde (dont une mentation, notamment), blanche, dorée, rousse ou ambrée. Vi sante pour tout savoir sur les différentes étapes de son élaboration, bonne dégustation.

Magasin d'usine Guy-Cotten : *zone de* ***Kerouel,*** *à 1 km de Trégunc sur la route de Concarneau (derrière l'usine Britt).* ☎ *02-98-97-66-79. Juil-août, lun-sam 10h30-12h30, 13h30-18h30 ; le reste de l'année, lun 13h30-17h30, mar-ven 10h30-12h30, 13h30-18h30, sam 10h30-12h30.* Fins de séries : vêtements de pluie et combinaisons de plongée à moindres prix *(-30 % à -50 %).*

DANS LES ENVIRONS DE TRÉGUNC

La pointe de Trévignon : couronnée d'une drôle de villa début du XXe s, qui fait penser au château des méchants qu'affronte Tintin dans *L'Île Noire.* Petit port de pêche toujours actif (le retour des bateaux, vers 11h et vers 16h, reste un grand moment). Tout à côté, les dunes et étangs de Trévignon, petite portion de nature sauvage, miraculeusement épargnée par une urbanisation un peu trop galopante (à notre goût) dans le coin. Construite sur les ruines d'une ancienne usine d'iode, la *Maison du littoral* (☎ *02-98-50-00-33 ou 02-98-50-19-70)* propose des expos sur la faune et la flore, ainsi que des balades-découvertes.

➢ Belle ***route côtière*** de la pointe de Trévignon à la plage de Raguénez.

Les plages : plusieurs kilomètres de sable blanc entre les pointes de Trévignon et de la Jument. Les naturistes se retrouvent sur la plage de Kerannouat.

NÉVEZ [nevez]

(29920) 2 718 hab. *Carte Finistère Sud, C2-3*

Petite « capitale » d'un vaste territoire d'une trentaine de petits hameaux, dont beaucoup ont conservé toute leur authenticité. Des petits ports, comme *Port-Manec'h,* station balnéaire très en vogue au début du XXe s, quelques villages de chaumières, mais surtout, un original habitat *en pierres debout* que l'on ne trouve qu'ici et à Trégunc. Grâce au granit abondant, 150 tailleurs de pierre travaillaient encore à Névez au début du XXe s. La production était exportée par les petits ports des environs.

Aujourd'hui, il subsiste les demeures et clôtures en *mein zao,* « pierres debout » en breton. Ce sont des blocs de granit de 2 m de haut, posés verticalement, et qui composaient rapidement les façades des chaumières ou permettaient de construire des clôtures (très solides !). Vous les découvrirez surtout autour des villages de Kerascoët et de Kercanic (voir « Dans les environs de Névez »). À propos, vous pourrez même rapporter des *mein zao* à la maison. Non, point besoin de camion, c'est une délicieuse spécialité locale au chocolat... en vente exclusivement à l'office de tourisme !

Et puisque vous passez à Névez, n'oubliez pas de faire un détour à *Tahiti,* une superbe plage de sable fin qui tient son nom de la couleur turquoise de ses eaux.

…dresse utile

Office de tourisme : *18, pl. de l'Église. ☎ 02-98-06-87-90. • tourisme@nevez.com • nevez.com • Tte l'année, lun-sam 9h30-12h, 14h-18h, plus dim mat et j. fériés en juil-août.* Documentation complète sur la région. Demander leurs circuits découvertes organisés l'été : « Au fil de l'eau » et « L'histoire des pierres debout : de la carrière à la chaumière». Balades découvertes, sorties natures, programme de randonnées, animations pour les enfants à la découverte du bord de mer et du milieu naturel, etc.

Où dormir ?

Chambres d'hôtes Le Chêne : *15, rue de Raguénez. ☎ 02-98-06-85-89. • keradohote@yahoo.fr • lechene-nevez.com • À 500 m de Névez sur la route de Raguénez, au lieu-dit Kerado. Doubles 58-68 €. Remise de 5 % sur la chambre (hors juin-sept) sur présentation de ce guide.* Les chênes sont un peu plus loin, c'est bien un châtaignier qui orne le grand jardin de M. et Mme Blot, agrémenté d'une piscine au bord de laquelle on prend le petit déj. Les chambres, avec ou sans balcon, sont joliment aménagées.

Où manger ?

De bon marché à prix moyens

Crêperie Le Triskell : *18, rue de Port-Manec'h. ☎ 02-98-06-68-10. Dans le village, près de l'école. Tlj sf mer midi et dim midi, ouv slt sam-dim hors saison sf vac scol. Grand max 15 € le repas.* Des matières premières de premier choix et des préparations fraîches font du *Triskell* une crêperie qui vaut le détour. Belles spécialités salées au blé noir, et côté froment, ne pas manquer la rafraîchissante « rhubafrais » qui porte bien son nom.

Maison Le Guern : *17, pl. de l'Église. ☎ 02-98-06-68-19. • maisonleguern@orange.fr • Tlj sf dim soir-lun ; en saison, possibilité de formule snack après 14h. Formules 19,90 € (déj sem)-24,90 €. Apéritif maison offert sur présentation de ce guide.* Au cœur du village, un bistrot-épicerie fine fréquenté par bon nombre d'habitués... parisiens ! Ambiance très parisienne donc, tendance chic. Reste que la *Maison Le Guern* cultive la qualité. D'ailleurs, le propriétaire possède également l'*Ar Men Du,* une belle adresse de charme (voir ci-après « Où dormir ? Où manger dans les environs ? À Raguénez »). Sur l'ardoise, des plats bistrotiers bien tournés, fonction du marché, servis sur l'agréable terrasse aux beaux jours, ou à l'étage dans une jolie salle parquetée et aux murs de pierre. Dommage que l'ardoise affiche autant de suppléments ! Pour le reste, c'est délicieux, même les cakes à emporter !

Où dormir ? Où manger dans les environs ?

À Raguénez

Campings

Camping de l'Océan : *15, impasse des Mouettes, Keroren-Raguénez. ☎ 02-98-06-87-13. • campingocean@orange.fr • camping-ocean.fr • Accès : à 300 m de la plage de Raguénez. Ouv de mai à mi-sept. Prix tente : 20,20-23,50 € selon saison. Loc de mobile homes : 330-600 €/sem. CB refusées. 136 empl.* Ombragé, au calme, un camping d'une tenue impeccable. Piscine.

Camping international Le Raguenès Plage : *19, rue des Îles.*

LE FINISTÈRE SUD

☎ 02-98-06-80-69. • leraguenesplage@orange.fr • camping-le-raguenes-plage.com • ♿ Accès : par la voie express N 165, sortie « Pont-Aven », puis la D 77 jusqu'à Névez puis Raguénez ; à 300 m de la mer. Ouv 11 avr-30 sept. Prix tente : 17-34,20 € selon saison. Mobile homes : 265-890 €/sem (3-6 pers). 287 empl. Réduc : - 5 % sur le camping et accès gratuit à la salle de fitness (sf juil-août) sur présentation de ce guide. Derrière une superbe enseigne (cette sirène est vraiment top !), camping 4 étoiles d'excellent standing. Très ombragé, emplacements bien délimités. Sanitaires impeccables, sauna, salle de fitness, piscine avec balnéothérapie, etc. Plage de sable fin avec, à l'horizon, les Glénans et l'île de Raguenès. Location de vélos.

⛺ ***Camping du Vieux Verger :*** *20, Keroren, Raguénez. ☎ 02-98-06-86-08. 📱 06-88-67-99-93. • contact@campingduvieuxverger.com • campingduvieuxverger.com • ♿ Accès : voie express, sortie Kerampaou, puis direction Névez ; à 600 m des plages. Ouv de mi-avr à fin sept. Prix tente : 12-18 € selon saison. Loc de mobile homes pour 4 à 6 pers : 185-660 €/sem. Prix caravane : 84-126 €/sem. 110 empl. Réduc : - 5 % sur présentation de ce guide.* Ambiance familiale. Nombreuses activités à proximité et bon accueil. Piscine.

⛺ ***Camping Les Deux Fontaines :*** *Feunteun-Vihan, Raguénez. ☎ 02-98-06-81-91. • info@les2fontaines.fr • les2fontaines.fr • ♿ Ouv fin avr-début sept. Prix tente : 16-34,40 €. Loc de mobile homes et de chalets : 203-1 106 €/sem pour 3-6 pers. 270 empl. Réduc : frais de dossier à 15 € sur présentation de ce guide.* Un camping tout confort. 3 soirées animées par semaine en juillet-août. Espace aquatique couvert, tir à l'arc, baptême de plongée, espace fitness pour les parents, île aux animaux et club enfants en haute saison. Piscine.

Plus chic

🏠 |●| ***Hôtel-restaurant Ar Men Du :*** *47, rue des Îles,* ***Raguénez-Plage.*** *☎ 02-98-06-84-22. • contact@men-du.com • men-du.com • ♿ Fermé mar midi et mer midi. Congés : de début janv à mi-mars et de début nov à mi-déc. Doubles 104-209 € selon confort et saison ; suites avec vue panoramique sur mer ; petit déj 13,50 €. Menus 44-85 € ; à la carte, env 65 €.* 📶 Toutes les chambres, avec vue garantie sur la campagne, le chemin des douaniers ou l'île d'en face, ont été décorées aux couleurs d'un tableau des peintres de Pont-Aven. Luxe, calme et volupté à la mode de Bretagne dans ce *Relais du silence.* Planchers en teck et meubles de bateau. Accueil très agréable des propriétaires. Côté restaurant, Patrick Le Guen est un homme d'expérience : il a tourné chez bien des étoilés avant d'être couronné lui-même à Sainte-Marine, au restaurant *L'Agape* (dont nous gardons un souvenir ému). Las de la solitude, il accepte la proposition de Pierre-Yves Roué de rallier l'*Ar Men Du.* Et lorsqu'un grand technicien des fourneaux s'allie à un homme de cœur, cela donne une cuisine fortement personnalisée, heureuse (les produits sont frais, minutieusement sélectionnés, chez des producteurs régionaux principalement) et libre de toute convention. On n'en demandait pas tant pour revenir !

À Port-Manec'h

Camping

⛺ ***Camping Le Saint-Nicolas :*** *8, Kergouliou. ☎ 02-98-06-89-75. • info@campinglesaintnicolas.com • campinglesaintnicolas.com • ♿ Accès : par la N 165. Ouv du 1er mai à mi-sept (loc avr-sept). Prix tente : 18-28,30 €. Loc de mobile homes : 230-838 €/sem pour 4-6 pers. Prix caravane : 153,30 €/sem. 192 empl.* Un camping sympathique, aux emplacements bien délimités et herbeux (nombreuses essences de végétaux). Ombragé à souhait. Piscine.

Prix moyens

🏠 ***Hôtel du Port et de l'Aven :*** *30, rue de l'Aven. ☎ 02-98-06-82-17. • hotel.du.port@wanadoo.fr • hotelduport.com • Ouv avr-sept. Doubles 51-75 € selon confort et saison ; petit déj 9 €.* 📶 En surplomb au-dessus du port, les chambres de l'hôtel offrent une jolie vue (certaines disposent d'une terrasse) et sont réservées aux clients en pension. À l'annexe, l'*Hôtel de l'Aven*, un peu plus haut dans le village, la moitié des chambres bénéficient également d'une belle vue. Préférez celles donnant sur le jardin et la mer. Fait aussi resto.

Très chic

Manoir Dalmore : *7, corniche de Pouldon, plage de Port-Manec'h. ☎ 02-98-06-82-43. • contact@manoirdalmore.com • manoirdalmore.com • Fermé courant janv. Doubles 100-230 € selon saison. Carte env 40 €, slt le soir et sur résa la veille. (câble). Remise de 10 % sur la chambre (hors juin-sept) sur présentation de ce guide.* Depuis 1926, cette imposante bâtisse surplombe l'adorable plage de Port-Manec'h. Structure et architecture intérieure d'origine préservées (étonnantes cheminées de briques, superbes boiseries), dans lesquelles les jeunes propriétaires ont su tirer partie de l'architecture initiale en y intégrant tout le confort moderne : lavabos sous la baie vitrée face à la mer dans l'une, salle de bains intégrée dans un escalier pour une autre... 10 chambres seulement, toutes personnalisées, avec vue imprenable sur mer pour la plupart. Terrasse face au littoral, accès direct à la plage et services grand luxe.

Au port de Kerdruc

À 4,5 km au sud-est de Névez.

De prix moyens à chic

Établissement ostréicole L. Publier : *Kerdruc, 29920 Névez. ☎ 02-98-06-62-60. Prendre la direction du port et tourner sur un chemin à droite 150 m avt d'y arriver. Dégustation de fruits de mer tlj sf lun en juil-août ; ouv slt ven-dim avr-juin. Congés : 2 sem sur juin-juil. Mieux vaut téléphoner s'il pleut, car terrasse à ciel ouvert. Compter 25-35 €.* Une adresse d'initiés qui ne vous décevra pas. Dans l'assiette : des huîtres de tous calibres et d'origines diverses, mais aussi d'autres fruits de mer, et même quelques desserts maison. Petite carte de vins blancs. On profite de tout ça attablé sur une terrasse qui offre une superbe vue sur l'Aven. Vous pourrez même embrayer sur une balade le long du GR 34, qui passe dans le village.

Bistrot de l'Écailler : *SARL Strefa, BP 29340 Riec-sur-Bélon (sur le port de Kerdruc). ☎ 02-98-06-78-60. Ouv de mi-avr à fin sept. Fermé mar midi et mer midi en saison, mar et mer hors saison. Menu homard env 45 € ; à la carte, env 35-55 €.* Décor marin très réussi et agréable terrasse pour déguster des fruits de mer d'une grande fraîcheur.

À Kerascoët

Camping

Camping des Chaumières : *24, Kerascoët, Nevez. ☎ 02-98-06-73-06. • campingdeschaumieres@wanadoo.fr • camping-des-chaumieres.com • Accès : à moins de 1 km de la plage, par la N 165, sortie Kerampaou, puis à gauche après le centre de Névez. Ouv 15 mai-15 sept (loc à partir du 10 avr). Prix tente : 14-18,30 € selon saison. Loc de mobile homes et de caravanes pour 4 pers : 200-580 €/sem. 110 empl. Réduc : - 10 % sur présentation de ce guide.* Côte peu bétonnée. Camping très bien tenu et calme, à l'ombre des arbres et à l'abri des haies. Accueil sympa des patrons, qui aiment leur métier.

Où acheter de bons coquillages ?

La Cabane aux Coquillages : *11, impasse des Cormorans, Kerdruc, 29920 Névez. ☎ 02-98-06-81-49. • cabane-aux-coquillages.com • À 4,5 km de Névez. Ouv à l'année : lun-sam 9h-12h30, 14h-18h (19h de juil à mi-sept et vac scol) ; dim 9h-12h30.* Professionnels et particuliers viennent se fournir dans cette petite cabane qui surplombe les rives de l'Aven, non loin de l'adorable port de Kerdruc (vue idyllique), en coquillages de toutes sortes : bigorneaux, palourdes, moules... Les huîtres sont affinées sur place (plates de Cancale ou creuses de Penerf, entre autres). Vente également de crustacés (tourteaux, homards). Et une fraîcheur garantie à toute épreuve !

DANS LES ENVIRONS DE NÉVEZ

Avant tout, se perdre dans le treillis des petites routes reliant les hameaux.

➢ Magnifique ***promenade de Kerdruc*** (à l'est de Névez) ***à Raguénez,*** par la côte. *Kerdruc* est un adorable petit port, dont Xavier Grall appréciait « les soirs bleus sur les ardoises ». Environ 15 km et un peu moins de 4h de trajet. Balisé en jaune *(carte de rando à l'office de tourisme).* Au passage, le charmant lieu de villégiature de ***Port-Manec'h,*** avec ses cabines de bain très Belle Époque, et le hameau de *Kerascoët,* aux belles chaumières restaurées (voir plus loin).

★★★ ***Les constructions en pierres debout :*** *à **Kerascoët** et à **Kercanic.** L'office de tourisme organise (le mer en été) d'intéressantes visites guidées à la découverte de cet habitat traditionnel. Résa conseillée, le nombre de pers par visite étant limité à 20. Vaste parking pour accueillir les nombreux visiteurs.* On découvre une carrière, un ancien four à pain et une chaumière en pierres debout (visite de l'extérieur slt).
Les pierres debout – *mein zao* en breton – sont une curiosité de la région de Névez, qui fut durant des siècles un centre important d'extraction et de taille du granit. Au début du XXe s, 150 tailleurs de pierre travaillaient encore dans les carrières de Kérochet, à mi-chemin de Névez et de Kerdruc. Quand on souhaitait construire une maison, on découpait des dalles larges de 30 à 50 cm mais peu épaisses. Plantées dans une tranchée, elles formaient un mur de pierres debout, dont on comblait les interstices avec des petites pierres et du mortier à base de terre. L'âtre constituait le point central des maisons, que des cloisons de bois pouvaient morceler en deux ou trois pièces.
Il subsiste encore une quinzaine de chaumières dans les villages de *Kerascoët* et de *Kercanic.* Deux ou trois d'entre elles ont conservé leurs appentis de pierres debout destinés aux outils ou aux animaux (certains servaient de soue aux cochons). Toutes ces maisons de poupée, coquettes et soigneusement restaurées, sont coiffées d'un épais toit de chaume. La traditionnelle paille de seigle a tendance à être remplacée par du roseau de Camargue, plus résistant. Il ne reste d'ailleurs que quelques chaumiers dans le département.
On verra un peu partout dans la région des clôtures de pierres debout et quelques monuments mégalithiques de plus de 6 000 ans d'âge. Si, à Kerascoët, les chaumières regroupées forment un véritable village, celles de Kercanic, à 3 km environ, sont dispersées et d'un accès plus difficile.

★ Le vieux ***moulin à marée du Hénan*** *(à 4 km de Névez, sur l'Aven),* datant du XVe s (ancienne dépendance du château), ainsi que l'***arboretum.*** Pas loin, la jolie ***chapelle Sainte-Marguerite,*** du XVIe s.

➢ ***Excursions*** commentées dans les estuaires du Bélon et de l'Aven (voir plus loin « Riec-sur-Bélon. À faire »). *Résas à l'office de tourisme.*

PONT-AVEN (29930) 3 040 hab. *Carte Finistère Sud, C2*

Petite bourgade blottie dans l'estuaire verdoyant de l'Aven. Son relief encaissé a vu tourner jusqu'à quatorze moulins. Dans un autre registre, son climat doux, une luminosité exceptionnelle et la poésie du paysage ont attiré à Pont-Aven nombre de peintres, artistes, écrivains et poètes. À coup sûr, la ville sait gérer commercialement l'héritage culturel de Gauguin et de Sérusier.

Peut-être trop bien, au point qu'aujourd'hui, nos chers peintres et écrivains d'antan auraient du mal à retrouver ici les raisons qui provoquèrent leur fascination pour le site. Vous l'avez compris, atmosphère touristique plutôt pesante en été !

– La municipalité a mis en place une dizaine de parkings gratuits ou en zone bleue, qui s'avèrent toutefois insuffisants. Laissez votre voiture à l'extérieur.

LE DÉBARQUEMENT AMÉRICAIN

Pont-Aven ne fut pas découvert par Gauguin, comme on le croit souvent, mais, dès 1864, par un certain Bacon, peintre américain. Il y emmena d'autres compatriotes qui aimaient les villageois, les paysages et... les bistrots ouverts jusqu'à 22h ! Gauguin n'arrivera que 22 ans plus tard, en 1886.

L'ÉCOLE DE PONT-AVEN

Comme Saint-Tropez et Barbizon, Pont-Aven a possédé son bataillon d'artistes. De 1886 à 1896, une vingtaine de peintres y ont travaillé ensemble, confrontant leur travail, élaborant un style, discutant les formes. Avec, à leur tête, Gauguin. Fuyant la grande ville, celui-ci aspirait à se retremper aux sources fraîches de la nature, à travailler dans des conditions matérielles moins difficiles. Il était en train de rompre avec l'impressionnisme et cherchait une voie nouvelle. Avec ses amis, c'était un bouillonnement passionné de débats et une riche production. Il écrivait à ses proches : « Je peins tous les jours. » Avec Gauguin, on retrouve Émile Bernard, Paul Sérusier, Maxime Maufra, Henri Moret, Maurice Denis, l'Irlandais Roderic O'Connor, les Hollandais Meyer de Haan et Verkade, le Polonais Wladyslaw Slewinski... Gauguin commence à travailler à grands coups d'à-plats avec un cerne épais. Le symbolisme va naître, fait de simplification voulue, de liquidation de tout ce qui n'est pas absolument utile à l'expression de l'œuvre.

En septembre 1888, au bois d'Amour, Gauguin fait peindre à Sérusier, sur le couvercle d'une boîte de cigares, *Le Talisman* : « Comment voyez-vous cet arbre, il est bien vert ? Mettez donc du vert, le plus beau vert de votre palette ; et cette ombre, plutôt bleue ? Ne craignez pas de la peindre aussi bleue que possible... ».

Adresses et info utiles

ℹ ***Office de tourisme :*** *5, pl. de l'Hôtel-de-Ville. ☎ 02-98-06-04-70. • pontaven.com • Sept-juin, lun-sam 10h-12h30, 14h-18h ; juil-août, lun-sam 9h30-19h, dim et j. fériés 10h-13h, 15h-18h. (code à l'accueil).* Excellent accueil. Plan gratuit, liste des chambres d'hôtes, et bon guide touristique pour connaître les trésors cachés de la ville, « J'écoute les pierres ».

@ ***Café Internet du centre :*** *2, rue du Port. ☎ 02-98-06-00-57. Tlj sf mer.*

– ***Marchés :*** *mar mat et sam mat. Au port, en été, le mar mat ; pl. de l'Hôtel-de-Ville le reste du temps.*

Où dormir ?

De prix moyens à chic

Hôtel Les Ajoncs d'or : *1, pl. de l'Hôtel-de-Ville. ☎ 02-98-06-02-06. • lesajoncsdor29@orange.fr • ajoncsdor-pontaven.com • Resto fermé dim soir, plus lun hors saison. Double avec douche ou sdb et w-c 66 €. Formule déj 19,80 € en sem ; menus 27-47 €.* Un nouveau souffle pour cette grosse bâtisse du centre-ville où séjourna Gauguin lors de son dernier passage à Pont-Aven, en 1894. Chambres confortables aux tons pastel. Au resto, bonne cuisine sous influence marine, avec farandole de coquillages farcis et gratin de noix de Saint-Jacques. Accueil chaleureux.

Hôtel Les Mimosas : *22, sq. Théodore-Botrel. ☎ 02-98-06-00-30. • hotelmimosas@wanadoo.fr • hotels-pont-aven.com • Tt au bout du quai, sur le port. Congés : de mi-nov à mi-déc. Doubles non-fumeurs 62-86 € selon confort.* À l'écart du centre touristique, donc calme. Des chambres confortables et très agréables, à la déco florale, dont 2 avec terrasse à réserver longtemps à l'avance. Fait aussi resto.

Chambres d'hôtes, chez Véronique Larour : *à* **Kermentec.** *☎ 02-98-06-07-60. • larour.veronique@free.fr • larour.veronique.free.fr • À 500 m du centre, sur la route de la chapelle de Trémalo. Double 55 €.* 3 belles chambres dans une ferme rénovée. Bon accueil.

Chambres d'hôtes Castel Braz : *12, rue du Bois-d'Amour. ☎ 02-98-06-07-81. • castelbraz@castelbraz.com • castelbraz.com • Double 70 € ; familiales 80-120 €.* Le nom de la rue est déjà une invitation, et on n'est pas déçu en entrant dans ce nid aménagé avec l'amour des belles choses. Au cœur du bourg, cette grande maison bourgeoise de la fin du XIXe s lorgne sur la rivière du haut de ses 3 étages. De chambre en chambre (chacune avec sa cheminée), les couleurs se fondent de mauve en marron en passant par le vert. Les suites (2 chambres séparées par la salle de bains) donnent sur l'Aven.

Moulin de Rosmadec : *venelle de Rosmadec. ☎ 02-98-06-00-22. • moulinderosmadec@wanadoo.fr • moulinderosmadec.com • Au cœur de la cité mais au calme, dans une ruelle noyée dans la verdure. Fermé dim soir-lun, plus mar midi hors saison. Congés : de mi-nov à mi-déc. Doubles 89-105 € ; petit déj 15 €. Formule déj 32 € et menus 43-79 € ; à la carte, env 80 €.* Joliment installé dans un moulin du XVe s au bord de l'Aven. L'adresse de charme, avec 4 chambres au style épuré et confortables dans un bâtiment annexe. Également un appartement. Le restaurant est une institution locale dont l'excellente réputation n'est plus à faire. Cuisine de tradition revue et corrigée, servie dans une salle à manger élégante, décorée de peintures anciennes et de mobilier breton. Terrasse et véranda au bord de l'eau. Épicerie sur place.

Plus chic

La Carri'Air : *19, rue de Sainte-Marguerite. 📱 06-48-72-95-79. • lacarriair@gmail.com • lacarriair.com • Congés : 5 janv-13 fév. Compter 129-149 € la nuit selon saison, petit déj compris ; tarifs dégressifs. Panier repas 25 €.* Dans une ancienne carrière de pierres, Jean-Marie et Maëva, un jeune couple aussi accueillant que dynamique, ont conçu des *lodges* atypiques au design savamment pensé et suspendus à flanc de falaise. 2 *lodges* pour le moment : la « Cachot'air », cachée dans la végétation, colorée et destinée aux familles, avec sa petite mezzanine ; et la « Vision'air », dont la terrasse surplombe la carrière avec vue panoramique sur Pont-Aven, idéale pour roucouler en amoureux. Le petit déj est déposé le matin dans un panier rempli de produits frais. Ainsi que des paniers repas pour ceux qui veulent jouer les Robinson. Un seul regret, du coup... qu'il n'y ait que deux *lodges* ! Les adorables propriétaires animent aussi, en été, un labyrinthe dans un champ de maïs, avec jeux et animations nocturnes.

Où manger ?

De bon marché à prix moyens

Le Grain de Blé : *46, rue des Abbés-Tanguy. ☎ 02-98-09-10-88. ♿ À la sortie de la ville, sur la route de Trégunc. Fermé lun-mar, sam midi et dim soir. Compter env 12 € le repas.* Bonnes crêpes. Les « Chèvre-pomme » et « Grain de Blé » font partie des spécialités maison. Une adresse que nous aimons bien.

Sur le Pont : *11, pl. Paul-Gauguin. ☎ 02-98-06-16-16. Tlj sf mer, plus le soir mar et dim hors saison. Congés : janv et 1re quinzaine d'oct. Résa conseillée, surtout en soirée. Menus 21-24 € (déj en sem), puis 32-39 € ; à la carte, env 40-45 €.* De l'ancien pont sur l'Aven ne subsistent que 2 arches sur lesquelles est posé ce bistrot chic. Les chaises Starck et les Andy Warhol aux murs contrastent avec la façade blanche, toute simple. En cuisine, le chef, Franck Sébilleau, joue sur une carte courte. La précision des cuissons et la justesse des goûts offrent un bel équilibre.

2 bons restos également à l'***Hôtel Les Ajoncs d'or*** et l'***Hôtel Les Mimosas,*** ainsi qu'une belle adresse gastronomique au ***Moulin de Rosmadec*** (voir plus haut « Où dormir ? »).

Où dormir ? Où manger dans les environs ?

Aire de repos pour camping-cars Les Grands Chênes : *au lieu-dit Lanournec, à* ***Melgven,*** *à 7 km de Pont-Aven. ☎ 02-98-97-91-30. • leguyader.josiane@neuf.fr • Sortir en direction de Rosporden ; après 5 km, traverser la voie express Lorient-Quimper ; continuer encore sur la D 24 pdt 2 km avt de tourner sur la droite ; la ferme est à 800 m. Tte l'année. Compter 13 €, eau, électricité et vidange comprises.* Agriculteurs retraités, Josiane et Louis Le Guyader ont aménagé 6 emplacements de repos dans leur propriété agricole où ils élèvent vaches laitières, cerfs, biches et faons. Vos hôtes peuvent aussi vous emmener au bord de l'Aven pour pêcher la truite ou le saumon. Un grand bol d'air en perspective et de nombreuses randonnées possibles dans les environs.

Où acheter les fameuses galettes et autres douceurs locales ?

Traou Mad *(« Bonnes Choses » en breton)* **:** *10, pl. Gauguin et 28, rue du Port. Ouv lun-sam 9h30-12h, 14h-18h30 ; dim 10h-12h30, 14h30-19h. Congés : 2de quinzaine de nov.* Voilà le sablé breton le plus célèbre, créé en 1920 par un boulanger de Pont-Aven. Ce superbe étendard de la culture bretonne est toujours composé de lait et de beurre produits localement, la farine provenant même du seul moulin encore en activité à Pont-Aven. Les gourmands seront ravis d'apprendre que, outre la célèbre galette, *Traou Mad* propose aussi une déclinaison de crêpes dentelle, sucrées et salées.

Galettes Penven : *20, pl. de l'Hôtel-de-Ville. ☎ 02-98-06-02-75. En saison, tlj 9h-19h30 ; hors saison, mar-sam 9h30-12h30, 14h-18h30. Visite guidée pour les individuels de mi-juil à la 3e sem d'août ; tte l'année pour les groupes, sur résa (☎ 02-98-06-05-87) ; compter 2,30 €/pers.* Moins connues, bien sûr, que les fameuses galettes *Traou Mad,* les « Délices de Pont-Aven » vendues dans cette boutique ont la particularité d'être fabriquées artisanalement depuis 1890. On y trouve les galettes traditionnelles mais aussi celles, fines, au thé vert, à la cannelle, les épaisses aux éclats de noisette et aux pépites de chocolat, ainsi que des galettes bio à l'épeautre ou au sarrasin.

La Boutique de Pont-Aven : *pl. Paul-Gauguin. ☎ 02-98-06-07-65. Tlj sf lun hors saison.* Le « Fauchon » de Pont-Aven : galettes, cidre, sardines, etc. Superbe sélection de produits artisanaux.

La chocolaterie de Pont-Aven : *1, pl. Henri-Delavallé. ☎ 02-98-09-10-47. Tlj sf lun mat et mer hors saison, 9h30-19h30. Congés : 2de quinzaine d'oct.* Éric Jubin est un maître chocolatier hors pair. C'est un peu le Picasso du chocolat, comme on nous a dit ici. Et ses pâtisseries ne sont pas en reste ! Fait aussi salon de thé et glacier ; quelques tables en terrasse. Les prix sont peut-être un peu musclés, mais vous ne serez pas déçu.

À voir. À faire

La pension de Marie-Jeanne Gloanec : *pl. Paul-Gauguin.* Cette brave Bretonne hébergeait les peintres. Malheureusement, la pension a disparu. C'est aujourd'hui une *Maison de la presse* (plaque commémorative sur la façade, au-dessus de la porte) ; l'étage est réservé aux livres d'art et accueille de nombreuses dédicaces.

Le musée des Beaux-Arts de Pont-Aven : *pl. de l'Hôtel-de-Ville. ☎ 02-98-06-14-43. • museepontaven.fr • ♿* ***Fermé pour travaux jusqu'en sept 2015.*** Dans la collection permanente, peintures, gravures et dessins d'Émile Bernard, Maurice Denis, Maufra, Moret, Paul Sérusier et Gauguin. En attendant la fin des travaux, l'*espace d'information et d'animations du musée (26, rue du Général-de-Gaulle, ☎ 02-98-06-14-43)* permet de découvrir le projet architectural ainsi que la librairie-boutique. Organise aussi des rencontres « hors les murs »...

> **GAUGUIN, PEINTRE GÉNIAL, HOMME SORDIDE**
>
> *D'abord agent de change, il décida de se consacrer entièrement à la peinture. Il partit à Copenhague avec sa femme danoise et leurs cinq enfants. La misère venant, il abandonna sa famille pour s'installer avec ses copains, à Pont-Aven puis à Arles. Enfin, départ pour la Martinique et escale finale aux Marquises. Là, il « offrait » la syphilis à toutes les très jeunes filles de rencontre.*

Possibilité de visiter la ***fabrique des Galettes Penven*** *(voir « Où acheter les fameuses galettes... ? » plus haut).*

➢ ***Balades en ville et dans le bois d'Amour :*** procurez-vous à l'office de tourisme le dépliant fort bien fait proposant plusieurs itinéraires. Un circuit d'une demi-heure relie les différents points d'intérêt dans le centre de Pont-Aven. En particulier, la ***promenade Xavier-Grall,*** ensemble de petites passerelles qui enjambent l'Aven, secteur réservé aux piétons. Le grand poète (1930-1981) s'était fixé à côté de Pont-Aven à la fin de sa vie.

Vedettes Aven Bélon : *rens au ☎ 02-98-71-14-59. • vedettes-aven-belon.com • Avr-sept, départ du port de Pont-Aven et slt en juil-août du port de Bélon (résa conseillée) pour des excursions commentées. Compter 13-16,50 € ; réduc enfants. Durée : 1h-1h45 selon circuit.* La balade permet d'admirer le mélange de mer et de terre, d'eaux et de forêts caractéristique de ces deux rias.

Fêtes et manifestations

– ***Pardon de Trémalo :*** *dim qui précède ou suit la Sainte-Anne (26 juil).*
– ***Fête des Fleurs d'ajoncs :*** *1er w-e d'août.* Grand événement annuel, créé en 1905 par le barde et chansonnier Théodore Botrel (à qui l'on doit l'image folklorique et un peu trop traditionnelle de la Bretagne, voir *La Paimpolaise*).
– ***Fête de la belle Angèle :*** *fin août (à la dernière grande marée).* Rassemblement de vieux gréements sur le port, visite possible des bateaux, concerts, chants de marins, *fest-noz,* feu d'artifice...

DANS LES ENVIRONS DE PONT-AVEN

La chapelle de Trémalo : *sur les hauteurs de Pont-Aven.* À noter, l'un des pans du toit touche presque le sol. À l'intérieur, belles sablières sculptées et Christ en bois du XVIIe s, qui servit de modèle au célèbre *Christ jaune* de Gauguin.

***La chapelle Notre-Dame de Trémor :** à 4 km, en pleine campagne, sur les bords de l'Aven. Sortir par la rue du Bourgneuf.* L'intérieur de cette belle chapelle du XVIe s abrite encore quelques statues et vitraux anciens.

L'église de Nizon : chef-d'œuvre de l'art religieux breton. Superbes statues naïves, vitraux modernes. Sur la place, calvaire avec *pietà* qui servit de modèle à Gauguin pour peindre son *Christ vert,* en 1889.

– ***Hang'Art :*** *☎ 02-98-06-03-06. • asso-hangart.com •* L'autre visage de Nizon qui, de bourgade bien tranquille, se transforme, le dernier dimanche de septembre *(pardon de Nizon),* en capitale mondiale de l'art rural. Les émules de Warhol sont dans la rue. Les habitants créent une œuvre collective en projetant de vieilles photos de famille sur une toile, d'où un résultat toujours haut en couleur. Toute l'année, la boulangerie du bourg présente quelques tableaux au-dessus de ses belles miches dorées *(tlj sf lun).*

RIEC-SUR-BÉLON [RIEG]

(29340) 4 100 hab. *Carte Finistère Sud, C2*

Porte d'entrée d'un séduisant labyrinthe de routes de campagne. Elles vont vous mener aux plus belles chaumières et aux ports les plus lilliputiens. Riec doit son nom à saint Rioch, moine breton du IVe s qui, enfant, guida jusqu'à un précipice un dragon qui terrorisait toute la région. Puis Rioch vécut pendant 40 ans comme un ermite, avant d'être recueilli à l'abbaye de Landévennec. Mais le village est surtout connu pour être la capitale d'une fameuse variété d'huître très plate, qui est même passée dans le langage : la « Bélon » ou la « Belon ». C'est, en fait, plutôt l'ultime lieu de séjour pour les huîtres : naissance (le « naissain ») et adolescence se passent sous d'autres cieux bretons ; à 3 ans, elles viennent à Bélon acquérir ce célèbre et incomparable goût de noisette que leur donne le mélange assez original d'eau douce et d'eau salée de la rivière. Si vous voulez en goûter et en acheter, allez au château de Bélon.

Adresse utile

ℹ ***Office de tourisme :*** *pl. Yves-Loudoux. ☎ 02-98-39-67-28. • quimperle-terreoceane.com • Ouv lun-sam mat 9h30-12h30, 13h30-17h30 ; en saison, lun-sam jusqu'à 18h30, plus dim 10h30-12h30.*

Où dormir ? Où manger ?

Camping

Camping du château de Bélon : *au bord de la rivière Bélon, rive droite. ☎ 02-98-06-41-43 ou 02-98-06-90-58 (hors saison). 📱 06-09-27-30-30. • domainedebelon@live.fr • camping-belon-bretagne.net • Accès : prendre la N 165, sortie « Riec-sur-Bélon » en venant de Lorient, « Pont-Aven » en venant de Quimper ; du centre de Riec, prendre la direction « Port du Bélon-Rosbras » ; à une fourche, aller vers Bélon à gauche. Ouv d'avr à mi-oct. Prix tente en hte saison : 14 €. Loc de mobile homes (250-350 €/sem). CB refusées. 150 empl. Sur présentation de ce guide, - 10 % sur les séjours camping hors promotion camping-car, - 10 % sur les séjours locatifs (1 sem min).* Calme, avec de grands espaces.

Manque un peu d'ombre. Pêche, kayak de mer à 300 m. Le camping est tenu par une famille d'ostréiculteurs (l'huître de Bélon, c'est eux !) qui organise la visite du centre d'affinage (10h30-19h30). Vente au détail et, bien sûr, dégustation. Proche du GR 34.

Prix moyens

Chambres d'hôtes La Garance, chez Mme Girard : *3, rue de Moëlan-sur-Mer. ☎ 02-98-06-50-88. • anne.girard5@free.fr • la.garance.free.fr • À deux pas de la place centrale. Compter 50 € pour 2.* L'hôtesse, qui collectionne les œuvres de ses amis peintres, loue 2 chambres situées à l'étage de sa maison. Elles sont aménagées avec goût et offrent un bon rapport qualité-prix. Bon accueil. Expo de peintures.

Gîtes et chambres d'hôtes, chez Martine et Rémy Guillou : *Le Rest. ☎ 02-98-06-92-98. • guillou.remy0005@orange.fr • Au sud de la N 165. De Riec, prendre la direction Quimperlé ; au château d'eau, tourner à gauche direction Le Trévoux sur 2 km, puis à droite direction Saint-Gilles. Double 50 €. Également 2 gîtes 2 ou 4 pers env 220-470 €/sem.* Les chambres sont confortables et le petit déj est copieux. Coin cuisine à disposition.

Chambres d'hôtes chez Mme Shaw : *Kervégant. ☎ 02-98-06-53-70. • nina.jas@orange.fr • À 4 km de Riec. Direction Moëlan, puis, à 1,5 km de Riec, tourner à gauche vers Kerdudal. Compter 48 € pour 2 et 60 € pour 3. Possibilité de table d'hôtes sur résa.* Janine Shaw aime les antiquités, comme en témoignent l'horloge anglaise du vestibule et les belles têtes de lit. 3 chambres avec vue sur le grand parc arboré de 7 000 m². Rustique et confortable à la fois. Accueil sympathique. GR 34 à 1 km.

Chic

Domaine de Kerstinec et restaurant Le Kerland : *à 3 km de Riec, sur la D 24, route de Moëlan-sur-Mer. ☎ 02-98-06-46-20. • restaurant.kerland@wanadoo.fr • hotelbelon.online.fr • Resto fermé dim soir-lun hors saison. Congés : 22 déc-5 janv et 12-23 fév. Chambres 80-125 € selon catégorie et saison ; petit déj 12 €. Formule déj en sem 23 €. Menus 34-72 €. Apéritif offert sur présentation de ce guide.* L'établissement domine le Bélon. Chambres spacieuses en rez-de-jardin et plus petites à l'étage. Son resto, *Le Kerland,* est une table renommée dans la région grâce au talent de son jeune chef, Yannick Chatelain, le fils des propriétaires. Cuisine tout en finesse, basée, bien entendu, sur les produits de la mer. De la salle du resto, couleur bois de rose, vue panoramique sur le Bélon. Une bien belle adresse.

Où acheter du bon cidre ?

Au Pressoir du Belon, Cidrerie Goalabré : *La Villeneuve, 29340 Riec-sur-Bélon. ☎ 02-98-06-53-45. • pressoirdubelon.com • Ouv tlj sf dim, 10h-12h, 14h-19h (18h sam).* Cette cidrerie est la dernière de la route du cidre (avant l'entrée dans le département voisin du Morbihan), qui regroupe 8 producteurs du Sud Finistère travaillant en AOP (appellation d'origine protégée) cidre-de-cornouaille. Celle-ci est une petite entreprise qui produit 80 000 bouteilles par an – les plus importantes peuvent en produire jusqu'à 2 millions, voire plus –, commercialisées principalement dans les crêperies de la région ou en vente directe au chais. Les cidres sont élaborés exclusivement avec les pommes du verger. Après une petite présentation par le maître des lieux, avec le support de panneaux explicatifs, place à la dégustation de cidres fermiers, doux ou bruts, et du fameux cidre-de-cornouaille, plus charpenté et tannique, à la robe orangée et caractérisé par « sa prise de mousse » et par son goût doux-amer. Également jus de pomme, vinaigre, pommeau, gelée et de la Blanche, une eau-de-vie de cidre. Accueil fort sympathique de monsieur Goalabré.

À faire

Vedettes Aven Bélon : ☎ *02-98-71-14-59.* • *vedettes-aven-belon.com* • *En juil-août, départ du port du Bélon (côté Moëlan, voire côté Riec sur résa) pour des excursions commentées dans les estuaires du Bélon et de l'Aven. Durée : 1h-2h selon circuit. Tarif : env 13,50-16,50 € ; réduc enfants.* Le capitaine du *Paul-Gauguin* peut aussi vous faire passer d'une rive à l'autre : joli raccourci pour les randonneurs.

DANS LES ENVIRONS DE RIEC-SUR-BÉLON

Le port du Bélon : l'un de nos petits ports préférés en Finistère. Pêche et plaisance tout à la fois. Lumière très belle. Route adorable pour y parvenir. Les plus courageux emprunteront les deux sentiers, splendides : pour une fois, la vue sur la mer est rarement obstruée par les arbres, et on peut jouir, sans entraves, d'un superbe panorama. Le premier sentier, côté Riec, conduit à la pointe de Penquernéo. Le retour se fait par l'intérieur. Le second, côté Moëlan, longe l'autre rive de l'estuaire, direction Kerfany.

MOËLAN-SUR-MER [molan]

(29350) 6 780 hab. *Carte Finistère Sud, D3*

Gros bourg commerçant au cœur du pays dit « des Avens », support aux anciennes petites vallées glaciaires envahies par la mer. Dans les environs, de mignons petits ports de pêche, d'anciens moulins à eau (dont le moulin de l'Abbé dans le fond de l'anse de Merrien) et de nombreux vestiges mégalithiques. Ne manquez pas, à Moëlan, la chapelle Saint-Philibert-et-Saint-Roch.

Adresses et info utiles

Bureau de l'office de tourisme Quimperlé – Terre océane : *20, pl. de l'Église.* ☎ *02-98-39-67-28.* • *quimperle-terreoceane.com* • *Sept-juin, lun-sam 9h30-12h30, 14h-17h30 ; juil-août, lun-sam 9h30-12h30, 13h30-18h30, plus dim 10h30-12h30.*

Transport – Réseau TBK : ☎ *02-98-96-76-00.* • *t-b-k.fr* • Dessert les 16 communes de la communauté de communes du pays de Quimperlé.

Location de VTT : M. Gouyec, *12, rue du Guilly.* ☎ *02-98-39-69-09.*

– Marchés : *au bourg, mar mat ; à Kergroës, sam mat.*

Où dormir ? Où manger ?

De prix moyens à plus chic

Hôtel Le Kerfany : *15, route du Bélon, à* ***Blorimond-en-Moëlan.*** ☎ *02-98-71-00-46.* • *le.kerfany@wanadoo.fr* • *hotel-le-kerfany.com* • *Sur la gauche juste avt d'arriver au port du Bélon. Congés : de mi-nov à mi-fév. Doubles 54-56 € selon confort et saison. Formule sf j. fériés 20 € ; menus 32-46 €. Réduc de 10 % sur le prix de la chambre sur présentation de ce guide.* Dans un coin tranquille, juste au-dessus du port. Pas un charme fou, mais des chambres confortables, un poil vieillissantes.

Cuisine marine avec un authentique plateau de fruits de mer.

La p'tite Gargotte : *12, rue de Braspart. ☎ 02-98-39-77-01. • f.bureau@hotmail.fr • Fermé dim, plus lun hors saison. Menu déj en sem 15,50 € ; carte env 26-30 €. Café offert sur présentation de ce guide.* Dans une belle salle aux chaises de cuir noir ou dans un jardin fleuri à l'arrière, Françoise, la patronne et cuisinière, allie cuisine régionale et épices du monde.

Beaucoup plus chic

Manoir de Kertalg : *route de Riec. ☎ 02-98-39-77-77. • contact@manoirdekertalg.com • manoirdekertalg.com • De Moëlan, D 24 direction Riec ; à 2 km, prendre à droite la petite route qui, après quelques centaines de mètres, conduit au manoir. Ouv Pâques-Toussaint. Doubles avec sdb 125-250 € selon confort ; suites familiales 270-305 € ; petit déj 17 €. Apéritif offert sur présentation de ce guide.* Un élégant manoir entouré d'un vaste parc et d'une forêt offrant de belles balades. Dans les anciennes écuries ont été aménagées de belles chambres spacieuses, à la décoration raffinée. Agréable terrasse avec vue sur le parc pour prendre son petit déj. Expos temporaires. Une adresse pour ceux qui disposent de quelques moyens financiers.

À voir

La chapelle Saint-Philibert-et-Saint-Roch : *De mi-juin à mi-sept, tlj 10h-12h, 15h30-19h. GRATUIT. Concerts organisés en juil-août.* Chapelle du XVIe s, pleine de charme. Sous le porche, les lépreux possédaient leur abri. Dans l'enclos, calvaire et jolie fontaine entourée de bancs où il fait bon rêver. Charpente ancienne qui a conservé quelques sculptures (surtout dans l'aile nord).

À 300 m, dans l'***église*** principale du XIXe s et présentant peu d'intérêt architectural, ne manquez pas les splendides *confessionnaux* du XVIIIe s.

À faire

➢ ***Sorties nature à thème :*** *organisées en juil-août par l'association* Natur'au Fil. Elles font découvrir la côte et la campagne moëlanaises.

Vedettes Aven Bélon : *rens au ☎ 02-98-71-14-59. • vedettes-aven-belon.com •* Excursions commentées dans les estuaires du Bélon et de l'Aven (voir plus haut « Riec-sur-Bélon. À faire »). En juillet-août, possibilité également d'emprunter une ***navette*** pour traverser l'estuaire de la rive gauche du port du Bélon (côté Moëlan) à la rive droite (côté Riec).

Fêtes et manifestations

– ***Les Mardis festifs :*** *en juil-août.* Fanfares sur la place de l'église.
– ***Kerfany en fête :*** *mi-août.* Repas, musique et feu d'artifice.
– ***Pardon de Lanriot :*** *1er dim de sept.* Procession de 7 km de l'église paroissiale jusqu'à la chapelle de Lanriot. Célébration mariale et bénédiction de la mer au port du Bélon.

DANS LES ENVIRONS DE MOËLAN-SUR-MER

Kerfany : *à l'entrée de l'estuaire.* Charmante station balnéaire. Les villas ont, hélas, perdu beaucoup de leurs célèbres pins parasols dans la tourmente de 1987. Allez quand même jusqu'à la *pointe de Minbriz,* pour le panorama sur l'estuaire, la pointe de Penquernéo, Port-Manec'h. Jolie plage abritée et surveillée.

➢ ***Le sentier de Kerfany :*** sentier de douaniers qui longe criques et parcs à huîtres, jusqu'à Porsguen, puis Kerdoualen et Blorimond, en passant par la plage de Kerfany. Réalisable en 3h. Balisé en jaune. Ne pas manquer d'admirer la *chapelle* et la *fontaine de Lanriot.*

Brigneau : gentil petit port, avec ses hameaux tout autour, blottis le long d'un treillis dense de routes étroites et sinueuses. Paysage apprécié des artistes et écrivains. La plupart des maisons ont été superbement restaurées. Certaines ont conservé leur toit de chaume.

➢ Là aussi, en partant du minuscule port de Brigneau, possibilité de rejoindre deux intéressants ***chemins côtiers.*** Le premier, le sentier côtier de la digue de Malachappe, longe la rive droite de l'estuaire et va par Beg Moc'h jusqu'à Kerglouanou. Le second suit la rive gauche de l'estuaire et s'achève à Port-Merrien (départ à la sortie de Brigneau, direction Moëlan). Au passage, à *Kerouant,* on croise *La Houard* ou Maison des douaniers. C'est un ancien poste d'observation du XVIIe s, bien restauré et reconnaissable à son toit de granit en forme d'escalier. Cela permettait aux gardes qui surveillaient de recevoir et de transmettre les messages du haut du toit.

Port-Merrien : *sur la route de Moëlan au Pouldu ; à 1 km de Moëlan, tourner sur la droite.* Peut-être le plus petit des ports de la côte. En tout cas, le plus secret et le plus charmant. Lové au fond d'une petite échancrure. Plus de 60 ha de bois et de landes sur les rives du Merrien sont désormais protégés. Songez que dans les années 1950, les ports de Merrien, Bélon, Doëlan et Brigneau assuraient encore l'activité à 600 pêcheurs. Suivez la pancarte « Kersécol – Port-Baly » pour admirer un bout de côte peu urbanisé.

Nombreux *vestiges mégalithiques*. À l'ouest de Moëlan, l'***allée couverte de Kermeur-Bihan.*** Une autre à 3 km, sur la route de Brigneau, et celle de Kergaurance à la sortie de Moëlan en direction de Riec-sur-Bélon.

QUIMPERLÉ [kemperle]

(29300) 12 000 hab. *Carte Finistère Sud, D2*

Agréable petite ville au confluent des rivières Isole et Ellé, qui forment ensuite la Laïta. De pittoresques ruelles médiévales livrent leur pesant de vieilles demeures et débouchent sur de merveilleuses églises.

Adresse utile

Office de tourisme Quimperlé – Terre océane : *3, pl. Charles-de-Gaulle. ☎ 02-98-39-67-28. • contact@quimperle-terreoceane.com • quimperle-terreoceane.com • Dans la basse ville, proche de l'abbatiale. Juil-août, lun-sam 9h30-12h30, 13h30-18h30, dim 10h30-12h30 ; sept-juin, lun-sam 9h30-12h30, 14h-18h.* À disposition, un magazine couvrant le territoire de la communauté de communes du pays de Quimperlé, avec une partie magazine et une partie guide pratique (hébergements, restaurants, loisirs...). Excellent accueil.

Où dormir ?

CHAMBRES D'HÔTES

Prix moyens

Chambres d'hôtes, chez Monique Moello : *Le Petit-Lichern. ☎ 02-98-96-06-40. Derrière le stade de Kerstrado, à 1 km du centre, par la route d'Arzano (D 22). Doubles 52-55 €. Remise de 10 % sur la chambre à partir de 2 nuits sur présentation de ce guide.* 3 chambres mignonnes tout plein, avec TV, douche ou bains. Grand jardin fleuri et calme. L'accueil est extrêmement chaleureux, et Monique se fera un plaisir de vous renseigner sur Quimperlé et sa région. Petit déj copieux et varié.

Chambres d'hôtes La Maison d'Hippolyte : *2, quai Surcouf. ☎ 09-51-68-04-81 ou 06-62-57-09-11. • lamaisondhippolyte.com • En plein centre-ville mais au calme sur les quais de la Laïta. Fort bien situé, donc. Double env 62 €, triple 85 €.* Dans cette maison des années 1930, 4 chambres, dont l'une avec mezzanine, décorées avec goût. Jardinet et terrasse fleurie face à la rivière, où l'on pourra, aux beaux jours, prendre son (excellent) petit déj ou encore les thé et café mis à dispo. Un lieu de détente et de culture inhabituel. Mme Lescoat prête ses murs aux artistes. Expositions temporaires de peinture et de photos. Accueil plein de gentillesse.

Chambres d'hôtes, chez Anne-Marie Goënvic : *2, chemin de La Villeneuve-Braouic. ☎ 02-98-96-09-21 ou 06-75-51-53-35. Double avec sdb commune 52 €.* À la ferme, 3 chambres toutes simples dans une grande maison moderne de style breton. Tout autour, un grand jardin.

HÔTEL

Chic

Hôtel Vintage : *20, rue de Brémond-d'Ars. ☎ 02-98-35-09-10. • hotelvintage@orange.fr • hotelvintage.fr • Dans la basse ville. Accès par la pl. des Halles, face à l'église Sainte-Croix. Congés : 1re sem de janv. Double 95 € ; petit déj 13 €.* Dans une ancienne *Caisse d'Épargne*, un hôtel pour le moins original qui respire l'amour du style Art déco, et c'est plus que réussi. 10 chambres de style contemporain avec, pour chacune, un décor particulier, dont des fresques murales qui vous laisseront rêveur... Fait aussi resto.

Où manger ?

Bon marché

Crêperie des Archers : *6, rue Dom-Morice. ☎ 02-98-39-09-54. En principe, tlj sf lun-mar. Compter 13-15 €.* Une maison d'autrefois dans une rue de jadis, qui propose des crêpes copieusement garnies mais aussi des blinis et des tagliatelles de crêpes.

Crêperie Ty Billig : *2, pl. Saint-Michel. ☎ 02-98-46-40-91. • contac@ty-billig.com • Fermé lun en été ; dim-lun et mer soir hors saison. Résa préférable.* La devanture jaune soleil, la déco esprit brocante et l'ambiance font de Ty-Billig une sympathique adresse. Olivier prépare devant vous des spécialités de crêpes cuisinées à partir de produits du terroir et notamment le blé noir issu d'un petit producteur local. Quant aux garnitures, elles sont au choix, classiques ou plus singulières. Vente de produits locaux au coin épicerie et nombreuses animations culturelles tout au long de l'année...

De prix moyens à chic

L'Assiette de l'Isole : *2, rue Isole. ☎ 02-98-96-10-70. • jbnadia@wanadoo.fr • Fermé mar-mer, plus dim soir hors saison. Congés : 2 sem fin juin. Menu 25 € ; carte 38 €.* Cuisine évolutive basée sur des produits frais du terroir et de la mer. Une mention spéciale pour le millefeuille de crêpes.

La Cigale Égarée : *à Villeneuve-Braouic. ☎ 02-98-39-15-53. • laci gale29@yahoo.fr • Dans la zone d'activités, derrière le concessionnaire automobile. Tlj sf dim-lun. Formules déj 20-24 € ; menus 38-87 €.* Contrairement aux apparences, *La Cigale* n'a pas cessé de chanter en s'installant dans cette grande maison rose entourée d'arbres fruitiers. Son interprétation de la cuisine nous emmène sur des chemins de traverse, où règne un parfum d'aventure entre terre de Bretagne et parfums de Provence. Une vraie symphonie culinaire.

Où dormir ? Où manger dans les environs ?

Village-loisirs de Ty-Nadan : *route d'Arzano. ☎ 02-98-71-75-47. • info@tynadan-vacances.fr • tyna dan-vacances.fr • Accès : N 165 Lorient-Quimper, sortie Quimperlé-Est, puis 1er feu à droite, direction Arzano puis Locunolé. Ouv avr-début sept. Prix tente : 17,90-40,90 € selon saison. Loc de tentes et de mobile homes : 348-833 €/sem. 325 empl.* Sur 40 ha, on trouve une aire de camping avec location de caravanes, une crêperie, une pizzeria, 2 piscines chauffées et des toboggans aquatiques, 2 courts de tennis, 3 terrains de boules, du tir à l'arc (un championnat de France a eu lieu ici) et de nombreuses autres activités de pleine nature. Ouf !

À l'Abri de l'Océan : *591, route de la Madelern. ☎ 02-98-96-80-35. • alabrideocean@orange.fr • alabride locean.com • Accès : au nord-ouest de Quimperlé ; sortir à la zone industrielle de Kervidanou, qu'on traverse avt de passer le pont de la voie express ; ensuite, c'est à droite (si l'on vient du sud, panneau à gauche) ; on passe quelques bâtiments et on retrouve la route, puis tt droit pdt quelques km. Ouv tte l'année. Prix tente : 15,40 €. Loc de mobile homes : 245-555 €/sem. Chambres doubles 32-51 €/nuit. 95 empl. Réduc : - 10 % sur présentation de ce guide.* Petit ensemble hôtel-camping à prix fort intéressants. Camping assez confortable, aux sanitaires corrects. Très bon accueil. Et puis canoë-kayak, plongée, voile, pêche, golf, tir à l'arc, VTT à proximité... Piscine.

Chic

Chambres d'hôtes de Nivinen : *Nivinen, 29300* ***Arzano.*** *☎ 02-98-71-77-09. • contact@nivinen.com • nivinen.com • À 8 km au nord de Quimperlé en suivant la direction Plouay-Arzano ; sur la gauche à l'entrée du village. Double 80 €.* Catherine et André Seznec ont retroussé leurs manches pour transformer et aménager une ancienne dépendance en 5 séduisantes chambres d'hôtes. Derrière les épais murs en granit, elles sont spacieuses et pleines de couleurs qui tranchent avec l'austérité de la pierre. Orientées face au jardin et à la piscine chauffée, les chambres possèdent leur entrée privative. Notre préférée : celle avec la cheminée. Une véritable adresse de charme à la limite du Morbihan et du Finistère Sud.

À voir

➢ **Visite guidée de la ville :** *rdv à l'office de tourisme, en juil-août. Tarif : 4 €. Durée : 2h.*

L'église Sainte-Croix : édifiée au XIe s, elle a été en partie reconstruite après l'effondrement du clocher en 1862. C'est la seule église romane bretonne de plan circulaire, imité de l'église du Saint-Sépulcre à Jérusalem. Rotonde centrale de 18 m de haut, sur laquelle s'ouvre la plus belle abside romane de toute la région. Superbe *retable* Renaissance, véritable dentelle de pierre, au dos de la porte d'accès. La crypte impose le recueillement. Vestige absolument intact de l'église primitive. Chapiteaux présentant de jolis dessins stylisés sculptés. Deux *tombeaux* du XVe s, dont celui de saint Gurloës, réputé autrefois pour guérir les migraines. Un trou permettait de mettre la tête dans le tombeau.

La rue de Brémond-d'Ars : l'ancienne rue résidentielle où notables et officiers de marine se firent construire de belles demeures. Aux nos 8 et 12, maisons à colombages. Au no 15, ne pas rater le double escalier à balustre du *présidial*, qui sert désormais de salle d'exposition municipale *(ouv tte l'année, tlj sf mar 10h-12h30, 14h30-19h)*. Au no 16, vestiges de l'*église Saint-Colomban* : porche roman du IXe s, surmonté d'une fenêtre gothique du XIIIe s (seul vestige de la ville primitive, entièrement détruite en 878 par les Vikings).

La rue Dom-Morice : rue pavée, piétonne ; un morceau du XVIe s au début du XXIe. Il ne manque que les costumes et les chevaux pour que la remontée dans le temps soit parfaite. De très belles maisons en encorbellement et à colombages.
– Au no 5, la maison des Archers : ☎ 02-98-39-06-63. Ouv en juil-août, tlj sf mar 10h-12h, 14h30-19h. Superbe maison en encorbellement du XVIe s, aujourd'hui lieu d'expositions et de spectacles. Programme des expositions à l'office de tourisme.

L'église Saint-Michel (Notre-Dame-de-l'Assomption) : *nous vous conseillons d'y accéder par la rue Savary, petite rue escarpée, piétonne et commerçante.* Commencée au XIIIe s, remaniée aux XVe, XVIIe et XVIIIe s. Repérable de loin avec sa tour carrée. Admirable *portail* nord à la foisonnante décoration Renaissance bretonne. Entrée barrée d'un linteau ouvragé et divisée en deux portes en arcade superbement sculptées. À l'intérieur, observez la décoration des sablières : diables, animaux sauvages, têtes grotesques, fous, etc. Belle statuaire en bois, notamment une *pietà* tragique et une *Vierge à l'Enfant*.

Le couvent des Ursulines : actuel collège Jules-Ferry. Beau jardin et chapelle de style jésuite du XVIIe s baroque. Plafond décoré à la feuille d'or. Aujourd'hui, cette chapelle est un lieu d'exposition d'art contemporain *(☎ 02-98-39-28-44 ; juil-août, tlj sf mar 10h-12h30, 14h30-19h ; le reste de l'année, ouv selon expos ; 4,50 €)*.

À faire

➢ ***Randonnées à thème :*** *par le club de randonnée et plusieurs autres partenaires. Programme auprès de l'office de tourisme. 6-8 km ou 25 km. Durée : 2-3h.* Découverte de la région : les bords de l'Ellé, la forêt domaniale de Carnoët... Rando patrimoine autour des vestiges de la forêt de Carnoët le mardi.

– L'office de tourisme édite pour les enfants une fiche jeu qu'ils sont invités à compléter au fil de leurs découvertes. Une façon ludique de découvrir la ville tout en apprenant plein d'informations précieuses.

– Canoë ou kayak en rivière : *belles balades sur l'Ellé ou la Laïta, à partir de la base de la prairie Saint-Nicolas (affiliée à la FFCK et à la FFV). ☎ 02-98-39-24-17. Tte l'année.* Stages à la semaine ou simple location.

Manifestations

– Le Cinéma dans la prairie : *jeu juil-août, séances de cinéma en plein air dans la prairie de Saint-Nicolas. GRATUIT.*
– Les Mercredis musicaux : *de mi-juil à mi-août, parking Isole Sainte-Croix. GRATUIT.*

DANS LES ENVIRONS DE QUIMPERLÉ

Le manoir de Kernault : *☎ 02-98-71-90-60. • manoir.kernault@cdp29.fr • En quittant Quimperlé, prendre la direction de Bannalec (D 765) ; à 4 km, suivre le fléchage. Ouv avr-nov : juil-août, tlj 11h-18h30 ; hors saison, mer-dim 14h-18h ; vac scol, tlj 14h-18h. Entrée : 5 € ; réduc ; gratuit moins de 7 ans.* Kernault est un domaine de 30 ha, composé d'un parc en accès libre et d'un patrimoine bâti dont la construction s'échelonne du XVe au XXe s. Chaque année, un parcours-expo temporaire et un ensemble d'événements et d'animations mettent en valeur la parole sous toutes ses formes ; l'occasion de se laisser bercer par la couleur d'une Bretagne inattendue et pleine de poésie... Visite familiale pour découvrir le manoir et le parc au cours d'une balade ludique et pleine de surprises. Festival Des mots, des mômes, fête d'automne ou veillées. Programme d'animations sur demande et sur le site *• cdp29.fr •*

➢ ***Les roches du Diable :*** *sur la jolie route à flanc de coteau du Faouët à **Locunolé** (29310).* Une superbe balade au bord de l'Ellé. Le cours d'eau se faufile sous un chaos de roches au milieu des bois. Voilà, pour finir votre périple dans le Finistère Sud, un site diablement romantique et inquiétant, très apprécié par les canoéistes. Réputé pour ses compétitions, c'est l'un des plus difficiles de France.

CLOHARS-CARNOËT [kloar-karnoed], DOËLAN ET LE POULDU

(29360) 3 960 hab. *Carte Finistère Sud, D3*

Cité natale du peintre Tal Coat (1905-1985), pseudonyme qui signifie en breton « front de bois », Clohars-Carnoët offre peu d'intérêt, mais les plages et petits ports tout autour donnent envie de s'y arrêter : *Doëlan,* un des ports de pêche les plus mignons de cette portion de côte ; *Le Pouldu,* gentil port de plaisance à l'embouchure de la Laïta, avec une station balnéaire créée dans les années 1930. Fort belles plages (Bellangenet, Le Kérou et Les Grands Sables), mais ça « lotisse » à tout-va ! Des verrues résidentielles s'accrochent en bord de mer.

– Nous avons regroupé dans ce chapitre les adresses du Pouldu et de Doëlan, qui dépendent administrativement de la commune de Clohars-Carnoët.

LE FINISTÈRE SUD

CLOHARS-CARNOËT

Adresse utile

Office de tourisme : *pl. de l'Océan. ☎ 02-98-39-67-28. • contact@quimperle-terreoceane.com • quimperle-terreoceane.com • Sept-juin, lun-sam 9h30-12h30, 13h30-17h30 ; juil-août, jusqu'à 18h30, plus dim 10h30-12h30.*

Où manger ?

Crêperie 13 à la Douzaine : *22, rue de Lannevain. ☎ 02-98-71-61-25. • patricialematelot@hotmail.fr • Et dans le centre, face au supermarché, nov-mars. Fermé lun et dim midi, plus le soir dim-jeu hors saison. Congés :*

5 janv-15 fév et 2 sem avt la Toussaint. Compter 16 € pour un repas. Café offert sur présentation de ce guide. Salle au cadre rustique ou petite terrasse sous pergola. Large choix de crêpes à la carte ; le chef est aussi charcutier. Pour prolonger la soirée, pub sous la même enseigne.

Restaurant du Cadran Solaire : *1, rue de Lorient. ☎ 02-98-71-57-25. Près de l'église. Ouv lun-sam, le midi slt. Congés : 10 j. fin fév, 10 j. fin juin et 20 j. en oct. Résa conseillée. Menu unique du jour (entrée, plat, dessert) 11 €, boisson comprise.* Juste à côté de la charcuterie artisanale, un restaurant qui propose une bonne cuisine familiale traditionnelle. C'est à juste titre une table réputée, où l'on est assuré de faire un excellent repas avec d'authentiques produits du terroir. La famille Guillou sait maintenir les traditions avec conviction depuis 1904 !

DOËLAN

Port de pêche et de plaisance logé dans une ria étroite et profonde, il est gardé par deux phares, un vert et un rouge. Sur chaque rive, de coquettes maisons bretonnes colorées. Le sentier GR 34 offre de jolis points de vue sur le port. Sur la rive droite, vente de poissons et crustacés.

En haute saison, départs pour l'***île de Groix*** (lire plus loin « À voir. À faire à Clohars-Carnoët, au Pouldu et à Doëlan »).

LE POULDU

Cette station balnéaire, qui possède trois belles plages de sable fin, bénéficie d'un microclimat exceptionnel. Ses environs sont une véritable aubaine pour les promeneurs, avec des sentiers côtiers, des randonnées pédestres (GR 34) et des circuits VTT balisés. Sur le plan culturel, Le Pouldu est mondialement connu grâce à Paul Gauguin, à Jacob Meyer de Haan, à Paul Sérusier et à leurs amis de l'école des peintres de Pont-Aven.

Adresse utile

Office de tourisme : *pl. de l'Océan. ☎ 02-98-39-67-28. • quimperle-terreoceane.com • Au bord de la plage des Grands-Sables. Lun-sam, plus dim mat en juil-août.* Accueil excellent.

Où dormir ? Où manger ?

Campings

Camping des Grands-Sables : *22, rue du Philosophe-Alain. ☎ 02-98-39-94-43. 06-67-38-99-84. • campinglesgrandssables@orange.fr • camping-lesgrandssables.com • Accès : par la N 165 sortie Quimperlé centre/Clohars-Carnoët. Ouv d'avr à mi-sept. Prix tente : 9,50-17 € selon saison. Loc de mobile homes : 164-609 €/sem. CB refusées. 133 empl.* L'un des plus vastes campings de la région, dans un cadre verdoyant et à 150 m de la mer. Assez bien ombragé. Jeux pour enfants. Concours de pétanque.

Camping Croas an Ter : *Quelvez. ☎ 02-98-39-94-19. 06-24-88-68-20. • campingcroasanter@orange.fr • campingcroasanter.com • Accès : en venant de Clohars, Quimperlé et Guidel, au rond-point de Lann-Justis, suivre la direction du Pouldu, puis la 2e à gauche après la vallée. Ouv 1er juin-15 sept. Prix tente : 13 €. Caravanes, mobile homes et tentes avec plancher en bois à louer : 290-440 €/sem. CB refusées. 90 empl. Réduc : - 10 % sur présentation de ce guide.* À 1,5 km de la plage, adorable camping avec, en fond sonore, les oiseaux qui gazouillent dans les beaux arbres vénérables.

Camping Les Embruns : *2, rue du Philosophe-Alain. ☎ 02-98-39-91-07. • camping-les-embruns@orange.fr • camping-les-embruns.com • Accès : à 150 m de la plage. Ouv 10 avr-20 sept. Prix tente en basse saison : 12 €. Prix tente en hte saison : 36 €. Loc de chalets et de mobile homes avec terrasse : 265-780 €/sem. 180 empl.* Un magnifique 4-étoiles avec 180 emplacements paysagers, dont 120 « grand confort ». Et même des cottages avec tout le nécessaire pour faciliter l'accueil des bébés ! Quelques belles plages à proximité et quelques criques pour les solitaires. Piscine.

Camping Le Vieux Four : *rue des Grands-Sables, au Pouldu. ☎ 02-98-39-94-34. Accès : sur la route de la plage. Ouv 1er juin-31 août. Prix tente en hte saison : 13,44 €. CB refusées. 50 empl.* Camping qui s'étend agréablement près d'une vieille ferme, parmi arbres et buissons, bien à l'écart de la route.

Camping de Kéranquernat : *au Pouldu. ☎ 02-98-39-92-32. • camping.keranquernat@wanadoo.fr • camping-keranquernat.com • Accès : par la N 163, à l'intersection de la route du port et de la plage, à 700 m de cette dernière. Ouv du 1er mai à mi-sept. Prix tente : 10,50-16,50 €. Loc de mobile homes également : 199-490 €/sem pour 2-6 pers. CB refusées. 100 empl.* Camping fleuri (plusieurs prix). Espaces bien délimités. Piscine.

De bon marché à prix moyens

Hôtel du Pouldu : *75, rue du Port. ☎ 02-98-39-90-66. • hoteldupouldu29@orange.fr • Sur le port du Pouldu. Tlj sf lun-mar en mi-saison. Fermé début oct-début avr. Doubles avec douche 50-58 €. ½ pens 55-60 €/pers. Formule 17 € en sem et menu 31 €.* Une affaire familiale depuis plusieurs générations dans une bonne vieille maison. Accueil sincère et chaleureux de la famille Portier. Un bar animé, fréquenté par les gens du coin. Des chambres simples mais bien entretenues. Demandez celles avec vue sur la mer, plus claires et plus agréables, ou celles de l'annexe, assez spacieuses. Dans la grande salle au charme désuet du resto, poissons et crustacés : bar grillé, turbot au beurre blanc, plateau de fruits de mer, etc. Authentique et sympathique.

Crêperie Ti Annick : *8, rue du Philosophe-Alain. ☎ 02-98-39-93-04. Tt à côté du Camping Les Embruns. Tlj de mi-avr à mi-sept. Repas env 12 €.* Un petit resto qui ne paie pas de mine mais qui propose de bonnes crêpes à prix corrects. Pas prête de couler, la *Ti Annick !* Cadre rustique et ambiance familiale. Il n'y a qu'une petite dizaine de tables à l'intérieur, et une grande terrasse donne sur le jardin.

Chic

Chambres d'hôtes Les jardins de Timel : ***Kerloas,*** *à 3 km du Pouldu. 06-64-17-62-12. • jardins@timel.fr • timel.fr • Du port du Pouldu, prendre la route de Quimperlé et tourner à gauche au moulin de Quinquis. Doubles 70-90 €.* Dans une longère indépendante, perdue dans les jardins, 4 chambres d'un charme fou : romantique anglais, baroque, à baldaquin ou Earl Grey. Celles à l'étage, aux poutres apparentes, sont nos préférées. Très belles salles de bains. Accueil sympathique de Sylviane, dont les filles – Tiphaine et Mélanie – ont donné leur nom aux *Jardins de Timel.* Piscine. Une très belle adresse.

À voir. À faire à Clohars-Carnoët, au Pouldu et à Doëlan

L'église Notre-Dame-de-Trogwall : *dans le bourg de* ***Clohars-Carnoët.*** *Horaires restreints : 10h-11h30.* Elle date du XIXe s. À l'intérieur, châsse du XVIIe s contenant des reliques de saint Maurice.

La chapelle Notre-Dame-de-la-Paix : *ouv en hte saison.* Au milieu d'un pré, petite, paisible et émouvante, cette chapelle du XVe s fut transplantée depuis Nizon, en 1956, puis remontée ici pierre par pierre. À l'intérieur, beaux et lumineux vitraux contemporains de Le Moal et Alfred Manessier (dans le chœur).

La Maison-Musée du Pouldu : *10, rue des Grands-Sables,* ***Le Pouldu.*** *☎ 02-98-39-98-51. • museedupouldu.clohars-carnoet.fr • D'avr à mi-juin et de mi-sept à fin oct, w-e 14h-18h ; de mi-juin à mi-sept, tlj sf lun 11h-19h ; Pâques et Toussaint, tlj sf lun 14h-18h ; j. fériés et ponts, 14h-18h. Fermé nov-mars. Entrée : 4,10 € ; réduc ; gratuit moins de 12 ans. Visite de la maison, exposition et film (20 mn).*
De 1889 à 1893, de nombreux peintres ont fréquenté la *Buvette de la Plage,* tenue par la charmante hôtesse Marie Henry. Paul Gauguin y avait pris pension, comme Jacob Meijer de Haan ; ils avaient peint murs, portes, plafonds, fenêtres de la salle à manger. D'autres artistes, dont Sérusier, Filiger, Maufra, Seguin, avaient aussi laissé quelques jolis souvenirs de leur passage... Hélas, Marie Henry partagea sa collection entre ses deux filles en 1925. Puis, en 1959, la totalité fut dispersée à l'Hôtel Drouot de Paris. La plupart des œuvres se trouvent désormais dans les plus grands musées du monde et dans quelques collections privées. Et l'actuel *Café de la Plage* n'est plus qu'un bar comme les autres...
Mais juste à côté, la commune a eu l'idée en 1989 de reconstituer la *Buvette.* Des reproductions des œuvres (dont l'*Ange à la guirlande,* de Charles Filiger) ont retrouvé leur place d'origine. Et le mobilier d'époque, divers documents et objets montrent le cadre de vie des peintres. L'aménagement et le décor des pièces contribuent à recréer l'atmosphère qui régnait dans ce lieu, enrichie de créations sonores, jeux de lumière, maquette et autres technologies modernes, ainsi que d'un parcours dans un jardin rénové.
La maison accueille, en outre, chaque année, une exposition temporaire. L'été, différentes animations sont proposées aux enfants.

Croisières sur la Laïta : *au départ du port du Bas-Pouldu. 06-64-27-62-15. • laita.croisieres@free.fr • Tlj de mi-avr à mi-sept ; le w-e slt le reste de l'année ; horaires en fonction des marées. Tarifs : 20 € A/R jusqu'à Quimperlé (3h), 12 € jusqu'à Saint-Maurice (1h15).* À bord du *Sirène III,* Nicolas Le Flanchec propose des croisières le long de la Laïta jusqu'à Saint-Maurice, ou des allers-retours jusqu'à Quimperlé (quai Brizeux). Une façon originale de découvrir les rives et les multiples méandres de ce fleuve sauvage. Vraiment très sympa.

L'île de Groix : *au départ du très pittoresque port de* ***Doëlan.*** *Résas : ☎ 0825-132-100 (0,15 €/mn) ou via le site • navix.fr • Juil-août. Tarif : env 32 € ; 4-17 ans 20,60 € ; moins de 4 ans 5,90 €. Réduc de 10 % sur présentation de ce guide.* On peut rallier l'île de Groix à bord d'une vedette à passagers de *Compagnie des Îles-Navix.* La traversée est commentée et très agréable pour les touristes. Très pratique pour les personnes qui viennent du Finistère, du nord et ouest du Morbihan. Parking gratuit à proximité.

DANS LES ENVIRONS DE CLOHARS-CARNOËT

➢ **Le chemin des Peintres :** *rens à l'office de tourisme du Pouldu.* Un itinéraire à suivre sur les traces de Gauguin et de ses amis au départ du musée du Pouldu. Une idée originale et didactique pour parcourir le chemin des Peintres.

Le site abbatial de Saint-Maurice : *à l'est de Clohars-Carnoët par la D 224 ; juste avt de franchir la Laïta, prendre une petite route à gauche. Rens : ☎ 02-98-71-65-51. • saintmaurice.clohars-carnoet.fr • 15 juin-15 sept, tlj 11h-19h ; vac scol de Pâques et de la Toussaint, tlj sf sam 14h-18h ; avr-14 juin, dim, ponts et j. fériés,*

14h-18h. Tarif : 4,10 € (audioguide inclus) ; réduc ; gratuit moins de 12 ans. Possibilité de pique-niquer sur les bords de la rivière.

Situé en lisière de la superbe forêt domaniale de Carnoët, un des sites les plus méconnus de la région, à l'ambiance incomparable. Une preuve supplémentaire de l'excellent goût des moines en matière de choix de terrain à bâtir ! À cet endroit, la Laïta s'évase, se prenant un temps pour un lac ou imitant un fjord marin. Des centaines d'oiseaux trouvent le coin à leur goût. Venez le matin, quand le soleil s'amuse avec les reflets de l'eau.

Le site de 120 ha a fait l'objet de nombreux travaux de rénovation et de mise en valeur, engagés par la commune. De l'abbaye cistercienne édifiée au XIIe s, il ne reste que la *salle capitulaire,* l'*orangerie* et le *logis de l'abbé,* récemment rénové. Une exposition permanente y traite de l'épopée cistercienne et des aménagements monastiques. Les ruines s'effacent complètement, tant est puissante la poésie des lieux.

Le site propose une activité insolite : on peut observer les ***chauves-souris*** dans le grenier grâce à une caméra infrarouge. Les images, retransmises en direct d'avril à septembre, permettent de mieux connaître la vie du grand rhinolophe et les mesures de protection de cette espèce. Visite libre avec un livret illustré confié au visiteur. En été, balades nocturnes contées et nuits de la chauve-souris ; se renseigner.

|●| En bas du sentier menant à l'abbaye, sur la droite, possibilité de restauration à *La Crêperie de Saint-Maurice* (*☎ 02-98-71-50-67 ; fermé mar, sf en été).* Grand choix de crêpes salées et sucrées. Accueil très aimable et terrasse couverte sur la Laïta.

➢ Départ de quelques belles balades, comme le ***sentier de la Laïta,*** qui longe la rivière, ou le ***sentier côtier du pont Saint-Maurice,*** dans le sous-bois.

LE MORBIHAN

ABC DU MORBIHAN

- *Superficie :* 6 823 km².
- *Préfecture :* Vannes (52 700 hab.).
- *Sous-préfectures :* Lorient et Pontivy.
- *Population :* 750 230 habitants.
- *Signes particuliers :* 8 communes situées sur des îles, 1/8e des voiliers immatriculés en France, le plus grand menhir du monde (à Locmariaquer, mais brisé en 4 morceaux !).

Le Morbihan, seul département à porter un nom breton (signifiant « Mer Petite »), doit sa notoriété touristique aux ressources du littoral. Il est vrai qu'avec ses côtes découpées et variées à souhait, ses îles aguicheuses, ses baies taillées sur mesure pour les sports nautiques, son climat réputé plus ensoleillé qu'ailleurs en Bretagne, et sa lumière inimitable, la côte morbihannaise n'est pas à court d'arguments. À l'intérieur, ce pays des bois ne manque pas de richesses archéologiques, de densité historique ou d'équipements de loisirs. On peut y faire des découvertes surprenantes et y passer des vacances sportives ou paisibles, dans une campagne séduisante et vraie, comme dans le reste de la Bretagne centrale !

Adresses et infos utiles

i ***Morbihan Tourisme :*** *PIBS Kerino, allée Nicolas-Leblanc, CS 82408, 56010* ***Vannes*** *Cedex.* ☎ *02-97-54-06-56.* ● *morbihan.com* ●

■ ***Relais départemental des Gîtes de France :*** *42, av. Wilson, BP 30318, 56403* ***Auray*** *Cedex.* ☎ *02-97-56-48-12.* ● *gites-de-france-morbihan.com* ● *cridelormeau.com* ● Le journal associatif du ***Cri de l'Ormeau,*** déjà bien connu dans les Côtes-d'Armor, propose un lien vers le Morbihan sur son site internet (liste des manifestations).

■ ***Sites d'info sur les transports en commun :*** ● *breizhgo.com* ● *morbihan.fr* ● Très pratiques pour préparer son itinéraire (infos actualisées sur les bus, bateaux...).

– Bon plan : le ***Carnet de voyage des Rohan.*** Une manière originale de découvrir une partie du patrimoine morbihannais, puisqu'il s'agit de retracer l'histoire de l'incontournable famille de Rohan à travers 19 sites d'envergure, du château de Josselin à la maison des Princes de Pont-Scorff. *Infos auprès du CDT et des OT.*

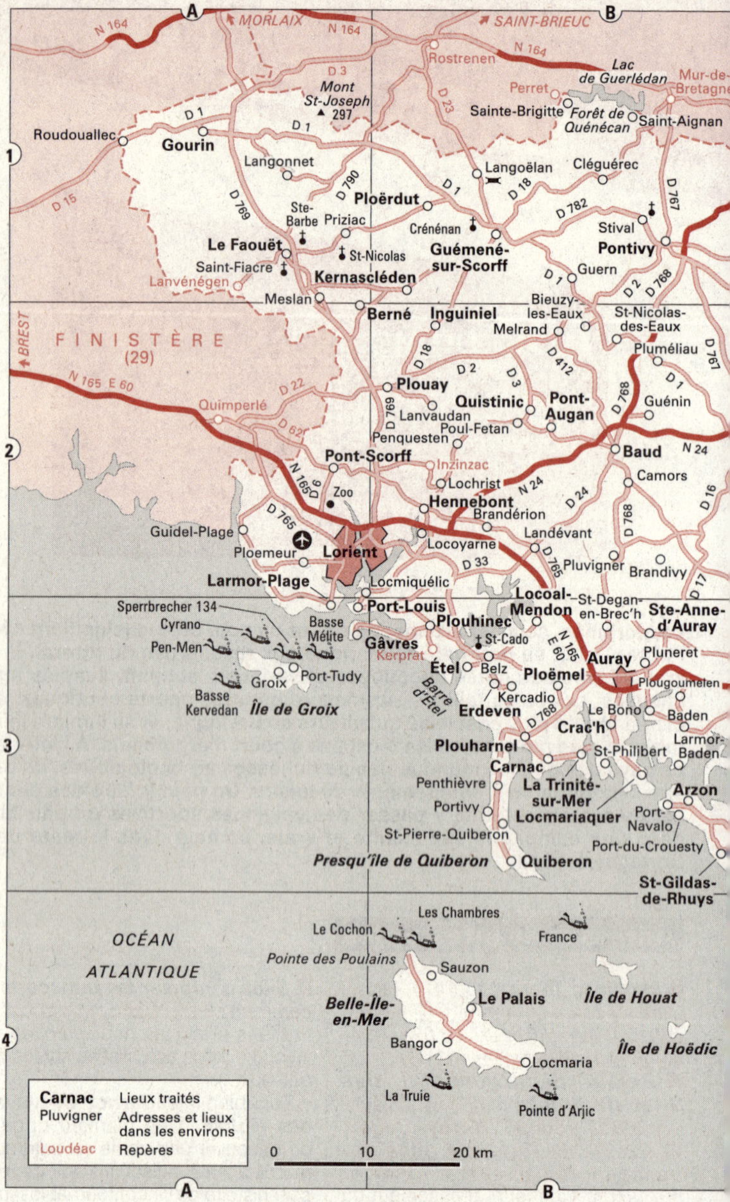
MORLAIX
SAINT-BRIEUC
BREST
N 164
N 165 E 60
N 24
Rostrenen
Lac de Guerlédan
Mur-de-Bretagne
Perret
Sainte-Brigitte
Forêt de Quénécan
Saint-Aignan
Mont St-Joseph
297
Roudouallec
Gourin
Langonnet
Langoëlan
Cléguérec
Ploërdut
Ste-Barbe
Priziac
Crénénan
Stival
Le Faouët
St-Nicolas
Guémené-sur-Scorff
Pontivy
Saint-Fiacre
Lanvénégen
Kernascléden
Guern
Meslan
Berné
Inguiniel
Bieuzy-les-Eaux
Melrand
St-Nicolas-des-Eaux
Pluméliau
FINISTÈRE
(29)
Plouay
Quistinic
Pont-Augan
Guénin
Lanvaudan
Poul-Fetan
Quimperlé
Penquesten
Baud
Pont-Scorff
Inzinzac
Camors
Lochrist
Zoo
Hennebont
Brandérion
Guidel-Plage
Landévant
Lorient
Locoyarne
Ploemeur
Pluvigner
Brandivy
Larmor-Plage
Locmiquélic
Locoal-Mendon
St-Degan-en-Brec'h
Ste-Anne-d'Auray
Sperrbrecher 134
Port-Louis
Plouhinec
Cyrano
Basse Mélite
St-Cado
Pen-Men
Gâvres
Kerprat
Auray
Pluneret
Groix
Port-Tudy
Étel
Belz
Ploëmel
Plougoumelen
Barre d'Étel
Kercadio
Basse Kervedan
Île de Groix
Erdeven
Le Bono
Baden
Crac'h
Plouharnel
Larmor-Baden
St-Philibert
Carnac
La Trinité-sur-Mer
Arzon
Penthièvre
Locmariaquer
Portivy
Port-Navalo
St-Pierre-Quiberon
Port-du-Crouesty
Presqu'île de Quiberon
Quiberon
St-Gildas-de-Rhuys
Les Chambres
Le Cochon
France
OCÉAN ATLANTIQUE
Pointe des Poulains
Sauzon
Le Palais
Belle-Île-en-Mer
Île de Houat
Bangor
Île de Hoëdic
Locmaria
La Truie
Pointe d'Arjic
Carnac Lieux traités
Pluvigner Adresses et lieux dans les environs
Loudéac Repères
0 10 20 km
A
B
1
2
3
4

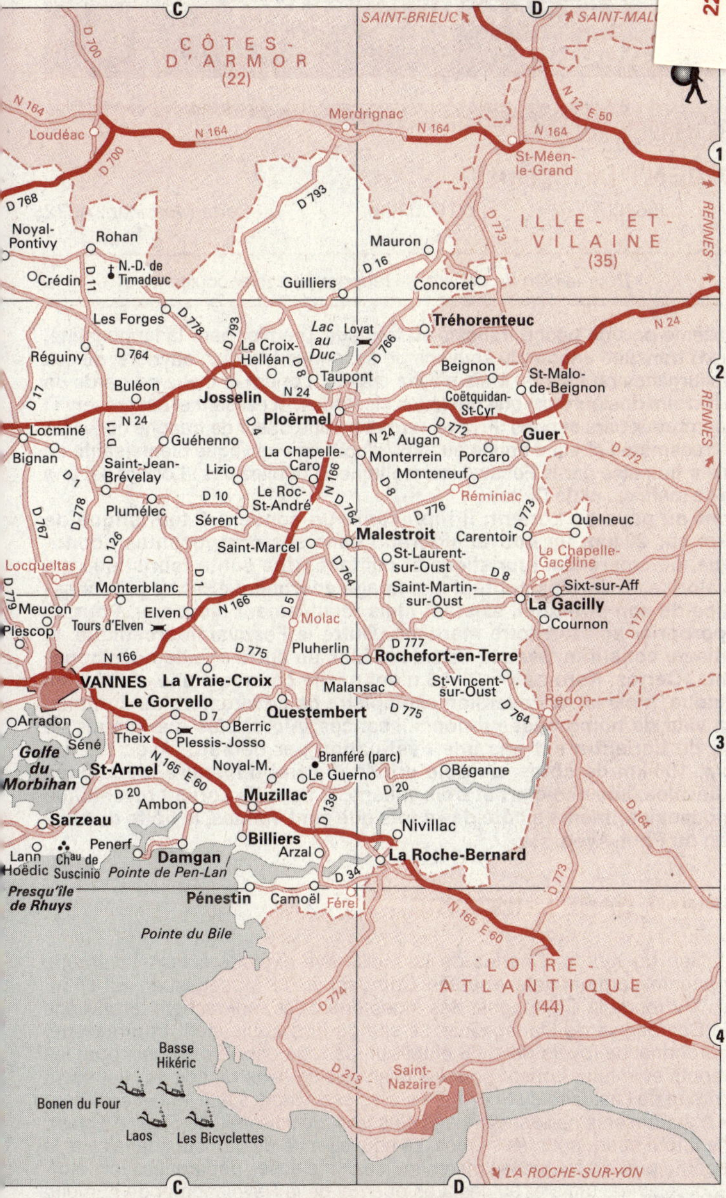
C
D
SAINT-BRIEUC
SAINT-MALO
CÔTES-D'ARMOR (22)
ILLE-ET-VILAINE (35)
LOIRE-ATLANTIQUE (44)
Loudéac
Merdrignac
St-Méen-le-Grand
Noyal-Pontivy
Rohan
Crédin
N.-D. de Timadeuc
Mauron
Guilliers
Concoret
Les Forges
Réguiny
Lac au Duc
Loyat
Tréhorenteuc
La Croix-Helléan
Taupont
Beignon
St-Malo-de-Beignon
Buléon
Josselin
Ploërmel
Coëtquidan-St-Cyr
Locminé
Bignan
Guéhenno
Augan
Guer
La Chapelle-Caro
Monterrein
Porcaro
Saint-Jean-Brévelay
Lizio
Monteneuf
Réminiac
Le Roc-St-André
Plumélec
Sérent
Quelneuc
Malestroit
Carentoir
Saint-Marcel
St-Laurent-sur-Oust
La Chapelle-Gaceline
Locqueltas
Monterblanc
Saint-Martin-sur-Oust
Sixt-sur-Aff
La Gacilly
Meucon
Elven
Molac
Cournon
Plescop
Tours d'Elven
Pluherlin
Rochefort-en-Terre
VANNES
La Vraie-Croix
Malansac
St-Vincent-sur-Oust
Le Gorvello
Questembert
Redon
Arradon
Berric
Séné
Theix
Plessis-Josso
Golfe du Morbihan
St-Armel
Noyal-M.
Branféré (parc)
Le Guerno
Béganne
Ambon
Muzillac
Sarzeau
Nivillac
Billiers
Penerf
Arzal
La Roche-Bernard
Lann Hoëdic
Chau de Suscinio
Damgan
Pointe de Pen-Lan
Presqu'île de Rhuys
Pénestin
Camoël
Férel
Pointe du Bile
Basse Hikéric
Bonen du Four
Laos
Les Bicyclettes
Saint-Nazaire
LA ROCHE-SUR-YON
RENNES
N 164
N 12 E 50
N 24
N 166
N 165 E 60
D 700
D 768
D 793
D 16
D 773
D 11
D 778
D 764
D 766
D 8
D 4
D 17
D 1
D 10
D 767
D 126
D 779
D 5
D 775
D 777
D 772
D 776
D 177
D 7
D 20
D 139
D 34
D 164
D 774
D 213
1
2
3
4

LE MORBIHAN

LORIENT ET LA RADE DU BLAVET ET DU SCORFF

LORIENT [an oriant]

(56100) 60 000 hab. *Carte Morbihan, A-B2*

◗ Pour le plan de Lorient, se reporter au cahier couleur.

Deuxième port de pêche français en tonnage, premier pour la langoustine, Lorient transpire encore du souvenir de sa longue tradition ouvrière, de ses métallurgistes en sabots. Mais n'ayez crainte, Lorient la bleue ne garde de son histoire douloureuse que quelques cicatrices, et l'essentiel est préservé : les nombreux bars et pubs de la ville exhalent une odeur de franche convivialité, transmutée chaque année au mois d'août en une vague bienfaisante de chaleur humaine par le Festival interceltique. N'oubliez pas : Lorient est une ville de marins... et de Celtes !
Quant au pays de Lorient, il représente un concentré touristique de 20 km sur 20 km, un nouvel eldorado dans ses composantes économique, commerciale, touristique et militaire. Une entité touristique qui se valorise et n'a plus honte d'une image écornée. Lorient a pris conscience de son potentiel, existant mais relativement méconnu. Pour se réapproprier son territoire maritime. Outre le Festival interceltique, le nautisme constitue, avec la Cité de la Mer, un autre axe de développement... Certes, Keroman 1, 2 et 3 n'ont pas le charme d'une cathédrale gothique, mais la reconversion exemplaire de ce site hors du commun lui a valu de nombreuses reconnaissances. Alors, plus que jamais, le pays de Lorient n'est pas une destination par défaut... Avec l'île de Groix, 100 km de côtes, un pôle urbain d'art et d'histoire, deux cités médiévales, une cité d'art et trois vallées, le pays de Lorient revendique un nouveau tourisme à côté des spots que sont Vannes, le golfe du Morbihan ou Pont-Aven.

LORIENT DANS L'HISTOIRE

Au milieu du XVIIe s, Charles de La Meilleraye exploite à Port-Louis une compagnie commerciale appelée *Compagnie de Madagascar.* En 1664, Louis XIV fonde la Compagnie des Indes orientales, qui rachète le privilège de la Compagnie de Madagascar. Le site de Port-Louis étant trop resserré, une ordonnance royale de 1666 établit un partage entre Port-Louis pour les entrepôts et le futur Lorient pour les chantiers de construction navale, sur la rive droite de l'estuaire du Scorff. Dès lors, les ouvriers s'activent et sont heureux d'annoncer la naissance, 4 ans plus tard, du vaisseau *Le Soleil d'Orient. L'Orient* tout court, pour les intimes. La nouvelle cité de L'Orient connaît vite la prospérité grâce à toutes les marchandises précieuses débarquées ici : étoffes, porcelaines, tapis et épices. Les guerres de la Révolution et de l'Empire porteront un coup fatal à ce commerce international artificiellement implanté à la faveur du monopole d'État... La pêche sera certes encouragée suite à l'invention des conserves à l'huile, en 1804 ; mais c'est la marine qui assure, au XIXe s, la persistance d'une importante industrie.

L'arsenal connaît son apogée sous le Second Empire, grâce à Dupuy de Lôme, inventeur des cuirassés. Un port de pêche industrielle (à Keroman) est inauguré en 1927. L'occupation allemande et les bombardements alliés provoquent la destruction de toute la vieille ville et d'une partie des faubourgs récents. Il ne reste plus que 5 000 maisons d'avant-guerre, dont 250 sont de beaux spécimens du style Art déco. La ville est d'ailleurs labellisée « Ville d'art et d'histoire ».

LA BRETAGNE QUI GAGNE... PUIS PERD

Joseph Yves Limantour naquit en 1812 près de Lorient. Commerçant avisé, il fit fortune en Californie. Il se faisait payer en terrains, à tel point qu'il posséda pratiquement tout San Francisco (plus de 250 km²). Mais la ruée de l'Or attira des voyous qui, peu à peu, le dépossédèrent de ses biens. Une plage existe toujours à son nom à Point Reyes.

Arriver – Quitter

En train

➢ Liaisons en TGV avec ***Paris, Lyon, Bordeaux, Lille*** et ***Bruxelles.*** *Rens SNCF : ☎ 36-35 (0,34 €/mn).*

En avion

✈ ***Aéroport de Lann-Bihoué-en-Ploemeur*** *(hors plan couleur par A2) : ☎ 02-97-87-21-50. ● lorient.aeroport.fr ●*

➢ ***Pour Paris*** notamment.

En bateau pour Groix

➢ Liaisons régulières assurées par la ***Compagnie Océane*** *(☎ 0820-056-156 ; ● compagnie-oceane.fr ●) au départ de la gare maritime (vaste parking à proximité ; env 5-9 départs/j. selon période ; tarif : 31,65 € A/R ; réduc ; gratuit moins de 4 ans ; prévoir 45-50 mn de traversée).* Traversée à bord de gros bateaux qui peuvent embarquer des véhicules, mais c'est cher, il faut réserver longtemps à l'avance, et la location de vélos sur place est bien mieux : une bonne partie des plus beaux chemins ne sont praticables qu'à vélo ou à pied. Cela dit, les tenants du tout-moteur pourront toujours louer un scooter ou un petit 4x4 s'ils le souhaitent.

– Autre port de départ : Doëlan en Clohars-Carnoët (Finistère ; voir plus haut), toujours avec la *Compagnie des Îles.* Si vous êtes amateur de paysages de cartes postales, ce petit port breton très typique est par lui-même une invitation au voyage.

➢ *En juil-août, il est également possible de traverser, de Lorient et de Port-Louis, avec la compagnie* ***Escal'Ouest.*** *☎ 02-97-65-52-52. ● escalouest.com ● Env 27 € A/R ; réduc. Hors saison, slt pour les groupes. Également des visites de la rade de Lorient (1h15 ; env 15 €/pers, réduc), ainsi que des croisières sur le Blavet avec escales au marché d'Hennebont (slt l'été). À noter que le bateau fait à chaque fois une halte à Port-Louis.*

Liaisons batobus

➢ *Infos au ☎ 02-97-21-28-29. ● ctrl.fr ●* Le moyen le plus rapide et le plus sympa de traverser la rade, plutôt que d'en faire le tour en voiture. Nombreuses liaisons tlj pour Locmiquélic ou Port-Louis (arrêts au port de Sainte-Catherine et à Pen Mané), également pour Gâvres et Lorient. Des correspondances en bus continuent sur Gâvres et Riantec, à partir de Port-Louis. *Les bateaux partent ttes les 30 mn du port de pêche de Kéroman ou du quai des Indes, en face de l'office de tourisme (le dim, départs slt du quai des Indes). Circulent lun-sam 6h45 (5h45 depuis le port de pêche)-20h, dim et j. fériés 10h-19h15 slt du quai des Indes. Prix d'un ticket simple : 1,30 € (sous réserve d'une augmentation), valable 1h ; le ticket journée à 3,80 € permet de circuler tte la journée sur l'ensemble du réseau CTRL.*

Adresses utiles

Lorient Bretagne Sud Tourisme (plan couleur B2) **:** *Maison de la mer, quai de Rohan. ☎ 02-97-84-78-00. • lorientbretagnesudtourisme.fr • De mi-avr à début juil et fin août-fin sept, lun-sam 10h (9h30 sept)-12h, 14h-18h (17h sam fin août-fin sept) ; début juil-fin août, lun-sam 9h30-13h, 14h-19h (tlj 9h30-20h pdt le Festival interceltique), dim et j. fériés 10h-13h ; le reste de l'année, horaires restreints.* Informe et conseille sur des visites guidées (sites insolites, expos, ateliers...), ainsi que des croisières commentées de 1h30 dans la rade de Lorient sur la confluence du Scorff et du Blavet, pour tout connaître sur la grande épopée de la construction navale à Lanester, également des sorties à la voile.

■ **Service de l'animation, de l'architecture et du patrimoine** (plan couleur B2) **:** *enclos du Port, à la porte Gabriel. ☎ 02-97-02-23-29. • patrimoine.lorient.fr •* Propose de nombreuses visites thématiques.

Gare routière (plan couleur A1) **:** *☎ 02-97-21-28-29 (transports urbains). **TIM,** ☎ 0810-10-10-56. • morbihan.fr •*

■ **Taxis :** *Radio taxis lorientais (☎ 02-97-21-29-29) et liste disponible à l'office de tourisme.*

■ **Location de voitures :** notamment avec ***Europcar** (☎ 02-97-21-13-45) ; **Morbihan auto location** (📱 066-13-28-41-51) ; **Hertz** (☎ 02-97-21-20-31).*

Où dormir ?

Votre attention, braves festoyeurs : pendant le Festival interceltique, tout est complet des mois à l'avance. À prévoir. Ne vous étonnez pas si le prix des chambres est majoré !

Auberge de jeunesse

Auberge de jeunesse du Ter (hors plan couleur par A2, **10**) **:** *41, rue Victor-Schœlcher. ☎ 02-97-37-11-65. • lorient@hifrance.org • hifrance.org • ♿ Sur les belles rives de l'étang du Ter. Depuis le centre-ville : bus n° 21 (ou n° 40 le dim), arrêt « Auberge-de-Jeunesse ». En voiture, prendre la direction Larmor-Plage et suivre le fléchage. Nuitée 21,20 €, draps et petit déj inclus. Repas sur résa à partir de 12 €. Kir breton offert sur présentation de ce guide.* Dans un grand bâtiment fonctionnel et sans charme, des dortoirs de 5 lits, avec lavabo. Propreté des sanitaires communs acceptable. Établissement relativement récent et de bon confort (cuisine, petit bar, salon TV, baby-foot, ping-pong, billard, etc.). Assez loin du centre, mais cadre superbe.

De bon marché à prix moyens

Hôtel d'Arvor (hors plan couleur A2, **19**) **:** *104, rue Lazare-Carnot. ☎ 02-97-21-07-55. • hoteldarvor@wanadoo.fr • hotel-darvor-lorient.com • Fermé dim hors saison, sf résa. Congés : 14 déc-4 janv. Doubles 39-46 € selon confort. Kir offert sur présentation de ce guide.* Dans un quartier proche du port de plaisance, à 10 mn à pied du centre, un petit hôtel dans la même famille depuis 1936. Ici ou là, quelques meubles anciens donnent un peu de cachet à cet établissement convivial de 13 grandes chambres (plus petites sur les côtés), simples mais claires, propres, et toutes avec douche et lavabo (les moins chères ont les w-c sur le palier). Une aubaine dans son genre, d'autant que l'accueil est très chaleureux.

Hôtel Les Pêcheurs (plan couleur B2, **15**) **:** *7, rue Jean-Lagarde. ☎ 02-97-21-19-24. • contact@hotel-lespecheurs.com • hotel-lespecheurs.com • Hôtel ouv tlj ; bar-brasserie fermé ap-m dim et j. fériés. Doubles 35-40 € (w-c sur le palier), puis 50 € ; majoration pdt le Festival interceltique. Garage vélos-motos gratuit.* Petit hôtel récemment repris. Excellent rapport qualité-prix pour ces chambres bien tenues, rénovées dans un style contemporain sobre et agréable, et situées presque dans le centre-ville. Pratique, notamment pour le départ matinal vers les îles. Les chambres les moins chères ont les sanitaires sur le palier. Petite restauration au bar-brasserie à toute heure...

Hôtel Les Océanes *(hors plan couleur par A2,* ***17****) : 17, av de la Perrière. ☎ 02-97-37-14-66. • oceanes.hotel@wanadoo.fr • hotel-lesoceanes.com • Doubles 62-66 € ; familiales 74-84 €.* À deux pas du port de pêche, dans une avenue qui renaît peu à peu grâce à l'implantation de l'école des Beaux-Arts, ce petit hôtel pimpant et confortable offre un bon rapport qualité-prix indéniable, malgré sa situation excentrée : chambres impeccables, rénovées dans un style moderne coloré, parties communes sympas (coin salon agréable et salle de petit déj prolongée par un jardinet).

Hôtel Les Gens de Mer *(hors plan couleur par A2,* ***17****) : 14, bd Louis-Nail. ☎ 02-97-37-11-28. • agismlorient@wanadoo.fr • lesgensdemer.fr • Double 65 € ; familiale 78 €. Apéritif offert sur présentation de ce guide.* Chambres toutes simples et standard mais très pratiques si tout est complet ailleurs, avec en prime un accueil aimable. En revanche, atmosphère portuaire garantie, avec le vrombissement des grues, les cris d'excitation des mouettes et les dockers ou pêcheurs qui débarquent au bistrot d'en bas. Mieux vaut avoir le sommeil lourd, ou demander une chambre sur la cour, plus calme. Fait aussi resto.

Hôtel Cléria *(plan couleur A1,* ***12****) : 27, bd Franchet-d'Esperey. ☎ 02-97-21-04-59. • info@hotel-cleria.com • hotel-cleria.com • Doubles 49-72 € ; familiales 79-89 €. Parking. Remise de 10 % sur la chambre sur présentation de ce guide (hors Festival interceltique et événementiels).* À voir les parties communes douillettes, les propriétaires aiment la déco ! Si certaines chambres sont encore très classiques, d'autres profitent d'une déco contemporaine gaie et avenante. Toutes sont confortables. Bon rapport qualité-prix.

Hôtel Victor-Hugo *(plan couleur B2,* ***14****) : 36, rue Lazare-Carnot. ☎ 02-97-21-16-24. • contact@hotelvictorhugo-lorient.com • hotelvictorhugo-lorient.com • Congés : fêtes de fin d'année. Doubles 64-72 € selon confort. Garage privé payant. Un petit déj pour 1 pers offert sur présentation de ce guide.* Chambres classiques, parfois très petites mais propres et dotées de tout le confort. Celles côté route sont heureusement insonorisées. Un établissement fonctionnel et bien situé, près du point d'embarquement pour l'île de Groix et pas loin du centre.

Central Hôtel *(plan couleur A2,* ***13****) : 1, rue Cambry. ☎ 02-97-21-16-52. • centralhotel.lorient@orange.fr • centralhotellorient.com • Idéalement placé, en plein centre-ville. Congés : fêtes de fin d'année. Doubles 60-75 € selon confort, période de la sem et saison.* Hôtel pimpant en plein centre-ville. Chambres rénovées, fraîches, colorées et très confortables. Parking facile, TV câblée. Accueil très serviable.

Rex-Hôtel *(plan couleur B1,* ***16****) : 28, cours de Chazelles. ☎ 02-97-64-25-60. • info@rex-hotel-lorient.com • rex-hotel-lorient.com • Congés : fêtes de fin d'année. Double 78 €.* Un établissement chaleureux, avec une réception marrante en forme de proue de bateau, une salle de petit déj dans le style maison de famille et des chambres classiques de bon confort. Accueil très sympa et attentionné. Une bonne adresse.

Hôtel Astoria *(plan couleur B1,* ***18****) : 3, rue Olivier-de-Clisson. ☎ 02-97-21-10-23. • hotelastoria.lorient@wanadoo.fr • hotelastoria-lorient.com • Congés : 16 déc-2 janv. Doubles 68-85 € selon période. Parking.* Bien situé, décoré dans un style contemporain agréable, doté de tout le confort et tenu par une équipe charmante : c'est à coup sûr un point de chute impeccable ! D'autant que les chambres modernes sont irréprochables.

Où manger ?

La ville compte nombre de restos de très bonne qualité. Au menu : cuisine du marché, légère ou consistante, chemins gastronomiques tortueux et

passionnants, produits locaux triés sur le gouvernail.
Recherchez plutôt le grand plateau de fruits de mer ou la belle recette de poisson. Attention, c'est souvent cher car de première qualité, et l'approvisionnement reste soumis aux aléas de la mer. Tous les restaurants inscrivent une spécialité qui change selon la saison : langoustines, crevettes, crabes, sardines, thon en été ; lieu noir, raie, sole, cabillaud, coquilles Saint-Jacques en hiver.
Faites-vous servir des plats parfumés au *kari gosse.* Il ne faut pas confondre ce condiment avec le curry, bien que ce soit aussi un mélange de plantes exotiques. Sa saveur, où la cannelle domine, est tout à fait originale ; il est employé surtout dans les sauces accompagnant le poisson ; on en trouve chez tous les pharmaciens.

De bon marché à prix moyens

Tavarn ar Roue Morvan *(plan couleur B2,* ***28****) : pl. Polig-Monjarret. ☎ 02-97-21-61-57. • tavarn-morvan@wanadoo.fr • ♿ Tlj sf dim, 11h-1h (fin de service 22h-22h30). Plats env 10,20-13,60 € ; carte 20-25 €. Résa conseillée. Apéritif offert sur présentation de ce guide.* Vous vouliez du celtique ? En voilà ! C'est la taverne bretonne par excellence, décorée dans les règles et qui sert 2 plats du jour marqués d'un triskèle (viande ou poisson) : potée bretonne au chou et saucisse, andouille de Guémené chaude, *kig ha farz...* avec une bonne sélection de *gwinou* (chopines) rouges, blancs ou rosés, ou encore un pétulant cidre artisanal. Ajoutons la musique qui va avec, une ambiance jeune et beaucoup d'animations (concerts certains soirs). Ne changez rien !

Alto – Restaurant du Grand Théâtre *(plan couleur A2,* ***30****) : pl. de l'Hôtel-de-Ville. ☎ 02-97-84-07-57. Fermé dim et lun soir. Formules déj 13,90-16,90 €, menus 19,90 € (sf sam)-38,50 €.* Un resto lounge, qui a du peps et suggère une délicieuse cuisine de marché. Le choix des produits et leur préparation sans fausse note ne laissent aucune place à l'amateurisme, ni au hasard : les poissons comme les viandes sont finement cuisinés, avec quelques belles surprises. Il faut dire qu'ici, au piano comme en salle, ce sont les fils de M. Abadie, la star doublement étoilée de *L'Amphitryon,* qui font partager leur enthousiasme.

Bistrot à vins L'Éveil des Sens *(plan couleur B1,* ***23****) : 11, rue Fénelon. ☎ 02-97-84-05-79. • leveil.des.sens@orange.fr • Ouv ts les soirs sf lun. Menu 22 € ; carte env 20 €. Café offert sur présentation de ce guide.* Ludivine soigne vos papilles avec une cuisine traditionnelle parfois teintée de notes orientales, servie dans la petite salle ou sur la mezzanine. Anthony, le sommelier, vous guide et vous conseille parmi ses (très beaux) choix : plus de 30 références de vins au verre, tout de même. Si vous avez l'intention de tout goûter, n'hésitez pas à participer à leurs soirées dégustation ! Coup de cœur pour cette adresse du centre piéton. Accueil jeune, super sympa. Concerts et apéros dînatoires certains soirs. Ambiance !

Restaurant Le Victor-Hugo « Une table à Lorient » *(plan couleur B2,* ***14****) : 36, rue Lazare-Carnot. ☎ 02-97-64-26-54. • restaurantlevictorhugo.com • Ouv tlj sf sam midi, dim soir et lun ; ouv tlj pdt le Festival interceltique. Congés : fin avr-début mai et début juil. Formule déj en sem 16 €, menus 19 € (sf j. fériés)-38 €. Café offert sur présentation de ce guide.* Pour goûter une cuisine de terroir soignée et joliment présentée, élaborée avec des produits locaux de qualité. Cadre néoclassique, avec banquettes et petites tables sous la lumineuse rotonde. Expos d'art mensuelles. Accueil souriant.

Café-restaurant La Base *(hors plan couleur par A2,* ***27****) : base des sous-marins de Keroman. ☎ 02-97-88-01-93. • labase.lorient@gmail.com • ♿ Tlj 9h30 (10h dim)-1h. Formules brochettes env 10-30 €.* Hyper-branchée, une adresse sophistiquée pour voir et être vu, mais aussi une base solide pour un verre ou un plat sur la terrasse colorée ouverte sur le bassin de plaisance. Sinon, grande salle contemporaine tout en baies vitrées, pour grignoter des tapas, une salade, une brochette viande ou poisson.

Service jeune et sympa. Soirées très animées... et concerts certains soirs. À deux pas de là, dans le même genre, une autre excellente adresse, située au rez-de-chaussée de la *Cité de la Voile* : **Quai Ouest,** *☎ 02-97-65-42-58. • restaurant-quaiouest@orange.fr • Ouv tlj au déj, plus le soir jeu-sam. Formule 17,90 € et menu 19,50 €.* Cuisine plus élaborée, assurée par un chef anciennement étoilé.

De prix moyens à chic

|●| *Le Tire-Bouchon* *(plan couleur B2,* ***29****) : 45, rue Jules-Legrand. ☎ 02-97-84-71-92. Fermé sam midi et mer. Congés : début janv, fin août et à Noël. Formules midi en sem 14,50-17,50 € ; menus 29-41 € et menu homard 58 €.* Dans un cadre soigné, des petits plats raffinés, élégants, voire innovants pour une cuisine de vérité à base de produits frais. Accueil attentionné.

|●| *Le Jardin Gourmand* *(hors plan couleur par A1,* ***22****) : 46, rue Jules-Simon. ☎ 02-97-64-17-24. • jardingourmandlorient@yahoo.fr • ♿ Ouv mer-dim midi et j. fériés l'été, à la Toussaint et à Noël ; slt ven-dim midi et j. fériés hors saison. Congés : vac de fév et 1 sem fin août. Résa très recommandée. Formules déj en sem 26-32 €, carte env 44 €. Une recette de Nathalie offerte sur présentation de ce guide.* Sous la pergola ou en salle, dans un cadre aéré et élégant, on déguste chaque jour de nouvelles recettes savoureuses à base de produits locaux et de saison, retravaillés par les doigts de fée de Nathalie Beauvais. Ses spécialités ont même fait l'objet d'un recueil... élu meilleur livre de cuisine régionale du monde ! La classe ! D'ailleurs, parallèlement, elle a créé une société d'édition de livres de recettes, de formation et de consulting. C'est dans tous les cas notre table préférée à Lorient, comme pour de nombreux Lorientais.

|●| *Le Pic* *(plan couleur A1,* ***24****) : 2, bd du Maréchal-Franchet-d'Esperey. ☎ 02-97-21-18-29. • restaurant.lepic@orange.fr • ♿ Fermé mer soir, sam midi et dim sf fériés. Formules lun-jeu 14,80-24 € ; menus 18,80-37 €. Wi-fi Café offert sur présentation de ce guide.* Avec son décor rétro de bistrot parisien chic et sa petite terrasse aux beaux jours, l'endroit plaît à juste raison. Une cuisine de marché traditionnelle mais raffinée, concoctée par Marc Saulou, accompagnée par de bons vins servis par Nathalie.

|●| *Le Yachtman* *(plan couleur B2,* ***26****) : 14, rue Poissonnière. ☎ 02-97-21-31-91. • info@leyachtmanlorient.fr • ♿ Fermé dim. Résa conseillée le soir. Menus 21 € en sem, puis 31-41 €.* Décor contemporain, élégant et épuré, avec quelques éclats des vitraux colorés dédiés à Lorient. Très beau menu du jour. Belle carte des vins d'un passionné qui possède sa propre cave (la boutique est attenante au restaurant), sélectionne ses producteurs avec soin et propose de vieux millésimes. Belle envolée traditionnelle culinaire terre-mer respectueuse des produits. On aime beaucoup l'ensemble !

Carrément chic

|●| *L'Amphitryon* *(hors plan couleur par A1,* ***25****) : 127, rue du Colonel-Muller. ☎ 02-97-83-34-04. • amphi-abadie@orange.fr • ♿ À la sortie de la ville vers Quimperlé. Fermé dim-lun. Congés : 1 sem début janv, 2 sem en mai et 1re quinzaine de sept. Résa obligatoire. Menu 50 € mar-ven sf veilles de j. fériés ; autres menus 88-150 €.* Aventuriers et aventurières du goût, vous tenez là la meilleure (et la plus chère) adresse de la ville, dirigée par un chef aussi surprenant que brillant, Jean-Paul Abadie. Un cadre contemporain, lui aussi, aux couleurs de notre temps, et de bien belles tables, chacune dressée avec une porcelaine de Limoges différente. Exceptionnelle carte des vins de l'Hexagone.

Où boire un verre ? Où écouter de la musique ?

🍷 ♪ *Tavarn ar Roue Morvan* *(plan couleur B2,* ***28****) : pl. Polig-Monjarret. Pub ouv jusqu'à 1h. Voir « Où manger ? De bon marché à prix moyens ».*

🍷 ♪ *La Base* *(hors plan couleur par A2,* ***27****) : base des sous-marins de*

Keroman. Voir « Où manger ? De bon marché à prix moyens ».

Pub Galway Inn *(hors plan couleur par A1,* ***35****) : 18, rue de Belgique. ☎ 02-97-64-50-77. À la sortie de Lorient, vers l'ouest. Tlj 16h-2h.* Pub irlando-celtique très sympa. Atmosphère chaleureuse pour une *Guinness* bien crémeuse, surtout à l'occasion des sessions traditionnelles du mercredi et des petits concerts le week-end fleurant bon l'Écosse, l'Irlande, façon rock, blues ou folk, qu'importe. Terrasse charmante dans le jardin.

Le Galion *(hors plan couleur par A2,* ***27****) : 2, rue Florian-Laporte. ☎ 02-97-37-41-23. Tlj sf dim, 7h-1h (2h les soirs de concert).* Au cœur du quartier de la Perrière, jouxtant le port de pêche, ce drôle de vieux troquet en a vu passer du monde. Dockers, pêcheurs, routiers, touristes et rockeurs s'y croisent ou s'y succèdent selon l'heure du jour ou de la nuit. Le patron, passionné de musique, y organise régulièrement des concerts (tendance rock-punk-garage !). Une adresse résolument en marge, sinon marginale, mais authentique et atypique comme on les aime.

Le Café du Port *(plan couleur B2,* ***37****) : 52, rue du Port. ☎ 02-97-21-87-41. Ouv 9h-1h (plus tôt en semaine). Fermé dim et j. fériés.* Un bar sympa avec terrasse sur une rue piétonne, un patron décontracté, une clientèle jeune et cool... Il organise aussi des apéros philo le dernier mardi du mois hors juillet-août. Également petite restauration (tartes, salades, plat du jour, etc.).

Bars à thème autour du jardin Jules-Ferry *(plan couleur A2,* ***39****)* : **Australia Bush, Shamrock, India Café, Inside Café, Factory café...** Très animés en soirée.

Le Bar du CNL *(« Dernier bistrot avt Groix » ; hors plan couleur par B2,* ***40****) : quai Éric-Tabarly. ☎ 02-97-84-43-83. • barducnl@gmail.com • Longer le quai après l'office de tourisme et l'embarcadère pour Groix ; c'est un peu plus loin. Ouv tlj jusqu'à 20h hors saison, 22h en été, 1h ven-sam.* Cette ex-buvette du centre nautique de Lorient est devenue le bar des voileux et autres par excellence. Terrasse sympa sur le quai et concerts à l'occasion. Propose aussi des snacks le midi.

La Truie et sa Portée *(plan couleur A-B2,* ***41****) : 10, rue de la Patrie. ☎ 02-97-64-19-16. • la-truie-et-sa-portee.fr • Fermé dim et j. fériés. CB refusées.* À l'extérieur, la façade est habillée d'une végétation verdoyante. À l'intérieur, la décoration toute de bois a des allures de décor de théâtre pour lutins et fées. On se croirait presque dans une maison de troll ! En ce qui concerne le nom du bar... si vous trouvez la solution ! Quant à la devise, c'est « une groin-groin, sinon rien » !

Où danser ?

À Lorient, les deux boîtes classiques qui rassemblent le plus de clubbers et font partie du circuit nocturne sont ***Le Passport*** *(plan couleur B1,* ***51****; 8, rue de Turenne)* et ***Le Pacific*** *(plan couleur A2,* ***52****; 4, pl. Jules-Ferry).* Jeune et festif.

À voir. À faire

Le port de pêche *(hors plan couleur par A2)* **:** important pour la valeur et la diversité du poisson débarqué. C'est le 2e port de pêche de France pour le tonnage et la variété des espèces. Presque 2 km de quais, une criée couverte de 2 ha, à voir et à sentir tôt le matin... ou au cours des visites guidées organisées pendant les vacances scolaires *(résa auprès de l'office de tourisme).* Cela dit, il existe aussi une visite guidée pour les puristes avec découverte de la criée à 6h du mat ! Plusieurs milliers de personnes vivent par et pour la pêche. Le chalutier est le bateau le plus utilisé, mais les autres techniques de pêche ne sont pas en reste, comme la palangre, le filet maillant ou le casier. Quelque 60 espèces sont offertes sur le marché sous les ***halles de Merville*** *(plan couleur A2)* tous les matins, près de la mairie. Également vente aux particuliers aux *établissements Moulin (au port, magasin 78, lun-sam 8h-12h).* Pas cher et on ne peut plus frais, ma bonne dame !

La base de sous-marins *(hors plan couleur par A2)* **:** *à l'entrée de la base, un lieu d'information et de vente aide à se repérer dans le complexe et vend ts les billets (on peut aussi se présenter directement aux sites). À noter qu'il existe un* pass Patrimoine *proposant différentes formules concernant les visites guidées du K3, le sous-marin et le musée (12,45-16,85 € selon le nombre de sites ; réduc ; forfaits famille 42,40-56,50 €) et un* pass Nautisme *permettant de coupler une visite de la* Cité de la Voile *avec un site patrimonial (16,85-19,20 €) selon les visites.* Cette base, composée de 3 titanesques blocs de béton surnommés K1, K2 et K3 (*K* pour « Keroman »), a été construite en un temps record par les Allemands et plus de 15 000 hommes entre 1941 et 1943. Elle abritait 40 sous-marins U-boote et 1 000 hommes. À cause d'elle, Lorient fut détruite. Grâce à elle, en 1945, Lorient redevint le pôle économique de la Bretagne Sud. La Marine nationale, après l'avoir utilisée pendant 52 ans, l'a quittée en 1997. Ce gigantesque ensemble (12 ha, 1,8 million de mètres cubes bâtis), témoin du XXe s, a été réhabilité avec la manière et abrite désormais différents sites d'envergure. Avec un musée, des visites guidées, un sous-marin à découvrir, la *Cité de la Voile Éric-Tabarly,* et l'infrastructure *course au large* qui accueille des navigateurs d'exception, leurs bateaux et leurs équipes, c'est même le principal pôle touristique de la ville.

Le Bloc K3 : *horaires de visite disponibles au Service de l'animation, de l'architecture et du patrimoine (voir « Adresses utiles »), ou à l'office de tourisme à l'entrée de la base. Entrée : 6 €, comprenant la visite du toit ; réduc ; gratuit moins de 7 ans. Durée : 1h30.* Pour pénétrer dans les entrailles de la bête ! Cette visite érudite permet de découvrir l'un des 3 blocs de la base, et d'en apprendre un peu plus sur la construction et le contexte de la Seconde Guerre mondiale.

Le sous-marin S645 et son musée : *bloc K2, base des sous-marins de Keroman. ☎ 02-97-65-52-87. • la-flore.fr • Juil-août, tlj 10h-19h (voire 20h certains j.) ; le reste de l'année, mar-dim 10h-12h30, 14h-18h (tlj 10h-18h pdt les vac scol). Dernier départ de visite 1h30 avt fermeture. Congés : janv.* ***Résa indispensable l'été*** *en raison du nombre limité de visiteurs pour raisons de sécurité (sur place ou via Internet). Entrée : 8,80 € ; réduc ; gratuit moins de 7 ans.* Départ toutes les 40 mn pour découvrir les secrets de l'un des anciens fleurons de la Marine nationale, opérationnel entre 1964 et 1989. Mais avant d'embarquer, une présentation s'impose. Aménagée dans un bloc et réalisée à l'aide d'une muséographie moderne et efficace, celle-ci reprend l'historique de la base, avant d'évoquer en détail toutes les subtilités techniques inhérentes à ce type d'appareil (les systèmes de propulsion, les appareils de navigation...), et la complexité de la vie à bord (pour rationner l'eau, en 45 jours, on ne se lavait... qu'une fois !). Vient ensuite le moment tant attendu, et c'est l'audioguide vissé sur la tête qu'on pénètre dans l'univers exigu de *La Flore,* de la chambre des torpilles au poste de commandement, en passant par la cuisine et les toilettes.

Le Musée sous-marin : *tour Davis-K1, base des sous-marins de Keroman. 06-07-10-69-41. • msmpl@orange.fr • musee-sous-marin.com • Visite guidée ou audioguidée tlj 1er juil-15 sept 13h30-18h30. Entrée : 5 € ; réduc.* Immersion... mais pas dans un sous-marin ! Le clou de la visite, c'est la présentation de l'un des plus vieux simulateurs pour entraîner les sous-mariniers, créé en 1942 et en service jusqu'en 1995. Rassurez-vous, on ne l'essaie pas, mais on découvre les étonnantes techniques de survie des équipages en grande profondeur. Projection de films d'archives et de courtes expos (photos, récits, monde des épaves)... pour vous plonger dans un voyage sous la mer et dans le passé.

La Cité de la Voile Éric-Tabarly *(hors plan couleur par A2)* **:** *à la base des sous-marins de Keroman. ☎ 02-97-65-56-56. • citevoile-tabarly.com • Juil-août,*

tlj 10h-19h ; le reste de l'année, pdt les vac scol, tlj 10h-18h ; hors vac scol, mieux vaut se reporter au site internet... Fermeture de la billetterie 1h30 avt. Entrée : 9,90-12,50 € ; réduc. ***Travaux pour la rénovation du parcours de visite, réouverture en mai.*** Un vaste espace moderne à vocation pédagogique, consacré au nautisme, à la course au large et, plus généralement, à toutes les aventures technologiques et humaines liées à l'océan. Une partie est dédiée à Éric Tabarly, à qui sa passion aura coûté la vie.
Pour tout comprendre sur les voiliers et la voile... Parce que la voile, ça s'apprend ! Voile passive, avec les photos, les films ! Voile active et interactive dans les nombreux ateliers très ludiques et ouverts aux petits et aux grands (manier un winch, gouverner, guider une maquette, etc.). Voile F1 pour se familiariser avec les bêtes de course. Et finir en immersion, à bord d'un Optimist pour les plus petits, ou en « embarquement immédiat » pour une croisière (1h environ, avec supplément) et ainsi prendre la barre et passer de la théorie à la pratique. Et croiser l'un des fabuleux *Pen Duick* (pas toujours tous là en même temps) de Tabarly, sur la base, au port d'attache de la Cité. Bref, de quoi s'occuper toute une journée !

L'enclos du port *(plan couleur B2) : dans le cœur historique de Lorient, l'ancien enclos de la Compagnie des Indes. Rens auprès du Service de l'animation, de l'architecture et du patrimoine (voir « Adresses utiles ») pour les horaires. Visite guidée : 5 €. Durée : 1h30.* Le départ se fait de la grille de l'enclos, au bout du quai des Indes (avant-port de plaisance). Monuments préservés du XVIIIe s : la tour de la Découverte (225 marches), les moulins de l'Amirauté, l'hôtel des ventes de la Compagnie... De l'arsenal, vous ne pourrez pénétrer que dans le péristyle, car il ne se visite plus.

Le port de plaisance : une belle escale que ce bassin à flot dominé par la Maison de la mer. L'architecture de cet édifice au toit en forme de voile est due à Jacques Rougerie.

L'Abri de défense passive *(plan couleur B1) : pl. Alsace-Lorraine. Visites assurées par le Service de l'animation, de l'architecture et du patrimoine (voir « Adresses utiles »). Tarif : 5 € ; réduc ; gratuit moins de 12 ans. Durée : 45 mn.* Bâti en 1941 par les occupants, cet abri reconstitue le contexte des alertes durant la Seconde Guerre mondiale. Diaporama, témoignages sonores et maquettes.

En suivant le quai des Indes *(plan couleur B2)*, gagner le quartier piéton, toujours très animé, autour de la pl. Aristide-Briand *(plan couleur A2)*. Sur la place Alsace-Lorraine, l'***église Notre-Dame-des-Victoires*** *(plan couleur B1)*, de plan carré, est construite en béton armé et granit, et recouverte par un dôme aplati. À l'intérieur, vitraux jaunes et blancs, et fresque d'Untersteller *(Le Jugement dernier)*.
D'une manière générale, l'architecture locale n'a rien de particulièrement excitant, à part les deux notables exceptions que sont le ***quartier de Merville*** *(plan couleur A2)* avec ses quelques maisons Art nouveau et villas Art déco (qui valent à la ville son classement « d'art et d'histoire »), ainsi que l'étonnant ***quartier de Kerentrech*** *(hors plan couleur par A1)*, au nord de la gare SNCF, épargné par les bombardements, dont les maisons du début du XXe s affichent une surprenante diversité de formes et de couleurs. Jeter un coup d'œil aux maisons de la rue Madame-de-Sévigné et de la rue Carnot. Quelques belles façades classiques au bout du quai des Indes ; voir, au

LE CIMETIÈRE DE BATEAUX DE KERHERVY

Quand on franchit la rivière du Blavet, entre Kervignac et Lanester, on aperçoit des carcasses de thoniers. Pendant la dernière guerre, de nombreux capitaines cachèrent ici leurs bateaux pour qu'ils ne soient pas réquisitionnés par les Allemands. Malheureusement, certains marins ne revinrent pas, et les navires sont aujourd'hui des épaves échouées dans la vase.

passage, la charpente des archives de la marine sous la tour de la Découverte. À découvrir aussi, les gargouilles « osées » de l'église Notre-Dame-de-Kerentrech ; la chapelle qui domine le pont Saint-Christophe, ancienne maison du passeur du Scorff ; le parc à bois sur la rive de Lanester et le cimetière de bateaux à l'embouchure du Blavet, en amont de Lorient, sur la commune de Lanester.

La compagnie *Escal'Ouest* organise des sorties de ***pêche en mer,*** des ***traversées vers l'île de Groix,*** des ***croisières commentées de la rade de Lorient...*** ☎ *02-97-65-52-52. Voir aussi la rubrique « Arriver-Quitter ».*

Manifestations

– ***Festival Deiziοù :*** *fin janv-début mars.* Festival breton au cœur de l'hiver.
– ***Festival du Pont du Bonhomme :*** *1 sem fin juil. • compagniedelembarcadere.com •* Dans le décor naturel et grandiose du cimetière à bateaux de Kerhervy à Lanester, un festival de théâtre en plein air. Un must ! Fin juin, s'y déroule également un festival de théâtre amateur. *• kerhervy.com •*
– ***Festival interceltique :*** *espace Nayel.* ☎ *02-97-21-24-29. • festival-interceltique.com • Début août.* Elle réunit les peuples d'Irlande, d'Écosse, de Cornouailles, du pays de Galles, de Bretagne, de Galice, des Asturies et de l'île de Man. Plus de 4 500 artistes animent les rues de la ville. Musique, danse, spectacles folklo, *fest-noz* chaque soir dans un gymnase près de l'office de tourisme. Crêpes, cidre et cotriade à gogo au port de pêche et autour du bassin à flot. Cornemuses, binious et autres bombardes s'en donnent à cœur joie, et on découvre chaque année des nouveautés : la musique celtique est bien vivante, qu'on se le dise ! Un haut lieu de la fête, un must de la celtitude et le point culminant de la vie lorientaise. Les rues, les bars et les salles de spectacle sont envahis par une foule de plus de 500 000 personnes chaque année, la plus grosse affluence pour un festival en France. À recommander.
– ***Festival Les IndisciplinéEs :*** *début nov.* Festival pop, rock, folk. *• mapl.biz •*
– Plein d'infos sur les ***sorties et événements*** sur le site *• lorientbretagnesudtourisme • (rubrique Agenda).*

PORT-LOUIS [porzh-loeiz]

(56290) 2 890 hab. *Carte Morbihan, A3*

Un charme discret et tout en nuances se dégage de Port-Louis. Ce doux mélange de traces de fastes (les neuf premiers directeurs de la Compagnie des Indes y avaient leur résidence) et de ville de pêcheurs (activité principale de Port-Louis à partir du XIXe s) lui donne une atmosphère toute particulière. Autrefois nommée Le Havre du Blavet, cette ancienne place forte commande l'entrée de la rade de Lorient, en arrière de la presqu'île de Gâvres. Toujours protégée par ses remparts, la ville garde quelques beaux souvenirs de sa splendeur au temps de la Compagnie des Indes, dont elle abrite maintenant le musée.

UN PEU D'HISTOIRE

Ce port bénéficie d'une situation exceptionnelle et connut, dès le Moyen Âge, une grande activité. À l'époque de la Ligue, les Espagnols vinrent soutenir le duc de Mercœur, gouverneur de Bretagne, qui avait chassé les protestants retranchés à Port-Louis. Les soldats de don Juan del Aguila construisirent alors la citadelle, où ils restèrent jusqu'en 1598. En 1618, Louis XIII, qui avait terminé les travaux de fortification de la ville, lui donna le nom de Port-Louis. Sous Louis XIV, elle devint un important port de commerce, mais face à la concurrence de Lorient, Port-Louis périclita rapidement.

Adresses et infos utiles

Lorient Bretagne Sud Tourisme – Agence de Port-Louis : *1, av. Marcel-Charrier. ☎ 02-97-84-78-00. • lorientbretagnesudtourisme.fr • Juil-août, lun-sam 10h-12h30, 14h30-18h30 ; le reste de l'année, ouv restreinte.* Concerne les communes de Port-Louis, Gâvres, Riantec et Locmiquélic. Organise des visites guidées de la ville *(12 juil-24 août, mar 11h).*

■ **Centre nautique : Sellor nautisme,** *☎ 02-97-82-18-60. Club de voile :* **Proh Loeiz skiff voile,** *06-31-81-17-21.*

■ **Informations pour les liaisons batobus :** *☎ 02-97-21-28-29. Voir « Arriver-Quitter Lorient. Liaisons batobus », plus haut.* Un réseau de bus en correspondance avec le bateau permet de relier Lanester, Lorient, Port-Louis, Gâvres et Riantec.

■ Liaison pour l'île de Groix avec *Escal'Ouest* depuis le quai de la Pointe à Port-Louis (voir plus haut « Arriver-Quitter Lorient. En bateau pour Groix »).

– **Marché nocturne :** *en juil-août, mar 18h-minuit.*

Où dormir ? Où manger à Port-Louis et dans les environs ?

Camping

Camping municipal des Remparts : *rue des Récollets. ☎ 02-97-82-47-16 ou 02-97-82-59-59 (hors saison). • mairie.ville-portlouis@wanadoo.fr • ville-portlouis.fr • Accès : promenade Henri-François Buffet – Port-Louis. Ouv de mi-juin à fin août. Prix tente en hte saison : 7,20 €. Prix caravane : 84 €/sem. CB refusées. 41 empl.* À l'abri des remparts, mais pas des regards, puisque le site est au cœur de la cité et simplement entouré par un muret bas. Pas très grand mais mignon et correct ; superbe cadre historique (sur un côté) que cette ceinture de murailles à 200 m de la plage, tout près de la citadelle.

Prix moyens

Le Cargo : *34, rue du Port, 56570* ***Locmiquélic.*** *☎ 02-97-84-51-51. • contact@lecargo-bistro-resto.fr • Tlj 10h-1h. Menus 20-30 €.* La déco à elle seule vaut le détour : délirante, colorée, pleine de souvenirs de voyages, de toiles contemporaines, et meublée de bric et de broc. Ensuite, la terrasse : idéalement placée sur le port, le nez dans les haubans, on ne s'en lasse pas. Alors, certes, l'ambiance est un tantinet branchée et l'accueil parfois influencé par la forte fréquentation, mais quel endroit ! Concerts réguliers et cuisine classique honnête.

De chic à plus chic

Hôtel de la Citadelle : *pl. des Victoires (du marché), à Port-Louis. ☎ 02-97-82-46-05. • hoteldelacitadelle@orange.fr • hotel-citadelle.fr • Doubles 50-110 € selon période et confort.* Une belle adresse centrale, très calme, au cœur de la cité. Entièrement rénové, avec un salon cosy, une spacieuse et claire salle de petit déj, l'hôtel propose de coquettes chambres tout confort avec ou sans (petite) vue sur mer (celles du 3e étage disposent d'un aménagement plus soigné et de salles de bains impeccables). Accueil souriant en prime.

Restaurant Avel-Vor : *25, rue de*

LE MORBIHAN

Locmalo, à Port-Louis. ☎ 02-97-82-47-59. • contact@restaurant-avel-vor.com • ♿ Fermé dim soir et lun, plus mar hors saison. Congés : 15 j. en janv et 1 sem fin juin-début juil, 2 sem en oct. Menus env 29,50 € en sem, puis 56-95 €. Cuisine soignée, alléchante et étoilée de Patrice Gahinet. Un chef pris en flagrant délit d'invention gustative, tendance poisson et fruits de mer, selon l'arrivage des bateaux côtiers. À côté d'une tarte croustillante au homard bleu, d'un vis-à-vis de poisson et du vent de la mer *(Avel Vor)* qui l'inspire, il réalise des incursions terrestres en terroir breton toujours. La salle confortable, au design contemporain tout en lumière et en contrastes colorés, s'ouvre sur le petit port de Locmalo. Ambiance classe mais détendue.

Où boire un thé ?

La Dame Blanche : *35, Grande-Rue. ☎ 02-97-82-45-11. • anerog@orange.fr • la-dameblanche.fr • Mar-ven 10h-13h, 15h-20h, plus lun ap-m, w-e et j. fériés 10h-20h ; hors saison, mar-ven 15h-20h, w-e et j. fériés 10h-20h. Congés : janv-début fév.* Dans une bâtisse du XVIIe s construite par un marchand de la Compagnie des Indes, une adresse bien agréable pour boire un café, un thé (bonne sélection), une bière bretonne, le tout accompagné d'une pâtisserie maison bio. Mais le lieu est aussi une librairie proposant des livres neufs pour enfants, jeunes et adultes. Agréable jardin ou cheminée l'hiver...

Où boire un verre ? Où écouter de la musique dans les environs ?

Chez Mamm Kounifl : *route de Port-Louis, 56570* ***Locmiquélic.*** *☎ 02-97-33-92-37. • info@mamm-kounifl.fr • ♿ Fermé mar soir-mer. Petit menu 11,50 € (1/4 de boisson inclus) ; couscous mar midi 12,20 €, choucroute jeu ; dîner-spectacle w-e 25,50 €. Café offert sur présentation de ce guide.* Un bar-resto-caf-conc' hyper chaleureux, avec une déco marine étonnante composée d'authentiques éléments de bateaux de pêche de la région : voiles et rames au plafond, maquettes, un comptoir formé d'un bateau coupé en deux... Plein d'activités sympas (sessions irlandaises... ou après-midi tricot !) et un programme de concerts conviviaux tous les week-ends. On peut même y casser une petite graine. Très actif !

À voir

S'il reste de nombreux témoignages de la splendeur passée de Port-Louis, la ville a cependant beaucoup souffert des bombardements de la Seconde Guerre mondiale.

La citadelle : *rens au ☎ 02-97-82-56-72. ♿ Abrite 2 musées distincts mais qui se partagent, outre les murs, le même billet d'entrée et les mêmes horaires : fév-avr et de sept à mi-déc, tlj sf mar 13h30-18h ; mai-août, tlj 10h-18h30 ; dernier billet 45 mn avt fermeture. Entrée : 7 € ; réduc ; gratuit moins de 26 ans.* Commencée par les Espagnols en 1590, à l'époque de la guerre de la Ligue, elle fut achevée en 1620 sous Louis XIII. Elle occupe la pointe de la presqu'île qui ferme au sud-est la rade de Lorient. Le grand pavillon de la porte Royale et ses deux bastions latéraux sont l'œuvre de Cristóbal de Rojas ; les autres tours ont été édifiées par l'architecte du maréchal de Brissac, Jacques Corbineau. Cette citadelle accueillit de nombreux prisonniers : prêtres réfractaires pendant la Révolution, conscrits réfractaires sous l'Empire, Louis-Napoléon Bonaparte en 1836, communards et résistants...

ELLES SONT PLUS BELLES, MES CITADELLES !

Lorsque Vauban, le célèbre commissaire général des fortifications de Louis XIV, visita en 1683 la citadelle de Port-Louis, qui n'était pas une de ses œuvres, il lui trouva de nombreux défauts : matériaux de mauvaise qualité, rempart inachevé, bastions trop aigus ou inutiles... Jalousie ? Mais il lui reconnut sa position exceptionnelle à l'entrée de la rade de Lorient, qui pouvait faire oublier ses défauts. On imagine qu'il aurait bien aimé en être l'auteur, mais il n'était pas né à l'époque !

Le musée de la Compagnie des Indes et de la Ville de Lorient : ☎ *02-97-82-19-13.* ♿ Un musée incontournable, sis dans les murs de la citadelle et qui retrace l'aventure mythique de la Compagnie, créée en 1664 par Colbert. La scénographie s'articule autour de 3 axes : naissance des grandes compagnies des Indes européennes, construction des navires et voyages au long cours, et teneur des échanges commerciaux. Beaucoup à lire, à apprendre : on peut reluquer dans les moindres détails de vieilles cartes d'Asie et d'Afrique, partir sur les routes orientales grâce à de merveilleux objets d'art qui témoignent des contacts (pas forcément heureux, rappelons-le) entre l'Est et l'Ouest. Les richesses des Indes, épices, étoffes (de belles indiennes – des toiles de coton tissées et imprimées en Inde, un savoir-faire que ne détenaient alors pas les artisans français – dont une brassière et deux béguins, récemment acquis) et porcelaines éblouissent la vue. Également un exceptionnel palempore dit « aux Chinois ». C'est un couvre-lit ou une tenture murale en coton imprimé. L'Europe en importait des Indes aux XVIIe et XVIIIe s. Le motif représente souvent un grand arbre de vie avec de nombreux animaux, mais celui dit « aux Chinois » présente une élaboration plus sophistiquée. Également, des objets d'art africain sensationnels. Quant aux maquettes de bateaux et du chantier naval où s'activent les ouvriers, elles permettent de se rendre compte de notre propre niveau de technique. Et de médecine : matez l'engageante scie à amputation ou le poétique coffret de trépanation... hum ! Visite à faire sans tarder : vous étancherez votre soif de connaissance tout en réveillant vos rêves d'aventures.

Le musée national de la Marine : dans l'espace appelé « Trésors d'océans » de la citadelle, on admire les très belles collections de porcelaines du XIe au XVe s trouvées par l'archéologue sous-marin français Franck Goddio dans des jonques au large des Philippines ; ou encore les canons du *Mauritius* (un des premiers vaisseaux de la célèbre Compagnie des Indes hollandaise), coulé au large du Gabon en 1609. Le musée retrace l'histoire du sauvetage à travers les âges. Pour les amoureux des Trésors d'océans, un grand moment : les salles consacrées à l'archéologie sous-marine sur la route des Indes. Également des sections dédiées au sauvetage en mer. Pour les fondus de navigation, une escale s'impose.

De l'esplanade des Pâtis, une porte dans les remparts donne accès à la ***plage des Grands-Sables,*** qui regarde la pleine mer barrée au loin par le profil de Groix. Les remparts forment une superbe digue de pierre. Très belle vue sur la rade.

➢ De la ***promenade du Lohic*** (remparts), superbe vue sur l'adorable village de Gâvres et sa cale. Petits bateaux de pêche échoués à marée basse. Jolies plages entrecoupées de bancs rocheux, le courant s'engouffrant dans la « petite mer » de Gâvres, le tout avec les éclairages ad hoc et les odeurs qui vont avec : que demander de plus ?

➢ Allez surtout flâner dans la ***vieille ville,*** où des trésors tranquilles vous attendent, comme ces maisons anciennes, tantôt élégantes et quasi hautaines, tantôt serrées les unes contre les autres et conviviales. Jetez un coup d'œil, par exemple, aux nos 13 et 26 de la *rue des Dames* et au no 36 de la *rue de la Pointe.* La *Grande-Rue,* à l'évidence, mérite elle aussi un détour.

DANS LES ENVIRONS DE PORT-LOUIS

Face à la « petite mer » de Gâvres, le ***port de Locmalo*** mérite le coup d'œil. Simple et modeste. De l'ex-petit *Bar du Port,* il ne reste que l'enseigne. Mais si vous dînez à l'*Avel-Vor,* seul pavé construit dans la mare, si ça vous émoustille de vous trouver les pieds dans le plat – en argent – à 10 m de ceux qui les ont dans la vase, n'oubliez pas de vous faire pardonner en allant vous recueillir au pied de la jolie petite chapelle du port, qui veille humblement sur les pêcheurs.

La petite ville de ***Locmiquélic*** est encore appelée « Terre sainte », en souvenir des couvents Saint-Michel (1040) et Sainte-Catherine (1447). Aujourd'hui, moins bien située que sa voisine Port-Louis en sortie de rade, elle fait directement face au port de commerce de Lorient.

GÂVRES [gavr]

(56680) 900 hab. *Carte Morbihan, A3*

À l'extrémité d'une langue de sable de 3 km orientée est-ouest (terrain militaire), on accède au bourg via Plouhinec ou en traversant en bateau la « petite mer » de Gâvres en 5 mn à partir de Port-Louis, grâce à l'un des derniers passeurs de la région. La pêche à pied peut se pratiquer sur la partie découverte de la « petite mer ». La pointe de Gâvres laisse l'impression d'un lieu naturel, préservé et comme coupé du monde par un no man's land militaire.
Gâvres plaira au routard curieux, qui pourra vivre auprès des marins pêcheurs – des vrais, ceux-là – au bord de la mer. Cette petite commune possède de belles plages vierges accessibles toute l'année. Pas de camping sauvage. Message aux fous de funboard : la très belle plage de Gâvres est en train de devenir l'un des spots les plus prisés de la région. Par gros temps, le spectacle vaut le déplacement.

Où camper ?

Camping municipal La Lande : *lieu-dit La Lande, à la pointe de la presqu'île. ☎ 02-97-82-48-61 ou 02-97-82-46-55 (mairie). • mairie.gavres@orange.fr • campinggavres.com • Accès : tt à la pointe de la presqu'île. Ouv de juin à mi-sept. Prix tente : 10,13-18,93 € selon saison. 100 empl.* Terrain cerné par les flots et parsemé de blockhaus (non, ils ne sont pas à louer !). Situation formidable. Enfoncez bien les piquets de la tente, ça souffle fort...

Camping municipal des Joncs : *rue du Polygone. ☎ 02-97-82-46-88 ou 02-97-82-46-55 (mairie). • mairie.gavres@orange.fr • Accès : à l'entrée du village. Ouv de mi-juin à début sept. Prix tente : 10,13-14,51 €. Prix caravane : 95,10 €. 100 empl.* Originales, ces caravanes disposées autour du terrain de foot communal. Pas hyper agréable toutefois.

À voir

La maison de l'île de Kerner : *à* ***Riantec.*** *☎ 02-97-84-51-49. • maison-kerner.fr • ♿ Ouv des vac scol de Pâques à celles de la Toussaint. Tlj 10h-19h en juil-août. Jours et horaires plus restreints le reste du temps. Entrée : env 4,80 € ; réduc.* Explications sur l'écosystème de la « petite mer » de Gâvres, avec un jardin botanique et un ancien bassin à huîtres, des commentaires sur les techniques de pêche à pied et d'ostréiculture, sur les oiseaux et des témoignages d'habitants. Prêt de jumelles pour observer les environs.

LARMOR-PLAGE [AN ARVOR]

(56260) 8 750 hab. *Carte Morbihan, A3*

Cet ancien village de pêcheurs n'a gardé de son passé que d'infimes traces autour du port de plaisance, et il faut bien les chercher. Quelques belles demeures classées, notamment trois villas au port de Kernevel. Pour le reste, Larmor remplit le cahier des charges d'une station balnéaire de format classique. Pourtant, admettons que l'endroit peut mériter le détour. Pour les voileux, tout d'abord. Si Jean-Luc Van Den Heede, Alain Gautier (héros des tours du monde à la voile en solitaire et sans escale), ainsi que bon nombre des superstars de la planche à voile ont fait leurs premières armes dans le coin, ce n'est pas un hasard : les belles plages de Larmor sont idéalement disposées pour la pratique des sports nautiques. À noter à ce sujet, la présence de la superbe base nautique de Kerguelen, l'une des plus dynamiques de France, capable de satisfaire le débutant tout en régalant le régatier confirmé. Cette base est aussi un centre de plongée top niveau, et les fonds alentour sont farcis d'épaves, grottes et autres friandises pour plongeurs... Ça vous tente ? Autre chapitre, l'endroit mérite aussi le détour pour les accros du bain de soleil et de petites pauses en terrasse. Chose rare, en plein bourg, les terrasses de bars les plus réputées sont le nez sur la plage. Laquelle plage est évidemment bondée en été. Au fait, l'église n'est qu'à 50 m de la plage. Dernier point en faveur de Larmor : une vue panoramique riche et complète sur la rade.

Adresses utiles

Lorient Bretagne Sud Tourisme – Agence de Larmor-Plage : *av. du Général-de-Gaulle. ☎ 02-97-84-78-00. • lorientbretagnesudtourisme.fr • Près de la plage de Port-Maria. Ouv vac de Pâques-fin sept ; 8 juil-24 août, tlj sf dim ap-m, 10h-12h30, 14h30-18h30 ; le reste du temps, horaires restreints.* Organise des sorties Segway (engin motorisé) accompagnées. Billetterie pour toutes croisières sur Morbihan et Finistère.

Port de plaisance de Kernevel : *capitainerie. ☎ 02-97-65-48-25.* Point de départ des navettes vers Lorient, Port-Louis, Cité de la Voile et base des sous-marins *(ts les ap-m en juil-août ; 1,40 €). Rens* ***CTRL :*** *☎ 02-97-21-28-29.*

LE MORBIHAN

Où dormir ? Où manger dans le coin ?

Très peu d'options pour se loger, à part la location de meublés. Endroit assez rude pour les porte-monnaie sensibles.

Camping

Camping de la Fontaine : *rue de Quéhello, Kerderff. ☎ 02-97-33-71-28. • contact@campingdelafontaine.fr • campingdelafontaine.fr • ♿ Près de Kerderff. Ouv tte l'année. Résa impérative en août. Tentes 13,55-16,65 €. Loc de mobile homes 269-552 €/sem ; possibilité w-e et courts séjours. 130 empl.* Camping 3 étoiles à l'ambiance familiale, proposant des emplacements agréables, séparés par des haies bien taillées. C'est calme, les sanitaires sont suffisants et l'accueil débonnaire. Animations en journée et en soirée en haute saison.

De bon marché à prix moyens

Chambres d'hôtes Les Camélias : *9, rue des Roseaux. ☎ 02-97-65-50-67. Sur la route qui mène à Kerguelen. Congés : fin sept-début octobre. Doubles 55-60 €.* Grande maison cossue, pas avare de dorures. 4 chambres à l'ancienne, meublées de style et très confortables (2 au rez-de-chaussée, dont une ouverte sur la terrasse), toutes différentes, donnant sur un jardin arboré et agréable. Tenue par une dame gentille comme tout.

Un Coin chez soi : *26, rue Leroy-Queret. ☎ 09-67-20-97-81. 06-38-44-49-98. • contact@uncoinchezsoi.net • uncoinchezsoi.net • Ouv tte l'année. Apparts 95-110 €/nuit. Remise de 10 % sur la chambre, sur présentation de ce guide.* Un concept que l'architecte a expérimenté à Nantes et à Rennes. Chaque appartement obéit à une thématique originale, toujours mise en scène avec toutes sortes d'éléments insolites. « La Souvenir d'enfance » évoque l'école avec sa cuisine façon salle de classe. Mieux vaut ne pas avoir de balance pour séjourner parmi les bonbons en bocaux ou en machines (les pièces de 1 FF sont fournies) qui agrémentent « La Gourmandise ». « La voile dans tous ses états » (41 m^2) utilise les voiles recyclées d'un ancien bateau de course, « Nutella et chocolat » à la déco « tout choco » ravira les amateurs de la petite fève. Il y a encore la « Jardin Imaginaire »... Dans tous les cas, c'est gai, presque féerique et toujours de bon confort. Une curiosité !

La Folie douce : *9, promenade de Port-Maria. ☎ 02-97-65-48-35. Sur la promenade en bord de plage. Ouv tlj sf le soir lun-jeu hors saison. Formules 11,50-19,80 € midi en sem ; menus 25-30 €. Apéritif offert sur présentation de ce guide.* Les pieds dans l'eau, parmi les autres terrasses, un bel espace moderne ouvert sur la mer. Cuisine classique bien faite, assez fine même pour un « resto de plage ». Accueil bien sec, en revanche...

De chic à plus chic

Les Mouettes : *anse de Kerguelen, Larmor-Plage. ☎ 02-97-65-50-30. • info@lesmouettes.com • lesmouettes.com • Juste à côté de la réserve naturelle, dans les dunes ; accès fléché depuis le centre de Larmor-Plage. Doubles 110-117 €. Menus 26-46 € et menu homard 59 €.* Un site, un paysage à perte de vue sur la mer et l'île de Groix, un restaurant (depuis les années 1930 !) *Les Mouettes,* c'est ça et plus ! Une terrasse les pieds dans l'eau ; une salle de resto qui s'envole vers la mer (meilleures tables dans la rotonde). La table transcende le « terroir-merroir » avec plateaux de fruits de mer et homards ! Une cuisine du marché, élégante... qui régale le palais par ses saveurs originales. *Les Mouettes,* c'est encore une vingtaine de chambres fonctionnelles et modernes (mais curieusement sans – ou presque – vue sur mer, puisqu'elles ne sont pas de face mais de côté). Service attentif, dynamique et souriant.

Best Western Les Rives du Ter : *1, bd Jean-Monnet. ☎ 02-97-35-33-50. • info@lesrivesduter.com • lesrivesduter.com • Au bout du périphérique de Lorient. Doubles 115-132 € selon saison.* Un grand bâtiment contemporain, sur les rives de l'étang de Kermelo. Un cadre moderne et fonctionnel pour des chambres à la déco sobre, mais accueillantes et confortables (certaines, communicantes, sont très mal insonorisées !). L'avantage, c'est qu'elles donnent toutes sur le Ter et bénéficient de petites terrasses. Service jeune et courtois. Belle promenade autour de l'étang. Piscine. Resto sur place.

Villa Ker Mat : *famille Pinguet, 16, av. de la Plage. 02-97-33-77-96. • gepinguet@gmail.com • sites-perso.com/pinguet/ • Compter 90-120 € pour 2 selon chambre et période, petit déj compris. Apéritif offert et remise de 10 % sur la chambre, sur présentation de ce guide.* Beaucoup de cachet pour cette villa 1910 et un évident charme balnéaire (monumentale cheminée Art nouveau !). La plupart des chambres, tout comme la salle de petit déjeuner, font face à la mer et surplombent la plage, située à moins de 30 m ! Cette maison de famille, meublée sans façons, est restée dans son jus, et c'est ce qui fait aussi son charme. Grande suite familiale au dernier étage.

Où boire un verre dans le coin ?

Villa Margareth : *port de plaisance de Kernevel.* ☎ *02-97-33-67-19. En été, tlj 9h-1h (lun 21h) ; hors saison, mar-mer 10h-21h, jeu-dim 10h-1h.* Dans une belle demeure bourgeoise du début du XXe s, stratégiquement située face à la mer. Bar sympathique, rendez-vous des voileux et quartier général de la Société des régates larmoriennes. Atmosphère chaleureuse. Sous les arbres, belle terrasse calme avec vue plongeante sur le port.

À voir

L'église Notre-Dame-de-la-Clarté : sans doute du XIVe s. Surprenante par les proportions de son clocher massif, elle possède un porche flamboyant exceptionnellement ouvert au nord (vents dominants obligent).
À l'intérieur de ce Monument historique, dans le bas-côté gauche, jetez un coup d'œil au retable de la Crucifixion, avec ses petits personnages très expressifs. Magnifique exemple de gothique breton, cette église est lourde de sens pour les marins de la Royale.
Une coutume toujours vivante veut que les navires de guerre doublant la passe d'entrée du port de Lorient donnent des coups de canon, attendant la réponse des cloches de Notre-Dame pendant que les couleurs nationales sont hissées sur le clocher. La devise de Larmor est d'ailleurs « Bon vent à qui me salue ». Elle prit tout son sens lorsqu'un capitaine de frégate appareillant pour la Crimée refusa de saluer le sanctuaire parce qu'il était huguenot. Quelques semaines plus tard, le 15 février 1855, *La Sémillante* fit naufrage au large de la Corse avec ses quelque 700 hommes d'équipage. Hasard ou punition divine, gageons qu'après cet épisode tragique, les capitaines de vaisseaux respectèrent la tradition.

DE LARMOR-PLAGE À GUIDEL-PLAGE

Prendre la route côtière en direction de Quimperlé. Tout le long de ce bout de côte, ce que l'on appelle « ports » ne forme en fait que de bien piteux abris pour le marin dans la panade. Seules de petites embarcations de pêche côtière se satisfont de ces simples mouillages secoués par la houle d'ouest.

Où dormir ? Où manger dans le coin ?

Campings

Camping L'Atlantys : *bd des Sables-Blancs, Fort-Bloqué, 56270* ***Ploemeur.*** ☎ *02-97-05-99-81.* • *info@camping-atlantys.com* • *camping-atlantys.com* • ♿ *Accès : devant la plage. Ouv 15 janv-15 déc. Prix tente : 18,80-25,90 €. Loc de mobile homes : 290-620 €/sem pour 4-6 pers. 155 empl. Réduc : - 10 %, hors électricité et taxe de séjour, sur présentation de ce guide.* Face à la mer et bien équipé (préférer les emplacements avec vue). Trampoline, terrain multisports.

Camping Les Jardins de Kergal : *route des Plages, 56520* ***Guidel.*** ☎ *02-97-05-98-18.* • *jardins.kergal@wanadoo.fr* • *camping-lorient.com* • ♿ *Accès : à 1,5 km du bourg, sur la route de la plage. Ouv d'avr à mi-nov. Prix tente : en basse saison 19 €, en hte saison 31 €. Mobile homes et chalets à* *louer : 210-860 €/sem. Prix caravanes : 133-217 €/sem. 200 empl. Réduc : - 5 % sur présentation de ce guide.* Très beau camping, fleuri et arboré à souhait, dans un coin de campagne paisible, à deux pas de la ville et des plages. Beaucoup d'ombre et de bien-être grâce à toute cette verdure. Sanitaires nickel. Location de vélos. Nombreux jeux pour les enfants. Pour tout le monde, animations et soirées à thème. Que du bon ! Piscine.

De bon marché à prix moyens

Crêperie Le Grazu : *3, rue du Grazu, 56270* ***Ploemeur.*** *☎ 02-97-82-83-47. Sur le port de Lomener. Fermé mar, plus lun soir hors saison. Formule et menu 12,50-15 € le midi ; à la carte, env 15 €. Kir breton ou café offert sur présentation de ce guide.* Les patrons s'approvisionnent chez des petits producteurs du pays. Blé noir, froment et garnitures sont d'excellente qualité. Également des salades géantes. Et comme l'accueil est sympathique... rien que de bonnes raisons de s'y arrêter ! Dîner en musique certains soirs en saison (concerts folk).

Résidence Odalys Fleur de Sel : *RD 152 La Falaise, 56520* ***Guidel-Plage.*** *☎ 02-97-24-41-74. • guidel@odalys-vacances.com • À partir de 50 € la nuit pour un 2-pièces 4 pers (linge de lit et de toilette fournis, lits faits à l'arrivée et ménage quotidien).* Envie d'une résidence face à l'océan pour un séjour remise en forme ? Ne cherchez plus, vous avez frappé à la bonne porte ! Situés à proximité de la plage (vous avez juste une route à traverser), les appartements sont répartis dans des bâtiments aux lignes épurées entourant une belle piscine chauffée. Pour ceux souhaitant se faire cocooner, direction le centre de balnéothérapie et son espace forme pour une séance massage. Pour les autres : piscine, sauna, hammam et salle de cardio-musculation. Ouvert sur une belle terrasse, le restaurant *Les Toques Rebelles* concocte de savoureux plats diététiques ! Une adresse à découvrir.

De chic à plus chic

Breizh Yourte : *à Coatroual, 56520* ***Guidel.*** *☎ 02-97-02-99-00. 06-07-36-24-48. • info@breizhyourte.fr • breizh-yourte.fr • À 5 mn de Guidel par la rue de Kerbastic. Doubles 78-84 €, avec petit déj ; familiales 109-125 €. CB refusées. Apéritif offert sur présentation de ce guide.* Après avoir participé à une transhumance en Mongolie, Nicolas a eu le déclic : faire venir des yourtes et tout le mobilier ad hoc pour reproduire un authentique campement. Et c'est réussi ! Dans un champ où se baladent quelques animaux, on loge dans l'une des 3 yourtes aménagées comme là-bas. On peut même retirer les cônes des tentes pour dormir à la belle étoile. Très dépaysant ! Pour les commodités, on a accès à des toilettes sèches sur le site, et à la douche dans le bâtiment principal, où l'on trouve également un petit salon commun, la salle de petit déj et une cuisine à disposition. Bien organisé, tout ça !

Le Vivier : *9, rue de Beg-er-Vin, à* ***Lomener.*** *☎ 02-97-82-99-60. • info@levivier-lomener.com • levivier-lomener.com • À 5 mn de la plage. Congés : vac scol de Noël. Resto fermé dim soir hors saison. Résa conseillée. Doubles 114-162 € selon confort. Formule 26 €, menus 31-56 € ; carte 50 € env.* Littéralement les pieds dans l'eau, toutes les chambres de cet hôtel cosy rénové dans un style contemporain élégant ont une baie vitrée, avec vue sur Groix assurée. C'est aussi une des très bonnes tables de la région, qui plonge sur les flots depuis la salle de resto moderne et claire. La cuisine est gourmande, sans trop de sophistication pour respecter les produits, principalement des fruits de mer (vivier de homards) et des poissons. Plateau réputé et bon rapport qualité-prix. On a aussi apprécié l'accueil souriant et le service attentionné sans être pesant ni coincé.

Beaucoup plus chic

Domaine de Kerbastic : *Kerbastic, 56520* ***Guidel.*** *☎ 02-97-65-98-01. • info@domaine-de-kerbastic.com • domaine-de-kerbastic.com • À 2 km du centre de Guidel. Resto* *fermé dim soir-lun oct-avr. Congés : 2 janv-11 fév. Doubles et suites 171-333 € ; petit déj 17,50 €. Formule déj en sem 32 €. Menus 41-78 €.* L'adresse de charme par excellence et l'un des plus beaux hôtels de la côte ! Cette magnifique propriété, sise au cœur d'un parc immense, n'est autre que l'ancienne demeure de Marie-Blanche de Polignac, fille de Jeanne Lanvin et amie de Cocteau, Poulenc, Stravinski, Chanel... qui y défilaient et s'y retrouvaient en joyeuse villégiature. C'est dire si le bon goût et le raffinement règnent ici, avec une petite touche cosy et désuète tout à fait délicieuse. Les chambres, de taille et de confort variables (les moins chères plus sobres et plus petites), sont réellement splendides, décorées comme des chambres d'amis. Coup de cœur pour la « Jean Cocteau ». Salles de bains somptueuses, château oblige ! Au resto, menus un peu chers mais très raffinés ; fruits et légumes proviennent en saison du potager cultivé en bio-dynamie (comme le miel du petit déjeuner). Une belle adresse pour un coup de folie, un week-end romantique...

À voir. À faire

➢ De Larmor-Plage, prenez la route côtière en direction de Quimperlé. Premier arrêt suggéré : le joli petit port de ***Lomener.*** Continuons la balade. ***Le Pérello*** et ses viviers, avant d'arriver à un autre port microscopique, ***Port-Blanc-en-Kerroch*** et ses caseyeurs. En arrivant à la pointe de Courégant, toutes ces constructions en disharmonie commenceront sans doute à vous mettre le système pileux en état d'alerte, mais en poursuivant le long de cette côte découpée à souhait, vous ne manquerez pas de vous ébahir, au choix, sur le charme incontestable du golf de Ploemeur (catégorie golfs iodés) ou les charmes (plus contestables) de la plage de naturistes des Kaolins. Poussez un soupçon plus loin, et c'est le fameux ***Fort-Bloqué,*** ancien fort militaire de Kéragan, construit en 1745 sur un îlot rocheux, qui marque le début d'une somptueuse plage orientée plein ouest, pour le plus grand bonheur des surfeurs et planchistes confirmés. Par forte brise de secteur ouest, par jour de « baston », comme disent les pros, on se croirait à Hawaii, les vagues déferlent à merveille. Ajoutez à cela les jolies dunes de ***Guidel-Plage,*** puis la séduisante et paisible embouchure de la Laïta, qui délimite la « frontière » avec le Finistère. De belles balades sur les bords du fleuve. Du haut du pont Saint-Maurice, très jolie vue sur la Laïta.

Manifestations

– ***Marché nocturne :*** *en juil-août, jeu soir à Ploemeur.*
– ***Les Botaniques de Ploemeur :*** *au château du Ter (fléché), le 3e w-e de sept (se renseigner pour la date : ☎ 02-97-86-40-40 ; ● ploemeur.com ●).* Deux journées consacrées aux plantes rares et aux végétaux de collection : du jardin d'eau au jardin anglais, des semences bio anciennes aux orchidées et aux légumes... Pour le plaisir coloré de tous les mordus du jardinage. Conférences, expos, visites guidées, etc.

PONT-SCORFF [pont-skorff]

(56620) 3 300 hab. *Carte Morbihan, A2*

Même si son centre occupe la partie haute du site, le bourg « dégringole » joliment jusqu'aux rives du Scorff, qui louvoie dans une petite vallée verdoyante. Longtemps endormi, car à l'écart de la côte et des grands

axes récents, Pont-Scorff se réveille en sursaut depuis quelques années (rassurez-vous, le Scorff, lui, n'est pas sorti de son lit). Grâce à la mise en valeur du patrimoine architectural et naturel autour de la rivière, le village a aussi séduit de nombreux artisans. À seulement 10 km de Lorient et des plages, une richesse de plus dans l'intérieur de ce beau département. Et, amis pêcheurs, le Scorff est, paraît-il, l'une des rivières bretonnes les plus poissonneuses.

UN PEU D'HISTOIRE

Pont-Scorff était autrefois un centre important du seul fait de la présence d'un pont qui permettait d'enjamber la rivière (d'où son nom, vous l'aurez compris). Dès le XIIIe s, le village était le siège de la juridiction de la seigneurie de La Roche-Moisan, rattachée au duché de Bretagne. Fin XIVe, de sombres histoires de succession pour le duché attribuent la seigneurie à la famille Rohan-Guémené, cousine des princes de Rohan. La maison des Princes (XVIe s), qui abrite aujourd'hui la mairie, était un peu le symbole de la puissance des Rohan-Guémené. À l'époque, on y rendait la justice.

Adresses utiles

i ***Lorient Bretagne Sud Tourisme – Agence de Pont-Scorff :*** *rue de Lorient. ☎ 02-97-84-78-00. • lorient-tourisme.fr • pont-scorff.com • Ouv tte l'année : juil-août, mar-sam 9h30-12h, 14h-18h ; sinon, ouv plus restreinte.* Renseignements sur les locations disponibles, billetterie estivale (croisières, sites touristiques, visites guidées, etc.). Accueil souriant, sympa et compétent.

■ ***Maison du Scorff :*** ***Bas-Pont-Scorff.*** *☎ 02-97-32-50-79.* Organise des sorties accompagnées en canoë, kayak et aviron.

■ ***Base nautique :*** ***Bas-Pont-Scorff.*** *☎ 07-81-84-47-92.* Canoë, kayak, etc.

Où manger ?

|●| ***Crêperie Charles Le Merdy :*** *4, rue Terrien. ☎ 02-97-32-55-39. ♿ En contrebas de l'église. Fermé dim midi et mar. Env 12 €.* Simple et sympathique : toiles cirées, tables en bois bien robustes, et dans l'assiette, des crêpes de blé noir (elles sont un peu grasses mais délicieuses ; surtout en dessert, avec confitures maison).

|●| ***L'Art Gourmand :*** *14, pl. de la Maison-des-Princes. ☎ 02-97-32-65-08. ♿ Près de l'église. Fermé mar soir et mer. Congés : 2 sem vac scol d'hiver, 1 sem en juin et vac de la Toussaint. Formules et menus 13,50-16,50 € midi en sem ; puis menus 19,50-29 €. Café offert sur présentation de ce guide.* Gentilles formules à midi, mais il serait dommage de ne pas goûter les beaux menus de cette jeune enseigne proche de l'église. À la table de Marc Le Ouedec, la Bretagne dans ses composantes terre-mer, mise en évidence par une cuisine de saison sans esbroufe, savoureuse et joliment présentée. Cadre très agréable, petite salle presque intimiste, claire et épurée. Accueil et service attentionnés d'Agnès.

|●| ***Restaurant Ti-Henri :*** *3, rue Prince-de-Polignac. ☎ 02-97-32-58-33. Près de la pl, de la Mairie, face à la cour des Métiers d'art. Ouv ven soir-dim et j. fériés hors saison ; le soir mar-sam, plus dim et j. fériés en saison. Congés : fin juin-début juil et 15 j. pour les fêtes de fin d'année. Résa conseillée. Menus 20-29 € ; carte 25 € env.* Le rendez-vous des amateurs de grillades. Bonnes viandes du pays, mais aussi d'autres régions. Pendant que le chef s'active sous vos yeux au feu de la cheminée, piochez donc généreusement dans le beau buffet des entrées. Un repaire très convivial, au cadre chaleureux. En revanche, ce n'est pas très grand : réservez !

À voir. À faire

La maison des Princes : très beau bâtiment datant du XVIe s, témoin du pouvoir des Rohan-Guémené, alors puissants seigneurs locaux. Classée Monument historique en 1932, elle abrite aujourd'hui la mairie derrière son imposante façade en granit biseauté. Les combles accueillent des expos temporaires.

LA COUR des Métiers d'art : 8, rue Prince-de-Polignac. ☎ 02-97-32-55-74. • pontscorff.com • À 50 m de la pl. de la Mairie. Juil-août, lun, dim et j. fériés 14h30-18h30, mar-sam 10h-12h30, 14h-18h30 ; le reste de l'année, mar-sam 10h-12h30, 14h-18h30 et dim et j. fériés 14h-18h. GRATUIT. Installée dans un îlot d'immeubles des XVIe, XVIIIe et XIXe s, LA COUR des Métiers d'art abrite 8 salles et 3 niveaux d'exposition, pour plus de 100 artistes nationaux présentés.
Rencontre d'artistes, ateliers et événements temporaires pour promouvoir les métiers d'art sous toutes leurs formes.

L'atelier d'Estienne : en contrebas de l'église, au bord de la route. ☎ 02-97-32-42-13. En période d'expo, mar-dim 14h30-18h30. GRATUIT. Un espace d'art contemporain qui propose toute l'année des expositions ponctuées de rencontres.

L'Odyssaum, découverte de la rivière et du saumon sauvage : moulin des Princes, au bord du Scorff. ☎ 02-97-32-42-00. • odyssaum.fr • ♿ Ouv de mi-avr à fin sept, plus vac scol de la Toussaint : en juil-août, tlj 10h-19h ; le reste du temps, 9h30-12h30, 14h-18h. Fermé sam mat et dim mat, ainsi que lun mat hors vac scol. Visite : 6 € ; réduc ; gratuit moins de 7 ans ; forfait famille 18,50 € ; sortie nature et visite 35 €. L'Odyssaum invite le spectateur à suivre en images et sons l'odyssée du saumon sauvage, de sa naissance à son retour à la source. Les bestioles commencent à remonter au printemps, puis massivement entre juin et août. L'INRA et la Fédération de pêche du Morbihan gèrent une station de comptage où, en 10 mn, le saumon est chopé, mesuré, pesé, emballé, pardon... relâché, parfois avec un émetteur et après visite médicale. Si vous voulez en voir, mieux vaut arriver tôt, vers 10h. La visite semi-guidée répondra à toutes les questions que l'on peut se poser sur ces grands routards, qui parcourent jusqu'à 14 000 km pour aller au Groenland et revenir dans le Scorff de leur naissance : comment reconnaissent-ils leur rivière ? Pourquoi leur chair est-elle rose ? Comment font-ils sans EPO ? Tout cela sous forme interactive, c'est la force de l'Odyssaum : plein de petits jeux, de choses à toucher et à sentir. L'exposition se prolonge au bord de l'eau (parcours naturel extérieur), les pieds dans l'eau du Scorff. Autres animations durant l'année.

*Le parc zoologique : **Kerruisseau,** entre Pont-Scorff et Quéven. ☎ 02-97-32-60-86. • zoo-pont-scorff.com • ♿ Juin-août, tlj 10h-19h ; avr-mai et de sept à mi-nov, 10h-18h ; les caisses ferment 2h avt. Entrée : 19,50 € ; 12,50 € 3-11 ans. Interdit aux animaux étrangers au parc. Nocturnes fin juil.* Plus de 600 animaux sauvages dans un décor exotique étendu sur plus de 12 ha. Ce zoo est un important centre de reproduction, comme pour les lions blancs ou les hippopotames du fleuve Niger. Présentation ludique et pédagogique des otaries, perroquets et oiseaux marins... Spectacles quotidiens en saison (oiseaux de mer et de rivière et otaries font leurs numéros) et visites nocturnes fin juillet. Compter 5h pour une visite complète des 5 continents, spectacles inclus.

Espace Pierre-de-Grauw : ☎ 02-97-56-87-03. • espacepierredegrauw@orange.fr • Mar-ven et dim 14h30-18h30, plus 11h-13h en juil-août. GRATUIT. Expo des œuvres de l'artiste néerlandais, accompagnées de textes à dimension philosophique. Sept espaces de réflexion pour une exposition permanente.

➢ Trois parcours de ***randonnées pédestres*** de 9, 11 et 13 km, notamment sur les bords du Scorff.

➢ ***La Voie verte (vélos)*** quitte le centre de Pont-Scorff vers Quéven et se prolonge jusqu'à Ploemeur.

Fête et manifestations

– ***Festival Saumon :*** *3 j. avt le 14 juil.* • *festivalsaumon.fr* • Musique, concerts, spectacles, feu d'artifice, animations scientifiques, pêche etc. Évènement festif, instructif pour petits et grands. Tout est gratuit sauf le manger et le boire ! À vivre !
– ***Fête des battages :*** *3e w-e de juil.*
– ***Marché des Potiers :*** *3e w-e d'août.*

HENNEBONT (henbont)

(56700) 15 550 hab. *Carte Morbihan, B2*

Hennebont est une petite ville diablement attachante, nichée sur la pente de la rive gauche du Blavet. Elle fut de tout temps un point stratégique important par sa vocation à la fois maritime et fluviale, et subit au cours du Moyen Âge des sièges mémorables, dont celui de 1342 qui fit la gloire de Jehanne la Flamme, ainsi surnommée car elle grilla les assiégeants. Plus près de nous, au cours de la Seconde Guerre mondiale, les Allemands, retranchés dans la poche de Lorient, lancèrent sur la ville des obus incendiaires. Décidément, ça chauffe dans le secteur ! Profondément meurtrie par les bombardements, la cité a heureusement préservé sa basilique, superbe élan de pierre, quelques belles maisons anciennes sur la place de l'Église et dans la ville close, et ses remparts dominant le Blavet.

Adresse et infos utiles

Lorient Bretagne Sud Tourisme – Agence d'Hennebont : *9, pl. du Maréchal-Foch. ☎ 02-97-84-78-00.* • *lorientbretagnesudtourisme.fr* • *En face de la basilique. Ouv en juil-août : lun-sam, 9h30-12h30, 14h-18h30 ; dim 10h-13h.* Le dimanche en été, propose des excursions commentées en bateau au départ d'Hennebont jusqu'à l'île de Groix. (Blavet, rade de Lorient et tour de l'île avec escale de 5h environ, avec *Escal'Ouest.*) Résa dans les agences de Lorient Bretagne Sud Tourisme.
– Très beau ***marché*** le jeudi. Un des plus importants de Bretagne, avec énormément de produits régionaux.

Où manger ?

Le Jardin des Sens : *pl. du Calvaire. ☎ 02-97-36-21-44.* • *contact@aujardindessens.fr* • *Tlj sf lun (plus dim soir hors saison). Résa conseillée. Formule déj en sem 16,50 €, menu 19,50-55 € ; compter jusqu'à 54 € à la carte. Café offert sur présentation de ce guide.* Une belle adresse gourmande au cœur d'Hennebont ! Le cadre est agréable, mais la terrasse au jardin l'est encore plus. La carte fait la part belle aux produits locaux et de saison, cuisinés avec une certaine créativité : craquant de blé noir et crémeux de tourteau, cabillaud à l'andouille... Accueil et service souriants.

Où dormir dans les environs ?

Chambres d'hôtes Le Ty Mat : *chez Catherine et Matthieu Spence, à* ***Penquesten.*** *☎ 02-97-36-89-26.* • *ty-mat@wanadoo.fr* • *ty-mat.fr* • *À 6 km au nord d'Hennebont. Dans Lochrist, tourner à droite au*

2e pont ; la maison est à 4 km sur la gauche. Double 79 €. Gîte 5 pers également. 4 chambres, toutes avec bains, dans une grande demeure bourgeoise du XVIIIe s, bordée par un joli parc de 3 ha. Accueil charmant et chambres décorées avec goût. Préférez la chambre bleue avec son immense salle de bains, ou la chambre cachemire pour son côté intime.

Chambres d'hôtes d'Édyth-Charlotte Hillion : *au* ***Bas-Locoyarne.*** *☎ 02-97-36-21-66 ou 06-45-15-53-19. • edyth.hillion@wanadoo.fr • gite-hennebont.com • À 2 km d'Hennebont. Prendre la direction de Port-Louis ; après le dernier rond-point, Le Bas-Locoyarne est le 1er village à droite. Ouv Pâques-Toussaint. Double 46,50 €. Gîtes 3-4 pers 200-350 €/sem selon saison.* Au pays de la vallée du Blavet, jolie ferme fleurie d'hortensias et de géraniums, dont les origines remontent au XVIIe s. Elle abrite des chambres rustiques pleines de cachet et de bon confort. Copieux petit déj : jus d'orange, viennoiseries et confitures maison. Il est servi dans une vaste et belle pièce commune, agrémentée d'une grande cheminée en granit et de mobilier régional. Pas de table d'hôtes, mais un micro-ondes, un frigo, et même un barbecue à disposition dans le jardin. Très bon rapport qualité-prix-convivialité.

À voir. À faire

La basilique Notre-Dame-de-Paradis : *pl. Foch.* Ce splendide édifice de style gothique flamboyant (XVIe s) a été épargné pendant la guerre, à l'exception de sa flèche, haute de 72 m, maintenant restaurée. Sous l'énorme tour carrée de façade s'ouvre un porche orné d'arcatures flamboyantes. Voir les vitraux de Max Ingrand, posés en trois fois, de 1955 à 1965, en remplacement des verrières détruites pendant la guerre de 1939-1945. Sur la place, quelques belles façades du XVIIe s.

La porte Broërec'h : du XIIIe s. Elle servait autrefois de prison. *Marion du Faouët,* une sacrée nana ! (dont nous vous recommandons de lire la biographie...), y fut détenue en 1746. Après avoir franchi la porte, prenez à gauche l'escalier qui monte au chemin de ronde des remparts, d'où l'on a une vue plongeante sur les jardins à la française et le Blavet. Les tours abritent le ***musée des Tours Broërec'h*** qui évoque l'histoire et le patrimoine d'Hennebont *(juin-sept, 10h30-12h30, 13h30-18h30 ; entrée : 4-5 €, réduc).*

Le puits ferré : dans la rue qui monte des remparts à la basilique. Puits à quatre poulies surmonté de fer forgé travaillé. Il fut construit en 1623 pour approvisionner les habitants en eau potable, à une époque où la ville commençait à s'étendre hors les murs.

Le Haras national d'Hennebont : *rue Victor-Hugo. ☎ 02-97-89-40-30. • haras-hennebont.fr • 5 juil-31 août, tlj 11h-19h ; 12 avr-11 mai et 18 oct-2 nov, lun-ven 11h-18h, sam-dim 14h-18h ; 12 mai-4 juil et sept, mar-ven 9h30-12h30, 14h-18h et sam-lun 14h-18h. Entrée : 7,70 € (12,50 € avec le show équestre) ; enfant 6,10 € (10,50 € avec le show équestre) ; gratuit moins de 7 ans (visite slt) ; forfait famille 24,70 € (38,60 € avec le show équestre). En visite guidée slt.* Créé en 1806 à Langonnet par Napoléon Ier, le haras est transféré 50 ans plus tard à Hennebont, sur le parc de 24 ha de l'ancien monastère de cisterciennes de la Joie-Notre-Dame. On visite les écuries, la sellerie et la forge du maréchal-ferrant. Admirables sont la prestance des chevaux de course et la puissante musculature des chevaux de trait. En plus de ces étalons magnifiques, le haras entretient une belle collection de voitures hippomobiles. Un espace muséographique présente l'histoire des haras, du cheval et des courses hippiques. Expositions temporaires et animations toute l'année (présentation des étalons...). Activités payantes (en supplément de l'entrée) : show équestre et tour à poney pour les enfants.

Le parc botanique de Kerbihan : *tte l'année. GRATUIT.* Au cœur de la ville, 10 ha réunissent des essences provenant des cinq continents.

➢ À partir d'Hennebont, belles ***balades*** le long du Blavet.

Manifestations

– ***Fêtes médiévales :*** *dernier w-e de juil. GRATUIT.* L'événement majeur d'Hennebont. Marché médiéval, joutes et tournois, troubadours, jongleurs...
– ***Pardon de Notre-Dame-du-Vœu :*** *dernier dim de sept.* Ce pardon trouve son origine en 1699, alors que la peste ravageait Hennebont et ses alentours. Les habitants s'en remirent à la Vierge Marie. La peste recula, et depuis, le dernier dimanche de septembre est jour de célébration.

DANS LES ENVIRONS D'HENNEBONT

L'écomusée industriel des Forges : *à **Lochrist.** ☎ 02-97-36-98-21. • ecomusee.lochrist@wanadoo.fr • ecomusee.lochrist.fr • Elles ont été créées en 1860 et fermées un siècle plus tard. Elles abritent aujourd'hui l'écomusée industriel des Forges. Horaires à vérifier sur le site, juin et sept : lun-ven 10h-12h, 14h-18h ; dim 14h-18h. Juil-août : lun-ven 10h-18h30, w-e 14h-18h30 ; visite guidée tlj à 15h. Mars-mai et oct-déc, pour les groupes sur résa. Entrée : 4,40 € ; réduc.* Dans un paysage démantelé, on retrouve les souvenirs de ce qui a été l'une des entreprises les plus importantes de Bretagne (elle employa jusqu'à 3 000 personnes). À travers 18 salles, le musée des métallurgistes présente un point de vue unique sur un siècle d'histoire technologique, sociale et syndicale du centre sidérurgique.

– ***Le parc d'eau vive :*** *à **Lochrist.** ☎ 02-97-36-09-27.* Base nautique sur le Blavet. Kayak, activités nautiques pour tous les goûts, tous les âges, tous les niveaux. Locations, stages assurés par des moniteurs diplômés d'État, randonnées d'un ou plusieurs jours, descente du Blavet...

La Tisserie : *rue Vincent-Renaud, à **Brandérion,** à env 7 km en direction d'Auray. ☎ 02-97-32-90-27. • la-tisserie.fr • Vac scol de Pâques, lun-ven 9h30-12h30, 14h-18h et l'ap-m des sam-dim ; juil-août, tlj 10h-19h ; mai-juin et sept, slt dim 14h-18h. Entrée : 4,80 € ; réduc.* Un « espace découverte » de petite taille, consacré aux techniques de tissage et à la tradition textile bretonne.

L'ÎLE DE GROIX [ENEZ GROE]

(56590) 2 290 hab. *Carte Morbihan, A3*

« Groix la dense, l'essentielle, la douce et la coriace... Île vivant dans son épaisseur d'île, solidité du roc et du parentage, de l'amitié, de la coutume, de l'amour... » Sous la plume magique d'Henri Queffélec nous apparaît l'île de Groix dans ce qu'elle a de plus profondément singulier. À l'évidence, ce n'est pas ici que vous trouverez la petite île tirée à quatre épingles pour dépliants touristiques. Plus d'un siècle de combat des thoniers à voile face aux terribles colères du golfe de Gascogne ont irrémédiablement façonné l'esprit groisillon (l'ouragan de 1930, et ses nombreuses victimes parmi les pêcheurs de l'île, avait plongé Groix dans un long deuil).

Inutile de vous dire que Groix la rude n'a que faire de la coquetterie tape-à-l'œil de sa cousine Belle-Île. La beauté de l'île vous sera livrée comme ça, sans emballage ni mode d'emploi. Vous allez prendre un vélo ou lacer vos chaussures et vous vous perdrez dans les petits chemins tortueux, et c'est tant mieux. C'est ainsi que vous découvrirez la gentillesse d'un Groisillon, la chaleur d'un bistrot inattendu ou la légende du trou de l'Enfer...
Puisqu'il faut quand même vous en dire un peu plus, l'île fait 8 km de long et 3 km de large. On appelait souvent les Groisillons les « Grecs », surnom qui viendrait de *grek*, le matricule des bateaux de pêcheurs de Groix.

UN PEU D'HISTOIRE

Premières traces de présence humaine sur l'île, de nombreux monuments mégalithiques sont encore visibles : dolmen de Port-Mélite, grand menhir de Clavezic, dolmen et allée couverte de Port-Saint-Nicolas, ainsi que les vestiges d'un camp gaulois à Kervedan.
Lors de la christianisation de la Bretagne, au Ve s, l'île servit de refuge aux Grands-Bretons fuyant les Anglo-Saxons. Les Vikings, eux, débarquèrent au Xe s. On a retrouvé à Locmaria, fait unique en France, une sépulture viking à barque incinérée sous un tumulus et datée. Groix était sur la route des conquérants scandinaves.
Au XIVe s, l'île est passé sous la coupe des Rohan. Le prince de Rohan affermit les terres et percevait des redevances seigneuriales.
Curieusement, ce n'est qu'à la fin du XIXe s que l'île eut un port : Port-Tudy. De 1870 à 1934, Groix fut le premier port français d'armement au thon. Avec la disparition de la pêche à la voile, la concurrence du port de Lorient et des usines espagnoles, portugaises puis marocaines, Groix se vit contrainte de se reconvertir dans le tourisme, pour le meilleur et pour le pire...

FEMMES-ARMATEURS

Les hommes étant en mer, les cordons de la bourse étaient tenus (bien serrés) par les épouses. Elles travaillaient dur et dépensaient peu. Dès 1880, les femmes investirent dans les bateaux. Grâce à elles, l'île de Groix devint le 1er port français de thoniers.

Comment y aller ?

Se reporter à la rubrique « Arriver-Quitter Lorient. En bateau pour Groix » dans le chapitre « Lorient » ; et à « Clohars-Carnoët, Doëlan et Le Pouldu. À voir. À faire... », dans la partie « Le Finistère », pour les départs depuis Doëlan.

Adresses utiles

i *Office de tourisme :* *☎ 02-97-84-78-00 (central d'appel de Lorient). • lorientbretagnesudtourisme.fr • Juil-août, lun-sam 9h30-12h30, 14h-18h30, dim 9h30-12h (horaires susceptibles d'être modifiés) ; le reste de l'année, se renseigner.* Renseignements pour la location de maisons, les voiliers, vieux gréements ou sorties en mer (pêche, croisières), les randonnées. Fournit une carte signalant où passer pour tout voir sans se perdre ! Accueil sympa.

@ *Accès Internet :* *à la médiathèque ; wifi en borne sur le port et dans beaucoup de bars.*

■ ***Distributeurs de billets :*** *au* Crédit agricole *sur la pl. du Leurhé, en haut du bourg de* **Groix,** *après l'église, à* La Banque postale *et à l'*Intermarché.

■ ***Location de vélos :*** *sur le port,* ***Coconut's*** *(☎ 02-97-86-81-57),* ***Au Vel'o vert*** *(📱 06-77-32-85-57)*

LE MORBIHAN

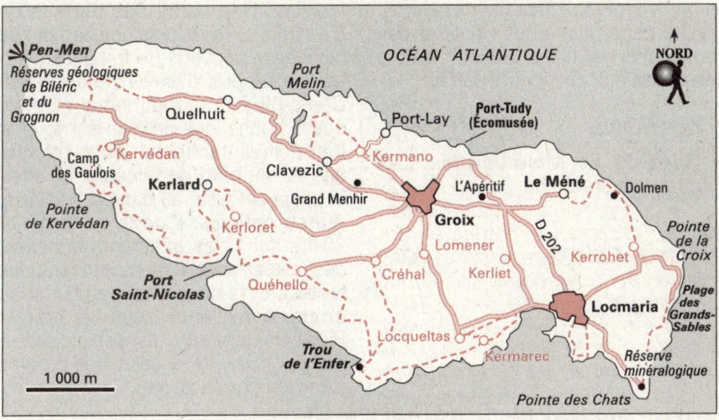

L'ÎLE DE GROIX

et ***Bikini Bike*** *(☎ 02-97-86-85-12 ; ● bikini-bike.com ●).* ***À bicyclette*** *(☎ 02-97-86-50-14). Env 18 €/j. ; vélos électriques env 25 €/j.* Vérifiez bien les vélos. L'idéal pour découvrir l'île, moyennant quelques efforts physiques. Les loueurs fournissent un antivol, des sièges bébé, des paniers, des remorques-enfants... et portent parfois les bagages jusqu'à la location.

■ ***Location de scooters et voitures :*** ***Coconut's*** *(☎ 02-97-86-81-57 ; ● coconutslocationgroix.com ●).* ***Bikini Bike*** *(☎ 02-97-86-85-12). Loc de scooters et de voitures à réserver avt l'arrivée sur l'île.*

■ ***Capitainerie de Port-Tudy :*** *☎ 02-97-86-54-62. ● groix.fr ●*

■ ***Centre nautique :*** *centre de Kerguelen plage de Port Mélite (antenne de Groix en saison), sur la plage des Grands-Sables et à l'est de l'île. ☎ 02-97-33-77-78. Ouv juil-août.* Voile, catamaran, planche à voile, kayak, etc.

■ ***Excursions en bus avec Groix Panoramique :*** *tlj en saison (moins fréquent hors saison), 1 circuit pour découvrir l'île à partir de 12 pers. 📱 06-33-84-75-38. Tarif : env 13 €, réduc.*

■ ***Transports en bus :*** *3 lignes sillonnent l'île. Ticket : env 1,40 €. ☎ 02-97-21-28-29.*

■ ***Douches et w-c :*** *sur le port.* Rénovés, coût compris dans la place de plaisance.

Où dormir ?

CAMPINGS

⛺ ***Camping municipal :*** *fort du Méné, à côté de l'AJ. ☎ 02-97-86-81-13 ou 02-97-86-80-15 (hors saison). ♿ Ouv 15 avr-30 sept. Tente en hte saison 11,50 €. CB refusées. 80 empl.* On aime bien quand c'est sauvage comme ça. Pas d'électricité, et un terrain très nature dans un environnement paisible. Sanitaires impeccables. Accueil très gentil.

⛺ ***Camping des Sables Rouges :*** *port Coustic,* ***Locmaria.*** *En saison, ☎ 02-97-86-81-32 ; hors saison, ☎ 02-99-64-13-14. ● camping.sables-rouges@wanadoo.fr ● campingdessablesrouges.com ● Ouv de mai à mi-sept. Forfait pour 2 env 19 €. Bungalows et mobile homes 4-5 pers 350-720 €/sem (possibilité w-e hors saison) selon saison.* En terrasses, avec vue sur mer ! Et accès direct à la plage. Un site d'exception pour ce camping en partie ombragé, très bien aménagé, proche de la pointe des Chats et des commerces de Locmaria (2 km). Calme aussi : pas d'animations le soir !

LOCATIONS

Chez M. et Mme Verdié : Les Grands-Sables. ☎ 02-97-86-82-64. • pverdie@les-grands-sables.com • les-grands-sables.com • *À partir de 580 €/sem pour 2 et 700 € pour 4-6 pers ; en basse saison, loc à la nuitée 110 € pour 2 pers et 180 € pour 4-6 pers ; tarifs dégressifs. Remise de 10 % en basse saison sur les nuitées slt, sur présentation de ce guide.* 2 studios mansardés, avec terrasse, et 3 appartements en rez-de-chaussée avec terrasse, face à la mer, bien équipés (cuisine, lave-linge et lave-vaisselle). Prêt de voiture (hors juil-août) pour les courses et les sorties au resto. Les propriétaires vivent juste à côté. Plage en contrebas et commerces à 2 km. Très calme. Idéal donc pour séjours prolongés.

Les Cabines Marines – Gîtes de Port-Tudy : à Port-Tudy. *Résas : 06-30-54-57-13. • pascalepoizat@yahoo.fr • cabinesmarines.over-blog.com • Tte l'année. Studios 1-4 pers (2 nuits min) 96-164 € selon saison ; gîte 5 pers env 158-202 € w-e. Petite sem et sem possibles.* Une petite structure chaleureuse et bien arrangée, dans une maison surplombant la mer et le port avec terrasse très agréable. Les logements sont judicieusement conçus, un peu comme des cabines de bateau. Cet ensemble est modulable à volonté, en solo, duo, trio, à cinq en famille ou en bande d'amis (une quinzaine), tout en gardant son intimité.

AUBERGE DE JEUNESSE

Auberge de jeunesse du fort du Méné : ☎ *02-97-86-81-38. • ilede groix@hifrance.org • hifrance.org • Prendre le sentier côtier qui mène à la pointe de la Croix. Par la route, monter à gauche du Ty-Mad et suivre le fléchage au sol. À 1,5 km du port et du bourg. Ouv avr-sept. Tarifs par pers : 13 € « en dur », draps inclus, 10 € sous tente aménagée et 7,50 € en camping. Carte d'adhérent obligatoire (7-11 €).* Insolite ! Une partie des dortoirs de 6 à 10 lits se terre dans une batterie de blockhaus couverts de fresques peintes par un prof d'université allemand. C'est plus que rudimentaire, mais quelle bonne idée de réutiliser tout ce béton malintentionné pour bricoler une AJ au bord de l'océan ! En effet, la plage est juste au bas de la falaise. Autres options : 2 dortoirs de 19 et 20 lits dans des bâtiments annexes, des nuitées sous le marabout (grandes tentes), et la possibilité de planter sa propre canadienne sous les arbres. Plusieurs cuisines à disposition, salle à manger couverte et sanitaires propres (avec douches solaires).

HÔTELS ET CHAMBRES D'HÔTES

De prix moyens à chic

Chambres d'hôtes La Renaissance : *chez Gwenola Pouzoulic, pl. du Leurhé,* **Le Bourg.** ☎ *02-97-86-54-57 ou 06-42-59-48-53. • gwenolapou zoulic@wanadoo.fr • larenaissance-groix.fr • Doubles 65-75 € ; familiales 95-125 €. Possibilité de louer la maison à la sem 1 600-1 800 €.* Dans une belle et grande maison au calme du bourg, à proximité des restos et commerces, une poignée de chambres à la déco soignée (dont une familiale et une avec terrasse, notre préférée), impeccables et tout confort. Autres avantages, la maison possède un agréable jardin clos et est intégralement réservée aux hôtes : très pratique. Accueil charmant de cette ambassadrice de son île.

Nid'Île Parcabout : le Bois-du-Grao. ☎ *02-97-86-57-61 • contact@parcabout.fr • parcabout.fr • Avr-oct. Double 96 €.* Qu'est-ce qu'un nid'île ? Un nid dans une île pardi ! Bienvenue dans de drôles de cocons en toile, suspendus jusqu'à 8 m dans les arbres, et accessibles par un réseau de filets sécurisés. À l'intérieur, un lit tout rond, une lampe, et la garantie de se réveiller avec le chant des oiseaux ! Quant aux commodités, elles sont dans un bloc à côté de la réception. Insolite et sympa comme tout.

Hôtel de l'Escale : *à* ***Port-Tudy.*** *☎ 02-97-86-56-09. • lescale.gx@gmail.com • hoteldelescale.com • Face au débarcadère. Doubles 54-64 € selon confort et saison. Remise de 10 % sur la chambre sur présentation de ce guide.* Petit hôtel bien entretenu. Toutes les chambres, simples, fonctionnelles et confortables (la suite dispose même d'un frigo et d'un micro-ondes), bénéficient d'une vue imprenable sur la mer et le port. Petit déj servi en terrasse ou dans la petite salle colorée. Accueil très sympathique et arrangeant.

Hôtel de la Jetée : *à* ***Port-Tudy.*** *☎ 02-97-86-80-82. • hotel.delajetee@orange.fr • hoteldelajetee.fr • Sur le port, dernière maison à droite en arrivant par la mer. Fermé en janv. Doubles env 69-94 € selon confort ; familiales 89-94 €.* Du charme à revendre : 8 petites chambres mignonnes et une vue géniale sur un bout de côte totalement dépeuplé. Une vraie carte postale : sur l'avant, la jetée du port, le phare et les bateaux au mouillage ; et sur l'arrière, la mer qui vient presque lécher les murs de l'hôtel par un petit passage dans la falaise. Un hôtel de bonne qualité, tenu par des gens très gentils. Le rez-de-chaussée accueille, par ailleurs, un café sympa, prolongé par le pub du fils de la maison, qui fait de l'élevage d'ormeaux. Belle terrasse pour vivre le ballet des bateaux, du port... et prendre le p'tit déj.

Hôtel La Marine : *7, rue du Général-de-Gaulle,* ***Le Bourg.*** *☎ 02-97-86-80-05. • hoteldelamarinegroix@gmail.com • hoteldelamarine.com • Fermé dim soir et lun hors vac scol. Congés : 4 nov-31 mars. Doubles 56-110 € selon saison et confort. Formule déj en sem 15 €, menus 22-35 €. Apéritif offert sur présentation de ce guide.* Le charme d'une maison ancienne, la bonne tenue de petites chambres classiques, une cuisine inspirée par la mer et les notes exotiques. Une belle adresse centrale, pour partager la vie de l'île en prenant l'apéro au bar, en terrasse ou dans le joli jardin.

Beaucoup plus chic

Le Sémaphore de la Croix : *le sémaphore. ☎ 02-97-86-86-43 ou 06-21-55-16-41. • mf.berthomier@gmail.com • semaphoredelacroix.fr • Proche de la pointe des Chats. Ouv avr-oct. Doubles en chambres d'hôtes 165-205 € selon période de la sem ; en juil-août, le Sémaphore est loué à la sem slt, 4 000-4 500 €. Café offert sur présentation de ce guide.* Vivre au temps du sémaphore dans un authentique cadre marin ! Cette belle bâtisse isolée dispose de chambres spacieuses (certaines avec accès indépendant), tout confort et décorées de façon élégante et moderne. Notre coup de cœur pour la chambre de l'officier (2e étage) avec sa grande fenêtre. Grand jardin, terrasse et jacuzzi face à la mer... Un lieu de grand charme.

Où manger ?

Crêperie Chez Sandrine : *rue Maurice-Gouronc, lieu-dit Kerfuret (en face de Mr Bricolage). ☎ 02-97-86-89-72. Ouv tlj aux vac scol, sinon fermé lun-mar. Env 11 €. Café offert sur présentation de ce guide.* Nichée dans le haut du bourg. Grimpez jusque-là, ça vaut la peine ! Une fois qu'on y est, c'est le bonheur. Cadre rustique chaleureux, intime et simple, crêpes savoureuses. Sandrine a le coup de main pour préparer une « sarrasine » (bouillie d'avoine et andouille de Guémené) ou une « pen sardine » (rillettes de sardines et échalotes). Accueil tout sourire.

L'Auberge du Pêcheur : *58, rue du Général-de-Gaulle. ☎ 02-97-86-56-92. • aubergedupecheur@aol.com • À deux pas du port en montant vers le bourg. Tlj, tte l'année. Menus 14,90 € au déj en sem, puis 21 €.* La carte fait la part belle aux produits de la mer bien travaillés, mais on y sert aussi de belles grillades. Service en salle au cadre rustique ou dans le beau jardin verdoyant, au calme à l'arrière de la maison. Bon rapport qualité-prix. Fait également hôtel *(doubles 40-65 € ; hors saison, 2 nuits payées, 1 nuit offerte sur présentation de ce guide)* et bar.

Restaurant Les Alizés : *8, rue du Général-de-Gaulle. ☎ 02-97-86-89-64. • lesalizesgroix@gmail.com • Tlj sf dim soir, plus lun et mer soir hors saison. Congés : 1 sem fin juin, 3e sem d'oct et 7-28 déc. Formule midi sem 16 € ; menu 22 €.* Tout petit resto dans le bourg, tenu par des jeunes très souriants qui s'efforcent de bien faire. Au final, c'est simple, agréable et d'un bon rapport qualité-prix. Principalement du poisson. Propose également 4 chambres d'hôtes.

Le Cinquante restaurant-cave : *22, pl. de l'Église,* **Le Bourg.** *☎ 02-97-86-51-10. • lecinquante.iledegroix@orange.fr • Ouv ts soirs en période de vac scol sf fév. Congés : janv-mars. Env 45 € à l'ardoise. 1 verre de vin à l'apéritif offert sur présentation de ce guide.* Bistrot-resto-caviste derrière l'église du bourg, le « 50 » affiche dès le matin sur une ardoise les préparations du jour, élaborées en fonction du marché et de l'inspiration. Fraîcheur garantie donc ! Poissons, fruits de mer, légumes, fruits, herbes, etc., viennent essentiellement de l'île pour une belle cuisine de saison travaillée maison. Résa conseillée pour partager une table dans la petite salle à la note rétro ! Chiens refusés.

Où boire un verre ?

Pop's Tavern : *rue de Pokado,* **Locmaria.** *☎ 02-97-86-83-95. • dbgroix@wanadoo.fr • À l'entrée de Locmaria en arrivant du bourg et de Port-Tudy. Ouv tlj.* Bar-tabac, lieu de rencontre et de vie îlienne, la *Pop's Tavern* est conviviale ! Pour partager un verre, jouer une partie de boules bretonnes (renversant et surprenant !) ou casser la croûte en toute simplicité (croque-monsieur, tartines, salades... et dégustations d'huîtres) à prix gentils. Accueil charmant et attentionné en prime. Concerts certains soirs en saison.

Où acheter de bons produits ?

Groix et nature : atelier de fabrication *Mez Ker-Port-Lay.* L'unique conserverie de l'île propose une large gamme de produits de la mer, fumés ou en conserve, fabriqués sur place. Rillettes de poisson, plats cuisinés, soupes... Vente à l'atelier de fabrication et à la boutique **Le comptoir Groix et Nature** à **Port-Tudy** *(☎ 02-97-86-52-44 ; • groix-et-nature.com • ; ouv en saison tlj sf lun mat et dim ap-m, 9h-12h, 15h-18h). Juil-août, dégustation jeu-ven 17h-18h.*

– Les 2 boulangeries de l'île proposent des *gwastels,* une spécialité groisillonne.

À voir

PORT-TUDY

Cet ancien grand port thonier abritait jadis les fameux *dundees,* magnifiques voiliers de pêche gréés en cotre à tapecul... « Les bateaux s'entassaient là-dedans à touche-touche tels des bestiaux dans la bétaillère... ah ! l'imbroglio des amarres qui se chevauchent, qui s'insinuent les unes dans les autres... confusion que nous aimons parce qu'elle est notre force... » (Queffélec).

Port-Tudy est désormais le carrefour des échanges avec le continent et abrite dans une relative exiguïté bateaux de plaisance, pinasses de pêche côtière, chalutiers et bateaux de liaison. Si Groix est une escale réputée pour les marins, c'est bien plus pour l'ambiance de ses bars que pour le charme ou le confort de son port (réaménagé).

Le bourg : Port-Tudy est le premier port breton en matière de pêche de thon blanc. Curiosité locale, sur la place centrale, au sommet du clocher de l'église Saint-Tudy, trône un superbe thon, faisant office de coq ! Ainsi placé au clocher de l'église à la place du coq gaulois, ce poisson servait à remercier le Ciel pour la générosité et la prospérité de la mer. Autour de l'église, quelques jolies maisons basses aux toits d'ardoise. Dans le cimetière, situé au bord de la route des plages, a été élevé un émouvant monument aux marins ayant péri en mer à la suite de la grande tempête de 1930. Des ex-voto témoignent de cet événement dans les chapelles de l'île.

L'écomusée de Groix : *à* ***Port-Tudy.*** *☎ 02-97-86-84-60. • ecomusee.groix.free.fr • ♿ Mai-sept, tlj 9h45-12h30, 14h-18h ; avr et oct-nov, mar-dim (fermeture à 12h et 17h) ; déc-mars, se renseigner. Entrée : 5 € ; réduc.* Visite indispensable pour qui veut comprendre cette île. L'écomusée, très riche, est installé dans une ancienne conserverie de thon de 600 m². Milieu naturel, archéologie, histoire, habitat (reconstitution d'un intérieur traditionnel, meubles et objets du quotidien), mais aussi les activités traditionnelles (agriculture, travail des femmes ; les différentes pêches, dont la pêche au thon), les grandes étapes de la vie de la naissance à la mort (jouets d'enfants en bois, belles coiffes de mariage, etc.), les lieux de sociabilité, bref, tous les aspects de la vie groisillonne y sont traités. Beaucoup de belles pièces illustrent le propos, comme différents bateaux et un canot de sauvetage. Mais l'écomusée dépasse vite les quatre murs de la conserverie et incite à découvrir par soi-même les richesses de l'île : des sentiers balisés ont été aménagés, qui conduisent aux mégalithes, au camp gaulois de Kervedan, aux chapelles, fontaines et lavoirs... Nombre d'activités sont proposées pendant les vacances scolaires (visites guidées du port, goûter du patrimoine, initiation au matelotage, pêche à pied, etc.).

DE PORT-TUDY À LOCMARIA PAR L'OUEST

Poulziorec

La côte se fait sauvage, la falaise plonge vers des flots azurs et turquoise. Au-delà du petit hameau de *Quelhuit* s'ouvre le paradis à Poulziorec. Un paradis marin qui se mérite après une vertigineuse (et dangereuse) descente escarpée. La petite plage est à vos pieds, un petit lagon de bonheur et de calme... Soyez discret, c'est notre coup de foudre sur l'île...

Pen-Men

La pointe nord-ouest de l'île est une réserve naturelle très bien gérée par Bretagne vivante (Société d'étude et de protection de la nature en Bretagne). Visites guidées possibles. *Rens à la* ***Maison de la réserve,*** *derrière la salle des fêtes, au bourg. ☎ 02-97-86-55-97.* Un paysage très sauvage, que l'association essaie de protéger en aménageant des sentiers et en informant le public. On y voit toutes sortes d'oiseaux de mer et des plantes rares, d'origine méridionale. Un minéral très particulier, la glaucophane bleue, fait la célébrité internationale du site.

Port-Saint-Nicolas

Très jolie crique au milieu des falaises, où gisent quelques barques de pêcheurs.

Le village de Kerlard

En revenant de Port-Saint-Nicolas, ne manquez pas les maisons du village de Kerlard, très représentatives de l'habitat de l'ouest de l'île ; l'une d'entre elles a été remise dans son état de 1930, afin de restituer le cadre de vie et l'activité des femmes de Groix. Intérieur typique d'une maison de pêcheur, avec des murs de chaux et un sol de terre battue, auquel s'ajoutent les commentaires des guides sur le quotidien de l'époque *(**Maison de Kerlard,** ☎ 02-97-86-84-60 ; ouv mar et ven en juil-août ; visite guidée slt, sur résa).*

Le trou de l'Enfer

Impressionnant ! Au beau milieu de la falaise de la côte sud de l'île, un gigantesque trou, une percée dantesque. Comme si une puissance titanesque, dans un instant de colère, avait donné un violent coup de hache au beau milieu de cette côte déjà hostile. Cette épouvantable fente a donné lieu à diverses légendes et à d'étonnants rites, comme ces danses aux abords du trou, destinées à chasser les mauvais esprits.

LOCMARIA

Le petit port de Locmaria, qui fut longtemps le port principal et le village le plus peuplé de l'île, est un peu à l'image de l'île tout entière : face au port, l'hostilité de l'océan ; Locmaria fait front, très peu protégé. Au fond du port, la plage de sable gris. Belle, austère, simple. Aux antipodes des évidences touristiques de la Bretagne prête à consommer. Le village, coquet mais sobre, renferme une bonne crêperie, ***L'Ocre Marine*** *(22, rue de Tromor ; ☎ 02-97-86-53-98).* Les maisons serrées les unes contre les autres, solidaires. Face à la plage, un bar et un pub.
De là, pousser une pointe jusqu'à celle des Chats, à la beauté austère, sauvage et minérale.

La plage des Grands-Sables

Objectivement sublime, cette plage est, paraît-il, la seule plage convexe d'Europe. Hors saison, c'est le rêve absolu : hors de notre vue les charters pour les Seychelles, le paradis plagesque, c'est là et nulle part ailleurs. Le sable combine toutes les nuances du grenat au blanc, et il est d'une finesse... Ah ! au fait, la plage est dans l'est de l'île, même si elle se déplace régulièrement au gré des tempêtes et des courants. Elle a même glissé de 50 m en 1998 ! Convexe et voyageuse, voilà une plage bien curieuse. En longeant la côte vers le sud, avant la pointe des Chats, vous tombez sur l'exquise ***plage des Sables-Rouges.*** Les grenats ont encore frappé. Une merveille. Au passage : tout ce secteur est recommandé pour la plongée. Dernière chose : dans un endroit pareil, on se serait volontiers passé de la construction du *VVF* sur la falaise.

L'ÎLE AUX TRÉSORS

Parmi les atours cachés de Groix, ses richesses géologiques : une soixantaine de minéraux différents, formés il y a 400 millions d'années, certains rares (comme le glaucophane bleu, couleur bleu nuit), certains très beaux. Quant à la couleur rouge de certaines plages, elle vient du grenat. Il n'en fallait pas moins pour qu'une réserve géologique soit créée en 1982.

LE MÉNÉ

Ce village est remarquable pour ses maisons traditionnelles de pêcheurs agriculteurs, maisons basses en schiste enduit, avec corniche de bois, serrées autour de la chapelle Notre-Dame-du-Calme.

À faire

➢ Une balade le long du ***sentier côtier :*** *3 circuits sont proposés, le tour de Pen-Men (10 km), le tour du trou de l'Enfer (14 km), le tour de la pointe des Chats (11 km).* Pour chacune des boucles, deux variantes permettent de découvrir l'intérieur de l'île. Parallèlement, le tour de l'île de Groix (27 km) est une extension du GR 34, le sentier des douaniers. Un balisage rouge et blanc marque l'itinéraire. Attention, le sentier côtier est interdit aux vélos et aux VTT.

➢ ***Parc d'aventure Parcabout :*** ***le Bois-du-Grao.*** *☎ 02-97-86-57-61. • parcabout.fr • Tlj pdt les vac scol, sinon slt mer et w-e ou sur résa. Env 14 €/j. ; réduc.* Rien à voir avec un accrobranche. Ici, on se balade de toiles en filets, sur un vaste réseau suspendu à bonne hauteur dans les arbres. L'avantage, c'est que les harnais ne sont pas nécessaires !

– ***Visites des entreprises :*** escargoterie, ferme des ormeaux, apiculteurs, maraîchers bio... Infos à l'office de tourisme.

Grands-Sables, Port-Mélite et Locmaria : *surveillées l'ap-m juil-août.*

Festival

– ***Festival international du Film insulaire :*** *5 j. pdt la 2de quinzaine d'août. • filminsulaire.com •* Mis sur pied par une association locale dont les membres s'investissent à fond pour faire tourner les bobines à Groix. Compétition de documentaires et de fictions venus des îles du monde entier : Irlande, Madagascar, Polynésie... Images d'archives sur le mode de vie des insulaires. Les projections se déroulent dans les salles du festival (à Port-Lay) ou au *Cinéma des familles,* le seul de Groix, datant de 1937.

Plongée sous-marine

Un site paradisiaque qui conduira vers l'extase les amateurs de vie sous-marine luxuriante. De nombreuses roches à faible profondeur et quelques belles épaves jalonnent les abords de l'île, dont le sous-marin allemand *U171* coulé – corps et biens – en 1942 par 38 m de fond. Peu poissonneuse, l'épave révèle des formes très caractéristiques (visez un peu le périscope !), ainsi qu'une ambiance particulièrement mystique. Émotion garantie autour de ce véritable sanctuaire. Paix aux marins ! À quelques encablures, au printemps, passages réguliers de requins pèlerins (plus de 4 m de long !) débonnaires, venus dévorer... le plancton en abondance. À découvrir absolument.

Club de plongée

■ ***Subagrec :*** *à* ***Port-Lay.*** *☎ 02-97-86-59-79 et 06-75-50-19-27. • groixplongee.subagrec@orange.fr • subagrec.groix.pagesperso-orange.fr • (accès partiel). Tt à fait à gauche de Port-Tudy quand on débarque. Ouv 15 mars-vac scol de la Toussaint, tlj. Résa conseillée. Adhésion club impérative (50 €). Baptême 36-47 € (plage ou bateau) ; plongée 30-34 € selon équipement ; snorkelling env 22 € ; forfaits dégressifs à partir de 10 plongées. Réduc sur les plongées pour les moins de 18 ans.* Ce club *(FFESSM)* dispose de deux bateaux rapides pour acheminer ses plongeurs – en petits comités – sur les différents spots à explorer. Baptêmes (sur le joli site appelé Poulziorec, notamment), formations jusqu'au niveau III, snorkelling encadré et initiation à la biologie marine (ils font même des découvertes, comme une espèce rare d'éponge carnivore !). Équipements complets fournis.

AUTOUR DE LA RIA D'ÉTEL

À deux pas de la côte et de ses estivants se trouve un *aber* (mot celtique indiquant une avancée étroite de l'océan dans les terres, tout comme les fjords scandinaves, et qu'on appelle aussi *ria* – mot galicien) qui étale ses charmes entre ciel et terre, et rivalise de beauté, de paix et de lumière avec ses orgueilleux voisins. La ria d'Étel présente, une multitude de sites, dont on vous signale ici les plus remarquables.
Le routard un tantinet curieux observera la végétation originale. Sur un sol de granit imperméable, l'eau stagne partout en hiver. L'ajonc aux deux floraisons et le genêt constituent une lande riche. Les murets de pierre sèche abritent la bruyère, les digitales étalent leur pourpre, les ormes et les chênes résistent à la prolifération des pins maritimes. La Société d'étude et de protection de la nature en Bretagne (SEPNB) – encore elle, merci – a remarqué la présence de l'*Eryngium viviparum*, une plante très rare qui ne pousse que dans les terrains maritimes piétinés par les vaches. On s'emploie maintenant à protéger les prés humides où cette petite herbe précieuse survit. On vous l'avait dit, la ria d'Étel est pleine de ressources... et pas seulement de parcs ostréicoles.

ÉTEL [an intel] (56410) 2 410 hab. *Carte Morbihan, B3*

Surprenante, la ria d'Étel ! C'est le plus bel exemple de ce qu'on appelle « une ria en bouteille ». Elle est étroite à l'embouchure, où se forme une méchante barre, et évasée en aval, avec de multiples bras de mer où logent les chantiers ostréicoles. Le pont Lorois franchit majestueusement ce bras de mer, et on a un spectacle permanent, variant avec la marée, le ciel, les saisons. C'est l'un des plus beaux sites de la côte bretonne, loin des évidences balnéaires de la région.

Adresses et info utiles

Syndicat d'initiative : *pl. des Thoniers. ☎ 02-97-55-23-80. • etel-tourisme.com • Juil-août, lun-sam 9h30-18h30, dim 10h-14h ; le reste de l'année, 9h30-12h, 14h-17h30 (fermé lun et mer avr-juin et sept, dim-lun oct-mars).*

Compagnie des Îles Navix : *☎ 02-97-46-60-00. • navix.fr • Départ de la pl. des Thoniers. De mi-avr à sept ; l'été, tlj sf dim (3 départs/j). Tarif : env 18,50 € ; réduc. Durée : 1h30. Parking gratuit à proximité. Réduc de 10 % sur présentation de ce guide.* Croisière commentée sur la ria d'Étel, cette autre petite mer intérieure qui vaut le détour.

Cercle nautique : *rue de la Barre. ☎ 02-97-55-21-26. • cercle-nautique-etel.fr • Tlj sf w-e. Loc de matériel pdt les vac scol.* Catamaran, Optimist, planche à voile et fun-boat. Tous niveaux. Stage d'initiation sur le plan d'eau et de perfectionnement sur la ria.

– **Marchés :** *mar mat tte l'année et ven en nocturne (18h-22h) juil-août.*

Où dormir ? Où manger dans le coin ?

Campings

Camping du Moulin des Oies : *21, rue de la Côte. ☎ 02-97-55-53-26. 📱 06-81-88-17-76. • moulindesoies@wanadoo.fr • lemoulindesoies.com • ♿ Accès : par la N 165 ou la D 22, en bordure de la ria d'Étel, pas loin de Saint-Cado. Ouv avr-sept. Prix* *tente : 15,70-17,10 € selon saison. Loue aussi des mobile homes et des caravanes : 280-653 €/sem. 90 empl. Réduc : - 5 % sur présentation de ce guide.* Un joli petit camping familial aux emplacements bien verts et agréables. Idéal pour les amateurs de calme et de pêche. Bassin d'eau de mer aménagé pour la baignade et le bain de soleil, avec sa miniplage et ses transats. Salle de billard, TV et lecture. Ambiance détendue. Piscine.

Camping de Saint-Cado : *3, rue du Pen-Perleieu. ☎ 02-97-55-31-98. 06-17-20-27-71. • info@camping-saintcado.com • camping-saintcado.com • Ouv avr-sept. Prix tente : 10,50-14,50 € selon saison. Loc de mobile homes : 219-599 €/sem pour 4-6 pers selon confort et saison ; possibilité w-e. Prix caravane : 80,50-108,50 €/sem. 117 empl.* Joli camping peinard et pas cher, face à l'île pour profiter pleinement du site. Accès direct à la ria d'Étel.

Camping municipal d'Étel : *rue de la Barre, au bord du « goulot » de la ria, près de la gendarmerie. ☎ 02-97-55-33-79. • etel.camping@orange.fr • campingdetel.fr • Ouv de mi-avr à sept. Forfait 2 pers 17 €. Mobile homes 219-525 €/sem selon période.* Décidément, les environs d'Étel comptent de sympathiques campings : site rêvé, sur une hauteur pelée exposée au vent pour ne pas oublier où l'on est. Pour le reste, confort rudimentaire, peu d'ombre et encore moins d'intimité.

De bon marché à prix moyens

Chambres d'hôtes L'Escale de la Ria : *9, rue Amiral-Schwerer. ☎ 02-97-29-06-31. • domledivenah@orange.fr • etel-escaledelaria.com • Double 65 €.* Embarquez pour une des 5 îles du golfe qui donnent leur nom aux agréables chambres (« Hoëdic » est un peu plus petite) de cette grande maison néo-bretonne au fond de son jardin. Une adresse confortable, idéalement située dans une rue calme à deux pas du centre. Accueil charmant.

Le Chat qui Pêche : *2, cours des Quais. ☎ 02-97-55-24-70. Tlj l'été ; fermé lun hors saison. Repas env 20-25 €.* C'est le café des copains d'Étel, à la fois bar, bistrot et caf'conc', où l'on commente l'actualité en détaillant l'expo du moment, avant de s'attabler en terrasse : poisson du jour grillé, pièce de viande, mais aussi de grosses salades ou des tartines. Glaces artisanales et desserts maison. Ambiance décontractée, un rien bohème, et nettement plus festive les soirs de concert *(ven et sam l'été ; moins fréquents sinon).*

Le Bistrot à Thon : *6, ruelle des Quais. ☎ 02-97-55-32-50. • lebistrotathon@hotmail.fr • Dans une ruelle qui monte à partir de la pl. des Thoniers. Fermé lun (plus dim soir hors saison). Congés : 10 j. en juin et 4 sem après le 11 nov. Repas env 23 €.* Une atmosphère de bon « thon » règne dans cette salle sans chichis. Le tour du monde en 80 recettes de thon différentes, dont une grosse douzaine disponible chaque jour. Sympa et original. C'est d'ailleurs l'une des adresses préférées des locaux dans le secteur.

De prix moyens à chic

Le Trianon : *14, rue du Général-Leclerc. ☎ 02-97-55-32-41. • hotel.letrianon@wanadoo.fr • letrianon56.com • Dans la rue principale. Resto fermé lun midi. Congés : janv. Doubles 60-120 € selon saison et confort. Menus 25-38 €. Parking clos.* Derrière la façade rose, ou dans la maison au fond du jardin, des chambres colorées à la déco façon bonbonnière (salles de bains datées cependant). Bien tenu et au calme. Resto traditionnel sur place (ne pas venir trop tard).

À voir. À faire

Le musée des Thoniers : *3, impasse Jean-Bart. ☎ 02-97-55-26-67. Ouv Pâques-sept mar-ven 10h-12h, 14h-18h, w-e 14h-18h (téléphoner avt) ; également aux vac scol de fév et fêtes de fin d'année. Entrée : 5 € ; réduc.* La mémoire d'un port et de sa ria, dont la pêche au thon fit la richesse, est conservée ici, au travers d'objets marins et terrestres. Outils de navigation, maquettes (dont une réalisée avec pierre et mortier !), projection de films, reconstitution d'une cabine de chalutier-thonier, etc. Tous les ans à Noël, exposition de crèches maritimes (concours national).

– ***Avis aux pêcheurs :*** Étel est une sorte de Mecque de la pêche. Le bar, entre autres, est l'une des cibles privilégiées des fines gaules du coin. À vos cannes, donc...

➢ ***Le sentier Le Bignac*** part en bas du pont Lorois (sur la commune de Belz) et longe la côte jusqu'à Étel en passant par Port-Niscop, le pont du Sach... 3,5 km aller (facile). Fortement conseillé aux amateurs d'oiseaux marins et admirateurs de la nature. Étel est aussi le point de départ de plusieurs chemins pédestres et d'un chemin cycliste (autour du plan d'eau).

Fête

– ***Fête du Thon :*** *2e dim d'août.* Thon grillé à gogo, défilé de « chars », feu d'artifice, orchestre... Ambiance conviviale sur le thème du thon. Ah ! l'aventure...

DANS LES ENVIRONS D'ÉTEL

L'île de Saint-Cado : voici une perle rare qu'il faut absolument aller voir au soleil couchant... en amoureux romantiques. Située au milieu de la ria, l'île est reliée au continent par un pont de pierre qu'un certain saint Cado, un peu gourou sur les bords, aurait construit au VIe s pour que ses groupies viennent le voir sans s'enfoncer les pieds dans la vase. Les bases d'une *chapelle* furent jetées au XIe s, puis complétées tardivement, aux XVIe et XIXe s. L'intérieur n'a rien de spécialement remarquable, mais il faut avouer qu'on imaginerait mal Saint-Cado sans sa chapelle : c'est elle qui donne le ton, qui semble présider à la destinée de la petite île. Laquelle est aussi ravissante à marée basse, quand les parcs à huîtres se découvrent, qu'à marée haute, lorsqu'elle se retrouve cernée par les eaux de la ria. La personnalité de ce petit bout de terre nous a charmés : chaque maison possède son propre tempérament. Saint-Cado abritait au XVIIe s le port des « pressiers de sardines », qui resta le plus grand port sardinier de la ria jusqu'à ce que l'ostréiculture prenne le dessus, vite rejointe et dépassée par le tourisme. La balade s'impose, mais ne vous attendez pas à faire la visite tout seul...

La barre d'Étel : mérite le détour. De part et d'autre, la plage est franchement très belle, et le spectacle des vagues soulevées par la barre est, selon la marée, très étonnant. Cette barre a ceci de vicieux et de particulier qu'elle bouge sans cesse : un jour ici, le lendemain là, suivant la position d'un banc de sable toujours en mouvement. Sachez que le danger est réel pour les marins qui, pour la franchir, doivent souvent faire appel à Josiane Pené – seule sémaphoriste civile en Europe, fidèle au poste depuis des lunes, salut à toi, Josiane ! En dehors du code maritime, elle a plein d'histoires à raconter. Tenez, par exemple, celle du Dr Alain Bombard, dont le Zodiac a chaviré là. Le génial inventeur s'en tira, mais pas les sauveteurs ou accompagnateurs. Bilan : neuf morts ! Quand on vous dit que ça ne rigole pas, la barre d'Étel...

NAUFRAGÉ POLITIQUE

Le Dr Bombard a tenu pendant 113 jours, seul en mer, sans eau ni nourriture. Il voulait démontrer qu'en suivant certaines règles, on pouvait survivre... En revanche, son expérience politique fut plus houleuse. En effet, il résista à peine 30 jours au gouvernement en tant que ministre de l'Environnement, en 1981.

ERDEVEN [an ardeven]

(56410) 2 610 hab. *Carte Morbihan, B3*

Station balnéaire assez classique et sympathique, ni trop abîmée ni trop snob. De très jolies plages avec de belles vagues, juste comme on les aime. *An Ardeven* (« sur la dune », en breton) garde, pour cause de servitude militaire, les plus vastes espaces libres en bord de mer de Bretagne Sud. Exposées sud-ouest, face à la houle de l'océan, ses plages présentent l'avantage d'être un bon spot de funboard et même de surf quand la météo est au rendez-vous (l'onde atlantique est prise dans les filets du bel arc de cercle formé par la côte d'Erdeven et son prolongement vers la presqu'île de Quiberon). Elles sont labellisées « Pavillon bleu d'Europe » depuis 1997...

Adresse et info utiles

Office de tourisme : *7 bis, rue Abbé-le-Barh. ☎ 02-97-55-64-60. • ot-erdeven.fr • En juil-août, lun-sam 9h-19h et mat des dim et j. fériés ; le reste de l'année, lun-sam, horaires restreints.* Cartes de randos et topoguides sur la région, documentation sur toute la ria. Organise toutes sortes de visites guidées et d'animations en saison (concerts, danse...).

– **Marchés :** *en saison slt, lun en nocturne 18h-22h30 et jeu mat.*

Où dormir ? Où manger ?

Campings

De nombreux campings, près de la plage ou dans la campagne. Attention, celui de la plage est bruyant.

De bon marché à chic

Hôtel-restaurant des Voyageurs : *14, rue de l'Océan. ☎ 02-97-55-64-47. • hotel-voyageurs-56@wanadoo.fr • hotel-voyageurs-56.com • Au centre du bourg. Congés : oct-mars. Doubles 53,50-59,50 €. Menus 14-32 €. Apéritif offert sur présentation de ce guide.* Une petite affaire familiale où il fait bon faire une halte. Cuisine régionale traditionnelle sans prétention mais d'un bon rapport qualité-prix. Même constat pour les chambres. Atmosphère calme, simple et sympathique. Accueil agréable.

Résidence prestige Le Château de Keravéon : *56410 Erdeven. ☎ 02-97-56-77-23. • chateau.keraveon@odalys-vacances.com • Fermé en janv. À partir de 65 € la nuit pour un 2-pièces 4 pers (linge fourni, lits faits à l'arrivée et ménage quotidien inclus).* À 9 km de Carnac et 13 km de La Trinité-sur-Mer, au cœur d'un parc de 70 ha abritant un superbe château du XVIIIe et un donjon du XVIIe s qui servait autrefois d'amer. 28 appartements de grand confort et 6 appartements aménagés dans l'Orangerie. Piscine chauffée juin-septembre. Une adresse coup de cœur et pleine de charme, pour jouer au châtelain, dans un cadre enchanteur !

Maison d'hôtes Ker-Ysta : *Le Manémeur, 56410 Erdeven. ☎ 02-97-55-97-20. • contact@ker-ysta.fr • ker-ysta.fr • Compter 75-85 € pour 2, 120-130 € pour 3-4 pers. Table d'hôtes sur résa (sf mer et dim) 28 €.* Une belle longère du XVIIe s, un jardin fleuri et des chambres aménagées dans les anciennes fermes du château de Kéravéon. Chacune d'elles possède un accès indépendant. Le granit est omniprésent, magnifié par de doux tons de beige et de violet ou d'ardoise, pour une ambiance tout à la fois moderne, intemporelle, rustique et douillette. L'esprit breton est cultivé ici avec art, élégance et simplicité... On adore.

Où manger dans les environs ?

|●| *La Crêperie du Manoir de Kercadio :* *au manoir de **Kercadio,** sur la route de Ploëmel. ☎ 02-97-55-64-67. En principe, tlj en juil-août ; Pâques-juin et sept, slt w-e et j. fériés. Formules 9,50-13,50 € ; sinon, env 14 €. Kir breton offert sur présentation de ce guide.* Dans un superbe manoir du XVIIe s. Le cadre est exceptionnel avec sa salle aux murs tapissés de boiseries et sa cheminée d'époque. À moins que vous ne préfériez vous restaurer près de l'âtre et de l'ancien four à pain. Aux beaux jours, des tables sont dressées dans le jardin clos, à l'ombre du grand magnolia.

À voir. À faire

Nombreux ***monuments mégalithiques,*** dont les importants ***alignements de Kerzerho,*** à l'entrée du bourg en venant de Plouharnel.

8 km de ***plages.*** Celle de ***Kerhillio,*** qui s'étire sur 6 km, et celle de ***Kerouriec*** sont surveillées en juillet-août. Plage naturiste de ***Kerminihy*** à l'entrée de la ria d'Étel.
– Outre le ***funboard*** et le ***surf,*** possibilité de pratiquer ***char à voile, kitesurf, voile, équitation, golf, etc.*** *Rens à l'office de tourisme.*
– Pour découvrir le ***kayak de mer,*** contacter le ***Cercle nautique de la Ria d'Étel :*** *☎ 02-97-55-21-26.*

➢ ***Randonnées à vélo et à pied*** autour de la commune. On compte près de 85 km de sentiers de randonnées cyclo-pédestres. L'office de tourisme vend une brochure très bien faite sur ces sentiers.

PLOËMEL [plenver]

(56400) 2 080 hab. *Carte Morbihan, B3*

Petite commune rurale partagée entre les champs, les bois de pins maritimes et la lande. Ploëmel est située sur la D 105 entre Auray et Erdeven. La ligne de chemin de fer Auray-Quiberon y fait une halte.

Où dormir dans les environs ?

|●| *Dihan – cabanes dans les arbres, yourtes mongoles et chambres d'hôtes :* *à Kerganiet, 56400 Ploëmel. ☎ 02-97-56-88-27. • contact@dihan-evasion.org • dihan-evasion.org • Accès fléché à l'entrée du village ; D 105 vers Erdeven. Réception 16h30-19h30. Fermé de mi-nov à mi-fév. Selon période, pour 2, avec petit déj : cabanes perchées 145-158 € selon taille ; yourte, roulotte 95-108 € ; chambre d'hôtes 65-78 € ; tentes suspendues (bulles) 85-98 €. Table d'hôtes sur résa 30 €. Panier pique-nique 30 €/pers. Loc de vélos, sauna, massages, hammam (payant). Apéritif offert sur présentation de ce guide et 10 % sur la 2e nuit hors vac scol, w-e et j. fériés.* Faire une pause ! *Dihan* en breton ! Pour vivre une expérience de « tourisme durable » à quelques mètres du sol dans l'une des cabanes perchées, de 5 à 10 m (montée avec baudrier), dans l'une des tentes suspendues (bulles transparentes, façon belle étoile !) ou au ras du sol (2 confortables et spacieuses yourtes colorées). Le confort des cabanes est sommaire mais suffisant : pas d'électricité, un chauffage d'appoint au gaz et des toilettes sèches ! Quant aux tentes, elles ont accès à des toilettes à proximité. Et les douches ? Pour tout le monde, direction le bâtiment d'accueil, pas tout près mais nickel. Rustique donc, mais c'est la vie dans la nature, couette naturelle fournie ! Si vous hésitez, il reste les chambres d'hôtes dans la longère ou une roulotte pour jouer jusqu'au bout la vie de bohème. Superbe cadre en bordure de forêt, avec une petite mare près de la fontaine romaine (pour les 2 cabanes basses). Remise en forme, spa nature, stages artistiques, initiation au kite, au paddle (debout sur une planche avec pagaie) dans la ria d'Étel et promenades à cheval complètent ce retour à une vie simple au grand air. Accueil sympa d'un couple dynamique qui propose une table d'hôtes à la savoureuse cuisine métissée : mauricio-indienno-bretonne.

Chambres d'hôtes Les chaumières de Kérimel, chez Nicolas Malherbe : *au hameau de* ***Kérimel.*** *06-83-40-68-56. • chaumieres.kerimel@wanadoo.fr • chambres-kerimel.com • De Ploëmel, prendre la direction d'Erdeven ; le hameau est un peu plus loin sur la droite, à env 1,5 km. Doubles 88-113 € selon saison, petit déj bio inclus. Table d'hôtes 20 €. Un produit maison (jus de pomme ou pot de confiture) offert sur présentation de ce guide.* En pleine campagne, dans une belle ferme bretonne du XVIIIe s restaurée avec goût, on est accueilli par un jeune propriétaire tout sourire et dynamique, qui s'efforce de recevoir au mieux ses hôtes. Il organise, par exemple, des soirées crêpes à volonté. Très convivial ! Quant à l'hébergement, il comprend des parties communes pleines de caractère et des chambres au charme rustique indéniable, de très bon confort, avec accès indépendant. Beau jardin. Une bonne adresse.

Où manger ?

Restaurant Au Vieux Logis : *en face de la gare. 02-97-56-82-92. Ouv tlj le midi slt. Congés : 15 j. fin août. Menus 12 € en sem, 25 € w-e ; carte 26 € env. Apéritif maison offert sur présentation de ce guide.* En été, essayez leur spécialité, un excellent et très copieux couscous de la mer. Ce restaurant tout simple mais convivial propose une nourriture réparatrice d'un bon rapport qualité-prix. Ici, pas de chichis, on sort repu et satisfait. Ambiance café du commerce, où les débats entre habitués vont bon train. Service efficace et souriant.

À voir

À noter, le ***golf de Saint-Laurent,*** superbement tracé dans un paysage de chênes et de pins.

Intéressante aussi, la jolie ***chapelle de Locmaria,*** du XIVe s, récemment restaurée avec amour par les habitants du coin. Le caveau seigneurial abritait le chevalier de Broërec'h qui, au sein de l'armée bretonne, aida le roi de France Philippe VI de Valois à repousser les Anglais en 1340.

Pour profiter de la nature, ou pour un pique-nique, le ***parc Marie-Bogad*** s'étend autour d'un étang, avec bancs, parcours santé, tables et w-c. Accès fléché à 2 km du centre du village, sur la route d'Erdeven.

LOCOAL-MENDON [lokoal-mendon]

(56550) 2 220 hab. *Carte Morbihan, B3*

Ce village possède – qui l'eût cru ? – 40 km de littoral sur la ria d'Étel. Là, niche une faune variée de canards, hérons et cormorans.

Où dormir ? Où manger à Locoal-Mendon et dans les environs ?

Gîte d'étape au Manoir de Kerambourg : *à **Landaul** (56690). ☎ 02-97-24-62-29. 10 €/pers.* Belle surprise que ce gîte d'étape dans un si beau manoir niché dans la verdure. Ancienne seigneurie du XIVe s ayant appartenu aux Malestroit, le château fut rasé par les ligueurs au XVIe s et remplacé par le manoir actuel, construit sur les anciens communs. Heureux veinard ! Mais si l'adresse fleure bon l'histoire, le confort aussi ! Il faut se contenter d'un grand dortoir de 19 lits sous les combles, du genre très rudimentaire, et de 2 w-c, 2 lavabos et 2 douches (un peu juste quand même). Possibilité de faire sa cuisine. Accueil très sympathique et érudit.

La Petite Presqu'île : *16, rue du Coedo, 56550 Locoal-Mendon. ☎ 02-97-81-20-98. 06-84-59-45-97. • info@la-petite-presquile.com • la-petite-presquile.com • Dans le village de Locoal, juste après l'église. Doubles 56-64 € ; quadruples 80-84 € ; petit déj 6 €. Café offert sur présentation de ce guide.* Ce couple adorable a réalisé un rêve : créer un lieu en harmonie avec la nature, propice au repos, à l'inspiration et à la création. Le bâtiment déjà : bioclimatique, il a été réalisé avec des produits naturels et fonctionne avec des panneaux solaires et une chaudière à granulés de bois. C'est esthétiquement réussi, et les chambres modernes se révèlent lumineuses et très confortables. Également, la maison n'a pas oublié les 4 handicaps. Quant à la détente, elle est garantie par une vaste terrasse panoramique, et un beau jardin qui dégringole jusqu'à la ria où l'on peut embarquer sur un canoë. À moins de préférer louer un vélo. Côté création, si on le souhaite, on a le choix entre différents séjours à thèmes originaux. Génial !

Talvern : *Talvern, 56690 **Landévant.** ☎ 02-97-56-99-80. • talvern5@gmail.com • chambre-morbihan.com • De Landévant, D 24 vers Baud puis très vite à droite (panneau). Doubles 70-83 € ; familiales 126-130 €. Table d'hôtes 25 €. Remise de 10 % sur la chambre oct-juin sf j. fériés sur présentation de ce guide.* Cette belle adresse de l'intérieur des terres ne manque pas de bons arguments : d'abord, la séduisante longère renferme des chambres joliment aménagées et de bon confort (les familiales comprennent 2 chambres et une salle de bains impeccable) ; ensuite, le maître des lieux est un ancien chef qui soigne sa table d'hôtes. Autant dire qu'on se sent bien. Et puis la côte n'est pas si loin finalement !

Chambres d'hôtes L'Arbre Voyageur : *Ty Er Chir, 56550 Locoal-Mendon. ☎ 02-97-55-32-71. • contact@larbrevoyageur.com • larbrevoyageur.com • Doubles 85-120 € selon saison. Table d'hôtes 35 € (sur résa, tt compris). Apéritif offert sur présentation de ce guide.* Dans un coin de campagne verdoyant et boisé, 5 très belles chambres d'hôtes contemporaines, fonctionnelles et tout confort (salles de bains soignées et certaines avec accès indépendant). Notre préférence pour « Bois de santal » avec sa terrasse face à la piscine (couverte). Copieux petit déj et table d'hôtes de qualité à partager avec Thierry et David, hôtes attentionnés. Situation idéale et centrale pour les sites touristiques du Morbihan.

Où acheter des produits de qualité ?

Le Jardin de Kerblaye : *chez Daniel et Guermia Roedelof, au lieu-dit **Kerblaye,** sur la route du Verdon. ☎ 02-97-24-61-83. Ouv slt le ven ap-m (ou mar sur résa).* On a tout testé (ou presque !) : fruits, légumes et fleurs (bleuet, fleurette de jardin et la rose Pierre-de-Ronsard). Ici, on cultive son jardin avec le sourire. Accueil amical garanti.

À voir. À faire

➢ Ne pas manquer de se balader le long de la ***ria d'Étel*** pour observer sa riche faune (canards, hérons, cormorans).

À découvrir aussi, les ***trois croix*** du village *du* ***Moustoir,*** la ***croix de Pen-er-Pont,*** sur l'isthme de Locoal, le porche et le chevet de l'***église paroissiale de Mendon.***

La « cache » de Cadoudal, creusée dans les talus de l'île de la Forest, n'est plus accessible (propriété privée), mais on trouve au ***cimetière de Locoal*** d'émouvants vestiges de la guerre des Chouans, avec, entre autres, la tombe des courriers de Cadoudal.

DANS LES ENVIRONS DE LOCOAL-MENDON

La chapelle de Locmaria : *à* ***Landévant.*** Son chevet est éclairé par une splendide fenêtre rayonnante. On remarquera aussi une petite colonne à chapiteau dorique et tailloir sculpté de masques du XVe s ; des statues anciennes ornent une galerie.

À l'endroit précis où la rivière de Kergroix se jette dans la ria d'Étel subsiste un ***moulin à marée*** dont on voit encore l'énorme roue de 6 m de diamètre plonger ses palettes dans le « coursier ».

PLOUHINEC [pleheneg]

(56680) 4 200 hab. *Carte Morbihan, B3*

« La Petite Plaine » est une terre riche où l'on cultive des primeurs. La Côte Sauvage dispose d'immenses plages vierges. Ne manquez pas de descendre vers le *port de pêche du Magouër,* juste en face du port d'Étel. Suivez les panneaux « Vieux passage » et vous parviendrez à ce havre royalement paisible.

VOUS PRENDREZ BIEN DU JEGADO ?

L'une plus grandes sérial killeuses de l'histoire est née à Plouhinec en 1803. Excellente cuisinière, employée comme domestique, Hélène Jegado empoisonnait ses victimes en glissant de l'arsenic dans un délicieux gâteau qui porte aujourd'hui son nom. Condamnée à mort pour 5 victimes officielles, on lui en prête en réalité plus de 60 dans le Morbihan et à Rennes, où elle fut guillotinée en 1852 !

Où dormir à Plouhinec et dans les environs ?

Chambres d'hôtes, chez Léa Le Baron : *1, impasse de Kercam, à Plouhinec. ☎ 02-97-36-76-60. En face du cimetière. Double 50 € avec ou sans sdb privée. Gîte 4 pers env 250-350 €/sem. Far breton et cidre offerts sur présentation de ce guide.* Un quartier calme, à proximité du bourg et à 2 km des plages. Chambres simples, apaisantes, avec sanitaires en commun. Dans une grosse villa coquette, cernée de fleurs et de plantes aromatiques, avec un jardin de passionnée à l'arrière. Hôtesse d'une grande amabilité.

Maison des peintres : *Kervigny, 56700 **Sainte-Hélène-sur-Mer.** ☎ 02-97-36-78-26. • myo.weber@wanadoo.fr • kervigny.pagesperso-orange.fr • 2 gîtes 2-3 pers 258-597 €/sem selon saison. Apéritif ou café offert sur présentation de ce guide.* Sur un chemin calme qui conduit à la mer, un couple d'artistes peintres a restauré cette maison de pêcheur. Gîtes confortables, rénovés dans le concept de tourisme durable, avec des matériaux écologiques. L'un d'entre eux a d'ailleurs obtenu le label « Écogîte ». Petits nids chaleureusement décorés, avec jardins de plantes médicinales et aromatiques ou fleurs, parmi les oiseaux (c'est un refuge LPO) pour partager la convivialité de Maryvonne et Jochen.

Où boire un verre ? Où écouter de la musique ?

_Le C'T'AC' :_ *46, rue du Pont-Lorois. ☎ 02-97-85-70-58. Sur la D 16 en venant de Plouhinec. Tlj sf lun, 17h-1h ou 2h.* Une baleine et un phare artistiquement peints en façade, une porte avec hublot que l'on pousse pour se retrouver dans une chaude ambiance. Terrasse côté route et côté jardin. Pendant les concerts, clients de tous âges et patrons assurent une ambiance étonnante. Sourire offert !

LE PAYS DU ROI MORVAN

Avant la création des départements en 1790, les trois cantons de Guémené-sur-Scorff, Le Faouët et Gourin appartenaient à deux territoires différents, séparés par le fleuve Ellé. Le Pays pourlet, à l'est, était rattaché au diocèse de Vannes, tandis que la partie ouest dépendait du diocèse de Quimper. Depuis, ce pays a été renommé Pays du roi Morvan.
Cette région, traversée par la route Roscoff-Lorient, présente un paysage boisé, très vallonné, parcouru par des rivières et semé d'étangs. Quand on se souvient que la basse Bretagne a été une région riche aux XVIe et XVIIe s, on ne sera pas surpris de découvrir tant de beaux monuments, surtout des chapelles et des manoirs. C'est aussi la partie de Bretagne, particulièrement autour de Gourin, depuis laquelle le plus grand nombre de Bretons sont partis émigrer, essentiellement vers l'Amérique du Nord.

➢ Procurez-vous dans l'un des offices de tourisme du secteur la brochure *(gratuite)* ou le livret *(payant)* recensant les plus belles ***sablières*** du secteur. Il s'agit de pièces de charpente richement sculptées entre le XVe et le XVIIe s. Ces poutres ornées, polychromes et aux motifs naïfs et complexes, sont splendides. On en retrouve dans toutes les églises et chapelles du Pays du roi Morvan. Une « route » a été mise en place, on vous encourage à la suivre... *Visites guidées en été.*

LE FAOUËT [ar faoued]

(56320) 2 900 hab. *Carte Morbihan, A1*

Voilà le théâtre des exploits de « la Marion », un chef de brigands morbihannais des années 1750. Autant vous dire que ce village est chargé

d'histoire et aussi fort riche en monuments. Plusieurs églises et chapelles parmi les plus belles de Bretagne dans la campagne alentour. Rien d'étonnant, dès lors, que peintres et artistes y convergent en nombre. On y trouve une magnifique halle, et plusieurs activités de loisirs font de la ville un bon point de départ pour visiter le nord-ouest du Morbihan.

LA BOURSE OU LA VIE !

Marie-Louise Tromel, native du Faouët, est restée dans la légende comme chef de brigands. Mendiante et vagabonde, elle devient chef de bande à l'âge de 18 ans, promettant de ne jamais faire couler le sang. Au plus fort de la famine, cette Robin des bois bretonne ira même jusqu'à partager son butin avec les plus démunis, forgeant ainsi sa réputation de brigande au cœur d'or. Maintes fois arrêtée, maintes fois relâchée (ou évadée), elle sera finalement pendue à Quimper... Elle avait 38 ans.

Adresse utile

Office de tourisme du Pays du roi Morvan : *3, rue des Cendres. ☎ 02-97-23-23-23. • tourismepaysroimorvan.com • Près des halles. Ouv lun-sam 9h-13h, 14h-18h et mat dim et j. fériés en juil-août ; mar-sam 10h-12h30, 14h-17h30 le reste de l'année.* Topoguides de randonnée. Propose des balades autour de la ville. Très bon accueil.

Où dormir ? Où manger ?

Camping

Camping municipal de Beg-er-Roch : *au bord de l'Ellé, route de Lorient. ☎ 02-97-23-15-11. • camping@lefaouet.fr • ou • camping.lefaouet@wanadoo.fr • campingbegerroch.jimdo.com • Ouv mars-fin sept. Prix tente : 8,40-11,60 € selon saison. Également des mobile homes : 216-425 €/sem. 65 empl.* Des emplacements bien situés, considérés comme les meilleurs en Bretagne centrale. Jeux pour enfants, minigolf, pataugeoire, billard et half-court.

De bon marché à prix moyens

La Croix d'Or : *9, pl. Bellanger. ☎ 02-97-23-07-33. • contact@lacroixdor.com • lacroixdor.com • Devant les halles. Resto fermé dim soir, lun et jeu soir (sf pour les pensionnaires). Double 55 € ; familiales 69-90 €. Menus 17 € (midi en sem)-23 €.* Derrière la façade de cette maison bourgeoise de 1877 se cache un petit hôtel entièrement rénové, ce qui lui a permis de décrocher au passage une 3e étoile. Chambres au style contemporain épuré, que les moelleuses couettes rendent accueillantes. Fait resto. Accueil fort aimable.

Crêperie La Sarrasine : *1, rue du Château. ☎ 02-97-23-06-05. • creperie.la.sarrasine@wanadoo.fr • Près des halles. Tlj sf lun et mar soir. Env 12-18 €.* Kig ha farz *le jeu midi sept-avr.* Joli cadre rustique, avec salle à l'étage. Accueil poli. Un bon choix de crêpes à des prix raisonnables.

Où dormir dans les environs ?

Gîte de Barregant : *à* ***Barregant.*** *☎ 02-97-23-24-18. • noellechristien@hotmail.fr • Du Faouët, direction Plouray ; à 2 km, Barregant est indiqué sur la droite ; c'est tt au bout ; entrée sur la droite entre la grosse maison blanche et la grange. Sur résa. 22 lits répartis en 2 dortoirs 13 €/pers. Table d'hôtes 15 €. Panier-repas sur demande env 9 €.* Ce gîte a le mérite de se trouver le long de sentiers. Lits superposés un peu serrés. Sanitaires bien tenus (2 douches et 4 lavabos). Grande salle commune sympa. Lave-linge et lave-vaisselle à disposition. Accueil très gentil. Prés pour les chevaux si besoin.

À voir

Les halles : elles datent du XVIe s. Ce sont pour beaucoup les plus belles halles de Bretagne avec celles de Questembert. Leur surface au sol avoisine les 1 000 m^2 ! Des piliers en bois reposant sur des socles en granit soutiennent une charpente digne de nos grands architectes contemporains. Elles accueillent le marché les 1er et 3e mercredis du mois... et les *festoù-noz !*

Le musée du Faouët : *1, rue de Quimper. ☎ 02-97-23-15-27. • museedufaouet.fr • Dans le centre. Avr-juin et sept, tlj sf dim mat et lun, 10h-12h, 14h-18h ; juil-août, tlj. Tarif : 4,50 € ; réduc ; gratuit jusqu'à 12 ans. Visite guidée jeu à 10h30 en juil-août (6,50 €).* Installé dans un ancien couvent d'ursulines du XVIIe s (voir la salle avec les superbes vitraux), ce musée présente des expositions temporaires très variées et de grande qualité, consacrées à une thématique le plus souvent régionale et à des artistes ayant exercé leur talent dans cette petite cité picturale, trop longtemps restée dans l'ombre de Pont-Aven. Le fonds permanent, riche de plus de 400 œuvres, est quant à lui présenté par roulement. Il regroupe des toiles de peintres ayant fréquenté Le Faouët ou ayant vécu dans la région (Mathurin Méheut, Émile Compard, Lucien Victor Delpy...) et qui ont aimé peindre les nuances paysagères ou bien les scènes typiques de la vie rurale (représentations des chapelles Saint-Fiacre et Sainte-Barbe, ainsi que des halles du Faouët). En grande majorité, des tableaux classiques du XIXe s et du début du XXe s.

DANS LES ENVIRONS DU FAOUËT

Le parc Aquanature Le Stérou : *Le Stérou, 56320* ***Priziac.*** *☎ 02-97-34-63-84. • parcaquanature.com • Indiqué à droite sur la route de Priziac. Avr-début nov et vac scol, tlj 11h-19h ; le reste de l'année, slt dim et j. fériés 14h-18h. Entrée (« safari » compris) : 11 € ; réduc.* Au total, 80 ha de parc, répartis sur six vallées. Plein de choses à découvrir au cours d'une promenade dans cette belle nature : les circuits pédestres permettent d'approcher daims, cerfs, biches, faons et chevreuils évoluant en liberté, et de découvrir de beaux sites comme le trou du Biniou, la vallée des Sources ou le clos des Roches. On peut aussi admirer les aquariums de poissons d'eau douce, visiter les expos sur la faune et la flore, faire un minisafari en voiturette 4 places, faire des randonnées équestres (en juillet-août) ou assister au brame du cerf (en octobre). Enfin, on peut même y manger et y dormir en chambres d'hôtes ou gîte.

La base de loisirs du Bel Air : *56320* ***Priziac.*** *À 7 km à l'est du Faouët ; indiqué dans le bourg. GRATUIT.* Une grande base de loisirs avec sa plage aménagée, ses aires de jeux, ses terrains de volley et de boule, son espace pique-nique... perdue en pleine Bretagne. Bien agréable quand il fait chaud. Quelques activités payantes en sus (en été seulement) : cours de catamaran, planche à voile, canoë, embarcations à pédales... *Cours sur résa à l'école de voile : ☎ 02-97-34-65-86.*

Le parc animalier Chez Dame Nature : *à Pencleux, 56320* ***Meslan.*** *☎ 02-97-34-26-72. • chezdamenature.com • Accessible à partir de la route de Lorient. Début avr-début nov, tlj 11h-19h ; oct, slt dim 14h-18h et pdt les vac scol de la Toussaint tlj 14h-18h. Tarif : 9,50 € ; réduc.* Ferme-conservatoire peuplée d'animaux miniatures mais aussi de taille normale, y'a pas de raison... En tout cas, le truc est radical pour faire plaisir aux petits. Également un labyrinthe végétal et un bâtiment d'expo écologique.

LE MORBIHAN

La chapelle Sainte-Barbe : *à 2,5 km au nord-est du Faouët. Avr-oct, tlj sf mer ; nov-mars, slt sam-lun ap-m.* Elle surprend par son emplacement. Construite entre 1489 et 1512 sur le flanc d'un ravin, elle s'élève parmi un fouillis de châtaigniers. On y accède par le haut via un double escalier monumental du XVIIIe s. Cette chapelle est de style flamboyant du XVe s : quatre vitraux Renaissance, une tribune en bois sculpté qui met en scène des anges malicieux parmi des motifs floraux, quelques ex-voto bizarres qui agrémentent la nef tout en largeur, avec un maître-autel au centre.
– Un sentier en contrebas de la chapelle conduit à la *fontaine Sainte-Barbe,* où les jeunes filles impatientes de trouver un époux viennent jeter des épingles.
– Pour le *pardon* de Sainte-Barbe, venir le dernier dimanche de juin.

La chapelle Saint-Fiacre : *au sud du Faouët, route de Quimperlé. Tlj avr-oct ; sam-lun le reste de l'année.* Elle possède un clocher à balcon et tourelle s'élevant sur une façade richement ouvragée qui fait penser à l'église Notre-Dame de Kernascléden. Ce n'est pas étonnant, puisque ce sont des anges qui l'ont construite en utilisant les outils et les matériaux des ouvriers de Kernascléden pendant leur repos... dit la légende ! L'élégance de Saint-Fiacre est plus discrète que celle de Sainte-Barbe, et son intérêt essentiel réside dans le splendide jubé sculpté par Olivier de Loergan, entre 1480 et 1492. Il présente des scènes sacrées et profanes qu'il faut prendre le temps de déchiffrer.
– À quelques centaines de mètres de la chapelle, dans la forêt, une *fontaine* : on attribue à son eau des vertus magiques.
– Pour le *pardon* de Saint-Fiacre, ça se passe le 3e dimanche d'août.

La chapelle Saint-Sébastien : *au* ***Drezers****. À 3 km à l'est du Faouët, route de Rostrenen.* Construite de 1598 à 1602, cette chapelle est méconnue en raison du renom des deux précédentes. Elle a pourtant été remise en valeur par l'aménagement des abords : son cadre champêtre nous a plu. Elle a la forme d'une croix latine et se termine par un chevet à noues multiples. Les contreforts sont consolidés par des tas de charge en forme de pinacles à crochet. Au-dessus du pignon ouest s'élève un petit clocher carré et à jour, flanqué d'un escalier extérieur. Dans la chapelle, des sablières sculptées montrent encore des monstres. Sur des culs-de-lampe, on croit reconnaître un malade en train de vomir. Malheureusement, la chapelle est bien souvent fermée.

La chapelle Saint-Nicolas : *à droite quand on va à Priziac. Ouv en saison.* Noter au passage, à gauche, un joli sentier conduisant par le fond de la vallée à Sainte-Barbe. Saint-Nicolas est aussi un sanctuaire de style gothique flamboyant, abritant un jubé, petit chef-d'œuvre de la Renaissance.

L'église Saint-Pierre-et-Saint-Paul : *56630* ***Langonnet****. À 10 km au nord du Faouët.* Elle fait partie, peut-on dire, de la « série romane » de Priziac, Ploërdut, Calan. Elle possède encore des piliers et des chapiteaux du XIIe s. L'architecture extérieure est gothique.

L'abbaye cistercienne de Langonnet : *56630* ***Langonnet****. À 6 km du bourg.* Elle a été fondée en 1136 sur les rives de l'Ellé, à côté de l'ancienne voie romaine Vorgium-Blabia. De ce monastère, il ne reste que la salle capitulaire, de style gothique (1250). Les bâtiments actuels ont été édifiés de 1688 à 1736, et ils abritent encore les pères du Saint-Esprit. À découvrir aussi le musée d'arts africains à proximité de l'abbaye.

GOURIN (56110) 4 100 hab. *Carte Morbihan, A1*

Capitale des Montagnes Noires, Gourin était la plus vaste paroisse de la Cornouaille jusqu'à la Révolution. Centre ardoisier important dès le XIXe s,

lorsqu'on commença à remplacer le chaume des toits par de l'ardoise, Gourin est aussi, depuis cette époque, détentrice de l'orthodoxie véritable en matière de fabrication des vraies crêpes bretonnes. Ville longtemps à l'image de cette région secrète et fière, Gourin est désormais le lieu des retrouvailles annuelles de la grande fête de la Crêpe en juillet.

Quelle surprise de voir ici se côtoyer la statue de la Liberté (une vraie) et un poilu de la guerre de 1914-1918 sur la place centrale de la ville ! Beaucoup moins surprenant quand on sait qu'ici, les gens vivent depuis longtemps sous la double protection du drapeau aux hermines blanches et de la bannière « Stars and Stripes ». À tel point que Gourin a le titre de « capitale de l'émigration bretonne » et que si le poilu parlait, il aurait peut-être l'accent américain !

COUSINS AMÉRICAINS

C'est un certain Nicolas Le Grand qui s'est installé aux États-Unis le premier, en 1881. L'émigration au début du XXe s fut si importante qu'Air France ouvrit un bureau permanent ! Aujourd'hui, plus de 6 000 enfants du pays sont plus proches de l'Hudson River que de l'Aulne, et toutes les familles ont des parents, frères ou cousins de l'autre côté de l'Atlantique. On trouve d'ailleurs deux villes au nom de Gourin au Canada ! Qui l'eût cru ?

Adresse utile

Office de tourisme du Pays du roi Morvan : *24, rue de la Libération. ☎ 02-97-23-66-33. • tourismepaysroimorvan.com • Sur la route de Pontivy. À l'entrée de Gourin en venant du Faouët. Juil-août, lun-sam 9h-13h, 14h-18h et le mat des j. fériés ; horaires restreints le reste de l'année.* Plusieurs bonnes documentations dont celle sur les chapelles du canton, et des topoguides de randonnée sur le secteur. Accueil très aimable.

Où manger à Gourin et dans les environs ?

La table de Morvan : *41, rue Jacques-Rodallec, à Gourin. ☎ 02-97-23-41-27. • philippe.perrot0398@orange.fr • Ouv le midi lun-sam, plus le soir ven-sam. Fermé dim. Menus 13,90-15,90 € (le midi en sem), puis 22-34 €. Café offert sur présentation de ce guide.* Cette belle demeure historique est une table réputée pour sa gourmande cuisine bistronomique de terroir. Avec ses murs de granit et ses sombres boiseries, le cadre est superbe, très chaleureux, surtout quand crépite le feu de cheminée.

Le Bienvenue : *56110 Roudouallec. ☎ 02-97-34-50-01. • le.bienvenue@wanadoo.fr • À 9 km à l'ouest de Gourin par la D 1. Tlj sf lun. Résa recommandée. Le midi en sem, formule 15,40 € et menu 19,80 € ; menus 37,80-48,90 €. Café offert sur présentation de ce guide.* Un « Restaurant du Terroir » qui mérite assurément le détour ! On évitera de se focaliser sur la déco (assez terrible dans le registre « faux chic » !) pour se concentrer sur les belles spécialités de ce chef « locavore », passionné de Bretagne et de beaux produits régionaux donc. La liste des fournisseurs met déjà en appétit, et la carte tient toutes ses promesses, à l'image de cette mémorable fricassée de rognons de veau flambés au lambig des Montagnes Noires. En saison, courges et potirons sont à l'honneur. Accueil chaleureux. L'adresse étant très prisée des locaux, la réservation est hautement recommandée.

À voir

L'église : du XVIIe s. De style gothique flamboyant, elle est couronnée par un beau clocher à balustres et clochetons. À l'intérieur, *pietà* et chaire du XVIIIe s.

Le château de Tronjoly : *route de Quimper. Seuls les jardins et le parc se visitent (accès libre).* Gros logis en partie reconstruit en 1898, qui présente un joli toit à la Mansart. C'est un lieu chargé d'histoire révolutionnaire. Agréable promenade.
– Expos temporaires et manifestations en été dans le château et le parc.
Six gîtes ruraux et un gîte d'étape sont aménagés au cœur du domaine de Tronjoly, dans une ancienne ferme rénovée.

À voir dans les environs

Roudouallec *(56110) : à 9 km de Gourin.* Ce petit village, occupé depuis le Néolithique, comme en témoigne le menhir de Guernangoué, partage avec Gourin le phénomène des « cousins américains ». Quant à la rue Nicolas Le Grand, elle rend hommage à un enfant du pays parti tenter sa chance outre-Atlantique et qui revint des années plus tard, après avoir réalisé son rêve américain... quand tous le croyaient mort, dévoré par un ours ou un Indien !
– ***L'église paroissiale,*** du XVIe s flamboyant, se signale par un beau clocher du XVIIIe s avec un dôme lanternon.

Fête et manifestations à Gourin et dans les environs

– ***Fête de la Crêpe :*** *dernier w-e de juil.*
– ***Championnat de Bretagne de musiques traditionnelles :*** *1er w-e de sept. Rens : ☎ 02-97-23-55-81.* Festoù-noz à gogo !
– ***Festival du potiron :*** *à* ***Roudouallec,*** *début oct.*

PLOËRDUT [pleurdud]

(56160) 1 340 hab. *Carte Morbihan, B1*

Une autre petite ville bretonne typique pour marquer une pause. Belle mairie, très fleurie. On peut y récupérer un petit circuit dans le village en 9 étapes.
– *Fête médiévale : début juin.*

Où manger ?

Chez Marie-Thé : *5, Grande-Rue. ☎ 02-97-39-43-82. • brigitte.hernot@wanadoo.fr • Face à l'église. Fermé l'ap-m dim-lun. Congés : 2 sem en mars, 2 sem en août. Formules 12,60 € midi en sem, puis 18 €. Café offert sur présentation de ce guide.* C'est le petit bar de campagne sympa, poumon de la ville, profil « bar des Sports » et tabac-presse. Simple et typique.

À voir

L'église Saint-Pierre : tour carrée et nef romanes. L'extérieur présente des proportions inquiétantes, à savoir une longueur disgracieuse par rapport à un clocher rabougri, auxquelles s'ajoutent un toit qui descend très bas vers l'avant de l'édifice, des vitraux placés à hauteurs irrégulières... Ça ne manque pas de cachet. Sous les bancs du porche, on trouve de curieuses excavations ressemblant à des cupules. Les chapiteaux présentent une décoration géométrique extrêmement variée. Au sud, dans l'angle du clocher, un ossuaire d'attache s'éclaire par une claire-voie en granit d'un seul morceau (XVᵉ ou XVIᵉ s). Retable lavallois très sobre (pour une fois) et piliers où l'on a sculpté les bénitiers... Mais là aussi, l'église est bien souvent fermée.

GUÉMENÉ-SUR-SCORFF [AR GEMENE]

(56160) 1 230 hab. *Carte Morbihan, B1*

Le nom de la commune tire son origine de Kémenet Guégant, un seigneur du XIᵉ s dont le fief revint à la famille des Rohan-Guémené (voir le chapitre « Josselin »). Louis II de Rohan, duc de Montbazon, construisit vers 1480 un château féodal dont on voit encore une porte. L'un de ses descendants, Louis VII, créa des halles (comme au Faouët), car la région connut à cette époque une grande prospérité. Il ne reste plus rien de cette gloire, ni des halles, rasées en 1923.
On connaît pourtant la fameuse andouille de Guémené, à ne pas confondre avec celle de Vire (et ne pas confondre Guémené-sur-Scorff avec Guémené-Penfao, en Loire-Atlantique... où on ne fait pas d'andouille). Ici, les boyaux de porc (les chaudins), salés et dégraissés, sont embauchés (enfilés) les uns dans les autres en cercles concentriques avant d'être recouverts d'une baudruche en boyau de bœuf. Ce boudin sera fumé au bois de hêtre pendant 3 semaines, puis cuit à l'eau parfumée au foin. Il faut trois cochons pour fabriquer une andouille de 700 g !
Le bourg en lui-même, classé « Petite Cité de caractère », est très joli, bien entretenu et mis en valeur, avec ses nombreuses maisons de pierre, ses placettes pavées, son atmosphère paisible. La ville idéale pour une petite promenade... avant la pause andouille !

Adresse utile

Office de tourisme : *rue Haha (si, si !). ☎ 02-97-39-33-47. • tourismepaysroimorvan.com • Juil-août, tlj sf dim ap-m, 9h-13h, 14h-18h, j. fériés 9h-13h ; le reste de l'année, mar-sam 10h-12h30, 14h-17h30 (fermé jeu nov-mars hors vac scol).* Très belle petite plaquette sur le patrimoine architectural de la ville à découvrir « pas à pas ». Dans une belle bâtisse ancienne. Expos temporaires.

Où acheter une bonne andouille de Guémené ?

Qu'on se le dise, en Bretagne, le pire côtoie le meilleur... Que l'andouille soit « de campagne » (façon Vire) ou de Guémené, contentez-vous toujours du meilleur ! Et privilégiez les charcutiers de village et les qualités artisanales. Sur Guémené, plusieurs charcuteries qui prétendent – évidemment – toutes faire la meilleure andouille de Guémené !

La Maison de l'andouille, chez Rivalan-Quidu : *5, rue de Bellevue. ☎ 02-97-51-21-10. • andouille-guemene.com • Lun-sam 9h-12h30, 14h15-19h.* Une institution où l'on fait l'andouille de père en fils (ou gendre) depuis 1931 ! Compter autour de 39 € le kilo, ma bonne dame ! Au plafond, près de 6 000 cochons suspendus...

À voir

La vieille ville : un circuit disponible à l'office de tourisme vous mènera à travers rues et ruelles à la découverte des remparts, des vestiges de l'ancien château, l'église, la maladrerie, etc.

En route, vous passerez devant les ***Bains de la reine :*** *mar-ven, 10h30-12h, 13h30-18h ; sam 14h-18h ; dim 10h-12h, 13h30-18h30. GRATUIT. Visite guidée payante.* Il s'agit des anciennes étuves du château, l'ancêtre du hammam, en somme. Elles datent de 1380 (la preuve que l'on se lavait au Moyen Âge !). Vendues à un antiquaire en 1929, elles ont aujourd'hui retrouvé leur emplacement d'origine.

Fête

– Ne pas manquer la ***fête de l'Andouille,*** *le 2e dim après le 15 août. Rens auprès de l'office de tourisme.* Repas andouille-purée, avec groupes folkloriques, bagads, concours de boules, *fest-noz,* etc. Tout est gratuit (sauf les repas !).

DANS LES ENVIRONS DE GUÉMENÉ-SUR-SCORFF

Le château de Langoëlan : *7, rue de Kerentré ; ne se visite pas, mais on l'aperçoit de la route.* Étonnante bâtisse au minaret incongru, flanqué de fenêtres byzantines, à la sortie du bourg direction Rostrenen. Cette maison inattendue (appelée aussi le « palais de l'émir » par ici) fut construite en 1920 par Albert Haïk, originaire de Tunisie et dont le frère, Jacques, avait fait fortune dans le pétrole. Sa femme, Marie-Louise, était née à Langoëlan. Cette histoire, fortement romancée, inspira une comédie musicale : *L'Émir de Langoëlan...* L'intérêt de cette balade réside dans le fait que la route de Guémené à Langoëlan est superbe.

La chapelle de Crénénan : *en direction de Ploërdut.* Ensemble architectural du XVIe s composé d'un manoir, de trois maisons de style, d'anciennes caves à boissons aux airs de four à pain (toutes les ruses sont bonnes pour s'envoyer un p'tit canon !) et d'une fontaine.

BERNÉ [BERNE]

(56240) 1 480 hab. *Carte Morbihan, A1-2*

Église du XVIIe s dédiée à saint Brevin, archevêque de Canterbury, construite dans un enclos surélevé. Les vitraux montrent les chapelles disséminées dans la campagne environnante. Du château de Clément-Chrysogone de Guer, marquis de Pont Callec (voir la conspiration du 26 mars 1720), sis sur les rives du Scorff et entouré d'une forêt de 550 ha, il ne reste presque plus rien. En revanche, il faut absolument longer la vallée par la D 110 ou suivre à pied le GR 34, la balade est superbe !

Où dormir ? Où manger ?
Où boire un verre dans le coin ?

Chambres d'hôtes Le Jardin d'Érables : *chez Isabelle Hello, lieu-dit Marta.* ☎ *02-97-34-28-58.* • *hellomarta@orange.fr* • *lejardinderables.com* •

À 5 km au sud du bourg, direction Plouay. Sur la D 50, à 3 km, prendre à gauche vers Kerfany ; à ce hameau (longue ligne droite, en plein milieu), tourner à gauche vers Marta ; c'est l'une des premières maisons sur la gauche en entrant dans le lieu-dit. Double 56 € ; tarif dégressif. Repas sur résa 20 €. Une vaste ferme dont l'un des bâtiments est réservé aux chambres d'hôtes. Bon confort général, jusqu'à la piscine dans le grand jardin. Isabelle est charmante et toujours disponible. Chambres différentes, sans luxe mais agréables. Repas composés avec les produits du jardin et de la basse-cour. Soirée crêpes également.

Auberge de Pont Calleck : *Le Grayo, vallée du Scorff, 56240* ***Inguiniel.*** *☎ 02-97-32-08-75. • info@auberge-pont-calleck.fr • À 9 km de Berné par la D 50 et la D 110. Tlj en été ; fermé lun-mar et le soir merjeu et dim le reste de l'année. Formule 17,50 € le midi en sem, menus 28-39 €.* Une merveilleuse adresse perdue dans la forêt, au cœur de la vallée du Scorff. Un cadre enchanteur, une vraie carte postale : une terrasse surplombant la rivière, un potager, un moulin à eau (avec sa roue), une cascade impressionnante (qui coule quasiment dans la salle à manger !). Cuisine assurée par un « maître restaurateur » ayant adhéré à l'association « Restaurants du Terroir », c'est dire si la cuisine est maison et la maison sérieuse ! En dehors des heures de repas, on pourra se contenter d'y boire un verre.

KERNASCLÉDEN [karnassenn]

(56540) 360 hab. *Carte Morbihan, B1*

Une superbe église, une petite place fleurie et une insolite maison de la Chauve-souris, ce village vaut bien une halte. En été, n'attendez pas le prétexte d'un jour pluvieux sur la côte pour visiter la Bretagne intérieure, qui mérite aussi d'être vue sous le soleil. La preuve !

Où manger ? Où boire un verre ?

Le Fournil : *22, rue des Rohan. ☎ 02-97-51-67-71. • carohess@hotmail.fr • En face de l'église. Ouv en saison mar, mer soir, jeu-sam, dim soir et j. fériés, sinon jeu-sam et j. fériés. Repas 10-15 € env. Café offert sur présentation de ce guide.* Bonne petite crêperie pour se restaurer après (ou avant) la visite de l'église. Propose également un gîte pour 4.

À voir

L'église Notre-Dame : construite sur un ancien lieu de culte païen (on a retrouvé sur ce site une table druidique). La « reine des chapelles » de style gothique flamboyant en Bretagne. Consacrée à Notre-Dame, elle a fière allure, tant la pierre est festonnée, témoin d'une grande richesse. À l'intérieur, la fresque de la ***Danse macabre*** fait la célébrité du lieu. Bien que délabrée (rongée par les dernières tentatives de sauvegarde, un comble !), cette composition reste un chef-d'œuvre de l'art breton du XVe s. Les monstres sont peints avec un réalisme effrayant. Pour les amateurs, on trouve cinq autres *Danses macabres* en France (et huit en Europe), notamment à Kermaria-an-Iskuit, commune de Plouha (Côtes-d'Armor). Une association *Danses macabres d'Europe* a même vu le jour. Dans le transept gauche – attention aux marches –, une pierre abandonnée semble avoir été taillée pour recevoir le sang du sacrifice d'animaux. Tout cela fait froid dans le dos !

Dans un registre plus allègre, la voûte, également peinte au XVe s, mérite elle aussi un coup d'œil, entre autres pour ses jolis anges musiciens.

La maison de la Chauve-souris : 1, pl. de l'Église. ☎ 02-97-28-26-31. • maisondelachauve-souris.com • Juil-août, tlj 10h-12h, 13h30-18h30 (visite guidée à 15h et 17h) ; avr-juin et sept-fin des vac scol de la Toussaint, mer-dim 14h-17h30. En juil-août, Nuits de la chauve-souris les mar et ven à 20h30 (2h30 env). Tarifs : 4 €, visite guidée 5,50 €, gratuit jusqu'à 7 ans ; sur présentation de ce guide, remise de 12,5 % sur l'entrée. Un lieu unique en France, entièrement consacré aux demoiselles de la nuit... Ni chauves, ni souris, les chiroptères (de *kheir,* « main », et *pteron,* « ailée ») sont des animaux en tous points fascinants. Cet espace ludique et scénographié offre une approche scientifique, culturelle et quasiment exhaustive. Rien de gore, qu'on se rassure ! Des animations et des visites guidées (jusqu'à l'étang du village), menées par des chiroptérologues chevronnés, complètent parfaitement la visite. Des caméras infrarouge permettent d'observer en direct la colonie installée dans les combles de l'église.

Fête

– ***Pardon du 15 août :*** procession des habitants du village en costume.

INGUINIEL [an ignel]

(56240) 1 950 hab. *Carte Morbihan, B2*

La *chapelle de Lochrist* date sans doute du Moyen Âge. Édifiée dans ce qui est maintenant le dernier enclos paroissial du Morbihan, elle était entourée jusqu'en 1947 d'un cimetière ; l'ossuaire attenant à la sacristie en est le seul témoin. À 300 m au sud, le calvaire dédié à saint Cornély est daté de 1611. Dans l'enclos : calvaire classique de 1813, Jésus seul en croix encadré des larrons ; à leurs pieds, des pleureuses. La chapelle massive fait l'objet d'une minutieuse restauration par un comité local de bénévoles. En été, on y donne des concerts.
Dans un tout autre registre, sachez qu'Inguiniel possède un élevage de visons, l'un des plus grands de Bretagne.

Où manger ? Où boire un verre dans le coin ?

Auberge de Pont Calleck : *sur la commune d'Inguiniel (à 5,5 km), mais au cœur de la vallée du Scorff.* Voir un peu plus haut « Berné. Où dormir ? Où manger ? Où boire un verre dans le coin ? ».

PLOUAY [ploue]

(56240) 4 940 hab. *Carte Morbihan, B2*

Ce gros bourg, de plus en plus rattrapé par l'urbanisation de l'agglomération lorientaise, vit encore largement de l'agriculture et possède donc un marché au cadran. À côté de l'église, le monument aux morts de la guerre de 1914-1918 présente quatre statues de soldats – dont un aviateur – et ça, ce n'est pas commun !

Plouay est aussi connu en Bretagne pour son fameux critérium cycliste qui accueille toutes les vedettes du Tour de France le dernier dimanche d'août. Dans un pays de vélo comme la Bretagne, ce n'est pas rien !

Où dormir dans le coin ?

Le Roseau : *4, pl. Saint-Mandé, 56240* **Lanvaudan.** *☎ 02-97-33-33-04 ou 06-68-90-34-89. • patrick.le-caloch@wanadoo.fr • le-roseau.com • À 6 km à l'est de Plouay, 7 km au nord d'Inzinzac. Compter 40 € pour 2 en chambre ; 17 €/pers en dortoir, 23,50 € avec petit déj, draps et serviette de toilette. Table d'hôtes sur résa 25 €. CB refusées.* Une grande et superbe chaumière qui peut accueillir jusqu'à 20 personnes, en chambres de 2 à 7. En saison, le sympathique proprio loue en principe la maison à la semaine pour de petits groupes ; également le week-end toute l'année. Sinon, il accueille volontiers des randonneurs, cavaliers ou vététistes. Piscine.

LA BAIE DE QUIBERON ET AURAY

LA PRESQU'ÎLE DE QUIBERON

5 200 hab. *Carte Morbihan, B3*

Presqu'île multifacettes, Quiberon est l'un des plus beaux fleurons du tourisme morbihannais. Péninsule reliée au continent par une étroite langue de sable, elle offre à la fois la saine barbarie iodée de sa somptueuse Côte Sauvage à l'ouest, la douceur tranquille d'une jolie station balnéaire familiale dans sa partie est, et, en été, l'hystérie collective et grouillante d'une Côte d'Azur bretonne dans sa partie sud. Quoi qu'il en soit, réjouissez-vous, planchistes, surfeurs, fous de char à voile et autres marins de tout poil, Quiberon vous en réserve de belles. Réjouissez-vous, campeurs, pêcheurs, randonneurs, rêveurs, dragueurs, flambeurs... Ouvrez grand vos oreilles : la presqu'île serait aussi ensoleillée que Cannes ! Plus de 2 000 heures de soleil par an. Cela dit, nous, on préfère hors saison, c'est clair...
La presqu'île comporte quelques villages et une grande ville, Quiberon, située à la pointe sud de l'île. La 2e bourgade, Saint-Pierre-Quiberon, est située un peu plus au nord, sur la côte abritée du vent. La Côte Sauvage (à l'ouest) n'est quant à elle absolument pas urbanisée. Ouf !

UN PEU D'HISTOIRE

Près de 5 000 ans avant notre ère, l'homme était déjà présent sur la presqu'île. Des foyers, sépultures et autres lames de silex ont en effet été découverts sur l'îlot Téviec, face au fort Penthièvre. Les mégalithes sur la presqu'île nous indiquent que 2 500 ans av. J.-C., l'homme était toujours là... et 2 000 ans plus tard, les Vénètes établissent plusieurs villages sur la péninsule, avant d'être balayés par l'invasion romaine. Au Ve s, ce sont enfin les Bretons qui nous arrivent d'Angleterre.
Au Moyen Âge, la presqu'île est l'une des grandes terres de chasse des ducs de Bretagne, car elle possède une vaste forêt, largement défrichée à partir du XIIIe s.
En 1795, l'escadre anglaise qui débarque avec une armée de plusieurs milliers d'émigrés est écrasée par le général Hoche : 1 500 morts et 3 000 prisonniers. Les royalistes, qui ont plusieurs fois dynamité sa statue à Port-Maria (voyez sa redingote et son sabre pliés), ne lui ont pas pardonné.

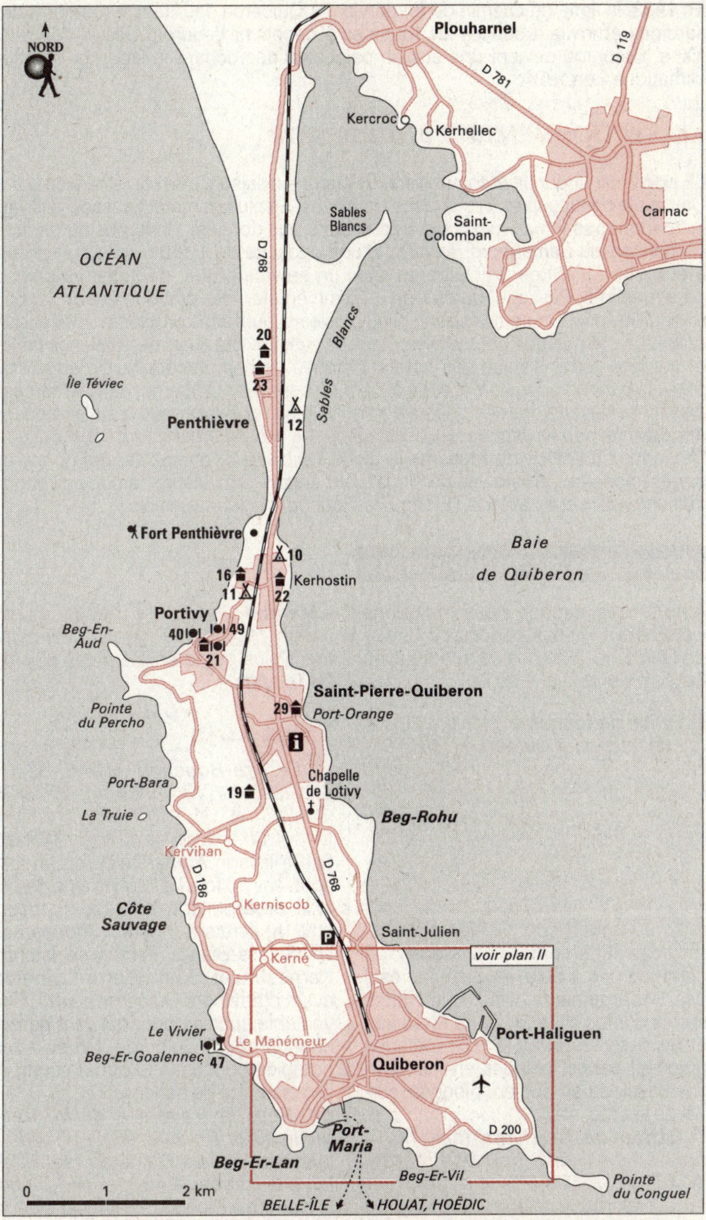

LA PRESQU'ÎLE DE QUIBERON – PLAN I

En 1882, la ligne de chemin de fer parvient à Quiberon, facilitant le transport des sardines et invitant surtout les touristes à découvrir l'endroit. Dès le début du XXe s, Quiberon devient une station balnéaire, décrochant le label de « station climatique » en 1924.

LE STATIONNEMENT À QUIBERON

LE point noir ! Pour un automobiliste, Quiberon en saison, c'est du stress en boîte. Ça circule beaucoup et on s'arrache les places. En plus, la maréchaussée veille sur les parcmètres (4h au maximum et des tarifs pas donnés), donc pas de blague ! Le parking du *Sémaphore (*payant), d'une capacité de 1 150 places surveillées, a été créé à l'entrée de Quiberon avec un service gratuit de navettes pour la gare maritime. Passage toutes les 10-20 mn en été. Très pratique et bon rapport tranquillité-prix. On peut laisser le bijou plusieurs jours sans problème : intéressant quand on s'embarque pour les îles. Dans ce cas, il existe aussi des parkings privés et gardés, certains dans des hôtels, proches de l'embarcadère. Un autre bon plan : le parking privé *Kerné,* situé à 2 km du centre de Quiberon, dans le hameau de Kerné. Navette gratuite pour le port aussi bien pour l'aller que pour le retour en appelant un peu en avance : *06-86-62-69-18. • parkingdekerne.com •* Demandez à l'office de tourisme le guide *Quiberon la presqu'île,* qui donne en pages intérieures la liste des parkings. Voici encore la meilleure parade aux enquiquinements : venez avec le TER (le *Tire-Bouchon*) et louez un vélo !

Adresses et infos utiles

À noter que lorsque nous indiquons ***« Quiberon »,*** nous parlons de la ville de Quiberon, à ne pas confondre avec l'ensemble de la presqu'île.

Office de tourisme *(plan II, B2)* **:** *14, rue de Verdun, à* ***Quiberon.*** *☎ 02-97-50-07-84. • quiberon.com • Juil-août, lun-sam 9h-19h, dim et j. fériés 10h-13h, 14h-17h ; avr-juin, sept et vac scol de la Toussaint, lun-sam 9h-12h30, 14h-18h, dim et j. fériés (vac et mai-juin) 9h30-12h30 ; oct-mars, lun-sam 10h-12h30, 14h-17h30 (ferme sam à 12h30 hors vac scol).* Très efficace. Propose différentes excursions à la demi-journée à Belle-Île. Liste (et résa) des hébergements, ainsi que toutes sortes d'infos sur le golfe du Morbihan et les activités dans le coin (balades guidées, pêche, balades en mer, sorties kayak ou en Zodiac, plongée, survol de la côte, etc.).

Office de tourisme *(plan I)* **:** *3, rue Curie, à* ***Saint-Pierre-Quiberon.*** *☎ 02-97-30-88-86. • otsaintpierrequiberon.fr • Juil-sept, lun-sam 9h30-13h, 15h-19h (18h sam) et dim 10h-12h30 ; le reste de l'année, lun et mer-ven, plus sam mat.* Pratique, car à l'entrée de la presqu'île.

– ***Marché :*** *le sam tte l'année, à* ***Quiberon*** *(esplanade Hoche).* Évidemment plus grand en été, avec plus de 200 stands.

Transports

Le Tire-Bouchon *(plan II, B2)* **:** *à la gare SNCF de* ***Quiberon.*** *☎ 36-35 (0,34 €/mn). En été, billetterie ouv en fonction des horaires du train.* TER qui fait la liaison Auray-Quiberon en juil-août, env 10 fois/j. ; 2e quinzaine de juin et 1re de sept, slt w-e. Durée du trajet : env 1h. Arrêts à Ploëmel, Plouharnel, Les Sables-Blancs, Penthièvre, Isthme, Kerhostin et Saint-Pierre-Quiberon avant d'atteindre Quiberon centre. Une véritable aubaine pour qui veut passer une journée à Quiberon. On évite les horribles bouchons (d'où son nom) et le casse-tête du parking.

Pour la traversée de la presqu'île : Bus Timo *(☎ 0810-10-10-56).* Liaisons Vannes-Quiberon régulières (en passant par Auray), sf en juil-août (il s'arrête à Plouharnel et c'est alors le TER *Tire-Bouchon* qui prend le relais).

Excursions en mer et liaisons avec Belle-Île : *avec la* ***Compagnie des Îles,*** *☎ 02-97-46-60-00 (0,15 €/*

mn). • navix.fr • De mi-avr à mi-sept, suivant programmation, 1 à 2 départs/j. Résa conseillée sur Internet. Tarif : env 28,80 € A/R pour les adultes ; réduc ; gratuit moins de 4 ans. Réduc de 10 % sur présentation de ce guide. Les billets ne se prennent pas à la gare maritime, mais en face, au bureau de *Compagnie des Îles Navix.*

Liaisons régulières avec Belle-Île, Houat et Hoëdic : *avec la* **Compagnie Océane** *(☎ 0820-056-156 ; • compagnie-oceane.fr •).* Départs fréquents pour Belle-Île, jusqu'à 10-12/j. en saison, 8h-21h (parfois 22h en août). Pour Houat et Hoëdic, env 2-5 départs/j. selon période.

– Il est nécessaire de laisser sa ***voiture*** dans un parking *(payant),* privé ou non. Liste des parkings en rubrique « Pratique » du site de l'office de tourisme : *• quiberon.com •* Noter que le passage des véhicules est possible avec la *Compagnie Océane,* mais c'est tout à fait inutile et très cher. Nous recommandons vivement à nos lecteurs d'éviter d'aller à Belle-Île avec leur voiture. On peut louer tous les véhicules sur l'île à un prix qui ne dépasse pas le coût du passage de la voiture. Enfin, l'île est tellement plus belle à vélo !

Location de vélos

■ ***Cycle Loisirs :*** *rue Victor-Golvan, à* ***Quiberon.*** *☎ 02-97-50-31-73.* Loue notamment des vélos pour enfants.

■ ***Cycl'omar*** *(plan II, B3) : 47, pl. Hoche, à* ***Quiberon.*** *☎ 02-97-50-26-00. • cyclomar56@orange.fr •* Location de vélos de route, de VTT, de 125 cm³... Tarifs dégressifs. Pensez à prendre votre chéquier pour la caution.

■ ***Vélocéan :*** *9, impasse des Violettes (derrière l'église). 📱 06-08-01-74-17.* Spécialisé dans les vélos (VTT et route), Beach Cruiser et les vélos de triathlon.

Où dormir dans la presqu'île ?

Nous avons classé nos adresses par catégories de prix et non géographiquement. Nous indiquons où elles se trouvent à chaque fois.

■ **Adresses utiles**

- Offices de tourisme *(plans I et II)*
- Gare maritime *(plan II)*

Où dormir ?

- **10** Camping municipal de Kerhostin *(plan I)*
- **11** Camping Relais de l'Océan *(plan I)*
- **12** Camping municipal de Penthièvre *(plan I)*
- **14** Camping Le Conguel *(plan II)*
- **16** Relais Saint-Joseph de l'Océan, Maison familiale de vacances *(plan I)*
- **17** Hôtel du Relais *(plan II)*
- **19** Gîtes chez M. et Mme Le Blaye *(plan I)*
- **20** Auberge de jeunesse des Dunes *(plan I)*
- **21** Le Petit Hôtel du Grand Large *(plan I)*
- **22** La Chaloupe, chambres d'hôtes *(plan I)*
- **23** Hôtel des Deux Mers *(plan I)*
- **26** Hôtel-restaurant Bellevue *(plan II)*
- **27** Hôtel Port-Haliguen *(plan II)*
- **28** Hôtel Men Er Vro *(plan II)*
- **29** Hôtel de la Plage *(plan I)*

Où manger ?

- **21** Le Petit Hôtel du Grand Large *(plan I)*
- **40** Le Bateau Ivre *(plan I)*
- **41** La Crep' et Un Petit goût de... *(plan II)*
- **42** Crêperie Ty Rétro *(plan II)*
- **43** Villa Margot *(plan II)*
- **45** Restaurant La Criée et Pesketou' *(plan II)*
- **46** La Chaumine *(plan II)*
- **47** Bar-restaurant Le Vivier *(plan I)*
- **48** Crêperie La Closerie Saint-Clément *(plan II)*
- **49** Crêperie Avel Mor *(plan I)*

Où boire un verre ? Où prendre un thé ? Où sortir ?

- **41** Un Petit goût de... *(plan II)*
- **43** Villa Margot *(plan II)*
- **47** Bar-restaurant Le Vivier *(plan I)*
- **50** Café du Midi *(plan II)*
- **53** Hacienda Café *(plan II)*

Où acheter de bons produits ?

- **60** Henri Le Roux
- **61** Riguidel
- **62** Conserverie La Quiberonnaise

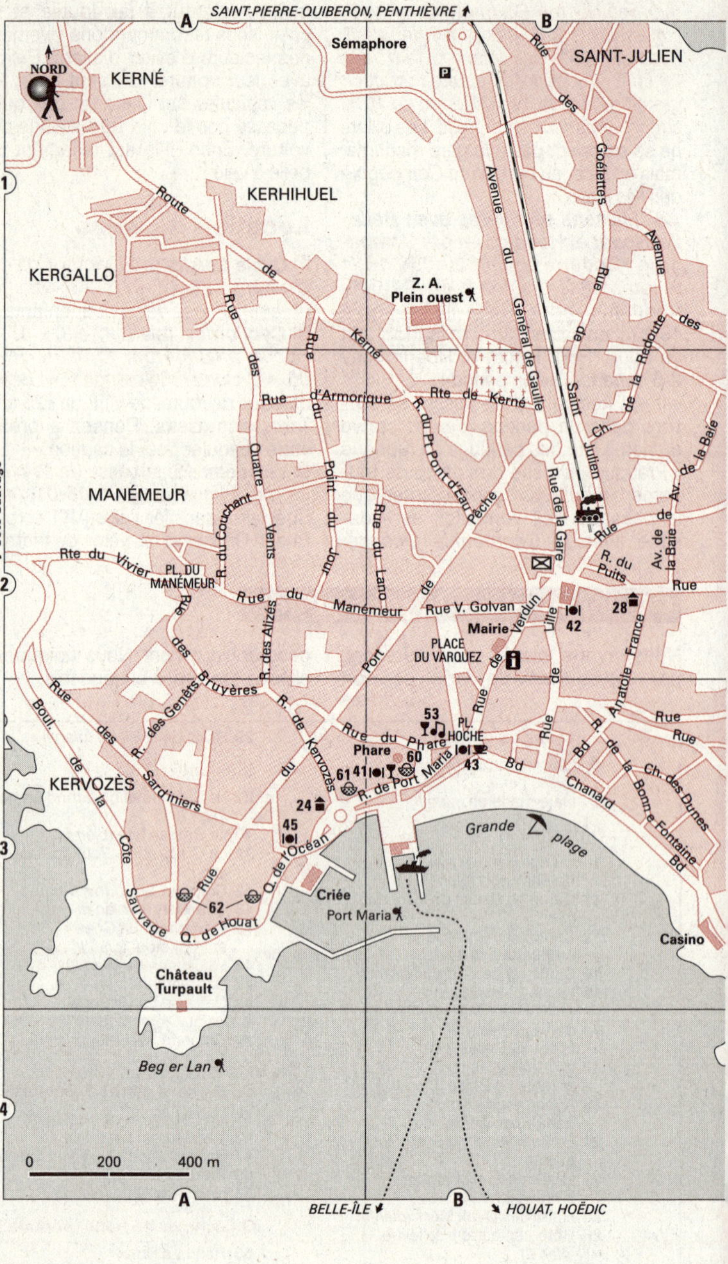
SAINT-PIERRE-QUIBERON, PENTHIÈVRE
BELLE-ÎLE
HOUAT, HOËDIC
Côte Sauvage
NORD
KERNÉ
Sémaphore
SAINT-JULIEN
KERHIHUEL
KERGALLO
Z. A.
Plein ouest
MANÉMEUR
PL. DU MANÉMEUR
Mairie
PLACE DU VARQUEZ
PL. HOCHE
Phare
KERVOZÈS
Grande plage
Criée
Port Maria
Casino
Château Turpault
Beg er Lan
Route de Kerne
Rue des Goélettes
Avenue du Général de Gaulle
Rue de Saint Julien
Avenue de la Redoute
Avenue des
Rue des Quatre Vents
Rue du Point du Jour
Rue d'Armorique
Rte de Kerné
R. du Pt Pont d'Eau
Rue de la Gare
Ch. de la Baie
Av. de la Baie
Rue de la Pêche
R. du Couchant
Rue du Lano
Rte du Vivier
Rue du Manémeur
Rue V. Golvan
Rue de Verdun
Rue de Lille
R. du Puits
Rue Anatole France
Rue des Bruyères
R. des Alizés
Rue du Port
R. des Genêts
Rue des Sardiniers
Boul. de la Côte Sauvage
R. de Kervozès
Rue du Phare
R. de Port Maria
Bd Chanard
R. de la Bonne Fontaine
Ch. des Dunes
Q. de l'Océan
Q. de Houat
Rue
53
60
61
41
43
24
45
62
28
42
0
200
400 m
A
B
1
2
3
4

QUIBERON – PLAN II

CAMPINGS

Très nombreux campings à peu près partout. D'un côté, les quelques campings municipaux, pas chers et simples, de l'autre, les 3 ou 4-étoiles, grand luxe, chers et dotés d'un niveau de confort et de services élevés.

Camping Relais de l'Océan *(plan I,* ***11****) : 16, av. de Groix, BP 18,* ***Kerhostin.*** *☎ 02-97-30-91-29. • info@relaisdelocean.com • relaisdelocean.com • Accès : en face de la plage de l'Océan. Ouv fin mars-début oct. Prix tente : 12,40-22,50 €. Loue des mobile homes et bungalows en toile : 220-798 €/sem. 270 empl. Promos en basse saison.* Classique, bien arboré, au calme et plutôt bien équipé. Location de vélos. Restaurant et animations en juillet-août. Piscine.

Camping municipal de Kerhostin *(plan I,* ***10****) :* ***Kerhostin.*** *☎ 02-97-30-95-25 ou 02-97-30-88-86 (office de tourisme). • officedetourisme@saintpierrequiberon.net • mairie@saintpierrequiberon.net • otsaintpierrequiberon.fr • Accès : juste avt le rétrécissement de l'isthme, sur la droite en allant vers Quiberon. Ouv mai-début sept. Prix tente : 13,60-17,70 € (avec électricité) selon saison. 97 empl.* Surplombant la baie, un espace assez vaste mais peu ombragé, sauf du côté de la route (pas mal de passage en journée). En revanche, les emplacements au bord de la petite falaise profitent d'une très belle vue. Bonne tenue générale. Simple.

Camping municipal de Penthièvre *(plan I,* ***12****) : av. Duquesne-Penthièvre. ☎ 02-97-52-33-86. • campingpenthievre@orange.fr • saintpierrequiberon.fr • Accès : à l'isthme, sur la plage côté baie de Quiberon ; depuis Rennes par la N 24-N 166, sortie Quiberon ; depuis Nantes par la N 165, sortie Quiberon. Ouv de mi-avr à sept. Prix tente en basse saison : 11,90-17,65 € selon saison. 761 empl.* Très grand camping au bord de la plage des Sables-Blancs. Plutôt sec dans son genre mais si bien situé ! Quelques petites zones ombragées.

Camping Le Conguel *(plan II, D3,* ***14****) : pointe du Conguel ; bd de la Teignouse. ☎ 02-97-50-19-11. • info@campingduconguel.com • campingduconguel.com • Ouv avr-sept. Prix tente : 17,30-48,40 € selon saison. Loc de mobile homes : 256-1 028 €/sem. 250 empl.* Situation incomparable, environnement agréable, bien ombragé sous les pins. Mais cette énorme structure grouille de monde. Il faut dire que les activités ne manquent pas : vaste piscine à toboggans, resto et tout ce qu'on peut imaginer. Animaux refusés en juillet-août. Location de vélos.

AUBERGE DE JEUNESSE

Auberge de jeunesse des Dunes *(plan I,* ***20****) : av. Surcouf, à Penthièvre,* ***Saint-Pierre-Quiberon.*** *☎ 02-97-52-34-00. • aubergedesdunes@revesdemer.com • À l'entrée de Penthièvre en venant de Plouharnel. Bus ligne n° 1 depuis la gare d'Auray. Réduc avec la carte des AJ (en vente sur place). Doubles 42,80-49,80 € suivant saison. Env 25,50 €/pers, avec petit déj et draps. Repas 14 €. Dispense d'adhésion AJ offerte sur présentation de ce guide.* Une AJ ayant reçu l'écolabel européen : l'herbe est tondue par des moutons d'Ouessant, et pas mal de produits servis à table sont bio (le pain est maison) ! Quant à l'infrastructure même, il s'agit de 3 bâtiments simples, fonctionnels, isolés au bout d'une impasse. À l'intérieur, une centaine de lits répartis dans des chambres et dortoirs classiques de 2 à 6 lits, avec lavabo et douche (w-c en commun, en revanche) ainsi que des gîtes équipés pour 2-4 personnes. Le tout avec accès direct à une plage qui décoiffe ! Activités sportives (possibilité de forfait hébergement-activité). Laverie, cuisine à dispo, location de vélos.

CHAMBRES D'HÔTES ET HÔTELS

De bon marché à prix moyens

Gîtes chez M. et Mme Le Blaye *(plan I,* ***19****) : 21, rue de l'Éolienne, lieu-dit Kéridenvel, à* ***Saint-Pierre-Quiberon.*** *☎ 02-97-30-84-20. À Saint-Pierre, prendre à droite au 2e feu, parcourir 1 km, traverser la voie ferrée,* *puis dans le lotissement en face à gauche. Gîtes ruraux 2-3 pers 230-410 €/sem selon taille et saison. Café offert sur présentation de ce guide.* Propriété récente à l'atmosphère sympa, qui propose des gîtes dans des maisons séparées. Le tout dans un jardin fleuri avec quelques poules, lapins et moutons, ainsi qu'un impressionnant potager bio.

La Chaloupe, chambres d'hôtes (plan I, **22**) : *chez Fabrice Sy, 10, rue Hoche, à* ***Kerhostin.*** *☎ 02-97-30-91-54. • fabrice.sy@wanadoo.fr • lachaloupe-quiberon.com • Fléché depuis la D 768 au centre du village de Kerhostin (aux feux). Congés : 15 nov-1er avr. Doubles 50-65 € selon saison ; familiale 90 €. Table d'hôtes sur résa 15 € (20 € plateau de fruits de mer). Apéritif offert sur présentation de ce guide.* Le sympathique propriétaire se démène pour satisfaire ses hôtes, entre petit déjeuner, sortie en bateau pour relever les filets et repas interminables... qui peuvent s'achever par une sortie nocturne. Chambres simples, propres, voire coquettes. Petit jardin et petite terrasse, ainsi que de grands espaces communs très conviviaux (salon, salle à manger, et même un barbecue à dispo). Super ambiance.

Relais Saint-Joseph de l'Océan, Maison familiale de vacances (plan I, **16**) : *16, av. de Groix,* ***Kerhostin.*** *☎ 02-97-30-91-29. • info@relaisdelocean.com • relaisdelocean.com • Ouv de mars à mi-nov. Juil-août, slt en pens complète et ½ pens, à la sem (se renseigner) ; le reste de l'année, loc à la nuit env 32,50 €/pers, avec petit déj.* Devant la plage de Saint-Joseph de l'Océan, une longue et ancienne maison familiale qu'une association chrétienne a transformée en une sorte d'hôtel sympa et pas cher qui accueille tout le monde dans un esprit de convivialité. Chambres très simples, fonctionnelles et pas bien grandes, mais toutes avec sanitaires et absolument impeccables. Préférez de loin celles qui donnent sur l'océan (la moitié), c'est tout de même plus agréable. Salon commun avec bibliothèque à dispo.

Hôtel du Relais (plan II, C3, **17**) : *64, rue du Roch-Priol, à* ***Quiberon.*** *☎ 02-97-50-10-56. • lerelais.quiberon@wanadoo.fr • hotel-quiberon.fr • Congés : 18 déc-4 janv. Doubles 59-79 € selon confort et saison ; familiales 79-118 €. Remise de 10 % sur la chambre (15 sept-30 juin sf w-e fériés) sur présentation de ce guide.* Situé entre Port-Haliguen et Port-Maria, dans un quartier calme et résidentiel, un hôtel entièrement rénové. Une vingtaine de chambres tout confort (dont 5 de plain-pied avec terrasse privative), aménagées dans un style sobre, douillet et contemporain. Location de vélos ; le moyen idéal pour rejoindre la plage en quelques coups de pédales ! Resto sur place.

De prix moyens à chic

Hôtel Port-Haliguen (plan II, C2, **27**) : *10, pl. de Port-Haliguen, à* ***Quiberon.*** *☎ 02-97-50-16-52. • contact@hotel-port-haliguen.com • hotel-port-haliguen.com • Sur le vieux port, à 100 m de la plage et des activités nautiques. Fermé de mi-nov à mi-mars. Doubles 67-96 € selon vue et saison ; familiales également. Parking. Un petit déj/chambre et par séjour offert sur présentation de ce guide.* Ce charmant hôtel cumule les avantages : pas trop grand, donc convivial, tenu par des jeunes souriants et dynamiques, très bien situé sur le port, et surtout, rénové dans un style contemporain sobre, pimpant et très actuel. Bon confort général et même des balcons côté mer pour humer l'air du large ! Une de nos adresses préférées.

Hôtel Men Er Vro (plan II, B2, **28**) : *22, rue de Port-Haliguen, à* ***Quiberon.*** *☎ 02-97-50-16-08. • menervro56@orange.fr • hotel-menervro.com • À 2 mn du centre-ville à pied. Du 1er avr à mi-nov. Doubles 60-82 € selon confort et saison. Parking. Remise de 5 % sur la chambre (min de 2 nuitées en basse saison), sur présentation de ce guide.* Un petit 2-étoiles convivial d'une douzaine de chambres, sans prétention mais bien agréable avec sa petite véranda et son salon pour bouquiner. Chambres colorées et sans chichis, dotées d'un bon confort. Accueil sympathique.

De chic à plus chic

Hôtel des Deux Mers (plan I, **23**) : *8, av. Surcouf, à Penthièvre-Plage (sur la droite de la route quand on arrive d'Auray),* ***Saint-Pierre-Quiberon.*** *☎ 02-97-52-33-75. • infos@hotel-des-deux-mers.com • hotel-des-deux-mers.com • Fermé 3 sem en janv. Doubles 80-135 € selon saison et vue ; familiales 100-195 €. Parking.* À l'écart de l'axe principal et à deux enjambées de la plage, voici une de ces bâtisses cossues de villégiature, à la façade travaillée. On devine tout le chic d'un siècle passé, et sa rénovation est particulièrement réussie, au goût du jour mais dans le respect des lieux, sans surcharge. L'hôtel, intimiste, ne propose qu'une quinzaine de chambres, toutes aussi charmantes les unes que les autres. Salon séduisant, ou belle véranda à l'arrière pour bouquiner. Une adresse élégante, à l'atmosphère conviviale et décontractée.

Hôtel de la Plage (plan I, **29**) : *quai d'Orange, à* ***Saint-Pierre-Quiberon.*** *☎ 02-97-30-92-10. • contact@hotel-plage-quiberon.com • hotel-plage-quiberon.com • Fermé fin sept-début avr. Selon confort, saison et vue, doubles 64-118 €. Parking. Kir breton offert sur présentation de ce guide.* Confortable hôtel moderne de bord de plage, idéalement situé, avec chambres et appartements. Ceux avec vue sont plus chers mais évidemment plus agréables, car dotés de balcons ou de loggias. Chambres classiques spacieuses et lumineuses, tout confort. Jolie vue depuis le restaurant sur la plage, si calme le soir quand le flot des touristes est passé. Accueil professionnel. Et pour la trempette au petit matin, on plongerait presque du balcon...

Hôtel-restaurant Bellevue (plan II, C4, **26**) : *rue de Tiviec, BP 30341,* ***Quiberon*** *Cedex. ☎ 02-97-50-16-28. • bienvenue@bellevuequiberon.com • hotel-bellevuequiberon.com • Un peu en retrait de la plage, à la hauteur du casino. Avr-oct. Doubles 65-85 € selon saison et confort. ½ pens juin-sept. Parking gratuit. Réduc de 10 % sur la chambre (avr-mai) ou 15 % sur le menu de la ½ pens (juin-sept) sur présentation de ce guide.* Construction classique des années 1970, sans grand charme extérieur mais dont l'intérieur se révèle très confortable, paisible et lumineux, agréablement décoré dans les tons clairs et doté d'une très jolie piscine chauffée ainsi que d'un solarium. On peut préférer les chambres de l'étage pour la belle vue dégagée (certaines disposent même de 2 loggias avec transats). Une adresse d'un bon rapport qualité-prix. Accueil très chaleureux.

Le Petit Hôtel du Grand Large (plan I, **21**) : *11, quai Saint-Ivy, Portivy, à* ***Saint-Pierre-Quiberon.*** *☎ 02-97-30-91-61. • contact@lepetithoteldugrandlarge.fr • lepetithoteldugrandlarge.fr • Congés : variable en hiver ; penser à appeler avt en basse saison. Doubles 95-135 € selon saison et taille.* Faire escale à Portivy, dans ce petit port adorable, ouvert sur la Côte Sauvage et l'île de Groix. Jeter l'ancre (l'emblème de ce petit hôtel) pour s'endormir face à la mer dans l'une des 6 chambres mignonnes à craquer, à la déco soignée, mêlant objets chinés et aménagements dans l'air du temps ! Surtout ne pas manquer d'y prendre le repas. C'est même incontournable ! (voir « Où manger ? »).

Où manger ?

De bon marché à prix moyens

La Crep' (plan II, B3, **41**) : *24, rue de Port-Maria, à* ***Quiberon.*** *☎ 02-97-50-44-28. • lafleurdesiles0585@orange.fr • Fermé lun-mar hors saison. Congés : de mi-nov à mi-déc. Env 13-15 €. Apéritif offert sur présentation de ce guide.* Avant ou après la traversée, *La Crep'* est une étape bien agréable pour se requinquer : la déco branchée voyage est gaie et colorée, l'accueil vraiment sympa et décontracté, et les galettes bien réalisées. Et s'il fait beau, on profitera sans hésiter de la petite terrasse bien tranquille cachée à l'arrière.

Crêperie Avel Mor (plan I, **49**) : 8, promenade de Téviec (port), Portivy, à **Saint-Pierre-Quiberon.** ☎ 02-97-30-74-11. • contact@creperie-avel-mor.fr • ♿ Fermé le midi lun et jeu, plus mer hors saison. Congés : nov-mars. Env 13-15 €. Et une crêperie, une ! Mais sympa, franchement, tout comme l'accueil et le service. Vue magnifique sur le petit port de Portivy, depuis la salle ou la terrasse abritée du vent, face à la mer. Dans l'assiette, de délicieuses galettes et des crêpes traditionnelles qui peuvent satisfaire tous les goûts.

Crêperie La Closerie Saint-Clément (plan II, C3, **48**) : 36, rue Saint-Clément, à **Quiberon.** ☎ 02-97-50-40-00. Tlj. Congés : janv. Menu 10 € ; env 12-15 € à la carte. Apéritif maison offert sur présentation de ce guide. Une crêperie installée dans une belle maison bretonne. Galettes de blé noir bio, à composer soi-même et à choisir dans une carte pas classique. Copieuses salades-repas en saison. Décor agréable avec des tables en terrasse pour les beaux jours et une cheminée conviviale pour ceux de crachin. Et pour les enfants, une petite aire de jeux à l'extérieur. Une bonne idée !

Crêperie Ty Rétro (plan II, B2, **42**) : 12, pl. du Repos. ☎ 02-97-59-25-43. Juste derrière l'église. Fermé dim soir et mer hors saison. Congés : de mi-nov à mi-déc. Résa recommandée. Env 12-15 €. Une crêperie assez récente dans le paysage quiberonnais, mais qui a su s'imposer et fidéliser sa clientèle (à tel point que c'est souvent complet et qu'il faut réserver). Les crêpes et les galettes sont bonnes (et *kraz* à souhait), la déco agréable, le service souriant et les prix tout doux. Ceci explique sans doute cela !

Le Bateau Ivre (plan I, **40**) : 9, pl. Saint-Ivy, Portivy, à **Saint-Pierre-Quiberon.** ☎ 02-97-30-99-19. Fermé mar hors saison. Résa conseillée. Plats env 10-17 € ; menus 19-36 €. Ivre ? De joie, ça c'est sûr ! Car ce bateau a le vent en poupe : grosse ambiance lorsque locaux et touristes investissent en force la super terrasse face à la mer, ou la salle tout en baies vitrées à la déco marine façon cargo. L'équipe est dynamique, mais il faudra sans doute patienter avant de goûter aux moules-frites servies au format XL, aux salades ou à une pièce de viande. Simple, consistant et bon. Une brasserie tonique et festive.

De chic à plus chic

Le Petit Hôtel du Grand Large (plan I, **21**) : 11, quai Saint-Ivy, Portivy, à **Saint-Pierre-Quiberon.** Voir aussi « Où dormir ? ». Fermé mar-mer midi aux vac scol ; le reste de l'année, fermé mar-mer, et dim soir. Congés : variable en hiver. Résa conseillée. Menus 30 € (déj lun-sam), puis 50-80 €. Quand la mer s'embrase au couchant, la salle à manger avec ses baies vitrées donnant sur le port brille plus encore d'un service charmant et chaleureux, emmené par Catherine, la jeune patronne œnophile. Autodidacte et parfois peu conventionnel, Hervé cuisine la mer, les poissons méconnus et snobés avec bonheur, et propose des cuissons parfaites. Carte des vins montée avec soin. Au final, ambiance de bistrot conviviale, petite carte mais grande fraîcheur, petits plats et grande cuisine... C'est notre coup de cœur sur la presqu'île !

Un Petit goût de... (plan II, B3, **41**) : 22, rue de Port-Maria, à **Quiberon.** 📱 06-85-19-82-04. Ouv tlj à la belle saison (service slt en terrasse, plus ou moins couverte !), jusqu'à 1h ; fermé lun-mar et le midi mer-jeu hors saison. Menu 22 € ; carte env 30 €. Nous vous offrons là une invitation au voyage, l'assurance d'une soirée on ne peut plus dépaysante, à naviguer quelque part entre Cuba, Tokyo et La Jamaïque (à Quiberon, quoi !). On peut aussi bien venir siroter un *mojito* à l'ombre des bambous que déguster une cuisine fusion fraîche et réussie : mi-cuit de saku de thon en croûte de sésame, amok de lotte (coco, curry rouge), tartare de bœuf à la menthe et aux épices... Le tout fait maison ! Une adresse gentiment branchouille, sérieuse et accueillante.

Villa Margot (plan II, B3, **43**) : 7, rue de Port-Maria, à **Quiberon.** ☎ 02-97-50-33-89. Horaires restreints : ouv 12h15-13h30, 19h15-21h30 ; salon de *thé 15h30-18h. Avr-3 nov, tlj sf mer, plus mar hors vac scol. Menus 33,50-45 €.* Une ancienne demeure cossue de front de mer, remarquable par son fortin et sa forme cubique. Terrasse avec vue imprenable au-dessus de la Grande plage, ou intérieur moderne et zen. Cuisine de la mer originale et sans surcharge. Les produits sont servis presque bruts mais mis en scène avec tact. Service discret et agréable. On peut aussi se contenter d'y prendre un thé et une gourmandise l'après-midi.

Restaurant La Criée *(plan II, A3,* ***45****) : 11, quai de l'Océan, à* ***Port-Maria.*** *☎ 02-97-30-53-09. • resto.lachaumine@gmail.com • Fermé lun-mar midi, plus dim soir hors saison. Congés : 11 nov-20 mars. Résa indispensable. Formule déj en sem 21 € ; menus 29-45 € ; carte env 30-35 €.* C'est le resto de la poissonnerie-fumerie *Lucas*. Décor maritime rafraîchissant et qualité des produits, impeccables et bien travaillés : le rapport qualité-prix est évident. Tout nouveau, jouxtant la poissonnerie et le resto, **Pesketou'** *(tjl sf dim et lun ; plats 15-20 €)*, un *fish and chip* pour se régaler sur le pouce de poissons frits ou *a la plancha*. Sur place (au comptoir) ou à emporter...

La Chaumine *(plan II, C2,* ***46****) : 79, rue de Port-Haliguen, à* ***Quiberon.*** *☎ 02-97-50-17-67. • restaurant-lachaumine.com • ♿ Ouv de mi-mars à mi-nov. Tlj sf lun et mar midi, plus dim soir hors été. Congés : 11 nov-20 mars. Résa conseillée. Menus 20 € (déj sf dim), puis 29-42 € ; carte env 30 €.* C'est l'une des tables de référence du coin. Pour son cadre coquet, d'humeur marine, mais surtout pour ses jolis menus proposant de bons produits de la mer : moules, langoustines, poisson ou, plus raffinées, ces huîtres gratinées aux salicornes et aux noisettes. Beau plateau de fruits de mer.

Bar-restaurant Le Vivier *(plan I,* ***47****) : 12, route du Vivier, dans la partie sud de la Côte Sauvage, juste à l'ouest de Manémeur. ☎ 02-97-50-12-60. Avr-sept, tlj ; sinon fermé lun. Congés : déc-janv. Env 20-25 € selon les plats, provenant ts de la mer.* Un café-restaurant posé sur la mer, loin de toute habitation. Entre les moules goûteuses, la soupe de poisson qui réchauffe comme il faut et l'assiette de fruits de mer qui chante et enchante, on se régale ici devant le meilleur de la Côte Sauvage, avec Belle-Île à l'horizon. Notons quand même qu'on paie un peu le cadre et que l'endroit perd de son charme lors de la ruée touristique en juillet-août.

Où boire un verre ?
Où prendre un thé ? Où sortir ?

Café du Midi *(plan II, C2,* ***50****) : à* ***Port-Haliguen,*** *juste devant le port. ☎ 02-97-50-07-47. Fermé mar, plus mer hors saison. Congés : janv.* Un petit troquet des familles (au sens propre, puisqu'il est dans la même depuis plusieurs générations), qui fait judicieusement le lien entre le bistrot convivial d'autrefois et le petit rendez-vous moderne d'aujourd'hui. 2 beaux comptoirs de bois, des photos du vieux Port-Haliguen, une cheminée, une terrasse face au quai, et une ambiance du tonnerre. Concerts une fois par mois, le samedi, et service de restauration en saison.

Villa Margot *(plan II, B3,* ***43****) : 7, rue de Port-Maria, à* ***Quiberon.*** *☎ 02-97-50-33-89. Voir « Où manger ? ». Salon de thé 15h30-18h.* Très joli cadre et ambiance zen, pour un thé et une gourmandise.

Un Petit goût de... *(plan II, B3,* ***41****) : 22, rue de Port-Maria, à* ***Quiberon.*** *06-85-19-82-04. Voir « Où manger ? ».* Ambiance exotique propice à la dégustation de *mojitos* et autres cocktails.

Bar-restaurant Le Vivier *(plan I,* ***47****) : sur la Côte Sauvage. Voir « Où manger ? ».* Si *Le Vivier* est avant tout un resto, c'est aussi, lors de votre balade à vélo ou à pied le long de cette côte admirable, une halte bien méritée pour s'abreuver en observant le duel sans merci entre les falaises et la mer.

♫ 🍸 ***Hacienda Café*** *(plan II, B3,* ***53****) : 4, rue du Phare, à* ***Quiberon.*** *☎ 02-97-30-51-76. À 50 m de la pl. Hoche. Ouv l'été 22h-4h.* Night-club, entre bar pour surfeurs noctambules et café latino. Bières, punch maison, rhum flambé et tout et tout...

Où acheter de bons produits ?

Pour les vrais gourmands, il est impossible de quitter Quiberon sans avoir au moins goûté les fameux caramels au beurre salé de chez ***Henri Le Roux*** *(plan II, B3,* ***60*** *; 18, rue de Port-Maria. ☎ 02-97-50-06-83. Visites de l'atelier possibles sur résa. Payant),* et les *kouign amann,* un peu chers tout de même, de chez ***Riguidel*** *(plan II, A3,* ***61*** *; 38, rue de Port-Maria. ☎ 02-97-50-07-41).*

Conserverie La Quiberonnaise *(plan II, A3,* ***62****) : 5, quai de Houat ou rue du Port-de-Pêche, à* ***Quiberon.*** *☎ 02-97-50-12-54. • laquiberonnaise.fr • Tte l'année.* La dernière sardinerie de Port-Maria, autant dire qu'il s'agit d'une institution. On y met la sardine en boîte (à la main !) depuis 1921, c'est-à-dire depuis 3 générations. Du simple, du bon, du traditionnel... Vente directe d'usine.

Et puis, bien sûr, dans la zone d'activités « Plein Ouest » à ***Quiberon,*** on trouve les magasins de ***La Belle-Îloise,*** la confiserie ***La Maison d'Armorine,*** la ***Maison Michel Lucas*** et le maître confiturier ***La Cour d'Orgères.*** Voir les coordonnées ci-après dans « À voir. À faire. Quiberon ».

À voir. À faire

➢ ***Randonnées dans la presqu'île :*** petit tour d'horizon de la presqu'île du nord au sud et d'est en ouest. À noter que l'office de tourisme propose une petite brochure avec 4 circuits de randonnées pédestres, allant de 6,5 à 15 km, qui permettent de profiter des paysages côtiers et de l'intérieur des terres. Certaines randos, notamment celle qui suit la Côte Sauvage, se révèlent de toute beauté. Les sentiers ne présentent aucune difficulté particulière. Guide des rando dans le pays d'Auray (48 fiches) en vente à l'office de tourisme.

– ***Thalasso :*** *☎ 02-97-50-48-88. • thalassa.com • Nombreux forfaits.* Le centre de thalasso de Quiberon est l'un des centres emblématiques en France, et son premier directeur ne fut autre que Louison Bobet. C'est toujours un must, le temps d'un séjour ou d'un simple soin.

PENTHIÈVRE

Cette partie correspond en fait à « l'entrée » de la presqu'île. Un espace étroit entre la plage protégée des Sables-Blancs (à l'est) et celle de Penthièvre (à l'ouest). Pas le secteur le plus beau, mais quelques adresses intéressantes pour séjourner (voir plus haut « Où dormir dans la presqu'île ? »).

– ***Avis aux planchistes et amateurs de char à voile :*** côté ouest, face à la bonne grosse houle de l'Atlantique, la plage de Penthièvre est l'un des plus beaux spots de planche à voile et de kitesurf de Bretagne, version funboard et sauts de vagues, bien sûr. Les jours de grand vent, le spectacle est magique, et les vagues s'en donnent à cœur joie. À marée basse, cette énorme plage de sable est l'une des plus belles bases de char à voile de la région. C'est déjà pas mal, mais ce n'est pas tout : côté est, devant la petite langue de sable qui sépare la presqu'île de Penthièvre, le plan d'eau est fantastiquement abrité de la houle (avec des vents dominants de secteur ouest, bien sûr), ce qui réjouira les débutants en planche à voile et les amateurs de cata et de dériveur souhaitant éviter les grandes frayeurs. Dès que le vent d'ouest se met à monter, ce même plan d'eau devient un spot rêvé pour les amateurs de courses de vitesse. Pas mal, non ?

Le fort Penthièvre commande l'entrée de la presqu'île de Quiberon. *(Ne se visite pas, mais on peut accéder aux souterrains et aux jardins tlj 9h-18h.)* Il fut reconstruit au milieu du XIXe s sur les fondations d'une redoute en bois édifiée au XVIIIe s par le duc de Penthièvre, grand amiral de Louis XV. Ce sont maintenant les marsouins du 3e RIMA qui ont pris la place de la garnison de l'armée allemande, retranchée là jusqu'au 10 mai 1945. Voir l'émouvant hommage aux résistants bretons massacrés par l'occupant dans ce fort.

PORTIVY

– ***Avis aux surfeurs :*** au sud de Portivy, au début de la Côte Sauvage, les jolies petites anses de Port-Blanc et Port-Bara peuvent être dignes d'Hawaii quand la météo est dans le bon sens. L'endroit est déconseillé aux surfeurs débutants, compte tenu des courants et de brisants alentour. On précise que la baignade est d'ailleurs interdite et, de fait, théoriquement, le surf aussi.

Le joli petit ***port*** de Portivy mérite vraiment une halte, surtout au coucher du soleil. Un peu à l'écart des principaux flux de touristes de la presqu'île, avec ses caboteurs échoués à marée basse et ses sympathiques terrasses de front de mer.

SAINT-PIERRE-QUIBERON *(56510)*

Charmante station balnéaire familiale, Saint-Pierre-Quiberon possède de jolies plages, alternant sable fin et rochers couverts de goémon. Bambins en Optimist et débutants en planche à voile peuvent ici naviguer en toute sécurité, bien abrités qu'ils sont par la configuration de la presqu'île.

Allez donc jeter un coup d'œil à la très jolie ***chapelle de Lotivy,*** sur la D 768, juste au sud de Saint-Pierre-Quiberon. Voûte étoilée en coque de bateau renversée et jolis vitraux. Pour le journaliste Michel de Galzain, « Notre-Dame de Lotivy, c'est la madone vénérée de toute la presqu'île ».

Beg-Rohu : c'est sur cette pointe que s'est installée dès 1966 l'École nationale de voile (ENV pour les intimes), centre d'entraînement de haut niveau pour régatiers tricolores. C'est dans ce superbe camp retranché de l'équipe de France de voile, véritable laboratoire jalousé par nos adversaires étrangers, que sont formés bon nombre de médaillés français aux Jeux olympiques.

À Port-Orange, le petit port de Saint-Pierre, on a retrouvé des céramiques vénètes, des bronzes gaulois et des sesterces datant de l'Empire romain. Mais c'est surtout une belle petite baie abritée, avec une vue somptueuse sur la côte et une jolie plage en croissant.

LA CÔTE SAUVAGE

Côté ouest, au sud de Portivy, en allant vers la pointe de Quiberon. Par vent d'ouest consistant, le spectacle est superbe. Par forte tempête, c'est franchement dantesque. Les vagues furieuses viennent se fracasser contre cette côte déchirée dans un vacarme assourdissant. Cette côte se compose essentiellement de petites falaises déchiquetées, et les plages sont rares. *Nombreux parkings gratuits à disposition.*
Les consignes de sécurité concernant les baignades sur la Côte Sauvage sont à prendre au sérieux. On signale que la ***baignade*** est tout simplement ***interdite*** du fort de Penthièvre (au nord) jusqu'au château Turpault (au sud). Lames de fond, courants et ressacs meurtriers sont fréquents.
De nombreux endroits méritent la balade sur le sentier balisé par le Conservatoire du littoral (ne pas s'en écarter, question sécurité et protection de la faune et de la flore). Entre autres friandises, on vous propose les petites ***anses de Port-Pigeon, Port-Guibell, Port-Kerné et Port-Bara,*** les ***grottes et arches de Port-Bara,***

Port-Blanc et Kerniscob... Ces dernières forment une avancée de 500 m à l'intérieur des terres – si bien que certaines maisons, construites au-dessus, voient leur plancher trembler les jours de tempête !

Pour se restaurer ou boire un verre face au spectacle de l'océan, on peut s'arrêter au ***Bar-restaurant Le Vivier :*** ☎ *02-97-50-12-60. Voir plus haut « Où manger ? » et « Où boire un verre ?... ».*

QUIBERON (KIBERON ; 56170 ; plan II)

La station balnéaire et climatique fut en partie lancée, au début du XXe s, par les soyeux lyonnais. Du reste, aujourd'hui encore, les Lyonnais viennent en nombre à Quiberon. Peu d'immeubles, mais de jolies maisons familiales font face à la plage, située entre la place Hoche et les rochers de Beg-Er-Vil. Sur ces derniers on peut voir, selon la légende, les traces du char d'Ankou, personnification bretonne de la mort.

➢ Plus loin, une route côtière conduit à l'institut de thalassothérapie, puis un ***chemin côtier*** mène à la pointe du Conguel (très belle végétation, compter 1h pour en faire le tour à pied) : vue splendide sur Belle-Île, Houat et Hoëdic. Ce chemin est idéal pour les amateurs de footings matinaux.

Zone d'activités « Plein Ouest » *(plan II, B1) : à l'entrée de Quiberon. Tourner à droite après le cimetière en venant du nord, direction Kerné ; puis 1re à droite.* Appelée aussi le ***Quai des Saveurs,*** car on y trouve plusieurs entreprises de « douceurs » gastronomiques, qui se visitent gratuitement. Évidemment, vous n'en ressortirez sans doute pas le ventre et les mains vides.

– ***Atelier de fumaison – Maison Michel Lucas :*** ☎ *02-97-50-59-50. Visite en saison lun-ven (téléphoner pour avoir les horaires de visites, qui sont assez changeants).* On peut voir les différents postes à travers les vitres du hall (filetage, salage, fumage et tranchage). On fume ici une trentaine d'espèces, aussi bien locales (lieu, haddock, maquereau, sardine, thon...) qu'exotiques (marlin, espadon, flétan...).

– ***La Maison d'Armorine :*** ☎ *02-97-50-24-25. Visite lun-ven à 10h, 11h, 14h30 et 15h30 en juil-août. Durée : env 30 mn.* Là encore, une affaire familiale datant de l'après-guerre, où l'on produit les célèbres « niniches », des sucettes artisanales déclinées en 49 parfums, sans colorants ni conservateurs. On goûtera également le *Salidou,* caramel mou au beurre salé.

– ***La Cour d'Orgères :*** ☎ *02-97-29-55-62. ● confiture.net ● En juil-août, 3 visites/j. lun-ven à 10h30, 14h30, 16h.* Une autre affaire familiale de pâtisserie (inimitable financier aux amandes, gâteau breton) et de confitures, aux saveurs parfois osées : sucré-salé, épices, légumes...

À Beg-Er-Lan (plan II, A4) : *pointe marquant le début de la Côte Sauvage côté Port-Maria.* Jetez un œil au *château Turpault (privé et non visitable),* étrange édifice construit en 1904 dans un esprit romantico – Belle Époque pour Georges Turpault, un riche filateur. Devant les récifs, une bouée beuglante a bien évidemment été baptisée « la vache à Turpault » par les gens du coin.

Port-Maria *(plan II, A-B3),* autrefois haut lieu de la pêche à la sardine, est toujours assez vivant du fait de son activité de pêche côtière ; mais ce sont les navettes pour Belle-Île, Houat et Hoëdic qui sont source principale de remue-ménage.

Le long de la ***Grande plage*** *(plan II, B3),* la promenade sur le *boulevard Chanard* est un rituel qui s'impose. Pour les amateurs de quiétude et de paix intérieure, l'endroit n'est pas l'idéal. La plage elle-même est un curieux mélange de club Albatros, de drague adolescente et de familles pépères. Toujours bondée en tout cas. D'une manière générale, Quiberon offre une assez grande variété de plages, chacune ayant son type de sable, d'orientation, de degré d'intimité et de population... Près de la Grande plage, la *plage du Goviro (plan II, C4)* est le rendez-vous des jeunes. Près de la *pointe du Conguel (hors plan II, par D4),* quelques rendez-vous de nudistes (la vraie plage naturiste étant la plage de Kerminihi à Erdeven). La *plage de Castero (plan II, C1),* en remontant au-delà de Port-Haliguen, serait la plus chaude (au niveau de la température de l'eau !). Pour les petits rusés, *Saint-Julien (plan I),* encore plus au nord, offre des plages très agréables et moins bondées.

***Port-Haliguen** (plan II, C-D2) :* à deux pas de Quiberon, le vieux port était autrefois un abri très apprécié des navires vénètes puis romains. En 1795, les royalistes y capitulèrent devant Hoche. Les choses ont quelque peu changé depuis : au joli petit port de pêche est venu se coller de part et d'autre un bon gros port de plaisance, l'un des plus fréquentés de la côte bretonne. Les ruelles, notamment sur la butte derrière le port, méritent que l'on s'y attarde un peu. Le cercle nautique de Port-Haliguen est plus que recommandable.

Fêtes et manifestions

Station balnéaire vivante et dynamique, Quiberon (et ses environs) propose toutes sortes de festivités estivales (concerts, *festoù-noz,* expos...), et ce pour toute la famille. Programme disponibles dans les différents offices de tourisme de la presqu'île.

BELLE-ÎLE-EN-MER [Guedel]

(56360) 5 200 hab. *Carte Morbihan, B4*

Avis à tous les esprits critiques et chagrins qui voient en un pareil nom l'invention d'un comité local pour le développement du tourisme : ce qualificatif ostentatoire, ce « belle » qui vous écorche l'oreille est accroché à cette île depuis des lustres. Selon la légende, des fées de la forêt de Brocéliande jetèrent un jour leurs couronnes de fleurs dans le golfe du Morbihan. Trois d'entre elles furent emportées par le courant hors du golfe, et la plus belle, celle de la reine des fées, forma Belle-Île. Mais déjà, bien avant cette légende, les premiers navigateurs grecs la baptisèrent *Kalonessos,* soit « île belle » !
Et il va falloir vous y faire : la plus grande des îles bretonnes (17 km de long sur 9 km de large) est extrêmement belle, diablement somptueuse, irrémédiablement enchanteresse et contrastée. Une campagne étonnamment vallonnée et verdoyante, des plages comme vous n'oseriez pas en rêver, une Côte Sauvage à faire pâlir celle de Quiberon, d'immenses étendues livrées aux ajoncs (qu'on appelle ici « landes ») et aux goélands, des petits ports naturels se faufilant dans le roc, des villages tellement soignés qu'ils vont finir par faire pleurer de joie la grand-mère. C'en est presque exaspérant, que tout soit aussi beau. C'est vrai, quoi ! Un peu de laideur, ça vous donne des repères, ça vous assoit un jugement. Malheureusement, notre humour a fini par être pris au sérieux : en décembre 1999, lors du naufrage de l'*Erika,* les côtes et les plages de Belle-Île ont été parmi les premières à être touchées par la marée noire.
Quoi qu'il en soit, Belle-Île a toujours ravi les peintres par sa beauté et son caractère particulier, à en croire l'impression qu'elle fit à Monet (impressionniste...), qui décrit un « pays superbe de sauvagerie avec son amoncellement de rochers terribles et sa mer invraisemblable de couleurs ». Gageons que pour longtemps encore, elle continuera d'en inspirer plus d'un !

UN PEU D'HISTOIRE

Depuis l'Antiquité, ce relais entre les îles Britanniques et la péninsule Ibérique semble avoir eu une importance stratégique telle qu'elle fut convoitée, envahie

par toutes les puissances guerrières et maritimes d'Europe occidentale. Pillée par les pirates saxons en 280, envahie par les Normands en 910, l'île est considérée comme l'une des plus belles pièces du patrimoine des comtes de Cornouaille, lorsque le duc de Bretagne Geoffroy Ier s'en empare et en fait donation aux moines de l'abbaye de Redon en l'an 1006.
Pendant 5 siècles, l'île reste le domaine des moines et est sans cesse attaquée, pillée, dévastée. Charles IX, jugeant nécessaire de confier l'île à qui saurait la défendre, la donne à Albert de Gondi, favori de Catherine de Médicis. Cependant, criblés de dettes, les Gondi vendent l'île à Nicolas Fouquet, le fameux surintendant de Louis XIV. Son arrestation par d'Artagnan en 1661 fait de Belle-Île une propriété de la Couronne, qui chargera Vauban de la fortifier, suite à une sanglante descente des Hollandais. En 1720, Louis XV loue Belle-Île à la Compagnie des Indes, avant de la céder aux fermiers généraux... Bref, en 1761, les Anglais s'en emparent, puis la rendent en 1763 en échange de Minorque. 1765 : 78 familles d'Acadiens, chassés du Canada français, s'y installent et y font souche (voir ci-après).
Au XIXe s, la citadelle sert de bagne pour prisonniers militaires puis politiques, avant de devenir à la fin des années 1930 un centre d'hébergement des réfugiés de la guerre d'Espagne. Dès juillet 1940, l'île est occupée par les Allemands ; elle sera l'un des derniers points libérés de France, étant comprise dans la fameuse « poche de Lorient ».

LE BAGNE DES ENFANTS

En 1902, le ministère de la Justice ouvrit un centre de détention pour les mineurs à partir de 13 ans. On y apprenait les métiers de la mer mais sans jamais sortir sur l'eau. En 1934, une révolte des enfants révéla à la France leur terrible condition de vie. Le centre ferma en... 1977.

LES ACADIENS DE BELLE-ÎLE

Partis des provinces de l'Ouest de la France dès le début du XVIe s pour peupler les terres de l'Est du Canada actuel, baptisées Acadie, les colons français, les Acadiens, en furent chassés lorsque ces territoires passèrent sous contrôle anglais après des années de guerres et plusieurs traités. Refusant l'autorité de la Couronne britannique, leur expulsion fut ordonnée en 1755. C'est le début de la diaspora acadienne, le « Grand Dérangement », comme ils disent. Une partie de ces Acadiens fut déportée vers les colonies anglaises d'Amérique (Massachusetts, Virginie, Connecticut...), une autre vers l'Angleterre. Après plusieurs années, ils furent autorisés à trouver asile en France, et Belle-Île accueillit ses premiers Acadiens en septembre 1765. Des terres étaient attribuées à chaque nouvel arrivant et ceux-là ne tardèrent pas à faire souche.
Aujourd'hui, nombre de Belle-Îlois se souviennent de leurs racines et entretiennent ce passé avec fierté. Ne vous étonnez donc pas de débarquer quai de l'Acadie au Palais et de voir flotter le drapeau acadien (bleu, blanc, rouge avec une étoile jaune) sur la citadelle ou sur certaines maisons, dont celle de Maryvonne Le Gac, présidente de l'association *Belle-Île-Acadie*. Existant depuis 1966, cette association multiplie les contacts et rencontres avec les autres représentants de la nation acadienne, Acadiens du Nouveau-Brunswick, de la Nouvelle-Écosse, cajuns de Louisiane... Et tous les cinq ans a lieu le Congrès mondial des Acadiens.
■ ***Association Belle-Île-Acadie :*** ☎ 02-97-31-86-15.

Comment y aller ?

En bateau

Compagnie Océane : liaison toute l'année (☎ 0820-056-156 ; 0,12 €/mn ; ● compagnie-oceane.fr ●). Depuis **Quiberon** jusqu'à Le Palais, avec le *Vindilis* et le *Bangor*. Elle effectue aussi le passage des véhicules.

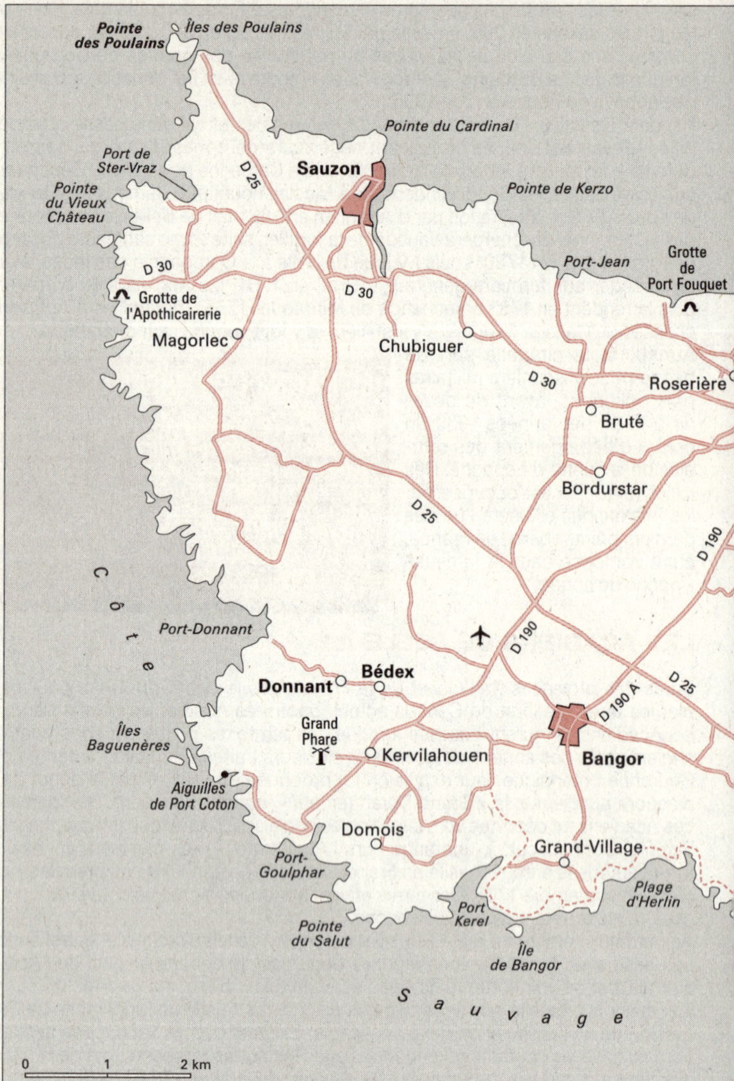

Résa plusieurs mois à l'avance pour les mois d'été. En fait, nous recommandons vivement à nos lecteurs d'éviter d'aller à Belle-Île avec leur voiture. On peut louer tous les véhicules sur l'île à un prix qui ne dépasse pas le coût du passage de la voiture. Enfin, l'île est plus belle à vélo.

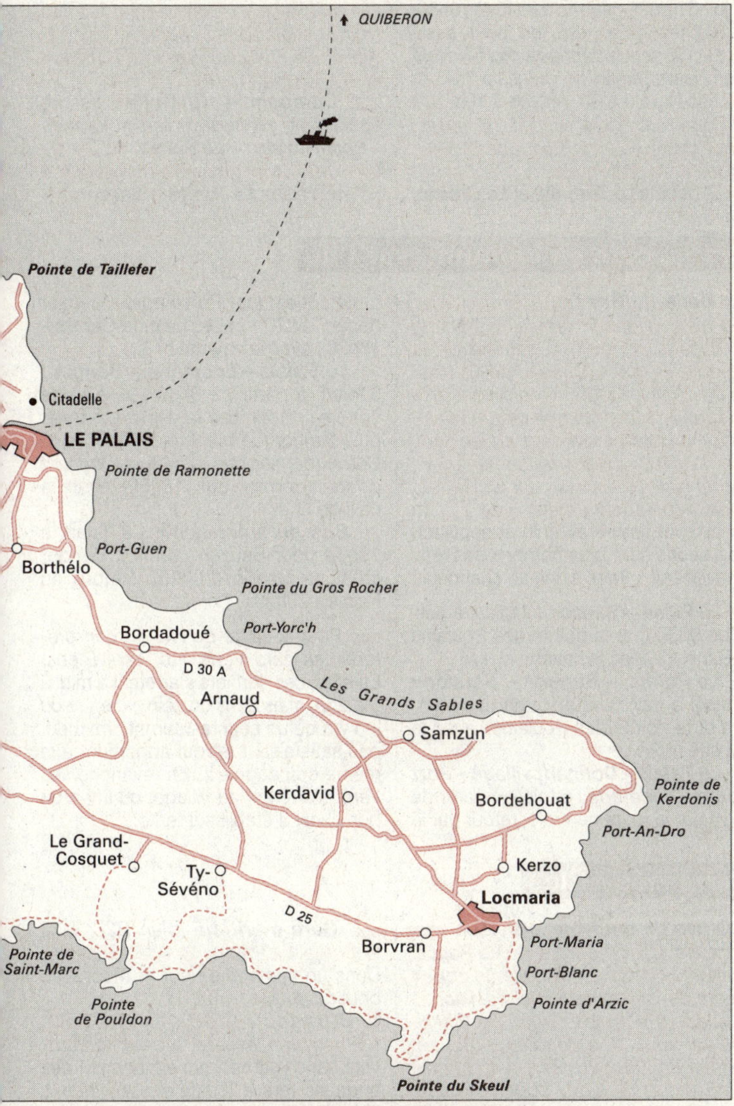

BELLE-ÎLE-EN-MER

– Liaison Quiberon-Sauzon également. En juil-août, départ 19h le w-e, 20h15 en sem. Retour : 8h25.

Compagnie des Îles Navix : ☎ *0825-132-100 (0,15 €/mn).* • *navix.fr* • ➢ Traversée en 35 mn depuis ***Quiberon,*** de mi-avr à mi-sept, suivant programmation 1 à 2 départs/j.

1er juil-31 août, départs à 8h45 et 10h30.
➢ Sachez qu'en été, on peut aussi gagner l'île depuis **Vannes** et **Port-Navalo** avec *Navix*. Départ de Vannes à 7h45 et de Port-Navalo à 9h. Arrivée à 10h. *A/R adulte : env 30 € ; aller simple 23 € ; réduc ; gratuit moins de 4 ans. Réduc de 10 % sur présentation de ce guide.*
➢ Et depuis **La Turballe** et **Le Croisic,** *juil-août, avec la* Compagnie des Îles *(voir plus loin dans la partie « La Loire-Atlantique » les chapitres « La Turballe » et « Le Croisic »).*
Compagnie du Golfe : assure également, avr-sept, la liaison ***Vannes* – *Port-Navalo* – Le Palais.** ☎ *02-97-67-10-00. ● compagnie-du-golfe.fr ●* En été, liaison ***La Trinité* – *Sauzon.***

Transports en commun sur l'île

Belle-Île Bus : *1, quai de l'Yser, Le Palais. Départ depuis le parking au-dessus du port, à gauche de la citadelle (espace Charles-de-Gaulle).* ☎ *02-97-31-81-88. ● cars-verts.fr ● (site remis à jour chaque début de saison). Fonctionne avr-sept et vac scol. Tarif : 2,50 € ; billet à la journée : 8 € ; carnet de 10 tickets : 20 €. Réduc. Également abonnement 2 ou 7 j.* En juil-août et le w-e avr-juin et sept-oct, les liaisons sont plus nombreuses (env 7 navettes/j.). Faire signe au chauffeur.

➢ ***Le Palais – Sauzon :*** 7 fois/j. À partir de 9h30 (par la pointe des Poulains et Bangor), avec la navette n° 1.
➢ ***Le Palais – Bangor – Sauzon :*** 7 fois/j. à partir de 9h15 (par les Menhirs et la pointe des Poulains), avec la navette n° 2.
➢ ***Le Palais – Donnant village – Port Coton – Locmaria :*** 6 fois/j. à partir de 9h15 par la route centrale, retour par la route côtière (par Port-Andro – dernier départ 18h10 – et Les Grands-Sables – 18h20), avec la navette n° 3.
➢ ***Le Palais – Locmaria – Bangor :*** 5 fois/j. à partir de 9h30 par la route côtière, retour par la route centrale, puis *Bangor* (dernier bus 18h30), *Port-Coton* (dernier bus 18h40) et *Donnant village* (dernier bus 18h50) avec la navette n° 4.
➢ ***Bus du soir :*** quitte Le Palais à 19h30 pour Sauzon (19h40), Bangor (20h), Locmaria (20h15). Retour au Palais à 20h30.

Pour la ***visite de l'île en car,*** préférer les *cars Verts* aux *cars Bleus.* En effet, ces derniers s'arrêtent à midi à Sauzon, mais dans un coin excentré où il n'y a qu'un seul restaurant, vraiment pas satisfaisant (et qui appartient à la même compagnie !). En revanche, les *Verts* s'arrêtent au village, où il y a un bon choix d'établissements...

Adresses utiles

Office de tourisme *(plan B2)* ***:*** *quai Bonnelle, CS 61102, 56360* ***Le Palais.*** ☎ *02-97-31-81-93. ● belle-ile.com ● À côté de la gare maritime. Tte l'année lun-sam 9h-12h30, 14h-18h (8h45-19h juil-août, plus dim 8h45-13h) ; et les dim 9h-13h : 20, 27 avr, 4, 11 mai, 1er, 8 juin et 21 sept.* Super efficace. Fournit sur simple demande une liste des locations (à la semaine hors saison, à prix raisonnables). Demander leur remarquable brochure *Séjour et Découverte.* Avec « Belle-Île à la carte », vente de séjours également. Dispose d'intéressants itinéraires et cartes, tant pour les randonnées à pied que pour les balades à vélo ou à VTC.

Gare maritime *(plan B2)* ***:*** *quai Bonnelle,* ***Le Palais.*** ☎ *0820-056-156.* Dans un immeuble neuf et moche au bout du quai.
■ ***Bibags :*** *06-23-39-91-68. ● bibags.fr ●* Assure, à ceux qui arrivent sans voiture, l'acheminement des bagages vers le lieu de résidence dans l'île, ainsi que leur suivi d'un point à un autre pour les randonneurs.
■ ***Location de voitures et excursions en autocar*** *(plan B2,* ***1****)* ***:*** *chez* ***Locatourisle,*** *quai Bonnelle,* ***Le Palais*** *(face au débarcadère).* ☎ *02-97-31-83-56. ● locatourisle.com ●* Flotte de Méhari (vérifier cependant qu'elles démarrent bien sans caprices !). Tous véhicules

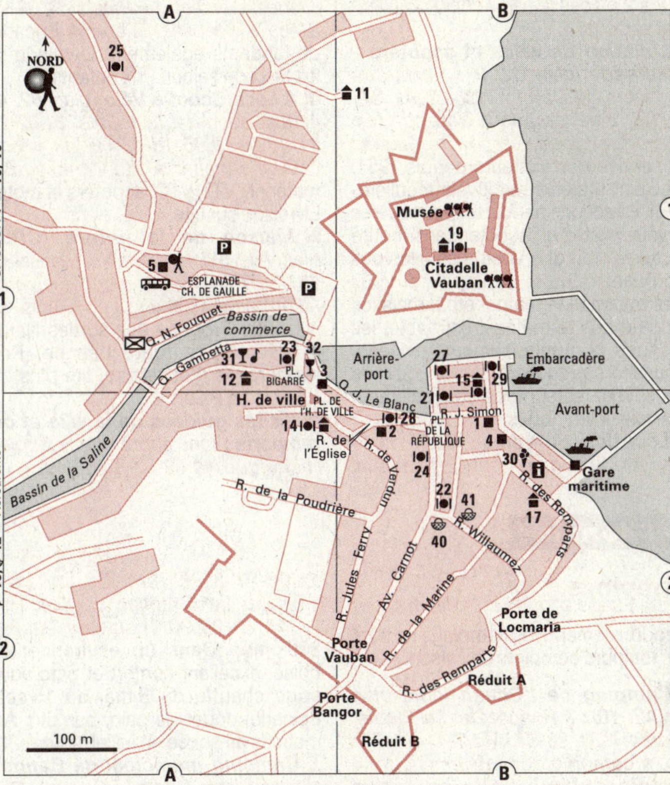

LE PALAIS

Adresses utiles

- Office de tourisme
- 1 Locatourisle
- 2 Reversade
- 3 Roue libre
- 4 A Loca Scoot & Vélo
- 5 Maison de la nature

Où dormir ?

- 10 Camping de l'Océan
- 11 Auberge de jeunesse
- 12 L'Acadien
- 14 Hôtel du Commerce
- 15 Hôtel Atlantique
- 16 Hôtel Le Clos fleuri
- 17 Loft d'hôtes Liber and Co et Hôtel Vauban
- 18 Château de Bordenéo
- 19 Hôtel de la Citadelle Vauban

Où manger ?

- 14 Le Vivier du Commerce
- 15 Restaurant de l'Hôtel Atlantique
- 19 La Table du Gouverneur
- 21 L'Odyssée
- 22 Crêperie La Chaloupe
- 23 La Parenthèse
- 24 Le Verre à Pied
- 25 La Paloma
- 27 Brasserie Le Goëland
- 28 La Main à la Pat'
- 29 Crêperie la Touline et l'Annexe

Où déguster une glace ? Où boire un verre ? Où écouter de la musique ?

- 30 Glacier du port
- 31 Bodjet
- 32 Le Pouce-pied

Où trouver de bons produits ?

- 40 Kaerilis – Bell'Isle Single Malt Whisky
- 41 La Palantine
- 42 Espace Découverte La Bien Nommée

À voir

- 5 Maison de la nature

de 2 à 9 places (*à partir de 50-65 € suivant saison*).

■ ***Location de vélos et scooters – Reversade*** (*plan B2*, **2**) : *14, rue de l'Église, **Le Palais**. ☎ 02-97-31-84-19. • reversade56@orange.fr • location-reversade.com • Tte l'année.* Au service des visiteurs depuis 1951. Excellent matériel renouvelé régulièrement. Réactions parfois un peu sévères (si vous partez en scooter sans mettre le casque, ou que vous êtes allé vous promener dans le sable, ou si vous avez maltraité le matos, etc.), mais ici, garantie que le matériel est fiable, les bécanes scrupuleusement révisées, renouvelées régulièrement et que les prix savent rester modérés. Également des vélos électriques.

■ ***Location de vélos : Roue libre*** (*plan A1*, **3**), *rue du Pont-Orgo et quai Jacques-Leblanc, **Le Palais**. ☎ 02-97-31-49-81. • belle-ile.com •* Location de tandems également. Livraison sur les lieux de séjour. Prix enfants.

■ ***A Loca Scoot & Vélo*** (*plan B2*, **4**) : *4, quai Bonnelle, **Le Palais**. ☎ 02-97-31-49-94. 📱 06-16-48-63-26. • locascoot@hotmail.fr • Tte l'année.* Bon matériel : VTT, VTC, scooters et motos. Livraison sur site.

■ ***Maison de la nature*** (***CPIE*** ; *plan A1*, **5**) : *Les Glacis, **Le Palais**. ☎ 02-97-31-40-15. • belle-ile.com • À l'entrée du parking* Les Glacis, *sur la droite.* Propose des sorties Nature et découverte toute l'année. Pour les horaires d'ouverture, lire plus loin « À voir. Le Palais ».

■ ***Visites guidées de la ville et des remparts :*** *rens auprès de la **Société Historique** (☎ 02-97-31-60-49).*

Où dormir ?

Campings

Paradoxalement, les campings ne sont pas toujours complets en saison.

⛺ ***Camping de l'Océan*** (*hors plan par A2*, **10**) : *à Roboscère, **Le Palais**. ☎ 02-97-31-83-86. 📱 06-11-91-01-48. • camping.ocean@gmail.com • camping-ocean-belle-ile.com • ♿ Accès : à la sortie du Palais, route de l'aérodrome, sur la gauche ; bien indiqué. Ouv 1er avr-30 sept (locatifs 1er mars-15 nov). Prix tente 14,40-19,80 € selon saison. Loc de chalets et bungalows toilés 319-768 €/sem. 108 empl.* Installé sous les grands pins (meilleurs emplacements : A07, A08 et A14, semi-ombragés et face aux champs). Sanitaires impeccables. Piscine.

⛺ ***Camping Trion Guen :*** *à 3 km de Le Palais, route de l'aérodrome. ☎ 02-97-31-85-76. • campingtrionguen-belleile.com • De fin mars à mi-oct. Pour 2 pers, forfait 9,60 €. Mobile homes également.* Éloigné de la route, un camping familial, simple, tranquille et bien arboré. Aire de jeux pour les enfants, équipements corrects.

⛺ ***Camping de Bordeneo :*** *à 500 m de la plage et 1 200 m de **Le Palais**. ☎ 02-97-31-88-96. De mi-avr à fin sept. Le 4-étoiles de l'île. Pour 2, 15,20-25,20 € suivant saison. 200 empl.* Dans un environnement boisé, excellent confort et parc aquatique chauffé du 8 mai au 15 sept. Épicerie, dépôt de pain, bar, etc. Animations en soirée en juillet-août.

⛺ ***Camping municipal de Bangor :*** *18, rue Pierre-Cadre, à **Bangor**. ☎ et fax : 02-97-31-89-75. • camping.bangor@orange.fr • bangor.fr • Ouv 1er avr-30 sept. Résa conseillée. Prix tente en hte saison 9,85 €. Loc de mobile homes (286-575 €/sem). 70 empl.* Très calme, pas très grand et espace verdoyant. Douches.

⛺ ***Camping Kernest :*** *Kernest, **Bangor**. ☎ 02-97-31-56-26. • camping.lekernest@amisep.asso.fr • camping-kernest.com • ♿ Accès : bien fléché depuis le carrefour de l'aérodrome ; à 6 km du port de Le Palais. Ouv 1er avr-début oct. Prix tente 10,90-20,50 € selon saison. Loc de chalets, mobile homes et bungalows toilés 265-700 €/sem. Prix caravane 104,30-171,50 €/sem. Réduc : DUO à 196 €/sem en avant-saison et sept. 80 empl.* Fort bien situé au milieu des pins, confortable et à 800 m de la plage. Soirées à thème et aire de jeux pour les enfants. Piscine.

⛺ 🏠 ***Camping municipal de Lannivrec :*** *à* ***Lannivrec.*** *☎ 02-97-31-73-75 et 02-97-31-70-92 (mairie). • camping. lannivrec@wanadoo.fr • locmaria-belle-ile.com • Accès : à 400 m de Locmaria, pas loin des plages. Ouv de fin mars à mi-nov. Prix tente en hte saison 11,70 €. Loc de mobile homes : 260-500 €/sem. 89 empl.* Pour le camping, réservation payante pour tout séjour supérieur à 1 semaine. Dispose aussi de dortoirs de 10 et 17 lits *(9,50 €/nuit)* et de chambres de 3 lits *(27-28,50 €/nuit).* Douches.

⛺ ***Camping municipal de Port-Andro :*** *à* ***Locmaria.*** *☎ 02-97-31-73-25 ou 02-97-31-73-75 (hors saison). • camping.portandro@wanadoo.fr • locmaria-belle-ile.com • Accès : à env 3 km au nord-est du bourg de Locmaria. Ouv de fin mai à mi-sept. Prix tente en hte saison 11,70 €. 120 empl.* Dans un site superbe. Très tranquille. Douches.

⛺ ***Camping municipal de Pen Prad :*** *vallon du Port-aux-Plages,* ***Sauzon.*** *☎ 02-97-31-64-82 et 02-97-31-62-79 (mairie). • camping-sauzon@wanadoo.fr • ♿ Accès : à l'entrée de Sauzon. Ouv avr-début nov. Prix tente en hte saison 11,10 €. Chalets à louer (loc à la nuitée hors saison), ainsi que des mobile homes 283-525 €/sem. 94 empl.* Pour le camping, réservation payante pour tout séjour supérieur à 1 semaine. Bien tenu.

⛺ ***Camping La Source :*** *vallon du Port-aux-Plages,* ***Sauzon.*** *☎ 02-97-31-60-95. 📱 06-78-47-32-23. • camping@belleile-lasource.com • belleile-lasource.com • Accès : à l'entrée de Sauzon. Ouv fin mars-début oct. Prix tente 9,30-14,30 € selon saison. Loc chalets 285-601 €/sem. 75 empl. Réduc : - 5 % hors saison sur présentation de ce guide.* Environnement verdoyant. Excellent confort. Agréables chalets en bois.

⛺ ***Camping Les Grands-Sables :*** *au* ***Bas-Laurent.*** *☎ 02-97-31-84-46. • camping.grandsables@neuf.fr • belle-ile.com • Accès : en direction de Locmaria par la route côtière, à 300 m de la plus grande plage de l'île. Ouv mai-sept. Prix tente 9,60-12,50 € selon saison. Loc de caravanes et de vélos 170-380 €/sem. 30 empl.* Face à la mer, une trentaine d'emplacements. À 300 m de l'école de voile. Petit, tranquille et intime.

Au Palais

Bon marché

🏠 ***Auberge de jeunesse*** *(plan B1,* ***11****) :* *à* ***Haute-Boulogne.*** *☎ 02-97-31-81-33. • belle-ile@hifrance.org • hifrance.org • Derrière la citadelle du Palais, à 15 mn du débarcadère. Fermé en oct et pdt les fêtes de fin d'année. Accueil 8h30-10h, 18h-20h. Attention, l'AJ est une telle aubaine à Belle-Île qu'il est préférable de réserver (adhésion obligatoire). Compter 16 €/pers. Repas le soir env 12 €. ½ pens 32,50 €.* 💻 Une centaine de lits en chambre de 2 personnes (lits superposés). Salon de lecture et salon-TV, cafétéria, bar, table commune ou cuisine libre.

🏠 ***Gîte d'étape de Port-Guen :*** *☎ 02-97-57-07-16. • gitedetapedeport-guen@orange.fr • gites-port-guen.fr • ♿ Vers Les Grands-Sables. Dans un beau vallon, en pleine verdure et tt près de la mer. Sur résa. Compter 16-21 €/pers ; petit déj 6 €. ½ pens 33 €/pers.* Installé dans une ancienne conserverie, loin de la route. Jardin sympa aux multiples essences, avec des tables en bois. Logement en chambres de 2 à 6 lits. Un grand gîte et un petit, fort populaire, pour les bandes ou groupes de 8 à 10 personnes (avec leurs propres sanitaires). Également 3 gîtes ruraux de 3 et 4 chambres avec leur propre jardin devant. Grande salle à manger et cuisine bien équipée.

De bon marché à prix moyens

🏠 ***L'Acadien*** *(plan A1,* ***12****) : 36, rue Joseph-Le-Brix. ☎ 02-97-31-84-86. • hotelacadien@orange.fr • hotel-acadien.com • Doubles 41-68 € selon saison ; petit déj en sus. Possibilité de ½ pens.* Petit hôtel agréable en plein centre-ville et qui propose 13 chambres totalement rénovées. Large utilisation du bois et bonnes idées de décor rendant le cadre chaleureux. Jolies salles de bains. Bar au rez-de-chaussée (mais entrée indépendante).

Hôtel du Commerce (ex-Le Galion ; plan A2, **14**) **:** *4, pl. de l'Hôtel-de-Ville. ☎ 02-97-31-37-37. • contact@hotelegalion.com • hotelegalion.com • Congés : 16 nov-14 fév. Doubles 44-64 € avt travaux et plus chères après. Travaux en cours pour agrandir les chambres.* L'hôtel se transforme et va changer de standing. Bon resto, *Le Vivier du Commerce,* avec terrasse, spécialisé dans les fruits de mer et crustacés (voir « Où manger ? »).

Hôtel Atlantique (plan B1-2, **15**) **:** *quai de l'Acadie. ☎ 02-97-31-80-11. • contact@hotel-atlantique.com • hotel-atlantique.com • Doubles 51-74 € selon saison ; 1 familiale également. ½ pens 105-130 €/2 pers.* Une trentaine de belles chambres, dont certaines avec vue sur le port. Confortable. Ascenseur, TV satellite, insonorisation, etc. Fait également resto (voir plus loin « Où manger ? »).

De chic à plus chic

Loft d'hôtes Liber and Co (plan B2, **17**) **:** *rue des Remparts (dans le haut du palais). ☎ 02-97-31-82-41. 06-82-43-87-15. • liberandco.com • liberandco@gmail.com • Tte l'année. 100-150 € selon saison et nombre de pers. Basse saison (oct-avr) 110-130 €.* Pour nos lecteurs littéraires (et les autres aussi), une magnifique chambre d'hôtes attenante à l'un des plus sympathique lieux culturels-librairies qu'on connaisse ! Spacieux, lumineux, avec mezzanine et tout le confort rêvé : cuisine équipée, sanitaires séparés de la salle de bains, lave et sèche-linge, belle cheminée avec feu qui crépite. Mon tout d'un charme énorme, des livres partout (normal, vous direz !)... et l'accueil proustien et suave de Bénédicte et Jean-Pierre. Réserver, bien entendu !

Hôtel Le Clos fleuri (hors plan par A1, **16**) **:** *Bellevue, route de Sauzon. ☎ 02-97-31-45-45. • leclosfleuri-belleile@orange.fr • hotel-leclosfleuri.com • À 1,2 km du débarcadère. Une vingtaine de chambres spacieuses et confortables à souhait 72-145 € selon saison ; petit déj 11,50 €. Apéritif maison offert sur présentation de ce guide.* Agréablement meublé à l'anglaise. Petites terrasses individuelles. Certaines chambres avec mezzanine. Agréable jardin. Petit déj-buffet bellilois copieux, avec plein de délicieuses spécialités (far, crêpes, etc.).

Hôtel Vauban (plan B2, **17**) **:** *1, rue des Remparts. ☎ 02-97-31-45-42. • hotelvauban@wanadoo.fr • hotel-vauban-belleile.com • Réception jusqu'à 16h. Doubles 45-98 € suivant saison, vue et confort ; petit déj-buffet bio 10 €.* Sur les hauteurs du port, avec, bien sûr, une superbe vue pour la plupart des chambres. Fonctionnel, au calme, avec des chambres chaleureuses et bien tenues. Bon accueil randonneurs et cyclistes (« packs randonnée pédestre »).

Beaucoup plus chic

Château de Bordenéo (hors plan par A1, **18**) **:** ***Bordenéo,*** *à 2,5 km du Palais. ☎ 02-97-31-80-77. 06-12-78-24-49. • chateaudebordeneo@wanadoo.fr • chateau-bordeneo.fr • Doubles 140-190 € selon saison, petit déj inclus. Parking privé. Remise de 10 % sur la chambre, sur présentation de ce guide.* Gros manoir entouré d'un grand jardin. À l'intérieur, cadre élégant, vastes pièces, dont le salon avec sa grande cheminée qui crépite. 5 chambres de grand confort dans les tons beiges bien reposants. Piscine intérieure (chauffée d'avril à octobre). Salle de jeu.

Hôtel de la Citadelle Vauban (plan B1, **19**) **:** *☎ 02-97-31-84-17. • reception.vauban@leshotelsparticuliers.com • citadellevauban.com • Ouv mai-fin sept. Doubles 125-355 € selon saison et confort ; petit déj 17 €.* Une cinquantaine de chambres dans l'ancienne caserne luxueusement transformée. Quelques suites de grand charme. Un hôtel-musée, en quelque sorte. Également un resto, *La Table du Gouverneur* (voir « Où manger ? »).

À Sauzon

Bon marché

Centre d'accueil de Sauzon : *Escale à Belle-Île, rue Willaumez / route de l'Apothicairerie. 06-95-01-70-75. • escale-a-belle-ile@wanadoo.fr • belleile.org • Dans le haut du bourg ; bien situé, donc, et à deux pas du sentier côtier. Nuitée en dortoir 20 €, double 38 €. Formule et menu 10-15 €/pers. Panier-repas 10 € et dîner 14 €. Café offert sur présentation de ce guide.* D'une capacité de 46 personnes réparties dans 2 bâtiments, comprenant 16 chambres de 2 lits superposés dont une avec douche et w-c. Également 2 chambres de 5 lits. Cuisine à disposition. Activités yoga et land art, location de minibus 9 places. En prime, un accueil sympathique et une atmosphère familiale garantie.

Le Relais côtier : *chemin de Port-Puce. ☎ 02-97-31-01-93. • le-relais-cotier.fr • Ouv de mi-mars à mi-nov. Compter env 43 € pour 2 ; petit déj et draps en sus. ½ pens 23,50 €/pers.* Petite structure au calme et bien tenue. Commerces, plage et sentier côtier à courte distance.

De bon marché à prix moyens

Hôtel Aux Tamaris : *11, allée des Peupliers. ☎ 02-97-31-65-09. • auxtamaris@orange.fr • auxtamaris.fr • Doubles 48-75 € selon confort et saison (les 3 chambres les moins chères ont les w-c en commun) ; petit déj en sus. Intéressant pour familles, 2 nouveaux mobile homes indépendants sur jardin. Parking. Un petit déj par chambre offert sur présentation de ce guide.* En haut du bourg et en pleine campagne, 2 maisons dans le style belle-îlois, comptant 15 chambres dotées du confort moderne. Certaines légèrement mansardées pour les romantiques, avec vue sur la campagne. Grand jardin et étang. Un de nos meilleurs rapports qualité-prix sur l'île.

Hôtel du Phare : *quai Guerveur. ☎ 02-97-31-60-36. • hoteldupharer56@orange.fr • Ouv avr-oct et vac scol de Noël. Double 62 € ; petit déj 6,90 €. ½ pens 61 €/pers. Menu 22 €.* Au pied de l'hôtel, le phare d'entrée tribord du port de Sauzon. Chambres simples, papier peint qui se défraîchit et se décolle quelque peu... Certes, propreté acceptable, mais certaines cabines de douche vraiment exiguës. Pas cher pour l'emplacement, mais mériterait vraiment une petite rénovation. Resto avec la terrasse la plus célèbre de Belle-Île (voir « Où manger ? »).

Plus chic

Villa Pen Prad : *rue du Chemin-Neuf. 06-49-41-71-43. • contact@villapenprad.com • villapenprad.com • À droite, en entrant au port. Doubles 160-180 €, suites 190-220 € selon saison, petit déj inclus.* Cette belle grosse bâtisse surplombe littéralement le port et toutes ses chambres bénéficient d'une vue privilégiée. Superbement restaurée avec tout le confort, tout en conservant des éléments de charme du passé : le vénérable escalier, les lambris de bois à l'ancienne, chambres séduisantes... Tout autour, un merveilleux jardin en espalier sur la baie (accès direct), avec une végétation méditerranéenne et des palmiers (si, si !), ménageant des coins et recoins pour jouir béatement des sublimes crépuscules sur la baie et le port. Généreux petit déjeuner et, en prime, l'accueil chaleureux d'un jeune couple fort sympathique. L'adresse idéale pour nos lecteurs (trices) en voyage d'amoureux.

À Bangor et à Locmaria

De bon marché à prix moyens

Centre d'accueil de Bangor : *Bangor, près de la mairie. ☎ 02-97-31-89-75. • bangor.fr • Nuitée 30 € (loc de draps 6 €).* Rouvert en 2014 après une belle rénovation, une grande demeure belliloise offre 11 doubles à lits superposés et 5 avec grand lit. Sanitaires communs. Cuisine équipée, salle à manger, jardin, commerces à proximité et jolie plage à 2 km.

Gîte communal de Lannivrec : *☎ 02-97-31-73-75. • camping.lannivrec@wanadoo.fr • locmaria-belle-ile.com • Ouv avr-nov. Nuitée en dortoir 10 € (loc de draps possible) ; chambre avec 3 lits 30-32 € ; taxe : 0,40 €/pers.* Dans une demeure basse traditionnelle. Sanitaires et cuisine communs. Agréable et bien tenu.

Le Bon Accueil : *plage de Donnant. ☎ 02-97-31-80-83. • demiagreg@hotmail.com • C'est la maison blanche au fond du vallon de Donnant. Fermé nov-fév. Une dizaine d'appartements et studios avec coin cuisine 60-90 €/j. selon taille et saison ; en juil-août, à la sem slt. Remise de 10 % sur la chambre, sur présentation de ce guide.* Grand jardin et départ du sentier côtier tout à côté. Situation exceptionnelle, en face de la plage la plus pittoresque de l'île. Quelques chambres pour randonneurs.

Très chic

Hôtel le Grand Large : *Goulphar,* **Bangor.** *☎ 02-97-31-80-92. • contact@hotelgrandlarge.com • hotelgrandlarge.com • Fermé déc-janv. Doubles 75-289 € selon confort et saison ; quelques familiales 235-389 € ; petit déj 17 €.* Une des plus belles situations rêvées. Bien en marge de la route, tout seul face à l'anse de Goulphar, à deux pas des célèbres aiguilles de Port-Coton, avec 20 chambres sur 35 face à la mer... Bon confort et fort belle cuisine (*Le Marie-Galante* ; voir « Où manger ?»). Piscine.

Hôtel-Village La Désirade : Le Petit-Cosquet. *☎ 02-97-31-70-70. • hotel-la-desirade@wanadoo.fr • hotel-la-desirade.com • Après Bangor, sur la route de Port-Coton. Congés : 2 nov-8 avr. Résa conseillée. Doubles avec sdb 158-193 € selon saison ; petit déj 17 €. ½ pens 48 €/pers. Apéritif offert sur présentation de ce guide.* Un bel établissement, à l'architecture typiquement belle-îloise : maisons basses, murs et volets peints, dans lesquelles se trouvent 28 chambres spacieuses et décorées avec soin. Certaines, destinées aux familles, ressemblent même à de petits appartements. L'hôtel s'est agrandi d'un espace fitness avec sauna, hammam, jacuzzi, salles de massage et de musculation. Piscine chauffée ouverte jusque tard en saison, suivant la météo. Enfin, comment ne pas évoquer le petit déj/brunch servi tous les jours jusqu'à 11h dans une salle où il fait bon jouer les prolongations : crêpes, far, jus frais, compotes... ? De quoi faire le plein d'énergie avant de partir à vélo (en location sur place) ! Bon resto (voir « Où manger ? »). Le menu de la demi-pension change tous les jours et donne un bon aperçu de la créativité du chef.

Où manger ?

Au Palais

De bon marché à prix moyens

L'Odyssée (*plan B1-2,* **21**) **:** *quai Vauban. ☎ 02-97-29-13-08. Fermé dim soir et lun hors saison. Congés : déc-fév. Formule déj 16 € le midi lun-ven ; à la carte, env 30 €. Apéritif maison offert sur présentation de ce guide.* Cadre agréable (2 petites salles décalées et terrasse plaisante sur le port et à l'étage, avec vue sur mer) pour une cuisine de qualité régulière. Viandes tendres à souhait, agneau de l'île, tagine de poisson et choucroute de la mer aux choux verts frais.

Crêperie La Chaloupe (*plan B2,* **22**) **:** *10, av. Carnot. ☎ 02-97-31-88-27. • sauvagebernard@wanadoo.fr • Près de la pl. du Marché. Service tlj en continu 11h-minuit, bon à savoir ! Congés : 5 janv-5 fév et 15 nov-20 déc. Menu 12,60 €, carte 13-16 €. Apéritif maison offert sur présentation de ce guide.* Pas mal de choix : une centaine de galettes et crêpes, faites à la commande, dont certaines originales en suggestion. Les ingrédients y fusionnent bien.

Soupe de poisson, salades et bonnes glaces également. Terrasse sur l'animation de la rue.

|●| ***Le Verre à Pied*** *(plan B2, **24**) : 3, pl. de la République. ☎ 02-97-31-29-65. • mariebelleile@yahoo.fr • ♿ Juste en face du marché. Ouv tlj sf mer hors saison. Congés : déc-15 fév. Menus déj 14-19 €, carte env 25 €.* Face au marché. Cuisine traditionnelle, simple, servie dans une courette agréable et ombragée, à des prix fort abordables.

|●| ***La Paloma*** *(plan A1, **25**) : à **Roserière.** ☎ 02-97-31-50-56. ♿ À 800 m du port. Prendre la direction de Sauzon, puis de Taillefer (c'est indiqué). Tlj en saison ; slt ven-dim et sur résa hors saison. Résa très conseillée. Repas env 10-15 €.* Bonne crêperie. Pâte de galettes légère et craquante à souhait, crêpes faites à la demande, excellents produits... Beaucoup de choix : Saint-Jacques, fondue de carottes, sardines au basilic, thon ou saumon fumé, etc. Quant aux crêpes sucrées, goûtez à celles au chocolat noir ou au coulis de fruits rouges du verger... Bon cidre fermier. Aire de jeux pour enfants.

|●| ***La Main à la Pat'*** *(plan B2, **28**) : 1, rue de l'Église. ☎ 02-97-31-57-70. • lamainalapat@hotmail.fr • Tlj en saison, sinon fermé lun-mar. Congés : 15 j. début fév, 1 sem en nov. Compter 15-20 €.* Une petite crêperie proposant une carte certes très classique, mais honnêtes « complètes » de blé noir à des prix sensiblement moins chers que les autres crêperies. Quelques tables avec vue directe sur le port. Bon accueil et service efficace. Salle assez petite, sage de réserver.

|●| ***La Parenthèse*** *(plan A1, **23**) : pl. du Général-Bigarré. ☎ 02-97-29-30-24. En saison, midi et soir sf lun (bar 15h-18h). Plat du jour 12 € (16 € avec la place de ciné), pêche du jour 12 et 18 €.* Ouvert depuis 2014, le petit dernier dans l'île et qui s'est déjà fait une place. Tenu par un jeune couple vigilant sur la qualité des produits (producteurs locaux, pêcheurs du coin), menus en accord avec les saisons, prix modérés. Petits plats bien concoctés et accueil sympa. Belle terrasse devant (avec parfois des musiciens).

De prix moyens à chic

|●| ***Le Vivier du Commerce*** *(plan A2, **14**) : 4, pl. de l'Hôtel-de-Ville. ☎ 02-97-31-37-37. ♿ Fermé 15 nov-15 fév. Midi et soir jusqu'à 22h30 ; service continu pour huîtres et pâtisseries. Formules déj en sem 14-18 €. Menus env 24,50-46,50 €.* 📶 Dans l'hôtel *Le Galion*. Spécialisé dans les fruits de mer et crustacés. Très agréables terrasses intérieures, celle du rez-de-chaussée présentant l'originalité d'avoir un plancher en verre au-dessus du vivier. Par dizaines, homards et tourteaux s'ébattent sous vos pieds. Honorable assiette « Océane » et poisson d'une belle fraîcheur. Légumes frais, frites maison. Pour les carnivores, viandes correctes. Attention l'hôtel ayant entrepris de gros travaux, il est possible que ça ait une incidence sur la période d'ouverture.

|●| ***Brasserie Le Goëland*** *(plan B1, **27**) : 3, quai Vauban. ☎ 02-97-31-81-26. ♿ Ouv tlj 12h-14h30, 19h30-21h30 (service continu juil-août 12h-22h). Congés : janv-fév. Menu 26 € sf sam soir et j. fériés ; carte env 35 €. 📶 Apéritif offert sur présentation de ce guide.* Chaleureux cadre et comptoir en bois. Cuisine de bonne réputation, utilisant des produits frais locaux de qualité. Parmi les spécialités : bar ou turbot en croûte de sel de Guérande, tartare de saumon... Sauces et frites maison. Ambiance bonne franquette (parfois, on mange sur de toutes petites tables).

|●| ***Restaurant de l'Hôtel Atlantique*** *(plan B1-2, **15**) : ☎ 02-97-31-81-27. Voir « Où dormir ? ». Formules midi 14-18,50 €, menus 22-33,50 €.* Resto avec terrasse et véranda. Quelques spécialités comme le cassoulet ou l'île flottante au salidou. Plats de poisson assez chers. Spécialité de rôti de lotte beurre de crustacés.

|●| ***Crêperie la Touline*** *(plan B1, **29**) : quai de l'Acadie. ☎ 02-97-31-44-71. • latouline56@orange.fr • Tlj en saison, sinon fermé dim soir et jeu. Congés : janv et de mi-nov à mi-déc. Formule 13 € le midi. À la carte, compter 20-25 €.* Dans une vénérable demeure du port remarquablement rénovée, une récente crêperie n'a pas tardé à remplir sa belle et grande terrasse, témoin privilégié de la vie du port. Ici, des crêpes

fines et croustillantes, réalisées uniquement avec de bons produits locaux soigneusement sélectionnés (les fournisseurs sont indiqués sur la carte et le blé noir est broyé sur vieille meule). Spécialités de galettes saucisses et brouillades sur galettes. Copieuses « complètes » aux associations originales. Seul petit bémol, cadre intérieur un peu austère (bon, il ne se mange pas et il y a cette superbe terrasse !).

I●I *L'Annexe* *(plan B1, **29**) : 3, quai de l'Yser. ☎ 02-97-31-81-53. Tlj sf le mer en basse saison (nov-avr, ouv jeu-dim). Attention, 2 services 19h30 et 21h, conseillé de réserver !* Chaleureux décor marin. Sur le terrain des crêpes sophistiquées, le grand rival de la Touline... Bons produits, légumes bio de l'île, galettes de blé noir fines et craquantes. Goûter celle à la saucisse de molène aux algues ou aux saint-jacques rôties et coulis de persil *(14,90 €)* ou encore à l'araignée et pleurotes *(12,90 €)...* Bien sûr, crêpes classiques et au froment (ah, les crêpes gourmandes !), salades également.

Plus chic

I●I *La Table du Gouverneur* *(plan B1, **19**) : dans la citadelle (bien indiqué). Voir aussi « Où dormir ? ». ☎ 02-97-31-82-57. • reception.vauban@leshotelsparticuliers.com • citadellevauban.com • Ouv de mai-fin sept, tlj. Résa hautement recommandée en juil-août. Formules 15-24 € le midi sf dim et j. fériés ; menus 35-70 €.* Installée dans le superbe logis du gouverneur (1780), voici la table chic du Palais. Cadre spacieux et aéré, décor d'une sobre élégance, vaste cheminée, tentures de soie et quelques tableaux façon XVIIe s pour une belle cuisine traditionnelle et un service impeccable. Aux beaux jours, très agréable terrasse dans ce cadre historique et bucolique, à côté de la fontaine qui glougloute...

À Sauzon

Bon marché

I●I *Crêperie Les Embruns* *: quai Joseph-Naudin. ☎ 02-97-31-64-78. • creperielesembruns@gmail.com • Jolie petite maison rose donnant sur le port de Sauzon. Ouv de mi-avr à la Toussaint, tlj 12h-minuit en service continu. Résa conseillée en été. Compter env 15-20 € pour un bon repas.* L'endroit est réputé dans l'île pour la qualité de ses produits biologiques (pour la plupart). Entre autres, ses délicieuses crêpes au blé noir, confectionnées avec de la farine moulue au *moulin de la Fatigue* de Vitré avec une vraie meule en pierre. Goûter à la crêpe orange-chocolat, glace vanille flambée Grand Marnier... Garnitures généreuses.

I●I *Le Tilleul* *: pl. de l'Église. ☎ 02-97-31-63-79. Ouv avr-sept et w-e fériés. Fermé mer. Repas env 12-15 €.* Petite cuisine, snacks, tartes salées, salades, omelettes et moules-frites. Accueil sympa. Frais et sans histoire. Idéal avec sa terrasse pour le petit déj ou l'apéro.

I●I *La Ferme de Sarah* *: route des Poulains. Situé au golf. ☎ 02-97-31-63-47. De mi-mars à fin oct (tlj en juil-août, 8h30-20h). Compter 10-15 €.* Terrasse fort agréable et vue sur la mer pour déguster une petite cuisine bonne et simple : tartes salées maison et copieuses salades composées. Très bien pour boire un verre aussi ou pour prendre le thé. En prime, accueil gentil.

De prix moyens à chic

I●I *Hôtel du Phare* *: sur le port de Sauzon. ☎ 02-97-31-60-36. Tlj avr-sept. Résa ultraconseillée. Menu 22 € ; plateau de fruits de mer 35 €/pers.* Surplombant l'entrée du port, la plus belle terrasse qui soit. Réputé pour la fraîcheur de ses produits. Menu « normal » d'un rapport qualité-prix correct et plateau de fruits de mer bien servi. Quant à sa terrasse sur le quai, à l'ombre du phare, elle est un rendez-vous mythique pour les couchers de soleil et l'apéro.

I●I *Le Roz-Avel* *: rue du Lieutenant-Riou. ☎ 02-97-31-61-48. Tlj sf mer. Formule 24 € midi sf dim et j. fériés ; menu 32 € ; carte env 52 €.* Le premier menu présente un remarquable rapport qualité-prix (avec huîtres, retour de pêche ou agneau de l'île rôti au pleuric). Ne pas manquer la tatin de fenouil, sorbet betterave-poivron (sur granny smith poêlée à la cannelle). Cadre et service à la hauteur. Terrasse. L'adresse élégante de Sauzon et sans doute le meilleur rapport qualité-prix de l'île.

Le Petit Baigneur : *rampe des Glycines. ☎ 02-97-31-67-74. Tlj sf lun hors saison. Congés : de mi-nov à fin mars. Plat du jour 13-15 € ; carte env 30-35 €. Kir offert sur présentation de ce guide.* Cadre plaisant, vieilles photos aux murs. Au tableau noir, les spécialités du jour. Accueil particulièrement souriant et aimable. Ici, vous goûterez une cuisine du soleil aux bonnes saveurs, bien exécutée, toujours à base de produits frais travaillés maison : poisson du jour, mousse de thon au citron, brandade de haddock purée maison. Gardez une petite place pour les desserts maison. Dommage, les prix commencent à grimper !

Un peu plus chic

La Cale : *quai Guerveur. ☎ 02-97-31-65-74. Dans un renfoncement un peu avt le phare. Ouv avr-oct et vac scol. Menu 20 € (déj en sem) ; carte 35-40 €.* Belle terrasse face au port, évidemment recherchée aux beaux jours par les bobos les plus snobs de l'île, et cadre intérieur coloré et chaleureux. Carré d'agneau de l'île assez réussi. Savoir quand même qu'en juillet-août, c'est pas mal l'usine.

Resto de l'hôtel Cardinal : *pointe du Cardinal, à deux pas de Sauzon. ☎ 02-97-31-61-60. Digestif offert sur présentation de ce guide.* Cet hôtel de luxe, joliment rénové, offre un étonnant buffet de fruits de mer tous les soirs à seulement 29 €. Autant dire que la réservation est quasiment obligatoire !

Autour de Bangor et à Locmaria

De bon marché à prix moyens

Crêperie Chez Renée : *21, rue Sarah-Bernhardt,* ***Bangor.*** *☎ 02-97-31-52-87. Tlj sf lun hors saison. Fermé janv. Pour la salle, résa très conseillée. Menu déj en sem 16 €. Compter env 15-20 € le repas.* Dans une jolie maison typique, à l'atmosphère coquette et franchement colorée, une institution de la crêpe belle-îloise. Bonnes crêpes bien que garnitures un peu justes ! Chouette terrasse fleurie. Piano à disposition pour les amateurs. Pour la terrasse (pas de résa), très recherchée en juillet-août, arriver dès 19h ou à partir de 21h, car c'est vite rempli ! Revers de la médaille, au plus fort de l'été, c'est parfois un peu expédié !

Le Marie-Galante (Hôtel le Grand Large) : *Goulphar,* ***Bangor.*** *☎ 02-97-31-80-92 ; résas : ☎ 02-97-31-83-44. Juste avt les aiguilles de Port-Coton. Tlj juil-août et vac scol ; fermé le midi lun-mar le reste de l'année. Congés : déc-janv. Formule et menu le midi 19,50 € et 25 €, 33 € le soir ; à la carte, compter env 40 € ; plus cher au resto gastronomique. Café offert sur présentation de ce guide.* Le Marie-Galante, c'est le restaurant-brasserie de l'hôtel, et l'*Espace gourmet* la partie gastronomique nouvellement créée. Un point commun : le chef, Franck Moisan, qui met un point d'honneur à privilégier les circuits courts, c'est-à-dire locaux. Légumes bio, viande et poisson provenant de producteurs proches. Plats remarquablement élaborés. Du vrai travail de pro. Service jeune, alerte et souriant. Terrasse privilégiée sur l'un des plus beaux paysages de l'île. Bar élégant où l'on peut se contenter d'un verre.

L'Équipage : *la fontaine du Bois, chemin de Port-Maria,* ***Locmaria.*** *☎ 02-97-31-77-96. ♿ Ouv tlj 4 avr-26 sept (sf dim soir en sept). À la carte, env 16 € ; le ven, en juil-août, moules-frites env 10 €. Café offert sur présentation de ce guide.* Grande terrasse avec vue sur la mer pour de bonnes crêpes et galettes. Goûter à la « Délice de la mer » et à la « Perlière ». Fruits de mer également.

Le Chouk'Azé : *chemin du Petit-Houx,* ***Locmaria.*** *☎ 02-97-31-79-69. Tlj sf lun. Congés : 2 sem sur nov-déc. Formule 17 €, menus 27-31 €.* Un peu en marge du village mais bien indiqué, dans un environnement bucolique, une charmante auberge proposant une cuisine traditionnelle bien troussée, à partir des bons produits locaux. Quelques plats réguliers : tajine de souris d'agneau, seiche au cidre et spécialité de chevreau. Terrasse ombragée recherchée.

Crêperie Café Coton : *route des Aiguilles-de-Port-Coton,* ***Kervilahouen.*** *☎ 02-97-31-32-62. • younatimat.production@yahoo.fr • ♿ À l'entrée du village. Tlj 15 juin-15 sept ; fermé dim soir et lun en basse saison. Congés 16 nov-21 mars. Repas env 15-20 €. Grand choix de galettes et de crêpes au froment, confectionnées avec de la farine bio et des produits locaux dont le chèvre frais et le miel de Belle-Ile).* Longue demeure traditionnelle, à l'intérieur coloré et chaleureux. La crêperie vient d'être reprise mais reste dans le même esprit. Service sympathique. Terrasse.

Plus chic

Café Clara : ***Port-Goulphar,*** *dans l'hôtel* Castel Clara. *☎ 02-97-31-84-21. • contact@castel-clara.com • ♿ La brasserie du très chic hôtel-thalasso Castel Clara. Ouv ts les midis, plus le soir en saison. Fermé de mi-nov à mi-déc. Résa recommandée. Buffet fruits de mer et délices de l'île 42 € (supplément homard 17 €). Apéritif offert sur présentation de ce guide.* Osez donc franchir le seuil du domaine, le jeu en vaut vraiment la chandelle : le service est pro sans être ampoulé, et la salle de resto avec ses baies vitrées ou la vaste terrasse aux beaux jours livrent un panorama à couper le souffle sur le bras de mer de Port-Goulphar. À moins que vous ne préfériez les tables près de la cheminée... Quant au buffet, parlons-en : il est pléthorique de l'entrée au dessert, et ponctué d'un plat chaud servi à table. Superbe choix de fruits de mer, salades, verrines et poissons fumés maison. Desserts simples mais délicieux. Seul regret : n'avoir pas eu assez faim cette fois-là pour y retourner ! Un rapport qualité-quantité-prix indiscutable.

Restaurant La Désirade : *voir plus haut « Où dormir ? ». Ouv d'avr à mi-nov et fêtes de Nouvel An. Resto fermé le midi en sem sf vac scol et j. fériés. Résa conseillée. Menus 32-82 €. Apéritif offert sur présentation de ce guide.* Dans une belle longère, juste en face de l'hôtel du même nom, mêmes propriétaires. Cuisine gastronomique de la mer et carte qui évolue au gré de la pêche ou du marché. Les produits sont essentiellement locaux, et la carte se veut créative et évolue en saison : nems de chair d'araignée à la coriandre fraîche et pois gourmands, pavé de bar *a la plancha* céleri croustillant et ris de veau caramélisé. Belle carte des vins. Service attentionné.

Où déguster une glace ?

Ne pas manquer le ***glacier du port*** *(plan B2,* ***30****)* **:** cela dit, immanquable, à côté de l'office de tourisme ! Pas moins de 45 parfums... Cerise marbrée, fraise des bois, etc.

Où boire un verre ? Où écouter de la musique ?

Pour la vie nocturne, drôle d'ambiance. Est-ce qu'on aime les jeunes à Belle-Île ? Les cafés, notamment, se plaignent du harcèlement policier. Les trois troquets du quai Gambetta ont même exprimé leur ras-le-bol en effectuant une « nuit de grève » pour que la mairie accepte de prendre en considération leurs doléances et leurs propositions... Des négociations se sont ouvertes. À suivre !

Le Pouce-pied *(plan A1,* ***32****)* **:** *13, quai Jacques-Leblanc,* ***Le Palais.*** *Sur le port. Congés : 10 j. début janv.* Rendez-vous des marins, locaux et retraités (qui apprécient le rosé du patron). Petite terrasse au soleil le matin, prise d'assaut.

Bodjet *(plan A1,* ***31****)* **:** *18, quai Gambetta,* ***Le Palais.*** *06-58-63-38-36. En saison 19h-2h.* Cadre agréable. Un des lieux jeunes de la ville. Bon choix de bières. Concerts en été (en général le w-e et lors des Mercredis du port).

Le Kervi : *à la sortie de* ***Kervilahouen,*** *en direction de Goulphar.*

☎ 02-97-31-82-04. Tte l'année, 8h-21h en saison, 8h-13h30 et 15h30-20h hors saison. Fermé lun soir hors saison. Buffet à volonté 12,85 € w-e et j. fériés ; compter 14 € à la carte. Café offert sur présentation de ce guide. Le rade de voisinage, où les grands soirs s'enflamment parfois à coups de chansons de marins. En été, musique traditionnelle le dimanche midi. Petite restauration très correcte, sandwichs, far maison. Boutique d'alimentation. Terrasse. Jeux pour les enfants.

La Rhum'Heur : *Pen Prad,* ***Sauzon.*** *☎ 02-97-31-60-53. À l'entrée du bourg. Ouv mar-dim 17h-2h. Fermé janv-fév.* Dans une maison traditionnelle, sympathique café proposant apéro-tapas, cocktails divers, glaces, etc. Terrasse fort agréable.

Aux Ajoncs d'Or : *Pont-en Douar,* ***Locmaria.*** *☎ 02-97-31-70-42. À la sortie du bourg en direction de la route côtière. Fermé dim. Menu 14 €. Sinon à la carte.* Un amical rendo local, avec terrasse animée le soir. Possibilité de se restaurer et de prendre le petit déj. Vend aussi la presse.

Où trouver de bons produits ?

Kaerilis – Bell'Isle Single Malt Whisky *(plan B2,* ***40****)* ***:*** *4, rue Willaumez,* ***Le Palais.*** *☎ 02-97-31-28-20. 06-19-97-86-98. • kaeriliswhisky.com • 1er avr-30 sept, tlj (sf dim a-p) 10h14-12h36 et 16h17-19h32 (horaires créés dans un moment d'euphorie !).* Distillé de façon artisanale et élevé en partie dans les Highlands d'Écosse, le whisky *Kaerilis* termine sa maturation en fût de chêne à Belle-Île. Un goût iodé, marin, caractérise les deux cuvées actuelles à la belle robe jaune paille clair. Belle souplesse et bel équilibre (meilleur que le vôtre si vous en abusez) ! Accueil sympa.

La Palantine *(plan B2,* ***41****)* ***:*** *7, rue Willaumez,* ***Le Palais.*** *☎ 02-97-31-82-47. Tlj en saison.* Un artisan-chocolatier qui régale tous les visiteurs (70 à 82 % de cacao). Bon choix et prix raisonnables. Pâtes à tartiner, caramels au beurre salé, bonbons au chocolat, etc.

Brasserie La Morgat : ***Port-Salio.*** *Entre la plage de Bordadoué et la Belle-Fontaine. ☎ 02-97-31-56-88. 06-30-68-61-20. • brasserielamorgat@orange.fr • Ouv avr-sept et vac de la Toussaint, tlj sf dim. Visite gratuite de la brasserie avr-juin et sept à 18h avec dégustation (en juil-août, visite supplémentaire à 19h sf dim).* Boutique où l'on peut, bien sûr, acheter toutes les fabrications de la brasserie, ainsi que d'autres productions de l'île. Bar et terrasse face à la mer *(ouv tlj 16h-18h, juil-août 20h).*

Espace Découverte La Bien Nommée *(hors plan par A2,* ***42****)* ***:*** *Z.A. de Bordilla,* ***Le Palais.*** *☎ 02-97-31-34-99. • labiennommee.com • Avr-sept, lun-ven 14h-19h (lun-sam en juil-août) ; oct-mars, lun-ven 10h-12h, 14h-18h. GRATUIT.* Découvrez la fabrication des fameuses galettes fines et palets de la biscuiterie *La Bien Nommée.* Dégustation et vente directe.

Le Rucher de l'Abeille noire : *Borgrouager,* ***Le Palais.*** *☎ 02-97-31-48-86. 06-25-46-21-63. • lerucherdelabeillenoire.com • Avr-oct, tlj 18h-19h30 (nov-mars, 17h-18h30).* Miel, pollen frais, tisanes, etc. Visite pédagogique sur réservation également.

Au Coin des Producteurs : *Z.A. de Mézerelle, route de Bangor (venant du Palais). À gauche juste avt d'arriver au grand carrefour. Tte l'année ven 9h30-12h30, 17h-19h et sam 9h30-12h30.* Une quinzaine de petits producteurs proposent leurs bons produits frais : poulets, agneau, charcuterie maison (délicieuses rillettes d'agneau), œufs, lait, beurre, fromages de chèvre, légumes et confitures...

À voir

C'est à la fin des années 1970 que les Belle-Îlois ont eu l'obligation de peindre leurs volets et leurs façades dans de jolies couleurs. L'initiative pouvait sembler artificielle, mais quelle harmonie !

LE PALAIS [porzh-lae]

La cité est située sensiblement au milieu de la côte « en dedans », en bas d'un vallon. Ses ombrages, ses remparts et la citadelle qui la dominent lui donnent beaucoup de charme. Le port s'enfonce dans la verdure de la ria, transformée en bassin à flot pour l'hivernage des voiliers. Autour du Palais, la campagne est surprenante de beauté, alternant bosquets et vallons verdoyants. Visite audioguidée de la citadelle, de l'enceinte urbaine et de la pointe des Poulains. Se renseigner à l'office de tourisme.

La citadelle *(plan B1)* **:** construite à partir de 1549, elle garde des fossés très impressionnants. En 1683, Vauban renforce les défenses, mais cela n'empêche pas les Anglais de s'en emparer et de l'occuper en 1761. Elle sert ensuite de caserne et de prison pour les complices de Cadoudal en 1801. Blanqui, Barbès et les nombreux prisonniers politiques détenus à Belle-Île au XIXe s furent incarcérés dans le pénitencier de Haute-Boulogne, qui jouxte la citadelle au nord. Il servait de lieu de transit des communards avant d'être déportés en Nouvelle-Calédonie... Pendant la guerre 1914-1918, la citadelle abrita des prisonniers allemands. Et ce fut l'un des derniers endroits libérés de France lors de la dernière guerre (le 10 mai 1945 !). Propriété privée depuis 1960, elle fait l'objet d'une restauration superbe, grâce à ses propriétaires (qui y ont investi une bonne partie de leur fortune) et aux pouvoirs publics. Restauration superbe mais aussi fidèle, notamment pour les canons qui furent fondus à l'identique dans une fonderie de Quimperlé. En plus de sa vocation culturelle, le logis du gouverneur abrite désormais un resto, et un hôtel dans le bâtiment du Grand Quartier.

Le musée *(plan B1)* **:** *au sein de la citadelle. ☎ 02-97-31-85-54 et 02-97-31-84-17. Tlj : juil-août, 9h-19h ; le reste de l'année, 9h30-18h (17h nov-mars). Tarif : 6,50 € ; réduc.*
Expose l'histoire de l'île et de ses hôtes. Impossible de tout décrire, en voici les principales étapes :

1re salle
Histoire de Belle-Île jusqu'en 1761 (mémoire de Vauban et de Fouquet, marquisat des Gondi, relations avec la Compagnie des Indes, gravures, maquettes de navire, plans, etc.).

2e salle
– Histoire de l'île à partir de la prise de la citadelle (1761), Belle-Île anglaise.
– Histoire des Acadiens et de leur installation à Belle-Île (1765). Évocation de la saga des Toussaint-Louverture.
– Gloires militaires et pénitenciers : évocation des militaires natifs de l'île, souvenirs des déportés politiques de 1848 et du général Trochu (né au Palais en 1815), gouverneur de Paris chargé de la défense de Paris en 1870-1871.

Salle Sarah-Bernhardt
Son ombrelle, du courrier, des photos, des livres, des accessoires de scène, les romans qu'elle écrivit. Affiches de Grasset et Mucha pour *Lorenzaccio* et *Jeanne d'Arc*...

L'île des Muses
Présentation des mouvements artistiques qui prirent leur essor après le séjour de Monet (musique, littérature, cinéma). Souvenirs des illustres locataires de l'île : Arletty, qui vint y tourner un film avec Prévert et Carné, Messali Hadj, chef du MNA (prisonnier politique de 1956 à 1959), le compositeur Albert Roussel. Œuvres de Monet, Vasarely, Charles Cottet, John Peter Russell...
– *Ethnographie locale :* affiches originales, cartes postales, coiffes de Belle-Île, histoire des conserveries... Présentation des richesses naturelles, faune, flore, pêche...

L'arsenal
Impressionnante bâtisse édifiée en 1780 pour abriter l'artillerie. Dans cet immense espace, on découvre la salle de concert au rez-de-chaussée, la salle d'exposition au 1er et surtout la merveilleuse *salle de la marine* au 2e étage. Cartes géographiques du XVIe s à nos jours, modèles réduits de navires, instruments de navigation, souvenirs de navigateurs et de marins célèbres (Bougainville), tableaux de Mathurin Méheut... Extraordinaire voyage sous une charpente deux fois centenaire !
➢ Balade dans la citadelle à la découverte des vestiges de l'enceinte de Gondi (XVIe s), des casemates, cartoucheries, cachots, etc. La caserne Bigarré a été récemment restaurée et abrite désormais l'hôtellerie de la citadelle. Du bastion du gouverneur, superbe vue sur Le Palais et sur toute la côte.

L'enceinte : un des exemples d'enceinte urbaine de la période de l'Empire les plus intéressants. Après la citadelle, Vauban avait prévu de continuer la fortification de la ville. Les plans en furent établis, mais les crédits manquèrent pour la réalisation. Dommage, car les Anglais s'emparèrent sans coup férir de l'île en 1761. Nourri de cette expérience, Bonaparte demanda la construction d'une véritable enceinte avec bastions, etc. Les travaux commencèrent en 1803, mais ils furent interrompus par la chute de l'Empire. Ce n'est qu'en 1861, sous le Second Empire, qu'on reprit la construction de l'enceinte. Cependant, à la chute de Napoléon III, à peine terminée, elle se révéla déjà obsolète, vu les progrès de l'artillerie (et d'ailleurs, l'île ne fut plus jamais attaquée). Aujourd'hui, elle demeure l'un des musts du Palais et l'un des buts de promenade les plus séduisants qui soient.

➢ ***Bastions et réduits :*** commencer la balade par l'une des poternes côté ville. En face de celle à droite de la porte Vauban, les anciennes casernes. La poterne est marquée 1862, date de reprise des travaux. En perspective, on voit l'enfilement des portes et des tunnels. Ça donne un côté mystérieux à l'approche (les mômes adorent). L'enceinte côté ville est appelée *escarpe.* Elle se compose de trois bastions (19, 20 et 21), reliés de murailles de terre maçonnées. Après avoir longé une citerne qui approvisionnait les casernes, arrivée dans un premier fossé. Il fut creusé par les condamnés au boulet (de 4 kg au pied). Il y en eut jusqu'à 500, qui édifièrent, outre les remparts, le port et le phare. Après le fossé s'élèvent le réduit G et la contrescarpe casematée. Ouverture d'une rampe en Y permettant de monter les canons au sommet de la contrescarpe. Également communication avec un système de 120 casemates. À l'intérieur, étonnantes perspectives en enfilade de celles-ci. Ces casemates possédaient des meurtrières côté fossé, permettant de tirer sur les ennemis qui auraient réussi à pénétrer. À propos, noter une curiosité : leurs arches sont en granit dur, mais les murs qui s'y incorporent (appelés masques) sont en schiste de Belle-Île, matière beaucoup plus friable. Raison technico-militaire : au cas où l'ennemi se serait emparé des casemates, les canons sur la contrescarpe auraient facilement détruit les murs en schiste. À l'intérieur des casemates, le vide en demi-lune au-dessus de ces murs en schiste devait servir à l'aération et l'évacuation des fumées de poudre. Chaque casemate pouvait se défendre de l'intérieur même, grâce aux meurtrières en enfilade. Les rainures de part et d'autre de chaque porte permettaient d'y glisser une planche et de ralentir ainsi la progression de l'ennemi.
Le système de défense arrière d'un bastion s'appelle donc un *réduit.* Large voûte au milieu, surmontée de deux escaliers en pyramide. On y trouve une poudrière au sous-sol et une chambre à canon au 1er étage. Tout au-dessus, une banquette de tir dominant le glacis. Le réduit A abrite aujourd'hui la *Maison de la nature* (voir plus loin). C'est là que logeaient les condamnés au boulet (jusqu'à 200 !). Actuellement, le chemin couvert de la contrescarpe est l'un des lieux de promenade les plus populaires du Palais. ATTENTION, bien surveiller les enfants, beaucoup de passages au-dessus du vide !
– ***Les portes de l'enceinte :*** *côté ville, en haut de l'av. Carnot, la* ***porte Vauban.*** Porte monumentale plutôt décorative, avec des escaliers et des bancs en pierre de part et d'autre, destinés à la population. Côté campagne, la ***porte de Bangor,***

seule ouverture dans l'enceinte. Celle-ci, en revanche, répond bien à des préoccupations stratégiques. Tunnel en courbe et contre-courbe pour éviter les tirs directs de l'ennemi. Enfin, sous la *Maison de la nature* se glisse la très étroite ***porte de Locmaria,*** l'une des entrées « secrètes » du Palais (les grosses cylindrées y passent difficilement). Au-dessus du tunnel, une large ouverture, appelée l'*assommoir,* permettait de canarder l'ennemi parvenu à y pénétrer.

La Maison de la nature **(*CPIE* ;** *plan A1,* **5) :** Les Glacis. ☎ 02-97-31-40-15. • belle-ile-nature.org • *À l'entrée du parking* Les Glacis, *au-dessus de la poste, sur la droite. Juil-août, lun-ven 10h30-12h30, 16h30-18h30 et sam 10h-12h30 ; sept-juin, mar-sam 10h-12h.* Construit comme caserne en 1812. Au 1er étage, on trouvait le logement des condamnés au boulet. Exposition permanente « habiter la Terre, habiter une île », documentation faune flore et éco-habitat. Organise des sorties nature et découverte.

La Belle Fontaine : *à Bordadoué.* ***La réouverture au public est prévue pour la saison 2015.*** Également appelée « Aiguade de Vauban », car construite sous son autorité en 1703, elle servait autrefois au ravitaillement des navires en eau douce. Classé monument historique, ce réservoir peut contenir 850 000 litres.

SAUZON [saozon]

L'extrémité ouest de l'île, voilà notre site préféré ! Un miracle d'équilibre, de nature préservée, de charme. Quelques maisons le long du port, aux jolies teintes pastel, regardent l'autre rive d'une ria longue de 2,2 km. Les coteaux en face, couverts d'ajoncs et de bruyère, sont de toute beauté. L'image de l'*Hôtel du Phare,* avec ses balises et ses bateaux multicolores, est la plus célèbre de l'île. Jacques Prévert séjourna à Sauzon, ainsi que Robert Desnos. Et on sait que François Mitterrand aimait s'y retirer. Hélas, signe des temps, les fameux casiers à homards bleus (parfois rafistolés) et les filets qui s'égrenaient le long des quais ont été relégués sur un lointain bout de digue et remplacés par des voitures. Peut-être faisaient-ils un peu tache dans ce décor d'opérette bien léché ?

LA POINTE DES POULAINS

C'est l'extrémité nord-est de l'île, à 3,5 km de Sauzon. Avant d'y parvenir, on passe devant le havre de paix où séjourna Sarah Bernhardt, qui découvrit l'île grâce à son ami et amant, le peintre Georges Clairin. Elle y vint régulièrement pendant 30 ans, même après l'amputation de sa jambe (elle avait été atteinte par la gangrène lors d'une tournée américaine). Le castel qu'elle avait acheté après le fort, d'un style très Belle Époque, fut détruit par les troupes allemandes d'occupation pendant la Seconde Guerre mondiale. Ce qui reste aujourd'hui du fortin et de la villa de l'actrice a été entièrement restauré. Le Conservatoire du littoral a racheté la propriété et en a fait un espace dédié à Sarah.

SARAH BERNHARDT, L'INSOUMISE

Une insoumise était une femme légère qui travaillait en indépendante. Grande actrice, Sarah Bernhardt réclamait beaucoup d'argent à ses amants. L'un d'entre eux, M. Ducasse, un député fort vieux, donna plus de 30 000 F en 3 mois. Et il ne comprenait pas comment cette célèbre actrice acceptait de recevoir des amants si âgés, comme lui !

La pointe des Poulains : ☎ *02-97-31-61-29 (avr-sept). Avr-sept, tlj sf lun, 10h30-17h30 (18h juil-août) ; dernière entrée 1h avt fermeture. En dehors de cette période, rens à l'office de tourisme. Entrée : 4 € ; réduc ; gratuit moins de 7 ans.*

Visite en 4 actes : la ***villa Lysiane*** *(fermée 12h30-14h30), la* ***villa des Cinq parties du monde,*** *le* ***Fort de Sarah Bernhardt*** *et le* ***phare.*** L'âme de la grande tragédienne flotte, avec les oiseaux, le vent, les fleurs et l'océan de tempête qui vient battre les rochers, même par temps calme. Belle-Île, havre de paix pour Sarah Bernhardt, qui la découvre en 1894 comme un paradis, un refuge : « Un fort spécialement inaccessible, inhabitable, inconfortable et qui par conséquent m'enchanta. » La vie mouvementée et tourmentée de Sarah Bernhardt défile dans la *villa des Cinq parties du monde* : la voix de Fanny Ardant vous accompagne dans une mise en scène enlevée, au fil des iconographies, des objets, des archives cinématographiques de Pathé Gaumont. Faites le 12, à l'audiophone, et vous entendrez Sarah déclamer le poème *Les Vieux* de Rosemonde Gérard. Des extraits émouvants du livre de sa petite-fille, Lysiane, apportent un éclairage sans fard, sans paillettes, loin du people ! Sarah revit et pourrait surgir dans l'austérité du *Fort,* qui n'a d'égal que sa chaleur intérieure. Il faut encore plonger dans le décor du site, pousser jusqu'au *phare* (attention toutefois aux horaires de marées).
Une partie de l'ancienne propriété a été transformée en terrain de golf. Imaginez... C'est autre chose qu'à Saint-Nom-la-Bretèche. Jadis, la pointe des Poulains s'appelait *Beg er Pollen,* ce qui signifie « pointe des Rochers isolés ».

Le jardin Eden du Voyageur : *Bordery,* ***Sauzon.*** *☎ 02-97-31-63-37. • edenduvoyageur.sitew.fr • Ouv mai-nov, sur résa ; visite guidée sam à 14h30. Entrée : 10 € ; gratuit pour les enfants.* À 1 km de Sauzon, à la sortie du village de Bordery, en direction de Deuborh et de la plage (bien indiqué). Paysagiste, une partie de l'année au Niger et au Mali pour l'implantation de potagers, Michel Damblant a réalisé son rêve : sur 3 000 m², un jardin tropical à mille lieues des élégants mais ennuyeux jardins à la française. Dans un désordre naturel et poétique, des centaines de fleurs, arbres, plantes aromatiques et médicinales qui poussent en liberté, mêlent leurs formes, leurs couleurs, leurs parfums et créent une incroyable oasis de fraîcheur. Chaque plante, chaque fleur possède une riche histoire et son lot d'anecdotes. On ne voit pas le temps passer. Vite, amenez-y vos enfants, c'est une visite d'une qualité rare. Et pour prolonger la magie du voyage, de beaux livres de Michel, vendus au profit des jardins pédagogiques d'Afrique.

BANGOR

La commune de la Côte Sauvage. La côte est le domaine des pêcheurs de « pouces-pieds » (pêche acrobatique et strictement réglementée) et des adeptes de sensations fortes. Les *festoù-noz* y sont fort populaires.

Le jardin La Boulaye : ***Le Grand-Cosquet*** *(entre Bangor et Locmaria). ☎ 02-97-31-76-09. Slt sur rdv ; téléphoner pour j. et heures de visite. Tarif : 7 € ; gratuit moins de 20 ans.* Un typique et pittoresque vallon belle-îlois joliment remis en valeur : chemins retrouvés, étang aménagé, ruisseaux qui glougloutent à nouveau, murets traditionnels relevés. Le tout fleuri et ponctué de riches essences d'arbres et de sculptures, s'intégrant bien au paysage.

DONNANT

Deux accès : depuis Le Palais ou Bangor, par Petit-Cosquet. Depuis Sauzon, par le menhir Jean, puis le village d'Anter. Dans les 2 cas, parking en haut des rochers et des dunes, et accès par un chemin. Des côtés, arrivée bien entendu superbe par le sentier côtier. Ici, on trouve beaucoup de « pompons des dunes », une plante d'origine méditerranéenne qui s'y est bien acclimatée.

La plage de Donnant se révèle somptueuse, surtout par forte mer. Dès que les conditions s'y prêtent, c'est l'un des plus beaux spots de surf, mais surtout de bodyboard, de Bretagne. ATTENTION, baignade dangereuse par gros temps !

Il faut également bien nager au milieu, car il y a des courants traîtres vers les rochers de part et d'autre (d'ailleurs, les maîtres nageurs sauront vous le rappeler !). Surveillée l'après-midi en juillet-août (en principe, 13h-19h) dans une zone délimitée par deux drapeaux bleus. Vagues particulièrement toniques, qui font pratiquement oublier la fraîcheur de l'eau. À marée basse, le paradis des enfants, qui trouvent un terrain d'aventure entre les énormes rochers et les nombreuses vasques laissées par la mer. À signaler : à marée haute, la plage se trouve coupée en deux par un énorme rocher. La partie gauche (dite « de Bangor », côté Donnant) n'est pas conseillée du tout aux enfants (ni à certains adultes, d'ailleurs !).

LE PARADIS D'ARLETTY

La plage de Donnant était l'endroit préféré d'Arletty. Des locaux se souviennent encore de cette femme tout de blanc vêtue, et d'une élégance !... qui se rendait ici, sur la plage de Donnant, au volant d'une 2 CV blanche, également immaculée, qu'elle conduisait le nez collé au pare-brise. Arletty, on le sait, était déjà presque aveugle !

LE GRAND PHARE

Visite tlj 10h30-12h40, 14h-17h40 en juil-août ; avr-juin et sept : mer-dim (jeu slt l'ap-m) 10h30-12h40 et 14h-17h40 ; oct : mer, ven et sam 13h-16h40 ; vac scol de la Toussaint : mar-dim 13h-16h40 ; et 26-31 déc 13h-16h40. Tarif : 2,50 € ; réduc ; gratuit jusqu'à 6 ans. Après avoir dépassé l'aérodrome de Bangor, on découvre le dernier phare habité de l'île, construit en 1835. Sa portée de 26 milles (50 km) en fait l'un des plus puissants d'Europe. Il culmine à 92 m au-dessus de la mer. Ceux qui pourront gravir ses 247 marches auront, du sommet, une vue allant de Lorient jusqu'au Croisic. Fort belle expo permanente au rez-de-chaussée sur l'histoire des phares, le métier de gardien de phare, le balisage et les espaces naturels de l'île.

PORT-COTON

Au bout de la route, les aiguilles de Port-Coton se dressent au milieu de la fureur des flots... L'endroit tire son nom de l'écume projetée qui s'élève avec le vent comme des touffes d'ouate ! Monet, qui habitait à Kervilahouen, à deux pas de là, a peint ce spectacle plusieurs fois. Un peu plus loin, à la pointe du Talut, la roche déchiquetée affiche toutes les teintes du brun au vert, en passant par le noir, l'ocre et le jaune. Ici encore plane l'ombre de Monet.

L'ANSE DE GOULPHAR

Au pied du Grand Phare, superbe petit port naturel. Incroyable vert de l'eau, des fonds parfaitement en harmonie avec la verdeur de la lande alentour. Quel calme !

LES AUTRES PLAGES

Situées entre la pointe du Grand-Village et la pointe Saint-Marc, ce sont de véritables petits paradis, heureusement difficiles d'accès, donc pas trop pris d'assaut. L'une d'elles, sans doute la plus belle et la plus inaccessible, est un rendez-vous de nudistes : à vous de la trouver. Et celle de ***Port-Kerel,*** à l'ouest de Grand-Village, est idéale pour les enfants. Celle d'***Herlin*** est familiale et sympa aussi. Juste à côté, la plage de ***Baluden.*** Accessible depuis le village d'Herlin par une route en terre correcte. Très jolie perspective et plage appréciée des familles. D'abord, les mômes adorent dévaler la longue prairie qui se déroule jusqu'à cette plage bien protégée. En outre, ils y découvrent un véritable toboggan de sable. L'eau y est plutôt plus chaude qu'ailleurs (eh, en Bretagne, un ou deux degrés de plus, ça compte !), car durant les longues marées basses, le sable sur la portion libérée (appelée *estran*) a le temps d'accumuler la chaleur du soleil. Attention, cependant, aux courants sur les côtés. Si la plage d'Herlin est surveillée, celle de Baluden ne l'est pas !

LOCMARIA [lokmaria]

Ce village, dont la paroisse fut fondée en 1070, cache derrière son apparente discrétion des pratiques dont les touristes n'ont pas idée. On parle de sorcellerie et de rites païens encore vivaces.

L'église Notre-Dame-de-l'Assomption : adorable de blancheur, c'est la plus ancienne église de l'île. On raconte qu'en 1674, les Hollandais abattirent le bel orme qui tenait compagnie à l'église, afin d'en faire un mât. N'appréciant visiblement pas la plaisanterie, la Vierge le fit se tordre en tombant, ce qui le rendit inutilisable.

Port-Maria : à droite de l'église, un chemin descend à ce très joli port naturel noyé dans la verdure. Au fond, une plage de poupée.

LA CÔTE « EN DEDANS »

La plage des Grands-Sables : *de Locmaria, longer la côte en direction du Palais.* Faisant face à la baie de Quiberon, formant un arc de cercle quasi parfait, cette plage est d'une beauté rare. Le sable d'une grande finesse, cette ceinture d'histoire formée par les fortifications de Vauban, et cette toile de fond de verdure vallonnée et rayonnante... Plage surveillée en juillet-août entre 13h et 19h. Au-dessus de la plage, ne pas manquer de jeter un coup d'œil au petit village de **Samzun.** Comment un si joli hameau a-t-il pu s'appeler le « village des pendus » ?

➢ ***La route côtière*** qui court de Samzun à Port-York (la D 30A) est, elle aussi, stupéfiante de beauté, surplombant la plage des Grands-Sables puis celle de Port-York. Superbe vue sur la pointe de Bugul et celle du Gros-Rocher. Plus loin, avant d'arriver au Palais, cette même route traverse une campagne dont l'étonnante variété et l'harmonie vous laisseront tout pantois. Si, si...

À faire

■ ***Golf de Belle-Isle-en-Mer :*** *à **Sauzon**, pointe des Poulains. ☎ 02-97-31-64-65. Ouv 15 mars-11 nov.* Un 14-trous qui vous en bouchera un coin, digne des plus beaux golfs irlandais avec son parcours si tonique le long de la Côte Sauvage. Mention spéciale pour le trou n° 2, unique en Europe avec son green en mer !

■ ***Tennis du Gouerc'h :*** *au **Palais**. ☎ 02-97-31-83-87.* Plusieurs formules sur les 3 courts couverts et 5 courts en plein air.

■ ***Belle-Ile Aventure :*** *Kergoyet, **Le Palais**. 📱 06-82-04-84-88. • belleile-aventure.com • De mi-avr à mi-sept, vac scol tlj 13h30-19h (10h-20h 5 juil-31 août), hors vac scol mer et sam-dim. Parcours 12-23 € suivant âge et longueur. CB refusées.* Tout pour les mômes (à partir de 3 ans) : près de 80 jeux, trampoline, accrobranche, parcours divers, aire de pique-nique...

■ ***Sports nautiques :*** *le meilleur endroit est aux **Grands-Sables** (direction Locmaria par la côte). On y trouve l'école de voile **Horizon** (☎ 02-97-31-54-71 ; • horizon@oceanet.fr • ; ouv avr-sept).* Stages de voile pour tous, à partir de 7 ans. Location de bateaux à voile ou à moteur.

Le sentier côtier

Belle-Île possède l'un des sentiers côtiers de Bretagne les plus pittoresques. D'une sauvagerie poignante sur l'immense majorité du parcours. Il ne cesse de plonger dans les vallons, de remonter, de contourner et de livrer de surprenants points de vue. C'est réellement par le sentier côtier que vous découvrirez les plages les plus pittoresques et insolites, celle qui correspondra à votre fantasme du jour. Attention, si le sentier se révèle plutôt accessible à tous question pénibilité, voici cependant quelques conseils : pas mal de passages délicats sur le plan sécurité. On y côtoie parfois d'abruptes falaises, et certaines pentes peuvent rester très glissantes après la pluie. Bonnes chaussures de marche, pas de tongs ! Ne vous approchez jamais du bord de la falaise, car il est friable. Laissez vivre les fleurs sauvages : à peine cueillies, elles ne durent guère longtemps. Bicyclettes et vélomoteurs sont interdits sur le sentier, on le comprend bien. Des topoguides vous permettront un somptueux tour de l'île : 82 km en 6 jours, logement en gîte d'étape, gîte communal ou centre d'accueil. Capacité de ce type d'hébergement cependant globalement insuffisante pour Belle-Île. Dommage, car pour les marcheurs, cette île est un paradis. Cependant, certains centres d'hébergement, comme l'auberge de jeunesse, viennent chercher les randonneurs le soir et les conduisent le matin.

➢ Possibilité de fractionner, bien sûr, et d'effectuer les plus belles portions. Voici quelques coups de cœur : du Palais à la plage de Bordardoué, par la pointe de Ramonette. Vous longerez un moment la *Belle Fontaine,* grand réservoir d'eau construit par Vauban pour approvisionner les navires en eau potable. On peut s'arrêter à la *pointe de Gros-Rocher,* l'un des grands spots pour la pêche à pied (moules, berniques, huîtres sauvages, crevettes, parfois quelques étrilles et oursins, etc.). De Samzun, le sentier domine de petites falaises. À certains moments, quand la mer est haute et que les plages suivantes ne sont pas accessibles par les Grands-Sables, elles permettent l'accès à de jolies criques peu fréquentées (cependant, descente pas très facile pour les enfants). *Fort de la Biche* dominant la plage du même nom. Pour la *plage de Port-Huelen,* descente un peu rude aussi. Cette plage et celles qui suivent jusqu'à la pointe de Kerdonis sont souvent recouvertes par la mer à marée haute. Arrivée du sentier côtier à la *plage de Port-Andro.*

LE POUCE-PIED, UN CRUSTACÉ BIZARRE

En forme de doigt, on le récolte surtout à Belle-Île et en Galice. Assez rare. Faut dire que le bestiau est difficile à dénicher, accroché au pied de falaises abruptes et dangereuses.

Plongée sous-marine

D'île en île, voici encore un haut lieu de la plongée bretonne. La visibilité excellente (15 m environ) permet de jouir pleinement de la richesse des sites rocheux (somptueuses corynactis dès 2 m de fond !). Car les épaves dignes de ce nom – la *France* ou le *Ponto-Poros* – sont plutôt accessibles de Quiberon. Attention : houle et courants souvent violents.

Club de plongée

■ ***Angélus Plongée :*** *2, quai Gambetta,* ***Le Palais.*** *06-85-13-83-76. • info@angelus-plongee.com •*

Nos meilleurs spots

Le Cochon : *pour plongeurs de niveau I confirmés.* Blocs de rochers et failles sur ce sec à la pointe nord-ouest de l'île. Entre 2 et 20 m de fond, vous palmez délicatement vers le bonheur intégral : parois et surplombs ont revêtu leurs parements d'anémones-perles aux teintes si délicates ; d'alcyons rouges déployant leurs polypes en quête de nourriture ; de corynactis aux mille couleurs flamboyantes... Soudain, un congre love sa queue en tire-bouchon ; étonnant, non ? Poissons et crustacés magnifiques.

Les Chambres : *pour plongeurs de niveau II confirmés slt.* Un tombant grandiose (jusqu'à 30 m de fond) couvert d'algues puis d'invertébrés, et dont les failles béantes recèlent d'énormes araignées de mer, des crevettes farouches, pas mal de tacauds et mulets au ventre d'argent, et encore bien d'autres découvertes captivantes (mettez donc des piles neuves dans votre lampe torche !). Spot exposé, avec souvent de forts courants.

La Truie : *pour plongeurs expérimentés (niveau III min).* Au sud de l'île, ce « caillou » (35 m) est le repaire des bars, daurades et lieus, qui évoluent avec toute l'énergie du prédateur entre les gros blocs rocheux couverts de gorgones. Curiosités dans les trous. Beaucoup de courant.

Culture et manifestations artistiques

– **Festival lyrique international de Belle-Île :** *28 juil-15 août.* Il regroupe des genres musicaux où la voix peut se faire entendre, à la salle Arletty, la citadelle et dans les églises de l'île. *Résas : ☎ 02-97-31-81-93.*

■ **Liber & Co :** *2, rue des Remparts,* ***Le Palais.*** *☎ 02-97-31-82-41. • liberandco.com • À côté de l'*Hôtel Vauban*. Tlj 10h-13h et 17h-20h (dim 11h) ; en basse saison, slt ven-dim.* Café littéraire de charme plein de livres et d'objets anciens et familiers, où les maîtres des lieux ont su créer une atmosphère culturelle envoûtante. En juillet-août, chaque semaine, 2 à 3 initiatives littéraire ou musicale (ou les deux à la fois), riches en émotion et rencontres. Le dimanche soir, lecture de textes de voyages, nouvelles, poèmes, lettres, etc. On adore la salle du premier étage, son cadre chaleureux et confortable, tout plein de livres de poésie... Expos de peintures, photos également. Possibilité de dîner (sur réservation) après les soirées littéraires. L'occasion de faire de sympathiques rencontres.

■ **Galerie Gerald Much :** *rue de la Manutention,* ***Le Palais.*** *1re rue à gauche en sortant du port ; bien indiqué. En principe, ouv 10h30-19h (horaires cependant assez irréguliers).* Gerald Much peint depuis de nombreuses années à Belle-Île. On trouve ses œuvres dans pas mal de restos de l'île et ses dessins sur nombre de céramiques. Il sait plus que tout autre en exprimer l'âme profonde, dans tous les styles, d'ailleurs : aquarelle, gouache, dessin, suivant son inspiration... Expo permanente de ses œuvres, ainsi que parfois des photographies.

L'ÎLE DE HOËDIC [enez edig]

(56170) 100 hab. *Carte Morbihan, B4*

« Petit canard » en breton. Avec sa centaine d'habitants tout au plus, cette île de 2,5 km de long sur 1 km de large vit en partie de la pêche (une poignée de pêcheurs seulement). Si cette tradition se perpétue, en revanche, c'est surtout grâce au tourisme que les revenus affluent, car Hoëdic passe à environ 3 000 habitants en été ! De fait, Hoëdic semble l'île idéale pour un bon moment en famille ou entre amis, se retrouver sans autre chose autour de soi que le temps, palpable, et les liens humains, solides. Pas mal de jeunes viennent profiter de cette convivialité, de la nature et du vent de liberté qui souffle sur ce petit monde isolé dépourvu de voitures.
Comme à Houat, le paysage est plat, peu boisé ; la côte offre une alternance de criques et de caps rocheux sans grande plage, l'eau est froide. Il y a deux

ports : *La Croix,* sur la côte sud-est, où l'on échoue à marée basse ; et *Argol,* plus important et accessible presque par tous les temps, sur la côte nord-est. À Hoëdic comme à Houat, il vaut mieux se dénicher un mouillage naturel adapté aux conditions météo ; c'est plus simple.
Quoi qu'il en soit, l'île sur laquelle vous venez de poser le pied se découvre avec patience et minutie. Il faut parcourir lentement son rivage, en pénétrer toutes les échancrures, côtoyer la population un rien méfiante. Alors seulement, l'indicible paix insulaire s'empare de l'âme du visiteur, comme un envoûtement bénéfique et merveilleux. Voyage réservé aux esthètes !

LA CHARTE DE HOËDIC

L'île de Hoëdic a subi le même destin que Houat. Son régime politique a été longtemps celui de la théocratie, c'est-à-dire que le recteur – traduire le curé de la paroisse – remplissait aussi à peu près toutes les autres fonctions : il gérait les lois, les consciences et même les portefeuilles ! Ce régime théocratique était officialisé par la « Charte de Hoëdic », édictée au début du XIXe s. Celle-ci regorge d'articles cocasses – enfin... certainement pas pour ceux qui devaient s'y conformer. Ainsi, aucun commerce ne pouvait ouvrir sans l'autorisation du recteur (qui percevait des oboles sur toutes les activités). Autre article : celui qui interdisait à toute femme de moins de 30 ans de quitter l'île sans la permission du recteur, « et avec des raisons graves, autrement elle serait bientôt gâtée » !

UN CURÉ MULTICARTE

À Hoëdic, pendant longtemps, le curé de la paroisse a fait aussi fonction de maire, de juge, d'infirmier, de notaire et de préfet, car ceux-ci étaient souvent partis en mer. Ces habitudes n'ont été définitivement balayées que dans les années 1980, et le recteur actuel ne joue plus à l'homme à tout faire. D'ailleurs, si vous ne le trouvez pas dans son presbytère (situé à Houat), c'est qu'il est certainement parti avec ses copains relever les filets en mer.

Comment y aller ?

Pour y accéder, voir le chapitre suivant : « L'île de Houat ».

Adresse et info utiles

■ ***Mairie :*** *☎ 02-97-52-48-88.* • *hoedic.net* • *Lun-ven 10h-11h30, 15h-17h.* Pour la location des gîtes communaux, le camping ou tout autre renseignement.
■ Un ***magasin d'alimentation*** sur l'île. Idéal pour le pique-nique...

Où dormir ? Où manger ?

Camping

Camping municipal : *☎ 02-97-52-48-88 (mairie).* • *mairie-dhoedic@wanadoo.fr* • *Ouv juil-août. Compter 8 € pour 2.* En fait, il s'agit d'un périmètre qui s'étend du côté du Petit Bois, à l'est du village.

De bon marché à prix moyens

Au milieu de l'île, le ***fort Vauban*** (on en raconte un peu plus dans la rubrique « À voir ») a été transformé en ***gîte d'étape*** et écomusée.

☎ 02-97-52-48-32. • fort.hoedic@gmail.com • Ouv avr-oct. Compter env 12-14 €/pers selon saison ; draps et petit déj non fournis. Cuisine en gestion libre. CB refusées. Propose 36 lits répartis en 3 dortoirs. Apporter son sac de couchage. Grande cuisine, sanitaires communs, vaste salon (avec jeux pour enfants), pour ajouter encore à la convivialité qui règne entre ces murs. Simplissime mais correct et bien tenu. En revanche, il y fait la même température toute l'année !

On compte une quinzaine de ***gîtes communaux*** disséminés dans le village. *S'adresser à la mairie : ☎ 02-97-52-48-88. La plupart des maisons et studios sont prévus pour 2-6 pers ; compter 42-95 € selon saison et capacité. Animaux interdits.*

Possibilité de se restaurer à moindre coût à la ***Crêperie-saladerie du Vieux Port :*** *☎ 02-97-57-42-51. Ouv tlj de début avr à mi-sept. Env 15 € le repas. Café offert sur présentation de ce guide.* Dans une maison moderne, toute blanche. Des crêpes, des galettes, mais aussi des coquilles Saint-Jacques et des salades.

Café du Repos : *☎ 02-97-57-44-08. • armago@orange.fr • Fermé mar-mer hors saison. Plats 8-15 €. Apéritif offert sur présentation de ce guide.* Troquet de village à l'ambiance sympathique. Aux beaux jours, tables à l'ombre sous un conifère courbé par le vent. Côté snack-brasserie, rien d'exceptionnel, mais de quoi regonfler les batteries à des tarifs raisonnables.

Chez Jean-Paul : *☎ 02-97-57-42-26. Ouv tlj sf dim soir-lun hors saison. Service au petit déj, déj et dîner, mais pas en continu. Formule déj 18,50 € ; carte env 30 €.* Resto-librairie comme on en a peu sur le continent. Cuisine très savoureuse, et même si le choix est restreint, ce resto reste une valeur sûre. En dessert, vous nous prendrez bien un petit roman breton ? Une B.D. celtisante ? En tout cas, manger entouré de livres, c'est un plaisir que l'on devrait connaître plus souvent.

LE MORBIHAN

À voir

Le fort Vauban : achevé en 1847 sur les plans dudit Monsieur, longtemps après sa mort ! Cette forteresse posthume, acquise par l'indispensable Conservatoire du littoral, abrite, outre un gîte d'étape, un ***écomusée*** *(ouv juin-sept, tlj sf lun, 10h30-12h30, 15h30-18h30 ; GRATUIT).*

En fait, c'est la nécessité d'entretenir cet édifice qui a conduit le Conservatoire à le racheter, pour en déléguer la gestion à une association regroupant la mairie, le CNH et *Cap Vrai Atlantique.* On a perçu le danger lorsque les habitants, au XIXe s, voyant le côté pratique de la chose, ont commencé à s'emparer des pierres pour bâtir leur maison. Le fort en porte encore la cicatrice, au-dessus de l'entrée. Le gardien du temple vous en racontera de belles sur l'endroit. Les deux salles d'expo retracent l'histoire du fort, du village et les spécificités de la faune et de la flore. Touchante collection de photos sépia sur la vie du village au temps jadis. Visite gratuite, mais on peut faire un don ou acheter des livrets et brochures pour financer l'entretien coûteux du fort.

L'ÎLE DE HOUAT [enez houad]

(56170) 260 hab. *Carte Morbihan, B4*

Ici, toute frime est bannie, oubliée, impensable. À Houat, les gens ont une paix royale. Et l'arrivée d'un bateau chargé de touristes est parfois ressentie comme un coup de hache dans cette quiétude, vierge de toute trace de folie urbanisée. Alors si vous vous rendez à Houat, allez-y mollo. Ce n'est pas que le

débarquement soit enchanteur : la route qui mène du port au bourg a été flanquée de bien vilaines maisons. En revanche, dès le bourg atteint, vous décèlerez une harmonie rare, propre à ces lieux préservés et purs : ces maisons de pierre émouvantes de timidité, qui semblent rougir quand on les admire ; cet attendrissant clocher nain, tout de modestie ; ces magnifiques plages de sable qu'il faut savoir mériter ; et cette lande sauvage et odorante, couvrant près des quatre cinquièmes de la surface d'une île qui ne fait que 5 km de long.
À pied, vous partirez à la découverte de cette côte de la partie ouest du « Canard » *(Houat),* inviolée depuis les premiers temps celtes. Le tour entier fait 17 km, que l'on peut parcourir en une journée (et les coupures sont toujours possibles !). Peut-être aurez-vous le privilège de vous trouver à l'extrémité ouest, sur la petite plage de *Treac'h Er Venigued,* au moment du coucher du soleil ? Devant vous, le bout de la presqu'île de Quiberon, le passage de la Teignouse et sa légende, les îlots Glazic, Valhuec et Guric. Sur votre droite, magique, le rocher de *Beg Er Vachif* virera sans doute au rouge, si vous êtes gentil. Une chose est sûre : si vous êtes en mal de paix, de solitude et de recueillement, vous trouverez ici votre bonheur.

Comment y aller ?

La Compagnie des Îles : *☎ 0825-132-100 (0,15 €/mn). • compagniedesiles.com • Au départ de **Vannes** et **Port-Navalo,** de mi-avr à mi-sept. Au départ de **Quiberon,** slt quelques dates en été. Au départ du **Croisic** et de **La Turballe** (se reporter à ces villes plus loin dans la partie « La Loire-Atlantique »).*

Également des traversées au départ de **Quiberon** avec la **Compagnie Océane.** *☎ 0820-056-156 (0,12 €/mn). • compagnie-oceane.fr •*

Adresses utiles

Point Info : *au port. Ouv juin-sept. En dehors de cette période, s'adresser à la mairie, pl. de l'Église. ☎ 02-97-30-68-04.* Se procurer le *Guide de l'île de Houat (payant).*

Location de vélos : Houat Vélos, *à 100 m sur la droite en montant du port. ☎ 02-97-30-66-64. Ouv avr-sept.*

Où dormir ? Où manger ? Où boire un verre ?

Camping

Officiellement, il n'y a pas de camping autorisé sur l'île. Pourtant, une aire d'accueil *(de mi-juin à mi-sept, pas de résa)* est aménagée derrière le fort central. Lavabos et toilettes à disposition. Douche au bloc sanitaire du port ou à la grande plage.

Bon marché

Quelques crêperies et restos opportunément installés ici font leur beurre en été. On retiendra :

Chez Loulou : *☎ 02-97-30-67-88. • louloulеberre@orange.fr • Pas loin de l'*Hôtel-restaurant des Îles. *Depuis l'embarcadère, on peut emprunter le chemin qui grimpe à gauche : plus court et plus sympa que par le bourg. Tlj en été sf lun soir (plus lun midi hors saison). À la carte slt, compter 12-20 € le repas. Café offert sur présentation de ce guide.* Logé dans un pavillon « à la Monsieur Tout-le-monde », vivant car habité. Salle et terrasse avec vue sur mer. On surplombe le port. Galettes mais aussi plats de poisson. On aime parce que l'esprit est bon et les lieux attachants.

Bar-brasserie le Siata : *au fond d'une petite place, pas loin de l'église. ☎ 02-97-30-66-13. Ouv en fonction* *des bateaux l'hiver (nov-avr, passer un coup de fil la veille pour réserver). Fermé dim soir. Congés : vac scol de fév zone A. Env 18-20 € à la carte.* À l'intérieur, déco marine et bien dans l'ambiance de l'île. À l'extérieur, des tablées tout en longueur. Et dans l'assiette, une cuisine correcte pour une clientèle de locaux habituée des lieux. Tiennent aussi la boulangerie attenante.

Prix moyens

Une longue liste de ***chambres d'hôtes*** et de ***locations*** *(apparts 2-8 pers)* est disponible à la mairie *(sur place ; par courrier, en échange d'une enveloppe timbrée ; ou par e-mail : • mairie-houat@wanadoo.fr •).* Également des ***tentes inuits.***

L'Ezenn Hôtel-bar : *route du Vieux-Port, en allant à la plage de Treac'h Er Gouret. ☎ 02-97-30-69-73. Double 65 € ; familiales également.* Des chambres doubles au confort standard. Certaines ont l'avantage d'avoir une vue sur la mer. Sous le toit, 2 chambres familiales pouvant loger jusqu'à 5 personnes. Bon confort et grande propreté, douche et w-c. Charmant jardin protégé par des arbres. Tenu par des gens accueillants.

Hôtel-restaurant des Îles : *☎ 02-97-30-68-02. • lesiles.lefur@gmail.com • restaurant-des-iles.fr • Ouv Pâques-Toussaint. Doubles 61-100 €. Menus 15 € (déj)-33 €.* Dans un établissement surplombant le port, face à la mer, une douzaine de chambres, toutes différentes : avec ou sans terrasse, toutes, sauf une, avec vue. Toutes avec salle de bains, même si elles ne sont pas forcément grandes. Côté resto, surtout des spécialités de poisson et fruits de mer. Joli panorama sur le port.

Également, moins conventionnel, des ***tentes inuits :*** *au-dessus de la plage du Salus. 06-65-45-60-89. ☎ 09-67-12-76-80. • elen@laboiteapoissons.fr • laboiteapoissons.fr • De fin avr à mi-sept. Compter 55 € pour 2 ; 90 € pour 4 ; 120 € dans le dôme (monté sur plancher) ; petit déj 8 €.* Draps et duvets compris.

À voir

Petit paradis botanique, Houat vous réserve des surprises au ras du sol. Comme ce fameux nard de lis, ou lys maritime, de couleur blanche (en juillet-août), évoqué par Alphonse Daudet, tombé sous le charme de l'île dans ses *Souvenirs d'un homme de lettres.* Mais *please, don't touch !* Les gens d'ici apportent un soin jaloux et louable à la préservation de la flore.

Contrairement à Hoëdic, on trouve ici de magnifiques ***plages.*** Elles sont accessibles après une petite marche à pied : *Treac'h ar Beniguet* tout à l'ouest (la plus éloignée et la plus confidentielle, à garder pour le coucher de soleil), *Treac'h ar Salus* au sud (on peut passer par l'Eclosarium) et *Treac'h ar Gouret* à l'est, la plus proche du village. Cette magnifique plage de sable fin en forme de croissant doré enveloppe délicatement la pointe En Tal.

L'Eclosarium : *à 1 km du bourg ; bien indiqué. ☎ 02-97-52-38-38. Ouv mai-sept : tlj 10h-18h en juil-août ; 10h-12h, 14h-17h le reste du temps. Entrée : env 4 € ; réduc.* Un espace moderne consacré à la vie microscopique sous-marine, c'est-à-dire à l'origine de la vie sur Terre ! Micro-algues, plancton, phytoplancton... Également une partie sur l'histoire maritime de Houat et une copie de la « Charte des Îles » de Hoëdic, datant de 1822. Sur place, boutique de produits cosmétiques Daniel-Jouvance.

Le fort de Houat : *ne se visite pas, pas d'accès.* Construit en 1693 par Vauban, il n'en reste plus beaucoup de traces. Pourtant, ce fort et sa garnison de seulement 15 hommes repoussa en 1696 les 500 hommes de l'amiral Berckley. Plus tard, il deviendra un symbole de la lutte de l'île aux côtés des royalistes.

Le port : jetez un coup d'œil, le soir au retour de la pêche, au bel effet produit par les bateaux de pêche de l'île alignés contre le quai, colorés, comme à la parade. Les plaisanciers devront se contenter d'une place dans l'avant-port, inconfortable et peu pratique. Pas de doute : les stars locales, les gens qui comptent à Houat sont bel et bien les marins pêcheurs, communauté soudée prête à prendre les armes pour défendre son île. Compte tenu des problèmes insolubles rencontrés par les pêcheurs bretons au sein de l'Union européenne, on comprendra l'état d'esprit parfois tendu qui règne ici : c'est tout simplement la survie de l'île qui est en jeu, seuls 7 bateaux de pêche subsistent. La devise de Houat est *Ag er mor e viuamb* – « De la mer nous vivons. » Pourvu qu'ils tiennent bon !

L'église Saint-Gildas : des XVIIIe et XIXe s, elle fut construite par la population. À gauche de l'autel, statue de saint Gildas derrière la chaire. Sa mort (on a laissé son corps dériver sur une barque) est représentée sur le tableau dans le chœur. Vitraux modernes et cimetière marin.

PLOUHARNEL

(56340) 1 825 hab. *Carte Morbihan, B3*

À la racine de la presqu'île de Quiberon et sur la ligne du *Tire-Bouchon* (le TER qui relie Auray à Quiberon, fonctionnant en juillet-août, plus certains week-ends en juin et septembre). Commune-charnière très étendue, passage obligé que vous veniez de Carnac, d'Étel ou de Quiberon. Ici encore, on bénéficie de belles plages sauvages. Les surfeurs se retrouvent à la Grande-Plage, à Sainte-Barbe ou aux Crevettes.

Adresses utiles

Office de tourisme : *rond-point de l'Océan, BP 2. ☎ 02-97-52-32-93. • ot@plouharnel.fr • plouharnel.fr • Avr-sept, lun-sam 9h-12h30, 14h-17h30 (18h30 de mi-juil à mi-août), plus dim mat en juil-août ; hors saison, ouv restreinte. Loc de vélos.* Un autre ***Point information*** en gare ferroviaire en juillet-août *(tlj 9h-13h, 14h-17h).*

Où dormir ? Où manger à Plouharnel et dans le coin ?

Campings

Camping de la Lande : *à Kerzivienne. ☎ 02-97-52-31-48. • contact@campingdelalande.com • campingdelalande.com • Accès : à la sortie de Plouharnel en direction de Quiberon, à 600 m du village. Ouv juin-fin sept. Prix tente en hte saison : 15,50 €. Loc de mobile homes et de caravanes : 280-500 €/sem en saison. CB refusées. 88 empl.* Plaisant, planté de quelques pins avec des emplacements bien délimités par des haies. Pour les balades, il y a le chemin côtier de la baie de Plouharnel et les pistes cyclables Étel-Quiberon.

Camping municipal Les Sables Blancs : *route de Quiberon. ☎ 02-97-52-37-15. • lessablesblancs0351@orange.fr • Accès : à 3 km de Plouharnel en entrant dans la presqu'île de Quiberon. Ouv avr-sept. Prix tente : 12,80-17,30 € selon saison. 600 empl.* Immense, et pas vraiment intime, mais directement en bord de plage (anse du

Pô). Agréable pour la pêche à pied ou la planche à voile, mais pour l'ombre, on repassera.

De bon marché à prix moyens

Voir aussi, plus haut, l'***auberge de jeunesse de Plouharnel*** dans « La presqu'île de Quiberon. Où dormir ? ».

Chambres d'hôtes Ty Kerhellec, chez Mme Le Boulaire : *à* ***Kerhellec.*** *06-20-89-29-37. • lblaurence@wanadoo.fr • À 1,2 km de Plouharnel. Avt d'arriver au rond-point principal (quand on vient de Carnac), prendre à gauche, puis la 1re à gauche ; c'est à env 1 km. Doubles 47-53 € selon confort.* En pleine campagne, dans une maison isolée au bout d'une route paisible, 4 chambres simples mais confortables. Au 2e étage, belle vue sur le fond de la baie de Quiberon. Également, à l'entrée de la vaste cour, 2 gîtes spacieux et fonctionnels, avec terrasse et barbecue). Accueil attentionné et dynamique.

Chambres d'hôtes Maison de la Baie, chez M. Rousseau : *27, rue de la Baie, à* ***Kercroc.*** *06-72-11-73-04. • rousseau.odile56@wanadoo.fr • mongite.free.fr • À 800 m de Plouharnel. Venant de Carnac, prendre à gauche juste avt le rond-point principal, puis suivre « Kercroc » ; c'est indiqué. Résa conseillée. Double 50 € ; familiales 3-5 pers 76-98 €.* Petite adresse sans prétention, à l'ambiance conviviale et familiale. La maison, cachée dans un jardinet bien fleuri, renferme des chambres confortables avec sanitaires, et un salon commun pour les hôtes (avec TV). Au calme, puisque sur une route qui se termine en cul-de-sac sur un domaine ostréicole. Accueil gentil.

Crêperie La Rose Trémière : *3, rue Sainte-Anne, à Plouharnel. ☎ 02-97-52-49-68. Venant de Carnac, prendre à gauche juste avt le rond-point principal, la crêperie est à l'intersection au « T ». Tlj sf lun soir (plus le soir mar-mer hors saison). Formule déj en sem 11 € ; carte env 18 €. Apéritif maison offert sur présentation de ce guide.* Beau choix de galettes et de crêpes, avec quelques originalités comme celle à base de confiture de pétales de roses. Belle terrasse sur l'avant et jardin clos, idéal pour les enfants. Également des pizzas sur place ou à emporter (seulement le soir).

De chic à plus chic

Chambres d'hôtes Villa Mané Lann : *chemin de Mané Lann, à Plouharnel. ☎ 02-97-58-31-99. 06-27-88-93-70. • contact@villamanelann.com • villamanelann.com • À 2 km de Plouharnel, sur la route de Carnac (petit chemin fléché à gauche quand on vient de Carnac) ; tt au bout d'un quartier résidentiel. Fermé en janv. Doubles 95-125 € selon saison. Gîtes duplex 120-140 €/nuit (2 nuits min), 1 150 €/sem en hte saison. Plateau de fruits de mer sur résa 28 €. Apéritif offert sur présentation de ce guide.* Katia a installé ce merveilleux ensemble de petits bâtiments contemporains sur les hauteurs d'un parc (5 000 m²) arboré de pins maritimes qui descend vers l'anse du Pô. Joli point de vue depuis les chambres modernes, confortables et d'une esthétique superbe, qui s'ouvrent sur la piscine chauffée (et le jacuzzi). Accueil charmant pour ce coup de cœur qui bénéficie d'une situation idéale... pour le repos et les balades.

Carnac Lodge Hôtel : *Kerhuéno, à Plouharnel. ☎ 02-97-58-30-30. • contact@carnaclodge.com • carnaclodge.com • À 1,5 km de Plouharnel, direction Carnac ; prendre à droite à la pancarte « Stop andouille » (on ne blague pas !). Doubles 82-175 € selon saison (voir aussi offres sur le site).* Le sympathique propriétaire aime la déco. En fonction de son inspiration, il modifie sans cesse l'aménagement de son établissement très convivial et coloré : des toiles contemporaines ici, un lounge en terrasse là, et quelques objets ethniques rapportés de voyage autour du bar. Quant aux chambres, elles sont dans le même esprit, toutes différentes et chaleureuses ! Piscine extérieure, sauna, massage... l'ambiance est résolument à la détente.

À voir

Le musée de la Chouannerie, de la Vendée et des Guerres de l'Ouest : *allée du Bego ; direction Quiberon, à droite avt d'entrer dans la presqu'île. ☎ 02-97-52-31-31. Avr-sept slt, tlj sf dim mat : d'avr à mi-juin, 14h-18h ; de mi-juin à fin sept, 10h-12h30, 14h-18h. Entrée : 5 € adulte ; réduc.* Un petit musée dans un blockhaus situé sur une ligne stratégique : tant pour Hoche que pour les Allemands un peu plus tard, ce fut la ligne de front. La raison d'être de cette expo : le devoir de mémoire des Bretons envers leur histoire. On trouve ici quelques armes de chouans (en fait, des outils de paysans, car ils n'avaient que leur faux et leur courage), une vidéo et des textes pour réviser l'histoire de France, des maquettes, et même un vrai squelette ! Espace boutique, avec beaucoup de livres, notamment sur la chouannerie, la Vendée et la Bretagne en général.

La chapelle Notre-Dame-des-Fleurs : *en marge du bourg, en allant vers Kercroc. Prendre à gauche avt le rond-point principal en venant de Carnac.* Elle date des XVIe-XVIIe s et est dédiée aux « fleurs à fruits », fleurs de pommier, de cerisier, etc. De forme rectangulaire, elle est consolidée par des contreforts à pinacles. Des fenêtres à meneaux éclairent, à l'intérieur, des fresques naïves et de nombreux ex-voto évoquant les naufrages. La présence de saint Jean Baptiste fait penser à une origine templière, ou pour le moins à une influence des chevaliers de Malte. Bas-relief d'albâtre représentant l'arbre de Jessé. Profitez-en pour flâner dans les ruelles du vieux bourg, pas bien grand.

DANS LES ENVIRONS DE PLOUHARNEL

Le village et la chapelle Sainte-Barbe : *à env 3 km ; en direction d'Erdeven, tourner à gauche.* Parmi quelques menhirs proches des dunes. Du haut d'une petite tour carrée en saillie sur la façade, Hoche observa, en 1795, la défaite des émigrés. À l'origine, la chapelle avait les pieds dans l'eau, et un moulin fonctionnait avec les marées. C'est dire si l'océan a reculé.

Les abbayes de Sainte-Anne et de Saint-Michel-de-Kergonan : *à moins de 1 km du rond-point principal.* L'abbaye de Sainte-Anne se trouve route d'Auray et accueille des bénédictins. Boutique de livres, céramiques et objets en étain. De là, on peut rejoindre l'abbaye de Saint-Michel-de-Kergonan à pied (en voiture, prendre la route de Carnac). Elle accueille des bénédictines. Bâtiment de taille impressionnante. On peut jeter un œil à la nef de l'église. À la boutique, des produits de jardinage ou à base d'algues, ainsi que du bio alimentaire.

Le dolmen de Crucuno : *à 6 km, sur la route d'Erdeven-Lorient, dans le village du même nom.* Posé sur neuf piliers, au beau milieu des habitations. À 300 m de là, le quadrilatère mégalithique de Crucuno (deux triangles répondant au théorème de Pythagore, pour les plus érudits) est orienté au lever du soleil pour les solstices d'été. Rassemblement au jour J, comme à Stonehenge !

CARNAC [karnag]

(56340) 4 500 hab. *Carte Morbihan, B3*

S'il y a une ville côtière, en Bretagne, à laquelle on puisse accoler le terme de « station balnéaire », avec tout ce qu'il contient de séduisant et d'agaçant à la fois,

c'est bien Carnac. Mais l'étonnant ici, c'est la cohabitation entre cet univers de clinquant et la vieille tradition de station balnéaire familiale et bourgeoise.
Pour « la Reine des plages » du Morbihan, l'accoutrement des acteurs qui y habitent à longueur d'année ou qui y séjournent un moment pendant les beaux jours varie entre le chapeau haut de forme visible lors des mariages dans l'église Saint-Cornély – saint patron des bêtes à cornes – et la casquette du pêcheur breton de souche. La palette est large. Le tableau pictural estival se remarque également sur le très couru marché Saint-Fiacre des mercredi et dimanche, quand les locaux côtoient la gent trotte-menu parisienne propriétaire des résidences secondaires. La ville des 4 500 Carnacois voit sa population se multiplier par 10 l'été. Résultat : attention aux bouchons en début et en fin de journée aux abords de la ville !
La dualité se retrouve dans la nette nuance existant entre Carnac-Plage, ses villas cossues alignées le long d'avenues rectilignes et bordées de pins, ses plages bondées et ses dragueurs en décapotable, et Carnac-bourg, plus calme, plus discret, plus pittoresque, mais qui jamais ne se départit de son « chic ».
En tout état de cause, Carnac est une station balnéaire attrayante en toute saison, avec ses cinq plages de sable fin orientées au sud et ourlées de pittoresques cabines de toile, son centre de thalassothérapie et ses trois célébrissimes champs de mégalithes de l'ère néolithique.

UN MÉGA-ENSEMBLE DE MÉGALITHES !

Carnac, faut-il le rappeler, est aussi et avant tout l'une des plus extraordinaires concentrations de mégalithes au monde, dont la renommée n'est plus à faire, avec trois grands sites (et un plus petit) comptant environ 3 000 menhirs. Que choisissez-vous : celui du Ménec à l'ouest, site le plus fréquenté, les alignements de Kerlescan à l'est, ceux de Kermario ou encore le Petit Ménec sur la commune de La Trinité ? Les longues pierres levées (*menhirs* en breton, de *men* – « pierre » – et *hir* – « longue ») et les tables de pierres *(dolmens)* parsemant le territoire de Carnac interpellent immanquablement le visiteur ému. Tout comme l'archéologue James Miln, débarqué d'Édimbourg dans les années 1860 et qui fut le premier à vraiment déterrer les blocs de pierre, on est saisi par leurs formes et leurs dispositions aux heures du lever et du coucher du soleil.

RIXE DE CONFUSION

En faisant Obélix livreur de menhirs, Goscinny et Uderzo nous ont bien fait rigoler, mais ils ont créé une belle confusion dans nos esprits naïfs. Retour sur ce débat d'historiens : Carnac date du IVe millénaire avant notre ère, donc bien avant l'arrivée des Gaulois ou des Celtes. L'erreur remonte, en fait, au XIXe s. Avant cette époque, les historiens ne connaissaient pas l'existence de peuples antérieurs aux Gaulois en France. Ils n'avaient alors qu'une idée fixe : ce qui était très ancien était obligatoirement... gaulois.

Les alignements de Carnac constituent un ensemble vieux de 6 000 ans (période du Néolithique). Par le nombre de menhirs, l'architecture nouvelle qu'ils composent et le monde imaginaire qu'ils évoquent, ces alignements sont bien plus qu'une curiosité. Ils constituent un des plus grands mystères qui soient, et qui reste à percer.

Adresses et infos utiles

Office de tourisme : *74, av. des Druides, à* ***Carnac-Plage.*** ☎ *02-97-52-13-52.* ● *ot-carnac.fr* ● *Tlj en juil-août ; fermé dim hors saison. Bureau-annexe à* ***Carnac-Bourg,*** *pl. de l'Église (sous la petite halle), ouv en saison slt.*

■ ***Espace culturel Terraqué :*** *26, rue du Tumulus, à **Carnac-Bourg.** ☎ 02-97-52-50-50. • terraque.fr •* Intéressant pour son programme de concerts et de théâtre.

@ ***Internet :*** *plusieurs cybercafés à **Carnac-Plage** et **Espace culturel Terraqué.***

■ ***Centre de thalassothérapie (Carnac Thalasso) et Spa Resort Hotel :*** *av. de l'Atlantique. ☎ 02-97-52-53-54. • thalasso-carnac.com •*

– ***Transports dans les environs :*** de la gare d'Auray, bus fréquents pour Carnac-Plage et Carnac-Bourg. Le TER *Tire-Bouchon*, qui relie Auray à Quiberon, s'arrête à Plouharnel. Ne fonctionne qu'en été. Navette payante à l'arrivée du train pour Carnac-Bourg et Carnac-Plage.

– ***Circuler en ville :*** *infos à l'office de tourisme. En juil-août, navette entre la plage et le bourg* (Carnavette). *GRATUIT.*

– ***Balades en Segway :*** *avec **Mobilboard Carnac,** allée du Parc. ☎ 02-90-61-12-71. 📱 06-34-29-19-45.* Pour découvrir Carnac et ses plages ou ailleurs, perché sur ces curieux engins à deux roues très mobiles.

Où dormir ?

Campings

Près d'une quinzaine de campings sur la commune, dont aucun municipal (aucune auberge de jeunesse non plus).

⛺ ***Camping Le Men-Du :*** *22 bis, chemin de Beaumer, à **Carnac-Plage.** ☎ et fax : 02-97-52-04-23. 📱 06-32-70-09-79. • mendu@wanadoo.fr • camping-mendu.com • ♿ Accès : à deux pas de la plage du Men-Du. Ouv avr-sept. Prix tente : 15,50-24,50 € selon saison. Mobile homes à louer : 250-650 €/sem. CB refusées. 100 empl.* Pas trop grand et verdoyant, un camping à taille humaine agréable et proche de la plage. De belles et hautes haies de conifères taillées au cordeau séparent les emplacements. Pas mal de mobile homes mais ambiance familiale. Blocs sanitaires bien tenus.

⛺ ***Camping de Kerabus :*** *13, allée des Alouettes. ☎ 02-97-52-24-90. 📱 06-76-23-29-63. • contact@camping-kerabus.com • camping-kerabus.com • Accès : à l'écart des plages mais planté en lisière des alignements. Ouv de mi-avr à mi-oct. Prix tente : 16,30-19,90 € selon saison. Quelques mobile homes et bungalows toilés à louer également : 200-670 €/sem. 75 empl.* Un camping au calme et évidemment bien moins cher que les autres, du fait de son relatif éloignement du centre animé de Carnac plage. Simple, sans resto, mais agréable et familial. Sanitaires propres. Piscine.

À Carnac Bourg

De chic à plus chic

🏠 🍽 ***Hôtel-restaurant Le Râtelier :*** *4, chemin du Douët. ☎ 02-97-52-05-04. • contact@le-ratelier.com • le-ratelier.com • Niché dans une ruelle du centre-ville, à 200 m de l'église. Resto fermé mar-mer. Congés : de mi-nov à mi-déc et janv. Doubles 55-70 € selon saison ; 1 familiale 4 pers 82-101 € selon saison. Menus 23,50 € (sf j. fériés), puis 33-49 €.* 📶 Charmant hôtel-restaurant dans une belle et imposante maison de caractère mangée par le lierre, très au calme car retranchée dans une grande cour. Une atmosphère champêtre et simple se dégage de ce lieu convivial, où l'on est accueilli avec le sourire. Belle salle de resto rustique (cuisine traditionnelle) et chambres à l'ancienne bien tenues. Un rapport qualité-prix avantageux.

🏠 🍽 ***Hôtel Lann Roz :*** *36, av. de la Poste. ☎ 02-97-52-68-00. • contact@lannroz.fr • lannroz.fr • ♿ Entre le centre-bourg et la thalasso. Ouv tte l'année. Doubles standard 79-99 €, deluxe 125-145 € selon saison. Resto **Côté Cuisine,*** *indépendant de l'hôtel (lire « Où manger ?»). Parking privé gratuit.* Hervé Le Calvez a repris les rennes de cette institution familiale, après un relooking intégral. 15 chambres de charme, d'un excellent confort 3 étoiles (literies haut de gamme, insonorisation optimale, écrans plats HD, plateau d'accueil, beaux effets de lumière) et toutes dans le même esprit. Salles de bains (certaines avec douche et baignoire) carrelées de pierre de lave, ouvertes sur la chambre. La majorité d'entre elles bénéficient d'une vue plein sud sur les anciennes salines et d'un balcon. Excellent petit déj à base de produits locaux (pain fameux de la boulangerie voisine). Accueil charmant. Une belle adresse symbole du renouveau de l'hôtellerie, et d'un remarquable rapport qualité-prix.

Chambres d'hôtes La Maison de Flore : *Flore Benoit, village de Cloucarnac. ☎ 02-97-52-82-05 ou 06-74-53-70-37. • benoitf@lamaisondeflore.com • lamaisondeflore.com • Proche du tumulus Saint-Michel, indiqué sur la gauche, route de La Trinité. Doubles 95-120 € selon saison.* D'une ruine, Flore a fait le clou de ce village paisible. Une harmonie confortable et chaleureuse entre ancien et contemporain, entre pierre et bois. Un intérieur à croquer et des chambres séduisantes personnalisées dans le souci du détail. Le lieu apaise et enchante, dans la quiétude d'un salon décoré avec goût par une charmante hôtesse. Flore sait recevoir, conseiller et partager ses passions (les chevaux... et sa région). Et le matin, après avoir goûté l'un de ses gâteaux, on se dit qu'on aura bien du mal à partir !

Hôtel Tumulus : *chemin du Tumulus. ☎ 02-97-52-08-21. • info@hotel-tumulus.com • hotel-tumulus.com • À l'écart du bourg, au pied du tumulus Saint-Michel. Resto fermé le midi en fév-mars et oct, lun midi et mar midi avr-sept. Fermeture saisonnière nov-début fév. Doubles 95-199 € selon saison et confort ; familiales 195-370 €. Menus 25 € le midi, puis 45-85 €.* Cet hôtel *(Relais du Silence)* fut bâti à partir de 1900 par la famille de Zacharie Le Rouzic, l'archéologue local à qui l'on doit la renaissance des alignements de Carnac. Ses descendants gèrent toujours cette demeure de charme un peu en dehors du temps, où il flotte une atmosphère à la Agatha Christie et où se mêlent bois exotiques et granit, dans des tons bleu-gris. Tout le confort évidemment, avec des chambres coquettes donnant sur le Tumulus ou sur le golfe, au loin, à moins d'opter pour celles qui occupent une annexe en rez-de-jardin et bénéficient par conséquent de terrasses privées. Spa, jacuzzi et piscine extérieure chauffée, restaurant profitant d'une vue magnifique sur la baie de Quiberon. Sans oublier un accueil impeccable.

Chambres d'hôtes Rivages : *David Le Branchu, 23, rue de Courdiec. 06-60-65-86-12. • info@rivages-carnac.com • rivages-carnac.com • Tte l'année sf 25 déc. Doubles 85-110 € selon saison.* Tendance design dans cette très belle maison contemporaine, à deux pas du centre mais dans une rue calme. 3 chambres, 3 ambiances : Orient, Afrique et Marine. Espace, soin du détail et de la déco, choix des matériaux, salle de bains extrachic... On est un peu hors du temps et déjà plus en Bretagne. Accueil décontracté et souriant.

À Carnac Plage

De chic à plus chic

Chambres d'hôtes L'Alcyone : *impasse de Beaumer. ☎ 02-97-52-78-11 ou 06-74-24-33-53. • lalcyone.blogspot.com • Prendre la direction du Men-Du ; tourner à gauche comme pour aller aux campings* Le Men-Du *et* Les Druides *; c'est 300 m plus loin, sur la gauche. Doubles 70-72 € selon saison.* Dans une ancienne ferme joliment restaurée, couverte de lierre et donnant sur un jardin plaisant. Les quelques chambres à l'étage sont agréables, avec salle de bains, décorées dans un style classique à l'ancienne. Au petit déj, confitures et pâtisseries maison. Une adresse qui sort du lot par son calme et le paysage champêtre qu'elle offre. À 500 m d'une des plus belles plages de la baie.

Best Western Celtique Hôtel : *82, av. des Druides. ☎ 02-97-52-14-15. ● reservation@hotelceltique.com ● hotel-celtique.com ● En plein centre, à côté de l'office de tourisme. Doubles 105-180 € selon confort et saison. Menus 25-45 €.* Un 3-étoiles tout confort et tout proche des plages, rénové dans un style contemporain de bon aloi, aussi bien dans les parties communes que dans les chambres. Salle de jeux, agréable salon, piscine couverte (chauffée toute l'année), hammam et jacuzzi (payants), chaînes satellite... et une qualité de service irréprochable pour les familles. Restaurant sur place. Accueil professionnel.

Hôtel Le Churchill : *70, bd de la Plage. ☎ 02-97-52-50-20. ● contact@lechurchill.com ● lechurchill.com ● Doubles 85-195 €.* Un hôtel contemporain de luxe dans une version conviviale car pas trop grand et situé dans un secteur paisible. Tout est fait pour le bien-être des hôtes : belle piscine, spa, et un accueil aux petits oignons. Quant aux jolies chambres, au design très réussi, elles sont orientées face à la mer... mais on ne la voit que du 4e étage en raison de la présence d'un bosquet d'arbres qui bouche la vue. Mieux vaut le savoir.

Où dormir dans les environs ?

Camping

Camping Flower Le Lac : *lieu-dit Le Lac, 56340* ***Carnac.*** *☎ 02-97-55-78-78. ● info@lelac-carnac.com ● lelac-carnac.com ● Accès : à 6,5 km du centre-bourg, en direction des alignements puis par la D 196 ; suivre « Le lac ». Ouv avr-fin sept. Prix tentes : 15-24 €. Plusieurs types de loc 196-714 €/sem. 130 empl.* Enfin un camping 3 étoiles qui concilie charme, confort, modernité et authenticité. Dans un site splendide (la ria de Crac'h), il propose toutes sortes de locations (tentes comtoises et roulottes en plus des classiques chalets et mobile homes), mais réserve une belle place aux campeurs traditionnels, qui seront à l'aise et à l'ombre. Excellentes prestations : épicerie, piscine, barbecue, etc. Ambiance familiale. Piscine.

De prix moyens à chic

Chambres d'hôtes Ty Er Velin : *lieu-dit Le Lac, 56340* ***Carnac.*** *☎ 02-97-59-53-30. ● cadoret.cecile@orange.fr ● ty-er-velin.fr ● À 6,5 km du centre-bourg, en direction des alignements puis par la D 196 ; suivre « Le lac ». Compter 80-110 € pour 2 selon chambre et saison. Une bouteille de cidre offerte sur présentation de ce guide.* Difficile de ne pas craquer pour cette maison néo-bretonne remarquablement aménagée et décorée. Il faut dire qu'elle jouit d'une situation idyllique, au bord de la ria de Crac'h. De la terrasse, du séjour ou des chambres, la vue est aussi sublime que reposante. Un lac qui se joue des marées, un site ostréicole, un vieux moulin... on peut dire que la carte postale est parfaite ! 4 chambres contemporaines et tout confort.

Chambres d'hôtes Ty Me Mamm : *chez Anne-Sophie Daniel, à* ***Quelvezin,*** *56340 Carnac. ☎ 02-97-52-45-87. ● tymemam@wanadoo.fr ● tymemam.com ● À 7 km au nord de Carnac. Le long de la D 768 qui relie Plouharnel à Auray, prendre à gauche en venant de Plouharnel, en direction de Quelvezin ; ensuite, c'est indiqué. Doubles 60-65 €.* Jolie maison de pierre dans un hameau tranquille, avec une pelouse soignée à l'arrière où les enfants peuvent profiter de différents jeux (portique...) tandis que les parents investissent les chaises longues. Les vacances, quoi ! Quelques chambres, sobres, fonctionnelles et dotées de belles salles d'eau, qui portent des noms de plages de Carnac. Entrée indépendante. Réfrigérateur et four micro-ondes à disposition. Grande salle commune avec cheminée. Également un gîte. Accueil adorable et attentionné.

Où manger ?

À Carnac Bourg

Bon marché

I●I *Crêperie Chez Marie :* *face à l'église. ☎ 02-97-52-07-93. ● gael leguillevic@sfr.fr ● Ouv tlj Pâques-Toussaint et vac scol. Fermé lun, plus mar hors saison. Congés : 3 sem en janv, 2 sem en nov. Formules déj en sem 10-15 € (20 € le dim) ; env 15 € à la carte.* Depuis 1959, la même famille maintient la tradition de la bonne crêpe à Carnac. Petite salle typique et chaleureuse, aux murs de pierre couverts de vieilles cartes postales. Grand choix de desserts. Quelques tables dans une agréable courette. Un seul regret, le service, parfois longuet et plutôt réservé.

I●I *La Brigantine :* *3, rue Colary. ☎ 02-97-52-17-72. ● daniel.seveno@ labrigantine.net ● Près de l'église. Tlj sf dim midi, plus dim soir et lun hors saison. Congés : 30 déc-11 fév. Formule le midi en sem 13 €. Menus 21-45 €, puis 68 € pour le menu homard. Apéritif offert sur présentation de ce guide.* Une carte et une déco résolument marines et quelques savoureuses spécialités concoctées par un chef autodidacte aussi doué que passionné : ravioles de langoustines, pot-au-feu de la mer et une remarquable (et luxueuse) cotriade délicatement safranée et à base de poissons nobles. Accueil chaleureux. Une excellente adresse et une valeur sûre.

Prix moyens

I●I *Côté Cuisine :* *36, av. de la Poste. ☎ 02-97-57-50-35. ● contact@ cotecuisine-carnac.com ● Dans l'*Hôtel Lann Roz*. Fermé lun, plus mar de mi-sept à mi-juin. Formules déj env 18,50-25,50 €, menus 22-29 € (midi en sem) et 34-40 €. Résa préférable, surtout le soir.* Le patron de l'hôtel était aussi un chef réputé de La Trinité-sur-Mer. Ayant signé une close de non-concurrence avec son repreneur, il a confié les cuisines de ce restaurant à un jeune couple venu d'Angers. Il aura fallu quelques mois pour que *Côté Cuisine* s'inscrive dans le paysage des bonnes tables du Morbihan avec une cuisine de marché enlevée et inventive, composée de produits du marché et de la marée. Le tout, réalisé à 4 mains, respire la bonne humeur et la bonne entente ! Le service se fait parfois attendre, mais tout est frais, et les Bretons se sont donné le mot : la grande salle au décor contemporain (stylé mais un peu froid à notre goût) est souvent pleine.

À Carnac Plage, dans les alignements et autour

Bon marché

I●I *Salon de thé Césarine :* *22, av. Miln. ☎ 02-97-52-22-76. ♿ À l'angle de l'allée du Parc. Fermé lun-mar hors saison. Congés : janv. Formules 13,50-14,90 € ; à la carte, env 18-20 € le repas.* Tous les jours, une tarte salée différente, accompagnée de salade et d'un dessert maison. Frais, simple et bon : impeccable pour une pause en terrasse ou dans une petite salle agréable.

I●I *Crêperie au Pressoir :* *au bout des alignements du Ménec, cachée dans le hameau. ☎ 02-97-52-01-86. Ouv avr-nov, tlj. Env 12-15 €.* Dans une belle ferme, une série de petites salles au plafond bas et aux épais murs de pierre, avec des tables recouvertes de toile cirée. On s'attend presque à voir entrer quelque lutin sorti de derrière les menhirs voisins, posés là comme par magie... On se rassure avec une dose de cidre et de bonnes galettes classiques. Atmosphère sympathique, sans chichis.

I●I *La Chaumière des Salines :* *chemin des Quarante-Pieds, Le Bréno. ☎ 02-97-52-17-20. ♿ Direction Saint-Colomban ; indiqué sur la gauche. Ouv d'avr à mi-sept, tlj. Env 10-15 €.* Une adorable chaumière dans les salines, bien cachée au fond d'une impasse, avec quelques tables dans un jardin fleuri d'hortensias à la bonne saison, un accueil chaleureux, des crêpes bien garnies. Toutes les conditions sont réunies !

De chic à plus chic

Restaurant La Côte : *impasse Parc-er-Forn. ☎ 02-97-52-02-80. • restaurant.lacote@orange.fr • Soyons clairs, le resto ne se trouve pas sur la côte, mais bien à l'intérieur des terres, juste au nord de Carnac-Bourg, sur la D 196, près des menhirs de Kermario. Fermé lun, mar midi et dim soir. Menus 26 € (midi en sem), puis 36-58 € (83 € pour le menu homard) ; carte 55 € env.* Pierre Michaud a transformé la vieille maison familiale pour en faire une des meilleures tables du pays, grâce à une sélection très rigoureuse des produits et un talent indéniable. Goûtez donc la subtilité de ce que vous avez dans votre assiette, ce télescopage de saveurs, de couleurs qui vous fera voyager, 2 heures durant. Une entrée terre-mer qui donne le ton, pour vous mettre en appétit, et à suivre, un bar de ligne, par exemple. Car le chef a fait du poisson sauvage sa spécialité. Surprenant et éblouissant en bouche. Accueil et service très agréables.

La Calypso : *158, route du Pô. ☎ 02-97-52-06-14. • calypso-carnac.com • Depuis Carnac-Plage, vers le bourg ; suivre la direction du Pô (fléché). Fermé lun, plus dim soir hors saison. Congés : de mi-nov à fin janv. Résa indispensable ! Slt à la carte, repas 45-55 €.* Marc, Breton « dure » souche au caractère bien trempé, régale avec son poisson et ses homards entiers grillés en direct dans la grande cheminée ! En entrée, terrine chaude de foie de lotte, gratin de langoustines, succulentes huîtres chaudes ! Ensuite, (appétissant) plateau de fruits de mer ou grillades. Avec de copieux et originaux accompagnements. Notre préférence va pour les tables de la petite salle, près de la fenêtre. Une adresse au cadre rustique et charmant, très prisée par les gens du coin. Accueil à la hauteur de la qualité et du lieu, naturel et souriant.

Où déguster une glace ou une bonne pâtisserie ?

La Boulange : *1, av. des Druides, à **Carnac-Plage.** ☎ 02-97-52-61-96. Au niveau du rond-point des Salines. Pizzas 9-10 €.* Lorsqu'il y a la queue devant une boulangerie, c'est toujours bon signe ! Celle ci ne déroge pas à la règle et l'on se presse à toute heure pour ses viennoiseries, ses dizaines de variétés de pains (mie, maïs, fruits secs et céréales, graines de lin...) et baguettes, ses délicieuses tartes aux pommes, ses *cooks* pomme-caramel, ses inimitables *kouign amann* nature ou fourrés (et pas si gras !)... et enfin ses généreuses fougasses (poulet-curry, saumon-saint-jacques, chèvre), quiches et gigantesques pizzas à emporter, sur la plage évidemment ! Terrible...

L'Igloo : *av. des Druides, à **Carnac-Plage.** Fermé nov-fév.* Une institution à Carnac depuis bientôt 40 ans ! Choix fou parmi tous les parfums imaginables. Vous ne pourrez pas rester de glace devant cette déclinaison de chocolats, ces savoureux sorbets de fruits et d'alcools, mais aussi ces saveurs parfois osées...

Où boire un verre ?

La Baignoire de Joséphine : *16, allée des Alignements, à **Carnac-Plage.** ☎ 02-97-52-88-95. • la.baignoire@wanadoo.fr • Tt près de l'office de tourisme. Ouv tlj avr-sept et vac scol, sinon jeu-sam hors saison. Congés : janv.* Déco façon « ma cabane au Canada » tendant vers le hangar de surf, avec ses murs en bois colorés ornés de trophées marins. Consos pas chères et bonne ambiance. Un bar vraiment sympathique avec terrasse, pris d'assaut en été par la belle jeunesse parisienne en vacances à Carnac. Si t'es pas allé à la BJ... t'as raté tes vacances, mon gars !

Le Bar'Oudeur : *4, allée du Parc, à* **Carnac-Plage.** *☎ 02-97-25-83-82. • lebaroudeur56@yahoo.fr • Presque à l'angle avec l'av. Miln. Tlj 11h-2h.* Avec un nom pareil, la déco de ce bar dynamique est évidemment éclectique, un vrai bric-à-brac d'objets improbables qui font la joie des chineurs invétérés ! Mais le baroudeur sait prendre ses aises, et le patio donnant sur des coins salons cosy est impeccable pour boire un verre en bonne compagnie. C'est d'ailleurs toujours bondé ! Bonne ambiance.

Où danser ?

Le Whisky Club : *8, av. des Druides, à* **Carnac-Plage.** *☎ 02-97-52-10-52. Ouv à partir de minuit : ts les soirs en été ; slt le w-e hors saison.* Ce club à taille humaine avec un petit *dance floor* est l'un des passages obligés pour le noctambule à Carnac.

Les Chandelles : *bd de l'Atlantique, à* **Carnac-Plage.** *☎ 02-97-52-90-98. • chandelles-carnac.com • Face aux salines du* Novotel, *près du rond-point du casino. Ouv minuit-6h : ts les soirs en juil-août, le w-e avr-juin et sept-déc. Entrée : 9-12 €, vestiaire 3 €.* « *Dress but not drink* », telle est la devise de la maison. En activité depuis belle lurette, elle est restée LA boîte branchée et sympa de Carnac, pour les 20-25 ans. Un des lieux incontournables du coin.

Achats

Côtes et Déco : *10, rue de Saint-Cornély, à* **Carnac-Bourg.** *☎ 02-97-52-70-97. Ouv en principe tlj sf lun, 10h-12h30, 15h-19h ; tlj pdt vac scol.* La vraie caverne d'Ali Baba pour les fans de décoration marine et de produits régionaux made in Bretagne par des artisans locaux.

À voir

Noter que l'office de tourisme propose des balades à thèmes autour de Carnac (nature, ostréicoles, théâtrales, pédestres, contées et en yole).

Le musée de la Préhistoire : *10, pl. de la Chapelle, à* **Carnac-Bourg.** *☎ 02-97-52-22-04. • museedecarnac.com • Tlj, sf mar hors vac scol, 10h-12h30, 14h-18h (17h30 en hiver) ; juil-août, tlj en continu 10h-18h30 ; mars et nov, 14h-17h30. Congés : janv-15 fév. Entrée : 6 €. À noter que le billet donne droit au pass des Mégalithes, qui offre des réduc dans les autres sites du circuit (cairn du Petit-Mont à Arzon, cairn de Gavrinis, cairn de la Table des Marchands de Locmariaquer, alignements de Carnac).* Nombreux panneaux explicatifs et schémas restituant des scènes de la vie quotidienne des hommes préhistoriques, qui permettent aux visiteurs intéressés par l'archéologie de tout savoir – ou presque – sur les *menhirs* (pierres levées), *dolmens* (tables de pierres, en fait vestiges de cairns dont ils formaient le cœur), *cromlechs* (pierres dressées en cercle), *tumulus* (nom générique des buttes servant de sépultures). Lorsque ces derniers sont en pierre, comme à Carnac, on les

ARCHÉOLOGUE EN HERBE

Parmi les objets exposés au musée de la Préhistoire de Carnac, ne manquez pas les haches polies dites « du petit Rohu ». Elles n'ont été trouvées que très récemment. Imaginez un petit garçon anglais jouant sur la plage à Saint-Pierre-Quiberon en 2007, un jour de grande marée. Il ramasse ce qu'il croit être un joli galet et met en fait la main sur des outils préhistoriques d'une grande rareté ! Bon prince, il en fit don au musée...

LE MORBIHAN

appelle *cairns*. Environ 6 600 objets exposés : haches polies, outillage au sens large, parures (magnifique collier provenant du tumulus Saint-Michel) et poteries, sépultures, plans et photos de sites, etc. On démarre tôt, au Paléolithique, et les vitrines nous mènent jusqu'à l'époque gallo-romaine ; mais le Néolithique règne en maître puisque le musée possède la plus riche collection au monde pour cette période. Toute l'année, sur résa, des archéologues organisent des visites guidées sur les sites mégalithiques des environs et animent des ateliers proposant de nombreuses activités : allumage du feu selon les techniques préhistoriques, polissage, et même des cours de cuisine... Car il paraît que nos ancêtres ne se contentaient pas de steaks de mammouth, mais se préparaient de bons poissons cuits dans l'argile et agrémentés d'herbes aromatiques ! Une introduction très complète avant de visiter les célèbres mégalithes.

L'église Saint-Cornély : *à Carnac-Bourg, en plein centre.* C'est l'un des plus beaux monuments de style Renaissance du Morbihan. À l'origine romane, l'église prit de l'importance au milieu du XVIIe s et on y adjoignit une tour-clocher, puis, plus tard, sur son flanc nord, un porche à colonnes de style toscan supportant un remarquable baldaquin ajouré en volutes de pierre. Nul doute que ce nouvel atout réveilla une architecture au départ très austère. La grande porte ouest est ornée de deux motifs en bois peint, qui rappellent que cette église est consacrée au saint réputé pour guérir les bêtes à cornes (mais non, pas les humains !), saint Cornély le bien-nommé. L'intérieur se révèle avant tout éclectique : en levant les yeux, on remarque rapidement les voûtes des trois nefs, recouvertes de lambris et entièrement peintes de scènes de l'Évangile et de la vie du saint. C'est un artiste de Pontivy qui les réalisa, aidé par son fiston : naïf et plutôt réussi. À voir encore, la grille de fer forgé qui ferme le chœur, la chaire délicatement ciselée, l'orgue et les quelques vitraux du XIXe s. Une armoire dans la nef de droite abrite quelques chasubles, reliquaires et calices.

Les alignements de Carnac

Les alignements de Carnac se composent de quatre ensembles distincts qui s'étendent sur près de 4 km : ***le Ménec*** à l'ouest, puis ***Kermario,*** un peu plus loin ceux de ***Kerlescan*** et enfin ***le Petit Ménec*** plus à l'est, sur le territoire de La Trinité-sur-Mer. Ils rassemblent en tout près de 3 000 menhirs régulièrement espacés et alignés ici à l'époque du Néolithique, c'est-à-dire il y a environ 6 000 ans, globalement selon un axe est-ouest, sur 8 à 10 rangs. La plupart ne dépassent pas 3 m de hauteur et ils mesurent en moyenne 90 cm de haut.
Aux alignements, il faut ajouter les enceintes, les tertres et autres tumuli (pluriel de tumulus) soulignant le caractère funéraire de ces ensembles. L'extraction du granit s'est en grande partie réalisée sur le site lui-même. Il n'y a donc quasiment pas eu de transport. Leurs tailles accompagnent, soulignent et accentuent la topographie des lieux : les plus hauts sont disposés au sommet, les plus petits dans les déclivités.

Des menhirs par milliers...

Si le nombre de menhirs composant les alignements de Carnac est particulièrement impressionnant, le département du Morbihan compte un très grand nombre de mégalithes, dolmens et autres menhirs dispersés sur son territoire, isolés ou regroupés dans de petits ensembles à découvrir. Tout autour de la baie de Quiberon par exemple, on en compte plusieurs centaines. À Carnac même, de nombreux autres édifices monumentaux méritent une visite : le Géant du Manio, le cairn de Kercado, le tumulus Saint-Michel, du sommet duquel on découvre l'un des plus beaux panoramas sur l'ensemble de la baie de Quiberon, de Groix à l'entrée du golfe du Morbihan, en passant par Belle-Île, Houat et Hoëdic.

... qui conservent tout leur mystère

Quelle signification doit-on donner à ces ensembles ? Quelle fonction détenait cette création humaine ? Purement esthétique ? Religieuse, païenne, mortuaire, sacrificielle ? Furent-ils dressés pour mesurer les cycles des saisons selon le mouvement des astres et ainsi régler les semailles, ou comme simple lieu de culte à ciel ouvert (mais lequel ?). C'est cette dernière hypothèse qui est la plus souvent évoquée, mais elle reste parfaitement incertaine. Les scientifiques, les archéologues, les chercheurs... cherchent encore. L'absence de certitudes scientifiques a laissé le champ libre au développement de l'imaginaire, du conte, des légendes, des mythes et des superstitions. Carnac, une armée de pierres. Les *kérions* ou *korrigans,* hommes petits, forts malgré leur taille, un peu sorciers, envahissent les sites à la nuit tombée. Les *spontailles,* revenants, font des apparitions aussi rapides qu'inattendues. Chaque menhir possède ainsi sa propre histoire, voire son propre pouvoir. Comme celui du Ménec autour duquel les femmes tournaient ou se frottaient le ventre afin d'avoir des enfants.

Protéger le site

Après une période d'importantes dégradations (la végétation avait quasiment disparu, les pierres risquaient de se déchausser...), l'État décida de protéger le site en 1991 et d'engager une restauration de la lande bretonne de manière « passive », notamment par la mise en place de clôtures qui ceinturent les différentes zones. Ces aménagements n'ont pas fait l'unanimité à l'époque, et certains des mécontents se sont réunis en créant l'association *Menhirs Libres.* Il faut dire que les autorités avaient manqué de finesse ; après avoir laissé le site quasiment à l'abandon durant des lustres, voilà qu'on empêchait tout simplement les habitants de Carnac de profiter des alignements. Pourtant, il y avait urgence. Car il faut savoir que, contrairement à l'iceberg, seuls 10 % du menhir sont implantés dans le sol.
Afin d'entretenir la lande nouvelle, le centre des Monuments nationaux, gestionnaire des alignements de Carnac, mit en place un élevage de moutons indigènes de la race Lande de Bretagne, grosso modo chargés de tondre la pelouse ! Ce choix s'avère plutôt judicieux. La lande a reconquis le site dans toutes ses parties et les pierres se sont stabilisées.

Les alignements : *♿ Pour mieux préserver la qualité du site et les monuments, les différents « sites » de mégalithes ne sont accessibles au public que sur la période 1er oct-31 mars. Avr-sept, accès possible slt en visite guidée : 3 à 7 départs/j. selon période. Prix de la visite-conférence : 6 € ; réduc ; gratuit moins de 18 ans. Durée : 1h env, pdt laquelle on accède à l'un des 3 alignements principaux. À noter que le* pass des Mégalithes *offre des réduc dans les autres sites du circuit (cairn du Petit-Mont à Port-du-Crouesty, cairn de Gavrinis, cairn de la Table des Marchand à Locmariaquer, musée de Carnac). Résas et rens à la* ***Maison des mégalithes*** *: ☎ 02-97-52-29-81. • carnac.monuments-nationaux.fr • Juste devant les alignements du Ménec, au nord du centre de Carnac-Bourg. Tlj : sept-avr, 10h-17h ; mai-juin, 9h-19h ; juil-août, 9h-20h. Avt d'admirer les alignements, on conseille d'y faire un tour. Différentes animations proposées pdt les vac scol (*Les Gestes de la Préhistoire, *soirée, balades à thème, etc. ; 2h30 env et 11,50 € par adulte, réduc).* Librairie-boutique, lieu d'accueil et d'information sur les visites dans les alignements. On y trouve une maquette du site, une salle vidéo, une salle d'exposition temporaire, un plan des alignements gratuit (pratique pour la balade), de la documentation et des bouquins sur Carnac.
– Petites (re)précisions utiles : d'octobre à mars, quand le site est libre d'accès, on circule librement, ô joie ! Les âmes romantiques pourront alors errer et vagabonder dans la lande sauvage et changeante... En été, dur dur de circuler dans le coin ! La visite est obligatoirement guidée et se fait par petits groupes. Les commentaires sont absolument passionnants, ce qui compense largement le fait que l'on

« piétine » un peu et que l'on n'approchera, au final, que peu de mégalithes. Ce sont donc deux approches différentes et complémentaires. Dernière chose : en été, il n'y a pas d'ombre ! Et par grosse chaleur (si, si !), le champ peut se transformer en véritable cagnard. Avec de jeunes enfants, mieux vaut donc ces jours-là privilégier la visite du matin ou de la toute fin d'après-midi ou... la plage.
Nous décrivons les alignements et les sites d'ouest en est, à partir de la *Maison des mégalithes.*

– ***Les alignements du Ménec :*** situés devant la *Maison des mégalithes,* ils constituent, par leur longueur et par le nombre de pierres, le plus important des alignements de Carnac : 1 099 menhirs sur 1 200 m ! L'enceinte est difficile à discerner dans le hameau du Ménec mais toujours présente. La route passe juste devant, et nombre de visiteurs se contentent de longer les alignements à 50 km/h, c'est bien dommage. Laissez donc la voiture et, si le site n'est pas accessible (de début avril à fin septembre), empruntez le sentier piéton situé sur son flanc nord. Très agréable. Parkings à proximité de chaque site.

– ***Les alignements de Kermario :*** comme pour celui du Ménec, un sentier piéton situé sur l'arrière du site (sur le flanc nord) permet d'approcher les pierres dans un cadre bucolique, en toute tranquillité. Les 1 029 pierres qui composent Kermario s'étendent sur 1 250 m pour une largeur qui varie entre 100 et 200 m. Bien plus imposant que son voisin, le plus haut menhir de Kermario mesurait 6,40 m. Le plus petit mesure à peine 50 cm. On y trouve également un *dolmen,* visible dans la partie sud du site, près de la route, face au panneau du restaurant *La Côte.* Côté route, à peu près au milieu du site, on voit les restes du vieux moulin de Kermaux, au sommet duquel on peut grimper. Excellent point de vue sur l'ensemble de Kermario. Noter que les plus hautes pierres sont dressées dans la partie ouest du site. Elles sont plus petites en se dirigeant vers l'est. À l'extrémité de Kermario, on trouve le Manio.

– ***Les alignements de Kerlescan :*** un ensemble très lisible de 555 menhirs convergents, disposés sur 13 lignes, sur une largeur de 139 m et une longueur de 880 m. On aime bien l'atmosphère particulièrement champêtre de ce site assez isolé. En haute saison, hors visite, on ne peut l'observer que depuis la route, car aucun sentier ne le borde.

– ***Le cairn de Kercado :*** juste dans la partie est de Kermario, sur la droite de la D 196 (en allant vers l'est), panneau. Prendre la jolie allée ombragée jusqu'au bout et se garer ; quelques dizaines de mètres plus loin, on découvre sous les arbres cet intéressant cairn (structure en pierres sèches recouvrant les sépultures) de 30 m de diamètre et de 3,5 m de hauteur, surmonté d'un menhir. C'est le plus ancien de la région : il serait vieux de 6 500 ans au moins. À l'intérieur, l'étroit couloir mène à une chambre de 3 m sur 3, où 8 supports verticaux soutiennent une « table » (en fait, un plafond) gravée d'une hache double. Les fouilles de 1925 permirent de trouver les perles d'un collier, des restes de vases, des pointes de flèches, quelques ossements... Tout cela en fait l'un des plus riches tumuli de la région en termes de mobilier funéraire.
I●I Près du parking, la *Crêperie du Tumulus* et sa terrasse invitent à s'asseoir et à boire un coup.

– ***Le Géant du Manio :*** reprendre la D 196 vers l'est ; quelques centaines de mètres plus loin, sur la gauche, se garer au niveau du centre équestre (fléché) ; on accède au Géant par un chemin de quelques centaines de mètres. Ce menhir domine tout du haut de ses 6 m. Impressionnant. Juste à côté, un quadrilatère de pierres, énigmatique.

– ***Le Petit Ménec :*** au-delà de la route de La Trinité-sur-Mer. C'est un ensemble blotti sous les bois et encore peu fréquenté.

– Il existe encore nombre de sites épars dans les environs, parfois de toute beauté.

Le tumulus Saint-Michel : *chemin du tumulus, un peu au nord du centre de Carnac-Ville.* Très spectaculaire butte de terre et de cailloux, haute de 15 m et vieille de 6 000 ans. L'intérieur du tumulus ne se visite pas. Une petite chapelle a été posée sur son sommet, ainsi qu'une table d'orientation, offrant un point de vue extra sur la région. À noter aussi, la belle croix de granit sculptée sur ses différents côtés.

Saint-Colomban : *à quelques km au sud-ouest de Carnac.* Sur la route menant au village, on pourra jeter un œil à la ***fontaine de Saint-Colomban*** sur la gauche : c'est une jolie réalisation de granit construite au XVIe s, au bout d'un long bassin. Celui-ci servait pour les lavandières, l'autre était destiné aux bestiaux. On raconte qu'on y plongeait aussi la tête des simples d'esprit pour qu'ils y puisent quelque intelligence. Dans le village même, voir aussi la ***chapelle de Saint-Colomban*** *(ouv slt en été),* de style flamboyant, un peu coincée entre de belles maisons restaurées. À l'intérieur (entrée par le flanc nord), un mur porte encore une fresque d'inspiration marine très naïve. Quelques statues en bois peint.

LE MORBIHAN

Plages

Les ***cinq plages*** de Carnac, bordées d'un beau sentier de douaniers, s'étalent de l'anse du Pô, en limite de Plouharnel, à l'anse de Beaumer, côté La Trinité-sur-Mer. Cette côte en festons fait alterner des caps et des anses de sable fin. Toutes ces plages sont très appréciées par les familles car surveillées et bien équipées. C'est sur la plage de *Legenèse* que 5 000 royalistes débarquèrent, le 27 juin 1795, pour renverser la Révolution. Le hic, c'est qu'ils tombèrent sur le général Hoche... On connaît la suite !
On y pratique la planche à voile en toute saison, même par grand vent, car il y a rarement de grosses vagues en baie de Quiberon.

Voir également ***la plage et l'anse de Saint-Colomban,*** délicieuses et paisibles pour admirer les couchers de soleil, pratiquer la pêche à pied à marée basse ou la planche à voile quand la mer revient.

Manifestations

- ***Théâtre de verdure :*** *mai-oct, au jardin de Césarine (face à la poste). GRATUIT.* Une vingtaine de spectacles de plein air.
- ***Eurocat :*** *w-e du 1er mai.* Championnat de catamarans.
- ***Opéra de Poche :*** *1 sem début août. • operadepoche.fr •* De l'opéra sous forme de partitions courtes (environ 1h), donné dans le cadre insolite d'un chantier ostréicole au Pô. Super, d'autant qu'à la fin, la dégustation d'huîtres est de rigueur.
- ***Coquillages et crustacés :*** *2e w-e d'août.* Grande fête qui a pour but de mettre en avant la culture et les produits locaux. L'occasion d'un *fest-noz* avec danses traditionnelles et bagad.

LA TRINITÉ-SUR-MER [an drinded]

(56470) 530 hab. *Carte Morbihan, B3*

La Trinité-sur-Mer est la Mecque européenne de la course au large, le royaume des mangeurs d'écoutes, des avaleurs de voiles d'avant, des suceurs d'embruns. Ici sont nées les légendes les plus tenaces de la voile

océanique, à commencer par le grand prêtre, Tabarly, et en passant par tous ses dignes héritiers, les Poupon, Riguidel, Caradec, Lamazou et Kersauson, les Peyron, Gautier, Bourgnon et autres gloires du tour du globe. Tous ont commencé par lécher consciencieusement le sel des pontons de La Trinité.
Mais ces baroudeurs des mers n'ont pas choisi leur fief au hasard. Cet ancien port de Carnac – auquel on accède par la mer, après un sympathique slalom entre les parcs à huîtres, et par la terre, en franchissant (en venant d'Auray) l'étonnant pont de Kerisper – est de ces très rares endroits où se conjuguent trois des plus beaux archétypes du paysage breton. Au sud, ces jolies plages dosant à merveille sable fin, goémon odorant et rochers à crevettes ; en remontant le Crac'h, l'un des plus beaux paysages de rivière du Morbihan ; et dans l'arrière-pays, enfin, une campagne d'Armor verdoyante comme on les aime. Et ces petites rues autour de l'église...
Venez ici un week-end de régate (de mars à octobre), et ce port paisible se transformera sous vos yeux dès le samedi matin en une ruche folle où s'affûtent tous les plus beaux voiliers de course du moment. Le soir, après une journée de régate un peu venteuse, la température monte vite dans les bistrots à équipiers le long du quai. Bon vent, donc !

Adresses et info utiles

🛈 ***Office de tourisme :*** *30, cours des Quais. ☎ 02-97-55-72-21. ● ot-trinite-sur-mer.fr ● Juil-août, tlj 9h-13h, 14h-19h ; le reste de l'année, jusqu'à 17h ou 18h et fermé dim.* Organise des visites de chantiers ostréicoles avec dégustation pendant les vacances scolaires, ainsi que des initiations à la pêche à pied et des sorties nature.

■ ***SNT*** *(Société nautique de La Trinité) : môle Éric-Tabarly. ☎ 02-97-55-73-48. Pour tt connaître du calendrier des régates, stages de voile et permis bateau. ● snt-voile.org ●*

– ***Marché alimentaire et artisanal :*** *mar et ven tte l'année.* Les meilleurs producteurs et autres artisans de bouche de la région (ne pas manquer les fabuleuses confitures de Coralie) se retrouvent sur ce marché très couru et extrêmement fréquenté en saison. Le vendredi, nombreux stands non alimentaires.

Où dormir dans le coin ?

Campings

Parmi les nombreux campings, deux 4-étoiles se trouvent près de la plage de Kervillen, pour ceux qui tiennent au confort. Réservation indispensable.

⛺ ***Camping de la Baie :*** *plage de Kervillen. ☎ 02-97-55-73-42. ● contact@campingdelabaie.com ● campingdelabaie.com ● ♿ Accès : direction Carnac, puis à gauche vers Kervillen. Ouv de mi-mai à mi-sept. Prix tente : 19,20-45,75 € selon saison. Loc de tte une gamme d'hébergement, jusqu'à 8 pers : 266-966 €/sem. 170 empl. Loc de vélo gratuite pour 2 pers pour une ½ journée sur présentation de ce guide.* Un camping très bien équipé. Emplacements de toutes les tailles pour les tentes, bien délimités. Piscine.

⛺ ***Camping La Plage :*** *plage de Kervillen, 40 bis, rue de Kervourden. ☎ 02-97-55-73-28. ● contact@camping-plage.com ● camping-plage.com ● ♿ Accès : au bord de la plage de Kervillen (direction Carnac, puis tourner à gauche). Ouv de début mai à mi-sept. Prix tente : 19-38,70 € selon saison. Loc de mobile homes de 4 à 6 pers : 235-920 €/sem. 195 empl.* Très bons équipements et terrain arboré à souhait. Location de vélos. Piscine.

De bon marché à prix moyens

Voir aussi plus loin les chambres d'hôtes du côté de Crac'h.

🏠 ***Chambres d'hôtes et appartement, chez Claudine Brient :*** *21, rue*

Er-Vammen, à Kerguille. ☎ *02-97-55-79-95.* 📱 *06-75-95-11-25. À peine à 1 km du port. Prendre direction Carnac depuis le casino ; Kerguille est indiqué sur la droite. Ouv avr-sept. Double 55 €.* À l'étage, 3 petites chambres doubles confortables et simples, avec salle de bains commune et w-c séparés. Dans une maison agréable (mobilier ancien, jardin bien verdoyant, etc.) et plutôt chaleureuse, tout au bout d'un quartier résidentiel. Bon rapport qualité-prix et excellente tenue générale.

🏠 ***Gîtes et chambres d'hôtes chez M. et Mme Gouzer :*** *17, route de Quehan, Kernivilit, 56470* ***Saint-Philibert.*** ☎ *02-97-55-17-78.* 📱 *06-78-35-09-34.* • *fgouzer@club-internet.fr* • *Après le pont de Kerisper, au rond-point, tourner à gauche et remonter le long de la rivière Crac'h sur 500 m. Ouv de mars à mi-nov et pour les vac scol de Noël. Env 80 € pour 2 selon type d'hébergement et saison. Formule gîte possible (sans petit déj).* 📶 *Apéritif ou café offert sur présentation de ce guide.* Bienvenue chez d'anciens ostréiculteurs très accueillants, dont la maison moderne est posée en surplomb de la rivière Crac'h et offre un superbe panorama sur le pont de Kerisper et La Trinité depuis les larges fenêtres. Elle comprend une chambre, un studio et un appartement (ces 2 derniers avec kitchenette et balcon), tous fonctionnels et bien tenus. Simple et efficace.

De chic à beaucoup plus chic

🏠 ***Le Lodge Kerisper :*** *4, rue du Latz.* ☎ *02-97-52-88-56.* • *contact@lodgekerisper.com* • *lodge-kerisper.com* • ♿ *À env 250 m du port, côté pont Kerisper. Doubles 90-188 € selon confort et saison ; familiales à partir de 178 €. Promos sur le site. Parking gratuit.* 💻 📶 Prenez des Parisiens qui en ont assez de courir, qui plaquent tout et créent ce bel établissement chaleureux, comprenant 3 bâtiments voisins, organisés autour d'un jardin de curé et d'une agréable piscine de poche chauffée. Grâce à l'architecte Christophe Ducharme (ça ne s'invente pas !), ils s'adonnent à plein de trouvailles décoratives, avec mille objets de récupération agencés avec intelligence et raffinement, sans jamais tomber dans le bric-à-brac néobobo. Équilibre subtil entre la modernité zen et la chaleur du bois clair qu'on retrouve partout. Le grand hall de réception avec son joli bar donne le ton. Lits douillets, atmosphère cosy et sourire à l'accueil. Location de vélos, espace détente... Et puis petite terrasse pour la plupart des chambres.

🏠 ***La Villa Armor :*** *10, rue des Résistants.* ☎ *02-97-55-73-23.* • *hotel.ostrea@wanadoo.fr* • *villa-armor.com* • *Doubles 92-125 € selon saison ; familiales 125-168 € selon saison.* 📶 *Apéritif maison offert sur présentation de ce guide.* Dans une maison de famille restaurée, face au port, un tout petit établissement hôtelier doté d'une poignée de chambres, dont 1 suite familiale, à la déco sobre et élégante. L'une d'elles bénéficie d'une terrasse, et toutes ont une jolie salle de bains avec douche à l'italienne. Une belle adresse, à deux pas de l'animation du port, avec vue sur mer et un jardin de curé pour prendre l'air. Faut bien qu'il y ait des lézards : l'absence de personnel, car la maison est gérée par l'hôtel *Ostréa* (donc la réception se fait au bar du *Bistrot du Marin* à 100 m, où est également servi le petit déj) et la proximité de la route, très fréquentée en saison. Pour qui n'y est pas sensible, une adresse à ne surtout pas bouder...

Où manger ?

Sur le pouce

🍴 ***Le Camion :*** *sur le quai, à gauche de la criée. Tlj en période de vac scol ; slt les we le reste de l'année.* La folie des *food-trucks* gagne la Bretagne... et ce camion rouge aux bonnes odeurs est un rayon de soleil sur le port. À l'ardoise, hot-dogs, soupes, mais on vient surtout pour les crêpes et galettes, fondantes et généreuses servies avec le sourire. Également, une petite carte de cafés (*Blue Montain*, moka éthiopien, Brésil...) et chocolat chaud. Un spot addictif !

De bon marché à prix moyens

Ty Malou : *10, cours des Quais. ☎ 02-97-30-17-30. Résa souhaitable en saison. Compter 15 €.* Dernière née des crêperies trinitaines, celle-ci jouit d'un emplacement stratégique, sur le port, et propose des horaires d'ouverture élastiques. Passez donc la porte, et l'appréhension de la froideur du décor – carrelage froid et couleurs sombres –, le service, lui n'est que gentillesse. Les crêpes et galettes, garnies d'ingrédients fraîchement cuisinés, tiennent leurs promesses à ceci près qu'on en aimerait certaines plus copieuses. Une bonne adresse tout de même !

Le Surcouf bistro : *21, rue des Résistants. ☎ 02-90-61-39-03. • lesurcouf56@gmail.com • Juste avt le pont de Kerisper quand on vient du centre, sur la gauche. Ouv tlj l'été ; hors saison, fermé dim soir et lun, sf ponts et j. fériés. À noter : ferme à 23h30 ven (à l'arrivée du dernier train Paris-Auray). Congés : début janv-début fév. Menus midi lun-sam 12,50 €, soir 18,50 € ; à la carte, 26-29 €. Café offert sur présentation de ce guide.* Une petite adresse sympa comme tout, avec un bon menu du midi, qui suit le cours du marché. Un bout de terrasse et une salle reposante dans les tons gris-blanc pour mieux se concentrer sur la cuisine, haute en couleur, variant au gré de la criée. Également des viandes du Morbihan et des produits toujours frais pour une cuisine 100 % maison, franchement avenante. Le tout à des tarifs de bistrot. Une adresse récente qui a déjà ses habitués. Les amateurs de voitures anciennes en ont en tout cas fait leur QG !

Aquaculture Jaouen : *Kernivilit, 56470* ***Saint-Philibert.*** *☎ 02-97-30-00-24. • jaouenaquaculture.objectis.net • ♿ Juste de l'autre côté du pont de Kerisper, sur la gauche en allant vers Locmariaquer. Ouv avr-oct et Noël (téléphoner). Résa indispensable. Buffet de fruits de mer à volonté le midi 28,50 € ; plats à la carte 10-35 €.* En bordure du Crac'h, cet ancien chantier naval fait désormais de la dégustation ostréicole et de coquillages divers, dans un énorme hangar réchauffé par une cheminée centrale et une déco marine (sympa, le bar incurvé et les voiles !). Attablé aux longues tables de bois, le séant calé sur des chaises d'école, le regard prend le temps de divaguer sur la rivière en attendant la large portion de moules, de palourdes crues ou d'une douzaine d'huîtres, le tout hyper frais, évidemment.

Crêperie Saint-François : *6, rue de Kerisper. ☎ 02-97-55-75-80. Fermé le midi lun et mar, plus lun soir et mar soir hors saison. Congés : janv, nov. Env 15 €.* Charmante petite adresse, dont le principal avantage est son cadre avec une adorable terrasse-jardin où trône un palmier. Galettes honorables (farine bio) et bien agréables, plus que l'accueil en tout cas.

De prix moyens à plus chic

Le Mouillage : *sur le port. ☎ 02-97-55-70-70. • mouillage@wanadoo.fr • À côté de la mairie. Fermé mer, plus mar soir et dim soir hors saison. Congés : janv. Formules en sem 22-28 € ; carte env 35-45 €. Doubles 82-92 € selon confort et saison. Réduc de 10 % sur le prix de la chambre sur présentation de ce guide.* Une bonne adresse, entièrement ouverte sur le port aux beaux jours. Produits d'une grande fraîcheur, assiettes généreuses et plats plus recherchés font de ce lieu, à la déco marine réussie, un bon intermédiaire entre le semi-gastro et la brasserie. Des assiettes de fruits de mer et des poissons qui concentrent de belles saveurs, et des cuissons sans reproche. Et pour les inconditionnels, on trouve également à la carte l'indéboulonnable tartare de bœuf et les moules-frites ! Service impeccable bien que décontracté. Belle carte des vins. Manu loue 4 chambres coquettes, dont 3 avec vue imprenable sur le port.

Le Quai : *cours des Quais. ☎ 02-97-55-80-26. Ouv tlj sf le soir lun-mer hors saison, plus 1er janv et 25 déc. Carte 20-30 €.* D'accueillantes petites nappes à carreaux, alignées en salle ou en terrasse couverte, plantent le décor. C'est dans cette adresse spécialisée dans les coquillages et poissons, amarrée face à la forêt de mats du port de plaisance, que les Trinitais se retrouvent pour déguster la pêche du jour. Du frais donc et du choix, entre les bulots, les huîtres ou le gratin de sole (l'un des incontournables de la carte), voire la grande assiette, bien pratique pour les indécis. Une valeur sûre, d'autant que quand vient l'addition, personne ne reste à quai.

Où boire un verre ?

Au **Carré** et au **Quai** *(☎ 02-97-55-80-26 ; bar ouv tlj juil-août),* cours des Quais, sur le port, on parle gros vent et catamaran, en préparant les prochaines régates. Bonne ambiance. Également le ***Bar-Tab,*** juste à côté, un autre classique rendez-vous de vieux Trinitains, auxquels se mêlent les plus jeunes. Quant à ***L'Étage,*** c'est sans doute l'un des plus prisés en raison de sa terrasse... à l'étage !

Aux Terrasses de la plage : *56, rue de Kervillen. ☎ 02-97-55-84-15. Près de la plage. Ouv début avr-fin sept. Tlj. Menu 21 € ; carte env 30 €. Apéritif offert sur présentation de ce guide (si on passe à table).* Une petite soif après la baignade à Kervillen ou au cours de votre randonnée autour de la pointe de Kerbihan ? Voici un établissement à la fois bar et restaurant. Très jolie terrasse, en effet, face à la presqu'île de Quiberon.

Où prendre le thé ? Où déguster des pâtisseries ?

La Parenthèse : *pl. du Voulien. ☎ 02-97-59-58-40. • mcdenars@hotmail.com • Tlj jusqu'à 18h en saison ; fermé dim-lun hors saison. Congés : 3 sem en janv. Formules sucré-salé le midi 11-15,60 €. Café offert sur présentation de ce guide.* Sur la place du marché, un comptoir de dégustation-salon de thé qui ne désemplit pas ! Joli décor baroque et fauteuils confortables pour déguster des plats sucrés-salés faits maison. Également des gâteaux *home made* (hmm, la délicieuse pavlova !), sur place ou à emporter. Le plus dur, ici, c'est sans doute de choisir !

À voir. À faire

Le pont de Kerisper : très beau point de vue sur la « rivière » de Crac'h. Délimite la zone maritime réservée à la plaisance, en aval, et aux chantiers ostréicoles, en amont.

La halle aux poissons : *bien située, entre le port de plaisance et le bassin des pêcheurs. Ouv tte l'année, le mat.* Faites-y votre marché sans faute. C'est aussi là que se trouvent le bureau du port et la SNSM.

Sur le port, vos pas vous mèneront forcément aux intéressantes ***galeries*** de peintres locaux, comme ***Sanséau*** *(25, cours des Quais).*

La jolie ***pointe de Kerbihan*** mérite une bonne halte. Face à vous, sur la droite, Quiberon ; au fond, Belle-Île, Houat et Hoëdic ; sur la gauche, l'île de Méaban et l'entrée du golfe du Morbihan. Si vous êtes chanceux, les week-ends de régates, vous assisterez à un somptueux ballet de spinnakers multicolores, la plupart des régates organisées par La Trinité se déroulant justement au large de la pointe.

➢ Une très belle promenade à pied permet, en longeant la côte au départ de la SNT, de rejoindre la plage de Beaumer, vers Carnac, en passant par celle de

Kervillen et la pointe de Kerbihan. Alternant des paysages de landes, dunes, rochers, marais salants et forêt, ce ***chemin des douaniers*** vous réserve de magnifiques points de vue sur l'estuaire du Crac'h et la baie de Quiberon. Le tout est de choisir son heure pour la luminosité et la moindre affluence. Autant dire que c'est la balade préférée des Trinitains le dimanche, lorsqu'ils ne sont pas en mer.

La plage de Kervillen : *on peut la rejoindre depuis la pointe de Kerbihan (voir plus haut).* Une des plus belles de La Trinité. Fréquentation familiale.

Curiosités

Fourbisseur de marine : *pl. de l'Église. Ouv quasiment tlj, tte l'année, qu'il pleuve ou qu'il vente.* Il retape, astique, nettoie, polit tous les objets se rapportant de près ou de loin à la mer. Son garage et son sous-sol regorgent de poulies, de rames, de longues-vues, de sextans, de phares de bateaux, etc. À visiter presque comme un musée. Michel Trenit, avec son look de capitaine au long cours, est, on s'en doute, une figure locale.

Balades en bateau et liaisons avec les îles

■ ***Location de bateaux électriques sans permis, Le Ruban Vert :*** *devant la capitainerie. 📱 06-76-82-23-32. • location-bateaux-electriques.com • Fonctionne slt en juil-août. Compter 40 €/h et 75 € pour 2h, pour des bateaux allant jusqu'à 8 pers.* Location d'embarcations vraiment sympas, silencieuses puisque électriques, pouvant accueillir jusqu'à 8 personnes. Un moyen original pour remonter la « rivière » de Crac'h en toute tranquillité.

Compagnie Navix : *sur les quais, dans la galerie de la Criée. ☎ 0825-132-100 (0,15 €/mn). • navix.fr • Résa indispensable en saison. Réduc de 10 % sur présentation de ce guide.* Propose en juil-août des croisières avec ou sans escales à Port-Navalo, ainsi qu'à l'île aux Moines et/ou l'île d'Arz, dans le golfe du Morbihan.

Compagnie du Golfe : *résas à l'office de tourisme. ☎ 02-53-46-56-56. • compagnie-du-golfe.fr •* De mi-juil à août, assure 4 excursions/sem pour Belle-Île.

– ***Sorties en mer sur des voiliers :*** *en été. Rens à l'office de tourisme.* Nombreuses possibilités à la demande.

Manifestations

Toute l'année ont lieu de nombreuses ***régates.*** Parmi les plus importantes :
– ***Le Spi Ouest France – Intermarché :*** *w-e de Pâques.* Beaucoup de monde, bonne ambiance.
– ***L'Ar Men Race :*** *w-e de l'Ascension.* Cette course à la voile en équipage réunit les plus grands coursiers et régatiers chevronnés sur 300 miles de statégie nautique.
– ***Les Tréteaux Trinitains :*** *représentations en juil-août dans la salle Saint-Joseph (à côté de l'église). Infos et billetterie à l'office de tourisme. Env 7 € la place.* Une troupe amateur menée par Jean Le Rouzic, médecin de La Trinité, qui remet le couvert chaque année en (ré)interprétant de grands classiques vaudevillesques ! Toujours drôle et enlevé. Chapeau bas, les bénéfices sont reversés à des associations caritatives.

LOCMARIAQUER [Lokmaria-Kaer]

(56740) 1 400 hab. *Carte Morbihan, B3*

Agréable station balnéaire familiale, à l'entrée du golfe du Morbihan. De la pointe de Kerpenhir à l'embouchure de la « rivière » de Crac'h, Locmariaquer étale de belles plages de sable fin. Pour les amateurs de sports nautiques, cette presqu'île permet de disposer de tous les types d'exposition au vent possibles. Pour ce qui est de la spécialité locale, les mégalithes, Locmariaquer est clairement un haut lieu : entre le Grand Menhir et le dolmen de la Table des Marchand, les spécialistes ne sont pas avares de superlatifs pour qualifier le secteur (voir plus loin).
Autant dire que le tourisme représente désormais une activité importante pour ce village d'ostréiculteurs, dont le nom breton signifie « le lieu où habite Marie »... Résultat : sa population décuple en été, et on vous conseille d'éviter l'heure des retours de plage, car ça peut bouchonner.

LE MORBIHAN

Adresses utiles

Office de tourisme : *rue de la Victoire.* ☎ *02-97-57-33-05.* ● *morbihan-way.fr* ● *Juil-août, lun-sam 9h30-18h et dim mat ; avr-juin et sept, lun-sam 9h30-12h30, 14h-17h30 (plus certains dim mat) ; le reste de l'année, horaires restreints.* Personnel très sympa. Organise des visites ostréicoles en juillet-août. Vente d'un topoguide avec plein de balades dans le secteur.

■ ***École de kayak en mer :*** *au camping municipal de la Falaise.* ☎ *02-97-57-39-56 ; en hiver :* *06-81-28-65-76.*

■ ***École de voile :*** *au sémaphore, à la pointe de Kerpenhir.* ☎ *02-97-57-46-31.*

Excursions en mer et liaisons vers les îles du golfe du Morbihan

Balades dans le golfe : *avec la compagnie* ***Navix.*** ☎ *0825-132-100 (0,15 €/mn).* ● *navix.fr* ● *Point d'embarquement à l'embarcadère, pl. Dariorigum.* De mi-avr à sept, différentes formules de visites commentées du golfe à la journée ou à la demi-journée, avec ou sans escale sur l'île aux Moines et/ou l'île d'Arz ; excursion à Houat en juil-août. Également des liaisons pour Belle-Île de mai à mi-sept, avec changement de bateau à Port-Navalo, et des excursions sur la rivière d'Auray. Parking gratuit à proximité.

La ***Compagnie Angélus*** *(☎ 02-97-57-30-29 ;* ● *vedettes-angelus.com* ●*)* propose également des tours du golfe avec ou sans escale à l'île aux Moines, et une excursion à Houat.

Le Passeur des Îles : ☎ *02-97-49-42-53.* ● *passeurdesiles.com* ● *Avr-sept, traversées entre Locmariaquer et Port-Navalo (presqu'île de Rhuys). En juil-août, départs tlj, ttes les heures, 9h30-18h30 ; slt 4 départs/j. en demi-saison. Env 7 € A/R ; réduc. Passage de vélos possible (5 €).*

– La même compagnie propose également en saison des excursions pour l'***île de Gavrinis*** (golfe du Mobihan) ou l'île d'Arz via Port-Navalo : env 2-3 départs/sem. Possibilité aussi d'aller au marché de Vannes en bateau chaque mercredi en été (toujours via Port-Navalo).

Où dormir ? Où manger ?

Hôtel-restaurant du Menhir : *7, rue Wilson. ☎ 02-97-57-31-41. • le.menhir@wanadoo.fr • Quasiment dans le bourg. Tlj sf dim soir, lun-mar hors saison. Double avec lavabo, w-c et douche sur le palier, 40 €. Menus 15-23 €.* Le p'tit bar-hôtel-resto de village, tranquille et simple, attachant et pas prétentieux ! Salles de bains communes et toilettes pas bien grandes mais impeccables. Chambres agréables, à l'atmosphère toute provinciale, très propres. Celles à l'angle bénéficient de 2 fenêtres : agréable. Accueil tout sourire.

Hôtel des Trois Fontaines : *route d'Auray. ☎ 02-97-57-42-70. • contact@hotel-troisfontaines.com • hotel-troisfontaines.com • À l'entrée du bourg. Congés : 10 nov-10 fév. Doubles 78-140 € selon saison, vue et taille. Parking. Apéritif offert sur présentation de ce guide.* Beaucoup de charme pour cet établissement intimiste et cossu, avec jardin fleuri devant. Les couloirs évoquent ceux d'un paquebot tandis que les chambres présentent toutes un bon niveau de confort (au rez-de-chaussée, certaines disposent de terrasses ; à l'étage, on profite d'une vue sur le golfe). Quelques vieux meubles bretons, et un peu partout des tableaux marins. Petit déj appétissant. Ajoutez à cela un chaleureux accueil plein de gentilles attentions qui semblent couler de source.

Où dormir dans les environs ?

Camping La Ferme Fleurie : *à* **Kerlogonan.** *☎ et fax : 02-97-57-34-06. Accès : à env 1 km par la route de Kerinis ; autre accès : tourner au carrefour de Kerouarc'h avt l'entrée dans le bourg ; c'est tt près du Grand Menhir. Ouv d'avr à mi-oct. Prix tente en hte saison : 13,40 €. Loc de mobile homes : 260-460 €/sem. 30 empl.* Petit camping presque confidentiel (ce qui n'est pas très courant dans la région !), soigné, où vous devrez impérativement réserver en été. Une trentaine d'emplacements séparés par des fleurs et arbres variés. Les tentes sont généralement installées sans façon dans le champ attenant. Bloc sanitaire miniformat mais bien tenu. Et, cerise sur le gâteau, on peut se ravitailler en œufs frais et légumes du jardin !

Camping Lann Brick : *au lieu-dit* **Lann-Brick.** *☎ 02-97-57-32-79. 📱 06-42-22-29-69. • camping.lannbrick@wanadoo.fr • camping-lannbrick.com • Accès : à 2,7 km sur la route de Kerinis. Ouv avr-oct. Prix tente : 16-19,80 € selon saison. Loc mobile homes, tithome, bungalows toilés et caravanes à louer : 135-730 €/sem. 98 empl. Réduc : - 10 % sur l'emplacement nu sur présentation de ce guide, hors juil-août.* Très sympa et bien équipé, un camping aux emplacements répartis sur 1,4 ha. Des allées et des haies... et des sanitaires bien tenus. Location de vélos. Pensez à réserver pour juillet-août. Anglais parlé. Piscine.

Le Relais de Kerpenhir : *rue Henri Ezan, Kerpenhir, quasiment à la pointe du même nom. ☎ 02-97-57-31-20. À 300 m de la plage. Double env 52 €.* Dans un secteur tranquille, cet hôtel-bar-resto occupe une belle maison de caractère aux volets bleus, proposant de petites chambres convenables donnant sur le parking ou le jardin. Déco rustique et assez vieillotte, sans flonflons. Bar fréquenté par les gens du coin.

À voir. À faire

L'église Notre-Dame-de-Kerdro : l'édifice s'est affaissé depuis sa fondation, comme le prouvent la position des bénitiers et le dallage du sol, surélevé à plusieurs reprises. Le transept et l'abside sont romans. Remarquez les fonts baptismaux du XVᵉ s et les chapiteaux ornés de feuillages et de têtes de béliers. De la place voisine qui donne sur le port, on aperçoit – à marée basse – les parcs à huîtres à 600 m du rivage.

Le Grand Menhir brisé et le cairn de la Table des Marchand : *route de Kerlogonan ; à proximité du centre. ☎ 02-97-57-37-59. • monuments-nationaux.fr • ♿ Suivre les panneaux « Site des mégalithes ». Tlj : mai-juin, 10h-18h ; juil-août, 10h-19h ; sept-avr, 10h-12h30, 14h-17h15. Tarifs : env 5,50 € ; réduc ; gratuit moins de 26 ans. Visite guidée possible. À noter que le billet donne droit au pass* des Mégalithes, *qui offre des réduc dans les autres sites du circuit (cairn du Petit-Mont à Port-du-Crouesty, cairn de Gavrinis, alignements et musée de Carnac).*
Trois monuments à voir, dont le fameux *Grand Menhir brisé,* énorme monolithe de 20,60 m de long, érigé il y a 6 900 ans environ. Il aurait été abattu volontairement par les hommes du Néolithique aux alentours de 4200 av. J.-C. (mais pourquoi diable ? C'était bien joli), ou bien mis à bas par un tremblement de terre. Non loin, le dolmen de la *Table des Marchand* (sans « s »), tombe collective édifiée vers 3900 av. J.-C. (la stèle du fond de la chambre représente une idole et le plafond est un fragment d'un grand menhir de 14 m, réutilisé).
Le *tumulus d'Er Grah,* appelé également *Er Vinglé,* long de 140 m, appartient quant à lui à la catégorie des sépultures fermées. Pour en savoir plus, ne ratez pas l'intéressant petit film d'introduction diffusé à l'accueil.

Le tumulus du Mané-Lud : *prendre le sentier qui part derrière le dolmen de la* Table des Marchand. *GRATUIT.* Cette butte contient, bien cachée dans sa masse, deux rangées de menhirs qui, lorsqu'on les a découverts, étaient surmontés de crânes de chevaux. Ce tumulus serait vieux de 4 000 ans... mais il n'y a plus rien à voir ! Heureusement, une chambre ouverte a été ajoutée sur le bord du tertre qui contient de belles gravures.
– On trouve beaucoup d'autres mégalithes intéressants à Locmariaquer, vestiges de l'âge néolithique. Des souvenirs romains et celtiques sont déposés au musée d'Histoire et d'Archéologie du Château-Gaillard, à Vannes (voir plus loin).

Le dolmen des Pierres Plates : *près de la grande plage.*

➢ ***Visites ostréicoles :*** *rens et résas à l'office de tourisme : ☎ 02-97-57-33-05. Juil-août slt, jeu et mar, à* ***Saint-Philibert*** *(lieu de départ connu au moment de la résa). Env 5 € ; réduc.* Pour découvrir les techniques d'élevage et les parcs ostréicoles de la presqu'île. Visite commentée d'un chantier et des parcs – en fonction des marées – ou randonnées le long des sentiers côtiers.

Fête

– ***Fête de l'Huître :*** *3ᵉ dim d'août. Rens à l'office de tourisme.* Tout autour de l'huître creuse de Locmariaquer : dégustations, expositions sur l'ostréiculture, concours d'écaillers, chants marins et danses traditionnelles...

CRAC'H [krac'h]

(56950) 3 100 hab. *Carte Morbihan, B3*

Passage obligé sur la route de Locmariaquer et de La Trinité, Crac'h coince souvent l'été, aux heures de pointe. Entre les pinèdes truffées de mégalithes, l'étonnante rivière homonyme noyée dans la verdure et le dédale de parcs ostréicoles, les environs de ce village méritent pourtant l'attention du rêveur

et de l'amateur de jolies balades. C'est d'ailleurs à Crac'h, dans la quiétude de son manoir familial, que Gérard d'Aboville a préparé tous ses coups fumants.

Adresse utile

Point Info : *parking de La Trinitaine. ● morbihan-way.fr ● 7 juil-31 août, lun-sam 10h-13h, 15h30-19h et dim 15h30-19h.*

Où dormir dans les environs ?

De bon marché à prix moyens

Chambres d'hôtes chez Mme Le Rol : *Le Magouëro, à **Saint-Philibert** (56470). ☎ 02-97-55-01-92. Sur la route entre La Trinité et Crac'h, avt le rond-point du Chat noir et la bifurcation vers Locmariaquer. Doubles 28-35 € selon confort ; pas de petit déj.* À l'étage, 4 chambres avec lavabo ; douche et toilettes sur le palier, au fond du couloir. Au rez-de-chaussée, une autre chambre avec salle de bains privée, micro-ondes et frigo. La déco est classique et tout est bien tenu, dans une jolie maison de caractère bordée de fleurs. Accueil charmant de l'énergique propriétaire et de son fils qui expose ses tableaux dans la maison d'en face. Malgré la proximité de la route, c'est vraiment une aubaine.

Chambres d'hôtes et gîtes, La ferme de Kérino : *chez M. et Mme Tanguy, à **Kérino-en-Crac'h**. ☎ 02-97-55-06-10. ● kerino@wanadoo.fr ● kerino.com ● Depuis Crac'h, direction La Trinité-sur-Mer ; au rond-point avt le pont de Kerisper, tourner à droite ; après env 2 km, prendre à droite en direction de Kérino ; fléché. Tte l'année sur résa. Doubles 55-70 €. Gîtes 2-5 pers 210-720 €/sem selon saison.* On est en pleine campagne, pas très loin de la rivière de Crac'h, avec un vaste terrain où peuvent galoper les bambins. Cette ancienne ferme dispose d'une ribambelle d'hébergements très fonctionnels et parfaitement entretenus : des chambres en duplex qui font aussi gîtes, dans un bâtiment moderne accolé à la ferme, des gîtes indépendants dans des maisons anciennes pleines de cachet, sur place ou pas très loin, et même une roulotte tout équipée ! Bref, il y a de la place pour tout le monde et pour tous les goûts. Accueil sympathique du couple d'anciens agriculteurs.

Chez Mme Gruiec : *hameau de **Kersolard.** 📱 06-22-47-21-67. ● contact@locationcrach.com ● De Crac'h, direction La Trinité ; au rond-point de Kerisper, à droite ; à env 2,5 km, à gauche vers Kersolard. Gîtes 320-530 €/sem. Digestif offert sur présentation de ce guide.* Une ancienne longère de caractère dans un joli hameau, au calme. À louer, gîtes pour 4 ou 5 personnes, avec chambres à l'étage, cuisine, salle de bains et salon-salle à manger au rez-de-chaussée. Très simples, meublés comme chez la grand-tante. Jardinet sur l'arrière. Accueil agréable.

Très chic

Le Galet Hôtel et Spa : *56470 **Saint-Philibert.** ☎ 02-97-55-00-56. ● contact@legalet.fr ● legalet.fr ● ♿ (1 chambre). Entre le pont de Kerisper et le rond-point du Chat-Noir, sur la D 781. Doubles 98-130 € selon confort et saison ; suites également.* Suffisamment en retrait de la route, dans un beau parc arboré et fleuri, cet hôtel moderne d'art cubique présente un style épuré très réussi. Idéalement situé, meublé dans un style contemporain cossu et frais, il propose des chambres confortables. Sur l'avant, elles disposent d'un balcon, à l'inverse de celles sur l'arrière qui, en revanche, donnent sur le jardin. Ambiance apaisante dans le lounge-bar et accueil personnalisé. Terrasses, piscine extérieure chauffée en saison, tennis et espace bien-être (spa, massages) complètent le tableau.

La Villa Bel Ange : *25, route des Plages, 56470* ***Saint-Philibert.*** *☎ 02-97-50-23-44. • lavillabelange@orange.fr • lavillabelange.com • Au sud de Saint-Philibert, par la route côtière. Pour 2, env 80-330 € selon saison en chambre, suite ou appartement.* Un petit établissement de grand charme : à peine une dizaine d'hébergements, tous lumineux et décorés avec soin dans un style balnéaire chic dans l'air du temps, réunis dans une grande villa de caractère, plantée en surplomb de la mer. Terrasses ou balcons pour presque tout le monde, de belles douches à l'italienne dans les salles de bains, des kitchenettes bien pratiques dans les appartements... et un lit tout rond dans la suite nuptiale ! Cadre magnifique, quiétude garantie, confort irréprochable, tout y est.

Achats

Biscuiterie La Trinitaine : *Kerluesse, sur la commune de* ***Saint-Philibert*** *(56470). ☎ 02-97-55-02-04. • latrinitaine.com • À la sortie de Crac'h, direction Locmariaquer. Ouv tlj 9h-19h.* Ici, plus de 40 t de biscuits sont fabriquées chaque jour et conditionnées sous toutes les formes : sachets, boîtes carrées, rondes, ovales, etc. Vente au détail. Également d'autres produits (soupes, conserves, confitures, chocolats, etc.).

Établissements Stephant : *Les Presses, sur la commune de* ***Saint-Philibert*** *(56470). ☎ 02-97-55-19-01. Au rond-point de Kerisper en venant de La Trinité, à droite ; c'est à 500 m. Ouv tlj jusqu'à 12h30 et 20h en saison. Dégustation sur place.* Un ostréiculteur très gentil et loquace qui travaille encore à l'ancienne et propose de très bonnes huîtres traditionnelles, entre autres produits de la mer.

À voir. À faire dans le coin

La chapelle de Saint-André-de-Lomarec : *sur la route d'Auray.* Dans cette chapelle repose un sarcophage où aurait été inhumé Waroc, éponyme de Bro-Érec, l'un des premiers rois du Pays vannetais.

La presqu'île de Saint-Philibert : *entre Crac'h et La Trinité.* Deux belles plages à taille humaine (dont celle de Kernevest), face à l'océan. Et surtout une *chapelle* du XVIIe s, vraiment mignonne, dans le bourg, consacrée à un saint arrivé par la mer dans une auge de pierre ! À l'intérieur, plafond étoilé, tribunes en bois et vitraux évoquant l'activité ostréicole du coin. Les parcs sont d'ailleurs juste derrière et font face au traditionnel lavoir-fontaine. Une jolie carte postale bretonne.

Fête

– ***Fête du Pain et des Crêpes :*** *2e dim de juil, à* ***Kerourio.*** Autour d'un vieux four à pain, dégustation et vente à emporter. Danses bretonnes et chants marins.

AURAY [an alre]

(56400) 12 700 hab. *Carte Morbihan, B3*

Port de fond d'estuaire de la jolie rivière, c'est la ville que l'on aperçoit furtivement depuis un pont sur la 4-voies quand on roule entre Vannes

et Lorient. Auray doit son charme à ses vieux quartiers de la ville haute et surtout à celui de Saint-Goustan, dans le bas de la ville. Celui-ci traverse les siècles sans changer. Il vit, un jour de décembre 1776, l'arrivée d'un certain Benjamin Franklin, envoyé par les tout jeunes États-Unis d'Amérique pour rencontrer Louis XVI. Quelques années plus tard, sous la houlette du chef des Chouans, Georges Cadoudal, né au hameau voisin de Kerléano, la ville deviendra le berceau de la Chouannerie bretonne.
Auray abrite aujourd'hui de plus en plus d'artistes et artisans, et propose de belles boutiques, notamment dans la rue du Château, tout en pente. Sachez qu'un habitant d'Auray s'appelle un Alréen et que c'est dans les rues de la ville qu'on tourna certaines scènes du film *Chouans !* de Philippe de Broca.

Adresses et infos utiles

Office de tourisme *(plan A1) : 20, rue du Lait. ☎ 02-97-24-09-75. • auray-tourisme.com • En été, lun-sam 9h30-19h ; le reste de l'année, horaires restreints.* Dans la belle chapelle de la Congrégation, à ne pas manquer, avec ses voûtes peintes et son plafond en coque de bateau renversée. Riche en documentation et prodigue de conseils. Diffuse un document gratuit – *Flâner à Auray* –, ainsi qu'un livret *Énigmes* (gratuit) pour les enfants. Demander, par ailleurs, la brochure *Détour d'Art*, ainsi que le livret jeu *À la recherche des clefs du temps*, pour des visites libres ou guidées liées à l'art religieux et aux églises cachées de la région.

@ ***Internet :*** *à la médiathèque (Espace culturel Athéna, plan A2). Ouv mer et sam, plus l'ap-m mar et ven ; en été, mer, ven ap-m et sam mat slt. Gratuit. (à l'office de tourisme).* Sinon, dans différents bars de la ville (liste à l'office de tourisme).

Tire-Bouchon *(**TER** ; hors plan par A1) : à la gare SNCF, pl. Raoul-Dautry. ☎ 0892-35-35-35 (0,34 €/mn).* En été, plusieurs liaisons quotidiennes avec Quiberon grâce à ce TER bien pratique pour éviter les embouteillages infernaux.

■ ***Taxis : Taxis-Pays d'Auray*** *(☎ 02-97-50-83-07),* ***Alta Taxi*** *(📱 06-62-18-56-78),* ***Guernevé*** *(☎ 02-97-57-56-56).*

– ***Marchés : marché bio,*** *pl. Notre-Dame, jeu 17h-20h et* ***producteurs locaux*** *ven mat. Lun,* ***marché traditionnel.*** *Certains dim en été,* ***marché de l'artisanat et de la création*** *au quartier Saint-Goustan.* ***Marché de Noël*** *en déc, dans l'enceinte de la chapelle du Saint-Esprit (pl. du Four-Mollet).*

Où dormir ?

Bon marché

Hôtel Terminus *(hors plan par A1, **8**) : 3, rue Pierre-et-Marie-Curie. ☎ 02-97-24-00-09. • terminus@orange.fr • hotel-terminus-auray.fr • ♿ Doubles 40-66 € selon confort et saison ; familiales 5 pers 78-110 €.* Sympathique, économique et très pratique (accessible 24h/24 grâce à une borne automatique à l'extérieur). Voilà ce qui définit le mieux ce petit hôtel pimpant, situé face à la gare (pas de panique, le trafic ferroviaire n'est pas du genre effréné !). Tenu par une propriétaire souriante et très arrangeante, qui s'est efforcée de rénover au mieux ses chambres : certaines se partagent sur le palier douches et w-c (impeccables), d'autres sont tout équipées, et la super familiale sous les combles fera le bonheur des grandes familles, compte tenu de sa taille atypique. Simple, sans prétention et d'un rapport qualité-prix imbattable.

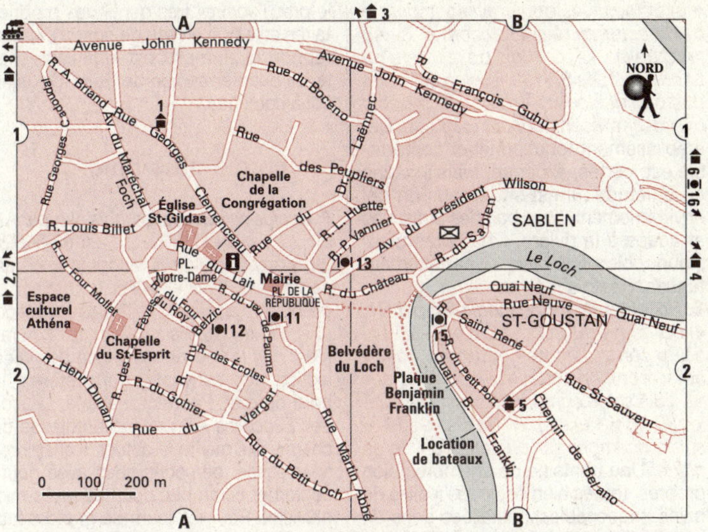

AURAY

■ **Adresse utile**

- Office de tourisme

Où dormir ?

1 Celtic Hôtel
2 Le clos des Evocelles
3 Best Western Auray Le Loch
4 Hôtel Le Branhoc
5 Hôtel Le Marin
6 Chambres d'hôtes chez Joëlle Scrizzi
7 Chambres d'hôtes de Kerjégo
8 Hôtel Terminus

Où manger ?

11 Terre-Mer
12 Crêperie Saint-Michel
13 Crêperie La Belle Bio
15 Le Rive Gauche
16 Crêperie de Keroyal

De prix moyens à chic

Hôtel Le Marin (plan B2, **5**) **:** *1, pl. du Rolland, à* ***Saint-Goustan.*** *☎ 02-97-24-14-58. • contact@hotel-lemarin.com • hotel-lemarin.com • Congés : janv. Doubles 72-77 € selon équipement et saison ; 1 familiale avec terrasse 87-102 €. Congés : janv.* Une douzaine de chambres mignonnes et confortables, certaines avec vue sur la rivière. Agréables salles de bains, confort complet et déco moderne soignée, avec la mer comme thème dominant. Au rez-de-chaussée, un petit salon réservé aux hôtes. Terrasse fleurie accueillante. Tout près du port mais bien au calme. Excellente adresse.

Celtic Hôtel *(plan A1,* ***1****)* **:** *38, rue Georges-Clemenceau. ☎ 02-97-24-05-37. • info@celtic-hotel.fr • celtic-hotel.fr • Tte l'année. Doubles 62-84 €. Apéritif offert sur présentation de ce guide.* Une bonne surprise ! Car cet hôtel en cœur de ville abrite une vingtaine de petites chambres contemporaines, toutes personnalisées et de bon goût. Elles portent toutes le nom d'une île du golfe, et sont bien agréables même si l'isolation phonique est un peu juste. Bar-brasserie charmant au rez-de-chaussée et accueil vraiment sympathique. Un rapport qualité-prix avantageux.

Best Western Auray Le Loch *(hors plan par B1,* ***3****)* **:** *2, rue Guhur, quartier La Petite-Forêt. ☎ 02-97-56-48-33.*

• info@bestwesternaurayleloch.com • bestwesternaurayleloch.com • ♿ Au nord de la ville, non loin de la rivière du Loch. Doubles 67-119 € selon saison et confort ; quelques familiales. 📶 Apéritif offert sur présentation de ce guide. Cet établissement fonctionnel et confortable est, certes, excentré, mais il gagne en quiétude : il est situé dans un bel environnement, avec balades possibles et accès à la rivière. Chambres classiques, bien équipées et parfaitement tenues. Resto sur place.

Hôtel Le Branhoc *(hors plan par B1,* ***4****) : 5, route du Bono. ☎ 02-97-56-41-55. • contact@hotel-lebranhoc.com • hotel-lebranhoc.com • ♿ Doubles env 56-78 € selon confort et saison ; familiales 89-98 €. Parking. 📶 Remise de 10 % sur la chambre sur présentation de ce guide.* Une trentaine de chambres bien propres, toutes bien équipées (salles de bains impeccables), installées dans un bâtiment moderne. Certaines, à l'arrière, s'ouvrent sur un joli petit parc. Le cadre manque un peu de cachet, mais pour le prix, l'accueil très gentil des propriétaires et le bon niveau de confort, le bon rapport qualité-prix est indéniable... et le joli quartier ancien de Saint-Goustan est à deux pas.

De chic à plus chic

Le clos des Evocelles *(hors plan par A1,* ***2****) : 26, rue du Pont-Neuf. 📱 06-08-86-73-29. • contact@evocelles.com • evocelles.com • Doubles 85-120 € suivant saison et orientation (piscine ou jardin), avec petit déj et accès jaccuzi. Parking clos.* 💻 📶 Auray n'est pas le lieu de résidence de prédilection des estivants, qui préfèrent le bord de mer. Pourtant, halte-là, *Le clos des Evocelles* est une belle adresse de charme qui mérite le détour. 5 chambres spacieuses, personnalisées avec goût ; confort et écran plat pour les après-midi pluvieux. Pour les jours de grand beau, spa-piscine et petit jardinet paysager, donnant sur un kiosque contemporain qui abrite un salon cosy pour les hôtes.

Où manger ?

Dans la ville haute

Crêperie Saint-Michel *(plan A2,* ***12****) : 33, rue du Belzic. ☎ 02-97-24-06-28. • creperie.st-michel@orange.fr • Tlj sf dim, plus mar soir et mer soir hors saison. Menu déj en sem 10,80 €.* Parmi les bonnes galettes, on hésite entre la « Cadoudal » ou l'« Engoulevent ». Mais pour les crêpes, c'est selon son humeur : « Orgueilleuse », « Colérique », « Vertueuse »... Également d'excellentes salades composées. Terrasse agréable donnant sur une rue semi-piétonne tranquille. Accueil souriant et tarifs raisonnables. Une très bonne adresse.

Crêperie La Belle Bio *(plan A1,* ***13****) : 4, rue Philippe-Vannier. ☎ 02-97-24-26-75. ♿ Tlj sf dim midi (plus soir hors saison sf vac scol). Formule 8,90 € et carte. Café offert sur présentation de ce guide.* Dans une rue discrète à deux pas du centre. Agréable endroit, salle chaleureuse avec feu de cheminée hors saison, belle terrasse fleurie à l'étage en été. Produits frais mais pas tous bio, contrairement à ce que laisse penser le nom, et bien cuisinés (galette au roquefort, crêpe au caramel beurre salé et cidre bio, entre autres).

Terre-Mer *(plan A2,* ***11****) : 16, rue du Jeu-de-Paume. ☎ 02-97-56-63-60. • ajehanno@mac.com • Tlj sf lun, sam midi et dim soir. Congés : début janv, 1 sem fin juin, 15 j. en oct. Formule 23 € midi en sem, menus 35-55 €.* Tout pour plaire. Le cadre est séduisant (mêlant l'ancien et le moderne), l'accueil discret et sympathique, et surtout, le rapport qualité-prix est irréprochable. Car le jeune chef élabore une cuisine terre-mer soignée et pleine d'allant, parfois agrémentée de quelques idées dans l'air du temps. La carte est courte, mais c'est la garantie d'une belle fraîcheur des produits. On ne s'en plaindra pas !

Dans le quartier de Saint-Goustan (ville basse)

Ce ne sont pas les adresses qui manquent à Saint-Goustan, alignées comme à la parade le long du port. Très sympa pour son animation festive en soirée.

Le Rive Gauche *(plan B2,* ***15****) : 9, pl. Saint-Sauveur. ☎ 02-97-56-37-30. Tlj en saison ; fermé lun et dim soir hors saison. Congés : janv. Menus 18,50-29 €, plats env 10-20 €. Apéritif offert sur présentation de ce guide.* Une brasserie sympa, appréciée par les locaux pour son emplacement stratégique et sa cuisine sans chichis qui tient la route : plats de poisson honnêtes, andouillettes artisanales, far maison... Simple et agréable, on en ressort satisfait, d'autant que l'accueil est très sympathique.

Où dormir ? Où manger dans les environs ?

De bon marché à prix moyens

Chambres d'hôtes de Kerjégo, chez Maryse et Joël Le Roch *(hors plan par A1,* ***7****) : au lieu-dit Kerjégo, 56400* ***Ploëmel.*** *☎ 02-97-24-26-23 ou 06-87-01-06-10. • joel.le-roch@wanadoo.fr • À 3 km à l'ouest d'Auray par la D 22, en direction de Belz/Port-Louis. Au hameau de Kerjégo, prendre la 1re ruelle à droite. Doubles 35-38 € avec douche et w-c en commun, 40-43 € avec douche privée (mais w-c en commun). Réduc de 2 €/nuit à partir de la 3e nuit sur présentation de ce guide.* Chambres très simples, à l'étage d'une maison-pavillon récente au style néobreton. Propres et fonctionnelles, elles sont équipées d'un frigo et d'un micro-ondes, et le tarif reste très intéressant. Jardin fleuri de géraniums. Barbecue et salon de jardin à disposition. Accueil familial.

Crêperie de Keroyal *(hors plan par B1,* ***16****) : 3, impasse de Keroyal, 56400* ***Plougoumelen.*** *☎ 02-97-24-03-81. • creperie-keroyal@wanadoo.fr • À 6 km à l'est d'Auray, sortie « Plougoumelen » sur la N 165 ; bien indiqué. Tlj sf mar midi, plus lun hors saison. Congés : de mi-mars à début avr et Toussaint-20 déc. Résa conseillée. Repas 13-15 € env. Café offert sur présentation de ce guide.* Tout le monde connaît et apprécie cette bonne crêperie, aménagée avec goût dans une maison de caractère avec vue sur la rivière du Bono. Large éventail de galettes (farine bio) fourrées au poisson, aux coquilles Saint-Jacques... Mais aussi du gril. Une adresse très fréquentée par les familles car on peut facilement surveiller ses bambins à travers les baies vitrées (il y a même une aire de jeux dans le jardin). Accueil très sympa.

Chambres d'hôtes chez Joëlle Scrizzi *(hors plan par B1,* ***6****) : 5, route de Bretagne, à Lohenven, 56400* ***Plougoumelen.*** *☎ 02-97-57-82-94 ou 06-64-61-30-31. • scrizzi@wanadoo.fr • perso.wanadoo.fr/almanto.scrizzi • À 10 km à l'est d'Auray. Par la N 165 direction Vannes, sortir à Plougoumelen ; devant la mairie, prendre Ploeren ; après 3 km, on arrive à Loheven, la maison est sur la gauche. Résa conseillée. Double 58 €. Boissons offertes sur présentation de ce guide.* En pleine campagne, au calme, cette ancienne maison bretonne, tenue de main de maître par la sympathique Joëlle, a été rénovée avec beaucoup de style et de goût. Chambres de bonne taille, donnant sur un parc verdoyant (7 000 m²), et dotées d'un certain charme avec leurs poutres apparentes et leurs armoires bretonnes. Sanitaires modernes, salon avec une cheminée, cuisine à disposition et terrasse bien agréable dans le jardin.

Crêperie Aux Galettes d'Antan : *Le Bourg, 56400* ***Pluneret.*** *☎ 02-97-29-17-60. • auxgalettesdantan@yahoo.fr • À quelques km à l'est d'Auray (5 km au sud de Sainte-Anne). Ouv slt le soir : tlj en été ; jeu-dim et j. fériés hors saison. Repas env 16 €. Digestif maison offert sur présentation de ce guide.* Non loin de l'église et du cimetière où repose la comtesse de Ségur, cette crêperie est une grosse référence locale en raison de son cachet un peu particulier. Sa déco réjouissante tourne autour de l'univers Belle Époque : ambiance atypique avec de nombreuses photos anciennes, des costumes « french cancan », des objets de spectacle... sans oublier l'accueil très sympa assuré par une famille de danseurs de grand-mère en petit-fils. Mamie était danseuse internationale ! Et les crêpes et galettes ? Bonnes, et ici, on les appelle « Mata Hari », « Goulue » ou « Folies Bergères » !

Où boire un verre ? Où écouter de la musique ?

Nombreux ***bars*** du côté du port de Saint-Goustan. Le quartier reste animé le soir, et à la fois, l'ambiance se prête à la rêverie...

À voir

☞☞ *La ville :* il ne faut pas manquer de se balader dans ses vieux quartiers, pleins de charme avec leurs maisons à pans de bois. Voir d'abord le *quartier de Saint-Goustan (plan B2),* à l'extrême fond du golfe du Morbihan, étonnamment préservé, où l'on trouve le port et ses quais, dont celui où Benjamin Franklin posa le pied lors de sa première arrivée en France. À découvrir le soir, à la tombée de la nuit. Magnifique pont du XIIIe s que l'on traverse pour gagner la ville haute, soit par la rue du Château, soit par les « rampes du Loch » jusqu'au belvédère. Dans les deux cas, ça monte sec ! On peut souffler dans la rue du Château en zigzaguant entre les boutiques d'artisans. Voir l'*église Saint-Gildas (plan A1),* de style Renaissance, la *chapelle de la Congrégation* (*plan A1 ;* actuel office de tourisme), la *place de l'Hôtel-de-Ville* et ses maisons anciennes, la *chapelle du Saint-Esprit (plan A2)* aux gigantesques ogives du XIIIe s *(ouv en été pour des expositions et à Noël, 9h-19h)* et le *belvédère* donc *(plan B2)* pour une belle vue sur le port.

À voir. À faire dans les environs

☞☞ *Le mausolée de Cadoudal :* *à **Kerléano,** sur la route de Quiberon. À quelques km du centre d'Auray.* Élevé en souvenir du célèbre chef chouan, né dans ce hameau et guillotiné en 1804 pour avoir comploté contre Napoléon. Pas grand-chose à voir, en fait, car on ne le regarde que de l'extérieur... mais joli parc autour.

☞ *Les chapelles et églises :* la région d'Auray en regorge. Demander à l'office de tourisme la brochure *Détour d'Art* qui les détaille, fournit les horaires de visite guidée et le programme de concerts qui y sont organisés, et pour les plus jeunes, le livret jeu *À la recherche des clefs du temps.* Ploëmel, Plumergat, Pluvigner, Brec'h, Landaul, Pluneret... elles ont toutes une histoire à raconter.

Tours du golfe et découverte de la rivière d'Auray : *avec les vedettes de la compagnie **Navix.** ☎ 0825-132-100 (0,15 €/mn). • navix.fr • Juil-août.* Départ du port de Saint-Goustan ou du charmant petit port du Bono, et remontée de la rivière jusqu'à l'embouchure, avant de visiter le golfe du Morbihan.

Manifestations

– ***La Semaine du golfe :*** *ts les 2 ans (années impaires) pdt la 1re sem de mai. • semainedugolfe.asso.fr •* Auray devient une ville « escale » parmi l'ensemble des ports du golfe du Morbihan participant à cette importante manifestation. Nombreux bateaux à quai, vieux gréements, chants, *fest-noz,* parades... Ambiance bon enfant de marin !
– ***Les Jeudis du Port :*** *en juil-août. GRATUIT.* Chaque jeudi, animations sur le port.

SAINTE-ANNE-D'AURAY [sanz-anna-wened]

(56400) 2 050 hab. *Carte Morbihan, B3*

Dans ce bourg, sur les chemins de Saint-Jacques-de-Compostelle, se tient chaque année le plus important des rendez-vous religieux de Bretagne, les 25 et

26 juillet (jour de la Sainte-Anne). On y compte des dizaines de milliers de pèlerins et des centaines de milliers de visiteurs par an. Le pape Jean-Paul II y passa en 1996. On vient de très loin pour invoquer sainte Anne. C'est un peu le Lourdes breton avec, dans le rôle de Bernadette Soubirous, un certain Yvon Nicolazic (1591-1645) à qui la sainte apparut en 1623. La mère de la Vierge lui demanda d'élever une chapelle en son honneur. Alors, ce brave paysan déterra, au lieu indiqué, une statue de cette sainte, aujourd'hui patronne des Bretons.
Selon la légende, Anne serait née en Bretagne. Veuve, elle se rendit en Palestine, où elle eut pour enfant... Marie, la mère de Jésus. On pense, en fait, qu'il y a là une association de deux cultes : celui de sainte Anne, venue d'Orient au moment des croisades, et celui d'Ana, mère des dieux celtes.

Adresses utiles

Office de tourisme : *9, rue de Vannes.* ☎ *02-97-24-34-94.* • *auray-tourisme.com* • *En plein centre, à côté de la basilique. Juil-août, lun-ven 9h30-12h30, 13h30-17h30 et sam ap-m ; le reste de l'année, horaires restreints.* Personnel de bon conseil. Billetterie pour les compagnies maritimes.

Accueil du Sanctuaire : *sur l'esplanade, près de la basilique.* ☎ *02-97-57-68-80.* • *sainteanne-sanctuaire.com* • Renseignements complets sur place (messe, musées, pèlerinage, etc.). Visite organisée du site *(gratuite)* sur demande. Environ 45 mn.

Où dormir ? Où manger à Sainte-Anne et dans les environs ?

Camping

Camping municipal du Motten : *allée des Pins.* ☎ *02-97-57-60-27.* • *contact@sainte-anne-auray.com* • *Accès : à 2 km du centre de Sainte-Anne-d'Auray (indiqué) et à 7 km d'Auray. Ouv de mi-juin à mi-sept. Prix tente en hte saison 10,40 €. CB refusées. 118 empl.* Un joli camping aux tarifs économiques, propre, bien ombragé et suffisamment herbeux. Équipements classiques. Parfait pour les cyclistes, les randonneurs et les familles avec enfants.

Prix moyens

Domaine de Kerdréhan : *chez Gilles Demais, à Kerdréan, 56390* ***Brandivy.*** ☎ *02-97-56-12-50.* • *info@domaine-de-kerdrehan.com* • *domaine-de-kerdrehan.com* • *À 9 km au nord de Sainte-Anne-d'Auray. Prendre la direction de Plumergat, puis de Brandivy. Double 75 €. Gîte 2 pers 470-630 €/sem.* Très beau domaine isolé dans un parc de 4 ha, planté de nombreuses espèces d'arbres. Chambres simples et agréables dans une belle bâtisse de caractère.

Hôtel-restaurant Le Moderne : *8, route de Vannes.* ☎ *02-97-57-66-55.* • *hotellemoderne@aol.com* • *hotellemoderne.com* • *Face à la basilique. Congés : du 20 déc à mi-janv. Doubles 52-70 €, familiales 84-102 €. Parking.* L'étape classique dans une grande maison bien placée. Préférer les chambres du bâtiment principal donnant sur la basilique, bien agréables ; celles de l'arrière, dans un bâtiment fonctionnel vieillot donnant sur le parking, ne sont pas folichonnes. Resto sur place. Un autre établissement à proximité, le *Myriam hôtel,* si le premier est plein.

Hôtel-restaurant La Croix Blanche : *25, route de Vannes.* ☎ *02-97-57-64-44.* • *info@hotel-lacroixblanche.com* • *Tlj sf lun et mar midi, plus dim soir hors saison. Congés : nov. Doubles 53-70 €. Formule sf dim et j. fériés 15 € ; menus 18 € (sf dim et j. fériés)-39 €.* *Café offert sur présentation de ce guide.* Le rendez-vous des pèlerins élabore des assiettes copieuses et gourmandes, privilégiant les spécialités à base de produits régionaux, de la terre ou de la mer. Terrasse sous des treilles. Côté hôtel, c'est simple, propre et d'un honnête rapport qualité-prix.

Chic

🏠 🍽 ***L'Auberge** : 56, route de Vannes. ☎ 02-97-57-61-55. • contact@auberge-sainte-anne.com • auberge-sainte-anne.com • ♿ Doubles 80-95 € selon saison. ½ pens 82-90 €/pers. Menus 29-69 €. 📶 Café offert sur présentation de ce guide.* Chambres et suites luxueusement rénovées dans le style Art déco, toutes avec salle de bains en marbre, douche hydromassante, clim ; certaines, avec terrasse. Au resto, l'une des tables réputées de la région, Jean-Luc Larvoir travaille de bons produits de la terre comme de la mer, pour des réalisations élégantes et personnalisées. Et un service particulièrement stylé. Le pape Jean-Paul II a eu le plaisir de goûter sa cuisine en 1996, alors vous pensez bien que cet endroit est béni ! Accueil familial très sympathique. Pour les budgets plus serrés, la fille aînée du chef a ouvert un petit peu plus haut, avec son mari, ***L'Auberg'ine** (20, pl. Yves-Nicolazic ; ☎ 02-97-31-37-19 ; fermé mer et dim).*

À voir

👁👁 ***La basilique et le sanctuaire** : ♿ Tlj 8h-19h (plus tard l'été). Il est demandé de respecter le calme des lieux et d'avoir une tenue correcte pour la visite du sanctuaire.* L'édifice actuel a été construit à la fin du XIXe s pour remplacer la chapelle du XVIIe s, édifiée par Nicolazic. À l'intérieur, un fragment de la statue découverte par Yvon Nicolazic au XVIIe s et partiellement brûlée sous la Révolution est enchâssé dans le socle de la statue moderne. À voir aussi, une statue d'Yvon Nicolazic en bois du Sénégal. Les fidèles viennent de très loin pour invoquer sainte Anne. On ne manquera pas de vous rappeler que le 20 septembre 1996, un certain Jean-Paul II « passa » par là, ovationné par une foule de plus de 150 000 fidèles !

👁 ***Le cloître et ses ex-voto** : à l'arrière de la basilique.* Du XVIIe s, il reste simple et harmonieux. Classé au titre des Monuments historiques, il présente une double galerie (la plus haute était réservée aux pères carmes). Le cloître a été débarrassé d'une partie des ex-voto, pour mieux apprécier les voûtes. Il débouche sur la chapelle de l'Immaculée.

👁 ***Le Trésor** : entrée par le cloître.* Plusieurs objets (tableaux, bijoux, maquettes, etc.) et ex-voto offerts par les visiteurs, ainsi qu'une collection de statues des XIVe au XXe s. Voir notamment les maillots des cyclistes bretons Jean Robic (vainqueur du Tour de France en 1947) et Bernard Hinault.

👁 Tout autour de la basilique, on trouve plusieurs petits édifices et monuments : la ***Scala Sancta,*** du XVIIe s, avec son escalier que l'on montait et redescendait à genoux, fut démontée pierre par pierre en 1870, lors de la construction de la basilique actuelle. Les ***allées*** mènent à la ***statue*** monumentale de sainte Anne (de 12,5 t !) qui apprend à Marie à lire la Bible. Jusqu'en 1972, elle dominait la basilique en son sommet. La ***fontaine,*** source très ancienne, marque le lieu où Yvon Nicolazic aurait eu sa première apparition de sainte Anne, en 1623.

👁 ***Le mémorial des victimes de guerre** : à gauche de la basilique quand on lui fait face.* Datant de 1923, il est entouré d'un mur portant 8 000 noms de soldats bretons victimes de la Grande Guerre.

👁 👪 ***L'Historial** : 6, rue de Vannes. ☎ 02-97-57-64-05. • musee-de-cire.com • ♿ En principe, tte l'année, 8h-19h (mais mieux vaut appeler avt). Env 30 mn de visite guidée slt. Entrée : 4 € ; réduc ; gratuit moins de 6 ans.* On vient ici autant pour les 13 scènes grandeur nature retraçant la vie d'Yvon Nicolazic (les personnages de cire ont presque tous été créés par Grévin) que pour la visite commentée de Michel Dréan, passionné, ou plutôt dévoué à son musée (il n'est pas rare de le croiser « interpellant » le visiteur dans le sanctuaire) : c'est lui qui le sauva de l'oubli ! Le lieu est surprenant, à la fois un peu désuet et touchant ; il explique la rencontre de ce brave homme, en 1623, avec la sainte. Michel raconte tout ça avec humour, avant de finir par l'une de ses scènes préférées, dont il est à l'origine, celle du passage du pape à Sainte-Anne-d'Auray en 1996 ! Une visite surprenante et très pédagogique pour les enfants, qui vient en complément de celle du sanctuaire.

DANS LES ENVIRONS DE SAINTE-ANNE-D'AURAY

Pluneret : *à 5 km au sud de Sainte-Anne.* C'est au cimetière de Pluneret que se trouve la ***tombe de la comtesse de Ségur*** (1799-1874), l'auteur, entre autres, des *Malheurs de Sophie.* Voir également la belle ***chapelle Sainte-Avoye,*** du XVIe s, qui autrefois servait de repère pour la navigation. Elle abrite le seul jubé Renaissance du Morbihan, en bois polychrome et sculpté sur les deux faces.

ÉTONNANTE COMTESSE

Enterrée au cimetière de Pluneret, à 2 km à l'est d'Auray, la comtesse de Ségur était d'origine russe. Son père, le général Rostopchine, incendia Moscou pour empêcher Napoléon de l'occuper. Avec ses livres pour enfants, la comtesse de Ségur participera au succès des éditions Hachette. Son chef de publicité, au début, s'appelait Émile Zola.

L'écomusée de Saint-Degan-en-Brec'h : *☎ 02-97-57-66-00. • ecomusee-st-degan.fr • Juil-août, tlj 10h-19h (j. fériés 14h-19h) ; le reste de l'année, lun-ven et certains dim 14h-17h30 (en hiver sur rdv). Entrée : 6 € ; réduc. Brochure pour la visite.* Bel aménagement d'une chaumière bretonne du XVIIe s et d'une longère typique du XIXe s, où l'on expose les meubles traditionnels et les objets du quotidien des paysans du pays d'Auray (lits clos, coffres, armoires, quelques coiffes et costumes). Dans les dépendances, des outils anciens, ainsi que des expos temporaires de peinture. Animations ponctuelles, comme la fête du pain qui permet de réactiver le vieux four. Vaut le coup si vous passez dans le coin.

Treuroux Loc'h Pagaies : *au moulin de Treuroux, à* ***Brec'h.*** *☎ 02-97-57-71-63. Pâques-mai, w-e et j. fériés 10h30-18h ; juin-sept, tlj. Env 6 €/h et par pers.* Dans le cadre unique de ce vieux moulin (privé), un « parcours » de seulement 1,5 km sur le Loc'h. Mais le cadre bucolique vaut la peine, au détour de la rivière qui serpente entre les prairies.
Bar ouvert aux mêmes horaires.

VANNES ET LE GOLFE DU MORBIHAN

VANNES [GWENED]

(56000) 54 800 hab. *Carte Morbihan, C3*

Pour le plan de Vannes, se reporter au cahier couleur.

Vannes, ville d'Art et d'Histoire, a vécu une étonnante métamorphose et n'est plus la belle endormie d'il y a trente ans. En parachevant l'aménagement de son port, avec ses pontons en guise de promenades, ses bâtiments modernes tout en bois et ses façades réhabilitées, elle s'est opportunément tournée vers le golfe et vers de nouveaux horizons pour devenir LA ville, LE port du golfe, et entrer avec lui dans le club très sélect des « Plus belles baies du monde »... Elle est devenue incontournable, à la fois sur le plan touristique (riche patrimoine et rues anciennes

préservées) et économique, avec son pôle étudiant et son célèbre chantier naval Multiplast, où sont inventés les bateaux français pour la Coupe de l'America.

LA BELLE ET LA BAIE

La ville elle-même a également bien évolué : les aménagements se sont multipliés pour les piétons (promenades, jardins, rues piétonnes, etc.) et les cyclistes, alors que les voitures sont repoussées hors du centre intra-muros ou sous terre. Ni bourgeoise, ni prétentieuse, ni trop paisible, Vannes a su rester familiale, décontractée, et offrir une qualité de vie qui fleure bon la douceur bretonne.
Si le cœur de la ville n'est pas situé directement au bord de la mer, celle-ci l'irrigue pourtant et vient naturellement à lui, comme aspirée par ce chenal, véritable artère principale. La mer est partout, à la carte des restaurants, dans les boutiques de déco et de souvenirs, sur le visage tanné des habitants attablés aux terrasses de café et lors des nombreuses manifestations qui ponctuent l'année... tandis que les bateaux sont tranquillement amarrés au pied des remparts médiévaux.

VANNES DANS L'HISTOIRE

La presqu'île de Men-Gweur (« pierre de la Chèvre »), aboutissant au gué de Saint-Patern, permettait le franchissement aisé des marais du fond du golfe du Morbihan. Les Gallo-Romains bâtirent donc leur capitale *Darioritum*, un siècle après que les Vénètes (Gaulois) eurent été battus par Jules César en 56 av. J.-C. L'évêché de Vannes est fondé au Ve s. Les princes et ducs de Bretagne défendent leur possession convoitée par les souverains mérovingiens. Incendiée au Xe s par les Normands, Vannes devient bientôt une grande ville marchande, assiégée à plusieurs reprises durant la guerre de Succession de Bretagne. Les États de Bretagne se réunissent à Vannes en 1532 et signent l'acte d'union du duché de Bretagne au royaume de France (plaque commémorative dans le passage de la Cohue). La ville connaît une grande prospérité aux XVIe et XVIIe s, surtout quand elle abrite momentanément le parlement de Bretagne.
Durant la Révolution, le Pays vannetais reste farouchement royaliste et chrétien. Ses habitants accueillent fort mal le général Hoche venu combattre les émigrés débarqués à Quiberon en 1795 (voir son hôtel rue Saint-Vincent). Dans la seconde moitié du XIXe s, la ville se développe et s'agrandit avec l'arrivée du chemin de fer.

Adresses et infos utiles

– ***Parkings et circulation :*** la ville se découvre à pied, le centre ancien étant peu étendu et essentiellement piéton. À disposition, plusieurs parkings bien signalés. Noter le parking souterrain au niveau du port, bien situé mais payant. En revanche, le grand parking au sud de la ville, au parc du Golfe (départ des bateaux pour les îles, aquarium, jardin aux Papillons...), est gratuit. Très pratique, car il est relié au centre-ville par des navettes gratuites (ttes les 15 mn en juil-août, tlj 9h30-19h30). Cette même navette dessert également la presqu'île de Conleau.
Vannes s'est aussi doté d'un système de ***vélos*** en libre-service, Velocea. 20 stations sont réparties dans la ville. Possibilité d'abonnement pour la journée, les 4 premières heures gratuites, ensuite 2 €/h.

ℹ ***Office de tourisme*** *(plan couleur A4) : quai Tabarly. ☎ 02-97-47-24-34. • tourisme-vannes.com • Rive droite. Juil-août, tlj non-stop ; le reste de l'année, lun-sam (pause à* *midi).* Accueil dynamique. Billetterie (spectacles, bateaux pour les îles...), infos sur le golfe, les itinéraires en ville et aux alentours, les activités culturelles (ateliers pour petits et grands, etc.). Et tout sur les activités sportives : voile, location de bateaux, canoë, etc. En été, propose de nombreuses visites guidées de la ville (certaines particulièrement destinées aux enfants ; voir ci-après). Possibilité également de télécharger sur le site internet de l'office de tourisme des petites visites guidées au format MP3 : c'est beaucoup plus succinct qu'une vraie visite, mais c'est pratique... et gratuit.

■ ***Service Animation du patrimoine :*** *Les Lavoirs, 15, rue Porte-Poterne. ☎ 02-97-01-64-00. • patrimoine@mairie-vannes.fr •* Visites guidées (contées, nocturnes, adaptées aux 4-6 ans ou aux 7-12 ans, etc.) de la vieille ville. Environ 1h30 par visite *(5 € ; réduc enfants).* Ils ont également créé toutes sortes de brochures, à commencer par « Top Secret », destinée aux 7-12 ans, une enquête historique menée comme un polar !

@ ***Point Internet*** *(plan couleur B4,* ***40****) :* ***À l'Aise Breizh Café*** *(pour le prix d'une conso), voir plus loin « Où boire un verre ? ».*

■ ***Taxis :*** ***Taxi 56 Vannes,*** *☎ 02-97-47-40-62.* ***Radio Taxis Vannetais,*** *📱 06-63-68-14-98.*

■ ***Location de voitures :*** *notamment avec* ***Europcar,*** *☎ 02-46-80-02-33 ;* ***Avis,*** *☎ 02-97-47-54-54 ;* ***Hertz,*** *☎ 02-97-42-66-69.*

Excursions en mer et liaisons vers les îles du Golfe

En saison, pour l'ensemble des compagnies, il est vivement conseillé de réserver. De nombreux offices de tourisme de la région se chargent de faire les réservations. Les départs se font à la gare maritime du parc du Golfe, près de l'Aquarium.

⛴ ***Navix :*** *gare maritime, parc du Golfe. ☎ 0825-132-100 (0,15 €/mn). • info@navix.fr • navix.fr •*

➢ ***Pour Belle-Île :*** *hors saison, se renseigner ; en saison, 1 départ le mat vers 8h. Résa très conseillée. Tarifs : env 29 € hors saison et 31 € en saison. Réduc de 10 % sur présentation de ce guide.*

➢ Croisières sur le golfe avec possibilité d'escales à l'***île aux Moines*** et/ou à l'***île d'Arz*** *(tlj Pâques-sept ; plusieurs départs à partir de 8h45-9h).* Également des liaisons en juil-août vers les ***îles de Houat*** et ***de Hoëdic.***

⛴ ***Compagnie du Golfe :*** *départ de la gare maritime de Vannes ou de la criée à Port-Navalo. ☎ 02-97-67-10-00. • compagnie-du-golfe.fr •* Propose des croisières commentées sur le golfe avec ou sans escale à l'***île d'Arz*** et à l'***île aux Moines***; également des liaisons avec ***Belle-Île-en-Mer*** *(en saison slt, env 34 €) Sur présentation de ce guide, remise de 10 %.*

⛴ Pour l'***île d'Arz,*** liaison tte l'année depuis le parc du Golfe avec le ***bateau-bus.*** *☎ 02-97-44-44-40. • bateaux-bus-du-golfe-vannes.fr •*

Où dormir ?

Camping

⛺ ***Flower Camping Le Conleau*** *(hors plan couleur par A4,* ***9****) : 188, av. du Maréchal-Juin. ☎ 02-97-63-13-88. • camping.conleau@flowercampings.com • vannes-camping.com • ♿ Accès : à 3 km du centre de Vannes. Ouv début avr-fin sept. Prix tente : 13-22,50 € selon saison. Loc mobile homes : 196-750 €/sem. 250 empl.* À l'entrée de la jolie presqu'île de Conleau, un camping récemment rénové. Terrain plus ou moins ombragé, avec certaines parcelles pour les tentes légèrement en pente, mais on profite souvent d'une très belle vue sur les environs. Un point de chute pratique pour rayonner dans le golte. Piscine.

Prix moyens

🏠 ***Hôtel Le Bretagne*** *(plan couleur B3,* ***10****) : 36, rue du Méné. ☎ 02-97-47-20-21. • info@lebretagnevannes.fr • lebretagnevannes.fr • À 50 m de la* *porte Prison. Doubles 52-60 € selon saison.* Grimpez donc le petit escalier pour découvrir cet hôtel de poche simple et bien tenu, situé dans un secteur on ne peut plus central. Quant aux chambres, certes un peu exiguës, elles se révèlent calmes côté remparts, de bon confort. La récente rénovation est venue ajouter une petite touche de charme et de poésie tout à fait bienvenue. Attention, seulement une douzaine de chambres.

Hôtel Anne de Bretagne *(plan couleur C1,* ***11****) : 42, rue Olivier-de-Clisson. ☎ 02-97-54-22-19. • infohotel.adbhaye@orange.fr • annedebretagne-vannes.com • Résa conseillée en saison. Doubles tt confort 61-70 € selon saison ; familiales également. Parking payant.* Quasi face à la gare mais au calme et en retrait, dans une petite rue. Hôtel simple mais fonctionnel et bien tenu. Chambres classiques, dotées d'écrans plats et de salles d'eau plus ou moins grandes. Un bon rapport qualité-prix, même si l'insonorisation est inégale.

De prix moyens à chic

Hôtel Manche Océan *(plan couleur B2,* ***13****) : 31, rue du Lieutenant-Colonel-Maury. ☎ 02-97-47-26-46. • info@manche-ocean.com • manche-ocean.com • Fermé vac scol de Noël. Doubles 45-99 € selon confort et saison ; promos sur Internet. Parking payant.* Dans un bâtiment moderne du centre-ville, une quarantaine de chambres fonctionnelles, confortables et colorées, parfaitement tenues et assez grandes pour certaines. Salle de petit déj à l'étage, surplombant une rue passante. Accueil cordial.

La Villa Garenne *(plan B4,* ***8****) : 3, rue Monseigneur-Tréhiou. 06-76-01-80-83. • lavillagarenne@free.fr • Doubles 70-90 € ; triples 95-105 €.* Cette belle maison de ville entièrement restaurée par les propriétaires de l'hôtel Le Bretagne abrite 5 chambres avec vue sur les remparts (côté rue) ou sur jardin (à l'arrière). L'une d'elle est dotée d'une terrasse. Déco fraîche et plaisante sur le thème des arts... Bon accueil.

Hôtel de France *(plan couleur B1,* ***14****) : 57, av. Victor-Hugo. ☎ 02-97-47-27-57. • hotel-de-france-vannes@wanadoo.fr • hotelfrance-vannes.com • Entre la gare et le centre-ville. Congés : 20 déc-4 janv. Doubles 58-94 € selon saison et confort ; familiales 78-110 €. Parking payant. Réduc de 10 % sur le prix de la chambre sur présentation de ce guide.* Accueil charmant et déco sobre et chaleureuse pour cet hôtel moderne de bon confort. Chambres impeccables : au rez-de-chaussée, elles donnent sur un petit jardin ; à l'étage, on trouve même une terrasse pour prendre le thé. Agréable salle de petit déj.

Escale Oceania *(plan couleur A2,* ***15****) : av. Jean-Monnet. ☎ 02-97-47-59-60. • escaleoceania.vannes@oceaniahotels.com • oceaniahotels.com • Doubles 75-105 € selon période et confort ; voir les promos sur le site. CB refusées. Parking payant.* Une soixantaine de chambres spacieuses, confortables et insonorisées, rénovées dans un style actuel de bon ton (parquet sombre, douches à l'italienne...). Une bonne adresse, proche du centre. Accueil professionnel.

De chic à plus chic

Le Roof *(hors plan couleur par A4,* ***20****) : presqu'île de Conleau, 10, allée des Frères-Cadoret. ☎ 02-97-63-47-47. • leroof@club-internet.fr • le-roof.com • Doubles 89-189 € selon confort, vue et saison. Menus 16,90-21,90 € côté bistrot.* Cet hôtel 3 étoiles à l'architecture somme toute banale est l'une des plus belles adresses de la côte, quasiment les pieds dans l'eau, à l'abri de toute circulation. Les chambres, cossues à souhait, ont pratiquement toutes la vue sur la rade, la plage, les bateaux... Une vision de carte postale ! Au resto ou au bistrot, priorité aux produits de la mer. La qualité est la même, seuls changent le standing et le prix. Merveilleuse terrasse côté bistrot ; pour nous, le choix est vite fait.

Chambres d'hôtes La Villa Catherine *(hors plan couleur par C3,* ***17****) : 89, av. du Président-Édouard-Herriot.*

☎ 02-97-42-48-59. • contact@villa-catherine.fr • villa-catherine.fr • Doubles 85-99 € selon situation et saison. Table d'hôtes sur résa 20 € (sans les boissons). Parking gratuit. ᯤ Accès au sauna japonais 30 mn pour 2 pers offert sur présentation de ce guide. À quelques minutes du centre-ville, cette belle villa 1900, entièrement rénovée avec des matériaux qui répondent aux concepts bio et écologiques, abrite des chambres personnalisées, aux salles de bains modernes et colorées. Écologique pour les peintures, la moquette, les couettes, les oreillers, et bio pour le petit déj (crêpes, pain, cookies, confitures, etc.) à prendre dans la belle salle à manger, avant de s'installer dans un fauteuil cossu au salon... à moins de préférer une séance de sauna japonais. Accueil très sympa d'une propriétaire consciencieuse et à l'écoute de ses hôtes.

Hôtel La Marébaudière *(plan couleur C3,* ***16****) : 4, rue Aristide-Briand. ☎ 02-97-47-34-29. • contact@marebaudiere.com • marebaudiere.com • Doubles 90-115 € selon saison et confort. Parking. 💻 ᯤ Réduc de 10 % oct-mars sur présentation de ce guide.* Hôtel de la chaîne *Choice* très bien tenu, à deux pas du centre historique et doté de chambres tout confort. Rénovées dans un style contemporain soigné, elles se révèlent séduisantes en raison de leur agréable déco sur le thème des saisons. Certaines ont une petite terrasse en rez-de-jardin (pour le même prix). Prêt de vélos.

La Maison de la Garenne *(plan B4,* ***12****) : 2, rue Sébastien-de-Rosmadec. ☎ 02-97-67-00-31. • maisondelagarenne • contact@maisondelagarenne.com • Ouv tte l'année. Doubles 92-145 € selon taille et saison. ᯤ* À ne pas confondre avec la Villa. Une bien jolie maison de maître sur les hauteurs de Vannes, mais à quelques minutes à pied seulement du centre ville. Architecture bourgeoise, volumes classieux, déco raffinée, cheminée, parquets, volée d'escaliers, bibliothèque... La maison accueille avec autant de gentillesse et de simplicité les vacanciers que la clientèle d'affaires ! 4 belles chambres lumineuses, particulièrement calmes, au confort des plus modernes (TV, wc séparés, douche balnéo). Bon petit déj à base de produits régionaux.

Best Western Vannes Centre *(hors plan couleur par A2,* ***18****) : 6, pl. de la Libération. ☎ 02-97-63-20-20. • info@bestwestern-vannescentre.com • bestwestern-vannescentre.com • ♿ Doubles 85-124 € selon saison et confort ; duplex 159-200 € ; promos sur Internet. Parking payant (ou gratuit, en face, la nuit). 💻 ᯤ* Confort assuré dans cet établissement récent de standing, à deux pas du centre-ville. Déco tendance alliant bois et tonalités vives, beau mobilier et ambiance relaxante. Chambres impeccables donc. Les duplex feront le bonheur des familles ou des petits groupes : 2 lits simples et des w-c au rez-de-chaussée, 1 lit double et la salle de bains à l'étage. Très bien conçu. Vaste salle de restaurant. Salle de fitness au dernier étage. Accueil pro. Possibilité également de louer juste à côté des appartements meublés et tout équipés dans la résidence *Le Liberté (☎ 02-97-63-80-21).*

Beaucoup plus chic

Hôtel et Spa Villa Kerasy *(plan couleur C1,* ***19****) : 20, av. Favrel-et-Lincy. ☎ 02-97-68-36-83. • info@villakerasy.com • villakerasy.com • ♿ À deux pas de la gare. Doubles 97-232 € selon confort et saison. Formules séjour à thème. Parking. 💻 ᯤ Petit déj continental offert à partir de 2 nuits sur présentation de ce guide.* L'Asie à la descente du train, à la gare de Vannes, c'est possible ! La *Villa Kerasy,* autrement dit « Maison d'Asie » en breton, fait revivre l'épopée de la Compagnie des Indes à travers 15 escales, de Pondichéry à Canton. À chaque chambre-comptoir sa décoration personnalisée et les objets adéquats. Très soigné et de bon goût. Jardin japonais, spa ayurvédique... Ambiance évidemment paisible dans cette villa de charme, notamment pour les chambres dotées d'une petite terrasse privative. Accueil chaleureux.

Où manger ?

Dans le centre ancien

De très bon marché à bon marché

Crêperie Balade en Crêpanie (plan couleur B2, **30**) : *21, rue de la Fontaine. ☎ 02-97-54-19-64. • baladeencrepanie@gmail.com • Tlj sf lun, plus mar hors saison. Congés : 1 sem en fév, 1 sem fin juin, 2 sem fin sept-début oct. Formules déj en sem 9,40-11,30 €, puis 16,90 € ; env 15 € à la carte. Kir breton offert sur présentation de ce guide.* Accueil au féminin tout sourire et attentif pour cette charmante adresse qui s'efforce d'élaborer ses galettes avec des produits locaux de qualité (farine, œufs, mais aussi du jus de pomme bio...). Au final, c'est bien bon, et on passe un bon moment... notamment grâce à l'agréable terrasse cachée dans la cour !

Crêperie La Taupinière (plan couleur B3, **21**) : *9, pl. des Lices. ☎ 02-97-42-57-82. Dans le bas de la place. Fermé mer et dim. Formule 12 €. Café offert sur présentation de ce guide.* Gentille petite crêperie discrètement installée sur l'une des places principales de la ville, dont l'entrée se fait en descendant dans un « trou ». On s'attable dans une cave donc, face à la cheminée, et on se délecte de bonnes galettes et crêpes. Accueil sympathique.

Le Café de la Poissonnerie (plan couleur B4, **27**) : *21, pl. de la Poissonnerie. ☎ 02-97-47-15-58. Fermé dim-lun sf pdt fêtes et festivals. Env 10-15 € le repas. Restauration le midi slt.* Ici, ça parle et ça gouaille dans une joyeuse ambiance de fin de marché, quand les poissonniers en tablier s'accoudent au comptoir pour échanger les nouvelles. Et tous les jours, les habitués viennent au *Café de la Poiss'* avaler un croque, une salade ou une omelette, après avoir serré la pince de la patronne, Marie-Paule, une figure locale. Une institution dans le quartier ! Miniterrasse qui, en fin de matinée, sent la mer et le poisson quand le marché plie bagage.

Le P'tit Belon (plan couleur A-B4, **31**) : *3, pl. de la Poissonnerie. ☎ 02-97-42-48-76. Ouv tlj sf dim soir-lun et jeu, 10h-20h. Dégustation env 15 € en fonction de ce qu'on prend.* Ambiance de marins avec le bar et ses habitués, sa petite terrasse à côté de l'écailler, la halle aux poissons avec ses cris et ses odeurs marines, et des assiettes d'huîtres, de bulots et de bigorneaux bien frais à déguster sans façon. Ne manque plus que la mer, mais on vous rassure, elle n'est pas bien loin.

De prix moyens à chic

La Source (plan A3, **28**) : *36, rue Thiers. 02-97-53-99-36. Ouv ts les midi lun-sam, et le soir mar-sam. Fermé dim. Résa préférable. Formules déj 13-19 €, menus 24-28 €.* Un bistrot sur 2 étages (on aime bien le haut) qui ne désemplit pas. À la source (facile !), un duo de pro et une équipe aux taquets, notamment en heure de pointe, pour servir une cuisine de marché enlevée et bien dans son époque. Produits frais, cuissons justes et une pointe d'inventivité. Le rapport qualité-prix est épatant, ce d'autant que la carte n'affiche aucun supplément.

La Table de Jeanne (plan couleur A4, **25**) : *13, pl. de la Poissonnerie. ☎ 02-97-47-34-91. • nouri61@yahoo.fr • ♿ Derrière la halle. Fermé dim-mer en saison ; sinon slt lun. Congés : 2 sem oct-nov. Formule déj en sem 16 € ; le soir à la carte, env 35 € pour un repas complet. Wi-fi Café et digestif offerts sur présentation de ce guide.* Cachée derrière la halle aux poissons, cette adresse vaut le détour. Déjà, il y a la petite terrasse, calme et bien agréable ; puis les salles intérieures où l'on sert une cuisine de marché bien réalisée. Le chef, qui a fait ses classes chez les grands, travaille essentiellement les produits frais, notamment le poisson, et sait se montrer original. Également de délicieux desserts et des glaces maison. Sélection des vins intéressante (vin de la semaine, quelques-uns au pichet).

|●| ***Le Boudoir*** *(plan couleur B2, **23**) : 43, rue de la Fontaine. ☎ 02-97-42-60-64. • direction@restaurant-leboudoir.com • Fermé mer, dim et 1er lun de chaque mois. Formule env 17 € le midi en sem ; menus 23-37 €.* Ce boudoir version moderne possède 3 « espaces », comme des salons où l'on se rend en couple (légitime ou non) ou entre copines... pour des bavardages confidentiels, émoustillés par une cuisine mode plutôt coquine, élaborée avec de bons produits : ici des saveurs de fleurs, là des algues, des desserts qui pétillent ou un goût de vanille dans la purée... Service discret et méticuleux.

|●| ***L'Eden*** *(plan couleur A4, **32**) : 3, rue Pasteur. ☎ 02-97-46-42-62. • eden.vannes@gmail.com • Derrière le palais de justice. Fermé dim-lun. Formules midi en sem 13,50 € (plat, dessert + café)-18 €, menus 32-42 €.* Dans cette salle séduisante à la déco soignée, 3 menus se partagent la vedette : l'hebdomadaire, le mensuel et le trimestriel, qui changent en principe selon cette fréquence. Cuisine gourmande de saison et de marché (notamment en ce qui concerne les arrivages de poisson), inventive et généreuse. Desserts très réussis. Pour sublimer, belle sélection de vins du Languedoc ou de Provence pour sortir un peu des vins de Loire bien appréciés par ici. Attention, en salle, Vincent Thomas n'est pas un débutant : ex-sommelier chez Taillevent, il est d'excellent conseil et ne pousse en rien à la consommation. Un excellent rapport qualité-prix en centre-ville.

|●| ***Restaurant Terroirs*** *(plan couleur B2, **42**) : 22, rue de la Fontaine. ☎ 02-97-47-57-52. • terroirs.vannes@gmail.com • Tlj sf lun, sam midi et dim. Congés : 1 sem en janv, 1 sem en juin et 1 sem en oct. Formules déj en sem 13,50-18 € ; menus 24,50-31 €.* Ici, la cuisine puise son inspiration dans tous les terroirs, de Bretagne, de France et d'ailleurs. Et la démarche est originale : les menus changent tous les mois et l'un d'eux est conçu uniquement en fonction des vins. Madame, chef autodidacte, œuvre en cuisine, tandis que monsieur dispense avec le sourire de judicieux conseils. Cuisine d'ici et d'ailleurs donc, évoluant au gré des saisons et du marché. Concluant ! La formule déjeuner est d'un rapport qualité-prix épatant. Belle sélection de vins, servis également au verre. Une belle surprise.

Plus chic

|●| ***Le Roscanvec*** *(plan couleur B3, **24**) : 17, rue des Halles. ☎ 02-97-47-15-96. • roscanvec@yahoo.fr • En saison, fermé dim soir et lun, plus mar midi oct-juin. Congés : 2 sem fin janv et 2 sem fin nov. Résa indispensable. Formule 25 € au déj, puis menus 48-70 €.* Surprenante, inventive, raffinée, savante, insolite : les qualificatifs ne manquent pas pour définir la cuisine de Thierry Seychelle, passé chez les grands de Bretagne. Ajoutons-en un : téméraire. Car il en faut de la témérité pour afficher, dans ce resto de poche d'une petite rue pavée du centre historique de Vannes, une carte composite digne des grands laboratoires gastronomiques. De la cuisine quasi expérimentale mais qui sait tout de même garder les pieds sur terre. La carte des desserts décline autant de mariages aussi subtils que savoureux. Et les prix dans tout ça ? Eh bien, tout comme le service, ils restent simples et sages. En un mot : parfait. D'autant que la déco design dans les tons blanc et gris ne manque pas de classe !

Autour du port

Bon marché

|●| ***Au Pont Vert*** *(hors plan couleur par A4, **43**) : 40 av. du Maréchal-de-Lattre-de-Tassigny. ☎ 02-97-40-80-13. • restaurant-au-pont-vert@sfr.fr • Ouv lun-sam et j. fériés, le midi slt. Congés : 15 j. début oct, entre Noël et le Jour de l'an. Résa conseillée. Formules et menus 15-23 €.* Légèrement à l'écart du centre, en longeant le port en direction de Conleau, ce petit resto d'allure anodine fait le plein chaque midi. Il faut dire que les 2 menus prouvent aux habitués que l'on peut se régaler à petit prix. La cuisine y est

fraîche, maison, de saison, traditionnelle et créative. Un sans-faute !

De prix moyens à chic

Le Rive Gauche *(plan couleur B4, **29**) : 5, pl. Gambetta. ☎ 02-97-47-02-40. Sur le port. Fermé dim-lun. Formules env 18 € (midi)-24 € (soir) ; carte 32-38 €.* Port de cabotage, Vannes accueillait aussi bien du bois que du vin de Libourne. Ce joli petit bistrot à vin très apprécié des locaux renoue ainsi avec une vieille tradition. Au programme, bon choix de vins (avec conseils à l'appui) et plats de marché et de saison délicieux. Accueil souriant et efficace.

Le Vent d'Est *(hors plan couleur par B4, **26**) : 21, rue Ferdinand-le-Dressay. ☎ 02-97-01-34-53. Fermé dim-lun ; hors saison, dim soir-lun et jeu soir. Congés : 1er-15 sept. Résa conseillée. Menus 17,50 € (au déj)-25,50 € ; carte env 35 €. Digestif maison offert sur présentation de ce guide.* Pour changer des poissons et des fruits de mer, un délicieux restaurant alsacien dans une salle très joliment décorée de façon traditionnelle, au 1er étage avec vue sur le port. En hiver, carte résolument tournée vers l'est mais avec des spécialités revisitées et modernisées. En été, un petit vent d'ouest apporte quelques plats plus bretonnants tout aussi joliment réalisés. N'oubliez pas d'aller faire un petit tour aux toilettes ! Accueil très sympathique.

La Gourmandière *(hors plan couleur C1, **35**) : lieu-dit* ***Poignant.*** *☎ 02-97-47-16-13. • oliviersamson@orange.fr • ♿ De la gare, passer devant le centre hospitalier, puis, au rond-point, prendre à gauche direction Saint-Avé. Dans une petite rue sur la droite (fléchage), après le passage sous la N 165. Bistrot ouv le midi sf mer, dim et j. fériés. Gastronomique ouv le soir sf dim, mar-mer ; fermé ts les midis sf sam-dim ; bistrot ouv le midi lun-mar et jeu-ven. Formules déj 22-26 € (côté bistrot) ; menus 58-79 € (côté gastro).* C'est vrai, la localisation hors du circuit touristique n'invite pas au détour. Et pourtant, quelle trouvaille ! Tous les midis, dans le cadre rustico-moderne du *Bistr'Aurélia,* Olivier Samson, secondé au service par sa douce épouse, propose une cuisine « retour du marché » simple mais joliment travaillée et généreuse. Pas de doute, le chef est créatif et il en joue avec talent. Et ce n'est pas parce qu'il paie moins cher que le client reçoit moins d'égards. Le chef (ex-doublement étoilé) vient saluer ses hôtes en salle à la fin de chaque service. La classe... Le soir, à la *Table d'Olivier,* c'est plus chic, plus cher, plus choc. C'est top !

À Conleau

Le Roof *(hors plan couleur par A4, **20**) :* *voir plus haut « Où dormir ? ».*

Où dormir ? Où manger dans les environs nord de Vannes ?

Voir également plus loin nos adresses dans le chapitre « La côte autour du golfe du Morbihan », notamment vers Arradon et Séné, aux portes de Vannes.

De prix moyens à plus chic

À la recherche d'un restaurant « vue sur mer » ? C'est le paysage du golfe du Morbihan qui défile devant vos yeux grâce au dîner ou au déjeuner croisière proposés par le **bateau-restaurant** de la compagnie maritime *Navix. • navix.fr • Menus + billet de bateau à partir de 60 € env.*

Le Domaine du Puits Saint-Pierre : *Tréguenard, 56250* ***Treffléan.*** *☎ 02-97-43-68-76. 📱 06-08-43-62-25. • puits.st.pierre@wanadoo.fr • domainedupuits.fr • ♿ À 15 km à l'est de Vannes. Sur la N 165, sortie Treffléan ; après 4 km, au lieu-dit La Petite-Croix, prendre à droite (panneau). Double 65 €.* C'est le point de chute idéal pour se ressourcer entre deux virées.

Il faut dire que le cadre est porteur : une ferme du XVIIIe s superbement restaurée, dont les différents bâtiments, le puits et la chapelle prennent leurs aises dans un parc de 11 ha. Pour les hôtes, de jolies chambres tout confort aux couleurs tendres (monsieur est encadreur !), mais aussi une cuisine à disposition et des jeux pour les enfants dans le jardin. Du sur-mesure donc, à l'image du petit déj soigné (confitures et yaourts maison, jus de fruits pressés) servi par un couple tout sourire. Également des gîtes impeccables, tous avec des terrasses privées.

I●I *L'Auberge du Petit Verger :* *le Petit Verger, 56250* ***Monterblanc.*** *☎ 02-97-45-95-57. ● au.petitverger@orange.fr ● À 10 km de Vannes, sur la route reliant Vannes à Plumélec (la D 126) ; à Corn er Hoet, fléché sur la gauche. Fermé dim soir-mar. Congés : 15 j. début fév, 10 j. fin nov. Résa conseillée. Formules déj en sem 12,50-15,50 € ; menus 17,50-34,50 €. Apéritif ou café offert sur présentation de ce guide.* Belle ferme située en pleine campagne, isolée au bout d'une allée forestière très bucolique. On y sert, dans une salle rustique et classique, une cuisine sincère, traditionnelle mais allégée, réalisée avec les produits du pays, quelquefois accommodés à la mode périgourdine, mais qui s'en plaindrait ? Accueil très aimable.

I●I *Restaurant Le Tournesol :* *20, route de Vannes, 56890* ***Meucon.*** *☎ 02-97-44-50-50. ● contact@restaurant-le-tournesol.com ● ♿ À env 5 km au nord de Vannes par la route de Pontivy, à l'entrée du bourg de Meucon. Ouv le midi mar-dim et le soir ven-sam. Formules déj 15,50-18,50 €, menus 25,50 (sf dim)-59,50 € ; carte env 40 €. Digestif maison offert sur présentation de ce guide.* Dans une jolie bâtisse de caractère, on découvre une bonne cuisine terre-mer à des prix accessibles. Terrasse agréable à l'arrière.

Très chic

Le Clos du Gusquel : *Sylvie et Xavier Fraud, Le Gusquel, 56890* ***Plescop.*** *☎ 02-97-58-58-00 et 06-07-45-51-22. ● s.fraud@wanadoo.fr ● lannexe.eu ● À 7 km au nord-ouest de Vannes, par la D 19 (direction Sainte-Anne-d'Auray). 1 gîte 500-1 800 €/sem pour 2-5 pers.* *Le Clos* présente une alliance parfaite de l'architecture ancienne et des matériaux modernes. Une création, une rénovation, une réussite exemplaires. Au cœur de 4 ha de parc et de campagne... Piscine très classe, avec son « liner » noir et son buste de Bouddha dans une niche. Très ethno-chic ! Aux portes de Vannes et du golfe du Morbihan, une adresse coup de cœur au grand calme, tenue par une propriétaire charmante et de bon conseil (notamment pour les restos !).

Où faire une pause gourmande ?
Où boire un thé ?

Chocolatier-glacier Chartier *(plan couleur B3,* ***34****) : 25, pl. des Lices. ☎ 02-97-01-93-78. Mar-sam 10h-13h, 14h30h-19h ; dim 10h-13h ; juil-août, lun 14h-19h et mar-sam 10h-19h.* Débutez par une glace et des parfums inédits : *kouign amann*, cassis-violette, gingembre-*cranberries...* ou chocolat. Puis craquez pour les gâteaux glacés, les verrines colorées ou les *finger food*, des bâtonnets de chocolat à déguster sur le pouce. Autant de créations gourmandes et raffinées du meilleur ouvrier de France et champion du monde des glaciers. Et pour les insatiables, la maison organise des cours thématiques de l'*École des Desserts* !

I●I *Le Thé Gourmand* *(plan couleur B3,* ***36****) : 18, rue des Vierges. ☎ 02-97-69-16-74. ● lethegourmand@yahoo.com ● Tlj sf dim, 9h30-19h. Formules 10,50-12,50 €. Café maison offert après le repas sur présentation de ce guide.* Dans une rue pavée intra-muros, discret salon de thé style bonbonnière avec toute sa panoplie de cafés et thés, à siroter en picorant crêpes et gaufres, ou un en-cas salé (cake, tarte...). Une adresse pour gourmand(e)s, entre 2 boutiques ou en revenant des remparts.

Où boire un verre ? Où écouter de la musique ?

Dans le centre ancien et vers le port

Sur la sympathique pl. Gambetta *(plan couleur B4)*, devant le port, ***L'Océan, L'Atlantique*** et tous ces bars à terrasse regorgent de monde les soirs d'été. On s'y retrouve, on y drague et, plus tard, on y beugle... Allez donc y pomper l'air du large, ou l'air du temps, c'est selon. Juste en face, sur le quai rive gauche, quelques pubs attirent une clientèle plus étudiante et très festive (comme le ***O'Brother*** et le ***Paddy O'Dowds***). Sinon, ça se passe du côté de l'hôtel de ville, rue du Maréchal-Leclerc *(plan couleur C3)*, où se succèdent les bonnes adresses pour boire des coups.

À Tribord *(plan couleur C2,* ***37****) : 28, rue Saint-Patern. ☎ 02-97-42-76-94. Tlj sf mar-mer, 18h-2h.* Ne manquez pas de passer *À Tribord,* si vous venez vous perdre un soir dans ce quartier sympa qui devait faire partie autrefois des lieux où les mères craignaient de voir finir leur progéniture. Derrière la devanture rouge, belle ambiance allant crescendo, comme il se doit, surtout à l'occasion des soirées thématiques une fois par mois.

Le Buveur de Lune *(plan couleur B2,* ***38****) : 8, rue Saint-Patern. ☎ 02-97-54-32-32. Tlj sf lun 17h-2h.* Un joli nom, un amour de lieu, pour les rêveurs éveillés qui n'aiment pas s'endormir dans le quotidien. Presque sage, presque soft, mais tout dépend des quartiers de lune. Salle calme à l'éclairage tamisé à l'étage, à moins de préférer s'attarder devant la cheminée. Très relax.

John R. O'Flaherty *(plan couleur A2,* ***39****) : 22, rue Hoche. ☎ 02-97-42-40-11. • pub_oflaherty@gmx.ie • Près de l'hôtel de ville, à l'écart des lieux touristiques. Ouv 19h-2h.* Pub très chaleureux dans la pure tradition irlandaise, de la déco aux objets accrochés aux murs, en passant par les sessions de musique traditionnelle du vendredi. Super ambiance, grâce à l'accueil des sympathiques patrons, mais grâce aussi à leur bonne sélection de bières locales, irlandaises, et de fameux whiskies !

Le Piano Barge *(hors plan couleur par A4,* ***41****) : parc du Golfe, allée Loïc-Caradec. ☎ 02-97-47-76-05. • pianobarge.com • Ouv ts les soirs mar-sam. Resto ouv midi et soir sf dim-lun.* Cette vieille péniche hollandaise, complètement retapée, est sans doute l'un des lieux les plus originaux du moment à Vannes. À l'étage, un resto de cuisine bistrotière de bon aloi ; en sous sol, la salle de concert gérée par l'association Musique à Bord, accueille des artistes de jazz. Nombreux rendez-vous sur l'agenda du site.

À l'Aise Breizh Café *(plan couleur B4,* ***40****) : 4, rue du Commerce (port de plaisance, Capitainerie). ☎ 02-97-68-15-89. • albc.vannes@orange.fr • Tlj 9h-1h (fermé lun soir et mar soir hors saison). Menus 12,50-15,50 € midi en sem, puis 24,50 €. Apéritif offert sur présentation de ce guide.* L'endroit idéal pour zyeuter à l'aise les bateaux du port, au-dessus de la Capitainerie. Grande salle lumineuse et moderne avec déco bois clair et brut. Également une terrasse géniale aux beaux jours et même quand il fait gris, car la vue reste la même ! Possibilité de manger, mais on vient surtout prendre un verre dans une ambiance animée, grâce à une clientèle jeune et familiale qui s'entasse dans la bonne humeur autour de grandes tablées.

Le Trussac Café *(hors plan couleur par A4,* ***41****) : 5, pl. Anatole-France. ☎ 02-97-63-17-80. À 10-15 mn à pied du port. Tlj sf dim et j. fériés jusqu'à 20h (1h ven).* Ça vaut la peine de faire le détour, parce que des cafés comme cela, il n'y en a plus guère. Pas vraiment un café d'ailleurs, mais plutôt un lieu de vie : on s'y donne rendez-vous entre voisins, on y débat lors de soirées philo, on commente le documentaire du soir, et le vendredi, certains empoignent la guitare pendant que d'autres s'emparent du piano et de la batterie pour des bœufs fraternels. Comme le dit l'adorable propriétaire, ici, c'est comme à la maison. Il n'y a qu'à jeter un coup d'œil au jardin avec boulodrome et terrasse pour s'en convaincre !

À Conleau

Le Corlazo *(hors plan couleur par A4, **41**) : sur la berge, entre Le Roof Hôtel-restaurant et la piscine d'eau de mer. ☎ 02-97-63-24-43. En saison, tlj 9h30-21h ; hors saison, tlj sf dim midi, 10h-20h.* Sur cette presqu'île miniature, au bord du « quai », un café fréquenté par les gens du golfe et les amoureux de la voile sans frime. Un bistrot d'anthologie pour sa déco inimitable et pour ses tronches de mangeurs de plancton qu'on croise encore à l'occasion, ces marins de comptoir qui semblent revenir tout droit de Terre-Neuve. La mer inspire le décor et les conversations. Un bon feu de cheminée vous attend les jours de grand frais ! Belle terrasse ensoleillée le midi et excellent chocolat chaud à la viennoise !

La Guinguette de Conleau *(hors plan couleur par A4, **41**) : 3, allée des Frères-Cadoret. ☎ 02-97-26-25-68. Face à la piscine d'eau de mer. Tlj sf lun hors saison et soir sur résa. Congés : de mi-nov à mi-déc. Menu midi 14,50 € ; env 20 € à la carte.* Une adresse hors les murs, qui fleure bon les vacances, avec sa terrasse proche de la piscine d'eau de mer et un manège à côté. Agréable pour boire un verre ou avaler une crêpe à toute heure. Mais le plus sympa, ce sont les soirées bœufs du vendredi, surtout lorsqu'on met l'accordéon à l'honneur. La guinguette porte alors très bien son nom ! Accueil irrégulier, dommage.

Où acheter de bons (et beaux) produits régionaux ?

La Tapenalgue *(plan couleur B3, **50**) : 23, rue des Halles. ☎ 02-97-42-69-65. Tlj sf lun mat, 9h30-19h (fermé dim hors saison).* Épicerie fine de produits régionaux. Entre les rayons, on découvre d'innombrables produits « made in Bretagne »! Chouchen, cidre, whisky au blé noir *(eddu)*, caramels au beurre salé, bières bretonnes, biscuits bretons dont ceux de la biscuiterie de Vannes, etc.

Boulangerie-pâtisserie Le Brun *(plan couleur B4, **51**) : 9, rue Saint-Vincent. ☎ 02-97-47-40-07. Mar-dim 7h-20h.* Venir en Bretagne et ne pas goûter au *kouign amann*, c'est impensable ! Ce pâtissier a reçu le titre du « Meilleur *kouign amann* de Bretagne » en 2003 et du « Meilleur far breton » en 2004. En petit, en grand, à tous les prix, il y en a pour tous les goûts. Bien d'autres spécialités sucrées également.

Le Minor *(plan couleur B3, **52**) : 13, pl. Saint-Pierre. ☎ 02-97-49-95-34. Ouv Pâques-oct et déc, 10h30-12h30, 14h-19h.* Longtemps dans l'ombre d'Armor Lux, cette célèbre marque « made in Bretagne », jusqu'ici un peu vieillotte, a opté pour la lumière, pour la couleur ! Résultat, des marinières aux couleurs de l'arc en ciel... On adore.

À voir

Dans le centre ancien

Le vieux Vannes est resté intact : l'unique bombe tombée pendant la dernière guerre a eu la délicatesse de ne pas exploser. Il présente un ensemble d'une belle unité architecturale. L'ensemble est piéton et se parcourt donc facilement.

La place Gambetta et la porte Saint-Vincent *(plan couleur B4)* **:** elles gardent l'entrée de la vieille ville. Après avoir bu un café en terrasse face au port *(plan couleur B4)*, vous ferez votre entrée en ville par la grande porte Saint-Vincent (qui regarde la mer et l'horizon), couronnée d'une statue et du blason de la ville avec l'hermine, symbole de la Bretagne. La rue Saint-Vincent suit l'ancienne digue. Elle est bordée de beaux hôtels du XVIIe s ayant appartenu aux membres du parlement de Bretagne, que Louis XIV exila à Vannes. Au bout de la rue Saint-Vincent, en haut de la place des Lices – où se tient le marché public les mercredi et samedi –, prendre la rue René-Rogue vers la place de Valencia. Cette place doit son nom à la ville d'origine de saint Vincent Ferrier, dont Vannes abrite les reliques (XVe s).

VANNES

Le musée d'Histoire et d'Archéologie *(plan couleur B3)* **:** *Château-Gaillard, 2, rue Noé. ☎ 02-97-01-63-00. Ouv de mi-juin à mi-sept, tlj 10h-18h ; hors saison, sur résa pour les groupes. Entrée : 6,30 € (avec visite musée de la Cohue) ; réduc ; gratuit moins de 18 ans. En juil-août, visite guidée 2 fois/sem à 11h.* Le vénérable Château-Gaillard, manoir du XVe s à tour d'angle monumentale, abrite ce petit musée municipal centré sur la préhistoire, la protohistoire, la période gallo-romaine et le Moyen Âge. Riche ensemble de pierres polies (superbes haches funéraires en chloromélanite, au design étonnamment moderne), colliers en callaïs (variété de turquoise) datés d'environ 4000 av. J.-C., ou encore le « dépôt de Langonnet » (premiers exemples de lingots monétaires, en bronze). Cadre très agréable, aux parquets et plafonds Louis XIV, avec de belles cheminées, de magnifiques boiseries (levez les yeux !) et un étonnant vestibule à l'étage : le *cabinet des Pères du Désert*, orné de 66 panneaux peints du XVIIe s, qui est remarquablement conservé. La visite s'achève sur une réjouissante section aux allures de cabinet de curiosités, consacrée aux explorateurs et savants du Morbihan, dont Yves Coppens, le paléontologue vannetais. Agréable petit jardin à l'arrière, offrant une vue sur tout le bâtiment.

On remonte la *rue des Halles* (ex-rue Latine, où logeaient les étudiants) et on tourne à droite par la *rue Saint-Salomon* (belles maisons en encorbellement) pour déboucher sur la *place Henri-IV*, puis sur la *place Saint-Pierre*, points d'orgue de la visite de Vannes !

La cathédrale Saint-Pierre *(plan couleur B3)* **:** *☎ 02-97-47-10-88 (presbytère). Tlj 8h-19h. Visite gratuite en juil-août, en principe lun-ven 10h-18h et sam-dim ap-m, organisée par des bénévoles (libre participation). • cathedrale-vannes.cef.fr •* Elle n'a pas l'allure d'une cathédrale. L'édifice est en effet massif et composite, de la tour romane du XIIIe s à sa flèche du XIXe s ! À l'intérieur, on remarquera une curieuse chapelle ronde, de style Renaissance italienne... ce qui est rare en Bretagne ! Elle abrite les reliques du saint espagnol Vincent Ferrier, moine prédicateur venu d'Espagne à la demande du duc de Bretagne Jean V pour rétablir l'ordre moral à Vannes au début du XVe s. Posséder des reliques importantes et être, par conséquent, un lieu de pèlerinage lui a permis de recevoir le titre honorifique de basilique mineure.

Le musée des Beaux-Arts – le passage de la Cohue *(plan couleur B3)* **:** *pl. Saint-Pierre. ☎ 02-97-01-63-00. Juin-sept, tlj 10h-18h ; oct-mai, tlj sf lun et j. fériés, 13h30-18h. Entrée : 6,30 € l'été, (comprend l'accès au musée d'Histoire et d'Archéologie) ; 4,30 € hors saison (pour la Cohue seule donc) ; réduc ; gratuit moins de 18 ans et pour ts le dim hors saison. En saison, visites guidées ponctuelles (se renseigner).* Tout le quartier autour de la cathédrale a conservé de vieilles maisons, notamment *la Cohue.* Au Moyen Âge, le rez-de-chaussée était occupé par les étals des marchands. La cour de justice du duc se tenait à l'étage. Aujourd'hui, le rez-de-chaussée est principalement dédié aux expositions temporaires d'art contemporain et aux collections du fonds muséal, la pièce majeure étant *La Crucifixion* de Delacroix, visible lorsqu'elle n'est pas en voyage, prêtée à l'occasion d'une exposition internationale. À l'étage, un espace permanent est réservé à l'œuvre de Geneviève Asse.

UN VRAI CHEMIN DE CROIX

L'œuvre phare du musée des Beaux-Arts, La Crucifixion *de Delacroix, aura connu un vrai calvaire. D'abord mal exposée au XIXe s dans un salon parisien, elle est jugée trop impudique (voyez la gorge et les seins de Marie-Madeleine !) par les critiques. Puis l'œuvre est achetée par l'État et remise à l'église Saint-Patern de Vannes. Nouvel émoi, du curé cette fois-ci, qui la cache dans le clocher après avoir recouvert le corsage incriminé en noir. C'est seulement bien après la mort de l'artiste (au nom prédestiné !) que le tableau sortira des oubliettes, décorant dans un premier temps le bureau du maire, avant que le musée actuel mette un terme à ce long chemin de croix.*

★ ***La rue Saint-Gwénaël et la porte Prison*** *(plan couleur B3)* **:** *à droite du portail de la cathédrale, descendre la rue Saint-Gwénaël aux belles maisons à pans de bois.* Les spécialistes feront la différence entre les croisillons et les montants rectilignes pour dater les immeubles dont certains sont restaurés. Les boutiques et galeries d'art occupant les rez-de-chaussée ne manquent pas d'attrait : c'est chic et de bon goût ! On quittera la ville intra-muros par la *porte Prison,* bel exemple d'architecture militaire médiévale, qu'on a pourtant failli raser au début du XXe s. Tourner à droite pour avoir un splendide point de vue sur les remparts, ou continuer en direction de Saint-Patern, autre quartier vivant de la ville.

★ ***Le quartier Saint-Patern*** *(plan couleur B-C2)* **:** emprunter la rue du même nom, avec ses jolies maisons anciennes à pans de bois (et ses enseignes touristiques). Église des XVIIIe et XIXe s, sans intérêt majeur. Dans l'une des chapelles, on trouve les statues des sept saints pères fondateurs de la Bretagne : Sanson, Corentin, Pol, Tugdual, Brieuc, Malo et Patern, donc. Une coutume médiévale, le « Tro Breiz », veut que l'on relie à pied les sept villes concernées (600 km).

★★ ***La promenade de la Garenne*** *(plan couleur B-C3-4)* **:** de l'autre côté des remparts, aménagée au XVIIIe s dans le parc de l'ancien château ducal. Inutile de signaler que ce paysage intéresse les photographes. Au bout de la promenade, on débouche sur le port, via la place Gambetta. Une balade dominicale prisée des Vannetais dès les premiers rayons.

★★ ***Le port*** *(plan couleur B4)* **:** *tt au long du chenal, depuis la pl. Gambetta.* Il a failli ne plus exister, puisqu'un plan de rénovation, dans les années 1970, hésitait entre le renflouer pour créer un parking ou le transformer en bassin à flot. C'est heureusement le second projet qui fut choisi. Aujourd'hui, il n'abrite plus que des bateaux de plaisance qui viennent s'arrimer ici après avoir franchi le pont tournant de Kérino. Près de la place Gambetta trône la capitainerie, un bâtiment moderne à la belle architecture de bois. À côté de l'office de tourisme, un vaste kiosque propose toute l'année des expos temporaires gratuites *(infos auprès de l'office de tourisme).*

★★★ ***Les remparts*** *(plan couleur B3-4)* **:** ces belles murailles, dont les fossés sont agrémentés de spacieux et agréables jardins à la française (toujours bien fleuris), constituent un ensemble unique. On admire au fond le *château de l'Hermine* (reconstruit vers 1800), puis les splendides *lavoirs* du XVIIIe s devant la *porte Poterne.* Jusqu'à la Seconde Guerre mondiale, les Vannetaises venaient y laver leur linge et bavarder... La

STATUE À PART

La place de la mairie est dominée par la statue du connétable de Richemont, compagnon d'armes de Jeanne d'Arc avant de devenir duc de Bretagne. Durant la Seconde Guerre mondiale, la statue en bronze, qui pèse 2 t, faillit être fondue par les Allemands qui finalement l'épargnèrent : le connétable était un farouche ennemi des Anglais.

plus haute tour est dite « du Connétable », en souvenir du connétable de Clisson, qui y fut enfermé et dont la statue trône sur la place de la mairie. À l'extrémité droite des remparts, petite portion gallo-romaine reconnaissable à l'alternance de moellons de pierres réguliers et de rangées de briques (comme un millefeuille !). Ça paraît plus moderne que le reste, mais c'est en fait plus ancien de 1 000 ans (IVe s).

Du côté du parc du Golfe et de Conleau

➢ Depuis le port, la ***promenade boisée de la Rabine*** (rive droite) conduit au pont Vert ; port de commerce et embarcadère des vedettes d'excursion sur le golfe du Morbihan. Une plaisante promenade de 1,5 km (aller) à ne pas manquer pour aller rejoindre le parc du Golfe et ses musées. Retour possible à pied en faisant la boucle par l'autre rive, ou en navette en été *(ttes les 15 mn ; GRATUIT).*

L'aquarium *(hors plan couleur par A4)* **:** *dans le parc du Golfe.* ☎ *0810-406-901.* • *aquarium-du-golfe.com* • *Ouv tlj : janv-mars et oct-déc, 14h-18h (plus le mat pdt les vac scol) ; avr-juin et sept, 10h-12h, 14h-18h ; juil-août, 9h-19h30 ; fermeture des guichets 30 mn avt. Entrée : 12,40 € ; enfant 8,60 € ; gratuit moins de 4 ans.* Pass *12,70-18,20 € avec le* jardin aux Papillons. *Animaux interdits. Bien vu, les chaises hautes sur roulettes, disponibles à l'entrée, qui permettent aux plus petits d'assister au spectacle.* Dans une cinquantaine de petits aquariums et de plus grands bassins, des poissons d'origine tropicale, pour la plupart, évoluent silencieusement dans une féerie de couleurs. Chose rarissime dans ce genre de site, des requins de récifs à aileron noir, qui se mêlent sagement aux tortues, et des nautiles, habitués à vivre à près de 800 m de fond. Quantité de poissons multicolores, poissons-vaches, clowns, coffres... qui baignent au milieu des coraux. On croise la daurade royale qui change de sexe au cours de sa vie, la colonne à méduses, des anguilles électriques (un capteur indique chaque décharge), quelques murènes et le célèbre crocodile des égouts de Paris installé dans un décor ad hoc... L'aquarium effectue également un travail sur la protection des hippocampes.

Le jardin aux Papillons *(hors plan couleur par A4)* **:** *parc du Golfe.* ☎ *0810-406-901.* • *jardinauxpapillons.com* • *À côté de l'aquarium. Avr et sept, tlj 14h-18h ; mai-juin, 10h-12h, 14h-18h ; juil-août, 10h-19h ; fermeture des guichets 30 mn avt. Entrée : env 10,40 € ; enfant 7,20 € ;* pass *12,70-18,20 € avec l'aquarium. Animaux interdits. Petit truc à savoir : plus il y a de clarté, plus on a de chance de voir des papillons ; il faut donc venir de préférence entre 11h et 16h.* Une vaste serre tropicale (200 espèces de plantes) où évoluent librement entre 500 et 1 000 papillons de toutes couleurs et de tous formats, en provenance de Guyane, de Madagascar, des Philippines... Il y règne un climat chaud (température constante de 27 °C) et humide (80 % d'humidité – gare aux brumisateurs !), indispensable au bon développement du cycle du papillon, qui vivra ensuite entre 3 jours et 3 semaines. C'est ainsi qu'on peut observer la naissance d'un papillon plusieurs fois par jour dans l'éclosoir. Les autres volent librement dans la serre, d'hibiscus en trognons de pommes fermentés (pour se reproduire, le papillon a besoin de beaucoup de sucre, naturellement présent dans la forêt tropicale !), au milieu d'oiseaux (mandarins, cailles de Chine...). Ne pas manquer l'*Atacus Atlas,* papillon nocturne le plus grand du monde, ou encore le *Morphos d'Amazonie,* drapé de bleu. Également une impressionnante exposition d'orchidées disposées en cascade.

La presqu'île de Conleau *(hors plan couleur par A4)* **:** poussez donc encore un peu plus loin, jusqu'au bout de la presqu'île *(peu d'emplacements pour se garer : mieux vaut emprunter la navette gratuite qui dessert le centre-ville et le parc du Golfe).* Ce terrain face à la mer appartenait autrefois à l'évêché de Vannes. On y trouve une piscine d'eau de mer *(GRATUIT)* et l'un des embarcadères pour l'île d'Arz. Le point de vue sur le fond du golfe du Morbihan est franchement somptueux. Ces bateaux au mouillage, Port-Anna, ce dédale d'îlots... tout ça sur fond de courant, d'odeurs de goémon... À force de ténacité, de concentration et de recueillement, vous finirez peut-être par apercevoir « l'esprit » du golfe.

Fêtes et manifestations

Pour connaître le programme complet des manifestations, procurez-vous le guide à l'office de tourisme.
– ***La Semaine du golfe :*** *au w-e de l'Ascension, ts les 2 ans. Prochaine édition en 2015.* Fêtes et manifestations autour du thème de la (petite) mer et des différents ports du golfe. Énorme succès.
– En été, mer soir, ***concerts au kiosque*** sur le port.
– ***Fêtes historiques :*** *13 et 14 juil.* Défilé en costume, animations, spectacles en ville et sur les remparts. Une époque différente est choisie chaque année comme thème de la fête.
– ***Festival de jazz :*** *fin juil. Rens : ☎ 02-97-01-62-30. • jazzavannes.fr •*
– ***Les Musicales du golfe :*** *pdt 15 j. début août. Rens à l'office de tourisme et sur le site • musicalesdugolfe.com •* Concerts classiques dans les belles églises du pays de Vannes, à Elven, à Theix, à Séné, à Saint-Avé et à Arradon.
– ***Fêtes d'Arvor :*** *pdt 3 j. autour du 15 août.* Fête bretonne bien sûr (!), *Arvor* comme *Armor* signifie « pays de mer ». *Fest-noz, bagadou,* groupes folkloriques, défilé en costumes bretons, élection de la Reine...
– ***Les Celti Vannes :*** *pdt 3 j. fin sept.* Spectacles, contes, *fest-noz,* concerts. Animations celtes et bretonnantes.

DANS LES ENVIRONS DE VANNES

👁👁 ***Les tours d'Elven ou la forteresse de Largoët :*** *56250* ***Elven.*** *☎ 02-97-53-35-96. • largoet.com • Le long de la N 166 (D 766). De Vannes, direction Rennes, à 14 km (indiqué). Accès du site à 700 m à pied depuis la grande porte d'entrée. De mi-mars à fin mai et vac scol de la Toussaint, w-e et j. fériés 14h-18h30 (tlj sf mar pdt les vac scol) ; juin-sept, tlj (sf mar en juin et sept), 10h30-12h10, 14h20-18h30. Entrée : 5,50 € ; gratuit moins de 10 ans. Petit dépliant pour la visite.* On ne voit plus que les ruines très imposantes d'un châtelet et d'une tour des XIIIe et XVe s, où Henri Tudor fut retenu prisonnier au XVe s, avant de devenir roi d'Angleterre sous le nom d'Henri VII. Le donjon octogonal de 45 m est le 3e plus grand de France mais surtout le plus haut de ce type. À l'intérieur, malgré la disparition des planchers, des escaliers un peu raides permettent de découvrir toute la structure et de profiter de points de vue sur ce site très romantique. Idéal pour les tournages de films. D'ailleurs, Philippe de Broca y a tourné certaines scènes de *Chouans* !
– À l'entrée du parc, admirer la maison de la Porterie, avec ses lièvres géants en granit, qui date du XIXe s.
– Agréable promenade autour de l'étang ; possibilité de venir pique-niquer.

LE GOLFE DU MORBIHAN

Incontestablement, l'un des plus beaux paysages de Bretagne que cette « Mer petite » *(Mor bihan)* aux paysages changeant avec la marée, les saisons, le temps... enchevêtrement de bras de mer enlaçant des îles et parsemés de nombreux parcs à huîtres. « Il faut voir ces îles certains matins brumeux, quand les îlots multiples surgissent comme les sommets d'une chaîne de montagnes dont l'eau aurait un jour envahi les vallées. » André Gide définissait ce spectacle comme « une aquarelle sans ligne ».

LES ORIGINES DU GOLFE

À l'époque quaternaire, l'océan pénétra l'intérieur du bassin excavé par l'érosion des fleuves. Il y est resté depuis, bien que son niveau ait varié plusieurs fois. Depuis l'édification de certains monuments préhistoriques, le niveau général de la mer s'est élevé d'au moins 4 à 5 m, c'est pourquoi il existe certainement beaucoup d'autres vestiges noyés dans le golfe. Le plus connu est le double *cromlech d'Er-Lannic,* constitué de deux cercles enlacés où l'on compte respectivement 24 et 33 pierres ; seule la moitié de ces dernières reste toujours émergée.
Le golfe du Morbihan couvre entre 47 et 132 km^2, selon la marée. Il est parsemé d'une quarantaine d'îles et îlots, tous privés, à l'exception de l'île aux Moines et de l'île d'Arz.
Le goulet de Port-Navalo mesure 900 m de large et a 35 m de fond seulement, vous imaginez la force du courant ! À certaines marées, le golfe n'est pas encore plein, ou vidé, quand la marée se retourne.
Ce site a été classé, en 1990, ***patrimoine naturel de valeur internationale à protéger.*** Ouf, merci ! Cela renforce et confirme les mesures prises autour de la réserve ornithologique de l'île de Bailleron, appartenant à l'Ifremer (voir plus loin).

AVERTISSEMENT

Le golfe du Morbihan est certainement l'un des sites de France les plus enchanteurs pour naviguer, entre les îles, en dériveur, en planche à voile ou en kayak de mer. Il convient cependant d'être ***extrêmement prudent*** aux abords des côtes et sur les rivages des îles. Les ostréiculteurs cultivent aujourd'hui les huîtres sur des « tables » parfois munies de picots qui peuvent constituer un danger pour la navigation et les activités de loisirs. Un balisage spécifique a été mis progressivement en place, mais restez vigilant car des vents contraires pourraient vous y pousser. Attention également aux courants parfois forts (jusqu'à 21 km/h à Port-Blanc !) ainsi qu'à la marée.

Comment visiter le golfe du Morbihan ?

En bateau

Excursions en bateau : la compagnie ***Navix*** *(☎ 0825-132-100 ; 0,15 €/mn ; • navix.fr •)* ou la ***Compagnie du Golfe*** *(☎ 02-97-67-10-00 ; 0,15 €/mn ; • compagnie-du-golfe.fr •)* proposent différentes formules, à la demi-journée ou à la journée, avec ou sans escale sur l'île aux Moines et/ou l'île d'Arz.
– Plusieurs points de départ possibles : Vannes, Port-Navalo, Auray – Le Bono, Locmariaquer ou La Trinité pour ***Navix*** ; Séné, Vannes et Port-Navalo pour la ***Compagnie du Golfe.*** Certains points de départ ne fonctionnent qu'en haute saison. Au départ de Vannes, possibilité de déjeuner (proposé par ***Navix***).
Par ailleurs, ***Izenah Croisières*** *(☎ 02-97-57-23-24, avr-sept ; ou ☎ 02-97-26-31-45, • izenah-croisieres.com •)* propose depuis Port-Blanc différentes balades dans le golfe avec ou sans escale sur l'île aux Moines *(avr-sept)* et l'île d'Arz *(juil-août).* Pour info, cette compagnie dessert également les îles de Houat et de Hoëdic en juillet-août. Très pratique pour ceux qui résident dans le secteur et qui veulent éviter les bouchons de Quiberon.
Au départ de Port-Navalo et de Locmariaquer, les vedettes de l'***Angélus*** *(☎ 02-97-49-42-53 et 02-97-57-30-29 ; • vedettes-angelus.com •)* proposent des croisières dans le golfe avec escales ou non à l'île aux Moines. Également des sorties pour l'île de Houat ou l'île de Hoëdic en juillet-août.
Enfin, au départ de Port-Navalo et de Locmariaquer, ***Le Passeur des Îles*** *(☎ 02-97-49-42-53 ; • passeurdesiles.com •)* propose des excursions vers l'île d'Arz et l'île de Gavrinis. Également des traversées vers l'île aux Moines depuis le port de Kerners.

En louant un bateau

Il existe d'autres façons beaucoup plus amusantes de découvrir le golfe. Louez donc un petit bateau à moteur (avec ou sans permis) à la pointe d'Arradon.

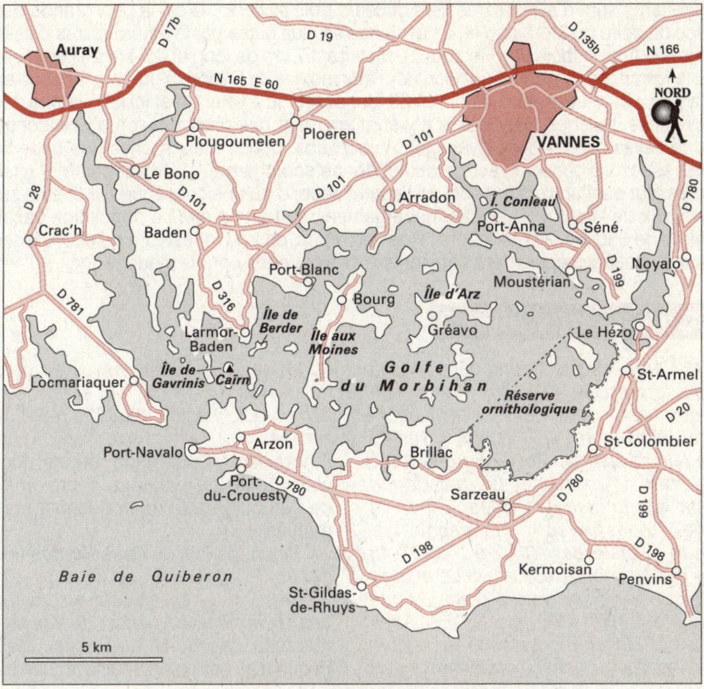

LE GOLFE DU MORBIHAN

Prix raisonnable si vous vous groupez (à quatre, par exemple). Vous pourrez aller d'île en île à votre rythme, faire une escale là où vous vous sentirez inspiré (ou aspiré ?). Cependant, ATTENTION, la navigation dans le golfe requiert une certaine connaissance de la mer et du code maritime !

■ ***Location de canoës-kayaks, bateaux à moteur et à voile :*** *Le Blan Marine, port d'Arradon (56610).* ☎ *02-97-44-06-90.* • *leblanmarine.com* • *Préférable de réserver la veille.* Le patron vous expliquera la manœuvre si vous êtes néophyte. Il faut en particulier s'écarter des parcs à huîtres à marée basse. Possibilité de se faire une petite sortie pêche, pour les amateurs.

En sinagot

Le nec plus ultra, c'est d'embarquer à Séné sur un sinagot, étonnant bateau de pêche traditionnel, avec ses voiles carrées rouges...

LES ÎLES DU GOLFE DU MORBIHAN

Carte Morbihan, B-C3

L'ÎLE AUX MOINES (enez manach ; *56780*)

Ici, l'odeur du goémon se mêle à la senteur des pins, et, grâce au climat particulièrement doux, camélias, mimosas, palmiers et orangers poussent à profusion. Les habitants sont d'ailleurs très fiers de leurs trois oliviers... C'est la plus grande des îles du golfe du Morbihan et, à l'évidence, la plus gâtée par la nature et très boisée (bois d'Amour, bois des Regrets...). Mesurant 7 km de long et 3,5 km de large, elle a la forme d'une croix et doit son nom aux moines de Redon, à qui le roi Érispoé en fit don. On peut en faire le tour en 23 km, à pied ou à vélo. C'est ici le royaume des cyclistes, puisque les voitures n'y sont vraiment pas pratiques (on n'y rencontre que celles de quelques riverains). À vos vélos, donc ! Mais sachez que cette île est assez vallonnée. C'est ce qui lui donne son charme... L'île est pas mal prise d'assaut par l'univers parisien un tantinet snob, d'où une conséquence directe sur les prix de l'immobilier et de l'hébergement, surtout en été. La population passe alors de 650 à 6 000 habitants ! Pour les repas, on trouve restaurants et crêperies sur place, mais également boulangerie et supérettes pour le pique-nique.

Comment y aller ?

➢ *Outre les excursions dans le golfe qui font escale à l'île aux Moines (voir plus haut « Comment visiter le golfe du Morbihan ? »), l'accès principal à l'île se fait par* ***Port-Blanc*** *(entre la pointe d'Arradon et Larmor-Baden, sur la commune de Baden), à 14 km de Vannes. Avec la compagnie* ***Izenah Croisières*** *: ☎ 02-97-26-31-45. • izenah-croisieres.com • La sympathique traversée dure à peine 5 mn et coûte 4,70 € A/R, vélo 3,70 €. Achat des billets au kiosque situé sur le port ; s'il est fermé, achat directement à bord du bateau. Le bateau passe en gros ttes les 30 mn, 7h (8h dim et j. fériés)-22h en été, jusqu'à 19h30 le reste de l'année.*

À noter qu'à Port-Blanc, bonne nouvelle, tous les parkings à proximité de l'embarcadère (bien fléchés) sont gratuits.

➢ Sinon, penser au ***Passeur des Îles*** *(☎ 02-97-49-42-53 ; 📱 06-22-01-67-72. • passeurdesiles.com •)* qui fait des traversées au départ de Kerners (Sarzeau, presqu'île de Rhuys). Mais fréquences nettement moins régulières.

Se repérer

Pratique : une grande carte de l'île est affichée à l'extérieur de l'office de tourisme, présentant les routes de l'île depuis le bourg. La jaune mène à la pointe du Trec'h, au nord (2,5 km) ; la rouge, à l'est, mène à la pointe de Brouel (3 km) ; et la bleue, au sud, jusqu'à la pointe de Penhap (5 km). Ces routes sont balisées sur le sol à chaque intersection (même si certaines sont un peu effacées). Difficile, donc, de se perdre dans l'île aux Moines. Sachez, enfin, que toutes les flèches vertes mènent au port !

Adresses et infos utiles

ℹ ***Point Info tourisme :*** *sur le port, juste au débarcadère. ☎ 02-97-26-32-45. • info.ileauxmoines56@orange.fr • mairie-ileauxmoines.fr • Tlj avr-sept.* 💻 Infos sur les commerces et services de l'île, les sites à voir, les activités sportives, la location de bateaux à moteur ou à voile, etc.

■ ***Location de vélos :*** 4 loueurs, en face du débarcadère ou à proximité. ***Location du Port,*** *📱 06-11-84-59-54 ;* ***P'tit Louis,*** *☎ 02-97-26-35-21 ;* ***L'Île à Vélo,*** *☎ 02-97-26-38-70 ;* ***Abbis Location,*** *à côté du Café de Jeannette, 📱 06-82-59-48-15. Tarifs semblables : env 3,30 €/h, 5 € pour 2h et 10,50 €/j.* Tous types de cycles, carrioles et sièges pour enfants. Dans tous les cas, vérifier que le matériel est en bon état avant de partir. Ne pas oublier bouteille d'eau, crème solaire et chapeau !

■ ***Taxis : Fredo Transport*** *(📱 06-45-27-62-54) ou* ***Christophe*** *(📱 06-78-90-61-38).*

■ ***Visite de l'île en minibus avec Lili***

Voyages : *06-88-17-24-23. Compter 14 € pour 1h ; réduc. Env 4 départs/j. Possible à la demande, sur résa, pour 4 pers min.*

Où dormir ? Où manger ? Où boire un verre ?

Toutes les adresses d'hébergement et de restauration (du snack au restaurant) se trouvent dans le bourg, à proximité, ou le long de la route qui rejoint l'embarcadère. Un regret : les tarifs des chambres en haute saison ne sont pas justifiés.

Camping

Camping municipal Le Vieux Moulin : *rue du Vieux-Moulin. ☎ 02-97-26-30-68. • camping@mairie-ileaux moines.fr • mairie-ileauxmoines.fr • Accès : du port, prendre la direction de la pointe de Brouel ; bien indiqué. Ouv avr-sept. Prix tente en hte saison 14 €. Tentes équipées 322-434 €/sem. 50 empl.* Bel espace avec arbres soignés et grande pelouse. Bien au calme et joliment aménagé, avec des emplacements de bonne taille. Douches et sanitaires propres.

De bon marché à prix moyens

Établissements Martin : *Beg Moussir. ☎ 02-97-26-31-56. 06-88-58-32-91. • pgr.martin@orange.fr • huitres-ilesauxmoines.fr • À 5 mn à pied du centre par le chemin côtier qui part derrière l'église. Mai-sept, tlj 11h-19h. Dégustations 6-12 €.* Cette famille d'ostréiculteurs sympa comme tout a disposé quelques tables dans le jardin, face au chantier, mais surtout face à la mer et à l'île d'Arz. Un cadre idéal pour déguster à la volée 6 ou 12 huîtres, ou bien des palourdes, servies avec le pain, le beurre, le citron et le verre de blanc. La totale, quoi !

Les Embruns : *rue du Commerce. ☎ 02-97-26-30-86. Dans le centre du bourg. Tlj, sf dim soir et mer soir, hors vac scol fermé le soir dim-jeu et mer midi. Menus env 20-28,50 € ; carte env 35 €.* C'est le resto préféré des locaux, tenu par un enfant du pays, de retour après être devenu un chef de bon niveau sur le continent. Bonnes spécialités, essentiellement de la mer, préparées en fonction du marché auprès des pêcheurs. Frais et goûteux. Une valeur sûre.

Côte et Jardin : *rue Neuve. ☎ 02-97-26-33-33. • delphine cappe@yahoo.fr • Dans la rue qui monte vers le bourg depuis le port. Tlj en saison, sinon fermé lun et le soir mar-jeu. Congés : nov-avr. Formules 14,90-24,90 €. Attention, ne prennent pas les résas à certaines périodes chargées ; mieux vaut venir tôt...* Ce restaurant sort du lot pour son cadre : une terrasse en ponton à l'ombre d'un vénérable eucalyptus ou une jolie salle dans une vieille maison. Galettes, salades et moules... Sans prétention mais convenable pour une étape. Service jeune et jovial.

Chez Jeannette : *☎ 02-97-26-34-81. À 50 m de l'embarcadère, sur la droite en arrivant. Tlj avr-sept.* Ce sont les enfants de Jeannette qui président désormais aux destinées de cette buvette, mais la terrasse au bout du port est toujours aussi sympa pour siroter un verre en regardant passer les bateaux.

De chic à plus chic

Hôtel-restaurant Le San Francisco : *rue du Port ; juste au-dessus du débarcadère. ☎ 02-97-26-31-52. • le-sanfrancisco@orange.fr • le-sanfrancisco.com • Doubles 90-145 € selon confort. Menu 20 € le midi, carte 35-40 € (fruits de mer-homard).* Cette belle demeure, une ancienne maison de repos des sœurs franciscaines, est une institution. Mais une institution qui bouge. Car la jeune équipe à la barre de l'établissement a dynamisé le tout : en cuisine, on privilégie une carte courte afin de garantir la qualité du produit, et désormais, les quelques spécialités de poisson et fruits de mer s'accompagnent à merveille d'une intéressante sélection de vins naturels. Quant aux chambres, de taille variable mais tout confort, elles profitent pour certaines d'une vue imprenable sur le golfe et sont décorées de façon très classique ou plus dans l'air du temps. Très belle terrasse pour siroter un verre ou passer à table.

Hôtel de L'Isle – Resto chez Les Garçons : *rue du Commerce. ☎ 02-97-26-32-50. • hotel-de-lisle@wanadoo.fr • hotel-de-lisle.com • Sur la place de la mairie. Resto tlj sf lun et dim soir (slt lun soir l'été). Doubles 75-118 € selon confort et saison (voir aussi les promos sur le site). Au resto, menus 23,50-28,50 €, galettes env 3-8 €. Apéritif offert sur présentation de ce guide.* Un petit établissement assez étonnant, qu'on ne s'attend pas à découvrir au cœur de ce village insulaire. La déco hyper soignée semble tout droit sortie d'un magazine spécialisé. Chambres mignonnes, chacune avec une tonalité et une ambiance différentes : tantôt baroque, tantôt zen... La suite possède même un minuscule bout de terrasse. Et puis, au rez-de-chaussée, un minuscule bistrot-resto à l'ancienne avec un comptoir en proue de bateau et une terrasse agréable. On y sert une bonne petite cuisine, fraîche, assez travaillée mais sans tralala, tendance poisson (normal), sans oublier les bonnes galettes, évidemment. Service parfois hésitant, en revanche.

Chambres d'hôtes Kerisa, salon de thé l'Asphodèle : *rue du Presbytère. ☎ 02-97-26-32-52. • isabelle@kerisa.com • kerisa.fr • Doubles 105-135 €. Formule midi 21,50 € ; carte env 25 €.* Jolie allée bordée de végétation avec, au fond, une très belle maison de pierre, aux chambres coquettes et modernes, arrangées avec soin et goût, dans un style assez « déco ». Couleurs franches pour certaines, dans les tons crème pour d'autres. Les sympathiques hôtes se sont également mis à la cuisine et proposent une petite restauration simple, fraîche et colorée, préparée avec des produits locaux, le plus souvent bio. Quiches, croque et salades sont servis dans une salle pleine de cachet où les tables sont joliment dressées, ou en terrasse face au jardin. L'après-midi, c'est un salon de thé. Une jolie adresse où, après une longue balade à vélo, il fait bon se détendre, bercé par le silence.

À voir. À faire

Le meilleur moyen pour visiter l'île est de louer un vélo (voir « Adresses et infos utiles »), voire de marcher tranquillement pour ceux qui ont du temps. Il faut d'abord profiter des beaux bois donnant son charme à l'île : bois d'Amour, bois des Regrets, bois des soupirs...

Dans le sud, en direction de Penhap, voir le dolmen de Boglieux. Dans le nord de l'île : étonnant calvaire à paliers, à la pointe du Trec'h, d'où la vue sur Arradon et le golfe est superbe.

Vous serez séduit par le sentier côtier, calme et ombragé, la riche végétation, les maisons basses des pêcheurs et les chaumières en toit de chaume, les murets en pierre sèche ou les villas blotties au fond des jardins. On trouve de belles plages (Drehen, Gored, Le Rudel).

L'ÎLE D'ARZ (an arzh ; 56840)

Beaucoup moins touristique et médiatique que sa voisine l'île aux Moines, d'une beauté nettement moins luxuriante, plus plate et moins arborée, l'île d'Arz séduit les puristes par cette sorte d'austérité paisible propre aux lieux cultes de la « bretonnitude » vraie. À peine 5 km sur 3, tout juste 200 habitants pour 269 ha (plus de 1 ha par personne !), dont de nombreux artistes qui viennent y chercher l'inspiration. Le nom d'*Arz* viendrait du mot celtique *Athos* qui signifie « ours » !

Dès l'arrivée, vous êtes au parfum : le débarcadère se situe à une extrémité de l'île peu fréquentée. Ici, point de boutiques attrape-touristes. Le règne de la facilité,

c'est ailleurs. Pour gagner le bourg, situé au beau milieu de l'île, il vous faudra payer un peu de votre personne. Mais en y arrivant, vous serez sans doute sous le charme de ces petites maisons toutes recroquevillées, unies face aux agressions extérieures, le tout sans relookage pour plaire aux touristes.
« L'île des capitaines » fut le berceau de dynasties de marins réputés comme celle de Jean Bulot (voir « Livres de route » dans « Bretagne Sud utile » en début de guide), ancien capitaine de l'*Abeille Flandre,* l'un des plus puissants remorqueurs du monde, basé à Brest, ou encore Franck David, champion olympique de planche à voile.
La célèbre École de voile des Glénan a d'ailleurs choisi l'île pour y implanter sa base morbihannaise (pas moins de 3 écoles de voile se partagent l'île !).

Comment y aller ?

Outre les nombreuses excursions proposées par différentes compagnies (voir en début de chapitre), les liaisons régulières sont effectuées par les ***bateaux-bus du Golfe :*** *départ du parc du Golfe à Vannes (ou Conleau hors saison), avec escale à Barrarac'h. ☎ 02-97-44-44-40. • bateaux-bus-du-golfe-vannes.fr • Fonctionne à l'année, tlj (6h20-19h30 en juil-août). Env 10 € A/R ; réduc.*

➢ ***Pour rejoindre le bourg depuis l'embarcadère :*** *à l'arrivée de certains bateaux, les estafettes* ***Transport Ildarais*** *peuvent vous conduire au bourg pour 2 € (aller slt). ☎ 02-97-44-30-82.*

Adresses utiles

ℹ ***Infos touristiques :*** *à la mairie. ☎ 02-97-44-31-14. • iledarz.fr • Mar-sam mat, plus mer ap-m. Également un point information au débarcadère en juil-août, tlj sf mer.* Infos sur les locations de maisons et appartements.

■ ***Location de vélos :*** *au débarcadère.* ***L'Arz et la Manière :*** *☎ 02-97-44-33-65. Tte l'année.* ***Arz Location :*** *📱 06-73-58-72-33. Env 3,20 €/h, 5 € les 2h, 8 € la ½ journée et 15 € la journée.* Proposent des carrioles adaptables aux vélos pour le transport des enfants, des sièges bébé, des tandems, et même des vélos électriques.

■ ***Location de kayaks et de bateaux sans permis :*** *au débarcadère.* ***Arz Location :*** *📱 06-73-58-72-33. Env 10 €/h en biplace. Bateau sans permis 50 € la matinée, 80 € l'ap-m, 100 € la journée.*

■ ***École de voile des Glénan :*** *☎ 02-97-44-31-16. Tte l'année sf fév.*

Où dormir ?

⛺ ***Camping municipal Les Tamaris :*** *entre le débarcadère et le bourg. ☎ 02-97-44-33-97 ou 02-97-44-31-14 (mairie). • camping@mairie-iledarz.fr • iledarz.fr • ♿ Accès : à deux encablures du débarcadère (10 mn à pied). Ouv début avr-fin oct. Prix tente en hte saison 11,80 €. Prix caravane : 51,50 €/sem. 70 empl.* L'ensemble se révèle plutôt agréable en saison, avec des haies pour délimiter les emplacements, des coins ombragés, le tout à proximité de la plage de la Falaise. Accès possible aux douches pour les non-résidents *(mais payant : 2 €).* Réservation vivement conseillée en juillet-août.

🏠 🍽 ***L'Escale d'en Arz :*** *pointe de Béluré, face à l'embarcadère. ☎ 02-97-44-32-15. • contact@restaurant-escale.com • restaurant-escale.com • ♿ Ouv tlj mars-Toussaint. Doubles 64-92 € selon saison. Plat du jour 13,90 €, formule 23 €.* 📶 C'est le seul véritable hôtel de l'île. Au bord de l'eau, simple et sans prétention. Chambres petites mais confortables (avec TV à écran plat, bloc douche/w-c et parfois un frigo), bien au calme. Certaines offrent de beaux points de vue sur la côte morbihannaise. Pour les repas ensoleillés, belle terrasse « pied dans l'eau » où sont servis aussi bien des plats classiques que des salades-repas et, bien sûr, des produits de la mer. Équipe fort aimable et accueil plein d'humour du propriétaire.

Chambres d'hôtes chez Arlette Porsmoguer : *Pénero.* ☎ *02-97-44-33-02. Dans un hameau légèrement à l'écart de la route entre le débarcadère et le bourg (indiqué sur la gauche). Double 60 €.* Belle maison familiale des années 1930 avec son élégant perron et des volets bleu ciel. Parquets, mobilier d'époque participent à cette douce ambiance d'autrefois. Au 2e étage, 2 chambres à l'ancienne, avec vaste salle de bains partagée. Accueil gentil comme tout et prêt de vélos.

Où manger ? Où boire un verre ?

Crêperie-restaurant Les Îles : *au centre du bourg.* ☎ *02-97-44-30-95. • creperielesiles@wanadoo.fr • Ouv tlj avr-nov. Fermé déc-mars. Plats du jour 11-14 € ; carte autour de 15 €.* Spécialités de fruits de mer et poisson. À noter, enfin, qu'on sert ici le fameux cidre morbihannais *Nicol* et que toutes les crêpes sont élaborées à partir de farine biologique. Grande affluence en été.

Bar-restaurant-pizzeria Le Perroquet Bleu : *à l'entrée du bourg, sur la gauche.* ☎ *02-97-44-30-15. Congés : 3 sem en hiver. Résa nécessaire hors saison. Moules-frites et pizzas env 13 € ; menu 26 €.* Cuisine simple et honnête. Fruits de mer et pizzas. Grande terrasse très fréquentée par les familles.

Bar la Fontaine : *Pénero.* ☎ *02-97-44-32-26. Dans un hameau légèrement à l'écart de la route entre le débarcadère et le bourg (indiqué sur la gauche). Tlj en juil-août ; fermé lun-mer midi hors saison. Resto le midi, plus sam soir et les soirs de concert. Congés : nov-mars. Plats 8-15 €, menu 12 €.* Ambiance décontract' dans ce petit bar-restaurant très coloré, un tantinet bohème avec son mobilier hétéroclite et sa terrasse installée autour d'un palmier. Juste quelques voiles de bateau pour faire de l'ombre... et 2 ou 3 plats du jour à l'ardoise pour se restaurer. Rien de compliqué, mais une bonne cuisine de saison simple et fraîche, à base de produits locaux. C'est aussi le lieu idéal pour (re)découvrir les bières bretonnes : *Lancelot, Blanche Hermine*... Également des concerts de temps en temps.

Bar Le Triskel : *dans le bourg.* ☎ *02-97-44-33-65. Tte l'année, à partir de 8h30 en été.* Le rendez-vous des voileux de l'île. On y vient pour l'ambiance très couleur locale qui y règne aux heures apéritives. On adore cette bouffée de bonne humeur qui souffle, lorsque, accompagné du facteur à l'accordéon, le patron pousse lui-même à la guitare la chansonnette sur de vieux airs populaires... Au fond, terrasse dans la verdure.

À voir. À faire

➢ Pour les amoureux de belles **balades,** 18 km de sentiers côtiers entièrement praticables à pied et offrant tous de merveilleux points de vue sur le golfe. Il y a le *sentier bleu* (9 km) : en 3h environ, on suit la côte ouest avant de remonter vers le sud-est. Le *circuit vert* (7,5 km) permet en 2h30 de descendre vers l'est, de contourner la presqu'île et d'aller vers le sud. Cette île est un bonheur de petits chemins étonnants, de minuscules presqu'îles sauvages et de découvertes surprenantes, comme ces sites mégalithiques de la pointe de Liouse (jolie vue panoramique sur le golfe), comme cette petite fontaine Varia, souvent noyée lors des grandes marées, près de la cale de Pénera, ou comme ces manoirs des XVIe et XVIIe s près de Pénera. Au détour, du côté de la presqu'île de Berno, ne pas manquer non plus cet étonnant *moulin à marée* du XVIe s, ressuscité grâce à l'ardeur de bénévoles autant passionnés que passionnants, regroupés au sein d'une association présidée par le célèbre Jean Bulot. La digue est reconstruite, et le moulin est de nouveau en état de marche. *Visite possible de début juil à mi-sept, tlj 10h-18h. Pour tt rens : ☎ 02-97-44-31-33.*

– L'île d'Arz, c'est aussi le royaume de la ***pêche à pied.*** La partie est, de la pointe de Belure au promontoire de Pénera, dévoile, lorsque la mer déchale, d'excellents coins de pêche accessibles à tous. On y trouve coques, palourdes, bigorneaux, huîtres... Difficile de rentrer bredouille ! Veiller cependant à bien respecter le balisage des parcs ostréicoles, signalés par de grands piquets.

Enfin, pour la détente, les ***plages*** de *Berno* (bien abritée), de *Brouel* (un peu plus exposée mais charmante car en contrebas d'un bois, et la seule où l'on peut se baigner à marée basse), la cale de *Pénera* (très sympa pour les pique-niques) et la plage de *Rudevent* (idéale pour les baignades de fin de journée car son exposition plein sud fait que l'eau peut y atteindre 20 °C) comptent parmi les plus agréables de l'île.

L'ÎLE DE GAVRINIS

Comment y aller et la visiter ?

➢ **De Larmor-Baden :** *bureau d'accueil Cairn de Gavrinis sur le port, depuis la cale de Pen-Lannic. Rens et résas : ☎ 02-97-57-19-38. • sagemor.com • Résa indispensable pour la visite du site (26 pers max par groupe), qui est guidée et comprend l'A/R en bateau. L'île est accessible avr-sept. Bureau ouv tlj 9h30-12h30, 13h30-18h30. Départs en moyenne ttes les 30 mn 10h-12h, 14h-16h30. Prix : env 14,40 € pour le trajet et la visite ; réduc ; gratuit moins de 8 ans. Env 15 mn de traversée. Durée totale avec la visite : 1h. À noter que le billet donne droit au pass des Mégalithes, qui offre des réduc dans les autres sites du circuit (Table des Marchand à Locmariaquer, cairn du Petit-Mont à Port-du-Crouesty, alignements et musée de Carnac).*

➢ **De Port-Navalo** (presqu'île de Rhuys) ***et Locmariaquer,*** avec **Le Passeur des Îles** *(☎ 02-97-49-42-53 ; • passeurdesiles.com • 2 départs/sem printemps et automne ; tlj en sem en été).*

À voir

Le cairn : *résa obligatoire, on le rappelle. Sacs et objets encombrants susceptibles de frôler les parois sont à déposer obligatoirement à l'entrée du site. Attention, les animaux sont interdits.* Le monument est un dolmen sous cairn (littéralement : « amas de cailloux », pierre sèche sans mortier), c'est-à-dire une sépulture datant du Néolithique (environ 3500 av. J.-C.), considérée comme un élément majeur de l'art mégalithique. Le cairn a une taille impressionnante : 8 m de hauteur et plus de 50 m de diamètre ! Un couloir de 14 m de long conduit, au fond du dolmen, à la chambre funéraire, couverte par une énorme dalle.

Les parois sont constituées de 29 piliers, dont 23 sont ornés de gravures (spirales, cercles ou demi-cercles concentriques, serpents et haches de pierre). Les dimensions remarquables et le décor de ses dalles gravées font du cairn de Gavrinis l'un des plus beaux sites mégalithiques au monde. Une telle qualité de conservation s'explique par le fait que ce site très vite abandonné avait été entièrement recouvert de sable et totalement fermé à la lumière. Découvert au début du XIXe s, les archéologues s'efforcent, depuis, de percer le mystère de ces dessins, mais Gavrinis garde encore son secret...

Un secret que les hommes sont en train d'effacer car, comme des marches, les gravures s'usent sous les caresses curieuses des visiteurs. L'administration des Antiquités historiques a pris des mesures draconiennes pour sauver ce monument qui est la propriété du Département : les visites sont obligatoirement guidées, et par groupes de 26 personnes au maximum. Certains préconisent de construire un fac-similé du cairn, comme cela a été fait pour la grotte de Lascaux ; d'autres parlent encore de fermeture au public. Pour le moment, il n'en est rien. Alors profitez-en pour admirer ; et surtout, ne touchez pas ! Enfin, de l'île, vous aurez l'un des plus beaux points de vue sur le golfe du Morbihan.

LES PIÈCES DU PUZZLE

La dalle de la chambre funéraire de Gavrinis (4 m de long et 17 t) proviendrait d'une grande stèle érigée à... Locmariaquer, à côté du Grand Menhir brisé ! Les cassures de la dalle et le décor concordent en effet, comme dans un puzzle : on peut voir des cervidés sur l'une des dalles de la Table des Marchand à Locmariaquer et leurs cornes à Gavrinis ! Le mystère reste entier quant au transport de cet énorme bloc de pierre (65 t !) sur une distance de 4 km...

L'ÎLE DE BERDER

Propriété privée de 23 ha (3 km de côte avec plage), reliée à Larmor-Baden par une chaussée noyée à marée haute (un panneau indique les horaires devant le gué). Jolies plages et tranquillité (puisque l'île reste propriété privée, seul le sentier côtier est public). On doit au comte Arthur Dillon, qui acheta l'île en 1880, la construction des bâtiments actuels : un manoir doté d'une tour hexagonale de 5 étages et la chapelle Sainte-Anne, édifiée pour le mariage de son fils. Il a aussi créé un jardin d'agrément de 10 ha, truffé d'essences tropicales. L'île échut ensuite à la duchesse d'Uzès, qui, philanthrope, la donna à une congrégation de religieuses et fit vœu que l'île restât accessible à tous.

Où dormir ? Où manger ?

Loisirs Vacances Bretagne : *île de Berder, 56870* ***Larmor-Baden.*** *☎ 02-97-57-03-74. • lvb-berder.com • Fermé de mi-nov à mi-mars. Hors saison, ½ pens demandée, à partir de 36 €/pers selon revenus et période. En juil-août, c'est slt à la sem et réservé aux familles.* L'association *Loisirs Vacances Bretagne* a aménagé dans le manoir des chambres de 2 à 5 lits, modestes mais correctes, avec des sanitaires communs (capacité de plus de 200 personnes), et propose la demi-pension et la pension complète à un tarif vraiment démocratique. Vive *LVB !* Bar sympa au rez-de-chaussée, et plein d'animations gratuites l'été : voile, poney, tir à l'arc, etc. Vraiment le super plan à la portée de tous. On peut ainsi profiter des jolies plages et de la tranquillité de l'île. Celle-ci est accessible aux résidents à marée haute dans la journée grâce au passeur *(GRATUIT)* qui fait l'aller-retour en permanence ; et à pied à marée basse.

LES AUTRES ÎLES

Le routard parti à la découverte du golfe du Morbihan va se mouiller les pieds d'île en île et se perdra, comme nous, dans le dédale des chemins qui longent une côte

si découpée qu'on ne sait jamais très bien où l'on se trouve. Il vaut mieux emporter son paquetage sur le dos, ou le mettre à bord d'un « canotte », comme on dit ici. L'aventure se présentera très vite.
Certaines îles sont accessibles à pied à marée basse. On n'a pas pour autant le droit de s'y installer, à moins d'être invité par Danielle Darrieux sur son ***île de Stibiden,*** ou par M. X sur l'***île de Govihan...*** La propriété privée commence à la limite atteinte par les plus hautes eaux. Dans le golfe, le marnage s'élève à 4 m. Donc, à marée basse, l'accès aux grèves est libre, mais pas au-delà.
À l'est du golfe, sur 2 000 ha centrés autour de l'***île de Bailleron,*** se trouve une *réserve ornithologique* où nichent des oiseaux migrateurs à partir du mois de septembre : canards siffleurs et bernaches en majorité.

LA CÔTE AUTOUR DU GOLFE DU MORBIHAN

Carte Morbihan, B-C3

LE BONO (AR BONOÙ ; *56400)*

Posé sur cet adorable coude de rivière où le Bono rejoint la rivière d'Auray, l'exquis petit port du Bono mérite franchement une halte. Au bout de la rue principale, un vieux pont suspendu et piéton, couvert d'une surprenante chaussée en lattes de bois. Il a été complètement restauré. Vue pittoresque sur la rivière, les bateaux de pêche et quelques vieux gréements. De jolies balades à faire dans le coin, loin de l'agitation, entre forêts, marécages et bords de rivière.

Où dormir ? Où manger ? Où boire un verre au Bono et dans les environs ?

Campings

⛺ ***Camping du Parc Lann :*** *52, rue Thiers. ☎ et fax : 02-97-57-93-93. 📱 07-88-00-79-47. • campingduparclann@orange.fr • campingduparclann.fr • ♿ Accès par la N 165 et la D 101 ; depuis le bourg, en direction de Plougoumelen ; bien indiqué. Ouv fin avr-début oct. Prix tente : 12,30-14,90 € selon saison. Installation récente avec des caravanes en loc (230-290 €/sem), des roulottes (50 €/nuit, 180-490 €/sem) ainsi que des chalets (350-750 €/sem pour 6 pers). 60 empl. Réduc de 10 % (sf locatif) sur présentation de ce guide.* Très au calme et en pleine verdure. Jeux pour les enfants. On aime bien l'ambiance confidentielle et conviviale de ce camping, même s'il n'est pas situé près de la mer.

⛺ ***Camping La Fontaine du Hallate :*** *8, chemin de Poul-Fetan, hameau du Hallate, 56400* ***Plougoumelen.*** *📱 06-16-30-08-33. • clegloanic@orange.fr • camping-en-morbihan.fr • Du Bono, prendre vers Baden puis à gauche vers le Halatte. Avr-oct. Forfait pour 2 env 16 €. Nuit dans la yourte 70 € pour 2, sans petit déj, sanitaires du camping à disposition. Chalets et mobile homes 2-6 pers env 195-599 €/sem selon saison.* Cet adorable camping joue la carte du bonheur champêtre et celle de l'écolo. Le terrain est charmant, très fleuri (avec des petits panneaux pour indiquer les essences) et en pente douce vers un étang. Emplacements agréables ou chalets classiques, à moins de préférer loger dans une yourte pour une nuit exotique ! Quant à la démarche écoresponsable, panneaux solaires, récupération de l'eau de pluie et assainissement par phyto-extraction font partie du programme.

Bon marché

Pizzeria-crêperie Le Vieux Pont : *23, rue Pasteur. ☎ 02-97-57-87-71. • crepizza@wanadoo.fr • Dans la rue qui descend vers le vieux pont. Fermé mar-mer sf juil-août. Repas env 12-15 €.* Bar-resto sans chichis, fréquenté par les pêcheurs du port tout proche. Petits prix à la crêperie, dont les galettes sont servies en salle ou en terrasse. Bonne atmosphère de petit rade provincial.

Chic

Chambres d'hôtes Ar-Couette : *Le Maneguen, 56400* ***Le Bono.*** *☎ 02-97-57-24-78. 06-12-05-80-98. • csaintleger@wanadoo.fr • ar-couette.com • Au sud du Bono vers Baden, indiqué sur la droite. Doubles 85-110 € selon période.* Cette belle ferme rénovée avec soin est pleine de surprises : si les dépendances renferment désormais un salon commun agréable et de jolies chambres à la déco personnalisée et de bon goût (avec tout le confort : lits bien larges, salles de bains nickels, TV à écran plat et lecteur DVD, bouilloire pour le thé...), elles abritent aussi une piscine intérieure avec balnéo et un sauna ! Inattendu, d'autant que c'est gratuit. Et pour les balades en amoureux, les sympathiques proprios ont même prévu le prêt d'un tandem. Que du bon !

Hôtel Alicia : *1, rue du Général-de-Gaulle. ☎ 02-97-57-88-65. • hotelalicia@orange.fr • hotel-alicia.com • À la sortie du Bono en direction d'Auray, à l'angle du pont. Résa slt par tél. Doubles 59-102 € selon période et confort. Réduc de 10 % sur le prix de la chambre sur présentation de ce guide.* Ce petit établissement moderne et pimpant a un atout déterminant : sa situation stratégique en surplomb de la rivière. Depuis les balcons des chambres supérieures, la vue panoramique vaut vraiment la peine. Au 2e, il faut se contenter de Velux, mais la prestation est similaire pour tout le monde : déco contemporaine sobre et bon niveau de confort. Quant aux chambres sur l'arrière, elles profiteront de la vue depuis les agréables parties communes, puisqu'elles en sont privées, mais elles sont nettement moins chères.

À faire

Tours du Golfe et découverte de la rivière d'Auray : *avec les vedettes de la compagnie* ***Navix.*** *☎ 02-97-46-60-00. • navix.fr • De mi-juil à fin août.* Départ du port de Saint-Goustan à Auray ou du charmant petit port du Bono, et remontée de la rivière jusqu'à l'embouchure, avant de visiter le golfe.

BADEN (56870)

Petit village tranquille, dont le clocher est l'un des repères visuels essentiels aux marins pour entrer dans le golfe. On est dans les terres, mais la mer n'est pas bien loin.

Adresse utile

■ ***Base Nautique Varec'h :*** *le Bois-Bas, 56870 Baden. ☎ 02-97-57-16-16. • bretagne-kayak.fr • Tte l'année. Résa conseillée.* Une formule originale et baroudeuse pour découvrir le golfe tout en restant en harmonie avec la nature. Différentes formules de sorties en kayak de mer ou « drakkar » (8 places), avec ou sans accompagnement, à l'heure, à la demi-journée ou à la journée. Un plus : location de bateaux à moteur, même sans permis, pour 6 personnes. On vous explique les zones à explorer et les circuits à réaliser en fonction des marées et de la météo. L'encadrement est sérieux et permet à tous les débutants de se « mouiller ». Condition nécessaire : avoir l'esprit sportif et aventureux.

Où dormir ? Où manger dans le coin ?

Camping

▲ ***Camping Mané Guernehué :*** *52, rue Mané-er-Groez. ☎ 02-97-57-02-06. ● info@camping-baden.com ● camping-baden.com ● ♿ Accès : à deux pas du centre de Baden ; depuis Vannes par la N 165, sortie Arradon/Île aux Moines, D 101. Ouv de mai à mi-sept. Prix tente : 14-17,20 € selon saison. Loc de chalets et de mobile homes (252-882 €/sem), et de tentes (240-490 €/sem). 377 empl.* Pas très loin du littoral, un vaste camping bien organisé situé dans un très beau parc arboré. Bon équipement : restaurant, tennis, spa, épicerie... et gentillesse à toute heure. Des soirées animées régulièrement. Location de vélos. Ferme équestre à 800 m du village. Piscine.

De bon marché à prix moyens

🏠 ***Chambres d'hôtes, chez Mme Ker Bastard :*** *hameau de **Kervadail,** à 2,5 km env. ☎ 02-97-57-03-04. ● kerbastard56@gmail.com ● kerbastard.jimdo.com ● De Baden, prendre direction Vannes et tourner à droite direction Keryonvarh, sur la D 101 ; puis 1re à gauche vers Kervadail. Double 50 € (45 € dès la 2e nuit). Apéritif offert sur présentation de ce guide.* Une vraie chambre d'hôtes ! Car Gisèle adore recevoir et est aux petits soins pour ses visiteurs : elle prête volontiers sa cuisine pour dépanner, fournit un lit parapluie si besoin, et laisse tout le monde profiter du jardin. Quant aux 3 petites chambres, elles sont toutes simples, avec salle de bains en commun, mais impeccables et, au final, d'un rapport qualité-prix très honnête.

🏠 ***Résidence Prestige Odalys Le Château de Kergonano :*** *lieu-dit **Kergonano.** ☎ 02-97-29-67-81. ● chateau.kergonano@odalys-vacances.com ● Fermé en janv. À partir de 65 € la nuit pour un 2-pièces 4 pers (linge et ménage inclus, lits faits à l'arrivée).* 📶 Magnifique domaine seigneurial du XVIIIe s, composé de 38 appartements équipés d'une kitchenette et d'une connexion wifi, au cœur d'un parc. Belle piscine extérieure chauffée (accessible de juin à septembre). Ouverte en 2013, cette adresse de charme constitue un point de départ des plus séduisant pour partir à la découverte des côtes du Morbihan !

🍽 ***Crêperie La Goélette :*** *6, pl. Weilheim. ☎ 02-97-57-07-19. ● creperielagoelette@orange.fr ● En plein centre-ville, face à l'église. Ouv tlj l'été ; fermé dim soir et mer hors saison. Congés : janv-14 fév. Formule 12,50 € hors juil-août ; carte env 15 €. Parking.* Sur la place du village, cette jolie petite crêperie au cadre traditionnel tient bon son cap avec des crêpes goûteuses et bien garnies, mais aussi des petits plats simples, des moules, etc. Agréable terrasse.

🏠 ***Les Hauts de Toulvern :*** *route de Toulvern, au sud de Baden, vers la pointe du même nom. ☎ 02-97-57-12-27. 📱 06-37-70-51-67. ● contact@leshautsdetoulvern.com ● leshautsdetoulvern.com ● Doubles 45-55 €. Studios et apparts 4-6 pers 330-1 195 €/sem selon saison. Possible pour séjour de 1 nuit hors saison.* 📶 *Spécialités bretonnes offertes sur présentation de ce guide.* C'est une démarche écoresponsable qui est à l'origine de cette petite résidence haut de gamme. Tout, de la structure en matériaux sains au linge de maison en fibres naturelles, obéit à une logique écologique, avec un vrai souci de réduction de l'énergie et de protection de l'environnement. Côté confort, c'est impeccable : déco contemporaine élégante et aménagement soigné (TV à écran plat, cuisine équipée...). De quoi passer des vacances « propres » dans un environnement, évidemment, champêtre !

🏠 🍽 ***Hôtel-restaurant Le Gavrinis :*** *1, rue de l'Île-de-Gavrinis, au lieu-dit **Toulbroch,** à 1,5 km env.*

☎ 02-97-57-00-82. • gavrinis@wanadoo.fr • gavrinis.com • Prendre direction Vannes, puis tourner à gauche à l'indication « Toulbroch ». Resto fermé sam midi, dim soir et lun hors saison ; slt sam midi et lun midi en saison. Congés : 11-30 janv et 16-28 nov. Doubles 55-112 € selon confort et saison. Formules déj en sem 15,50-19,50 €, puis menus 26-51 € ; carte env 45 €. Café offert sur présentation de ce guide. Un bâtiment moderne qui cache bien son jeu. Car il renferme des parties communes élégantes et cosy, des chambres soignées et lumineuses de bon confort, et une table qui mérite une halte. Bel effort de déco tout d'abord, très épurée, et remarquable travail dans les assiettes, pleines de saveurs délicates. De l'ouvrage bien tourné, celui d'un artisan qui aime son métier, assurément.

La Vigie : *à l'embarcadère de l'île aux Moines, Port-Blanc, 56870 Baden. ☎ 02-97-57-06-46. • lavigie56@orange.fr • Ouv tlj en saison, nov-mars midi slt sf lun ; service (réduit) à tte heure. Congés : janv. Le midi en sem, menu 19 €, puis 30 € ; moules ou crabe 12 € env.* Avec sa grande terrasse et sa salle panoramique face au golfe, voici un lieu idéal pour une assiette de fruits de mer ou une moules-frites. Sans complications, en toute simplicité.

LE GOLFE DU MORBIHAN

À faire

– **Au Rythme des Marées :** *pointe de Toulvern. 06-04-59-68-28. • contact@aurythmedesmarees.fr • aurythmedesmarees.fr • « Découverte des parcs » avr-oct (voire début nov selon la météo). Résa conseillée. Adulte : 29 € ; réduc et forfait famille. Vente sur place ou à emporter.* Ce site ostréicole mérite le détour ! Pour le décor déjà, juste sublime... Pour les huîtres et autres fruits de mer que l'on peut déguster (à toute heure ou presque) en terrasse, les yeux rivés vers le large. Mais aussi pour parfaire ses connaissances conchylicoles ! Ivan Selo a équipé une barque d'un puits de vision sous-marine et fait partager sa passion aux visiteurs qu'il emmène dans ses parcs à huîtres. La visite est évidemment suivie d'une dégustation. Le bateau ressort, en fin de journée, à l'heure de l'apéro pour admirer le coucher du soleil sur les îles du golfe du Morbihan... Le bonheur !

LARMOR-BADEN (an Arvor-Baden ; *56870)*

Agréable bourg modeste et tranquille. Doux mélange d'ostréiculture et de tourisme. L'un des points de départ pour des sorties dans le golfe, le *port de la pointe de Pen-Lannic* est surtout l'unique point d'embarquement pour le fameux cairn de Gavrinis (voir plus haut le chapitre sur les îles du golfe). On y trouve aussi une belle flotte de catamarans de sport au club nautique.

Adresse utile

Golfe croisières : *quai de Pen-Lannic ; dans la même structure que le cairn de Gavrinis. ☎ 02-97-57-15-27. • golfecroisieres.com •* Propose différentes croisières dans le golfe, avec escale à l'île aux Moines.

Où dormir ? Où manger ?

Camping Le Diben : *☎ 02-97-57-29-12. 06-73-42-46-09. • contact@campinglediben.com • campinglediben.com • Accès : par la N 165 puis D 101 et D 316 ; à 400 m des plages. Ouv 1er mai-15 sept. Prix tente : 13,50-15,90 € selon saison. Loc de mobile homes 230-640 €/sem et* *caravanes 190-240 €/sem. 118 empl.* Camping simple et agréable aux emplacements plus ou moins ombragés. Infrastructures convenables et bonne situation (en retrait de la route et proche de la mer). Bon confort. Location de vélos. Piscine.

Auberge du parc Fétan : *17, rue de Berder. ☎ 02-97-57-04-38. • contact@hotel-parcfetan.com • hotel-parcfetan.com • Dans le centre de Larmor-Baden, tt près du port. Congés : 15 nov-14 fév. Doubles 45-78 € selon vue, saison et confort ; également des suites, des familiales, des studios et des appartements. Formule déj en sem 15 €, menus 23-39 €. Parking.* Un couple très gentil et plein d'énergie tient à la perfection cet établissement discret. Les chambres simples, classiques et impeccables sont parfois dotées de la clim et toujours équipées d'une salle de bains à la déco très actuelle. Jolie vue sur mer ou sur jardin. Piscine (l'été), ainsi qu'un agréable restaurant de cuisine traditionnelle (largement axé sur la mer). Un très bon rapport qualité-prix.

À voir. À faire

Poussez donc jusqu'à ***Locmiquel*** et la ***plage des Sept-Îles,*** somptueuse langue de sable dans un site pur beurre. Vous craquerez sans doute aussi pour la jolie route de campagne qui vous y mène.

➢ Suggestion : à marée basse, balade à pied au départ de l'île de Berder (un bijou !), en longeant la plage, jusqu'à la pointe de Locmiquel, puis la plage des Sept-Îles... Vous nous en direz des nouvelles.

LE GOLFE DU MORBIHAN

ARRADON (aRadon ; *56610)*

Son exposition, sa végétation, son chemin de côte et ses jolis points de vue sur le golfe du Morbihan font d'Arradon une sorte de Riviera locale, à quelques encablures seulement de Vannes. Si le village en lui-même n'a rien d'extraordinaire, c'est à la pointe d'Arradon que s'exprime tout le charme de la côte.

Où dormir ? Où manger ?

Campings

Camping de Pen-Boch et gîtes : *9, chemin de Pen-Boch, dans le hameau de Bourgerel. ☎ 02-97-44-71-29. • camping.penboch@wanadoo.fr • camping-penboch.fr • Accès : à 2 km du centre d'Arradon et à 200 m du golfe du Morbihan. Ouv début avr-fin sept. Prix tente : 15,90-34,80 € selon saison. Également loc de mobile homes et chalets pour 4 à 8 pers : 231-1 190 €/sem selon nombre de pers et saison. 175 empl. Réduc de 10 % sur les emplacements de camping en basse saison.* Un vaste 4-étoiles, dont les emplacements sont répartis entre 2 espaces séparés par une allée privée. L'un contient la majorité des infrastructures, l'autre est plus arboré. Très bons équipements : salle de jeux, piscines intérieure chauffée (avec jacuzzi) et extérieure chauffée aussi (avec toboggans aquatiques), minigolf, etc. Ambiance familiale sympathique. Piscine.

Camping de l'Allée : *lieu-dit L'Allée, 56610* ***Arradon.*** *☎ 02-97-44-01-98. • contact@camping-allee.com • camping-allee.com • Accès : prendre direction Vannes, sortie Vannes-Ouest en direction d'Arradon. Ouv 1er avr-30 sept. Prix : 13,75-28,85 € selon saison. Loc de gîtes et de mobile homes 205-640 €/sem. Loc de cabanons toile 170-430 €/sem. 148 empl.* Emplacements bien délimités et plutôt bien ombragés dans un cadre de verdure avec des pommiers. Calme assuré. Séjours week-ends possibles. Piscine.

Bon marché

Crêperie Les Logoden : *24, rue Albert-Danet. ☎ 02-97-46-79-03. Au centre d'Arradon, à l'angle de la place de l'église. Fermé dim midi-lun ; hors saison, fermé lun, mar midi, ven midi et dim soir. Formule 12,80 €, env 15 € à la carte. Apéritif maison offert sur présentation de ce guide.* Déco très coquette et colorée. Galettes et crêpes préparées avec un maximum de produits locaux.

De chic à beaucoup plus chic

Le Logis du Parc Er Gréo : *9, rue Mane-Guen, lieu-dit* ***Le Gréo,*** *près du Moustoir. ☎ 02-97-44-73-03. • contact@parcergreo.com • parcergreo.com • Sur la route de Larmor-Baden. Congés : janv. Doubles 99-209 € selon confort et saison. Apéritif offert sur présentation de ce guide (offre non cumulable).* Des chambres séduisantes, toutes personnalisées et exposées plein sud, dans un ensemble moderne de charme. Toutes (sauf 2) ont vue sur la piscine (couverte et chauffée si besoin) et le beau jardin. Également un spa et un sauna extérieurs. Petit déj servi au rez-de-chaussée dans une salle décorée de peintures réalisées par le père du propriétaire. Un hôtel élégant qu'on qualifierait d'intime, tant l'accueil est charmant et la maison joliment meublée. Salon de thé sur place. Une belle adresse, tenue par des pros.

Hôtel-restaurant Les Venètes : *pointe d'Arradon. ☎ 02-97-44-85-85. • contact@lesvenetes.com • lesvenetes.com • (resto). Fermé dim soir. Congés : 15 j. début janv. Doubles 140-180 € selon confort et saison. Menus 38-68 €. Apéritif offert sur présentation de ce guide, 25 % de remise sur la chambre si on reste déj ou dîner.* Emplacement privilégié, littéralement les pieds dans l'eau pour cet établissement bien tranquille. Il faut dire qu'il est isolé au bout de la pointe, interdite d'accès aux véhicules – sauf pour les clients de l'établissement ! Une dizaine de chambres personnalisées : celles du 2e étage sont mansardées (fenêtre type Velux de grande taille), et celles du 1er dotées d'une petite terrasse en teck, toutes avec vue imprenable sur le golfe. Côté table, on privilégie les producteurs locaux, et les produits sont bien frais. On se régale, par conséquent, d'une cuisine de tradition savoureuse, largement tournée vers la mer. Et, ce qui ne gâche rien, la salle à manger jouit de la même vue exceptionnelle que les chambres.

Où acheter de bons produits régionaux ?

La Terre Adéliçes : *2, rue de la Mairie. ☎ 02-97-44-02-37. Tlj sf dim ap-m en juil-août. Fermé lun et dim ap-m hors saison.* Tout le monde connaît la maison pour son excellent *kouign amann,* qui a d'ailleurs remporté le premier prix lors du concours 2010 ! Un délice, à emporter ou à déguster tranquillement en terrasse.

Établissements Jegat : *18, allée de la Pointe. ☎ 02-97-44-02-45. • huitres-jegat@orange.fr • Tlj sf dim et j. fériés.* Pour de bonnes huîtres et des coquillages savoureux, c'est ici que l'amateur ira les yeux fermés !

À voir. À faire

➢ De l'adorable petit moulin à marée de Paluden partent deux très beaux ***sentiers côtiers.*** L'un mène à l'anse de Pen Meil, l'autre à la pointe de Pen-Er-Men (voir plus loin « Randonnée pédestre dans le golfe du Morbihan »).

➢ Empruntez donc le sentier côtier qui va d'Arradon à Vannes, derrière le *camping de Pen-Boch.* Il mène à la ***plage de Pen-Boch,*** l'une des seules plages continentales à être bordées de sable. Très préservée, elle offre un panorama exceptionnel sur la tour Saint-Vincent (en fait, une très jolie demeure du XIXe s) et sur les îles d'Arz et de Logoden. Le must : aller y pique-niquer en fin de journée pour profiter du coucher de soleil.

■ ***Location de bateaux à moteur, canoës-kayaks ou voilier :*** sur le port d'Arradon (à la pointe), vous trouverez votre bonheur. ***Le Blan Marine*** *(☎ 02-97-44-06-90 ; • leblanmarine.com •)*, ***Le Centre nautique*** *(☎ 02-97-44-72-92 ; • centre-nautique-arradon.com •).* Proposent formations, croisières, passage de permis, etc.

Randonnée pédestre dans le golfe du Morbihan

➢ Du parking de *Kerat* à Pen-Er-Men, au sud-ouest d'Arradon, le sentier longe le littoral en haut de grève. Par les landes et les sous-bois, il atteint le *moulin à marée de Paluden* et les vieilles tours de *Pen-Er-Men.* L'accès du moulin à marée de Paluden est très facile du sentier de randonnée. Poursuivant par la pointe de Quirion, le sentier mène au Gréo par d'anciennes carrières et leur espace boisé. Des panoramas sur la baie accompagnent vos pas et vous distraient jusqu'au *moulin de Kerbellec.* Terre et mer se confondent dans ces paysages maritimes à suivre au coucher du soleil, ou au lever pour les plus courageux. L'arrivée au bourg d'Arradon permet d'admirer son église avant de redescendre au parking de Kerat.

LA PRESQU'ÎLE DE SÉNÉ (sɪne ; 56860)

Face à Vannes, sur l'autre rive de la Marle, la presqu'île de Séné mérite un détour, ne serait-ce que pour sa réserve naturelle.

Où dormir ? Où manger ?

⛺ ***Camping Moulin de Cantizac :*** *rue de Cantizac-Séné. ☎ 02-98-92-53-52. • info@camping-vannes.com • camping-vannes.com • ♿ Accès : juste au bord du golfe du Morbihan, à env 1 km du bourg de Séné. Ouv d'avr à mi-oct (tte l'année pour les loc). Prix tente 14,70-22,70 € selon saison. Loc de mobile homes et de chalets 239-649 €/sem. Prix caravane 102,90-158,90 €/sem. 80 empl. Réduc de 10 % en camping, de 5 % en loc hors hte saisonsur présentation de ce guide.* Emplacements plutôt agréables, dont 80 pour les tentes, dans ce petit camping encore familial. Espace aquatique chauffé et couvert. Bar-snack sur place. Location de vélos.

I●I ***Le Bord de Mer :*** *24, rue de Larmor-Gwened, 56000* ***Vannes.*** *☎ 02-97-42-59-96. ♿ En venant de Vannes, par le pont de Kerino, prendre à droite au 1er rond-point, c'est indiqué. Accès possible par les sentiers depuis le port de Vannes. Tlj sf dim, plus le soir lun-jeu hors saison. Menus 16-23 € le midi et 23-31 € le soir ; carte env 35 €.* Un genre de restaurant-paillotte, installé dans une ancienne baraque de l'armée américaine. Mais dans une version soignée et cosy ! Jolie salle aux couleurs guillerettes ou terrasse en bord de chenal avec une belle vue reposante sur le port et le parc du Golfe. C'est là tout l'intérêt de cette adresse semi-gastronomique connue des hommes d'affaires et située dans un environnement privilégié.

À voir

La réserve naturelle des marais de Séné : *dans la direction du Barrarac'h, juste à l'est de Séné, suivre les panneaux. ☎ 02-97-66-92-76.*

• reservedesene.com • Fév-juin, tlj 14h-18h (19h avr-juin) ; juil-août, tlj 10h-13h, 14h-19h. Entrée : 5 € ; réduc ; gratuit moins de 7 ans. Prêt de jumelles à l'accueil. Tte l'année, visites guidées à thème. Pour les enfants, une énigme à résoudre : « Sur la trace de la trace ». Créée en 1996, la réserve couvre 530 ha et dispose d'un petit centre nature avec expositions temporaires et vidéos, d'un parcours payant avec 5 observatoires, ainsi que d'un parcours gratuit comprenant 3 points de vue. À l'étage du centre, point de vue sur les marais. La réserve abrite dans ses anciennes salines de très nombreuses espèces d'oiseaux du littoral. Canards pilets, souchets, siffleurs, spatules blanches et vanneaux huppés sont très abondants en hiver. Au printemps, les avocettes, les échasses blanches et les sternes s'y reproduisent pendant que de nombreux chevaliers, barges et courlis font escale en migration.

Au sud du bourg, une vue superbe sur le golfe vous attend à la ***pointe de Moustérian.*** C'est dans le joli petit ***port de Port-Anna*** que mouillent deux sinagots (lorsqu'ils ne sont pas de sortie !), parmi les derniers de ces étonnants bateaux aux voiles rouges, traditionnellement destinés à la drague des huîtres. La légende laisserait entendre que les saints bretons débarquèrent en Armorique à bord de sinagots.

ROSE AMER

C'est à la pointe de Moustérian que se situe la fameuse maison rose qui sert d'amer (point de repère) aux navigateurs. Elle est mentionnée sur les cartes marines. Les propriétaires ont interdiction de peindre la maison d'une autre couleur.

LA PRESQU'ÎLE DE RHUYS

Curieuse alternance de marais, de côtes rocheuses et de belles langues de sable, la presqu'île de Rhuys est désormais sur un pied d'égalité avec sa consœur de Quiberon quant à l'importance de l'invasion touristique estivale. C'est vrai que l'opposition flagrante entre sa côte nord, côte golfe en partie bordée par les parcs à huîtres et intimiste, et sa côte méridionale, très « balnéaire » avec ses belles plages et son exposition plein sud, donne à cette péninsule une personnalité attirante. Mais pour percevoir le charme et la beauté de Rhuys, il faut absolument quitter la D 780 qui traverse l'île et emprunter les chemins de traverse l'idéal pour cela, c'est le vélo ou la marche à pied. L'œil attentif apercevra nombre de châteaux et manoirs : c'est que Rhuys est aussi une terre chargée d'histoire. Ses premiers résidents secondaires furent quand même les ducs de Bretagne qui venaient ici chasser le gibier sur l'immense domaine de Suscinio !

Petite précaution, la presqu'île ne compte qu'une dizaine d'hôtels, et ils se remplissent vite, mieux vaut donc réserver.

AVEC LES MOINES VINT LE VIN !

Eh oui ! Rhuys fut une terre de vignoble jusque dans les années 1950. Longtemps, ses vignes, cultivées aussi bien par les moines, les paysans ou pour le compte des ducs, ne donnaient qu'un vin de faible qualité destiné à la consommation locale. Mais au XIXe s, le vignoble fit plus que doubler de surface et le vin blanc de Rhuys s'exporta. Il constitua alors, avec le sel, une des richesses de Rhuys. La presqu'île ira même jusqu'à produire sa propre eau-de-vie : le Cognac de Rhuys ! Les épidémies à répétition finiront par avoir la peau du vignoble.

Adresse utile

Bureau d'information touristique de Saint-Colombier : *Saint-Colombier, 56370* ***Sarzeau.*** *☎ 02-97-26-45-26. • rhuys.com • Sur la D 780, au niveau de Saint-Colombier. Lun-ven 14h-18h.* L'office de tourisme intercommunal de la presqu'île de Rhuys dispose de 4 antennes ; ce bureau est le premier que vous croiserez en arrivant, mais tous proposent la même doc et les mêmes services (les 3 autres se trouvent à Sarzeau, Arzon et Saint-Gildas-de-Rhuys). Les indispensables pour profiter pleinement de la presqu'île : le journal *Le Petit Rhuys,* qui contient de nombreuses infos sur les activités sportives, l'agenda des expos, les concerts et les fêtes traditionnelles ; la carte indiquant les itinéraires à vélo ; le ***Guide des balades et randonnées dans la presqu'île*** *(6 €),* topoguide très complet qui propose plusieurs circuits avec des fiches détaillées pour chacun d'eux, ainsi que des éclaircissements sur le patrimoine et l'histoire. Fait aussi billetterie pour les excursions en bateaux (golfe, îles du Ponan), sorties nature, animations, spectacles.

SAINT-ARMEL (56450) 833 hab. *Carte Morbihan, C3*

Situé à l'entrée de la presqu'île, côté golfe, on aime bien Saint-Armel et son tout petit bourg avec, en son centre, l'église et le café-bar-boulangerie-débit de tabac qui anime les lieux tout au long de l'année. Mais le charme de l'endroit tient aussi à ses environs. La commune s'éparpille, en effet, joliment dans la belle campagne alentour avec les marais salants de Lasné, l'île Tascon, les petites routes ou sentiers menant au Hézo.

➢ ***Le Petit Passeur de Saint-Armel :*** *cale du passage. En juil-août, tlj 9h30-12h30, 14h-19h ; slt le w-e en mai-juin et sept. Fermé oct-avr. Rens dans les offices de tourisme de la presqu'île pour le fonctionnement pdt les congés scol de printemps et les ponts du mois de mai. Tarif : env 2 € le trajet ; 3 € A/R.* Une agréable petite traversée de 3 mn entre les barques et les cabanes ostréicoles, sur un bateau à fond plat qui a aussi le mérite d'épargner aux randonneurs ou aux vélocipédistes un détour de 20 km jusqu'à la cale de Montsarrac, à Séné.

LE GOCHTIAL

À mi-chemin entre la brioche et le pain de campagne, il est fabriqué à partir de farine de froment et de levain, et s'il est un reproche qu'on ne peut pas lui faire, c'est de manquer de consistance ! Il est parfait pour le petit déjeuner, même si, à l'origine, le gochtial était le gâteau traditionnel préparé uniquement lors des grandes occasions. Autrefois fabriqué sur toute la presqu'île, on ne le trouve quasiment plus aujourd'hui qu'à Saint-Armel où le boulanger perpétue vaille que vaille la tradition, ce dont nous lui sommes très reconnaissants !

Où dormir à Saint-Armel et dans environs ?

Chambres d'hôtes Kerêve : *Trégorff, 56450* ***Surzur.*** *☎ 02-97-42-03-65. • kereve@club.fr • kereve.fr • À env 10 km à l'est de Saint-Armel et 2 km au sud de Surzur. Congés : oct-Pâques ; gîte ouv tte l'année. Doubles 75-95 € selon confort et saison (2 nuits min l'été). Gîte 4 pers 450-725 €/sem.* *Verre de bienvenue offert sur présentation de ce*

guide. Un point de chute idéal, à la fois proche de tout et isolé dans un hameau perdu en pleine campagne. Impeccable pour se ressourcer, donc, d'autant que le beau jardin ajoute à l'atmosphère paisible et que les chambres de cette longère restaurée avec soin sont douillettes et joliment personnalisées. Bel accueil.

Hôtel Le Chevalier Gambette : *route de Saint-Colombier, Saint-Armel. ☎ 02-97-43-94-03. • contact@hotelchevaliergambette.fr • hotelchevaliergambette.fr • Juste à la sortie de Saint-Armel, vers le sud. Doubles 75-105 € selon vue et saison. Café offert sur présentation de ce guide.* Cette petite structure de style moderne est organisée en bâtiments de 5 chambres, ce qui garantit une atmosphère à la fois conviviale et intimiste. Déco autour des oiseaux (photos, sculptures), mobilier inspiré des bateaux et couleurs d'automne... Terrasse pour les chambres en rez-de-chaussée, vue pour certaines à l'étage. Mention spéciale pour le confort irréprochable et l'accueil chaleureux.

Où manger ?

Bon marché

Les Parcs du Passage : *10, chemin du Poulho. ☎ 02-97-26-48-57. Au lieu-dit Le Passage, juste au nord de Saint-Armel ; au bord de l'eau, devant le sentier côtier. De début avr à mi-nov. Ouv 11h-14h, 17h-20h pour la vente au détail, mais pas de*

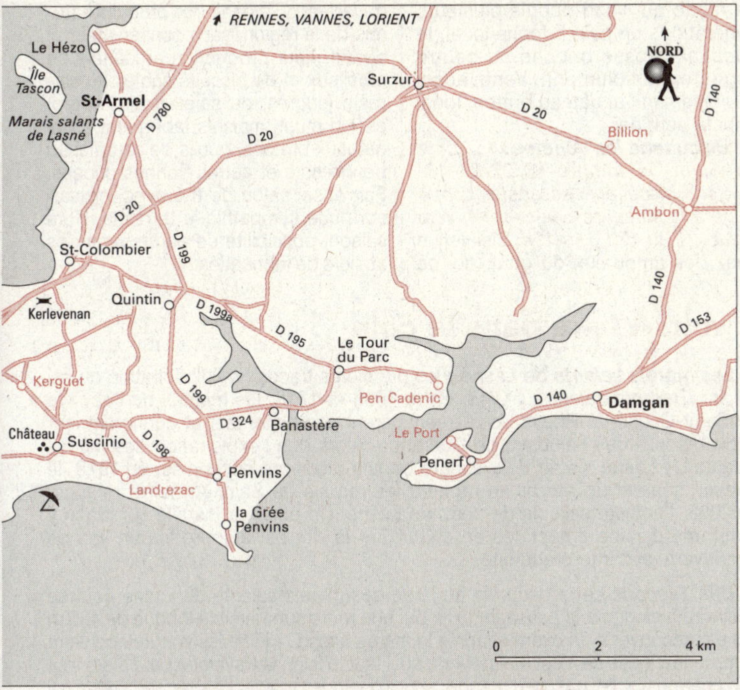

LA PRESQU'ÎLE DE RHUYS

dégustation après 13h30 et 19h15. Fermé l'ap-m dim et j. fériés, et lun midi. On aime bien ce genre d'endroit, informel et convivial. Attention, ce n'est pas un resto, mais un chantier ostréicole, avec juste quelques tables et chaises en plastique sur le bord du bassin, face aux minuscules et charmants îlots... Le propriétaire des lieux vous ouvre une douzaine d'huîtres à la volée, quelques autres coquillages, vous sert un petit verre de blanc, et hop, on gobe l'ensemble avec gourmandise, à la régalade ! Et si vous voulez du pain, à vous de l'apporter.

Crêperie Bara-Breizh : *35, route de Penvins. ☎ 02-97-26-46-52. À l'entrée du bourg, sur la droite. Tlj sf mer, plus dim soir hors saison. Congés : 20 déc-7 janv, 7-22 fév. Menu 23,80 € ; carte env 15-20 €. Apéritif offert sur présentation de ce guide.* Malgré la route pas bien loin (on ne la voit pas depuis la salle colorée et pimpante), c'est sans conteste l'une des meilleures crêperies de tout le secteur ! Pour l'accueil très gentil (c'est essentiel !), pour l'aire de jeux des enfants et le matériel pour les bébés (ça compte aussi !), mais aussi, et surtout, pour la qualité de ses galettes et crêpes parfaitement tournées, souvent originales, et préparées avec des ingrédients frais choisis chez les meilleurs producteurs. Un vrai régal.

Où acheter des bons produits ?

Le Moulin à Café : *dans le centre. ☎ 02-97-26-41-43. Fermé lun.* Une institution locale incontournable. Café-bar-boulangerie-débit de tabac qui vend depuis plusieurs générations un pain brioché local, le *gochtial,* grosse brioche au beurre à goûter absolument. Vend aussi *kouign amann* et gâteau breton. Idéal pour le petit déj.

Biscuiterie les Vénètes : *15, route de Saint-Colombier. ☎ 02-97-43-91-24. • biscuiteriedesvenetes.com • Juste à la sortie de Saint-Armel, vers le sud. Tlj 9h-12h, 14h-19h.* Bienvenue chez des amoureux du goût, qui ne travaillent qu'à partir des produits naturels de la région, sans conservateur ni additif. Leur production artisanale de moelleux et de biscuits sablés au sarrasin (sucrés, ou salés pour l'apéro) est un must, mais ils fabriquent aussi gâteaux bretons, coulis de caramel au beurre salé et autres bonnes choses. Fait aussi salon de thé avec, en saison, une sympathique terrasse. Hors saison, possibilité de participer à des ateliers de fabrication.

À voir. À faire dans le coin

Les marais salants de Lasné : les premières traces de l'exploitation du sel à Lasné remonteraient au XVe s. Entre 1698 et 1715, les moines de l'abbaye de Saint-Gildas-de-Rhuys les réaménagèrent complètement et confièrent leur exploitation à des paludiers de Guérande. Alors que l'exploitation des marais salants de Lasné s'était déjà éteinte depuis plusieurs décennies, en 1978, le conseil général du Morbihan racheta les marais de Saint-Armel et relança, en 2003, l'activité salicole de ceux de Lasné. Un paludier installé sur place y remit une dizaine d'hectares en culture, et le site est aujourd'hui un lieu de découverte et d'interprétation.

L'île Tascon : cette petite île au large des marais salants de Lasné peut se rejoindre à pied, par le passage du Rodu, une route submersible longue de 400 m qui est découverte 2h avant et après la marée basse ; même les voitures peuvent l'emprunter (mais ce n'est pas pour ça qu'il faut le faire, la traversée perd alors tout son charme !). L'île, pas bien grande, abrite quelques résidences secondaires ainsi qu'une ferme encore en activité, ce qui fait d'elle une des rares îles du golfe à être encore cultivée.

La Maison du cidre : *route de Lann-Vrihan (D 780) au* ***Hézo*** *(56450), avt d'arriver à Sarzeau, au 1er rond-point sur la droite. ☎ 02-97-26-47-40. • museeducidre.com • À 10 km de Sarzeau, au bord de la route de Vannes, à l'entrée de la presqu'île de Rhuys. Avr-juin et sept-oct, lun-sam 10h-12h, 14h30-18h30 ; juil-août, lun-sam 10h-18h30, dim et j. fériés 10h-12h, 15h-18h. Dernières visites à 11h et 17h. Entrée : 5 € ; réduc ; gratuit jusqu'à 16 ans.* Visite audio-commentée, complétée par un film de 20 mn décrivant la fabrication artisanale du cidre autrefois et aujourd'hui. Dans la cour, d'anciens hangars abritent des objets et du gros matériel par thème : broyage, pressage (dont un pressoir vieux de presque 250 ans), ateliers de tonnelier, alambics, etc. Tout cela se termine évidemment par une dégustation des cidres fermiers de la maison et du fameux Royal Guillevic, sans oublier un excellent jus de pomme. Aire de pique-nique au cœur du verger.

➢ ***Des randos,*** des randos et toujours des randos ! Le sentier côtier entre le parking des marais de Lasné jusqu'à la pointe du Passage constitue déjà à lui seul une très belle promenade. D'autres parcours vous amènent aussi près des marais salants où, en hiver, les oiseaux migrateurs viennent se réfugier par milliers.

➢ ***Le Kayak de mer :*** *à la Base de plein air* ***Kayak Saint-Armel,*** *79, route Passage (pointe de Passage). ☎ 02-97-26-48-21. 📱 06-88-36-49-63. • kayaksaintarmel.com •* Randonnées seul ou accompagné, stages adultes et enfants, week-ends, coucher de soleil... l'éventail est large et, même si vous ramez un peu, le coin est superbe pour s'essayer à la pagaie !

SARZEAU [sarhau]

(56370) 7 200 hab. *Carte Morbihan, C3*

Sarzeau, chef-lieu du canton de Rhuys, s'avère dans un premier temps assez déroutant, avec sa zone commerciale, son lot de ronds-points et les constructions modernes pas très heureuses qui l'entourent. La commune est, en outre, constituée d'une multitude de micro-villages ou hameaux. Son territoire, très vaste (en fait, plus de la moitié de Rhuys), s'étend sur les deux rives de la presqu'île : sur 29 km côté golfe et 17 km côté Atlantique.
Le centre, malgré tout, cache un joli bourg, avec quelques belles vieilles maisons, son église et ses petites rues.
Par ailleurs, contrairement à ce que peuvent laisser penser les nombreux volets clos hors saison, la patrie d'Alain René Lesage (écrivain du XVIIIe s auquel on doit *Turcaret, Gil Blas* et *Le Diable boiteux*) est une ville qui vit à l'année. Bien sûr, sa population explose en été et l'animation y est différente, mais la vie des Sarzeautins ne s'arrête pas une fois les estivants partis.

SORTIE DE BAIN

On ne comprend pas bien pourquoi ni comment, mais c'est au presbytère de Sarzeau qu'échoua la fameuse baignoire dans laquelle Marat fut assassiné par Charlotte Corday en 1793. Elle fut ensuite vendue, au début du XXe s, par le clergé au musée Grévin à Paris. Le curé de la paroisse avait tout simplement besoin d'argent pour construire son école. Surprenante histoire qui aurait choqué Marat, ce révolutionnaire plutôt remonté contre le clergé !

Adresse utile

Office de tourisme : *rue du Père-Coudrin ; à l'angle de la rue du Général-de-Gaulle. ☎ 02-97-41-82-37. • rhuys.com • Juil-août, lun-sam 9h-12h30, 14h-18h30 ; dim 10h-13h. Le reste de l'année lun-sam 9h-12h, 14h-18h.*

Où dormir à Sarzeau et dans les environs ?

La Ferme de Lann Hoëdic : *rue Jean-de-la-Fontaine, à* ***Lann Hoëdic.*** *☎ 02-97-48-01-73. • camping-lannhoedic.fr • Ouv avr-fin oct. Pour 2 pers avec tente et voiture 15-19 € selon saison. Loc de mobile homes à la sem en saison, mais aussi pour 2-6 nuits hors saison.* Un très beau camping à la ferme, vaste et aménagé avec le plus grand soin. Au milieu des champs, une petite route goudronnée relie les emplacements dispersés sur de grandes pelouses habillées de nombreux arbres et de haies joliment composées d'espaces végétales variées. Une autre partie du camping, toujours aussi soignée, accueille les mobile homes. Également une très agréable salle commune, quelques animaux auxquels les enfants peuvent rendre visite et un bel espace jeux.

Les Genêts : *30, rue Sens, à* ***Saint-Jacques.*** *☎ 02-97-41-87-22. • camping-les-genets.com • Ouv avr-fin oct. Pour 2 pers avec tente et voiture, 12,60-20,40 € selon saison ; loc de mobile homes pour 2 à 6 pers à la sem en juil-août, et à partir de 2 nuits hors saison. (payant).* Un joli camping familial bien équipé et dans les terres, à 800 m de la plage. Soigneusement dessiné et entretenu, une grande partie du site est dédié aux mobile homes ; ceux-ci ont leurs propres allées et forment comme un petit village pas désagréable. Les emplacements de camping proprement dit sont beaux, arborés et agrémentés de nombreuses plantes, qui rendent le cadre vraiment agréable. Terrain de jeux, une piscine avec pataugeoire (de fin mai à fin septembre) ainsi qu'une belle salle de jeux et de lecture où se réfugier par vilain temps.

Camping La Grée Penvins : *8, route de la Chapelle. ☎ 02-97-67-33-96. 06-08-63-01-11. • info@campinglagreepenvins.com • campinglagreepenvins.com • Accès : à 9 km de Sarzeau, à la pointe de Penvins. Ouv 1er avr-30 sept. Prix tente en hte saison 14,30 €. Mobile homes à louer 172-610 €/sem. CB refusées. 125 empl.* Excellente situation pour ce camping familial au bord de la plage (accès direct !). En revanche, équipements simples et emplacements peu séparés, ombragés ou non. Accueil très aimable. Animaux non admis dans les mobile homes.

Chambres d'hôtes L'Alizé *(plan Penvins Banastère)* ***:*** *7, rue Marie-Le-Franc, à* ***Banastère.*** *☎ 02-97-67-37-05. • chambresdhotes-morbihan.fr • Ouv tte l'année. Double 55 €.* Une fort jolie situation que celle de cette maisonnette blanche située sur la promenade de Banastère. 2 petites chambres fraîches et coquettes avec fauteuils dans le jardinet sur l'avant pour profiter de l'air marin. Ambiance tranquille et accueil agréable.

Hôtel-restaurant Lesage : *3, pl. Duchesse-Anne, Sarzeau. ☎ 02-97-41-77-29. • horelrestaurantlesage@orange.fr • hotelrestaurantlesage.com • Doubles 69-130 €. Formules et menus 16-22 €, menu-carte 33 €. Apéritif maison offert sur présentation de ce guide.* En plein bourg, un très bel hôtel bien tenu par un couple sympathique et dynamique. Au rez-de-chaussée, le mariage de l'ancien et du moderne est harmonieux, tandis que dans les étages, les chambres ont adopté un style résolument contemporain très réussi. Un beau point de chute, indéniablement, d'autant que la table se défend très bien dans un registre traditionnel et de saison.

Hôtel Le Mur du Roy : *43, chemin du Roy ; à 1 km du village de* ***Penvins.*** *☎ 02-97-67-34-08. • contact@lemurduroy.com • lemurduroy.com • Resto fermé jeu, ven midi et dim soir hors saison. Congés : 15 déc-31 janv. Doubles 63-95 € selon vue et saison. Menus 27-47 € ; carte env 45 €.* Dans une impasse, face à la mer et Pénerf, un hôtel dont le principal atout reste la superbe situation avec une pelouse à l'avant aménagée de façon à ce que vous en profitiez pleinement. Malheureusement, la structure – à l'aspect extérieur plus fonctionnel qu'esthétique – accuse le coup des années et l'on vous fait payer cher la vue, en saison, pour le confort proposé. Heureusement, le tout est compensé par un accueil charmant, un petit déjeuner simple mais de qualité, et le resto à la cuisine de belle tenue.

Où manger à Sarzeau dans les environs ?

Bon marché

Pizza Rhuys : *allée des Ducs de Bretagne, à Sarzeau. 07-62-76-79-01. Ouv ts les soirs, tte l'année. Pizza 6-13 €.* Ce fou furieux de la pizza (champion de France des Pizzaïolos en 2013!) est presque devenu une institution sur la presqu'île. En tout cas, son camion et ses pizzas à emporter sont pour beaucoup une bénédiction certains soirs hors saison quand aucun autre établissement n'est ouvert ! Et en plus, c'est bon, très bon même. Il faut dire que les quelque vingt pizzas au feu de bois proposées sont toutes composées à partir de produits de qualité (volontiers bio et/ou locaux – tome de Rhuys, saumon d'Arzon, etc.). *Vous trouverez le camion (ou ses « petits frères ») presque partout le soir sur la presqu'île en été. Pour connaître les différents points de vente, procurez-vous un dépliant de la maison, ils sont partout !*

Les Viviers du port de Banastère : *56370* ***Banastère.*** *☎ 02-97-67-40-79. • contact@viviers-banastere.com •*

♿ *À quelques km à l'est de Saint-Colombier, par la D 199. Ouv en été slt, sur résa tlj midi et soir sf lun. Plats et dégustations env 10-16 €, huîtres 15 €/douzaine, plateaux de fruits de mer 54-80 € pour 2 pers.* Quelques tables dans le hangar, entre les étals ou sur la terrasse devant les viviers, et voilà le décor ! C'est que là, on est chez un producteur de produits de la mer. Ça grouille dans les aquariums et au service (parfois brouillon, mais peu importe...). À la carte, des huîtres bien sûr, mais aussi des moules-frites ou le poisson du jour, voire du homard. Les portions sont généreuses, la fraîcheur assurée et le petit verre de muscadet bien frais. Un endroit assez informel mais très fréquenté, tout indiqué pour les familles.

La Nurserie du Golfe : *à la* ***pointe de Bénance.*** *06-08-22-32-69. De mi-avr à fin oct, mer-dim 12h-13h30, 18h30-20h. « Apér'Huîtres », « Apéri'Terroir » ou « Apéri'Mer » env 10-13 €. Café offert sur présentation de ce guide.* Non seulement cette petite ferme aquacole ouvre ses portes au public pour la visite (lire plus loin « À voir. À faire. Côté golfe »), mais elle propose aussi des petites assiettes accompagnées d'un p'tit verre de vin. C'est très simple, mais quand les produits sont bons, tout va bien : huîtres et palourdes maison, charcuterie et autres spécialités de la presqu'île tartinées sur des toasts. Le parfait apéro, quoi ! Le tout dans un cadre informel et une ambiance conviviale.

Crêperie les Croquants : *à 200 m du château de Suscinio. ☎ 02-97-41-74-64. Ouv tlj sf lun hors saison. Congés : de mi-nov à début fév. Env 15 € la petite grignote. Apéro offert sur présentation de ce guide.* En sortant de la visite du château, on peut sans déplaisir profiter de la terrasse pour un verre (cidre de la presqu'île) et une crêpe. Très pratique, d'autant que le service est rapide.

Prix moyens

La Pergola : *21, rue Ker-An-Poul, à* ***Penvins.*** *☎ 02-97-67-40-80. ♿ Au cœur du village. Ouv tlj sf lun en saison ; le reste de l'année, slt jeu soir-dim. Congés : 10 j. mi-oct et 20 j. début janv. Menu 21 € déj en sem, puis 31-46 € ; carte env 45 €. Café offert sur présentation de ce guide.* Charmante et décontractée, voici une adresse où l'on travaille le poisson avec délicatesse. Cadre soigné et chaleureux, qui crée une ambiance sereine. Une des adresses préférées des locaux.

LE MORBIHAN

Où boire un verre dans les environs ?

Le Clifden Pub : *route du Golfe, à* ***Porh-Brillac.*** *☎ 02-97-26-84-48. • guenaclif@gmail.com • Dans un village à l'écart de la route Sarzeau-Arzon (au nord). Tlj sf dim soir et mer (slt mer midi l'été), 10h30-1h.* Un vrai pub irlandais comme si on y était, avec sa collection d'objets hétéroclites du sol au plafond, des boiseries sombres, une source inépuisable de *Guinness*, un billard dans un coin... Possibilité de grignoter et de s'en mettre plein les écoutilles lors des concerts folk ou blues. Un endroit très accueillant. L'Irlande, quoi !

Où acheter de bons produits dans les environs ?

Ferme fromagère de Suscinio : *route de Penvins, 56370* ***Sarzeau.*** *06-60-73-59-12. • tomederhuys@orange.fr • Sur la D 198 vers Penvins, peu après l'intersection pour le château. Pâques-Toussaint, tlj sf jeu mat et dim mat.* Un lieu qui mérite vraiment la visite, pour la bonne tome de Rhuys et autres fromages qui y sont produits, mais aussi pour l'accueil. Lui, un géant rouquin à la faconde remarquable, ne manque pas une occasion de chanter les louanges de ses vaches bretonnes pie noir; quant à sa femme, elle prend le temps, surtout à l'heure de la traite (17h30), de tout expliquer en détail aux

petits et aux grands.
Fumage artisanal d'Arzon : 9, av. du Général-de-Gaulle. ☎ 02-97-53-80-18. • fumage-arzon.fr • La maison mère de cette excellente conserverie artisanale se trouve à Arzon (voir la rubrique « Achats » à Arzon), mais la boutique de Sarzeau propose en plus d'excellents sushis bretons, nems maison, etc. Un délice !

Manifestations

– ***Concerts « Circuit chapelles » :*** *en juil-août.* Concerts dans les chapelles de la presqu'île de Rhuys, à la découverte du patrimoine religieux.
– ***Les Nocturnes historiques :*** *env 6 soirs de spectacles organisés en juil-août au pied du château de Suscinio. Programme disponible dans les offices de tourisme de la presqu'île.* Plus de 100 acteurs et figurants de la presqu'île font revivre un chapitre de l'histoire de la Bretagne médiévale.
– ***Les Créneaux de Suscinio :*** *en août, dans la cour du château de Suscinio. Programme disponible dans les offices de tourisme de la presqu'île.* Spectacle musical différent chaque année (le plus souvent, un opéra).

À voir. À faire

LE MORBIHAN

Sarzeau côté océan : le Sarzeau du château et des plages

Le château de Suscinio : *☎ 02-97-41-91-91. • suscinio.info • Avr-sept, tlj 10h-19h ; oct-mars, tlj 14h-18h (17h nov-janv) ; dernière entrée 1h avt la fermeture. Fermé 24-25 et 31 déc, et 1er janv. Entrée : 7,50 € ; réduc ; famille 16 € ; gratuit moins de 8 ans. Selon saison, plusieurs formules de visite au choix (parfois sur résa et avec supplément) : libre, guidée, avec un comédien en costume, en nocturne, et même des visites insolites ! Pour les enfants, des chasses au trésor et des ateliers patrimoine. La scénographie est encore en modification : des outils d'interprétation sont mis en place pour permettre au visiteur de mieux comprendre l'histoire du domaine. Sans oublier, tt au long de l'année, des temps forts culturels, et même un son et lumière à la belle saison, ainsi que des sorties nature dans les marais. Bref, mieux vaut consulter l'agenda (disponible dans les bureaux d'informations touristiques de la presqu'île) !*
Le célèbre château de Suscinio, dont la silhouette altière se reflète avec panache dans les douves, est l'un des musts du Morbihan. Tel qu'on le visite aujourd'hui, c'est une somptueuse résidence ducale des XIVe et XVe s, de l'époque de Jean IV et Jean V (1364-1442). Édifié à proximité immédiate de l'océan, le site est exceptionnel. À l'arrière, la forêt ducale, terrain très giboyeux qui garantissait de bonnes chasses et explique la faveur des ducs pour Suscinio. Des étangs et de beaux jardins s'étendaient au-delà des douves.
Acquis à l'état de ruine en 1965 par le conseil général du Morbihan, Suscinio a connu depuis d'importants travaux de restauration et a retrouvé l'essentiel de sa splendeur d'origine. La visite permet, par conséquent, de découvrir le grand corps de logis du XIVe s, les remparts, le logis du XVe s et la grande cour intérieure. On conseille vivement de prendre la visite guidée, ou de ne pas oublier le très bon audioguide. En effet, comme il s'agit d'un château vide (pas de mobilier), il est nécessaire de faire « parler la pierre ». Ainsi, salle de banquets, chapelle, salle de garde, chambres et même latrines sont autant de prétextes à d'excellentes explications sur l'architecture médiévale, l'histoire du duché de Bretagne, la vie quotidienne de l'époque... Dans le logis Est, le plus ancien et le seul intégralement restauré, on ne manquera pas de s'attarder sur les splendides pavements du XIIIe s et du XIVe s provenant d'une chapelle hors les murs, dont le sol, resté longtemps enseveli, fut redécouvert en état exceptionnel. C'est l'un des plus beaux exemples connus en

Europe ! Une intéressante exposition détaille les efforts consentis pour r… cinio de ses cendres. Après une balade par les chemins de ronde, on pa… logis du XVe s, dont la structure était sensiblement la même que celle du logis… La cour fait actuellement l'objet de fouilles, le château n'a donc pas fini de livrer… secrets...

Le Tour-du-Parc *(56370)* **:** bordée d'étiers, cette commune à l'entrée de la presqu'île est un centre renommé pour l'ostréiculture à Pencadénic ou Banastère. Découvrez, au hasard de vos promenades, les exploitations ostréicoles et leurs cabanes de chantier aux murs ornés de dessins pittoresques.

➢ ***Les transports maritimes du Lenn :*** *cale de Pen Cadénic. Tlj 9h-19h en juil-août ; slt le w-e en avr-juin et sept. Fermé oct-mars.* 📱 *06-82-69-16-13. Tarif : 2 € aller simple ; 3 € A/R (4 € A/R avec vélo).* 500 m de traversée sur un bateau à fond plat pour éviter le détour de 26 km jusqu'à la cale de Pénerf, à Damgan. Agréable traversée de 5 mn.

Penvins et la chapelle Notre-Dame-de-la-Côte : ce village fut construit le long de l'une des portes du parc de Suscinio. C'est aussi le début de la Rhuys « balnéaire ». Si l'on ne peut pas dire que le village soit un exemple d'aménagement réussi, on ne peut en revanche que tomber sous le charme de la chapelle Notre-Dame-de-la-Côte, petite bâtisse blanche trapue, en forme de croix grecque, fort joliment posée au bout de la pointe de Penvins. Construite en 1897 sur les ruines de deux autres chapelles, elle doit sa « survie » à l'abbé Buquen qui batailla ferme auprès des Allemands pendant la Seconde Guerre mondiale pour qu'ils ne la détruisent pas : ce côté de la presqu'île faisait en effet partir du mur de l'Atlantique et tous repères éventuels pour la navigation devaient être détruits. Aujourd'hui, la chapelle veille sur toutes les activités nautiques qui se déroulent à ses pieds (ou presque) ! Et puis, avant de la quitter, ne pas manquer de lever les yeux : n'est-ce pas superbe cette étendue de sable avec, en arrière-plan, les tours du château de Suscinio ?

Les belles plages de sable fin de Penvins, Landrezac et du Roaliguen : elles s'étendent sur 12 km et sont bordées de petites dunes (fragiles, donc on n'y met pas les pieds, merci !).

Sarzeau côté golfe : le Sarzeau des petites routes, des criques sableuses et des parcs à huîtres

➢ ***La route du Golfe :*** cette côte de Sarzeau n'a rien à voir avec celle donnant sur l'océan. Plus secrète, plus industrieuse, elle possède aussi comme énorme atout d'avoir davantage été épargnée par les constructions à tout-va. C'est peut-être là que l'on sent le mieux ce qu'a pu être Rhuys avant de devenir une destination touristique de premier plan. Pour découvrir cette côte, il est possible (et même fortement recommandé), depuis Sarzeau, de suivre la jolie *route du Golfe,* et l'idéal est de le faire à vélo. En suivant les ***petites routes*** en direction de ***Port-Navalo,*** n'hésitez pas à vous y engager, jusque dans les impasses, votre curiosité sera souvent récompensée : un port minuscule, quelques bateaux au mouillage, une jolie vue sur les îles du golfe... En vous aventurant vers la pointe de Bénance, Le Ruault, ou encore la pointe de Bréhuidic et l'adorable port du Logeo, vous pénétrerez au cœur de l'activité ostréicole de la presqu'île.

La Nurserie du Golfe : *à la* ***pointe de Bénance.*** 📱 *06-08-22-32-69.* • *lanurseriedugolfe.fr* • *Avr-oct, mer-dim 11h-12h. Entrée : 5 € ; gratuit pour les moins de 13 ans.* Non, vous ne venez pas là pour être gardé et bichonné, ce sont les huîtres qui le sont, ou plutôt le naissain... Du moins, les deux (huitres et naissains), car la dynamique patronne de cette écloserie est aussi une ostréicultrice. Besoin d'une petite explication ? Une écloserie, c'est l'endroit où sont produits les naissains (les

…) qui seront ensuite vendus aux ostréiculteurs. Les écloseries …de d'ouvrir leurs portes au public, alors ne ratez pas l'occa- …et de discuter en direct avec un acteur devenu aujourd'hui …le de l'ostréiculture. Et quand, en plus, l'acteur en question …n, fougue et beaucoup d'humour de son activité, ce serait … passer à côté ! Animation les soirs de pleine lune avec … et dégustation.

…ans les pas d'une ostréicultrice : *pointe de Bréhuidic.* 📱 *06-89-90-30-48.* • *marion-eude.com* • *Juil-août.* Marion Eudé perpétue une tradition familiale en exploitant un parc d'élevage de 9 ha ; elle a aussi à cœur de partager et transmettre son métier en proposant des visites pour découvrir la culture de l'huître. Elle vous dévoilera également son approche de la pêche à la palourde. Calendrier des visites disponible dans les offices de tourisme.

➢ Évidemment, tout cela se prête à la randonnée. Parmi les différentes balades, l'une d'entre elles, dans les environs de Saint-Colombier, permet de jeter un œil au superbe ***château de Kerlevenan*** et à son étonnante architecture italienne ! Précisons tout de même que Kerlevenan n'est en réalité qu'un exemple parmi la quarantaine de châteaux et manoirs que compte le canton (rien qu'entre Saint-Colombier et Le Logeo, vous croiserez le château susnommé, mais aussi ceux de Kergeoget, de Truscat et du Néret). Cela dit, tous n'ont pas aussi belle allure, et plus rares encore sont ceux en tuffeau (la pierre du pays étant plutôt le granit).

SAINT-GILDAS-DE-RHUYS [lokentaz]

(56730) 1 700 hab. *Carte Morbihan, B3*

Ce haut de lieu dans l'histoire de Rhuys est aujourd'hui un charmant village doté d'une ravissante place centrale à l'ombre de son abbaye (dommage, simplement, que les voitures y occupent autant d'espace), d'une belle plage (celle du Goh Velin), d'un délicieux petit port de plaisance à Port-aux-Moines, et même d'un beau golf 18 trous à Kerver. Autant dire que c'est une station de vacances très agréable. La belle saison passée, en revanche, les lieux tendent à s'assoupir et les volets à se clore...

LA VILLA DE KERMARIA

C'est à Saint-Gildas, ou plutôt à Port Maria, que fut construite la première villa balnéaire de la presqu'île, en 1889. Contrairement aux constructions de l'époque, rien ne fut fait pour la protéger des intempéries ; au contraire, elle trône, fière et élégante sur une pointe rocheuse exposée aux vents et aux intempéries. Elle n'était que la première d'une très looongue série à venir, mais au moins en ce temps-là, on construisait des résidences qui avaient du panache !

UN PEU D'HISTOIRE

On ne sait pas avec certitude d'où venait le fameux saint Gildas qui fonda le premier monastère de Rhuys en 530, mais on lui doit, en tout cas, d'avoir fait entrer la presqu'île de Rhuys dans l'histoire. L'abbaye connut, en effet, un très grand rayonnement religieux, intellectuel et économique jusqu'en 1772. Précisons cependant que l'actuelle abbaye n'est pas celle d'origine. Celle de saint Gildas, en effet, ne résista pas à l'envahisseur normand au début du Xe s et elle fut entièrement reconstruite entre le XIe s et XIIe s. À partir du Moyen Âge, cependant, elle entra en concurrence avec les ducs de Bretagne, devenus propriétaires des forêts de la presqu'île et bien décidés à ne pas laisser le pouvoir entre les mains de l'Église.

Adresse et infos utiles

Office de tourisme : *rue Saint-Goustan, en face de la mairie et la poste. ☎ 02-97-45-31-45. • rhuys.com • Juil-août, lun-sam 9h-13h, 14h30-18h30 ; dim 10h-13h. Avr-juin et sept, lun-sam 9h-12h, 14h-18h. Oct-mars, lun-ven 9h-12h.*

– **Marchés :** *dim tte l'année, plus un petit marché ts les mat en été.*

Où dormir ? Où manger ?

Campings

Camping municipal du Kerver : *chemin du Kerver. ☎ 02-97-45-21-21. • campingdukerver@hotmail.fr • campingdukerver.com • Mai-sept. Forfait 2 pers 12,10 €. Hébergement locatif 199-449 €/sem selon saison. 128 empl.* Petit camping sans prétention de 130 emplacements peu délimités et peu ombragés mais bénéficiant d'un bel environnement, face à l'océan, et très bien situé derrière la dune d'une plage superbe, qui a la cote... Aire de jeux pour les enfants, lave-linge.

Camping Le Grand Guitton : *80, route du Cossay. 06-88-58-29-68. • campinglegrandguitton.e-monsite.com • Juste avt Saint-Jacques en venant de Saint-Gildas ; panneau discret à l'entrée. Ouv mai-fin sept. Pour 2 pers avec tente et voiture, env 16 €. 77 empl.* Un camping tranquille et d'une grande simplicité : de longues bandes de pelouse, deux allées d'arbres variés, un bloc sanitaire nickel, des emplacements bien ombragés et d'autres pas du tout. La végétation variée et fournie qui entoure le site donne l'impression d'être en pleine campagne. Et pourtant, tendez bien l'oreille : vous entendez en fond sonore le bruit des vagues ? La plage, accessible par un sentier, est juste derrière la petite dune couverte de végétation. Accueil détendu et souriant.

Sur le pouce

Le Bus 56 : *port au Moines. 06-41-61-56-56. Juil-août, tlj 12h-22h ; Pâques-juin et sept, ven-dim. Bus Burger 6-9 €, galettes-crêpes 3-7 €.* Garé au bout d'un parking, avec d'un côté la vue sur la plage et de l'autre sur le port : ce bus orange et blanc, avec sa terrasse aux tables et chaises assorties, vous offre un cadre naturel de choix. Dans l'assiette, du simple, du bon : des *Bus Burger* au pain artisanal ou des crêpes et galettes à accompagner d'une bière ou d'un cidre local. Possibilité de s'attabler à l'abri par temps de pluie.

De prix moyens à plus chic

Le Vert d'O : *94, rue de Guernevé. ☎ 02-97-45-25-25. Dans une petite rue perpendiculaire à la plage des Govelins. Tlj sf dim soir-mar midi en saison ; fermé dim soir-jeu midi hors saison. Menus 21-42,50 €.* Tenue par des jeunes dynamiques, voici une adresse qui a beaucoup d'atouts en poche : le cadre (une salle lumineuse à la déco charmante et très actuelle, ou terrasse en surplomb de la mer), l'accueil charmant, et la cuisine soignée élaborée par une gourmande qui ne s'économise pas ! Ses plats sont modernes, plein de couleurs et d'idées, et préparés avec des produits locaux de qualité.

Le Café de la Place : *pl. Mgr-Ropert. ☎ 02-97-45-24-68. Congés : janv. Formule déj en sem 13 € ; à la carte, compter 25 €.* Belle terrasse sur la place, salle de bistrot à l'ancienne pleine de caractère, avec son escalier qui conduit à une seconde salle plus intimiste... Un cadre plaisant donc, à l'image d'une cuisine du jour sans complication mais agréable : rillettes de sardines fraîches pour l'apéro, poisson et petits légumes croquants, et bon point pour le café gourmand, vraiment gourmand !

À voir

L'abbatiale : *visite guidée possible en juil-août, tlj sf sam ap-m, dim mat et cérémonies religieuses, 10h-12h, 16h-18h ; sur résa hors saison. Infos à l'office de tourisme.* Elle mérite bien une visite, cette abbatiale, car elle possède un chœur (chapiteaux romans) et un transept de style roman, chose rarissime en Bretagne. Bénitiers en pierre à l'entrée. Dans le déambulatoire, plusieurs pierres tombales. La visite guidée donne accès à la sacristie. Celle-ci abrite un trésor de grande qualité artistique, un des plus beaux ensembles de Bretagne : calices, croix, châsses en bois du XIVe s, reliquaires contenant les ossements de saint Gildas, etc.

La pointe du Grand Mont et son sémaphore : sur le sentier côtier du Grand Mont (de la plage du Goh Velin vers Saint-Jacques), on longe pour les atteindre des falaises escarpées entrecoupées de criques et de très belles plages. Table d'orientation qui situe au large Belle-Île-en-Mer, Houat, Hoëdic, Quiberon, Carnac, le Croisic et Guérande, que l'on peut apercevoir par temps clair.

Le musée des Arts, Métiers et Commerces : *sur la D 780, sur la droite en venant de Sarzeau, rond-point du Net. ☎ 02-97-53-68-25 ou 📱 06-80-24-99-41. • musee-arts-metiers.com • Juil-août, tlj sf dim mat, 10h-12h, 14h-19h ; le reste de l'année, ts les ap-m sf lun (pour nov-déc et fév, téléphoner avt). Fermé en janv. Entrée : 6,50 € ; réduc. À noter que le billet donne droit à 2 visites dans la même sem. Visites guidées irrégulières : téléphoner pour connaître l'horaire de la prochaine. Sinon, on fournit un guide très complet pour aider à la visite.* 2 siècles de tradition artisanale à travers les métiers du bois, du fer ou du cuir, présentés avec l'art et la manière par des passionnés. Reconstitution de dizaines de boutiques et ateliers oubliés (la pharmacie, le barbier...), avec outils, mobilier, jouets (Bécassine n'a pas été oubliée !), etc. Entre autres ! Car ce musée pittoresque et attachant s'intéresse aussi à l'école (avec le tableau noir et les pupitres en bonne place), aux traditions populaires (très riche collection de dentelles, coiffes et costumes bretons), ou à toutes sortes de thématiques comme les jouets anciens (superbes voitures Citroën des années 1920 aux années 1960). Assez unique en son genre et riche en anecdotes insolites.

– En juillet-août, un jour par semaine, démonstration de broderie, dentellière aux fuseaux ou présence d'un compagnon du devoir.

Pour vous remettre, prenez donc un petit noir au *bar* années 1930... En plus, il est offert !

ARZON [arzhon-rewiz]

(56640) 2 130 hab. *Carte Morbihan, B3*

Située à la pointe de la presqu'île de Rhuys, entre le golfe du Morbihan et l'Atlantique, la commune d'Arzon présente une géographie tentaculaire. On y trouve d'une part le bourg même d'*Arzon, Port-Navalo* et les villages traditionnels *(Tumiac, Le Monténo, Kerners...)*, témoins d'une activité ancienne tournée vers la mer ; et d'autre part, le *Port-du-Crouesty*, station moderne et très touristique en été (mais esthétiquement pas bien

folichonne), autour de l'un des plus grands ports de plaisance de la façade atlantique.
La pointe de la presqu'île offre de belles plages et des promenades agréables sur les bords du golfe du Morbihan, sur le sentier du littoral et dans les landes. En revanche, quand on sait que le nombre total de logements y est de 6 080 pour une population de 2 130 habitants, on comprend aussi que la physionomie et l'ambiance de cette partie de Rhuys changent du tout au tout selon les saisons.

TCHOUTCHOU !

Entre 1910 et 1947, un petit train reliait Vannes à Port-Navalo, via toutes les communes les plus importantes de la presqu'île. Il lui fallait en tout un peu plus de 2h pour parcourir les 46 km. Ce train servait au transport des passagers, bien sûr, mais aussi à celui des médicaments, des huîtres du Logeo, des journaux, du courrier, ainsi qu'à celui des bêtes les jours de foire aux bestiaux. Très utilisé entre 1910 et 1919, le petit train commença ensuite à se voir préférer les autocars. L'ancienne gare de Port-Navalo abrite aujourd'hui un cinéma !

Adresses et info utiles

Office de tourisme : *rond-point du Crouesty, au* ***Port-du-Crouesty.*** *☎ 02-97-53-69-69. • rhuis.com • En juil-août, lun-sam 9h-13h, 14h-19h ; dim 10h-13h, 15h-18h.*

Location de vélos : ***Abbis Location*** *(au* ***Port-du-Crouesty ;*** *☎ 02-97-53-68-89.)* ***Les Cycles de l'Océan*** *(50, rue Centrale, à* ***Arzon ;*** *☎ 02-97-53-74-19).*

– **Marchés :** *lun mat vac scol de Pâques, w-e prolongés et juil-août au* ***Port-du-Crouesty ;*** *mar mat tte l'année à* ***Arzon,*** *sur la pl. de l'Église ; ven mat Pâques-Toussaint à* ***Port-Navalo.***

Excursions en bateau et liaisons avec les îles

Bateaux réguliers pour Belle-Île : *à* ***Port-Navalo,*** *avec* ***Navix,*** *☎ 0825-132-100 (0,15 €/mn), • navix.fr •, la* ***Compagnie du Golfe,*** *☎ 02-97-01-22-80, • compagnie-du-golfe.fr • et les* ***Vedettes du Golfe,*** *☎ 02-97-44-44-40 • vedettes-du-golfe.fr • Pâques-sept. Billetterie au point de vente* Navix *de Port-Navalo.* Ça permet d'éviter l'engorgement de Quiberon. Parking gratuit à l'entrée de la ville, navette gratuite pour rejoindre le port (juil-août).

Balades en mer vers les îles du golfe du Morbihan ou de l'océan : *à* ***Port-Navalo.*** De l'embarcadère, les vedettes de la ***Compagnie du Golfe,*** des ***Vedettes du Golfe*** *(☎ 02-97-44-44-40),* de ***Navix*** et de l'***Angélus*** *(☎ 02-97-49-42-53 ; • vedettes-angelus.com •)* proposent des croisières dans le golfe. Plusieurs formules à la demi-journée ou à la journée avec escales ou non à l'île aux Moines et l'île d'Arz (l'*Angélus* ne dessert pas Arz). Également des sorties pour l'île de Houat ou l'île de Hoëdic en juil-août, mais slt avec *Navix* et l'*Angélus.*

Sorties en mer ou dans le golfe sur des vieux gréements :

– ***Sur le Krog-e-Barz :*** *au départ de* ***Port-Navalo.*** *☎ 02-97-49-42-53. • krog-e-barz.com • Tarifs : 59 € pour Houat et Hoëdic, 35 € pour une sortie en rivière d'Auray ; réduc 4-12 ans.* Un langoustier de 1909, reconstruit en 1992, sur lequel faire des sorties en mer d'une journée vers les îles de Houat ou de Hoëdic. Participation aux manœuvres requise ! Possibilité de louer le bateau pour une sortie personnalisée. Également des sorties apéro sur la rivière d'Auray.

– ***Sur la Betelgeuse :*** *au départ du* ***Port-du-Crouesty.*** *06-62-38-39-87. • la-betelgeuse.com • Env 46 € pour la journée, 22 € la sortie apéro ou* *coucher de soleil ; réduc.* Sorties vers les îles de Houat ou de Hoëdic ou dans le golfe du Morbihan, à bord d'un cotre norvégien. Là encore, vous serez mis à contribution !

***Le Passeur des Îles :** à **Port-Navalo.** ☎ 02-97-49-42-53. • passeurdesiles.com • Traversées entre Port-Navalo et **Locmariaquer.** Départs tlj ttes les heures 9h-19h en juil-août ; slt 3-4 départs/j. en juin et sept. Env 7 € l'A/R ; réduc. Passage vélo possible.*

– Noter que la même compagnie propose des départs pour aller au marché à Vannes (1 fois/sem) et des excursions vers l'***île d'Arz*** et l'***île de Gavrinis*** (sinon, il faut se rendre à Larmor-Baden pour cette dernière visite) au départ de Port-Navalo. Également des traversées vers l'***île aux Moines,*** mais depuis le port de Kerners.

Où dormir dans le coin ?

***Camping municipal du Tindio :** 2, rue de Bilouris, à Arzon. ☎ 02-97-53-75-59. • letindio@arzon.fr • camping-arzon.fr • ♿ Accès : vers le nord, direction pointe de Kerners. Ouv Pâques-Toussaint. Prix tente en basse saison : 12,90 €. Prix tente en hte saison : 17,10 €. Loc de chalets : 273-698 €/sem. 214 empl.* Grand camping très fréquenté mais encore agréable et bien entretenu. Emplacements bien délimités, ou logements dans une série de cottages de bon confort. Bonne étape et des conseils sur la région.

***Port Sable :** 20, chemin du Toulassais, à **Port-Navalo.** ☎ 02-97-53-71-98. • camping-arzon.fr • ♿ Ouv avr-sept. Pour 2 pers avec tente et voiture, 13-17 € selon saison.* Au milieu d'un lotissement, mais débouchant sur la plage de Port-Sable (en contrebas), un très beau site, très légèrement vallonné. Ceux qui souhaitent garder les yeux rivés sur le grand bleu devront renoncer aux emplacements ombragés. Pour les autres, de plantureux pins déploient leurs branches pour vous protéger du soleil. Ce sont d'ailleurs ces grands arbres qui apportent une partie de son charme au camping. Ensemble bien conçu et bien tenu, avec de beaux blocs sanitaires et un terrain de jeux pour enfants à l'écart des emplacements.

***Hôtel Glann Ar Mor :** 27, rue des Fontaines, à **Port-Navalo.** ☎ 02-97-53-88-30. • info@glannarmor.fr • glannarmor.fr • Fermé déc-fév. Doubles 66-85 € selon saison.* Il règne encore dans cette maison l'ambiance agréable des pensions de bord de plage d'autrefois. Les chambres y sont sans effet de manche côté déco et pas très grandes (sans parler de certaines salles de bains), mais l'ensemble est avenant, frais et bien tenu. Accueil agréable.

***Le Crouesty :** rue du Croisty, au **Port-du-Crouesty.** ☎ 02-97-53-87-91. • hotellecrouesty@wanadoo.fr • hotellecrouesty.com • À deux pas du port, le long du bd de la Résistance. Fermé de mi-nov à mi-fév. Doubles 79-189 € selon saison, confort et vue.* Établissement récent, à l'aménagement contemporain soigné et à l'atmosphère reposante dans les parties communes. Chambres impeccables et spacieuses, de très bon confort et avec un bel effort sur la déco, épurée et chaleureuse. Accueil très sympathique. Une belle adresse qui a de la personnalité.

Où manger à Port-Navalo ?

***Le Marin :** 10-12, bd de la Rade. ☎ 02-97-53-87-99. • lemarin56@free.fr • Devant le vieux port. Tlj sf lun midi en saison ; ouv slt sam, dim et j. fériés hors saison. Fermé nov-janv. Menus 24-36 € ; carte env 40 €. Café offert sur présentation de ce guide.* Salle sans chichis avec vue sur les bateaux, impeccable pour goûter de bons fruits de mer et des poissons cuisinés simplement (choucroute de poissons et crustacés, dos de cabillaud, etc.). Accueil sympathique et service pas pressant.

Où boire un verre ?

Le Green : *9, pl. des Huniers, au* ***Port-du-Crouesty.*** *☎ 02-97-53-91-94. Sur le port. Tlj en saison jusqu'à 1h. Congés : de la Toussaint aux vac scol de fév.* Belle terrasse et un petit côté lounge à l'intérieur, parmi les nombreux commerces du quai. Bons cocktails, salades, crêpes, glaces, etc.

Où danser ?

Le Marcellin : *20, quai des Cabestans, au* ***Port-du-Crouesty.*** *☎ 02-97-53-67-38. Sur le parking de la capitainerie. Tlj en saison. Interdit moins de 20 ans. Tenue correcte exigée.* C'est LE bar de nuit de la station, où se retrouvent les trentenaires sur les airs des années passées. Déco originale d'une grande pièce aux vieilles poutres de bois.

Achats

Fumage artisanal d'Arzon : *23, rue Centrale, à Arzon. ☎ 02-97-53-80-18. • fumage-arzon.fr •* La merveilleuse conserverie artisanale de Patrick Chauchard propose d'excellents produits. Évidemment, il y a le saumon maison fumé à la main au sel de Guérande, mais aussi plein d'autres petits délices comme les blinis à accompagner d'un délicieux tarama au corail d'oursin, la sauce au saumon pour agrémenter un plat de pâtes, les bocaux de sardines... Un petit palais de la tentation pour qui aime les produits de la mer bien traités et mis en boîte avec respect.

À voir. À faire dans le secteur

➢ ***Visites guidées :*** *infos à l'office de tourisme. ☎ 02-97-53-69-69.* Randonnées pédestres à la découverte de la presqu'île. Balades contées et théâtralisées également, une fois par semaine en général.

ARZON

Souvent éclipsé aujourd'hui par ses célèbres quartiers de Port-Navalo et du Crouesty, ce petit bourg était pourtant, il y a encore quelque temps, l'une des villes les plus réputées de la région pour ses fiers pêcheurs. Heureusement, il résiste encore à la spirale du tourisme à grande échelle. On y trouve la poste, la mairie, l'école et quelques commerces. Surtout, de là, partez découvrir ses hameaux tranquilles, baignés dans les odeurs de goémon, qui bordent le golfe, où la côte très découpée et paisible est restée préservée. Les nombreux sites mégalithiques que vous découvrirez au détour des petites routes sont bien la preuve qu'Arzon n'est pas née d'hier !

L'église d'Arzon : *ouv en permanence.* Reconstruite et agrandie en 1815. Voir les vitraux de chaque côté du chœur, représentant le combat naval de Schooneveldt, auquel prirent part 42 marins d'Arzon sur le *Foudroyant* le 7 juin 1673, et le pèlerinage d'action de grâces de ces mêmes marins à Sainte-Anne-d'Auray en décembre de la même année.

La pointe de Bilgroix : c'est probablement l'endroit (avec la pointe du Monteno) qui offre un des points de vue les plus impressionnants de tout le Morbihan. On peut apercevoir sur sa gauche, l'île de Méaban et sa réserve ornithologique, et l'étonnant point de jonction entre les eaux du golfe et celles de l'océan. Même par temps calme, vous pourrez voir les vagues soulevées par le courant de marée. Sa vitesse peut approcher les 9 nœuds (16,6 km/h) ! Autant vous dire qu'à contre-courant, la plupart des bateaux ne passent pas. Ils attendent patiemment ce que les marins appellent la « renverse ». En face, les très jolies plages de Locmariaquer. À droite, le dédale d'îlots du golfe.

Le moulin de Pen-Castel : *au nord d'Arzon, en passant par Kerners.* Ce moulin à marée existe au moins depuis le XIIe s. Le bâtiment actuel, du XVIIe s et parfaitement conservé, est l'un des plus beaux de Bretagne. Il fut en activité jusqu'en 1914. Restauré, il accueille désormais de très nombreuses expositions temporaires gratuites, mais également des concerts, des ateliers et des rencontres (programme auprès de l'office de tourisme).

Le tumulus de Tumiac (communément appelé *La butte de César*) **:** *très visible à 150 m de la D 780, après le rond-point de Kerjouano en venant d'Arzon.* Ce tumulus est la plus ancienne des sépultures préhistoriques de la presqu'île (4790-4530 av. J.-C.). Il mesure 20 m de haut et 86 m de diamètre, et un sentier permet de monter au sommet (c'est un peu le belvédère de la presqu'île... sauf que la vue sur la D 780 n'est pas des plus jolie !). Le site est communément appelé ***La butte de César,*** car Jules César y aurait établi son observatoire pour suivre le déroulement de la bataille qui opposa ses galères aux lourds vaisseaux des Vénètes à l'entrée du golfe, en 56 av. J.-C...

■ ***Kayak de mer :*** *avec* ***Kerners Kayak,*** *au port de* ***Kerners.*** *06-80-32-34-93. • kerners-kayak.com •* Randonnées, stages, week-ends, etc. pour tous les niveaux. Balades sympas avec arrêt à l'île d'Ilur. Également une base au port du Logeo, sur la commune de Sarzeau.

PORT-NAVALO

À l'entrée du golfe du Morbihan, tout au bout de la presqu'île, ce joli mouillage vous changera des marinas « industrielles » de la région. C'est ici qu'était basée l'imposante flotte de bricks et goélettes utilisée par les gens d'Arzon pour le trafic de marchandises. Cette petite baie avait au XIXe s une activité maritime considérable, entraînant derrière elle artisans, entrepôts et magasins de toutes sortes. Le déclin du port fut « sauvé » par la mode des bains de mer et l'arrivée du tourisme qui lui offrirent une reconversion toute trouvée.

Le phare : il ne se visite pas, mais du port, une promenade facile et aussi accessible aux personnes à mobilité réduite vous y conduit. Lors de sa construction au XIXe s, le phare trônait encore seul sur sa pointe, tout au bout de la presqu'île. Quant à la vue, même si les paysages se sont sans doute transformés au fil des ans, des siècles, elle n'en reste pas moins très belle.

PORT-DU-CROUESTY (ou LE CROUESTY)

Sortie de terre dans les années 1970 et constamment agrandie jusque dans les années 2000, cette station balnéaire et son port en eau profonde sont le cœur battant de la presqu'île en été. Cafés, restaurants et boutiques grouillent alors de monde et d'animation. Mais si vous y venez hors saison, quand les nombreuses résidences secondaires et de tourisme se vident de leurs occupants, vous découvrirez un autre Crouesty : fini le monde, fini la vie ; le port, qui accueille près 1 450 bateaux à l'année, ressemblent alors davantage à un garage géant qu'à un lieu bouillonnant d'activité. Pour vous consoler de ce manque d'activité et de l'œuvre des promoteurs qui ont bien amoché le coin au fil des ans, vous pourrez toujours aller vous offrir un café ou une cure (tout dépend de votre budget !) au Miramar, l'hôtel-bar-restaurant et, surtout, centre de thalassothérapie ouvert (presque) toute l'année !

> **ON Y PERD SON LAT**
> **OU SON BRETON !**
>
> *Rue Croisty, chapelle … du-Crouesty, Port-Crou… c'est quoi ce bazar ? C'est le Croisty … le Crouesty ? Les deux, mon capitaine ! Le Croisty est l'ancien nom du Crouesty, prononcé à la manière de Rhuys. Quant à Port-du-Crouesty et Port-Crouesty, c'est plus une histoire de raccourcis ! Le vrai nom est Port-du-Crouesty, mais celui-ci dans le langage parlé tend de plus en plus à devenir Port-Crouesty.*

Le cairn du Petit-Mont : *avr-juin et sept, tlj sf mer 14h30-18h30 ; juil-août, tlj 11h-18h30 ; dernière entrée 45 mn avt fermeture. Entrée : 6,60 € ; réduc. Visite guidée ou libre. À noter que le billet donne droit au* pass des Mégalithes, *qui offre des réduc dans les autres sites du circuit (Table des Marchand à Locmariaquer, cairn de Gavrinis, alignements et musée de Carnac).* Ce tumulus domine l'ensemble du port du haut de ses 41 m. C'est l'un des monuments mégalithiques majeurs du golfe du Morbihan. À l'époque de sa construction, 5 000 ans avant notre ère, le golfe du Morbihan n'était que collines ! Le blockhaus d'à côté, datant de la Seconde Guerre mondiale, est devenu un hall d'information sur les mégalithes de la presqu'île de Rhuys.

La chapelle du Croisty : *ouv slt pour les visites, 14 juil-fin août, tlj 17h-19h. Bénédiction des bateaux le 15 août.* Selon la légende, saint Gildas aurait demandé qu'à sa mort, afin d'éviter qu'on ne se dispute sa dépouille, son corps soit déposé dans une barque laissée ensuite à la dérive. Et c'est ce que firent, en 565, les moines de l'abbaye de Saint-Gildas-de-Rhuys. Trois mois plus tard, cependant, la barque fut retrouvée, échouée sur les rochers, avec à l'intérieur le corps intact du saint. Les moines firent alors bâtir à cet endroit un oratoire pour y déposer la croix de procession. Malheureusement celui-ci, situé trop près de la mer, ne résista pas à ses assauts, pas plus que ceux construits ensuite. Il faudra attendra 1826 pour que l'on construise la chapelle actuelle, et en léger retrait de la côte cette fois-ci !

– **La thalassothérapie :** *au* **Miramar,** *Institut de thalassothérapie. ☎ 02-97-53-49-36. • miramarcrouesty.com •* Enveloppements aux algues reminéralisées ou aux huiles essentielles, cocooning future maman, formules jeunes mamans, modelages divers, ostéopathie aquatique : le Miramar vous en propose des choses pour vous bichonner, vous détendre ou vous remettre d'aplomb ! Pour cela, nul besoin de loger sur place ; en revanche, il vous faudra peut-être faire quelques économies... Pour un coup de folie ou pour qui souhaite vraiment se faire plaisir à bord de ce qui ressemble à un grand paquebot, dans un beau cadre, serein et feutré.

Les grandes plages et très belles ***plages du Fogeo, de Kerver*** et de ***Kerjouanno*** font le réputation de la presqu'île.

Manifestations au Port-du-Crouesty

– ***La semaine du golfe :*** *w-e de l'Ascension (année impaire).* Grande fête maritime qui rassemble plus de 1 000 bateaux.
– ***Festival Place aux Mômes :*** *ts les mer pdt l'été, ainsi qu'à Pâques et à la Toussaint.* À côté de l'office de tourisme, spectacles pour enfants : jonglerie, marionnettes, chants...
– ***Festival les Arzonnaises :*** *ts les lun en juil-août à 21h au Crousty, les mar à Port-Navalo 21h, les dim à Pen Castel 20h30.* Concerts gratuits de groupes de la scène émergeante bretonne.

…égates de Port-Navalo : *port du Crouesty, BP 27. En juil. Rens et ins-…ons au* ***Yacht-Club*** *du Crouesty-Arzon : ☎ 02-97-53-78-07.* • *ycca.net* • …ements anciens, modernes et... *fest-noz* à la fin !
- **Le Mille Sabords du Crouesty :** *w-e de la Toussaint. Rens : ☎ 02-97-53-74-43.* • *lemillesabords.com* • Le 1er salon nautique européen de l'occasion.

LA ROCHE-BERNARD, LA VILAINE MARITIME ET L'ARRIÈRE-PAYS

LA ROCHE-BERNARD (AR ROC'H-BERNEZ)

(56130) 815 hab. *Carte Morbihan, D3*

Accrochée sur la pente de la rive gauche de la Vilaine, La Roche-Bernard s'étend sur 42 ha. Cette « Petite Cité de caractère » a décidément beaucoup de charme, grâce à la fois à la patine de l'histoire et à sa situation géographique originale. Beaucoup de maisons anciennes, dont certaines construites à flanc de rocher. Le bourg, avec ses petits passages et ruelles, autour de la belle place du Bouffay, plonge par endroits dans un autre siècle.
La mairie s'est installée dans la *Maison du canon* : un hôtel particulier de 1599, de style Renaissance. Tout autour, quelques maisons des XVIIe et XVIIIe s rappellent la gloire d'une ville portuaire où l'on a construit en 4 ans, selon les recommandations de Richelieu, le premier vaisseau à trois ponts, *La Couronne,* lancé en 1635. L'*Auberge des Deux Magots,* aujourd'hui transformée en hôtel, possède encore un soubassement en granit et une façade remarquable avec des fenêtres en anse de panier. Plusieurs autres beaux bâtiments méritent le coup d'œil. Notez d'ailleurs, en vous promenant, les 23 panneaux mis en place par la ville, qui donnent d'intéressantes informations sur l'histoire et le patrimoine de la cité.
Si, par chance, vous vous trouvez dans le bourg un jeudi, jour du marché, le voyage dans le temps sera complet.

UN PEU D'HISTOIRE

On connaît les nombreuses et mesquines polémiques engagées entre les députés républicains lors du découpage des départements, en 1790. Alors que certains voulaient un sixième département autour de Saint-Malo, on convint, non sans mal, d'échanger Redon contre La Roche-Bernard, entre l'Ille-et-Vilaine et le Morbihan. Pour des raisons stratégiques, dit-on, les deux rives des estuaires doivent appartenir au même département. C'est pourquoi La Roche-Bernard, pourtant à l'évidence sous l'influence de Nantes, fait partie du Morbihan. Soit ! On s'incline, cette toute petite commune rayonne sur le pays de Vilaine et se présente comme la porte d'accès au Morbihan.
Elle doit son nom au chef viking Bernhardt, qui, le premier, apprécia à sa juste valeur l'intérêt du promontoire dominant la Vilaine. Ce fut au cours des siècles un fief protestant, puis républicain : les Bleus la baptisent La Roche-Sauveur ! Des chantiers navals s'installent autour d'une anse bien abritée où se trouve maintenant un joli petit port de plaisance.

Adresses utiles

Tourisme Arc Sud Bretagne – antenne de La Roche-Bernard : *14, rue du Docteur-Cornudet. ☎ 02-99-90-67-98.* • *tourisme-arc-sud-bretagne.com* • *Juil-août, tlj 10h-19h ; le reste de l'année, lun-sam*

9h30-12h30, 14h-18h. Accueil serviable. Document détaillant le circuit d'interprétation du patrimoine. Billetterie pour les bateaux-croisières sur la Vilaine ou dans le golfe du Morbihan, ainsi que pour les parcs animaliers et récréatifs. Topoguides de randonnées pédestres, circuits VTT FFC, etc.

Le port : *2, quai Saint-Antoine.* ☎ *02-99-90-62-17.* • *roche-bernard.com* • Petit port de plaisance dynamique avec ses 563 places à flot et sa capitainerie, 200 places à terre avec le « Port fonctionnel ».

■ ***École de voile et location de canoës-kayaks :*** ***Loisirs Temps Libre,*** *Le Pâtis.* ☎ *02-99-90-83-25 ou* 📱 *06-74-57-32-19.* • *loisirs-temps-libre.fr* • ♿ *Tlj en juil-août ; sur résa hors saison.* École de voile à partir de 4 ans, canoë-kayak, stand up paddle (location, stage, balade), formation permis bateau, mais aussi arts du cirque et tir à l'arc...

Les Vedettes Jaunes : *voir plus loin « Adresses utiles » au chapitre « Muzillac ».* ☎ *02-97-45-02-81.* • *vedettesjaunes.com* • Embarquement tlj à La Roche-Bernard en été.

Balades sur la Vilaine au départ de La Roche-Bernard : à bord du ***Morwenna*** *(📱 06-08-08-19-68 ;* • *morwenna.fr* •*).* Sur un vieux gréement pour découvrir la Vilaine à la voile : balade, balade apéro, location sorties en mer, nuit à bord. Ou à bord du ***Bato-Margot*** *(📱 06-98-88-32-16 ;* • *bato-margot.com* •*).* Balade de 1h *(avr-sept).*

Où dormir ? Où manger ? Où boire un verre ?

Camping

Camping municipal Le Pâtis : *3, chemin du Pâtis (sur le port de plaisance).* ☎ *02-99-90-60-13* • *camping.lrb56@gmail.com* • *camping-laroche-bernard.com* • ♿ *Ouv début avr-fin sept. Forfait tente 2 pers 14,50-17 € selon saison. Mobile homes 231-641 €/sem. 5 % de réduc sur présentation de ce guide.* Bien équipé et très bien situé, voici un joli petit camping d'environ 70 emplacements très arborés. Location de vélos et jeux pour les enfants. Non loin des commerces et en bord de Vilaine.

De bon marché à prix moyens

|●| ***Les Copains d'à Bord :*** *quai Saint-Antoine, Le Vieux-Port (au pied du rocher).* ☎ *02-99-90-81-03. Fermé mer, plus le soir sf sam oct-mars. Congés : vac scol de fév et de la Toussaint. Le midi, formules 13-17 € ; menus 26-34 € ; carte 34 € env.* Ce bateau à quai (stabilisé !), le *Jacques-Cassard,* s'est transformé en resto. Le patron a décroché le titre de « Maître restaurateur », garantie d'une cuisine maison à base de produits de qualité. Plutôt rare pour ce genre d'adresse ! Le poisson et les fruits de mer y sont à l'honneur, même s'il y a quelques options de viande pour les irréductibles. En dessert, ne manquez pas l'assiette Breizh avec son assortiment de pâtisseries bretonnes. Déco traditionnelle d'un intérieur de bateau en bois restauré. Tables petites, qui engendrent une certaine promiscuité, et un peu de bruit quand il y a du monde. Mais c'est tellement pittoresque...

|●| 🍷 ***Le Sarah B. :*** *9, quai Saint-Antoine, Le Vieux-Port.* ☎ *02-99-90-74-60.* • *contact@lesarahb.fr* • *lesarahb.fr* • *Tlj sf lun soir hors saison. Formule le midi 9,80 € ; plats 10-13 € env. Apéritif offert sur présentation de ce guide.* Un lieu, un site, une terrasse ! Ancien théâtre sur le vieux port, labellisé « Café de pays », devenu lieu branché tous styles, à l'image du mobilier de récup et de la musique. Ambiance agréable pour boire une bière bretonne ou un thé devant un jeu de société. Partager une assiette de charcuterie, un bol thaï ou une copieuse tartine gratinée, entre copains, fait partie du plaisir au *Sarah B.* Voir aussi leur programmation de concerts et spectacles.

De chic à beaucoup plus chic

L'Auberge Bretonne : *2, pl. Duguesclin. ☎ 02-99-90-60-28. • contact@auberge-bretonne.com • auberge-bretonne.com • Resto fermé dim soir-mar midi. Doubles 70-140 € selon confort ; triples 115-150 €. Le midi en sem, formule 17,50 € (verre de vin compris) et menu 26 € ; autres menus 37-76 €. Apéritif offert sur présentation de ce guide.* L'ombre de l'ancien chef, Jacques Thorel, semble encore planer sur cette belle auberge bretonne... La déco est inchangée, classique et cossue, et les chambres, spacieuses et hyper confortables, affichent à ce titre un rapport qualité-prix remarquable. Côté cuisine, même constat, même si le chef a su, ici, imposer sa patte. Des produits frais et locaux, subtilement relevés d'une touche d'épices et d'exotisme. Le midi, c'est une franche aubaine avec des menus gourmands tout ce qu'il y a de plus accessible. À vouloir trop bien faire, le service finit par paraître un peu guindé et ampoulé. Dommage, mais à ce prix-là, on ne boudera pas son plaisir !

Le Domaine de Bodeuc : *route de Saint-Dolay, 56130* ***Nivillac.*** *☎ 02-99-90-89-63. • contact@hotel-bodeuc.com • hotel-bodeuc.com • À 7 km au nord-est de La Roche-Bernard. Accès par la D 34 ; fléchage à Izernac. Congés : janv. Doubles 85-120 € selon confort et saison ; chambres-atelier avec balnéo, suites et familiales 142-220 € ; voir les offres spéciales. Dîner 30 €.* Manoir du XIXe s, niché au calme dans un parc arboré et verdoyant de 15 ha, avec piscine chauffée. Les chambres cossues, classiques et modernes de cet hôtel familial sont personnalisées Art déco, Directoire ou campagne. Petit coup de cœur pour la vue depuis la n° 9, sous la charpente, ou pour la n° 6, « Harmonie ». Celles de l'annexe, en retrait dans la propriété, sont tout aussi mignonnes. Belle cuisine bretonnante du marché, franche, fraîche et simple au dîner uniquement (pour les résidents). Accueil dévoué et attentionné... dont on peut profiter à l'apéro, au coin du feu.

LE MORBIHAN

Où dormir dans les environs ?

Chambres d'hôtes et gîte rural du Moulin du Couëdic : *lieu-dit Saint-Cry, 56130* ***Nivillac.*** *☎ 02-99-90-62-47. • moulin-couedic@wanadoo.fr • moulin-couedic.com • À 9 km de Nivillac, à faire en suivant le fléchage. Compter 50-55 € pour 2 et 90-95 € pour 3-4. Gîte 4 pers 300-480 €/sem selon saison. Repas sur résa 23 €. Apéritif offert sur présentation de ce guide.* Ferme à l'architecture moderne, en rase campagne, qui a perdu son moulin depuis bien longtemps. Dîner copieux, composé quasi exclusivement de produits de la ferme. Et goûtez-nous ce far breton au lait de la ferme ! Quant aux 4 chambres, elles sont simples, champêtres et d'un bon rapport qualité-prix. Accueil familial et chaleureux. Nombreuses jolies promenades aux alentours, jusqu'à la Vilaine.

À voir. À faire

Le musée de la Vilaine maritime : *Vieux Quartiers. ☎ 02-99-90-67-98. Ouv tlj de mi-juin à mi-sept, 10h30-12h30, 14h30-18h30. Entrée : 3 € ; réduc.* Un agréable musée sur trois niveaux, qui retrace l'histoire maritime de la Vilaine (secteur géographique allant de l'estuaire de la Vilaine à Redon), et les arts et traditions populaires de la région. Ce bâtiment est construit sur le rocher de la rive gauche de la Vilaine, comme le reste de la ville, et ses cinq niveaux accrochés sur le rocher surplombent insolemment l'étier. Édifiée aux XVIe et XVIIe s, cette belle demeure dans laquelle vous pénétrez (sans doute celle d'un riche négociant) a, paraît-il, reçu la visite, il y a plus de 3 siècles, d'une reine et d'un roi, Henriette Marie de France, épouse du roi d'Angleterre, et Jacques II. Mais l'histoire de cet hôtel particulier reste mystérieuse à bien des égards. À l'intérieur, reconstitution d'un atelier de bottier, plusieurs maquettes de bateaux d'époque, quelques coiffes et costumes traditionnels, explication des techniques pour faire les toits en roseaux de Brière... Évocation de la Bataille des cardinaux (1759), qui opposa les flottes française et anglaise, et exposition de couronnes et globes de mariage. Également une pittoresque cabine de chasse-marée (ça sent encore le vieux poêle !) et cette salle dédiée au navire La Couronne, avec sa maquette qui a demandé plus de 2 500 heures de travail.

La maison de l'Abeille : *8, rue du Passage. ☎ 02-99-90-79-50. En descendant vers le port. Petite exposition ouv juil-août tlj 10h30-12h, 14h30-19h ; avr-juin et sept-déc, lun-sam 15h-18h30. GRATUIT.* Ruche vivante, panneaux, vitrine avec quelques objets anciens et surtout une boutique qui fleure bon le miel et la cire. Convivial et pédagogique. Vidéo.

– Allez à la rencontre des nombreux ***artisans d'art*** du centre-ville : souffleur de verre, vitrailliste, perlière d'art, potier, peintre mosaïste... *Rens à l'office de tourisme.*

➢ ***Circuit d'interprétation du patrimoine :*** demander le plan du parcours à l'office de tourisme. Prévoir environ 1h30 pour faire le tour des 23 « modules » disséminés dans la ville. En ville, penser à longer le vieux quartier en prenant le *chemin du Ruicard* (près du musée et du jardin public), qui surplombe le port et mène jusqu'au rocher et son canon.

➢ La campagne alentour est bien agréable et mérite qu'on s'y promène. Plusieurs circuits de randonnées pédestres et VTT balisés la parcourent (plans et topoguides en vente à l'office de tourisme). Essayez, par exemple, ces adorables petits chemins qui surplombent la Vilaine côté rive gauche, à l'ouest de La Roche. On peut aussi, pour se faire peur ou prendre de beaux clichés, emprunter la ***passerelle piétonne*** qui court sous le pont du Morbihan, à 40 m au-dessus de l'eau ! Pour les amateurs, il existe d'ailleurs un « circuit des ponts » !

– ***Flottille de vieux gréements :*** dans le vieux port, une association qui réunit des propriétaires passionnés de vieux gréements. Ils restaurent, entretiennent et font naviguer ce patrimoine vivant. La flottille participe à de nombreux rassemblements maritimes dans la baie de la Vilaine.

Fêtes et manifestations

– ***Vilaine en Fête :*** *ts les 2 ans, les années paires, la semaine de l'Ascension.* Manifestation sur le thème du nautisme, avec la participation de la Flottille traditionnelle de Basse Vilaine. Concerts, expositions, baptêmes, parade nocturne des vieux gréements...
– ***Festival des Garennes :*** *en août.* Festival de musique dans le cadre bucolique des jardins des Garennes, sur le port de La Roche-Bernard.
– ***Visites et circuits patrimoine, festival Photo*** pour redécouvrir la cité, au fil d'un itinéraire photo dans la ville. Concerts, expos, fêtes traditionnelles, fête au Port, etc. : *tt au long de l'été.*

DANS LES ENVIRONS DE LA ROCHE-BERNARD

Le château de Léhélec : *56350* ***Béganne.*** *Sur la D 20, entre Redon et Muzillac. ☎ 02-99-91-84-33. ♿ Visite en juil-août slt, tlj sf mar, 14h-19h. Entrée : 5 € ; réduc.* Belle maison du XVIe s en schiste rouge avec dépendances. Petit musée de meubles et objets anciens de campagne. Salle d'exposition d'aquarelles et de peintures à l'huile.

LE MORBIHAN

Le port de Folleux : *56130* ***Nivillac.*** Ambiance très nature dans ce petit port, où la Vilaine abandonne les marais pour un paysage de ria.

➢ ***Balade sur le canal de Nantes à Brest :*** il est possible de passer de la Manche à l'Atlantique via Dinan, Rennes, Redon, La Roche-Bernard, pour déboucher sur le grand large. Une bonne idée peut consister en un rallye d'eau de mer et d'eau douce entre La Roche-Bernard, Josselin, Pontivy, Hennebont, l'île de Groix, Belle-Île, et retour à La Roche-Bernard. Si vous possédez un bateau, à moteur bien sûr, qui cale moins de 1,15 m, voilà une idée routard marin extra. À votre disposition, la location de coches d'eau en différentes escales de cet itinéraire et sur l'Aulne, dans le Finistère.
– ***Renseignements :*** *au* ***Comité des canaux bretons et voies navigables de l'Ouest,*** *à* ***Pontivy*** *(56300). ☎ 02-97-25-38-24. • canaux-bretons.net •*

PÉNESTIN [pennestin]

(56760) 1 560 hab. *Carte Morbihan, C3-4*

LE MORBIHAN

Sur la rive gauche de l'embouchure de la Vilaine, Pénestin (prononcez « Pénétin ») tient probablement son nom du commerce maritime de l'étain, organisé par les Phéniciens. C'est un site plein de ressources. N'y a-t-on pas découvert, sur le flanc d'une falaise, un bloc de quartzite taillé sur deux faces par les pithécanthropes il y a au moins 300 000 ans ? La présence de l'homme-singe sur cette partie de la Bretagne remonte sans doute à 900 000 ans ! Attraction numéro 1, la *plage de la Mine-d'Or.* Le site doit son nom à une mine exploitée vers la fin du XIXe s et abandonnée faute de rendement. Mais le routard baigneur et rêveur préférera peut-être y voir une allusion à ce sable micacé d'or (enfin, ne vous ramenez pas avec vos tamis, ce n'est qu'une façon de parler), bordé par une falaise atypique (classée) d'un ocre puissant nervuré de gris. Le coucher de soleil y vaut le déplacement, mais essayez de tomber sur la marée haute parce que, à marée basse, c'est un peu envasé (côte nord, au niveau de l'embouchure de la Vilaine).
À part ça, Pénestin reste une plaisante station balnéaire, avec 14 plages de sable fin, et un haut lieu de la mytiliculture, récemment labellisé « Site remarquable du Goût » : la culture traditionnelle des moules de bouchot fournit près de 5 000 t/an, sans compter les autres coquillages. Sachez que pour préserver son environnement, la ville multiplie les aménagements afin d'éloigner les voitures (nombreux parkings à l'entrée de la ville) et faire place aux vélos (circuits) et aux ramasseurs de coquillages (sur la route des Coquillages). Belles initiatives !

Adresses utiles à Pénestin et dans les environs

ℹ @ ***Office de tourisme :*** *allée du Grand-Pré. ☎ 02-99-90-37-74. • penestin.com • À l'entrée de la ville. Début juil-fin août, lun-sam 9h30-13h, 14h30-18h30 et dim 9h-13h ; avr-début juil et sept-oct, lun-sam ; nov-mars, lun-ven (horaires plus restreints). Fermé certains j. fériés ou ouv le mat slt.* Entre autres infos touristiques, billetterie pour les bateaux vers le golfe ou la Vilaine et le parc de Branféré. Brochures payantes (circuits balisés et topoguides). Accueil charmant, attentionné et disponible.

■ ***Location de vélos :*** ***Brico Loisirs,*** *74, rue du Calvaire. ☎ 02-99-90-35-92.* ***Mini Golf de la Mine d'Or,*** *06-74-57-29-45.*

■ ***Association Mer et Nature :*** *40, rue de l'Église. 06-08-52-53-50.*

• *brigitmetayer@wanadoo.fr* • Une invitation à découvrir autrement le littoral, à mieux connaître les activités « coquillages » de la région. Visites à pied à marée basse dans les parcs conchylicoles, entre autres randonnées, sur 2 sites autour de Pénestin. Environ 1h30 de sortie *(5 €/pers).* Pensez à apporter vos jumelles et vos bottes !

■ ***Club nautique de Pénestin :*** *plage de Poudrantais.* ☎ *02-99-90-32-50.* • *cnpenestin.com* • École de voile, de l'initiation au perfectionnement, stages sur plusieurs jours. Catamaran, kayak de mer, etc.

■ ***Location de vélos et kayaks :*** ***Au Gré du Vent,*** *port de plaisance, 56130* ***Camoël.*** ☎ *02-99-90-56-91 ou* 📱 *06-20-67-49-92.* • *augreduvent.fr* • *Entre Pénestin (à 6 km) et La Roche-Bernard.* Location à l'heure ou à la journée de kayaks, bateaux à moteur avec ou sans permis. Parcours à la journée, à la demi-journée ou au coucher du soleil, en mer ou en rivière. Équipe sympa.

■ ***Les Ailes d'Or – parapente :*** *falaise de la Mine-d'Or,* ***Pénestin.*** 📱 *06-08-21-95-30 (M. Crusson pour tarifs et baptêmes).* Les vols ont lieu en soirée. Sur le site officiel de la Mine-d'Or, site unique en Europe pour son départ d'une falaise classée qui surplombe la mer.

■ ♿ ***Plage de Poudrantais – baignade :*** à retirer au club nautique, un « hippocampe » et un « tiralo » qui permettent la baignade pour les personnes à mobilité réduite.

Où dormir ? Où manger ? Où boire un verre à Pénestin et dans les environs ?

Campings

⛺ ***Yelloh ! Village le Domaine d'Inly :*** *route de Couarne, Pénestin.* ☎ *02-99-90-35-09.* • *inly-info@wanadoo.fr* • *camping-inly.com* • ♿ *Indiqué sur la route de La Baule. Ouv de mi-avr à mi-sept. Forfait 2 pers 19-42 € selon saison. Loc 273-1 323 €/sem. 500 empl.* 📶 Vaste camping 4 étoiles étendu dans un parc de 15 ha. Parfaitement équipé. Nombreuses activités : piscines chauffées avec toboggan, bain bouillonnant, restaurant, jeux, tennis, étang pour la pêche, centre équestre, club enfants en saison... Également différentes gammes de tentes et chalets-cottages en location à la semaine.

⛺ ***Camping Les Pins :*** *chemin du Val-au-Bois-de-la-Lande.* ☎ *02-99-90-33-13 ou 88.* • *camping.lespins@wanadoo.fr* • *camping-despins.com* • ♿ *Accès : sur la route de La Roche-Bernard. Ouv d'avr à mi-oct. Prix tente : 10,40-21,70 €. Loc de mobile homes et chalets 195-690 €/sem. 185 empl. 3 sem de loc pour le prix de 2 en juin, sept et oct ; 5-12 juil, réduc de 50 €/sem sur le locatif sur présentation de ce guide.* Ce camping fait dans la convivialité. Il mérite bien son nom. Une ambiance familiale bon enfant. Plusieurs activités pour petits et grands. Piscine.

Bon marché

🏠 ***Relais international de la jeunesse de La Mine-d'Or :*** ☎ *02-99-90-30-22.* • *clajnantes@wanadoo.fr* • *clajbretagne.org* • *Au bord de la plage de la Mine-d'Or, sous les arbres. Ouv mai-oct. Env 10 €/pers, avec petit déj. 20 € avec le repas. Adhésion à l'association obligatoire 4 €/pers.* 📶 *Apéritif offert sur présentation de ce guide.* Le CLAJ, comme on dit ici ! On y prend le repas commun autour de la table familiale. L'hébergement se fait en chambres (dans une authentique chaumière bretonne !) et en bungalows l'été. Si on ne peut plus y planter sa tente, le fonctionnement et le projet du relais s'inscrivent toujours dans un mode de tourisme participatif : « La vaisselle se fait toujours à la main. Il convient tout particulièrement à ceux qui recherchent la vie naturelle et le grand air entre amis. » Dans tous les cas, apporter son duvet. Capacité d'environ 60 lits.

De prix moyens à chic

L'Ancre d'Or : *55, rue de la Plage, la Mine-d'Or, à Pénestin. ☎ 02-99-90-38-92. • ancredor3@wanadoo.fr • hotel-penestin.com • À proximité immédiate de la plage de la Mine-d'Or (1,5 km du centre de Pénestin). Congés : 3 sem en janv. Doubles 60-100 € selon saison et confort.* Situation idéale, pratiquement sur la plage et à proximité du bourg. Hôtel moderne, coquet et familial avec ses 10 chambres colorées et confortables, certaines avec terrasse et vue sur mer (notre coup de cœur pour « Belle-Île marine »). Accueil souriant d'une hôtesse dévouée.

À voir. À faire

La Maison de la mytiliculture : *15, rue du Port. ☎ 02-23-10-03-00 (mairie). Sur le port de Tréhiguier. Juil-août, tlj 10h30-12h30, 15h-18h ; se renseigner pour le reste de l'année. Entrée : 3,70 €.* Exposition pédagogique sur la croissance de la moule, les outils et techniques des mytiliculteurs. Pas des quantités d'objets, mais on apprend le principal et on découvre plus en détail les conditions de travail des pêcheurs. Cadeau bonus : la grimpette des dernières marches de cet ancien phare offre un panorama divin sur l'estuaire.

➢ **Le sentier côtier :** *il longe la mer sur près de 12 km.* Magnifique ! Particulièrement à marée basse, quand la mer – en se retirant – découvre les bouchots par milliers... Plusieurs documentations et topoguides en vente à l'office de tourisme. Depuis le petit port de Poudrantais, on accède à la pointe Laboureur. Jolies villas balnéaires et adorables « sam'suffit ». Tout au bout, la belle et secrète maison Art déco du peintre illustrateur Jean-Émile Laboureur, qui immortalisa en son temps les premières nudistes, des garçonnes de la ville venues s'ébattre à l'abri des criques. Nombreux autres sentiers dans les terres, accessibles aux vélos.

Fête et manifestations

– **Festival Place aux Mômes :** *ts les lun pdt les vac scol. GRATUIT. Infos à l'office de tourisme.* Danse, musique, cirque, spectacles, etc. Tout pour les enfants.
– **Fête de la Moule :** *début août, sur le joli port de Tréhiguier.* Bal, feu d'artifice et... moules-frites !

MUZILLAC [muzilheg]

(56190) 4 400 hab. *Carte Morbihan, C3*

Chef-lieu de canton, Muzillac fait office d'étape sur l'axe Nantes-Quimper. Au bourg, quelques belles vieilles façades et la chapelle de Penesclus. Pour se dégourdir les jambes, faire un tour à l'étang de Pen-Mur, joli site, le long des chemins de randonnées aménagés aux alentours, ou jusqu'au barrage d'Arzal et son port de plaisance pour profiter des activités nautiques. À part ça...

Adresses utiles

Tourisme Arc Sud Bretagne – antenne de Muzillac : *pl. Saint-Julien (pl. de l'Hôtel-de-Ville). ☎ 02-97-41-53-04. • tourisme-arc-sud-bretagne.com • Juil-août, lun-sam 9h-30-13h, 14h-19h et dim*

10h-12h30 ; le reste de l'année, lun-sam 9h30-12h30, 14h-18h. Gestion des locations de vacances et du mini-golf (location de clubs). Billetterie pour les spectacles, croisières, tarifs réduits pour le parc de Branféré... Topoguides circuits randos *(5 €)* et VTT *(4 €)*. En été, propose des journées-découvertes (rendez-vous du patrimoine, visite de la ferme, randonnées, initiation pêche à pied, sorties nature, marché du terroir, etc.). Bon accueil, sympa et avisé.

Les Vedettes Jaunes : *au barrage, 56190* ***Arzal.*** *☎ 02-97-45-02-81.* *• vedettesjaunes.com •* Propose des sorties en remontant la Vilaine, en croisière-promenade, repas ou dîner aux chandelles.

Où dormir ? Où manger ? Où boire un verre dans le coin ?

Camping

Camping de Kernéjeune : *Kernéjeune, 56190* ***Arzal.*** *☎ 02-97-45-01-60. 06-18-79-65-10. • contact@camping-de-kernejeune.com • camping-de-kernejeune.com • À 8 km au sud de Muzillac ; prendre la direction Billiers, puis, à la sortie de la ville, suivre Arzal ; c'est à 7 km sur cette petite route qui mène à l'embouchure de la Vilaine. Ouv 1er avr-1er oct. Prix tente : 10,30-18,50 €. Loc de chalets, caravanes et mobile homes 220-650 €/sem ; possibilité w-e. 58 empl. Frais de dossier de résa offerts et réduc de 5 % tte la période sur présentation de ce guide.* Un site paisible et ombragé, avec plusieurs équipements. Balades à faire dans les alentours, dont une jusqu'à la Vilaine. Piscine.

De bon marché à prix moyens

Hôtel-restaurant Les Genêts d'Or : *5, rue du Couvent. ☎ 02-97-41-68-49. • lecouedic.fabrice@orange.fr • hotel-lesgenetsdor.com • (resto). En plein centre. Fermé dim soir. Doubles 42-50 €. Menu midi 11,50 € ; autres menus 15-25 €.* Peu d'adresses en ville, mais il reste *Les Genêts d'Or*, un petit hôtel complètement rénové, fidèle à sa catégorie et à ses petits prix. Chambres simples et bien tenues. Au rez-de-chaussée, le bar des habitués et un resto (menus ouvriers le midi, plus élaborés le soir). Tenu par un jeune couple sympathique.

Restaurant La Marée : *9, pl. Saint-Julien. ☎ 02-97-41-51-49. • lamaree56@orange.fr • Fermé lun, plus dim soir hors saison. Formule et menu 14-18 € le midi en sem ; autres menus 27-36 €.* Depuis que Sonia et Sébastien ont repris cet établissement, *La Marée* connaît un vent de jeunesse et un regain de fréquentation. Cette jolie bâtisse en pierre est composée d'un côté d'un bar avec terrasse, où l'on sert des plats du jour extraits de la carte d'à côté, c'est-à-dire le resto, tous deux fraîchement rénovés. Côté resto donc, une cuisine simple, instantanée, à base de produits frais et en majorité de la mer. Les menus sont fréquemment renouvelés, et la formule du jour, un poil inventive, est d'un imbattable rapport qualité-prix. Service aimable comme tout. Ils ont tout compris, ces deux-là ! Mieux vaut réserver.

Le Brassin Belge : *2, rue de la Paix, 56190* ***Le Guerno.*** *☎ 02-97-42-87-16. • brassin.belge@wanadoo.fr • brassinbelge.com • Fermé lun midi, plus lun soir et le midi mar-ven hors saison. Congés : de mi-sept à début oct. Réduc de 5 % sur achat cave sur présentation de ce guide.* On trouve plus d'une centaine de bières belges, certaines monumentales, d'autres inconnues. Ne sont représentées que des petites brasseries familiales et artisanales. Une pression : celle de la maison ! Également des cidres locaux sélectionnés, du chouchen, des chocolats belges et du miel de pays. Adorable petit jardin et concerts/spectacles réguliers. Pique-nique accepté si l'on prend une bière... ou autre chose.

Plus chic

🏠 🍽 ***Le Manoir de Bodrevan – La Table de Yann :*** *manoir de Bodrevan, 56190* ***Noyal-Muzillac.*** *☎ 02-97-45-62-26. • contact@manoir-bodrevan.com • manoir-bodrevan.com • ♿ À 3,5 km de Noyal-Muzillac, par la D 153 (ou la D 15) ; fléché depuis le centre. Fermé 24-26 déc. Doubles 92-157 € selon saison. Menu unique 39 €, hors boissons, slt sur résa 48h avt. Sur présentation de ce guide, 5 % de réduc sur le prix de la chambre.* Un hôtel aux allures de chambres d'hôtes... Le manoir, typiquement breton, est magique, et son charme opère dès le portail ! Pour qui rêve de nature et de repos, un magnifique jardin et 6 chambres ou suites meublées et décorées avec passion (mais dans un style chargé plutôt kitsch et pompeux – autant prévenir), aux noms plutôt évocateurs : « Fontaine de Jouvence », « Anne de Bretagne », « Brocéliande », « Merlin et Viviane », etc. La plupart immenses, certaines en duplex ou avec une grande cheminée. Excellente table : Yann, artisan cuisinier terre-mer, personnalise sa cuisine du marché pour ses amis « invités », hôtes d'exception... qui se sentent « comme chez eux, chez lui ».

Manifestations

– ***Les Jeudis de l'été :*** *juil-août, à 19h. Infos à l'office de tourisme.* Spectacles éclectiques et concerts gratuits dans la rue, sur les places, dans les jardins et les salles.
– ***Festiv'Arz :*** *le 15 août, à* ***Arzal.*** *Infos à l'office de tourisme.* Un énorme *fest-noz* avec danse, musique et jeux bretons, son et lumière, feu d'artifice, etc.

DANS LES ENVIRONS DE MUZILLAC

👥 ***Le moulin de Pen-Mur :*** *à la sortie de la ville, bien indiqué. ☎ 02-97-41-43-79. • moulin-pen-mur.com • ♿ Juil-août, tlj sf sam mat et dim mat, 10h-12h30, 14h30-19h (dernière visite à 17h30), visites guidées ttes les heures ; hors saison, se renseigner. Entrée : 6 € ; réduc. Vente de papier vierge, enluminures, arbres généalogiques, etc.* Manufacture de papier, fabriqué encore à l'ancienne, avec des chiffons (oui, allez voir !). Cet ancien moulin à farine au bord de l'étang de Pen-Mur connaît une seconde vie en perpétuant la grande tradition papetière bretonne (du XVe au XVIIIe s, plusieurs dizaines de moulins fabriquaient du papier dans la région). Il appartint au duc François II, le père de la duchesse Anne. La visite, guidée, permet d'en apprendre long sur les techniques de fabrication et de découvrir quelques belles pièces, comme la roue et l'impressionnante pile à maillets. Malheureusement, les autorités locales ayant décidé de ne plus alimenter le moulin en eau, la roue a cessé de tourner... et ce beau moulin pourrait bien fermer. Quelle tristesse !

👥 👨‍👧 ***Le parc de Branféré :*** *Branféré, 56190* ***Le Guerno.*** *☎ 02-97-42-94-66. • branfere.com • ♿ À env 10 km au nord-est de Muzillac. Ouv tlj : en principe juil-août, 10h-19h30 ; 12 avr-4 juil et 2 sept-2 nov, 10h-18h30 ; de mi-fév à début avr, 13h-18h. Dernière entrée 1h30 avt la fermeture. Entrée (à confirmer sur le site) : env 19 € (17 € en basse saison) ; réduc, notamment de 1,50 € en achetant le billet sur Internet ou dans certains offices de tourisme de la région.*
Placé sous le patronage de la Fondation de France. Le parc botanique (essences rares) a été aménagé au XVIIIe s. Le parc animalier, lui, a été créé par un couple de routards passionnés, qui ont rapporté de leurs voyages des espèces animales du monde entier. Leur but : recréer en Bretagne, sur 40 ha, un lieu de rencontre entre les mondes animal, végétal et humain, un petit Éden où tous les animaux sont en liberté. La superbe plaine africaine en est un exemple. Cela explique le concept un

peu surprenant de ce parc où l'on peut voir, approcher et toucher près de 1 00… maux parmi lesquels 120 espèces d'oiseaux et de mammifères, dont certaines … voie de disparition (gibbons, aras hyacinthe, lémuriens, girafes du Niger, pandas roux). Également des loutres d'Asie, des phoques veaux marins et des manchots de Humboldt. D'avril à septembre, avec pour toile de fond le parterre du château, original et passionnant *spectacle d'oiseaux,* ponctué par le magnifique envol de dizaines de cigognes et autres : oies, perroquets, échassiers, cormorans, pélicans... pour la joie et le ravissement de tous ! Vraiment superbe. En saison également, on peut en profiter pour s'offrir quelques sensations fortes avec le *Parcabout :* 3 000 m de filets (clin d'œil à la marine) tendus entre et autour des arbres entre 2 et 8 m de haut, sur lesquels on peut se balader sans entrave dans la position souhaitée.
Ce lieu est tellement authentique que Nicolas Hulot l'a choisi pour y implanter son *école de sensibilisation à la biodiversité,* qui s'adresse essentiellement aux jeunes de 6 à 22 ans. Des rencontres autour de Nicolas Hulot et des personnalités du monde de l'environnement, des arts et du spectacle y sont organisées. Activités insolites, culturelles et festives, et nombreuses animations d'avril à septembre. Tout le parc s'inscrit dans une démarche écocitoyenne (eau, déchets, conservation des espèces menacées, restauration, énergies, fournitures, etc.) et un concept de biodiversité. Resto nature (menus élaborés à base de produits bio, locaux ou du commerce équitable) sur place, avec de grandes baies pour mieux observer la vie des bêtes... Également un concours de photos *(avr-sept).*

Le Guerno *(56190) : à env 8 km à l'est de Muzillac par la route de Redon.* Village classé « Bourg du patrimoine rural ». Église Notre-Dame en forme de croix latine, avec chevet circulaire. Dite « des Templiers », l'église fut construite au XIIe s par les hospitaliers et remaniée aux XVe et XVIe s. Son clocher est une tour cylindrique à toiture conique, une « tour poivrière » en termes exacts, couronnée d'un lanternon sous lequel on aurait gardé un morceau de la Vraie Croix... (voir aussi la commune de La Vraie-Croix, près de Questembert).
– ***Marché des produits du terroir :*** *mar 17h-21h en juil-août.*

Noyal-Muzillac *(56190) :* le 2e village du canton classé « Bourg du patrimoine rural ». C'est assez rare pour être signalé. Ce bourg possède moins d'unité que Le Guerno, car les maisons anciennes en côtoient de bien plus modernes. Mais en y regardant de près, Noyal-Muzillac recèle de petits trésors. Faites un tour sur la *place de l'Église,* avec le nez levé bien haut : ces belles lucarnes ouvragées, datant des XVIe et XVIIe s, ornaient les demeures de la noblesse locale. Dans le genre Renaissance encore, la petite *poste* se pose là. Ravissante. Entrez dans l'*église Saint-Martin.* Tous les styles architecturaux s'y rencontrent : la base et la tour sont romanes (XIe s), des ajouts (voûtes gothiques) ont été faits aux XVe et XVIIIe s, et comme la nef s'est effondrée, les travaux ont repris au XXe s. Elle abrite notamment trois superbes huiles du XVIIe, retrouvées en piteux état et admirablement restaurées. Autres pièces dignes d'intérêt : la *fontaine Saint-Martin* (1839) et le petit *lavoir,* ainsi que la *chapelle de Brangolo.* Mais tout cela mérite de plus amples explications. Contactez un guide à la Maison du patrimoine, sur la place de l'Église.
– Une exposition différente chaque été : nature, histoire, architecture du village.

Arzal *(56190) :* vous aurez peut-être à y passer pour vous rendre sur la rive sud de la Vilaine sans passer par La Roche-Bernard. En effet, le barrage d'Arzal-Camoël enjambe la rivière, retenant au passage 40 millions de mètres cubes d'eau. Le plus grand barrage d'estuaire en Europe. Construit en 1970 pour remédier aux fréquentes inondations induites par l'envasement de la Vilaine, il retient aussi une poignée de plaisanciers dans son port bordé de feuillus et de pins.
– On y trouve la ***passe à poissons,*** *que l'on peut visiter moyennant 2 € ; gratuit moins de 18 ans. ☎ 02-99-90-99-79. Mai-juin, ouv w-e et j. fériés 15h-19h (dernière visite à 18h) ; juil-sept, mer-dim aux mêmes horaires. Slt en visite groupée, 17 pers max (les groupes se constituent sur place).* En gros, on voit des poissons passer derrière une vitre, et ça permet de suivre leur migration. On dénombre

…oissons empruntant ce chemin, dont le saumon, l'alose et la lam-
…e a été spécialement aménagée pour les anguilles et les civelles.

BILLIERS [Beler]

(56190) 730 hab. *Carte Morbihan, C3*

Cette jolie commune rurale, avec son petit bourg délicat, du haut de cette butte dominant les marais et la mer, a un on-ne-sait-quoi de très séduisant. Curieuse église phare en plein centre du bourg, offrant une vue jusqu'à l'océan.
Un peu plus loin, vers le sud et la mer, allez donc jeter un coup d'œil à la pointe de Pen-Lan, où vous pourrez laisser votre voiture à l'entrée du village pour en faire le tour à pied, et profiter du bon air marin ! Voyez les petites impasses, le phare rouge et blanc qui trône au sommet de « la butte », et l'adorable petit port de pêche séparé des belles plages de Bétahon par un mini-estuaire (un « étier », pour les initiés), large d'une dizaine de mètres. À marée basse, on y ramasse les coquillages (côté port).
À noter, l'aménagement d'une piste cyclable et piétonne entre le centre-ville de Billiers et Pen Lan, qui longe la mer, les landes, les marais… et les vaches ! Un paysage tout bonnement magique.

Où dormir ? Où manger ?

Plus chic

Chambres d'hôtes Les Glycines : *chez Marie-Ange et Jean Michenaud, 17, pl. de l'Église. ☎ 02-97-45-69-68 ou 06-24-29-72-90. • marieange@lesglycinesmorbihan.com • lesglycinesmorbihan.com • Compter 98-118 € pour 2 selon confort et saison, 118-138 € pour 3-4. CB acceptées. Remise de 10 % sur la chambre hors saison sur présentation de ce guide.* 2 chambres et 3 suites (dont une avec coin de vue sur mer), pleines de vie et de couleurs, chacune avec sa personnalité. Toutes possèdent de spacieuses et superbes salles de bains (avec douche à hydrojet). Espace jeux pour les enfants, ainsi qu'un grand et beau séjour à disposition, sans oublier le jardin et le sauna…

Beaucoup plus chic

Domaine de Rochevilaine : *à la pointe de Pen-Lan. ☎ 02-97-41-61-61. • domaine@domainerochevilaine.com • domainerochevilaine.com • Tlj. Doubles 170-286 € selon confort et saison ; familiales 294-470 € ; petit déj 24 €. Menus 42 € le midi en sem, puis 76 €. Apéritif offert sur présentation de ce guide.* *Relais & Châteaux* classé 4 étoiles. Fascinante reconstruction, en bord de mer, d'un guet ducal et de ses dépendances. Suites à la déco thématique très élégantes, avec vue imprenable sur mer. Autres chambres plus modestes, au sein de l'espace thalasso. 2 piscines, dont une d'eau salée, parc fleuri, vue panoramique sur l'estuaire de la Vilaine, calme absolu. Luxueux spa avec balnéo, massages, soins esthétiques, espaces fitness et aquatiques, etc. Pour une petite folie, en somme !

À faire

Sorties en mer sur La Belle de Vilaine : *rens, 06-47-75-52-32. • belledevilaine.fr •* Réplique unique d'une chaloupe « pontée à cul rond et pavois ajouré » de 1887. Croisières d'une journée à plusieurs jours *(pas donné, car il faut au préalable prendre sa carte de membre auprès de l'association).*

DAMGAN

(56750) 1 610 hab. *Carte Morbihan, C3*

Cette station balnéaire familiale et populaire, dotée d'une plage de 6 km de long, reçoit énormément de monde en été. Sa population est alors probablement multipliée par 40. Son parc de résidences secondaires, par rapport à la population permanente, la classe au premier rang du Morbihan. À noter, une vaste capacité d'accueil en campings et en résidences, toutes catégories. Bon site pour les activités nautiques, la plage est sûre, et la station en partie abritée des vents d'ouest par la presqu'île de Rhuys. Le climat y est doux, et ça sent bon les vacances !
On est également au pays de l'huître, la « Penerfine », du nom de la rivière, la Penerf, qui borde cette jolie presqu'île.
C'est un lieu de villégiature qui semble avoir été occupé depuis la nuit des temps par l'*Homo erectus.* On a, en effet, trouvé, entre Kervoyal et Cromenacn'h, des racloirs en silex probablement vieux de plus de 600 000 ans (malheureusement, aucun site de fouilles n'est visible).

Adresses et info utiles

Tourisme Arc Sud Bretagne – antenne de Damgan : *pl. Alexandre-Tiffoche. ☎ 02-97-41-11-32. • tourisme-arc-sud-bretagne.com • En juil-août, lun-sam 9h30-19h, plus mat des dim vac scol et j. fériés 10h-12h30 ; le reste de l'année, lun-sam 9h30-12h30, 14h-18h.* Un staff très compétent et motivé. Propose à partir de février des sorties nature (chantiers ostréicoles et pêche à pied, entre autres ; env 5 €). Billetterie pour les liaisons maritimes dans la région et certains sites touristiques.

Point infos à Ambon : *☎ 02-97-41-20-49. • tourisme-arc-sud-bretagne.com • Avr-sept.*

Écoles de voile, nautisme et pêche en mer : *liste disponible à l'office de tourisme.*

– **Club nautique de Damgan :** *bd de l'Océan. ☎ 02-97-41-12-49. • cndamgan.free.fr • Ouv juil-août.* Planche à voile, Optimist, catamaran. Pour tous les niveaux et tous les âges.

– **Brise et Voiles :** *impasse des Mâts (route de Penerf). ☎ 02-97-41-10-62. • briseetvoiles.com • Tlj avr-15 nov. Circuit kayak biplace (2 adultes + 1 enfant) : 40 € pour 2h30.* Belle flotte de catamarans de sport, mais également des dériveurs, des planches à voile et des kayaks, à louer ou à découvrir dans le cadre de stages.

Location de vélos et rosalies : Abbis Location, *1, rue des Dunes. ☎ 02-97-48-10-49. • abbis-location.fr • Tarif dégressif selon durée.* 10 km de front de mer relient Kervoyal et Pénerf.

– **Marchés :** *marché hebdomadaire très réputé mar en saison et sam tte l'année sur la place (centre) ; mer à* **Kervoyal.** *À* **Ambon,** *marché saisonnier dim.*

Où dormir ? Où manger à Damgan et dans les environs ?

Campings

Grand Air Cadu : *route de Penerf. ☎ 02-97-41-17-30. • info@campingcadu.com • campingcadu.com • ♿ Accès : sur la route entre Damgan et Penerf, indiqué sur la droite. Ouv avr-oct. Prix tente : 15,90-24,45 €. Loc de mobile homes 315-828 €/sem. 161 empl.* Un camping bien tenu, avec des emplacements agréables séparés par des haies, toutes les activités qui ravissent les enfants et la mer à 300 m ! Et même une douche pour chiens et un évier à coquillages ! Piscine.

Les Ajoncs d'Or : *route de Muzillac. ☎ 02-97-41-24-99. 06-24-62-59-49. • info@camping-lesajoncsdor.com • camping-lesajoncsdor.com • Accès : à la sortie de la ville. Ouv de mi-mars à la fin des vac de la Toussaint. Prix tente : 20 €. Loc mobile homes pour 4 pers 270-550 €/sem. CB refusées. 67 empl. Réduc de 10 % hors saison et - 5 % en juil-août sur présentation de ce guide.* Un peu plus loin de la mer, ce qui explique les prix modérés. Voici un modeste camping, propre et bien tenu, avec ses traditionnels jeux pour enfants. Nombreuses promos hors saison et possibilité week-end.

Bon marché

Crêperie Le Fournil : *15, pl. de l'Église, 56190* ***Ambon.*** *☎ 02-97-41-02-05. Fermé lun. Résa recommandée. Env 15 €. Café offert sur présentation de ce guide.* Voici une ancienne ferme superbement restaurée, dotée d'une salle rustique pleine de cachet, avec sa cheminée et ses belles poutres. Cuisine savoureuse, dont la réputation s'étend à toute la région. Composées à 80 % de blé noir et à 20 % de froment, les galettes restent légères, au goût délicat et faciles à digérer. Coup de cœur pour le (très) gourmand caramel au beurre salé et les confitures, le tout fait maison... Toujours bondé, mais ça s'agite vite en salle, pour satisfaire tout le monde.

De prix moyens à chic

Hôtel L'Albatros : *1, bd de l'Océan. ☎ 02-97-41-16-85. • albatros56@wanadoo.fr • hotel-albatros-damgan.com • Entre la grande plage et Kervoyal. Tlj début mars-début nov. Résa conseillée. Doubles 59-98 € selon confort et vue. Formules 14-18 € le midi en sem, menus 22,50-37,50 €.* Bâtiment moderne dont le principal avantage est sa situation privilégiée face à la mer. La vue depuis les chambres en façade est géniale, surtout pour celles qui disposent d'un balcon. Côté confort, c'est classique, propre et fonctionnel. L'autre avantage, c'est sa bonne table traditionnelle spécialisée dans les fruits de mer, qu'on déguste là encore face à la mer. Accueil attentionné et souriant.

Chambres d'hôtes Au Bout du Chemin : *au lieu-dit Kérizel, 56190* ***Ambon.*** *☎ 02-97-45-62-75. 06-15-13-29-79. • armelle.jarlegand@orange.fr • auboutduchemin-chambresdhotes.fr • D'Ambon, D 20 vers Muzillac, c'est très vite indiqué sur la gauche. Compter 55-60 € pour 2 ; 80 € pour 4. Gîte 2 pers 230-390 €/sem. Sur présentation de ce guide, 10 % de réduc sur le prix de la chambre à partir de 3 nuits.* Il faut effectivement emprunter un chemin forestier privé pour découvrir cette jolie longère pleine de caractère, donnant sur un beau jardin environné de champs. Très paisible. L'accueil est souriant et attentionné, comme en témoignent la salle commune avec coin cuisine à disposition des hôtes, ou les chambres confortables personnalisées avec talent (sympa, le retour de pêche avec son ambiance marrante de café du port !). Pour les familles, le « Penty » est impeccable car organisé en duplex. Vraiment très bien.

Chambres d'hôtes Le Listy d'en Bas : *au Lesty-d'en-Bas, 56190* ***Ambon.*** *☎ 02-97-41-04-33. • jeancoelis@live.fr • domainedulesty.com • À 3 km par la route d'Ambon (D 140) ; indiqué sur la gauche avt de franchir le marais. Congés : 15 nov-15 mars. Compter 60 € pour 2. Apéritif offert sur présentation de ce guide.* Dans une longère du XVIIIe s au bout d'une impasse en pleine campagne, plusieurs chambres sous les toits, simples, avec sanitaires. Le plus, c'est la cuisine commune à disposition, et la grande salle de séjour avec cheminée et canapé qu'on partage avec les campeurs en cas d'intempéries. Car la maison possède également un petit camping rustique sympa. Terrasse et belle pelouse.

Le Bistrot de la Mer : *17, rue du Port, à* ***Penerf.*** *☎ 02-97-41-00-97. • bistrotdelamer@bbox.fr • À l'entrée du bourg, au rond-point. Fermé lun-mar hors vac scol. Congés : 15 nov-28 fév. Formule 18,50 € midi en sem, menus 24,50-38 €. Digestif maison offert sur présentation de ce guide.* Au resto de la sympathique Aurélie, le chef élabore, toujours dans un souci de qualité, des préparations originales évidemment axées sur les produits de la mer, comme ce foie gras aux huîtres, ces tapas bretonnes... Mais on y trouve aussi de grands classiques, comme le célèbre *kig ha farz,* ou plus simplement des huîtres de Penerf, servies avec un petit coup de blanc. Jolie petite déco intérieure agrémentée d'une douce musique jazz, avec bougies pour l'ambiance, et agréable terrasse aux beaux jours.

De chic à plus chic

Hôtel de la Plage : *38, bd de l'Océan. ☎ 02-97-41-10-07. • contact@hotel-morbihan.com • hotel-morbihan.com • Congés : 1er nov-13 fév. Resto fermé mar, plus dim soir-lun hors saison. Doubles 85-145 € selon saison et confort ; familiales 150-170 €. Repas midi 18,50 (en sem)-29 € env.* Difficile de faire plus près de la mer ! L'adresse, de référence, a revu la déco des parties communes dans un style contemporain pimpant et de bon goût. Certaines chambres sont dans le même esprit, très réussies ; d'autres sont restées plus classiques. Dans tous les cas, le confort est impeccable, surtout lorsqu'on profite d'une terrasse face au large. Le midi, possibilité de déjeuner en terrasse. Accueil chaleureux et attentionné.

À voir. À faire

Penerf : cette étonnante petite langue de sable en forme de crochet au bout de la pointe abrite les plus petites embarcations, alors que les plus grosses trouvent leur bonheur dans le port naturel de Penerf. Ce mouillage était autrefois une escale pour les navires scandinaves descendant vers le sud. Au XVIIe s, on avait même envisagé de créer là le port de commerce de la Compagnie des Indes. Jetez donc un coup d'œil à la petite église Saint-Pierre, à la pointe, avec ses deux bateaux suspendus dans la nef. Des petites promenades sont possibles jusqu'au parc à huîtres.

➢ ***La route de l'Huître :*** *rens à l'office de tourisme de Damgan.* De Penerf, une visite guidée des chantiers ostréicoles de la rivière ; voilà qui peut vous faire passer un moment amusant. La « Penerfine », l'huître du pays, est creuse et fine. Elle fait partie du patrimoine local, à ne pas manquer.

La Maison de l'huître : *face au port de Penerf. Slt en été. GRATUIT (en principe).* Abrite des expos temporaires.

– ***La rivière de Penerf en kayak :*** avec *Brise et Voiles* (voir « Adresses et info utiles »), on descendra ou on remontera cette belle rivière, entre les casiers à huîtres, dans un bel environnement de nature et de calme.

Fête

– ***Fête traditionnelle de la Mer et de la Rivière :*** *à **Penerf,** vers mi-août.* Chants marins, bal, jeux bretons, feu d'artifice, etc.

QUESTEMBERT [kistreberzh]

(56230) 7 020 hab. *Carte Morbihan, C3*

Ce chef-lieu de canton doit son nom aux châtaignes (*kistin* en breton). En 890, ce fut le théâtre d'une violente bataille entre les Armoricains,

commandés par le duc Alain le Grand (roi de Bretagne), et les Normands. Le bourg possède d'impressionnantes halles du XVIe s qui valent, à elles seules, le déplacement. C'est d'ici que vous pourrez partir à vélo ou en rollers sur les 52 km de Voie verte reliant Questembert à Mauron, plus au nord.

Adresse et info utiles

🅸 ***Rochefort-en-Terre Tourisme – Pays de Questembert :*** *15, rue des Halles. ☎ 02-97-26-56-00. • rochefortenterre-tourisme.com • À côté des halles. Juil-août, lun-sam 9h30-13h, 14h30-18h30 et mat des dim et j. fériés ; hors saison, horaires restreints.* Billetterie pour les croisières sur le golfe et vers les îles, pour le parc de Branféré, etc.

– ***Marchés :*** *le lun mat sous la halle historique et marché de producteurs le mer à partir de 17h (prolongé d'un concert en été).*

Où dormir ? Où manger dans le coin ?

LE MORBIHAN

Camping

Camping municipal de Célac : *☎ 02-97-26-11-38 (mairie). 📱 06-83-86-99-30. • accueil@mairie-questembert.fr • questembert.fr • ♿ Accès : près du plan d'eau, en bas du bourg. Ouv juil-août. Prix tente en hte saison 12,25 €. Prix caravane : 86 €/sem. 90 empl.* Joli site boisé. En été, pot d'accueil tous les sam à 18h. Aire de service camping-cars.

Bon marché

Hôtel-restaurant Le Cadoudal : *6, rue Cadoudal. ☎ 02-97-26-10-37. Près de la pl. de la Mairie. Resto ouv tlj sf dim soir. Double 39,50 € ; petit déj 7 € ! Menu ouvrier le midi en sem 12 € ; autres menus 17-22 €.* Un ancien relais de poste qu'on aurait du mal à rater avec sa jolie façade jaune pétant à l'irlandaise. Le célèbre chouan Cadoudal y serait descendu. Une petite halte de village à la chaleureuse ambiance simple et populaire, idéale pour les petits budgets. Cuisine de terroir à base de produits frais et de saison. Au petit bar traditionnel s'ajoutent quelques chambres simplissimes (avec salle de bains privative mais « cabine »). Accueil très aimable.

De chic à plus chic

Chambres d'hôtes Le Moulin du Bois : *La Ville-au-Vent, 56230* ***Berric.*** *☎ 02-97-67-04-44. • tgoujon@wanadoo.fr • moulindubois.com • À 7 km de Questembert, par la D 7. À gauche 500 m avt le village, au lieu-dit La Ville-au-Vent ; fléché. Compter 75-105 € pour 2, 135-155 € pour 4. CB acceptées. Remise de 10 % à partir de 2 nuits sur présentation de ce guide.* Au bout du chemin, le vallon s'ouvre sur un étang et ce vieux moulin restauré avec goût dans une déco médiévale. Un cadre enchanteur et champêtre, avec de superbes chambres, côté rivière ou côté étang. Beau duplex indépendant pour les familles. Décoratrice de table experte, Pascale Goujon propose une cuisine médiévale inspirée des recettes de Jeanne Bourin, dans la grande marmite qui pend au coin de la cheminée. À savourer avec des vins choisis... pour un retour au Moyen Âge confortable et chaleureux.

Le Bretagne et sa Résidence : *13, rue Saint-Michel. ☎ 02-97-26-11-12. • lebretagne@wanadoo.fr • residence-le-bretagne.com • ♿ Sur la route de Rochefort. Fermé lun, plus dim soir oct-mai. Congés : janv. Doubles et suites 90-150 €. Menus 25 € déj en sem, puis 45-115 €. Apéritif maison offert sur présentation de ce guide.* Cette table (une institution de longue date !) célèbre la symbiose terre-mer du chef, qui a repris aussi la grande tradition des huîtres en paquet, avec un beurre mousseux à l'estragon. Alain Orillac joue les harmonies de saveurs et de textures, la délicatesse et la finesse des arômes. Il y associe d'anciens légumes (récoltés dans le potager maison) ; les produits régionaux sont rigoureusement sélectionnés, au fil des saisons. Du grand art gastronomique, à portée de gourmet dès le premier menu. Le service, attentif, sait se faire décontracté. La résidence offre des chambres cossues et des suites dans cet hôtel dévoré par des tonnes de lierre. Déco quand même très kitschouille.

À voir. À faire à Questembert et dans les environs

Les halles : construites en 1552 par Jérôme de Carné, créateur des foires de Questembert, elles furent restaurées en 1675 par Estienne Charpentier (un nom tout trouvé !). Fiche signalétique : 55 m de long, 15 m de large, 10 m de haut, 84 piliers, pour une surface de toiture de 1 180 m^2. Dans le même style, voir les halles du Faouët, de Clisson et de Plouescat. Ce sont les quatre dernières encore debout en Bretagne ! Marché du terroir sous les halles. Très sympa.

On trouve, près des halles, l'*hôtel de Belmont,* maison du XVe s aux lucarnes ouvragées, qui héberge l'office de tourisme. À l'arrière, depuis le jardin, la tourelle ornée de deux bustes, *cariatides* de bois sculpté, de Questembert et sa femme (ici plus dénudés qu'à Vannes ou à Malestroit).

À voir aussi, la *chapelle Saint-Michel,* du XVIe s, la fontaine, le lavoir du prieuré, et les rues aux noms pittoresques : du Pilori, de la Tannerie, du Cuir, etc. Circuit de visite libre disponible à l'office de tourisme.

➢ *La Voie verte :* longue de 52 km, très prisée des sportifs, cette voie aménagée est réservée aux piétons et aux cyclistes. Elle part de Questembert pour rejoindre plus au nord Mauron via Malestroit et Ploërmel. Une vraie réussite pour les amateurs de sports en plein air.

Les Digitales – musée Albert-Sevestre : 56220 ***Caden.*** *☎ 02-97-67-14-59. • pays-questembert.fr • À 17 km à l'ouest de Questembert. Ouv mars-sept, ven-sam 10h-12h, 14h-18h et dim 14h-18h. GRATUIT.* Ce centre d'arts communautaire propose des expos temporaires diverses et variées, mais aussi des ateliers, des animations et des spectacles tout public. Au musée, des maquettes et du matériel agricole.

LE GORVELLO [el gorvelleu]

(56450) *Carte Morbihan, C3*

Un minuscule village, doté d'un remarquable patrimoine classé et qui a la particularité d'être à cheval sur deux communes (Theix et Sulniac) ! À voir : une église, une chapelle, une fontaine (miraculeuse, bien sûr)... et un « Café de pays » assez emblématique dans le secteur. Sans oublier le château du Plessis-Josso, l'un des plus beaux de Bretagne Sud.

Où dormir ? Où manger ? Où boire un verre ?

Chambres d'hôtes Gorvello Café : *41, rue des Ducs-de-Bretagne. ☎ 02-97-43-00-71. • gorvello.cafe@wanadoo.fr • gorvellocafe.com • À 15 km à l'est de Vannes, par la N 165 (D 765), sortie 22, puis la D 183. Café fermé lun-mar en basse saison. Compter 65 € pour 2 ; 90-130 € pour 3-4.*

LE MORBIHAN

Table d'hôtes 18 €. CB acceptées. *Apéro offert sur présentation de ce guide.* C'est dans ce charmant « Café de pays » que bat le cœur du Gorvello, un coquet village breton avec ses maisons aux toits de chaume et son église du XVIe s. Don et Ellen, un couple d'Américains, lui ont redonné vie et ont entraîné les villageois dans le sillage de leur bonne humeur. Jolies chambres à l'étage, tout confort, produits bio au petit déjeuner, tournois de tarot au café, devenu également un centre culturel avec les concerts réguliers ou les discussions à tout-va sur la Bretagne...

À voir. À faire dans les environs

La Distillerie du Gorvello : *route de Pébeyec, 56250* ***Le Gorvello.*** *☎ 02-97-54-04-11. • contact@distilleriedugorvello.fr • distilleriedugorvello.fr • Juil-août, tlj sf dim, 9h30-12h30, 14h-19h ; le reste de l'année, mar-sam 9h30-12h30, 14h-18h. Visite guidée le ven à 11h en été.* Faisant face aux vergers, cette belle distillerie, à l'architecture design et high-tech, élabore d'excellents produits artisanaux dérivés de la pomme : jus, cidre, pommeau, fine, eau-de-vie... et même un jus de pomme mousseux (non alcoolisé !) pour les enfants. Visite de la distillerie, de l'alambic et du chai en saison.

Le château du Plessis-Josso : *56450* ***Theix.*** *☎ 02-97-43-16-16. • plessis-josso.com • (rdc slt). Ouv de mi-juil à fin août, tlj 14h-18h30. Tarif : 6 € ; réduc ; gratuit moins de 7 ans.* Belle demeure – toujours habitée et qui n'a pas bougé depuis la Révolution – et un exemple parfait du manoir breton. Celui-ci n'avait guère de fonction militaire mais beaucoup plus un rôle social, économique, agricole et de mise en valeur des hameaux voisins autour duquel ils se développaient. Jusqu'à 40 villages en dépendaient. Encore de nombreuses traces de cette époque, dont le grenier, les courtils et son moulin attenant. Le château possède encore ses murs crénelés et ses tours d'angle qui encerclaient la maison forte construite au XIVe s. Les façades du logis (l'ancien et le nouveau) sont surmontées de cinq lucarnes de styles différents, dont l'une a conservé la décoration gothique de son fronton, orné de magnifiques dragons. Mais c'est surtout l'intérieur qui est le plus représentatif des 15 000 manoirs bretons du Moyen Âge : salle publique où l'on rendait la justice, les différentes chambres, les cuisines, la plus ancienne possédant même une très rare boucherie (lieu où l'on traite l'animal). La visite guidée *(40 mn env)*, riche en anecdotes et haute en couleur – si ce sont les adorables propriétaires qui s'en chargent –, retrace l'évolution des modes de vie du XIVe au XVIIe s.

LA VRAIE-CROIX [LANGROEZ]

(56250) 1 330 hab. *Carte Morbihan, C3*

Ce village extrêmement fleuri, séparé de Sulniac en 1870, s'appelait Bourg-de-l'Hôpital du temps des chevaliers hospitaliers. Son patrimoine bâti se concentre autour de la place du Palais, avec la chapelle, la maison Louis, l'église, le presbytère et son jardin de curé.

Où dormir ?

Chambres d'hôtes Domaine de Bobéhec : *chez Liza Perrinet et Manuel Chouvellon, à 2 km à la sortie du village. ☎ 02-97-63-73-18. 06-18-60-48-19.*

• domainedebobehec.com • Du centre, direction Questembert, puis à gauche en quittant le bourg, et c'est indiqué. Compter 49-64 € pour 2 selon saison. Dîner sur résa env 20 €. *Café offert sur présentation de ce guide.* Cette grande ferme isolée a été totalement restaurée pour accueillir de jolies chambrettes. Agréable mobilier, jolis coloris et un cadr campagne ! Nombreus proximité. Étape parf donneurs ou les cycli

Pour les amateur insolites et haut perches p... de dormir plus près des étoiles : une ***cabane*** et une ***visio-bulle*** *(☎ 02-97-67-53-63 ; • cabane-tyarfaou.com •).*

À voir

La chapelle des Templiers : reconstruite en 1611, au-dessus de la voie publique, elle est vraiment singulière et surprenante. On y trouve une relique de la Vraie Croix, contenue dans une croix à double traverse en cuivre doré, ornée d'une guirlande de feuilles de chêne gravée en creux. On accède à la chapelle par cet incroyable escalier à double révolution. Sous la voûte s'ouvre un portail à cinq voussures en arc brisé, dont seule la dernière repose sur des colonnes à chapiteaux. Circuit de visite disponible sur demande à la mairie et aux offices de tourisme de Rochefort-en-Terre ou de Questembert.

ROCHEFORT-EN-TERRE [Roc'h-an-Argoed]

(56220) 710 hab. *Carte Morbihan, D3*

À l'évidence, cette « Petite Cité de caractère » (également classée « Plus Beaux Villages de France »), l'une des plus pittoresques de Bretagne intérieure, fait basculer quatre siècles en arrière, tant son unité architecturale a été jalousement préservée. Certes, le village est devenu passablement touristique, mais quoi de plus normal ? Une telle harmonie et un tel soin dans la préservation du passé méritent d'être vus. Fils électriques et antennes de télévision ? Enterrés, cachés, planqués. Panneaux publicitaires, affiches de tout poil ? Tout simplement interdits ! Les rares maisons assez mal loties pour ne pas être du XVIIe s seront camouflées sous les fleurs qu'on trouve à chaque coin de rue, ou noyées sous le lierre. Engagez-vous dans ces petites rues, et partez à la découverte de ces vieux puits croulant sous la glycine.
En observant tout ça d'un peu plus loin (donc de plus bas !), c'est presque encore plus beau. Construit sur cet étonnant éperon de schiste dominant la vallée du Gueuzon, Rochefort semble niché dans un paysage onirique quasi montagneux, noyé dans la verdure.
Aujourd'hui, artistes et artisans y sont légion et redonnent vie au centre. Un seul regret, le passage encore autorisé aux voitures, qui viennent un peu gâcher le décor de cette jolie ville à la campagne. Rochefort doit se découvrir à pied, d'autant que des parkings (payants) ont été aménagés aux extrémités de la ville.

ROCHEFORT DANS L'HISTOIRE

L'intérêt stratégique de ce belvédère est reconnu depuis le XIIe s. Le château puis la cité ont été construits sur cet éperon rocheux et devinrent « Roche forte », donnant son nom à la famille et au lieu-dit. C'est sous le règne de la famille de Rieux-Rochefort, notamment de Jean IV, que la cité devint prospère. Il s'opposa, comme plusieurs seigneurs bretons, à l'annexion de la Bretagne par le roi de France, Charles VIII. Celui-ci,

...ise de représailles, fit détruire le château. Grâce aux 100 000 écus d'or alloués ... Anne de Bretagne, le château fut reconstruit et des chanoines installés dans ... église (leurs stalles sont encore présentes dans le chœur). Après diverses tribulations, le château fut démoli par les républicains. Le village ne périclita pas pour autant, grâce à une petite industrie prospère (textile, ardoise) qui le faisait survivre. Au début du XXe s, le peintre américain Alfred Klots, séduit par l'endroit, acheta les ruines du château et se fit construire un grand manoir breton en lieu et place des communs. En 1911, il prit l'initiative d'un concours de maisons fleuries, le premier en France. Ce projet fut poursuivi par son fils Trafford. Aujourd'hui encore, les artistes américains s'y succèdent. La « Petite Cité de caractère » connaît depuis un développement touristique certain, bénéficiant toujours du label « Village fleuri ».

Adresse et info utiles

Office de tourisme : *7, pl. du Puits. ☎ 02-97-26-56-00. • rochefortenterre-tourisme.com • Ouv l'été tlj 10h-13h, 14h-18h30 ; horaires restreints hors saison.* Billetterie pour les croisières, les navettes vers le golfe du Morbihan et les îles, le parc de Branféré, etc. Visites guidées de Rochefort le jeudi matin en été et les ven-sam de décembre (tombée de la nuit, sous les illuminations).

– **L'Équicerie :** *06-83-41-45-72. Sam de mi-avr à mi-sept, plus ven en juil-août.* Une drôle d'épicerie ambulante dans une voiture à cheval qui fait sa tournée entre Pluherlin et Rochefort. À l'occasion des « Vendredis animés » en été, un artiste assure un intermède musical à chaque arrêt.

Où dormir ?

Gîtes de Pont-aux-Roux : *chez M. et Mme Rioufol, à 1 km de la sortie de Rochefort, direction Questembert. ☎ 02-97-43-32-08. • pontauxroux.free.fr • Env 20 €/pers en gîte d'étape ; double avec douche et w-c 60 € ; petit déj 6 €. Gîte 6 pers 470-550 €/sem. Forfait camping 15 € pour 2. Bolée de cidre offerte sur présentation de ce guide.* Une petite route forestière mène à ce refuge des plus paisible, au cœur d'un beau vallon de verdure. Une ancienne ferme retapée et ses dépendances pour plusieurs formules d'hébergement : gîte d'étape avec un dortoir de 8 personnes dans une grange ; et, dans différentes bâtisses, un gîte pour 6 personnes (qui peut également faire gîte d'étape selon les disponibilités) et 2 beaux duplex qui sentent bon le cèdre (font chambres d'hôtes s'ils ne sont pas loués en entier). Ajoutons à cela la possibilité de planter sa tente. Adresse idéale pour les randonneurs (un GR passe sur la propriété), les cavaliers (plusieurs prés à disposition pour les chevaux) et les autres, tant l'endroit est calme, agréable et convivial. Monsieur est un personnage qui ne manque pas de caractère, ce qui le rend attachant. Vente de cidre, de miel maison et de légumes du jardin.

L'Étang Moderne : *10, rue de l'Étang. ☎ 02-97-43-51-33. 06-12-26-71-70. • octave.cat@wanadoo.fr • letangmoderne.com • Nuitée de base 30 €/pers ; possibilité de loc de tt ou partie au w-e ou à la sem.* Cette ancienne école paroissiale abrite un lieu on ne peut plus atypique, qu'on ne s'attend pas forcément à trouver dans un village classé comme Rochefort. Rock'n'roll à souhait ! *L'Étang Moderne* est aussi (et surtout !) une salle de concerts avec une programmation éclectique et régulière, y compris hors saison (saluons au passage cette initiative !). L'étage pouvant accueillir 14 personnes (5 jolies chambres colorées avec salles de bains communes et cuisine à disposition) héberge les touristes de passage quand il n'y a pas d'artistes en résidence ou en concert. Pas de nuisances sonores à craindre, donc !

Locations du Puits : *chez François Pinat, 12, chemin des Douves. ☎ 02-97-43-30-43. • francois.pinat@gmail.com • chambresetgites.fr • Juil-août, slt à la sem, 270 € pour 2 ; sinon, compter 49 € la nuit pour 2, petit déj inclus.* Au cœur de la vieille ville et cependant au calme, dans une ruelle charmante et peu fréquentée. 2 studios confortables et chaleureux dans une petite maison : 1 au rez-de-chaussée et 1 sous le toit. Derrière le Velux de ce dernier, on découvre une jolie petite vue fleurie. Entrée indépendante. Chaque studio est prévu pour 2 personnes et possède douche, w-c, coin cuisine, lave-linge et TV. Un jardin sépare les studios de la *Crêperie du Puits*, qui appartient aux mêmes propriétaires.

Le Pélican : *pl. des Halles. ☎ 02-97-43-38-48. • le.pelican@wanadoo.fr • hotel-pelican-rochefort.com • Fermé dim soir et lun. Double en ½ pens slt 134 €. Menus 19 € en sem, puis 23-40 €.* Petit hôtel craquant, idéalement placé au cœur de la cité de caractère. Adresse authentique qui excelle par son bon rapport qualité-prix. Une dizaine de chambres coquettes (la nº 1 est la plus grande), pimpantes et fraîches, dont certaines s'ouvrent sur la belle place des Halles. Dans la salle à manger aux belles poutres, près de la grande cheminée, le « merroir » de Bretagne se mêle au terroir et se fait gourmand. Très bon accueil.

Où dormir ? Où manger dans les environs ?

L'Auberge Saint-Hernin : *3, pl. du Puits, 56220* ***Pluherlin.*** *☎ 02-97-43-34-33. • auberge.sainthernin@orange.fr • auberge-sainthernin.fr • À 3 km à l'ouest de Rochefort. Resto tlj sf lun, plus sam midi et dim soir hors saison. Doubles 66-85 € selon taille ; familiale 5 pers 155 €. Menus en sem 11 € le midi et 12,50 € le soir et sam midi. Café offert sur présentation de ce guide.* Sous la protection de saint Hernin, une belle maison de caractère en pierre de pays. Chambres coquettes et confortables. Longue salle à manger de poutres et de pierres sèches pour partager une savoureuse et copieuse cuisine maison. Accueil charmant, attentionné et souriant. Piscine chauffée (mai-septembre). Une adresse familiale et sans chichis, qu'on aime beaucoup.

Où manger ? Où sortir ? Où boire un verre ? Où écouter de la musique ?

Le Café Breton : *8, rue du Porche. ☎ 02-97-43-32-60. • lecafebreton@yahoo.fr • Dans la rue principale. Tlj en saison ; fermé ven avr-juin. Congés : de mi-janv à mi-fév, 2 sem en nov. Formules 8,90-15,90 € ; carte env 15 €. Café offert pour tt repas sur présentation de ce guide.* Le café, qui existe depuis 1818, avait été aménagé par M. Klots, peintre américain qui possédait le château et cette maison. Même si l'ambiance n'est plus ce qu'elle était, c'est aujourd'hui une honnête crêperie. Mais on peut toujours y boire un verre, et le décor néobreton mérite assurément le coup d'œil. Mini-terrasse surplombant la rue. Bon rapport qualité-prix-accueil, mais service parfois un peu longuet. *Ouverture, en 2015, de 5 chambres d'hôtes haut de gamme juste à côté.*

Le Pélican : *voir « Où dormir ? ».*

L'Étang Moderne : *voir « Où dormir ? ».*

À voir. À faire

Le château : *ne se visite malheureusement plus. Les jardins restent en principe accessibles au public.* Il est aujourd'hui constitué par les anciens communs du XVIIᵉ s, transformés en manoir grâce à de nombreuses pièces d'architecture provenant du château de Keralio, près de Muzillac. Vue splendide sur les Grées depuis l'arrière.

LE MORBIHAN

L'église Notre-Dame-de-la-Tronchaye : *de la Grande-Rue, une ruelle conduit à l'église située sur un terrain en pente.*
La tradition populaire veut qu'au IXe ou au Xe s, au moment des invasions normandes, un prêtre ait caché dans un tronc d'arbre creux, afin de la soustraire aux pillages, une statue de bois représentant la Vierge allaitant son enfant. Deux siècles plus tard, une bergère aurait retrouvé cette statue dans ce même tronc. Il fut alors décidé de construire une église à cet emplacement (ce que raconte un des vitraux de l'église). Le clocher carré remonterait au XIIe s, mais l'ensemble date des XVIe et XVIIe s. Belle façade à pignons, percée de fenêtres flamboyantes. Aux angles du clocher, quatre figures de bœufs. À l'intérieur, ce qui frappe, ce sont les piliers penchés, en raison de différents glissements de terrain. Pour éviter que l'église ne s'effondre, des contreforts furent d'ailleurs construits. Sablières ornées de faces grimaçantes et beaux vitraux. Au fond, superbe tribune en bois finement sculptée, provenant de l'ancien jubé. Dans le chœur, stalles du XVIe s en chêne massif, et dans l'arrière-chœur, retable Renaissance baroque de 1610 en tuffeau polychrome. Mais il faut surtout remarquer, sur la gauche de la chaire, une étonnante sculpture macabre en bois. On y voit deux crânes, des fragments de fémurs et de tibias... Il s'agit d'un *memento mori* destiné à effrayer le bon peuple en lui rappelant l'éphémère de la condition humaine. Sur le parvis se dresse un calvaire sculpté racontant notamment la Passion du Christ. C'est là également que se trouvait le cimetière de Rochefort jusqu'à la moitié du XIXe s.

Les maisons anciennes : pour la plupart, c'étaient les hôtels particuliers des administrateurs seigneuriaux (sénéchal, greffier, notaire...). Belles façades de granit, ponctuées de tourelles d'angle, dont les pierres de taille semblent exulter de magnificence florale. Une balance signale la porte d'entrée de l'ancien tribunal (place du Puits). Ne manquez pas le *Café Breton* (rue du Porche), l'une des plus belles maisons et des plus anciennes (1550), et descendez dans la partie basse du bourg, qui comblera les amateurs de belles pierres. Le panorama somptueux trouvera sûrement contemplateur à sa mesure.

Sur la place de l'Église, un très beau ***calvaire,*** spécimen des « croix-panneaux » que l'on trouve dans cette région. Sur les trois étages de sculptures, scènes de la Passion.

Manifestations

– ***Festivités :*** *tt au long de l'année. Rens auprès de l'office de tourisme (ou sur leur site internet).* Notons au moins le *Festival des Loustiks de l'Akoustik (fin août)* : musique, repas, concerts alternatifs, etc. Ne pas manquer non plus les illuminations dans tout le village *(dernier w-e de nov-fin janv, tlj 17h30-22h).*

DANS LES ENVIRONS DE ROCHEFORT-EN-TERRE

La plage de l'étang du Moulin Neuf : *à 2 km à la sortie de la ville, direction Péaule/Limerzel.* Sur la droite, on aperçoit l'étang. Une plage aménagée accueille les baigneurs en été.

Le parc de Préhistoire : *56220* ***Malansac.*** *☎ 02-97-43-34-17. • prehistoire-bretagne.com • De Pâques à mi-oct, tlj 11h-17h (pour la fermeture des caisses, mais le parc ferme à 19h) ; de mi-oct à mi-nov, dim (tlj pdt vac scol de la Toussaint) 13h-18h30. Entrée : 12 € ; réduc. Compter 1h30-2h de visite libre.*
Dans d'anciennes carrières d'ardoise et de schiste maintenant boisées ou remplies d'eau, bordées de falaises, on se promène entre les dinosaures et les hommes de Cro-Magnon en matériaux composites (telle la résine). Promenade globalement agréable, même si l'ensemble vieillit et que tous les modelages ne sont pas toujours saisissants de réalisme. Plus de 30 scènes qui plairont aux enfants et pourront les instruire, pour tout connaître des brontosaures et compagnie ! On croise l'*Homo erectus,* l'homme de Cro-Magnon et toute sa petite famille. Pour les non-voyants,

un livret en braille expliquant les scènes de l'homme préhistorique et des reconstitutions miniatures des dinosaures représentés dans le parc. Bonne initiative.

Tropical parc : *Laugarel, 56220* ***Saint-Jacut-les-Pins.*** *☎ 02-99-71-91-98. • tropical-parc.com • 4 avr-1er nov, tlj 10h-19h ; en oct slt w-e 14h-18h et tlj pdt vac Toussaint 14h-18h. Entrée : 14 € ; 9 € pour les 4-10 ans.* Fougères arborescentes, cahutes, musiques du monde et animaux en tous genres recréent, sur un parc de 5 ha, des univers exotiques des quatre coins du monde ; on remonte même au temps des dinosaures, articulés toutefois ! Familial.

LA GACILLY [GAZILIEG]

(56200) 2 280 hab. *Carte Morbihan, D2-3*

Très joli village fleuri (merci, Yves !). Il ne faut pas manquer la venelle de Linoue (face à l'office de tourisme), joliment chargée en fleurs. C'est que La Gacilly, dont le nom viendrait de *Gasselet* (« marécage »), est le fief d'Yves Rocher (ancien maire du village ; la maison de cosmétiques qui porte son nom est le plus gros employeur du canton, avec plus d'un millier de personnes). Il y a développé une grande partie de son activité liée aux plantes et à la nature. C'est d'ailleurs ici que tout a commencé pour lui dans les années 1950. Depuis, la ville a pris de l'essor, et de nombreux artisans d'art sont venus s'y installer : une trentaine d'ateliers et de galeries, ouverts toute l'année (malheureusement souvent fermés le midi). Aux beaux jours (de début juin à fin septembre), c'est l'univers de la photographie qui s'installe dans les rues. Des images grand format sont exposées sur les façades de la ville. Surprenant, original et très réussi ! Ce festival de photos en plein air de grande renommée s'intéresse aux rapports de l'homme et de son environnement. On flâne alors volontiers dans les rues, qui se transforment en ruelles piétonnes pour certaines, et les bords de l'Aff redonneraient le sourire au pire des grincheux.

LA BRETAGNE QUI GAGNE !

Yves Rocher était, à l'origine, un modeste chapelier. Il souffrait d'hémorroïdes. Une vieille paysanne le soignait grâce à une mixture composée de saindoux et d'une plante, la ficaire. Il lui racheta sa recette qui sera à l'origine d'un empire de la comestique, fondé sur les plantes.

Adresses utiles

Office de tourisme du Pays de La Gacilly : *le Bout-du-Pont. ☎ 02-99-08-21-75. • paysdelagacilly.com • Près du pont et des eaux de l'Aff. Juil-août, tlj 10h-18h30 ; le reste de l'année, voir le site.* Résa gratuite d'hébergements (nombreuses chambres d'hôtes et hôtels).

Location de vélos : ***JY Coquer,*** *9, rue Antoine-Monteil. ☎ 02-99-08-20-56. Loc sur résa.*

Où dormir ? Où manger à La Gacilly et dans les environs ?

Camping

Camping Art Nature Village : *Le Bout du Monde, route de la Gacilly, 35550* ***Sixt-sur-Aff.*** *☎ 02-99-08-10-59. • contact@art-nature-village.com • art-nature-village.com • Forfait 2 pers à partir de 15 €. Loc 280-840 €/sem* *(possibilité de nuitée et de court séjour).* Un paradis zen et un camping qui se veut résolument différent. Quelques emplacements pour les tentes, les caravanes et les camping-cars, et des locations insolites, tout charme et tout confort : tentes *lodges,* roulottes et cottages design. Ici, le calme est de rigueur afin de communier au plus près avec la nature (pas de voitures sur le terrain)... *No stress !* Accueil pas si zen, dommage. Accès libre à la piscine de La Gacilly.

Chambres d'hôtes

Chambres d'hôtes du Clos du Tay : *chez Mme et M. Le Douaron,* ***Le Tay.*** *☎ 02-99-08-04-25. • d.ledouaron@wanadoo.fr • closdutay.com • À 1,6 km du centre-ville. Congés : 22 oct-15 nov, 24 déc-2 janv. Compter 62 € pour 2 ; familiales. Table d'hôtes sur résa 27 €. Gîtes 4-6 pers 240-470 €/sem selon taille et saison. Réduc de 10 % sur le prix de la chambre à partir de la 2e nuit sur présentation de ce guide.* Un manoir des Templiers de 1527 (voyez l'écusson au-dessus de la cheminée), joliment restauré, un jardin (primé pour son fleurissement) et une campagne souriante tout autour. Chambres élégantes, indépendantes, propres et soignées, avec plein de petites attentions. Quelques animaux qui amuseront les hôtes, dont des ânes robustes pour partir en balade 1h ou une journée. Repas original et de grande qualité, à base de produits frais et locaux : madame est une passionnée de la cuisine. Quant à monsieur, il concocte de la liqueur à base de fruits du jardin... Devinerez-vous de quoi se compose le petit cocktail de bienvenue ? Accueil d'une grande gentillesse. Gîte labellisé « Tourisme et Handicaps » et « Tourisme durable ».

Chambres d'hôtes du Manoir de la Pommery : *chez Frédérique et Pascal Morrier, 35550* ***Sixt-sur-Aff.*** *☎ 02-99-70-07-40. • infos@manoir-pommery.com • manoir-pommery.com • À 7 km à l'est de La Gacilly, en Ille-et-Vilaine. Du pont de La Gacilly, suivre Sixt-sur-Aff ; de Sixt, après l'église, à droite vers Rénac, puis direction Saint-Just ; à 1 km, l'allée d'entrée du manoir se trouve sur la gauche. Congés : janv-fév. Compter 62 € pour 2 et 20 €/pers supplémentaire. Repas sur demande 23 €. Réduc de 10 % sur le prix de la chambre à partir de 2 nuits (sf juil-août) sur présentation de ce guide.* Joli domaine arboré avec son manoir du XVIe s, bien au calme. Plusieurs chambres à l'étage, aménagées avec goût, dont la « Jaune », notre préférée, dotée d'une vue sur les pommiers. Superbe salle de petit déj, dotée d'une grande cheminée. On se prendrait presque pour le seigneur des lieux. Accueil adorable.

Chambres d'hôtes Popote et Polochon : *4-6, av. de la Libération, 56200* ***Saint-Martin-sur-Oust.*** *☎ 02-99-91-52-51. • popote.et.polochon@orange.fr • popote-et-polochon.com • À 10 km à l'ouest de La Gacilly, par la D 777 ; sur la départementale, à la sortie sur la gauche. Congés : 20 déc-20 fév. Compter 70-75 € pour 2, 110 € pour 4. Gîtes 2-4 pers 310-480 €/sem selon saison (possibilité w-e et court séjour). Table d'hôtes sur résa 20 €. Duo de confiture maison offert sur présentation de ce guide.* L'ancienne école des garçons côté « polochon » et chambres. L'ancienne salle paroissiale côté « popote » et salle à manger (la scène), salon et piscine (la salle elle-même). Un gros coup de foudre pour l'ensemble, la déco contemporaine et le design, l'accueil, l'ambiance... la popote ! Et le dodo au « polochon » (pas de bataille, pour respecter le calme...).

Le Clos Saint-Fiacre : *Jean-Pascal Boche, Le Passoir, 56910* ***Carentoir.*** *☎ 02-99-08-84-52. • jean-pascal.boche@wanadoo.fr • leclossaintfiacre.fr • De La Gacilly vers Carentoir par la D 773 puis la D 14 ; à 5 km de Carentoir. Congés : 15 janv-1er fév. Compter 60-70 € pour 2, 110 € pour 4. Table d'hôtes 22 € sur résa.* Jean-Pascal s'est fait architecte pour créer son *Clos Saint-Fiacre,* sur des ruines. Il donne une âme, une atmosphère de cette maison au décor raffiné, avec le souci du détail pour le confort optimal de ses hôtes. Les chambres sont coquettes, cosy, au calme dans cet environnement campagnard. Jean-Pascal s'éclate aussi en cuisine et dans sa déco de table ! Pur ravissement encore avec le parc d'animaux dans une région trop peu fréquentée.

De bon marché à prix moyens

Crêperie La Mauvaise Graine : *16, rue Lafayette. ☎ 02-99-08-57-83. Dans une rue piétonne proche de l'office de tourisme. Fermé lun hors saison. Formule déj en sem 8,90 € ; carte env 12-15 €.* Halte réputée, pour se faire plaisir, le temps d'une galette à *La Mauvaise Graine* (en référence au sarrasin, cette graine rapportée des croisades par erreur). On s'installe dans la coquette salle ou en terrasse sous le tilleul pour déguster de bonnes galettes bien servies et croustillantes. Plusieurs garnitures en provenance des fermes voisines. Accueil gentil comme il faut.

Les Enfants Gat'thés : *24, rue Lafayette. ☎ 02-99-08-23-01. • lesenfantsgatthes@wanadoo.fr • Dans une rue piétonne proche de l'office de tourisme. Resto ouv ts les midis, plus ven, sam et dim soir (slt ven-sam hors saison). Menu midi 14,90 € ; autres menus 27-37 €. Café offert sur présentation de ce guide.* Des plats un brin (d'herbes) originaux (certains labellisés bio), à base de fleurs, de plantes et d'aromates, à découvrir sur les bancs de l'école où le set de table vous renvoie. Révisez même la dictée des vins (bio aussi...) ! Ambiance décontractée et sympa, comme le service dans 3 lieux : salle rustique, terrasse couverte et petite terrasse ouverte sur la rue piétonne.

Végétarium Café : *au centre du village. ☎ 02-99-08-37-37. • vegetariumcafe@yrnet.com • Ouv slt fin mai-fin sept : mer-dim 11h-19h (sf mer à partir de mi-sept) ; juil-août, tlj 11h-19h et jusqu'à 22h jeu-sam. Le midi, formule 16,50 € et menu 20,50 € ; formules et menus 17,50-22,90 € et dim 22,90 €. Le jeu soir en été, apéro-dîner-concert 12,95 €.* Une salle contemporaine et zen ouvrant sur un patio fleuri et une agréable terrasse, l'occasion de goûter en toute simplicité à la délicieuse cuisine de produits de saison de Gilles Le Gallès qui officie au restaurant de l'*Éco Hôtel Spa Yves-Rocher.*

Spécial coup de coeur

La Grée des Landes – Éco Hôtel Spa Yves-Rocher : *La Grée-Saint-Jean, 56200* ***Cournon.*** *☎ 02-99-08-50-50. • resa.hotel@yrnet.com • lagreedeslandes.com • À 2 km du centre de La Gacilly, par la D 773 vers Redon. Doubles 134-155 € selon période ; cabane et suite familiale 221-232 €. Voir les différents forfaits sur leur site. Formule et menu déj sem 22,50-28,50 € ; autres menus 40-72 €. Sur présentation de ce guide, 10 % de réduc sur le prix de la chambre (offre non cumulable).* Les 10 ha de prairies fleuries, la réserve de papillons et le site-refuge de la LPO donnent la note colorée et bio de ce concept Nature/Écologie, bien dans l'esprit de la maison *Yves-Rocher.* Un exemple unique de développement durable en matière d'écoconception, de matériaux, de gestion d'énergie... mais surtout d'intégration dans un environnement naturel : les toitures des 29 chambres (étagées dans la pente de la colline) sont « végétalisées » pour assurer une isolation impeccable, les eaux du spa sont recyclées... Chaque chambre – d'un confort absolu et cocoon – possède sa terrasse, sa literie et son linge en coton bio... Spas, piscine à débordement (quelle vue sur la vallée !), soins (*Yves-Rocher* évidemment ; certains dispensés dans une cabine perchée dans les arbres !) et cuisine raffinée de Gilles Le Gallès (chef étoilé) complètent le plaisir absolu des lieux. Jardin avec magnifique potager bio (on peut y apercevoir parfois un chevreuil qui broute les tendres pousses...) ! Bar lounge avec produits bio... et premier whisky breton bio !

À voir. À faire

Le Jardin botanique : *accès libre (se renseigner sur les visites guidées en été).* La visite se déroule au sein d'une bambouseraie et d'un joli jardin avec plus

LE MORBIHAN

de 800 plantes utiles à l'homme classées par catégories (médicinales, aromatiques, comestibles...), dont certaines sont utilisées pour leurs propriétés cosmétiques dans les produits *Yves-Rocher.* Le jardin est aussi un conservatoire pour les plantes en voie de disparition. Juste à côté, voir aussi l'arboretum avec un arbre par pays où la marque est implantée, soit environ 80 pays !

Balade dans la ville : on préférera la fin du printemps pour se promener le long des venelles et de la rue Saint-Vincent, avec les fleurs et les photos exposées sur les façades dans le cadre du festival. Maisons anciennes, ateliers d'artisans (suivre le parcours remis à l'office de tourisme), petits passages... Promenade bien agréable.

Fêtes et manifestation à La Gacilly et dans les environs

– ***Fête des Fleurs :*** *le 1er w-e de juin, à la Gacilly.*
– ***Festival Photo Peuples et Nature :*** *juin-fin sept, à La Gacilly.* Expo *(gratuite)* qui se revendique le plus grand festival photo en plein air de France et qui draine des centaines de milliers de visiteurs dans les rues, jardins et sites.
– ***Fête des Arts et Vieux Métiers :*** *1er dim d'août, à* ***Saint-Martin-sur-Oust.*** Le parc du château de La Luardaye rassemble les vieux métiers d'autrefois : lavandières, démonstration de battage au fléau ou de fabrication du beurre... Musique, danses, etc.
– ***Fête de la Soupe :*** *dernier dim de nov, à la Gacilly. Rens à l'office de tourisme.* Animation de rue durant laquelle de nombreux participants sont invités à confectionner une soupe que le public goûte et note. Celle ou celui qui obtient la meilleure note reçoit la soupière d'or.

LE MORBIHAN

DANS LES ENVIRONS DE LA GACILLY

Location de vedettes électriques sans permis : *se renseigner auprès de* ***Day Boats,*** *☎ 02-99-08-05-02. 06-80-07-75-50. De Pâques à mi-sept, loc à l'heure ou à la journée 30-130 € jusqu'à 8 pers dont 2 enfants.* Sympathique balade sur l'Aff et l'Oust, à la découverte du site sauvage de l'île aux Pies. Une sortie plaisante pour aller observer les oiseaux, par exemple... Pensez aux jumelles !

La Ferme du Monde : *Le Bois-Brassu, 56910* ***Carentoir.*** *☎ 02-99-93-70-70. • lafermedumonde.com • À 6 km au nord de La Gacilly. Ouv avr-sept tlj 10h-18h (19h juin-août) ; 1er oct-11 nov, slt mer, w-e et tlj vac scol 10h-18h ; fermeture du guichet 1h30 avt. Tarif : 8,50 € ; réduc ; gratuit moins de 5 ans.* Une sortie familiale classique pour ce parc où sont rassemblés des animaux d'élevage des cinq continents. Des bébêtes bien de chez nous, ânes et compagnie, et aussi des lamas et des dromadaires. Vos enfants pourront donner des pop-corn aux animaux du « parc de contact ». Balade en pédal'kart ou petit train *(visite commentée payante).* Spectacles et animations, comme la Fête bretonne, en été, ainsi que des ateliers dominicaux en présence de bénévoles qui viennent partager leur savoir-faire en matière d'ardoise, d'osier, de tir à l'arc, de tonte des moutons, etc. Mais aussi foire aux animaux en septembre, vide-grenier en octobre... Jeux pour enfants (tourniquet, balançoire, etc.). Espace pique-nique abrité et couvert. Saluons, au passage, le fait que le site soit géré par une E.T.A. (ex-C.A.T.), à savoir une entreprise de travail adapté (aux handicapés) et qu'il organise chaque année un festival d'art *Handistars* (chanson, conte, théâtre...).
À noter aussi qu'on trouve à la boutique la confiture de lait du *Bois Jumel,* produite à Carentoir.

R'Game Aventure : *2, rue Houx, Le Bois-Pierre, 56910* ***Quelneuc.*** *☎ 02-99-93-71-00. Tte l'année sur résa 10h-18h ; fermeture du guichet 2h avt. Entrée : 16,50-20 € selon parcours et taille du visiteur.* Un domaine pour les fans de Tarzan. Au total, plus de 90 ateliers répartis sur quatre parcours de difficulté croissante, dont un réservé aux enfants (les parents peuvent partiellement l'emprunter) : ponts de singes, double tyrolienne, sauts de Tarzan, paint-ball, etc. Également un parcours pour les tout-petits (à partir de 3 ans). Sensations fortes garanties.

Le superbe ***site de l'île aux Pies :*** *à 10 km au sud de La Gacilly direction Glénac, près de Saint-Vincent-sur-Oust (indiqué).* Permet pêle-mêle randonnées, varappe ou belles balades sur les canaux. On peut également y observer les oiseaux sauvages (panneaux explicatifs), se promener le long du chemin de halage sur les deux rives... Jolie vue et beaux paysages. Bon topoguide *Balade en basse vallée de l'Oust*.

■ Location de canoës, de kayaks ou de vélos sur place *(**Canoë Apach'Bihan,** ☎ 02-99-91-21-15 ; ● canoe-apachbihan.com ●).*

■ ***Escapades verticales :*** *18, rue du Calvaire, 56530* ***Saint-Vincent-sur-Oust.*** *📱 06-16-99-81-41. ● escapades-verticales.com ● Avr-sept.* Escalade, parcours aventure, tyrolienne, via ferrata, nuits dans les arbres...

L'étang de la Roquennerie : *sur la route de Rochefort-en-Terre.* Un site boisé pour profiter de la fraîcheur de cet étang, de ses balades et de ses sites de pique-nique.

DU PAYS DE L'OUST À BROCÉLIANDE

Un pays attachant, pour qui voudrait vivre des moments forts avec la nature, les légendes et l'imaginaire. Les chemins de halage vous emmèneront à la découverte du canal de Nantes à Brest et de ses éclusiers, tandis que, à Tréhorenteuc, une équipe dynamique vous conduira jusqu'aux lieux magiques de la forêt de Brocéliande, qui commence ici, dans le Morbihan. Un pays oublié, méconnu, qui a fait de ses landes, forêts, sentiers et rivières un capital pour les années à venir.

*– Pour ts rens, contacter le **Pays touristique de l'Oust à Brocéliande :** ☎ 02-97-73-33-34. ● broceliande-vacances.com ●*

JOSSELIN [ʒosilɛ̃]

(56120) 2 640 hab. *Carte Morbihan, C2*

Cette noble cité fleurie, médiévale et « de caractère », construite sur le flanc d'une colline dominant le cours de l'Oust, est organisée autour du somptueux château, propriété des Rohan depuis le XVe s. L'impression de force qui se dégage de ces tours, de ces murailles imposantes encastrées dans le roc, tout cela contraste superbement avec le cours paisible de l'Oust, au pied de l'enceinte féodale. Un vrai paysage de carte postale. L'étonnante basilique Notre-Dame-du-Roncier, la jolie place qui l'entoure, les adorables petites rues dont les maisons anciennes semblent par endroits prêtes à chavirer – comme cette étonnante rue des Vierges – tout cela vous réconciliera avec l'histoire, c'est promis.

Josselin est à l'évidence un haut lieu du tourisme culturel. Quant aux environs, ils se prêtent parfaitement au « tourisme vert ». Conseil de bison malin : garez

votre voiture au bord de l'Oust, près de l'écluse, et visitez le centre à pied. D'autant que les points d'intérêt se concentrent dans un petit périmètre.

JOSSELIN DANS L'HISTOIRE

La vie de Josselin se confond d'abord avec les avatars de son château, édifié par un certain Guethenoc, vicomte de Porhoët, au début du XIe s. Son fils, Josselin, donne son nom au bourg. Plantagenêt, en guerre avec le duc de Bretagne, démolit la ville et son château en 1168. Eudes II va le reconstruire en 1173. En 1370, Pierre d'Alençon vend le château au connétable Olivier de Clisson, qui le transforme complètement et en fait l'un des plus fermes bastions de la cause française dans le duché. Clisson épouse Marguerite de Rohan. Le château passe par leur fille à la maison de Rohan. À la fin du XVe s, le duc de Bretagne, François II, fait démanteler le château pour mettre fin au soutien de Jean II de Rohan au parti français. Il sera réédifié, puis de nouveau détruit sur ordre de Richelieu car, à l'époque, Henri de Rohan est le chef des huguenots. Richelieu lui aurait dit : « Je viens, Monsieur, de jeter une boule dans votre jeu de quilles. » Il faudra attendre le milieu du XIXe s pour que la forteresse soit restaurée par la famille de Rohan, qui en est toujours propriétaire (Josselin de Rohan-Chabot, sénateur et ancien président du conseil régional de Bretagne) et dont l'une des devises est : « Roi ne puis, prince ne daigne, Rohan suis. »

Adresses et info utiles

i *Office de tourisme du Pays de Josselin :* *4, rue des Remparts.* ☎ *02-97-22-36-43.* • *office-tourisme@josselin-communaute.fr* • *josselin-communaute.fr* • *Avr-juin et sept, lun 13h30-17h30, mar-sam 10h-12h, 13h30-17h30 (plus le dim des Floraisons du château de Josselin, fin avr, et celui des Journées du patrimoine en sept) ; juil-août, tlj 10h-18h ; oct-mars, slt mar-mer et ven-sam 10h-12h, 13h30-17h30.* Organise des découvertes ludiques de la ville sur le thème du Moyen Âge en compagnie de la farfelue *Mme Pourquoi Comment* (visite familiale d'une heure) en juillet et août. Propose également une (géniale !) visite virtuelle 3D du centre ville de Josselin au XVIe s sur iPad (prêt gratuit avec dépôt d'une pièce d'identité). Documents sur le patrimoine de la ville (livret avec jeux pédagogiques pour les enfants), circuits VTT-randos pédestres, etc. Accueil charmant et efficace.

■ ***Location de vélos :*** ***Camping du domaine de Kerelly,*** *à Guégon (15 juin-15 sept),* ☎ *02-97-22-22-20.* ***Camping des Cerisiers,*** *Brancillet à Guillac (15 juin-30 août),* ☎ *02-97-75-61-24.* ***Association de canoë-kayak de Josselin,*** *au pied du château de Josselin (slt juil-août).*

– ***Marché :*** *sam mat, dans tt le centre-ville.* Un grand moment de vie à partager.

Où dormir ? Où manger ?

Bon marché

⌂ ***Gîte d'étape de l'Écluse :*** *au bord du canal.* ☎ *02-97-22-24-17 (mairie).* ♿ *Écluse n° 35, à 300 m du centre-ville et à 100 m du château. Ouv avr-juin et sept, sur résa en mairie ; juil-août, accueil 17h-19h30. Compter env 12 €/pers ; douche chaude gratuite (2,20 € pour les gens de passage). Résa vivement conseillée.* Reçoit tous les randonneurs à pied, à cheval (mise sous couvert), en canoë, à vélo. Et les routards habitués des gîtes collectifs... Capacité d'accueil : 14 lits. Situation extra, les orteils dans l'eau et tout près du beau château. Cuisine aménagée.

|●| ***Crêperie du Centre :*** *9, pl. Notre-Dame.* ☎ *02-97-73-90-59.* • *creperieducentre@hotmail.fr* • *Juil-août,*

service non-stop 10h-21h sf mer, sinon 10h-18h le reste de l'année sf mar-mer. Carte 10-15 €. Apéritif ou café offert sur présentation de ce guide. La terrasse en fait une adresse touristico-gourmande idéale sur la place, au pied de Notre-Dame. Le cadre rustique de la petite salle aussi. Galettes et crêpes : salées ou sucrées, elles sont succulentes, servies avec sourire, efficacité... et plaisir !

De prix moyens à chic

Chambres d'hôtes Le 14 St-Michel : *chez Viviane et Patrice Le Goff, 14, rue Saint-Michel. ☎ 02-97-22-24-24. 06-89-37-26-07. • contact@le14stmichel.com • le14stmichel.com • Compter 69-95 € pour 2 selon chambre ; 119 € pour 4. Table d'hôtes sur résa env 21 €. Remise de 5 % sur la chambre (nov-mars), sur présentation de ce guide.* Au cœur de la vieille ville, une vénérable et superbe demeure de granit offrant 4 chambres et une suite familiale. Déco actuelle, d'un goût très sûr. La maison d'hôtes de charme dans toute sa splendeur.

Hôtel-restaurant du Château : *1, rue du Général-de-Gaulle. ☎ 02-97-22-20-11. • contact@hotel-chateau.com • hotel-chateau.com • Oct-mars, fermé dim soir-lun (hôtel ouv sur résa) plus sam midi ; avr-sept, ouv tlj. Doubles 86-94 € selon confort et vue. Formule 12,10 € le midi en sem, menus 21,40-46,20 € ; carte env 35 €. Kir breton offert sur présentation de ce guide.* Difficile de manquer cette adresse qui fait face au château ! Les chambres, classiques et bien tenues, profitent, quand on est du bon côté, de la vue imprenable sur les « voisins » châtelains ! Un peu chères, mais ça reste impressionnant le soir à la tombée de la nuit, avec la rivière qui coule à ses pieds. On bénéficie tout autant de cette vue lors d'un repas en terrasse ou dans la grande salle bourgeoise avec ses larges fenêtres. Cuisine copieuse, pas prétentieuse, traditionnelle et savoureuse, aux accents parfois bretonnants. Petit déj buffet, en revanche, bien ordinaire.

Chambres d'hôtes Le Clos des Devins : *11, rue des Devins. ☎ 02-97-75-67-48 ou 06-88-84-77-05. • ann.astruc@orange.fr • leclosdesdevins.fr • Compter 60-68 € pour 2 et 20 € par pers supplémentaire.* Maison de caractère, proche de la basilique, dans une petite rue calme. 3 chambres stylées, confortables, meublées avec un goût exquis par Mme Astruc, côté jardin ou côté rue (notre préférence malgré tout pour celle qui dispose d'une terrasse). Le salon français XVIIIe, avec ses tapisseries et boiseries d'époque, contribue à la plénitude d'une maison et d'une hôtesse d'exception. Tant pour le cadre que pour l'accueil.

Bar-crêperie La Marine : *8, rue du Canal. ☎ 02-97-22-21-98. • restaurant.lamarine.josselin@orange.fr • Fermé dim soir-lun hors saison. Résa indispensable en été. Formules déj en sem 8,90-11 € ; repas 25 € env. Réduc de 5 % sur la note sur présentation de ce guide.* Galettes de blé noir « spéciales » comme la « Josselinaise », garnie de boudin noir et de pommes cuites. Agréable décor marin. En saison, quelques tables sur la terrasse. Belle carte de crêpes de froment également. Essayez la « Favorite », qui a beaucoup de succès. Une bonne adresse qui ne vous ruinera pas.

Le Prieuré de Clisson : *2, rue Georges-Le-Berd. ☎ 02-97-73-93-58. Fermé dim soir-lun. Congés : 1er-15 nov. Formules 12,50-14,50 € le midi en sem, puis 23,50-34,50 €. Café offert sur présentation de ce guide.* Un resto-salon de thé chaleureux dans la plus ancienne chapelle de la ville. Produits frais de qualité (on travaille ici avec les artisans locaux) et plats qui changent au gré des saisons, en dehors du foie gras maison. Cuisine gourmande qui privilégie le terroir. Cadre et ambiance soignés.

La Table d'O : *9, rue Glatinier. ☎ 02-97-70-61-39. • olb56@free.fr • Fermé mer soir et dim. Congés : 2 sem en fév, 1 sem fin août et Toussaint. Le midi en sem, formules 14,50-17,50 € ; menus 21-37 €.* La belle adresse gastro de la ville, aux couleurs du temps, sur les murs comme dans l'assiette. Olivier Buffard fait partie de ces chefs inspirés par les symbioses terre-mer. La fraîcheur et le marché guident cette inspiration créatrice et novatrice, au gré des saisons. Le spectacle n'est pas dans le cadre, sinon celui de la vue et de la terrasse suspendue au-dessus du château et de la vallée. Le spectacle est gustatif, olfactif. Un plaisir épicurien que l'on peut découvrir dès le premier menu le midi. L'accueil dynamique, souriant et attentionné de madame Buffard contribue à faire de ce moment un privilège culinaire.

Où dormir ? Où manger dans les environs ?

Camping

Camping des Cerisiers : *Brancillet, 56800* ***Guillac.*** *☎ 02-97-75-61-24. 06-69-02-97-05. • josselincamping@hotmail.com • À 3 km env de Josselin, en longeant l'Oust par la N 35. Ouv tte l'année. Forfait tente 2 pers 10-12 € selon saison. Loc 120-420 €/sem (possible à la nuitée).* Un camping aussi bucolique que son nom le laisse suggérer. 30 emplacements à peine, spacieux et ombragés (ou pas). À louer, 4 mobile homes, 2 caravanes, une « campétoile », une « bubble room », 3 tipis et 1 yourte ! Excellentes prestations pour un 2-étoiles (épicerie de dépannage, aire de jeux, buanderie...).

De bon marché à prix moyens

Chambres d'hôtes de La Ferrière : *chez Patricia Thresher, manoir de la Ferrière, 56420* ***Buléon.*** *☎ 02-97-75-35-31. • patricia.thresher@orange.fr • Sur la route entre Josselin et Locminé, sortir à Buléon ; devant l'église du village, prendre la direction de Radénac ; la maison est à 1 km sur la gauche. Compter 50 € pour 2.* C'était la maison du seigneur de Lantivy... Elle date du XVIe s, et si elle a perdu 2 tours, les 2 dernières se dressent encore fièrement. La cour est aujourd'hui ouverte sur l'arrière et donne sur les bois et pâturages. L'intérieur est aménagé avec goût, mêlant harmonieusement meubles de style et déco résolument moderne. Immense séjour avec banquettes d'église et table de monastère rapportées d'Angleterre (la patrie de Patricia). Accueil sympa. Une adresse de charme.

Crêperie des Forges : *Moulin de Cadoret, 56120* ***Les Forges.*** *☎ 02-97-75-38-49. • creperiedesforges@sfr.fr • À 10 km au nord-ouest de Josselin. Prendre la direction Loudéac/Rohan (fléché depuis le village). Tlj sf lun-mar hors saison (ouv j. fériés) ; service non-stop 12h-22h en juil-août. Congés : 3 sem en janv. Résa conseillée. Formules 12,50-16,50 € le midi ; carte 15 € env. Café offert sur présentation de ce guide.* Dans ce beau moulin du XVIIe s surplombant le canal de Nantes à Brest (certaines tables profitent de la vue !), on vient savourer les belles crêpes confectionnées maison. Rien que le site apaisant vaut le détour. Accueil très sympa. On n'oublie pas les enfants, qui ont leur coin aménagé. Que du bon !

Chambres d'hôtes Les Hortensias : *chez M. et Mme Nicolas, La Ville-Robert, 56120* ***La Croix-Helléan.*** *06-81-90-05-75. • nicolasmo@wanadoo.fr • gites-de-france56.com • À 3 km au nord de Josselin. Compter 57 € pour 2, 75 € pour 4. 3 gîtes 6-10 pers 450-750 €/sem. Apéritif offert sur présentation de ce guide.* Dans un hameau en pleine campagne. 3 chambres personnalisées pour 2 à 4 personnes (dont une avec un beau lit clos breton pour 1 ou 2 enfants), bien aménagées et confortables. Coin kitchenette dans les chambres, bains et w-c. Les propriétaires sont fermiers et ouvrent volontiers les portes de leur exploitation. Les enfants adorent... Également des gîtes de bon confort, rénovés récemment, installés dans d'anciens bâtiments de la ferme.

À voir. À faire

Le château : *☎ 02-97-22-36-45. • chateaudejosselin.com • Visite guidée d'avr à mi-juil et en sept tlj 14h-18h ; de mi-juil à fin août, tlj 11h-18h ; en oct, le* *w-e et début des vac scol de la Toussaint 14h-17h30. Entrée : 9 € ; réduc ; gratuit jusqu'à 6 ans. Possibilité de billet combiné avec le musée des Poupées : 13,70 € et 8 € (7-14 ans). Visite axée surtout sur l'histoire, le rôle et la dynastie des Rohan ; beau mobilier également, signé par l'ébéniste Heurtaut (XVIIIe s). Compter 45 mn de visite guidée.*

Le château présente deux aspects très différents : d'une part, la forteresse médiévale que l'on voit de l'extérieur ; d'autre part, la façade intérieure Renaissance, richement ornementée (à voir de préférence le matin pour une meilleure lumière). Pour avoir une vue d'ensemble, il faut descendre vers l'Oust. La façade extérieure plongeait autrefois ses fondations dans la rivière. Elle en est aujourd'hui séparée par la route. Les courtines et les trois tours rondes à toitures coniques datent de l'époque d'Olivier de Clisson (XIVe s). La façade intérieure s'ouvre sur une cour d'honneur, avec le traditionnel puits. Admirez les dix lucarnes à deux étages. C'est une véritable dentelle de granit, commandée par Alain IX et Jean II à la fin du XVe s. Sur la galerie qui les relie, on peut voir les fleurs de lys de France et l'hermine bretonne. Les « A » surmontés d'une couronne ducale désignent Anne de Bretagne. Le motif principal représente la devise des Rohan : « À plus », sous un rang de couronnes. À l'intérieur, le grand escalier, un des premiers escaliers droits réalisés en France vers 1510, a été probablement dessiné par des architectes italiens. Surprenante alliance ancienne de la Bretagne avec l'Italie. En accédant au parc, on découvre une roseraie, un jardin à la française et le parc à l'anglaise. Intérieur de style XIXe avec sa belle salle à manger. Ne soyez pas surpris, à l'occasion, de croiser le duc. Et pour le côté people, la reine mère d'Angleterre est passée par ici le temps d'un thé !

LE MORBIHAN

★ *Le musée des Poupées et jouets :* *3, rue des Trente. ☎ 02-97-22-36-45. Mêmes horaires que le château. Entrée : 7,60 € ; réduc. Possibilité de billet combiné avec le château (voir ci-avt). Compter 30 mn en visite libre.* Dans les anciennes écuries du château, madame la duchesse de Rohan a constitué une collection, commencée en 1880, comprenant aujourd'hui plus de 3 000 poupées, du XVIIe s à nos jours, dont plus de 600 sont exposées dans ce musée. La plus surprenante, celle portant un bébé noir, date du XVIIe s. Chaque année, expositions à thème.

★★ *La basilique Notre-Dame-du-Roncier :* *visites commentées par des étudiants bénévoles en juil-août. Dépliant de visite à l'intérieur tt au long de l'année.* Selon la tradition, au IXe s, un paysan découvrit une statue de la Vierge cachée sous des ronces qui, curieusement, ne perdaient pas leurs feuilles. Le paysan emporta la statue chez lui. Le lendemain, elle avait disparu. Il la retrouva encore sous les ronces. Ce manège s'étant produit plusieurs fois, le paysan comprit que la Vierge désirait qu'on édifiât en son honneur une chapelle à la place du roncier (cette légende est commune à de nombreux lieux de pèlerinage en Bretagne). La statue miraculeuse, objet de superstition, fut brûlée en 1789, et l'église transformée en temple de la déesse Raison. Des fidèles réussirent cependant à sauver des flammes quelques fragments de l'objet saint, pieusement conservés aujourd'hui dans un reliquaire. La statue que l'on voit dans la chapelle, à gauche du chœur, est moderne. L'église a subi plusieurs remaniements. Elle conserve dans le chœur des vestiges d'architecture romane de la fin du XIIe s, curieuse frise d'hommes, d'animaux et de feuilles, qui orne les chapiteaux. C'est maintenant un ensemble flamboyant, présentant une étonnante suite de pignons percés de grandes fenêtres et séparés par des gargouilles. À l'intérieur, remarquable chaire en fer forgé du XVIIe s et superbes gisants d'Olivier de Clisson et Marguerite de Rohan (XVe s).

★★ *Le point panoramique du haut du clocher :* *entrée à l'arrière de l'église. Accès libre.* Il faut gravir 138 marches pour découvrir un superbe panorama sur la région et surtout le château. Ça grimpe sec dans la montée, ça tourne dans la descente, mais la vue vaut le coup d'œil, surtout le matin avec la bonne orientation de la lumière sur le château.

Les vieilles demeures : *autour de la basilique, rue des Vierges (maisons tt en bois), rue des Devins, rue Olivier-de-Clisson (maison des Porches), rue des Trente avec ses maisons à pans de bois.* Des plaques explicatives sont disposées à travers la ville, et un document détaillé est disponible auprès de l'office de tourisme.

➢ ***« Au fil de l'eau » :*** Un parcours, ludique et pédagogique, valorisant à la fois la rivière de l'Oust, les espaces naturels et leur biodiversité. Au pied du château de Josselin se trouve le lavoir, où le promeneur a rendez-vous avec les lavandières. Un chemin lumineux ponctué de clous dorés mène ensuite au Bois d'Amour. Tout le long, silhouettes, modules, animations, jeux tactiles ou sonores... Au cours de la balade, la mécanique complexe d'une horloge à eau s'accompagne de jets d'eau qui s'illuminent à la nuit tombée pour un spectacle d'eau et de lumière.

Le port de plaisance sur l'Oust : *devant le château.* Le quai fluvial a été restauré. Ce port est souvent le but extrême atteint par les plaisanciers. La navigation devient plus difficile jusqu'à Pontivy.

– Location de kayaks auprès du ***Roncier Canoë, l'écluse :*** *quai fluvial. 06-38-34-44-76. Tlj en été, 10h30-18h30. Compter 8-10 €/h.* Également des VTT.

Manifestations

– ***Festiv'été :*** *mer en juil-août. GRATUIT.* Concerts, spectacles de rue et animations dans la ville.

– ***Festival médiéval :*** *le 14 juil, les années paires.*

– ***Grand pardon de Notre-Dame du Roncier :*** *le 8 sept.* Appelé le « pardon des Aboyeuses ». On raconte, en effet, qu'une mendiante demanda un jour de l'eau aux femmes qui lavaient le linge à la fontaine. Celles-ci se moquèrent et lâchèrent sur elle des chiens... La vagabonde était en fait la Vierge Marie en voyage. Pour les punir, elle les condamna à hurler comme des chiennes chaque année à l'époque de la Pentecôte. Dès lors, on mena les épileptiques à la basilique de Josselin, et ce pèlerinage devint une attraction pour les habitants de la ville, qui assistaient aux crises des pauvres malades.

DANS LES ENVIRONS DE JOSSELIN

En guise de préambule, sachez que toute la campagne alentour est non seulement très belle, mais aussi truffée de manoirs (privés, visibles uniquement de la route), chapelles (Saint-Méleuc, Saint-Gobrien, Saint-Maudé...) ou châteaux plus étonnants les uns que les autres, noyés dans la verdure. Nous vous recommandons en particulier, au sud de Josselin, tout ce qui se situe dans ou aux abords du triangle ***Josselin – La Chapelle-Caro – Plumélec,*** le must étant clairement ***Lizio*** et ses environs (voir plus loin « Dans les environs de Malestroit »).

LE LIEU DU COMBAT DES TRENTE

À 7 km de Josselin, en direction de Ploërmel. Un panneau d'interprétation présente le lieu et le combat. Rens à la mairie de Guillac : ☎ 02-97-74-11-62. Le combat des Trente fut livré en 1351 entre Anglais et Bretons, dont Beaumanoir, auquel Geoffroy du Boys cria : « Bois ton sang, Beaumanoir, et la soif te passera... » Une colonne commémore cet épisode de la guerre de Succession de Bretagne.

GUÉHENNO (gwezhennoù ; 56420)

À 10 km au sud-ouest de Josselin. Paisible village de 750 âmes (et 5 bars !), connu pour son surprenant calvaire.

Dans le bourg, le plus beau ***calvaire*** du Morbihan, à côté de l'église, dans un enclos paroissial intact (église, cimetière, source d'eau et calvaire). Ce monument de 1550, détruit en 1793 avant d'être remonté avec les mêmes pierres en 1853 par l'abbé Jacquot, est précédé d'une colonne décorée des instruments de la Passion et couronnée d'un coq (pour rappeler le reniement de saint Pierre). Derrière le calvaire se trouve l'ossuaire, surmonté d'une statue de la Résurrection. *Visite guidée en été. GRATUIT. S'adresser au point infos.*

À voir aussi, la ***chapelle du Mont*** *(à 1 km direction Plumélec)*, avec son petit point de vue sur la campagne avoisinante. Pas banal dans le coin de surplomber ses voisins. Plusieurs circuits pédestres balisés aux alentours.

RÉGUINY (56500)

À 20 km au sud-est de Pontivy. Première station verte de vacances créée en Bretagne. Cette petite commune rurale fait beaucoup d'efforts pour les loisirs des vacanciers : plan d'eau aménagé, salle des fêtes, piscine, belle église, un musée, un resto de bonne réputation...

Où dormir ? Où manger ?

Camping municipal de L'Étang : *en centre-ville. ☎ 02-97-38-66-11. • mairie.reguiny@wanadoo.fr • reguiny.com • Accès : par la N 24, puis la D 764. Ouv 15 juin-15 sept. Prix tente en hte saison : 8,05 €. CB refusées. 67 empl.* Il a l'air de se plaire là où il est, ce petit camping en bordure de lac, sous les bouleaux, à deux pas de la piscine intercommunale !

Hôtel-restaurant de Bretagne – Chez Jo et Carmen : *32, rue Anne-de-Bretagne. ☎ 02-97-38-66-07. Resto fermé dim soir, plus ven soir hors saison. Congés : 1er-20 janv. Double 38 €. Menu midi en sem 12 €.* Bienvenue chez Jo et Carmen, des légendes dans le coin ! Ce bar-hôtel-resto pépère, aux chambres correctes, ne revendique aucune prétention. Économique en somme, comme dans la grande salle de resto au menu du jour copieux qui ravit l'ensemble des habitués (c'est noir de monde tous les midis !). Propose également un grand plateau de fruits de mer. Une adresse de confiance, régulière en qualité depuis des décennies.

LE MORBIHAN

À voir

L'église : consacrée à saint Clair, envoyé en Armorique par le pape saint Lin, successeur de saint Pierre, avec, comme gage de sa mission, le clou qui avait fixé le chef des apôtres sur sa croix. Voilà pourquoi la statue de saint Clair, au porche de l'église, tient un clou. Il y en a aussi dans les crosses en fer de la porte sud.

Le musée Les Sanglots longs : *14 bis, rue de la Piscine. ☎ et fax : 02-97-38-61-11. • museereguiny@aol.com • Sur la route de Radenac, face au lac. Début mai-fin sept, tlj 10h-18h30 ; le reste de l'année, tlj sf mar 14h-18h ou sur rdv. Entrée : 4,60 € ; réduc.*
Histoire de la radio TSF combinée à celle de la Seconde Guerre mondiale. À l'aube de la radio était le poste à galène, puis les postes à lampes : superbe collection de postes qui ont tous été remis en état de fonctionnement (ils ont le RDS ?). À partir de l'appel du 18-Juin, un autre thème se greffe sur celui de la radiophonie : la Seconde Guerre mondiale. En effet, les deux sujets sont très étroitement liés. Souvenez-vous : *Les sanglots longs des violons de l'automne...* Ceux qui ont oublié la suite vont directement au piquet ! Dans ce musée foisonnant de souvenirs, de reconstitutions, d'objets inattendus et d'émotion, les relations entre

la radio et la guerre en général (car l'Algérie et l'Indochine sont évoquées aussi) sont nouées judicieusement. Nombreux objets donnés ou trouvés sur les plages du Débarquement. Uniformes dont le duffle-coat de Guy Mas, reporter attitré du général de Gaulle, biographies, maquettes, biscuits et rations américaines (un *Mars* de plus de 60 ans !)...
À la sortie, profiter des bords du lac pour une promenade et noter la drôle de statue de la Liberté qui trône dans le parc au bord de l'étang !

ROHAN (Roc'han ; 56580)

À une vingtaine de km au nord-ouest de Josselin par la D 778. Du château créé en 1104 par Alain de Porhoët, premier vicomte de Rohan, il ne reste que des ruines et la chapelle de Bonne-Encontre : une curieuse inscription en vers donne la date de 1510. À l'intérieur, un tableau votif représente des membres de la famille de Rohan. Ce village est aujourd'hui l'une des jolies petites étapes pour les amoureux du canal de Nantes à Brest.

Info utile

Point information : *☎ 02-97-51-50-33. Ouv en saison slt. Le reste du temps, contacter l'office de tourisme de Pontivy.*

Où dormir ? Où manger à Rohan et dans les environs ?

Camping municipal du Val d'Oust : *route de Saint-Gouvry. ☎ 02-97-51-57-58 ou 50-33 (mairie). • mairie.rohan@wanadoo.fr • rohan.fr • Accès : au bord du canal, près du bourg. Ouv de mai à mi-sept. Prix tente en hte saison : 9,30 €. 45 empl.* Site ombragé et bons équipements.

Gîte Hunvre Dihun : *rue des Lavandière, bourg de* ***Saint-Gouvry.*** *☎ 02-97-38-93-12. • hunvre_dihun@yahoo.fr • gitedebretagne.jimdo.com • Gîte 5 pers ouv tte l'année. Résa obligatoire (séjour min 2 nuits). Compter 320-450 €/sem pour 5 pers selon saison ; forfaits w-e à partir de 160 € (mais hors vac scol). Sur présentation de ce guide, prêt gratuit de draps pour 2 pers pour une loc de 1 sem.* « Rêve éveillé » en breton... Tout un programme ! Ancienne ferme restaurée, qui peut accueillir 5 personnes (une chambre pour 2 et une autre pour 3). Grand salon.

L'eau d'Oust : *6, rue du Lac. ☎ 02-97-38-91-86. • restaurant.leaudoust6@orange.fr • Tlj sf mer (plus dim soir hors saison). Congés : 1 sem en janv, 2 sem en fév-mars, 1 sem en oct. Le midi en sem 15-17,50 €, puis 26,50-36 € ; carte 37 €. Café offert sur présentation de ce guide.* La bonne adresse que voilà ! Dès le premier « petit » menu, le chef, récemment installé, fait sensation. À prix tout doux (à moins de craquer pour le homard !), il revisite le terroir breton avec respect et originalité : escargots de l'île de Groix, lasagne de saint-pierre aux salicornes et palourdes... Le cadre, celui d'une coquette auberge de campagne, est agréable mais au final importe peu. Une étape de gourmets sur le canal de Nantes à Brest.

L'ABBAYE NOTRE-DAME-DE-TIMADEUC

À 3 km de Rohan (indiqué), sur les rives de l'Oust, à ***Bréhan.*** *☎ 02-97-51-50-29. • timadeuc.abbaye@wanadoo.fr • abbaye-timadeuc.fr •* Elle ne se visite pas et n'est même pas particulièrement belle ; il s'agit pourtant de l'un des sites les plus fréquentés en Morbihan ! Il faut dire qu'elle abrite des moines trappistes de l'ordre des Cisterciens, qui exploitent une ferme et vendent des fromages (pasteurisés) réputés et de délicieuses pâtes de fruits. On trouve également à la boutique toutes sortes de produits fabriqués en abbaye et autres objets religieux.

Les moines accueillent aussi des pensionnaires en retraite spirituelle (et catholiques : prière de participer aux offices). Une quarantaine de chambres disponibles *(père hôtelier, ☎ 02-97-51-59-23).*

➢ En contrebas de l'abbaye, allez donc jeter un coup d'œil à la jolie petite ***écluse de Timadeuc*** avec son chemin de halage. Bucolique.

MALESTROIT [malastred]

(56140) 2 560 hab. *Carte Morbihan, C2*

Avec ses fleurs, ses ponts, son île, son canal de Nantes à Brest et sa rivière de l'Oust, la petite ville de Malestroit (prononcez « Malétroit ») regorge de charme. Elle proclame toujours fièrement sa devise, *Quae numerat nummos non est male stricta domus* (« Maison qui compte ses écus n'est pas mal gérée »). Économe, avec ça !
Du coup, la visite de cette ville démontre sa richesse passée, tant on y voit de nobles demeures, de style gothique ou Renaissance, les unes en bois à pignons et étages en encorbellement, les autres en pierre avec lucarnes et gargouilles sculptées. On ne le répétera jamais assez, une ville se visite les yeux levés (faites attention où vous mettez les pieds quand même !).

Adresses et info utiles

ℹ ***Office de tourisme :*** *au Pass'Temps 5-7, rue Sainte-Anne. ☎ 02-97-75-45-35. • tourisme.ccvol.fr • Juil-août, lun-sam 10h-18h, dim 14h-18h ; pdt les petites vac scol (ttes zones confondues) plus mai-juin et sept, lun-sam 9h30-12h30, 14h-17h30.* Visites guidées en été et plan-balade à travers la ville. Très bon accueil.

■ ***Location de vélos :*** ***MBK,*** *faubourg Sainte-Anne. ☎ 02-97-75-13-36. Ouv mar-sam.* Location de vélos de route (la Voie verte n'est pas loin). Ainsi que : *le* ***Domaine du Roc,*** *rue Beaurivage, 56460* ***Le Roc-Saint-André.*** *📱 06-48-07-68-05. Tlj avr-oct. Le* ***camping municipal*** *de* ***Sérent*** *☎ 02-97-75-91-98 et* ***Cy'glon*** *à* ***Saint-Congard.*** *📱 06-11-87-94-57.*

– ***Marché de la nature :*** *jeu mat sur la place.*

Où dormir ? Où manger ?

⛺ ***Camping municipal La Daufresne :*** *chemin des Tanneurs, La Daufresne. ☎ 02-97-75-13-33. 📱 06-83-69-88-17. • etatcivil@malestroit.fr • malestroit.com • ♿ Accès : sur les rives de l'Oust, face au quai où s'amarrent les coches d'eau. Ouv 1er mai-15 sept. Prix tente en hte saison 5,60 €. 100 empl.* Pas cher pour séjourner à l'ombre de grands arbres ! Et douches comprises, en plus ! Beaucoup de verdure, beaucoup d'eau : les margouillats s'en donnent à cœur joie ! Location de canoës. Également une aire de service pour les camping-cars. Resto et commerces à 5 mn à pied.

🍴 ***Crêperie Maël Trech :*** *13, pl. du Bouffay. ☎ 02-97-75-17-72. • contact@maeltrech.fr • Face à l'église.*

Fermé lun soir et mar soir et mer hors saison. Congés : janv. Repas 12-15 € env. Cidre artisanal, chouchen, farine locale, charcuterie du coin et toute la Bretagne dans votre assiette. Bonnes spécialités de galettes, à goûter sur une agréable terrasse face à la superbe église.

Où dormir ? Où manger dans les environs ?

Camping Domaine du Roc : *rue Beaurivage, 56460* ***Le Roc-Saint-André.*** *☎ 02-97-74-91-07. 06-48-07-68-05. • domaine-du-roc@orange.fr • domaine-du-roc.com • Accès : à l'entrée du village. Ouv 1er avr-1er nov. Prix tente 12,50-14,50 € selon saison. Loc 290-550 €/sem (loc possible à la nuitée selon saison et en fonction des disponibilités). 55 empl. Réduc de 10 % en emplacement et 5 % en locatif en hors saison ; -1 € sur le parcours « Roc Aventure » ; - 10 % sur vélo, canoë, embarcation à pédales, sur présentation de ce guide.* Un camping familial idéalement situé au bord du canal de Nantes à Brest et de sa voie verte, et proposant toutes sortes d'activités (piscine couverte et chauffée, parcours acrobatique, location de vélos, kayak...). Il dispose surtout d'un choix d'hébergements insolites... vraiment insolites ! Cabanes perchées, caravanes de collection (de 1930 à 1960 !) avec déco d'époque et des baricanes, à savoir des cabanes aménagées dans des barriques géantes.

Gîte Les Laurentides : *rue Greneuc, 56140* ***Saint-Laurent-sur-Oust.*** *☎ 02-97-73-78-36. • contact@les-laurentides.fr • les-laurentides.fr • À 6 km au sud-est de Malestroit. Accès direct au halage du canal de Nantes à Brest (500 m). Tte l'année. Nuitée 25 €/pers (sans drap du dessus), avec petit déj. 39 €/pers en ½ pens. Café offert sur présentation de ce guide.* Ce gîte, parfaitement aménagé dans une très belle demeure ancienne à pierre apparente, repose non loin des bords de l'Oust. Capacité de 50 couchages avec des chambres pour 2, 3, 4 ou 5 personnes réparties entre la maison principale et une grange rénovée. Bon confort et bonne tenue générale. Idéal pour les aventuriers de la nature, à pied, en barque ou à vélo.

Hôtel Le Petit Keriquel : *1, pl. de l'Église, 56460* ***La Chapelle-Caro.*** *☎ 02-97-74-82-44. • lepetitkeriquel@orange.fr • keriquel.com • À 8 km au nord de Malestroit, direction Ploërmel. Resto fermé lun midi et mer. Congés : vac scol de fév. Doubles 60-64 € ; familiales 82-99 €. Menus déj en sem 14,50 €, puis 19,90-30,90 €.* L'heureuse et étonnante transformation d'un hôtel de village en une pétulante maison de famille, avec des chambres toniques, tout confort, où il fait bon poser ses bagages. Le petit jardin est idéal pour prendre le petit déj dès que pointent les premiers rayons du soleil. Restaurant de terroir labellisé, aux plats « vrais », avec tous produits élaborés maison et au maximum bio. Accueil jovial et relax.

À voir

Le centre-ville : *rues du Froment* et *des Anglais,* vieilles maisons du XVIe s. *Place du Bouffay,* maisons datant de 1640 et 1646 ; plus vieille encore, la maison de la Truie-qui-File, toute de bois et du XVe s, aux surprenantes sculptures : une truie file sa quenouille, un lièvre joue de la veuse et un homme bat sa femme (révoltant !). *Rue Huberdière,* on lit sur une façade les sentences suivantes : « J'ai espéré en la miséricorde de Jéhovah », en hébreu ; le fameux « Connais-toi toi-même » de Socrate, en grec ; et « La Terre n'est qu'un bref séjour, c'est le ciel que Dieu nous a réservé comme patrie », en latin. Pourquoi tant de science et de sagesse en ces lieux ? Ce fut probablement le logement d'un professeur du noviciat de la congrégation des prêtres de Saint-Méen, installés en 1828 dans l'ancien couvent des Ursulines par l'abbé Jean-Marie de Lammenais.

LE MORBIHAN

Cette cité baigne dans la spiritualité. Elle a reçu, parmi des hôtes célèbres, Montalembert et Lacordaire. Il y eut jusqu'à trois couvents : des Augustines, des Ursulines et de la Sagesse. Le premier abrite maintenant une clinique (toujours gérée par les Augustines) où s'illustra pendant la Seconde Guerre mondiale la révérende mère Yvonne Aimée de Jésus, à qui le général de Gaulle remit la Légion d'honneur le 22 juillet 1945 pour hauts faits de résistance (voir « Dans les environs de Malestroit. Saint-Marcel »).
Sachez qu'en été, la place du Bouffay devient entièrement piétonne de 10h à 1h du matin.

L'église Saint-Gilles : construite au début du XIIe s sur une fontaine sacrée, toujours présente, elle fut incendiée par les ligueurs en 1592. De l'édifice de base, il ne reste que le croisillon sud et le chevet plat, substitué à une abside en cul-de-four qui devait couvrir la fontaine. Lors de sa reconstruction, elle fut doublée d'une seconde nef. Plusieurs fragments de vitraux du XVIe s garnissent les fenêtres ; l'un d'eux retrace la légende de saint Gilles et du péché de Charlemagne. Des peintures murales exceptionnelles ont été découvertes, fin 2011, lors d'une restauration. Les motifs (dont un éléphant de combat) sont extrêmement rares en peinture, puisque l'unique équivalent connu est conservé au musée du Prado, en Espagne. Le portail nord de la façade occidentale présente une décoration flamboyante et riche. Celui de la longère méridionale est orné, si l'on peut dire, de sculptures symboliques très expressives. Les panneaux en bois sculpté des portes, datant du milieu du XVe s, comme le porche, ne sont pas d'origine. Vers 15h, l'ombre projetée du bœuf sculpté sur le portail sud ressemble au profil de Voltaire.

Les vestiges de l'église de La Madeleine : *de l'autre côté de la ville, après avoir passé l'île Notre-Dame depuis le centre. L'office de tourisme prête une tablette numérique où le prieuré de la Madeleine a été reconstitué tel qu'il était au XIVe s : pour se promener dans les vestiges actuels tt en ayant accès au passé !* Agréable petite balade. L'église fut construite au XIIe s, ses vestiges sont très émouvants. C'est là, en 1343, que fut signée la fameuse trêve de Malestroit pendant la guerre de Cent Ans. En 1795, un détachement de républicains surprit une poignée de chouans réfugiés dans l'église ; ils les massacrèrent un à un. Les pans de murs restants sont désormais noyés dans la verdure. La nature reprend tendrement ses droits sur la pierre. Belle lumière le soir.

La Maison de l'eau et de la pêche : *à l'écluse 25. ☎ 02-97-75-26-50. 1er mai-1er nov, w-e et j. fériés 14h-19h ; tlj en juil-août. GRATUIT.* Des aquariums, du matos de pêche ancien, des explications sur le cycle de l'eau et le tableau de « chasse » des caïds du coin (« J'te jure ! Grand comme ça, qu'il était ! »). Pas grand-chose, mais si on se balade sur la rive, ça fait une halte sympa.

À faire

– Malestroit, c'est le royaume du **_canoë-kayak._** On y pagaie à sa guise en rivière ou plus tranquillement sur le canal de Nantes à Brest *(rens à la base nautique, à côté du camping : ☎ 02-97-75-29-86 ; loc tlj 9h-19h en juil-août, et en réservant par tél le reste de l'année).* Stages, encadrement, location à l'heure ou à la journée. Prix raisonnables. Également au **_Domaine du Roc_** *(rue Beaurivage, 56460 **Le Roc-Saint-André** ; 📱 06-48-07-68-05 ; tlj avr-oct),* qui loue aussi des embarcations à pédales.

➢ C'est aussi la porte d'accès à la **_Voie verte._** Cette ancienne voie de chemin de fer reliant Questembert à Mauron, longue de 52 km, passe en effet par Malestroit, Saint-Marcel, Sérent, Le Roc-Saint-André et La Chapelle-Caro, pour ne citer que ces villages regroupant l'essentiel des activités et des sites à visiter à l'ouest de Malestroit. Location de VTT (voir « Adresses et info utiles »). Possibilité de faire des boucles reliant le canal de Nantes à Brest à la Voie verte. On conseille d'ailleurs de partir par le canal et de revenir par la Voie verte pour éviter la côte et faire un joli circuit. *Rens auprès de l'office de tourisme.* 30 circuits à pied ou à vélo sont proposés avec des fiches descriptives.

Manifestations à Malestroit et dans les environs

– ***Les Vendredis du canal :*** *concerts le ven soir fin juin-fin août, pl. du Bouffay, en plein centre. Rens : ☎ 02-97-75-45-35 (office de tourisme). GRATUIT.* Styles très variés. Aussi ***Les Terrasses Musicales*** *(à **Sérent,** le sam soir),* même concept.
– ***Le Pont du Rock :*** *dernier w-e de juil. Demandez le programme au ☎ 02-97-75-45-35. • aupontdurock.com •* Grosse affiche avec des groupes de rock connus ou en devenir, et qui font gigoter la jeunesse bretonne. Le tout au prix d'un seul concert.
– ***Fête des Jumeaux :*** *le 15 août, à **Pleucadeuc,** sur le canton.* Renommée, cette fête est consacrée aux jumeaux... On voit ainsi tout en double !

DANS LES ENVIRONS DE MALESTROIT

LE MORBIHAN

SAINT-MARCEL (56460)

Petit village de 900 habitants, détruit durant la Seconde Guerre mondiale, Saint-Marcel fut le théâtre d'âpres combats entre forces alliées et soldats allemands autour du « maquis de la Nouëtte ». Un musée remarquable permet, sur 1 500 m² d'exposition permanente, de découvrir la vie et l'engagement des Bretons durant la Seconde Guerre mondiale. Riche, foisonnant, passionnant, à ne pas manquer.

Le musée de la Résistance bretonne : *☎ 02-97-75-16-90. • resistance-bretonne.com • ♿ À 3 km à l'ouest de Malestroit, 20 km au sud de Ploërmel et 35 km au nord de Vannes. Tte l'année. Ouv tlj 10h-19h de mi-juin à mi-sept ; 10h-12h, 14h-18h le reste de l'année ; fermé mar sept-mars, plus w-e entre les vac scol de la Toussaint et de fév. Entrée : 7,70 € ; réduc ; gratuit moins de 8 ans. Compter env 1h30 de visite. Juil-août, visite commentée et balade en véhicule d'époque 10,50 €.*
Depuis son ouverture en 1979, le musée a accueilli plus d'un million de visiteurs. Si vous êtes en famille ou entre jeunes, ne vous laissez surtout pas impressionner par l'intitulé de ce musée, destiné en fait à un très large public. Joliment aménagé (parc agréable et muséographie actuelle) et intelligemment pensé pour permettre à tous de mieux comprendre le passé. Panorama complet, on y voit aussi bien des affiches que des documents filmés, du matériel roulant, des véhicules d'époque, des armes et panoplies, qu'une reconstitution d'une rue d'autrefois, avec musique d'ambiance et resto *Chez René.* En bref, tout ce qui concerne la Résistance bretonne, spécialement le maquis de Saint-Marcel et plus généralement cette période de notre histoire en Bretagne, mur de l'Atlantique, saut des parachutistes SAS, etc. Très bien fait, on ne peut que le répéter.
– Animations pour les enfants et balade dans le parc en véhicule d'époque.

➢ À la sortie du musée, par la petite route de Sérent, on rejoint à 1 km une imposante ***colonne*** qui marque le souvenir de la bataille du 18 Juin 1944 qui fit 560 morts chez l'ennemi et 42 dans le camp des Résistants et des Forces françaises libres (FFL).

Les tourbières de Kerfontaine : *à **Sérent,** sur la route vers Malestroit via Saint-Marcel, indiqué sur la gauche (parking). Tte l'année.* Arrêtez-vous pour une balade insolite dans les landes de Lanvaux. Landes tourbeuses, réserve de plantes rares. Ne pas oublier de prévoir, hiver comme été, des bottes pour la visite, car le milieu est plutôt humide. Plus d'infos auprès de l'office de tourisme.

La maison du Costume breton : *rue du Pavé, à **Sérent.** 06-63-24-96-07. • lamaisonducostumebreton.fr • Juil-août, tlj 10h-12h30, 14h30-18h30 (dim 14h-18h) ; le reste de l'année, sur rdv. Entrée : 3 € ; réduc.* Une bien belle collection de coiffes et de costumes de pays : 130 costumes en tout, exposés sur 3 niveaux et par terroir. Enrichie récemment de la collection Bauquet-Nadaud, de superbes toilettes datant de 1750 à 1925.

– En sortant, l'*église Saint-Pierre et Saint-Paul* et son curieux clocher. À l'intérieur, deux vitraux avec 17 costumes finistériens, histoire de rester dans le thème !

LIZIO (Lizioù ; 56460)

Que de ravissement et que de dynamisme pour ce village perdu ! Des manoirs et des fermes superbement restaurés, noyés dans une campagne somptueuse, et plusieurs musées regroupés sur quelques kilomètres.
Depuis Sérent, prenez sur la droite avant Lizio (« Lizio par la route de Tromeur »). Pas mal, non ? Ce n'est qu'un échantillon de la beauté des alentours. Manoir magnifique niché dans un écrin de verdure.
Lizio est truffé de gîtes ruraux extra, de sentiers de randonnées idylliques bien indiqués, vallonnés à souhait. Une vieille tradition d'artisanat d'art, peut-être lancée par les moines-soldats templiers, se perpétue et donne lieu, le 2e dimanche d'août, à un rassemblement original autour de l'art local. Quant aux membres du collectif An'art (logique, ici !), ils vous donnent rendez-vous fin octobre, pendant 2 jours, pour « Le Lizio des peintres ». S'ils pouvaient continuer de réaliser des fresques un peu partout, c'est toute la campagne environnante qui retrouverait le sourire, 12 mois durant.

L'Univers du Poète ferrailleur : *à **La Ville-Stéphant.** 02-97-74-97-94 ou 06-77-81-11-44. • poeteferrailleur.com • À 3 km de Lizio, direction Le Roc-Saint-André ; indiqué. Juil-août, tlj 10h30-12h30, 14h-19h ; 1er-15 sept, tlj 14h-18h ; avr-fin juin et du 16 sept au 31 oct, dim, j. fériés et vac scol 14h-18h. Entrée : 6,50 € ; réduc. Compter env 2h de visite.* Un lieu à conseiller à qui a envie de rêver tout éveillé. On se retrouve dans un univers entre *Le Petit Prince* et celui, onirique, d'Emir Kusturica dans le film *Arizona Dream.* Robert Coudray, sculpteur de mouvements, compose d'originales, drôles et sensibles sculptures animées, aquatiques et musicales, pourrait-on préciser. Les créations de ce poète, dont deux films attachants nous restituent les chemins de vie, se meuvent grâce à l'énergie du vent, du soleil et autres procédés mécaniques. Beaucoup d'humour et un esprit toujours rebelle, qui fait merveille. Ça craque, ça bouge, ça tombe... on touche, on écoute, avec toujours ce petit sourire aux lèvres qui fait plaisir et rappelle l'enfance. Et comme le dit cette phrase prise au hasard du livre d'or : « Une belle respiration et l'âme prend son envol » et c'est « très ingégneux » (sic !). Entre autres, une horloge à eau, un manège, une maison écologique et un bateau 2 CV ! À voir, ce « sculpteur de mouvements »...

L'écomusée des Vieux Métiers : *à 4 km de Lizio, après avoir passé le* Poète ferrailleur ; *bien indiqué. 02-97-74-93-01. • ecomuseelizio.com • De juil à mi-sept, tlj 10h-12h, 14h-19h ; avr-juin et de mi-sept à fin oct, ouv slt 14h-18h. Entrée : 6,50 € ; réduc. Visite « animée » de 1h30 ou libre.* On en a vu des musées de vieux métiers, mais un comme ça, aussi complet, fourni, c'est rare. Ce qui vaut surtout le détour, c'est la visite guidée d'Alain, pleine d'anecdotes, de bons mots et de blagues en tout genre. Il connaît l'histoire de chaque objet. On passe dans cette caverne d'Ali Baba d'une classe d'école à un métier à tisser, d'une salle d'objets religieux à une impressionnante collection de voitures miniatures, au garage années 1950 avec sa collection de plaques émaillées publicitaires, ses bidons d'huile de voiture et ses devantures de magasins en provenance du film *Marthe.* Au total, plus de 100 000 objets exposés rappelant la vie rurale d'antan et plus de 60 métiers disparus !

L'insectarium : *à la sortie du bourg ; indiqué. ☎ 02-97-74-94-31. 06-67-53-83-94. • insectariumdelizio.fr • Avr-juin et sept-oct, tlj 14h-18h ; juil-août, 10h-19h (fermé le 2e dim d'août) ; le reste de l'année, sur résa (ou se renseigner sur le site internet). Entrée : 8 € ; 6 € 4-16 ans ; 10 % réduc sur présentation de ce guide.* L'heure est venue de partir à la découverte de ces bébêtes fascinantes que l'on croit connaître mais qu'on ose rarement regarder dans les yeux. Hein ? Avouez... Des mygales velues, mantes cruelles et mille-gambettes interminables, ça vous botte ? On observe, on touche (arachnophobes, venez travailler votre phobie !), on apprend ! Il faut dire qu'on recense aujourd'hui plus de 1 500 000 espèces d'insectes. Insectes vivants, vitrines, photos diverses, vidéo... Ça plaît aux petits et aux grands. Visite commentée. Nouveauté 2015 : jardin botanique et volière à papillons en extérieur.

LE ROC-SAINT-ANDRÉ (56460)

Entre Lizio et La Chapelle-Caro, un village surtout connu pour sa célèbre brasserie, qui s'est fait remarquer en lançant le Breizh Cola ! Point d'accès à la Voie verte et au canal de Nantes à Brest qui passe sous le pont du Roc, pont aux 13 arches construit en 1760 par le duc d'Aiguillon.

La brasserie Lancelot – Site de la Mine d'Or : *à proximité du Roc-Saint-André. ☎ 02-97-74-74-74. • brasserie-lancelot.com • Sur la D 4 (route de Josselin), à env 10 km au nord de Malestroit. Tte l'année. Visite guidée de la brasserie lun-ven à 14h30, 15h30 et 16h30. Boutique ouv lun-ven 9h-12h30, 13h30-18h (17h ven). GRATUIT.* Située dans les anciens bâtiments du XIXe s d'une mine d'or et d'étain. Allez déguster la *Cervoise* de Bernard Lancelot, apiculteur écologiste, qui se dit descendant des chevaliers de la Table ronde. Il fabrique à nouveau la boisson favorite des Celtes et des Gaulois ; et le breuvage montre un sacré caractère ! Les amateurs de bière découvriront d'autres savoureuses inventions, la *Telenn Du,* exclusivité mondiale à base de sarrasin, moirée et parfumée à souhait, la *Duchesse Anne,* la *Bonnets Rouges* à laquelle les baies de sureau apportent sa couleur insurrectionnelle, la *Lancelot,* blonde pure et racée, ou encore la *Blanche Hermine,* plus grosse vente de *Lancelot...* La brasserie exporte désormais partout en France et dans de nombreux pays d'Europe. Bientôt près de chez vous...

Roc Aventure : *56460 Le Roc-Saint-André. ☎ 02-97-74-91-07 ou 06-48-07-68-05. • rocaventure.com • Tlj en été, 10h-17h (dernier départ). Compter 10-16€ selon âge et nombre d'ateliers ; forfaits famille 2 et 3 enfants 50-55 €.* On grimpe dans les arbres pour s'offrir des sensations fortes en toute sécurité, et on passe d'un atelier à l'autre (une petite trentaine). Filets, passerelles, échelles... il y en a pour tous les niveaux *(parcours dès 4 ans).* Au bord du canal de Nantes à Brest et de la Voie verte. Fait aussi camping (voir plus haut « Où dormir ? Où manger dans les environs ? *Camping Domaine du Roc* »).

GUER [ARGWERN]

(56380) 6 175 hab. *Carte Morbihan, D2*

Situé au confluent de deux rivières, l'Aff et l'Oyon, Guer fut un lieu d'inspiration pour les peintres, grâce à ses paysages verdoyants et pourpres. Il

aurait pu le rester entièrement si, après la guerre de 1870, les landes de Coëtquidan n'étaient pas devenues terrain de manœuvre militaire. L'École spéciale militaire de Saint-Cyr s'y est installée en 1945, suite à la destruction des bâtiments de l'École de Saint-Cyr, près de Paris, en 1944. On reste tout de même aux portes sud du pays de Brocéliande !

Adresse utile

Office de tourisme : *2, pl. de la Gare ; dans l'ancienne gare de Guer. ☎ 02-97-22-04-78. • guer-coetquidan-tourisme.com • D'avr à mi-sept, lun-sam 9h30-12h30, 14h30-18h30 (non-stop en juil-août) ; le reste de l'année, mar-sam 10h-12h30, 15h-18h.* Outre la doc sur la région, tous les renseignements sur les boucles de randos, la Voie verte (52 km sur une ancienne ligne de chemin de fer), etc.

Où dormir ? Où manger à Guer et dans les environs ?

Camping d'Aleth : *rue de l'Église, 56380* **Saint-Malo-de-Beignon.** *06-78-96-10-62. • contact@camping-aleth.com • camping-aleth.com • Ouv tte l'année. Prix tente 11,50 €. Loc 280-770 €/sem. Prix caravane 136,50 €/sem. 50 empl.* Joli terrain paysager pour les adeptes du camping traditionnel. Au bord d'un plan d'eau, il y fait bon planter sa tente. Quelques bungalows toilés et discrètes cabanes en bois ainsi qu'une cabane en bambou qui ne déparent pas dans ce joli décor naturel. Il y a même des tipis pour les familles et des chariots de western *(65 €/nuit ou 395 €/sem)* ! Base de loisirs à proximité, de l'autre côté du lac. Sur place, terrain de jeux, location de kayaks et d'embarcations à pédales. Animaux acceptés.

Les VoyaJoueurs : *rue du Chaperon-Rouge, 56380* **Monteneuf.** *☎ 02-97-93-22-18. • contact@auberge-des-voyajoueurs.com • auberge-des-voyajoueurs.com • Doubles 62-69 € et familiales 92-99 €. Accès aux jeux hors hébergement à partir de 5 €/pers. Apéritif offert sur présentation de ce guide.* Cette curieuse construction contemporaine est un endroit unique développant un concept tout bonnement génial ! Un lieu à fréquenter en famille et sans modération, combinant le jeu et l'hébergement. Cet hôtel de 10 chambres, construit sur mesure avec un réel souci de développement durable (literie en latex 100 % naturel, mobilier en matériaux recyclés...), s'avère être avant tout une grande cour de récréation. En tout, ce sont 400 m² dévolus à plus de 700 jeux traditionnels et contemporains issus des cinq continents. Le matin, l'accès est réservé aux clients de l'hôtel, tandis que l'après-midi, tout le monde est invité à venir s'amuser (sur réservation !). Des soirées jeux, contes, bluff, enquête sont régulièrement organisées, ainsi que des balades avec énigmes dans la lande... Un coup de cœur !

Chambres d'hôtes Le Logis de la Ville Ruaud : *chez Gwénola de Saint-Jean, La Ville-Ruaud, 56800* **Augan.** *☎ 02-97-93-44-40. • gwen@cap-broceliande.com • cap-broceliande.com • À 13 km à l'ouest de Guer, direction Ploërmel (D 772). À la sortie du bourg, indiqué sur la gauche. Congés : vac scol de Noël. Compter 60 € pour 2. Chiens non admis.* Au bout d'une allée apparaît le logis, une belle longère du XVIIIe s, réaménagée avec ses dépendances en chambres d'hôtes. Poutres anciennes, pierre apparente et déco réalisée avec goût rendent les lieux plus que charmants. Tout comme l'accueil familial, aux petits soins avec ses hôtes. Salles de bains modernes. Confort parfait. Grande piscine dans le beau jardin. Billard.

Crêperie et restaurant L'Auberge Thiegezh : *7, pl. de la Gare, à Guer.*

☎ 02-97-22-00-26. • art.maniere@orange.fr • restaurant-aubergethiegezh.fr • ♿ Face à l'office de tourisme. Tlj sf dim soir lun, plus mar soir hors saison. Congés : resto 2 sem début janv, 2 sem en août. Résa conseillée. Crêperie, formule midi 10 €, repas bistrot 12,50 €. Resto gastro 18 € (midi en sem)-25 € ; le soir 25-75 € ; carte env 60 €. Du temps de la crêperie, cela s'appelait *L'Art et la Manière.* Avec le retour aux fourneaux du fils prodigue, l'auberge se voit rebaptisée. D'un côté, les crêpes restent tournées avec art et manière par les parents, de l'autre, dans la nouvelle auberge au décor contemporain totalement revu, le fiston formé dans les cuisines du *Bristol* fait souffler un vent résolument nouveau. Dès le premier menu, la surprise est de mise, les plats épatent tant par leur qualité gustative (produits de marché ultrafrais et scrupuleusement sélectionnés) que par les présentations, conçues comme des œuvres picturales. Tables joliment dressées et pain servi tout chaud. Ce jeune chef, qui semble avoir plus d'un tour sous son tablier, pourrait bien être l'enchanteur ! Service très pro, souriant et courtois.

DANS LES ENVIRONS DE GUER

★★ *Le musée du Souvenir des écoles militaires de Saint-Cyr-Coëtquidan :* *Cour Rivoli, au camp de* ***Coëtquidan*** *(56381). ☎ 02-97-70-77-51. • defense.gouv.fr • À 3 km au nord de Guer. Accès par Bellevue, entrée des Écoles militaires de Saint-Cyr-Coëtquidan ; suivre le fléchage à l'intérieur du camp sur 2 km. Tlj sf lun, 10h-12h, 14h30-18h. Fermé en janv. Entrée : 4 € ; forfait famille 7 € ; réduc ; gratuit moins de 18 ans.* Un musée instructif pour qui s'intéresse à l'histoire des grandes écoles de la Nation, et plus particulièrement à la formation des officiers français. Napoléon créa l'école où de Gaulle, de Lattre de Tassigny et Leclerc sont passés. Ça marque l'Histoire ! On découvre un autre regard sur la France à travers plus de 200 ans d'épopées et de documents. Une collection de plus de 1 500 objets liés à l'histoire des officiers : toiles, photos, statues, drapeaux, décorations, armes, etc.

★ *La chapelle du prieuré Saint-Étienne :* *à 3 km de Guer, direction Augan-Ploërmel, puis à gauche vers Launay-Couëdor-Saint-Étienne. Juil-août, mar et sam 14h-18h (avec atelier enluminure à 16h). Entrée : visite guidée 2,50 € (5 € avec atelier) ; réduc.* La chapelle, la plus ancienne du Morbihan (IXe s), se dresse dans un site classé. Elle fut édifiée entre 832 et 868 sur l'emplacement d'un édifice cultuel romain. Le pignon oriental est l'un des plus beaux murs encore en place de l'architecture du haut Moyen Âge en Bretagne. À l'intérieur, peintures murales du XVe s.

★★★ 👪 *L'Archéosite de Monteneuf :* *association* Les Landes, *rue des Menhirs, 56380* ***Monteneuf.*** *☎ 02-97-93-26-74. • broceliande.centreleslandes.com • À 8 km de Guer par la route de Malestroit. Site en accès libre tlj tte l'année. Début juin-début juil et 1re moitié de sept, visites guidées mar et sam à 14h30 et 16h ; début juil-fin août, visites et ateliers tlj à 11h puis 14h30-18h30 (se renseigner sur les programmes et horaires précis). 5 €/activité ; réduc ; tarif dégressif à partir de 2 activités.*

Plus de 420 menhirs (roses !) datant du Néolithique, dits « des Pierres droites », répartis sur 7 ha ; une quarantaine redressés à leur emplacement d'origine. Ce site apparaît comme un « petit Carnac ». C'est l'un des plus importants de Bretagne centrale. On y circule librement, toute l'année, et le site est encore peu fréquenté. Un vrai bonheur ! Le soir, à la brume, quand la lande est déserte mais fleurie de bruyères, c'est carrément magique... Magnétique, même !

Des reconstitutions permettent de comprendre les méthodes de levage et de calage des menhirs, la structure d'un cairn et la construction d'un habitat néolithique. On peut même visiter le site iPad en main et voir in situ la reconstitution en 3D de tous ces gestes et du site à l'origine.

Cinq balades (de 1,5 à 4 km) et deux circuits de 14 km pour découvrir les autres mégalithes de la commune. Nombreuses animations pédagogiques pour les plus jeunes (balades contées, déplacement et levage de menhirs, tir aux armes préhistoriques, allumage d'un feu, maniement d'outils, goûters néolithiques, etc.).

➢ ***Le Sentier d'Ozégan, au centre des Landes :*** *rue des Menhirs, 56380* ***Monteneuf.*** *☎ 02-97-93-26-74. • centreleslandes.com • Juin-sept.* Korricarte *à retirer avt d'attaquer le sentier (3 €/pers, 12 €/famille), c'est elle qui vous divulguera l'entrée secrète et le chemin à suivre. Sur place lun-ven 10h-12h30, 13h30-17h ou à l'Archéosite le w-e 14h-17h30 (ou encore à l'hôtel* Les VoyaJoueurs *ou à l'office de tourisme de Guer).* Avant d'aller voir les menhirs, arrêtez-vous, surtout si vous êtes en famille, pour suivre ce parcours sensuel, ludique, créatif et poétique. Au cours de la balade, vous découvrirez les maisons des korrigans bien camouflées dans les sous-bois... Mais chuuuut, soyez discrets et aux aguets, les sens en éveil, et la forêt vous livrera ses secrets.

➢ Pour les plus grands, une balade sonore, ***Sur le bout de la lande,*** est également proposée *(5 km, 2h15 ; MP3 à télécharger ou à retirer de 10h à 15h sur place ou à l'hôtel* Les VoyaJoueurs *4 €/pers et 6 € pour 2).*

– À ***Monteneuf*** toujours (une destination incontournable, vous l'aurez compris), pour un après-midi on ne peut plus ludique, rendez-vous à l'hôtel ***Les Voya-Joueurs.*** Voir plus haut « Où dormir ? Où manger à Guer et dans les environs ? ». N'oubliez pas de réserver, les places sont comptées.

L'oratoire de la Madone des motards : *à* ***Porcaro.*** *À 7 km à l'ouest de Guer, dans le bourg.* À côté de l'église se trouve une petite chapelle avec des ex-voto, pour se recueillir, le blouson en cuir sur les épaules. Pèlerinage international pendant 2 jours autour du 15 août, avec concentration de plus de 15 000 motos. Procession, défilé en « meute » pendant 3h et bénédiction de toutes les machines (peu importe la marque, on n'est pas sectaire !).

Le port miniature de Saint-Malo-de-Beignon : *à 4 km au nord-ouest de Guer. 📱 06-81-76-97-06. Avr-juin, w-e et j. fériés 14h-19h (plus mer en juin) ; juil-août, tlj sf lun 13h-20h. Loc de bateaux env 4 €/pers les 15 mn ; réduc.* Une façon amusante pour les petits et les grands de s'initier à la navigation à bord de bateaux électriques, répliques exactes de remorqueurs, vapeurs du Mississippi, Brittany Ferries, etc. Également location d'embarcations à pédales.

PLOËRMEL [ploermael]

(56800) 9 008 hab. *Carte Morbihan, C2*

Cette ville, anciennement protestante et sous-préfecture (ça n'a rien à voir, mais bon !), dont la devise est *Tenax in fide* (« Tenace en sa foi »), s'est développée au carrefour des routes reliant Saint-Malo à Vannes et Rennes à Lorient. Son nom vient de *Plouarthmel* (puis *Ploermael* en... gallo, pas en breton !), la « paroisse d'Armel », moine de Cornouailles débarqué au VIe s. La ville ne possède plus que de maigres vestiges : un morceau de l'enceinte qui la protégeait au XIIe s, l'étonnante *maison des Marmousets* de 1586 et l'hôtel des ducs de Bretagne. En 1273, le comte de Richemont fonde le *couvent des Carmes,* rue du Val. Et c'est ici que Jean-Marie de Lamennais crée en 1824 la congrégation des Frères de l'instruction chrétienne.
Chouette sentier cyclable bordé d'une superbe collection d'hortensias, qui a redonné un certain dynamisme à la ville.

LE MORBIHAN

Adresses utiles

Office de tourisme de Ploërmel « Terres de légendes » : *5, rue du Val, BP 106. ☎ 02-97-74-02-70. • tourisme-ploermel.com • Tte l'année lun-sam 10h-12h30, 14h-18h (nov-mars, fermé jeu ap-m, dim et j. fériés) ; juil-août, lun-sam 9h30-18h30, plus mat dim et j. fériés.* Billetterie bateaux et croisières. Organise des animations diverses certains jours en saison : « Contes pour enfants sages », balade sur le circuit des hortensias, etc. Superbe brochure pour partir à la découverte de la ville et de ses trésors.

Location de vélos : Miloux Location, *19, rue des Forges. ☎ 02-97-74-06-96. Tlj sf dim-lun, 9h-12h, 14h-19h. Env 10 € la journée. Ou* **Intersport,** *zone commerciale du Lac. ☎ 02-97-74-28-58. Lun 10h-12h30, 14h-19h ; mar-sam 9h30-12h30, 14h-19h.*

Où dormir ? Où manger ?

De bon marché à prix moyens

Hôtel-restaurant Saint-Marc : *1, pl. Saint-Marc. ☎ 02-97-74-00-01. • hotel-restaurant-saintmarc.com • Près de l'ancienne gare et à proximité du lac. Resto fermé soir dim hors saison. Double 46 € selon confort ; familiale 56 €. Menus 15 € le midi en sem, puis 22-37 €. Café offert sur présentation de ce guide.* La cassolette de saint-jacques au curry compte parmi les délicieuses spécialités de ce resto reconnu, labellisé « Restaurant du terroir », l'un des meilleurs de Ploërmel. Partie hôtel bien tenue, suffisamment équipée, aux chambres classiques et bien propres. Éviter celles trop proches du rond-point. Une bonne adresse, compte tenu des prix.

De prix moyens à chic

Hôtel-Restaurant Le Cobh : *10, rue des Forges. ☎ 02-97-74-00-49. • contact@hotel-lecobh.com • hotel-lecobh.com • Hôtel fermé dim. Resto fermé dim, lun midi et sam midi. Congés : 20-30 déc. Doubles 67-87 € ; familiales 93-117 €. Le midi en sem, formule 15 € et menu 19,90 €, puis menus 29-45 €. Apéritif maison ou café offert au resto ou 10 % de réduc sur le prix de la chambre sur présentation de ce guide.* Cette vénérable maison de granit renferme des chambres agréables et confortables, au décor inspiré des mythes et légendes de Brocéliande. En cuisine, un chef talentueux élabore une belle cuisine créative à base de produits frais et locaux. Un bel hommage rendu au terroir breton ! Dommage que cette passion quasi militante ne s'applique pas au petit déj, pour le coup tristement banal et industriel.

Où dormir ? Où manger dans les environs ?

Hôtel O2B – Aux Berges de Brocéliande : *pl. de l'Église, 56380* **Beignon.** *☎ 02-97-70-71-30. • contact@aux-berges-de-broceliande.fr • aux-berges-de-broceliande.fr • À 16 km à l'est de Ploërmel par la D 724. Doubles 69-89 € suivant la saison ; triples 85-115 €.* Un hôtel de village en bordure de forêt. Bar-lounge au rez-de-chaussée, et à l'étage, 12 chambres confortables et impeccables, toutes joliment décorées sur le thème de l'arbre et de la nature. Idéal pour rayonner dans le secteur. Accueil, en revanche, assez aléatoire.

Aux Bonnes Joues : *2, rue des Primevères, 56800* **Monterrein.** *☎ 02-97-74-63-53. • auxbonnesjoues@gmail.com • À 7 km de Ploërmel par la D 8. Tlj sf mar soir et mer. Congés : 3 sem début janv. Le midi en sem, menu 12 €, puis 18-20 €.* Une auberge de village à l'ancienne, où l'on vous reçoit avec chaleur et sourire,

LE MORBIHAN

sans façons ni cérémonie ; à la bonne franquette, quoi ! Au menu, une savoureuse cuisine rustique et familiale, 100 % maison. Parmi les spécialités phare, les (bonnes) joues de bœuf, de porc, de lotte, fondantes à souhait.

Camping

⛺ ***Camping La vallée du Ninian :*** *Le Rocher, Ville-Bonne, à* ***Taupont.*** *☎ 02-97-93-53-01. • infos@camping-ninian.fr • camping-ninian.fr • ♿ Ouv avr-fin sept. Prix tente : 12,30-16,20 € selon saison. Loc de mobile homes et de logements atypiques pour 2 à 6 pers 160-630 €/sem. 100 empl. Une bouteille de cidre maison offerte sur présentation de ce guide.* Confortable camping labellisé « Clef Verte » et doté d'équipements sportifs, de bungalows et de sanitaires corrects. Il y a un bar breton (rien à voir avec le poisson !), un four à pain pour s'entraîner, et même des cours pour apprendre à faire le cidre ! Feux de camp avec chants bretons (apportez vos intruments de musique et cahiers de chants). Snack le midi, repas à thème le soir. Piscine.

Où boire un verre ? Où sortir le soir ?

🍷 ♩ ***Le Thy'roir :*** *19, rue de la Gare. • le-thy.com • Jeu-sam.* Au rez-de-chaussée, un bar et surtout une salle de concert inénarrable *(4-7 € l'entrée),* qui ressemble à une chapelle prise d'assaut par un artiste maboul : des tiroirs qui sortent des murs, une abside flanquée de livres et une petite scène entre des rideaux pourpres. Là sont organisés des concerts ou des spectacles, chaque fin de semaine si possible. Franchement, à ne pas manquer.

Où acheter un bon *kouign amann* dans les environs ?

Boulangerie-pâtisserie Claude Cornée : *av. Porhoet, 56800* ***Taupont.*** *☎ 02-97-93-53-90.* A obtenu le Prix du meilleur *kouign amann* de Bretagne en 2013. Également très réputée pour son pain.

LE MORBIHAN

À voir

L'église Saint-Armel : ce saint tient son nom du celtique *arthos* réduit à *arz,* qui signifie « ours », et de *maglos* qui signifie « grand ». L'édifice a été reconstruit de 1511 à 1602. Le portail nord (1530) est formé de deux arcs en anse de panier et accolade, séparés par un trumeau illustré de scènes de l'Évangile ou de scènes bouffonnes. Par exemple : un savetier coud la bouche de sa femme. Les bombardements de juin 1944 n'ont épargné que quelques vitraux, dont le plus remarquable, dit « verrière de l'Arbre de Jessé » (1552), est signé de Jehan le Flamand. On a placé dans le transept nord les belles statues tumulaires des ducs Jean II et Jean III ; au sud, magnifique tombeau en granit de Kersanton de Philippe de Montauban, chancelier d'Anne de Bretagne, et d'Anne de Chastellier.

L'horloge astronomique : *à la Maison-Mère des Frères de Ploërmel, 1, bd Foch. ☎ 02-97-74-06-67. Visite libre audio tlj 9h30-18h (20h avr-oct).* Construite de 1852 à 1855 par le frère Bernardin, l'horloge se trouve dans la cour intérieure. Chacun de ses 10 cadrans donne une information temporelle concernant notre système solaire.

La maison des Marmousets : *7, rue Beaumanoir (mais la rue ne porte pas de plaque). Juste en face de l'office de tourisme.* L'intérieur ne se visite pas. La célèbre maison de la ville, construite en 1586, est dotée d'une façade en bois ornée de stupéfiantes sculptures qui exprime un pamphlet contre le catholicisme (se faire raconter les détails lors de la visite guidée organisée par l'office de tourisme). L'*hôtel des ducs de Bretagne,* juste en face, au n° 6, est encore plus ancien.

Il date de 1150 et a conservé aussi une intéressante façade. Toujours dans la vieille ville, aller voir la *maison Bigarré,* appelée aussi *maison du Croissant,* dans la rue des Francs-Bourgeois. Suivre le plan de circuit remis par l'office de tourisme.

Le circuit des hortensias : *Rens à l'office de tourisme.* En 2000, la ville a découvert par hasard qu'à quelques encablures de chez elle, à ***Taupont,*** résidait l'un des spécialistes de cette fleur (les pépinières sont d'ailleurs ouvertes à la visite). Quant à la collection municipale, elle compte 5 500 spécimens regroupant plus de 550 variétés d'hydrangéas (pour info, les hortensias sont l'une des variétés d'hydrangéas). L'office de tourisme propose des balades commentées.

Activités sportives

■ ***Club nautique de Ploërmel-Taupont :*** *lac au Duc (côté Taupont). ☎ 02-97-74-14-51. Tlj sf dim hors saison.* Base de l'*École française de voile* : catamaran, dériveur, planche à voile, kayak, ski nautique, etc. Aménagements et activités encadrées pour les personnes handicapées, stages de voile pour tous les âges et tous les niveaux. Toboggans aquatiques à proximité.

LE MORBIHAN

DANS LES ENVIRONS DE PLOËRMEL

Le château de Loyat : *à env 6 km au nord-ouest de Ploërmel. ☎ 02-97-93-02-59 ou 06-87-70-48-57. • chateaudeloyat.com • Le parc est ouv tte l'année 10h-12h, 14h-18h. Visite de l'intérieur du château sur rdv tlj de début juil à mi-août ; fermé sam ap-m. Entrée : 6 € ; réduc. Visite guidée d'env 1h.* Propriété privée, ouverte au public. Baptisé « le château aux Cent-Fenêtres », cet édifice du XVIIIe s, classé Monument historique, est l'un des plus imposants du Morbihan.

Le lac au Duc : *route de Dinan. À 1,5 km de Ploërmel (il s'étend en fait sur les 3 communes de Ploërmel, Taupont et Loyat). Se renseigner auprès du club nautique (voir plus haut « Activités sportives »).* C'est l'un des plus grands lacs naturels de Bretagne, avec ses 250 ha de superficie. Base de plein air des *Belles-Rives,* idéale pour le ski nautique. Camping sur place. Site plaisant, golf, parcours santé et sentier pédestre du tour du lac (14 km ; avoir de bonnes chaussures, promenade pas géniale, la fin est au bord d'une route passagère). Et pour les plus sportifs, la ***Voie verte*** Questembert-Mauron continue ici : c'est une ancienne voie ferrée transformée en piste cyclable, stabilisée (ça marche aussi pour les rollers), qui longe le lac avant de repartir sur Mauron et le pays de Brocéliande. Jeter un coup d'œil à la belle façade du manoir du Clos Hazel, du XVIe s.

PLUMÉLEC *(56420)*

À 17 km au sud de Josselin. Ville de 2 640 habitants au croisement de deux départementales, la D 126 entre Vannes et Josselin, et la D 1/D 10 entre Locminé et Malestroit. À un peu moins de 20 km à l'ouest de Locminé. Le patrimoine des environs ne manque pas d'intérêt. Citons l'église seigneuriale de Saint-Aubin (à 4 km du bourg), dont Jehan de Callac, de la grande famille des Callac, fit bâtir le chœur en 1513. Charpente remarquable, ornée de sculptures macabres destinées à effrayer les modestes pécheurs pour qu'ils filent droit. Gueules de l'enfer et « engoulants » aux dents acérées font respecter l'ordre, non mais ! Le manoir de Cadoudal et le château de Callac témoignent de la présence des deux importantes seigneuries. Plusieurs circuits de rando permettent de découvrir le coin. *Rens à la Maison des associations : ☎ 02-97-42-37-87.* Dans le village, un jardin de sculptures en plein air.

Où manger ?

Crêperie Les Korrigans : *27, rue des Martyrs-de-la-Résistance. ☎ 02-97-42-34-00. • creperieleskorrigans@hotmail.fr • À la sortie de la ville, direction Saint-Jean-Brévelay. Sur résa pour groupes dim. Fermé lun. Formule déj en sem 11,10 € (avec bolée de cidre) ; carte 16 € env.* Chaque galette porte le nom d'une espèce de korrigan décrite sur le menu... et elles sont nombreuses, dans cette délicieuse adresse labellisée « Crêperie gourmande » ! Bonnes crêpes moelleuses, cadre simple avec des lutins partout. Accueil agréable.

Où acheter de bons produits ?

Charcuterie Thomas Sébastien : *1, rue Docteur-Reme. ☎ 02-97-42-24-37.* Une excellente charcuterie au cœur du village. Réputée dans toute la région pour son andouille de pays, ses rillettes, etc.

TRÉHORENTEUC (56430) 115 hab. *Carte Morbihan, D2*

LE MORBIHAN

Bienvenue à « Trého », porte d'entrée obligatoire dans l'univers de *Brocéliande* et le mythe arthurien (que l'on décrit surtout dans le *Routard Bretagne Nord*) pour qui voyage dans le Morbihan. Certes, il y a du passage, et de plus en plus de monde en été, mais les environs satisferont les amoureux de randonnées et de légendes, toutes générations confondues. Trého se trouve à 56 km de Vannes, de Rennes et de Dinan... et à la fois dans le Morbihan (56 !). Un coup des druides ? Petite recommandation : sur la route, soyez vigilant entre les fées et les korrigans, les cerfs et les sangliers, nombreux.

Adresse et infos utiles

Office de tourisme du Pays de Mauron en Brocéliande : *pl. Abbé-Gillard. ☎ 02-97-93-05-12. • valsansretour.com • Tlj sf dim en déc-janv, 9h30-12h30, 14h-17h30 ; 9h30-18h en juil-août. Fermé vac scol de Noël.* Un lieu qui crée l'ambiance : cartes, ouvrages pour se repérer ou prolonger la magie... Et surtout, itinéraires sur mesure selon vos capacités de marche ou d'émerveillement supposées. Liste d'hébergements. Accueil de... fées gentilles et sympathiques. Organise des balades et visites toute l'année. Animations ponctuelles avec pique-nique en forêt (résa obligatoire).

➢ **Balades guidées et contées des hauts lieux de la forêt de Brocéliande :** *tlj juil-août. Compter 10 € la matinée ou l'ap-m, 16 €/j. ; gratuit moins de 8 ans.* Au programme : matin, voiture et marche (3 km) ; après-midi, marche (4 km) sur les sites qui font la magie de Brocéliande. Animé et vivement conseillé. Selon les saisons, les thématiques de découvertes peuvent changer, si vous repassez par là...

– Vous trouverez dans les principaux offices de tourisme du secteur (Tréhorenteuc, Guer et Paimpont) un ***guide d'accès*** *(4 €)* pour pallier le manque d'infos sur le terrain, ainsi que tout autre renseignement nécessaire.

Où dormir ? Où manger dans les environs ?

Camping

Camping municipal du Val aux Fées : *rue Ronan-Le-Cunff. ☎ 02-97-22-64-82 (ou 61-19 : mairie). • contact@camping-fees.fr • broceliande.camping-fees.fr • Accès : près de Mauron, au nord de la forêt de*

Brocéliande ; à 13 km au nord-est de Tréhorenteuc ; fléché dans le village. Ouv de mai à mi-sept. Prix tente en hte saison 7 €. CB refusées. 80 empl. Au bord de son étang, idéal pour la pêche, accueillant et si calme.

De prix moyens à plus chic

🏠 🍽 ***Relais du Porhoët :*** *11, pl. de l'Église, 56490* ***Guilliers.*** *☎ 02-97-74-40-17. • aurelaisduporhoet@wanadoo.fr • aurelaisduporhoet.com • À 10 km au nord-ouest de Tréhorenteuc. Resto fermé lun midi en juil-sept, plus lun soir et dim soir le reste de l'année. Congés : 2 sem en janv. Prudent de réserver tant l'adresse est prisée. Doubles 51-65 €. En sem, formule 11 € et menus 15 €, puis 23-47 €.* On profite de 12 belles chambres cossues dans ce joli établissement situé sur la place de l'Église d'un gentil village breton. Super calme. Bonne cuisine, qui se fait raffinée, élégante (dès les premiers menus), autour des produits de la mer et du terroir. Une pointe d'innovation à déguster dans la grande salle à manger, près de l'âtre l'hiver. Belles références de vins à bons prix. L'excellente étape, quoi !

À voir. À faire

L'église « du Graal » : *à côté de l'office de tourisme. Ouv tte l'année, aux mêmes périodes d'ouverture que l'office. Visite guidée mer et ven en été.* Restaurée, elle est devenue un lieu initiatique incontournable pour comprendre Brocéliande. Ici, les symboles chrétiens et païens font bon ménage. Ainsi, dans la 9e station du chemin de croix peut-on voir Morgane (sacrément sexy, la fée !), la sœur du roi Arthur. Au fond de l'église, mosaïque d'Odorico représentant un épisode des romans de la Table ronde.

➢ ***Le Val sans retour :*** *4 km (se munir d'un plan auprès de l'office de tourisme car parcours non balisé) ou 11 km. En boucle au départ de l'église de Tréhorenteuc. Balisage : traits jaunes et GR 37 blanc et rouge. Facile. Réf. : topoguide* Brocéliande à pied, *éd. FFRP. Carte IGN : 1/25 000, 1019 Est).*
Haut lieu légendaire de la forêt de Brocéliande, le Val sans retour a fait frémir plus d'un chevalier. Chaque arbre a une silhouette curieuse, chaque étang renferme son secret, chaque rocher paraît encore vivant... Attention, c'est le pays des enchanteurs et des fées ! Ici règne ***la fée Morgane.*** Initiée à la magie par l'enchanteur Merlin, cette sœur du roi Arthur enferma Guyomart, son amant infidèle, dans ce val avant de le transformer en pierre.
Ce lieu fut aussi la dernière retraite de ***l'enchanteur Merlin.*** C'est ici qu'il livra ses secrets à la fée Viviane, acceptant du même coup – par amour – se faire enfermer à jamais dans cette prison d'air invisible. Son trône est implanté dans un affleurement rocheux. On raconte que le vent porte encore la complainte du grand magicien endormi au fin fond du Val sans retour.
C'est ici qu'on pourra voir ***l'Arbre d'or...*** Œuvre d'art signée François Davin, souvenir du grand incendie de 1990, ce magnifique tronc calciné est recouvert de feuilles d'or pur. Pour repousser les brigands des temps modernes, le sol est hérissé de piquants de pierre.

PROFESSION DRUIDE

Vivant au contact de la nature, les druides étaient incollables sur les plantes. Pour le reste, leurs connaissances étant floues, ils enfumaient les fidèles par des rituels magiques. On était persuadé qu'ils pouvaient prédire l'avenir et arrêter les orages. Pour ne pas divulguer leur savoir, l'usage de l'écriture était interdit. Voilà pourquoi rien ne reste de leurs connaissances.

➢ En attendant un balisage digne de ce nom, voici un petit ***itinéraire*** concocté gentiment par l'office de tourisme : après la visite de l'église de Tréhorenteuc, passez à l'office juste en face pour récupérer un plan et des explications qui vous

seront précieuses, car le Val sans retour porte bien son nom... Longer la route devant l'office du tourisme, passer devant la crêperie et continuer jusqu'à un parking où se trouvent des tables de pique-nique.
Prenez la route goudronnée qui part du parking et après 300 m de marche, vous entrerez dans cette partie de la forêt légendaire, domaine de la fée Morgane. Sur votre gauche se trouve l'Arbre d'or. La boucle de 4 km commence le long de l'*étang du Miroir aux fées.* Longez l'étang, puis le ruisseau, et le chemin vous amène auprès d'un 2e étang. Passez le petit pont, puis empruntez la passerelle en bois à gauche. Après une côte impressionnante dans les rochers, vous arriverez sur les hauteurs, où vous pourrez bénéficier d'une vue magnifique. Longez les crêtes et le chemin vous conduira naturellement jusqu'à votre point de départ : *l'Arbre d'or.*
Ne suivez pas les signes de balisage GR ou PR que vous trouverez sur les arbres, car ils indiquent des boucles beaucoup plus longues, de 10 à 15 km. *(Des plans sont disponibles à l'office de tourisme.)* Bref, ne vous fiez qu'aux éléments naturels que nous venons de vous décrire, et retrouvez votre instinct de chevalier. Les plus courageux rejoindront le château de Trécesson *(15 km A/R ; voir « Dans les environs de Tréhorenteuc »).*

DANS LES ENVIRONS DE TRÉHORENTEUC

LE MORBIHAN

Vous êtes ici dans la ***forêt de Brocéliande*** *(forêt de Paimpont).* Jolie balade en suivant la carte offerte gracieusement par l'office de tourisme. Premier arrêt au hameau délicieusement nommé ***La Folle-Pensée.*** Laissez votre voiture au parking. De là, on atteint à pied, à travers bois, la ***fontaine*** enchanteresse ***de Barenton,*** dont quelques gouttes, répandues sur le perron de Merlin, opéraient d'incroyables prodiges. Boucle de 4 km pour découvrir cette fontaine de Barenton. Suivez les balises en forme de feuille de chêne incrustées dans les rochers. C'est ici que les druides exerçaient leur pouvoir sur les pauvres *fols* (on ne parlait pas de malades mentaux), d'où le nom du village. Pour rejoindre Concoret, vous passerez devant le *chêne à Guillotin.*

Le château de Comper et son Centre de l'imaginaire arthurien : *56430* ***Concoret,*** *en bordure du lac de la fée Viviane. ☎ 02-97-22-79-96. • centre-arthurien-broceliande.com • Accès par les D 2 et D 31 vers Saint-Martin-sur-Mel. Ouv d'avr à mi-oct 10h-17h30 (19h juil-août). Fermé mar (sf juil-août) et mer. Entrée : 6,50 € ; réduc. Parc : 1 €.* À ne pas manquer ! Un château qui revit véritablement depuis que le *Centre de l'Imaginaire arthurien* l'habite, comme quoi les rêves font aussi du bien aux pierres. Le château, aux douves envahies par la végétation, est devenu un foyer de culture celtique, aussi bien pour la recherche que pour les rencontres. L'équipe de l'association qui vous accueille vous guide avec plaisir au milieu des ouvrages qui, d'entrée, donnent le ton. Il y en a pour tous les goûts, pour tous les âges. Quant à la visite de l'exposition, c'est un moment de bonheur rare. Muséographie intelligente sur des thèmes arthuriens, médiévaux et celtiques qui, variant chaque année, laissent des traces et des souvenirs dans certaines salles où l'on retrouve des décors des expos passées. Le paysage extérieur est en adéquation avec le lieu : c'est un autre joli moment de détente, face au lac. Et laissez les crapauds vous conter, à leur façon, l'histoire de Lancelot, Viviane, Arthur et les autres. Si

MERLIN ET VIVIANE, UN AMOUR ENCHANTEUR...

En se promenant dans la forêt de Brocéliande, Merlin, alors conseiller du roi Arthur, tombe nez à nez avec la fée Viviane. Il en tombe fou amoureux et décide de partager avec elle ses sortilèges les plus secrets, dont celui de garder un homme à tout jamais. Mais Viviane, en utilisant ce sort, enferma pour l'éternité Merlin sous sa coupe. On dit d'ailleurs qu'il se promène encore dans la forêt...

vous ne leur faites pas confiance, il y a suffisamment de livres pour vous guider, dans le coin librairie. Incontournable pour tous les passionnés de la Table ronde !
– À ne pas manquer, en juillet-août, spectacles, contes et musique, samedis de la magie, balades contées, etc. Sans oublier, chaque année, ***Les Rencontres de l'imaginaire*** *(fin juil)* : salons, expos, conférences ; ***La Kermesse médiévale*** *(début août)* : marché artisanal, animations et conteurs ; et un grand spectacle arthurien au bord du lac, ***Les Chevaliers du Roi*** *(début août aussi). Rens complémentaires sur • centre-arthurien-broceliande.com •*
– Au village, sur la place de l'Église, ***La Petite maison des légendes.*** Une vieille maison aux volets verts avec une enseigne au dragon *(nov-mars, mar-sam 10h-13h, 14h-18h, plus mer en été ; GRATUIT).* C'est ici que l'équipe du château de Comper prend ses quartiers d'hiver... On y trouve donc les bureaux mais aussi une galerie d'exposition, une ludothèque, une librairie... Y sont également organisées des soirées contes.

La balade se poursuit avec la visite de ce que l'on continue d'appeler le ***tombeau de Merlin,*** le reste (symbolique) d'un site mégalithique bien malmené, un gros caillou couvert de mots doux (ou de détritus), et la ***fontaine de Jouvence.*** Ah, les légendes ! Une balade de 4 km balisée par une feuille de chêne en métal est accessible au départ du parking du tombeau de Merlin. À signaler également, le *chêne des Hindrés,* très bel arbre remarquable de Bretagne, et son autre balade de 4 km. Attention, vous entrez alors dans la forêt domaniale. Vous allez le remarquer car les sentiers vont devenir plus sages et rectilignes ! On reprendra la voiture et on poussera jusqu'au majestueux ***château de Trécesson*** à ***Campénéac.*** Il ne se visite pas (sauf sa cour en été), mais sa magnifique architecture féodale (en schiste rouge et cernée par les eaux) mérite assurément le coup d'œil. Le souvenir d'une Dame blanche, enterrée vivante, hante encore les lieux...
Étant située en majeure partie dans l'Ille-et-Vilaine, la forêt de Paimpont est surtout traitée dans le *Routard Bretagne Nord.*

LE MORBIHAN

LE PAYS DE PONTIVY ET LA VALLÉE DU BLAVET

La rivière – que dit-on ! le fleuve, puisque le Blavet se jette directement dans l'Atlantique au terme d'un cours de 150 km – sera notre fil conducteur. D'Argoat en Armor, nous traverserons Pontivy, anciennement Napoléonville, sous-préfecture, puis Baud, en pleine forêt de Camors, puis Lochrist, là où le Blavet devient salé. Un itinéraire à suivre à pied, à cheval, en calèche, en coche d'eau, en canoë ou à vélo. Le fleuve et son chemin de halage offrent de multiples possibilités. À vous de choisir...

Pour une découverte insolite du Blavet

■ ***Club de canoë-kayak de Pontivy :*** *base nautique de Toulboubou. ☎ 02-97-07-09-36. 06-85-73-89-92.*
■ ***Club de canoë de Lochrist :*** *☎ 02-97-36-98-47.*
■ ***Club de kayak de Saint-Nicolas-des-Eaux :*** *☎ 02-97-51-87-71. Tlj en juil-août ; slt w-e Pâques-sept.*
■ ***Centre équestre de Pontivy L'Écurie des Ajoncs :*** *à* ***Malguenac.*** *☎ 02-97-25-21-72. 06-42-28-99-33.*

PONTIVY [pondi] (56300) 15 000 hab. *Carte Morbihan, B1*

Curieux destin que celui de *Pondi* (en breton), qui, après avoir été le fief de la maison de Rohan (encore un beau château féodal !), devint le centre de

rencontre des républicains bretons et angevins, fédérés afin de combattre les ennemis de la Révolution. De ces événements date la caserne des gardes mobiles du quartier Clisson, qui a été entièrement reconstruite dans le style du XVIIIe s au bord du Blavet.
L'identité républicaine de Pontivy et sa position centrale en Bretagne inspirent à Napoléon Ier la décision de construire une ville nouvelle. L'aménagement de la place d'armes et la construction de la caserne du quartier Clisson découlent de ces projets. Pondi devient alors *Napoléonville,* à la demande de ses habitants, qui souhaitent rendre hommage à l'Empereur. La ville portera ce nom de 1804 à 1814, en 1815 (pendant les Cent-Jours) et de 1852 à 1870.
Tous les étés, l'association de *L'Art dans les chapelles* organise un circuit de chapelles exposant des œuvres d'art contemporain jumelées avec le patrimoine religieux de la région. Elle permet de découvrir de petites merveilles perdues en rase campagne...

Adresse utile

ℹ ***Office de tourisme de Pontivy Communauté :*** *à bord (!) de la péniche* Duchesse-Anne, *2, quai Niémen.* ☎ *02-97-25-04-10.* • *tourisme@pontivycommunaute.com* • *tourisme-pontivycommunaute.com* • *Juin-sept, tlj 9h30-18h30 ; le reste de l'année, lun-sam 9h30-12h30, 14h-18h.* Petits guides sur le quartier de la vieille ville ou le patrimoine napoléonien. Location de vélos classiques, vélos à assistance électrique, carrioles et bateaux électriques (sans permis, 10 personnes). Visites guidées de Pontivy à pied ou en vélo à assistance électrique en saison. Excellent accueil, équipe très dynamique.

Où dormir ?

Bon marché

Auberge de jeunesse : *île des Récollets.* ☎ *02-97-25-58-27.* • *pontivy@hifrance.org* • *fuaj.org* • *Accueil tlj 8h30-10h30 (tel), 17h30-20h30. Fermé 19 déc-12 janv. Compter 16,30 €/pers ou 20,90 €/pers avec le petit déj. Carte FUAJ obligatoire. CB refusées.* AJ récente qui dispose de chambres pour 2 ou 3 personnes et de 1 dortoir de 35 lits. En tout, 65 lits, qui accueillent les nombreux cyclistes longeant le canal de Nantes à Brest. Cuisine neuve et réfectoire. Belle situation, près de la piscine, du centre-ville et du moulin-musée, cernés par les eaux du Blavet.

De prix moyens à chic

Les chambres de Lourmel : *chez Marine et Laurent Prouff, 9, rue de Lourmel.* ☎ *02-97-25-07-52.* • *laurent.prouff@wanadoo.fr* • *Compter 53 € pour 2, 65 € pour 3.* Ce jeune couple a restauré avec goût, couleurs et modernité une belle maison de caractère, heureux mélange de façade XIXe et de pignon médiéval sur jardin. Salon, bibliothèque, cour et jardin à la disposition des heureux hôtes. Chambres bien confortables et grandes, à l'étage. Accueil sympathique et familial.

Hôtel Le Rohan : *90, rue Nationale.* ☎ *02-97-25-02-01.* • *contact@hotelpontivy.com* • *hotelpontivy.com* • *En centre-ville. Congés : fêtes de fin d'année. Doubles 67-109 € selon confort et saison. Parking.* Grande maison bourgeoise napoléonienne en plein centre-ville, récemment reprise et réaménagée. Chambres de charme tout confort, à la déco à thème – orientale, romantique, jazz... Jardin. Loue également des studios.

Où manger ?

Crêperie Marie-Hélène : *25, rue Friedland.* ☎ *02-97-25-25-16. Fermé lun-mar. Congés : 1 sem au printemps et 1 sem en oct. Env 15 €. Café offert*

LE MORBIHAN

sur présentation de ce guide. Marie-Hélène et Yolande vous recevront avec gentillesse dans le cadre fleuri et reposant de leur établissement où domine le rose. À la carte, un large choix de crêpes au blé noir et de crêpes au froment, toutes cuites sous vos yeux et bien bonnes. Une petite adresse agréable, en plein centre.

Crêperie La Campagnarde : *14, rue De-Lattre-de-Tassigny. ☎ 02-97-25-23-07. À la sortie de Pontivy, route de Vannes. Tlj sf mar-mer. Formule 9,20 € ; carte env 12 €. Café offert sur présentation de ce guide.* On mange dans une fermette à la déco rustique et marine pleine de charme. Vaste choix de crêpes de blé noir 100 % breton. On y déguste la galette du recteur, la campagnarde, ou encore la galette de froment au salidou et sa boule de glace.

Restaurant La Pommeraie : *17, quai du Couvent. ☎ 02-97-25-60-09. • restaurant.lapommeraie@wanadoo.fr • Sur les quais. Fermé dim, le soir lun, mar, j. fériés et sam midi. Congés : 15 août-5 sept, 26 déc-5 janv. Formules 16-19,50 € déj en sem, 25 € le soir, menus 36,50-49 € ; carte 38 € env.* Un petit resto discret qui a reçu de multiples récompenses. Recettes autour du poisson. Belle carte des vins.

Où dormir ? Où manger ? Où boire un verre dans les environs ?

Merlin, Les pieds dans l'eau : *anse de Sordan, 56480* ***Saint-Aignan.*** *☎ 02-97-27-52-36. • info@restaurant-merlin.fr • restaurant-merlin.fr • Ouv tlj de mi-mars à mi-nov. Double 75 € (dégressif dès la 2e nuit) ; petit déj 5,50 €. Le midi en sem, formules 14,40-17,50 € ; menus 20,75-30,50 €.* Ce resto porte décidément bien son nom ! Une carte courte mais éclectique, simple ou gourmande, à base de produits frais et locaux : charcuteries de Melrand, moules-frites (maison), salades, burgers, pizzas, pigeon, pêche du jour, glaces artisanales... À déguster, face au lac de Guerlédan, sur la magnifique terrasse lounge panoramique. 3 jolies chambres à l'étage. Assez mal insonorisées, malheureusement. Par la fenêtre, même vue sur le lac. Magnifique petit déj. Accueil décontracté et chaleureux. Location de vélos, embarcations à pédales, canoës ou bateaux électriques.

À l'écart du resto, un ravissant **camping** (mêmes coordonnées) : *ouv de mi-mars à mi-oct. Forfait 13,30 € pour 2.* Confort simple, mais site somptueux.

La Maison Blanche aux Volets Bleus : *chez Anouck et Joris Delanghe, Blézouan, 56580* ***Crédin.*** *☎ 02-97-38-58-61. • info@lamaisonblancheauxvoletsbleus.com • lamaisonblancheauxvoletsbleus.com • À 17 km à l'est de Pontivy, par les D 764 et D 17. Fermé de mi-nov à mi-déc. Compter 120-130 €/pers en ½ pens sur la base de 2 pers, avec copieux petit déj et dîner, boissons comprises. Apéritif maison offert sur présentation de ce guide.* « Bleu de toi », « Blanc des blancs », « Belle-îloise »..., les chambres sont coquettes, mignonnes à croquer, certaines ouvertes sur le calme des campagnes. Bleu des volets, blanc des murs ! Dans cette maison et table d'hôtes, atelier de cuisine et gîte, la gastronomie rejoint les vacances et le séjour. Légumes du potager. Un véritable havre de paix à l'écart d'un petit hameau. Accueil à la hauteur ! Les adorables proprios n'en sont pas à leur premier livre de recettes ! Piscine chauffée.

Quénécan : *Guénault, Les Forges-des-Salles, 22570* ***Perret.*** *☎ 02-96-24-94-85 06-19-60-55-10. • cabanes@lesforgesdessalles.fr • hebergement-quenecan.fr • Compter 100-150 € pour 2, petit déj compris (livré chaque mat). Possibilité de panier-repas.* Éparpillées au cœur de la forêt de Quénécan, 4 cabanes pouvant accueillir de 2 à 5 personnes : 3 dans les arbres et 2 sur pilotis, au bord de l'étang des Fourneaux (les forges sont toutes proches). Aménagées comme des petits nids douillets, ces cabanes ont un charme fou, mais le confort reste évidemment très rudimentaire (toilettes sèches, pas de douche, pas d'électricité... mais un poêle pour les frileux et les nuits fraîches). Pêche sur le lac.

À voir. À faire

Le château féodal des Rohan : *☎ 02-97-25-12-93. De mi-avr à mi-juin, tlj 10h-12h, 14h-18h ; de mi-juin à mi-sept, tlj 10h30-18h30 ; de mi-fév à mi-avr et de mi-sept à mi-nov, mer-dim 14h-18h. Fermé de mi-nov à mi-fév. Visite libre en été : 4,90 € ; visite guidée : 6,10 € ; réduc. Compter 1h.* Achevé en 1485 à la demande de Jean II de Rohan, le château domine le Blavet. La forteresse, entourée de larges et profonds fossés, est impressionnante avec ses deux énormes tours et ses hautes courtines. C'est l'un des très beaux spécimens d'architecture militaire du XVe s. En 1572, le château accueillit le synode protestant. La chapelle fut l'un des premiers temples protestants de Bretagne. Dans une salle de la tour ouest, on a remonté une cheminée provenant du manoir de Coët-Candec en Grandchamp. Elle est haute de 4,30 m et présente une succession d'écussons et armoiries en pierre. Beaucoup d'autres curiosités à découvrir lors de la visite guidée, comme une fascinante installation contemporaine de l'artiste japonais Koki Watanabe, dans les sous-sols du château, ou une émouvante exposition dédiée au sculpteur Gaston Schweitzer (1879-1962) et à ses « forts des halles ». Belles expositions en été.

La vieille ville : *l'office de tourisme organise des visites guidées en saison : 5 € ; réduc. Durée : env 1h.* La vieille ville cache encore, enchevêtrées autour de la place du Martray, quelques belles rues bordées de maisons à pans de bois et de petits hôtels particuliers d'époque Renaissance. Noter les noms d'autrefois : rue du Fil (elle témoigne de l'industrie des toiles qui firent la fortune de la ville), place du Martray, rue du Pont, etc. Ces rues sont désormais réservées aux piétons.

La basilique Notre-Dame-de-la-Joie : de style flamboyant, elle a subi de nombreux remaniements au cours des âges. Sur la porte, on devine les armes des Rohan : des losanges d'argent sur fond pourpre. Cette figure est une représentation stylisée des macles, des cristaux que l'on trouve sur les rives de l'étang des Salles, en forêt de Quénécan.

Fêtes et manifestations

– **L'Art dans les chapelles :** *tlj sf mar début juil-fin août et les 3 premiers w-e de sept. ☎ 02-97-51-97-21. • artchapelles.com • Gratuit.* Insolite et magnifique festival associant art contemporain et patrimoine religieux. 25 lieux (chapelles et églises du secteur), 4 circuits et 20 artistes...
– Nombreuses fêtes et manifestations tout au long de l'année, consulter le site de l'office de tourisme pour plus d'infos.

DANS LES ENVIRONS DE PONTIVY

Le lac de Guerlédan : *en direction de Mur-de-Bretagne. On peut en faire le tour complet (40 km) du 1er mars au 30 sept ; en dehors de cette période, il existe quelques restrictions d'accès. ÉVÉNEMENT ÉTÉ 2015 : LA VIDANGE DU LAC.* Ce superbe lac tout en longueur offre toutes les nuances de vert dans la belle végétation qui l'entoure. C'est la plus importante retenue d'eau de Bretagne, créée pour alimenter le barrage et pour fournir la région en électricité. Seule la rive sud appartient au Morbihan. À l'anse de Sordan, possibilité de canoë, baignade, excursion sur le lac, bateau à pédales, ski nautique et bateau électrique (sans permis). Une petite base de loisirs super calme (camping, hôtel et resto sur place ; voir plus haut « Où dormir ? Où manger dans les environs de Pontivy ? »). La vidange du lac de mai à octobre 2015 est une des rares occasions de le voir à sec et de redécouvrir tout un monde englouti (ancien canal, ponts romains, 17 écluses et leur maison d'éclusier, des arbres pétrifiés, une ancienne carrière ou encore l'épave du *Geven ha du*...). Plus de 3 millions de personnes sont attendues pendant les 6 mois que durera la vidange. Ce sera également l'occasion d'approcher le pied du monumental barrage.

Le musée de l'Électricité – Électrothèque de Guerlédan : *56480* ***Saint-Aignan.*** *☎ 02-97-27-51-39. 15 juin-15 sept, tlj sf dim mat, 9h30-12h30, 14h30-18h30. Visite libre ou guidée : 4-5 € ; réduc. Possibilité de balade guidée jusqu'au barrage et jusqu'à son belvédère. Atelier pour enfants (mer juil-août).* Modeste et sympathique musée consacré à l'histoire de la construction du barrage hydroélectrique de Guerlédan en particulier et à l'histoire de l'électricité en général (et à son utilisation dans les différents corps de métiers). Collection touchante et impressionnante de matériel et d'appareils électroménagers. Location sur place de vélos... électriques, bien sûr ! En passant, ne manquez pas de faire un petit tour à l'église afin d'admirer un magnifique arbre de Jessé sculpté.

La forêt de Quénécan : *à 15 km par Cléguérec.* C'est l'extrémité nord-est des Montagnes Noires. D'une superficie de 3 000 ha, elle culmine à 287 m, on l'appelle la petite Suisse bretonne. De belles balades, évidemment. La *Vélodyssée* traverse notamment la forêt, en longeant le lac de Guerlédan. Cette voie réservée aux vélos relie Roscoff à Hendaye (au Pays basque) en 1 400 km ; avis aux amateurs ! • *lavelodyssee.com* •

Les Forges des Salles : *56480* ***Sainte-Brigitte*** *(ou 22570* ***Perret****). ☎ 02-96-24-90-12 ou 94-85. • lesforgesdessalles.fr • Pâques-fin juin et sept, w-e et j. fériés 14h-18h ; juil-août, tlj 14h-18h30. Visite libre ou guidée : 6 € ; réduc.* Un site incroyable ! Tout à la fois bucolique, historique et industriel. Il s'agit d'un village sidérurgique datant des XVIIIe et XIXe s, niché dans un vallon au cœur de la forêt de Quénécan. L'eau, le bois et le minerai, toutes les conditions étaient réunies pour la fabrication du fer. Jusqu'à 300 personnes ont travaillé et vécu sur le site, par ailleurs remarquablement conservé et restauré : les maisons ouvrières, la chapelle, l'école, l'auberge, le logis du maître et bien évidemment la forge et le haut fourneau. Pour l'anecdote, le bief qui traverse le domaine (et alimente la roue du moulin) marque la limite entre le Morbihan et les Côtes-d'Armor. Le hameau se situe donc à cheval sur les deux départements !

On peut dormir sur place, en cabanes perchées (ou pas) ; voir plus haut « Où dormir ? Où manger ? Où boire un verre dans les environs ? *Quénécan* ».

L'église de Stival : *à 3 km au nord-ouest. Ouv slt en été.* À l'entrée du bourg, belle fontaine du XVIe s dédiée à saint Mériadec, avec, au fond de la niche, la statue du saint. La *chapelle Saint-Mériadec* ne retiendrait guère l'attention des touristes, malgré son portail flamboyant, si elle ne recelait deux vitraux Renaissance et de superbes peintures murales du XVIe s. Le vitrail qui décore la fenêtre du chevet représente l'arbre généalogique du Christ. Saint Mériadec s'installa ici au VIe s et, plus tard, fut évêque de Vannes. Il laissa à la chapelle une cloche de cuivre qui a pour vertu, dit-on, de guérir la surdité...

Cléguérec : allée couverte de Bot-er-Mohed, un couloir de dolmens long de 27 m, comme à Saint-Nizon-en-Malguénac.

La chapelle Notre-Dame-de-la-Houssaye : *à 3 km au sud-est de Pontivy. En été, tlj sf mar, 14h-19h.* Au sommet d'une colline, un peu sévère et triste au milieu des arbres qui l'enserrent, se trouve ce petit chef-d'œuvre peu connu (XVIe s). À l'intérieur, retable en calcaire polychrome, empreint d'un art très séduisant, unique en Bretagne. Sa partie centrale est peuplée de personnages aux attitudes vivantes.

NOYAL-PONTIVY (56920)

À 6 km au nord-est de Pontivy s'élève un ensemble d'édifices religieux dédiés à sainte Noyale, sainte née en Angleterre, venue s'établir en Armorique au VIe s. Décapitée par un chef breton qu'elle avait éconduit, elle poursuivit son chemin, sa tête sous le bras. Épuisée après plusieurs lieues, elle consentit alors à mourir... quand même ! Dans le bourg, l'église, édifiée au XVe s, présente un décor flamboyant et des lambris peints au XVIIIe s retraçant la vie et la fuite de la sainte.

DE PONTIVY À BAUD PAR LES CHEMINS DE TRAVERSE

GUERN (56310)

À 14 km à l'ouest de Pontivy, le bourg de Guern n'a pas beaucoup d'intérêt, mais l'un des hameaux alentour, ***Quelven,*** possède une *chapelle* impressionnante. Elle a été construite à la fin du XVe s, et son clocher s'élève à 70 m. Superbe intérieur, avec orgues, statue ouvrante de la Vierge et vitraux du XVIe s. Bel éclairage. Spectaculaire et pieux pardon le 15 août. En bas du village, fontaine du XVIe s.
– La rivière de la Sarre, qui traverse Guern, constitue un riche parcours de ***pêche à la truite.***

LE MORBIHAN

SAINT-NICOLAS-DES-EAUX (56930)

Au sud de Pontivy, sur la rive gauche du Blavet. Le quai de Saint-Nicolas-des-Eaux est le paradis des pêcheurs à la ligne et la terre promise des ressortissants de la perfide Albion. Au-delà du vieux village, la flèche de la ***chapelle de Saint-Nicodème,*** construite dans un encaissement, jaillit curieusement à 46 m au-dessus de l'horizon des champs de blé, lui donnant des allures de cathédrale. L'édifice, de style flamboyant, date de 1537. Sa situation surprend, sa richesse aussi. Remarquez à côté la triple fontaine très ornée.

➢ ***Circuit pédestre « La Loge des chouans ».*** En quittant le bourg par la route de Bieuzy, on monte en hauteur et on peut alors surplomber le canal avec tout le village, au lieu-dit de Castennec. Indiqué. Également une jolie chapelle, face au petit parking.
Sur les quais, plusieurs restos avec terrasse donnant sur l'écluse.

Où dormir dans le coin ?

Osmonde Bateau gîte : *Saint-Nicolas-des-Eaux. ☎ 02-97-51-99-78. 06-33-02-37-55. • orphile0310@orange.fr • osmondebateaugite.com • 75 € pour 2 ; w-e 140 € et sem 380 € ; petit déj en sus sur demande.* Une jolie toue cabanée, toute de bois construite, pour dormir au plus près de la nature et rêver au fil de l'eau... Confort simple : une chambre, une petite cuisine, un carré pour le repas, des toilettes sèches et 2 terrasses. Idéal pour 2.

Chambres d'hôtes Maison des Hortensias Bleus, chez Denise et Paul Vessier : *29, rue des Combats-de-Kervernen, 56930* ***Pluméliau.*** *☎ 02-97-51-94-73. À 10 km de Baud par la D 768 et la D 21 ; à 6 km à l'est de Saint-Nicolas. Dans le bourg, à la sortie de la ville. À l'église, suivre direction Saint-Hilaire ; faire 500 m en contrebas et c'est sur la gauche. Compter 50 € pour 2, 90 € pour 4 (dégressif dès la 3e nuit).* Dans une maison de caractère (aux pierres datant de 1768) au milieu d'un terrain de 6 ha fleuri d'hortensias et planté de chênes, des chambres confortables – dont 2 au rez-de-chaussée – se partagent une salle de bains (w-c séparés), idéales pour une famille. Coin salon avec des ouvrages sur la Bretagne. Petit déjeuner servi sur la terrasse quand il fait beau. À disposition, une pièce avec micro-ondes, frigo-congélateur pour la préparation des pique-niques. Accueil charmant de madame et de monsieur. Chemin de randonnée balisé au pied de la maison.

À faire

■ ***Base nautique :*** *☎ 02-97-51-87-71. Juil-août, tlj ; Pâques-juin et sept, w-e slt.*

BIEUZY-LES-EAUX *(56310)*

À l'entrée du village, entre les jolies maisons anciennes classées du bourg et les vieux puits en granit, une sympathique ***fontaine*** qui dresse au fond d'un enclos le triangle de son pignon orné de crochets. L'eau de la fontaine a, selon la légende, la vertu de tuer les chiens atteints de la rage et de guérir ceux qui ont été mordus. Quant à l'***église,*** sur un îlot surélevé, elle date du XVIe s. À l'intérieur, poutres et sablières sculptées déroulent avec verve leurs monstres, dragons et lions à crinière.

En descendant vers le Blavet, on passe sur la ***presqu'île de la Couarde,*** dite « montagne de Castennec ». Ici s'élevait, sous l'occupation romaine, une ville fortifiée à l'intersection des voies Vannes-Carhaix et Rennes-Quimper.

Où dormir ? Où manger ?

Camping Le Clos du Blavet : *à* ***La Couarde.*** *☎ 02-97-51-83-07. 06-15-80-57-05. • closdublavet@orange.fr • campingleclosdublavet.fr • Accès : près de Saint-Nicolas-des-Eaux, à une vingtaine de km au sud de Pontivy. Ouv de mi-avr à début oct. Prix tente : 11,55-14,90 € selon saison. Loc de chalets et mobile homes (250-595 €/sem pour 2-6 pers). 83 empl.* Camping génial baignant dans la verdure. Bon aménagement, ambiance cool. Vue imprenable sur la vallée. Piscine.

Gîte « Rando-Accueil » Ty Bihui : *rue du Presbytère. ☎ 02-97-28-81-60. • cap-blavet@wanadoo.fr • cap.blavet.free.fr • Nuitée 18-24 €, petit déj compris et draps fournis. Apéro offert sur présentation de ce guide.* Location d'un gîte de 8 personnes ou nuit « à l'unité » dans un gîte de 45 lits pour les randonneurs, vététistes, kayakistes, cavaliers... Beau bâtiment en pierre ancienne, intelligemment restauré, avec des chambres de 2 à 7 lits avec sanitaires. Bien tenu. Nombreux services. Ambiance familiale et décontractée. Sentiers de randonnée à proximité.

MELRAND *(56310)*

Cette petite commune, située à 18 km au sud-ouest de Pontivy, ne compte pas moins de quatre calvaires ! Le plus beau, selon nous, s'élève sur la route de Guémené : le fût de la croix est orné des têtes des apôtres que couronne la Sainte Trinité.
Excellente charcuterie pour les amateurs !

Melrand, le village de l'an mil : *sur la route menant à Bubry ; bien indiqué. ☎ 02-97-39-57-89. • melrand-village-an-mil.info • Juil-août, 11h-18h ; téléphoner hors saison. Entrée : 6 € ; 4 € moins de 18 ans. 4 € adulte et 3 € moins de*

18 ans sur présentation de ce guide. Formule Pass avec 11 autres musées du département, offrant des entrées à tarif réduit. Compter 1h de visite. Animations en été et visite guidée les ap-m. Belle reconstitution, sur son site originel, d'un village de l'an 1000, dont on découvre peu à peu les vestiges. Cultures et animaux « d'époque » reprennent place dans le paysage. Tout cela est très pédagogique. Atelier et petit livret-jeux pour les enfants. Aire de pique-nique ombragée.

QUISTINIC [kistinid]

(56310) 1 340 hab. *Carte Morbihan, B2*

Dans ce village, c'est surtout la *chapelle de Locmaria* qui méritera votre attention, ne serait-ce qu'en raison de ses dimensions (32 x 6 m). Elle est flanquée d'une croix et d'une fontaine. L'importance du monument laisse deviner la notoriété du sanctuaire et probablement la richesse du pays jadis. – Grand pardon le 15 août.

À voir dans les proches environs

★★ ***Le village de Poul-Fetan :*** *☎ 02-97-39-51-74. À 5 km de Quistinic ; bien indiqué. Avr-mai, tlj 14h-18h30 ; juin et sept, 11h-18h30 (visite guidée à 11h30 ; visite et animations 14h-18h30) ; juil-août, 10h45-19h (visites guidées à 11h15 et 12h ; visite et animations 14h-19h). Fermé oct-mars. Entrée : 9,80 € ; réduc de 0,90 € sur présentation de ce guide ; gratuit moins de 6 ans. Compter de 2h à 5h de visite.* Irréductible village gaulois ! Venir jusqu'à Poul-Fetan se mérite... et ça en vaut bien la peine ! Peu à peu apparaissent les toits de chaume, leurs cheminées sculptées, puis les façades si bien proportionnées. Le personnel est en costume, et c'est un voyage au XIXe s qui s'offre à vous. Vous assistez à la traite des vaches, à la battue du beurre, au ramassage du foin, etc. Enfin, vous découvrez une douzaine de chaumières en parfait état. Des artisans (potier, boulanger, aubergiste...) fabriquent et vendent leurs produits sur place, pendant que les femmes papotent au lavoir... Sans oublier 17 jeux traditionnels, tels que le birinic ou le lever d'essieu pour s'amuser en famille.

|●| Resto sur place.

PONT-AUGAN

(56310) 1 310 hab. *Carte Morbihan, B2*

Au confluent de l'Ével et du Blavet, Pont-Augan voit passer sur sa commune presque tous les sentiers de rando, les circuits VTT et VTC... C'est aussi une jolie base nautique pour canoë-kayak et camping « au vert ». Le GR 38 passe par là, auprès des chaumières de Kerdrono, Bourron, Coët-Pouron.

Où ne pas manquer le coche ?

La Nin'Arion : *rens au ☎ 02-97-36-93-18 ou 06-03-48-78-74. ● ninarion.fr ● Résa conseillée. Adulte 10 € ; réduc. Circule en saison slt : début juil-fin août, mar-jeu et dim départs à 14h et 16h30, ven-sam, départ 15h ; mai-début juil, départ dim 15h ou sur résa ; avr et sept, slt sur résa. Excursion* *d'env 2h.* Cette péniche a beau dater du tout début du XXe s (1903), ça ne l'empêche pas de transporter jusqu'à 75 personnes au fil du Blavet.

BAUD [Baod] (56150) 6 000 hab. *Carte Morbihan, B2*

Cette petite ville, qui tiendrait son étymologie du nom de famille germanique Bald (« audacieux »), transformé en Baot (« hardi » en breton), puis en Baut (« vif, joyeux ») en vieux français, ne recèle pas de trésor, hormis sa *Vénus de Quinipily,* à laquelle Flaubert trouva « une sensualité à la fois barbare et raffinée ». Toute une légende a été colportée autour de cette statue, qui n'a pourtant rien d'érotique... enfin, chacun ses goûts. À voir surtout : les alentours.

LA FORÊT DE CAMORS

Ses 570 ha font partie de ce massif forestier qui couronne les maigres reliefs morbihannais en prolongeant les Montagnes Noires finistériennes. Les forêts domaniales de Camors, Florange et Lanvaux s'alignent d'ouest en est, à environ 150 m d'altitude, pour marquer le début de l'Argoat. Ce massif forestier fut pendant des siècles une pépinière de bûcherons, de charpentiers, de charbonniers, de sabotiers et autres scieurs de long. La tradition populaire a véhiculé la légende de ces hommes rudes, vivant dans leur « loge » pendant tout l'hiver, et dont la mentalité était fondamentalement différente de celle des paysans. L'expression « homme des bois » leur a longtemps collé à la peau. Vous n'en verrez plus aujourd'hui... la tronçonneuse a tout transformé. Si la nostalgie vous gagne, faites-vous conter l'histoire du « patriarche d'Armorique », le chêne planté par Napoléon, abattu en 1994. Aujourd'hui, l'arbre planté en 1995 pour le remplacer est bien chétif en comparaison de son illustre ancêtre.

LE MORBIHAN

Adresses utiles

Office de tourisme de Baud Communauté : *promenade des Estivants à Saint-Nicolas des Eaux, **Plumeliau.** ☎ 02-97-08-04-07. • tourisme-baud-communaute.fr • Accueil principal à **Saint-Nicolas-des-Eaux** (56930). Avr-oct slt, lun-sam 10h-13h, 14h-18h, plus dim mat en juil-août. **Point I** (pl. de l'Église, à **Baud** ; dans un chalet en bois) : ouv slt en juil-août, lun 14h-18h, mar-ven 10h-13h, 14h-18h et sam mat.*

Syndicat de la Vallée du Blavet : *☎ 02-97-51-09-37. • blavet.com • Fermé w-e.* Toute l'année, c'est à eux qu'il faut s'adresser par téléphone pour avoir les meilleurs tuyaux sur ce pays, qui va de Bieuzy aux abords d'Hennebont. Nombreuses infos et doc sur les randonnées, parcours VTT, circuits équestres, etc.

Base nautique : *à **Pont-Augan.** ☎ 02-97-51-10-83. • baudcanoe.com •* Location de vélos et de canoës.

À voir

Cartopole, cartes postales & Bretagne d'autrefois : *rue d'Auray. ☎ 02-97-51-15-14. • cartolis.org • ♿ 15 juin-15 sept, mar et dim 14h-18h, mer-sam 10h-12h30, 14h-18h ; le reste de l'année, mar, jeu et ven 14h-18h, mer et sam 10h-12h30, 14h-18h. Visite commentée chaque sam à 14h30. Entrée : 5 € (4 € sur présentation de ce guide), réduc ; gratuit moins de 8 ans. Compter 1h30 de visite libre. Livret-jeu gratuit pour les enfants.* Un lieu original entre le musée et le centre d'archives. Toutes les facettes de la carte postale grâce à une immense collection de près de 75 000 unités. Mise en scène intelligente. De l'âge d'or de la carte postale au début du XXe s au coin multimédia, en passant par la Bretagne traditionnelle, bon voyage !

DANS LES ENVIRONS DE BAUD

La Vénus de Quinipily et ses jardins : *56150* ***Quinipily.*** *☎ 02-97-39-04-94. Mai-oct, tlj 10h-19h ; nov-avr, 11h-17h. Fermé janv-fév. Tarif : 3 € ; gratuit moins de 12 ans.* Jardins romantiques en terrasses créés pour mettre en valeur la Vénus (statue classée Monument historique). Rhododendrons, camélias, hortensias...

Les jardins de Kéroguic : *56150* ***Kéroguic.*** *06-37-62-75-84. Ouv dim 14h-18h30 du dernier dim de mai au 2e dim de juil et jeu-ven, juin-14 août. Tarif : 3 € ; gratuit moins de 14 ans.* Situés à proximité de la vallée du Blavet et de la forêt de Camors, 500 rosiers de 120 variétés différentes et un espace aquatique avec nénuphars.

CAMORS *(53300)*

Bourgade à 4 km au sud de Baud, surtout célèbre pour sa forêt (et son désormais incontournable ***accro'branches***). Pour le reste, on ne va pas s'étendre, à part sur ce sabotier bien sympa, l'un des derniers encore en activité en Bretagne.

À voir. À faire

Au Sabot Camorien : *route d'Auray, à Camors. ☎ 02-97-39-28-64. À la sortie du bourg, en direction de Pluvigner. Visite libre tte l'année 9h-12h, 14h-19h. Fermé dim, plus lun hors saison. Congés : fév. GRATUIT. Démonstration le jeu à 18h en juil-août (mais si vous passez en dehors de cette période et que Claude a le temps, il vous fera certainement une minivisite).* Derrière cette devanture de magasin d'objets en bois se cache l'un des six derniers sabotiers de Bretagne... Ils étaient près de 80 au village dans l'entre-deux-guerres. Aujourd'hui, le passionné et passionnant Claude n'a plus qu'un employé pour fabriquer les sabots, à la fois décoratifs et très confortables quand on prend le temps de les essayer. Solides (garantis 2 ans pour une durée de vie d'au moins 10), ils tiennent le pied au chaud et n'empêchent pas de marcher correctement, comme on le laisse toujours sous-entendre. Dans l'atelier, ça coupe, ça ponce, ça lime... et que du bois (hêtre) en provenance de la région. Nous, on est pour la réhabilitation du sabot ! Alors on soutient Claude et sa femme, Sylvie, cordonnière.

Fête

– **Fête des Vieux Outils :** *le 15 août.* Une grande fête est organisée pour faire revivre et se souvenir de la vie à la campagne autrefois. Nombreux et intéressants corps de métiers. Ça finit par un *fest-noz !*

LOCMINÉ *(56500)*

À 17 km à l'est de Baud. Ce nom vient de *Loc-ménéc'h,* « lieu des moines ». Un monastère aurait donc été fondé là par saint Colomban et reconstruit en 1606. Ce qui intrigue le touriste aujourd'hui, c'est de voir une église moderne précédée des façades de l'ancien sanctuaire du XVIe s et de la chapelle Saint-Colomban.

On doit cet assemblage pour le moins bizarre, réalisé en 1971, au maire de Locminé, député du Morbihan, prêtre de surcroît. Cet abbé Laudrin fit abattre les deux édifices délabrés, pour construire à leur place une église en béton, d'une indicible laideur. *Is fecit cui prodest*, dit le proverbe (« Chacun agit selon son intérêt »).
Locminé, 4 190 habitants, se taille une autre réputation, grâce à la chanson des « gars de Locminé, qui ont de la maillette dessous leurs souliers... ». De la maillette (une variété de clous à souliers inventée justement par les Locminois), il n'y en a plus guère chez les cordonniers. En revanche, les pâtissiers ont pris le relais...

BIGNAN *(56500)*

Rien de particulier dans le village, si ce n'est l'intéressant domaine du château de Kerguéhennec, à proximité.

Où manger ?

Auberge de la Chouannière : *6, rue Georges-Cadoudal, à Bignan. ☎ 02-97-60-00-96. • auberge.la.chouanniere@gmail.com • ♿ Dans le bourg, près de l'église. Fermé lun, le soir mar-mer, dim et j. fériés. Menus le midi en sem env 15-27 € ; le soir et dim midi 27-48 €.* Cette belle auberge de village fait le délice des gourmands. Cuisine maison, fine et à base de produits locaux de saison : sot-l'y-laisse de poulet et crevettes roses dorés au miel et au chouchen, carré de porcelet de Bretagne mariné aux herbes fraîches... Cadre élégant et rassurant.

À voir

Le domaine de Kerguéhennec : *☎ 02-97-60-31-84. • kerguehennec.fr • ♿ Bien signalé depuis Bignan. On se gare à l'extérieur et on remonte sur 300 m à travers le parc l'allée qui mène au château. De fin juin à mi-sept, tlj 11h-19h ; le reste de l'année, mer-dim 12h-18h. Visite guidée dim à 15h ; l'été, tlj sf sam. Château fermé nov-fév. GRATUIT. Programme d'activités tte l'année avec ateliers pour enfants, conférences, spectacles, visites thématiques, rendez-vous nature dans le parc...*
Le parc de 45 ha constitue un arboretum de qualité avec ses arbres remarquables, à la promenade bien apaisante. 29 sculptures monumentales y sont exposées, commande de l'État, du FRAC Bretagne et du département du Morbihan à des artistes de renom international. Un petit air de famille avec la Fondation Cartier, en plus attachant, et dans une vraie belle campagne.
Un centre d'art contemporain occupe les écuries, la bergerie et le premier étage du château (surnommé « Le petit Versailles breton » !), où sont présentées des expositions renouvelées régulièrement. Depuis l'été 2013, une exposition permanente est consacrée à la *collection Tal Coat,* dans la bergerie. Le domaine accueille également des artistes en résidence.
Kerguéhennec a été bâti par des banquiers suisses à l'époque de la splendeur de la Compagnie des Indes par l'architecte Olivier Delourme ; le parc à l'anglaise a été dessiné en 1872 par Denis Bühler, à qui l'on doit le parc de la Tête-d'Or à Lyon. Le domaine appartient depuis 1972 au conseil général du Morbihan.
Petite restauration sur place au *Café du Parc.*

L'Écurie : *Le Quillo, 56660* ***Saint-Jean-Brévelay.*** *☎ 09-53-23-65-96. • lecurie.tumblr.com • Accès par la D 11. Horaires selon expos et actualité (stages, ateliers...).* Un bon complément à la visite de Kerguéhennec que cet atelier associatif et galerie d'art contemporain. Près de 200 m², aménagés dans une ancienne étable et ouverts à la création sous toutes ses formes : art graphique, vidéo, design, illustrations... Cet espace revendique aussi son identité rurale.

PLUVIGNER (56330)

L'église Saint-Guigner (1546) et la ***chapelle Notre-Dame-des-Orties*** (1426) sont reliées comme des sœurs siamoises par le même presbytère. Ce n'est pas commun !

Il y a aussi un ***site archéologique*** où l'on a découvert les ruines d'un village gaulois, datant de 300 à 150 ans av. J.-C., constitué de maisons en pierre à l'intérieur d'une enceinte.

GUÉNIN (Gwennin ; 56150)

Petit village dominé par une butte dont la borne géodésique indique 155 m d'altitude. Excusez du peu, on est en Bretagne. Cette montagne sacrée du *Mané Guen*, « montagne Blanche », attire pourtant de nombreux curieux : du sommet, on aperçoit 15 clochers alentour. La première chapelle a été édifiée en 1300, grâce à la générosité d'Aline Olivro de Guénen, puis restaurée au XVIe s ; la nef date de 1511, l'abside de 1751. À proximité e trouvent un puits profond de 30 m et une fontaine datant de 1610. Cette « montagne » constitue un beau lieu d'excursion à pied, ou à moto (on y organise des courses de côte), car la route monte sur un versant et descend sur l'autre.

LA LOIRE-ATLANTIQUE

ABC DE LA LOIRE-ATLANTIQUE

- *Superficie :* 6 815 km².
- *Préfecture :* Nantes (293 000 hab.), 6e ville de France.
- *Sous-préfectures :* Ancenis, Saint-Nazaire et Châteaubriant.
- *Population :* 1 282 000 hab.
- *Signes particuliers :* la Brière, 2e marais de France après la Camargue ; Saint-Nazaire, 4e port maritime de France.
- *Point culminant :* 120 m, autour de Châteaubriant.

Étonnant département que cette Loire-Atlantique, bretonne géographiquement, historiquement aussi, mais faisant partie de la région Pays-de-la-Loire ! Le nord du département est marqué du sceau breton, alors que le sud est attiré vers la Vendée. La Loire marque la limite entre ces deux cultures tout en les rapprochant, grâce à la quinzaine de ponts qui se succèdent d'Ancenis à Saint-Nazaire et aux bacs de Loire. Cité des ducs de Bretagne, injustement rattachée par le gouvernement pétainiste aux Pays-de-la-Loire, Nantes reste déchirée par sa double appartenance. Qu'y a-t-il de commun entre les vignes du sud et les landes granitiques du nord, entre les maisons basses sous leurs toits de tuiles romaines, typiques du Sud, et les longues fermes aux toits d'ardoise, voire de chaume, au nord de la Loire ? Difficile d'y trouver une cohérence. Alors, on cherche vainement un liant pour ce département composite. On le trouve peut-être autour du thème de l'eau, avec la Loire tout d'abord, ce dernier fleuve sauvage européen (enfin... presque !) abreuvé de sa vingtaine d'affluents et qui s'étend sur 110 km dans le département. Le parc de Brière ensuite, deuxième marais de France, puis le lac de Grand-Lieu, l'un des plus grands de l'Hexagone, les 2 000 ha de marais salants, et, bien entendu, l'océan, dont les côtes somptueuses, elles aussi sauvages, répondent aux noms de Jade, d'Amour ou Sauvage justement. Elles enchantent résidents et touristes sur plus de 130 km (dont près de 70 km de plage et 16 ports de plaisance). Jamais loin, vecteurs d'échanges et d'innovations, la Loire et l'Atlantique ont joué depuis le Moyen Âge un rôle complémentaire, voire indispensable, dans l'économie du département et de la région, avec notamment le tristement célèbre commerce triangulaire, l'importation de produits exotiques ou, aujourd'hui, la construction navale.

UNE TERRE DE PLEIN AIR

Avec les nombreux ports, les quais où se promener, les marais salants à visiter, les 130 km de rivières navigables, pas de doute : l'eau imprègne le département,

jusque dans son nom. Mais les marcheurs ou amateurs de petite reine ne seront pas en reste. Avec plus de ***5 300 km de sentiers,*** il est facile et agréable de sillonner la Loire-Atlantique le long des côtes, à travers les forêts ou le parc naturel régional de Brière. Les offices de tourisme proposent aux visiteurs de nombreuses idées de parcours détaillés sur topoguides ou fiches de promenades. Un guide de randonnées est également édité à cet effet (*Balades en Loire-Atlantique,* éditions Ouest-France). Les ***cyclistes*** ne manqueront pas de découvrir les petites routes du département en empruntant la piste ***Vélocéan*** entre le Morbihan et la Vendée sur 160 km par la côte. Une façon originale de traverser et de découvrir Guérande, La Baule, Saint-Nazaire, Pornic... Le département est également chef de file pour l'itinéraire ***Vélodyssée*** qui rejoint Roscoff à Hendaye, via le canal de Nantes à Brest. Enfin, pourquoi ne pas remonter la Loire en empruntant l'itinéraire ***La Loire à Vélo*** ?
Et pour ceux qui ont la main verte ou pour les amoureux des fleurs, le département est doté d'une quantité de ***parcs et jardins.*** Son sol fertile et son climat doux favorisent la diversité botanique, de la côte aux terres intérieures. De Nantes (Jardin des plantes, parc de la Beaujoire...) à Clisson (domaine de la Garenne-Lemot), de Pornic (jardin de Retz) à Saint-Nazaire (Parc paysager) ou Le Croisic (parc Penn-Avel), prenez votre temps et « butinez » les jardins de Loire-Atlantique.

Adresses utiles

ℹ ***Loire-Atlantique Développement :*** *11, rue du Château-de-l'Éraudière, CS 40698, 44306* ***Nantes*** *Cedex 3.* ☎ *0810-044-001 (nº Azur).* ● *info@ohlaloireatlantique.com* ● *ohlaloireatlantique.com* ● Multiservices et bien documentée. Loin du centre, l'agence est plutôt destinée à renseigner par téléphone et par mail. Édite toutes sortes de brochures sur le département que l'on peut vous envoyer sur demande. Également une gamme de « L'A. Box » : week-ends, activités (coffrets cadeaux), etc.

■ ***Relais départemental des Gîtes de France :*** *9, rue Alessandro-Volta, bât. F6, 44 481* ***Carquefou*** *Cedex.* ☎ *02-51-72-95-65.* ● *info@gites-de-France-44.fr* ● *gites-bretagne-sud.fr* ● *Accueil tél lun-ven 9h-17h30.* Gère plusieurs centaines de gîtes et chambres sur le département. Infos par téléphone ou par mail.

■ ***Agence culturelle bretonne Morvan-Lebesque :*** *24, quai de la Fosse (dans la médiathèque Jacques-Demy), 44000* ***Nantes.*** ☎ *02-51-84-16-07.* ● *acb44.com* ● *(agenda culturel).* Ⓣ *Médiathèque (ligne 1).* Sa principale mission est d'informer le public sur tout ce qui touche de près ou de loin à la culture bretonne, et d'entretenir le lien entre les différents acteurs de cette culture. Elle est la vitrine des dizaines d'associations bretonnes et celtiques du département. Espace de vente.

■ ***Comité départemental de randonnée pédestre :*** *19, av. du Clos-du-Cens, 44300* ***Nantes.*** ☎ *02-51-83-17-86.* ● *loire-atlantique.ffrandonnee.fr* ● Propose des conseils et des sorties de randonnées dans tout le département. Topoguides en vente.

NANTES [naoned]

(44000) 293 000 hab. *Carte Loire-Atlantique, C3*

▸ Pour les plans de Nantes, se reporter au plan détachable en fin de guide.

« **Nantes est peut-être la seule ville de France, avec Paris, où j'ai l'impression que peut m'arriver quelque chose qui en vaut la peine.** »

André Breton.

« Ni tout à fait terrienne, ni tout à fait maritime. Ni chair, ni poisson, juste ce qu'il faut pour faire une sirène. » Complétons ces mots de Julien Gracq en

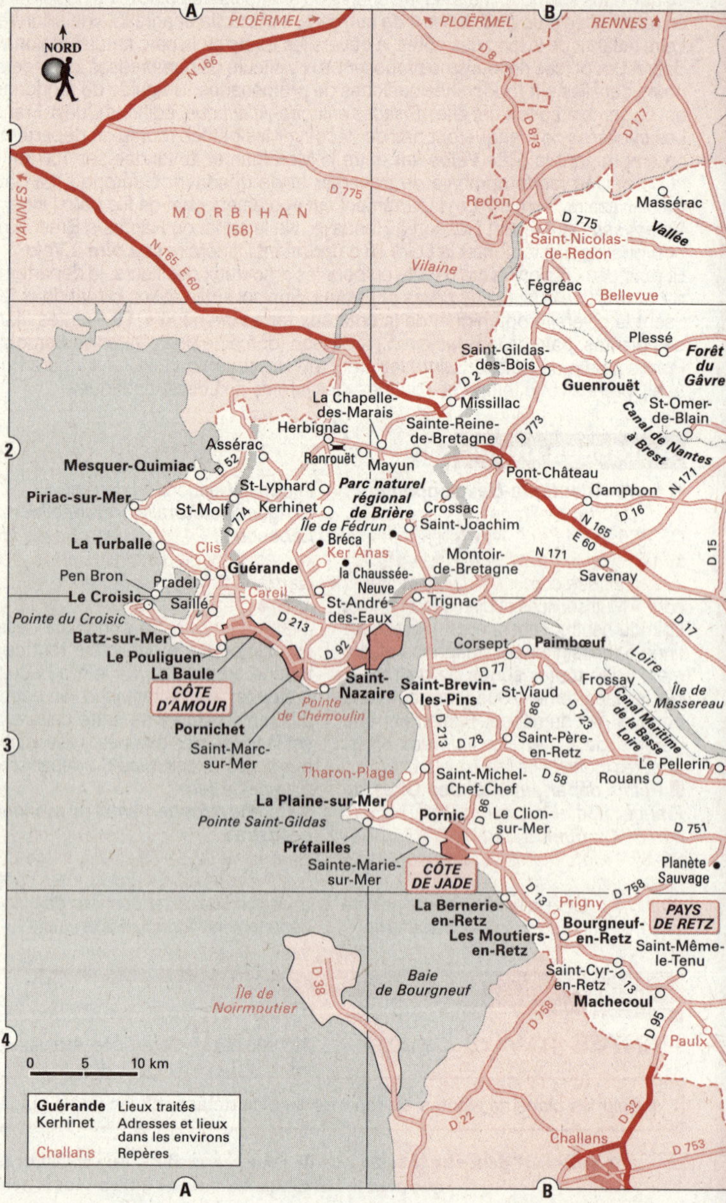
NORD
PLOËRMEL
RENNES
VANNES
N 166
N 165 E 60
D 775
D 8
D 873
D 177
MORBIHAN (56)
Redon
Massérac
Saint-Nicolas-de-Redon
Vallée
Vilaine
Fégréac
Bellevue
Plessé
Forêt du Gâvre
Saint-Gildas-des-Bois
Guenrouët
D 2
La Chapelle-des-Marais
Missillac
St-Omer-de-Blain
Canal de Nantes à Brest
Herbignac
Sainte-Reine-de-Bretagne
D 773
Assérac
Ranrouët
Mayun
Mesquer-Quimiac
D 52
Pont-Château
St-Lyphard
Parc naturel régional de Brière
Campbon
N 171
Piriac-sur-Mer
St-Molf
Kerhinet
Crossac
D 774
Île de Fédrun
Saint-Joachim
D 16
La Turballe
Bréca
Clis
Ker Anas
Montoir-de-Bretagne
N 171
D 15
Guérande
la Chaussée-Neuve
Savenay
Pen Bron
Pradel
Le Croisic
Saillé
Careil
St-André-des-Eaux
Trignac
Pointe du Croisic
D 213
D 17
Batz-sur-Mer
Corsept
Paimbœuf
Le Pouliguen
D 92
D 77
Loire
La Baule
Saint-Nazaire
Frossay
CÔTE D'AMOUR
Saint-Brevin-les-Pins
St-Viaud
Île de Massereau
Pointe de Chémoulin
D 86
D 723
Canal Maritime de la Basse Loire
Pornichet
D 213
D 78
Saint-Père-en-Retz
Saint-Marc-sur-Mer
Le Pellerin
Tharon-Plage
Saint-Michel-Chef-Chef
D 58
Rouans
La Plaine-sur-Mer
Pornic
D 86
Le Clion-sur-Mer
Pointe Saint-Gildas
D 751
Préfailles
Planète Sauvage
Sainte-Marie-sur-Mer
CÔTE DE JADE
D 13
Prigny
D 758
La Bernerie-en-Retz
PAYS DE RETZ
Bourgneuf-en-Retz
Les Moutiers-en-Retz
Saint-Même-le-Tenu
Saint-Cyr-en-Retz
D 13
Baie de Bourgneuf
Machecoul
Île de Noirmoutier
D 38
D 758
D 95
Paulx
0 5 10 km
D 32
D 22
Challans
D 753
Guérande Lieux traités
Kerhinet Adresses et lieux dans les environs
Challans Repères
A
B
1
2
3
4

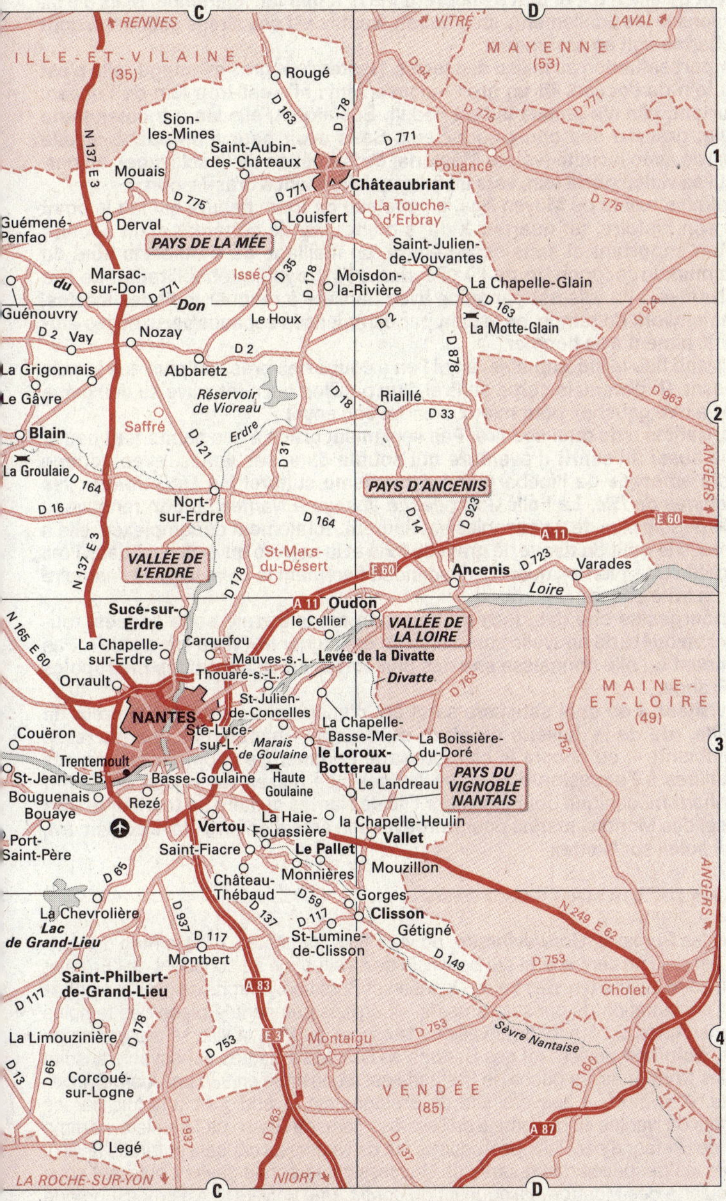

LA LOIRE-ATLANTIQUE

disant qu'elle n'est ni tout à fait bretonne ni tout à fait ligérienne. Mais aïe !... laissons là les tiraillements identitaires, Nantes est une sirène souriante, dont le charme agit en profondeur.
Fier port estuarien au milieu des terres, Nantes a un gros avantage : elle n'est pas loin de l'océan. Et un gros inconvénient : elle est trop loin de l'océan. Pourtant, elle n'a jamais autant séduit. Ses atouts, elle les a tricotés toute seule, grâce à des choix audacieux. Sans avoir peur d'un passé qu'elle regarde avec lucidité (voir le Mémorial de l'abolition de l'esclavage), aujourd'hui sa vision porte loin, vers un futur qu'elle saisit à bras-le-corps.
Quelques reliefs du Moyen Âge, un château de toute beauté qui fait le point sur son histoire, un quartier XVIIIe s d'une grande cohérence, un secteur piéton important et sans cesse élargi, un maillage de transports hors du commun, la reconquête de l'île Feydeau, l'incroyable réhabilitation de l'île de Nantes... La ville est parvenue avec habileté à renouer le fil des siècles, le patchwork du temps, en le liant par d'immenses espaces verts où les étudiants aiment à se bécoter.
Le grand fleuve indomptable, à qui l'on a coupé des bras, est plus que jamais présent. Redevenu le corps central d'un papillon qui a retrouvé sa deuxième aile (la rive gauche), pour mieux prendre son envol.
Oui, Nantes a de quoi séduire. Pas seulement grâce à ses habits tout neufs, mais aussi à l'esprit d'aventure qui souffle dans ses voiles, avec comme partie émergée de l'iceberg son dynamisme culturel (*Le Lieu Unique, les Machines de l'île,* La Folle Journée, *Le Voyage à Nantes...*). Son renouveau initié depuis plus de 2 décennies est flagrant. Totalement décomplexée, elle a retrouvé le goût du risque, le grain de folie et la naïveté qui brillaient dans l'œil du petit Jules (Verne), quand il descendait fièrement la Loire jusqu'à l'estuaire sur un frêle esquif.
La bourgeoise cité des ducs de Bretagne est une vraie boîte à idées, toujours en quête de nouvelles manières de conjuguer le « vivre ensemble ». Pas étonnant qu'elle connaisse une des plus fortes croissances des métropoles de France.
Le visiteur a de quoi satisfaire sa quête d'imaginaire : arpenter le cœur de la ville, rue de la Juiverie ou place du Bouffay – hantée par une jeunesse insouciante –, ou encore le chic passage Pommeraye ; admirer les œuvres installées à l'occasion d'*Estuaire Nantes* ; se hisser sur le dos du *Grand Éléphant* mécanique pour parcourir l'île de Nantes ou faire un tour sur le Carrousel des Mondes marins pour retrouver son âme d'enfant, etc. Décidément, il fait soleil sur Nantes.

NANTES DANS L'HISTOIRE

Sous les Romains, ***Condevincum,*** où vivent les Namnètes, d'où le nom de Nantes, est déjà un centre actif qui bénéficie de sa situation au confluent de l'Erdre et de la Loire. Le martyre des frères Donatien et Rogatien, patrons de la ville, symbolise l'implantation du christianisme, et les églises prennent la place des temples païens. Après avoir subi les invasions saxonnes au Ve s, la ville se réorganise au VIe s. ***Nominoë*** devient roi des Bretons en 842. Mais Nantes est envahie ensuite par les Normands. Le duché de Bretagne est reconstitué en 936 par ***Alain Barbe-Torte.*** À sa mort, la souveraineté de Bretagne est revendiquée à la fois par les comtes de Nantes et les comtes de Rennes. Pierre de Dreux, dit Mauclerc, nommé duc de Bretagne par Philippe Auguste, fait de Nantes sa capitale et fortifie la ville. Après les péripéties des guerres de Succession, le duché devient puissant sous la houlette des Montfort, vainqueurs du conflit. Une université est créée. Lorsque Louis XI décide d'annexer la Bretagne à la couronne de France, il se heurte à la résistance du duc François II. La défaite de l'armée bretonne, à Saint-Aubin-du-Cormier (près de Saint-Malo), en 1488, porte un coup fatal à l'indépendance de la Bretagne. En épousant Charles VIII, puis Louis XII, ***Anne de Bretagne*** rapproche la Bretagne de la France, mais lui conserve son autonomie. Ce n'est qu'avec sa fille Claude que la Bretagne est définitivement rattachée à la France, en 1532, Anne n'ayant pas eu d'héritier mâle. Au cours des guerres de Religion, Nantes est peu touchée par le calvinisme. Au contraire, les Nantais suivent le gouverneur de la Bretagne, Mercœur, du côté des ligueurs. Henri IV obtient la soumission de Mercœur et vient lui-même signer l'***édit de Nantes en 1598,*** qui mettra fin aux guerres de Religion.

Du XVIIe au XIXe s, Nantes profite du commerce du « bois d'ébène » (la traite des Noirs) et devient le premier port de France. Le quai de la Fosse et l'île Feydeau sont connus dans le monde entier. La ville déborde vers la place Viarme et les places Royale, Graslin, etc. Les hôtels de style Louis XV et Louis XVI sont les témoins de cette période prospère, voire fastueuse.

Nantes et la traite des Noirs

Pour l'historien Michelet, les corsaires ont fait la fortune de Saint-Malo... et les négriers celle de Nantes ! Nantes organisa plus de 40 % des expéditions négrières françaises et ses navires déportèrent environ 450 000 captifs noirs vers les colonies d'Amérique. Pour mieux comprendre comment fonctionnait ce « système », suivons un des navires qui effectuaient ce commerce triangulaire. Le bateau est chargé à Paimbœuf, car les bâtiments, ayant un trop fort tirant d'eau, ne pouvaient accéder à Nantes. Les marchandises consistent en des produits de fabrication française : toiles imprimées, armes, alcool auxquels s'ajoute la pacotille (bijoux, verroterie, miroir...) offerte pour entamer les négociations. Deux mois plus tard, le vaisseau arrive en Afrique. Après moult tractations, on embarque des esclaves enchaînés. L'ouvrage *Le Parfait Négociant* propose, pour la « conservation des nègres », d'« embarquer quelque personne qui sût jouer de la musette, de la vielle, violon ou de quelque autre instrument pour les faire danser et tenir gais, le long du chemin ».

Au XVIIIe s, plusieurs centaines de milliers de captifs sont ainsi transférés pour exploiter les terres du Nouveau Monde. C'est d'abord la Martinique qui reçoit le plus d'esclaves. Après 1735, Saint-Domingue la supplante. À l'arrivée, les captifs sont vendus pour ensuite travailler dans les plantations ou comme domestiques.

Après la vente aux Antilles, le navire retourne en France, chargé de sucre brut, de café, d'indigo, de coton et de tabac. De 1715 à 1775, on enregistre 787 retours de navires négriers, soit la moitié de la traite française. Effroyable période, rappelée par l'émouvant Mémorial de l'abolition de l'esclavage, inauguré en 2011.

Mais la véritable fortune de Nantes se fait surtout avec le commerce des matières premières. On traite le sucre à Nantes : de cette époque datent les gran des raffineries nantaises. Le coton également est travaillé à Nantes, et le financier Graslin crée la première manufacture d'indiennes de la ville. Les indiennes réalisées prennent ensuite le chemin de l'Afrique.

Les ambitions de la bourgeoisie nantaise croissent avec sa richesse. Les armateurs se font élire aux États de Bretagne, ce qui ne va pas sans résistance de la part des privilégiés. Le commerce nantais souffre par ailleurs de la contrainte des barrières douanières... Tout cela explique pourquoi la bourgeoisie de la ville accueille favorablement la Révolution.

DES GASTRONOMES AVIDES DE CHAIR

C'est au XVIIIe s que la gastronomie nantaise se façonne. Aux traditionnelles viandes rôties des aristos, la bourgeoisie répond par de nouvelles saveurs faites de produits exotiques et d'épices. Cette cuisine nouvelle permet aux riches marchands d'esclaves de s'illustrer par la panse plus que par la morale.

Les troubles de la Révolution

Si, avec la Révolution, Nantes devient le chef-lieu de la Loire-Inférieure, elle n'en connaît pas moins une période bien troublée.

- ***L'attaque de Nantes :*** en 1793, les deux armées royales de Charette et de Cathelineau attaquent la ville. La résistance est vive, et Cathelineau est tué place Viarme.
- ***Les noyades de Carrier :*** en octobre 1793, chassé par le maire de Rennes, Carrier est envoyé par la Convention à Nantes pour « purger le corps politique de toutes les mauvaises humeurs qui y circulent ». La Terreur se développe avec les délations des dames négrières enrichies, jalouses des aristocrates. Jugeant la guillotine insuffisante pour tuer les suspects et les prisonniers, Carrier fait embarquer une centaine de condamnés sur une embarcation qui est ensuite sabordée au milieu de la Loire. Et il recommence l'opération maintes fois. En tout, il fait guillotiner, fusiller et noyer jusqu'à 13 000 personnes selon les royalistes (2 000 selon les républicains !). À la suite des plaintes des Nantais, Carrier sera jugé puis exécuté.
- ***La mort de Charette :*** après le débarquement raté des émigrés à Quiberon, Charette reprend les armes. Il est capturé et fusillé place Viarme le 29 mars 1796.

Le XIXe s : Nantes, ville industrielle

Le blocus continental, l'abolition de la traite des Noirs, décidée par la Révolution mais vraiment effective à Nantes en 1831 (ce qui n'empêchera pas les Nantais de fabriquer pour les autres pays des navires négriers pendant encore plusieurs dizaines d'années !), l'invention de la fabrication du sucre à partir de la betterave, l'essor du chemin de fer et l'ensablement de la Loire constituent de sérieux handicaps à la croissance économique de la ville.

MÉMOIRES D'OUTRE-TOMBE

Dans ses célèbres écrits intimes, Chateaubriand évoque son père. Aristocrate appauvri, despotique et taciturne, il s'enrichit grâce à l'esclavage. D'abord capitaine, son père devint négrier entre Nantes et Saint-Domingue. Cet enrichissement nauséabond lui permit d'acheter le château de Combourg. Le fils traîna sa mélancolie en se réfugiant dans les livres.

Nantes opère pourtant sa reconversion dans les ***conserveries,*** les ***biscuiteries*** (Biscuiterie nantaise et Lefèvre-Utile, BN et LU pour les intimes) et la ***métallurgie.*** En 1856, un avant-port est créé à Saint-Nazaire.

Et les dragages de la Loire, à la fin du siècle, redonnent un nouvel élan au commerce maritime. En 1914, Nantes accueille encore les grands cap-horniers, déjà concurrencés par les vapeurs transatlantiques armés à Saint-Nazaire.

Au cours du XXe s

De ***grands travaux*** bouleversent le visage de Nantes : les îles Feydeau et Gloriette sont rattachées à la rive droite par le comblement des anciens bras de la Loire. L'Erdre est détournée dans un tunnel. La ***culture des légumes*** sur les terres humides (marais) des bords de Loire se développe alors. Les maraîchers occupent maintenant 4 000 ha, ils produisent chaque année 2 000 t de carottes, 8 000 t de navets, 12 000 t de poireaux, 18 000 t de mâche, etc. Ils se partagent les bonnes terres avec les ***fleuristes*** (85 % du muguet vendu le 1er mai vient de Nantes) et avec les ***vignerons*** du muscadet. Pas étonnant que Nantes accueille le deuxième plus grand MIN (marché d'intérêt national) de France après Rungis.

Pendant la Seconde Guerre mondiale, Nantes connaît de terribles bombardements (des Alliés) en septembre 1943, qui coûteront la vie à des milliers de personnes et détruiront partiellement le centre, et plus particulièrement le magnifique magasin *Decré,* œuvre Art déco de l'architecte Sauvage (auteur de *La Samaritaine*

à Paris). Le ***cours des Cinquante-Otages*** doit son nom à la répression qui suivra l'exécution le 20 octobre 1941 du colonel Hotz, commandant allemand. Les Allemands annoncent que 50 otages seront abattus si les coupables ne se livrent pas. Deux jours plus tard, 48 personnes sont fusillées en représailles, dont 27 sont des internés du camp de Châteaubriant. Parmi eux, Guy Môquet, qui laisse une lettre émouvante à ses parents, Charles Michels, député communiste du 15e arrondissement de Paris, et Jean-Pierre Timbaud, secrétaire de la Fédération des métaux CGT en région parisienne. Cet événement marque le véritable début de la Résistance.
Le Général de Gaulle fera de Nantes une des cinq villes « Compagnon de la Libération ».

Nantes aujourd'hui

Nantes connaît la ***2e plus forte croissance démographique*** des grandes métropoles de France. Grâce à une riche vie universitaire, à une bonne desserte en transports et à une industrie diversifiée (BN, Beghin-Say, Aérospatiale...), Nantes s'impose comme le premier pôle économique du Grand Ouest. Le taux de croissance de l'économie nantaise est deux fois supérieur à celui de la moyenne française, le développement du secteur tertiaire étant spectaculaire, favorisé par les décentralisations (INSEE, SNCF, ministère des Affaires étrangères, etc.). En même temps, la volonté d'alliance entre Nantes et Saint-Nazaire s'affirme de plus en plus pour le développement d'une métropole européenne. Aujourd'hui, le grand port maritime de Nantes – Saint-Nazaire est le 4e port français (pétrole, gaz, charbon, tourteaux, céréales, bois) et possède la première raffinerie de France. En 2007, un pont artistique a été par ailleurs établi grâce à l'événement *Estuaire* : un musée à ciel ouvert le long de la Loire toute l'année. Depuis la dernière édition de 2012, près d'une trentaine d'œuvres sont à découvrir *(● estuaire.info ●)*. Constamment en travaux (pour la bonne cause !), la ville est pourtant fréquemment plébiscitée dans les sondages pour sa qualité de vie (elle a été élue Capitale verte européenne en 2013).

Adresses et infos utiles

Informations touristiques

🛈 ***Nantes Tourisme*** *(centre détachable E3,* ***1****)* **:** *9, rue des États. Consulter également le central de résas de Nantes Tourisme, ☎ 0892-464-044 (0,34 €/mn). ● nantes-tourisme.com ● Tlj : sept-juin, 10h-18h (17h dim et j. fériés) ; juil-août, 9h-19h.* On y vend toutes les excursions, les visites et le *Pass Nantes.* Le site propose en ligne tous les services de Nantes Tourisme : hôtels, chambres d'hôtes, mobile homes, séjours week-ends à thème, *Pass Nantes,* visites guidées (voir ci-dessous), billetterie...

🛈 Accueil également à la ***station Prouvé*** sur l'île de Nantes *(plan détachable C5)* **:** *bd de la Praire-au-Duc, juste derrière les Ateliers et Chantiers de Nantes. ● estuaire.info ● Tlj juil-août, 9h-19h ; mer-dim aux vac scol, 14h-17h ; ven-dim et j. fériés 14h-17h hors saison. Fermé début janv-début fév.* Infos sur le parcours *Estuaire,* le *Pass Nantes,* boutique, doc et billetterie croisière.

– ***Circuits et visites guidées :*** Nantes Tourisme propose à longueur d'année toutes sortes d'idées de balades dans Nantes, à faire seul avec audioguides ou en visite guidée : en plus de « Promenade nantaise », « De l'histoire à la mémoire », « Jules Verne, la ville est un roman », « Architecture du XXIe s : le quartier de la Création », « Histoires de graffitis », « Dialogue entre artistes et architectes »... des découvertes autour de quartiers, lieux ou moments insolites (« La ville allumée », par exemple). *De 3 visites par sem à 3 visites par j. selon saison, voire en nocturne. Rdv à Nantes Tourisme. Résa obligatoire par tél ou sur Internet. Prix : 7 € ; réduc. Durée :*

2h. L'été, visite nocturne vendredi et/ou samedi : « Estuaire by night », « Mystères et légendes », animée par des comédiens. Cette dernière emprunte les rues du centre tout en narrant la vie des personnalités qui hantèrent Nantes. *Prix : 9 €.* Également des excursions en bateau sur l'Erdre avec les *Bateaux Nantais* ou sur la Loire, selon la saison, avec *Marine et Loire*.

– ***Pass Nantes :*** en vente à Nantes Tourisme, sur son site et dans certains hôtels. Sésame magique et indispensable pour découvrir la ville ! *Forfaits de 24, 48 ou 72h (respectivement à 25, 35 et 45 €). Tarif réduit (presque moitié prix, vraiment très attractif !) pour les enfants de 4 à 18 ans et les étudiants de moins de 26 ans. Également un* Pass Famille *(2 adultes et 2 enfants), à 67, 94 et 121 €.* Le *Pass Nantes* propose un accès illimité à la Galerie des Machines ou au Carrousel des mondes marins, à tous les musées, sites touristiques, promenades fluviales sur l'Erdre et sur la Loire, visites guidées, le petit train de Nantes, le bus touristique ainsi qu'à l'ensemble du réseau de transport (bus, tramway, mais aussi *Navibus* !) ainsi que des réductions diverses et variées. Donne, de plus, accès à des sites en dehors de Nantes, comme le château départemental de Clisson, Escal'Atlantic à Saint-Nazaire...

– Bon plan : *remise de 10 % sur le plein tarif pour tte résa sur • nantes-tourisme.com • ou au ☎ 0892-464-044 (0,34 €/mn).*

NANTES

Transports

Espace Transport TAN *(Transport de l'agglomération nantaise)* **:** *☎ 0810-444-444 (nº Azur). • tan.fr • Ticket à l'unité : 1,50 € (valable 1h).* Pour toutes infos et achats, se rendre à l'***Espace Mobilité Commerce*** *(centre détachable E3)* : *2, allée Brancas. Lun-sam 7h30-19h30.* Gère tout le réseau de bus, tram et Navibus, et TER dans Nantes, toute la métropole, le département et même plus loin. S'occupe également du service *Bicloo* (voir plus loin). Les 3 lignes de tramway (1, 2 et 3) se croisent au centre-ville et sont complétées par un dense réseau de bus, une ligne de Busway (ligne 4) et une navette fluviale (Navibus). Les cyclistes peuvent prendre le tramway tous les jours avant 7h ou après 19h, mais aussi le dimanche, les jours fériés et pendant les 2 mois d'été.

■ ***Taxis : Allo Taxis,*** *☎ 02-40-69-22-22 ;* ***Allo 44 Taxis,*** *📱 06-09-82-31-31.*

■ ***Location de voitures :*** *quelques loueurs dans le quartier de la gare, comme* ***Hertz,*** *☎ 02-40-35-78-00 (également à l'aéroport, ☎ 02-40-84-81-03) ;* ***National/Citer,*** *☎ 02-40-08-28-37 (également à l'aéroport, ☎ 02-40-84-81-06) ;* ***Europcar Auto 44,*** *☎ 02-40-47-19-38.*

■ ***Navibus :*** *☎ 0810-444-444 (nº Azur). • tan.fr • En été, lun-ven 7h-19h50 ; sam 9h-19h50 ; dim et j. fériés 11h-19h50. Une navette ttes les 20 mn env.* Il existe 2 liaisons : l'une permet de traverser la Loire en bateau et de rejoindre Trentemoult. Départ à la gare maritime, à quelques minutes à pied de la station de tramway Gare-Maritime de la ligne 1 *(plan détachable B-C4).* Génial pour aller déjeuner et revenir dans la journée. Un autre Navibus permet de traverser l'Erdre du campus universitaire au quartier de Port-Boyer, au nord de Nantes.

P ***Parkings :*** si vous venez en voiture, on vous conseille de stationner dans les parkings Relais (P + R), situés à l'extérieur de la ville, à environ 5-10 km du centre (gratuits). Liste et carte à Nantes Tourisme ou sur Internet. Tous ces parkings sont reliés au centre par le tram ou le Busway (passage toutes les 10-20 mn maximum). Dans le centre, on conseille le parking de la Cathédrale.

Location de vélos

Nantes a fait de gros efforts en matière de deux-roues. Même s'il y a encore peu de véritables pistes cyclables, on compte pas moins de 375 km de « continuité cyclable » dans Nantes Métropole. Au cœur de la ville, ce n'est pas toujours très pratique, mais c'est toujours mieux que la voiture ! *• geovelo.nantesmetropole.fr •*, calculez votre itinéraire. Pratique !

■ ***Bicloo de Nantes :*** *infos à l'**Espace Mobilité Commerce** (TAN ; centre détachable E3) : 2, allée Brancas,*

☎ *0810-444-444 (nº Azur).* • *bicloo.nantesmetropole.fr* • On compte une centaine de stations de vélos dans le centre-ville et autour (du Jardin des plantes à la gare maritime et de l'île de Versailles à la Prairie-au-Duc). Attention, *Bicloo* est conseillé aux visiteurs séjournant plus de 2 jours (trop de démarches pour une seule journée !). L'abonnement de base est de 1 € (1 j.), 5 € (7 j.) ou 20 € (1 an). 30 mn gratuit, puis tarif progressif de location. Excellente carte, disponible à Nantes Tourisme. Pour se balader de manière plus libre, préférer d'autres prestataires comme *NGE.* • *velos-nantes.fr* •

■ ***Détours de Loire*** *(centre détachable E3,* ***5****)* **:** *gare routière, quai Baco – allée de la Maison-Rouge.* ☎ *02-40-48-75-37.* • *locationdevelos.com* • *Avr-sept, tlj 9h30-12h30, 15h-18h30. Compter 10 € la ½ journée, 15 € la journée ; tarifs dégressifs selon durée.* Le meilleur loueur de vélos en ville. Propose VTT, VTC, tandems, charrette pour enfant, remorque à bagages... Prêt de casque, kit de réparation, pompe, gilet de signalisation et antivol. Également entretien et propositions de circuits avec rendu du vélo sur d'autres sites, le long de la Loire ou le long du canal de Nantes à Brest. Vraiment pratique aussi bien pour quelques heures que pour entreprendre un périple dans la région.

■ ***L'Îlot Famille* :** *île de Nantes, parc des Chantiers.* 📱 *07-60-22-74-81.* • *ilot-familles.com* • Cycles familiaux, biporteurs, triporteurs... des cycles pour toutes les familles (et toutes les situations).

Marchés

– ***Le marché de Talensac*** *(plan détachable D-E2)* **:** *rue de Talensac. Sous les halles (qui datent de 1934) et autour. Tlj sf lun 7h-13h.* Le « grand » marché de Nantes. Bouchers, poissonniers, mais aussi traiteurs asiatiques et latino-américains au milieu des vendeurs artisanaux de miel, de fromage de chèvre et d'une boutique de la fromagerie *Beillevaire,* adresse historique en ville. Également un bon caviste, de nombreux maraîchers qui proposent de beaux légumes de bord de Loire, *La Petite Boulangerie* de Franck Desperier, meilleur ouvrier de France, ou encore Vincent Guerlais, « agitateur de papilles », comme il se définit.

– ***Le marché aux puces*** *(centre détachable D2)* **:** *pl. Viarme. Sam mat.* Occupe toute la place.

– ***Le marché de la Petite-Hollande*** *(centre détachable D-E3)* **:** *pl. de la Petite-Hollande. Sam mat.* Le plus grand marché alimentaire de la ville. Également des vêtements et du bricolage. Attention, ne pas stationner dans le secteur le vendredi soir : fourrière assurée.

– ***Les Mardis du Livre*** *(centre détachable D3)* **:** *pl. de la Bourse. Mar 14h-19h.* Des tonnes de livres d'occase.

– ***Le marché des créateurs ou marché du vendredi*** *(centre détachable D3)* **:** *pl. de la Bourse. Avr-nov, ven 12h-19h.* Objets, vêtements, déco et accessoires réalisés par de vrais créateurs locaux.

– ***Le marché de Bottière-Chénaie* :** *pl. du Commandant-Cousteau. Mer 16h-19h30.* Le seul à proposer des horaires du soir.

– ***Le marché bio de Trentemoult*** *(hors plan détachable par A6)* **:** *sam.* Allez-y en *Navibus,* c'est plus bio ! Une excursion vraiment sympa. Et celui du **sq. Villebois-Mareuil** *(derrière la Fnac ; mer mat).*

Où dormir ?

Bon à savoir, Nantes étant une ville d'affaires, la plupart des hôtels proposent des tarifs vraiment intéressants le week-end. Appeler auparavant et faites un tour sur Internet. Promos allant parfois jusqu'à 30 ou 40 % de réduction. Alors ouvrez l'œil ! Le central de réservation • *nantes-tourisme.com* • propose également ses meilleurs plans du moment (3 nuits au prix de 2, par exemple).

CAMPING

⛺ ***Nantes Camping*** *(hors plan détachable par D1,* ***10****)* **:** *21, bd du*

Petit-Port. ☎ 02-40-74-47-94. • nantes-camping@nge-nantes.fr • nantes-camping.fr • ♿ En bus, ligne 51 ou 25, arrêt « Morrhonnière – Petit Port » ; Ⓣ Morrhonnière (ligne 2) ; en voiture, sur le périphérique Nord, prendre la sortie 39, direction Porte de La Chapelle. Ouv tte l'année. Tentes 13,70-31,20 € selon saison. Chalets et mobile homes à louer 342-966 €/sem. Caravanes 147-218,40 €/sem. 150 empl. Réduc de 5 % sur présentation de ce guide. Terrain au bord d'un ru, dans le coin des universités et des labos. Fort bien équipé et très pratique (à 10 mn du centre-ville en tramway, ce camping a reçu l'écolabel pour ses efforts en matière d'économies d'énergie). Très arboré. Resto, jardin, aire de jeux, pétanque, terrain multisports, bar-resto et épicerie. Piscine juste en face, accessible gratuitement pour les clients du camping. Location de vélos. Également une amusante « Cabane du voyage » dans les arbres, réalisée dans le cadre du *Voyage à Nantes.*

NANTES

AUBERGE DE JEUNESSE

Auberge de jeunesse « La Manu » *(hors plan détachable par G2,* ***11****) : cité universitaire internationale, 2, pl. de la Manu. ☎ 02-40-29-29-20. • nanteslamanu@fuaj.org • auberge-de-jeunesse-la-manu.over-blog.com • Ⓣ Manufacture (ligne nº 1). ♿ À 500 m de la gare, sortie nord. Forfait nuitée et petit déj env 27 € (draps inclus). Fermé vac scol Noël. Carte FUAJ obligatoire (11 €). Bagagerie payante.* Répartie sur plusieurs étages dans une ancienne manufacture des tabacs. Une trentaine de chambres très correctes de 4 à 6 lits, dont certaines avec douches à l'intérieur. Grande cuisine à disposition. Espace collectif avec jeux (billard, ping-pong, baby-foot...) et salon TV. Attention, pas d'accès aux chambres entre 10h et 15h30 ; en revanche, veilleur de nuit pour les retours tardifs. Supérette à proximité.

APPARTEMENTS EN VILLE

Nantes propose quelques formules vraiment originales pour se loger en chambres d'hôtes.

Central de réservation : *• nantes-tourisme.com • Selon confort et taille, compter 55-150 €.* Une cinquantaine de chambres d'hôtes sont proposées dans la métropole, et une vingtaine dans la ville même.

Chambres d'hôtes Voyage Désirable : *86, quai de la Fosse. ☎ 09-67-20-97-81. • contact@voyagedesirable.fr • voyagedesirable.fr • Compter 100-180 € ; boissons chaudes du petit déj comprises.* « Un hôtel à l'échelle de la ville » avec un choix de 11 appartements disséminés dans le centre ou la région (au Pouliguen, notamment), réalisés selon des thématiques reliées au patrimoine historique et culturel de Nantes et au patrimoine environnant. Cela donne 5 appartements sur le thème de Jules Verne (« La cabane du capitaine Némo », « 20 000 lieues sous les mers »... on adore !) et d'autres sur la pêcherie, la gourmandise, le baroque, ou même sur un arbre perché... La mise en ambiance est incroyablement réussie, avec une application et un souci du détail qui permettent de vous laisser embarquer dans le monde ainsi recréé. Le tout idéalement situé. L'imagination des concepteurs ne s'arrête pas là. Jetez un œil au site et partez à la découverte de la Bretagne, de gîtes éphémères...

Welcome Home Nantes : *📱 06-72-77-43-85. • welcomehome-nantes@live.fr • welcomehome-nantes.fr • À partir de 90 € pour 2 en hte saison et jusqu'à 130 € selon confort et emplacement ; dégressif à partir de 2 nuits.* Un choix d'appartements d'hôtes disséminés dans le centre-ville ou à proximité. *Loft de l'Opéra* (appartement, galerie d'art), *Le Petit T* (une ancienne conciergerie réhabilitée en petite maison avec jardin), *Le Pont Levis* (un appartement situé face à l'entrée principale du Château des ducs de Bretagne), ou encore *L'Attic* (un petit loft contemporain aménagé dans un ancien grenier à fourrages en bordure de la forêt urbaine de Nantes Métropole).

HÔTELS

Dans la vieille ville

De bon marché à prix moyens

Hôtel Duquesne *(centre détachable E2,* ***13****) : 12, allée Duquesne (cours des Cinquante-Otages). ☎ 02-40-47-57-24. • hotel.duquesne@wanadoo.fr • hotel-duquesne-nantes.com • Doubles 66-90 €. 10 % sur le prix de la chambre sur présentation de ce guide.* 25 chambres en tout dans cet hôtel classique et familial, au calme, même si certaines donnent sur la passante allée Duquesne. Des chambres de bon confort (double vitrage, ascenseur...), coquettes et sobres à la fois. Salles de bains pour la plupart très joliment rénovées.

Hôtel Saint-Daniel *(centre détachable E3,* ***12****) : 4, rue du Bouffay. ☎ 02-40-47-41-25. • hotel.st.daniel@wanadoo.fr • hotel-saintdaniel.com • Dans la partie piétonne de la vieille ville. Congés : 1re quinzaine d'août. Résa indispensable. Doubles 45-54 € selon confort.* Petit hôtel à peu près bien tenu, et une aubaine pour les petits budgets. Certaines chambres donnent sur la rue piétonne (bruyante le jeudi, soirées étudiantes oblige), d'autres, plus au calme, sur le jardin de la charmante église Sainte-Croix (demandez-les en priorité). Attention, 4 étages et pas d'ascenseur (il n'y a pas la place !).

De chic à plus chic

Hôtel La Pérouse *(centre détachable E3,* ***14****) : 3, allée Duquesne (cours des Cinquante-Otages). ☎ 02-40-89-75-00. • information@hotel-laperouse.fr • hotel-laperouse.fr • Ⓣ Place-du-Cirque (ligne n° 2). Doubles standard 69-139 € selon période. Promos Internet. Stationnement gratuit 19h-10h au parking voisin.* Avis aux amateurs d'architecture contemporaine ! Un hôtel unique en son genre, construit par les architectes Barto et Barto. Ce gros bloc de granit tout blanc, lourd, compact, à la façade penchée (en référence aux immeubles de l'île Feydeau), est pourtant ouvert sur les toits et le cours des Cinquante-Otages, à travers ses baies vitrées. À l'intérieur, du bois clair, du verre, de la pierre, de l'espace... Situé sur une grande artère très passante, autant le savoir, mais très calme à l'intérieur. Dans les chambres, les formes des lampes, des lavabos, des chaises... tout a été dessiné par les architectes eux-mêmes, avec de nombreuses références au monde de la marine, comme ces rideaux occultants agrafés aux fenêtres tout en longueur, qui possèdent elles aussi leur part d'originalité. Préférer les chambres du dernier étage. À noter que l'hôtel est engagé dans une démarche environnementale d'économie d'énergie, reconnue par l'« Écolabel européen ».

Okko Hôtel *(centre détachable E3,* ***16****) : 15 bis, rue de Strasbourg. ☎ 02-52-20-00-70. • nantes chateau.okkohotels.com • Doubles 125-205 €, incluant petit déj, parking et apéritif à 18h (1er verre offert).* Ouvert en 2014 par des anciens du groupe Accor, voici un hôtel à l'emplacement on ne peut plus central, comptant 80 chambres design, fonctionnelles et tendance, des équipements high-tech aux salles de bains. Espace club pour le travail ou la détente et salle fitness. Accueil attentionné. C'est le premier d'une chaîne à venir sur toute la France.

Dans le quartier Graslin et autour

Bon marché

Hôtel Saint-Patrick *(centre détachable E3,* ***15****) : 7, rue Saint-Nicolas. ☎ 02-40-48-48-80. • hotel.saint-patrick@orange.fr • hotel-saintpatrick.com • Réception au 3e étage. Congés : 24 déc-2 janv. Doubles 49-54 €.* En plein centre-ville, cet hôtel étroit mais qui monte haut (5 étages sans ascenseur) est une vraie aubaine pour les petits budgets. Chambres de bon aloi, qui constituent un excellent rapport qualité-prix. C'est propre, avec double vitrage (bonne nouvelle car il y a quelques terrasses de bars sur la place) et sanitaires impeccables. Un ensemble fort convenable et ambiance routarde très sympa, à l'image de l'accueil. Même si ce n'est pas le grand luxe, on n'a rien trouvé à redire, et nos lecteurs non plus.

De prix moyens à chic

Le Grand Hôtel de Nantes *(centre détachable D3,* ***17****) : 2 bis, rue Santeuil. ☎ 02-40-73-46-68. ● grandhotelnantes@wanadoo.fr ● grandhotelnantes.com ● Doubles 59-89 € selon confort et saison. Réduc de 10 % sur le prix de la chambre ven-dim sur présentation de ce guide.* Encore une adresse agréable dans ce quartier plein d'hôtels. Bien tenue et fonctionnelle, elle offre un confort de qualité (w-c sur le palier, toutefois, pour les chambres les moins chères) pour un tarif acceptable, surtout le week-end. Copieux petit déjeuner.

Hôtel Pommeraye *(centre détachable D3,* ***18****) : 2, rue Boileau. ☎ 02-40-48-78-79. ● info@hotel-pommeraye.com ● hotel-pommeraye.com ● Doubles 59-169 € selon taille et saison (voire plus si congrès et séminaires). Réduc de 10 % sur le prix de la chambre sur présentation de ce guide (ven et w-e, hors période congrès et salons).* Installé dans un bel immeuble du XIXe s, avec un hall d'entrée original, cet hôtel propose des chambres à l'ameublement sobre, moderne et élégant, dans des tons reposants. Les salles de bains, blanches et fonctionnelles, sont aménagées avec de beaux matériaux. On a utilisé ici toute la palette tendance : taupe, brun, marron glacé, fauve... Bref, un ensemble réussi, confortable et impeccablement tenu. Et comme la direction ne manque pas de goût pour la facétie, elle donne carte blanche (ou presque !) à un regroupement d'artistes qui s'expriment ici ou là. Une bonne initiative ! Accueil charmant.

Hôtel Amiral *(centre détachable D3,* ***19****) : 26 bis, rue Scribe. ☎ 02-40-69-20-21. ● amiral@hotel-nantes.fr ● hotel-nantes.fr ● Doubles 60-99 € selon période. Réduc de 10 % sur présentation de ce guide.* Hôtel moderne et agréable, très bien tenu, à l'image de ce hall tendance et accueillant. Chambres pas bien grandes mais fonctionnelles et plutôt coquettes. Préférer celles sur l'arrière. Salle de petit déjeuner soignée. Bonne adresse qui a su opérer une réhabilitation de qualité. Accueil toujours au top.

Hôtel Voltaire Opéra *(centre détachable D3,* ***20****) : 10, rue Gresset. ☎ 02-40-73-31-04. ● reservations@hotelvoltaireoperanantes.com ● hotelvoltaireoperanantes.com ● Doubles à partir de 59-89 € selon saison et confort ; également des familiales. Un verre de muscadet offert durant le séjour sur présentation de ce guide.* Dans un immeuble ancien doté d'une jolie façade décorée, des chambres confortables, à la déco très contemporaine, personnalisées et tranquilles (la rue n'est pas des plus fréquentées et il y a du double vitrage).

De chic à plus chic

Hôtel Graslin *(centre détachable D3,* ***23****) : 1, rue Piron. ☎ 02-40-69-72-91. ● info@hotel-graslin.com ● hotel-graslin.com ● Doubles 69-109 € pour les « confort », 115-149 € pour les « espace » selon période.* Les chambres les moins chères, de taille raisonnable, sont décorées dans un style contemporain alliant bois exotique et tons de brun. Les autres, plus spacieuses, offrent un confort appréciable au regard de la situation et du prix, toutes décorées dans un esprit baroque, tendance pour certaines, épuré et sophistiqué à la fois. Très agréable lounge-bar avec de généreux fauteuils couleur prune. Bon accueil du sympathique couple de propriétaires.

Dans le quartier de la gare ferroviaire et plus à l'est

Prix moyens

Hôtel du Château *(centre détachable F2,* ***24****) : 5, pl. de la Duchesse-Anne. ☎ 02-40-74-17-16. ● hotelduchateau44@orange.fr ● hotel-du-chateau-nantes.fr ● Accès au fond d'un étroit* *couloir et réception au 1er étage. Attention : réception fermée 13h30-17h30. Doubles 52-62 € selon exposition (vue sur les toits ou le château).* *Réduc de 2 € sur la chambre la 1re nuit sur présentation de ce guide.* Une adresse assez rare dans son genre, au rapport qualité-prix-emplacement franchement compétitif. Ce petit hôtel, tout en escalier, propose une douzaine de chambres simples, claires et bien tenues, relookées de façon moderne, aux couleurs douces et fraîches. Les portes sont joliment décorées de textes sur des personnes ayant appartenu à la cour d'Anne de Bretagne. Les amateurs d'histoire apprécieront. Salles d'eau minimalistes mais très propres et double vitrage efficace. Accueil prévenant du jeune propriétaire, toujours prêt à vous renseigner.

Hôtel Abat-Jour *(plan détachable F2, **26**) : 17, rue Geoffroy-Drouet. ☎ 02-40-74-35-95. • abat.jour@wanadoo.fr • hotel-abat-jour-nantes.fr • Attention, réception fermée 13h-17h. Doubles 66 €, 58 € ven-dim et vac scol.* Petit hôtel au calme, à proximité de la cathédrale. On a bien apprécié les chambres « supérieures » meublées avec beaucoup de goût. Chacune est personnalisée et dégage sa propre atmosphère : tons gris, taupe, mauve ou chocolat, toujours cosy. Tout simplement un bon rapport qualité-prix !

De chic à beaucoup plus chic

L'Hôtel *(centre détachable F2, **28**) : 6, rue Henri-IV. ☎ 02-40-29-30-31. • lhotel@mageos.com • nanteshotel.com • À 300 m de la gare. Fermé pdt les fêtes de fin d'année. Chambres standard (vue arrière) ou supérieures (vue château ou jardins) 99-160 € selon saison.* Un 3-étoiles confortable, idéalement situé à l'arrière du château, sur lequel donnent certaines chambres. Hall élégant. Déco résolument moderne, jouant avec le blanc et les tonalités sourdes. Conception tendance également, avec ces salles de bains ouvertes sur la chambre (pour certaines). Pas très spacieuses en revanche, mais agréablement meublées.

Hôtel Sozo *(plan détachable G2, **32**) : 16, rue Frédéric-Cailliaud. ☎ 02-51-82-40-00. • contact@sozohotel.fr • sozohotel.fr • ♿ À deux pas de la gare. Doubles 109-347 € selon confort ; petit déj 16 €.* En retrait de la rue, un hôtel surprenant, logé dans une chapelle du XIXe s avec vue sur le Jardin des plantes. D'emblée, la réception installée dans le chœur et qui a conservé ses vitraux impressionne par son volume et sa luminosité. Elle est agrémentée de quelques canapés aux tons acidulés et d'œuvres contemporaines (voir la litho de Combas avant l'ascenseur). La déco des chambres d'une blancheur monacale, au design moderne et épuré, met parfaitement en valeur l'architecture spécifique du lieu et la pierre. Et les salles de bains semi-ouvertes ajoutent encore au charme de l'ensemble. Bien entendu, tout le confort est assuré (station iPhone, machine à café, lecteur DivX...). Selon votre budget, vous pourrez choisir de dormir dans l'une des absidioles, dans la sacristie, ou bien encore perché sous la voûte en profitant des vitraux. Et pour ne rien gâcher, petit déjeuner copieux avec de nombreux produits régionaux. Assurément une belle réussite en matière de transformation architecturale et un lieu béni des dieux pour le moins original.

Un peu au nord du centre-ville

Prix moyens

Hôtel Saint-Yves *(plan détachable F1, **30**) : 154, rue du Général-Buat. ☎ 02-40-74-48-42. • reservation@hotel-saint-yves.fr • hotel-saintyves.fr • Bus no 21 ou 23 pour le centre, qui passe juste devant. Double 61 € ; triple 71 €.* *Café offert sur présentation de ce guide.* Bien qu'un peu excentré, en bus on n'est qu'à 10 petites minutes du centre. Chaque chambre est personnalisée, décorée avec un goût sûr et même un vrai talent. Les tonalités sont gaies (bleue, verte, anis...), et les objets bien choisis. Sanitaires modernes, TV à écran plat. Et puis au fond, cerise sur le gâteau, un beau petit bout de jardin. Quelques chaises et un petit canapé pour se relaxer au soleil complètent élégamment ce petit nid d'amour. Tout cela à des prix très démocratiques.

Où manger ?

Outre les nombreux restos exotiques du quartier Bouffay (nom prédestiné !), la ville regorge d'établissements qui mettent en valeur les produits locaux, mais pas seulement. Comme la région ne déborde pas de spécialités culinaires, les chefs n'ont aucun scrupule à proposer une cuisine d'ici ou d'ailleurs, métissée et créative, ou tout simplement traditionnelle. On peut dire, sans exagérer, que Nantes est une excellente destination pour la gastronomie, et dans des gammes de prix particulièrement raisonnables. Sachant que de nombreuses adresses sont « Bon marché » le midi et passent en catégorie « Prix moyens » le soir. Sans oublier une solide cuisine familiale que l'on trouve dans nombre de restos qui font la joie des étudiants nantais affamés.

Dans la vieille ville et à proximité

Sur le pouce

Nantes se prête à baguenauder dans les espaces verts ou dans les friches, ou à s'attarder sur un banc face à un monument. Alors, ami lecteur, n'hésitez pas à aller écumer les nombreux marchés. Il y en a tout autour du centre, porteurs de bonnes spécialités locales et régionales : charcuterie, fromages, tourtes... Et puis quelques points chauds sortent également la tête du lot et méritent qu'on y passe pour apprêter le pique-nique du midi au bord de l'Erdre, face au château ou sur un quai de l'île de Nantes.

|●| *La Cuillère en Coin* *(centre détachable E2,* ***40****) : 21, rue de Strasbourg (à l'angle de la rue Beausoleil). ☎ 06-71-71-83-10. • njl.lesamedy@orange.fr • Lun-ven slt, 12h-15h, ap-m salon de thé. Formules variées 10,60-13,70 €.* Un petit bout d'adresse tout vert pomme, qui distille avec fraîcheur de bien belles soupes, tartes, quiches et toujours un plat mijoté. Le tableau change toutes les semaines. C'est rien que du frais, rien que du bon, toujours de saison, et ça ne troue pas le porte-monnaie. Accueil adorable.

De bon marché à prix moyens

|●| *À l'Ardoise* *(centre détachable E2,* ***41****) : 11, rue Léon-Blum. ☎ 02-40-47-54-51. Tlj sf lun, mar soir, sam midi et dim. Congés : 1re quinzaine d'août. Formule déj en sem 15,50 € ; le soir, menus 12,50-26,50 €.* Ce discret bistrot habillé de pierre et d'ardoises sur lesquelles s'inscrivent les réjouissances du jour, tant liquides que solides, est indéniablement une bonne affaire. Pour le ventre comme pour le porte-monnaie. On y tricote une cuisine de ménage, vive et franche, simple et plutôt hexagonale, tout en sachant prendre le grand air vers le Maghreb et la Méditerranée. Service bien sympathique et vins pas chers. Petite terrasse sur rue aux beaux jours.

|●| *Les Chemins d'Alexandre* *(centre détachable E2,* ***45****) : 1, rue Léon-Blum. ☎ 02-40-48-62-27. • leschemins@wanadoo.fr • Tlj sf sam midi, dim et lun soir. Formule 12 € le midi ; menus 23,50-44 €.* Alexandre, c'est le cuistot qui s'attache à mettre en avant ses produits avec inventivité, et les traditions de Solange (sa mère-grand), qui lui apprit la cuisine. Son copain pâtissier n'est pas en reste. Un beau duo, en somme ! Le repas se prend dans une salle aux massifs piliers de granit et à la déco moderne (tables en bois clair, chemins de table, chaises habillées de cuir...), ou sur la jolie terrasse au calme. Une belle trouvaille dans cette rue truffée de troquets.

|●| *Le Bouchon* *(centre détachable E2,* ***46****) : 7, rue Bossuet. ☎ 02-40-20-08-44. • lebouchon.restaurant@orange.fr • Tlj sf sam midi, dim-lun.*

Résa vivement recommandée. Formules 14,50-17,50 € le midi en sem ; menus 22-33 €. Digestif offert sur présentation de ce guide. Dans un jardin verdoyant ou dans les petits salons un brin chic, une cuisine innovante et surprenante à tendance gastro, où se mêlent parfums et saveurs d'ailleurs. Part belle faite aux légumes, ce qui n'est pas si courant. Service impeccable et sans chichis. Une adresse qui marche fort et attire une clientèle mélangée.

I●I ***Le Bistrot des Enfants Terribles*** *(centre détachable E2,* ***50****) : 4, rue Fénelon. ☎ 02-40-47-00-38. ● enfants-terribles@numericable.fr ● Tlj sf lun, plus dim hors saison. Congés : de mi-août à début sept. Formules déj 16-20 €, menu 32 € le soir ; carte 40 €.* Salle à la déco petit-bourgeois d'hier et d'aujourd'hui. Service simple et sans chichis. Cuisine du terroir qui navigue entre coteaux de Loire et marais de Guérande, aux caprices du chef. Qui va aussi chercher des épices et de l'inspiration au-delà de la Méditerranée, et assemble de manière assez habile ces influences orientales. Les Nantais y viennent pour le cadre agréable et pour le prix (une bonne affaire avec la formule du midi).

I●I ***Lulu Rouget*** *(centre détachable E2-3,* ***42****) : 1, rue du Cheval-Blanc. ☎ 02-40-47-47-98. ● lulurouget@orange.fr ● ♿ Tlj sf sam midi, dim et lun. Congés : 10 j. mars-avr, 3 sem en août et 1 sem à Noël. Formules 19-22 € ; menu 52 €.* Cet espace qui mêle design et matières brutes, c'est chez Ludovic alias Lulu, un jeune chef d'ici formé dans quelques grandes maisons d'ailleurs (Troisgros, à Roanne, pour n'en citer qu'une) et qui n'a pas traîné à se faire un (sur)nom. L'enseigne donne aussi une idée de ce qu'on mange chez Lulu : du poisson en général et du rouget en particulier (son filet de rouget à l'encre de seiche est déjà un classique). Superbes plats très personnels, jusqu'aux desserts. Service décontracté juste ce qu'il faut.

I●I ***Le Patio'nnément*** *(centre détachable E3,* ***53****) : 8, rue de l'Emery. ☎ 02-51-82-41-16. ♿ Fermé le midi dim et j. fériés. Formules déj 11,50-13,50 € ; menus 20,90-29,80 €.* Une touche d'exotisme avec plusieurs salles au mobilier en teck, plancher rustique, fauteuils en cuir, couleurs feutrées et patio intérieur planté de bambous. Voilà le cocktail qui vous attend en plein quartier Bouffay. La cuisine de ce bistrot fait le gentil amalgame entre produits locaux et saveurs d'ailleurs. Pas d'étincelles, mais les plats sont bien pensés. Atmosphère branchée, sans excès cependant.

I●I ***Le Fou du Roi*** *(centre détachable F2,* ***54****) : 2, rue Prémion. ☎ 02-40-35-64-64. Ouv tlj. Menu 14,40 € le midi en sem, formules 20,50-30,90 € ; salades copieuses + café gourmand 16-17,50 €.* Dans une ruelle pavée longeant la douve, *Le Fou du Roi* reluque le château de la duchesse. Petite salle à la déco contemporaine (toiles modernes un peu partout) et aux murs empierrés qui ont vu passer bien des siècles. Quelques tables à l'extérieur (pour les beaux jours). Cuisine classique et réussie, et formule originale comme ces généreuses salades accompagnées d'un café gourmand. Bon poisson. Une adresse très prisée par une clientèle d'habitués le midi, où la salle ne désemplit pas. Plus calme le soir. Les vins se jouent au poker : au verre (le valet), au quart (la dame), au demi (le roi), à la bouteille (l'as) ou au litre (le joker).

Dans le quartier Graslin et autour

De très bon marché à bon marché

I●I ***Le Badérioc*** *(centre détachable D3,* ***57****) : 4, rue du Chapeau-Rouge. ☎ 02-40-89-52-85. ● lebaderioc@gmail.com ● Lun-sam 11h-18h. Plats chauds servis jusqu'à 15h. Congés : 3 sem en août et 1 sem après Noël. Plat env 10 €. Café offert sur présentation de ce guide.* Petit self adorable où se retrouvent les habitués du quartier dans une ambiance conviviale et un décor coloré. Tout est là, et on se sert soi-même. Pas vraiment comme dans un self, mais plutôt un peu comme chez soi. On prend une barquette pour un plat, puis une salade, une soupe, une tarte, une quiche ou un gâteau au chocolat... Et on se régale avec le sourire. Bonne petite cuisine familiale. Pour une poignée d'euros, un rendez-vous sympathique comme Nantes sait en créer. Quelques tables en terrasse, été comme hiver. L'après-midi, on y vient plutôt pour un thé, et un gâteau à grignoter. Tiens, super macaron maison. Décidément, on aime.

Crêperie Heb-Ken *(centre détachable D3, **58**) : 5, rue de Guérande. ☎ 02-40-48-79-03. • creperie@heb-ken.fr • Tlj sf dim. Carte 9-15 €.* 2 salles d'une banalité presque désolante, un accueil direct, mais surtout des crêpes goûteuses et copieusement garnies. Pas besoin d'attaché de presse, inutile de surfer sur la mode, ici, on fait confiance à l'assiette, rien que l'assiette. Le bouche à oreille fait le reste. Pour faire son choix, prévoir du temps, la carte est longue comme un menu chinois, avec plus d'une centaine de combinaisons.

Le Vin Vivant *(centre détachable F2, **94**) : 93, rue du Maréchal-Joffre ; et le **Café Cult'** (centre détachable E3, **91**) : 2, rue des Carmes. Voir la rubrique « Où boire un verre ? ».*

NANTES

De bon marché à prix moyens

La Cigale *(centre détachable D3, **59**) : 4, pl. Graslin. ☎ 02-51-84-94-94. Face au théâtre Graslin (l'opéra). Service continu tlj 7h30-0h30 (y compris dim, pratique !). Formules express 15-25,60 € le midi en sem, menus 18-29 € ; intéressant menu « Initiation » pour les enfants. Café offert sur présentation de ce guide.* L'adresse incontournable, classique du circuit culinaire nantais, une sorte de pèlerinage obligatoire, immortalisée par Jacques Demy et Anouk Aimée dans *Lola*. Inauguré en 1895, c'est un pur chef-d'œuvre de l'Art nouveau naissant, classé aux Monuments historiques. Bois dorés et sculptés, céramiques et mosaïques colorées, grands miroirs, le décor vaut assurément le détour et laisse un souvenir impérissable. Ce n'est pas une raison pour dédaigner la cuisine, qui met étonnamment bien en valeur les produits et les recettes régionales. Le service est virevoltant et charmant, la cuisine savoureuse et généreuse, à l'image de ce 1er menu d'une grande qualité. Chaque jour, et ce depuis bien longtemps, *La Cigale* chante sans défaillir une ode à la culture culinaire nantaise. En été, terrasse très agréable donnant sur la place Graslin, entièrement refaite et désormais piétonne.

Beckett's Canteen *(centre détachable D3, **43**) : 3, rue Guépin. ☎ 02-40-48-76-46. Tlj à midi sf dim, plus ven soir. Carte 15-20 €.* Comme son nom le laisse entendre, ce petit resto trendy et cosy est tenu par un Irlandais, aussi francophone que l'était l'auteur de *En attendant Godot*. Mais hormis la *Guinness* à la pression, rien d'irlandais dans cette cuisine fraîche et goûteuse qui fait volontiers le tour du monde : salade thaïe au bœuf mariné comme risotto ou cheese-cake à la new-yorkaise. Petite terrasse tranquille dans sa rue piétonne. Prix aussi gentils que l'accueil.

Un Coin en Ville *(centre détachable D3, **63**) : 2, pl. de la Bourse. ☎ 02-40-20-05-97. Ouv le midi mar-ven et le soir lun-sam. Formules à midi 14,90-17,90 € ; menus 23,90-28,90 €.* On a failli ne pas trouver ce bout de resto à la petite porte grise, à l'intérieur habillé comme un salon chaleureux alliant les vieilles poutres et les éléments modernes. S'il est discret, sa cuisine fait jaser, en revanche. Soignée, talentueuse, se permettant des alliances entre des produits d'ici et des graines de là-bas, mettant par exemple en scène une volaille rustique pour lui glisser une robe de mariée, le tout présenté avec créativité. On tient là un lieu vite devenu un rendez-vous d'habitués.

Sur l'île Feydeau et dans le quartier du Champ-de-Mars

De bon marché à prix moyens

Le Lieu Unique *(plan détachable F3, **65**) : 2, rue de la Biscuiterie.*

☎ 02-51-72-05-55. • lu@lesensdugout.com • lesensdugout.com • ♿ 2 lieux en 1 : la partie brasserie et le resto. Le 1er est ouv lun-ven 12h-14h, puis fait bar le reste de la journée ; fermé en été ; on y trouve croque-monsieur, omelettes et autres bricoles. Le 2nd est ouv midi et soir (jusqu'à minuit ven-sam) sf dim et lun soir ; le midi en sem, formule 12 €, menu végétarien 16 €. Café offert sur présentation de ce guide. Dire que c'est la table la plus créative de la ville serait mentir. Mais pour le prix, les plats simples, servis dans l'ambiance de ce *Lieu* qu'on ne présente plus, valent la peine d'y faire halte. Service totalement décontracté, parfaitement raccord avec le site. Murs écorchés vifs, nappes et serviettes en coton : on n'est pas à une contradiction près. Et on aime. Aux beaux jours, terrasse au calme sur l'arrière.

I●I *Les Chants d'Avril* *(centre détachable F3, **44**) : 2, rue Laennec. ☎ 02-40-89-34-76. • leschantsdavril@free.fr • Fermé les midis du w-e, plus les midis lun-mer hors saison. Congés : 3 sem en août, fêtes de fin d'année. Menu 22,50 €.* Comme nous l'a gentiment expliqué le chef, souvent présent en salle : « quand vous êtes invité chez des amis, vous ne savez pas ce que vous allez manger ». C'est exactement pareil dans cet historique décor de bistrot qui a conservé, depuis les années 1950, fresques murales à la gloire du pays nantais et banquettes de moleskine verte. Menu mystère donc (si vous décidez de jouer le jeu), à base de produits d'une éclatante fraîcheur, très joliment travaillés. Vins (mystère aussi !) très, très bien choisis. Une belle surprise, effectivement. Et le chef a même lancé sa propre gamme d'épices, vendue en moulins.

I●I La Raffinerie *(plan détachable F4, **66**) : 54, rue Fouré. ☎ 02-40-74-81-05. • restaurantlaraffinerie@gmail.com • Fermé sam, dim et j. fériés. Formules 19,50-29,50 € le midi, le soir à la carte 32-40 €.* À défaut de raffiner du pétrole, on raffine ici les bonnes idées ! Une carte courte comme une culotte, mais une réelle envolée dans chaque proposition : 2 entrées, 2 plats (plus toujours une pièce de viande), 2 desserts et basta. Un néo-bistrot d'angle, avec son échantillon de terrasse en pointe, ombragée par une glycine. L'intérieur est sobre, gris et crème, mais la cuisine est colorée et goûteuse. Ou l'art de donner des saveurs aux choses les plus simples. Des produits frais, de l'inventivité qui s'appuie sur un solide savoir-faire, un p'tit sourire pour le service et des prix étudiés, il n'en faut pas plus pour pleinement nous satisfaire.

I●I *Le Transbordeur* *(centre détachable E3, **67**) : 9, rue Kervégan. ☎ 02-40-35-36-10. Ouv slt le soir mer-sam et dim midi, plus mar soir en juil-août. Congés : 15 j. début sept. Menus 21-37,60 €. Un apéritif offert sur présentation de ce guide.* Un cadre élégant et une cuisine traditionnelle bien faite, goûteuse, avec quelques mélanges audacieux qui font de cette adresse, à l'écart du circuit touristique, une valeur sûre qui compte beaucoup d'habitués depuis de nombreuses années. Service impeccable, non dénué d'humour.

I●I *Le Gressin* *(plan détachable F3, **68**) : 40 bis, rue Fouré. ☎ 02-40-48-26-24. Fermé lun soir, sam midi, dim et j. fériés. Congés : 3 sem en août. Menus env 15,50 € à midi, puis 24-29 €.* Le chef va chercher l'originalité de ses plats à la fois dans une présentation pleine de rebondissements et dans des saveurs simples (vinaigre, huiles aromatisées) parfaitement coordonnées aux mets. Le croustillant de maquereau nous a bien séduits, tout comme les beignets de *scampi*. Les 2 salles aux murs massifs en pierre apparente sont égayées de toiles modernes pleines de couleurs, et le service décontracté mais efficace ne gâche rien à l'affaire.

I●I *Le P'tit Qua Fait* *(centre détachable E-F3, **69**) : 11, rue des Olivettes. ☎ 09-52-67-31-26. Tlj à midi sf dim-lun. Congés : fin juil-fin août. Formules mar-ven 13-16 € (8,80-10,80 € pour les enfants). Formule unique le sam 16,50 € (enfant 10,50 €). Goûter 7,50 €.* « Troquet ludique et familial », pour reprendre la définition de l'enjouée proprio qui navigue de la salle aux fourneaux. Un lieu de vie à fréquenter donc avec des enfants : il y a une vraie salle de jeux rien que pour eux et, régulièrement, des ateliers (cabaret, modelage...). Sinon, on mange bon et (souvent) bio dans cette souriante petite salle meublée récup' et qui accueille toujours des expos.

De prix moyens à chic

|●| ***L'Atelier d'Alain*** *(centre détachable F4, **72**) : 24, rue des Olivettes. ☎ 02-40-84-38-66. Fermé mer soir, sam midi, dim et j. fériés. Congés : fin juil-fin août. Menus-suggestions env 20-60 € ; carte 45-50 €, voire plus.* Alain Ruffault a rouvert l'ancienne boucherie de papa, devenue son atelier de cuisine, sur une salle couleur anis et sur une large cuisine ouverte, qui trône dans la pièce. Les casseroles en cuivre au mur ne sont pas là pour la frime. On y concocte, sous vos yeux, des plats inventifs, sûrs d'eux, parfaitement maîtrisés, offrant de subtiles saveurs qui titillent les palais nantais et les autres. Carte de plus de 500 vins. Et puis, si vous avez des velléités, Alain propose des cours et distille ses conseils. Accueil bourgeois, dans le bon sens du terme.

|●| ***L'U.NI*** *(plan détachable F3, **70**) : 36, rue Fouré. ☎ 02-40-75- ♿ Tlj sf lun-mar et dim midi. Congés : 2 sem début janv, 2 sem début mai, août. Résa plus que conseillée. Formule 23 € et menus 38-51 € ; carte env 50 €.* Le *LU* est un clin d'œil à l'ancienne usine de biscuits voisine. Le *NI* c'est pour Nicolas, jeune chef récemment installé dans ce vaste espace contemporain, ancien second d'Éric Guérin à *La Mare aux Oiseaux,* entre autres enrichissantes expériences. Le tout est une abréviation de l'« Univers de Nicolas ». Un univers riche de légumes rares (ce chef leur voue un amour immodéré) et de fulgurantes idées de plats. À des prix encore accessibles, la table qui monte à Nantes.

|●| ***Maison Baron Lefèvre*** *(plan détachable F4, **74**) : 33, rue de Rieux. ☎ 02-40-89-20-20. • baron-lefevre@wanadoo.fr • ♿ Tlj sf dim-lun et j. fériés. Congés : 2 premières sem d'août. Formule et menu déj en sem 15,50-18,50 € ; menu « Tradition » 26 € ; carte env 40 €. Apéritif maison offert sur présentation de ce guide.* Un ancien entrepôt de maraîchers et un commerce de luminaires ont donné naissance à ce bon et chaleureux resto à l'espace généreux et élégamment décoré : plancher large, vieux casiers, cave à vins sous grille, batterie de casseroles et vieille gazinière constituent un décor rustique et élégant à la fois (tables nappées). La plupart des plats changent tous les jours, et la majorité des légumes proviennent du jardin. Une cuisine somme toute classique, sans souci d'inventions culinaires, mais où l'on sert ce que l'on sait faire, en dépit d'un service parfois hésitant. La qualité des desserts n'est pas à la traîne. Pour ceux qui veulent prolonger le plaisir, l'épicerie à l'entrée du resto propose moult produits de qualité.

Sur l'île de Nantes

De bon marché à prix moyens

|●| ***La Cantine du Voyage*** *(plan détachable C5, **82**) : parc des chantiers, quai des Antilles. • lesondelacantine.fr • De mi-mai à mi-sept slt, tlj midi et soir (en continu le w-e). Formules 2 plats 10 € le midi, 13 € le soir (avec boisson).* Vaste structure éphémère installée en bord de Loire, la Cantine se veut une vitrine de l'offre agricole de la région. Pas bête ! Repas frais, pas chers et conviviaux, avec terrains de pétanque et baby-foot pour s'amuser. DJ le samedi soir, poulet d'Ancenis le dimanche, ateliers vin, épicerie-librairie, etc.

|●| ***Le 1*** *(plan détachable D4, **77**) : 1, rue Olympe-de-Gouges. ☎ 02-40-08-28-00. Ouv tlj ; service continu 11h-23h. Formules 17,50 € (midi)-26,50 € (midi et soir), plus 29 € dim ; carte env 30 €.* Un bel espace vitré en bord de Loire, un mobilier contemporain boisé, coloré et confortable, et un chef que l'on voit œuvrer dans sa cuisine ouverte : voilà *Le 1.* Aux menus, de beaux produits régionaux bien travaillés (brochets, anguilles,

NANTES

écrevisses, canard...), rehaussés à la carte de touches plus originales. L'appel du grand large se fait aussi sentir : saveurs indiennes, charcuterie ibérique ou délicatesses japonaises sont régulièrement invitées, à la carte comme dans les menus. Service pro et souriant.

Sur la butte Sainte-Anne

Très bon marché

Le Havre *(plan détachable B5, **79**) : 4, rue de l'Hermitage. ☎ 02-40-73-29-19. Ouv lun-ven le midi slt. Congés : de mi-juil à mi-août. Formules env 9,50-15 € (1/4 de vin compris).* Un resto façon bistrot au pied de la « butte rouge » de Sainte-Anne. Sans façons, on choisit d'abord son lit (chaque table jouxte une tête de lit), puis on se met à table. Le menu, pas dispendieux pour un denier, propose une bonne cuisine traditionnelle, on dirait presque familiale...

Un peu au nord du centre-ville

Très chic

L'Océanide *(plan détachable E2, **83**) : 2, rue Paul-Bellamy. ☎ 02-40-20-32-28. • restaurant.oceanide@orange.fr • Ⓣ Cinquante-Otages (ligne n° 2). Tlj sf dim et lun soir. Menus 21,50 € le midi en sem, 29,50 € le soir ; autres menus 51-75 € ; carte env 50 €. Café offert sur présentation de ce guide.* Le chef breton se fournit au grand marché de Talensac et travaille essentiellement les produits locaux. Comble du raffinement, au-delà des produits principaux aux justes cuissons (on recommande les spécialités de poissons et fruits de mer), il ne délaisse rien dans sa composition : les légumes de saison, parfois inattendus, mais aussi les sauces qui présentent des saveurs tout aussi délicates. Quand arrive la carte des desserts maison et des cafés, on a déjà pardonné l'aménagement un peu froid de la salle.

Où prendre un bon petit déjeuner ?

La Cigale *(centre détachable D3, **59**) : voir « Où manger ? ».* Un des hauts lieux de la vie nantaise, qui ouvre ses portes au petit matin et vous invite à commencer la journée par un petit déj délicieux dans un décor Art nouveau naissant de superbe facture. Plusieurs formules, du simple café-croissant à l'assiette de saumon fumé, sans oublier le brunch.

Où boire un verre ?

Dans la vieille ville et à proximité

Le Bar du Coin *(centre détachable E3, **90**) : 21, rue de la Juiverie. ☎ 02-40-47-55-05. Ouv tlj.* Un des QG des étudiants (qui vont, tout simplement, au « barduc »), de l'apéro à plus tard dans la nuit. Sa terrasse, à l'ombre de l'église Sainte-Croix, dans la rue piétonne, est particulièrement convoitée. Concert les jeudi et vendredi hors saison.

Le Café Cult' *(centre détachable E3, **91**) : 2, rue des Carmes. ☎ 02-40-47-18-49. Fermé dim, lun midi et le midi des j. fériés. Congés : 2 sem en août.* Difficile de manquer cette belle maison à pans de bois du XVe s. À l'intérieur, décor chaleureux et quelque peu hétéroclite (poutres apparentes, tentures, candélabres...), avec des expos de peinture. Fait aussi resto, cuisine style brasserie, salades pour l'été sur la grande terrasse *(menus 13 € le midi, 22 € le soir).*

Le Cercle Rouge *(centre détachable E3, **93**) : 27, rue des Carmes. ☎ 02-40-20-16-50. Tlj sf dim-lun jusqu'à 2h. Congés : 2 sem en août.* Dédié, comme son nom l'indique, à Jean-Pierre Melville. Déco années 1950 avec tables et comptoir en formica (rouge, forcément). Beaucoup y arrivent pour l'apéro et n'en décollent plus ! Boissons pas chères, patrons accueillants. On deviendrait presque un habitué dès la 1re visite.

🍷 ***Le Nid*** *(centre détachable D2,* ***92****) : au 32e étage de la tour Bretagne. ☎ 02-40-35-36-49. Jeu-dim 10h-2h. Dernière montée 45 mn avt fermeture.* Attention, le nombre de personnes étant limité, attendez-vous à patienter un peu. Un étrange oiseau, conçu par Jean Jullien, a installé son nid au dernier étage de la plus haute tour de Nantes. N'hésitez pas à aller prendre un verre dans ce lieu étonnant et ludique, d'autant plus que sa terrasse offre une vue panoramique sur Nantes à 360°.

🍷 🍽 ***Le Vin Vivant*** *(centre détachable F2,* ***94****) : 93, rue du Maréchal-Joffre. ☎ 02-40-89-79-83. • thibaut.c@hotmail.fr • Tlj sf dim soir et lun midi, 10h-minuit (17h30 mar-mer). Carte 15 €.* La vieille enseigne annonce encore une « Épicerie du Maréchal ». C'est le Joffre de la rue, évidemment pas le « Maréchal nous voilà » de sinistre mémoire. Dans ce décor millésimé, l'accueillant jeune patron (autrefois sommelier chez un étoilé) a posé une foule de bouteilles fort bien choisies (des vins naturels exclusivement) et quelques tables façon bistrot pour accompagner des petits plats maison (soupes, tartines, desserts d'enfance) cette impeccable sélection.

🍷 ***La Comédie des Vins*** *(centre détachable D3,* ***95****) : 4, rue Suffren. ☎ 02-40-73-11-68. Tlj sf dim-lun. Congés : 1re quinzaine de janv, 2de quinzaine d'août.* Adorable petit lieu où les vins sont joliment mis à l'honneur par une trentaine de flacons proposés au verre, qui tournent régulièrement. Accueil souriant, conseils professionnels. Pour mettre un peu de solide dans le liquide, quelques savoureuses tartines sont proposées. Les costards-cravates y font halte après le boulot, quelques bobos complètent le décor, attirés par le judicieux choix de plus de 350 bouteilles, à emporter ou à déguster sur place. Petite terrasse sur rue.

Dans le quartier Graslin et autour

🍷 ***L'Appartement*** *(centre détachable D3,* ***100****) : 1, rue Gresset. ☎ 02-40-73-11-51. Tlj jusqu'à 2h (minuit dim-lun).* Bar lounge « branchouille » où l'on trouve « bobocoup » de quadras B.C.B.G. Ambiance feutrée avec photophores, beau bar en bois précieux, et jazz cool *wapdouwap*. Pour un verre chic dans une ambiance cosy, comme chez soi, dans son propre appartement.

🍷 ***Radisson Blu Hotel*** *(centre détachable D2,* ***99****) : 6, pl. Aristide-Briand. ☎ 02-72-00-10-00. Tlj.* Installé dans l'ancien palais de justice de Nantes datant du XIXe s, entièrement réaménagé et relooké par Jean-Philippe Nuel, voici l'un des très luxueux et très originaux hôtels nantais, ouvert fin 2012. À défaut de pouvoir y dormir dans l'une des 150 superbes chambres design, on vous recommande d'aller y prendre un verre pour admirer le nouveau décor de l'impressionnante ex-salle des pas perdus ou même de dîner dans l'ancienne cour d'assises qui fut en activité jusqu'en 2000. On y prendrait bien perpet' !

Sur l'île de Nantes

🍷 🎵 ***Le Hangar à Bananes*** *(plan détachable B-C5,* ***103****) : quai des Antilles. • hangarabananes.com • Tlj jusqu'à 2h ou 4h du mat.* Au bout de l'île de Nantes, l'un des coins branchés de la ville, qui attire familles et promeneurs en journée, dans le HAB Galerie, un lieu d'exposition consacré à l'art contemporain, puis la jeunesse festive nantaise en soirée. Difficile de recommander un bar plutôt qu'un autre, ils sont une quinzaine en rang d'oignons à étaler leurs transats face à la Loire. Tous arborent une déco design et originale, certains ont une salle pour danser ou recevoir des musiciens. On choisira selon l'humeur, l'heure et la clientèle du jour déjà présente.

🍷 ***L'Absence*** *(plan détachable E4,* ***105****) : parvis de l'Ensan, 6, quai François-Mitterrand. ☎ 02-40-74-85-43. • absence-nantes.fr • Tlj sf lun 10h-18h (20h sinon beaucoup plus tard en été).* Un bar-snack installé dans ce qui était à l'origine une œuvre d'art contemporain du programme *Estuaire* : une déroutante sculpture, une masse organique qui semble presque vivante... Étonnant endroit donc, prolongé d'une grande terrasse. Quelques petits trucs à grignoter et de nombreux événements au fil de l'année.

Le Café de la Branche et la librairie *(plan détachable D4, **104**) : bd Léon-Bureau, devant les* Machines de l'île, *juste au pied de la branche prototype de l'Arbre aux hérons. Tlj 10h-18h (20h en été).* Après avoir visité les *Machines de l'île* et fait un tour en *Éléphant* ou sur le Carrousel, une petite halte s'impose dans ce sympathique café doté d'une petite terrasse, pour se remettre de ses émotions.

Où boire un verre... tardif ?

Nantes est une ville étudiante, donc on sort tard. On y trouve des cafés de tous styles, souvent très animés, qui ferment entre 2h et 4h. Les boîtes prennent la relève jusqu'à l'aube. La plupart des bars de nuit et des pubs se trouvent dans le quartier du Bouffay, le vieux centre piéton, dans le quartier Graslin, mais également au *Hangar à Bananes* sur l'île de Nantes.

Dans la vieille ville et à proximité

La Maison Café *(centre détachable F2, **110**) : 4, rue Lebrun. ☎ 02-40-37-04-12 • lamaisonkf@gmail.com • Dans une petite rue après l'esplanade du château (cours Saint-Pierre). Tlj 15h-2h.* L'un de nos bistrots favoris à Nantes. La déco kitsch et colorée, très réussie, reproduit avec astuce les pièces d'une maison des années 1970, dont chacune possède son ambiance, sa lumière et ses objets typiques. On a flashé sur la cuisine, mais vous pourrez préférer la salle de bains, le salon ou la chambre. Également quelques tables dans la cour, chauffée en hiver, près de la fontaine, où il ne manque que les nains de jardin ! Bonne musique, bon accueil, bon esprit et bières pas chères. Pour la jeunesse bohème moderne.

Le P'ti Zinc *(centre détachable E3, **111**) : 10, rue de l'Emery. ☎ 02-40-20-04-08. Tlj sf dim midi, plus dim soir et lun hors saison.* Une grande terrasse dans un recoin du quartier piéton, où l'on se dispute une table libre pour ne plus la quitter. Un bon lieu d'observation des déambulations chaotiques des fêtards du week-end. Petite mezzanine et minuscule bar à l'intérieur. Les cocktails au rhum sont dosés costauds ! Modération, donc. Surveiller les affiches et flyers au bar pour savoir où continuer la soirée.

Goo Bar *(centre détachable E2, **112**) : 8, rue du Marais. ☎ 02-40-47-56-41. Tlj sf dim jusqu'à 2h (minuit lun-mar) ; brasserie le midi mar-jeu. Congés : de mi-juil à fin août.* Bel imbroglio de zinc, bois, tuyaux et cadrans genre manomètres d'usine à gaz. Sympathique choix de vins du monde et cervoises pression. La jeune clientèle refait la société autour de l'impressionnante colonne à bière ou sur la mezzanine. Beaucoup de monde en fin de semaine.

Buck Mulligan's *(centre détachable E3, **113**) : 12, rue du Château. ☎ 02-40-20-02-72. • buck.nantes@wanadoo.fr • buckmulligans.fr • Fermé 1er janv et 25 déc.* Ce serait dommage de ne pas pousser la porte. Un pub irlandais sympa comme tout, distillant une bonne ambiance et tirant la *Guinness* bien comme il se doit. Scène ouverte le lundi, et chaque jeudi, concert autour du blues. Autres soirées musicales de temps en temps. Pour un peu, on se croirait sur l'île d'Émeraude. Extra !

Au Chien Stupide *(centre détachable E3, **114**) : 4, rue des Carmélites. • myspace.com/lechienstupide • Tlj 15h-2h.* Ambiance éminemment jeune, musique toujours dans la tendance du moment, et murs couverts de vieilles affiches. Passez *the door* pour une bonne mousse arrosée de décibels avec vinyles des années 1950 à 1970. Le week-end, on peut même apporter ses collectors pour les écouter en société. Généreuse terrasse sur le trottoir.

NANTES

Dans le quartier Graslin et autour

🍷 ♩ **Le Pickwick's** (centre détachable D3, **115**) : 3, rue Rameau. ☎ 02-40-73-13-62. Ouv tlj. Concert chaque sem. Étonnant bar en demi-cercle, idéal pour une rencontre. Terrasse panoramique à l'extérieur. Ambiance assez jeune. Pour ceux qui grelottent de soif à une heure avancée de la nuit, ce bar bien connu ferme tous les jours à 4h du matin ! On y fête aussi enterrement de vie de célibataire, anniversaire, départ, et toute occasion pour se retrouver jusqu'à pas d'heure...

🍷 **Les Fées Maisons** (centre détachable E3, **117**) : 3, rue du Pré-Nian. ☎ 02-40-48-44-42. Mar-dim 16h-2h. Congés : août. Par la barbe du grand sorcier, voilà un petit bar magique. Ensorcelé par des objets et grigris bizarres, installé dans quelque petit sofa, on déguste des breuvages et élixirs : potions « inoffensives » (sans alcool), « grisantes » (avec) et « fumantes » (chaudes). Transporté dans un lieu imaginaire où l'on ne jette pas ses sesterces par la fenêtre.

Où sortir ?

Sur l'île de Nantes

♩ ♫ 🍷 **Le Floride** (plan détachable C5, **130**) : 4, rue de Saint-Domingue. ☎ 02-40-47-66-80. • lefloride.free.fr • À la pointe ouest de l'île de Nantes (proche du Hangar à Bananes). Mer-dim 23h-5h (jeu-sam 23h30-7h en été). Concerts régulièrement, sauf en été, pour faire connaître les groupes qui démarrent. C'est LA boîte rock de Nantes, une référence en la matière, toujours à la pointe de l'actualité musicale, que papa a créée il y a plus de 30 ans et que le fiston DJ entretient.

♫ **LC Club** (plan détachable B-C5, **103**) : 21, quai des Antilles. ☎ 02-40-47-68-45. • lcclub.fr • Au début du Hangar à Bananes. Ven-sam, plus certains autres j. (consulter le site). Entrée : env 15 €, plus chère si DJ renommé. Pas donné, l'accès à cette boîte giga où vient danser le ban et l'arrière-ban des jeunes du coin. Immense piste, multibars, et mezzanine dominant les danseurs qui se dézinguent sur de la techno ou du disco. On y a vu David Guetta, Martin Solveig et autres DJs de pointure. Terrasse extérieure pour une bouffée d'air, de nicotine, et un petit bronzage lunaire, avant de se replonger dans les basses et les décibels. Ça chauffe dès minuit.

♫ **TDA Club** (plan détachable E5, **131**) : 14, rue Alexandre-Fourny. ☎ 02-40-89-48-60. • soonnight.com • Mer-dim. Entrée gratuite mer, jeu et dim. On trouvera moins de jolies filles (quoique...), mais plus de beaux garçons dans cette boîte où la clientèle (en majorité homo) n'est pas sectaire. On apprécie l'imagination débordante dont le patron, un vrai pro de la nuit, fait preuve pour animer ses soirées. Ambiance bon enfant.

Dans le quartier de la gare ferroviaire

🍷 ♩ **Le Lieu Unique – CRDC – Scène nationale de Nantes** (plan détachable F3, **65**) : quai Ferdinand-Favre. ☎ 02-40-12-14-34. • lelieuunique.com • Bar ouv tlj, jusqu'à 20h dim-lun, 1h ou 2h le reste de la sem. Lieu culturel de la ville depuis 2000, installé dans l'ancienne biscuiterie LU, cette adresse porte décidément bien son nom. Elle intègre dans le même espace salles de concert, de spectacle, d'expo, un resto, un bar, une brasserie, une librairie, un hammam, etc. Programmation éclectique (musiques électroniques, orientales..., théâtre d'avant-garde, danse contemporaine et expos d'art contemporain), qui séduira aussi bien un public branché que toute personne ouverte aux formes d'art les plus contemporaines. Au sous-sol, *Hammam Zein* (☎ 02-40-89-09-99 ; • zeinorientalspa.fr • ; tlj 11h-18h ou 21h ; hommes, slt mar 18h-21h ; mixte jeu et ven aux mêmes heures, plus dim 11h-21h). Jolie salle de détente. Thé à la menthe compris.

Plus au nord

♩ 🍷 ***Espace Paul-Fort – Pannonica*** *(plan détachable D2,* ***132****) : 9, rue Basse-Porte, face au marché.* ☎ *02-51-72-10-10.* • *pannonica.com* • *labouchedair.com* • *Billetterie mar-ven 14h-18h30. Fermé en été. Entrée selon spectacle.* Dans la grande salle de 500 places assises, les deux associations, *La Bouche d'Air* et *Nantes Jazz Action* programment toute l'actualité de la nouvelle chanson française et du jazz. En sous-sol, dans une ambiance cosy, *Le Pannonica,* club de 140 places, reçoit les grands noms du jazz européen et international.

Où trouver les spécialités nantaises et régionales ?

Maison Lemaître *(centre détachable E3,* ***140****) : 12, rue de la Paix.* ☎ *02-40-47-04-12. Mar-sam 9h-19h.* Une des plus jolies épiceries fines de la ville, où l'on va pouvoir remplir un plein panier de spécialités nantaises pour les copains. Bon gâteau nantais (base de poudre d'amande et de rhum), mouzillon (gâteau sec que l'on trempe généralement dans le muscadet), palets nantais... Et puis des sardines sous toutes les formes, dont des sardines chaudes à la nantaise, sel de Guérande. Également de bonnes bouteilles et du Nantillais.

Chocolaterie Gautier-Debotté *(centre détachable D3,* ***141****) : 9, rue de la Fosse.* ☎ *02-40-48-23-19. Mar-sam 9h-19h. Fermé 3 premières sem de janv.* Spécialités de sardines de Nantes (si, si, c'est bien du chocolat !), berlingots artisanaux, macarons nantais (de délicieux chocolats feuilletés et enrobés de chocolat noir, surmontés d'un mascaron, ce masque qui orne le fronton des immeubles du XVIIIe s) et muscadet nantais. Dans une merveilleuse boutique comme on n'en fait plus, aux murs recouverts de boiseries et croulant sous les lustres en cristal. Autre boutique rue Crébillon, où l'on trouve le fameux gâteau nantais.

Maison des Vins de Loire *(centre détachable D3,* ***142****) : 15, pl. du Commerce.* ☎ *02-40-89-75-98. Mar-ven 10h30-13h, 15h-19h ; sam 10h30-19h.* Dégustation, séances œnologiques régulières et vente de vins sélectionnés de tout le Val de Loire. Plus de 70 vins sont proposés à la vente, choisis à l'aveugle par la profession mais pas à l'aveuglette ! Très bon accueil et conseils avisés.

Les Rigolettes Nantaises *(centre détachable E2-3,* ***143****) : 18, rue de Verdun.* ☎ *02-40-47-58-31. Lun-sam 10h-19h.* C'est ici que vous pourrez acheter les fameuses rigolettes nantaises, ces délicieux bonbons fourrés à la pulpe de fruits.

ABC Terroirs *(centre détachable E2,* ***144****) : 5, pl. Saint-Pierre.* ☎ *02-40-89-76-26. Lun-sam 9h30-19h30, plus dim l'été 9h30-12h30.* Un bon choix de spécialités régionales, de Nantes au Grand Ouest. Des produits salés, alcoolisés ou sucrés, qui se déclinent aussi en paniers cadeau.

La Trinitaine *(centre détachable E2,* ***145****) : 4, pl. Saint-Pierre.* ☎ *02-40-20-33-36. Lun-sam 10h-19h ; plus dim l'été 15h-19h.* Magasin de la fameuse marque de biscuits bretons. Toutes sortes d'autres produits de la patrie d'Anne (qui a dit que Nantes n'est pas en Bretagne ?). Quant à l'accueil, c'est pas toujours du gâteau ! Dommage.

La Friande LU *(plan détachable E2,* ***146****) : 12, rue Paul-Bellamy.* ☎ *02-40-20-14-68. Lun 14h30-19h ; mar-sam 9h30-19h.* Une boutique qui fait son beurre avec le Petit Lu, mis ici dans tous ses états. De beaux articles, bien qu'assez chers.

L'Atelier Saint-Michel *(centre détachable E3,* ***147****) : 39, rue de Verdun.* ☎ *02-54-86-52-89. Mar-sam 10h-19h.* La vitrine nantaise de la biscuiterie de Saint-Michel-Chef-Chef qui produit, entre autres, les fameuses galettes Saint-Michel.

À voir

La vieille ville et le quartier du Bouffay (centre détachable E-F2-3)

LE « P » DU PUITS

Au fil de vos balades dans les rues de Nantes, observez donc certains numéros de plaque des immeubles du XVIIIe s. Point de « b » pour « bis » ou de « t » pour « ter ». Ici, c'est le « p » qui prend le relais. Une des règles imposées par le maire de la ville à cette époque, pour signaler les maisons dotées d'un puits, qui pouvaient contribuer à éteindre un incendie. Comme quoi les technocrates ne sont pas tous des cornichons.

*** ***La cathédrale Saint-Pierre-et-Saint-Paul*** *(centre détachable E-F2)* **:** *pl. Saint-Pierre. Tlj 10h-18h (19h l'été). Pas de visite pdt les offices (dim à 10h et à 19h).* Vous serez frappé par l'unité de style de l'édifice (gothique flamboyant) malgré la durée de sa construction (1434-1891), due, entre autres, à des problèmes de financement. Sur la façade, remarquables portails à voussures finement sculptées. Les deux tours, érigées en 1508, ont une hauteur de 63 m. Autant l'extérieur paraît simple, autant l'intérieur, restauré après l'incendie de la charpente en 1972 (représenté sur un tableau dans l'une des chapelles latérales), surprend par sa splendeur et sa luminosité. La nef, avec ses 37,50 m de hauteur, est particulièrement majestueuse. On est presque saisi par la beauté des bas-reliefs entourant les piliers à l'entrée. Les 500 m² de vitraux modernes, réalisés (de 1977 à 1982) par Jean Le Moal et Anne Le Chevalier, donnent au chœur une coloration flamboyante. Bel éclairage nocturne. Les cryptes se visitent (lire plus loin). Dans le transept sud, tombeau pré-Renaissance de François II et Marguerite de Foix, qu'Anne de Bretagne, leur fille, commanda à Michel Colombe. Dans le transept nord, cénotaphe de Lamoricière, encadré de quatre statues symbolisant la Charité, le Courage, la Conciliation et la Foi.

NANTES

* ***La porte Saint-Pierre*** *(centre détachable E2)* **:** *en allant vers la pl. du Maréchal-Foch.* Cette porte est un vestige de l'enceinte médiévale remaniée au XVe s et posée sur un mur gallo-romain. Au début du XVIe s, on la surmonte du manoir de Gueguen, évêque proche d'Anne de Bretagne. Quand la ville obtient l'autorisation de détruire ses murailles en 1760, la porte Saint-Pierre échappe à la réorganisation du quartier. Elle passera également au travers de la Révolution. Au pied de la porte, un jardin archéologique abrite des vestiges des anciens remparts (gallo-romains et médiévaux).

* ***La place du Maréchal-Foch*** *(centre détachable E-F2)* **:** les Nantais s'obstinent à l'appeler place Louis-XVI à cause de la statue qui s'élève au milieu. C'est l'une des rares statues en France représentant ce roi (dont deux rien qu'en Loire-Atlantique). La place est bordée d'un superbe ensemble architectural, conçu au XVIIIe s entre les cours Saint-Pierre et Saint-André, qui reliaient le quai de la Loire à celui de l'Erdre. À voir, l'*hôtel d'Aux,* construit par Ceineray, où séjourna Napoléon en 1808, et l'*hôtel Montaudouin,* que l'on doit à Crucy. Près de la cathédrale, la porte Saint-Pierre, vestige de l'enceinte médiévale remaniée au XVe s et posée sur un mur gallo-romain (voir ci-avant).

* ***Les cryptes de la cathédrale*** *(centre détachable F2)* **:** *entrée à l'arrière de la cathédrale, par le cours Saint-Pierre, juste à l'entrée du sq. de la Psalette. Ouv le w-e slt, et aussi en sem l'été ; horaires très variables. GRATUIT. Pour plus d'infos, ☎ 0892-464-044 (0,34 €/mn).* Une partie de la crypte, du XIXe s, est située juste sous le chevet de la cathédrale. Quatre alcôves présentent l'histoire

de la cathédrale. La crypte romane (XIe s) abrite de belles vitrines de chasubles, sceptres, étoles, chape, croix de procession, ciboires, calices et autres ostensoirs.

Le square de la Psalette *(centre détachable E-F2) : à droite de la cathédrale.* Il relie le cours à la place Saint-Pierre. Dans le jardin, un hôtel particulier du XVe s (qui abrite désormais la Direction générale de la culture). On aperçoit aussi d'anciens bouts de remparts, qui descendaient jusqu'au château et à la Loire. C'est dans une rue voisine, la rue Mathelin-Rodier, que fut arrêtée la duchesse de Berry en 1832.

LA DUCHESSE A LE FEU AUX FESSES

En 1832, Marie-Caroline, duchesse de Berry, voulait soulever les Vendéens dans un grand mouvement légitimiste. Recherchée par la police, elle se réfugie à Nantes. Informés, les gendarmes fouillent l'appartement. Comme il fait froid en ce mois de novembre, ils font du feu dans la cheminée. Mais c'est précisément derrière la cheminée que la duchesse s'est planquée. Sa robe prend feu ! Elle urine dessus pour l'éteindre. Finalement, à moitié asphyxiée, la duchesse se serait alors livrée.

Le Château des ducs de Bretagne *(centre détachable F3) : ☎ 0811-46-46-44 (tarif local). • chateau-nantes.fr • (label 4 handicaps, visioguide). En été, ouv tlj : site 9h-20h (23h sam), musée 10h-19h. Sept-juin, site ouv tlj 10h-19h, musée tlj sf lun 10h-18h. Entrée musée ou expo : 5 € (visite libre), 8 € avec les expositions temporaires ; réduc ; gratuit jusqu'à 18 ans et pour ts le 1er dim du mois. L'accès au site (cour, douves et remparts) est gratuit. Visite guidée (5/j. l'été et 1/j. pdt les vac scol et le w-e) : 4 €. Audioguide et visioguide : 3 € (en différentes langues, dont le breton). Téléchargement gratuit des parcours de visites musée et château sur les plates-formes iOs et Androïd ainsi qu'à l'accueil du musée. Résa des entrées, visites guidées et animations enfants sur le site internet. Café-restaurant* Les Oubliettes *dans le vieux donjon. Librairie-boutique avec de nombreux ouvrages sur le château, mais aussi sur Nantes et sa région, dans l'ancienne cuisine du logis. De nombreuses visites sont proposées sur différents thèmes, pour découvrir aussi bien le monument que le musée et les expos temporaires. Possibilité également de visite guidée en famille et de visite pour les enfants. Ateliers enfants.*

Un peu d'histoire

Pour bien comprendre le contexte historique, il faut se rappeler que le château était autrefois situé sur une île artificielle, au milieu des marécages dérobés à l'évêque. Il jouait un rôle défensif, en bordure est des murailles, pour surveiller la route de Paris et la navigation sur la Loire. En 2007, après 15 ans de travaux, le Château des ducs de Bretagne a retrouvé toute sa splendeur. Reconstruit à la fin du XVe s, puis embelli et agrandi au cours des siècles suivants. Il faut passer ses rudes murailles extérieures en bloc de granit pour découvrir côté cour l'élégante résidence ducale en pierre de tuffeau d'inspiration Renaissance, resplendissante. Le château vit la naissance de la duchesse Anne, deux fois reine de France par ses mariages successifs avec Charles VIII et Louis XII. En août 1532, François Ier, usufruitier du duché, y promulgua l'édit prononçant, sur la requête des États de Bretagne assemblés à Vannes, « l'union perpétuelle des pays et duché de Bretagne avec le royaume de France ». C'est ainsi que le Château des ducs de Bretagne devint aux XVIe et XVIIe s le logis breton des rois de France. Après avoir servi de caserne, d'arsenal et de prison, le château est classé Monument historique en 1862 et devient à partir de 1924 musée municipal.

➢ De jour comme de nuit (mise en lumière le soir, visibles seulement de l'extérieur), prenez le temps de faire le ***circuit des remparts*** pour prendre la mesure de l'édifice, profiter des points de vue sur Nantes et admirer, d'en haut, le raffinement des façades du Grand Logis et du Grand Gouvernement avec leurs loggias et leurs décors sculptés.

– ***Le musée d'Histoire de Nantes :*** il est installé dans les bâtiments du XVe s et présente, tout au long d'un passionnant parcours à la fois chronologique et thématique, l'histoire du château et de la ville dans sa double appartenance à la fois bretonne et estuarienne. Sept grandes séquences nous font remonter le temps depuis l'édification du château (dont on peut voir les bases des remparts gallo-romains dans la première salle) jusqu'à la métropole vivante et dynamique du XXIe s. On découvre ainsi, au fil des 32 salles, tous les événements ayant contribué à forger l'identité de Nantes, grâce à une belle muséographie combinant fort intelligemment pièces de collection et installations multimédia. Nantes nous est restituée et racontée à travers le temps mais aussi l'espace.
Salle 2, projection d'un petit film sur l'histoire d'Anne de Bretagne. Remarquez, ***salle 4,*** sous la fenêtre, les graffitis dont ceux des prêtres réfractaires qui furent enfermés ici durant la Révolution, lorsque le château servit de prison. Ils ont dessiné des autels. La séquence sur Nantes, fille du fleuve et de l'océan, restitue la ville dans son environnement géographique, mais aussi dans sa dimension imaginaire. ***Salle 6,*** film sur l'histoire du château. La ***salle 8*** évoque les grands thèmes nantais : construction navale, biscuiterie LU, mais aussi commerce vers les îles avec l'affiche d'une exposition prévue en 1985 sur le sujet sensible de la traite des Noirs et qui n'eut jamais lieu ; tandis que la ***salle 9*** présente les différentes évocations de la ville par des artistes (Barbara, Jacques Demy). Sept salles sont ensuite consacrées au négoce et à l'or noir au XVIIIe s, Nantes est alors le premier port négrier de France. La ***salle 13*** (habillée comme l'entrepont d'un navire négrier) est à cet égard très intéressante. Les différents documents présentés illustrent l'évolution d'une campagne de traite avec notamment le plan du navire *La Marie Séraphique,* particulièrement parlant sur les conditions de transport épouvantables des esclaves. Noter aussi les documents comptables de l'armateur, qui font état du nombre et du prix des esclaves achetés et de ceux qui sont livrés à bon port. Ne pas manquer également dans les ***salles 14 et 15*** (sous les toits) un tableau unique en son genre dans la peinture française du XVIIIe s, représentant le percement de l'oreille d'un jeune esclave noir par sa maîtresse (on ignore le commanditaire et l'artiste). ***Salle 17,*** des écrans interactifs permettent la visite de la ville au XVIIIe s. Puis c'est la Révolution avec les fameuses noyades ordonnées par Carrier pour faire de la place dans les prisons. Après cette période tourmentée, on retrouve Nantes port colonial et industriel qui doit faire face à la concurrence du nouveau port de Saint-Nazaire et développe ses industries de biscuiteries, conserveries et savonneries (grande maquette du port de Nantes entre 1900 et 1927 dans la ***salle 21***). Toujours dans la ***salle 21,*** section sur la chasse à la baleine. Remarquez la façon étonnante qu'ont les marins de transporter leur énorme proie. La Seconde Guerre mondiale à Nantes est marquée par l'exécution de 48 otages par les Allemands le 22 octobre 1941. Suivent la reconstruction, les conflits sociaux, et les deux dernières salles présentant la métropole atlantique, sa nouvelle politique urbanistique et son dynamisme culturel. Pour illustrer ce point, la dernière salle du musée est confiée à un artiste qui expose sa vision de Nantes.

Le jardin Château-Merçoeur *(centre détachable F3) :* au pied du château. Réhabilité, lui aussi, avec un miroir d'eau de 1 300 m², des jeux géants pour enfants (sur lesquels veille un dragon !) et des arbres en bronze envahis d'oiseaux... Parfait pour recharger les batteries.

Autour du château : vous aurez sans doute remarqué, avant de passer le pont-levis, une sculpture en bronze de la duchesse Anne qui veille sur son château. Elle est l'œuvre du sculpteur breton Jean Fréour. De là, on gagne le centre-ville par la vieille rue du Château (remarquer, au n° 14, l'*hôtel de Goulaine,* du XVIIe s), et son beau ***Café Select*** au décor Art déco. Puis on débouche sur la ***place du Pilori.*** On trouve, au n° 12, deux beaux mascarons, *Jean qui rit* et *Jean qui pleure.* Un peu plus loin, les *Galeries Lafayette,* que tout le monde ici continue à appeler *Decré,* du nom de l'ancien propriétaire, accueillent une œuvre du Voyage

NANTES

à Nantes au 3e étage, réalisée par Cécile Bart : *Suspens de Nantes,* sept panneaux translucides qui agissent comme un vitrail déployé dans l'espace. Globalement, un important programme d'aménagement du cœur de ville et de la zone piétonne est en cours jusqu'en 2015 : création d'une esplanade devant le Château des ducs de Bretagne, réfection du carré Feydeau, etc.

★★ *Le quartier du Bouffay :* de la rue du Château, on emprunte la rue des Chapeliers. On pénètre là dans le quartier dit du Bouffay, cœur médiéval de la cité et nom de la place voisine. Le quartier s'est, au milieu des années 1970, autoproclamé « commune libre » avec un maire, une devise (« humour, bonté, gaieté ») et quelques plants de vigne, rue du Vieil-Hôpital. Pas vraiment d'homogénéité dans ce secteur en partie touché par les bombardements alliés durant la dernière guerre. Les B17 américains ratissaient large : ayant tenté de bombarder les chantiers navals, les bombes sont souvent tombées sur le centre-ville ! Qui sait d'ailleurs que l'acteur Clark Gable était aux commandes d'un de ces appareils ?

MAUVAIS PLAN

Le jour de l'exécution du comte de Chalais (accusé d'avoir conspiré contre Louis XIII) sur la place du Bouffay, ses amis, désirant le sauver, enlevèrent le bourreau. Mais ce dernier fut remplacé par un autre condamné à mort qui obtint la vie sauve, à condition de décapiter le condamné. L'inexpérimenté tremblait tellement qu'il dut s'y reprendre à 35 reprises avant de l'achever... Au vingtième coup, le comte était toujours conscient. Une boucherie !

Au croisement des rues de la Juiverie, de l'Emery, des Petites-Écuries et des Chapeliers, animation permanente le soir avec les nombreux bars étudiants et petits restos qui occupent les trottoirs. Au no 11 de la rue de la Juiverie, bas-reliefs énigmatiques, probablement réalisés par un céramiste qui présentait là ses modèles. Au no 7, l'une des dernières maisons à pans de bois du XVe-XVIe s.

★ Dans le même secteur, les amateurs d'architecture Art déco auront sans doute craqué pour plusieurs façades aux mosaïques multicolores. La plus célèbre, au no 26 rue de la Marne, est celle de l'ancien ***magasin des rigolettes Bohu,*** œuvre du célèbre mosaïste de l'époque Isidore Odorico. D'autres jolies façades attirent l'œil, comme celle du ***Café du Cinéma,*** 8, rue des Carmélites.

★ ***La place Sainte-Croix*** *(centre détachable E3)* **:** on y trouve l'***église Sainte-Croix,*** de style jésuite. La façade et le portail sont de 1685, mais le registre au-dessus date du XIXe s, tout comme la tour avec anges sonnant de la trompette. C'est ici que fut baptisé le petit Jules Verne en 1828. À proximité, le ***passage Sainte-Croix*** *(☎ 02-51-83-23-75),* l'un des lieux culturels de Nantes. Il propose expos, conférences et débats sur de nombreux sujets *(mar-sam 12h-18h30).*

★ On parvient ensuite à la ***place du Change*** *(centre détachable E3).* C'était le point de convergence de tous les grands axes, et donc le plus grand carrefour commercial et d'échanges de la ville. Sur le plan architectural, c'est un ensemble hétéroclite composé d'édifices moyenâgeux qui ont réchappé à la restructuration du quartier, des immeubles des XVIIIe et XIXe s, et quelques-uns d'après-guerre. Au no 2 de la place, voir la superbe *maison dite des Apothicaires,* du XVe s, l'une des rares maisons à pans de bois et encorbellements, décorée de quelques sculptures en bois polychromes (elle abrite aujourd'hui la maison de la Poésie et *Le Café Cult'.* Voir « Où boire un verre ? »).

★ ***Le cours des Cinquante-Otages*** *(centre détachable E2-3)* **:** large artère coupant en deux le centre-ville dans le sens nord-sud, il suit l'ancien cours de l'Erdre, comblé à partir de 1940 et occupé aujourd'hui par la ligne de tramway. Son nom renvoie à un épisode tragique de l'occupation allemande (voir l'encadré).

La tour Bretagne (centre détachable D2) **:** *à proximité du cours des Cinquante-Otages.* Immanquable ! Nantes aurait pu se passer de cet hideux gratte-ciel, triste symbole des ambitions modernistes des édiles de l'époque, peu soucieux de cohérence architecturale, inauguré en 1976. Il fut « vendu » comme le seul building entre Paris et New York ! Pas faux mais un peu tiré par les cheveux tout de même. Celui-ci domine le cours des Cinquante-Otages du haut de ses 145 m. Depuis 2012, on peut accéder au dernier étage et apprécier une vue à 360° sur la ville (voir « Où boire un verre ? *Le Nid* »).

IRONIE DE L'HISTOIRE

Le 20 octobre 1941, le lieutenant-colonel Hotz, qui commande les forces d'occupation à Nantes, est abattu près de la cathédrale par un jeune résistant. En représailles, 50 personnes sont prises en otages et 48 sont exécutées le lendemain. C'est pour leur rendre hommage que les anciens quais de l'Erdre sont baptisés, en 1944, cours des Cinquante-Otages. Or, c'est ce même Karl Hotz, alors ingénieur, qui avait aménagé l'Erdre en 1926, au titre des dommages de la Première Guerre mondiale.

Le quartier Graslin et autour
(centre détachable D3-4)

NANTES

Tout un quartier entièrement pensé au XVIIIe s par le receveur général des fermes du royaume, le sieur Graslin, qui acheta de vastes terrains en vue de construire un ensemble d'immeubles de rapport dominant le port.

La place du Commerce (centre détachable D-E3) **:** *située sur l'ancien port au vin.* Le palais de la Bourse fut édifié par Mathurin Crucy au début du XIXe s, dans le style néoclassique. Il accueille aujourd'hui la *Fnac*. Place toujours très animée, grâce à ses nombreux cafés.

La place Royale (centre détachable D3) **:** construite à la fin du XVIIIe s par Crucy, architecte de la ville, puis bombardée en 1943, elle fut reconstruite à l'identique après la guerre et restaurée en 2007 (elle devint alors piétonne). Au centre a résisté une fontaine de granit bleu et bronze représentant La Loire et ses affluents, surmontée de la Ville de Nantes. Celle-ci se dresse le poing levé, non pas pour manifester (bien que l'endroit serve de point de ralliement à toutes les manifs nantaises), mais parce qu'elle est censée tenir un trident régulièrement subtilisé. Une blague de potache à Nantes consiste, en effet, à le voler dès qu'il est remplacé ! Ah, les jeunes...

Le passage Pommeraye (centre détachable D3) **:** *réouverture en 2015 après travaux de rénovation et ajout d'une nouvelle galerie.* Ouvert en 1843 sous Louis-Philippe, il fut créé pour relier de manière monumentale la Bourse et le quartier Graslin où siégeaient les banques et les assurances. Devenu le symbole même de la ville, cet étonnant passage couvert (fermé le soir) fut chanté par les poètes tels qu'André Pieyre de Mandiargues (dans *Le Musée noir*) et fut filmé par le cinéaste Jacques Demy dans *Une chambre en ville* et dans *Lola,* où Anouk Aimée le descend. Long de 103 m, il tient son originalité de son escalier central, compensant la dénivelée de 9,40 m entre les deux extrémités du passage, mais qui posa bien des problèmes techniques aux architectes. Sa décoration (escalier et statues) devint une sorte de vitrine du savoir-faire de la ville. Rien n'était trop beau, ni trop cher. À tel point que M. Pommeraye finit le chantier en faisant faillite. Bordé de belles boutiques (peut-être l'occasion de se poser au niveau intermédiaire, au salon de thé *La Passagère* ?), le passage est toujours très animé. À la sortie rue Crébillon, au-dessus du porche, buste de Crucy.

La rue Crébillon (centre détachable D3) **:** cette rue piétonne est en quelque sorte le « faubourg Saint-Honoré » de Nantes. Grande animation le samedi, quand Nantais et Nantaises s'adonnent à leur activité favorite : « crébillonner ». C'est ici que s'exprime au mieux l'expression « immeubles de rapport » dans lesquels investissaient la bourgeoisie locale.

La place Graslin et le Grand Théâtre (centre détachable D3) **:** elle porte le nom de l'investisseur qui finança le quartier. Sur la place, le Grand Théâtre (1788), construit dans un style purement néoclassique par le même Crucy. C'est Graslin lui-même, par mercantilisme mais aussi par passion, qui insista auprès de la ville pour édifier une salle de spectacle au cœur du quartier, afin de lui donner une vraie plus-value. Au nº 4, brasserie *La Cigale,* splendide établissement inauguré en 1895, véritable délire de mosaïques, peintures, céramiques, tapisseries, boiseries (voir « Où manger ? » et « Où prendre un bon petit déjeuner ? »). La place est, depuis 2013, devenue piétonne et mise en lumière la nuit.

Le cours Cambronne (centre détachable D3) **:** à l'angle de la brasserie *La Cigale* s'amorce ce cours de grande élégance qui porte le nom d'un général né à Nantes (1770) et mort en 1842 à deux pas de son lieu de naissance, après avoir participé à toutes les guerres de la Révolution puis de l'Empire. Également dessiné par Crucy, ce cours toujours piéton est bordé d'immeubles rythmés de sobres pilastres, d'une remarquable unité architecturale.

CRU SUR PAROLE

Au centre du cours Cambronne, le bronze du général nantais (1770-1842) porte ses célèbres paroles à Waterloo : « La garde meurt mais ne se rend pas. » Quant au mot « merde », s'il est passé à la postérité, c'est parce qu'il a été écrit par Victor Hugo mais ne fut vraisemblablement jamais prononcé par le général.

Le Muséum d'histoire naturelle (centre détachable D3) **:** *sq. Louis-Bureau, pl. de la Monnaie. ☎ 02-40-41-55-00. • museum.nantes.fr • Tlj sf mar et certains j. fériés 10h-18h. Entrée : 3,50 € ; réduc ; gratuit moins de 18 ans et pour ts le 1er dim du mois sept-juin.* Au rez-de-chaussée, salle de minéralogie et de paléontologie, mais surtout très beau vivarium qui fascinera les enfants. Au 1er étage, on admire l'immense et complet squelette de baleine (celui de l'éléphant d'Asie n'est pas mal non plus), et surtout la remarquable collection de reptiles, mammifères marins, ou mammifères tout court. Dans les vitrines de la mezzanine, oiseaux et coquillages. Expos temporaires (au rez-de-chaussée). Tout à côté, au ***musée Dobrée*** *(en travaux),* expo temporaire dans le bâtiment Voltaire, à partir du printemps 2015, présentant une partie des collections d'archéologie du département. *Fin des travaux prévue pour 2018-2019.*

Le Mémorial de l'abolition de l'esclavage (centre détachable D4) **:** *quai de la Fosse, entre le pont Anne-de-Bretagne et la passerelle Victor-Schœlcher. ☎ 0811-46-46-44. • memorial.nantes.fr • De mi-mai à mi-sept, tlj 9h-20h (18h le reste de l'année). GRATUIT.* Inauguré en 2012. Il est signé Krzysztof Wodiczko et Julian Bonder. Un lieu à la fois émouvant et nécessaire. Ce parcours méditatif prend la forme d'une promenade souterraine, le long de la Loire, en écho aux cales des navires négriers. Le choix du site n'est évidemment pas anodin puisque le quai de la Fosse était le point de départ et d'arrivée du commerce triangulaire. La première partie retrace l'histoire de la traite atlantique avec des cartes qui donnent toute la mesure du trafic, sur fond de chants et de témoignages. L'autre partie rappelle, avec des textes et des citations de Toussaint Louverture à Martin Luther King en passant par Frantz Fanon et Bob Marley, le combat pour l'abolition de l'esclavage. Le parcours se termine symboliquement à la lumière du jour avec la déclaration universelle des Droits de l'homme de 1948. Sur le quai, dans des pavés translucides sont gravés les noms des quelque 2 000 expéditions négrières qui partirent de Nantes au cours du XVIIIe s. Contrairement à ce que l'on pense habituellement, les esclaves ne passaient jamais par la ville. Les bateaux partaient chargés de babioles et objets divers à vendre contre des esclaves sur les côtes africaines, eux-mêmes revendus aux Antilles contre sucre, cacao et café. Les armateurs nantais ne voyaient en fait que le résultat des échanges, mais n'étaient jamais confrontés à la réalité et à l'horreur de l'esclavage, ce qui évitait sans doute les états d'âme.

Le quai de la Fosse *(centre détachable D3-4)* **:** c'est là qu'accostaient les bateaux partant pour l'Afrique ou revenant des îles. On rappelle que la Loire venait lécher le quai jusque dans les années 1930. Et comme c'est encore peu ou prou un quartier chaud, on l'appelle aussi le « quai de la Fesse »... Facile. De nombreux immeubles d'armateurs du milieu du XVIIIe s rappellent l'époque florissante du commerce maritime à Nantes. Remarquez les thèmes marins ou bachiques de certains mascarons. Au no 86, l'immeuble a subi l'effet de la mobilité du terrain marécageux. Aux nos 41-42, large immeuble cossu avec mascarons et pignon triangulaire. À deux pas, la *médiathèque Jacques-Demy* (qui abrite le musée de l'Imprimerie ; voir ci-après).

PROTECTION DIVINE

Autrefois, les marins prirent l'habitude de se faire tatouer une croix sur tout le dos afin de se protéger des punitions par flagellation. En effet, c'était un péché que de frapper un symbole chrétien.

Le musée de l'Imprimerie *(centre détachable D4)* **:** *24, quai de la Fosse.* ☎ *02-40-73-26-55.* ● *musee-imprimerie.com* ● *Dans la médiathèque Jacques-Demy. Lun-sam 10h-12h, 14h-17h30 (fermé j. fériés, plus sam en été) ; ouv aussi dim 14h-17h, oct-avr. Excellente visite guidée (on la conseille !) de 2h, tlj sf dim, à 14h30. Entrée : 6 € ; réduc. Pour les enfants, demander le livret de jeux « Jeunes Aventuriers ».* Les différentes techniques de l'imprimerie y sont présentées avec intelligence et passion. De Gutenberg jusqu'à la lithographie, on passe en revue trois grandes techniques : la typographie, la lithographie et la taille douce. Deux grandes salles : l'atelier et une partie musée. L'atelier, qui fonctionne toujours, abrite des dizaines de machines de toutes les époques, mais surtout des XVIIIe et XIXe s. Dans la 2e salle, vitrines de petits matériels d'imprimerie : ouvrages, catalogues de caractères, bancs de reproductions, dont un remarquable, tout en bois, du début du XXe s.

L'île Feydeau (centre détachable E3)

Une « île » qui n'en est plus une depuis le comblement des bras de Loire, en 1926. Mais les Nantais l'appellent toujours ainsi. De récents aménagements l'ont d'ailleurs symboliquement entourée d'un fleuve de verdure (de larges pelouses côté Turenne et une allée de platanes côté Duguay-Trouin). Et si les anciens quais se devinent, le quartier demeure toujours isolé du reste de la ville. Sur les pas du bambin Jules Verne, né au 4 cours Olivier-de-Clisson (il y a une plaque), partons en voyage sur ce « bateau de pierre ». Pour info, Nantes Tourisme propose une visite du quartier avec audioguide, mais pour accéder à certaines cours d'immeubles, nous conseillons la visite guidée « De l'histoire à la mémoire » organisée par le Château des ducs. Tout seul, vous avez de fortes chances de trouver porte close.

Un peu d'histoire

Tout a débuté par le projet d'un lotissement pour riches en 1730. « L'île » est alors un simple banc de sable marécageux. De 1740 à 1780, en plein commerce triangulaire, de superbes immeubles de rapport s'y construisent pour les armateurs négociants.

Sur le plan architectural, la plupart des bâtiments suivent un même schéma : le rez-de-chaussée est destiné aux marchandises, l'entresol à l'intendance, l'armateur devenu promoteur loge parfois au 1er étage avec sa famille, et les étages suivants sont loués. Marc Elder (Prix Goncourt 1913) comparait ces demeures, avec leurs mascarons sculptés, leurs balcons en saillie ornés de balustrades ventrues en fer forgé, à « des bourgeois pansus, le ventre orné de breloques »... Chaque propriétaire a affirmé sa fortune et son goût dans la décoration des façades. Outre les problèmes classiques liés à ce genre de travaux, il faut savoir que le choix, très chic, du tuffeau de Loire, s'il a permis ce délire ornemental, s'est avéré mal adapté au climat océanique de Nantes. Cette pierre calcaire et poreuse s'y use anormalement vite avec le sel apporté par les embruns marins. Il faut donc souvent restaurer, comme d'ailleurs partout à Nantes.

Le quai Turenne *(centre détachable E3)* **:** les Nantais continuent de l'appeler « quai », car la Loire le bordait. Les plaques de rues hésitent entre « allée » et « quai »... C'est d'ici qu'on a la meilleure vue d'ensemble sur les bâtiments et leurs façades au coude à coude, orientés vers le sud. La pierre blanche et les sculptures sont mises en valeur par le moindre rayon de soleil. Les techniques de fondations sur pilotis (sur le modèle des villes hollandaises) n'auront pas suffi : les bâtiments sont aujourd'hui tout de guingois, comme agités par une houle trop forte. En vérité, victimes de tassement du terrain. Au nº 1 bis, immeuble restauré avec des pilastres du XVIIIe s ; c'est l'ancienne chapelle Notre-Dame-de-Bon-Secours. Au nº 10, mascarons figurant Neptune au centre (barbe et couronne). Les autres mascarons évoquent les quatre éléments. Au nº 10 bis, deux mascarons représentent un couple de bourgeois nantais, reconnaissables à leurs nattes liées sous le menton. Ils n'hésitaient pas à faire montre de leur opulence (ils ont les joues bien pleines). Les nos 12 et 13 témoignent particulièrement bien de l'affaissement des rez-de-chaussée.

L'immeuble Perraudeau : *au nº 13 de l'allée Turenne.* Reconnaissable à sa porte d'entrée à l'aspect furieusement penché. Les balcons ont un style différent à chaque étage : un signe d'opulence. Les cinq travées de la façade et les mascarons symbolisent aussi de façon très ostentatoire la richesse du proprio : l'Amérique et l'Europe (les lieux du commerce), Éole (qui pousse les navires) et Bacchus (le vin, un des objets du commerce).

La place de la Petite-Hollande *(centre détachable D-E3)* **:** dans ce secteur résidaient les grands marchands hollandais, plus fort contingent d'étrangers de la ville (d'où le nom de la place). Au nº 1, l'hôtel le plus ancien de l'île ; peu de décor, sauf sur les consoles. C'est aussi le plus penché. Au nº 2, jolie collection de mascarons. Au nº 3, le plus grand hôtel particulier du quartier, avec pas moins de 108 portes et fenêtres.

La rue Kervégan *(centre détachable E3)* **:** du nom du maire de Nantes de 1789 à 1791, c'est l'une des rues les plus pittoresques de Nantes avec ses petits pavés. Les balcons « filants » (qui regroupent plusieurs fenêtres) constituent l'une des particularités de l'île Feydeau (pour compenser l'obligatoire alignement des façades, on a cherché par tous les moyens à gagner de l'espace sur l'extérieur avec des balcons en saillie). Pour illustrer la richesse de leurs commanditaires, les architectes ont déployé toutes les formes connues d'encorbellements : sur console, sur trompe... Ils firent appel aux meilleurs serruriers, qui réalisèrent des chefs-d'œuvre de ferronnerie. Au nº 19, on notera une très belle façade aux personnages tout juste sortis d'un roman de Stevenson. Mais qu'on ne s'y trompe pas, ces corsaires sont issus d'une récente rénovation de la maison.

Le Temple du Goût *(centre détachable E3)* **:** *16, allée Duguay-Trouin.* Il doit son surnom à un poème en prose de Voltaire (qui n'a jamais mis les pieds ici), et c'est sans doute l'immeuble le plus spectaculaire de l'île, pour ses balcons filants. À l'intérieur, son escalier monumental est de toute beauté (encore faut-il pouvoir entrer pour le voir). Encadré de deux colonnes, ses marches en pierre décrivent une superbe courbe bien mise en valeur par une rampe de ferronnerie de très belle facture.

Le Mur tombé du ciel *(centre détachable E3)* **:** *pl. Alexis-Ricordeau (tt à côté de l'Hôtel-Dieu).* Imaginé par la fameuse compagnie Royal de Luxe installée à Nantes depuis 1989, ce mur met en scène dans un style coloré à la Diego Rivera, le peintre mexicain, les personnages, sites et événements les plus représentatifs de Nantes. Les fans de la troupe et de ses fabuleux spectacles de rue reconnaîtront au premier plan la délicieuse petite géante.

L'île de Nantes *(plan détachable C-D-E4-5)*

L'île de Nantes résulte de la fusion, dès 1926, des îles Beaulieu (à l'est), de petite et grande Biesse (au nord) et Sainte-Anne (au sud-ouest). Modelée par l'homme, la nature se livrera tout entière aux desseins industriels modernes, dont les chantiers navals. Au nord de la Prairie-au-Duc, ils produiront leur dernier navire en 1987. Désindustrialisation, carcasses d'anciennes usines, grues immobiles, il fallait rebondir. L'architecte Alexandre Chemetoff propose un découpage en parcelles, développées les unes après les autres selon le projet d'un cabinet d'architecte chaque fois différent. Principales constantes : la mixité entre habitat, bâtiments administratifs, entreprises, espaces verts ou de loisir. De même, un gros effort est fait pour garder le maximum de témoignages du passé industriel de l'île. Ainsi, pavés, rails, grues, piles du pont transbordeur, cales sèches ou anciens bâtiments tiennent un rôle dans ce puzzle. On peut ainsi découvrir le quartier de la Création (de l'école d'Architecture au *Hangar à Bananes*), qui comprend le palais de justice, le quai François-Mitterrand... Ou encore le parc des Chantiers (des *Machines* jusqu'au *Hangar*).

– ***Info pratique :*** l'île est assez grande. Pour l'explorer sans trop se fatiguer, la location d'un vélo est une bonne solution. L'île est parsemée d'œuvres du parcours *Estuaire*. On en mentionne quelques-unes. Ne manquez pas, par exemple, l'œuvre de François Morellet *(De Temps en temps)* sur le bâtiment Harmonie Atlantique, ou encore *l'arbre à Basket* (par l'agence A/LTA).

La passerelle Victor-Schœlcher *(plan détachable D4)* **:** *entre la pl. de la médiathèque et l'île de Nantes.* Ⓣ *Médiathèque (ligne n° 1).* Conçue par Jean-Bernard Datry et réalisée en 2001 par les fameux architectes Barto et Barto, cette passerelle lance ses 150 m d'acier et béton armé pour relier la ville au palais de justice. Montée sur vérins, elle suit le rythme de la marée (amplitude moyenne de 3 m, avec des records exceptionnels à 5 m).

Le palais de justice *(plan détachable D4)* **:** *à l'extrémité de la passerelle Schœlcher.* On aime ou pas ce bâtiment moderne, mais sa riche conception mérite quelques explications : vous jugerez après. Jean Nouvel n'a rien laissé au hasard dans cette « Maison de la justice ». Ici, le carré est roi : le carré, c'est l'équité des côtés. Alors l'architecte s'en est donné à cœur joie : des dallages aux vitres de la façade en passant par les blocs cubiques des prétoires, on vous défie de trouver un seul rectangle ou cercle (seul un cylindre symbolise le passé industriel de Nantes) ! Le marbre du Zimbabwe au sol de la salle des pas perdus est un véritable miroir. Une Justice toute vêtue de noir (comme le bâtiment) et de rouge (comme l'intérieur des salles d'audience). Rouges également, les textes fondateurs du droit français et les citations qui défilent sur des panneaux d'affichage digital, une œuvre de l'artiste américaine Jenny Holzer.

Le quai François-Mitterrand et autour *(plan détachable D4 et B5-6, C4-5)* **:** *face au quai de la Fosse.* Depuis la passerelle Schœlcher et le palais de justice, on parcourt les bords de Loire par une promenade aménagée. Au programme, les piles du ***pont transbordeur*** (sous le pont Anne-de-Bretagne), le bar-restaurant flottant ***Le Nantilus, La Fabrique*** (l'espace de création et expérimentation culturelles de la ville, ouvert fin 2011, ● *lafabrique.nantes.fr* ●), le site des ***Machines de l'île,*** les ***cales sèches*** des chantiers navals transformées en jardin pour enfants et en plage de sable, les anciennes ***grues Titan,*** les 6 œuvres *Estuaire* dont les ***Anneaux de Buren*** et enfin le ***Hangar à Bananes.*** Des aménagements se développent au fil de l'eau pour ajouter une dimension végétale à cette agréable balade (très courue le dimanche par les familles nantaises). Cette partie ouest de l'île est en plein travaux d'aménagement avec des édifices culturels, des immeubles d'habitations, des bureaux qui éclosent comme des champignons... Parmi ceux-là, derrière le palais de justice, voir l'immanquable édifice IDM, comme enrobé de lanières métalliques ajourées qu'on appelle « Manny », car son revêtement rappelle, selon certains, la fourrure du mammouth du film *L'Âge de glace !* C'est (tendez l'oreille) une œuvre sonore de Rolf Julius. Et vous ne pouvez pas rater, juste devant, les déroutants passages piétons d'Angela Bulloch (ce sont deux œuvres du parcours *Estuaire*). À deux pas, encore une surprenante œuvre d'art contemporain avec le *Mètre à ruban* géant de Lilian Bourgeat, qui s'étend dans la cour d'un immeuble. Une grande liberté créative souffle donc ici, sans jamais se départir de l'idée de qualité de vie.

Le pont Anne-de-Bretagne *(plan détachable C4)* **:** même s'il n'a rien de particulièrement remarquable sur le plan esthétique, ce pont symbolise la frontière officielle entre la Loire fluviale et la Loire maritime.

Les Machines de l'île *(plan détachable C-D4)* **:** *bd Léon-Bureau. ☎ 0810-12-12-25 (nº Azur).* ● *lesmachines-nantes.fr* ● Ⓣ *Chantiers-Navals (ligne nº 1). Juil-août, tlj 10h-19h ; sept-oct et de mi-avr à fin juin, tlj sf lun 10h-17h (18h sam-dim et tlj pdt les vac scol) ; nov-déc et de mi-fév à mi-avr, tlj sf lun 14h-17h (18h w-e et pdt vac scol). Fermé début janv et réouverture avt vac de fév. Voyage en Éléphant ttes les 45 mn (durée 30 mn), vente de billets en continu pour le j. même. L'Éléphant fait 12 tours/j. en été et 6 tours/j. en hiver. Entrée pour la Galerie des Machines : 8 €. Voyage en éléphant : 8 €. Entrée pour le Carrousel des mondes marins : 8 €. Réduc. Boutique en ligne sur le site des Machines.*

Les Machines de l'île se sont installées dans les hangars des anciens chantiers navals. On y exhibe le processus de création et le fonctionnement des drôles de bestioles imaginées par les géniaux François Delarozière et Pierre Orefice : d'improbables machines à la croisée des mondes de Jules Verne et des automates de Léonard de Vinci. En moyenne, 50 artisans de différents métiers interviennent ici. Un projet génial, en évolution permanente, qui fait revivre ce coin de Nantes, en lui redonnant sa part de rêve. L'*Éléphant* est aujourd'hui devenu l'un des porte-drapeaux de l'image nouvelle de la ville. Le Carrousel des Mondes marins fonctionne depuis 2012, en attendant *L'Arbre aux hérons,* gigantesque structure végétalisée et animée qui devrait être terminée pour 2019 ou 2020.

– ***La Galerie des Machines :*** on y découvre tout le monde animal et végétal destiné à animer *L'Arbre aux hérons,* un projet dément d'une sculpture monumentale (45 m de diamètre pour 35 m de haut) équipée de jardins suspendus, qui devrait trôner dans quelques années sur les quais de l'île, plus à l'ouest. Depuis 2002, un écosystème propre à l'arbre a fait l'objet d'une mise en culture afin de favoriser l'enracinement du végétal dans l'acier. Temps forts de la visite : un héron de 8 m d'envergure qui survole la Galerie et une fourmi géante, animée par cinq personnes, qui déambule parmi les visiteurs. La grande maquette de *L'Arbre aux hérons* permet de mesurer l'imagination sans limites de ses concepteurs ! Une fourmi qui court sur un tapis roulant, une taupe qui sort de terre, une chenille arpenteuse qui se déplace sur une branche, des plantes mécaniques carnivores... Au fil des années, tout ce monde animal et végétal qui peuple les arbres sera expérimenté sous les yeux des visiteurs. En surplomb, de l'autre côté de la nef, une coursive permet d'observer l'atelier de la compagnie La Machine en fonctionnement (sauf le week-end) avec films et photos revenant sur les dessous du *Grand Éléphant* et

du *Carrousel.* L'aspect mécanique et la sophistication de l'ensemble n'empêchent nullement la poésie et la beauté de se dégager de ces formidables projets.
– ***Le Carrousel des mondes marins :*** ce manège de près de 25 m de haut et de 22 m de diamètre est installé en bord de Loire. Démentielle sculpture de trois niveaux dédiée à la mer (la surface, les fonds sous-marins et les abysses), c'est un véritable théâtre à 360°, peuplé de créatures fantasmagoriques qui s'animent dans une ambiance musicale maritime. Avant d'embarquer sur l'une des 35 créatures marines, prenez le temps de lire les panneaux explicatifs en bas à l'entrée du manège et de voir fonctionner les 3 niveaux de la structure.
Raie manta, calamar à rétropropulsion, bateau-tempête, tortue-girafe, attelage marin ou luminaire des grands fonds, autant de sculptures de bois et de métal articulées et mues par des systèmes mécaniques fascinants d'ingéniosité. Il aura fallu près de 6 mois pour mettre au point et réaliser chaque machine. Selon les périodes, deux modes de fonctionnement : mode forain (avec possibilité d'un embarquement) ou mode découverte. Noter que le Carrousel a reçu, en 2014, le prix international de l'attraction la plus originale, le *Thea Awards,* l'équivalent des oscars dans le domaine du divertissement à thèmes !
– ***Le Grand Éléphant :*** le proboscidien de Nantes est le cousin de celui « dressé » par la célèbre compagnie Royal de Luxe pour ses grandioses spectacles de rue. Ce pachyderme, haut de 12 m, peut embarquer une cinquantaine de personnes à son bord pour une promenade de 30 mn sur les quais. La sortie est évidemment spectaculaire, et la foule se presse pour voir l'impressionnante bête se mouvoir. De l'intérieur, on découvre les engrenages, tandis qu'un conducteur et un machiniste actionnent l'éléphant qui barrit et dont la trompe articulée arrose les spectateurs. Évidemment, c'est un spectacle incontournable avec des enfants !

NANTES

Le Hangar 32 *(plan détachable C5)* **:** *quai des Antilles. Ven-dim 14h-18h (slt le ven en hiver).* Lieu d'expo du projet « Île de Nantes ». Bonne façon de prendre de la hauteur : maquettes, outils pédagogiques et images de synthèse à l'appui, ce lieu explique l'histoire et l'évolution de la friche industrielle. Juste à côté, *La Cale 2 l'île* est une association dont l'objet est la sauvegarde du patrimoine maritime et fluvial. Elle porte le projet de reconstruction du *Saint-Michel II,* voilier commandé par Jules Verne en 1876, mis à l'eau en 2011.

Juste à côté, le ***Hangar à Bananes*** *(plan détachable B5)* court jusqu'à l'extrémité ouest de l'île. Destiné au mûrissement des bananes, il a réussi son stage de reconversion en lieu de sortie branché. Restos, bars qui se mettent en scène, boîtes de nuit. On y trouve également un espace dédié à l'art contemporain, la ***Hab Galerie*** *(☎ 02-28-08-77-28).*

Les grues Titan *(plan détachable C5 et B6)* **:** impossible de les rater, elles se voient de loin ! La jaune est la plus vieille (1954) et levait jusqu'à 80 t. La grise fut sauvée in extremis de la destruction et trône à la proue de l'île. Au pied de la grue grise, point de vue sur *Lunar Tree,* une œuvre des artistes Mrzyk & Moriceau créée pour le parcours *Estuaire* et installée sur la butte Sainte-Anne. D'un blanc immaculé le jour, elle dégage un halo lumineux la nuit.

Les Anneaux de Buren *(plan détachable B-C5)* **:** *sur le quai du* Hangar à Bananes. Œuvre pérenne issue du parcours *Estuaire*, ces 18 anneaux ont fait leur trou sur les quais de Loire. Lumineux de nuits, ils alignent des couleurs vives visibles de loin.

La Station Prouvé *(plan détachable C5)* **:** *bd de la Praire-au-Duc, juste derrière les* Ateliers et Chantiers de Nantes. *Abrite une antenne d'accueil* Nantes Tourisme. *● estuaire.info ● Tlj juil-août, 9h-19h ; mer-dim aux vac scol, 14h-17h ; ven-dim et j. fériés 14h-17h hors saison. Fermé début janv-début fév.* Il s'agit d'une ancienne station *Total* réalisée par l'architecte Jean Prouvé à la fin des années 1960. C'est aujourd'hui un lieu d'information sur le parcours *Estuaire* et sa trentaine d'œuvres pérennes. Également infos sur le *Pass* Nantes, boutique, doc et billetterie croisière.

Le jardin des Fonderies *(plan détachable F4-5)* **:** *pl. des Fonderies.* Symbolique de la philosophie qui prévaut à la renaissance de l'île de Nantes, le jardin des Fonderies pourrait s'appeler « Comment faire du neuf avec du vieux ». Et ça marche. Il s'agit d'un jardin réalisé sous une ancienne halle des Fonderies de l'Atlantique (anciennement Nantaise de Fonderie), ouverte aux quatre vents. On a conservé l'ossature et les fosses, occupées par de beaux bouquets de bambous, palmiers et bananiers. Un mélange réussi de fer et de vert.

La butte Sainte-Anne *(plan détachable A-B5)*

La butte Sainte-Anne a toujours été le creuset des nouveaux arrivants à Nantes, un endroit populaire dont la réputation était plutôt à marée basse dans les beaux salons de la ville. Des Acadiens revenant du Canada (XVIIIe s) aux Bretons fuyant la disette (XIXe s), ces immigrés arrivaient tous avec la faim au ventre et des manières pas très raffinées. La butte Sainte-Anne est aujourd'hui un lieu plutôt paisible, où les petits jardins et les maisons ouvrières sont une véritable aubaine pour une population un poil bobo qui se trouve des airs de métallos. Un lieu qui vaut plus pour l'ambiance et la vue que pour la beauté architecturale. Voir l'œuvre *Lunar Tree* de Mrzyk & Moriceau, square Maurice-Schwob, et le parc clos des Oblates, rue Philippe-de-Broca, qui surplombe la Loire.

La table d'orientation de la butte Sainte-Anne *(plan détachable B5)* **:** *esplanade Jean-Bruneau.* Dans le prolongement du quai de la Fosse. Idéal pour avoir une bonne vue d'ensemble de la ville. La vue embrasse tout le port, l'île de Nantes et, plus loin, les rives sud de la Loire.

La statue de Jules Verne *(plan détachable B5)* **:** *esplanade Jean-Bruneau.* « Regarde bien, petit ! » C'est ainsi qu'on pourrait intituler les statues de bronze du capitaine Nemo qui fait le point avec son sextant et du jeune Jules en habit de mousse qui le regarde avec admiration. En toile de fond, belle vue sur l'île de Nantes, la Loire, Trentemoult et même la Maison radieuse de Le Corbusier à l'horizon.

Le musée Jules-Verne *(plan détachable B5)* **:** *3, rue de l'Hermitage. ☎ 02-40-69-72-52. • jules-verne.nantes.fr • Ⓣ Gare-Maritime (ligne n° 1), puis 10 mn de marche. ♿ Juil-août, tlj sf mar et j. fériés 10h-18h ; le reste de l'année, tlj sf dim mat, mar et j. fériés 10h-12h, 14h-18h. Entrée : 3 € ; réduc ; gratuit moins de 18 ans et pour ts le 1er dim du mois sept-juin. Visite guidée dim et ts les j. d'ouverture en juil-août à 15h30. Pour les enfants, demander le livret de jeux « Jeunes Aventuriers ».* Installé dans une belle maison du XIXe s (mais sans rapport avec la famille Verne) surplombant le port, ce musée dédié à Jules Verne, né en 1828 à Nantes, fait revivre par différents documents (lettres, manuscrits, affiches...) et audiovisuels les sources d'inspiration et l'œuvre de l'écrivain : la mer, le voyage, l'aventure, la science... Audiovisuel intéressant sur la vie de l'auteur de *20 000 lieues sous les mers.* Au sous-sol, diffusion régulière de films documentaires et de films pour les enfants.

Le planétarium *(plan détachable B5)* **:** *8, rue des Acadiens. ☎ 02-40-73-99-23. Ⓣ Gare-Maritime (ligne n° 1), puis 10 mn à pied. ♿ Fermé 1er janv, 1er mai, 1er nov et 25 déc. Séances tlj sf sam et dim mat pdt les vac scol à 10h15, 11h30, 14h, 15h15 et 16h30 ; slt 16h30 les j. d'école (plus 10h30, 14h, 15h15 et 16h30 les mer et dim ap-m). Durée : 1h. Résa possible, recommandée pdt les vac scol de Noël et fév. Entrée : 6 € ; réduc.* Ce petit théâtre d'étoiles très familial permet, sur fond de coupole hémisphérique, d'appréhender l'infiniment grand et de mieux comprendre le mouvement des planètes. Déconseillé de venir avec des enfants de moins de 5 ans.

La fresque des Acadiens *(plan détachable B5)* **:** *rue des Acadiens.* Cette fresque murale permet un petit rappel historique... En 1713, Louis XIV signe le traité d'Utrecht et cède l'Acadie à l'Angleterre. Les colons français subissent une pression de plus en plus forte des Anglais avant d'être déportés en masse (1755) : c'est le « grand dérangement ». Après 7 ans de captivité sur le sol britannique, ils peuvent enfin regagner la mère patrie et ils atterrissent sur la façade atlantique, en particulier à Nantes.

Le musée naval Maillé-Brézé *(plan détachable C4)* **:** *quai de la Fosse. ☎ 09-79-18-33-51. Ⓣ Gare-Maritime (ligne n° 1). Juin-août, tlj 14h-18h ; vac scol, tlj 14h-17h ; sept-mai, mer et sam-dim et j. fériés 14h-17h, lun-mar et jeu-ven une seule visite à 15h. Visite guidée slt. Visite « Vie à bord » 5 € ; et avec les salles des machines 2 € de plus ; réduc.* Pour découvrir la vie à bord et l'équipement d'un escorteur d'escadre, visite guidée par des bénévoles. Elle passe en revue la salle des machines. On pénètre dans les tréfonds du bâtiment, véritable usine à gaz. Passionnant.

Galerie Le Rayon Vert : *1, rue Sainte-Marthe. ☎ 02-40-71-88-27. Mer-ven 15h-19h, sam 11h-13h et 15h-19h, dim 11h-13h.* Galerie associative dédiée à l'art contemporain qui a pour objectif de faire découvrir les œuvres de jeunes artistes avec leurs regards décalés sur Nantes et leurs questionnements sur le quotidien. Accueil convivial.

Autour de la gare ferroviaire
(plan détachable F2-3)

NANTES

Comme l'île de Nantes, les quartiers de Malakoff et du Champ-de-Mars sont en complète métamorphose avec, déjà, quelques jolies audaces architecturales. Voir notamment l'aérien pont Éric-Tabarly ou la surprenante tribune nord du stade Marcel-Saupin. Agences de com', cabinets d'architectes et restos de jeunes chefs doués (voir la rubrique « Où manger ? ») s'y sont déjà installés. Reste juste pour ces quartiers à s'inventer une vie.

La tour LU *(plan détachable F3)* **:** *☎ 02-40-12-14-34. Accès à la tour (ascenceur) mar-sam 12h30-18h30 (dernière montée) ; dim 15h-18h30. Entrée : 2 € ; réduc ; gratuit moins de 12 ans.* Édifiées en 1903, les tours LU allaient à l'origine, comme les charentaises, par paire, mais l'une fut détruite pour laisser place à des bâtiments. Quand l'usine LU déménage en 1986, le site devient une friche industrielle vouée à la démolition, puis un lieu de manifestations culturelles avant de devenir, en 1999, le *Lieu Unique* sous la houlette de Jean Blaise, qui lui donnera une âme, un sens, un mouvement perpétuel. On peut accéder au sommet de la tour pour avoir une vue panoramique sur Nantes. Se munir du document où sont indiqués les sites visibles depuis la tour. En descendant par l'escalier, ne manquez pas la vidéo sur l'histoire de l'entreprise et, à la nuit tombée, *Nymphéa,* œuvre du parcours *Estuaire* réalisée par Ange Leccia.

UN BISCUIT LU ET APPROUVÉ

Constitué d'une pâte cuite deux fois, le biscuit LU ne contient plus d'eau et donc ne moisit pas. Voilà pourquoi il constitue l'alimentation de base des marins. Pas étonnant que les biscuiteries LU se soient installées dans un port. C'est un biscuit plaisir, qui séduit rapidement les demi-mondaines (on disait « cocottes ») du quartier de Graslin autour d'un thé... des colonies, évidemment.

Le Grenier du Siècle *(plan détachable F3)* **:** *quai Ferdinand-Favre, au Lieu Unique (voir plus haut « Où sortir ? »).* Du 1er octobre au 1er décembre 1999, chaque personne qui le désirait a pu déposer un objet personnel représentatif du XXe s. Chaque objet a ensuite été répertorié, conditionné dans une boîte en fer-blanc (il y en a 11 855 !) et acheminé dans un lieu créé à cet effet, où il a été scellé dans la double paroi translucide (conçue par l'artiste plasticien Patrick Bouchain) d'un pan de mur de l'ancienne usine. Ce témoignage aux générations suivantes sera révélé le 1er janvier 2100 (non, ce n'est pas une erreur de frappe !), à 17h précisément.

Le musée des Beaux-Arts *(plan détachable F2 et centre détachable F2) : 10, rue Georges-Clemenceau. ☎ 02-51-17-45-00. • museedesbeauxarts.nantes.fr • Tlj sf mar et j. fériés 10h-18h (20h jeu).* ***Le musée, hormis la chapelle de l'Oratoire, est fermé pour des travaux de rénovation,*** *avec la construction d'un auditorium et d'une aile réservée à l'art moderne et contemporain. Un programme d'expositions et de rencontres est proposé à la chapelle de l'Oratoire.* ***Réouverture partielle en 2016.*** Parmi les œuvres les plus remarquables, il faut citer trois tableaux de Georges de La Tour, *Le Vielleur, Le Reniement de saint Pierre* et *Le Songe de saint Joseph,* une belle collection du Pérugin, la *Diane chasseresse* d'Orazio Gentileschi, le fameux *Portrait de Mme de Senonnes* d'Ingres, les *Cribleuses de blé* de Courbet et les *Nymphéas* de Monet. Pour la période moderne, Max Ernst, Kandinsky et Picasso. La collection contemporaine est particulièrement riche : François Morellet, Toni Grand, Francis Alys, Anish Kapoor, Sigmar Polke pour n'en citer que quelques-uns.

Le Jardin des plantes *(plan détachable F2) : entrée rue Stanislas-Baudry ou rue Écorchard, juste au nord de la gare. ☎ 02-40-41-65-09. De mi-mars au 20 oct, tlj 8h30-20h ; jusqu'à 18h30 au printemps et à l'automne, et 17h30 l'hiver. Visites guidées gratuites et régulières des serres l'ap-m mer et sam, et le dim (appeler pour les horaires).* Ce jardin de 7 ha trouve son origine sous l'Ancien Régime, quand les capitaines de navires sont exhortés de rapporter des plantes exotiques dans leurs cales. Louis XIV organise un premier jardin qui servira, dit-il, « au soulagement des malades et à l'embellissement de la ville ». Louis XV à son tour incite les navigateurs nantais à rapporter de leurs périples des espèces rares pour enrichir la pharmacopée de l'époque. Aujourd'hui, le plus vieux magnolia de France, planté à l'ouverture du jardin en 1807, d'une circonférence de 2,30 m, trône fièrement au milieu de ce jardin, agréable havre de verdure et de fraîcheur qui accueille plus d'un million de visiteurs par an. Allez vous y promener au printemps, lorsque les camélias sont en fleur (plus de 650 variétés sont présentées sur les 1 000 de la collection complète). C'est un enchantement. À voir également, une orangerie, un palmarium, une serre à cactées et les orchidées de serre chaude et froide, un enclos de chèvres. Les serres (avec forêt pluvieuse et forêt aride) se visitent *(GRATUIT).*

ÇA NE SENT PAS LA ROSE !

En 2014, la très rare amorphophallus titanum *(une plante géante de Sumatra), conservée à la serre tropicale humide, a eu la bonne idée de fleurir. C'était la troisième fleuraison de ce genre en France ! La fleur – que l'on appelle aussi Pénis de Titan – ne vit que 3 jours et dégage une terrible odeur pestilentielle, destinée avant tout aux insectes pollinisateurs qui l'adorent et la perçoivent jusqu'à 1 km à la ronde... Glamour, non ?*

Nantes la verte

Avec près de 60 m² d'espaces verts par habitant de la métropole, Nantes se place dans le peloton de tête des villes vertes. Les Parcs et Jardins de la ville poursuivent la vocation historique de recherche, d'accueil et d'acclimatation des nouvelles espèces entamée au XVIIe s. Du Jardin des plantes (voir plus haut) au parc du Grand-Blottereau en passant par un square où chantent des oiseaux, laissons-nous guider par le bruissement des feuilles dans le vent. Le

long des cours d'eau, 46 km de balade verte au bord de l'Erdre, de la Chézine, du Cens, de la Sèvre, du Gesvres...
En récompense à tous ses efforts, Nantes Métropole a obtenu le titre de ***Capitale verte européenne*** pour l'année 2013. Ce titre valorise l'action d'une métropole en matière de préservation de l'environnement, de développement d'une trame verte et bleue, de valorisation de la biodiversité, de recyclage des déchets, de lutte contre la pollution et les effets du réchauffement climatique.
Au-delà de la densité remarquable en espaces verts et du réseau exceptionnel de rivières, la métropole nantaise est aujourd'hui considérée comme exemplaire dans le développement des transports collectifs et la lutte pour la réduction des gaz à effet de serre.

L'île de Versailles *(plan détachable E1) : Ⓣ Saint-Mihiel (ligne n° 2). Tlj 8h30-19h45 (17h15 en hiver).* À la fin des années 1980, la ville a aménagé cette île artificielle en un superbe jardin japonais ponctué de cascades, bassins, plages de galets... Nombreuses essences telles qu'azalées, rhododendrons, bambous et même séquoias. Un véritable dépaysement tout oriental dans le cœur de la ville, comme un poumon vert dans le béton... Avec des locations de petits bateaux électriques et de canoës-kayaks pour se promener sur la rivière, des jeux pour enfants, des coins pour pique-niquer et un jardin zen. L'ensemble est très réussi et attire beaucoup de familles aux beaux jours. À voir aussi, la *Maison de l'Erdre*, initiation aux différents écosystèmes de l'Erdre, et ses aquariums réunissant toutes les espèces ovipares de la rivière *(GRATUIT)*. On y évoque les activités aujourd'hui disparues de la batellerie et des bateaux-lavoirs. Expos temporaires.

La vallée de la Chézine – Parc de Procé *(plan détachable A-B2) : ☎ 02-40-41-65-09. Accès au parc de Procé : bus n° 22 (Tour-de-Bretagne) ou 56 (Gare). Parc ouv tlj 8h30-17h30 l'hiver, 18h30 au printemps et à l'automne, et 20h l'été.* Petite vallée piétonne incroyablement préservée de l'urbanisme, en plein cœur de la cité nantaise. Certes, les immeubles ne sont jamais bien loin, mais cette coulée verte de 1,5 km est des plus bucolique. La rivière serpente dans un val peuplé d'arbres et de rhododendrons, sous d'improbables murs de pierre moussus. Le tout aboutit au joli parc de Procé, avec ses vallonnements paysagers.

Le parc et les serres du Grand-Blottereau *(hors plan détachable par G2) : bd Auguste-Peneau. ☎ 02-40-41-65-09. À l'est de Nantes. Ⓣ Mairie-de-Doulon (ligne n° 1) ; bus n° 12, arrêt « Grand-Blottereau ». Tlj 8h30-17h30 l'hiver, 18h30 au printemps et à l'automne, et 20h l'été. Visite guidée des serres d'agronomie tropicale les mer, sam et dim (appeler pour les horaires).* Sur 37 ha, un tour du monde des écosystèmes des régions exotiques des cinq continents. Trois grands espaces : une rocaille méditerranéenne, un jardin coréen et un bayou de Louisiane. La zone méditerranéenne comprend amandiers, chênes-lièges, lavande et romarin (un vrai bouquet garni !). Le jardin coréen constitue un voyage intéressant dans l'espace et les cultures. Les serres du jardin d'agronomie tropicale abritent une collection unique de plantes exotiques « utilitaires » : riz, cacao, ananas, banane coton, girofle...

Fêtes et manifestations

– ***La Folle Journée :*** *fin janv-début fév, à la Cité des congrès. ☎ 02-51-88-20-00. • follejournee.fr •* Cinq journées en fait, au cours desquelles de nombreux interprètes de renom viennent jouer les œuvres d'un compositeur. Places bon marché et un succès... fou.
– ***Le Carnaval de Nantes :*** *1 sem autour de la mi-avr.* Le thème change chaque année. Grosses têtes, fanfares et défilés pour tous dans le centre-ville. Le plus spectaculaire est le défilé de chars, sans oublier sa version nocturne le samedi soir. Également un carnaval des enfants le mercredi.

– ***Le Printemps des Arts :*** *de mi-mai à fin juin.* ☎ *02-40-20-69-70.* • *printempsdesarts.fr* • Concerts de musique baroque, spectacles de chants et danses baroques, expositions-conférences, pièces de théâtre ponctuent ce printemps qui se déroule en Loire-Atlantique et en Vendée.
– ***Les Sardinantes :*** *quai Ernest-Renaud, en juin. Comité des fêtes :* ☎ *02-40-35-75-49.* Dans la bonne humeur, sur le port de Nantes, dégustation de sardines en provenance de La Turballe avec, bien sûr, cidre, muscadet et *fest-noz*. Simple et populaire.
– ***Le Voyage à Nantes :*** *en juil-août.* ☎ *0892-464-044 (0,34 €/mn).* • *levoyageanantes.fr* • Un parcours artistique et culturel de 12 km, animé chaque été par un événement éponyme, en s'appuyant sur différentes structures (notamment la trentaine d'œuvres d'art monumentales *Estuaire* installées en 2007, 2009 et 2012 sur les rives de la Loire).
– ***Aux Heures d'Été :*** *de juil à mi-août.* ☎ *02-51-82-37-70.* Chaque jour, du mardi au vendredi, une animation en ville, un peu partout. Lectures, concerts, cinéma de plein air, contes pour enfants...
– ***Les Rendez-vous de l'Erdre :*** *le dernier w-e d'août.* ☎ *02-51-82-37-70.* • *rendezvouserdre.com* • Festival autour de la navigation de rivière et du jazz, avec spectacles et concerts sur l'Erdre ; le public reste sur les quais. On peut admirer voiliers, bateaux traditionnels, gabarres et yoles...
– ***La Folie des Plantes :*** *le 1er ou 2e w-e de sept, au parc du Grand-Blottereau.* ☎ *02-40-41-64-16.* Expo et vente de plantes de collections. Une des références du Grand Ouest en matière de diversité végétale. Le concept de la Folle Journée mais dans sa version végétale ! Sans oublier les Floralies internationales, qui se déroulent tous les 5 ans *(les prochaines en 2019).*
– ***Scopitone :*** *5 j. vers la mi-sept.* ☎ *02-51-80-60-80.* Dans plusieurs lieux de la ville. Festival de créations multimédia, cultures électroniques et arts numériques. Plein de créations graphiques, vidéos, arts plastiques, design...
– ***Les Celtomania :*** *en oct.* ☎ *02-40-54-20-18.* Un festival voué à la culture celtique, avec concerts, expositions, conférences... Se déroule dans plusieurs lieux en ville et dans tout le département.
– ***Les Utopiales :*** *5 j. dans la 1re quinzaine de nov, à la Cité des congrès.* ☎ *02-51-88-20-00.* Festival international de science-fiction regroupant des œuvres de SF appartenant aux domaines du cinéma, de la littérature et de la bande dessinée.
– ***Festival des trois continents :*** *1 sem vers la fin nov.* ☎ *02-40-69-74-14.* • *3continents.com* • Se déroule dans plusieurs cinémas de la ville. Le festival du film de Nantes, créé par les frères Jalladeau, présente une riche cinématographie d'Afrique, d'Asie et d'Amérique latine (œuvres de fiction, hommages à des acteurs et réalisateurs, présentation historique d'un pays...).

DANS LES ENVIRONS DE NANTES

TRENTEMOULT-REZÉ (44400)

Situé sur la rive gauche de la Loire, juste après l'île Beaulieu et avt le pont de Cheviré, on y accède de Nantes en prenant la direction de Noirmoutier-Rezé. Il est agréable aussi de s'y rendre par la navette fluviale, le Navibus *(voir « Adresses et infos utiles »).*

L'ancien village de pêcheurs Trentemoult a été, dans la seconde moitié du XIXe s, un lieu de résidence pour des capitaines cap-horniers qui se firent construire des maisons bourgeoises, repérables aux palmiers qu'ils plantèrent, dit-on, en souvenir de leurs voyages. Malgré la forte urbanisation de Rezé et sa zone commerçante et industrielle Atout Sud, que l'on traverse avant d'arriver, ce petit port a gardé son apparence pittoresque. Ruelles étroites, maisons individuelles à façade colorée, dotées de petits jardins surélevés pour échapper aux colères de la Loire, le quartier présente des attraits touristiques et résidentiels prisés. Il servit de cadre au tournage des films *La Reine blanche,* avec Catherine Deneuve, et *La Demoiselle d'honneur,* de Claude Chabrol. Aujourd'hui, il fait le bonheur des agents immobiliers et celui de la jeunesse branchée avec ses quelques restos et bars. En journée, de gros chats tranquilles déambulent dans les ruelles étroites, souvent fleuries de roses trémières en été. On peut y admirer le *Pendule* de Roman Signer, une œuvre *Estuaire,* un grand balancier de 7 m de haut, accroché à une ancienne centrale à béton.

À voir

🏛🏛 ***La Maison radieuse de Le Corbusier*** *(hors plan détachable par D6) : à **Rezé,** derrière l'hôtel de ville. ☎ 02-40-84-43-84. • maisonradieuse.org • Visite guidée slt, sur rdv, mer à 16h, sam à 11h. Durée : 45 mn. Billetterie à l'accueil de la mairie. Entrée : env 3,30 € ; réduc ; gratuit moins de 12 ans.* Il en existe cinq au monde : Marseille, Rezé, Briey-en-Forêt, Firminy et Berlin. Visionnaire ? À son époque, Le Corbusier a bouleversé la façon d'envisager l'urbanisme. Il concevait ses immeubles comme des villages verticaux (les couloirs s'appelaient ici des rues), offrant un confort nouveau pour ses occupants, où l'esprit de communauté était au centre de la réflexion, afin de concilier vie collective et individuelle. Les 294 appartements (du studio au T6), en duplex pour la plupart, longs de 16 m, donnent sur les deux côtés de l'immeuble pour mieux capter la lumière et offrir une vue sur le jardin. Bien insonorisés, ventilés, avec l'eau chaude... ils jouissent d'un grand confort dans le monde des logements sociaux de l'après-guerre, en pleine crise. Ambitieux, le projet devait intégrer une poste, des commerces, ainsi qu'une école maternelle (qui existe toujours, mais ne se visite pas). Trop onéreux, les projets du grand architecte ont souvent tourné court, les municipalités ne retenant de lui que l'idée de sordides barres de béton. La loi Chalandon, abrogeant les loyers coopératifs en 1971, a donné un sérieux coup de frein à l'implication des habitants dans leur « immeuble ». La fin d'une époque. La visite guidée de l'appartement témoin, le nº 601, remeublé au goût des années 1950, permet de mieux comprendre les ambitions de l'architecte, ses visions utopistes de la vie collective illustrées par cet étrange placard d'approvisionnement reliant l'appartement à la « rue ». Classées à l'inventaire des Monuments historiques, ses façades ont été complètement ravalées.

Balades en bateau

Possibilité de remonter le cours de l'Erdre et de naviguer sur le fleuve sauvage. Voir « La vallée de la Loire » et « La vallée de l'Erdre » plus loin.

➢ 🚤 ***Balade du port de Nantes avec Marine & Loire :*** *quai Ernest-Renaud. ☎ 02-40-69-40-40. • marineetloire.fr • ♿ Au bout du quai de la Fosse, à côté du bateau militaire Maillé-Brézé. Lun-ven de mi-juil à mi-août et mer en juin et sept. Départ 15h de la gare maritime et 15h05 du ponton des chantiers sur l'île de Nantes. Résa conseillée, car places limitées. Compter 12 €/adulte ; réduc.* Découverte commentée de l'île de Nantes, des bras de la Madeleine, de Pirmil et du port de commerce jusqu'à Port-Lavigne.

➢ ***Croisières Estuaire :*** *avr-oct, au départ de Nantes ou de Saint-Nazaire. Durée : env 2h45. Tarif : env 22 € ; réduc.* Pour découvrir autrement l'estuaire : flore et faune, histoire fluviale et industrielle, ainsi que les œuvres du parcours *Estuaire* qui dialoguent avec les paysages. D'autres formules à certaines dates : croisière brunch, apéro...

LE PAYS DU VIGNOBLE NANTAIS

La route touristique des vins de Nantes est signalée par une grappe de raisin jaune et une feuille verte. Le roi de cette route s'appelle le muscadet, vin blanc sec, vif et léger, qui figure parmi les plus anciennes appellations d'origine contrôlée (AOC) de France.
Pour plus de renseignements, se procurer les excellentes brochures gratuites sur le vignoble, son patrimoine et ses producteurs *(• vignoble-nantais.eu •)* **auprès des offices de tourisme des environs.**

POUR LES NÉOPHYTES

Le muscadet, c'est bien souvent le bon p'tit blanc qu'on trouve sur les comptoirs de France et de Navarre. Or, la région produit plusieurs autres vins, souvent confondus, voire méconnus.
– ***Le muscadet :*** issu d'un cépage appelé « melon ». Il représente 85 % de la production locale de vins blancs secs et fut rapporté de Bourgogne (d'où le cépage melon de Bourgogne, pardi !) au XVIIe s par les moines de Saint-Martin-de-Vertou. Aujourd'hui, la majeure partie de la production de muscadet repose au moins tout l'hiver sur ses levures naturelles de fermentation (les lies, qui ressemblent à un précipité jaunâtre). Il garde ainsi toute sa fraîcheur et présente de légers pétillements. On dit alors qu'il a du « perlant ». La méthode sur lie perpétue une tradition qui voulait que l'on garde la meilleure cuvée pour les fêtes. On trouve quatre AOC de muscadet : *muscadet-sèvre-et-maine, muscadet-côtes-de-grand-lieu, muscadet-coteaux-de-la-loire* et *muscadet* tout court. Contrairement aux idées reçues, le muscadet peut très bien vieillir à condition qu'on l'ait conditionné. Noter que le vignoble du muscadet est labellisé « Vignobles et découvertes » pour les offres œnotouristiques qu'il propose.
– ***Le gros-plant :*** en poursuivant vers Pornic, on croise le cépage joliment nommé « folle blanche », dont on fait le gros-plant, à boire dans l'année. Prisé par les marins, ce blanc sec a longtemps eu la réputation de tord-boyaux. Mais il s'accommode très bien avec des huîtres. Classé VDQS, il s'est fortement amélioré et est lui aussi de plus en plus vinifié sur lie.
– ***Le grolleau :*** d'origine tourangelle, ce vin d'apéritif fin, gris ou rosé, connaît un grand succès du côté de la Loire et auprès des touristes. Petit nouveau dans la famille, il procure de bonnes sensations gustatives.
– ***Le coteaux-d'ancenis :*** également classé VDQS. Il se présente en blanc (chenin et malvoisie), mais surtout en rouge (gamay à 80 % et cabernet).
– ***Le bourru :*** jus de raisin blanc fermenté que l'on déguste à l'époque des vendanges. Trouble et peu alcoolisé, il n'a pas droit à l'appellation vin.

Où acheter du bon vin ?

Pas facile de faire un choix exhaustif. Voici les adresses que nous avons rencontrées, mais il y en a beaucoup d'autres tout aussi recommandables. Il est fortement conseillé de téléphoner avant de vous y rendre.

Domaine de la Tourlaudière : *Roland Petiteau-Gaubert, 174, rue de Bonne-Fontaine, 44330* ***Vallet.*** *☎ 02-40-36-24-86. Sur rdv.* Une des valeurs sûres du vignoble. Propose une bonne cuvée vieilles vignes, 6 millésimes de muscadet et un plaisant gros-plant sur lie. Également un cabernet franc (rouge), un cabernet-sauvignon (rosé) et un chardonnay mielleux réputé. Large choix, donc.

Domaine du Mauperthuis : *Marcel et Jacqueline Cormerais, Beauregard, 44330* ***Mouzillon.*** *☎ 02-40-33-95-25. À 15 km au sud de Nantes. À la sortie*

LA LOIRE-ATLANTIQUE

de Mouzillon sur la gauche, sur la route de Clisson. Un couple de propriétaires récoltants qui présentent une gamme de vins du cru en blanc sec, rouge ou rosé. Gros-plant et vins de pays notamment.

La Renouère : *Jean-Luc Viaud, La Renouère, 44430* ***Le Landreau.*** *☎ 02-53-78-13-25. 📱 06-70-61-54-84. À la sortie du Landreau sur la route de Vallet.* Ce jeune vigneron est dans un hameau où tous s'appellent Viaud. Il pratique la culture raisonnée, sélectionne son raisin dès les vendanges en isolant chaque parcelle en cave. « Fleur de Panloup » est une cuvée intimiste, d'une étonnante pureté.

Bienvenue dans nos caves : *à* ***Vallet*** *et autour du Loroux-Bottereau. Tlj, un vigneron assure gratuitement l'accueil, sans rdv. Calendrier disponible dans les offices de tourisme (voir aussi le chapitre sur Vertou).*

Et pour une dégustation plus classique, se rendre au ***Caveau des Vignerons*** à Clisson ou à la ***Maison du muscadet*** à Vallet (voir la rubrique « Adresses et info utiles » de ces villes).

Manifestations

– ***Les Rencontres du vignoble*** (Expo Vall') **:** *le 3e w-e de mars, à* ***Vallet.*** *☎ 02-40-33-92-97. • expovall.fr •* Cette manifestation réunit pas loin de 150 exposants locaux, représentatifs des terroirs et du vignoble de Sèvre-et-Maine. Concours du meilleur muscadet sur lie, couronné par la remise de la Pipette d'or.

– ***Muscadétours :*** *le 1er w-e d'oct. • lesmuscadetours.com •* Nombreuses animations dans des lieux emblématiques du vignoble. Incontournable pour les épicuriens, amateurs de vin, de gastronomie mais aussi de convivialité, de culture et de patrimoine.

LA LOIRE-ATLANTIQUE

VERTOU [gwerzhav]

(44120) 22 000 hab. *Carte Loire-Atlantique, C3*

À 12 km à peine de Nantes, et on se sent déjà à la campagne. Assez résidentielle et prisée par les Nantais, située sur les bords de la Sèvre, Vertou se positionne comme la porte nord du vignoble.

Son histoire est liée à celle de saint Martin, qui y fonda deux abbayes au VIe s et encouragea le développement du vignoble. Les moines décidèrent, à partir du IXe s, de réguler le débit de la Sèvre, et pour cela ils firent construire la chaussée aux Moines, qui allait permettre d'accroître la navigation fluviale et le transport du vin. Plus tard, armateurs et fortunés de Nantes y édifièrent des maisons de villégiature (des folies) entourées de vigne, qu'on appelait « maisons de bouteille » et qui jalonnent les bords de Sèvre.

La ville eut son heure de gloire avec Napoléon III grâce au boudin du charcutier Thébeaudeau, dont l'empereur s'était entiché. Il en commandait toutes les semaines ! Thébeaudeau devint ainsi « fournisseur officiel de l'empereur ». Mais son mets perdit son titre de boudin impérial avec l'avènement de la République. Il est aujourd'hui remplacé par le vertillais, un boudin au gingembre qu'on peut trouver chez le charcutier *Pierre Cotard* (☎ 02-40-34-52-94).

Adresse et info utiles

Maison du tourisme : *17, quai de la Chaussée-des-Moines. ☎ 02-40-34-94-36. • nantes-tourisme.com • Fin juin-début sept, tlj 14h30-18h30. Hors saison, ven-dim et j. fériés 14h-17h.* Topoguides de randonnée. Billetterie pour les visites guidées, expos, spectacles, croisières commentées et promenades sur la Sèvre, l'Erdre et la Loire, ainsi que pour les grands sites départementaux. Infos sur le vignoble nantais et Nantes. Boutique.

– ***Marché :*** *pl. du Marché. Ts les sam et dim 8h-13h, et depuis plus de 150 ans.*

Où dormir ? Où manger ?

Chambres d'hôtes Au Gré du Hasard : *3, allée de la Reine-Margot. ☎ 02-40-34-56-18. 06-67-40-58-30. • nadine@au-gre-du-hasard.fr • au-gre-du-hasard.fr • À 5 mn du Busway pour Nantes. Compter 75-85 € pour 2 selon saison ; suites 85-95 €. Également un gîte pour 4 pers.* Un peu planquée derrière un quartier résidentiel sans charme, cette grosse maison bourgeoise d'autrefois en a beaucoup plus. Tout comme ses 2 suites joliment aménagées sous la belle charpente des combles et la chambre, côté jardin. Accueil décontracté. Petite piscine semi-couverte. Et la verdoyante vallée de la Sèvre est à deux pas.

Le Monte Cristo : *11, quai de la Chaussée-aux-Moines. ☎ 02-40-34-40-36. • contact@monte-cristo.fr • Fermé lun, mer soir et dim soir. Congés : 2 sem fin août, 1 sem à la Toussaint, 1 sem à Noël. Formule déj 18,60 € en sem, menus 31,80-48,45 €. Café offert sur présentation de ce guide.* Un resto chic à la déco élégante, rendant un hommage appuyé à la gastronomie régionale tout en osant une cuisine audacieuse. Baies vitrées et belle vue sur l'écluse. On raconte qu'Alexandre Dumas, venu dans la région pour un badinage adultérin, aurait été frappé d'inspiration dans un resto situé sur ce quai et aurait rédigé les premières phrases de son *Comte de Monte-Cristo.*

Où dormir ? Où manger dans les environs ?

Prix moyens

Chambres d'hôtes La Pénissière : *44690 **Château-Thébaud.** ☎ 02-40-06-51-22 ou 06-83-01-04-47 • hotes-bousseau@wanadoo.fr • domaine-penissiere-millaud.fr • À 7 km au sud de Vertou. Compter 58 € pour 2. Dégustation du produit du domaine offerte sur présentation de ce guide.* Au cœur du vignoble nantais, chambres confortables, personnalisées, avec meubles anciens et vue sur les vignes. Agréable salle à manger rustique avec cheminée. Propriété vinicole, on y déguste les vins du domaine, dont un sympathique muscadet. Accueil familial adorable.

Auberge La Gaillotière : *La Gaillotière, 44690 **Château-Thébaud.** ☎ 02-28-21-31-16. • contact@auberge-la-gaillotiere.fr • À 6 km au sud de Vertou, dans les vignes. Fermé mar soir et mer, plus dim soir hors saison. Congés : de mi-fév à mi-mars et 3 sem de fin juil à mi-août. Formule déj en sem 14 € ; menus 19-27,50 €. Apéritif offert sur présentation de ce guide.* Une adresse en plein cœur du vignoble, avec une grande salle aménagée dans une ancienne cave. Les 3 menus (petite, moyenne et grande faim) changent tous les 15 jours en fonction des produits du moment. La terrine de foie gras de canard maison jouit d'une excellente réputation. Accueil souriant et cuisine originale.

De chic à plus chic

Chambre d'hôtes Château de La Cassemichère : *La Cassemichère, 44330 **La Chapelle-Heulin.** ☎ 02-40-06-74-07. • contact@chateaucassemichere.fr • chateaucassemichere.com • En venant de Nantes sur la D 756, prendre le chemin à droite à la hauteur du hameau La Bernardière juste avt La Chapelle-Heulin. Double 90 € ; petit déj 7 €. Visite-dégustation des vins du domaine sur présentation de ce guide.* Dans ce château du XVIIe s, au cœur d'un vignoble de 43 ha, nous sommes dans le berceau du muscadet dont le 1er cep fut planté ici en 1740. À l'étage, l'unique chambre d'hôtes, tapissée de toile de Jouy, mobilier en bois noble et vaste salle de bains attenante, donne sur le parc. Également 2 gîtes pour 6 et

10 personnes. Le fier châtelain vous fera sûrement visiter ses somptueuses caves et déguster l'un de ses vins dans son élégant chai tout en vous contant l'histoire de sa demeure.

Chambres d'hôtes La Demeure de Saint-Fiacre : *Les Gras-Moutons, 44690* ***Saint-Fiacre-sur-Maine.*** *☎ 02-40-43-46-33. • contact@lademeure.fr • lademeure.fr • À env 5 km au sud-est de Vertou par la D 59. Compter 120 € pour 2 ; familiale 200 €.* Dans une ancienne seigneurie du XVIe s, des chambres haut de gamme alliant luxe et raffinement dans une déco très contemporaine. Un lieu d'exception (cher, donc) conçu avec passion par Thomas, artiste allemand bourlingueur, qui s'est posé en ces lieux pour réaliser ses rêves d'architecture, de décoration et d'accueil.

À voir. À faire

La chaussée des Moines : *en contrebas du centre-ville. Voir plus haut l'introduction de Vertou.* Très chouette coin, idéal pour une balade dominicale ou après un bon repas. Rendez-vous des pêcheurs et mouillage pour les plaisanciers. Expo en été au moulin Gautron situé en face et toute l'année à l'Atelier du moulin.

➢ ***La remontée de la Sèvre en bateau :*** *départ de la chaussée des Moines. Avr-juin et sept, w-e et j. fériés ; juil-août, tlj. On peut louer un bateau électrique sans permis, très maniable et silencieux, auprès de* ***Ruban Vert*** *(☎ 02-40-34-67-13 ; • rubanvert.fr • ; compter 25-40 €/h, 70-115 € la ½ journée pour 4-10 pers).* Agréable balade de 4h maximum aller-retour jusqu'à Port Domino (commune de Monnières), à la découverte des châteaux qui bordent la rivière, de la faune et de la flore.

➢ ***Sortie commentée sur la Sèvre :*** *avec* Erdre Intime. *☎ 02-40-13-25-33 ou 📱 06-20-29-49-04. • erdreintime.weonea.com •* À bord de la vedette anglaise *Gratitude.*

– ***Location de canoës-kayaks :*** *avr-sept, le w-e 10h-18h30 (tlj juil-août), auprès du club de canoë-kayak de Vertou, bd Guichet-Sérex, dans le parc de loisirs du Loiry. ☎ 02-40-34-29-97. 📱 06-62-37-45-92. • ck-vertou.fr • Compter env 5,50 €/h et 14 €/j. ; gratuit moins de 8 ans (à condition de savoir nager).*

– ***Vol en montgolfière :*** ***Ciel de Loire,*** *49, rue de la Croix. ☎ 02-40-05-19-56. • cieldeloire@free.fr • cieldeloire.com • Sur résa. Compter 220 €/pers pour un vol.* Pour découvrir les paysages de la Loire tranquillement depuis le ciel, en montgolfière. Vols d'initiation pour tous les âges.

DANS LES ENVIRONS DE VERTOU

Le château de Goulaine : *44115* ***Haute-Goulaine.*** *☎ 02-40-54-91-42. • chateaudegoulaine.fr • ♿ (accès partiel). À 15 km au sud de Nantes. De mi-juin à mi-sept, tlj 10h45-19h. De fin mars à mi-juin et de mi-sept à mi-nov : mer, w-e et j. fériés, plus tlj pdt vac scol zone A, 14h-18h30. De mi-nov à fin mars, dim slt 14h-18h (volière fermée). Entrée : 9 € ; réduc. Gratuit moins de 4 ans. Visite guidée slt pour le château ; volière et musée en visite libre.* Château classé du XVe s, resté dans la même famille depuis plus de 1 000 ans, son actuel propriétaire est la 30e génération ! Le château a passé la Révolution sans dommages sous la propriété provisoire de Peter Deurbroucq, armateur et négociant d'origine hollandaise, avant d'être racheté par la famille de Goulaine. Avant-dernier château de la Loire avant l'estuaire, il est habité et possède un riche décor intérieur. La super visite montre bien comment l'environnement naturel et les événements historiques ont eu une incidence directe sur l'architecture du château. Dans le jardin, une volière aux papillons tropicaux abrite une trentaine d'espèces. On peut assister à la naissance d'un papillon ; la sortie de sa chrysalide se fait généralement le matin. Et dans un tout autre domaine, une intéressante exposition sur la biscuiterie LU (tableaux,

LA LOIRE-ATLANTIQUE

affiches, objets, etc.) où l'histoire du célèbre petit-beurre nantais remonte à 1880. Voir notamment les mots publicitaires des célébrités des années 1920, joliment illustrés. Ils sont parfois cocasses. On peut également acheter les vins du domaine.

Le site de la Cantrie : *44690* ***Saint-Fiacre-sur-Maine.*** *☎ 02-40-54-82-26. • lesamisdestfiacre.fr • À 5 km au sud de Vertou. Site en accès libre ouv tte l'année. Pour la salle d'exposition de peintres et sculpteurs, mai-sept, tlj sf lun-mar 14h30-19h (GRATUIT). Base de loc de canoës-kayaks le w-e mai-juin et sept, et tlj sf lun mat juil-août. Loc auprès du loueur* ***Vignoble Loisirs Organisation,*** *☎ 02-51-71-65-74 ; • vlo.fr/canoes •*
Parcours panoramique, botanique et géologique le long de la Sèvre. Sortie ornithologique en canoë. Également des concerts et une jolie buvette en saison.
Par ailleurs, Saint-Fiacre est la bourgade la plus viticole de France (rapport vignoble-superficie communale) ! Elle a vu Sophie Trébuchet, future mère de Victor Hugo, y passer ses vacances. Et sa surprenante église, néoromane et byzantine, vaut le coup d'œil, tout comme la vue sur le vignoble depuis la route entre Gorges et Vertou.

Le site de Pont Caffino : *44690* ***Château-Thébaud.*** *☎ 02-40-06-54-07. • pontcaffino.fr • Accès libre tlj 8h-20h30.* Voilà un site surprenant de 8 ha, parfait pour les amoureux de pleine nature, où l'on peut faire de l'escalade, du tir à l'arc, du canoë, du kayak-polo, de l'équitation... puis pique-niquer tranquillement avant d'aller jouer aux boules ou de se promener dans le petit canyon de la vallée de la Maine. Intéressante passe à poissons construite au pied des falaises abruptes, facilitant la libre circulation des poissons amphibiotiques (anguilles, mulets) et holobiotiques (brochets). Les premiers passent de la mer à la rivière pour se reproduire, les seconds restent en rivière et ne se déplacent que pour se nourrir. Si vous avez un peu de chance, vous en verrez quelques-uns déambuler dans ces bassins en escaliers.

Sympathique ***guinguette Le Rocher*** : *☎ 02-40-06-53-55. Ouv tlj l'été (sf lun et j. fériés). Hors saison, slt l'ap-m et le soir ven-sam, plus dim midi. Un café offert sur présentation de ce guide.* Spécialités de fromages (normands !) cuits au feu de bois comme les grillades (saucisse au muscadet, par exemple). Nombreux jeux traditionnels pour les enfants.

LA LOIRE-ATLANTIQUE

LE PALLET [ar palez]

(44330) 2 650 hab. *Carte Loire-Atlantique, C3*

Ville natale du brillant professeur de philosophie et de théologie Pierre Abélard (en 1079), aux doctrines audacieuses, souvent condamnées par l'Église, et dont on connaît l'amour pour la belle Héloïse. Il rédigea une œuvre magistrale. On lui doit la pensée suivante : « En doutant, nous venons à la recherche, et en cherchant, nous percevons la vérité. » Une statue lui rend hommage. Autre personnage étonnant de la petite ville, Roland-Michel Barin de La Galissonnière, amiral de son métier et botaniste,

AMOURS TRAGIQUES

Pierre Abélard, philosophe reconnu à travers toute l'Europe du XIIe s, s'éprit passionnément d'une de ses élèves, Héloïse, la jeune et savante nièce du chanoine Fulbert, à qui il l'enleva. Un enfant naquit de cette union, qu'ils appelèrent Astrolabe. Leurs amours célèbres furent brèves, car le chanoine se vengea odieusement en envoyant ses sbires castrer Abélard pendant son sommeil ! Mutilé, ce dernier se fit moine, tandis qu'Héloïse prit le voile. Mais ils échangèrent des lettres jusqu'à la fin de leur vie...

qui introduisit en France le magnolia. Mais Le Pallet est aujourd'hui connu pour son musée du Vignoble, situé au beau milieu des vignes. Logique !

Arriver – Quitter

➢ ***En train :*** à 25 mn de Nantes par la ligne Les Sables-d'Olonne – La Roche-sur-Yon ou celle de Cholet. Tous passent par Clisson. Plusieurs trains directs/j.

Où dormir au Pallet et dans les environs ?

Chambres d'hôtes la Maison des Landes : *Les Landes, 44330* ***Mouzillon.*** *☎ 02-40-06-96-00. 06-65-06-84-85. • aubing@orange.fr • maisondeslandes.fr • À env 4 km du Pallet, sur la D 149, à droite (fléché). Compter 61 € pour 2.* Au cœur des vignes, dans les anciennes caves de la propriété, agréables chambres avec terrasse privative, à la déco soignée et aux couleurs au goût du jour, avec salle de bains à l'italienne. Une belle harmonie entre modernisme et tradition. En prime, vaste salle commune avec cuisine équipée, cheminée et salon-TV/DVD. Accueil jeune et sympathique.

Chambres d'hôtes Fleur de Vigne : *23, La Maisdonnière, 44690* ***Monnières.*** *☎ 02-40-54-65-59. 06-08-27-07-64. • anneyvesmaillard@orange.fr • chambredhotes-maillard.fr • À 2 km du Pallet ; dans le centre de Monnières, prendre la route de Maisdon-sur-Maine, c'est fléché ensuite sur la gauche. Compter 58 € pour 2.* Gîte confortable proposé à la nuitée dans une courette fleurie et bien entretenue. Cuisine, salon et chambre à l'étage, agréablement retapée. Accueil enjoué et même jovial. Confortable pour un tarif raisonnable. Yves vous proposera sûrement une petite dégustation…

Chambres d'hôtes Château de la Sébinière : *La Sébinière, Le Pallet. ☎ 02-40-80-49-25. 06-17-35-45-33. • info@chateausebiniere.com • chateausebiniere.com • Sur la droite après le musée et le pont, direction Clisson (entrée discrète). Résa conseillée. Compter 105-125 € pour 2 selon confort.* Dans un manoir du XVIIIe s. Accueil et endroit délicieux ! Anne sait recevoir et faire partager sa passion pour cette ancienne propriété vinicole, élégamment restaurée : tissus tendus, objets charmants, meubles anciens, beau plancher… Chambres cossues, de tailles variables, aménagées avec goût ; calme assuré, vue sur les vignes ou le parc et ses 28 ha. Piscine et sympathique labrador pour accueillir les hôtes. Une adresse romantique et, vu la qualité des prestations, abordable. Dans le parc, la « Maison du vigneron », aménagée avec autant de raffinement, peut confortablement recevoir une famille (location à la semaine).

À voir

Le musée du Vignoble nantais : *82, rue Pierre-Abélard. ☎ 02-40-80-90-13. • musee-vignoble-nantais.eu • Sur la D 149, entre Nantes et Clisson. Tlj sf sam : de mi-juin à mi-sept, 10h-18h ; d'avr à mi-juin et de mi-sept à mi-nov, 14h-18h. Fermé de mi-nov à fin mars. Visite guidée avec des professionnels de la viticulture dim à 15h30. Compter 1h30 de visite. Entrée : 2,50-5 € ; enfant 2,50 € ; gratuit moins de 10 ans. Pour les enfants, demander le livret de jeux « Oh La L.A. Quelle aventure ! ».*

À défaut d'une ancienne cave voûtée, c'est un bâtiment récent qui accueille ce passionnant musée, où l'on apprend tout sur l'histoire, les techniques ou les anecdotes liées au célèbre vignoble du muscadet. Collection d'objets et d'outils relatifs à la vigne. Ne pas manquer l'impressionnante salle des

LA LOIRE-ATLANTIQUE

pressoirs. Des bornes multimédia expliquent l'évolution récente des techniques viticoles dans le vignoble nantais. Salle d'animation pour les enfants (à partir de 6 ans) autour des odeurs, des saveurs, du toucher et des objets du vigneron à reconnaître. Vidéo consacrée à la vie et à l'œuvre de Pierre Abélard, ainsi que quelques gravures. Belles expositions temporaires organisées par une équipe féminine dynamique. Dégustation après chaque visite. Dehors, conservatoire du vignoble avec les différents cépages du Pays nantais d'avant et après le phylloxéra, maladie qui ravagea le vignoble français à la fin du XIXe s, et point de départ d'un sentier de randonnée au cœur des vignes. À visiter sans modération !

UN PUCERON QUI FAIT TACHE

En 1862, un certain Joseph-Antoine Borty de Roquemaure, dans le Gard, importe des ceps de vigne du Nouveau Monde... pour voir. Et avec eux, un puceron aussi microscopique que ravageur, qui se répand sur tout le territoire et détruit une grande partie des vignes françaises. C'est la fameuse tache brune de Roquemaure, autrement nommée phylloxéra. Il a vu ! Pour l'histoire, seules les vignes cultivées dans un sol sableux échappèrent à ce fléau...

À la sortie du village, à côté du cimetière, sur la route de Clisson, la ***chapelle Sainte-Anne,*** des XIe et XIIe s. Quelques pierres tombales du Moyen Âge, les ruines du donjon du château d'Abélard et une monumentale statue de bronze d'Abélard et Héloïse.

À quelques kilomètres du village, sur la route de Monnières, à droite après le pont, voir aussi la ***cale du port Domino,*** minuscule et charmant hameau qui rappelle le rôle joué par la Sèvre pour l'expédition du vin.

DANS LES ENVIRONS DU PALLET

La Haie-Fouassière *(44690) :* *bordé par la Sèvre, ce petit port, à 6 km au nord du Pallet, abrite l'usine LU (autrefois dans le centre de Nantes).* À l'entrée, un curieux rond-point avec soucoupe volante et extraterrestres tenant chacun un symbole de la ville : un Petit Lu, une bouteille de muscadet et une fouace ! Et surtout, des odeurs de biscuits cuits qui viennent nous titiller les narines et nous rappeler le quatre-heures de notre enfance. Également ville de la fouace donc, ce gâteau à six branches, créé au XIXe s et censé atténuer pendant les vendanges les effets du muscadet...

Cœur de Loire : *château de La Plessisière, 44330* ***La Chapelle-Heulin.*** ☎ *02-40-06-74-73.* *06-86-00-15-05.* • *coeurdeloiredomaine.com* • *À 3 km du Pallet sur la D 7 avt La Chapelle-Heulin. Lun-ven 11h-19h, w-e groupes slt. Fermé de Noël à mi-janv et 1re quinzaine d'août. Résa indispensable.* Dans un cadre plaisant au cœur du vignoble, un établissement privé de tourisme viticole, avec restaurant et bar à vins. Taille, vinification, œnologie, parcours œnoludique en 8 étapes... Jean-Yves Auradon, tour à tour restaurateur, sommelier, caviste et vigneron, propose une rencontre approfondie et didactique avec l'ensemble de la filière vin.

Mouzillon *(44330) :* village fondé par les moines de Vertou sur l'ancienne voie romaine reliant Rouen à Bordeaux. Mouzillon est célèbre pour son pont gallo-romain, à quatre arches, qui franchit la Sanguèze, et pour le petit mouzillon, ce biscuit sec en couronne dentelée fabriqué au village. Sans sel ni matière grasse, à base de froment et d'amandes, il accompagne parfaitement un verre de muscadet.

LA LOIRE-ATLANTIQUE

CLISSON [klisɔ̃]

(44190) 7 000 hab. *Carte Loire-Atlantique, C-D4*

Aux confins de l'Anjou et du Poitou, marquant la limite sud du vignoble nantais, Clisson est posée aux marches de la Bretagne, comme on dit. Mais on s'y sent presque plus en Toscane à vrai dire. Cette jolie petite bourgade possède un indéniable charme même si, aussi « historique » soit-elle, il s'agit d'une ville recréée sur mesure. En 1793, les guerres de Vendée passent comme une tornade sur Clisson, ne laissant que quelques pans de murs intacts. En 1796, Pierre Cacault, peintre nantais de retour d'Italie, s'y installe. Son frère François, ancien ambassadeur de France à Rome, le rejoint et, ensemble, ils fondent un musée-école. En 1810, la collection est vendue à la ville de Nantes, et ils invitent, pour promouvoir l'école d'artistes, une sommité des arts de l'époque, le sculpteur de Napoléon, Frédéric Lemot. Ce dernier tombe sous le charme des lieux et achète les ruines du château et la Garenne, un parc de 13 ha en face du château. Il l'aménage en jardin romantique peuplé de « fabriques » à l'italienne inspirées de l'Antiquité. La ville prend alors une allure de peinture de paysage, prisée par les artistes du moment. La tuile et la brique se marient à l'ardoise et au granit, tandis que les plantes méditerranéennes font leur apparition sur les bords de la Sèvre (quelques oliviers et pins parasols traînent ici et là). Bel éclairage nocturne entre mi-juin et mi-septembre. Une étape vraiment plaisante, voire romantique, qui inspira Flaubert, Théophile Gautier et Alexandre Dumas.

Arriver – Quitter

➢ ***En train :*** à 20 mn de Nantes par la ligne Les Sables-d'Olonne – La Roche-sur-Yon ou celle de Cholet. Plusieurs trains directs/j.

Adresses et info utiles

i ***Office de tourisme du Vignoble de Nantes :*** *pl. du Minage.* ☎ *02-40-54-02-95.* • *levignobledenantes-tourisme.com* • *À côté des halles. Tlj (sf dim mat et lun 1er nov-fin fév). Fermé 1er janv et 25 déc. Visites guidées de la ville mar et sam en juil-août à 15h, et des visites théâtrales le dim à 16h et le mer en nocturne à 21h (juil-sept). Téléchargement gratuit du guide touristique sur le site.* Billetterie : spectacles, Puy-du-Fou, événements de la région, bateaux pour l'île d'Yeu, etc. Infos sur la *Vit'visite* : spectacle insolite et musical pour découvrir la ville, son histoire et son patrimoine.

■ ***Le Caveau des Vignerons :*** *mêmes locaux et mêmes horaires.* Dégustation gratuite des vins du vignoble et rencontres avec les viticulteurs locaux le week-end en été.

– ***Marchés :*** *mar et ven mat (le plus important), sous les halles.*

Où dormir ? Où manger ?

Camping

⛺ ***Camping municipal du Moulin :*** *route de Nantes.* ☎ *02-40-54-44-48.* 📱 *06-40-54-44-48.* • *camping@valleedeclisson.fr* • *camping-valleedeclisson.fr* • ♿ *À 500 m du centre-ville vers Vallet, juste avt la zone commerciale de Calin. Ouv de mi-avr à mi-oct.*

Compter 13 € en hte saison. Mobile homes 4-6 pers (340-480 €/sem). 56 empl. Emplacements ombragés, en surplomb de la rivière. Agréable malgré la proximité du centre commercial. Laverie et sanitaires tout récents. Bon accueil.

Très bon marché

Dolce Caffè : *2, pl. Notre-Dame. ☎ 02-40-04-69-13. • avenza1@free.fr • En contrebas de l'église. Tlj sf lun. Sem 11h30-19h, w-e 14h-20h. Menus 7-10 €.* Puisque Clisson se croit en Italie, voilà un petit snack à l'italienne avec *foccacia* et pizza. Bons gâteaux pour le dessert (le proprio est boulanger-pâtissier de métier). Simple, frais, bon et vraiment pas cher. Le service est sympathique, la petite salle avec son coin banquette tout autant et la terrasse sur la paisible placette bien agréable.

Prix moyens

Auberge du Château : *2, rue de la Collégiale. ☎ 02-40-54-32-08. • aubergeduchateau@wanadoo.fr • Tlj sf mer. Congés : dernière quinzaine d'août. Menus 14,30 € (déj en sem), puis 28,20-30,90 €. Café offert sur présentation de ce guide.* Au pied du vieux pont de pierre, petit resto convaincant avec une agréable terrasse en véranda pour profiter de la romantique vue sur la Sèvre nantaise. À l'image de la déco résolument moderne, la cuisine s'amuse à surprendre avec quelques touches créatives. Une bonne table offrant un excellent rapport qualité-prix. Un passage quasi obligé le lundi quand tous les autres restos sont fermés.

Restaurant de la Vallée : *1, rue de la Vallée. ☎ 02-40-54-36-23. En hte saison, ouv tlj sf dim-lun ; en basse saison, ouv mar-jeu midi, ven et sam. Congés : vac scol de Noël et 3 sem à la Toussaint. Résa hautement conseillée. Menus 23 € (en sem), puis 28-36 €. Digestif offert sur présentation de ce guide.* Bonne cuisine du marché améliorée, ponctuée çà et là de petites touches épicées et exotiques. Belles assiettes gourmandes autour du poisson ou du canard à prix raisonnables. En prime, une magnifique terrasse abritée surplombant la Sèvre, avec une vue imprenable sur le château et la ville. Tout nous a plu : le cadre, l'accueil et l'assiette.

De chic à plus chic

Villa Saint-Antoine : *8, rue Saint-Antoine. ☎ 02-40-85-46-46. • contact@hotel-villa-saint-antoine.com • hotel-villa-saint-antoine.com • Doubles 92-170 € selon saison et confort. Formule 14,90 € et menus 20,90 € (déj en sem), puis 29,90-39,90 €.* Installée dans les anciennes tanneries au bord de la Sèvre, la *Villa Saint-Antoine* joue la carte du modernisme en ce lieu historique. Les chambres, d'inspiration italienne, sont spacieuses, luxueuses, de conception originale, avec une belle harmonie de couleurs autour du chocolat et du blanc. Les salles de bains, pour les plus chères, sont surprenantes, de vrais thermes romains ! Belle terrasse avec piscine chauffée offrant la meilleure vue possible sur le château. Quant à la table, elle est à la hauteur du lieu avec une cuisine inventive, osant des alliances de saveurs audacieuses. Une grande réussite !

La Bonne Auberge : *1, rue Olivier-de-Clisson. ☎ 02-40-54-01-90. • labonneauberge2@wanadoo.fr • Fermé dim soir, lun-mar et mer soir. Congés : début janv et 3 sem en août. Menus 15-22 € (déj en sem), puis 46-72 €.* Cette bonne auberge est incontestablement l'une des meilleures tables de la région. La déco est plus chic que rustique, avec des petits salons feutrés et privatifs, et la cuisine plus raffinée et inventive que celle de nos grands-mères. La carte varie selon les saisons et les arrivages, affichant fièrement des produits du terroir, élégamment préparés (duo de pigeonneau et homard, turbot, ris de veau...). En prime, un accueil chaleureux. Que du bonheur !

Où dormir ? Où manger dans les environs ?

Camping

Camping Coin de Ciel : *le Tremblay. ☎ 02-40-54-71-11. • bossisdesaintlumine@yahoo.fr • camping-nantes-atlantique-clisson.fr • À 3 km de Saint-Lumine-de-Clisson, par la route d'Aigrefeuille-sur-Maine (D 117), prendre à gauche et continuer 2 km sur la route bordée de champs. Ouv tte l'année. Prix tente en hte saison : 9,50 €. Loue également des mobile homes pour 4 à 6 pers : 160-350 €/sem. Prix caravane : 175 €/sem. CB refusées. 6 empl.* En pleine campagne, sur un terrain annexe de la résidence principale d'un couple charmant, petit camping tranquille et ombragé, bordé de champs, avec salle à vivre, laverie et sanitaires corrects.

Bon marché

Chambres d'hôtes Fleur de Vigne : *domaine de La Garnière, 49230* **Saint-Crespin-sur-Moine.** *☎ 02-41-70-77-91. • marie-therese.fleurance@orange.fr • fleurdevigne.com • À 5,5 km de Clisson. La route de Saint-Crespin part de derrière l'église de la Trinité, passe devant le cimetière, traverse le hameau de Bournigal ; le domaine de La Garnière est sur la gauche avt Saint-Crespin. Compter 46 € pour 2. Une bouteille de la production du domaine offerte sur présentation de ce guide.* Au cœur du vignoble, dans une agréable ferme restaurée avec une cour centrale ombragée par une treille en fleur l'été (d'où la *Fleur de Vigne*). Chambre familiale sympa, mansardée et colorée, dont les lits sont séparés par une petite cloison. Entrée indépendante. Accueil chaleureux d'une petite dame énergique et qui aime tailler la bavette. Une ferme animalière intéressante pour les enfants se situe à 1 km. Une bonne adresse au calme.

Gîte communal d'étape Terbin-Gétigné : *Terbin, 44190* **Gétigné.** *☎ 02-40-54-04-82. • gitedeterbin@free.fr • gitedeterbin.free.fr • Au bord de la Sèvre nantaise. À 1,5 km du viaduc de Clisson, au rond-point suivre « Gétigné centre », puis prendre à droite avt d'entrer dans le village sur 1 km (c'est fléché). Sur résa slt. Compter 17 €/pers par nuit, gîte complet 16 places 240 €.* Salle à manger avec cheminée et cuisine équipée. Une bonne quinzaine de couchages en lits gigognes. Se munir de draps ou d'un sac de couchage. Couvertures fournies. Lieu plutôt agréable, mais le bâtiment est un peu triste et n'offre pas de vue directe sur la rivière. Location de canoës sur place. Départ de randonnée jusqu'à Clisson en longeant la Sèvre par un joli sentier aménagé.

Prix moyens

Chambres d'hôtes La Sarmentille : *19, Les Beillard, 44190* **Gorges.** *☎ 02-40-03-96-45. • lasarmentille@orange.fr • la.sarmentille.free.fr • À 4 km de Clisson, dans le hameau des Beillard, à gauche de la D 763 en direction de Vallet. Compter 60 € pour 2. Dîner sur résa 23 €.* Dans un ancien pressoir rénové, 2 chambres mignonnes comme tout à la déco soignée. Belle pièce à vivre avec cuisine à partager. Béatrice aime préparer des petits plats pour ses hôtes à base de bons produits de son potager.

Chambres d'hôtes La Sauzaie : *La Sauzaie, 44190* **Gétigné.** *☎ 02-40-54-26-65. • lasauzaie1@free.fr • gite-lasauzaie.com • À 7 km de Clisson, par la route de Boussay et de Cholet (D 149), prendre à droite à 1,5 km du rond-point de la sortie de Gétigné et continuer sur 2 km en traversant un hameau et des champs (c'est fléché). Compter 60 € pour 2.* La découverte du lieu est déjà un ravissement : dans un parc vallonné de 12 ha où des moutons et un âne paissent, on traverse des bois pour descendre un chemin vers une belle longère au bord des chutes d'eau de la Sèvre. Tenu par un couple franco-irlandais ; l'accueil est des plus chaleureux. Quelques chambres d'hôtes bien pensées, offrant une vue magnifique, se mêlent aux gîtes souvent pris en été par les amis irlandais et anglais de nos hôtes.

Certains soirs, c'est la fête dans le pub irlandais aménagé dans un bâtiment annexe. En journée, outre le tennis et la piscine, belles promenades à faire dans le parc parmi les séquoias, cèdres du Liban et arbousiers, ou par le sentier de randonnée longeant la rivière jusqu'à Clisson. Une adresse différente, reposante, vivifiante et quelquefois festive.

La Gétignière : *3, rue de la Navette, 44190* ***Gétigné.*** *☎ 02-40-36-05-37. Dans une ruelle face à l'église. Fermé lun, les soirs mar et dim. Formules midi en sem 16-26 €. Menus 26-44 €.* Belle auberge couleur saumon à volets bleus, face à l'étonnante église et son tout petit clocher. Cuisine inventive de marché, cadre lumineux et agréable, prix à la hauteur de la prestation font de ce resto, à juste titre, une table renommée.

Où boire un verre ?

Café des Cordeliers : *5, rue de la Vallée. ☎ 02-40-54-21-60. Dans une petite rue derrière le* Restaurant de la Vallée, *entre le château et La Garenne-Lemot. Ouv tlj sf lun-mar hors saison. Congés : début août.* Un café où les jeunes (et moins jeunes) aiment à se retrouver à l'heure de l'apéro et jusque tard le soir. La petite terrasse est abritée, et l'on y reste longtemps même s'il pleut ! L'intérieur est tout aussi agréable avec sa cheminée, sa bibliothèque où l'on peut laisser son livre préféré, ses fauteuils en cuir et ses expos de peinture moderne.

À voir. À faire

Le château : *☎ 02-40-54-02-22. • chateau.clisson@loire-atlantique.fr • Tlj sf mar : mai-sept, 11h-18h30 ; oct-avr, 14h-17h30. Visites guidées mai-sept, tlj sf mar à 11h, 14h30 et 16h ; oct-avr, w-e à 15h30. Fermé 1er janv, 24-25 et 31 déc. Compter env 50 mn de visite. Entrée : 2,20 € ; réduc. Avec visite découverte : 4,70 € ; réduc. Gratuit moins de 10 ans. Pour les enfants, demander le livret de jeux « Oh La L.A. Quelle aventure ! ». Nombreuses animations gratuites en saison.*
Vestige de l'activité querelleuse du connétable Olivier de Clisson, c'est un magnifique exemple de l'évolution de l'architecture défensive. D'un point de vue moins militaire et plus poétique, le château de Clisson représente également le château médiéval tel que se l'imaginaient les romantiques, de Rousseau à Musset. Rien d'étonnant, donc, à ce que le XIXe s s'entiche du site... Et que le sculpteur François-Frédéric Lemot, pour enrichir la collection de fabriques de son domaine situé de l'autre côté de la Sèvre nantaise, en fasse l'acquisition en 1807 et invite ses amis peintres et graveurs à reproduire cette ruine magnifique et tourmentée. Même s'il n'est aujourd'hui peuplé que par les pigeons ramiers et les souvenirs, l'absence de murs, les jambages des cheminées qui pendent dans le vide, les prisons pour hommes et femmes suscitent justement un intérêt pour essayer de reconstituer l'histoire de ce château, également intéressant de nuit, lorsqu'il est illuminé.
Les premières traces de l'existence du château, qui domine fièrement la Sèvre nantaise et la Moine, remontent au XIIe s. Ce sont les successifs aïeux du futur connétable de France Olivier IV qui mettent la première pierre à l'édifice. Quelques décennies plus tard, le père d'Olivier IV est officieusement « liquidé » par Philippe de Valois, roi de France, pour avoir intrigué auprès des Anglais. À cette époque, la majeure partie des provinces du Sud-Ouest demeurent sous domination de la perfide Albion. La raison d'État n'existe pas sous cette appellation, mais dans les faits, cela revient au même, on liquide à tour de bras. Piquée au vif, Jeanne de Belleville, sa femme, qui reçoit en retour de Paris la tête de son époux, prend le parti de lever des troupes contre le roi. C'est dans cette atmosphère belliqueuse que le jeune Olivier, futur Olivier V, va être élevé.

Après un bref séjour à la cour du roi Édouard III d'Angleterre, Clisson, en 1364, livre bataille contre Charles de Blois, au cours de laquelle il fait prisonnier Bertrand Du Guesclin et... perd un œil (voilà pourquoi il est souvent représenté de profil). Mais il retourne sa veste et revient dans le parti français. Du Guesclin et Clisson deviennent de bons potes, à tel point que quand le premier passe l'arme à gauche, en 1380, la charge de connétable revient à Clisson (ce qui équivaut à diriger le commandement des armées).
En 1794, 18 Clissonnais sont jetés vivants dans le puits de la cour du château en représailles aux « résistants » vendéens. La plupart sont des femmes et des enfants, qui ne seront exhumés qu'en... 1961 !
De la cour, jolie vue sur les toits et le quartier de la Trinité, du nom de l'église qui s'y tient. Scénographie audiovisuelle dans la tour Saint-Louis et dans la salle au-dessus de la prison des femmes, et parcours d'interprétation dans l'enceinte du château.

La Très Petite Librairie : *rue des Halles. ☎ 02-51-71-89-66. Ouv mar-sam 10h-13h, 14h30-19h.* Un lieu destiné à l'échange autour de la littérature et autour des idées en général. Laurence Neveu, la propriétaire, invite différents auteurs régulièrement pour débattre. Vente de livres, sélection de produits issus de l'agriculture équitable ou solidaire (chocolat, thé, riz...). Apéros littéraires réguliers. Un lieu plein d'énergie et de projets.

Les halles : une belle bâtisse du XVe s, à la charpente aux trois essences (chêne, sapin et châtaignier), qui abrite le marché, jouxtant des halles italiennes du XIXe s où se trouvent le caveau des producteurs de vin et l'office de tourisme. Utilisées par les Bleus (républicains) ou les Blancs (royalistes) comme base de repli, elles ne furent jamais incendiées car trop utiles. Depuis, le marché s'y tient toujours *(les mar et ven mat).*

La rue Tire-Jarrets : elle descend des halles vers la Sèvre et doit son nom aux malfrats qui, après le marché, détroussaient les marchands retournant chez eux, le jarret bien rempli de leurs gains (le jarret désignant leur bourse de cuir).

La rue de la Collégiale : avec son pin parasol qui surplombe la rue et que l'on retrouve sur toutes les photos de Clisson. Une petite Italie en pleins Pays-de-la-Loire. Remplacez les Peugeot par des Fiat, et vous y êtes ! De cette même rue part, à droite en remontant, la rue du Cul-Chaud, qui tire son nom du bateau-lavoir qui se trouvait au débouché de la ruelle, au bord de la Sèvre. Les lavandières, pour ne pas avoir froid, avaient coutume de s'asseoir au-dessus du brasero...

Le pont Saint-Antoine et le pont de la Vallée : ces deux ponts en granit du XVe s, construits par François II, le père d'Anne de Bretagne, sont tous deux classés Monuments historiques. Le premier possède une voûte légère faite de deux arches, tandis que le second compte cinq éperons.

Le square Mathurin-Crucy : *situé au bord de la Sèvre, à côté du pont de la Vallée.* Il permet de voir les bâtiments témoins des principales activités industrielles du Clisson d'autrefois. Sur le square lui-même, les vestiges d'un moulin à farine. En face, de l'autre côté de la Sèvre, le séchoir pour le tannage du cuir et l'ancienne filature, de part et d'autre du pont.

La Garenne-Lemot : *☎ 02-40-54-75-85. • garenne.lemot@loire-atlantique.fr • Parc ouv tlj : avr-sept, 9h-20h ; oct-mars, 9h30-18h30. Entrée libre. Visites guidées pour le parc mai-sept, tlj à 11h, 14h30 et 16h ; oct-avr, dim à 15h30 ; 2,50 €, réduc. Gratuit moins de 10 ans.*
– Maison du jardinier : mai-sept, tlj sf lun 11h-18h30 ; oct-avr, tlj sf lun 14h-17h30. Fermé 1er janv, 24-25 et 31 déc. GRATUIT.
– Villa Lemot : ouv slt pour les expos temporaires aux mêmes horaires ; GRATUIT (y compris la visite guidée des expos).

LA LOIRE-ATLANTIQUE

Parc boisé de 13 ha, avec une villa et une maison de jardinier, dont l'architecture du XIXe s se révèle un exemple parfait de l'italianisme en vogue à cette époque. En 1805, les frères Cacault présentent à Frédéric Lemot le site de la Garenne, ancien territoire de chasse des seigneurs de Clisson. Le sculpteur l'achète. Avec l'aide de Mathurin Crucy, il couche les premiers dessins, puis arrête le projet général de construction, un peu fou, d'inspiration toscane. Il tire profit des ressources offertes par la Garenne-Lemot : la vallée encaissée de la Sèvre, des cascades, bois, etc.
La Garenne-Lemot, classée en 1988, a désormais des échanges privilégiés avec la *Casa Velázquez* à Madrid.
– À l'entrée du domaine, la ***Maison du jardinier,*** flanquée d'une belle tour pigeonnier. Construite de 1811 à 1815, elle reprend les principales composantes de l'architecture transalpine, rappelant les demeures d'Ombrie ou de Toscane : loggia, toits de tuiles rondes, combles ouverts pour laisser passer les courants d'air bienvenus en été, motifs décoratifs en brique... Elle fut en son temps le premier édifice du genre à Clisson. Lemot y résida.
– ***La villa Lemot*** *(ou villa du Sculpteur)* **:** édifiée dès 1824 dans un style néoclassique, avec son imposante colonnade en hémicycle. À l'image des grandes demeures italiennes, elle offre, de l'autre côté, depuis son belvédère, une vue plongeante sur la Sèvre nantaise, la colonne Henri IV et le château. Elle sera achevée par le fils de Lemot, Barthélemy, en 1866. La villa accueille des expositions temporaires originales du Fonds régional d'art contemporain des Pays-de-la-Loire, en alternance avec le travail des élèves de la *Casa Velázquez.*
– ***Le parc paysager*** a conservé – fait rare – l'ensemble de ses fabriques ornementales : statues antiques, colonnes, la grotte Héloïse et les poèmes gravés sur les rochers, les petits temples datent de cette époque. Propice à la rêverie parmi les marronniers, pins parasols et platanes...

On peut également aller admirer la ***Garenne-Valentin,*** bâtie pour Jacques-Charles Valentin, ami de Frédéric Lemot, sur le site d'un ancien couvent de bénédictines. Joli reste de cloître XVIIe s, typique de l'architecture religieuse mauriste. Remarquable porche néoclassique du XIXe s en tuffeau. La Moine coule en contrebas du parc, très bien aménagé. Un agréable petit sentier rejoint l'église de la Trinité au départ du viaduc.

Le viaduc : il date des années 1840 et, avec ses 15 arches, il surplombe la Moine à une hauteur de 20 m. À voir le soir et de nuit en été, avec le bel éclairage sur la ville et le château. Superbe point de vue.

La chapelle des Templiers : *presque à la sortie de Clisson, en direction de Cugand (c'est fléché).* Cette église de fondation romane, édifiée à la fin du XIIe s, appartenait aux chevaliers de Malte, successeurs des Templiers. Elle était autrefois l'élément central de la commanderie des Templiers. Ce domaine disposait également d'un manoir, du moulin de Plessard situé en amont, de terres cultivées et d'un cimetière. On raconte que les gens de cette contrée avaient une si grande admiration pour cette église qu'ils disaient qu'elle avait été construite par les fées. Hélas, il lui manque maintenant son toit.

Ateliers et Mémoire du papier : *chapelle des Templiers, impasse de la Commanderie. 06-16-11-89-50. • ateliersetmemoiredupapier.fr • Ouv 15h-18h30 : mai et oct, les w-e ; juin-sept, tlj sf lun. Fermé nov-avr. Entrée : 5 € ; réduc ; gratuit moins de 10 ans.* Le papier a ici encore de beaux jours devant lui, sous toutes ses formes. Animations et ateliers. Chacun repart avec la feuille de papier qu'il a fabriquée lui-même et imprimée sur une vieille presse à bras ou encore avec son *pop-up.* L'association à l'origine de cette initiative réhabilite par ailleurs un moulin à papier et son séchoir à l'italienne du XIXe s, près de Clisson.

– ***Canoë-kayak :*** ***Canoë-kayak de Terbin,*** *à Terbin, 44190* ***Gétigné.*** *☎ 02-40-54-04-82. 06-71-58-06-83. • getignecanoekayak.free.fr •* Pour s'initier ou pour louer un canoë à la découverte de la Sèvre. Location à la journée et balades nocturnes commentées autour du château et du viaduc. Stages-découverte pour les jeunes. Propose également des hébergements (voir plus haut). Également avec ***Canoë-kayak Clisson,*** *au moulin de Plessard, 85610* ***Cugand.*** *☎ 02-40-54-39-59. • ckclisson.fr •*

Manifestations

Toutes les manifestations sur *• levignobledenantes-tourisme.com •*

– ***Montmartre à Clisson :*** *début juin.* Exposition et concours de peinture, carnets de croquis et modelage.

– ***Hellfest :*** *sur 3 j., le w-e le plus proche du 21 juin.* Le plus important événement français (sinon européen) dédié aux musiques métal et assimilées, 3e plus grand festival de France ! Plus de 150 groupes du monde entier sur 6 scènes et un public chevelu et ébouriffé déferlant sur Clisson.

– ***Les Italiennes :*** *en alternance avec « Les Médiévales », mi-juil. Rens auprès de l'office de tourisme.* Festival *in* dans le cadre enchanteur de la Garenne-Valentin et *off* un peu partout dans la ville. Deux thèmes dominent : la danse et la photographie. Mais il y a plein d'autres surprises... italiennes !

– ***Les Médiévales :*** *en alternance avec « Les Italiennes », fin juil.* Une vraie fête entre le village et le château, avec marché médiéval, artisans et camelots, jeux de joute, défilés, etc.

– ***Randissimo :*** *le 2e w-e de sept.* Randonnées à thème, gratuites et accompagnées, pédestres ou en canoë, pour découvrir le patrimoine de toute la vallée.

– ***Nouvel an du Muscadet :*** *le 1er dim de déc.* Sous les halles, les viticulteurs de la vallée font découvrir leur récolte ainsi que les millésimes précédents. Ambiance garantie.

VALLET [gwaled]

(44330) 8 200 hab. *Carte Loire-Atlantique, D3*

Grosse bourgade au cœur du vignoble nantais, à 20 mn de Nantes par la voie rapide. Grande église néo-gothique (voir les vitraux). Il y a une centaine d'années, on ne commandait pas au comptoir un muscadet, mais un « vallet ». D'où le titre de « capitale du muscadet » dont s'honore la ville, et sa devise : « Je suis la vigne, vous êtes les sarments. » C'est aussi à Vallet que fut créée la recette du canard au muscadet, en 1958.

Adresses et info utiles

ℹ ***Office de tourisme du Vignoble de Nantes :*** *1, pl. Charles-de-Gaulle. ☎ 02-40-36-35-87. • levignobledenantes-tourisme.com • Sept-juin, mar-dim mat ; en juil-août, ouv aussi lun ap-m, mais fermé sam ap-m.* Billetterie du Puy-du-Fou, spectacles, traversées pour l'île d'Yeu, etc.

■ ***Maison du muscadet :*** *5, route d'Ancenis. ☎ 02-40-36-25-95. • maisondumuscadet.over-blog.fr • À l'entrée du centre-ville. Tlj 10h-12h, 14h-18h (10h-17h30 hors saison). Fermé mer et dim pdt les vendanges. Congés : de janv à mi-fév.* Une cave associative où l'on peut goûter à la production de 25 viticulteurs du canton, sélectionnés par un jury professionnel. Dégustation gratuite.

– ***Marché :*** *dim mat.*

Où dormir ? Où manger ?

Chambres d'hôtes Le Château d'Yseron : *06-10-76-54-28. • ostalbin@wanadoo.fr • yseron.net • Direction Ancenis, puis Z.I. Est au rond-point ; c'est à 1,5 km. Compter 80-120 € pour 2 ; suite familiale 5 pers 160 €. Apéritif maison ou coffret 1 l. de muscadet de la propriété, offert sur présentation de ce guide.* Si vous rêviez de dormir dans un château, ce spécimen de 1830 vous tend les bras. On est accueilli par l'héritier de ces lieux, un personnage haut en couleur qui n'hésitera pas à vous expliquer le nom des 4 chambres : « Les Cigognes », « Louis XVII »... Mobilier d'époque, tapisserie de Jouy, carrelage peint, cheminée, portraits, rien ne manque au décor. En prime, dégustation de vins de la propriété sur la grande terrasse donnant sur le vignoble. Longue vie à *Yseron !*

À la Petite Ruelle : *5, rue Ribateau. ☎ 02-40-36-61-98. • alapetiteruelle@orange.fr • Derrière la mairie. Fermé lun, mar midi, sam midi et dim soir. Résa conseillée. Formules à l'ardoise : midi moins de 15 €, soir 25 €. Café offert sur présentation de ce guide.* Dans une ruelle étroite, un drôle de petit resto décoré de vieux outils agricoles aux murs. Le midi, sélection à l'ardoise, peu de propositions mais que du « maison » ! Le soir, on pourra laisser le choix au chef et découvrir ses plats au fur et à mesure. Au final, une cuisine de saison atypique et surprenante. Un resto traditionnel qui se la joue décalé en cassant les codes. En revanche, il en est un qui reste bien solide : réservez !

Où manger dans le coin ?

L'Auberge de la Comtière : *route du Landreau, 44330* ***Vallet.*** *☎ 02-40-33-65-59. • aubergedelacomtiere@gmail.com • Sur la D 37 avt Le Landreau en direction du Loroux-Bottereau. Ouv tlj à midi, plus le soir ven-sam. Menus 12,50 € (déj en sem), puis 10,80-24,80 €. Apéritif offert sur présentation de ce guide.* Au cœur des vignes, une bien sympathique auberge récente, avec une grande véranda donnant sur un jardin orné d'un vieux pressoir et d'accessoires viticoles. Bon menu « Randonneur » le midi avec un vaste assortiment d'entrées servies sur un plateau. Les becs fins ne seront pas en reste avec le camembert rôti ou le poisson au beurre blanc. Si le soleil n'est pas au rendez-vous, chaleureuse salle en pierre avec une grande cheminée. Excellent accueil. Une belle étape dans le vignoble nantais.

À faire

➢ ***Balades dans le vignoble :*** une cinquantaine de circuits pédestres à faire dans le vignoble dont plusieurs autour de Vallet pour découvrir les vignes, le patrimoine, les rivières. Par exemple, le *circuit des étangs* passe devant les vergers du Cléray où l'on peut goûter la fameuse confiture de mûroises. *Fiches détaillées en vente à l'office de tourisme (0,50 €) ou à télécharger gratuitement sur le site internet.*

DERNIÈRE ÉTAPE DES GENS DU VOYAGE

Un des carrés du cimetière de Vallet abrite une vingtaine de tombes plutôt impressionnantes : de vrais mausolées, en fait, en marbre et en verre. Il s'agit des sépultures de familles de gens du voyage qui, par tradition et depuis plus d'un siècle, se font inhumer à Vallet. On parle d'ailleurs de « cimetière des gitans ».

➢ ***Le vignoble à vélo :*** 5 boucles entre 9 et 32 km pour découvrir le vignoble de Nantes... *Plans des circuits en vente à l'office de tourisme (0,50 €) ou à télécharger gratuitement sur le site internet.*

DANS LES ENVIRONS DE VALLET

Le parc zoologique de La Boissière-du-Doré *(44430) : ☎ 02-40-33-70-32. • zoo-boissiere.com • À 10 km au nord de Vallet, direction Ancenis. Fév-mars et oct-nov, w-e, j. fériés et vac scol 14h-18h ; sept, lun-sam 14h-18h, dim 11h-19h ; avr-juin, tlj 11h-19h ; juil-août, tlj 10h-19h. Billetterie fermée 2h avt la fermeture. Fermé déc-janv. Entrée : 18 € ; réduc. Gratuit moins de 3 ans.* Une plaine africaine et une forêt amazonienne en pleins Pays-de-la-Loire pour voir évoluer, entre autres, rhinocéros, girafes, oryx, pythons, paresseux... On peut aussi admirer des gorilles, des orangs-outans et même des loups, lions, tigres, guépards, ours. Près de 700 animaux en tout sur 19 ha et plus de 50 naissances chaque année. Spectacle en vol libre d'une cinquantaine d'oiseaux. Pas mal dans le genre ! À faire en famille, bien sûr.

Camping à la ferme de la Péquinière : *La Péquinière, 44430* ***La Boissière-du-Doré.*** *☎ 02-40-33-70-49. • accueil@pequiniere.fr • pequiniere.fr • ♿ Passer le zoo, prendre à droite et suivre le fléchage sur 2 km. Ouv avr-oct, sur résa slt. Prix : 7,50 €. CB refusées. Lait de la ferme offert sur présentation de ce guide.* Au bord d'un étang, 6 emplacements bien ombragés sur une grande étendue herbeuse, avec vue dégagée sur la campagne. Bloc sanitaire nickel. Jeux d'enfants, barbecue et terrain de pétanque. Visite quotidienne des activités de la ferme, avec découverte des animaux.

LE LOROUX-BOTTEREAU [Lavreer-an-Botorel]

(44330) 7 500 hab. *Carte Loire-Atlantique, C3*

Entre collines et vallons, marais et petits bois confinés, Le Loroux-Bottereau est la deuxième commune viticole du département avec ses 1 400 ha de vignes. Ce bourg paisible est aussi influencé par la Loire, toute proche, sa douceur de vivre et ses restos gastronomiques sur la levée de la Divatte. Son histoire a été particulièrement marquée par la Révolution française. En mars 1793, la paroisse est parmi les premières à s'insurger contre la République, et les « gars du Loroux » constituent une véritable « division d'élite » au sein de l'armée catholique et royale, du côté des Vendéens. Il s'ensuivra de terribles affrontements et massacres des colonnes infernales de Turreau et de Cordelier. On ne s'étonnera donc pas de trouver, au milieu de la grand-place, une statue de Louis XVI en souvenir des 4 500 Lorousains tombés pour la religion et pour la France.

Adresse utile

ℹ ***Office de tourisme du Vignoble de Nantes :*** *12, pl. Rosmadec. ☎ 02-40-03-79-76. • levignobledenantes-tourisme.com • Mar-sam mat. Fermé jeu mat hors vac scol.* Visites guidées dans le cadre du Pays d'art et d'histoire.

Où dormir dans le coin ?

Chambres d'hôtes Domaine de La Roche : *hameau de La Roche. ☎ 02-40-03-74-69. 📱 06-10-94-24-50. • pineaumachi@yahoo.fr • À env 5 km* *sur la D 7 en direction de La Chapelle-Heulin, en haut de la colline de La Roche. Congés : 20 déc-31 janv. Compter 55 € pour 2.* Dans une belle maison de vigneron avec une véranda donnant sur le vignoble, chambres agréables dont certaines avec entrée extérieure et kitchenette. Beau jardin fleuri et arboré sur une petite colline. Tous les soirs à l'heure de l'apéro, votre hôte vous invite à une dégustation dans son chai, où trône un vieux pressoir, à quelques kilomètres de là. Son muscadet est très bon. Accueil chaleureux.

Chambres d'hôtes Le Clos de la Brevère : *hameau de La Brevère, 44430* ***La Remaudière.*** *☎ 02-40-33-74-75. 06-50-22-88-27. • j.petiteau1@free.fr • leclosdelabrevere.fr • À env 5,5 km sur la D 115 en direction d'Ancenis, à droite vers La Remaudière, la maison est sur la droite 2 km plus loin (entrée discrète). Résa recommandée, enfants non souhaités. Compter 90 € pour 2. Également un gîte 2-3 pers.* Chambres très soignées dans 2 bâtiments indépendants (la grange et la « Chambre aux patates »), avec accès à une petite cuisine commune tout équipée. Dans les vignes qui entourent son vaste jardin arboré, le proprio, ancien vigneron, a replanté une vingtaine de cépages oubliés. Il fait ses vendanges à l'ancienne et propose des dégustations pour ses hôtes dans son chai, où il collectionne des outils viticoles des années 1950.

À voir. À faire au Loroux-Bottereau et dans les environs

La statue de Louis XVI : *sur le parvis de l'église.* Voici l'une des dernières statues de Louis XVI en France. On peut voir deux autres statues, à Nantes et au château de Caradeuc, près de Rennes. Celle-ci est une copie, l'original se trouve à l'office de tourisme, place Rosmadec. Elle fut érigée ici, durant la Restauration, en souvenir des colonnes infernales qui massacrèrent bon nombre d'habitants restés fidèles au roi.

Les marais de Goulaine : ils s'étendent sur 1 500 ha et hébergent canards, foulques, hérons cendrés et une flore variée. Ils se découvrent à pied par les sentiers, en été, quand les marais sont asséchés ou en barque à partir du port du Millau, de l'Angle-Essort ou du Montru. Ces marais sont aussi la plus grande frayère à brochets d'Europe. Un seul pont pour traverser le marais, celui de l'Ouen, entre Haute-Goulaine et Le Loroux-Bottereau.
– Route du Pont de l'Ouen, à Haute-Goulaine, ***La Maison Bleue*** *(☎ 02-40-54-55-51 ; • maraisdegoulaine.fr • ; avr-oct, lun-ven 14h-17h, w-e 15h30-18h30)* est un espace pédagogique qui propose des expos en lien avec le marais (peintures, photos, planches sur la faune et la flore...). Animations nature et promenades sont également organisées.

Le moulin du Pé : situé à 64 m d'altitude, sur une vraie petite montagne pour la région. Adossée au moulin qui a perdu son toit, une statue du Christ Roi veille sur le vignoble. Haute de 5,60 m, elle fut ajoutée en 1960 par le sculpteur régional Jean Fréour. On peut grimper jusqu'à une plate-forme à l'intérieur de la tour. Point de vue sur les marais et le vignoble (parfois jusqu'à Nantes). Table d'orientation.

LA VALLÉE DE LA LOIRE

La Loire est longtemps restée le principal axe de circulation des marchandises et des voyageurs dans l'ouest de la France. Au Moyen Âge, les seigneurs riverains percevaient des droits de péage sur chaque marchandise

transportée par les gabares, ces bateaux à voiles carrées, disparus au XIXe s. Quelque 800 mariniers et pêcheurs travaillaient autour de Champtoceaux. Mais l'arrivée du train en 1851 fut fatale à leur activité maritime, remplacée un temps par l'extraction du sable, entraînant une accélération du courant, une dégradation des rives et une menace pour les ponts. L'exploitation du sable fut complètement arrêtée en 1993. C'est aujourd'hui la culture maraîchère sur ce sol sablonneux qui a pris le relais. Mâches, radis, carottes mais surtout muguet avec ses 20 millions de brins cultivés chaque année entre La Chapelle-Basse-Mer et Saint-Julien-de-Concelles. Devenue également route touristique, la vallée de la Loire fait aujourd'hui le bonheur des randonneurs à vélo, et son chemin de halage sur la rive nord attire chaque année de plus en plus de familles pour une course tranquille contre le fleuve sauvage.

La Loire à vélo

Entre Nantes et Oudon, sur la rive nord de la Loire, 34 km de pistes balisées sur le chemin de halage offrent aux adeptes de la petite reine une balade bucolique dans un paysage varié avec des vues imprenables sur le fleuve. On ne manquera pas de faire une pause aux étonnantes Folies Siffait, de déguster du vin au domaine des Génaudières au Cellier, de visiter le château médiéval d'Oudon et sa scénographie passionnante, et d'aller saluer la mémoire de Louis de Funès au Cellier. Une balade agréable à faire dans la journée au départ de Nantes, avec possibilité de retour en train, des stations de TER ponctuant le parcours.

POISSON D'AMOUR !

Au siècle dernier, lorsqu'un marinier voulait se marier, il déposait une alose, fraîchement pêchée, sur la table de cuisine de la jeune fille dont il était amoureux. Lorsqu'il revenait, si cette dernière avait cuisiné l'alose, les fiançailles, voire le mariage, pouvaient être célébrés. En revanche, si le poisson était resté en l'état sur la table, le marinier pouvait le récupérer et aller se faire cuire un œuf !

Balades en bateau

À bord de « La Luce » : *☎ 02-40-83-60-00. • loire-en-scene.fr • Billetterie au château d'Oudon ou à l'office de tourisme du Pays d'Ancenis, résa vivement recommandée. Départs de Champtoceaux (de l'autre côté du fleuve). Avr-juin et sept-oct, w-e et j. fériés ; juil-août, tlj. Env 4 départs/j. (2 slt en oct). Durée : 1h15. Compter 10 € ; 5,50 € pour les 5-14 ans.* Balade passionnante faite par un guide-marinier à la découverte des richesses du fleuve. Commentaires érudits et pleins d'humour sur la faune, la flore, ponctués d'anecdotes croustillantes sur l'histoire du fleuve. N'oubliez pas votre appareil photo ! Prêt de jumelles à bord.

Les Balades du Pêcheur : *06-19-25-58-29. • lesbaladesdupecheur.com • De mi-mai à sept, au départ de Saint-Julien-de-Concelles, pour Ancenis ou Nantes. Sur résa slt. Compter 25 €/pers.* Claude Janin, pêcheur professionnel, propose des balades commentées au fil de la Loire, l'une sauvage en amont, l'autre urbaine en aval. Découverte à travers les yeux d'un pêcheur des richesses des bords de Loire, complétée d'une dégustation de produits du terroir.

L'Erre Sauvage : *La Pierre Percée, 44450* ***La Chapelle-Basse-Mer.*** *06-72-16-10-51. • erre-sauvage.com • Sur résa slt et à partir de 6 pers. Compter 19 €/pers (jusqu'à 12 pers).* À bord de la reconstitution d'une toue cabanée, bateau traditionnel de Loire tout en bois. 2h de balade à la découverte de la faune et de la flore (prêt de jumelles). Formule « pêche » ou avec déjeuner également. Et possibilité de louer la toue (amarrée !) en chambres d'hôtes *(compter 115 € pour 2).*

LA LEVÉE DE LA DIVATTE (RIVE SUD DE LA LOIRE)

Carte Loire-Atlantique, C3

Nom d'une rivière qui se jette dans la Loire près de La Varenne, c'est aussi celui de la levée qui borde un bout de la Loire, de Nantes au Cellier. Après qu'une ordonnance royale de 1846 déclara la levée de la Divatte d'utilité publique, 9 ans de travaux furent nécessaires pour voir naître cet ouvrage long de 16 km et haut de 3 m. À la fin du XIXe s, la chaussée qui fut construite dessus devint route nationale. Mais en 1910, ce fut la catastrophe : la Loire, trop puissante, fit craquer cette « digue » sur des centaines de mètres. Malgré d'importantes inondations, les Nantais ne lui en tinrent pas trop rigueur, et revinrent aux beaux jours à la Divatte et à ses guinguettes. À l'image des bords de Marne à la même époque, on y venait le dimanche pour pêcher, jouer aux boules et aux palets, et, à coup sûr, s'envoyer un p'tit muscadet. L'endroit conserve sa notoriété, grâce aux bonnes tables qui s'y trouvent encore aujourd'hui. On y inventa d'ailleurs le beurre blanc.

Où camper ?

⛺ ***Camping du Chêne :*** *1, route du Lac, 44450* ***Saint-Julien-de-Concelles.*** *☎ 02-40-54-12-00. • contact@campingduchene.fr • campingduchene.fr • ♿ À la sortie de Saint-Julien-de-Concelles, sur la route du Loroux-Bottereau. Ouv avr-sept (tte l'année pour les loc). Prix tente : 12,50-14 € selon saison. Loc de bungalows : 300-610 €/sem. 100 empl. Réduc de 10 % sur les emplacements hors juil-août sur présentation de ce guide.* Au bord de l'étang du Chêne, dans un joli espace arboré et calme. Piscine, jeux pour enfants, tennis, location d'embarcations à pédales et de barques pour taquiner la carpe, le brochet ou le sandre. Point d'informations touristiques et petit kiosque faisant snack au bord de l'étang. Tenu par un jeune couple aux petits soins pour ses hôtes. École de voile juste à côté *(**OLAC,** ☎ 02-40-33-37-03).*

Où manger ?

|●| ***L'Auberge Nantaise :*** *38, levée de la Divatte, 44450* ***Saint-Julien-de-Concelles.*** *☎ 02-40-54-10-73. • aubergenantaise@sfr.fr • Tlj sf dim soir et lun. Congés : 10-25 juil. Formule 17 € et menus 20 € (déj en sem)-27,50 €. Café offert sur présentation de ce guide.* Face au pont métallique reliant Saint-Julien à Thouaré-sur-Loire, une auberge de grande renommée depuis fort longtemps, bénéficiant d'une vue panoramique à l'étage. Le chef excelle, dès les premiers prix, dans une cuisine traditionnelle revisitée et créative. Filet de sandre au beurre blanc, ris de veau aux morilles, cuisses de grenouilles et anguilles de la Loire fraîchement pêchées... que du bon ! Certainement l'une des meilleures tables de la levée.

|●| ***Restaurant Clémence :*** *91, levée de la Divatte, « La Chebuette », 44450* ***Saint-Julien-de-Concelles.*** *☎ 02-40-36-03-18. • contact@restaurantclemence.fr • Tlj sf lun (plus mer soir et dim soir hors saison). Congés : 3 sem en août, 24-25 déc. Formules 15-16 € et menus 21 € (déj en sem), puis 33-43 €. Café offert sur présentation de ce guide.* Une prestigieuse

enseigne qui doit sa notoriété à Clémence Lefeuvre, créatrice du beurre blanc, cette sauce qui accompagne merveilleusement bien les poissons. Décor épuré, ambiance feutrée et élégante pour une cuisine traditionnelle avec une touche de modernité. Sandre au beurre blanc, bien sûr, mais aussi ravioles d'écrevisses, duo d'anguilles et de grenouilles... un régal !

I●I ***La Divate :*** *28, levée de la Divatte, lieu-dit Boire courant, 44450* ***Saint-Julien-de-Concelles.*** *☎ 02-40-54-19-66. ♿ Fermé mar-mer et dim soir (lun soir en basse saison). Congés : vac de fév et 3 sem en juil. Formule déj 15 € et menus 20,50 € (en sem), puis 29,80-46,90 €.* Murs de pierre et décor rustique chaleureux suggérant l'intérieur d'une maison de pêcheur, ce très agréable resto en bord de Loire propose une cuisine de terroir inventive et plaisante, à base de produits régionaux. Le sandre rôti au beurre blanc mérite sa réputation.

I●I ***Villa Mon Rêve :*** *2, levée de la Divatte, 44115* ***Basse-Goulaine.*** *☎ 02-40-03-55-50. ● contact@villa-mon-reve.com ● Sur la D 751, en contrebas de la route des bords de Loire. Fermé dim soir, lun et mar. Formule déj en sem 21 € ; menus 35-42 €.* Une adresse connue de longue date dans la région. Sympathique terrasse fleurie en été et salle joyeusement rénovée au goût de l'époque. Le jeune et récent chef reste fidèle à cette belle cuisine de région et de tradition qui laisse de la place pour l'innovation. Très large (et judicieux) choix de muscadets.

À voir. À faire dans le coin

La chapelle Saint-Simon : *à* ***La Chapelle-Basse-Mer.*** *Tlj 9h-19h.* Sur les bords de Loire. Édifiée au XVIe s mais restaurée au XVIIIe, elle doit son nom au saint patron des mariniers. Elle fut de nombreuses fois inondée, lorsque les crues de la Loire transformaient la vallée en un immense marécage, avant la construction de la levée de la Divatte.

– ***Espace de loisirs Les Rives de Loire :*** *à* ***La Pierre-Percée,*** *à 3 km de La Chapelle-Basse-Mer.* Autour d'un plan d'eau, une aire de jeux, de pique-nique (barbecue à disposition) et de pêche, avec plusieurs sentiers pédestres. Baignade interdite.

OUDON [oudon]

(44521) 3 042 hab. *Carte Loire-Atlantique, D3*

Une ville remarquable dans cette belle vallée de la Loire. Perchée sur son rocher dominant le fleuve, l'impressionnante tour du château médiéval en constitue la pièce maîtresse... On ne peut manquer également les points de vue sympas tout au long de la route qui borde la Loire, et les nombreuses possibilités de randonnées pédestres et cyclables. Agréable petit port de plaisance au pied du rocher. Possibilité de baignade au plan d'eau les après-midi de juillet et août. Sans oublier une grande table, à prix modestes, à suivre avec attention ! Un passage incontournable, donc.

Adresse utile

ℹ ***Office de tourisme du Pays d'Ancenis :*** *11, rue du Pont-Levis (à l'entrée du château). ☎ 02-40-83-80-04. ● pays-ancenis-tourisme.fr ● Ouv tlj avr-oct ; fermé w-e hors saison et déc-janv, hors accueil téléphonique.*

Infos sur tout le Pays d'Ancenis et les bords de Loire. Location de barques et canoës sur la vallée du Hâvre, d'avril à octobre. Fiches de randonnées, fiches boucles Loire à vélo.

Où dormir ? Où manger à Oudon et dans les environs ?

Prix moyens

Chambres d'hôtes La Maison dans les Bois : *hameau Le Vaud, à 2 km du centre-ville en suivant le fléchage à partir de la cale proche de la gare. ☎ 02-51-14-13-82. 06-89-67-18-41. • rouquayrol.philippe@wanadoo.fr • lamaisondanslesbois.fr • Doubles 69-79 €.* Au cœur d'une pinède, belle maison d'architecte à la déco très contemporaine, proposant 2 chambres, dont une toute récente, un peu à l'écart (demandez sur quelle base elle a été aménagée, c'est presque incroyable !). Plus que tranquille, très déco et d'un confort optimum : TV, lecteur DVD et sauna (payant). On apprécie particulièrement la petite terrasse avec chauffage-parasol, d'où l'on peut voir passer chevreuils et écureuils. Accueil des plus enthousiasmant.

Villa Saint-Germain : *170, rue Alphonse-Fouschard, à Oudon. ☎ 02-51-14-10-04. • villastgermain@orange.fr • Au pied du petit pont, dans le centre-ville. Tlj sf dim soir, lun et mar. Congés : de mi-août à début sept. Résa indispensable. Formules déj en sem 16,50-20,50 € ; menus 29-34 €.* Formée par de grands chefs, la toute jeune Marie Le Calvez s'est installée à Oudon, avec son compagnon qui s'occupe de la salle ; et le bouche à oreille a suivi... On vient de Nantes pour découvrir sa surprenante cuisine ! En perpétuelle invention, influencée par ses maîtres autant que par ses voyages en Asie, ce petit bout de femme cuisine d'instinct et étonne à chaque plat. Le plaisir est immense, et sa maîtrise désarmante. On sort de ce lieu unique, à l'ambiance cosy et détendue, en se promettant d'y revenir au plus vite pour de nouvelles découvertes culinaires. Un véritable coup de cœur, vous l'aurez compris !

À voir. À faire

Le château médiéval : *11, rue du Pont-Levis. ☎ 02-40-83-60-00. • loire-en-scene.fr • Avr-sept et vac scol de la Toussaint, ouv tlj 10h-12h30, 14h-18h30 (19h juil-août, 18h sept et Toussaint) ; oct, le w-e ; mars, dim slt. Visite libre, 1h30. Compter 7 € ; 4,50 € pour les 5-14 ans ; réduc. Pour les enfants, possibilité de participer au jeu « Oh La L.A. Quelle aventure ! ».* Avec le château d'Ancenis, ce château du XIe s, reconstruit à la fin du XIVe s, assurait un verrou sur les marches de Bretagne. Du château en tant que tel, il ne subsiste qu'une tour maîtresse octogonale haute de 40 m et les remparts. Imposante et superbe, cette tour est un condensé des matériaux utilisés dans la région : schiste, tuffeau angevin pour les bandeaux horizontaux et les huisseries, encadrement des baies en granit. Elle sert de cadre à une scénographie passionnante organisée par *Loire en scène.* La visite commence par le récit sur grand écran d'un pêcheur qui retrace l'histoire de la région et de la batellerie. Aux étages, films courts, belles scénographies et jeux de lumières content les tragiques guerres de Vendée, et narrent le voyage et la vision artistique du peintre anglais William Turner sur la région. On pourra écouter au casque dans l'une des salles supérieures d'amusants contes, chansons folkloriques, poèmes et extraits littéraires. Enfin, au dernier niveau, on s'envole pour un superbe voyage virtuel en montgolfière au-dessus de la Loire. On ne manquera pas d'apprécier du sommet de la tour la vue à 360° sur le fleuve et le vignoble. Une visite ponctuée de commentaires érudits, à ne pas manquer.

➢ ***Croisière sur la Loire :*** *à bord de* La Luce, *au départ de Champtoceaux (de l'autre côté du fleuve). Billetterie au château d'Oudon. Voir « Balades en bateau » au début de ce chapitre. Un pass intéressant permet de combiner la visite du château et la croisière sur la Loire.*

➢ ***Parcours de sculptures monumentales :*** *à travers la ville.* 24 sculptures, certaines étonnantes, issues du symposium de sculpture organisé tous les 2 ans : les artistes sont de toutes nationalités, une thématique différente à chaque fois, le sculpteur récompensé voit son œuvre exposée dans la ville (un plan de l'emplacement des sculptures est disponible à l'office de tourisme). *Prochaine édition en 2015.*

Le menhir de La Pierre-Blanche : *à 200 m du hameau du même nom, au nord-est d'Oudon.* Énorme bloc de quartz de 4,30 m de haut et 3,60 m de large. Il paraîtrait qu'il tourne sur lui-même une fois par an à minuit. Mais seuls les lutins connaissent la date...

➢ ***Promenade dans la vallée du Hâvre et en bords de Loire :*** la rivière encaissée du Hâvre serpente entre champs et bosquets, et se jette dans la Loire à Oudon. On peut suivre ses méandres en canoë et en barque *(loc à l'office de tourisme ; compter 18-27 € la ½ journée pour 3-6 pers).* La balade est aussi possible à pied en suivant la rivière.

– ***Vol en montgolfière :*** *☎ 02-40-96-26-26. • nantes-montgolfieres.fr • Pour un baptême, compter 200-230 € (- 10% à partir de 4 pers).* Qui n'a jamais rêvé d'un vol de 1h en montgolfière au-dessus de la Loire ? Selon les vents, décollage d'Oudon, du Cellier ou d'Ancenis (et depuis de nombreux autres lieux dans les environs).

DANS LES ENVIRONS D'OUDON

À ***Champtoceaux*** *(Maine-et-Loire),* de l'autre côté du pont d'Oudon, on peut encore admirer les deux arches du ***moulin Pendu.*** Plus loin, deux sentiers-découvertes autour des contes et légendes, et du Moyen Âge. Très beaux panoramas qui surplombent la Loire au Champalud, derrière l'église.

D'OUDON À SAINTE-LUCE-SUR-LOIRE (RIVE NORD DE LA LOIRE)

Avant un retour vers l'urbanisation nantaise, la rive nord de la Loire offre de jolis paysages escarpés où les vignes descendent en pentes douces jusqu'au fleuve, bénéficiant d'un fort ensoleillement. Muscadet sur lie, gamay coteaux-d'ancenis, mais aussi malvoisie et « Belle Folie », particulièrement gouleyants, sont produits ici. Le Cellier, Mauves-sur-Loire, de calmes villages ; Louis de Funès, qui vivait dans le coin, savait savourer ces paysages et ces vins... Une rive agréable à parcourir par son chemin de halage, car dénuée de routes.

Où dormir ? Où manger dans le coin ?

Camping

Camping Belle Rivière : *route des Perrières, 44980* ***Sainte-Luce-sur-Loire.*** *☎ 02-40-25-85-81. • belleriviere@wanadoo.fr • camping-belleriviere.com • Entre Sainte-Luce et Thouaré, à env 10 km au nord-est de Nantes par la sortie 24, puis fléché. Tram depuis le centre de Nantes : Souillarderie, puis*

Chronobus (arrêt « Gicquelière » à 800 m du camping). Ouv tte l'année. Prix tente : 13,40-14,65 € selon saison. Loue aussi des mobile homes (220-560 €/sem selon taille et saison). 100 empl. Réduc de 5 % sur présentation de ce guide. Emplacements calmes et bien ombragés pour les campeurs, mobile homes à l'écart. Son cadre et son confort justifient le détour. Pêche et promenades au bord de la Loire (à vélo, à pied, à cheval...). Jeux pour enfants, minigolf et barbecue collectif. Sanitaires nickel.

De prix moyens à plus chic

Chambres d'hôtes L'Atelier dans la Verdure : *quartier La Verdure, route du Chêne-Vert, 44770* **Thouaré-sur-Loire.** *☎ 02-40-77-59-36. 06-09-72-32-57. • corinne.reignier@orange.fr • pagesperso-orange.fr/reignier.laverdure • Du rond-point de la Belle-Étoile, prendre la D 723 direction Ancenis, puis 1re à droite et 2e à gauche. Compter 62 € pour 2 ; familiales également.* Dans un agréable jardin de 4 000 m² avec chênes centenaires, une maison contemporaine de charme tenue par Corinne, artiste peintre. Chambres familiales, avec accès indépendant et salon TV, décorées d'œuvres de la maîtresse de maison. Aux beaux jours, le petit déjeuner est servi sur la terrasse face au bassin à poissons rouges. Labellisé « Accueil vélo ».

Chambres d'hôtes Château de Bois-Briand : *10, rue du Bois-Briand, 44000* **Nantes.** *☎ 02-51-79-70-25. 06-64-85-14-05. • mijodelalonde@gmail.com • delalonde.com • À 5 km à l'est du centre-ville de Nantes, sortie 42 du périphérique (Porte-de-Sainte-Luce), direction Sainte-Luce, à gauche après le magasin Métro, entrée du parc juste à droite. Congés : vac de Noël. Compter 120 € pour 2 (85 € à partir de la 2e nuit).* La grille finement ouvragée du XVIIIe s donne le ton. On quitte un environnement pas folichon, façon zone industrielle des temps modernes, pour un voyage surréaliste dans le passé. Dans un château du XVe s, remanié au XVIIe, 2 vastes chambres, confortables, décorées et meublées avec goût, équipées de grands sanitaires. Le petit déjeuner est servi dans l'orangerie. Et si vous avez une âme musicienne, un piano à queue vous tend ses touches. Ni « Mi Jo » Delalonde ni son avenant époux ne vous en dissuaderont !

L'Envol : *85, rue des Mauves, 44470* **Thouaré-sur-Loire.** *☎ 02-40-68-07-21. Fermé dim-lun ainsi que le soir mar-mer. Formule déj 17,50 € ; menus 18,90-31,90 €.* Précisément le genre d'adresse où l'on ne s'arrête pas car on ne la voit pas. Stop ! Derrière cette façade anodine de routier se cache un super petit resto, très fréquenté au déjeuner par une clientèle d'affaires. Et pour cause ! On sert ici à prix bien serrés une cuisine traditionnelle fraîche et inventive, qui tourne au gré de la marée, du marché et de l'inspiration du chef. Service en salle (déco moderne) ou, mieux, en terrasse dans un petit jardin, à l'arrière, dès les beaux jours. Et là, c'est formidable !

Où manger en chemin ?

Le Clos du Cellier : *1, pl. du Mémorial, 44850* **Le Cellier.** *☎ 02-40-25-38-45. Au cœur du bourg, en contrebas de l'église. Ouv tlj sf lun et dim soir. Congés : 10 j. début janv. Formules déj en sem 15-22 € ; menus 15-43 €. Un verre de vin sélectionné par le sommelier offert sur présentation de ce guide.* On pénètre dans cet agréable resto à la déco contemporaine par la cave à vins pleine de merveilles venues d'un peu partout. Madame est aux fourneaux, monsieur en salle. Et dans l'assiette, une bonne cuisine de saison, à base de produits du terroir, avec une formule économique le midi, plus élaborée et d'inspiration gastronomique le soir. Une table qui réveille ce petit village assoupi, et c'est tant mieux !

Où acheter du bon vin ?

Domaine des Génaudières : *44850* ***Le Cellier.*** *☎ 02-40-25-40-27. • domaine-genaudieres.fr • Fléché à partir de la D 723, entre Oudon et Mauves-sur-Loire. Lun-sam 9h-12h30, 14h-19h.* La jeune œnologue Anne Athimon veille sur ce domaine familial viticole datant de 1635 (l'un des plus anciens des bords de Loire), dont les vignes descendent en terrasses jusqu'au fleuve. Situées au nord de la Loire, elles bénéficient d'une exposition plein sud. Les sols silico-argileux font de son muscadet un vin très typé, sec, vif et agréable. Mais Anne propose également un gamay coteaux-d'ancenis gouleyant et très fruité, aux notes de framboises, ainsi qu'un bon malvoisie. Rares sont les propriétés qui en produisent encore ; pourtant, c'est un véritable délice d'été !

Domaine Landron Chartier : *le Bas Ponceau, à* ***Ligné*** *(44850). ☎ 02-51-12-22-90. • landronchartier.fr •* Vins issus de l'agriculture biologique.

À voir. À faire

Les folies Siffait : *à 2 km d'Oudon, en direction du Cellier. En théorie, le site est fermé, mais on peut le longer par le bord de Loire. Un long programme de restauration et de consolidation a été lancé pour donner un coup de fouet et de jeunesse à ces étranges ruines.* Construites par un employé des douanes, Maximilien Siffait, qui débarque au Cellier au début du XIXe s, les terrasses finissent d'être décorées et aménagées par son fils Albert-Oswald. C'est un mystérieux labyrinthe de terrasses et d'escaliers avec des murs envahis par la nature, des fenêtres en trompe l'œil et un panorama exceptionnel sur la Loire. Les murs badigeonnés de bleu, les portes ouvertes sur rien, les escaliers ne menant nulle part, les arches de verdure ont été grignotées par le passage du chemin de fer auquel Albert-Oswald Siffait, alors maire du Cellier, s'était opposé. Les raisons d'une telle construction demeurent inconnues et ont donné lieu aux interprétations les plus fantaisistes : folie édifiée en l'honneur d'une belle, ou vaste chantier pour occuper artisans et ouvriers locaux... Toujours est-il que les pavillons, les kiosques, les tourelles gothiques, les murs crénelés ont inspiré Stendhal et Turner, lequel en fit une série de gravures et de toiles. Au passage, en descendant le petit chemin, remarquer l'étrange chêne aux trois racines suspendues dans le vide.

Le château de Clermont : *sur la route de Vandel,* ***Le Cellier.*** *À 8 km d'Oudon en longeant la Loire.* Cette grande bâtisse de brique rose, style Louis XIII, était la propriété de la famille Nau de Maupassant avant d'appartenir à Louis de Funès. L'acteur est d'ailleurs enterré au cimetière du Cellier. Son seul intérêt est sa terrasse donnant sur la Loire, puisque le château n'est pas visitable. De la roseraie du gendarme à l'agitation bien connue, il ne subsiste plus rien.

Le musée de Louis : *orangerie du château de Clermont, 44850* ***Le Cellier.*** *☎ 02-51-85-36-26. • museedelouis.org • Au centre du bourg. Avr-oct, mer-dim 14h-17h30 (fermeture 19h) ; en juil-août, mar-dim 10h-17h30 (fermeture 19h). Entrée 7 €, réduc.* Modeste (il n'y a que deux pièces) musée associatif. À l'image en fait de la vie que menait ici Louis (de Funès, bien sûr). Une vie que l'on découvre au travers des lettres et autres cartes postales (sinon des chèques ou des tickets de cinéma) adressées aux habitants du Cellier, d'extraits de films Super 8 tournés au château de Clermont, d'affiches originales de films, de photos et autres anecdotes de tournage.... On en apprend beaucoup sur ce comédien qu'on croyait connaître, pour l'avoir toujours ou presque vu sur les écrans. Le musée propose également deux itinéraires pour découvrir les endroits préférés de celui qu'on appelait ici « P'tit Louis ».

La grotte des Faux-monnayeurs : *au-dessus de la voie ferrée et du chemin de halage, 44470* ***Mauves-sur-Loire.*** Au XVIe s, les frères Malestroit, propriétaires du château d'Oudon, y fabriquaient de fausses pièces d'or. Mais le meunier du moulin de l'Île, sur l'autre rive, à La Chapelle-Basse-Mer, fut attiré par une lueur venant de la grotte. Sur son témoignage, les deux frères furent arrêtés et décapités en 1526 à Nantes.

LE PAYS D'ANCENIS

ANCENIS [ankinız]

(44150) 7 800 hab. *Carte Loire-Atlantique, D2*

Les villes qui s'égrènent, tel un chapelet, sur les bords de Loire avaient une fonction de contrôle. Le château d'Ancenis le confirme. Les quelques demeures cossues encore présentes témoignent de l'importance passée de la ville. Le vin tient toujours un rôle prépondérant avec les coteaux qui entourent la cité, et les nombreux marchands encore actifs. Le muscadet n'est pas loin, les coteaux d'Anjou non plus, ça n'étonnera donc personne... En face, le département de Maine-et-Loire et Liré, ville de Joachim Du Bellay. Ce dernier trône sur la rive d'Ancenis, près du pont, le regard tourné vers son village.

Adresse et info utiles

i *Office de tourisme du Pays d'Ancenis :* *27, rue du Château.* ☎ *02-40-83-07-44.* • *pays-ancenis-tourisme.fr* • *À deux pas de la Loire, à l'angle d'une petite rue et de la place qui borde le château. De mi-juin à mi-sept, tlj sf dim ; hors saison, mar-sam.* Infos sur tout le Pays d'Ancenis et les bords de Loire, sur les randonnées pédestres et cyclables à faire dans la région (parcours découverte de la ville, boucles Loire à vélo). Billetterie, boutique de produits locaux.

– ***Marchés :*** *jeu mat.* Imposant, l'un des plus importants de Loire-Atlantique. ***Petit marché*** *sam mat à côté du château.*

Où dormir ? Où manger ?

Camping

Camping de l'Île Mouchet : *impasse de l'Île-Mouchet, La Charbonnière.* ☎ *02-40-83-08-43.* 📱 *06-62-54-24-73.* • *camping-ile-mouchet@orange.fr* • *camping-estivance.com* • ♿ *Accès par la D 723 ; de Nantes, direction Saint-Géréon ; d'Angers, direction Clisson. Ouv début avr-fin oct. Prix tente : 12,50-14,90 €. Loc de bungalows toilés, de caravanes et de mobile homes : 265-580 €/sem. Prix caravane : 245-420 €/sem. 105 empl.* Bon accueil pour ce camping proche du centre-ville et de la Loire. Petite plage pour la bronzette à proximité, sur les bords de la rivière. Pêche également. Snack et animations en juillet-août. Loue des vélos et des tandems (l'itinéraire « La Loire à vélo » passe à côté, comme le GR 3 pour des randos pédestres). Toboggan aquatique géant. Piscine.

De bon marché à prix moyens

Chambres d'hôtes Castel Magniola : *100, impasse Barême.* 📱 *06-87-23-75-89.* • *delphinemosset@gmail.com* • *sites.google.com/site/castelmagnolia* • *Au centre. Compter 68 € pour 2.* *10 % sur le prix de la chambre sur présentation de ce guide.* Quelle surprise que de découvrir, derrière ce vaste parking, un hôtel particulier du XIXe s, plutôt classe, entouré d'un petit jardin. 3 chambres de belle taille à la déco simplement de bon goût, accueil plus que souriant et petit déj servi, quand le temps le permet, dans l'orangerie.

Chambres d'hôtes Loire-Séjours : *196, rue du Général-Leclerc. ☎ 09-64-40-47-46. 06-75-22-30-89. • info@loire-sejours.fr • loire-sejours.fr • Au centre. Compter 70 € pour 2, petit déj compris (6,50 € en sus pour un* English breakfast *avec les œufs des poules de la maison !).* Dans une vieille maison de ville avec parquets, boiseries et cheminées, chez Aline et Andrew, sympathique couple franco-anglais qui a longtemps vécu à Londres. Les 4 chambres sont donc forcément un peu cosy ! Adorable petit jardin (à l'anglaise aussi) sur lequel ouvre une des chambres, en rez-de-chaussée.

La Table du Pêcheur : *11, bd Léon-Séché. ☎ 02-40-83-11-36. Sur le quai face à la Loire, à 500 m du pont, à l'angle de la rue qui descend de l'église. Tte l'année, tlj midi et soir. Résa conseillée. Formules 15,50-35 €.* L'intérieur d'un bateau a inspiré la déco : bois verni, cuivre, filet, toile... et l'équipe de matelots au service virevolte avec efficacité et amabilité. En terrasse, ce n'est pas le vent du large qui chatouille les oreilles, mais plutôt la circulation, dommage. En tout cas, le rapport qualité-prix et le choix proposé font plaisir. Produits locaux : poisson de Loire, volaille d'Ancenis.

De prix moyens à chic

La Charbonnière : *bd Joubert, La Charbonnière. ☎ 02-40-83-25-17. Un peu à l'écart du centre, sur les bords de Loire, vers le camping. Tlj sf lun (plus dim soir nov-mars). Formules 17 € (déj en sem) et 20,50 €. Menus 27,50-38 €.* Resto tranquillement posé sur les rives de la Loire avec une terrasse (et une salle contemporaine largement vitrée) pour bien profiter du paysage. Belle cuisine d'ici et d'aujourd'hui.

La Toile à Beurre : *82, rue Saint-Pierre. ☎ 02-40-98-89-64. • latoileabeurre@wanadoo.fr • latoileabeurre.com • Juste à côté de l'église. Tlj sf dim soir, lun et mer soir. Formules déj 17,50-20,80 € en sem ; menus 29,90-37 €. Café offert sur présentation de ce guide.* Dans une superbe salle de tuffeau en voûte et au sol d'argile, les jeunes patrons pratiquent une cuisine de saison à base de produits frais, avec quelques spécialités nantaises ou de Loire bien travaillées. Belle carte de vins locaux.

LA LOIRE-ATLANTIQUE

Où dormir dans les environs ?

Camping de l'Île Batailleuse : *sur l'île en face du palais Briau, 44370* ***Varades.*** *☎ 02-40-96-70-20. • contact@campingilebatailleuse.fr • campingilebatailleuse.fr • Ouv mai-sept. Compter 13,70 € pour 2. 2 tentes trecks (slt couchage) à 29 €/nuit pour 2 ou 180 €/sem. 100 empl.* Camping posé au milieu de l'île, ombragé. Buvette, épicerie. Possibilité de pêche et de location de vélos.

Domaine des Forges : *étang de la Provostière, 44440* ***Riaillé.*** *☎ 02-40-97-88-38. • contact@domainedesforges.fr • domainedesforges.fr • À 21 km au nord d'Ancenis par la D 14. Double 45 €, familiale 65 € ; petit déj 6 €. Gîtes également.* Cette petite merveille est le seul vestige (avec une halle à charbon qui croule sous le poids des ans) des forges qui animaient l'ensemble de la région dans la 2de moitié du XVIe s. 10 gîtes tous bien conçus, car la maîtresse des lieux est une spécialiste de l'ameublement. 9 chambres aux teintes claires, jeunes et parfaitement rénovées. Entrée indépendante dans la tour par un superbe et vénérable escalier en bois dont on ne compte plus les années d'existence. Piscine couverte et chauffée.

À voir. À faire

Le château : *ne se visite pas* ***(en restauration).*** Il ne reste qu'un tiers du château du Xe s, dont la butte était sur une île. Il a été élevé par Aremberge, comtesse de Nantes vers 984, afin de défendre la porte de Bretagne. Il fut rasé et reconstruit sous Charles VIII. De l'hôtel de ville, une ruelle descend à l'entrée des anciens jardins, ombragés de cèdres, tilleuls, magnolias. Ils surplombent le quai, offrant une jolie vue sur la Loire. Un des côtés de ces jardins est bordé par la façade Renaissance du Grand Logis (1530), en mauvais état mais flanquée d'une tourelle sous laquelle apparaît très nettement la salamandre de François Ier.

L'Île Mouchet : ancienne île de Loire aménagée, avec parcours d'orientation et parcours de santé dans un cadre calme et reposant.

La chapelle des Ursulines : classée aux Monuments historiques, c'est un lieu d'exposition d'art contemporain.

– ***Canoë-kayak :*** *Plein Air Ancenien, 68, bd des Alliés. ☎ 02-40-83-21-45. Loc le w-e hors saison ; tlj pdt vac scol.* Découverte de la Loire en canoë-kayak. Plusieurs trajets proposés, de 2h à plusieurs jours.

– ***LA Kayak :*** *06-85-39-59-42.* Découverte de la Loire en canoë-kayak ou stand-up paddle. Balade ½ journée, journée, bivouac. Parcours possible vélo + kayak. Sorties guidées à thème « Coucher de soleil », « Castors et oiseaux de Loire ». Balades également sur la vallée de l'Erdre.

– ***Ligériens yachting :*** *06-07-73-28-86. ● ligeriens-yachting.com ●* Navigation sur la Loire à bord d'une péniche hollandaise à voile. Nombreuses escales, animations, parcours à la carte...

DANS LES ENVIRONS D'ANCENIS

Le palais Briau : *44370* ***Varades.*** *☎ 02-40-83-45-00. ● palais-briau.com ● À 13 km à l'est d'Ancenis. Visite guidée du palais avr-sept sam-dim (tlj sf mar en août) à 15h, 16h et 17h. Entrée du parc : 4 € ; parc et château : 9 € ; réduc.* Au cœur d'un joli parc à l'italienne au-dessus de la Loire, cette demeure particulière de François Briau, ingénieur qui fit fortune dans les chemins de fer sous Napoléon III, regorge d'innovations : réseau hydraulique (voir la salle de bains-chaufferie), orangerie de béton armé produisant de l'électricité (voir les cadrans au sous-sol), etc.
Le palais propose également quelques ***chambres d'hôtes,*** décor raffiné et mobilier d'époque *(120-148 € selon chambre ; ● devouge@palais-briau.com ●).*

– N'oubliez pas que vous êtes aux portes du département de Maine-et-Loire, situé juste en face, sur l'autre rive de la Loire. Le musée Joachim-Du-Bellay à Liré, Saint-Florent-le-Vieil, Champtoceaux... ne sont vraiment pas loin.

Manifestation

– ***Couleurs Parasol :*** *au théâtre de verdure, face à la Loire, en juil-août, le mer. Spectacles gratuits.*

LA VALLÉE DE L'ERDRE

François Ier décrivait l'Erdre comme « la plus belle rivière de France ». Remonter son cours sur une quinzaine de kilomètres entre Nantes et Sucé-sur-Erdre est une balade très prisée des Nantais aux beaux jours. Elle s'effectue soit à pied, par d'adorables sentiers qui longent ses rives, soit sur l'eau, avec les péniches des *Bateaux Nantais,* en embarcation électrique ou en bateau sans permis.
Au départ de l'île de Versailles, passé les ponts de la Tourbière et de la Beaujoire, on quitte l'urbanisation de la première couronne nantaise pour un paysage aussi

authentique que paisible. Le trajet offre de somptueux points de vue et permet d'apercevoir successivement les châteaux de l'Éraudière, de la Desnerie, de la Chantrerie, de la Poterie, de la Gascherie, de la Couronnerie, de Nay, de Port-Hubert et de Bel Air, construits entre le XVIIe et le XIXe s (ne se visitent pas). Quelques folies et manoirs cachés derrière un écrin de verdure rappellent la vogue des maisons de campagne, mais surtout la richesse des armateurs.
Après Sucé, le cours de l'Erdre s'élargit en lac de Mazerolles. C'est de là que Napoléon fit réaliser le canal de Nantes à Brest, qui offre également de belles promenades sur ses chemins de halage ou en bateau.

L'ÉGOÛT ET LES COULEURS

Autrefois, l'eau de l'Erdre était chargée de quantité de déchets provenant des tanneries, des blanchisseries, des boucheries, auxquels s'ajoutaient les eaux ménagères et celles des fosses d'aisance. Durant un siècle, l'abattoir de Talensac déversa également directement dans l'Erdre ses déchets d'animaux… Et c'est dans cet immonde mélange que les lavandières des bateaux-lavoirs devaient laver plus blanc que blanc le linge de toute la ville de Nantes !

Balades sur l'eau

Les Bateaux Nantais : *départ de la gare fluviale de Nantes, quai de la Motte-Rouge (à côté de la pl. Waldeck-Rousseau, après l'île de Versailles). ☎ 02-40-14-51-14. • bateaux-nantais.fr • Compter 12,50 € pour les croisières-promenades (mai-nov) et 51-89 € pour le déj ou le dîner-croisière (tte l'année) ; réduc et tarif Famille. Départ des croisières-promenades juin-août, tlj à 15h30 et 17h30, plus 10h30 dim ; mai et sept, tlj 15h30 ; mars-avr et oct-nov, dim slt 15h30. Trajet-promenade 1h30-1h45, déj et dîners-croisières 2h30. Parking payant.* Sorties depuis Nantes jusqu'à la Gascherie.

■ ***Location de bateaux sans permis : Bretagne Fluviale,*** *quai Cricklade, à* ***Sucé-sur-Erdre.*** *☎ 02-40-77-79-51. • bretagne-fluviale.com • Compter 90-100 € pour 2h, 200-260 €/j. (avec carburant) pour un bateau promenade de 8 ou 12 pers. Loc également de bateaux habitables pour 2-12 pers au w-e ou à la sem. Également avec* ***Le Boat,*** *quai Saint-Georges, à côté de l'office de tourisme, à* ***Nort-sur-Erdre.*** *☎ 02-40-72-25-92 et 04-68-94-42-80. • leboat.fr • Bateaux habitables 2-12 pers, à louer à la sem, mini-sem ou w-e. Fermé l'hiver.*

■ ***Bateaux électriques : Ruban Vert,*** *au départ de Nantes, île de Versailles. ☎ 02-51-81-04-24 ; de Sucé-sur-Erdre, 📱 06-08-42-48-29. • location-bateaux-electriques.com • Pour un A/R Nantes-Sucé, prévoir 4h (3h de Sucé à Nort-sur-Erdre). Compter 25-40 €/h, 70-105 € la ½ journée pour 4-10 pers.* Embarcations silencieuses et sans permis.

■ ***Location de canoës :*** *sur le port de Sucé avec le club de canoë-kayak. 📱 06-15-67-18-62.*

■ ***Location avec capitaine :*** *bateau La Libellule. 📱 06-74-81-96-59. • contact@nantaisenavigation.fr •* À la journée ou la matinée, capacité de 12 passagers.

LES BORDS DE L'ERDRE

Carte Loire-Atlantique, C3

Appréciables pour leurs sentiers pédestres, les bords de l'Erdre ne sont longés par aucune route. Pour atteindre Sucé-sur-Erdre, il faut passer par

Carquefou sur la rive est, célèbre pour son technopôle, ou par la très calme ville de La Chapelle-sur-Erdre, à l'ouest. De part et d'autre de la rivière, quelques bases nautiques proposent des locations de canoës-kayaks.

Où dormir ? Où manger ?

Chambres d'hôtes Résidence du Fournil : *2, impasse de la Barre, 44470* ***Carquefou.*** *☎ 02-40-52-72-53. • residencedufournil@orange.fr • residencedufournil.fr • Au dernier rond-point de la D 37 en direction de Sucé, à droite. Doubles env 70-75 €.* À 2 km de Port-Jean, dans un tranquille quartier résidentiel où l'on se croit presque à la campagne, une maison en pierre avec un fournil attenant dans un jardin fleuri agrémenté d'un étang. 5 chambres fraîches, confortables, lumineuses, à la déco au goût du jour. Agréable salle commune avec salon TV, cuisine équipée et belle terrasse.

Hôtel du Parc : *92, route de la Garenne, 44700* ***Orvault.*** *☎ 02-40-63-04-79. • parc.hotel@wanadoo.fr • hotel-du-parc-nantes.com • Un brin à l'écart de la vallée de l'Erdre, il faut prendre le périphérique et sortir à la Porte-d'Orvault (sortie n° 36), puis suivre « Le Bourg » ; bien fléché. Congés : 2de quinzaine d'août et fêtes de Noël. Doubles 59 € (ven-sam)-74 € (en sem).* Un bâtiment moderne avec des chambres fonctionnelles, lumineuses et bien tenues. Une adresse connue des commerciaux de passage, à proximité du centre de Nantes tout en ayant un pied à la campagne. Pratique dans son genre. À côté, le resto gastronomique ***L'Orée du Bois*** (propriétaire différent) jouit d'une excellente réputation.

Hôtel de la Régate : *155, route de Gachet, 44300* ***Nantes.*** *☎ 02-40-50-22-22. • hotelregate@hotels-emeraude.com • hotel-nantes-laregate.com • Quartier du Gachet, en bordure de l'Erdre, à 8 km du centre-ville. Doubles 79-170 € (promos sur Internet). Formule déj en sem 21 € ; menus 35-45 € ; carte env 40 €.* Un hôtel atypique aux formes géométriques épurées, orienté vers l'écologie et le développement durable. Parfaitement intégré dans son environnement verdoyant avec sa toiture végétale et ses murs extérieurs en béton matricé de bambous, il offre beaucoup de confort. Les chambres sont spacieuses, décorées avec goût dans un style à la fois contemporain, zen et chaleureux. Petit déjeuner gargantuesque. Clientèle d'affaires principalement. À côté de l'hôtel, dans une folie du XVIIIe s, restaurant gastronomique tenu par les frères Péron, ***Le Manoir de la Régate.***

Auberge du Vieux-Gachet : *Le Vieux-Gachet, 44470* ***Carquefou.*** *☎ 02-40-25-10-92. • walter.lescot44@orange.fr • À 8 km au nord de Nantes par la D 37A. Au rond-point ovale à gauche, puis fléchage « Gachet ». Tlj sf dim soir et lun. Formule 21 € et menu 31 € (déj en sem) ; autres menus 39-59 €.* Une bonne auberge de campagne, avec un cadre qui devrait être aujourd'hui complétement repensé. Beaux poissons et belles volailles élégamment servis. Amuse-bouches délicieux. Toute nouvelle véranda et très agréable terrasse donnant sur l'Erdre et le château de la Gascherie. Pour les plus courageux, promenade digestive sur le sentier qui longe l'Erdre jusqu'à Nantes (compter 2h).

À voir. À faire

La Maison de l'Erdre : *sur l'île de Versailles, 44000* ***Nantes.*** *☎ 02-40-41-59-54. • seve.nantes.fr • Ⓣ Saint-Mihiel, ligne n° 2. Lun, jeu-ven 13h30-18h15 ; mer, sam-dim et j. fériés 9h30-12h15, 14h15-18h15. Fermé mar. GRATUIT.* Située dans un pavillon japonisant du bucolique parc de l'île de Versailles, cette Maison propose une initiation aux différents écosystèmes de l'Erdre. On y évoque l'histoire mouvementée et les différentes modifications apportées à « la plus belle rivière de France ». Du petit cours d'eau des origines à la construction du barrage, en passant par le creusement du canal de Nantes à Brest qui rehaussa considérablement son niveau d'eau, on apprendra beaucoup à travers une scénographie attractive (planches, maquettes...). Belle évocation également de la batellerie et des bateaux-lavoirs, activités aujourd'hui disparues. De nombreux aquariums présentent les poissons rencontrés dans ses eaux (anguilles, brochets, tanches, perches, sandres...). Sympa et didactique.

IL SUFFISAIT D'Y PENSER...

C'est parce qu'il en avait assez de ne pas voir tous ses rendez-vous de la semaine d'un seul coup d'œil que le docteur Beltrami inventa pour son usage personnel un agenda permettant de visualiser une semaine entière sur une double page, en traçant des colonnes pour chaque jour de la semaine. Fort de l'enthousiasme de son entourage, il créa à Marseille en 1954 les éditions Quo Vadis (dont les usines sont aujourd'hui à Carquefou) et très vite, le succès suivit.

Le musée L'Erdre vivante : *site des Renaudières, La Fleuriaye, 44470* ***Carquefou.*** *☎ 02-28-22-24-45. • carquefou.fr/musee • Avr-oct, mer et w-e 14h-18h ; vac scol, mer-dim 14h-18h. Fermé 3 premières sem d'août et j. fériés. GRATUIT.* Installé dans un site historique rénové récemment. Expositions permanentes et temporaires présentant les différents aspects de l'Erdre à travers sept modules thématiques (voie navigable, activités humaines d'hier et d'aujourd'hui, déséquilibres écologiques dus aux multiples aménagements...). Espaces muséographiques avec scénographie ludique et ateliers pour enfants.

Le FRAC *(Fonds régional d'art contemporain)* **:** *La Fleuriaye,* ***Carquefou.*** *☎ 02-28-01-50-00. • fracdespaysdelaloire.com • ♿ À 5 km au nord de Nantes par la D 37 jusqu'à Carquefou ; situé au milieu du technopôle. Tte l'année, mer-dim 14h-18h. Visite commentée des expos dim à 16h. GRATUIT.* Expositions temporaires d'art contemporain. Des œuvres parfois de très grande taille dans de spacieux locaux modernes. À côté, le ***Théâtre de la Fleuriaye*** propose chaque année une très belle programmation *(rens : ☎ 02-28-22-24-24).*

Le jardin des Hespérides et la Ferme fruitière de la Hautière : *44240* ***La Chapelle-sur-Erdre.*** *☎ 02-40-72-03-83. • fermefruitierelahautiere.com • Au nord de Nantes, sortie « Porte-de-la-Chapelle » par le périphérique. Suivre « Chapelle centre », puis indiqué. Visite libre gratuite mai-15 oct, tlj 9h-19h. Visite guidée du jardin pour groupes (10 pers min) sur rdv de mai à mi-oct, tlj sf lun. Compter 5,90 € ; réduc.* Créé par des passionnés, ce jardin botanique est un voyage au pays des fruits comestibles. Aménagé en huit sections thématiques (fruits de la région et du monde, fruits sauvages, du Néolithique, vaste jardin de fraises dont certaines variétés ont été créées à la ferme...), on y apprend leur histoire et leur culture. Mis en appétit, on ira faire un tour au magasin fort alléchant : confitures, compotes, jus, etc.

– ***Bases nautiques de Port-Jean et de Port-Breton :*** *à* ***Carquefou. CKC*** *à Port-Jean, ☎ 02-40-52-66-74 ;* ***SNO*** *à Port-Breton, ☎ 02-40-50-81-51. Accès par les bus nos 72 et 76 (arrêt « Gachet »), puis sentier pédestre. Juin-sept, loc de canoës et de kayaks à l'heure ou à la journée. Donnent également des cours de voile (adhésion au club nécessaire).*

SUCÉ-SUR-ERDRE [sutieg]

(44240) 6 300 hab. *Carte Loire-Atlantique, C3*

Les connaisseurs la surnomment la « perle de l'Erdre » ! À une dizaine de kilomètres de Nantes, une ville coquette et accueillante qui déploie volontiers

ses terrasses face au port de plaisance, riche en activités nautiques. Outre flâner sur l'eau, les amoureux de la nature apprécieront le parc botanique et les nombreux chemins de randonnées pédestres et cyclables le long de l'Erdre. On peut même rejoindre le canal de Nantes à Brest en empruntant le circuit Vélodyssée. Les marais de Mazerolles, au nord de la ville, offrent sur 1 200 ha de riches balades ornithologiques avec près de 170 espèces d'oiseaux et une flore bien protégée. Au XVIIe s, le philosophe Descartes, qui possédait un manoir dans les environs, vint à de nombreuses reprises à Sucé, inspiré par les rivages enchanteurs de l'Erdre. Aristide Briand, autre grand personnage, y est né d'une famille de modestes journaliers agricoles.
Le dernier week-end d'août, l'Erdre se pare de ses anciens bateaux, qui pavoisent au rythme de prestigieux concerts.

Adresses utiles

Office de tourisme : *quai de Cricklade. ☎ 02-40-77-70-66. • cceg.fr • Avr-sept, mer-ven 14h30-18h30 ; w-e 11h-12h30, 14h30-18h30. Oct-mars, mer-sam ap-m slt et dim.* Beaucoup d'infos sur les activités nautiques. Billetterie pour les *Bateaux Nantais,* Yeu Continent, Puy du Fou et Planète Sauvage. 38 fiches randos à télécharger gratuitement. Expos temporaires. Accueil efficace et sympathique.

■ Pour les ***locations de bateaux sans permis, bateaux électriques, balades en péniche*** ou en canoë-kayak, voir plus haut « Balades sur l'eau » au début du chapitre « La vallée de l'Erdre ».

Où dormir ? Où manger ?

De bon marché à prix moyens

Gîtes ruraux Le Jardin de la Plage Verte : *2, chemin de la Dolette. ☎ 02-40-77-96-25. • gitplage.verte@free.fr • gitplage.verte.free.fr • Dans une ruelle perpendiculaire à celle menant à la Plage verte. Compter 70 €/j. pour 2.* Un jardin à l'anglaise à la flore variée avec un petit étang, des tas de coins isolés pour se poser et un perroquet fort accueillant. Patricia, artiste et passionnée de jardinage, qu'elle pratique avec des méthodes bien à elle, propose 2 gîtes avec accès indépendant, aussi bien pensés et étudiés que son superbe jardin. Un lieu surprenant et apaisant. Également un gîte récent à Nantes, au-dessus d'une galerie d'art.

Le Quai 101 : *101, quai de Bliesransbach. ☎ 02-40-77-94-36. Face au ponton principal du port, à gauche du pont. Ouv tlj sf dim soir et lun. Formules en sem 11,80 € (midi) et 15,30 € (midi et soir) ; autres menus 20,50-36 €.* On a plaisir à déguster des sandres de la rivière en profitant d'une vue dégagée sur l'Erdre et son petit port. Quelques bons plats économiques le midi (dont une formule burger) et une cuisine plus élaborée le soir. Équipe jeune et accueillante.

Plus chic

Chambres d'hôtes Les Arbres Rouges : *570, route de Carquefou. ☎ 02-51-81-15-00. • info@lesarbresrouges.com • lesarbresrouges.com • À l'entrée de Sucé en venant de Carquefou, à gauche au 1er rond-point. Compter 113-120 € pour 2. Dîner sur résa 39 € (boisson incluse).* Dans un parc verdoyant de 4 000 m², une maison d'hôtes exceptionnelle au confort sans pareil ! Jacques et Vincent, propriétaires esthètes, amoureux d'architecture, d'art contemporain et de mobilier design, proposent des chambres haut de gamme à la déco raffinée, dont une suite avec terrasse privative sans vis-à-vis. En prime, 2 superbes piscines, l'une chauffée à l'extérieur, l'autre balnéo à l'intérieur. Bar à la déco seventies chic, coin cheminée et une table d'hôtes où est concoctée avec finesse une cuisine traditionnelle de marché au dressage digne d'un resto gastronomique. Une adresse pleine d'harmonie, de chaleur, et baignée de quiétude.

À voir. À faire

Le parc botanique Ganuchaud : *en venant du port, prendre la 1re à droite derrière l'église.* Superbe sentier botanique sur cinq types de milieux naturels différents et variés, entre forêt, coteau et bords de l'Erdre. Plus de 55 espèces d'arbres et 170 de plantes et de fleurs. Promenade bucolique particulièrement agréable pendant la floraison de mars à septembre.

La tour Gaillard : *à 100 m à gauche de l'église.* Cette tour est le dernier vestige d'un temple construit par les protestants (huguenots) sur le fief des Rohan. En 1592, quand éclate la première guerre de Religion, sous le règne de Charles IX, la révocation de l'édit de Nantes le fit fermer. Aujourd'hui, c'est une propriété privée (ne se visite pas).

La « Maison de Blanche-Neige » : *55, ruelle Tassin. Sur le chemin de la Plage verte, 1re à gauche après le rond-point. Ne se visite pas.* Une curiosité amusante que cette maison d'une personnalité haute en couleur de la ville. Il a transformé sa façade en une reproduction délirante de celle de Blanche-Neige avec petits moulins, système de poulies compliqué, grosse cloche, escaliers biscornus et des tas d'objets hétéroclites dans le jardin. Il ne manque que les nains ! On dit que l'intérieur est du même acabit.

– **Base nautique de la Plage verte de la Doussinière :** *à droite avt le pont de Sucé quand on vient de Carquefou. ☎ 02-40-77-73-00. • club-kayak-erdre.fr • Compter 6 €/h, 18 €/j.* Baignade interdite, mais sympathique étendue herbeuse pour pique-niquer. Également location sur le port tous les week-ends.

– **Club nautique de Nantes :** *la Pièce-de-l'Île. ☎ 02-40-77-76-80. • aspttvoilenantes@gmail.com •* Location de paddle, catamarans, goélette et lasers. Cours particuliers et stages lors des vacances scolaires.

LE PAYS DE RETZ

Encore un pays contrasté : ambiance bretonne au nord et vendéenne au sud. Avec ses bocages et ses forêts, le pays de Retz (prononcer « ré ») est souvent traversé mais peu visité. Il porte le nom d'un cardinal du XVIIe s et abrite des sites tels que les marais bretons au sud, la grande baie de Bourgneuf, la Côte de Jade (avec Pornic, ville pionnière dans les bains de mer), une terre de vignobles (le muscadet-côtes-de-grand-lieu) située autour de la réserve naturelle du lac de Grand-Lieu, et un doux pays intérieur aux paisibles villages, remontant jusqu'au canal de La Martinière et à la Loire.

SAINT-PHILBERT-DE-GRAND-LIEU ET LE LAC DE GRAND-LIEU

(44310) 7 500 hab. *Carte Loire-Atlantique, C4*

« Capitale » du pays de Grand-Lieu, c'est à Saint-Philbert qu'on trouve un peu d'animation : restos, camping, office de tourisme et une superbe abbatiale. Tout près, on découvre le lac, mais son accès est plus que difficile (et à vrai

dire non autorisé). Caché derrière des rangées d'arbres ou de roseaux, il ne peut se voir qu'à l'observatoire de Passay et à la Maison touristique de Passay sur la commune de La Chevrolière, ou à Saint-Aignan, au lieu-dit Les Pierres-Aiguës. Autre solution, depuis le clocher de l'église de Saint-Lumine-de-Coutais (40 m). Pour cela, demandez à la mairie ou au café *Le Cheval Mallet* la clé de l'église (2 €, et pensez à prendre vos jumelles). Attention, escalier pas évident. De là-haut, on embrasse l'étendue de ce lac qui, l'hiver, devient l'un des plus grands de France avec ses 6 300 ha (contre seulement 800 ha en été). Sa faune riche compte plus de 250 espèces d'oiseaux sédentaires ou migrateurs, et le lac serait la plus grande héronnière d'Europe. Sa topographie change sans cesse, selon les fluctuations de son niveau et la force des vents qui bousculent des îles flottantes (les *levis*) de saules et de roselières.

Adresses utiles

Office de tourisme : *Le Prieuré, à côté de l'abbatiale. ☎ 02-40-78-73-88. • stphilbert.fr • Juil-août, tlj sf lun mat 10h30-12h30, 14h-18h30 ; avr-juin et sept-oct, mar-sam jusqu'à 18h plus dim ap-m ; nov-mars, les ap-m slt jusqu'à 17h, mar-dim. Fermé 1er mai, 1er nov et vac de Noël.* Bonne doc sur les randos pédestres, et sur les sorties nature. Petite boutique de produits régionaux.

Maison touristique de Passay : *16, rue Yves-Brisson, Passay, 44118* **La Chevrolière.** *☎ 02-40-31-36-46.* Plus de détails dans « À voir. À faire ».

Où dormir ? Où manger à Saint-Philbert-de-Grand-Lieu ?

Camping

Camping La Boulogne : *1, av. de Nantes. ☎ 02-40-78-88-79. 06-22-12-30-25. • accueil@camping-la-boulogne.com • camping-la-boulogne.com • Ouv avr-oct. Prix tente en hte saison : 14,80 €. Loc de mobile homes pour 4-6 pers : 210-650 €/sem selon taille et saison. Prix caravane : 290 €/sem. 180 empl. Réduc de 15 € sur les frais de dossier sur présentation de ce guide.* Emplacements bien ombragés dans la verdure, en bordure de la Boulogne. Au programme, pêche, canoë, balade et baignade. Animations et concerts le soir en été, et ambiance calme le reste de la journée. Un bon camping.

Prix moyens

Chambres d'hôtes chez Joëlle et Bernard : *2, rue de l'Abreuvoir. ☎ 02-40-78-70-32. • wiblehou@hotmail.fr • wiblehou.e-monsite.com • Au bout de la ruelle à gauche de l'abbaye. Congés : fêtes de fin d'année. Compter 59 € pour 2.* Au bord de la rivière, 3 chambres simples mais agréables et colorées, l'une dans la cour avec accès indépendant, les deux autres partageant une salle de bains, à l'étage. Accueil sympa et bon petit déj sur la terrasse au bord de la Boulogne.

Hôtel-restaurant La Bosselle : *8, rue du Port. ☎ 02-40-78-73-47. • info@restaurant-hotel-la-bosselle.fr • la-bosselle.fr • Résa vivement conseillée. Doubles 60-64 €. Formule déj en sem 13,90 € ; menus 19,80-35,80 €.* Un agréable resto, avec sa grande salle et sa terrasse-jardin à l'arrière où l'on déguste une cuisine de pays bien préparée. La bosselle ? C'est une nasse pour attraper les anguilles. Les spécialités ici sont logiquement fraîchement pêchées dans le lac : anguilles donc, sandre au beurre blanc... Le menu du déjeuner en semaine est d'un excellent rapport qualité-prix. Également des chambres fonctionnelles, mais un brin bruyantes, dans un bâtiment moderne annexe.

Où dormir ? Où manger dans les environs ?

Camping

Camping rural Le Relais des Garennes : *à La Bauche-Coiffée.* ☎ *02-40-04-78-73.* • *lerelaisdesgarennes@gmail.com* • *gites-de-france-44.fr/relais_garennes* • ♿ *Entre Saint-Philbert et Aigrefeuille, en passant par Geneston (camping indiqué dans le bourg de Montbert). Ouv juin-sept. Prix tente en hte saison : 9 €. CB refusées. 12 empl. Un produit du jardin, du poulailler ou du verger ou autre offert sur présentation de ce guide.* Pour les amoureux de nature : une chênaie très ombragée, la proximité d'un étang, du bourg (commerces) et de la piscine du village (800 m) accessible par un chemin de traverse... Camping simple et à taille humaine, convivial et calme. Bloc sanitaire nickel et salle commune sympa.

De bon marché à prix moyens

Chambres d'hôtes Le Chironet : *1, rue des Marronniers, La Touche-Monnet, 44310* **La Limouzinière.** ☎ *02-40-05-52-83.* 📱 *06-22-05-81-38.* • *le-chironet.com* • *À l'entrée de La Limouzinière sur la gauche en venant de Machecoul. Compter 67 € pour 2.* Wi-fi. Noyée dans la végétation, une maison ancienne entièrement requinquée par les propriétaires eux-mêmes, avec chauffage géothermique. Dans une dépendance, ils ont aménagé 3 chambres pour 2 ou 3 personnes, de plain-pied, avec accès indépendant. Décoration champêtre à l'image de leurs noms (« Tilleul », « Pivoine », « Noisette ») et chaleureuse, tout comme l'accueil de Ghislaine. Spacieux séjour cathédrale avec coin repas, TV. Également une bibliothèque et des jeux à la disposition des hôtes.

Chambres d'hôtes La Mozardière : *9, impasse de Richebonne, 44650* **Legé.** 📱 *06-01-78-24-96.* • *christine@lamozardiere.com* • *lamozardiere.com* • *Legé est à 20 km au sud de Saint-Philbert. Du centre-ville, prendre direction Courcoué-sur-Logne, puis Legé. Ouv mars-oct. Compter 64 € pour 2.* Wi-fi. Quelques chambres tout simplement plaisantes dans une maison de maître vendéenne du XVIIIe s en pierre sèche, dans un parc ombragé. La chambre du rez-de-chaussée donne sur le jardin, et celle de l'étage peut se transformer en suite pour 7 personnes ! Coin cuisine en été, et vélos. Bon accueil.

Crêperie Pub Ty Maya : *9 bis, rue Gilles-de-Retz, La Bénate, 44650* **Corcoué-sur-Logne.** ☎ *02-40-05-54-67.* ♿ *Au centre du bourg, en retrait de la rue principale. Tlj sf lun (et mar hors saison). Congés : 1 sem en janv et de mi-sept à mi-oct. Carte env 14 €. Café offert sur présentation de ce guide.* Courageusement, avec sa femme et sa fille, Yannick Bertin a redonné vie à l'ancienne forge du village, dans ce petit coin perdu du département qui se mourait. Plusieurs espaces conviviaux communiquant entre eux. Parmi eux, les salles à manger-crêperie, et uniquement crêperie pour se consacrer à la qualité et à l'authenticité des produits. Également un pub, des jeux et un coin lecture. Ou encore le patio avec scène pour les soirées à thème (mars-juin), en général sur les voyages, et où chacun peut venir raconter son expérience. Un endroit insolite à l'esprit très routard. À ne pas manquer.

Plus chic

Chambres d'hôtes Château du Bois de la Noé : *8, allée de la Roseraie, 44830* **Bouaye.** ☎ *02-51-11-10-94.* • *contact@chateau-boisdelanoe.com* • *chateau-boisdelanoe.com* • ♿ *À 15 mn au sud-ouest de Nantes, direction Noirmoutier/Pornic par la D 751 ; à gauche au feu au lieu-dit La Désirée (2 km avt Braye), puis 200 m plus loin à droite. Fermé durant les fêtes de fin d'année. Compter 100-110 € pour 2 selon saison ; familiale également.* Wi-fi. *Réduc de 10 % sur présentation de ce guide.* Petit bijou du XVIe s, une somptueuse folie nantaise entièrement retapée et ayant vu passer Aristide Briand. Monsieur répare, madame décore, et tous les deux adorent chiner. Cela donne 5 chambres luxueuses et un gîte dans les dépendances, tous différents. Dans le parc de 2 ha, des essences rares, un terrain de tennis, un étang... Bon allez, suffit les éloges, il est temps d'aller garer la calèche et de piquer une tête dans la piscine.

À voir. À faire

Le lac : il se divise en trois parties. La réserve naturelle au centre ; puis une surface appartenant à la Fondation pour la protection des habitats de la faune sauvage ; enfin, une partie appartenant à des particuliers. Jusqu'en 1980, le lac était propriété de la famille Guerlain (les parfumeurs !) ; il s'y organisait de grandes chasses. Depuis, il s'est transformé en réserve naturelle. Un grand débat règne autour du lac entre écologistes, pêcheurs et agriculteurs. Il faut faire aussi avec la loi sur l'eau et la directive européenne. Car le lac est menacé, avec une profondeur désormais inférieure à 2 m en été. Si rien n'est fait, il risque de disparaître d'ici peu. Parmi les solutions possibles, il suffirait de remonter le niveau de l'eau et de ne pas évacuer celle stockée dans la Loire. Mais les agriculteurs perdraient alors leurs récoltes de foin... De l'autre côté, le problème des apports polluants utilisés par les agriculteurs ne doit pas non plus être négligé... Pas facile !

CHASSE GARDÉE

Parfois, autour du lac de Grand-Lieu, on voit encore sécher les plates, ces embarcations à fond plat enduites de goudron ou de coaltar. Mais ici, n'est pas pêcheur qui veut. Le candidat doit habiter une commune du lac et être fils ou petit-fils de pêcheur, du coin. Résultat : aujourd'hui, moins d'une dizaine de personnes pêchent dans ce grand mouchoir de poche pour dénicher la spécialité du coin, l'anguille.

La Maison du Lac : *20, rue de l'Acheneau, à* ***Bouaye.*** *☎ 02-28-25-19-07. Ouv depuis l'automne 2014.* Un centre d'éducation à l'environnement, géré par le conseil général, doté d'une jolie passerelle flambant neuve.

La Maison touristique de Passay : *16, rue Yves-Brisson, Passay, 44118* ***La Chevrolière.*** *☎ 02-40-31-36-46. • mtpassay@mairie-lachevrolliere.fr • De mi-juin à mi-sept, mar-dim 10h30-13h, 15h-18h30 ; d'avr à mi-juin et de mi-sept à fin oct, dim slt 10h30-12h, 14h-17h30 ; nov-mars, dim slt 14h-17h30 ; vac scol Pâques et Toussaint, jeu-dim 14h-17h30. Entrée : 4 € ; réduc. Gratuit moins de 6 ans. De fin mai à mi-sept, visites ornithologiques accompagnées sur résa le w-e ; compter 3 € ; réduc. Gratuit moins de 6 ans.* Dans une maison du seul village de pêcheurs autour du lac, cet espace évoque plusieurs thèmes : la vie des pêcheurs à travers le temps, le matériel utilisé pour la pêche, la faune et la flore, la description du lac. Viviers et aquariums avec des poissons du lac. À l'étage, un observatoire, avec jumelles, à 11 m de hauteur, pour contempler les oiseaux (mais la vue est un peu lointaine). Le jardin de la Maison du pêcheur fait l'objet d'une mise en valeur. Sur le bord de la route qui mène au lac est noté le niveau des crues les plus importantes (1936 et 1988).

Le site de l'abbatiale – Déas : *entrée par l'office de tourisme (mêmes horaires). Tarif : 3,50 € ; réduc. Gratuit moins de 6 ans. Comprend la visite de l'abbatiale, du jardin médiéval et des expositions temporaires. Agréable visite commentée en juil-août, tlj sf lun à 15h et 16h (également visites ludiques et thématiques à 17h selon le j. et nocturne mar à 21h) ; compter 45 mn. Pour les enfants, demander le livret de jeux « Oh La L.A. Quelle aventure ! ». Des concerts y sont aussi organisés.*

Une belle bâtisse de facture carolingienne (datée de 815), où ombres et lumières jouent à cache-cache entre les voûtes de brique et de pierre. Cette église fut construite au IXᵉ s pour abriter les reliques de saint Philbert, fondateur des monastères de Jumièges et Noirmoutier. De nombreuses guérisons miraculeuses autour de son sarcophage provoquent un afflux massif de pèlerins, qui en font une étape sur la route de Compostelle. En 847, les Normands dévastent le monastère. Les moines décident de transporter les reliques du saint à Tournus, en Bourgogne. Les protestants mettent à sac l'église lors des guerres de Religion, puis des prêtres séculiers succèdent aux moines. Lors des guerres de Vendée, le dernier prêtre de l'église est assassiné par Carrier. L'église n'est pas trop saccagée par la révolte chouanne, mais elle est transformée en entrepôt à fourrage. Elle retrouve ensuite son rôle initial jusqu'à la construction voisine de l'église néogothique en 1870. L'ancienne abbatiale est alors convertie en marché aux poulets. En 1896, alors que l'on redécouvre le sarcophage de saint Philbert, l'église est classée Monument historique. Quand même ! Aujourd'hui, l'ensemble est bien entretenu et vraiment agréable, et peut-être ferez-vous le traditionnel vœu, en passant sous le sarcophage du saint...
– *La nef carolingienne :* architecture de transition entre l'Antiquité et l'art roman. Certains éléments romains ont été utilisés dans les arcs. Lourds piliers et arcs en damier. Déjà apparaît l'évolution vers le type d'abbaye bénédictine en forme de croix.
– *La crypte de Saint-Philbert :* on peut y voir le sarcophage mérovingien en marbre du saint. Le reste des reliques se trouve à Tournus.
– *La chapelle de Sainte-Anne :* dédiée à la patronne des pêcheurs, derrière la crypte. Remarquez l'ex-voto du Xᵉ s.
– *Les jardins de l'abbaye :* un jardin médiéval a été reconstitué, inspiré de Saint-Gall. On note que, contrairement aux jardins monastiques, on ne trouve pas de potager. En revanche, on observe un herbarium de plantes médicinales (le jardin des simples), un verger et le jardin du cloître. Un lieu fort paisible.

L'église Saint-Philbert : l'autre église du village ! Observez la vingtaine de vitraux datés de 1936, réalisés par les ateliers Gruber, encore actifs et spécialistes des vitraux du Moyen Âge. Ils ont également réalisé ceux de l'abbatiale. Belles orgues.

– **Le parc de la Boulogne :** *sur l'île, face au camping.* Les jours chauds d'été, cette base, avec son plan d'eau aménagé et ses baignades surveillées, permet de se rafraîchir tout en s'amusant. Optimist ou swin-golf, les activités sont multiples.

Fêtes et manifestation

– ***Fête des Anguilles :*** *fin avr, à Passay, à* ***La Chevrolière.*** Rare occasion pour circuler sur le lac en bateau.
– ***Les Estivales :*** *le sam soir en juil-août, dans le jardin de l'abbatiale.* Concerts de musique variés.
– ***Fête des Pêcheurs :*** *le 15 août, à Passay, à* ***La Chevrolière.*** Une autre occasion de promenades en barque sur le lac. Démonstration de pêche, vente de poissons à la criée.

DANS LES ENVIRONS DE SAINT-PHILBERT-DE-GRAND-LIEU

Planète Sauvage : *44710* ***Port-Saint-Père.*** *☎ 02-40-04-82-82. • planetesauvage.com • À 18 km au nord-ouest de Saint-Philbert, de l'autre côté du lac. Sinon, bien indiqué depuis Nantes par la route de Pornic. Ouv mars-fin* *nov : avr-sept tlj, les autres mois mer, w-e et j. fériés, ainsi que les vac scol de la zone A. Horaires selon saison ; fermeture des caisses 2h plus tôt. Compter 26 €/adulte (réduc à certaines dates en réservant sur leur site) ; enfants : 21 €. Gratuit moins de 3 ans. Préférer le mat à l'ouv pour mieux découvrir les animaux et éviter la foule ou à partir de 12h. L'accès se fait slt en voiture, ou en raid 4x4 (hors pistes et commentaires du guide animalier, avec supplément).* Un grand circuit de 10 km en sens unique (compter au moins 1h30) sur 80 ha, où évoluent plus de 1 000 animaux et 250 espèces « en liberté », provenant essentiellement d'Afrique. Une sortie à faire en famille, mais préparez votre porte-monnaie. Les animaux, pas vraiment farouches, s'approchent volontiers des véhicules. Rigolo avec les chèvres naines, mais nettement plus impressionnant avec un lion (on en compte 12) ou un éléphant ! Parc aquatique avec animations, cité marine avec des grands dauphins, arche des reptiles, forêt des singes et parcours jungle (250 m de pont en liane), chemin de brousse avec le village de Kirikou et l'île de Madagascar viennent compléter l'ensemble. On peut même y passer la nuit dans un bivouac ou un camp mongol, sur réservation *(résa au ☎ 02-40-04-89-88 ou sur le site web).*

La route de Charette : *visites commentées en saison ; rens à l'office de tourisme de Legé. ☎ 02-40-26-30-49.* La route relie les principaux lieux marqués par la présence du chevalier François-Athanase de Charette de La Contrie, dit Charette, ancien officier de marine qui participa à la guerre d'Indépendance américaine et chef vendéen. Assez bien signalée, elle permet de voir, entre autres, à Legé, la chapelle construite à sa mémoire, et à quelques kilomètres de là, par la D 753, au lieu-dit La Garrelière, le ***château Bois-Chevalier*** *(visite possible),* où Charette avait coutume de se réfugier. Belle architecture du XVIIe s, en pleine campagne.

La route touristique du vignoble : le pays de Retz est le pays du muscadet-côtes-de-grand-lieu, du grolleau et du gros-plant. On peut suivre un circuit qui mène à de nombreux caveaux de dégustation *(• enpaysdelaloire.com •).*

MACHECOUL [machikoul]

(44270) 6 080 hab. *Carte Loire-Atlantique, B4*

Certains ne prononcent pas le « l » final ! Machecoul est une petite ville célèbre pour son château ayant appartenu à Gilles de Rais, personnage qui aurait inspiré Charles Perrault pour son *Barbe-Bleue.* Autre célébrité dans le département : Pascal Beillevaire, affineur de plus de 400 spécialités fromagères et fabricant du machecoulais (l'entreprise se visite). Les alentours de Machecoul ont, quant à eux, des airs de Vendée avec les maisons basses, les belles promenades à proximité et les nombreux maraîchers produisant de la mâche ainsi que le muguet du 1er mai.

Adresse et info utiles

Office de tourisme : *14, pl. des Halles. ☎ 02-40-31-42-87. • tourisme-regiondemachecoul.fr • Juil-août, mar-sam, plus dim mat ; sept-juin, mar-sam.* Organise en été des visites thématiques de la ville et du marais breton à pied, à vélo ou en calèche. Fait également location de vélos. Billetterie pour les spectacles importants de la région et parcs animaliers avec tarifs réduits.

– ***Marchés :*** *mer mat dans tte la ville et sam mat sous les belles et grandes halles.*

Où dormir ? Où manger ?

Camping

Camping municipal La Rabine : *allée de la Rabine. ☎ 02-40-02-30-48. 06-09-49-22-88. • camprabine@wanadoo.fr • camping-la-rabine.com • Ouv avr-sept. Prix tente en hte saison : 9,30 €. Loc de mobile homes et d'une roulotte : 319-504 €/sem. 131 empl.* Au bord de la rivière du Falleron, à 500 m du centre-ville et à côté d'un complexe sportif, avec tennis, piscine... Voir « Dans les environs de Machecoul. Location de canoës ».

De bon marché à prix moyens

Chambres d'hôtes La Gerbe de Blé (Firmin et Rosalie) : *4, rue de la Forêt. ☎ 02-40-78-53-18. • andreneuvendel@wanadoo.fr • firminetrosalie.fr • Congés : déc. Compter 55 € pour 2 ; 80 € pour 4.* Un appartement et un studio confortables, dans une maison dotée d'un jardin fleuri et d'une piscine. Équipement bébé et jeux à disposition.

La Bicyclette d'Argent : *6, pl. du Port. ☎ 02-40-78-50-48. Ouv en sem 7h-16h30, le w-e sur résa slt. Congés : 2 sem en août et 10 j. à Noël. Résa conseillée. Formule déj en sem env 10 € ; menus env 15-30 €.* Cadre simple pour ce resto qui sert une cuisine sans prétention. De belles salades, du jambon fumé de pays, du sandre au beurre blanc, etc. La petite adresse pratique et économique.

À voir

Le château : *☎ 02-40-78-50-42. De juil à mi-sept, mer à 16h. Visite commentée par les propriétaires 6 € (3 € pour les moins de 15 ans).* Ancienne capitale du pays de Retz, Machecoul a conservé les ruines de son château, construit sur les bords du Falleron au XIIIe s. Il devint ensuite la propriété de la famille Montmorency-Laval au XVe s. L'un de ses membres les plus célèbres, Gilles de Rais, en fut propriétaire avant d'être jugé et exécuté à Nantes. Puis le château connut des heures funestes : un incendie le ravagea en 1782 et on récupéra ses pierres pendant la Révolution. Aujourd'hui, c'est toujours une propriété privée. Des spectacles ont lieu sur le site en juillet (voir ci-après « Fête et manifestations »).

Fête et manifestations

Pour tous ces spectacles médiévaux payants, réservation obligatoire auprès de l'office de tourisme.

– ***Dîner-spectacle médiéval :*** *pdt le w-e de l'Ascension.* Sous les grandes halles, avec les acteurs du parcours théâtral de juillet. Festin médiéval.

– ***Fête des Fous :*** *2 j. slt, début juil, les années impaires.* Soirée de danses médiévales sur le site du château, concert, animations (loups, ours et aigles) et défilé de « fous costumés » en centre-ville.

– ***Spectacle nocturne « Gilles de Rais et le Faiseur d'Or » :*** *6 j. fin juil. • raiscreations.com •* Spectacle-repas médiéval itinérant et interactif, avec énigme à la clé.

DANS LES ENVIRONS DE MACHECOUL

Le marais breton : *prendre la direction de Bouin ; tourner à droite direction Port-la-Roche,* ***Saint-Cyr-en-Retz.*** L'idéal est de découvrir ce lieu très « nature » à pied, à vélo ou en attelage (visites proposées par l'office de tourisme de Machecoul et sentier d'interprétation). Belle balade au milieu des marais.

À Saint-Cyr-en-Retz, s'arrêter à La Noë-Briord. Table d'orientation qui domine le marais et permet de mieux visualiser le site.

– ***Location de canoës :*** *aire de loisirs de* ***Saint-Même-le-Tenu*** *(44270). 06-85-59-93-44. À env 5 km. Juin et sept, w-e 13h-18h ; juil-août, lun-sam 13h-19h, dim 10h-19h.* Pour louer à l'heure ou à la demi-journée une barque, un kayak ou un canoë et aller à la découverte de la rivière du Tenu. Également avec ***Les Canoës Machecoulais,*** au *Camping La Rabine,* sur la rivière Le Falleron, dans les marais de Machecoul : *à partir de 8 €/pers. ☎ 07-81-45-77-16 ou 07-87-36-79-43.*

BOURGNEUF-EN-RETZ [BOURC'HNEVEZ-RAEZ]

(44580) 2 969 hab. *Carte Loire-Atlantique, B4*

Bourgneuf fut pendant longtemps l'un des plus grands exportateurs de sel d'Europe. Des bateaux venaient de la Hanse teutonique chargés de pierres de lest (elles ont servi à paver les rues de la ville) et repartaient chargés de sel, tissus, eaux-de-vie, harengs... Quelques belles maisons d'armateurs rappellent ce passé prospère. Avec l'envasement de la baie, Bourgneuf vit le début de son déclin. Aujourd'hui, on savoure sa jolie côte et son impressionnante baie, où ostréiculteurs et paludiers ont élu domicile. Ces derniers organisent même des visites et commercialisent le sel récolté dans leurs salines.

Arriver – Quitter

➢ ***En train :*** *SNCF, ☎ 36-35 (0,34 € TTC/mn).* Bourgneuf se situe sur la ligne qui rejoint Nantes (à 45 mn) à Pornic (15 mn).

➢ ***En bus :*** ligne Nantes (gare côté Nord) à Noirmoutier.

Adresse utile

ℹ ***Office de tourisme de la région de Machecoul, antenne de Bourgneuf :*** *La Salorge, route de Bouin. ☎ 02-40-31-88-88. • otregionmachecoul@tourisme44.fr • ♿ À l'entrée de la ville par la D 758, près du rond-point. Juil-août, ouv tlj sf dim ap-m et lun mat ; le reste de l'année, horaires restreints.* Billetterie pour les grands sites et événements de la région. Vente de fiches randos et topoguides.

Où dormir ? Où manger ?

🏠 🍽 ***Auberge Rétro :*** *6, rue du Château-Gaillard. ☎ 02-40-21-93-22. • vbarbier49@aol.com • hotel-restaurant-leretro.com • Fermé lun-mar et dim soir. Double 47 €. Menu à midi 15 €, puis autres menus 25,50-35,50 €.* Sympathique petite adresse familiale. Une poignée de chambres toutes simples mais bien tenues. Et au resto, pour ne pas faire mentir l'enseigne, une cuisine dans la grande tradition (foie gras maison, tête de veau...) à base de produits frais.

🍽 ***La Bourrine :*** *route de Pornic, chemin de la culée. ☎ 02-40-21-40-69. ♿ Tlj sf le soir mer, dim et j. fériés en basse saison. Formule 15 € (déj en sem), puis menus 23-47 €.* Ici on se fait plaisir avec une cuisine qui privilégie les poissons, anguilles, cuisses de grenouilles, brochettes de saint-jacques...

À voir à Bourgneuf-en-Retz et dans les environs

Le musée du Pays de Retz : *6, rue des Moines. ☎ 02-40-21-40-83. • museepaysderetz.com • Juil-août, tlj 10h30-13h, 15h-19h ; avr-juin et sept-oct, tlj sf lun 14h30-18h30. Compter 1h30 de visite. Entrée : 5 € ; réduc. Gratuit moins de 6 ans.* Ce musée évoque le passé du pays de Retz : 25 salles présentent les métiers de la terre, de la mer et du sel. Des scènes de la vie quotidienne sont reconstituées (bourrine, auberge, cordonnerie, forge, sabotier...) et particulièrement réussies. Vitrine des costumes et coiffes traditionnels. Collection minéralogique et archéologique.

Visites du marais salant : ***Daniel Robard,*** *☎ 02-40-64-20-05. 06-68-15-12-40. • sel-de-bourgneuf.eu • Visite commentée mai-oct tlj à 10h30 (sur rdv) ; également des visites nocturnes « Le sel a rendez-vous avec la lune » les soirs de pleine lune en juil-août. Sur résa slt.*

LES MOUTIERS-EN-RETZ

(44760) 1 310 hab. *Carte Loire-Atlantique, B4*

Une agréable bourgade donnant sur la baie de Bourgneuf, paisible, avec ses pêcheurs, sur la route des huîtres, et idéale pour une étape de détente ou de promenade. Tel est ce bourg qui a su charmer des peintres comme Robert Louis Antral, Marie Laurencin et qui inspira les poètes Marc Elder, René-Guy Cadou ou encore Paul Fort. À noter que près de Prigny (commune de Pornic), au château des Brefs, ex-propriété des Gallimard, Albert Camus vint écrire *La Peste*.

Adresse utile

Office de tourisme : *14, pl. de l'Église. ☎ 02-40-82-74-00. • mairie-lesmoutiersenretz.fr • Juil-août, ouv tlj ; fermé dim-lun le reste de l'année.* Infos sur les hébergements, manifestations, sorties nature et visites guidées dans les marais ou la dune du Collet.

Où dormir ? Où manger ?

Domaine du Collet : *route Verte. ☎ 02-40-21-40-92. • domaineducollet@orange.fr • domaine-du-collet.com • Accès : de Nantes, direction Noirmoutier ; indiqué au rond-point de Bourgneuf. Ouv avr-oct. Compter 35 € en hte saison. Également mobile homes et roulottes pour 4 pers 250-700 €/sem selon taille et saison. 270 empl. Réduc de 10 % en avr et sept, sur le prix de l'emplacement sur présentation de ce guide.* Le bon et grand camping, super équipé. Protégé du vent et à deux pas de la baie. Piscine chauffée et couverte. Nombreuses animations et soirées dansantes en été.

La Bonne Auberge : *5, av de la Mer. ☎ 02-40-82-75-43. • bailly-thibault@orange.fr • labonneauberge.eu • Ouv tlj en juil-août ; tlj sf jeu soir, dim soir et lun hors saison. Formule déj 20 € et menu 13 € en sem ; autres menus 31,50-45 €. Café offert sur présentation de ce guide.* Cela fait bien un siècle que cette *Bonne Auberge* tient les promesses de son nom. Avec, aujourd'hui, une cuisine de

LA LOIRE-ATLANTIQUE

tradition qui respire juste ce qu'il faut de l'air du temps, des petites salles un peu cossues, une tranquille terrasse à l'abri des regards. Accueil et service irréprochables.

À voir. À faire

La chapelle de Prigny : *à 1 km du bourg, direction Arhon-en-Retz. Ouv mer 14h-18h en juil-août.* Belle chapelle du XIe s, cachée dans les pins et entourée de murs en pierre, située sur l'ancien chemin des pèlerins de Saint-Jacques-de-Compostelle (voir la coquille sculptée sur la façade). Observez bien le pied de la statue de saint Guénolé, les jeunes filles y plantaient des épingles pour trouver l'âme sœur. Contreforts de la chapelle non perpendiculaires au mur, preuve de son style roman primitif. À l'intérieur, trois retables Renaissance, une Vierge normande du XIIIe s et une ancre viking du IXe s.

La lanterne des morts : *en plein centre des Moutiers-en-Retz, à côté de l'église Saint-Pierre.* Étonnant et rare monument datant du XIIe s, de 7 m de haut. C'est probablement la dernière en France encore en fonctionnement. La tour est trouée de trois petites fenêtres pour laisser entrevoir la lumière qui brille, lors de décès et le jour des trépassés.

L'église Saint-Pierre : des XIe et XVIe s, restaurée en 2013. Grand retable classé, datant du XVIIe s, avec colonnes et décors de vases, fleurs et urnes dorées.

Le port du Collet et la baie de Bourgneuf : un bel endroit auquel on accède, depuis Bourgneuf, par une petite route qui traverse le port (visite et arrêt dégustation d'huîtres possible), puis offre un joli point de vue sur la baie avant de rejoindre La Bernerie. Les pêcheries se succèdent avec des filets de pêche qui pendent, notamment les haveneaux (filets triangulaires).

➢ La route ***Vélocéan/Vélodyssée*** passe par ici, croise un ***sentier piéton*** et longe la côte, la belle dune du Collet et le marais Breton. Sinon, de belles randos à faire dans ces espaces protégés (circuit de la Baie, circuit de la Campagne et circuit du Collet).

Enfin, plusieurs professionnels ouvrent leurs portes aux touristes. N'hésitez pas :

– ***Les salines de Millac :*** *chemin des Jaunais, sur Bourgneuf. 06-11-23-87-75. • salines-de-millac.com • Visites guidées de mi-juin à mi-sept, sur résa. Compter 3 € ; réduc.*

– ***La saline Tenue de Mareil :*** *☎ 02-40-64-67-46. Visites guidées en juil-août et tte l'année pour les groupes. Compter 3 € ; réduc.* Découverte des fours à sel, fonctionnement d'un marais salant, observation des oiseaux...

– ***Le Domaine du Sillon Côtier :*** *chemin de Trélebourg. ☎ 02-40-64-77-29.* Dégustation de vins et découverte du vignoble.

– ***La Route de l'Huître :*** *zone aquacole de Lyarne. • huitre-vendee-atlantique.fr/la-route-de-l-huitre/ •* Explications sur l'ostréiculture et dégustation.

LA CÔTE DE JADE

On la surnomme ainsi en raison de la couleur de son eau et du chapelet de petites stations balnéaires – de La Bernerie à Saint-Brevin – qui s'égrènent sur une cinquantaine de kilomètres et dont Pornic s'enorgueillit d'être la perle. Une côte protégée, encore belle et sauvage, aux nombreux sentiers aménagés.

LA BERNERIE-EN-RETZ [KERVERNER-RAEZ]

(44760) 2 140 hab. *Carte Loire-Atlantique, B4*

Station balnéaire familiale et paisible, donnant sur la jolie baie de Bourgneuf. Agréable plage de sable et un grand bassin d'eau qui permet de se baigner à toute heure sans dépendre des marées. Petite promenade nouvellement aménagée sur le front de mer.

Adresse utile

Office de tourisme : *3, chaussée du Pays-de-Retz (derrière le marché). ☎ 02-40-82-70-99. • tourisme.mairie-labernerie.fr • De juil à mi-sept, tlj ; hors saison, mar-sam (et dim et j. fériés mat avr-juin).* Fiches randos. Billetterie pour les grands sites et événements de la région.

Où dormir ? Où manger ?

Hôtel Le Grand Large – Restaurant Les Arômes : *17, rue de la Corderie. ☎ 02-40-64-70-03. • legrandlarge-hotel@orange.fr • hotelrestaurantlegrandlarge.com • Resto tlj sf dim soir-mar midi hors saison. Congés : 3 sem après le 11 nov et 3 sem début janv. Doubles 99-110 € selon saison. Formule déj 14,99 € ; menus 19,95-29,40 €. Apéritif maison offert sur présentation de ce guide.* À deux pas du centre, le seul hôtel de la station sur le front de mer, juste au-dessus de la plage. Une chaleureuse maison familiale aux chambres pas luxueuses mais bien équipées. Quelques-unes avec vue sur l'océan ou balcon bien au calme. Au resto panoramique (et côté océan, naturellement), produits frais et cuisine avec de l'idée. Avec, de surcroît, un institut de beauté qui propose des soins aux algues, une adresse qui porte bien son nom !

PORNIC [PORNIZH]

(44210) 15 000 hab. *Carte Loire-Atlantique, B3*

Nichée au fond de sa crique, bien protégée, Pornic fut dès le début du XIXe s, grâce à la bonne réputation de ses eaux, une station thermale et un lieu de villégiature réputés, que fréquentèrent des artistes comme Michelet, Flaubert, Renoir ou Léautaud. Jadis, les plus intrépides s'enrôlaient sur des morutiers en partance vers les brumes glacées de Terre-Neuve, sur des bricks armés en corsaires ou des goélettes et dundees voués au grand commerce atlantique. Aujourd'hui, c'est l'une des plus grandes communes de Loire-Atlantique, avec 15 km de criques et de belles villas en bord de mer, que l'on peut découvrir en suivant le chemin des douaniers. Pour visiter le centre, on conseille de laisser la voiture à la gare et de continuer à pied, surtout l'été. La ville a conservé tout son charme et elle est connue pour ses fraises, sa faïencerie, sa brasserie (*La Brigantine*, avec sa bière à la fraise) et le seul fabricant du non moins célèbre fromage, le curé nantais.

Arriver – Quitter

➢ ***En train ou en bus :*** *☎ 36-35 (0,34 € TTC/mn) ou **Lila** : ☎ 0825-087-156 (0,15 €/mn).* Plusieurs liaisons/j. en train (TER) et en bus avec Nantes (1h) tte l'année.

Adresses et info utiles

ℹ ***Office de tourisme :*** *pl. de la Gare, BP 1119. ☎ 02-40-82-04-40. • ot-pornic.fr • Tlj tte l'année.* Visites guidées de Pornic, sur résa (unique moyen d'accéder à la cour du château). Également des visites payantes à thème, sur inscription, autour du Pornic maritime et balnéaire, de Pornic à vélo ou par des Pornicais eux-mêmes. Billetterie pour la traversée vers l'île d'Yeu (départ de Fromentine) et pour les grands sites et événements de la région à tarifs préférentiels. Propose également des formules de séjour et week-ends (hébergement + activités).

■ ***Location de vélos et scooters :*** ***Ada,*** *6, route de Saint-Père-en-Retz. ☎ 02-40-21-12-01. Tlj sf mar.*

■ ***Association L'Hirondelle :*** *4, rue de Verdun, 44210 **Le Clion-sur-Mer.** ☎ 02-51-74-02-62. • asso.hirondelle@wanadoo.fr • hirondelle.pornic.free.fr •* Organise des balades nature à thème avec guide naturaliste, à partir de différentes communes environnantes *(juil-août, en sem ; fin avr-fin juin et sept-début déc, w-e ; sur résa avec l'office de tourisme ; durée 2h-2h30 ; très souvent gratuit, sinon env 6 €, réduc).*

– ***Marchés :*** *jeu et dim, pl. des Halles, Pornic ; mer et sam, parking de la Birochère, **Le Clion-sur-Mer** ; mer et sam, pl. de la Libération, **Sainte-Marie.***

Où dormir à Pornic et dans les environs ?

Campings

⛺ ***Camping La Madrague :*** *chemin de la Madrague. ☎ 02-40-82-06-73. • madrague@franceloc.fr • campings-franceloc.fr • ♿ À la sortie Pornic-Ouest, direction plages de Sainte-Marie-sur-Mer. Ouv de mi-avr à mi-sept. Prix tente : 19-30 € selon saison. Tentes aménagées, roulottes ou mobile homes : 140-1 183 €/sem. Carte pass hors saison valable 2 ans, 10 € : emplacement pour 2 pers avec électricité 15 € avec la carte. 226 empl.* Agréable camping en bord de mer, avec piscine chauffée et toboggans. L'un des rares campings de la Côte de Jade où les emplacements pour tentes sont à l'écart des mobile homes, directement en bord de plage. Emplacements tranquilles et bien ombragés sous les pins. Snack, épicerie, 2 piscines chauffées, jeux pour enfants et animations en été. Certainement le meilleur camping dans le coin.

⛺ ***Camping Le Patisseau :*** *29, rue du Patisseau. ☎ 02-40-82-10-39. • contact@lepatisseau.com • lepatisseau.com • ♿ À la sortie Pornic-Noirmoutier sur la D 751. Ouv de fin mars à mi-sept. Prix tente 19-35 € selon saison. Loc de mobile homes et chalets : 294-1 079 €/sem. 226 empl. Réduc de 10 % sur présentation de ce guide.* Camping chic, superbement équipé, avec un espace aquatique chauffé comprenant sauna et toboggans. Sanitaires également chauffés, salle de fitness, terrain de beach-volley... Bien tenu et bon accueil. Préférer les emplacements boisés. Nombreuses animations enfants et soirées. Location de vélos.

De chic à plus chic

🏠 ***Gîtes ruraux les Courlis :*** *42, rue René-Guy-Cadou. 📱 06-71-54-28-46. • chrisguiho@orange.fr • giteoceanpornic.com • À env 4 km, direction La Bernerie et sortie La Boutinardière. Ouv mai-sept. Compter 540-590 €/sem pour 2 (possibilité de w-e hors saison).* 📶 *Apéritif maison offert sur*

LA LOIRE-ATLANTIQUE

présentation de ce guide ou visite de la pêcherie traditionnelle située en bas de la maison. Perché sur les « falaises bleues », voici un petit havre de paix comme on les imagine. 2 ravissants gîtes thématiques tout confort, pour 2 et 2-4 personnes. Face à vous, Noirmoutier et, sous votre nez, la piscine ou la plage confidentielle. Et surtout, l'accueil spontané des proprios, infatigables dévoreurs du *Routard.* Jack-Alain vous emmènera certainement sur son carrelet pour titiller les poissons. Ici, on baigne dans le bonheur et... le jazz !

Chambres d'hôtes Le Jardin de Retz : *1, chemin des Mousseaux. 06-30-07-07-66. • lejardinderetz.fr • Compter 95-115 € pour 2 (voir aussi les promos sur Internet). N'accepte pas les animaux.* 3 chambres dans une longère du XIXe s entourée d'un jardin luxuriant, proche du château. Soignées et bien agréables. C'est calme et bucolique, et pourtant à 3 mn du port.

Chambres d'hôtes La Belle Verte : *Le Tabier. ☎ 02-40-64-68-21. 06-86-96-02-80. • contact@labelleverte-pornic.com • labelleverte-pornic.com • À env 7 km du centre, par la D 213 (Route Bleue) direction Saint-Nazaire puis la D 286 direction Saint-Père-en-Retz, fléché sur la gauche après la Trocharderie. Compter 74-78 € pour 2.* 3 chambres de plain-pied, simplement mais joliment aménagées, à côté d'une ancienne ferme bâtie en brique et pierre, en pleine campagne donc éminemment tranquille. Et verte, cette adresse l'est assurément : verte comme le jardin où traîner un peu avec un bouquin ou comme la dimension écolo de l'endroit (label Écogite et petit déj bio). Cuisine à disposition. Accueil décontracté. On a bien aimé.

Chambres d'hôtes Cupidon : *plage du Portmain, côté Sainte-Marie-sur-Mer. ☎ 02-51-74-19-61. • cupidon.pornic@orange.fr • chambre44.com • À 4 km du centre, en direction de Préfailles. Congés : déc. Compter 76-86 € pour 2.* Au calme, près de la mer, une maison moderne un peu en hauteur, avec sa belle piscine. Chambres propres et boisées, évoquant la mer toute proche. Accueil agréable. Petit déj avec la mer en toile de fond. Plusieurs balades à proximité.

Chambres d'hôtes La Marette : *Le Marais Mainguy. ☎ 02-40-64-65-04. • contact@la-marette.fr • la-marette.fr • À 5 km de la mer. Sortir de Pornic en direction de Arthon-en-Retz/Nantes ; après le 2e rond-point, continuer sur 4,5 km et tourner à gauche juste après la clôture d'un parc équestre (sur la droite) ; suivre le fléchage. Compter 67-75 € pour 2 ; suite (pour 4) également. Galettes St-Michel offertes sur présentation de ce guide.* En pleine campagne, une ancienne ferme joliment restaurée par Florence et Christian, les accueillants propriétaires. 3 chambres d'hôtes spacieuses, avec accès indépendant. Terrasse privative. Dans l'aile voisine, une salle commune avec coin cuisine, bibliothèque et piano. Dans un autre bâtiment, 2 beaux gîtes et une salle de détente avec jacuzzi et hammam. Un grand jardin est à la disposition de tous. Copieux petit déj. Calme et repos assurés.

Hôtel Beau Soleil : *70, quai Leray (pl. du Petit-Nice). ☎ 02-40-82-34-58. • contact@hotel-beausoleil-pornic.com • hotel-beausoleil-pornic.com • Doubles 69-109 € selon saison, confort et vue ; familiales également.* Un hôtel qui offre surtout l'avantage d'être sur le port, près du château. Chambres à la déco moderne épurée, petites parfois mais claires, et avec tout le confort attendu. La majorité d'entre elles, les plus chères, ont vue sur le port.

Auberge La Fontaine aux Bretons : *chemin des Noëlles, au lieu-dit La Fontaine-aux-Bretons. ☎ 02-51-74-08-08. • infos@auberge-la-fontaine.com • auberge-la-fontaine.com • À 2 km du port de Pornic, sur la route de La Bernerie. Fermé dim soir et lun hors saison. Doubles 98-147 € selon saison ; familiales également. Formule déj 14,50 € ; menus 19,50 € (en sem)-53 €.* Cette belle auberge conceptuelle a investi le site d'une ancienne étape des pèlerins pour Saint-Jacques-de-Compostelle. Les bâtiments ont été complètement relookés avec beaucoup de goût (et dans un esprit très écolo). La plupart offrent une vue sur mer. Chambres confortables, studios, maisonnettes et appartements (idéal pour les familles, donc). Piscine, tennis, location de vélos. Magnifique potager (accès libre), animaux de la ferme, jardin d'herbes aromatiques, parc... l'ambiance est résolument antistress. Sentier des douaniers à deux pas. En juillet-août, le samedi matin, marché du terroir sur la propriété. Fait également resto dans une vaste salle au cadre rustique superbe.

Où manger ?

De bon marché à prix moyens

L'Estaminet : *8, rue du Maréchal-Foch. ☎ 02-40-82-35-99. Fermé dim soir et lun. Congés : 20 déc-fin janv. Résa conseillée. Formule déj en sem 20 € ; menus 23,50-33,50 €. Café offert sur présentation de ce guide.* Situé dans l'une des rues commerçantes de Pornic, ce petit resto discret à la déco lie-de-vin propose une cuisine traditionnelle fraîche à prix raisonnables. Noter la belle collection de lampes à pétrole.

Le Jardin de l'Olivier : *23, rue des Sables. ☎ 02-51-74-69-30. Tlj sf lun (et dim soir hors saison). Menus-carte à l'ardoise 22-26 €.* Le resto des bons copains, tenu par l'impayable Denis, personnage haut en couleur et à l'humour irrésistible, qui sait d'un mot mettre à l'aise ses hôtes. Cet ancien sommelier s'est offert les services d'un excellent cuistot, dont la petite cuisine est ouverte sur la salle à la déco très simple, un brin kitsch. Le « poisson sort de l'eau », le foie gras est fait maison et le tartare de pétoncles, accompagné d'un vin recommandé par le patron, se révèle une merveille. Un lieu convivial où l'on se régale à petits prix. Chaude ambiance certains soirs, et ce n'est pas le chien Urssaf qui dira le contraire !

Crêperie la Sarrazine : *28, rue des Sables. ☎ 02-40-82-09-13. Tlj sf lun (et mer-jeu hors saison). Congés : courant oct et janv. Résa conseillée. Formule déj (hors vac scol) env 11 € ; carte 15-20 €.* Un excellent accueil même en cas d'affluence : résa d'ailleurs conseillée, même s'il y a de la place dans les 3 salles lambrissées (et climatisées !) et sur la terrasse intérieure. Bonnes crêpes gentiment facturées.

Le Retz : *12, rue de la Marine. ☎ 02-40-82-19-78. • leretzorant@hotmail.fr • Tlj sf midi lun-mar en saison, plus dim soir et mar hors saison. Formule déj 14,50 € et menu 17,50 € en sem ; autre menu 25 €.* Un bon point d'emblée : la petite salle au décor sobrement contemporain s'ouvre sur la cuisine. Bon point confirmé par l'accueil et le service, impeccables. Produits d'ici et cuisine (parfois) d'ailleurs : c'est, dans l'assiette, simple, frais et bon.

De chic à plus chic

Beau Rivage : *24, rue de la Plage-de-la-Birochère. ☎ 02-40-82-03-08. • info@restaurant-beaurivage.com • ♿ Fermé lun, plus mar hors saison. Congés : de mi-déc à fin janv. Formule déj en sem 27 € ; menus 42-85 € ; intelligent menu « Découverte gustative » pour les moins de 12 ans 16 €.* Un emplacement en or, en surplomb de la plage, pour ce resto à la déco marine et soignée. On voit danser la mer par-delà la baie vitrée (pensez à demander une table avec vue), et dans l'assiette, ce sont les plats de Gérard Corchia qui ravissent notre palais. Quand l'Atlantique croise la Méditerranée... Belle carte des vins. En sortant, agréable balade le long du sentier qui longe la côte.

La Source : *pl. de la Source. ☎ 02-40-82-21-21. ♿ Sur la corniche, dans le bâtiment relié par une passerelle au centre de thalasso* Alliance Pornic. *Congés : 2 sem en déc. Résa conseillée pour avoir une table en surplomb de la mer. Formule déj en sem 19,50 € ; menus 22-33 € ; carte env 50 €.* Cuisine très fraîche, diététique et présentée de façon appétissante. Principalement des produits de la mer. Service agréable.

Où manger une bonne glace et de bonnes fraises ?

Magasin de la Fraiseraie de Pornic : *pl. du Petit-Nice. ☎ 02-40-82-49-51. Sur le vieux port. Tlj en saison 9h-22h.* Depuis des lustres, on y vient pour déguster une bonne glace à la fraise de Pornic. Également des sirops, liqueurs, confitures et autres produits, tous dérivés de la fraise. On y trouve aussi une délicieuse crêperie-salon de thé avec terrasse abritée, idéalement située.

– Un peu plus haut en ville, en zone de l'Europe rue de Strasbourg, on peut, en saison, mercredi et samedi matin, aller cueillir soi-même ses fraises. Paiement au poids à la sortie. *Juil-août, **visite guidée** des ateliers de confection des confitures (☎ 02-40-82-08-21 ; • lafraiseraie.com •). GRATUIT.*

Rêve de Glace (Pierre Sorin) **:** *2, quai Leray. Sur le port. Tlj en saison jusqu'à 23h.* Beau choix de crèmes glacées et sorbets réalisés par un artisan glacier.

À voir

Le château : *ne se visite pas.* Il date du Xe s mais a été restauré par Bougouin au XIXe s. Ancienne propriété du fameux Gilles de Rais au XVe s, plus connu sous le nom de « Barbe-Bleue ». Au pied du château, la promenade de la terrasse fut un temps un lieu à la mode. La plage de la Sablière, toute proche, était le lieu de baignade réservé aux hommes, alors que celle des femmes était à L'Anse-aux-Lapins, sur l'autre rive. Aujourd'hui, la promenade rejoint le centre-ville au nouveau port de la Noëveillard.

Les férus d'histoire et de gros cailloux ne manqueront pas, plus au nord, non loin du golf, le ***tumulus des Mousseaux,*** site mégalithique classé (indiqué).

L'étang du Val-Saint-Martin : *au nord de la ville, au-delà de la 4-voies.* Rendez-vous des familles, on peut en faire le tour à pied.

– Sur place, ***Parc aventure dans les arbres*** : *📱 06-16-05-55-36. • pornic-aventure.com • Avr-nov, mer et w-e 13h-19h (tlj 9h30-19h30 juil-août). Adulte 21 € ; enfants 15-19 € selon âge.* 95 ateliers sur neuf parcours avec tyrolienne de 700 m au-dessus de l'eau. Ça décoiffe !

La corniche de la Noëveillard : *partir au pied du château pour rejoindre la plage, puis longer la côte par la corniche et atteindre la plage principale de Pornic, la Noëveillard, qui jouxte le port de plaisance en eau profonde.* Une toile de Renoir porte son nom *(La Plage de Noëveillard)* depuis le passage de l'artiste en 1892. On peut continuer la balade en passant par ***Sainte-Marie-sur-Mer,*** charmante commune rattachée à Pornic, et arriver à la ***plage du Porteau.*** Vous aurez déjà fait une bonne heure de marche, occupé à commenter et à détailler les villas qui bordent l'océan, construites au début du XIXe s par de riches industriels de la région. Les plus courageux pourront continuer jusqu'au ***Portmain,*** où la côte se fait alors plus sauvage, ou même jusqu'à la ***pointe Saint-Gildas*** (à 3h de marche).

La corniche de Gourmalon : de l'autre côté du port, elle fut investie par les villas balnéaires plus tardivement que Pornic, ce qui explique un plan plus géométrique. Le ***chemin des douaniers*** qui longe la côte jusqu'à la ***plage de la Boutinardière*** (compter 3h de marche) permet dans sa première partie d'admirer les villas de la côte adverse, notamment *La Malouine* sur son rocher au pied du château, une des plus anciennes (début du XIXe s). Passé le vieux port et la ***pointe de Gourmalon,*** on aperçoit l'île de Noirmoutier au loin. Le chemin se poursuit, bordé côté mer de pêcheries et de criques, et côté terre de diverses villas. À noter que quelques-unes construites au XIXe s se singularisent par l'utilisation de la brique ou du bois et par leurs kiosques qui permettaient d'observer le trafic maritime tout en s'abritant du soleil ou du vent. Très chic ! En chemin, vous pourrez profiter de la ***plage de la Source,*** dominée par le centre de thalasso et son resto, ainsi que de la ***plage de la Birochère,*** où l'on trouve l'excellent resto *Beau Rivage* (voir « Où manger ? »). Également les ***plages de la Joselière*** et ***de la Boutinardière,*** sans oublier quelques dolmens (nous sommes encore en Bretagne !).

UN CURÉ TOUT EN RONDEUR

Entre le munster et le reblochon, au lait frais de vache et affiné sur des planches d'épicéa, le « curé nantais » était carré à l'origine (200 g). Il devint rond (800 g) après la guerre, pour finir parfumé au muscadet depuis quelques années. Histoire de se singulariser...

La fromagerie du Curé Nantais : *16, rue du Docteur-Guilmin. ☎ 02-40-82-28-08. • curenantais.com • À la sortie de Pornic vers Noirmoutier par la D 751. Lun-sam 9h-13h, 14h30-19h en juil-août ; mar-sam hors saison. Visite de la fromagerie lun-ven le mat, horaires variables selon saison. Compter 1h. GRATUIT.* Le plus célèbre des fromages de Loire-Atlantique est fabriqué dans les hauteurs de Pornic. Créé en 1880 à Saint-Julien-de-Concelles, près de Nantes, sur les conseils d'un curé, il a été réhabilité il y a une vingtaine d'années par Georges Parola, qui fournit aujourd'hui l'ensemble des restaurateurs de la région, mais aussi l'étranger et le Japon, où il fait fureur.

La faïencerie de Pornic : *rue de la Faïencerie. ☎ 02-51-74-19-10. • faiencerie-pornic.com • Visite de l'usine sur résa mar et jeu à 14h30 (3 €). Magasin tlj sf dim 10h-12h30, 14h-19h (18h hors saison).* Célèbre pour ses fameux bols-prénom (même la petite Cunégonde trouvera le sien !). On peut suivre dans l'usine leur fabrication, mais une vidéo de 20 mn dans la salle d'expo de la boutique en dévoile les principales étapes. Ateliers pour enfants désirant peindre leurs propres motifs (récupération de sa pièce 4-5 jours plus tard, après cuisson). Du traditionnel pur jus !

La Brasserie de la Côte de Jade : *10, rue Becquerel, Z.I. La Blavetière. ☎ 02-40-82-87-16. • biere-pornic.com • Visite juil-août, lun-ven à 15h et 17h30 ; avr-juin et sept, lun-mar et jeu-ven à 16h. GRATUIT.* Cette brasserie artisanale propose de découvrir la fabrication de la cervoise locale, la *Brigantine,* à travers une visite commentée suivie d'une vidéo et d'une dégustation.

La Petite Maison dans la Prairie : *chemin de l'Éperon. ☎ 02-40-27-13-01. • lapetitemaisondansla prairie44.net • De la route Bleue (D 213), sortir à La Bernerie-en-Retz, puis prendre la D 97 au rond-point de la Rogère. Visite sur résa en été lun-ven à 11h et 17h. GRATUIT. Ateliers pour enfants l'ap-m sur résa 7 €. Menu 18,50 € (11,50 € menu-enfants).* Une sympathique équipe de jeunes du cru propose de moudre la farine à la meule de pierre dans leur moulin Kandelour, typique de l'île de Ouessant, puis de mettre la main à la pâte en fabriquant et en cuisant soi-même ses petits pains. Fait également auberge pour déguster les fameuses fouées, qui gonflent en quelques secondes devant les flammes. À manger toutes chaudes, accompagnées de produits du terroir. Prétexte à de festives soirées !

À faire

– ***Le club nautique du port de plaisance :*** *à la base de la Noëveillard. ☎ 02-40-82-34-72. • cnpornic.com • Ouv tte l'année.* Propose pour tous niveaux des stages de voile, de planche à voile, d'aviron et de kayak.

– ***Fun club Joselière :*** *plage de la Joselière. 06-85-57-26-63. • funclubjoseliere.com • Au sud de Pornic, en direction de La Bernerie. Juil-août slt, tlj 10h-19h. Résa conseillée. À partir de 7 €/h pour le kayak et 35 € pour le catamaran (licence obligatoire). CB refusées.* Petite association qui dispose de catamarans, planches à voile et kayaks. Ambiance conviviale.

– ***Balades et randos nautiques :*** *☎ 02-40-82-04-40. • kayaknomade.fr • Juil-août, ouv tlj sf lun. Hors vac scol : 06-72-88-18-54. Compter 25-55 € selon balade (transport entre lieux d'arrivée et de départ inclus) ; réduc.* Balades en kayak de mer de 1h30 à la journée avec un moniteur diplômé pour partir à la découverte de la côte de Pornic jusqu'à la pointe Saint-Gildas et autour de l'île de Noirmoutier.

– Dans un autre style, possibilité de cure de ***thalassothérapie*** au centre *Alliance Pornic (☎ 02-40-82-21-21 ; • thalassopornic.com •).* Un des restos (*La Source,* voir « Où manger ? ») est installé face à la mer dans l'ancien casino qui domine la plage de la Source et la corniche de Gourmalon. Emplacement logique puisque c'est là que coulait au XIXe s la fontaine de Malmy, réputée pour ses propriétés curatives.

– Enfin, possibilité de ***promenades en baie de Bourgneuf*** à bord d'un voilier, le *Corsaires de Retz,* magnifique ketch de 16 m. Sorties de 2h30 à la journée jusqu'à Noirmoutier avec ou sans escale *(06-72-17-90-32).* On pourra également faire une croisière à la journée avec escale à la plage du Bois-de-la-Chaise ou une simple sortie-apéro en soirée à bord du vieux gréement *Le Brigantin (06-72-17-90-32 ; avr-oct, sur résa – tlj en été ; rens à l'office de tourisme et départ du vieux port).*

Manifestations

– ***Les Estivales :*** *juil-août.* Animations sur les quais du vieux port, dans la ville haute et les bourgs de Sainte-Marie et du Clion.
– ***Voiles en fêtes :*** *le mer en juil-août. Billetterie à l'office de tourisme.* Sortie dans la baie avec le *Corsaires de Retz* et *Le Brigantin* au tarif unique de 14 € par personne.
– ***Brocante marine :*** *le 1er dim d'août, quai l'Herminier.* Vide-bateau, brocante et curiosités.

PRÉFAILLES [pRadvaeL]

(44770) 1 060 hab. *Carte Loire-Atlantique, A-B3*

Paisible cité balnéaire que prolonge la pointe Saint-Gildas et son phare-musée, but de promenade prisé des marcheurs et des familles à la recherche de coquillages. Car c'est le long de cette côte sauvage que l'on trouve, sous le goémon, bigorneaux et berniques. Attention, ce type de pêche répond à des normes particulières consignées clairement dans un petit livret, *Gardez la pêche* (avec les horaires des marées), remis gratuitement dans les offices de tourisme. La récolte est limitée à 5 kg de moules, de coques et d'huîtres par personne et par marée (ça devrait suffire !)... Ce rappel de la loi étant fait, vous pouvez toujours apporter votre quart de gros-plant, un couteau et un citron pour consommer sur place. Et saviez-vous que Préfailles tient son nom de « pré failli », c'est-à-dire le « pré imparfait » en langage du pays de Retz, car l'herbe n'y était pas bonne pour les troupeaux ? Et que cette petite station a d'abord été connue pour sa source d'eau ferrugineuse découverte au XVIIIe s ? Le *Grand Bazar* (et son invraisemblable collection de cerfs-volants

anciens), qui semble n'avoir pas bougé depuis 1900, témoigne aujourd'hui encore de ce tourisme d'autrefois.

Comment y aller ?

➢ ***En bus :*** *réseau* ***Lila.*** *Rens auprès de l'office de tourisme ou au ☎ 0825-087-156 (0,15 €/mn).* Plusieurs liaisons/j. (lignes 3 et 15) avec Pornic, Saint-Brevin, Nantes et Saint-Nazaire.

Adresse utile

ℹ ***Office de tourisme :*** *29, Grande-Rue. ☎ 02-40-21-62-22. • prefailles.fr • Sept-juin, lun mat, mar-ven et sam mat ; juil-août, lun-sam et dim mat. Avr-oct : loc de vélos et de pêcherie (carrelet).* Billetterie pour les tickets de bus, des sites touristiques, les bateaux vers l'île d'Yeu et les spectacles de l'Espace culturel de Préfailles.

Où dormir ? Où manger ?

De prix moyens à chic

🏠 ***Hôtel Le Calluna :*** *pointe Saint-Gildas. ☎ 02-40-21-61-18. • reservation@lecalluna.com • lecalluna.com • ♿ Doubles 65-140 € selon période et vue.* 📶 En dépit de son architecture quelque peu voyante sur ce bout de côte sauvage, l'hôtel occupe une situation privilégiée et abrite des chambres dans le genre contemporain-fonctionnel en bois flotté, confortables mais un peu rudement facturées en saison : l'emplacement se paie ! Donc, tant qu'à faire, préférez celles, avec balcon, donnant sur l'océan. Piscine chauffée couverte, espace bien-être, massages... Brasserie et restaurant sur place.

🍽 ***Les Viviers de Port-Meleu :*** *plage de Port-Meleu. ☎ 02-40-21-60-75. Hors saison, fermé lun-mar. Congés : nov-mars. Choix sur ardoise selon le marché, compter 25 € à la carte.* 📶 *Apéritif offert sur présentation de ce guide.* Bar-resto les pieds dans l'eau, accroché aux rochers. Bien sûr, vue plaisante sur le large et déco marine. Cuisine de la mer selon l'envie du chef : choucroute de la mer, marmite du corsaire... donc pas forcément le jour où vous passerez, mais soyez tranquille, les produits sont très frais et on trouvera toujours un bon plateau de fruits de mer.

À voir. À faire

👁👁 ***La pointe Saint-Gildas :*** *à 2 km à l'ouest de Préfailles. Indiqué.* Au bout, un parking et le complexe peu esthétique de l'hôtel *Le Calluna*. Mais belle vue sur le pont de Saint-Nazaire, le musée du Sémaphore, quelques restes de blockhaus du mur de l'Atlantique et le départ d'un agréable sentier qui longe la côte. C'est le point le plus à l'ouest du pays de Retz.

👁👁 👨‍👧 ***Le sémaphore de la Pointe Saint-Gildas :*** *rue du Sémaphore (dans le « phare »). ☎ 02-40-21-01-21. • ccpornic.fr • ♿ Se garer au parking de la Pointe ; accès à pied en 2 mn. Ouv des vac de fév zone A et C aux vac de la Toussaint : juil-août, tlj 10h-13h, 14h30-19h ; vac d'avr (zone A), mai-juin et sept, tlj sf mar 10h-13h, 14h30-18h ; vac de fév-mars (zones A et C) ven-dim 14h30-17h30 ; et oct-début nov, tlj sf lun-mar 14h30-17h30. Compter 45 mn de visite. Visites guidées slt sur résa. Entrée : 4 € ; forfait famille 10 € ; réduc. Pour les enfants, demander le livret de jeux des « Jeunes Explorateurs » (6 à 12 ans).* Point de vue stratégique sur l'océan, cet ancien poste de guet devint sémaphore en 1865 (surveillance militaire), puis phare en 1954. Musée moderne et interactif, témoignant de l'évolution des communications maritimes ainsi que des grands naufrages de l'estuaire de la Loire : maquettes, lentille de Fresnel, objets retrouvés sur des épaves, vidéo et bornes radio relatant l'histoire des bateaux naufragés au large de la pointe Saint-Gildas. Des tragédies comme celles du *Saint-Philbert* en 1931 ou du *Lancastria* en 1940. Découverte des techniques de surveillance des côtes utilisées au XIXe s grâce au mât sémaphorique de 12 m installé au milieu des imposantes bouées de balisage. Au dernier étage, une terrasse pour observer la baie de Bourgneuf et l'estuaire de la Loire. Un musée plaisant et instructif. Expos temporaires gratuites. Nocturnes thématiques en juillet et août.

DÉCOMPTE MACABRE

L'histoire (et Hollywood) ont retenu le naufrage du Titanic. *Pourtant, celui du* Lancastria, *coulé le 17 juin 1940 par l'aviation allemande, face à la pointe Saint-Gildas a, malheureusement, fait au moins 4 000 victimes, soit près de 3 fois plus que le* Titanic. *On ne connaîtra le chiffre exact de ces victimes qu'en 2040, secret défense oblige : ce paquebot avait été réquisitionné pour évacuer des soldats britanniques cantonnés en France.*

– ***Club nautique de la pointe Saint-Gildas :*** *☎ 02-40-64-35-91. • cnsg-prefailles.fr • Fermé en janv.* École de voile proposant des balades en goélette, stages, cours particuliers, location de catamarans *(Hobbie Cat),* dériveurs, planches à voile et kayaks.

➢ Nombreuses ***balades*** à faire à pied, bien balisées : circuit du *Tour de Saint-Gildas* (7,3 km) et celui de la *Vallée de Pasquin* (5,5 km, dans la lande de Préfailles). Depuis la grande plage, le sentier qui borde la côte surplombe les falaises. Cartes « Balades et randonnées » disponibles gratuitement à l'office de tourisme. Également à vélo, en suivant le circuit balisé *Vélocéan.*

Manifestation

– ***Les Musicales :*** *juil.* Festival international de musique (classique, jazz, musiques du monde) avec de grandes pointures.

LA PLAINE-SUR-MER [plaen-raez]

(44770) 2 550 hab. *Carte Loire-Atlantique, B3*

Bien que limitrophe de Préfailles, le littoral de La Plaine-sur-Mer, orienté au nord, est adouci par un cordon dunaire, parsemé de temps à autre de criques rocheuses et où s'abritent des petits ports de pêche aux moules : La Gravette, Port-Giraud, Le Cormier. En effet, La Plaine-sur-Mer récolte 50 % de la production du département. Un paradis pour l'amateur de pêche à pied que vous êtes ! Mais attention à bien respecter la réglementation affichée partout sur les plages. Les amateurs de farniente apprécieront particulièrement la plage de Tara avec ses très photogéniques pavillons de pêche au carrelet.

Adresse utile

ℹ ***Office de tourisme :*** *pl. du Port-Gentil. ☎ 02-40-21-52-52. • tourisme-laplainesurmer.fr • Au carrefour central du bourg. Juil-août, lun-sam et dim mat ; le reste de l'année, mar-ven et sam mat.*

Où dormir ? Où manger ?

Prix moyens

Chambres d'hôtes chez Nicole Foucher : *15, rue de la Libération. ☎ 02-40-21-53-32. • gites-de-france-44.fr/chez_nicole • À env 200 m de la place centrale en direction de Pornic. Ouv Pâques-Toussaint. Compter 60 € pour 2.* 3 chambres (dont une familiale avec mezzanine) que Nicole, en vraie professionnelle des chambres d'hôtes, a décorées avec talent de façon différente. On a un petit faible pour celle aux tons lilas. Espace TV et coin kitchenette commun. Malgré la circulation le jour, celles côté rue sont calmes la nuit. Jardin pour se détendre. Copieux petit déj. Excellent accueil et plein de bons conseils.

Le Petit Mousse : *5, bd de la Mer, Le Cormier. ☎ 02-40-21-09-04. • lepetitmousse44@orange.fr • À env 10 mn au nord de La Plaine-sur-Mer en voiture. Accès par le boulevard qui longe la mer depuis Tharon-Plage dans le sens nord-sud. Tlj (sf lun et dim soir en basse saison) jusqu'à 23h. Congé 15 nov-1er mars. Formule en sem 17 € ; menu 29,60 €. Sangria offerte sur présentation de ce guide.* Sous son allure de bistrot de pêcheur, *Le Petit Mousse* propose poissons et fruits de mer d'une grande fraîcheur, mis en valeur par de subtiles associations d'épices. De la terrasse, vue de biais sur la mer. Quelques ratés dans le service toutefois.

Beaucoup plus chic

Hôtel-restaurant Anne de Bretagne : *port de la Gravette, 163, bd de la Tara. ☎ 02-40-21-54-72. • bienvenue@annedebretagne.com • annedebretagne.com • Resto fermé lun et mar midi, plus dim soir et mer midi oct-mars. Congés : de janv à mi-fév. Doubles 147-246 € selon vue, taille et saison ; également des suites ; petit déj 24 €. Menus du marché 36-43 € (déj en sem) ; autres menus 80-125 €.* Dans une bâtisse contemporaine, de belles chambres donnant sur le jardin (avec terrasse) ou sur la mer. Toutes au calme, avec une déco épurée de bon goût, des dessus-de-lit jusqu'aux salons en passant par les sanitaires. Copieux petit déj-buffet. Piscine chauffée et tennis. Côté table, même raffinement. Une cuisine inventive et « iodée » – comme la décrit le chef et propriétaire Philippe Vételé –, principalement tournée vers les produits de la mer. Impressionnante cave de plus de 1 000 références (Michèle Vételé est sommelière). Salle à manger au style design, lumineuse avec sa baie vitrée donnant sur l'océan et au loin le pont de Saint-Nazaire. Au rez-de-chaussée, admirez l'impressionnante collection de bois du monde entier.

À voir. À faire

Demander le programme des animations et sorties à l'office de tourisme.

– ***Les animations au jardin des Lakas :*** *dans le centre.* Très beau parc renfermant un intéressant pavillon de chasse et un kiosque. En avril s'y tient la plus importante ***fête des Plantes*** de Loire-Atlantique. En juillet, une ***fête du Livre*** investit les lieux. En juillet-août, concerts gratuits le mercredi soir et spectacles enfants gratuits le jeudi soir à la salle des fêtes.

➢ ***Randonnées à thème*** dans les alentours et ***sorties nature,*** dont la pêche à pied, organisées avec un guide de l'association *L'Hirondelle*. *Inscription auprès de l'office de tourisme.*

L'atelier du souffleur PiVerre : *24, rue de la Basse-Musse. 06-76-46-83-29. • piverre.artblog.fr • Dans le bourg. Démonstration de soufflage gratuite avr-sept 14h30-18h (téléphoner pour s'assurer des j. exacts).* Stages d'initiation (à partir de 3 ans). Jolies réalisations aux couleurs vives et originales.

SAINT-BREVIN-LES-PINS [sant-brewenn]

(44250) 11 200 hab. *Carte Loire-Atlantique, B3*

Vers les années 1860, pour lutter contre l'avancée des dunes, on planta des pins maritimes. De facto, cela fit le charme de la station balnéaire, qui se transforma en une destination mondaine. Depuis, la vague de béton est passée par là, mais de manière plus douce qu'à La Baule. Résultat : une multitude de petites maisons de villégiature réparties en quatre quartiers distincts, sur les 8 km de cette pointe nord de la Côte de Jade : Mindin au nord (où se trouve le musée et le pont de Saint-Nazaire), les Pins au centre (paradis des retraités et des familles en villégiature), l'Océan et l'Ermitage tout au sud (la partie la plus jeune, avec sa plage et son spot de kitesurf). On pourra également déborder sur la commune de Saint-Michel-Chef-Chef, où se trouve la plus belle « plage-plage » : celle de Tharon. Attention au monde en été. À noter que la ville tiendrait son nom de Brewing, archevêque de Canterbury au VIIIe s, à qui l'église est dédiée.

Adresses et infos utiles

Office de tourisme : *10, rue de l'Église. ☎ 02-40-27-24-32. • saint-brevin.fr • Sept-juin, ouv lun-ven et sam mat ; juil-août, lun-sam et dim mat.* Vente de tickets de bus pour Nantes, Saint-Nazaire, Paimbœuf, Pornic... Toute l'année, vente de billets pour l'île d'Yeu, Parc des Légendes, Planète Sauvage, Belle-Île, golfe du Morbihan... Fiches de randos et circuits VTC aux alentours.

Autre office de tourisme : *bd de l'Océan, devant le poste de secours, quartier de l'Océan. ☎ 02-40-27-24-32. Juil-août, lun-sam et dim ap-m. Sept-juin, les ap-m mar-sam en période scol, tte la journée mar-sam aux vac scol.*

– **Le Brévibus :** transport urbain qui dessert la commune en 2 itinéraires : le *circuit nord* et le *circuit sud*. Télécharger l'itinéraire et les horaires sur le site de l'office de tourisme. *GRATUIT.*

Location de vélos : ***Cycl'hic,*** *11, av. de la Tour-Carrée. ☎ 02-40-27-34-33. • cycl-hic.com •*

– **Marchés :** *jeu et dim mat, pl. Baslé, quartier des Pins. L'un des plus grands de la région. Également sam mat dans le quartier de l'Océan et mer mat en juil-août dans le quartier de l'Ermitage ; auxquels s'ajoutent en été les marchés nocturnes (mer soir au quartier de l'Océan, ven soir à celui des Pins).*

Où dormir ? Où manger à Saint-Brevin et dans les environs ?

Camping

Camping de la Courance : *110, av. du Maréchal-Foch. ☎ 02-40-27-22-91. 06-32-23-55-25. • info@campinglacourance.fr • campinglacourance.fr • Ouv tte l'année. Prix tente : 16-21,30 €. Bungalows toilés et mobile homes en loc (2-8 pers 255-810 €/sem selon taille et saison). Prix caravane : 112 €/sem. 160 empl. Réduc : - 10 % sur la 2e sem en locatif ; - 15 % sur la 3e ; - 20 % sur la 4e.* Un bon camping ombragé avec accès à la mer, bien équipé et bien tenu. Seulement 35 emplacements perdus dans une forêt de mobile homes ! Animations en été. Affilié « Camping qualité ». Piscine.

De bon marché à prix moyens

Hôtel de la Côte de Jade : *2, av. de Bretagne, Tharon-Plage, 44730* ***Saint-Michel-Chef-Chef.***

LA LOIRE-ATLANTIQUE

☎ 02-40-27-82-31. • hotel.lacotedejade@orange.fr • hoteldelacotedejade.fr • Dans une rue perpendiculaire à la plage. Double 68 €, petit déj 5-9,50 €. Une boisson offerte sur présentation de ce guide. On aime beaucoup ce petit hôtel datant des années 1920, à l'esprit « congés payés » et à la façade loufoque recouverte de mosaïques et de coquillages, tenu par Martine, artiste peintre (qui tient galerie au rez-de-chaussée), et sa maman. On entre par un vieux bar pur jus, attenant au salon de coiffure de la sœur à la déco tout aussi kitsch. 4 chambres seulement (et 3 en annexe), toutes de taille et de style différents. Elles ont en commun de vastes fresques murales et des salles de bains mosaïquées. Organisées autour d'un charmant patio, certaines, très grandes, ont une terrasse. Un lieu étonnant, hors du temps, à l'accueil chaleureux.

Résidence Odalys Domaine de l'Océan : *chemin de la Bridelais, à Saint-Brevin l'Océan. ☎ 02-40-27-75-26. • domainedelocean@odalys-vacances.com • Fermé de mi-nov à début avr. À partir de 60 €/nuit pour un 2 pièces 4 pers (linge de lit et de toilette fournis, lits faits à l'arrivée et ménage quotidien).* Charmante petite résidence idéalement située au cœur de la station de Saint-Brevin, à seulement 300 m de la grande plage, des commerces et du casino. Une fois arrivé, vous pouvez donc oublier votre voiture ! Pimpantes avec leurs façades blanches et leurs volets bleu ciel, les maisonnettes abritent des appartements 2 et 3 pièces. Une adresse familiale et conviviale où les enfants apprécieront de se baigner dans une grande piscine chauffée, ouverte de juin à septembre. Sur place : aire de jeux et salle de fitness.

Crêperie Le Bac à Blé : *67, bd de la République, Tharon-Plage, 44730* ***Saint-Michel-Chef-Chef.*** *☎ 02-40-64-90-90. • chabada6@gmail.com • À 7 km, à mi-chemin avec Pornic. Sur la première avenue parallèle à la mer. Fermé lun-mer hors saison. Résa conseillée. Carte env 15-20 €.* Dans un cadre frais et sans prétention, on découvre bien plus qu'une crêperie. Charlotte, la patronne, se révèle intraitable sur la qualité et la fraîcheur des produits. Même la sauce tomate est maison. Ça se sait jusqu'à Nantes et les gens du coin n'hésitent pas à faire le déplacement pour déguster ses spécialités, crêpes et galettes à la farine bio, ou même une raclette en galette (délice du Bac) ! Accueil aimable. La petite adresse conviviale, en quelque sorte !

L'Empreinte : *119, bd de l'Océan, Tharon-Plage, 44730* ***Saint-Michel-Chef-Chef.*** *☎ 02-40-27-82-17. • lempreinte.tharon@orange.fr • hotel-restaurant-lempreinte.com • Resto fermé dim soir et lun midi en basse saison. Doubles 64-94 € selon vue et saison. Formule 15 €, menu 29 €. Café offert sur présentation de ce guide.* Un fort sympathique hôtel-resto face à l'océan, offrant des chambres d'excellent confort. Table réputée également et salle panoramique à la déco contemporaine. Spécialisée dans le poisson et les fruits de mer. Que des bons produits, que du frais et cuisine de pro. En prime, accueil chaleureux.

À voir. À faire

Le musée de la Marine : *pl. Bougainville (au pied du pont de Saint-Nazaire). ☎ 02-40-27-00-64. De mi-juin à mi-sept, tlj sf lun 14h30-19h ; de fin avr à mi-juin, w-e et j. fériés, 15h-19h. Entrée : 4 € ; forfait famille ; gratuit moins de 12 ans.* Situé dans le fort réaménagé de Mindin avec son superbe point de vue sur l'estuaire, ce musée abrite environ 65 maquettes de navires modernes et anciens, de guerre, de commerce ou de pêche, dont des répliques de plus de 1 m du *France*, du *Normandie* ou du porte-avions *Foch*. Voyez aussi le superpétrolier *Batilus*, qui impressionne souvent les enfants. Collection d'objets, de tableaux ayant trait à la marine, et deux vidéos (1h chacune !) retraçant l'histoire maritime du XVIIIe s à nos jours et celle de la construction navale dans la région. Belle évocation également de la bataille des Cardinaux en 1759 et du commerce triangulaire. Un petit musée qui mérite le détour. À l'extérieur, petit jardin botanique et un ponton avançant sur l'estuaire qui offre une extraordinaire vue sur le pont de Saint-Nazaire et sur l'étonnante sculpture le *Serpent d'Océan* de Huang Yong Ping : installé pour l'édition 2012 du parcours artistique *Estuaire,* un squelette d'aluminium long de 130 m qui ne laisse dépasser que sa gueule ouverte à marée haute.

Les mégalithes de Saint-Brevin : *rens auprès de l'office de tourisme.* L'ensemble de la commune est parsemé de vestiges mégalithiques.

– ***École de voile – Sports nautiques Brevinois :*** *base nautique du Pointeau, bd de l'Océan. ☎ 02-40-64-49-41. • saint-brevin.fr • Tte l'année, tlj sf dim mat.* Location, stages et cours à la carte : Optimist, planche et char à voile, kayak, catamaran, speed-sail...

➢ Le circuit cycliste ***Vélocéan,*** qui se faufile sur une quarantaine de kilomètres le long du littoral du pays de Retz, passe par Saint-Brevin.

Manifestations

– ***Festival côté mer :*** *juil-août, concerts et spectacles lun-ven.*
– ***Festival pyrotechnique international :*** *le 3e sam d'août. Rens à l'office de tourisme.* Grands feux d'artifice tirés de la plage et en musique.

DANS LES ENVIRONS DE SAINT-BREVIN-LES-PINS

Le Saint-Michel magasins : *8, rue de Chevecier, 44730* ***Saint-Michel-Chef-Chef.*** *☎ 02-51-74-75-44. • paul.eveillard@stmichel.fr • Tte l'année, tlj sf dim (hors été). Film de 20 mn en continu ; se présenter aux bureaux, juste à droite du magasin.* La notoriété de cette commune est liée à ses fameuses galettes Saint-Michel. Créée en 1905 par un enfant du pays, Joseph Grellier, la biscuiterie fonctionne toujours. On peut y visionner un film sur son histoire. Boutique sur place avec toute la gamme : galettes Saint-Michel, sablés de Retz, palets Roudor...

Le Conservatoire des vieux métiers : *44560* ***Saint-Père-en-Retz.*** *☎ 02-40-21-74-46. À 11 km au sud-est de Saint-Brevin (fléché). Juin-sept, w-e et j. fériés (juil-août tlj) 15h-19h, sinon sur rdv.* Les nostalgiques de vieux métiers ne manqueront pas d'y faire une visite. Le conservatoire retrace sur 1 500 m² l'économie du pays de Retz au XVIIIe s : mise en scène des gestes, animation des engins, etc.

À voir également dans le bourg, la ***Maison du lavoir*** : *rue de Pornic, 44560* ***Saint-Père-en-Retz.*** *Mêmes tél et horaires que le Conservatoire des vieux métiers.* À côté d'un vieux lavoir de 150 ans – impressionnant par ses dimensions et entièrement retapé – la maison expose une collection de photos et d'objets anciens.

L'ESTUAIRE DE LA LOIRE

Bien que les effets de la marée se fassent sentir jusqu'à Ancenis, à 30 km en amont de Nantes, c'est au port de Nantes qu'officiellement commence l'estuaire. La Loire décrit alors une ultime et large courbe dont la forme en conque caractéristique est reprise pour le logo de la ville de Nantes. La limite officielle entre eaux douces et eaux salées est fixée à Cordemais. La profondeur du chenal reste à peu près constante de Nantes à Paimbœuf (environ 6 m) et s'accentue brutalement jusqu'à 14 m à partir de Donges. Le sable

charrié, mais aussi les travaux de dragage ou de comblement renouvellent sans cesse sa géographie. Sillonné de chenaux, parsemé d'îles et bordé de marais, l'estuaire ravit les pêcheurs d'aloses, d'anguilles, de civelles et de saumons, les ornithologues pour les nombreux échassiers, canards et rapaces, et les promeneurs grâce aux chemins de randonnées ponctués d'œuvres d'art sur le parcours *Estuaire*, de part et d'autre de ses rives.

PAIMBŒUF

(44560) 3 000 hab. *Carte Loire-Atlantique, B3*

Au bord de l'estuaire, à 12 km à l'est de Saint-Brevin. Petit bourg modeste au début du XVIIe s, la ville connut une époque prospère durant plus de deux siècles. En effet, l'ensablement de la Loire ne permettant plus aux navires de remonter le cours du fleuve, ils devaient s'arrêter à Paimbœuf, qui devint alors avant-port de Nantes, avec ses chantiers de construction et de réparation navale. Au milieu du XIXe s, l'approfondissement du chenal de la Loire et la concurrence de Saint-Nazaire portèrent un coup fatal au développement de la ville.

Adresses utiles

Office de tourisme : *quai Sadi-Carnot, le « hangar ». ☎ 02-40-27-53-82. ● paimboeuf.fr ● Juil-août, tlj ; sept-juin, mar-sam.* Infos sur les visites commentées de la ville à pied ou en calèche, ainsi que sur les croisières en bateau sur la Loire. Tarifs préférentiels pour certains sites touristiques locaux. Dépliant sur le parcours d'interprétation du patrimoine de Paimbœuf (10 panneaux).

Location de vélos : *au* ***Camping L'Estuaire,*** *quai Éole. 📱 06-89-55-02-06.*

Où dormir dans les environs ?

Gîte de la Lande : *hameau de la Lande, 44320* ***Saint-Viaud.*** *☎ 02-40-39-15-44. ● stephanemezille@gmail.com ● gitesdelalande.com ● ♿ À 8 km de Paimbœuf sur la D 98 après Saint-Viaud vers Frossay, à droite. Gîte jusqu'à 11 pers 250-1 350 €/sem. Réduc de 10 % sur présentation de ce guide.* Dans un beau corps de ferme superbement restauré et indépendant de la résidence des proprios. Gîte disponible à la nuit hors saison dans l'ancien pigeonnier, avec petit jardin privatif et des cottages dans l'ancienne écurie. Belle terrasse encadrant une piscine chauffée.

À voir

L'église Saint-Louis : *juil-août tlj 10h-19h ; sinon fermé à 17h.* Les deux architectes nantais qui avaient concouru pour le projet de la construction du Sacré-Cœur à Paris furent choisis pour réaliser l'église de Paimbœuf. Construite de 1877 à 1912, cette église de style néobyzantin avec sa coupole, son plan en croix grecque et ses couleurs intérieures... en font un lieu de culte unique en Loire-Atlantique. L'autel baroque est composé de plusieurs marbres précieux et est classé aux Monuments historiques. Autant vous le dire, les Paimblotins tiennent beaucoup à leur église !

Les pittoresques passages et rues du Général-de-Gaulle et du Faisan : à l'époque florissante et animée de Paimbœuf, une foule de marins débarquaient en ville. Tandis que leurs capitaines regagnaient leurs riches hôtels particuliers, matelots et moussaillons empruntaient d'étroits passages pour rejoindre les rues parallèles aux quais afin d'y trouver logis. Les immeubles populaires de la rue du Général-de-Gaulle sont aujourd'hui restaurés, et sur leurs façades aux couleurs vives subsistent quelques beaux balcons en fer forgé, tous différents. Si vous ne pouvez faire la visite guidée de l'office de tourisme, demandez-leur le plan du circuit des rues les plus intéressantes.

Le Jardin étoilé : *quai Edmond-Libert, au bord du fleuve, en amont de l'office de tourisme.* Un jardin complètement fou, tout en flèches de bois, imaginé par Kinya Maruyama, un artiste japonais qui trouvait une ressemblance entre la Loire et la rivière Mogami de son pays natal. Avant d'y aller et pour comprendre ce que l'artiste a voulu exprimer dans ces structures géantes et ludiques, vous pouvez passer à l'office de tourisme, qui vous délivrera la notice explicative.

➢ Agréable ***promenade le long des quais Éole et Gautreau*** : maisons d'armateurs, avec quelques beaux balcons. Heureusement que la raffinerie de Donges de l'autre côté du fleuve est masquée par un jardin public arboré. Il paraît que pour certains, cette usine rappelle New York lorsqu'elle est illuminée le soir...

DANS LES ENVIRONS DE PAIMBŒUF

Corsept *(44560) : à 2 km à l'ouest de Paimbœuf, également au bord de l'estuaire.* Vieille église où fut pratiqué un culte à saint Martin de Vertou dès le XVe s. Dans la maison du Pasquiaud séjourna le peintre Jean-Baptiste Corot. Trois sentiers pédestres, dont un qui permet de découvrir des mégalithes, nombreux dans la région.

➢ ***Le Sentier découverte de l'estuaire :*** au départ de l'ancien petit port de la Maison Verte, abandonné depuis les années 1960 mais récemment rénové, ce sentier pédestre longe les bords de Loire sur 6 km, permettant de découvrir la faune et la flore locales, les pêcheries, ainsi qu'un belvédère d'observation. Vous avez même des chances de tomber nez à nez avec les vaches qui assurent l'entretien écologique du site en toute liberté.

– ***Base de loisirs TSN44 de Saint-Viaud*** *(44320) : à 4 km de Paimbœuf. ☎ 02-40-39-15-92. • tsn44.com •* Téléski nautique.

Manifestation

– ***Festival LPO Birdfair :*** *sur 3 j. en mai. • birdfair.fr •* Tourisme de nature et de l'oiseau.

LE CANAL MARITIME DE LA BASSE LOIRE

Carte Loire-Atlantique, B3

À quelque 20 km de Nantes, un havre de paix assez insolite et agréable, à l'ombre de saules et de peupliers. Le *canal de La Martinière,* autre nom qui lui est attribué, court sur 15 km, du village de La Martinière (commune du Pellerin, au sud) au Carnet (commune de Saint-Viaud, au nord). Il est fermé à chaque extrémité par une écluse de 150 m.

UN PEU D'HISTOIRE

Au XIXe s, l'ensablement de la Loire et la navigabilité de l'estuaire empêchent les bateaux de haute mer, jaugeant plus lourd, de remonter jusqu'à Nantes. La survie du port de Nantes est en jeu. En 1876, un député s'écrie à la tribune : « La Loire s'ensable, la Loire se perd, la Loire se ruine. » Des travaux avaient été pourtant menés auparavant avec l'endiguement du fleuve, de Bouguenais au Pellerin. Mais ce n'était pas suffisant. On pense alors à créer un canal pour éviter les pièges des îles et des passes entre Le Pellerin et Paimbœuf. Les travaux, commencés en 1882, durent 10 ans. Mais avec l'apparition de navires aux tirants d'eau mesurant jusqu'à 7 m, le canal devient vite inadapté. En 1903, on décide d'approfondir le chenal de la Loire. En 1911, le canal est finalement fermé à la grande navigation et sert de cimetière aux grands trois-mâts, avant d'être fréquenté par les chalands des riverains et les plaisanciers. Depuis les années 1960, il est utilisé pour réguler les niveaux d'eau des marais du pays de Retz et pour irriguer une partie de son territoire. En 1992, une promenade a été aménagée, qui fait le bonheur des Nantais pour leurs balades dominicales.

Où dormir ? Où manger dans les environs ?

Camping

Camping du Migron : *La Chaussée, Le Migron, 44320* ***Frossay.*** *☎ 02-40-39-72-72 (mairie, hors saison). 07-86-38-36-90. • mairie@frossay.fr • frossay.fr • Au bord du canal. Ouv de mi-juin à mi-sept. Prix tente en hte saison : 9,40 €. CB refusées. 40 empl.* Sur une étendue herbeuse ombragée, sans autre équipement qu'un bloc sanitaire. Nombreuses balades à vélo dans les environs, ainsi que du canoë-kayak, de l'ULM et de la pêche. Location de vélos et d'avirons.

Bon marché

Le Tisonnier : *à Messan, 44640* ***Rouans.*** *☎ 02-40-64-29-83. Entre Frossay et Le Pellerin. Lun-ven, midi slt. Menu 11,30 € ; carte.* Un resto-tabac-café-Maison de la presse style routier, où l'on se restaure bien et copieusement pour pas cher. Un bon rapport qualité-prix-rapidité-amabilité dans ce coin où les adresses sont plutôt rares.

Chic

Chambres d'hôtes Château de la Rousselière : *44320* ***Frossay.*** *☎ 02-40-39-79-59. • info@larousseliere.com • larousseliere.com • À 8 km à l'ouest de Paimbœuf, par la route de Nantes, et à 3 km du canal. Ouv mai-sept. Compter 90 € pour 2.* Dans une plaisante demeure des XVIIe-XVIIIe s, au milieu d'un parc de 25 ha. 3 chambres d'hôtes confortables et lumineuses. Piscine. Accueil familial sympathique. Gîte pour groupe également (jusqu'à 16 personnes) dans une aile du château et diverses activités avec *Défi Nature,* notamment son parcours « Escal'arbres » dans le parc (voir plus loin « À faire »).

Château du Pé : *rue de l'Égalité, 44640* ***Saint-Jean-de-Boiseau.*** *06-09-43-01-63. • chateaudupe.fr • Près de l'église et de la mairie. Doubles 75 € en sem, 90 € ven-dim, petit déj inclus ; également une familiale.* 6 couples d'artistes renommés ont eu le feu vert pour concevoir les 6 chambres d'hôtes de ce château onirique du XVIIIe s, dans le cadre d'*Estuaire.* Des univers désinhibés, de « L'antichambre » à « La grande question », des lits cachés dans le plancher ou les murs, une cheminée papillon, une fenêtre qui lit un poème, des boîtes d'entomologiste... Le tout dans un parc de 7 ha et à deux pas de la Loire. Et si vous n'y séjournez pas, possibilité de visiter gratuitement les chambres le dimanche après-midi !

À faire

➢ ***Balade le long du canal :*** *au départ du village de* ***La Martinière.*** Maisons anciennes et écluse de grande navigation. Longer la rive droite jusqu'aux ***Champs-Neufs.*** Là : barrage et écluse avec sa machinerie visitable, remise en état *(**ACCAM,** ☎ 02-40-04-65-21 ; • canal-maritime-basse-loire.fr • ; mai-juin, sam ap-m, juil-août, jeu ap-m ; 2 €).* À proximité de l'écluse, après la crêperie, un club nautique loue dériveurs, barques et embarcations à pédales *(☎ 02-40-05-64-61).* Suivre ensuite la rive gauche jusqu'au ***Migron,*** petit bourg qui abrite de vieilles maisons le long de ses ruelles. ***Le Quai Vert,*** lieu atypique, propose des activités culturelles et de découverte de la nature, ainsi que de louer des vélos, embarcations à pédales, canoës et kayaks *(☎ 02-28-53-51-62, • quai-vert.com •).*

Le bateau mou ou « Misconceivable » : *écluse de* ***La Martinière,*** *à 2 km du Pellerin. Accessible depuis Couëron par un traversier (GRATUIT) ou depuis Bouguenais par la D 723.* Dans un site charmant (apportez le pique-nique), drôle de bateau en arrêt dans l'espace, une quille dans le vide, une hélice dans rien, qui tord sa proue vers les eaux de la Loire. Œuvre moderne d'Erwin Wurm, du parcours artistique *Estuaire.*

ATTENTION, GOLDORAK DÉBARQUE !

À l'entrée de Saint-Jean-de-Boiseau, en arrivant du Pellerin, se tient la petite chapelle de Bethléem, du XVe s, récemment restaurée. Un sculpteur local s'est inspiré du cinéma fantastique hollywoodien et de la culture manga pour reconstituer les pinacles. Résultat : des chimères qui ont les traits de Goldorak, des Gremlins ou de la créature d'Alien ! Bonne idée pour attirer le touriste.

– ***Vol en ULM au-dessus du canal :*** ***Rand-Kar,*** *44320* ***Frossay.*** *☎ 02-40-64-21-66. • randkar.fr • Sur rdv. De 15 mn à la journée complète. Compter 50 € pour un baptême de 15 mn.* Ce petit club, tenu par une équipe passionnée, propose plusieurs circuits en ULM dans la région (biplace avec pilote). Un spectacle qui vaut vraiment le coup, même si le coût peut freiner vos ardeurs.

– ***Défi Nature :*** *parc du château de la Rousselière, 44320* ***Frossay.*** *☎ 02-40-39-79-59. • definature.com • Ouv vac scol de Pâques 14h-18h ; avr-juin et sept, 11h-19h w-e et ponts ; juil-août et vac scol, tlj 10h-20h. Tarifs « Escal'arbres » : env 6 € (pour les 2-5 ans), puis 14-23 € selon parcours.* On grimpe, on s'accroche, on dévale, on glisse... d'arbre en arbre, même en nocturne ! Ou comment jouer à se faire peur sans danger. À partir de 2 ans. Également jeux-énigmes, courses d'orientation...

DANS LES ENVIRONS DU CANAL

Le parc du Sentier des Daims : *La Poitevinière, D 78, 44320* ***Frossay.*** *☎ 02-40-39-75-06. • sentierdesdaims.com • ♿ De mi-fév à début nov, tlj 10h-18h ou 19h selon période (billetterie jusqu'à 16h30 ou 17h) ; 2de quinzaine de déc, spectacle et animation de Noël sur résa. Entrée : 14-16,50 € selon période ; 9-11 € pour les 3-12 ans ; réduc.* Parc animalier centré sur les cervidés provenant du monde entier. Dans les 33 ha, on croisera daims, chevreuils, wapitis, hydropotes, cerfs Sika du Japon, rennes... plus de 400 animaux au total (dont, également, des rapaces et des loups). La visite comprend une vingtaine de parcours légendaires et circuits scénographiés, avec spectacles et animations dans l'univers merveilleux des contes et légendes.

La réserve ornithologique de l'île de Massereau et du Migron : paradis des oiseaux migrateurs. 400 ha de roselières, saulaies et prairies où s'ébattent hérons cendrés, sarcelles, bécassines... Possibilité de visites guidées *(infos à l'office de tourisme de Paimbœuf).*

Le labyrinthe de Nantes-Bouguenais : *chemin des Réservoirs, 44340* ***Bouguenais.*** *☎ 02-51-70-60-99. ● lelabyrinthe.fr ● Sur le bord de la voie rapide en direction de Pornic ; sortie C5 « La Mouchonnerie ». De mi-avr à août, tlj 10h-19h (dernière entrée à 17h30) ; mars et sept, slt mer et w-e 11h-18h ; vac scol de la Toussaint, tlj 11h-18h (dernière entrée à 16h30). Entrée : 9,50 € ; 6,50 € pour les moins de 12 ans.* Un des plus grands labyrinthes permanents du monde, avec plus de 4 km de promenade. On se perd, on se retrouve, on cherche des énigmes, pour le plus grand plaisir des petits... et des grands ! Également des balades à dos de poney, des jeux pour enfants, une petite restauration et des visites nocturnes (se renseigner).

Le bac du Pellerin : *passage ttes les 20 mn, 6h20-20h30, voire 21h30 de mi-juin à mi-sept ; GRATUIT.* Comme le faisaient autrefois les pèlerins en route vers Saint-Jacques-de-Compostelle, on traverse la Loire avec ce bac jusqu'à l'autre rive où le bourg du Pellerin possède chez sa voisine d'en face, Couëron, une enclave dite « du Paradis ». Ce bac qui permettait également aux ouvriers « sud-Loire » d'aller travailler « nord-Loire » offre aujourd'hui aux touristes l'occasion d'une minicroisière sur le fleuve sauvage. C'est le dernier des bacs sur la Loire en fonctionnement.

SAINT-NAZAIRE [sant-nazer]

(44600) 68 840 hab. *Carte Loire-Atlantique, A-B3*

Bienvenue dans une ville qu'il faut savoir regarder par deux fois ! Souvent victime d'une image trop stéréotypée de port, Saint-Nazaire révèle en fin de compte une vraie atmosphère, comme seules les villes littorales en dégagent. À la fois touchante (car vraie victime de la guerre et qui aujourd'hui « vit » les docks), humaine et où il fait bon vivre, car le climat y est doux et moins pluvieux qu'il n'y paraît. De plus, on y découvrira un pôle touristique innovant, créatif et intéressant, qui a déjà accueilli plus de 3 millions de visiteurs. Moderne par ses aménagements et ses rénovations (voyez le front de mer), Saint-Nazaire s'est offert des touches de couleurs depuis quelques années avec des œuvres d'art moderne distillées ici et là. Et la découverte de ses sites industriels se révèle des plus passionnante. Alors, ne boudons pas notre plaisir, revoyons nos clichés, découvrons également la vingtaine de plages en direction de Pornichet, ce port devenu lieu de loisir, et laissons-nous « barrer » dans le Saint-Nazaire du XXIe s...

UN GUIDE AD HOC

Les villes fidèlement représentées dans les ouvrages d'Hergé ne sont pas légion ; Saint-Nazaire figure pourtant au palmarès. Des panneaux de 4 × 3 m immortalisent les épisodes nazairiens des aventures de Tintin en plusieurs points de la ville. La similitude des lieux est souvent frappante.

UN PEU D'HISTOIRE

Le village de Méan prit au Moyen Âge le nom de Port-Nazaire en hommage au martyr décapité à Milan au Ier s... et devint plus tard Saint-Nazaire, à l'instar d'une douzaine de communes homonymes en France.

En 1830, seuls quelque 800 habitants peuplaient les petites rues tortueuses où l'on trouvait les « pilotes de Loire », ces marins qui orientaient les bateaux entre Nantes et l'océan à travers les méandres du fleuve sauvage. Un vrai savoir-faire ! Le XIXe s vit donc « s'affronter » Saint-Nazaire et Paimbœuf pour le contrôle de l'avant-port de Nantes. Grâce au chemin de fer, Saint-Nazaire remporta la mise, et les Nazairiens construisirent des bassins en eau profonde sur décision de Napoléon III. En 1862, les frères Pereire, banquiers, patrons du Chemin de fer Paris-Orléans et de la Compagnie générale transatlantique, confient à un Écossais, John Scott, la construction d'un chantier naval de paquebots. Les grands « transats » naîtront dans cette ville « clé de l'estuaire » (blason avec une clé sur une voile) dont la devise est *Aperit et nemo claudit* (« Elle ouvre et personne ne ferme »). Très vite, un deuxième bassin est creusé, et la ville, depuis 1862 port transatlantique et tête de ligne pour le Mexique, les Antilles et Panamá, connaît un essor sans précédent. On accourt de toutes les provinces, à tel point que Saint-Nazaire est surnommée « la Petite Californie bretonne ».

Pendant l'entre-deux-guerres, la vie y est belle et les innovations sociales sont légion : premières conventions collectives, bourse du travail, habitations à loyer bon marché, maison d'hygiène sociale pour les consultations des femmes enceintes, gratuité des livres pour tous les élèves de l'école publique...

Et soudain, l'histoire reprend tristement le dessus. La Seconde Guerre mondiale éclate et la ville est tout simplement rasée.

La reconstruction, confiée à Noël Le Maresquier, Grand Prix de Rome, doit permettre de loger rapidement autant d'habitants que possible. Après avoir déblayé deux millions de mètres cubes de gravats qui serviront à combler un ancien marais et créer le parc paysager, tout près du centre-ville, on voit surgir une ville neuve, avec ses « Champs-Élysées » (l'avenue de la République), ses rues rectilignes et ses immeubles de béton. Point névralgique : le centre commercial appelé le *Paquebot* (ça vous étonne ?), datant de 1988, qui coupe l'avenue en deux. Depuis, les habitants n'y portent plus guère attention, et aujourd'hui, Saint-Nazaire est une « ville à la mer » qui se découvre et s'apprécie facilement à pied, avec son quartier Ville-Port dédié aux loisirs culturels et sa grande plage de centre-ville (avec de superbes jeux pour enfants), sans oublier son front de mer réaménagé, son skatepark... et, un peu plus loin, le quartier balnéaire de Saint-Marc que les adeptes de Jacques Tati ne manqueront pas de visiter.

DU BÉTON ARMÉ POUR RÉSISTER

Durant la Seconde Guerre mondiale, la base sous-marine de Saint-Nazaire, écrou inviolable de la marine allemande sur l'Atlantique, causera la perte de la ville. Les tapis de bombes des raids alliés auront raison de 80 % de la ville, mais la base résistera : aujourd'hui encore, elle dresse ses arrogantes tonnes de béton. À tel point que Saint-Nazaire sera la dernière ville libérée en Europe : le 11 mai 1945 (3 jours après la capitulation de l'Allemagne) !

Côté chantiers navals, c'est une histoire riche d'un siècle et demi de construction de palaces flottants comme l'*Atlantique*, l'*Île de France*, le *Normandie* et le *France* ou, plus récemment, le *Queen Mary 2 (of course)*. Pour les chantiers navals de Saint-Nazaire, devenus STX en 2008, l'aventure se poursuit avec la construction de paquebots de croisière mais aussi la recherche de diversification, notamment dans le domaine des énergies renouvelables. Sans oublier l'autre industrie emblématique de la ville : Airbus !

Transports

Gare TGV (plan B1) : *plusieurs liaisons/j. avec Paris-Montparnasse.* ☎ *36-35 (0,34 €/mn).*

■ ***Boutique STRAN*** *(plan B1, **1**) : 6, pl.*

Pierre-Sémard. ☎ *02-40-00-75-75.* • *stran.fr* • *Lun-ven 7h30-18h45 ; sam 9h-12h, 13h30-17h.* Vente des tickets de bus, notamment des lignes urbaines *STRAN* (dont *HélYce,* un service de bus rapide en site propre) et du réseau départemental *Lila* *(☎ 09-69-39-40-44).*
- En ville, on trouve aisément à stationner ; certains parkings sont carrément gratuits (ou au moins la première heure dans les parkings à enclos). Bon à savoir : une navette, *Zenibus,* relie le grand parking gratuit du Théâtre, tout à côté de la base sous-marine (*Escal'Atlantic,* office de tourisme...), au centre-ville, toutes les 20 mn *(GRATUIT).*

Adresses utiles

Office de tourisme *(plan B2)* **:** *bd de la Légion-d'Honneur, base sous-marine.* ☎ *02-40-22-40-65.* • *saint-nazaire-tourisme.com* • *Tte l'année, sf 2 premières sem de janv.* Sur le site internet, rubrique « Disponibilité hôtelière » qui permet de réserver gratuitement directement auprès des établissements.

Antenne de l'office de tourisme : *dans le quartier de Saint-Marc (plage) en juil-août.*

@ **Zones WIFI :** *autour de la gare et à la base sous-marine (office de tourisme).*

Où dormir ?

Dans le centre

Bon marché

Les fauchés iront voir vers la zone portuaire (rues des Chantiers et Penhoët). Quartier un peu excentré, mieux vaut être motorisé. Les hôtels du coin sont plutôt des pensions, à des prix défiant toute concurrence. Chambres minimalistes.

Hôtel de Touraine *(plan A3,* **14***)* **:** *4, av. de la République.* ☎ *02-40-22-47-56.* • *hoteltouraine@free.fr* • *hotel-de-touraine.com* • *Congés : fêtes de fin d'année. Doubles 40-45 € avec ou sans sdb.* *10 % sur le prix de la chambre sur présentation de ce guide.* Trouver à Saint-Nazaire une chambre propre et agréable pour un prix abordable est suffisamment rare pour être signalé. En plus, l'accueil est excellent ! Adresse irréprochable pour le prix et la prestation.

Prix moyens

Brit Hôtel Korali *(plan B1,* **16***)* **:** *4, av. du Commandant-L'Herminier (pl. de la Gare).* ☎ *02-40-01-89-89.* • *hotelkorali@wanadoo.fr* • *hotelkorali.fr* • *Double 69 €, promos sur Internet.* Bien situé, près de la gare, cet hôtel à l'architecture moderne propose des chambres à la déco d'aujourd'hui, certaines un peu petites, mais bien équipées et tranquilles (si vous choisissez celles sur le côté). Resto à prix moyens au rez-de-chaussée.

Hôtel La Luna *(plan A2-3,* **15***)* **:** *15, av. de la République.* ☎ *02-40-66-70-82.* • *hotellaluna@orange.fr* • *hotel-la-luna.com* • *Doubles 59-63 € selon confort.* Une adresse centrale et conviviale, tenue par un jeune couple plein d'énergie. Une bonne vingtaine de chambres plutôt agréables, pour 2 ou 3 personnes. Au rez-de-chaussée, café et restaurant. Très bon accueil.

Vers l'ouest

Hôtel-restaurant de la Plage : *37, rue du Commandant-Charcot, à* **Saint-Marc-sur-Mer.** ☎ *02-40-91-99-01.* • *reception@hotel-delaplage.fr* • *hotel-delaplage.fr* • *Indiqué à partir du grand rond-point d'Océanis (véhicule nécessaire). Resto fermé lun en basse saison. Résa impérative. Doubles 79-240 € selon confort, vue et saison. Menu 30 €, à la carte 35-50 €.* C'est sûr, cet établissement, entretenu régulièrement, a bien changé depuis le passage de Jacques Tati pour *Les Vacances de M. Hulot.* De petit hôtel populaire de l'époque des congés payés, il a pris du

Pont de Saint-Nazaire
NANTES
NORD
TRIGNAC
LA BAULE, GUÉRANDE
Rue Raoul Dufy
R. de Prézégat
R. Henri Matisse
Bd Bougainville
Boulevard du Moulin de la Butte
R. W. Brandt
Vignette Tintin
N 471
Avenue d'Herbins
Rue de la Croix Amisse
Gautier
16
1
PL. P. SÉMARD
Av. du Cdt L'Herminier
Rue de Cardurand
R. de la Berthauderie
René Descartes
Aides
Bd Paul Perrin
République
d'Anjou
Rue de la Ville Halluard
H.
PL. HENRI POINCARÉ
Bd de la Renaissance
Boul. de la Fraternité
Toutes
Bd de la Libération
R. L. Lumière
Rue
Bd de l'Europe
Victor Hugo
PL. DU COMMERCE
Halles
R. René Guillouzo
R. Jeanne d'Arc
Dolmen
R. F. Simon
Salengro
R. Jules Guesde
R. Aug.-B. Lechat
Rue Jean Jaurès
CENTRE
Maine
Lichaven
Sq. Delzieux
Boulevard
R. E. Littré
R. Aristide Briand
Boul.
PL. 8 ET 11 MAI 1945
Halles
Palais de justice
34
Rue Albert de Mun
PL. DES MARTYRS DE LA RÉSISTANCE
Ancienne gare
Vignettes Tintin
R. H. Barbusse
Bd Léon Gambetta
R. de la Paix et des Arts
R. de Stalingrad
PL. DE L'INDUSTRIE
36
Henri
Rue du Cdt Gaté
15
R. du Bois Savary
Roger
1943
PL. FRANÇOIS MARCEAU
Escal'Atlantic
Base sous-marine et toit panoramique
R. L. Blanc
R. de l'Hippodr.
Av.
14
35
38
39
Rue du 28 Février
Rue du Parc
Rue Général de Gaulle
PL. FR. BLANCHO
R. P. Mendès-France
Hôtel de ville
R. du Lavoir
Av. Léon Blum
St-Nazaire
PL. DES 4 Z' HORLOGES
Vignette Tintin
Commerce
R. Ch. Lebrun
R. A. Chêneveaux
Ferdinand de Lesseps
Macé
R. Fr. Madiot
R. du Croisic
R. V. Auriol
Grand Café
Bd René Coty
Av.
33
R. Jean
Vivant-Lacour
R. de Mexico
Le Nôtre
Pornichet
Béarn
Av. de la Havane
Av. de Vera-Cruz
R. F. Gasnier
Sous-Préf.
PL. DU COMMANDO
Le Building
Bd de Verdun
R. du Port
Jeux pour enfants
Président Wilson
Jardin des plantes
Monument américain
Rade de St-Nazaire
Entrée Sud
50
Bd Albert Ier
Rue A.
51 SAINT-MARC, PORNICHET, LA BAULE
A
B
1
2
3

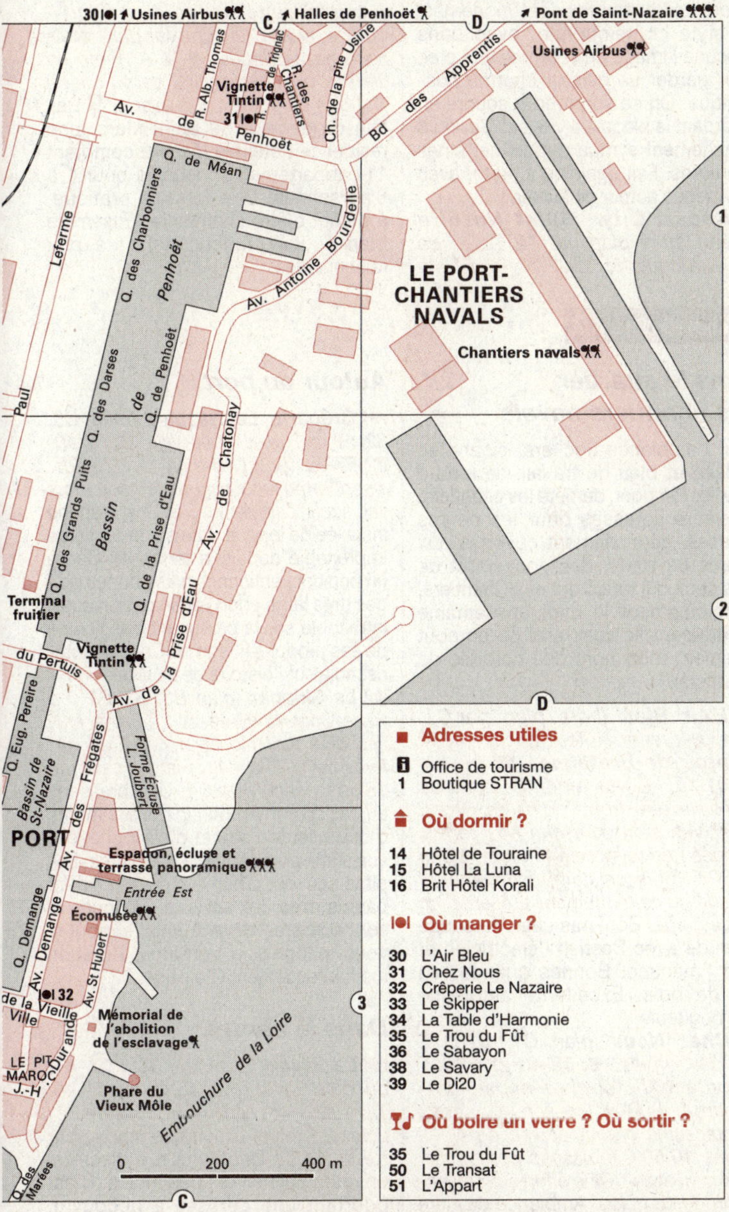

Adresses utiles

- Office de tourisme
- 1 Boutique STRAN

Où dormir ?

- 14 Hôtel de Touraine
- 15 Hôtel La Luna
- 16 Brit Hôtel Korali

Où manger ?

- 30 L'Air Bleu
- 31 Chez Nous
- 32 Crêperie Le Nazaire
- 33 Le Skipper
- 34 La Table d'Harmonie
- 35 Le Trou du Fût
- 36 Le Sabayon
- 38 Le Savary
- 39 Le Di20

Où boire un verre ? Où sortir ?

- 35 Le Trou du Fût
- 50 Le Transat
- 51 L'Appart

SAINT-NAZAIRE

grade. Les chambres sont modernes, de style contemporain, avec dans chacune l'image de l'homme à la pipe pour garder un certain charme nostalgique. On se surprend à sourire en regardant la plage. La vue est d'ailleurs franchement sympa depuis certaines chambres. Fait également resto, avec des menus autour de la mer.

Appart'City Saint-Nazaire Océan *(hors plan par A2)* **:** *59, rue de la Vecquerie. ☎ 02-77-81-54-54. • saintnazaire-ocean@appartcity.com • appartcity.com/apparthotel-saint-nazaire-ocean • ♿ À 15 mn en voiture du centre ville, vers l'ouest. Doubles 39-136 € selon saison.* Pas loin du secteur de Saint-Marc, une résidence hôtelière récente comptant 114 appartements meublés pour 1 à 6 personnes. Une formule pratique, à défaut d'être charmante. Ensemble bien équipé, fonctionnel et à prix raisonnables.

Où manger ?

Dans le quartier des chantiers navals

Pour l'ambiance dockers, cigarettes roulées et bleu de travail, se rendre quartier Penhoët, derrière les chantiers. Plusieurs adresses pour les petites bourses, généralement ouvertes aux heures de travail des dockers et de tous ceux qui travaillent aux Chantiers, principalement le midi en semaine et rarement le week-end ou en août (vraiment mort hors des horaires de chantiers).

L'Air Bleu *(hors plan par C1,* ***30****)* **:** *3, rue Anatole-France, 44550* ***Montoir-de-Bretagne.*** *☎ 02-40-90-01-17. ♿ Au pied du pont de Saint-Nazaire (rond-point de Gron). Tlj sf ven soir, sam-dim et j. fériés. Congés : de mi-août à mi-sept. Menu 12,80 € (boisson comprise). Apéritif maison ou café offert sur présentation de ce guide.* Bon, pas cher, au coude à coude avec Bastien l'électricien et Jojo l'mécano. Bonnes grillades au feu de bois. Excellente ambiance pas bégueule.

Chez Nous *(plan C1,* ***31****)* **:** *5, rue de Trignac. ☎ 02-40-22-58-43. • contact@hotel-chez-nous-saint-nazaire.fr • Ouv lun-ven. Congés : 1re quinzaine d'août et vac de Noël. Repas 10,50 € (boissons comprises) servi midi et soir. Café offert sur présentation de ce guide.* Ambiance ouvrière pour une cuisine qui tient au corps et ne fait pas de miracles, mais qu'on accompagnera d'une petite mousse à prix compétitif.

Autour du port

Crêperie Le Nazaire *(plan C3,* ***32****)* **:** *9, av. de la Vieille-Ville. ☎ 02-40-22-57-92. ♿ En juil-août, tlj 12h-22h ; sinon fermé lun ainsi que jeu soir (hors vac scol). Carte env 15 €.* Une crêperie installée de longue date sur le port (vue imprenable depuis la terrasse). Cadre un peu conventionnel mais bonnes crêpes (très large choix) et un patron aussi intraitable sur la provenance régionale de ses produits (jusqu'au Cola) qu'intarissable sur l'histoire de sa ville.

Le Skipper *(plan B3,* ***33****)* **:** *1, bd René-Coty. ☎ 02-40-22-20-03. ♿ Ouv tlj sf dim, sam midi et j. fériés. Congés : fêtes de fin d'année. Plats à partir de 16,50 € ; carte 30-35 €.* Une brasserie au design contemporain qui a le mérite d'ouvrir tard le soir et d'offrir une jolie vue sur le port depuis la baie vitrée. Les plats souvent d'humeur marine flirtent parfois avec des saveurs exotiques et sont préparés devant vous, surtout si vous mangez au comptoir. Addition malheureusement vite salée.

Dans le centre

Le Savary *(plan B3,* ***38****)* **:** *17, rue du Bois-Savary. ☎ 02-40-61-41-48. Tlj sf dim-lun. Menus 16,80-20,90 € ; plus 29 € le soir slt (même menu pour tte la table).* Dans une rue discrète, un resto qui ne l'est pas moins. C'est pourtant une adresse à découvrir. Pour goûter, dans une enfilade de salles ou sur la paisible terrasse intérieure, à une cuisine avec de l'idée, au plus près de produits – en majorité bio – et sagement facturée. Service juste impeccable.

La Table d'Harmonie *(plan A2, **34**) : 60, rue de la Paix-et-des-Arts. ☎ 02-51-76-04-10. Tlj sf dim soir, mar soir, mer et soir des j. fériés. Congés : 3 sem en mars, 10 j. fin sept-début oct. Formule 14,70 € (déj en sem) et menu 21 € en sem ; autres menus 28,20-47,50 €.* Une table réputée en ville, axée sur des spécialités de fruits de mer et de poisson. Service frétillant d'amabilité, et déco dans le ton.

Le Trou du Fût *(plan B3, **35**) : 19, rue du 28-Février-1943. ☎ 02-40-22-21-88. • letroudufut@orange.fr • Tlj sf dim midi. Formules déj en sem 10,50-12,50 € ; carte (à l'ardoise) env 22 €. Apéritif maison offert sur présentation de ce guide.* À la fois bar, bistrot et resto, on aime cette adresse conviviale et populaire qui cache une agréable terrasse couverte à l'arrière et qui pratique des prix démocratiques. On entre par un fût dans la salle tout en bois décorée sur le thème du vin, pour déguster une cuisine originale. Sympa pour manger, venir boire un verre ou écouter un concert (du jeudi au samedi soir). Faut ensuite bien viser pour s'extraire du *Trou du Fût...* mais c'est pas une raison pour sortir rond comme une barrique !

Le Di20 *(plan B3, **39**) : 7, rue du Bois-Savary. ☎ 02-40-15-19-20. Tlj sf dim-lun. Formule env 15 ; planches (charcuterie, fromages) autour de 10 € ; carte env 20 €.* Un bar à vins au décor en rouge et noir comme dans la chanson. Une clientèle de copains qui assure l'ambiance, et un patron qui, question flacons, sait de quoi il parle : il a été sommelier de quelques très grandes maisons à Londres comme sur la Côte d'Azur. Charcuteries corses ou produits du coin (andouille, curé nantais...) et quelques petits plats plus travaillés pour accompagner. Cave (avec un choix presque hallucinant) juste à côté.

Le Sabayon *(plan B2, **36**) : 7, rue de la Paix-et-des-Arts. ☎ 02-40-01-88-21. • touzeau.landry@orange.fr • Tlj sf dim-lun. Congés : 1re sem vac scol de fév et 3 sem en août. Résa conseillée. Menus 19,50-47 €.* Petit resto discret au cadre chaleureux, qui régale le palais d'une cuisine recherchée et élaborée. Ici, la mer est dans l'assiette, mais les amateurs de viande ne seront pas en reste. Impossible d'échapper au dessert, vrai dilemme pour les amateurs de chocolat (*Valrhona,* s'il vous plaît !). Fin et créatif, tout est bien préparé. Le tout avec un accueil pro, aux petits oignons. Et si vous êtes plus de 6, demandez le salon, très agréable.

À Saint-Marc-sur-Mer

Le France : *plage de M. Hulot (courrier : 24, allée de la Mer-d'Iroise, 44600 Saint-Nazaire). ☎ 02-40-91-96-13. • resto@lefrance.net • lefrance.net • Avr-sept, ouv tlj ; hors saison, fermé le soir dim-jeu. Congés : janv. Réserver, surtout le w-e. Formules tlj sf dim à partir de 10,90 € ; menu « Croisière » 33,90 €. Sangria offerte sur présentation de ce guide.* Une brasserie amarrée à la plage, un peu usine mais où tous les Nazairiens aiment à se retrouver autour de moules-frites ou d'un plateau de fruits de mer. Ambiance touristique, mais excellent accueil, service diligent et cuisine très honorable, vu les prix au déjeuner.

SAINT-NAZAIRE

Où dormir ? Où manger dans les environs ?

La Milonga Bed & Breakfast : *52, rue Jules-Verne, 44570 **Trignac.** ☎ 02-40-42-65-37. • lamilongabb@gmail.com • saintnazairebb.com • Fermé en janv. Compter 57-67 € pour 2 (15-20 € suppl. pour une triple). Réduc de 10 % sur le prix des chambres sur présentation de ce guide.* Dans un ancien corps de ferme rénové en bordure du Brivet, 4 grandes chambres avec accès indépendant, qui donnent sur un jardin planté de palmiers. Un riad breton, quoi ! Toutes bien équipées ; l'une d'entre elles possède sa propre cuisine. Côté déco, nous sommes chez des globe-trotters, alors vous parlez d'un voyage ! Les vitrines sont pleines de trucs chinés sur tous les marchés du monde, et puis des livres et encore des livres... En hiver, un méga coin cheminée pour refaire le monde, justement. Autour, on tient au moins à vingt ! Mais le nec plus ultra, c'est la salle de danse, car, ici, on danse le tango. Une base idéale pour partir à la découverte de la région. Accueil attentionné et souriant.

Où boire un verre ? Où sortir ?

L'Appart *(hors plan par A3,* ***51****) : 182, rue de Pornichet (de l'autre côté du rond-point de Sautron). ☎ 02-40-70-84-95. Ouv tlj sf dim, midi et soir. Concert ven soir et soirées avec DJs sam (se renseigner).* Debout, accoudé dehors à un fût métallique bleu, assis à une table de bistrot multicolore ou vautré dans un des hétéroclites fauteuils de salon, vous saurez apprécier l'ambiance cool et jeune d'une des pièces de cet appart. Également un jardin à l'arrière.

Le Transat *(plan A3,* ***50****) : 60, bd du Président-Wilson. ☎ 02-40-00-16-96. Fermé le soir dim-jeu et lun midi.* Adossé au Jardin des plantes. Une brasserie toute vitrée, point stratégique avec sa grande terrasse où se dorer les côtes sur le front de mer, bouquiner face à l'océan, déguster une glace ou voir au loin les paquebots passer. Galettes, salades...

– Sur le front de mer *(bd Albert-Ier)*, 2 terrasses ouvertes par beau temps (les bars sont des « cubes » assez design), ***Le Bara-K*** et ***Le Bikini.***

Le Trou du Fût *(plan B3,* ***35****) : 19, rue du 28-Février-1943.* Voir plus haut « Où manger ? ».

Le V.I.P. : *bd de la Légion-d'Honneur, base sous-marine, alvéole 14. ☎ 02-51-10-00-00. Concerts oct-juin.* La salle de « musiques actuelles » locale. Groupes locaux et d'envergure internationale s'y produisent.

À voir

Les visites de Ville-Port

Pour la visite de ts les sites, compter 2 j.

– ***Horaires et billetterie centrale :*** *les 3 sites touristiques du port de Saint-Nazaire (*Escal'Atlantic, *le sous-marin* Espadon *et l'Écomusée) ont la même billetterie centrale et les mêmes horaires d'ouverture : avr-sept, tlj sf lun 10h-13h, 14h-18h (tlj 10h-19h juil-août). Tlj pdt les vac scol de Pâques, Toussaint et Noël ; fév-mars et oct, mer-dim ; slt dim (sf vac scol) nov-déc. Fermé 1er mai et 25 déc. Fermeture annuelle en janv. Tarifs d'entrée variables selon les sites (et sous réserve, se renseigner) ;* Pass'port *(*Escal'Atlantic, *sous-marin* Espadon, *écomusée) valable 72h : 20 € ; ½ tarif enfant : 4-14 ans. On pourra également y prendre ses billets pour les visites guidées des chantiers navals de Saint-Nazaire, d'Airbus Saint-Nazaire Gron et du Grand Port maritime Nantes – Saint-Nazaire, ainsi que pour la croisière sur le littoral. Billetterie située juste à côté de l'office de tourisme. Rens et résas (obligatoires pour les chantiers navals,* Airbus, *le port et la croisière) : ☎ 02-28-540-640. • saint-nazaire-tourisme.com •*

La base sous-marine, où se trouvent ***Escal'Atlantic*** et la billetterie centrale des différents sites à visiter, est en quelque sorte la porte d'entrée des différents sites du port de Saint-Nazaire. L'alvéole 14 (à l'extrémité de la base côté port) abrite le ***LIFE*** *(Lieu international des formes émergentes)* et ***Le V.I.P.,*** la scène des musiques actuelles (voir « Où boire un verre ? Où sortir ? »), deux lieux de création.

– ***Visite guidée de la base sous-marine :*** *en juil-août. Tarif : 6 € ; réduc. Résa conseillée au ☎ 02-28-540-640.* Découverte de la base, son histoire et son architecture, et surtout de sa reconquête par la ville, à travers le projet urbain « Ville-Port ».

Escal'Atlantic *(plan B3) situé dans 2 alvéoles de l'ancienne base sous-marine allemande. ☎ 02-28-540-640. Voir horaires plus haut. Dernier ticket 1h avt la fermeture. Compter 1h30-2h en visite libre. Entrée : 13 € ; ½ tarif enfants 4-14 ans ; réduc. Réduc de 10 % sur l'entrée adulte plein tarif, sur présentation de ce guide ; valable pour ts les adultes de la famille en un paiement unique ; non cumulable avec d'autres réducs.*
Noter que le label national « Qualité Tourisme » a été décerné à *Escal'Atlantic.* C'est LA visite de la région et un endroit assez unique dans son genre.
Un parcours et une expérience pour le moins originaux, sur plus de 3 700 m². *Escal'Atlantic* met en scène l'aventure fascinante des grands paquebots qui ont emmené, durant plus d'un siècle, des millions de passagers d'un continent à l'autre. Pour des voyages qui n'étaient pas que d'agrément : des films d'époque évoquent l'émigration de plus de 60 millions d'Européens qui ont quitté le Vieux Continent entre 1820 et 1925, à bord de ces paquebots.
Comme eux, on arrive dans le hall d'embarquement (évoquant celui du *Normandie,* avec des panneaux de laque d'origine). Ensuite, on explore les espaces caractéristiques d'un paquebot, entre coursives, cabines, timonerie, salons et cuisines qui servaient entre 9 000 et 15 000 repas par traversée. À travers une scénographie interactive revisitée en 2013, on s'attache à ressentir l'atmosphère à bord des paquebots, de comprendre leur incroyable organisation, de s'étonner devant les innovations techniques de ces grands navires, de découvrir d'authentiques objets de collection comme cette malle-cabine signée Vuitton de 1930 ou des objets ayant navigué à bord du *Normandie* et du *France,* de rêver à des destinations lointaines... Et même de jouer le rôle d'un commandant en tentant, par exemple, d'amener à bon port un paquebot de Saint-Nazaire à Veracruz. En résumé, on en prend plein les mirettes, qu'on soit petit ou grand, persuadé d'être sur un vrai paquebot, surtout, une fois « en mer » où, sur le pont-promenade, on a franchement l'impression de s'offrir en quelques minutes une traversée transatlantique (iceberg et vaisseau fantôme compris !). Et la visite se termine dans... En fait, on vous laisse la surprise !

Le toit de la base sous-marine *(plan B2-3)* **:** *accès par une rampe piétonne ou par l'ascenseur situé derrière la billetterie centrale. Tlj 9h-17h30 (22h en été).*
Quelques panneaux explicatifs sur l'épopée de Saint-Nazaire, et beau point de vue depuis ces terrasses. Petite promenade romantique (si, si, faites-nous confiance !), vraiment agréable en fin de soirée pour venir contempler le coucher du soleil. L'entrée du port apparaît alors à vos pieds, avec l'écluse fortifiée, la côte voisine, les chantiers navals, le pont au loin, l'estuaire, le début de l'océan... et l'Amérique si vous avez une bonne vue ! Aux environs immédiats : le ***terminal fruitier*** *(plan C2)* et le bassin de la ***forme-écluse Joubert*** *(plan C2-3),* aux dimensions impressionnantes : 350 m de long sur 53 m de large et 16,50 m de profondeur. Tout proche, le ***pont Levant.*** Coup d'œil également sur le nouveau quartier Ville-Port, conçu par l'architecte catalan Manuel de Sola, avec, entre autres, une vaste esplanade sur laquelle trône une monumentale « sirène » multicolore, œuvre du sculpteur Federica Matta.

➢ Œuvre du parcours artistique *Estuaire* : le ***Jardin du Tiers-Paysage*** de Gilles Clément est un espace en triptyque qui tire partie des trois dispositifs de l'architecture en place, à savoir les chambres d'éclatement des bombes, les travées non recouvertes et la fosse. Les 107 trembles qui surgissent du béton possèdent des feuilles brillant à la lumière et s'agitant au moindre souffle de vent.

L'écluse fortifiée *(plan C3)* **:** la plus vieille écluse de Saint-Nazaire, bâtie en 1856 pour donner accès au bassin en eau profonde où mouillaient les premiers paquebots. Elle fut remaniée par les Allemands pendant la guerre. Et les bombardements alliés massifs n'ont pas eu plus raison d'elle que de la base sous-marine toute proche.

La terrasse panoramique de l'écluse fortifiée (plan C3) : *mêmes j. d'ouv que le sous-marin* Espadon. Meilleur point de vue que celui depuis le toit de la base sous-marine ? Question de point de vue !

➢ Œuvre du parcours artistique *Estuaire* : **Suite de triangles,** à partir d'un point de vue situé sur le toit de la terrasse. Felice Varini a matérialisé en 2007 une « ligne horizontale rouge » qui embrasse le paysage du port. Telle une partition, les formes disposées successivement sur le haut et le bas de cette ligne scandent le paysage en différentes séquences. L'œuvre, dressée sur 2 km, est la plus grande jamais réalisée par l'artiste.

Le sous-marin Espadon (plan C3) : *☎ 02-28-540-640. Voir horaires plus haut. Visite audioguidée (30 mn). Dernier ticket 30 mn avt la fermeture. Entrée : 9 € ; ½ tarif enfants de 4 à 14 ans ; réduc.* Une visite à ne pas rater, car c'est une rare occasion de visiter un sous-marin à flot, bien protégé dans l'écluse fortifiée. Ce navire, né après la Seconde Guerre mondiale, partit en mission de 1960 à 1985, parcourant l'équivalent de 17 fois le tour de la Terre, et fut le premier à voguer sous les glaces... Il faut imaginer ce couloir, large d'à peine 50 cm par endroits, unique voie de circulation, 45 jours en mer, 65 hommes à bord et une douche... d'eau froide ! Sans compter le cinéma explosif : dans la salle des torpilles (car la plus vaste) ! Du haut de ses sous-marins nucléaires, la flotte française regarde désormais avec condescendance ce genre de vieux loup de mer.

OUÏE FINE

*Si vous voulez devenir les « oreilles d'or » d'un sous-marin, sachez qu'il vous faudra passer par une école spéciale située à Toulon. On vous y apprend, en 4 ans, à reconnaître les signaux sonores de tous les sous-marins en circulation dans le monde, mais aussi l'empreinte d'un iceberg ou d'un animal marin ! Vous aurez d'ailleurs droit à une mise en oreille pendant la visite de l'*Espadon.

L'Écomusée de Saint-Nazaire (plan C3) : *av. Saint-Hubert, près de l'écluse fortifiée. ☎ 02-28-540-640. Voir horaires plus haut. Dernier billet 1h avt la fermeture. Durée : env 1h. Entrée : 4 € ; ½ tarif enfants de 4 à 14 ans ; réduc ; gratuit nov-mars.* Un musée qui aide à comprendre l'histoire très intéressante et particulière d'une ville construite deux fois en un siècle. Une vingtaine de maquettes de qualité retracent l'histoire de la construction navale à Saint-Nazaire, de l'*Impératrice Eugénie,* le premier paquebot en 1864, au célèbre *France* (1962), dernier transatlantique français. Également une partie intéressante sur les hydravions, car on oublie souvent le prestigieux passé de pionnier de Saint-Nazaire dans ce domaine. À l'étage, on s'intéresse justement à l'industrie aéronautique et à l'histoire de la ville pendant les deux guerres mondiales.

Face à l'écomusée, étrange **Mémorial de l'abolition de l'esclavage** (plan C3) : œuvre de Mayo placée dans l'eau, à l'emplacement de l'embarcadère de l'ancien traversier. Notez que la femme regarde au loin et a brisé ses chaînes. À côté, le Vieux Môle ou « les rochers gluants » décrits par Balzac. Belle vue sur l'estuaire et le pont. Table d'orientation de Tintin à proximité du Vieux Môle.

Les chantiers navals (plan D1-2) : *départ en bus depuis la billetterie centrale. Visite guidée mer et sam-dim (tlj en juil-août). Fermé en janv. Résa obligatoire au ☎ 02-28-540-640. Durée : 2h. Lors de la résa, indiquer nom, prénom, date et lieu de naissance de ts les participants. Entrée : 13 € ; ½ tarif enfants 4-14 ans ; réduc.* Important employeur de la ville et de la région, les chantiers navals sont immanquables à Saint-Nazaire. Depuis 1864, nombreux sont les paquebots de légende qui en sont sortis : l'*Île de France,* le *Normandie,* le *France...* la liste est longue : plus de 120 paquebots, des navires de guerre, mais aussi des cargos, pétroliers (dont le *Batillus,* le plus grand du monde à son lancement en 1976), méthaniers, etc. Aujourd'hui, on produit avant tout des bâtiments de croisière, dont le chantier nazairien est l'un des leaders mondiaux. Ces dernières années, les chantiers ont construit pour l'armateur italien MSC une dizaine de paquebots de croisière qui portent de jolis noms comme *Magnifica, Musica, Splendida, Preziosa* (livré en 2013). Et ils travaillent actuellement à la construction d'un paquebot géant pour la Royal Caribbean, livrable en 2016. Le *sister-ship* de ce géant et de nouveaux paquebots pour MSC prendront la relève... La visite passionnante permet d'approcher un lieu vivant, actif, où les bateaux se découvrent à différents stades de leur construction : de la découpe des tôles au plasma à l'assemblage des panneaux, en passant par la ligne de tins (blocs alignés au fond de la cale pour recevoir la quille du bateau en construction) et le nouveau portique prêt à soulever quelque 1 250 t. Équipé d'un casque récepteur permettant de ne rien manquer des commentaires du guide (les lieux sont bruyants), le visiteur découvre un site gigantesque. Une visite unique qui évoque un gros puzzle en trois dimensions ! À noter : des formules de visite spécifiques peuvent être proposées lors de la construction de certains navires hors normes comme l'*Oasis 3,* plus grand paquebot de croisière du monde.

Dans le quartier des chantiers navals, on peut encore se promener dans les ***halles de Penhoët*** *(hors plan par C1) ;* chaque mercredi matin et samedi matin s'y tient le marché. Ces halles, rappelant les halles de Baltard, datent de 1878. Juste devant, le ***pavillon des douches publiques,*** désormais fermé au public.

L'usine Airbus Saint-Nazaire (plan D1 et hors plan par C1) : *départ en car de la base sous-marine. Visite guidée essentiellement les mer et ven ; en période estivale, lun-ven. Fermé en janv. Résa obligatoire (☎ 02-28-540-640) au moins 48h à l'avance. Lors de la résa, indiquer nom, prénom, date et lieu de naissance de ts les participants. Passeport ou carte d'identité obligatoire le j. de la visite. Compter 2h de visite. Entrée : 13 € ; ½ tarif enfants 4-14 ans ; réduc.*

Site industriel prestigieux qui fait partie d'un réseau complexe où les pièces sont fabriquées et assemblées dans plusieurs usines à l'échelle européenne. Saint-Nazaire est le deuxième site de production d'Airbus en France après Toulouse, avec plus de 2 400 salariés. On y assemble et équipe certaines parties de fuselage, dont celui de l'A 380, actuellement le plus gros avion civil au monde. Les coups de rivets finaux sont donnés à Toulouse. Imaginez qu'on assemblait partiellement un Airbus par mois en 1980, un par semaine en 1990 et un par jour en 2000 ! Depuis les passerelles de visite, on fait face aux aéronefs en cours d'assemblage. Impressionnant, le nombre de rivets qui viennent fixer les tronçons de fuselage ! Une carlingue d'ailleurs bien fine quand on y pense : 4 mm ! Et avec un peu de chance, on voit le fameux *Beluga,* cet immense avion-cargo d'Airbus qui vient chercher des tronçons, sauf ceux de l'A 380, trop grands même pour lui.

LES AILES DU DÉSIR

Le Beluga, cet immense avion-cargo d'Airbus a été mobilisé en 1999 pour transporter l'inestimable tableau de Delacroix, La Liberté guidant le peuple *(3 x 3,60 m), jusqu'au Japon pour une exposition. Le tableau avait été reproduit sur le fuselage pour en jeter plein la vue. Mauvais plan ! L'avion s'est vu interdit d'atterrissage dans un émirat du golfe Persique, car* La Liberté *en question arbore avec toupet un impudique sein nu... qu'il fallut camoufler pour l'escale.*

Le Grand Port maritime – Saint-Nazaire : *départ en car de la base sous-marine. Visite guidée de 2h, essentiellement le w-e pour les individuels. Fermé en janv. Résa obligatoire au moins 48h à l'avance auprès de la billetterie centrale : ☎ 02-28-540-640. Indiquer nom, prénom, date et lieu de naissance de ts les participants lors de la résa. Passeport ou carte d'identité obligatoire à partir de 16 ans* *le j. de la visite. Entrée : 13 € ; ½ tarif enfants 4-14 ans ; réduc.* Le Grand Port maritime emploie 700 personnes, accueille 3 000 navires par an et gère les installations du premier port sur la façade atlantique française. Rien que ça ! Après la partie nazairienne de la visite (avec historique du port), le car suit la route portuaire jusqu'à la raffinerie de Donges. En chemin, quelques blockhaus subsistent au bord de la piste d'atterrissage des ateliers d'*Airbus*. On revient ensuite vers Saint-Nazaire par les différents terminaux de Montoir-de-Bretagne. Entre mai et septembre, découverte des terminaux depuis l'estuaire de la Loire, avec la croisière « Saint-Nazaire sur mer » (voir plus loin « À faire »).

*** ***Le pont de Saint-Nazaire** (hors plan par B1 et D1) :* majestueux, il domine l'estuaire et on le voit de (presque) partout. On recommande un passage plutôt en voiture *(GRATUIT)* qu'à pied, même si une étroite piste cyclable borde la route. Long de 3 356 m, haut de 61 m, inauguré en 1975, c'est l'un des ponts à haubans les plus grands d'Europe. Élégant, avec ses poteaux distinctifs rouge et blanc, son tracé ondule en « S » entre Saint-Brevin, au sud, et Saint-Nazaire, au nord. Sa pente fait tout de même 5,6 %. Il a définitivement remplacé le bac qui faisait la traversée de la Loire, adopté par les Nazairiens comme vrai symbole de la ville.

La ville

** ***Les vignettes Tintin :*** la ville et les docks sont jalonnés par six vignettes *(plan B1 ; plan C1 ; plan C2 ; plan B3 ; plan B2)* évoquant le plus célèbre des petits reporters à houppette et, mille milliards de mille sabords !, le capitaine non moins fameux pour ses jurons. L'association nazairienne ***Les 7 Soleils*** a mis en place ces impressionnants panneaux qui font référence à l'album d'Hergé *Les Sept Boules de cristal*, l'un des rares épisodes qui localisent clairement la ville où se déroule l'intrigue. Table d'orientation indiquant les points de chute du reporter dans ses différents périples, sur le port, près du Vieux Môle.

* Du côté du port : à l'angle de la place des Quat'z-Horloges, le ***Grand Café*** *(plan B3)*, autrefois café chantant tenu par le père d'Aristide Briand, abrite aujourd'hui des salles d'exposition dédiées à l'art contemporain. Il a été miraculeusement épargné par les bombardements. Mention spéciale doit être faite également à l'***ancienne gare*** *(plan B2)*, de 1867, qui a terminé sa carrière sur les planches... entendez qu'elle est devenue, prolongée d'un audacieux bâtiment contemporain, un théâtre. Comme beaucoup de gares à l'époque, il s'agissait d'un bâtiment en cul-de-sac. Les trains devaient donc « culer » (pour partir dans l'autre sens).

* ***Le dolmen des trois pierres ou lichaven** (plan B2) : rue du... Dolmen.* Au cœur d'un quartier de petits immeubles, où on ne s'attend pas vraiment à trouver ce genre de monument, s'élève un ***lichaven*** ou ***trilithe,*** haut de plus de 3 m et lourd de 5 t, précédé d'un menhir, datant de 4 000 ans av. J.-C.

Le front de mer

Comme l'affirme haut et fort son slogan, Saint-Nazaire est une « ville à la mer ». Ce qui se vérifie avec la large promenade en front de mer récemment (et superbement) aménagée. Elle borde l'estuaire sur pas loin de 3 km et présente de larges bancs et quelques sympathiques terrasses de café (voir la rubrique « Où boire un verre ? ») pour faire une halte. Les vélos y sont également les bienvenus.

* Sur la plage de Saint-Nazaire, face à la sous-préfecture, les enfants s'en donneront à cœur joie dans l'***espace de jeux.*** Noter que certains de ces jeux, qui semblent faits de troncs d'arbre charriés par la mer, sont adaptés aux enfants à mobilité réduite.

Un peu plus loin, face à la plage du Traict, au sommet d'un rocher, pris dans l'eau, se dresse debout sur un aigle, un soldat brandissant l'épée de Lafayette. C'est le ***Monument américain*** *(plan B3)*, œuvre de l'artiste américaine Gertrude V. Whitney, inauguré en 1926 par Pershing en souvenir des vétérans américains de la guerre de 1914-1918 et des 190 000 soldats américains qui sont passés par le port de Saint-Nazaire, importante base américaine en 1917. Détruite en 1941 et fondue par les Allemands pour en faire des armes, cette statue a été reconstruite presque à l'identique en 1989.

Boulevard Wilson *(plan A-B3)* subsistent quelques vieilles maisons, dont l'ex-hôtel Wilson, au n° 36, qui se démarque avec sa façade néoflamande en brique rouge et pierre blanche. Les rues voisines ***(avenue de La Havane, rue Georges-Villebois-Mareuil)*** cachent aussi de beaux alignements de maisons mitoyennes, de la fin du XIXe s. Cossues, elles présentent souvent de jolis balcons en fer forgé.

Pour se mettre au vert (en gardant les yeux sur le bleu de l'océan), profiter du ***jardin des Plantes*** *(plan A3)*, créé en 1886 et riche d'espèces typiques du littoral breton. Plus loin, le ***Parc paysager*** s'etend sur 50 ha gagnés sur un ancien marais, avec un lac, des tables de pique-nique et un ***skate-park*** très fréquenté avec vue sur mer. Tout cela donne presque à Saint-Nazaire des airs de Californie. Les riders apprécieront : c'est le seul skate-park en France où l'on peut se mesurer à un *full pipe* !

À voir pas loin du centre

La plage de M. Hulot (plage Saint-Marc) : *à 4 km du centre-ville en allant vers Pornichet. Bus STRAN ligne U3.* Le quartier balnéaire de Saint-Marc se révèle bien agréable et dynamique avec son marché, le dimanche, et la plage très mignonne. Cerise sur le gâteau, c'est ici que Jacques Tati a tourné en 1951 et 1952 les immortelles *Vacances de M. Hulot.* Depuis, tout a bien changé... Si l'*Hôtel-restaurant de la Plage* (voir « Où dormir ? Où manger dans les environs ? ») est toujours là, et les rochers aussi, le décor de carton-pâte a laissé place aux constructions. La promenade a été réaménagée et une belle statue de l'acteur-réalisateur (par le sculpteur Emmanuel Debarre) contemple la mer, mais des collectionneurs mal intentionnés lui volent régulièrement sa pipe... Dans un registre plus moderne, la plage accueille un club de plage et elle a obtenu le label « Handiplage ». Elle met à disposition des fauteuils pour les personnes à mobilité réduite pendant la période de surveillance de la plage (juillet-août). Dispositif similaire à la plage de Villès-Martin, plus proche du centre-ville.

Le tumulus de Dissignac : *route de Dissignac (D 492), à 5 km du centre-ville. Rens au ☎ 02-28-540-640. Suivre la direction Océanis depuis le centre-ville. Visite slt en juil-août. Visible de l'extérieur le reste de l'année. Tarif : 6 € ; ½ tarif 4-14 ans ; réduc.* Considéré comme l'un des plus beaux sites mégalithiques de France (construit avant les pyramides d'Égypte !), c'est le plus vieux monument du département (5 000 ans av. J.-C.). L'intérieur comporte deux chambres funéraires, dont l'une présente une dalle aux symboles gravés.

À faire

Croisières en bateau de promenade le long du littoral : *résa conseillée à la billetterie centrale (☎ 02-28-540-640.). • saint-nazaire-tourisme.com • Mai-sept (une trentaine de dates, dont la majorité en juil-août). Visite commentée de 2h. Compter 18 € ; réduc.*

➢ *Croisière « Saint-Nazaire sur mer » :* sortie du port par l'écluse, puis balade le long de l'estuaire et des installations industrielles et portuaires, avec un passage spectaculaire sous le pont de Saint-Nazaire. Le bateau prend ensuite la direction du secteur de Saint-Marc, qui est l'occasion de découvrir un littoral préservé et peu construit, entre falaises, criques et plages.

➢ *Croisière « Côte d'Amour » :* cap vers la baie de La Baule et la façade littorale de la presqu'île guérandaise. L'occasion de voir la grande dune d'Escoublac (54 m, une des plus hautes d'Europe), qui se dresse comme une colline boisée derrière les immeubles.
➢ *Croisière nocturne « Route des Phares » :* depuis la côte et en mer, phares et feux guident la navigation. Initiation à leur usage et enchantement de leur éclat à la nuit tombée.

Randonnée pédestre

➢ ***Le chemin des douaniers :*** plusieurs points de départ, par exemple près du phare de Villès-Martin, ou du *Camping de l'Ève,* non loin de la plaisante route côtière D 292 en direction de Pornichet. Petit sentier qui suit la falaise et permet, sur 7 km, de passer par les 20 plages de Saint-Nazaire. On n'imagine pas forcément que la ville en possède autant ! Cinq d'entre elles sont surveillées pendant l'été, et deux sont labellisées « Handiplage ».

Manifestations

– ***La Grande Marée :*** *1er sam de juin.* Pique-nique géant sur la plage de Saint-Nazaire, animations et spectacles de rue.
– ***Record SNSM :*** *6 j. en juin.* ● *recordsnsm.com* ● Un événement dédié à la sécurité en mer et aux sauveteurs de la SNSM. Sport, spectacle, prévention, pédagogie... Le programme est complet, sur terre et sur mer.
– ***Festival Les Escales :*** *2 j. début août, dans le port de la ville.* ☎ *02-51-10-00-00.* ● *les-escales.com* ● *Payant.* Concerts de musique du monde : quelque 200 artistes, 25 concerts par jour, 6 scènes.
– ***Festival Consonances :*** *1 sem mi-sept.* ☎ *02-51-10-18-78.* ● *consonances saintnazaire.fr* ● Rencontres autour de la musique de chambre. Une trentaine d'artistes internationaux et près de 20 concerts payants, dans la galerie des Franciscains *(rue du Croisic)* et au théâtre.

LA CÔTE D'AMOUR

Drôle mais joli nom pour cette parcelle de côte qui, de Saint-Nazaire, remonte vers Piriac en passant par La Baule, Le Croisic, Guérande... Ce doux nom vient d'un concours qui a été proposé en 1913, organisé par le journal *La Mouette,* et qui ferait référence au bois d'Amour situé à La Baule. Mais l'atmosphère romantique est bien au rendez-vous, même si désormais les personnes du coin empruntent plus l'expression « la presqu'île » pour décrire la région. Un bon plan en tout cas : bien desservie, la côte peut aisément se découvrir en bus et on y accède facilement en TGV.

PORNICHET [pornizhan]

(44380) 10 500 hab. *Carte Loire-Atlantique, A3*

Pornichet partage la baie avec sa voisine, La Baule, et possède son propre casino, un port de plaisance, une gare et un centre de thalasso. Bref, tous les

atouts indispensables à une station balnéaire avec l'avantage d'être un peu plus calme, moins « m'as-tu-vu », axée famille et enfants (elle bénéficie du label « Station Kid »), et avec un front de mer un peu plus préservé. Agréable sentier côtier le long des plages de Bonne-Source et Sainte-Marguerite pour bénéficier de nombreux points de vue. Sa localisation est également idéale pour sillonner la région.

Adresses et infos utiles

Office de tourisme : *3, bd de la République. ☎ 02-40-61-33-33. • pornichet.fr • Près de la pl. du Marché. Tte l'année, tlj. Fermé dim ap-m oct-mars.* Central de réservations d'hébergement et d'activités (nautiques notamment). Billetterie nautisme et sites à visiter à tarifs préférentiels. Parcours de randonnées à pied ou à vélo. Organise également des visites (2h) d'avril à septembre. Animations gratuites les *Vendredis des P'tits Loups* aux vacances de printemps et été.

Gare SNCF : *pl. Aristide-Briand. ☎ 36-35 (0,34 € TTC/mn).* En saison, 3 ou 4 TGV/j. de la ligne Paris-Le Croisic s'y arrêtent. Sinon, TER.

Liaisons en bus : *vente de tickets à l'office de tourisme.* Pour la presqu'île, réseau *Lila (☎ 09-69-39-40-44).* Pour Saint-Nazaire, bus *STRAN* ttes les 45 mn *(☎ 02-40-00-75-75). Navette gratuite.*

Location de vélos : ***Ride All,*** *52, bd des Océanides. ☎ 02-40-61-58-17. • ride-all.com • Loue également des rollers.* ***Vélo et Oxygen,*** *84, av. du Général-de-Gaulle. ☎ 02-40-15-28-60. À l'****office de tourisme,*** *3, bd de la République. ☎ 02-40-61-33-33. Avr-oct.*

Où dormir ? Où manger ?

Camping

Camping Bel Air : *150, av. de Bonne-Source, à Sainte-Marguerite. ☎ 02-40-61-10-78. • reception@belairpornichet.com • belairpornichet.fr • Accès par la route côtière de Saint-Nazaire. Ouv avr-sept. Prix tente : 36-42 € selon saison. Loc de mobile homes pour 2-6 pers 360-1 060 €/sem selon taille et saison. 316 empl.* Dans un quartier résidentiel calme, un camping familial bien équipé. Animations en juillet-août. Location de vélos. Piscine.

De bon marché à prix moyens

Résidence Odalys de la Plage : *70, bd des Océanides. ☎ 02-40-19-12-80. • pornichet@odalys-vacances.com • À partir de 55 €/nuit pour un appartement 2 pièces 4 pers (linge de lit et de toilette fournis, lits faits à l'arrivée et ménage quotidien).* Belle situation au pied de la plage des Libraires, à deux pas du centre-ville et à proximité d'un centre de thalassothérapie. Ouverte en 2014, cette résidence a été entièrement rénovée et agrandie. Le site compte 75 studios et appartements entièrement équipés. Lors de votre réservation, pensez à demander une vue mer ! Agréable piscine extérieure chauffée.

Julo le Bulot : *sur la plage, bd des Océanides. ☎ 02-40-61-38-73. Face à la thalasso. De mars à mi-oct, ouv tlj sf mer. Plats env 14-22 €.* Dans un cadre bohème à l'ambiance décontractée, on vient déguster une cuisine gourmande et colorée à base de produits de la mer, les pieds dans le sable. Carte amusante avec « des trucs de filles », « des viandes pour les gars » et un « hymne à la moule ». Convivial et sympa.

La Gargouille de Notre-Dame : *96, bd du Général-de-Gaulle. ☎ 02-40-61-74-52. • lagargouilledenotredame@orange.fr • Face à l'église. Ouv tlj sf dim-lun hors veille de j. fériés. Congés : 2de quinzaine de mars et 2 sem en oct. Formules déj en sem 12,90-14,90 € ; carte env 25-30 €.* Dans le bas de la rue commerçante, petit resto au cadre médiéval, avec salle voûtée et cheminée, spécialisé dans la brochette cuite sur des potences en fer forgé devant les clients. Brochettes de lotte lardée, de saint-jacques, de gambas flambées au whisky... Un régal ! Excellent accueil.

Le Bistrot du Pêcheur : *10, bd de la République. ☎ 02-40-61-25-30. Au rond-point de l'Europe, en face de l'office de tourisme et du marché. Tlj sf dim soir plus lun hors saison. Formule déj en sem 16 € et menus 26-35 €. Apéritif maison offert sur présentation de ce guide.* Un vrai bistrot de pêcheur où l'on se régale de poisson et fruits de mer frais de la criée, et de produits du marché juste en face. Terrasse couverte ou salle à la déco sobrement marine.

De prix moyens à chic

Chambres d'hôtes La Villa Marine : *12, av. M.-Mercier. ☎ 02-40-19-95-46. • contact@lavillamarine.com • lavillamarine.com • À env 3 km du rond-point de l'office de tourisme, en direction de Sainte-Marguerite. Compter 85-98 € selon saison. Table d'hôtes (sur résa) 28 €.* Sur la colline boisée, et classée, qui domine la plage de Sainte-Marguerite, à environ 500 m. 4 chambres de plain-pied dans un bâtiment attenant à la maison principale. Spacieuses et gaies, leurs noms évoquent la mer ou les vacances : « Galets », « Mouettes », « Coquillages et crustacés »... Chacune dispose d'une terrasse privative. La déco, contemporaine, a été réalisée avec recherche et goût par Florence, l'accueillante maîtresse des lieux. Petit déj copieux servi dans la vaste salle commune. Une belle adresse.

Normandy Hôtel : *120, av. de Mazy. ☎ 02-40-61-03-08. • normandy-hotel@wanadoo.fr • normandyhotel.fr • Face à la gare et à 250 m de la plage. Congés dans le courant de l'hiver. Doubles 45-99 € selon confort et saison ; les moins chères sans sdb.* Dans une maison style anglo-normand (normal, vu l'enseigne). Les chambres sont coquettes, refaites récemment et toutes différentes, mais le quartier peut être assez bruyant le soir en saison. Très bon accueil.

Le Danicheff : *45, av. du Général-de-Gaulle. ☎ 02-40-61-07-32. • danicheffcave@hotmail.com • ledanicheff.com • Fermé dim soir. Congés : vac scol de la Toussaint. Doubles 53-62 € selon saison. Apéritif maison offert sur présentation de ce guide.* Hôtel familial et convivial, récemment rénové. Bon rapport qualité-prix. Petit resto très bon marché (un peu en dépannage...) et cave à vins au rez-de-chaussée.

De plus chic à beaucoup plus chic

Villa Flornoy : *7, av. Flornoy. ☎ 02-40-11-60-00. • contact@villa-flornoy.com • villa-flornoy.com • Dans une ruelle face à l'hôtel de ville. Resto fermé le midi mar-mer et sam en basse saison, slt dim soir en haute saison. Congés : 3 sem en déc-janv. Doubles 99-139 € selon saison ; familiales également. Formule déj en sem 16,50 € ; menu 26 € ; carte env 35 €. Apéritif maison offert sur présentation de ce guide.* Dans une rue tranquille, à moins de 300 m de la plage, un vrai petit nid d'amour et une de nos adresses préférées à Pornichet. Dans une ancienne maison de famille, l'hôtel est décoré avec autant de goût que de soin. Salon agréable et confortable derrière lequel se cache un jardin impeccable où il fait bon lire, loin de la foule estivale. Une bonne adresse où l'on pourra aussi se restaurer, au restaurant *Secret*, d'une cuisine dans l'air du temps. Et piquer une tête dans la piscine extérieure chauffée.

Hôtel et résidence Ker Juliette : *2, av. des Bleuets. ☎ 02-40-11-22-00. • kerjuliette@hmc-hotels.com • hmc-hotels.com • Dans un quartier résidentiel calme, en direction de Saint-Marc. Doubles env 105-195 € selon confort et saison ; loc à la sem (jusqu'à 5 ou 7 pers), prix variant selon périodes et promos.* Complexe de meublés moderne tout confort dans un joli parc arboré, avec piscine, resto design, tennis et toutes sortes d'installations sportives. Accueil assez commercial,

LA LOIRE-ATLANTIQUE

on vient ici avant tout pour la qualité des services.

Le Régent : *150, bd des Océanides. ☎ 02-40-61-04-04. • hotel@le-regent.fr • le-regent.fr • Resto fermé dim soir hors saison ; congés : 3 sem en janv. Doubles 99-169 € selon orientation et saison. Formules en sem 13,50-16,90 € ; menus 26-37,60 €.* Sur le front de mer, à la limite de La Baule, un hôtel aux chambres confortables, dans la même famille depuis 1956. Au resto *Grain de Folie,* cuisine océanique, fine, originale et surprenante par sa variété et le renouveau de ses plats, qu'on découvrira en terrasse, face à la mer, aux beaux jours. Spa inclus dans la prestation.

Où boire un verre ?

Le Bidule : *122, av. de Mazy. ☎ 02-40-61-03-54. Tlj sf dim soir et lun en basse saison. Congés : 3 sem en janv. Apéritif maison offert sur présentation de ce guide.* Voici une institution dans le genre ! Dans une cave à vins des années 1930, avec cuves d'époque, les tonneaux font office de table (sans tabouret), et M. Gilles sert au « verre de cantine » sur un comptoir en bois, devant les rayonnages à bouteilles, comme le faisait son père. Les générations se succèdent, et ça marche toujours aussi fort ! Public assez jeune en saison.

À voir. À faire

La plage et le boulevard de bord de mer : ici, les grandes résidences n'ont pas encore complètement dévoré toutes les vieilles villas d'avant-guerre. À la pointe du Congrigoux (direction Saint-Marc-sur-Mer), on trouve une table d'orientation, un point pique-nique et des jeux pour enfants.

Le port de plaisance : port presque entièrement fermé, le plus grand de la région. Quelques terrasses de café et resto autour, idéales pour observer les pêcheurs.

Les villas de Pornichet : *visites proposées par l'office de tourisme avr-sept. Dépliant « Rêves de villas » (5 €) disponible à l'office de tourisme, qui permet de découvrir l'architecture balnéaire et les personnages qui ont façonné la ville.* On apprend que *Les Farfadets* (4, av. de l'Océan), d'inspiration mauresque, a été construite pour le directeur d'un grand magasin parisien ; que *Ker Souveraine* (202, bd des Océanides) fut dessinée par Vachon, l'architecte du casino, en 1925 ; ou encore que la villa *Sigurd* (89, av. du Général-de-Gaulle) fut édifiée par Henri Sellier, ténor de l'Opéra de Paris. Nombreuses autres anecdotes sur les 60 villas présentées.

La pointe du Bé : *prendre l'av. du Commandant-Boitard au rond-point de l'Europe.* Un autre paysage s'offre à vous, loin des immeubles et de la civilisation moderne. Le long de la côte rocheuse, les belles villas se succèdent, à l'ombre des pins, pour une promenade à la fraîche les jours de grosse chaleur. On découvre la chapelle Sainte-Anne, avec son toit en carène de bateau retournée, près de laquelle Julien Gracq venait en vacances, et l'étonnant château des Tourelles, entièrement réhabilité, devenu un complexe de thalassothérapie.

➢ **Randonnées pédestres :** *à partir du rond-point de l'*Intermarché. *Parcours à l'office de tourisme.* Trois sentiers de randonnée à pied ou à VTT, de 7, 10 et 17 km, balisés à partir du chemin de Baudry. Pour changer des joies du bord de mer.

➢ **Le sentier du littoral :** une promenade aménagée le long de l'océan, alternant criques et rochers, permettant de rejoindre Saint-Nazaire via Saint-Marc-sur-Mer.

– **Centres de thalassothérapie : Thalasso** *(66, bd des Océanides ; ☎ 02-40-61-89-98 ; • thalasso-danieljouvance.com •).* Jets d'eau sous-marins, rivière

LA LOIRE-ATLANTIQUE

à contre-courant, etc. Et ***Relais Thalasso Château des Tourelles*** *(pointe du Bé ; ☎ 02-40-60-80-80 ; ● thalasso-tourelles.com ●).* Dans ce complexe avec accès direct à l'océan, soins en espace privatif et espace hydromarin.

– Tout près sur le front de mer, le ***casino Partouche*** *(☎ 02-40-61-05-48 ; ouv tlj 10h-4h),* avec ses 200 machines à sous, mais aussi un resto face à la mer *(tlj midi et soir).*

Manifestations

– ***Vendredis des P'tits Loups :*** *ts les ven des vac de printemps et été.* Animations gratuites (ateliers, spectacles, découvertes...) pour les enfants.
– ***Festival Anne de Bretagne :*** *juin.* Danses et animations bretonnes.
– ***Les Renc'Arts :*** *juil-août. GRATUIT. Programme complet auprès de l'office de tourisme.* Arts de la rue mardi soir, musiques « métissées » jeudi soir.
– ***Pornichet roller :*** *le mer en été, sur le boulevard face à la mer, avec possibilité de loc et initiation.*

LA BAULE [AR BAOL]

(44500) 17 000 hab. *Carte Loire-Atlantique, A3*

À l'origine, Escoublac se trouvait en bord de mer. Puis, avec le temps, le village fut recouvert de sable, créant une zone de dune humide, communément appelée ici une bôle. Escoublac se déplaça donc en hauteur, où il se trouve aujourd'hui, puis « la bôle » se transforma en « La Baule », avec une nouvelle urbanisation, des aménagements côtiers et surtout le train (voyez sa jolie gare rénovée) qui, au XIXe s, a vraiment fait de la station un « Deauville nantais ». Aujourd'hui, le TGV, en moins de 3h, convoie les Parisiens des beaux quartiers... jusqu'à leurs demeures de villégiature, nichées dans la pinède. Et la ville ne rougit pas de son charme B.C.B.G., à l'image de ses sœurettes que sont Deauville, Cannes ou Biarritz. D'ailleurs, à La Baule, on parle d'un tourisme générationnel où les mêmes familles se succèdent dans les mêmes clubs de voile et de sports de père en fils. Une vraie tradition donc, parfois un peu exclusive !
La Baule possède la plus longue plage d'Europe. Francis André, créateur du groupe *Barrière,* a joué un rôle essentiel dans la conception et le développement de la station. En passant, sachez que *La Baule-les-Pins* est le nom d'un quartier de la ville, situé derrière la forêt communale (grande pinède), où il fait d'ailleurs bon se promener.
Le site, quant à lui, présente deux visages. Côté océan, ce front de mer en arc de cercle sur la baie (9 km de long, de Pornichet au Pouliguen, dont 5 km sur La Baule) : certes très bétonné et critiqué, mais il faut avouer que la vue y est superbe et la promenade arborée bien agréable dans le quartier du casino. Côté ville, une facette plus calme, familiale et bourgeoise, avec ses 1 700 villas anciennes, que l'on découvre à pied ou à vélo, souvent sources d'inspiration pour le cinéma (*La Baule-les-Pins* de Diane Kurys avec Nathalie Baye, *15 août* avec Jean-Pierre Darroussin... la liste est longue).
Ville sportive, ses écoles de voile sont des références (les frères Peyron et Pajot ont débuté ici), et la baie demeure parfaite pour apprendre à dessaler. Mais tennis, polo, golf, yachting ou encore équitation ne sont pas en reste. Alors pourquoi ne pas se laisser tenter par sa longue plage de sable fin, son agréable climat, son cachet d'antan et ses quelques bonnes adresses qui font de « la Belle » la station balnéaire la plus réputée de la Côte d'Amour ?

Adresses et info utiles

Office de tourisme *(plan B1)* **:** *8, pl. de la Victoire. ☎ 02-40-24-34-44. • labaule.fr • Près de la gare. Juil-août, tlj ; le reste de l'année, fermé dim ap-m. (1h gratuite/j.).* Dans un bâtiment ultramoderne. Central de réservation pour les logements. Billetterie pour les spectacles, parcs, bus et traversées maritimes. Propose en été des visites de la ville d'avant et après 1920, à vélo (venir avec le sien), à pied et en minibus ; réservation obligatoire. Intéressant livret (payant) de « Balades architecturales de la Bôle à la Baule ».

Gare routière *(plan B1)* **:** *av. des Ondines, à côté de la gare SNCF. ☎ 02-40-60-32-57. Guichets ouv lun-ven (plus sam juil-août) 8h45-12h, 14h30-18h15 ; sinon, vente de carnets de 10 billets à l'office de tourisme (20 % de réduc sur l'achat de 10 billets).* Pour tout renseignement sur les liaisons interurbaines de la presqu'île de Guérande, contacter le réseau *Lila* à la gare routière. *☎ 09-69-39-40-44. • lila.loire-atlantique.fr • Lun-ven 8h-19h ; sam 8h-12h30.*

Navettes gratuites : *ttes les 15 mn, dernier départ du parking 19h40. Arrêts : « Victoire », « Hennecart », « Hôtel de ville », « Marché », « Victoire ».* Pratique, vu les difficultés de circulation et de stationnement en saison...

Location de vélos : Chaillou *(plan B1), 213 av. de Lattre-de-Tassigny ; ☎ 02-40-60-07-06 ; avr-sept, tlj 10h-12h15, 14h-19h, le reste de l'année, fermé dim-lun sf vac scol.* **Rollerbaule** *(plan D2), 14, av. Louis-Lajarrige ; ☎ 02-40-19-83-88. Et* **Rent La Baule** *(plan B1), 23, av. Clemenceau ; ☎ 02-40-11-04-00.*

Météo marine : *• meteofrance.com/previsions-meteo-marine •*

@ **Cyber Baule** *(plan B1)* **:** *galerie La Pergola, 136, av. du Général-de-Gaulle. ☎ 02-40-60-21-28. En été, tlj 8h30-20h30 ; hors saison, tlj sf dim et lun mat.*

– ***Le marché*** *(plan B1)* **:** sous des halles complètement rénovées et autour, c'est l'un des plus agréables de la région, vrai lieu de rendez-vous des Baulois sur les coups de 11h, un peu chicos quand même le week-end et au moment des vacances.

Où dormir ?

Camping

Camping du Bois d'Amour *(plan D1,* ***10****)* **:** *10, allée de Diane. ☎ 02-40-60-17-40. • accboisdamour@village-center.fr • village-center.fr • Non loin de la gare de La Baule-les-Pins. Ouv début avr-fin sept. Prix tente : 15-21 € selon saison. Mobile homes et bungalows toilés : 210-798 €/sem. 250 empl.* Camping aménagé dans un parc boisé de 4 ha. Emplacements tente ombragés à 1,5 km de la plage. Location de vélos. Sentier du Bois-d'Amour à proximité. Piscine.

De prix moyens à chic

Hôtel Mona Lisa *(plan B1,* ***12****)* **:** *42, av. Georges-Clemenceau. ☎ 02-40-60-21-33. • hotel-mona-lisa@orange.fr • hotelmonalisa-labaule.com • À proximité de la gare et à 500 m de la plage. Doubles env 70-115 € selon confort et saison. Parking.* Petit hôtel à la façade discrète qui cache bien son jeu. Dès le hall, on découvre une déco audacieuse et réussie avec des tapisseries aux tons chauds qui évoquent plutôt le flamenco que le célèbre tableau du Louvre. Des chambres rénovées au goût d'aujourd'hui, avec également quelques étonnantes idées déco, hyper confortables, certaines avec douche hydromassante. Excellent accueil. Une adresse surprenante.

Hôtel Le Saint-Pierre *(plan A1,* ***11****)* **:** *124, av. du Maréchal-de-Lattre-de-Tassigny. ☎ 02-40-24-05-41. • contact@hotel-saint-pierre.com • hotel-saint-pierre.com • Doubles 60-116 € selon saison et confort.* Cette grande villa de style balnéaire a tout pour plaire : des chambres coquettes de bon

■ **Adresses utiles**

- Office de tourisme
- @ Cyber Baule

Où dormir ?

10 Camping du Bois d'Amour
11 Hôtel Le Saint-Pierre
12 Hôtel Mona Lisa
13 Hôtel des Dunes
14 Hostellerie du Bois
15 Hôtel Ty-Gwenn
16 Logis Saint-Christophe
17 Hôtel Villa Cap d'Ail
18 Hôtel Brittany

confort, des prix très raisonnables et un accueil (par ailleurs de bon conseil pour votre découverte de la ville) qui fait qu'on s'y sent presque comme à la maison. Plage à 5 mn à pied.

Hôtel des Dunes *(plan B1,* ***13****)* ***:*** *277, av. du Maréchal-de-Lattre-de-Tassigny. ☎ 02-51-75-07-10. • info@hotel-des-dunes.com • hotel-des-dunes.com • Doubles 50-95 € selon confort et saison. Parking clos. Digestif maison offert sur présentation de ce guide.* Déco discrètement contemporaine pour des chambres pleines de couleurs avec des salles de bains modernes, nickel niveau propreté. Certaines pour 4 personnes. Salle de petit déj dans le même esprit et bar façon club, confortable avec ses canapés.

Hostellerie du Bois *(plan D1-2,* ***14****)* ***:*** *65, av. Lajarrige. ☎ 02-40-60-24-78. • hostellerie-du-bois@wanadoo.fr •*

LA BAULE

Où manger ?

- **21** Le Grenier à Sel
- **22** Chez l'Écailleur
- **23** La Bergerie
- **24** Le Nossy Be
- **25** Le Grain de Sable
- **27** Le Pavillon Rose
- **28** Lilou
- **29** Crêperie le Barapom
- **30** Le Billot
- **31** La Plage
- **32** Le Season's

Où acheter des niniches et autres douceurs ?

- **41** Confiserie Manuel

hostellerie-du-bois.com • À 300 m de la plage. Ouv de mi-mars à mi-nov et vac scol de Noël. Doubles 62-89 € selon confort et saison ; dîner sur résa avt 13h, 22 €. Réduc de 10 % sur le prix de la chambre (hors juil-août, Pâques et j. fériés), sur présentation de ce guide. Une belle maison à colombages, fraîche, agréable, pleine de fleurs, le tout à l'ombre des pins. Chambres confortables, meublées dans un style années 1940 ou 1950, en harmonie avec le style de la maison.

Hôtel Ty-Gwenn *(plan D2,* ***15****) : 25, av. de la Grande-Dune. ☎ 02-40-60-37-07. • hotel.tygwenn@gmail.com • hotel-tygwenn.fr • Fermé l'hiver sf vac de Noël. Doubles 55-86 € selon saison et confort.* Tout près de la jolie place des Palmiers, une bâtisse à colombages abritant une quinzaine de chambres, certaines avec terrasse privative ou balcon. Toutes de style différent, la plupart sont refaites au goût du jour. Une adresse sympathique qui devrait satisfaire tous les budgets.

De chic à beaucoup plus chic

Hôtel Villa Cap d'Ail *(plan A1,* ***17****) : 145, av. du Maréchal-de-Lattre-de-Tassigny. ☎ 02-40-60-29-30. • villacapdail@wanadoo.fr • villacapdail.com • À env 300 m de la plage Benoît. Doubles 72-108 € selon saison et prestations ; familiales également. Un petit déj/chambre et par nuit offert sur présentation de ce guide.* Cette ancienne maison de famille bauloise est une perle rare. Le jardin d'abord, d'inspiration méditerranéenne ; la déco ensuite, originale et élégante à la fois jusqu'au moindre détail. On ne vous décrit pas les chambres au style personnalisé, le mobilier, etc. Tout ici exprime la qualité et dégage une atmosphère attachante. Également une bagagerie, un local à vélos et un service billetterie. Un coup de cœur !

Hôtel Brittany *(plan B1,* ***18****) : 7, av. des Impairs. ☎ 02-40-60-30-25. • info@hotelbrittany.com • hotelbrittany.com • Doubles 79-195 € selon saison, taille et confort ; familiales également. Apéritif offert sur présentation de ce guide.* Bien situé, à 2 mn à pied de la plage. Déco contemporaine recherchée et très colorée. Tout le confort y est : petit salon feutré, chambres douillettes, toutes différentes, avec douche ou baignoire à jets, clim. Les supérieures sont vraiment luxueuses. Solarium sur le toit. Accueil charmant.

Logis Saint-Christophe *(plan B1,* ***16****) : pl. Notre-Dame. ☎ 02-40-62-40-00. • reception@st-christophe.com • st-christophe.com • Doubles 70-205 € selon saison, taille, orientation ou confort ; également des suites familiales. Menus 25-32 €.* 45 chambres toutes différentes, meublées à l'ancienne ou non, toutes ravissantes, réparties sur 4 villas bauloises de la Belle Époque. Agréable jardin et ambiance de village, sur la place de l'église. Accueil professionnel. Fait aussi resto et propose une cuisine soignée « terre et mer ». Une belle adresse, à deux pas de la plage.

Où manger ?

De bon marché à prix moyens

Chez l'Écailleur *(plan B1,* ***22****) : 37, av. des Ibis. ☎ 02-40-60-87-94. Près du marché. Tlj sf lun hors saison 8h-15h. Compter env 13,50 € pour 6 huîtres et un verre de vin.* Le lieu connu de tous pour avaler une douzaine d'huîtres charnues avec une demi-bouteille de gros-plant. Fait également bar.

Lilou *(plan B1,* ***28****) : 1, allée des Camélias. ☎ 02-40-60-00-23. • liloucupcakes@hotmail.fr • Tlj sf lun 11h-19h30 (hors saison 11h-18h). Formule déj 8 € ; goûter : 3,50 €. Café offert sur présentation de ce guide.* Un récent et tout petit salon de thé qui propose bagels fourrés et cupcakes légers dans un décor un peu fifille avec ses murs rose bonbon. C'est du fait maison et plutôt bon. Accueil très gentil. Petite terrasse et vente à emporter également.

Crêperie le Barapom *(plan B1,* ***29****) : 153, av. du Général-de-Gaulle. ☎ 02-40-23-74-27. Tlj sf lun-mar hors vac scol. Formules 8-10 €.* Après Le Pouliguen, cette sympathique petite adresse s'est installée à La Baule. Bonnes crêpes à emporter ou à manger sur place, toujours avec les doigts (elles sont servies roulées et en cornet) !

Le Billot *(plan B1,* ***30****) : pl. du Marché. ☎ 02-40-60-00-00. • le_billot@orange.fr • Tlj sf dim-lun hors saison. Formule déj 14,90 € et menu 18,90 € sf dim et j. fériés ; carte 25-30 €.* Dans la famille « bistrot », une bonne pioche. Le cadre est plaisant, la grande terrasse en surplomb de la place du Marché finalement tranquille. Produits locaux, simplement mais joliment travaillés pour des classiques de bistrot ou de brasserie : tartare, moules marinière... Accueil d'une vraie sincérité et service vraiment aux petits soins, même en cas d'affluence (ou d'évacuation de la terrasse pour cause d'orage !).

La Bergerie *(plan B1, **23**) : 114, av. du Général-de-Gaulle. ☎ 02-40-60-23-41. • didier.l-helgoualch0096@orange.fr • Ouv tlj. Formule déj sf dim 13,90 € ; menus 19,90-33 €.* Bon, on oublie le temps d'un repas qu'on est au bord de la mer, puisque ici le style est rustique. Ben oui, une bergerie... Enfin les poissons ne sont pas oubliés, mais on y vient surtout pour les grillades au feu de bois, et même des spécialités montagnardes ! Copieux.

Le Pavillon Rose *(plan B1, **27**) : 44, av. du Général-de-Gaulle. ☎ 02-40-23-24-25. • lepavillonrose@gmail.com • Ouv tlj sf mer. Formule déj en sem 14,90 € ; menu 26,90 € ; carte env 26 €.* Créée en 1920, cette brasserie typiquement bauloise renaît dans une déco très contemporaine avec mobilier design. On a le choix entre 3 salles pour une cuisine traditionnelle revisitée, avec quelques trouvailles originales au rapport qualité-prix tout à fait convaincant. Service impeccable. Un lieu très *in !*

Le Grain de Sable *(plan A1, **25**) : 22, av. Pavie. ☎ 02-40-60-71-00. • pascal.cova@free.fr • Tlj sf dim soir et lun. Menus 27-44 € ; carte 45 €. Apéritif maison offert sur présentation de ce guide.* Dans le quartier du casino, une maison orange, avec sa petite terrasse, qui propose une cuisine traditionnelle sur le thème des produits de la mer selon arrivage, et des plats copieux. De la bonne viande également. Une adresse très fréquentée.

La Plage *(plan B2, **31**) : plage de La Baule. ☎ 02-40-11-11-52. • laplage-labaule@orange.fr • Face au nº 32, bd Hennecart. Tlj pdt les vac scol. Fermé le soir lun-mar et mer hors saison (et ts les soirs sf sam oct-mars). Carte 30 €. Café offert sur présentation de ce guide.* Pourquoi faire compliqué quand on peut faire simple : *La Plage* est... sur la plage, avec une terrasse les pieds dans le sable. Crêpes, coquillages et poissons (frais) à prix gentils pour un resto de plage, justement. Accueil tout aussi gentil.

Le Grenier à Sel *(plan B1, **21**) : 1, av. Pierre-Ier-de-Serbie. ☎ 02-40-24-14-92. • legrenier44@orange.fr • ♿ À deux pas des gares routière et SNCF. Tlj sf lun hors saison. Congés : 1 sem en oct et 2 sem en janv. Formule 13,40 € côté crêperie ; menu 23,10 € côté resto ; sinon, repas env 15 €. Apéritif maison offert sur présentation de ce guide.* Les employés du coin s'y retrouvent au déjeuner pour les bonnes galettes de blé noir.

De chic à plus chic

Le Season's *(hors plan par A2, **32**) : plage Benoît. ☎ 02-40-60-71-68. Face à l'av. du Jardin-Public. Tlj sf lun en juil-août, tlj sf mar-mer hors saison. Formule 26 € à midi en sem. Menus 29,50-59 €.* Une table décontractée qui, en terrasse, avec ses fauteuils en osier, fait vraiment resto de plage. Cadre plus design à l'intérieur, en accord avec cette belle cuisine d'époque (la carte est signée Éric Guérin de *La Mare aux Oiseaux*).

Le Nossy Be *(plan A2, **24**) : plage de La Baule, bd Darlu. ☎ 02-40-60-42-25. Face à l'allée des Sylphes. Fermé lun-mar hors vac scol et j. fériés. Congés : janv. Formules déj slt 16-27 € ; carte env 45 €.* Un gastronomique spécialisé dans les fruits de mer et le poisson, mais aussi les risottos, les woks et les pâtes (toujours avec une thématique maritime). Il faut dire qu'on a presque les pieds dans le sable. Grande salle-véranda tournée vers la mer, lumières tamisées le soir. Clientèle d'habitués, chic et branchée, très jet-set.

Où acheter des niniches et autres douceurs ?

Confiserie Manuel *(plan B1-2, **41**) : 2, av. du Général-de-Gaulle. ☎ 02-40-60-20-66. Tlj l'été 9h30-13h, 14h30-23h.* Une institution fondée par un Espagnol venu de Santander, Manuel Ortiz, qui a baptisé en 1937 sa sucette maison, la *niniche*. À La Baule, on trouve donc toujours dans cette vaste boutique – et depuis 1950 –, des *niniches* (dont la célèbre Bauloise au caramel au sel de Guérande) et autres bonbons. *Batidos* et *granizados* pour rappeler les origines de cette affaire de famille.

Où sortir ?

♫ ***Discothèque Le Garden*** *(hors plan par B1)* **:** *assez loin du centre de La Baule, en plein marais salants. ☎ 02-40-24-78-00. • le-garden.net •* Se reporter plus loin à la ville de Guérande.

♫ En ville, plusieurs boîtes de nuit comme ***Le Théâtre*** *(plan A1 ; 10, av. Pavie ; ☎ 02-40-60-41-00 ; ouv ts les soirs en été, slt ven-sam hors saison)* et ***L'Indiana Club*** *(plan A1 ; sur l'esplanade Lucien-Barrière, au casino ; ☎ 02-40-11-48-28).*

À voir. À faire

La plage : 9 km de sable fin, très large à marée basse et offrant un superbe espace de jeux. À marée haute, c'est un très beau stade nautique. Attention, un arrêté municipal interdit les pique-niques sur les plages de la commune. Noter qu'en 2011, la baie de La Baule a fait son entrée dans le Club des plus belles baies du monde.

Le boulevard et la promenade de front de mer : ils changent de nom selon les emplacements, du Pouliguen jusqu'à Pornichet. Noter que le front de mer est accessible sur près de 9 km aux fauteuils roulants. La partie la plus agréable reste celle en direction du Pouliguen, à partir du grand hôtel *L'Hermitage,* puisque les voitures ne passent plus à proximité. Évidemment, les résidences avec loggia jouissent d'une vue imprenable, mais elles ont presque partout remplacé les villas d'avant-guerre. Pour trouver ces dernières, il faut aller dans la pinède... derrière le « mur de béton ».

L'église Sainte-Thérèse *(plan D1),* ***la gare SNCF*** *(plan B1),* ***la mairie*** datant de 1974 *(plan B1)* sont les seuls bâtiments publics dignes d'intérêt. Le quartier autour de la place des Palmiers *(plan D2),* entre le bois d'Escoublac, son arboretum des Dryades et la plage, conserve le style architectural B.C.B.G. qui sied à la station.

Le parc des Dryades *(plan D2)* **:** *tlj 9h-20h30.* Agréable parc à l'anglaise, vallonné et agrémenté de palmiers à chanvre. Expo temporaire annuelle. Parcours santé, jeux d'enfants et amphithéâtre pour les concerts de jazz en été. Méga chasse aux œufs le lundi de Pâques (40 000 œufs distribués !).

Le musée aéronautique *(hors plan par D1)* **:** *aérodrome de La Baule. ☎ 02-51-75-10-43. • mapica.org • Du centre, suivre le fléchage « aérodrome ». Tlj sf mar hors juil-août, 14h-17h30. GRATUIT.* Dans un hangar, les œuvres d'une association de passionnés qui retapent de vieux zingues : Pou du Ciel des années 1930, Nord 1101 Ramier de la Seconde Guerre mondiale ou bien encore un Blériot XI, comme celui avec lequel a été effectuée la première traversée de la Manche en 1907.

– ***Thalassothérapie :*** ***Thalassothérapie Thalgo La Baule,*** *av. Marie-Louise, BP 50. ☎ 02-40-11-99-99. • thalasso-barriere.com •*

➢ À la fois sportives et instructives, on recommande les ***visites commentées à vélo*** sur l'architecture balnéaire avec l'office de tourisme. Ainsi que celles dans la forêt d'Escoublac, le mercredi matin en été *(GRATUIT ; sur résa),* pour découvrir ces 50 ha de pins.

Manifestations

– ***Jumping international de La Baule :*** *vers la mi-mai, au stade François-André.* Concours équestre international de sauts d'obstacles.
– ***La Baule Jazz Festival :*** *de juil à mi-août, le soir jeu et ven, plus sam mat. Rens et résas à l'office de tourisme.* Concerts gratuits devant le casino, place Leclerc, avenue Lajarrige ou dans le parc des Dryades pour le dernier concert qui est payant.
– ***Semaine de l'élégance :*** *mi-août, au stade François-André.* Défilé de voitures anciennes dans lesquelles de jolies dames portent leur plus belle toilette.
– ***Triathlon de La Baule :*** *mi-sept.* Le plus important triathlon de France.

FAUT SKI FAUT

Avec ses 54 m d'altitude, la dune d'Escoublac aurait du mal à rivaliser avec les sommets alpins. Elle a pourtant accueilli, des années 1950 à 1970, une... station de ski ! Un semblant de téléski, deux pistes et même un resto d'altitude, Le Schuss. À défaut de neige, les skieurs baulois glissaient sur les aiguilles de pins.

LE POULIGUEN [ar poulgwenn]

(44510) 5 100 hab. *Carte Loire-Atlantique, A3*

Tout d'abord, prononcez « Pouligain » si vous voulez faire local. Ensuite, c'est le port de plaisance de La Baule – Le Pouliguen, aux allures bretonnes. Porte sud des marais salants de Guérande, Le Pouliguen marque aussi le début de la Côte Sauvage avec les nombreuses grottes de la Grande Côte. Le quai Jules-Sandeau, ses nombreuses boutiques, ses façades d'hôtel, ses manèges pour enfants, les cafés et la galerie marchande le long du port, que l'on appelle ici « la Promenade », donnent à la ville une atmosphère très « famille ».

Adresses utiles

ℹ ***Office de tourisme :*** *à Port-Sterwitz.* ☎ *02-40-42-31-05.* • *tourisme-lepouliguen.fr* • *En venant de La Baule, entre les deux ponts, quai du Commandant-l'Herminier, à l'angle de l'immeuble Port-Sterwitz. Juil-août, tlj ; hors saison, lun-sam et mat des j. fériés.* Résa pour les traversées sur les îles et billetterie à tarifs préférentiels pour les sites incontournables de la région. Organise en juillet-août des balades guidées nature (avec son vélo, 7 €) ou à pied (6 €) ou à bord d'un vieux gréement (25 €).

■ ***Location de vélos :*** ***Les Cycles de la Presqu'île,*** *16, bd de l'Atlantique (☎ 02-40-42-32-72).* ***Cyclocation,*** *27, rue du Général-Leclerc (☎ 02-40-62-32-94 ; • cyclocation.fr •). Et* ***Bikevasion,*** *9 ter, rue du Général-Leclerc (☎ 09-83-72-97-41 ; • bikevasion.fr •). Ouv tte l'année. Compter 10-15 €/j.* VTT et VTC.

Où dormir ?

De prix moyens à chic

🏠 ***Chambres d'hôtes Chalet Lakmé :*** *9, rue Pierre-Ier-de-Serbie.* ☎ *02-40-00-95-04.* • *contact@chaletlakme.com* • *chaletlakme.com* • *Dans le coin calme du centre-ville, à 200 m de la plage. Compter 65-87 € pour 2 selon confort et saison.* Dans cette maison qui fait face au bois, il est difficile d'imaginer et

LA LOIRE-ATLANTIQUE

de déceler une si agréable adresse. Vos hôtes sont charmants et ont restauré cette ancienne maison de famille avec un goût plein de vie et de couleurs. C'est vif mais jamais agressif ! On passe de la chambre « Pistache » à l'« Abricot » ou la « Glycine ». Un vrai dépaysement, jusque dans le détail. Lecteur DVD dans chaque chambre et petite DVDthèque d'emprunt. Sympathique terrasse pour le délicieux petit déj.

Casa Cosy : *2, rue du Croisic. ☎ 02-40-42-30-65. 06-62-08-13-87. • casacosy@orange.fr • casacosy.fr • Derrière la poste. Fermé 2e quinzaine de nov. Doubles 67-87 € ; familiales également.* À la fois hôtel, boutique d'objets design, salon de thé et épicerie fine, il fallait le faire ! Côté hôtel, l'ambiance est plus proche de celle des chambres d'hôtes de charme. Déco aux lignes épurées, association judicieuse de couleurs. Superbe accueil, joli petit déj. Très bon rapport qualité-prix, au final.

Plus chic

Chambres d'hôtes Les Goélands : *chez Mme Trochu, 2, impasse de la Torre. ☎ 02-40-24-20-17. • lesgoelands@chambres-dhotes-labaule.fr • chambres-dhotes-labaule.fr • Sur la Côte Sauvage, face au chemin douanier. Ouv mars-oct. Compter 105-159 € pour 2, selon le type de chambres. 10 % offerts sur le prix de la chambre sur présentation de ce guide (en basse saison).* Dans une maison élégante des années 1930, avec baies vitrées ouvertes sur la Côte Sauvage, 3 chambres, dont une suite familiale, très confortables et à la déco raffinée. Une adresse de charme, bien pensée dans son moindre détail, où l'on savourera le temps suspendu en regardant la mer, plein de sérénité. Petit déjeuner exceptionnel, préparé par la douce et charmante Anne-Marie, dévouée au bien-être de ses hôtes. Un lieu confortable, apaisant et plein d'harmonie.

Où manger ?

Bon marché

Crêperie Le Barapom : *2, quai Jules-Sandeau.. ☎ 02-40-42-17-60. • dugastanne3165@gmail.com • Près du pont pour La Baule. Tlj sf mar-mer hors saison. Congés : janv. Formule 8 € ; menu 12 €. Une bolée de cidre ou de jus de pomme (pour 2 pers max) offerte sur présentation de ce guide.* Bonnes crêpes à emporter ou à manger debout dans la rue. Une adresse pour gourmands, régulièrement fréquentée par les stars du cinéma en vacances dans le coin.

Prix moyens

L'Opéra de la Mer : *promenade du Port. ☎ 02-40-62-31-03. Tlj sf mer hors saison. Menus 22,50-29 €. Apéritif maison offert sur présentation de ce guide.* Sur la plaisante terrasse face au port et à la baie, ou à l'intérieur à l'ambiance tout aussi marine, goûter aux spécialités de moules, fruits de mer ou à la cassolette « Opéra ». Toutefois, un service parfois débordé en saison.

La Voile d'Or : *14, rue de la Plage. ☎ 02-40-42-31-68. Ouv tlj sf lun hors saison. Formule déj en sem 15 € ; carte env 30 €.* Brasserie chic et branchée à la déco design, comme on en trouve surtout à La Baule. On apprécie particulièrement la superbe terrasse, face à la plage, avec ses canapés moelleux. Dans l'assiette, pas de mauvaise surprise, des plats à base de produits de la mer avec quelques spécialités gourmandes. Belle carte des vins. Bon accueil et ambiance décontractée.

À voir. À faire

La plage : bordée de chemins de planches. Quand la mer se retire, elle découvre les rochers des Impairs. Aux abords de la pointe de Penchâteau, la falaise porte de belles villas. À 5 mn de la plage, le *Petit Bois* offre un îlot de verdure agréable à découvrir.

La chapelle Sainte-Anne : *sur la route de Penchâteau. Juil-août, visite guidée le mer à 10h30 (participation libre).* En réalité, dédiée à saint Julien. Bel édifice du XVe s précédé de son calvaire. À l'intérieur, on peut admirer le bénitier en granit du XVIe s et la statue de sainte Anne entourée de la Vierge Marie et de Jésus.

La pointe de Penchâteau : c'est le début de la Côte Sauvage et de la Grande Côte, comme on l'appelle au Pouliguen. Départ du sentier des douaniers et d'une piste cyclable qui mènent jusqu'à Batz, permettant de voir une vingtaine de grottes en contrebas. Accès plus ou moins facile (à marée basse) et curieuses excavations. D'après la légende bretonne, les korrigans, ces facétieux lutins, logeraient dans ces grottes creusées par la mer.

La ville (dont le nom breton *Poulgwen* signifie « petite baie blanche ») présente quelques belles façades qui méritent le coup d'œil. Des visites guidées payantes sont organisées à dates fixes, de juillet à mi-septembre, par l'Association des greniers de la mémoire, autour de thèmes : l'architecture portuaire, les rues du vieux Pouliguen, le quartier de Penchâteau, l'architecture balnéaire. *Rens à l'office de tourisme ou au ☎ 02-40-42-11-34.*

– En saison, un ***petit train touristique*** permet des visites jusqu'à La Baule ; également un circuit commenté via la Côte Sauvage vers Le Croisic. Des navettes circulent également dans le centre du Pouliguen le soir *(20h-22h30, ts les 30 mn, tlj sf dim). Rens à l'office de tourisme. GRATUIT.*

Fêtes et manifestations

– ***Fête bretonne :*** *le dernier w-e de juil. Sur le port et dans le quartier de l'église.* Danses bretonnes, concerts, fest-noz et jeux bretons sur la plage.
– ***Les mercredis et jeudis musicaux :*** *en été, le mer soir à l'église Saint-Nicolas. GRATUIT.* Concerts de musique classique dans un site superbe. Les jeudis, on ira aux « Soirées du Bois » pour un concert de musique folklorique (groupes venus du monde entier).
– ***Lecture à Nau Plage :*** *juil-août. Un coin-lecture tlj 15h-19h sur la plage, plus de 700 livres et magazines à disposition.*
– ***La Poulligwenn en Fête :*** *début août, sur le port, à partir de 14h.* Théâtre de rue, vieux gréements, soirée moules-frites, chants marins.
– ***Festival A Nau Voix :*** *le dernier w-e de sept, pdt 3 j.* Dédié à la voix. Formations venant de tous horizons.

BATZ-SUR-MER [BOURC'H-BAZ]

(44740) 3 200 hab. *Carte Loire-Atlantique, A3*

Née au Xe s, cette attachante bourgade détonne un peu avec La Baule et sa foule. Ça commence à sentir le granit (appelé pierre de « grison » ici) et le chouchen : on est bien en Bretagne ! Les villages de Kervalet et de Roffiat ont conservé leur charme d'autrefois. La ville, citée par Flaubert et Balzac, a longtemps fondé sa prospérité sur le sel, les oignons et les échalotes. C'est maintenant une station balnéaire familiale, de plus en plus fréquentée l'été, dotée de jolies plages (Valentin, Saint-Michel et la Govelle), d'un tronçon de Côte Sauvage, d'un blockhaus – l'un des plus grands d'Europe visitable –, et même d'un marchand de sabots en centre-ville !

Adresses utiles

Office de tourisme : *25, rue de la Plage (face à l'église). ☎ 02-40-23-92-36. • ot-batzsurmer.fr • Avr-sept, tlj (fermé dim ap-m hors juil-août) ; hors saison, tlj sf dim.* Organise en juillet-août balades contées, animations pour enfants, initiation à la pêche à pied... à date fixe et sur réservation (payant). Circuit d'interprétation de 5 km pour découvrir le patrimoine de la commune avec jeu de piste pour les enfants. Billetterie à tarifs préférentiels et boutique.

Location de vélos : ***Station AVIA,*** *rue Olivier-Guichard. ☎ 02-40-23-87-51.*

Où dormir ? Où manger ?

Camping

Camping La Govelle : *10, route de La Govelle (rue du Golf). ☎ 02-40-23-91-63. • campinglagovelle@gmail.com • campinglagovelle.com • Accès par la D 245 et la D 45. Ouv avr-début oct. Prix tente : 11-23 € selon saison. CB refusées. 52 empl.* Bon petit camping familial sur la Côte Sauvage, avec accès à la plage en contrebas. Emplacements délimités par des lauriers. Sanitaires impeccables. Peu d'équipements, mais une belle situation et un accueil chaleureux et plein d'humour.

De bon marché à prix moyens

Ne pas oublier les 2 crêperies que nous indiquons plus loin, dans « Les marais salants » : ***La Salorge*** (à Saillé) et ***Fleur de Sel*** (à Kervalet).

Gîte d'étape et de séjour Le Bateau des Marais : *9, route de Prad-Velin. ☎ 02-40-23-74-94. 06-75-77-58-36. • lebateaudesmarais@gmail.com • À l'entrée des marais sur la route de Bérigot. Nuitée 20 €/pers.* Gîte bien tenu proposant de bons lits en dortoir de 8 couchages ou en chambres familiales *(4 pers).* Vaste salle commune, cuisine équipée, le tout récent et lumineux. Petit jardin avec barbecue. Bien pour les randonneurs et cyclistes, mais le gîte est souvent réservé par des groupes le week-end en saison.

Le Derwin : *av. du Dervin. ☎ 02-40-23-90-06. À 3 km du centre de Batz par la route de la Côte, à côté du blockhaus. Pâques-Toussaint, ouv tlj sf mar, plus mer-jeu hors saison. Congés : nov-début avr. Pas de résa (venir tôt ou tard). Carte env 24 €. CB refusées. Café offert sur présentation de ce guide.* Des rideaux de dentelle aux fenêtres, une clientèle hétérogène d'habitués, de familles, de touristes, *Le Derwin* (prononcez « Dervin » !) fait le plein depuis des années, sans rien avoir à faire, par réputation. Le lieu idéal pour déguster moules, fruits de mer ou crêpes, le regard perdu vers le large ou sur la Côte Sauvage.

À voir. À faire

L'église Saint-Guénolé et sa tour du Bourg : *visite gratuite de l'église en juil-août. Accès au clocher payant Pâques-fin sept : tlj 9h30-18h30 en juil-août, demander à l'office de tourisme sinon ; 2 € ; gratuit moins de 12 ans.* L'édifice est dominé par une tour-clocher de 60 m, qu'on aperçoit de toute la région. Grimper au sommet du clocher de granit, du XVe s, d'où la vue sur toute la presqu'île guérandaise vaut vraiment le coup. À voir également pour son chœur, son retable en bois doré et sculpté, ses grandes orgues du XVIIe s et pour cet étrange ex-voto dédié à Notre-Dame-de-l'Assomption. Concerts en été (voir plus loin « Manifestations »).

La chapelle Notre-Dame-du-Mûrier : *visite dans le cadre des balad l'office de tourisme, situé tt près.* Elle aurait été élevée par les villageois à la su d'un vœu lors d'une épidémie de peste au XVe s. Elle est construite en blocs de granit décorés de motifs flamboyants, mais n'a plus ni toiture ni voûtes, ce qui la rend d'autant plus émouvante et impressionnante. Expo d'art contemporain dans le chœur.

Le musée des Marais salants : *29 bis, rue Pasteur. ☎ 02-40-23-82-79. Ouv tlj sf lun, 10h-18h vac scol (17h hors vac scol), tlj 10h-19h en juil-août. Entrée : 5 € ; réduc. Gratuit moins de 12 ans.* Avec ses collections rassemblées depuis plus d'un siècle, c'est l'un des plus anciens musées d'arts et de traditions populaires de France. L'exposition permanente, considérablement agrandie et complètement repensée (écrans tactiles, vidéos, vitrines ludiques à tiroirs...), retrace l'aventure technique et humaine du sel de Guérande, de l'époque gauloise à nos jours au travers de milliers de pièces : cartes postales comme figurines en porcelaine, outils et vêtements traditionnels comme toiles d'artistes amoureux du pays.

Le Grand Blockhaus – musée de la Poche de Saint-Nazaire : *route de la Côte-Sauvage. ☎ 02-40-23-88-29. • grand-blockhaus.com • À 3 km de Batz-sur-Mer par la route de la Côte. Vac scol de fév et d'avr à mi-nov, tlj 10h-19h (18h fév). Compter 1h. Entrée : 7,50 € ; réduc ; gratuit moins de 5 ans. Pour les enfants, demander le livret pour le jeu de piste. Pas de visite guidée, mais Luc ou Marc seront ravis de vous faire partager leur passion. Boutique.* Ouvert depuis 1997, ce musée multiplie les récompenses (à défaut de subventions !). Créé et géré par deux jeunes frères passionnés, il est unique en son genre sur la côte Atlantique (mais ils en ont ouvert un deuxième en Normandie). On y raconte l'histoire de la poche de Saint-Nazaire (et ses « empochés »), la dernière libérée d'Europe (le 11 mai 1945), mais aussi la construction du mur de l'Atlantique et enfin la Libération. Ancien poste de commandement du mur de l'Atlantique, sur cinq étages (n'hésitez pas à prendre l'échelle et à monter dans le poste d'observation), ce bâtiment s'avance sur le promontoire de la Dilane, point haut de la région. Très visible de la mer et donc de l'aviation alliée, il fut à l'époque camouflé en hôtel grâce à un trompe-l'œil et à la construction de deux toits en bois factices (voir les photos exposées). Tenu par 21 soldats de la marine allemande, il commandait le tir des deux canons sur la voie ferrée de Kermoisan. À l'intérieur, les équipements et les salles sont restés comme jadis : salles de ventilation, PC radio, armurerie, local d'intendance, bloc sanitaire... enrichis d'une cinquantaine de personnages de cire, intelligemment mis en situation historique. L'émotion est au rendez-vous et l'on apprécie que l'histoire avec un petit « h » n'ait pas été oubliée. Vétérans français et américains (mais aussi allemands) sont venus confier au musée plus d'un millier d'objets personnels et de souvenirs. Chacun d'eux a son histoire propre, contée avec différents niveaux de lecture. Et si vous possédez des objets de l'époque, ils seront bien accueillis et exposés... À ne pas manquer !

La plage Saint-Michel : une oasis de calme, protégée par une digue, que domine un menhir. Petit café-brasserie sympa *(de mi-fév à la Toussaint ; fermé mer, plus mar soir hors saison).* Possibilité de rejoindre Le Pouliguen (7 km environ) par le sentier douanier, au départ de la plage.

Le moulin de la Falaise : *à la sortie de la ville, direction Le Croisic. ☎ 02-40-23-72-46. Vac scol et de mi-juin à mi-sept, tlj sf dim 14h-18h. Entrée : 2,50 € ; réduc ; gratuit moins de 10 ans.* Pour découvrir de l'intérieur un moulin à vent typique de la région, « machine » à broyer le sarrasin, indispensable pour faire de bonnes galettes de blé noir. Boutique.

Les marais salants : par une belle soirée d'été, à l'heure où le soleil décline et où les voitures se font moins nombreuses, sachez vous perdre sur les petites routes du marais. En plus, c'est l'heure propice à la rêverie, où les

…nt de jolis reflets mordorés. Possibilité de faire la balade en …ivier Mouilleron (📱 06-72-95-39-97). Lire également plus loin …nts ».

…tations

– ***Concerts dans l'église de Saint-Guénolé :*** *juil-août, ts les jeu à 21h.* Concerts classiques de grande qualité et, malgré cela, entrée gratuite ! Arriver tôt et prévoir une petite laine.
– ***Les Nuits salines :*** *3 j. le dernier w-e de juil. Résa auprès de l'office de tourisme ou sur • nuitssalines.free.fr •* Ce festival, dédié au sel et à la culture celtique contemporaine, a pris de l'ampleur. Concerts en plein air, *fest-noz*, conférences, visites de salines, marché du terroir et village gastronomique où l'on achète galettes et sardines en troquant de petits sacs de sel…
– ***Le Pardon de Saint-Guénolé :*** *chaque 1er dim d'août.* Grande procession et reconstitution d'un mariage traditionnel en costumes paludiers.

LE CROISIC [AR GROAZIG]

(44490) 4 120 hab. *Carte Loire-Atlantique, A3*

Premier port de crevette rose en France, on y débarque poissons et crustacés capturés la nuit. L'invention du casier à crevettes (en 1850) revient d'ailleurs à un Croisicais, René Sibille. De belles demeures anciennes à pans de bois rappellent la prospérité passée de cette petite ville. Les Croisicais étaient de fiers armateurs, pilotes, négociants, et terre-neuvas. Aujourd'hui, le tourisme est devenu une nouvelle raison de vivre, à tel point qu'à certains endroits, les restaurants (souvent d'excellente qualité) jouent des coudes comme des sardines en boîte et que les embouteillages deviennent légion (la ville forme un cul-de-sac avec une seule route d'accès). Heureusement, son caractère de port breton a été conservé malgré quelques constructions modernes dommageables, à l'image de la Côte Sauvage qui porte toujours bien son nom, surtout entre Port-Lin et la plage de Saint-Goustan. Au départ du Croisic, on peut en effet faire une boucle de 10 km le long de cette côte déchiquetée et truffée de petites criques. Un lieu incontournable, donc, qui réserve de belles surprises. L'un de nos ports préférés, avec une vraie cote d'amour, sur cette belle côte du même nom.

Adresses utiles

i *Office de tourisme :* *6, rue du Pilori. ☎ 02-40-23-00-70. • tourisme-lecroisic.fr • Dans une rue parallèle au port. Juil-août, tlj. Hors saison, lun-sam (et dim pdt les vac scol de Pâques et les ponts).* Des guides « Circuits » et « Sentiers côte sauvage » sont disponibles gratuitement ou téléchargeables. Propose en été des visites commentées (env 6 €) du patrimoine de la ville, de la Côte Sauvage et du Traict… Billetterie pour les bateaux en partance pour Belle-Île, Houat et Hoëdic, ainsi que pour les musées des environs, dont l'*Océarium*.

Gare SNCF : *pl. du 18-Juin-1940. ☎ 36-35 (0,34 € TTC/mn).* Gare terminus TGV des trains venant de Paris, Lille, Lyon. Bien desservie toute l'année. Compter env 3h de Paris (3h30 avec un changement à Nantes).

■ ***Location de vélos :* *Cycles Bihoré,***

34, rue du Traict (☎ 02-40-62-92-81). ***Garage Rochard,*** *chemin du Pré-du-Pas (☎ 02-40-62-90-32).*

■ **Pêche en mer :** ***La Toison d'Or*** *(📱 06-87-15-70-32 ; de mai à mi-oct).* Et ***Charles Giraud*** *(📱 06-23-22-71-14).*

■ Navettes pour Houat, Hoëdic et Belle-Île avec la ***Compagnie des Îles,*** via La Turballe (escale 20-30 mn). *☎ 0825-132-100 (0,15 €/mn). • compagniedesiles.com • Juil-août. Traversées passagers slt. Depuis Le Croisic, compter 1h45 pour Hoëdic (puis 30 mn entre Hoëdic et Houat) et 2h45 pour Belle-Île. Compter 35-42 € selon l'île pour un A/R dans la journée.*

– Liaisons saisonnières entre la pointe de Pen Bron et le port du Croisic avec un passeur (8 places), *Le Galipétant. Compter 5 € (8 € A/R) ; gratuit moins de 12 ans. Infos aux offices de tourisme du Croisic et de La Turballe.*

Où dormir ?

Campings

⛺ ***Camping du Paradis :*** *route du Milieu. ☎ 02-40-23-07-89. • camping-paradis.com • ♿ Accès par les D 213, D 774 et D 245. Ouv 1er mai-30 sept. Compter 18 € pour 2 en hte saison. 107 empl. Apéritif maison offert sur présentation de ce guide.* Camping familial et tranquille, situé sur la pointe, à 500 m du bord de mer et du sentier douanier. Équipements basiques, mais emplacements bien ombragés et séparés par des haies, et petits prix. Location de vélos. Équitation, escalade, tir à l'arc, varappe et golf tout proches.

⛺ ***Camping La Pierre Longue :*** *rue Henri-Dunant. ☎ 02-40-23-13-44. • lapierrelongue@orange.fr • campinglapierrelongue.com • ♿ Accès : à 1,5 km du centre-ville et à 500 m de la Côte Sauvage. Ouv mars-nov. Prix tente : 13,70-21,70 € selon saison. Loc mobile homes et « bungalotels » : 301-688 €/sem. Prix caravane : 95,90-151,90 €/sem. Tarifs dégressifs à partir de 21 j. ; cumulable avec autres offres ponctuelles. 158 empl.* Camping familial et tranquille, au cœur de la presqu'île. Emplacements bien ombragés et à l'abri du vent. Piscine chauffée, snack et animations en été. Location de vélos.

⛺ ***L'Océan Camping Village & Spa :*** *15, route de la Maison-Rouge, Les Frauds. ☎ 02-40-23-07-69. • info@camping-ocean.com • camping-ocean.com • ♿ Ouv avr-sept. Prix tente : 21-45 €. Loc de mobile homes, chalets et cottages : 364-940 €/sem. 400 empl.* Grand camping moderne de type village-vacances, doté de toutes les commodités, à 150 m de la mer. Parc aquatique avec bateau de pirate dans une piscine chauffée, club enfants, tennis, solarium, resto... Mais peu d'emplacements pour les tentes ! Conviendra surtout aux familles avec enfants. Location de vélos.

Prix moyens

🏠 ***Chambres d'hôtes chez M. et Mme Raison :*** *32, rue Jules-Verne. ☎ 02-40-23-11-30. • gilles.raison@wanadoo.fr • chambredhotes-lecroisic.com • Congés : de mi-oct à mi-mars. Compter 65 € pour 2.* 💻 À proximité de la plage de Port-Lin, dans un quartier résidentiel calme, maison typique bretonne avec étage réservé aux hôtes. 2 grandes chambres lumineuses et confortables à la déco fraîche avec salon-TV. Bien pour une famille.

🏠 ***Hôtel Les Nids :*** *15, rue Pasteur, côté plage de Port-Lin. ☎ 02-40-23-00-63. • hotellesnids@worldonline.fr • hotellesnids.com • ♿ Doubles 63-86 € selon saison et confort. 📶 Apéritif maison offert sur présentation de ce guide.* À proximité de la petite plage de Port-Lin, un hôtel d'habitués, bien tenu et aux chambres impeccables, avec balcon (sauf pour celles sous les toits, mansardées donc un peu basses de plafond). Petite piscine intérieure autour de laquelle on aura plaisir à prendre le petit déj, et jardin verdoyant. Espace jeux pour enfants. Abri vélos et possibilité d'en louer. Excellent accueil.

Chic

Hôtel Le Fin Gourmet : *1, pl. du Pilori. ☎ 02-40-23-00-38. • lefingourmet@yahoo.fr • fingourmetcroisic.com • Congés : janv. Doubles 70-80 € selon confort et saison.* À l'écart du port, au calme, agréable petit hôtel dans une demeure du XVIIe s. Tenues par Paolo, grand voyageur à l'accueil chaleureux, les chambres, refaites pour la plupart, sont de bon confort, dans un style moderne mais sobre. Beaucoup d'attention pour les routards, avec bibliothèque bien fournie, magazines récents à chaque étage, prêt de vélos si dispo et plein de bons conseils.

Où manger ?

De bon marché à prix moyens

Le Relais du Duc de l'Aiguillon : *21, pl. Donatien-le-Pré. ☎ 02-40-62-94-62. ♿ Congés : janv. Résa conseillée. Carte 13 €. Kir breton offert sur présentation de ce guide.* Dans la jolie demeure à pans de bois du XVe s qui fait l'angle avec la place. Une crêperie chaleureuse, aux murs en granit. Les crêpières s'activent devant les biligs pour émoustiller vos papilles sucrées ou salées. Les produits proviennent en grande partie du jardin familial (œufs, légumes, etc.), exceptée la farine (biologique elle aussi). Un succès jamais démenti vu les habitués et les touristes de passage. Le service est rapide et souriant. Grande terrasse prise d'assaut aux beaux jours. Longue vie au *Duc !*

Le Ty Mad : *3, quai de la Petite-Chambre. ☎ 02-40-23-02-77. • contact@ty-mad.com • Formule 18,90 €. Menus 15,90-45 €. Digestif maison offert sur présentation de ce guide.* Une des très nombreuses adresses du port (inévitable terrasse avec vue sur la criée), celle-ci dans l'esprit bistrot-gastro. Rafraîchissant décor contemporain et ambiance décontractée pour une cuisine fraîche avec une bonne dose de créativité. Il faut, malheureusement, souvent, ne pas être trop pressé...

De prix moyens à chic

Le Bistrot de la Poissonnerie : *8, quai de la Petite-Chambrée. ☎ 02-40-60-55-71. Ouv tlj sf le soir lun-jeu en basse saison. Petites assiettes apéro 8 €, assiettes 15-18 €, plateau « Poissonnerie » 26 €. Café offert sur présentation de ce guide.* Une adresse située sur le port qu'on manquerait presque car absorbée par les commerces divers et variés ! Aux beaux jours, à l'heure de l'apéro, possibilité de siroter un entre-deux-mers en grignotant deux-trois bricoles venues de l'Atlantique. Pour les conchyliophiles, possibilité de compléter leur collect' en dégustant un beau plateau de fruits de mer. L'ambiance y est décontractée avec une belle vue sur la pointe de Pen Bron.

Le Lénigo : *11, quai Lénigo. ☎ 02-40-23-00-31. • lelenigorestaurant@gmail.com • Au bout du quai. Fermé lun-mar (sf août). Congés : de mi-nov à mi-fév. Menus 28-42 € ; carte 50 €.* Marie-Claude et Ronald se sont rencontrés aux Beaux-Arts, d'où une déco particulièrement soignée, un brin chic, tout en boiserie. L'assiette est à la hauteur du cadre, inventive, surprenante, travaillée avec des épices pour mettre en valeur les produits frais (la criée est en face). Grands voyageurs, ils aiment concocter une cuisine différente, d'inspiration gastronomique, enrichie de saveurs du monde. Superbes homards dans le vivier.

Le Saint Alys : *3, quai Hervé-Rielle. ☎ 02-40-23-58-40. Face au port de plaisance, au début de quai. Tlj sf mer en été ; fermé le soir dim, mar et mer hors saison. Formule midi en sem 19,50 €, menus 30-42 €.* La façade discrète cache une petite salle cosy où l'on vient déguster une cuisine goûtée et inventive, d'inspiration marine. Les plats sont copieux, aussi beaux que bons. En dessert, délicieux sablé breton et autres réjouissances. Service perlé. Une adresse qui fait l'unanimité auprès des habitués et des heureux clients de passage.

Plus chic

Le Fort de l'Océan : la Pointe du Croisic. ☎ 02-40-15-77-77. • fortocean@fr.oleane.com • Sur la Côte Sauvage. Fermé le midi en sem plus les soirs lun-mar hors saison. Congés : début janv-début fév, de mi-nov au 20 déc. Menus 50-88 €. Un château de poche en granit, vraiment tout mignon avec son pont-levis et ses remparts, dominant la Côte Sauvage. Cuisine gastronomique de haute voltige, réalisée par un chef imaginatif. Service impeccable. Piscine et solarium dans un cadre de rêve, rien ne manque. Le lieu indiqué pour un repas en amoureux, si vous en avez les moyens. Également des chambres très luxueuses *(290 € la double).*

Où déguster de bons chocolats ?

***La Route du Cacao :** 4, pl. Boston. ☎ 02-40-53-78-51. • croisic.cacao@orange.fr • Tlj sf lun mat sept-juin. Congés : de mi-janv à mi-fév. Une dégustation de « truffe des Marais » et réduc de 10 % offertes à partir de 20 € d'achats sur présentation de ce guide.* Idéalement située sur le port, cette chocolaterie-salon de thé ravira les bouches sucrées les plus exigeantes. Quelques spécialités : les rochers du Croisic, les croquinettes, les mini-vagues de l'océan, les truffes du marais (avec une pointe de fleur de sel de Guérande)... Également un rayon pâtisserie et macarons. Terrasse faisant office de salon de thé aux beaux jours.

La Route du Cacao Le Croisic

À voir

***Le mont Esprit :** sur la droite, à l'entrée de la ville.* Il tiendrait son nom d'une déformation des mots « lest pris ». En effet, cette butte est constituée par le lest déposé par les navires venus chercher du sel. Monter au belvédère pour la vue sur les marais, le Traict et les quais du port. Juste au pied, à droite, une petite route mène à des parcs à huîtres. Il n'y a presque personne, vous passerez devant de belles propriétés et pourrez, assis sur un rocher, pique-niquer ou contempler tranquillement les marais salants avec, au loin, la tour-clocher de l'église de Batz.

Le port : doté de plusieurs bassins appelés « chambres », il abrite quelques beaux voiliers. Tout au long, de belles demeures en granit du XVe au XVIIIe s, avec crêperies et restos, marchands de souvenirs, etc. Le port se termine par une esplanade dominée par le ***mont Lénigo,*** construit, comme le mont Esprit, à partir du lest des navires.

PAS DE JALOUX

À l'extrémité du quai du Lénigo démarre une étroite ruelle (c'est peut-être bien même la plus étroite du Croisic). Pas de plaque pour indiquer son nom, mais tout le monde ici l'appelle la ruelle des Jaloux. Parce que les marins s'y disputaient souvent (et avec des arguments musclés...) les faveurs des serveuses des nombreux bistrots du port.

En face, l'***ancienne criée*** qui porte encore sur ses murs l'orgueil de la ville : armes de la ville, horloge, hampe de drapeau, ancre, un navire amiral coulé lors de la bataille des Cardinaux. C'est aujourd'hui un hall d'exposition.

***L'église Notre-Dame de Pitié :** juil-août, visite guidée ven à 11h.* De style flamboyant, elle a été édifiée en granit à la fin du XVe s. La tour carrée, qui devait rivaliser avec celle de Batz, porte sur sa plate-forme à balustres une tourelle octogonale coiffée d'un dôme à lanterne. Comme on l'aperçoit à des kilomètres à la ronde, elle servait de point de repère aux marins. À l'intérieur, ex-voto.

Les rues anciennes : autant les quais sont très animés en saison, autant les rues de l'intérieur sont calmes. Découvrez donc les portes basses et les façades à colombages : aux nos 33 et 35 de la *rue Saint-Christophe* ou au no 28 de la *rue de l'Église,* par exemple. *Dépliant gratuit et circuits auprès de l'office de tourisme.*

La jetée du Tréhic : très longue (858 m), vous aurez l'impression, pour peu qu'il y ait du vent, d'être en plein océan.

L'Océarium du Croisic : *av. de Saint-Goustan. ☎ 02-40-23-02-44. • ocearium-croisic.fr • Juil-août, tlj 10h-19h ; avr-juin et pdt les vac scol de la Toussaint, tlj 10h-18h ; de fév à mi-avr, sept-oct et Noël tlj 10h-12h, 14h-18h ; de mi-nov à mi-déc, l'ap-m slt. Fermeture des caisses 1h avt. Fermé en janv. Durée de la visite : env 2h. Entrée : 12,50 € ; réduc ; gratuit moins de 3 ans. Pour les enfants, demander le livret de jeux « Oh La L.A. Quelle aventure ! ».*

Un véritable « observatoire de l'Atlantique » qui mérite qu'on s'attarde dans les branches de cet établissement en forme d'étoile de mer. Après avoir découvert ce que cache l'océan vers l'île d'Yeu ou Belle-Île, vous serez transporté sur les rivages d'Afrique du Sud en compagnie des manchots du Cap, ou sous les mers, pour un voyage imaginaire à bord du *Nautilus* de Jules Verne, pour approcher de plus près méduses et tortues marines. Après le tunnel peuplé de mérous et de raies ailées, vous flânez du côté des Cyclades et découvrez les richesses de la Méditerranée. Immanquable : le pavillon « Requins d'Australie », qui accueille une douzaine de squales dans un aquarium vraiment impressionnant. Sans oublier l'île Vancouver et la méconnue faune marine de la Colombie Britannique, le Lagon et ses poissons tropicaux. Nombreuses animations, dont le repas des manchots à 11h, 15h et 17h.

PAS SI MANCHOTS !

Le manchot du Cap, visible à l'Océarium, est un drôle d'oiseau. D'ailleurs, en bon pingouin, il ne vole pas. Ses ailes se sont adaptées et transformées en nageoires. Résultat : il peut plonger jusqu'à 130 m de profondeur et rester dans l'eau pendant 2,30 mn. Le long des côtes sud-africaines, on trouve 3 colonies de ces « jackass penguins », surnommés ainsi car ils braient comme des ânes !

L'Espace Escargots : *rue des Becs-Salés. ☎ 02-40-15-79-69. • info@espace-escargots.com • Par le port, 200 m à gauche après l'Océarium. Avr-sept, tlj 10h-12h30, 14h30-18h30 (ap-m slt hors vac scol et w-e). Entrée : 5,50 € ; réduc. Visite guidée ttes les 15 mn.* Une ferme hélicicole qui ouvre ses portes, ce n'est pas si fréquent (seulement 150 éleveurs d'escargots en France). Visite commentée de 30-40 mn environ pour découvrir ces gastéropodes au rythme de vie pépère. Petit film de 10 mn pour assimiler quelques bases (saviez-vous que l'escargot a des dents et aime le chocolat ?), puis parcours d'observation passionnant passant par l'accouplement, les naissances, la mise en parc pour l'engraissage... La préparation en labo nous est épargnée, en revanche on pourra faire une petite dégustation. En France, on consomme 30 000 t d'escargots par an !

Les Jardins de la mer : *saline Saint-Goustan, 5, rue Raymond-Poincaré. ☎ 09-75-75-84-07. 06-68-98-96-34. • lesjardins-delamer.fr • Pdt 6 sem en juil-août, ateliers, visites et dégustations avec programmation régulière ; sinon se renseigner.* Cette ferme marine d'élevage de naissains d'huîtres et de palourdes a eu la bonne idée d'ouvrir ses portes au public. Mais on y découvre également le monde des algues au travers de sorties-collecte, d'ateliers cuisine, de dégustations... Goûter aux incontournables spécialités de tartare et baguette aux algues fraîches.

Plongée sous-marine

Célèbre pour sa vie sous-marine, le ***plateau du Four*** l'est aussi pour ses vieux canons, tristes vestiges de la flotte française échouée lors de la bataille des Cardinaux (1759). Les abords du Croisic comptent également une trentaine d'épaves modernes, dont le *Lancastria,* transporteur de troupes bombardé en 1940, témoin de la plus grande tragédie maritime de tous les temps...
Il est préférable de plonger à la marée montante (ou à étale de haute mer), qui chasse les alluvions de la Loire et éclaircit considérablement les eaux.

Club de plongée

■ ***Groupe Atlantique Plongée :*** *rue du Pont-de-Chat (derrière la salle des fêtes).* ☎ *07-78-63-36-90 (infos).* ☎ *02-40-62-91-83 (résa).* • *gapplongee.free.fr* • *Mai-oct selon conditions météo. Résa recommandée en été et adhésion au club obligatoire (10 €). Plongée 30 € ; prêt de matériel possible.* Pour ce club (FFESSM) créé en 1956, les fonds du coin n'ont plus aucun secret. Bateau de plongée à l'allure « peinarde » et ambiance chaleureuse.

Nos meilleurs spots

La Bonen du Four : niveau II. Une pointe rocheuse au nord du plateau du Four. Jusqu'à 25 m environ, enchevêtrement complexe de rochers (laminaires, éponges et gorgones), avec de petits surplombs (mirabelles de mer abondantes), un impressionnant boyau de 15 m de long et des trous abritant de nombreux crustacés. Parfois des roussettes. Attention au courant.

Le Laos : niveau I confirmé. Au sud-est du même plateau, l'épave d'un gros vapeur naufragé en 1907 par 15 m de fond, dont on distingue encore la partie arrière (beau safran). Camarades de plongée classiques : congres, tacauds, vieilles, bars et crabes.

Basse Hikéric : niveau I. Proche du Croisic, ensemble de blocs rocheux (18 m maximum) finement enrobés de roses de mer, alcyons, mirabelles de mer, gorgones et corynactis. Dans les fractures se blottissent homards et congres, alors que bars et lieus nagent furtivement. Parfois des roussettes venues pondre. Idéal pour une plongée de nuit (seiches, raies-torpilles peu farouches).

GUÉRANDE [Gwen-Rann]

(44350) 16 000 hab. *Carte Loire-Atlantique, A2*

La ville, de fondation ancienne, à l'architecture de type militaire et aux superbes remparts des XIVe et XVe s, a pour nom breton *Gwen-Rann,* « Pays Blanc », en référence aux marais salants qu'elle domine. Elle se trouve donc sur une presqu'île, et sa fonction portuaire justifie sa protection par de robustes remparts pour défendre le carrefour des axes La Roche-Bernard – Le Pouliguen et La Turballe – Saint-Lyphard. Labellisée « Ville d'art et d'histoire », on la connaît surtout pour son sel, moins pour les autres spécialités : les salicornes, ces haricots verts des mers, et le salidou, un caramel au beurre salé de Guérande (à glisser impérativement dans une crêpe !). L'accès en voiture dans la ville close est limité en saison, en revanche on trouve des parkings à chaque porte.

UN PEU D'HISTOIRE

Les monuments mégalithiques de l'arrière-pays témoignent d'une occupation ancienne. Les Romains s'installent sur place et développent l'exploitation du sel. La place forte joue un rôle important dans la constitution du duché de Bretagne. La collégiale de Guérande bénéficie d'un statut particulier, mais les invasions normandes n'épargnent pas la cité en 919. Pendant la guerre de Succession de Bretagne, Guérande a pris le parti des Montfort, elle sera donc ravagée par les Espagnols, alliés du roi de France et de Charles de Blois.
Puis c'est à Guérande qu'Anne de Bretagne signe ses premières ordonnances lorsqu'elle succède à son père, le duc François II, en 1488. À cette époque, la flotte guérandaise compte 269 vaisseaux. La presqu'île produit du blé, du sel, du vin, et ses chantiers navals seront actifs jusqu'à la Révolution. En juin 1830, Honoré de Balzac, au bras de Laure de Berny, parcourt le pays, qu'il décrit dans son roman *Béatrix*. Émile Zola décrira également la vie des Guérandais dans une nouvelle désopilante, *Les Coquillages de M. Chabre*.
Aujourd'hui, Guérande a relancé la récolte artisanale du sel de mer mais vit surtout du tourisme grâce à son patrimoine historique et à sa situation géographique privilégiée, entre La Baule, la Brière et Le Croisic.

Adresse et info utiles

ℹ ***Office de tourisme :*** *1, pl. du Marché-aux-Bois (à l'extérieur des remparts, face à la porte Saint-Michel). ☎ 0820-150-044 (0,12 €/mn). • ot-guerande.fr • Ouv tte l'année ; lun-sam (plus dim avr-sept).* Organise des visites guidées payantes à 15h d'environ 1h30, d'avril à octobre : ville, remparts, collégiale Saint-Aubin. Visite-spectacle (avec comédiens) le jeudi à 19h en juillet-août (payant). S'occupe aussi des résas de bateaux, de spectacles et de grands sites. Excellent accueil.

– ***Marchés :*** *mer et sam mat.* On ne peut évidemment rêver mieux comme décor de marché que la ville médiévale et les petites halles rétro. Beaucoup de petits producteurs.

Où dormir ? Où manger ?

Comme pour tous les hauts lieux touristiques, les adresses sont nombreuses et pas toutes de qualité. Il faut savoir faire le tri, voici le nôtre.

Campings

⛺ ***Domaine de la Bréhadour :*** *route de Bréhadour. ☎ 02-40-17-65-15. • camping@domainedebrehadour.com • domainedebrehadour.com • ♿ À 2 km du centre-ville, en direction de Saint-Lyphard, à gauche (fléchage « Bréhadour »). Ouv Pâques-fin sept. Prix tente : 12,60-22,70 €. Roulottes ou mobile homes : 168-945 €/sem. 470 empl.* Le camping le plus proche de la ville. De bons emplacements pour les tentes en pleine forêt. D'originaux logements confortables (TNT, lecteur DVD) en roulotte ou en cabane de pêcheur avec terrasse, et même en tithome (structure mi-dure, mi-tente, avec cuisine), le tout réparti dans un espace verdoyant. Belle piscine avec toboggans, miniferme. Location de vélos.

⛺ ***Camping de l'Étang du Pays Blanc :*** *47, rue des Chênes, Kerjacob, Sandun. ☎ 02-40-61-93-51. 📱 06-70-30-74-48. • contact@camping-etang.fr • camping-etang-guerande.com • ♿ À 6 km de Guérande, entre les D 47 et D 48, à l'étang de Sandun. Ouv tte l'année. Compter env 24 € en hte saison. Mobile homes, chalets, roulottes, tentes équipées et tipis 99-782 €/sem selon type d'hébergement et saison. 120 empl.* 💻 📶 En pleine campagne, un camping familial d'une centaine d'emplacements, au bord d'un lac de 30 ha et d'un étang privé où l'on peut pêcher. Bien ombragé et calme. Piscine chauffée et couverte. La mer est à 10 km. Sentiers de randonnée à proximité.

De bon marché à prix moyens

ÉcoNuit : *1, rue du Milan-Noir, domaine de Bréhadour. ☎ 02-40-45-85-47. • econuit.com • ♿ À 15-20 mn à pied du centre-ville, 5 mn en voiture. Venant de Saint-Nazaire, au grand rond-point, prendre direction Herbignac/Vannes, puis Saint-Lyphard. Compter 39-79 € selon saison et taille (jusqu'à 4 pers).* Ouvert en 2011, le premier-né d'une chaîne d'hôtels « économicologiques ». Conçu sur le principe des hôtels de périphérie (ouvert 24h/24), ce 2-étoiles adopte une démarche résolument environnementale : panneaux photovoltaïques, peintures naturelles, moquettes en matériau recyclé, petit déj bio...

De prix moyens à chic

Hôtel-crêperie Roc Maria : *1, rue du Vieux-Marché-aux-Grains. ☎ 02-40-24-90-51. • roc-maria@orange.fr • Crêperie ouv tlj avr-sept (fermée lun hors saison). Congés : 2de quinzaine de janv et 3 sem après le 11 nov. Menu galette 10,20 €.* Adresse bien située avec terrasse dans une ruelle et au cachet certain. Vaste choix de crêpes (plus de 100 !).

Chambres d'hôtes L'Essencielle : *49, rue des Deux-Moulins, Mouzac. ☎ 02-40-45-59-85. 📱 06-10-34-56-86. • beaujon.muriel@orange.fr • lessencielle.fr • ♿ À env 3 km du centre-ville, en direction de La Baule, traverser le hameau de Mouzac et à gauche. Double 60 € (2 nuits min, dégressif dès la 6e nuit) ; petit déj 7 €.* À deux pas des marais, sympathique maison réservée aux hôtes avec 5 chambres entretenues avec soin. Grande cuisine commune, vaste salle à manger-salon avec poêle et TV, grand jardin... Il règne ici une ambiance conviviale !

Chambres d'hôtes La Guérandière : *chez Valérie Lauvray, 5, rue Vannetaise (porte Vannetaise). ☎ 02-40-62-17-15. • contact@guerandiere.com • guerandiere.com • Doubles 65-95 € selon confort et saison ; également appartement et suite ; petit déj complet 10 €. Parking clos. Loc de vélos.* Une très belle adresse de charme, au cœur de la ville close. Cet endroit a séduit plus d'un magazine de déco. On a craqué, nous aussi, pour cette grande maison adossée aux remparts, pour son jardin où il fait bon prendre le petit déj, pour le bon goût de sa propriétaire (qui tient boutique dans les anciennes écuries en face) et pour l'excellent accueil de son mari. Déco raffinée où chaque objet a sa place, en harmonie avec le cadre et les beaux tissus. Apaisant et difficile à quitter.

Hôtel les Remp'Arts : *14, bd du Nord. ☎ 02-40-24-90-69. • hoteldesremparts@orange.fr • hoteldesremparts.com • À côté de l'office de tourisme, à deux pas de la porte Saint-Michel. Resto déj slt, tlj sf dim. Doubles 59-69 € selon vue (cour ou remparts). Formule (plat du jour) 9,50 €.* Un petit hôtel atypique avec, dans les parties communes, une originale déco de bric et de broc(ante). Chambres plus sobres, pas immenses mais plaisantes. Au resto, cuisine toute simple : salades et planches de charcuteries pour l'apéro. Accueil tout sourire.

Chambres d'hôtes La Maison Bizienne : *14, faubourg Bizienne. ☎ 02-40-70-92-57. • lamaisonbizienne@gmail.com • lamaisonbizienne.fr • Dans la rue qui part de la porte Bizienne. Compter 75-90 € pour 2. Suites familiales également.* La sévère façade côté faubourg ne laisse en rien deviner ce qui attend à l'intérieur de cette maison fin XIXe s : des chambres vraiment charmantes, très déco, un accueil généreux (le petit déj l'est aussi !) et un grand jardin qui ferait presque oublier de visiter la vieille ville, à 5 mn à pied.

La Tête de l'Art : *11, rue de la Porte-Calon. ☎ 02-40-88-53-40. Dans l'une des ailes du manoir de la Porte-Calon, à l'entrée sud de Guérande. Ouv mar-sam en juil-août ; hors saison,* *mar-sam sf mar midi. Carte 35-40 €.* Décor sobrement contemporain sous les vieilles poutres de ce manoir du XVe s. Agréable terrasse dans la cour fleurie. Accueil décontracté pour une cuisine dans l'air du temps (de beaux produits et bonnes idées). Et à des prix qui méritent qu'on s'éloigne de la vieille ville. D'autant que l'endroit a tout autant de charme.

Chambres et Table d'hôtes La Balade des Marais : *5, Kertitry, 44350 **Saint-Molf.** ☎ 02-40-01-56-84. 06-18-41-32-65. • jctouze@lbdmarais.com • lbdmarais.com • À env 10 km de Guérande. À la sortie de Saint-Molf, au rond-point, tt droit puis 3e à gauche et 1re à droite. Tte l'année. Double 120 € (triple 150 €), petit déj compris et accès au sauna. Table d'hôtes 35 € (apéro et vin bio compris !) le w-e hors saison et tlj l'été. Loc de vélos 10 €/j. Massage sur demande. Petit cadeau de bienvenue pour nos lecteurs sur présentation de ce guide.* Dans leur maison lumineuse et contemporaine, Annette et Jean-Claude proposent 3 grandes chambres (25 m²), entourées d'un vaste parc boisé avec les marais salants à proximité. Excellent équipement : lit *king size,* parquet, entrée privée, peignoir... Bouilloire et machine à café. Au delà du confort matériel, on profite ici d'une ambiance sereine et relax. Généreuse terrasse pour prendre le soleil. À la table d'hôtes, les repas sont concoctés par Jean-Claude, à base de produits locaux et bio. Au petit déj, les confitures maison sont dans le même esprit. Un espace bien-être vient compléter ce lieu de qualité : sauna (gratuit), massage ayurvédique traditionnel ou séance de réflexologie plantaire, soins délivrés par Annette. Un lieu pour entretenir sa zénitude !

Où boire un thé ?

Goût'Thé : *30, rue de Saillé. ☎ 02-40-01-88-83. Ouv tlj sf lun (plus dim soir hors saison). Congés : vac scol hiver. Un échantillon de thé offert pour une consommation sur présentation de ce guide.* À l'intérieur des remparts, près de la porte de Saillé. Petites tables dehors aux beaux jours ou jolie salle pour goûter à toutes sortes de thés, mais aussi des confitures, pain d'épice...

Où sortir ?

Discothèque Le Garden : *au hameau de Congors. ☎ 02-40-24-78-00. • le-garden.net • Ouv tlj en juil-août ; le w-e le reste de l'année.* En plein marais salants. Deux salles et une grande terrasse pour une clientèle mélangée. Un incontournable dans la région.

À voir

Les remparts et la porte Saint-Michel : *entrée principale de la ville. ☎ 02-28-55-05-05. Avr-oct, tlj sf lun mat 10h-12h30, 14h30-19h (10h-12h, 14h-18h en oct). Entrée : 4 € ; réduc ; forfait famille (de 2 enfants ou plus) 10 €. Pour les enfants, demander le livret de jeux « Mystère au temps des Chevaliers ».* La promenade sur la partie des fortifications médiévales restaurées inclut la visite du 2e étage de la porte Saint-Michel qui fut l'habitation du gouverneur de la ville, une prison pendant la Révolution, puis l'hôtel de ville. Les salles accueillent des expositions temporaires durant les travaux en cours.

La collégiale Saint-Aubin : *tlj 9h-12h, 14h-18h.* De l'église romane, incendiée lors du sac de Guérande (1342), subsistent la nef et ses piliers dont certains sont ornés de chapiteaux sculptés assez naïfs. La collégiale actuelle est une construction des XVe et XVIe s de style gothique flamboyant. À l'extérieur : chaire à prêcher du XVe s, desservie par l'escalier à vis du clocher, rare en Bretagne. *Accès aux hauts de la collégiale de juin à sept avec l'office de tourisme (3 €).*

La ville close : plusieurs quartiers se devinent intra-muros. Autour de la porte Saint-Michel et de la place du Pilori, le quartier commerçant est caractérisé par ses maisons mitoyennes datées du XVIe au XXe s. À l'ouest de la cité, le tissu urbain se relâche : les manoirs en granit et autres hôtels particuliers, entourés de grands jardins, se cachent derrière de hauts murs.
Au Moyen Âge, tout un quartier de la ville appartenait aux prêteurs et banquiers juifs *(rue de la Juiverie),* un autre aux chevaliers hospitaliers... La ville possédait aussi ses graveurs, orfèvres et sculpteurs qui ont décoré la collégiale.

Le musée de la Poupée et du Jouet ancien : *23, rue de Saillé. ☎ 02-40-15-69-13. Mai-oct, tlj 10h30-13h30, 14h-19h. Compter 30 mn de visite. Entrée : 3,50 € ; réduc ; gratuit moins de 6 ans.* Belle collection de plus de 300 poupées de 1830 à 1950, dînettes en Gien, Saint-Amand, Lunéville, meubles et vêtements. Tous ces éléments sont agencés dans des mises en scène plutôt réussies : les poupées au jardin, au salon, en classe, etc.

Le château de Careil : *33, rue du Château-de-Careil. ☎ 02-40-60-22-99. • careil.com • À 3 km au sud de la ville, sur la route de La Baule. Juin-août, visite guidée ttes les heures 11h, 14h-18h ; juil-août, visites aux chandelles lun et mer à 21h30 et visites « Jeu » mar, jeu et sam à 17h. Compter 35 mn-1h selon animation. Tarifs : 6-8 € selon type de visite ; réduc.*
Ce château (plutôt une longue bâtisse) des XIVe-XVIe s mérite le détour pour l'accueil de son châtelain, mais surtout pour les animations et spectacles qu'on y trouve. Mobilier, salons et explications héraldiques de la famille. On retiendra surtout les passionnantes anecdotes, dont celles sur l'ancêtre corsaire et son maillet. Lors des visites-spectacles aux chandelles, on remonte le temps avec des personnages costumés, pleins d'humour et parlant le vieux « françois ». À partir de 5 ans, la visite « Jeu » sous forme d'enquête ludique et aux airs de Fort Boyard régale les jeunes comme les moins jeunes. Des formules originales pour approcher l'Histoire autrement.
– Dans le parc, on trouvera également l'accrobranche ***Presqu'île Aventure :*** *☎ 02-40-62-00-42. • presquile-aventure.com • Juil-août, tlj 10h-19h ; avr-juin et sept-oct, l'ap-m slt mer et w-e. Compter 15 € ; réduc.* Parc aventure original : ici, pas de mousquetons ni de baudriers, l'attache est remplacée par une paire de gants pour se balader dans des filets !

Fête et manifestations

– ***Fête médiévale :*** *1er w-e de mai ou juin.* Costumes médiévaux, défilés, banquets, fauconniers, une ambiance « médiévalement » très sympa.
– ***Les Festi'Cités de Guérande :*** *juil-août, chaque jeu en soirée.* Visite spectacle, animations de rue, concerts.
– ***La Voix des orgues :*** *de mi-juil à mi-août, ven soir à 21h. Billets sur place à partir de 20h30.* Concerts et récitals dans la collégiale.
– ***Les Celtiques de Guérande :*** *début août, sur 5 j. Rens et billetterie auprès de l'office de tourisme.* Cinq jours de concerts, rencontres, jeux bretons, animations, défilés, *fest-noz.*

LES MARAIS SALANTS

Carte Loire-Atlantique, A2-3

Ils s'étendent sur plusieurs communes. Principalement sur Guérande, on les trouve également à Saillé et à Pradel, qui dépendent de Guérande, mais aussi à Kervalet, adorable hameau rattaché à Batz-sur-Mer, autre centre paludier. Sauf si le vent souffle parfois fort sur les marais, il faut absolument venir s'y

perdre à vélo (accès interdit et dangereux à pied) ou en voiture, de préférence tôt le matin ou en soirée, une fois que la foule est partie dîner ou que le soleil se couche. Les couleurs y sont exceptionnelles avec toutes les nuances de gris, d'argent, de bleu, de vert (une seule couleur en breton : *glaz,* la couleur du ciel et de la mer), le mauve des bruyères et le blanc du sel, bien évidemment... et si vous souhaitez acheter du gros sel, de nombreux paludiers vendent leur production le long de la route.

PETITE HISTOIRE DU SEL

Les pêcheurs des Pays-Bas ont été les premiers à découvrir les vertus conservatrices du sel. C'est pour cette raison que de nombreuses églises de la presqu'île guérandaise ont été bâties avec des pierres en provenance des villes hanséatiques de Brême ou de Hambourg, dont les navires étaient lestés. Posséder du sel ou en produire a très tôt représenté un intérêt politique et économique. Les princes, les évêques ou les potentats locaux s'arrangent pour en maîtriser les flux. En 1340, Philippe VI de Valois institue une ponction fiscale : la gabelle, récoltée par les « gabelous ». La Bretagne en était exemptée jusqu'en 1765. Créant de profondes injustices entre les régions, la gabelle représentait, en 1715, un peu plus d'un dixième du revenu fiscal du royaume. On établit donc des quotas d'achat, et il devient impossible d'acheter autre part que dans les « greniers à sel ».
Historiquement, le marais salant guérandais n'a pas été des plus productif. En baie de Bourgneuf-en-Retz, on exploitait également le marais depuis l'étier du port du Collet. Mais l'envasement de la baie y a mis un terme dans les années 1970. Un paludier a relancé la production au début de ce siècle.

UNE QUALITÉ RECONNUE ET UN SITE PROTÉGÉ

À Guérande, le marais a repris du poil de la bête grâce à une poignée d'anciens paludiers qui ont formé une nouvelle génération attirée par la vie au grand air, la mise en valeur du terroir... Leur production annuelle chiffre 10 000 t par an grâce à un groupement de producteurs indépendants. Aujourd'hui, le sel de Guérande est une réussite commerciale (qui a obtenu en 2012 son « Indication géographique protégée », une première pour un sel en Europe). Présent sur les bonnes tables, de grands chefs l'ont adopté pour ses qualités gustatives. Qu'il soit gros sel gris, sel fin ou fleur de sel, le sel de Guérande reste un produit haut de gamme (ce qui ne veut pas dire cher). Et pas seulement pour son goût, mais aussi pour ses qualités nutritionnelles : pauvre en sodium mais riche en magnésium et en oligoéléments ; autant de vertus pour la santé. Il est le fruit d'un savoir-faire vieux de 1 000 ans, et sa récolte artisanale n'est pas étrangère à la qualité de ce produit.

ANNÉE BLANCHE

Pour faire honneur à la réputation du sel de Guérande (Label rouge) et à son site (classé « Site remarquable du goût »), les paludiers ont, d'un commun accord, décidé de sacrifier la récolte 2000, afin d'éviter toute contamination des salines par la pollution due au naufrage de l'Erika. Ça ne manque pas de sel !

PETIT LEXIQUE DU PALUDIER

– ***Paludier :*** nom du récolteur de sel (« saunier » en Vendée). Son travail, contrairement à ce que l'on croit, consiste avant tout à entretenir le marais, la récolte ne durant qu'une quarantaine de jours dans l'année.

– ***Fleur de sel :*** le « caviar de sel ». Tandis que le gros sel se dépose sur l'argile du marais, la fleur de sel flotte à la surface. D'un geste précis et élégant, le paludier cueille ce sel, plus fin, plus blanc. Vous avez tout aussi bien le droit de préférer le sel gris...
– ***Vasière, corbier, fares, adernes et œillets :*** ce sont les différents bassins, correspondant dans une saline aux différents stades d'évaporation de l'eau.
– ***Trémet :*** endroit où l'on « roule » et dépose en tas le sel pendant le temps de la récolte.
– ***Salorge :*** hangar (les plus beaux sont en bois) où l'on conserve le sel jusqu'à sa commercialisation.

Où manger des crêpes dans les marais ?

I●I *Crêperie La Salorge :* *12, rue Croix-Sérot, à* ***Saillé,*** *44350 Guérande. ☎ 02-40-15-14-19. Fermé mer-jeu hors saison. Résa indispensable, surtout en saison. Carte env 20-25 €.* On est d'accord, ce n'est pas vraiment donné, mais les crêpes sont franchement copieuses et originales. Une seule fait généralement l'affaire et, sur la presqu'île, tout le monde vous le dira, « *La Salorge,* c'est une crêperie d'une autre catégorie ». Pas mal de *people,* de la politique comme du spectacle, en ont d'ailleurs fait leur cantine. Belle carte de cidres. Jolie terrasse et jardin à l'arrière. Service parfois un peu long.

I●I *Crêperie Fleur de Sel :* *à Kervalet, 42, rue de la Chapelle, 44740* ***Batz-sur-Mer.*** *☎ 02-40-23-90-73. ♿ Près de l'église. Fermé lun-jeu hors saison. Congés : vac scol de Noël. Carte env 15-20 €. Kir breton offert sur présentation de ce guide.* Très prisée, cette adresse labellisée « Crêperie gourmande » est surtout connue pour son *kig ha farz* (potée bretonne), servi d'octobre à avril au coin du feu. Soupe du pêcheur et charcuterie du cru à la carte. La réputation de ses bonnes crêpes et galettes est connue au-delà de ce joli petit hameau. Copieux, service rapide, on apprécie le cadre fleuri et la terrasse extérieure aux beaux jours. Et pensez à aller faire le tour du village en sortant.

À voir. À faire

*** ***Terre de Sel – Espace Sel et Nature :*** *route des Marais-Salants,* ***Pradel,*** *44350 Guérande. ☎ 02-40-62-08-80. ● terredesel.com ● ♿ Sorties découvertes tte l'année (programme sur le site), tlj, sur résa en saison : juil-août, 9h30-19h30 ; mai-juin et sept, 10h-18h ; oct-mars, 10h-12h30, 14h-17h. Compter 9-13 € selon la sortie commentée (comprenant l'entrée à l'expo) ; réduc ; gratuit moins de 4 ans. Jeu pour les enfants.*
Cet espace, entièrement dédié au sel et aux marais, est le fruit d'un partenariat entre paludiers et animateurs nature. La visite combine, de façon très intelligente, une exposition retraçant la vie du marais au fil des saisons et l'explication sur le terrain. Le but est avant tout de montrer le lien intime qui existe entre les hommes et l'environnement. *Terre de Sel* attache finalement peu d'importance à l'aspect historique (pour cela, préférer le musée de Batz ou la Maison des paludiers à Saillé) ; il s'agit ici de parler des marais d'aujourd'hui, depuis leur réhabilitation et la relance de l'activité.
En été, environ 15 sorties par jour (durée : 45 mn à 2h). Balades familiales avec expériences ludiques et sensorielles très appréciées des jeunes aventuriers et de leurs parents. Hors été, au moins deux sorties par jour. Penser à mettre des chaussures de marche. Pour observer les oiseaux, mieux vaut choisir une visite matinale (ou l'une des nocturnes proposées en été). Du bâtiment principal, vue panoramique sur les marais et expos temporaires (à vocation scientifique ou artistique). Boutique sur place où l'on se régale de caramel au beurre salé... de Guérande.

La Maison des paludiers : *18, rue des Prés-Garniers,* ***Saillé,*** *44350 Guérande. ☎ 02-40-62-21-96. • maisondespaludiers.fr • Juin-août, tlj 10h-12h30, 14h30-18h ; avr, tlj 10h-12h, 14h30-17h30 ; mai et sept, tlj 10h-12h30, 14h-18h ; nov-janv, sam ap-m slt. Compter 4,90 € ; réduc. Visite de l'écomusée : 1h. Avr-juin, visite guidée de 1h30 d'une saline tlj à 16h30 ; juil-août, tlj à 10h30, 14h30, 15h30, 16h30 ; sept, tlj à 15h30. Env 7,30 € ; réduc.* Consacré au sel et aux paludiers, ce musée est installé en partie dans l'ancienne chapelle de Saillé, autrefois capitale du sel. La muséographie vous contera la cristallisation du sel et le rôle de médiateur du paludier, à l'appui d'un film numérique de 25 mn. Autour d'une maquette, vous découvrirez le rôle et la fonction des bassins composant la saline. Enfin, grâce à une visite de la saline, la fleur de sel n'aura plus de secrets pour vous.

➢ **Visite des marais salants :** ***Le Mulon de Pen Bron,*** *sur la route de Pen Bron. 06-72-01-83-78. • lemulondepenbron.com • Juil-août, le mat sf dim 11h sans résa ; sur résa le reste de l'année. Compter 5 €/pers, réduc ; gratuit moins de 10 ans. Durée : 45 mn.* Visite intéressante faite par Philippe Constant, paludier indépendant.

➢ **Visite des marais salants en calèche :** *au départ de* ***Batz-sur-Mer*** *(Z.I. Pad Velin). Fév-Toussaint, sur résa slt. 06-72-95-39-97. • gite-guerande-marais-salants.com • Compter env 11 € (1h20 de visite env) ; réduc.* Olivier et Krystel sont paludiers à Batz et proposent de vous faire découvrir leur métier tout en vous promenant en calèche entre les salines. Expérience originale et sympathique. Vente de sel sur place.

➢ **Le survol des marais en avion :** *à l'aéroclub de la Côte d'Amour, à l'aérodrome, 44500* ***La Baule-Escoublac.*** *☎ 02-40-60-23-84. • aeroclub-labaule.com • Attention, résa indispensable en saison. Compter 120 € pour un vol d'env 25 mn. Un bon plan pour réduire la note : venir à 3, c'est le même prix.* Une expérience mémorable. Vu du ciel, on comprend tout, et en plus, c'est beau ! On voit les anciennes îles de Batz, du Croisic, le comblement de la baie, la formation des marais salants qui composent une mosaïque de couleurs et de lumière. Et, en bonus, Noirmoutier, la Côte Sauvage...

➢ **Survol en ULM :** *au départ du même aérodrome. 06-82-73-54-49. • phil@anglais-volant.com • anglais-volant.com • Tte l'année, sur résa slt. Compter 65 € pour 30 mn et 120 € pour 1h.* Un peu plus cher que l'avion puisqu'il ne prend qu'un passager à la fois (pendulaire). On peut aussi décoller de Frossay (voir plus haut « Le canal maritime de la Basse Loire ») : ***Rand-Kar*** *(☎ 02-40-64-21-66, • randkar.free.fr •).* Un vol, là aussi, inoubliable.

➢ Pour ceux qui préfèrent l'***hélicoptère*** et qui en ont les moyens, ***Helibreizh*** propose des vols au départ du même aéroclub. *Rens : ☎ 02-97-44-68-21. • helibreizh.com •*

LA LOIRE-ATLANTIQUE

LA TURBALLE (an turball)

(44420) 4 040 hab. *Carte Loire-Atlantique, A2*

La sardine a fait la fortune du port, créé au XIXᵉ s. En 1824, l'implantation de conserveries stimula d'autant l'activité de la pêche. Aujourd'hui, le port (le deuxième de la façade atlantique française) a été agrandi, et la flottille moderne compte actuellement 80 unités et 300 professionnels (sans compter les mareyeurs, marchands, camionneurs, mécanos navals...) ; mais ce secteur économique reste très fragile. Les campagnes de pêche ont lieu au printemps et à l'automne. La « grosse vache » (ce n'est pas une insulte, mais

le surnom donné à la sardine ici, celle qui est trop grosse et qu'on ne peut pas mettre en boîte) a été détrônée par l'anchois, dont environ 7 000 t sont rapportées annuellement dans les filets turballais. Les anchois sont particulièrement prisés par les pêcheurs, car ils se vendent beaucoup plus cher et mieux que la sardine. Plus de 80 % de la production partent à l'exportation, principalement vers l'Espagne pour les tapas. La ville possède une longue plage de 5 km, dite « de la Grande Falaise », très réputée chez les véliplanchistes. Après le port de pêche, on retrouve encore 3 km de plage en petites criques. Enfin, La Turballe constitue un point de départ vers les îles avoisinantes (Belle-Île, Houat, Hoëdic).

Arriver – Quitter

➢ ***En bus :*** *réseau* ***Lila,*** *☎ 0825-087-156 (0,15 €/mn).* Liaison avec Saint-Nazaire, Guérande ou La Baule. Paiement au chauffeur.

➢ ***Navettes pour Houat, Hoëdic et Belle-Île :*** ***Compagnie des Îles,*** *☎ 0825-132-100 (0,15 €/mn).* *• compagniedesiles.com • Juil-août. Traversées passagers slt. Compter 35-42 € selon l'île pour un A/R dans la journée.* Depuis La Turballe, compter 1h pour Hoëdic (puis 30 mn entre Hoëdic et Houat) et 1h50 pour Belle-Île.

Adresse utile

ℹ ***Office de tourisme :*** *pl. Charles-de-Gaulle. ☎ 02-40-23-39-87. • tourisme-laturballe.fr • Sur le port. Juil-août, tlj. Le reste de l'année, lun-sam.* Gère la billetterie des traversées vers les îles (Belle-Île, Houat et Hoëdic).

Où dormir ?

Campings

⛺ ***Camping du Parc Sainte-Brigitte :*** *domaine de Bréhet, route de Guérande. ☎ 02-40-24-88-91. 📱 06-99-95-80-99. • saintebrigitte@wanadoo.fr • campingsaintebrigitte.com • ♿ À 3 km de La Turballe, direction Guérande ; sortie de Clis, sur la droite. Ouv avr-sept. Résa indispensable en juil-août. Prix tente : env 23-27 €. Loc de mobile homes : 380-715 €/sem selon taille et saison. 150 empl.* Agréable camping, peu ombragé mais calme, établi près d'un château dans un domaine boisé. Animations occasionnelles. Loue des vélos.

⛺ ***Camping municipal Les Chardons Bleus :*** *bd de la Grande-Falaise. ☎ 02-40-62-80-60. • campingles chardonsbleus@mairielaturballe.fr • camping-laturballe.fr • ♿ Au sud de la ville, avt le site protégé de Pen Bron. Ouv début avr-fin sept. Prix tente : 13,85-19,35 €. Loc de chalets pour 4 à 6 pers, dont 2 adaptés pour les pers à mobilité réduite : 283-672 €/sem selon taille et saison. 300 empl.* Spacieux camping adossé au site de Pen Bron. Accès direct à la plage de la Grande-Falaise. Animations pour les enfants et les adultes. Bar-brasserie et épicerie en juillet-août. Piscine.

De bon marché à prix moyens

🏠 ***Hôtel Les Chants d'Ailes :*** *11, bd Bellanger. ☎ 02-40-23-47-28. • hotelchantsdailes@wanadoo.fr • laturballe.com/hotel-chantsdailes • Doubles 40-78 € selon confort et saison. 📶 Réduc de 10 % sur le prix de la chambre janv-mars et nov-déc.* Quasiment les pieds dans le sable, puisqu'il n'y a que la rue à traverser. Dans un bâtiment moderne, un petit hôtel sans prétention mais aux chambres d'un honnête rapport-qualité-prix, que les accueillants proprios

LA LOIRE-ATLANTIQUE

s'emploient à doucement moderniser. Salle pour le petit déj avec grandes baies vitrées offrant une vue sur la plage et l'océan.

Chic

Chambres d'hôtes Les Belles Roches : *58, rue de Bellevue. ☎ 02-40-22-10-72. 📱 06-73-45-76-43. • bellesroches@wanadoo.fr • lesbellesroches.fr • À 1 km au nord du port, dans le quartier résidentiel de Bellevue. Compter 75-80 € pour 2.* On aime beaucoup cette auberge espagnole, fréquentée par des habitués et tenue par la sémillante Isabelle. Quelques chambres sur le jardin, d'autres à l'étage de la résidence principale, avec accès indépendant. Tout le monde se retrouve dans le vaste jardin arboré de 6 000 m², autour de la piscine couverte ou du barbecue pour de joyeux apéros-huîtres. Grande cuisine commune et salon à dispo. Une adresse conviviale et très routarde !

Chambres d'hôtes Le Manoir des Quatre Saisons : *chez Mme Meyran-Quirin, 744, bd de Lauvergnac. ☎ 02-40-11-76-16. 📱 06-87-33-43-86. • jean-philippe.meyran@club-internet.fr • manoir-des-quatre-saisons.com • ♿ (1 chambre). En dehors du centre-ville, en direction de Piriac par la D 333. Compter 75-85 € pour 2 selon saison et confort.* Madame est normande mais a décidé de s'installer en Bretagne, avec son fils, dans ce joli manoir tout en granit et ardoise. 5 chambres, dont une suite avec cuisine, au confort cossu. Adresse un peu chic mais pas guindée ; ici, tout se fait en famille et dans la bonne humeur. Vue sur Le Croisic depuis la chambre jaune. Petit déj avec confiture maison. Piscine et grand jardin. Également une petite maison indépendante.

Où manger ?

Le Chaudron : *1, rue de Fourbihan (pl. Poulloué). ☎ 02-40-23-32-52. • restaurantlechaudron@alicepro.fr • À l'entrée de la ville en arrivant de Guérande. Ouv tlj sf lun. Formule déj 11 € sf w-e et j. fériés ; menus 27-36 €.* Virginie et Thomas ont posé leurs valises dans cette jolie maisonnette de granit flanquée de son calvaire de carte postale. Le chef fait preuve d'originalité et vous invite à une drôle de « balade en bouche des produits du terroir et de saison » au pays du sucré-salé. On peut même composer son menu (sur réservation) en fonction de ses goûts et budget.

Le Terminus : *18, quai Saint-Paul. ☎ 02-40-23-30-29. • terminus44420@aol.com • Tlj sf dim soir, mar soir et mer hors saison. Formule 16 € (déj en sem), puis menus 28-57 €.* Ambiance port de pêche à l'intérieur et à l'extérieur, avec la vue imprenable sur la criée et les mouettes gourmandes. Cuisine à base de produits frais. Plats inventifs en liaison directe avec l'océan.

Crêperie du Plat Pays : *17, rue Ropert. ☎ 02-40-23-36-36. • creperieduplatpays@orange.fr • ♿ Pâques-fin sept, le soir slt : w-e en mai-juin, tlj vac de Pâques et juil-août. Congés : oct-avr. Carte 15 €. Apéritif maison pour 2 pers max offert sur présentation de ce guide.* Crêpes et galettes avec des produits locaux. Déco à l'ancienne, et terrasse sur le jardin à l'arrière qui plaira aux enfants.

À voir. À faire

Le clocher-belvédère de l'église de Trescalan : *visite guidée juil-août, tlj 14h30-17h30 (1 €).* Construit en 1852, il permet d'avoir une vue panoramique à 45 m au-dessus du niveau de la mer. Accès par 110 marches et une échelle en bois !

La criée et le port : *arrivée des bateaux l'ap-m et en soirée lun-ven.* Un cérémonial bien réglé que celui de la criée, même si la « criomobile » a pris le relais du

PLANS ET CARTES EN COULEURS

DISTANCES KILOMÉTRIQUES

SOMMAIRE

site inscrit au Patrimoine mondial de l'Unesco
NORD
MANCHE
Île de Batz
Roscoff
Lannion
D 786
D 767
Île d'Ouessant
Île Molène
Lannilis
D 69
D 58
D 786
N 12
E 50
Morlaix
D 788
N 12
E 50
FINISTÈRE NORD (29)
Brest
Landerneau
Aulne
Pointe St-Mathieu
Daoulas
N 165
D 18
Huelgoat
D 787
Camaret
Le Fret
Landévennec
E 60
D 764
Carhaix-Plouguer
Crozon
Le Faou
Morgat
Argol
Menez-Hom
Pleyben
Cléden-P.
D 790
Cap de La Chèvre
Pentrez
Châteaulin
St-Hernin
Plomodiern
Cléden-Cap-Sizun
Douarnenez
Châteauneuf-du-Faou
D 3
Pte de Brézellec
Pont-Croix
Locronan
Spézet
Canal de Nantes à Brest
Pte du Van
FINISTÈRE SUD (29) p.85
Gourin
D 1
Île de Sein
Plogoff
Confort-M.
D 769
Ploërdut
Pte du Raz
Primelin
Landudec
Le Faouët
Guémené-sur-Scorff
Audierne
QUIMPER
D 784
Scaër
Plozévet
Pouldreuzic
Fouesnant
Berné
Kernascléden
La Forêt-F.
Plonéour-L.
Bénodet
Inguiniel
Bannalec
Pont-l'Abbé
Pont-Aven
Plouay
Quimperlé
Quistinic
Plomeur
Trégunc
Pte de La Torche
Riec
Pont-Scorff
Concarneau
N 165
E 60
D 769
Penmarc'h
Ste-Marine
Hennebont
Moëlan
Le Guilvinec
Lorient
Île-Tudy
Névez
Clohars-C.
Lesconil
Ploemeur
Port-Louis
Loctudy
Archipel des Glénan
Larmor-Plage
Gâvres
Étel
Île de Groix
Erdeven
Plouharnel
Carnac
Presqu'île de Quiberon
Locmariaquer
Le Palais
Belle-Île
OCÉAN ATLANTIQUE
Quimper Lieux traités
Loudéac Repères
0 20 40 km

LA BRETAGNE SUD

A
B
1
2
3
NORD
AUDIERNE, DOUARNENEZ
PONT-L'ABBÉ
R. de Douarnenez
R. de Kerférec
R. de Douarnenez
R. de la Providence
R. de Locronan
Boul. du Moulin du Duc
Steir
R. H. de Bournazel
R. Goarem Dro
R. de Pen Ar Steir
R. du Pichery
R. Brizeux
PL. DE LA TOURBIE
Auditorium
PL. C. LE COZ
R. de Kergariou
Rue de Kernisy
R. J. Noël
PL. DE LOCRONAN
Rue St Marc
R. du Chapeau Rouge
Rue Kéréon
R. des Gentilshommes
R. du Sallé
R. du Guéodet
PL. LAENNEC
PL. ST-CORENTIN
Centre d'Art contemporain
R. du Couëdic
ESPLANADE FRANÇOIS MITTERRAND
R. Salonique
Av. des Glénan
R. Falkirk
PL. DE LA TERRE AU DUC
St-Mathieu
Rue St Mathieu
R. des Boucheries
R. Astor
R. St-François
58
57
66
65
34
37
Rue Laennec
R. de l'Amiral
R. Madec
Q. du Steir
Halles St-François
PL. DE LA TOUR D'AUVERGNE
PL. DU 118e R.I.
31
R. de Rosmadec
Rue Vis
VIEUX QUIMPER
R. Ronarc'h
R. du Parc
Bd
Préfecture
R. Ste Thérèse
R. Ste Catherine
PL. DE LA RÉSISTANCE ET DU GAL DE GAULLE
R. Préf. Collignon
PONT M. JACOB
R. de la Déesse
Rue des Bourgs
Rue du Palais
Quai de l'Odet
Rue Bourg les
Locmaria
Bois du Mont Frugy
Odet
Allées
LOCMARIA
R. de Pont l'Abbé
Quai de l'Odet
43
Q. Neuf
PL. DU STYVEL
45
Rue Haute
Musée de la Faïence
R. J.-B. Bousquet
École de broderie Pascal Jaouen
R. Max Jacob
PL. BÉRARDIER
40
67
Égl. de Locmaria
R. du 19 Mars 1962
R. du Cdt Avril
Rue Michelet
R. Marie Curie
Route de Bénodet
RD-PT DU FRUGY
Rue du Frugy
Rue Alfred de Musset
PL. BLAISE PASCAL
Rue Lamartine
15

■ **Adresses utiles**

- Office de tourisme
- 1 Keltia-Musique

Où dormir ?

- 11 Quimper Appart'
- 12 Hôtel Gradlon
- 13 Best Western Hôtel Kregenn
- 14 Escale Océania
- 15 Océania Hôtel
- 16 Hôtel Mercure

Où manger ?

- 29 Le Vieux Quimper
- 31 L'Instant T
- 34 Le Petit Gaveau
- 36 L'Ambroisie
- 37 Crêperie du Quartier
- 40 Le Prieuré
- 43 La Fleur de Sel
- 45 Le Restau à Vins

Où boire un verre ? Où écouter de la musique ?

- 32 Le XXIe
- 50 Le Ceili
- 54 An Poitin Stil Irish Pub
- 57 Le Comptoir des Halles
- 58 Le Petit Zinc

Achats

- 65 La boutique de François Le Villec
- 66 Les Macarons de Philomène
- 67 La Biscuiterie de Quimper-Styvell

■ **Adresses utiles**

- Office de tourisme
- @ 40 À l'Aize Breizh Café

Où dormir ?

- 8 La Villa Garenne
- 9 Flower Camping Le Conleau
- 10 Hôtel Le Bretagne
- 11 Hôtel Anne de Bretagne
- 12 La Maison de la Garenne
- 13 Hôtel Manche Océan
- 14 Hôtel de France
- 15 Escale Oceania
- 16 Hôtel La Marébaudière
- 17 Chambres d'hôtes La Villa Catherine
- 18 Best Western Vannes Centre
- 19 Hôtel et Spa Villa Kerasy
- 20 Le Roof

Où manger ?

- 20 Le Roof
- 21 Crêperie La Taupinière
- 23 Le Boudoir
- 24 Le Roscanvec
- 25 La Table de Jeanne
- 26 Le Vent d'Est
- 27 Le Café de la Poissonnerie
- 28 La Source
- 29 Le Rive Gauche
- 30 Crêperie Balade en Crêpanie
- 31 Le P'tit Belon
- 32 L'Eden
- 35 La Gourmandière
- 42 Restaurant Terroirs
- 43 Au Pont Vert

Où faire une pause gourmande ? Où boire un thé ?

- 34 Chocolatier-glacier Chartier
- 36 Le Thé Gourmand

Où boire un verre ? Où écouter de la musique ?

- 37 À Tribord
- 38 Le Buveur de Lune
- 39 John R. O'Flaherty
- 40 À l'Aise Breizh Café
- 41 Le Trussac Café, Le Corlazo, Le Piano Barge et La Guinguette de Conleau

Où acheter de bons produits régionaux ?

- 50 La Tapenalgue
- 51 Boulangerie-pâtisserie Le Brun
- 52 Le Minor

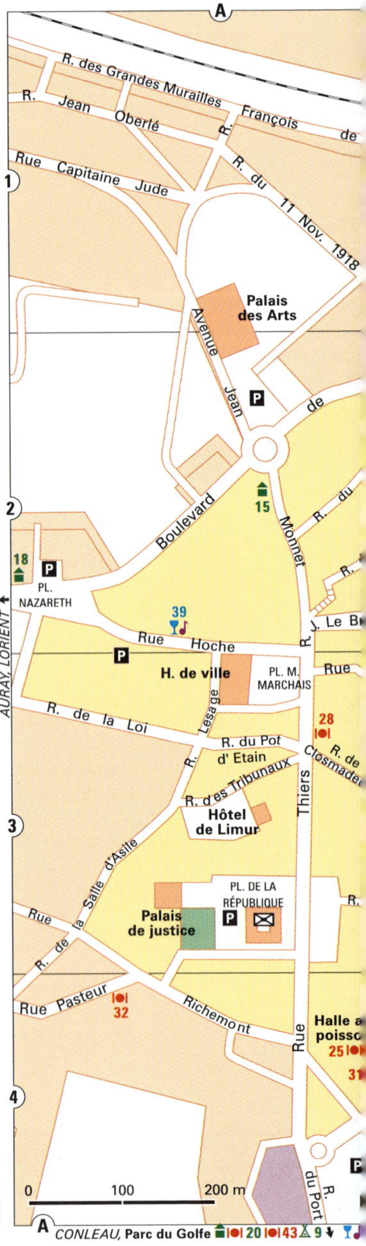

LOCMINÉ, PONTIVY
B
C
35
NORD
Av. Favrel et Lincy
R. Marchand
Créach
PL. DES ANC. COMBATTANTS EN AFN
Chateaubriand
19
11
Clisson
R. A. Leroy
Frères
1
Madame Lagarde
14
Hugo
Avenue St Symphorien
R. Olivier de Clisson
4
Joubaud
Rue des
R.
Cité administrative
PL. DU MOULIN DE L'ÉVÊQUE
la Paix
Victor
R. Desgres du Loû
Rue
R. des 2 Frères
Crapel
Étang du Duc
PLACE LYAUTEY
R. de la Boucherie
Avenue
R. du Col. Pobeguin
13
R. Lieutenant-Colonel Maury
Boulevard de la Paix
R. de l'Hôpital
Rue des 4 Frères Crapel
2
Coutume
23
R. de la Fontaine
42
30
St-Patern
Rue Saint Patern
37
R. de l'Étang
PL. J. LE BRIX
R. du Méné
38
R. de la Tannerie
R. Billault
10
R. du Four
PL. GÉNÉRAL DE GAULLE
R. des Chanoines
PL. BRULÉE
R. A. Legrand
Rue du Maréchal Leclerc
Cath. St-Pierre
PL. HENRI IV
R. St Gwenaël
36
R. Aristide Briand
16
17
St Salomon
52
Cohue-musée
R. des Vierges
Préfecture
50
R. des Halles
24
R. de la Monnaie
Jardins des Remparts
Fr. Decker
Hôtel du Département
Tropez
3
PL. VALENCIA
R. Rogue
PL. L. LAROCHE
Tour du Connétable de Richemont
R. Noë
34
Musée d'Archéologie
Promenade de la Garenne
Saint
PL. DES LICES
Halles
Vieux lavoirs
21
R. Porte Poterne
PL. DU POIDS PUBLIC
R. St Vincent
Rue de
51
Château
R. J. de Bazvalan
Rue
PL. DE LA GARENNE
PL. DE LA DISSONNERIE
12
R. Alexandre Le Pontois
Rue Sébastien de Rosmadec
Rue Jean Martin
Rue d'Alembert
4
PL. AMBETTA
R. St-Jean-Bap. de la Salle
8
R. Monseigneur Tréhiou
Rue du Jointo
R. Paul Helleu
R. A. Roth
29
PL. MAR. JOFFRE
40
26

VANNES

LORIENT

- **■ Adresse utile**
  - Lorient Bretagne Sud Tourisme

Où dormir ?

10 Auberge de jeunesse du Ter
12 Hôtel Cléria
13 Central Hôtel
14 Hôtel Victor-Hugo
15 Hôtel Les Pêcheurs
16 Rex-Hôtel
17 Hôtel Les Océanes et Hôtel Les Gens de Mer
18 Hôtel Astoria
19 Hôtel d'Arvor

Où manger ?

14 Restaurant Le Victor-Hugo « Une table à Lorient »
22 Le Jardin Gourmand
23 Bistrot à vins L'Éveil des Sens
24 Le Pic
25 L'Amphitryon
26 Le Yachtman
27 Café-restaurant La Base et Quai Ouest
28 Tavarn ar Roue Morvan
29 Le Tire-Bouchon
30 Qlto – Restaurant du Grand Théâtre

Où boire un verre ? Où écouter de la musique ?

27 La Base et Le Galion
28 Tavarn ar Roue Morvan
35 Pub Galway Inn
37 Le Café du Port
39 Australia Bush, Shamrock, India Café, Inside Café, Factory café...
40 Le Bar du CNL
41 La Truie et sa Portée

Où danser ?

51 Le Passport
52 Le Pacific

crieur professionnel. Mareyeurs, grossistes, poissonniers viennent s'y approvisionner. C'est donc réservé aux professionnels, mais on peut y assister en visite guidée de la criée en saison *(mar, jeu et ven en juil-août à 5h45 ; compter 1h, résa obligatoire, ☎ 02-40-11-71-31. Tarif : 5 €).* Pas de vente aux particuliers. Vrai patrimoine de la ville, on flâne à toute heure le long du port à observer les allers-retours des chalutiers, leurs déchargements, ou les mouettes qui se servent dans les casiers.

Le musée « La Maison de la pêche » : *derrière l'office de tourisme, sur le port, au-dessus du centre de Marée. ☎ 02-40-11-71-31. • musee-laturballe.fr • Juil-août, tlj 10h-12h30, 15h-18h30 ; juin et sept et ttes les vac scol, 10h-12h30, 14h30-18h (dim 15h-18h) ; nov-fév, jusqu'à 17h30 et fermé le w-e. Entrée : 2,70 € ; réduc.* L'association Au gré des vents a pour but la défense et la promotion du patrimoine maritime. Elle organise de nombreuses animations autour du port. Gère le chalutier du même nom (propriété de la ville), que l'on peut visiter (45 mn). Organise des visites guidées du port (1h30 environ) et de la criée. Également des balades autour de la ville, le moulin de Kerbroué et la maison du meunier. Dans leurs locaux, un petit musée sur l'histoire de la pêche, des expos temporaires, et les jeunes mousses peuvent participer à des ateliers de matelotage et apprendre à faire de difficiles nœuds comme la « jambe de chien » ou la « gueule de raie » (sur réservation). Très actif et de bon conseil pour vos sorties en mer.

– ***Pêche et promenades en mer :*** *mai-oct.* Sorties de pêche à bord d'un chalutier, pêche au bar au lancer... Plusieurs professionnels proposent leurs services. Infos à l'office de tourisme.

Fête et manifestation

– ***Festi Vent :*** *dernier w-e de juin. • festi-vent44.com •* Démonstrations de cerfs-volants, initiation au kayak de mer et à la voile, baptême de goélette, spectacles déambulatoires, concerts...
– ***Fête de la Sardine :*** *mi-juil et mi-août.* Dégustation de la reine sardine sous toutes ses formes. Musique bretonne. Très populaire.

DANS LES ENVIRONS DE LA TURBALLE

Sur la route vers Pen Bron, engoncé dans une dune, un petit ***cimetière*** des religieuses de l'hôpital.

Les dunes de Pen Bron sont classées et protégées. Il s'agit d'un isthme sablonneux, s'avançant entre la mer et le traict (lagune salée), pratiquement jusqu'au Croisic. Quand on s'y rend, les marais sont à gauche et la mer à droite. Tout au bout, au niveau du centre marin, on touche quasiment la presqu'île du Croisic, qu'on ne peut rejoindre qu'en navette bateau avec *Le Galipétant.* Incroyables points de vue, surtout à la tombée de la nuit. Accès fermé aux voitures en été mais ouvert aux piétons et vélos. Ce site naturel protégé abrite également une plage. Naturisme toléré, passé l'amer blanc.

L'imposant ***centre marin de Pen Bron*** : *tt au bout de l'isthme.* Il fut, dès la fin du XIXe s, très rapidement renommé. Grâce à Hippolyte Pallu et à une congrégation de religieuses, on y accueillait les tuberculeux pour qu'ils profitent du grand air du large. Aujourd'hui, son activité principale est la rééducation motrice et fonctionnelle, quand il ne sert pas de cadre pour le tournage de films, comme *Marthe ou la promesse d'un jour* avec Guillaume Depardieu. On trouve à côté un hôtel-restaurant *(☎ 02-28-56-77-99 ; • hotels-aptitudes.com •).*

➢ Liaisons saisonnières entre la pointe de Pen Bron et le port du Croisic avec un passeur (8 places), *Le Galipétant. Infos aux offices de tourisme du Croisic et de La Turballe.*

LA LOIRE-ATLANTIQUE

PIRIAC-SUR-MER [pen kiriak]

(44420) 2 300 hab. *Carte Loire-Atlantique, A2*

Un des plus beaux endroits de la région, qui a séduit Daudet, Flaubert, Chopin... Zola y séjourna dans une maison en face de l'église, et la famille Belmondo y avait ses quartiers. Cette jolie bourgade possède des ruelles étroites typiques, dans le pur style de la région. Pas de voitures en centre-ville (utiliser le grand parking à l'entrée), ce qui préserve tout le cachet de cette ville au style très *Pauline à la plage.*

Arriver – Quitter

➢ ***En bus :*** *☎ 0825-087-156 (0,15 €/mn).* Bus ligne J du réseau ***Lila*** avec La Baule.

Adresses utiles

ℹ ***Office de tourisme :*** *7, rue des Cap-Horniers. ☎ 02-40-23-51-42. • piriac.net • Près du parking du marché. Juil-août, ouv tlj ; le reste de l'année, lun-sam.* 💻 Organise des visites de la ville en été, sur résa.

■ ***Location de vélos : Piriac à Vélo,*** *Garage AD Expert Nicol, Zone du Pladreau. 📱 06-25-13-00-08. • piriacavelo.com • En saison, ouv tlj. Compter 11 €/j.* Remorques et vélos pour enfants.

Où dormir ? Où manger ?

Campings

⛺ ***Camping Mon Calme :*** *rue de Norvoret. ☎ 02-40-23-60-77. 📱 06-27-14-28-61. • campingmoncalme@free.fr • campingmoncalme.com • ♿ Proche de la plage du Castelli. Ouv Pâques-fin sept. Compter 24,50 € en hte saison. Également des mobile homes 260-640 €/sem. 88 empl.* 📶 Encadré de maisons dans un quartier résidentiel, proche du port et des plages, petit camping familial avec piscine chauffée.

⛺ ***Camping naturiste Le Clos Marot :*** *route de Maurault, Saint-Sébastien. ☎ 02-40-23-59-20. • info@anca-piriac.com • anca-piriac.com • Accès par la D 99, route de Maurault. Ouv de début juin à mi-sept. Prix tente en hte saison : 21 €. Prix caravane : 120 €/sem. CB refusées. 50 empl.* Camping naturiste familial et calme, à 4 km de la mer. Piscine.

De bon marché à prix moyens

🏠 🍴 ***Hôtel de la Poste – Restaurant la Terrasse Fleurie :*** *26, rue de la Plage. ☎ 02-40-23-50-90. • piriac-hoteldelaposte@wanadoo.fr • piriac-hoteldelaposte.com • Resto tlj sf mer et dim soir hors saison. Congés : déc-janv. Doubles 63-76 € selon saison. Formule déj en sem 13,50 € ; menus 17,90-24,90 €.* 📶 En terrasse (pas si fleurie que ça !) ou dans la salle éclatante de couleurs, une cuisine soignée, comme on dit, largement tournée vers la mer et à base de produits frais. Chambres gentiment rénovées et plutôt agréables. Excellent accueil.

🍴 ***Crêperie Lacomère :*** *18, rue de Kéroman. ☎ 02-40-23-53-63. Fermé lun-mar hors saison, slt le w-e mars et oct. Congés : de nov à mi-mars. Formules 10-12 € et menus 17-18 € ; carte 15-22 €. Apéritif offert sur*

LA LOIRE-ATLANTIQUE

présentation de ce guide. On aime beaucoup ou on n'aime pas du tout cette crêperie-resto de fruits de mer dont le patron fait le show à chaque service (biniou, chants, blagues...). Clientèle d'habitués et de touristes.

Où boire un verre ?

Le Vercoquin : *10, rue de Keroman. ☎ 06-61-95-80-05. • ludo_roquet@hotmail.com • Tlj sf lun-mar hors saison jusqu'à 2h. Congés : janv. Apéritif maison offert sur présentation de ce guide.* Sympathique bar-PMU dans la ruelle festive derrière le port. Dans le petit patio (et sa tonnelle) ou accrochés au bar, les vacanciers et les locaux se retrouvent pour de chaudes soirées en saison, particulièrement les soirs de match ou d'apéro-concert.

À voir. À faire

La Maison du patrimoine : *3, pl. Henri-Vignioboul. ☎ 02-40-15-59-71. • patrimoinepiriac.fr • Le w-e avr-juin, j. fériés et tlj en sept 14h30-18h ; juil-août, tlj 15h-19h, plus 10h-12h jeu-ven. Entrée : 2 € ; gratuit moins de 12 ans. Visite commentée sur demande tlj sf dim 15h-18h.* Petite expo sur l'histoire de Piriac, l'aventure de la sardine, photos, 1 200 cartes postales anciennes, maquettes, costumes, objets...

Piriac Aventure : *route de Mesquer (D 52). ☎ 02-40-23-66-66. • piriac-aventure.com • Juil-août, tlj 9h30-19h30 ; avr-juin et ponts, mer et w-e 10h-19h ; sept-début nov, mer et w-e 13h-19h. Nov-début avr, sur résa slt. Entrée : 21 € ; réduc et formule famille.* Entre terre et ciel, on glisse ou on grimpe, de la cime d'un arbre à l'autre. 110 ateliers de différents niveaux sur 10 parcours.

Le tombeau d'Almanzor : *en suivant le sentier des douaniers, peu avt la pointe du Castelli ; accessible slt à marée basse, selon le coefficient.* Le rocher le plus connu de cette portion de côte qui peut, effectivement, évoquer un tombeau, recouvert des plis d'un drap mortuaire. C'est celui, dit la légende, d'Almanzor, un seigneur local qui fit naufrage ici à son retour de croisade. Au grand désespoir de sa gente dame Yseult qui l'attendait dans la *grotte à Madame* qu'on découvre également au long de ce sentier.

– ***Balades en kayak de mer :*** ***Nautisme en Pays Blanc,*** *à la Maison de la mer. ☎ 02-40-23-53-84. • npb.asso.fr •* Découvertes, balades et randonnées nautiques en kayak de mer. Celle de 5h autour de l'île Dumet est particulièrement sympa. Propose également des sorties en goélette en été. Location de catamarans, planches à voile, Optimist...

AU CENTRE DU MONDE

À une poignée de kilomètres au large de Piriac-sur-Mer, la petite île Dumet, aujourd'hui déserte, est, d'après les calculs du physicien Alphonse Berget en 1912, le centre des terres émergées. Mais d'autres calculs plus récents situent ce « nombril du monde » dans le quartier Malakoff à Nantes. Sinon à Pitesti, en Roumanie... Et si on optait, comme Salvador Dalí, pour la gare de Perpignan ?

MESQUER-QUIMIAC [mesker]

(44420) 1 620 hab. *Carte Loire-Atlantique, A2*

Une commune très étendue qui a su rester encore sauvage. Prendre la route qui longe la côte depuis Piriac, passer à Quimiac, puis aller à

Mesquer via l'étier de Kercabellec, près des parcs à huîtres. Cet ancien petit port comptait, au milieu du XIXe s, 35 navires exportateurs de sel. Il alimente une partie des marais salants de Mesquer, où l'on peut se promener sur les sentiers. Beaucoup de charme, plein de plages et plagettes.

Arriver – Quitter

➢ ***En bus :*** *réseau **Lila.*** Liaison sur réservation avec La Baule et Guérande, ligne H *(☎ 02-40-62-32-33).*

Adresse utile

ℹ ***Office de tourisme :*** *pl. du Marché (pl. de l'Orée-du-Bois), à Quimiac, 44420 **Mesquer.** ☎ 02-40-42-64-37. • mesquer-quimiac.com • ♿ Juil-août, lun-sam et dim mat. Sept-juin, lun-sam.* Organise des visites guidées des marais et des parcs ostréicoles en été. Billetterie.

Où dormir ? Où manger à Quimiac et dans les environs ?

Campings

⛺ ***Camping Le Beaupré :*** *141, route de Kervarin, **Kercabellec.** ☎ 02-40-42-64-16. 📱 06-85-61-03-27. • camping.beaupre@wanadoo.fr • lebeaupre.com • Du centre de Mesquer, direction Kercabellec. Ouv avr-oct. Prix tente : 121,50 € en hte saison. Mobile homes 230-650 €/sem. 48 empl. 📶 Réduc de 5 % sur présentation de ce guide.* Petit camping familial situé au nord de Mesquer et à 300 m de la mer. Très ombragé et calme. Sentier de randonnée à deux pas. Pêche en mer et à pied.

⛺ ***Camping de la Baie :*** *Keravelo, à **Assérac.** ☎ 02-40-01-71-16. • contact@camping-delabaie.com • camping-delabaie.com • ♿ À 10 km au sud-ouest d'Herbignac, un peu à l'extérieur du parc de la Brière. Ouv début avr-début nov. Prix tente : 14-22 € selon saison. Loue aussi des chalets et des mobile homes : 219-819 €/sem selon taille et saison. 103 empl. Apéritif maison offert sur présentation de ce guide.* Camping ombragé sis dans un hameau calme et isolé du reste du monde, avec accès à la baie. Des animations pour les enfants en saison. Piscine.

De prix moyens à chic

🏠 🍴 ***Logis Relais Marine :*** *276, rue Centrale, à **Quimiac.** ☎ 02-40-42-51-09. • contact@relaismarine.fr • relaismarine.fr • ♿ (resto). Sur la route de Mesquer. Hors saison, resto fermé dim soir, lun et midi sf w-e. Congés : nov-fév. Doubles 58-110 € selon confort et saison. Menus 25-33 €.* 📶 À 300 m de la plage, cet hôtel-restaurant a été remis à flot par un jeune homme accueillant et plein de volonté. Il a commencé par relooker le rez-de-chaussée, et en particulier la salle des petits déj (parfaits, d'ailleurs). Il a retapé les chambres dans des teintes marines, douces et apaisantes. Pour parfaire le tableau, il s'est entouré d'une équipe aussi sympathique que compétente. En cuisine, un vent marin souffle sur les assiettes avec une belle cuisine de saison, servie aux beaux jours dans le jardin intérieur. Une adresse pleine de bon goût, des chambres à l'assiette, et propice aux longs séjours.

🍴 ***La Vieille Forge :*** *rue d'Aha, à **Mesquer.** ☎ 02-40-42-62-68. En juil-août, ouv à midi jeu-dim et ts les soirs. Hors saison, à midi lun-mar et le soir jeu-dim. Menus 14 € déj en sem (hors juil-août), puis 28-52 €.* Dans une ancienne forge

LA LOIRE-ATLANTIQUE

du XVIIe s, comme son nom l'indique. Murs de pierre et poutres de bois pour une cuisine avec du métier et de l'idée (le jeune chef a travaillé chez quelques étoilés), à base de produits rigoureusement choisis.

À voir. À faire

La Gazelle des Sables : *Z.A. Kergoulinet (près du Shopi). Rens et résas :* 06-61-38-17-80. • lagazelledessables.fr • *En venant de Mesquer, tourner à gauche au rond-point du* Shopi ; *l'atelier se trouve sur la gauche. Ouv pdt les vac scol et certains w-e (sur résa). Pour visiter l'atelier de construction navale de* La Gazelle des Sables, *il est préférable de prendre rdv. La Gazelle des Sables,* nom d'un ancien thonier, est un petit voilier de structure légère, aux dimensions pratiques (modèle réduit au 1/8e de la *Gazelle* d'origine) pouvant contenir de deux à quatre personnes, de faible tirant d'eau, insubmersible et à voilage évolutif. Et surtout, c'est un bateau écolo ! Après avoir visité les lieux, découvert les techniques, les matériaux utilisés, les moulages et les assemblages, vous serez sûrement tenté d'y faire un stage, et pourquoi pas en famille ? Pour en repartir avec votre embarcation sous le bras (ou presque !) réalisée en un temps record. Dernières créations des ateliers : le kayak du Traict et le *Lascau du Toul'Ru,* en voile-aviron à ballast liquide. Ce dernier a même été présenté en avant-première au dernier Grand Pavois de La Rochelle.

DANS LES ENVIRONS DE MESQUER-QUIMIAC

La pointe de Merquel : *entre Quimiac et Mesquer.* Une plage superbe, des bouchots à moules et une vue au loin sur l'île Dûmet. Juché sur un ancien blockhaus, un belvédère permet de mieux comprendre le traict de Merquel. À marée basse, les ornithos seront aux anges. Remarquer la mignonne chapelle blanche (ouverte en saison, se renseigner à l'office de tourisme), reconstruite en 1946. À l'intérieur, magnifiques statues polychromes de Jean Fréour, le sculpteur breton de la région, et une fresque très kitsch des années 1950, avec une ribambelle d'enfants de chœur.

LE PARC NATUREL RÉGIONAL DE BRIÈRE

Carte Loire-Atlantique, A-B2

Deuxième marais de France après la Camargue, la Grande Brière se présente comme une mosaïque de canaux, de plans d'eau, de roselières, de prairies inondables. Le parc naturel régional de Brière a été créé en 1970. Il a pour objectif de permettre aux habitants de continuer à vivre sur leur terre et de faire en sorte que le développement économique se fasse dans le respect de la protection des sites. Propriété indivise des habitants, il s'étend sur plus de 49 000 ha et se compose au nord des marais du Haut-Brivet, à l'est de ceux de Donges, au centre de sept îles (dont Fédrun, la principale) et à l'ouest de la Grande Brière mottière. Cette dernière (de « motte » : briquette de tourbe) marque l'origine du nom du parc et couvre 6 700 ha (sur 21 communes). Immense tourbière que les pluies d'automne transforment en une vaste étendue d'eau, ce pays permet le développement d'une faune et d'une flore spécifiques (roseaux, nénuphars thorelles, loutres, spatules blanches, hérons...). Et l'être humain dans tout cela ? Les habitations sont

construites avec des matériaux du cru. Près de 3 000 chaumières sont ainsi référencées, créant une atmosphère et un environnement qui contrastent avec la côte, située à une dizaine de kilomètres. La Brière se découvre tranquillement, à son rythme, au fil de l'eau ou d'une promenade, tôt le matin ou à la nuit tombée afin d'observer au mieux les nombreux animaux. À ce propos, le parc fut le cadre de certaines scènes du film *Le Peuple migrateur.* Et bonne nouvelle, dans la Brière se cachent également des adresses de qualité pour se loger ou se restaurer. Alors, pourquoi s'en priver ?

UN PEU D'HISTOIRE

On pense que cette zone d'effondrement, une fois boisée, a été envahie par la mer et le marais (vers 7000 ou 5000 av. J.-C.). Ce dernier s'est constitué derrière une digue formée par les alluvions de la Loire. Témoins de ce glissement de terrain, des arbres enfouis à 1,50 m du sol, les *mortas.* Plus durs et plus noirs que l'ébène, une fois séchés, ils sont transformés en sculptures par seuls quelques courageux artistes ; autrefois, ils étaient utilisés en charpente.
Le grand marais, au sol de tourbe, a été jusqu'à la seconde moitié du XIXe s la terre nourricière des riverains, notamment de ceux des îles. D'ailleurs, le duc François II n'avait-il pas octroyé à ses sujets briérons le libre droit d'utiliser les ressources du marais (pêche, bois, tourbe) ?
La fin de l'été était marquée par l'extraction de la tourbe. Pendant les 8 jours accordés au tourbage chaque année, on se livrait aussi à la recherche des *mortas* (chênes et hêtres fossilisés). Cette Camargue de l'Ouest vivait repliée sur elle-même. Les habitants se mariaient entre voisins. Ces habitudes de vie d'autrefois sont merveilleusement retranscrites dans le roman d'Alphonse de Châteaubriant, *La Brière.*
L'activité de tourbage prit fin après la Seconde Guerre mondiale. Oies et canards, identifiés selon les propriétaires par une marque à la patte (une incision entre deux phalanges), mettent encore leur note pittoresque dans ce beau paysage. La coupe artisanale des roseaux subit malheureusement la concurrence industrielle de la Camargue... mais de nouvelles méthodes de coupe mécanique sont actuellement expérimentées pour permettre une meilleure exploitation de la roselière de Brière. Les *piardes,* anciens sites d'exploitation de la tourbe (ou plans d'eau), ont diminué devant le comblement et l'extension de la roselière.

UN MILIEU NATUREL AUTARCIQUE

Le marais suffisait presque à tout. Le roseau était utilisé pour le chaume et les litières des animaux ; la tourbe servait de combustible ; l'osier était employé dans la vannerie ; et le poisson et autres gibiers abondaient. On élevait oies et canards, on recueillait même les sangsues pour les vendre aux pharmaciens, tandis que la tourbe faisait l'objet d'un commerce substantiel. Depuis Méan, le port briéron, on acheminait les mottes de tourbe pour les vendre jusqu'à l'île de Ré.

LE MARAIS

Parc naturel régional reconnu depuis 1970, le marais souffre de la régression des activités traditionnelles. Les programmes d'entretien du marais limitent son assèchement progressif. En effet, sans intervention, le marais se comble et la forêt de saules et de bouleaux repousse.
Plusieurs associations organisent des ***randonnées de découverte*** du marais (se renseigner auprès de la Maison du parc, à Kerhinet). Le visiteur embarque sur un *chaland* ou un *blin,* utilisé dans le passé pour transporter le bétail, poussé à la *perche* sur les *piardes,* de *curées* (canal de ceinture) en coulisse, parmi les

LE PARC NATUREL RÉGIONAL DE BRIÈRE

nénuphars, les iris ou autres laîches. On lui raconte l'histoire des feux follets (en fait, les effluves de méthane émanant de la tourbe) qui effrayaient tant les enfants.
– L'idéal pour découvrir la Brière est donc de prendre un ***chaland*** (bateau à fond plat). Vous pouvez choisir de manœuvrer seul la barque, mais ce n'est pas si facile. On vous conseille de vous adresser à un professionnel. L'office de tourisme de Brière vous renseignera sur la dizaine de guides répondant à la charte de qualité du parc. Chacun a sa spécialité et sa façon de présenter le marais. Et ne soyez pas surpris si le moteur est inutile sur l'île de Fédrun, il reste néanmoins indispensable dans les canaux, au départ des autres ports.

■ Au port de ***La Belle-Fontaine,*** Sébastien Lecorno *(☐ 06-65-26-28-63).* Au port de ***La Pierre-Fendue,*** *Brière Évasion (☐ 06-75-23-58-58).* De ***La Chaussée-Neuve,*** avec Antony Mahé *(☎ 02-40-91-59-36)* ou Jean-Sébastien Crusson *(☎ 02-40-01-24-64).* De ***Rozé,*** balade en musique avec Christophe Boisrobert *(☐ 06-25-90-65-75).* À ***Fédrun,*** Valérie Aoustin-Huard *(☐ 06-09-90-24-68)* met l'accent sur la vie en Brière et aime les anecdotes. Enfin, on pourra partir du port de ***Bréca,*** d'où l'on profite d'une belle vue dégagée sur les marais, mais le lieu est aussi le plus touristique.

– Toutes les coordonnées exactes des contacts pour les balades sont indiquées sur la carte touristique du parc *(voir le site ● parc-naturel-briere.com ●).* Très pratique, elle indique horaires et tarifs : *à titre indicatif, pour une balade en barque*

(45 mn à 1h), il faut compter env 8 € ; en barque + calèche (1h30), autour de 14 € ; réduc. Départ recommandé en matinée ou au coucher du soleil, plus frais et plus calme, mais possibilité de promenades en journée. Location de barques individuelles sur réservation uniquement. Le printemps et l'automne sont les meilleures périodes pour s'y aventurer.
– La Brière se découvre également ***à pied, à vélo, à cheval*** ou ***en calèche*** (souvent les mêmes guides qu'en chaland). Et que dire d'un conteur pour un ***vagabondage nocturne*** sur le marais (en juillet-août) ? Le Parc organise de nombreuses promenades et visites guidées à thème (faune, flore, patrimoine...) ; demander le programme auprès de l'office de tourisme de Brière.

LA FAUNE EN BRIÈRE

Paradis des ornithologues, la Brière recèle nombre d'espèces d'***oiseaux*** : rapaces (busard des roseaux), butor étoilé (héron au chant de corne de brume), passereaux (bruant des roseaux, mésange à moustaches) et autres grèbes, sarcelles, moretons, rousserolles, hérons... À voir également, la foulque macroule qui fait son nid près des plans d'eau. Le marais nourrit encore 4 000 ***bovins*** (contre 18 000 au début du XXe s). L'***écrevisse*** a fait son apparition dans les marais dans les années 1970, à la suite de l'installation d'un élevage d'écrevisses rouges de Louisiane. Leur reproduction exponentielle a engendré pendant un temps de vrais dégâts dans les piardes. Aujourd'hui, la petite bête se fait plus discrète... On trouvera aussi, mais malheureusement bien trop souvent le long des routes, des ***loutres*** et des ***ragondins.*** Alors, méfiance quand vous êtes au volant.

LA CHAUMIÈRE DE BRIÈRE

Partie intégrante et caractéristique du paysage briéron. Avec plus de 3 000 chaumières recensées, c'est la plus grande concentration en France : 60 % des chaumières françaises se trouvent en Brière. À la différence des chaumières bretonnes et normandes, celle de Brière est trapue et sa hauteur sous plafond reste faible. Les murs épais sont montés en pierre et en terre. Trois ouvertures traditionnelles sont exposées au midi. La porte basse s'ouvre en deux parties. Ces chaumières ne comportaient autrefois qu'une seule pièce avec un sol en terre battue, où l'on disposait bancs, table et lits dans les coins. Un petit escalier étroit montait au grenier. On en découvre quelques superbes exemples au hameau de Kerhinet.

Adresses utiles

Office de tourisme de Brière : *Maison du Parc – village de Kerhinet, 44410* ***Saint-Lyphard.*** *☎ 02-40-66-85-01. • parc-naturel-briere.com • Avr-sept, tlj ; oct-mars, tlj sf dim mat.* Point central pour toutes les infos nécessaires sur le Parc. Topoguides de randos *(3 €).* Gère les locations de vacances et propose des séjours thématiques (artistique, nature, ornithologique...). Visite guidée du village à 11h et 15h *(5 €, gratuit moins de 12 ans).* Également 7 autres points infos répartis sur le parc.

Office de tourisme de Saint-Lyphard : *pl. de l'Église. ☎ 02-40-91-41-34. • saint-lyphard.com • Juil-août, ouv tlj ; mi-saison, fermé dim ; oct-mars, fermé dim-lun.* Organise des visites du belvédère du clocher de l'église pour profiter de la vue grandiose *(tlj en été ; 3,50 €/adulte, réduc),* ainsi qu'une randonnée gratuite dans les marais tous les mardis en saison. Bonnes infos générales également.

Office de tourisme de Pont-Château : *1, pl. du Marché. ☎ 02-40-88-00-87. • tourismepontchateau.fr • ♿ Juil-août, tlj sf dim et jeu ; le reste de l'année, lun-ven slt.* Location de canoës pour descendre le Brivet à l'heure, à la demi-journée ou à la journée *(5-20 €/adulte).*

Office de tourisme cantonal de Missillac : *lieu-dit La Chinoise, à la sortie d'autoroute, à 1,5 km du centre-ville. ☎ 02-40-88-35-14. Juil-août, tlj sf dim ap-m ; avr-juin et sept : lun, ven-sam et dim mat.* Nombreuses infos sur la région. Aire de pique-nique et borne camping-car sur le parking. Gère un planning en temps réel des logements dispos.

■ **Location de vélos et de canoës :** l'**office de tourisme de Brière** *(voir plus haut)* loue des vélos *(12 €/j.)* et propose des fiches pour les 210 km d'itinéraires balisés. Sinon, **Au Gré du Vent,** à **Camoël** (Morbihan), fait des livraisons-reprises au point d'hébergement de VTT, VTC et remorques enfant, ainsi que de la loc de canoë-kayaks *(☎ 02-99-90-56-91 ; 06-20-67-49-92 ; ● augreduvent.fr ● ; juil-août tlj, le reste du temps sur résa). Voir aussi plus haut l'**office de tourisme de Pont-Château.***

Où dormir ?

Campings

Voir aussi les campings de Guérande.

Camping à la ferme Le Clos des Bruyères : *hameau de Longle, 44410 **Herbignac.** ☎ 02-40-88-85-57. Accès par la D 33, passer le château de Ranrouët, puis prendre à gauche à Longle. Ouv vac de printemps-Toussaint. Compter 13 € pour 2. CB refusées. 15 empl.* Une quinzaine d'emplacements en pleine campagne, dans un champ ou une chênaie à proximité d'un étang. Commodités sommaires dans un petit chalet. Accueil charmant du couple d'agriculteurs.

Camping Le Deffay : *44160 **Sainte-Reine-de-Bretagne.** ☎ 02-40-88-00-57. ● info@camping-le-deffay.com ● camping-le-deffay.com ● Accès par les N 165 et D 33. Ouv avr-oct. Compter 25,55 € en hte saison. Mobile homes et chalets 200-749 €/sem. 120 empl.* Très beau camping, étendu sur les 350 ha d'un élégant château du XIXe s. De nombreuses activités (piscine, pêche, vélo...). Quelques chambres sur place. Location de vélos.

Prix moyens

Chambres d'hôtes La Musardise : *47, rue du Méné, 44350 **Guérande.** ☎ 02-40-61-90-50. ● lamusardise44@orange.fr ● lamusardise.fr ● À proximité de Kerhinet mais sur la commune de Guérande, à deux pas de l'étang de Sandun. Résa conseillée. Compter 70 € pour 2. Table d'hôtes 27 €.* Belles chambres en duplex avec entrée indépendante, à la déco bien pensée et aux couleurs harmonieuses. La bleue, notre préférée, est très spacieuse. Repas préparé avec amour et servi dans une salle chaleureuse.

Chambres d'hôtes La Noé de Marlais : *12, rue Jean-de-Rieux, Marlais, 44410 **Herbignac.** ☎ 02-40-91-40-83. ● chambres@lanoedemarlais.fr ● lanoedemarlais.fr ● D'Herbignac, prendre la D 47 vers Saint-Nazaire. Congés : oct. Compter 61 € pour 2. Sur présentation de ce guide, réduc de 10 % sur le prix de la chambre à partir de 3 nuits consécutives (mi-juin à mi-sept).* Chambres à l'étage d'une longère, également une belle suite pour 4 personnes, pratique en famille. Décoration soignée. Jardin fleuri, jeux pour les enfants, et quelques animaux en enclos. Bon rapport qualité-prix.

Chambres d'hôtes La Thorelle : *27, rue René-Guy-Cadou, 44160 **Sainte-Reine-de-Bretagne.** ☎ 02-40-01-03-50. ● pintureau@lathorelle.com ● charmance-bretagne.fr ● Au village, direction Missillac ; la maison se trouve juste après la mairie. Compter 60-65 € pour 2 selon taille.* Il a fallu toute l'énergie de Françoise pour donner une âme à cet ancien presbytère des années 1930, et c'est une réussite. Au 1er étage, 3 chambres spacieuses (dont une familiale), décorées avec goût dans une belle harmonie de couleurs. Sanitaires privés. Les collations matinales se prennent dans une belle salle à manger ou dans la véranda aux beaux jours.

Accueil souriant et attentionné.

Chambres d'hôtes Le Chêne Vert : *le Chêne-Vert, 44780* ***Missillac.*** *06-12-43-33-18. • charlottetrouchard@wanadoo.fr • legiteduchenevert.com • (gîte). Le hameau du Chêne-Vert est situé entre la N 165 et Missillac (à env 1 km), au croisement de la D 2 et de la D 96. Compter 65 € pour 2 ; familiale également. Gîte 5 pers 450-700 €/sem selon saison. Café offert sur présentation de ce guide.* On aime bien l'accueil chaleureux de Charlotte et sa longue maison ancienne en granit donnant sur un parc de plus de 1 ha. Chambres douillettes et spacieuses, avec même un coin cuisine, dans un studio avec entrée indépendante ou dans l'appartement tout blanc sous les combles. Généreux petit déj servi dans la salle à manger familiale. Une adresse paisible.

Chic

Hôtel Les Chaumières du Lac : *rue du Vignonnet, 44410* ***Saint-Lyphard.*** *02-40-91-32-32. • info@leschaumieresdulac.com • leschaumieresdulac.com • En face du lac. Resto fermé mar midi, mer midi et dim soir hors saison. Congés : de fin déc à mi-janv. Doubles 70-120 € selon taille et saison. Menus 45-55 €.* Ces fausses chaumières briéronnes misent avant tout sur le confort. Chambres fraîches, fleuries et bien équipées, donnant sur le lac ou sur un grand parc. Accueil de grande qualité. Resto gastronomique sur place, *Les Typhas,* de bonne réputation.

La Ferme du Blanchot : *route D 4, 44160* ***Crossac.*** *02-40-00-34-70. • contact@lafermedublanchot.fr • lafermedublanchot.fr • Congés : 2 sem fin janv-début fév. Double 78 €.* Dans une ancienne ferme récemment restaurée, agréables chambres mansardées, de bon confort (TV écran plat, bon lit douillet, salle de bains nickel...). Fait également restaurant.

De plus chic à beaucoup plus chic

La Mare aux Oiseaux : *223, rue du Chef-de-l'Île, Fédrun, 44720* ***Saint-Joachim.*** *02-40-91-62-40. • courriel@mareauxoiseaux.fr • mareauxoiseaux.fr • Doubles et suites 160-315 €. Réduc de 10 % sur le prix de la chambre sur présentation de ce guide valable hors saison, hors vac scol et hors veille de j. fériés.* Autour d'un jardin luxuriant avec des oiseaux en volières et une grue en liberté, des chambres luxueuses sous un toit de roseaux, dans une annexe sur pilotis au bord du marais, ainsi que des suites dans le village. Cette adresse de charme est aussi l'une des meilleures tables du département (voir « Où manger ? »).

Où manger ?

De bon marché à prix moyens

Crêperie du Sabotier : *2, rue des Écluses, 44410* ***La Chapelle-des-Marais.*** *02-40-53-20-24. Tlj sf lun (et le soir mar-mer hors saison). Congés : 1 sem fin juin, 10 j. fin oct et 10 j. fin déc-début janv. Carte env 12 €.* Dans une grosse maison en pierre derrière un jardinet, une excellente crêperie tenue par un jeune couple chaleureux. Galettes traditionnelles à base de produits frais et de farine bio. Petite terrasse où l'on pourra se faire servir un *Breizh !*

Le Penlys : *41, rue de Penlys, 44410* ***La Chapelle-des-Marais.*** *02-40-53-91-44. Tlj sf dim-lun. Menus 13,50 € (déj en sem), puis 15-29 €. Apéritif maison offert sur présentation de ce guide.* Salle plutôt riante, avec des banquettes en skaï marron-beige qui rappelle qu'elle fut autrefois celle d'un resto à « menu ouvrier ». Si les prix ne se sont pas affolés, la cuisine est désormais très emballante avec de jolis produits made in terroir, travaillés avec simplicité et sincérité.

🍽 ***Auberge du Chaland :*** *49, La Tennière, 44160* ***Sainte-Reine-de-Bretagne.*** *☎ 02-40-01-05-28. • chaland44@orange.fr • ♿ À gauche à la sortie du bourg en direction de Pont-Château (fléché). Juil-août, tlj sf dim soir et lun soir ; le reste de l'année, fermé le soir sf sam. Congés : 2 sem en août-sept et période de Noël. Résa vivement conseillée. Formule déj en sem 11 € ; menus 13,50-28,50 €.* Le cadre tout d'abord : une chaumière nickel, toute fleurie et tranquille à souhait. Une vraie carte postale ! La cuisine ensuite, du coin et familiale (assiette de charcuterie, sandre, anguilles...). Une adresse qui plaît en Brière. Service parfois longuet cependant.

De prix moyens à chic

🍽 ***Auberge Ker Roland :*** *route de Férel, 44410* ***Herbignac.*** *☎ 02-51-76-91-76. À moins de 500 m derrière l'église (fléché). Tlj sf dim soir et lun. Formules 13-15 € déj en sem ; menus 21-50 €.* Ancien bâtiment de ferme transformé en restaurant. Salle à manger chaleureuse ou terrasse dans le jardin dès les premières caresses du soleil. Très bonne cuisine traditionnelle de Didier, « entre terre et mer », qui privilégie les produits locaux de saison tout en veillant à la présentation des assiettes. Service assuré comme à la maison par madame. Le tout dans une ambiance familiale. Un bon rapport qualité-prix.

🍽 ***Auberge de Kerhinet :*** *dans le village de* ***Kerhinet,*** *44410 Saint-Lyphard. ☎ 02-40-61-91-46. Juil-août, ouv tlj ; hors saison, fermé lun-mar. Formule 19,90 € et menus 23,90-39,90 €.* Une jolie adresse dans ce village-musée. Déco rustique et dans l'assiette, une bonne cuisine de terroir, réputée surtout pour les anguilles, les cuisses de grenouilles du marais ou encore le sandre. Quelques chambres si vous vouliez profiter de l'ambiance toute particulière du village *(doubles 70-75 €).*

🍽 ***La Chaumière des Marais :*** *Kermoureau, 44410* ***Herbignac*** *(route de Guérande-Herbignac). ☎ 02-40-91-32-36. • lachaumieredesmarais@orange.fr • ♿ Fermé mar, plus lun en basse saison. Congés : 2de quinzaine de fév et vac scol de la Toussaint. Menu déj en sem 18 € ; autres menus 29-65 €.* Malgré sa situation en bordure de la grande route et à l'écart des marais, cette *Chaumière* est une bonne surprise ! On apprécie sa salle rustique, mais aussi sa cuisine traditionnelle et gastronomique qui varie selon les saisons. Bon accueil.

🍽 ***Auberge du Haut-Marland :*** *Le Haut-Marland, 44117* ***Saint-André-des-Eaux.*** *☎ 02-40-01-29-00. ♿ Sur la gauche en allant au petit port de La Chaussée-Neuve. Fermé dim soir, lun tte la journée et jeu soir. Formules 14,80-17,80 € (à midi sf w-e et j. fériés) ; menus 27-38 €.* « Ici on reçoit à pied, à cheval, en voiture », comme vous y invite un panonceau. Cuisine sérieuse : les produits du terroir et du marais (anguilles et cuisses de grenouilles) bien préparés ont assis à l'auberge une bonne réputation dans les alentours. Agréable jardin.

🍽 ***Bistrot Gourmand Le 11 :*** *11, rue de Verdun, 44160* ***Pont-Château.*** *☎ 02-40-42-23-28. • restaurant-le11.fr • Tlj sf lun soir, mer soir et dim. Formules déj 15,50-25,50 € ; menu 32 € ; carte 25,50 €. Un café offert sur présentation de ce guide.* Ce joli bistrot aux tons lie-de-vin et taupe mérite une halte à plus d'un titre. Gilles Charpy, anciennement chef d'un restaurant gastronomique, a tout lâché (à cause de la pression pour la course aux étoiles) pour créer son propre bistrot. Cuisine de saison, à base de produits locaux, parfumée et inspirée. La formule déjeuner (en 2 ou 3 plats) est déjà gourmande et épatante. Plus cher le soir à la carte, mais plus créatif aussi. Présentations particulièrement soignées. Une belle trouvaille.

Plus chic

🍽 ***La Mare aux Oiseaux :*** *voir « Où dormir ? ». Fermé lun midi. Résa indispensable. Formule déj « Carte blanche au chef » en sem 45 € ; menus 65-98 €.*

Café offert sur présentation de ce guide. Les habitants de l'île de Fédrun, fiers de leur marais, ont adopté Éric Guérin, un ancien de *La Tour d'Argent.* Ancien ? Ce jeune chef plein d'idées en tête met un brin de folie dans les assiettes de ses convives, et sa cuisine raconte de belles histoires. Le cadre, au design contemporain, tout en verrière (y compris les volières), est vraiment magnifique ! Une grande table !

Où acheter de bons produits ?

La Chaumière des Saveurs et de l'Artisanat : *village de Kerhinet, 44410* ***Saint-Lyphard.*** *☎ 02-40-61-95-53. Juil-sept, ouv tlj ; oct-déc et fév-juin, fermé ts les mat et lun ap-m. Congés : janv.* Artisans, fermiers, artistes de la région exposent ici. Un aperçu assez complet de la production brièronne.

La Ferme aux Biches : *La Madeleine de Guérande, sur la route des étangs de Sandun. ☎ 02-40-42-95-01.* Un élevage respectueux de l'environnement : les animaux sont exclusivement nourris avec les produits naturels issus de l'exploitation (herbe, foin, céréales). Magasin à la ferme : terrines, rillettes, civets...

À voir

KERHINET (44410)

C'est dans ce village, sur la commune de Saint-Lyphard, que l'on trouve l'office de tourisme de Brière (Maison du parc), pour tout renseignement sur le parc. On vous le conseille comme point de départ pour découvrir la région.

Ce hameau, réservé aux piétons, est devenu un authentique musée vivant, en plein air, acquis et restauré par l'administration du Parc régional. Les voitures n'y pénètrent pas (parking gratuit à l'entrée). Il présente un habitat brièron traditionnel de 18 chaumières sur un sentier d'interprétation en 12 étapes qui retrace son histoire et ses coutumes. Également une exposition pour découvrir les différentes facettes du territoire, un programme d'animations avec balades contées, visites guidées thématiques, démonstrations d'artisanat ou de peinture, ateliers créatifs... Boutique d'artisanat et de produits locaux, et une auberge sympa (voir « Où manger ? »). Bien sûr, beaucoup de monde en été.

Le jeudi en juillet-août, un ***marché*** des produits du terroir s'y installe toute la journée : salicornes, charcutailles, cidre, volailles, fromages... De grandes tables sont dressées pour déjeuner sur le pouce. Une formule économique avec de bons produits fermiers.

BRÉCA (44410)

Sur la route de Saint-Lyphard, à droite. Hameau riche en vieilles demeures, d'où l'on peut aller dans le marais en barque ou en calèche (voir plus haut « Le marais » en intro). Espace pique-nique. Assez touristique.

SAINT-LYPHARD (44410)

Grimpez les 135 marches du clocher de l'église, qui constitue un superbe belvédère sur toute la Brière *(sur résa à l'office de tourisme de Saint-Lyphard, 3,50 €).* Accès également aux petits ports de *La Belle Fontaine* et de *La Pierre-Fendue* pour une balade sur les canaux.

MAYUN (44410)

Village célèbre pour sa vannerie. De nombreux habitants tressent encore la bourdaine, mais on ne trouve plus de lieux de vente.
– *Festival de Vannerie : le 3e w-e de juil.*

La Chaumière des Marionnettes : *28, rue de la Herviais. ☎ 02-40-53-22-40. Tte l'année, mer, sam et tlj pdt vac scol 14h-19h. Compter 1h. Visite : 5 €.* Michel et Françoise aiment raconter des histoires aux enfants... qui en redemandent. Des histoires de sorcières et de lutins, drôles et poétiques. Dans leur ancienne chaumière du XVIIIe s habite une sorcière qui a aménagé des salles, des couloirs, des passages et a laissé quelques-uns de ses objets. En son absence, on fait la visite, jusqu'à sa « dépendance » au fond du jardin. Marmite, balai, toiles d'araignée, mots magiques, rien ne manque à cette visite qui ne laisse pas les petits indifférents. Abracadabra, et... pouf ! Organise également des stages de fabrication de marionnettes et un spectacle de contes.

Les Jardins du Marais : *à* **Hoscas.** *☎ 02-40-91-47-44. Sur la D 51 (fléché). Fin avr-fin oct, tlj 15h-19h. Entrée : 5 € ; réduc ; gratuit moins de 18 ans.* Ce jardin hors du commun semble habité par les fées. Un monde où règnent l'amour, le charme et la beauté. Le créateur de ce jardin, peintre-jardinier, est aussi jardinier-pilote à Versailles et coupeur de roseaux en Brière. Ce jardin lui ressemble, à la fois sauvage et charmant.

LA CHAPELLE-DES-MARAIS (44410)

Dans l'église, statue polychrome de saint Corneille, protecteur des troupeaux.

CAMER (44410)

Exposition de sculptures en morta rouge et noir (bois fossile de 3 700 à 4 500 ans). *06-05-08-69-01. Ouv les 2 premiers dim de chaque mois ; les autres w-e sur rdv ; en sem, sur rdv entre 17h et 19h. Entre La Chapelle-des-Marais et Saint-Joachim.*

LE CHÂTEAU DE RANROUËT

Situé à **Herbignac** *(44410). ☎ 02-40-88-96-17. Indiqué à gauche avt l'entrée de la ville. Avr-mai et sept, tlj 14h30-18h30 ; juin, vac scol de Pâques et de la Toussaint, mar-ven 10h-12h et 14h30-18h30, slt les ap-m le w-e ; juil-août, tlj 10h-19h. Entrée : 4 € ; réduc. Visites guidées l'ap-m en juil-août (5 € ; réduc ; gratuit moins de 7 ans en famille). Également des visites thématiques, y compris pour les tout-petits !* C'est le dernier des châteaux du Moyen Âge qui bordaient la Brière. Il avait un rôle stratégique, car situé sur la route du sel. Ce château, à l'état de ruine, résume toutes les techniques de construction militaire du XIIIe au XVIIe s. Motte féodale, bastion ou château fort, il s'agit d'un édifice composite, en somme, mais bien restauré. Jeter un œil aux besants (armoiries sur pierre, encastrées dans le mur) et à la barbacane (l'avant-poste défensif de l'entrée). Sentier d'interprétation avec panneaux explicatifs. Spectacles et animations en saison. De mi-juillet à août, sympathique marché nocturne tous les mardis à partir de 19h : une douzaine de producteurs locaux proposent leurs produits, que l'on peut goûter. Barbecue et tables à disposition.

L'ÎLE DE FÉDRUN (44720)

C'est l'île la plus intéressante, en dépit d'un habitat disparate en matière de toitures, puisque alternent chaume, tuile et ardoise ! À l'origine, les chaumières s'installèrent sur le pourtour de l'île, adossées aux canaux. Le centre de l'île, jamais inondé, était réservé aux cultures. On l'appelait la « Gagnerie ». Ceinturant l'île, un canal, la « curée », desservait les appontements d'amarrage, les « seuils » ou les fossés pour garer les chalands. Point infos en été, en face du centre administratif du parc.

La Maison de la mariée : *au nº 182 rue du Pouet, à droite à la fourche dans le village. ☎ 02-40-66-85-01 (maison du parc). • maisondelamariee.com • De mi-avr à fin sept, tlj 13h30-18h30. Entrée : 4 € ; réduc. Pour les enfants, demander le livret de jeux « Oh La L.A. Quelle aventure ! ».* Ce petit musée abrite une superbe collection de globes qui protègent des couronnes de mariées, et évidemment de nombreuses couronnes, souvent décorées de fleurs d'oranger. Quelques petits films, témoignages et photos anciennes. Un musée unique dans le genre.

Au nº 207, rue du Chef-de-l'Île, en face du centre administratif du parc (non ouvert au public), la ***Chaumière briéronne*** présente une exposition sur les îles de Brière, la reconstitution d'un intérieur traditionnel de chaumière et la projection d'un film datant de 1947 sur la vie dans les îles de Brière. *GRATUIT.*

ROZÉ *(44450)*

Plus au sud, après Saint-Joachim (prononcer « Joachun »).

La réserve ornithologique Pierre-Constant : *☎ 02-40-66-85-01. Le hall d'accueil se trouve à 800 m à droite après avoir franchi le pont sur le canal et la Maison de l'éclusier (accès à pied). De mi-juin à mi-sept, tlj 8h-20h (19h mer). Visite guidée slt lun (☎ 02-40-91-17-80) : 6,50 € ; réduc. Loc de jumelles (2 €).* Un sentier aménagé de 2 km, ponctué de postes d'observation, pour découvrir les oiseaux à l'état sauvage, sur 40 ha.

LES OISEAUX, DES ANIMAUX PRÉHISTORIQUES ?

Leurs plumes en sont la preuve : elles proviennent des écailles de reptiles marins. En sortant de la mer, voici des millions d'années, certains ont pris la voie des airs. Peu à peu, les écailles se sont transformées en plumes, bien plus légères.

Les jardins d'Errand : *55, île d'Errand, 44550* ***Saint-Malo-de-Guersac.*** *☎ 02-40-91-19-35. • jardinsderrand.com • Pâques-oct, visite guidée à 16h sur rdv.* Un jardin de 1 000 m² en culture biologique, dont Jean-Luc Sacquet vous livrera les secrets avec passion.

LA CHAUSSÉE-NEUVE

De Saint-André-des-Eaux, une route champêtre s'enfonce au cœur du marais. À La Chaussée-Neuve, on embarquait jadis pour 1 ou 2 jours pour livrer sel et légumes à Trignac ou Saint-Joachim, d'où l'on rapportait sable ou fumier. Le long canal n'attend plus désormais que les touristes en mal de poésie... Ils ne seront pas déçus. Belles promenades guidées organisées par Anthony Mahé, un guide passionné *(☎ 02-40-91-59-36).*

Fêtes et manifestations

Les informations utiles pour l'ensemble de ces manifestations sont disponibles à l'office de tourisme de Brière *(☎ 02-40-66-85-01).*

– ***Le marché des potiers :*** *le w-e de l'Ascension, autour du château de Ranrouët, à Herbignac.* Quelque 40 potiers venus de toute la France perpétuent l'activité traditionnelle d'Herbignac et exposent leurs produits.

– ***Festival de la Vannerie :*** *une trentaine de vanniers de la France entière se retrouvent le 3e w-e de juil à Mayun, La Chapelle-des-Marais. GRATUIT.* Tradition locale, on y trouve des expos, animations, de la vente de produits.
– ***Fête des Métais :*** *le 3e dim de juil, à Kerhinet.* C'est la fête des vieux métiers d'autrefois. On y bat le blé, vanniers et potiers s'activent, et le tout finit par un pot-au-feu géant !
– ***Les Anguillades :*** *le dernier w-e de juil, à Saint-Joachim.* C'est la fête de l'Anguille, avec dégustations.
– ***Fête des Chalands fleuris :*** *le 1er dim d'août, à Saint-André-des-Eaux.* Défilé de bateaux décorés.
– ***Fête du Parc :*** *le 1er dim de sept.* Sous le signe du développement durable : randonnées, forum, spectacles pour petits et grands, démonstration de savoir-faire, marché, etc.

DANS LES ENVIRONS DU PARC NATUREL RÉGIONAL DE BRIÈRE

PONT-CHÂTEAU (pontkastell-keren ; *44160*)

Pont-Château (ville natale de Jacques Demy), quoique légèrement excentré, fait également partie du parc de la Brière.

🚶🚶 ***Le calvaire monumental :*** *à 3 km à l'ouest de la ville.* Il fut édifié en 1710 par le père de Montfort avec l'aide de plusieurs centaines de fidèles. Partiellement détruit sur ordre de Louis XIV, restauré puis à nouveau détruit pendant la Révolution. Le père Gouray, abbé de Pont-Château, décida de sa reconstruction en 1821. Situé dans un site verdoyant, il reconstitue le chemin de croix avec des personnages grandeur nature. Assez étonnant. Aujourd'hui, des communautés montfortaines assurent l'accueil des visiteurs en permanence. Pèlerinage (très fréquenté) le 15 août.

🚶 ***Le site naturel de Coët Roz :*** *allée du Brivet. Rens auprès de l'office de tourisme : ☎ 02-40-88-00-87.* Nombreuses activités le long de la rivière du Brivet : sentiers pédestres, équitation, tennis, canoë, piscine, aire de jeux...

DE LA BRIÈRE AU PAYS DE CHÂTEAUBRIANT

Dans cette région se dresse un pays qui vaut le détour, celui des rivières de l'Isac, du Don et du Brivet. Paradis des randonneurs avec la forêt du Gâvre, il l'est aussi pour ceux qui apprécient la pêche, le canoë, l'équitation ou le VTT. Également un patrimoine historique et culturel (quelques châteaux, églises et musées) intéressant.

LA FORÊT DU GÂVRE

Carte Loire-Atlantique, B-C2

Le nom « Gâvre » a pour origine le mot celtique *gavr,* qui signifie « chèvre » ou « chevreuil ». La forêt du Gâvre couvre environ 4 500 ha entre la vallée de la Vilaine à l'ouest et la vallée de l'Erdre à l'est. C'est la plus grande forêt proche de Nantes et de Saint-Nazaire, assez fréquentée pour ses multiples activités nature : sports de plein air, randos, cueillette des champignons et autres châtaignes, etc.

UN PEU D'HISTOIRE

La forêt a appartenu aux ducs de Bretagne dès le XIIIe s. Une ville franche fut créée en 1226 avec de nombreux droits sur une partie de la forêt, afin de faire venir de nouveaux habitants. Elle fut rattachée au domaine royal par le mariage d'Anne de Bretagne avec Charles VIII. Colbert contribua à sa beauté en décidant de la faire vieillir (la forêt, pas sa femme !), afin que ses troncs puissent être utilisés plus tard pour les mâts des navires, à l'image de la forêt de Tronçais dans l'Allier. En 1791, la forêt devint domaniale. Au cours du XIXe s, grâce à son bois, on fabriquait des sabots qui étaient exportés jusqu'en Amérique. Aujourd'hui constituée de 45 % de chênes rouvres, 10 % de chênes pédoncules, 40 % de pins et 5 % de hêtres, elle est aussi très giboyeuse (cerfs, biches, chevreuils...). Pour bien la découvrir, démarrez du carrefour de la Belle-Étoile avec ses 10 allées qui partent... en étoile donc. À ce carrefour, un kiosque présente une exposition sur la forêt.

Où dormir ? Où manger ?

Camping de la Forêt : *3, rue de l'Étang. ☎ 02-40-51-20-62. 06-73-18-77-46. • campinglegavre@gmail.com • campinglegavre.fr • À l'entrée du Gâvre. Ouv avr-oct. Prix tente en hte saison : 11,30 €. Loue aussi des chalets pour 6-8 pers (196-466 €/sem) par le biais de **Chalets Découverte** (☎ 04-73-19-11-11). 75 empl.* Camping au calme à l'orée de la forêt, en bordure d'un plan d'eau poissonneux (pêche autorisée), près d'un karting et d'un centre équestre. Tennis et minigolf gratuits et barbecue à dispo. Piscine à 5 km. Un bon camping et un bon accueil.

Gîte de Billeroux : *Billeroux, 44170 **Vay.** ☎ 02-40-87-90-05. 06-79-04-57-72. • lesarts.vagabonds.free.fr • Compter 510-842 €/sem selon période (loc également au w-e).* Belle longère à deux pas de la forêt du Gâvre et du canal de Nantes à Brest. Elle abrite 5 chambres pouvant loger 11 personnes.

Auberge de la Forêt : *La Maillardais, 44130 **Le Gâvre.** ☎ 02-40-51-20-26. • reservation@auberge-delaforet.fr • auberge-delaforet.fr • Resto ouv tlj sf dim soir, lun et mar. Double avec douche 78 €. Menus 14,10 € (déj en sem)-48 €. Chambre à 69 € le soir ven-dim, accordée sur présentation de ce guide.* Un hôtel franchement moderne, au design (d)étonnant pour la région. Chambres confortables, spacieuses pour les plus chères et très colorées (c'est le moins qu'on puisse dire). Quant à la cuisine, elle est aussi inventive et surprenante, et s'adapte aux produits locaux de saison (gibier, champignons, poisson du marché...). Une belle adresse un peu loin de tout, au calme, en bordure de forêt.

À voir

LE GÂVRE (44130)

Le bourg du Gâvre : maisons anciennes des XVe, XVIe et XVIIe s. Belle église du XIIIe s, remaniée aux XVe et XIXe s. Voûte de bois en berceau, avec, aux extrémités, des poutres et des sculptures représentant les animaux de la forêt.

La Maison de la forêt – musée Benoist : *2, route de Conquereuil. ☎ 02-40-51-25-14. • maisondelaforet44.free.fr • (rdc slt). Fin mars-fin nov, w-e et j. fériés (tlj pdt vac scol zone A) 14h30-18h30. Compter 1h de visite. Entrée : 4 € ; réduc. Gratuit moins de 6 ans. Pour les enfants, demander le livret de jeux « Oh La L.A. Quelle aventure ! ». Organise également des sorties nature (6 € ; réduc).* Dans une jolie demeure en pierre du XVIIe s. Le musée, avec son échauguette extérieure (ou poivrière), présente l'univers forestier sous les angles économique, écologique et artistique, au travers de mises en scène et d'intéressantes explications. Les différentes espèces d'arbres y sont répertoriées, ainsi que quelques animaux. Reconstitution d'un intérieur du XIXe s, avec tous les objets insolites oubliés, comme le presse-purée, le rase-galette, la sorbetière. Collection de Vierges en faïence, de globes de mariage, de coiffes. Projections de films, dioramas... et tables tactiles pour les enfants. Expositions variées, animations et sorties payantes en forêt, ou encore conférences sur la faune et la flore. Présentation des métiers d'autrefois liés à la forêt. Le fonds documentaire peut être consulté sur place.

■ ***Ferme équestre de la Forêt :*** *en lisière de la forêt de Gâvre, sur la D 164, 44630* ***Plessé.*** *☎ 02-40-51-83-98. 📱 06-26-42-28-19.* Organise – pour tous niveaux – d'agréables balades en forêt et au bord du canal.

BLAIN [blaen] (44130) 9 500 hab. *Carte Loire-Atlantique, C2*

Célèbre pour sa forteresse chargée de défendre les marches de Bretagne. Elle a appartenu aux familles de Clisson et de Rohan, qui, converties au protestantisme, ont fait de la ville une cité calviniste pendant un siècle. Puis, au début du XXe s, elle passa entre les mains de la princesse de Grèce, avant d'être occupée par les Anglais, les Allemands, puis les Américains pendant la Seconde Guerre mondiale.

Adresse utile

ℹ ***Office de tourisme :*** *2, pl. Jean-Guihard (église). ☎ 02-40-87-15-11. ● otsi.blain.free.fr ● Tte l'année, mar-sam.*

Où dormir à Blain et dans les environs ?

Camping

⛺ ***Camping municipal et gîte d'étape du Château :*** *rue Henri-de-Rohan, N 171. ☎ 02-40-79-11-00. ● camping@ville-blain.fr ● ♿ Direction le château. Ouv 8 mai-20 sept. Résa conseillée en été. Prix tente en hte saison : 11,20 €. CB refusées. 45 empl.* Bordant le canal de Nantes à Brest, camping familial sympa mais un peu bruyant, car la route de Saint-Nazaire n'est pas loin. Propre et accueillant. Un gîte d'étape pour randonneurs à pied, à vélo ou à cheval *(13,50 €/nuitée par pers ; résa obligatoire au 📱 06-88-34-72-38).*

De prix moyens à chic

🏠 ***Chambres d'hôtes La Grange des 3 Poulettes :*** *32, Beautrait, 44170* ***La Grigonnais.*** *☎ 02-40-79-26-18. 📱 06-75-50-26-68. ● lagrange.des3poulettes@orange.fr ● lagrangedes3poulettes.com ● À env 9 km au nord-est de Blain par la D 771, fléché sur la gauche avt d'entrer dans La Grigonnais. Compter 80 € pour 2. Un grand gîte également (jusqu'à 15 pers) : 450 €/w-e, 900-1 050 €/sem selon période.* 📶 Dans l'ancienne grange d'une ferme en activité, 3 chambres aux beaux volumes dont chacune évoque une décennie passée (1950, 1960 et 1970) avec meubles et bibelots vintage. Ça pourrait être kitsch, c'est tout simplement charmant. Comme l'accueil. Produits fermiers au petit déj. Régulièrement des expos (photos, peinture, sculpture...). On a bien aimé.

🏠 ***Chambres d'hôtes Le Nid d'Omer :*** *hameau de la Rouaudais, 44130* ***Saint-Omer-de-Blain.*** *☎ 02-40-51-35-38. ● contact@*

lenidomer.fr • lenidomer.fr • ♿ À 9 km de Blain, par la D 164, prendre la rue face à l'église du village. Compter 59 € pour 2. À deux pas du chemin de halage du canal, 2 chambres douillettes et joliment meublées, avec accès indépendant, cuisine commune et une agréable terrasse. Vaste potager dans le jardin fleuri, où l'on pourra prendre quelques tomates. Idéal pour les randonneurs. Fait également « Accueil vélo ».

À voir

Le château de la Groulais : *accès par la D 771. Pour les visites guidées : ☎ 02-40-79-07-81. ♿ (pour le rdc). Avr-sept, mar-ven 14h-18h, w-e et j. fériés 10h-12h, 14h-18h ; tte l'année pour les groupes sur résa. Visite libre gratuite ; animations : 4 € ; gratuit jusqu'à 16 ans. Compter 1h30 de visite. W-e thématiques et spectacles.*
Ce château fut fondé par le duc Alain Fergent en 1104. Véritable forteresse constituant un des maillons de la défense de Bretagne, il a appartenu à Olivier de Clisson. En 1409, le château devint propriété des Rohan jusqu'à la Révolution. C'est ici que naquit en 1579 Henri, premier duc de Rohan, gendre de Sully, l'un des chefs calvinistes sous Louis XIII. Le château, pris et repris par les ligueurs et les royaux de 1585 à 1595, fut occupé tour à tour par les Vendéens et les républicains en 1793. Les fortifications avaient été en partie détruites en 1628 par Richelieu.
Le château est formé par deux corps de bâtiments, chacun portant la signature de son mécène. D'une part, le « petit castel », avec sa tour du Connétable, érigé par Olivier de Clisson ; d'autre part, la grande enceinte et sa belle tour du Pont-Levis du XIVe s.
– Au printemps et en été, la partie pont-levis abrite des ***expositions.*** L'association Château et Essor blinois y a relancé la technique de la peinture murale *a fresco,* c'est-à-dire à la chaux sur enduit frais. Bien sûr, on est loin de la chapelle des Scrovegni, chef-d'œuvre de Giotto, mais grâce à ce renouveau de la peinture *a fresco,* les murs des chapelles de Blain (Saint-Roch), Vay (Saint-Germain) et Guénouvry (des Lieux-Saints) ont repris vie. Le château abrite également un ***atelier d'imprimerie ancienne*** et un atelier de lithographie.

Le musée des Arts et Traditions : *2, pl. Jean-Guihard ; même édifice que l'office de tourisme. ☎ 02-40-79-98-51. • musee-de-blain.fr • Mar-sam 14h-18h (17h30 sam). Fermé j. fériés. Entrée : env 3 € ; réduc. Gratuit moins de 7 ans.* Exposition permanente de 50 crèches du monde entier, collection unique en France de fèves des galettes des rois (environ 10 000 !), reconstitution d'une place de village avec ses boutiques 1900 (épicerie, café, école...). Vestiges gallo-romains, avec le vase de Décébale commémorant la victoire de l'empereur romain Trajan sur les Daces. Un étonnant musée, installé dans l'ancien présidial des ducs de Rohan. Expositions temporaires toute l'année dans le hall.

La chapelle Saint-Roch : *accès par la D 42, à 1,5 km en direction de Saint-Émilien-de-Blain. Adressez-vous au château (mai-oct) ou à l'office de tourisme (tte l'année) pour la visiter.* Dommage que cet ancien lieu de pèlerinage ait été beaucoup remanié au XIXe s. Voir, à l'intérieur, la plus grande fresque contemporaine de France (1990), réalisée par l'association Château et Essor blinois.

Fête et manifestation

– ***Fête de la Saint-Laurent :*** *5 j. autour du 10 août.* Groupes musicaux étrangers. Le dimanche, cavalcades, défilé de chars et groupes folkloriques.
– ***Les Joutes d'archers médiévaux :*** *le 4e dim de sept, au château de la Groulaie.* Reconstitutions médiévales.

DANS LES ENVIRONS DE BLAIN

La ferme de l'Orme et le musée des Mines et Minéraux : *☎ 02-40-79-19-83. À 6 km de Blain en direction de Saint-Nazaire (D 771) ; bien indiqué. Avr-oct, tlj 10h-18h (20h juil-août) ; le reste de l'année sur rdv, slt musée, w-e, j. fériés et vac scol. Entrée parc ou musée : 6 € ; parc et musée : 10 € ; réduc.* Parc animalier assez sympa. Oiseaux exotiques, miniferme, conservatoire avicole, etc. En tout, quelque 600 animaux de tous les continents. À côté, dans le musée, sont présentés 3 000 minéraux du sous-sol français, et une galerie de 90 m d'ancienne mine a été reconstituée. Une initiation à la minéralogie, animée par des passionnés.

Un peu plus loin sur la route, le ***moulin de la Bicane,*** *à* **Campbon** *(44750). ☎ 02-40-56-56-34. Visite le 3e dim de chaque mois mars-nov 14h-18h ; le reste du temps, sur résa.*

Parc Aventure Tépacap : *route du Lac, 44260* **Savenay.** *☎ 02-40-58-30-30. • tepacap-savenay44.fr • Ouv w-e, j. fériés et tlj pdt vac scol : avr-sept, 10h-12h30, 13h30-19h ; mars et oct-nov, 13h30-18h. Résa conseillée. Entrée : 23 € ; réduc.* Un parc sur 20 000 m² pour traverser la forêt d'arbre en arbre. Espace *Pitchounes* à partir de 3 ans.

LE CANAL DE NANTES À BREST

Carte Loire-Atlantique, B-C1-2

Le projet du canal de Nantes à Brest fut décidé par Napoléon en raison du trafic très important à cette époque. En effet, l'Angleterre avait la mainmise sur les routes maritimes françaises grâce à ses fameux corsaires. Elle obligea donc la France à changer de tactique d'acheminement des marchandises et des troupes qui approvisionnaient les garnisons de Lorient et Brest. Ce canal fut construit de 1811 à 1842 sur 360 km de long, dont 100 km environ en Loire-Atlantique. Ce ne fut pas une mince affaire. Prisonniers espagnols et bagnards de Belle-Île durent creuser tranchées et biefs, raser des collines dans des conditions très dures.
Un barrage construit à Guerlédan en 1928 supprima la navigation en direction de Brest. Le canal est composé au départ par l'Erdre, puis, après l'écluse de Quiheix, par l'Isac. On peut l'emprunter en bateau et apprécier la vie du canal au rythme de ses 236 écluses pour une dénivellation de 555 m.

Adresses utiles

Office de tourisme d'Erdre et Gesvres : *quai Saint-Georges, 44390* **Nort-sur-Erdre.** *☎ 02-51-12-60-74. • cceg.fr • En saison, mar-sam ; hors saison, mar-sam mat.* Infos sur les randonnées alentour (une quarantaine de circuits téléchargeables sur leur site) et sur les activités nautiques sur le canal. Fournit un livret de conseils pratiques pour les plaisanciers (passages d'écluses, règles de navigation). Demander le programme des « Estivales du canal », nombreuses animations et festivités en été. Infos sur les croisières sur l'Erdre, la location de canoë-kayaks et de bateaux électriques.
– Voir également plus haut, dans « La vallée de l'Erdre », l'***office de tourisme de Sucé-sur-Erdre,*** qui offre les mêmes infos.

La Maison du canal : *1, rue de Pont-Miny, 44460* **Fégréac.** *☎ 02-40-91-24-96 (en saison) ou 02-40-91-20-21 (mairie). ♿ Juil-août, ouv tlj ; mai-juin et sept, slt dim ap-m.* Nombreuses infos et documentations sur la construction du canal et sur son environnement. Vidéo, maquettes sur les écluses et sur les biefs de partage. Jeux et expos temporaires. Gère également un beau gîte d'accueil situé au-dessus, et le camping municipal (voir « Où dormir ? »). Location de vélos.

■ ***Location de bateaux sans permis :*** ***Bretagne Fluviale,*** *quai Cricklade, à* ***Sucé-sur-Erdre*** *(44240). ☎ 02-40-77-79-51. • bretagne-fluviale.com • Et* ***Le Boat,*** *sur le port de* ***Nort-sur-Erdre*** *(44390), à côté de l'office de tourisme. ☎ 02-40-72-25-92. • leboat.fr • Bateaux habitables, loc au w-e min.*

■ ***Location de vélos :*** ***Nort Plaisance,*** *4, pl. du Bassin, à* ***Nort-sur Erdre*** *(44390). ☎ 02-40-29-52-22.*

Où dormir ?

Camping municipal Les Bellions : *44460* ***Fégréac.*** *☎ 02-40-91-24-96 ou 02-40-91-20-21 (mairie). 06-85-57-51-97. • mairiefegreac.tourisme@orange.fr • Accès par la D 773. Accueil à la Maison du canal. Ouv mai-sept. Compter 4,60 € en hte saison. CB refusées. 15 empl.* Un petit camping calme et ombragé, situé au bord du canal, sur le chemin de halage. Étang à 2 km pour pêcher.

Gîte de Pont-Miny, la Maison du canal : *1, rue de Pont-Miny, 44460* ***Fégréac.*** *☎ 02-40-91-20-21 (mairie). Nuitée 10-12 € selon saison.* Une dizaine de lits répartis dans 3 chambres très bien tenues, situées à l'étage de la *Maison du canal.* Idéal pour une famille. Les pieds au bord du canal de Nantes à Brest. Départ de sentiers. Apporter ses draps. Cuisine à dispo.

GUENROUËT [gwenred]

(44530) 3 200 hab. *Carte Loire-Atlantique, B2*

Sur le bord du canal, l'une des plus anciennes paroisses de la région, où les plaisanciers ont succédé aux bateliers. Guenrouët dispose d'une base de loisirs de qualité, avec piscine, toboggan et minigolf. Elle est reliée au bourg par un chemin creux typique, appelé « chemin des Diligences », ancien tronçon de la route nationale de Bretagne qui franchissait le gué. Petit port avec pontons pour 12 bateaux, et location saisonnière de kayaks. C'est ici qu'on fabrique le cidre *Kérisac* que l'on retrouve sur toutes les tables des crêperies de la région.

Adresses utiles

Office de tourisme du Pays de Pont-Château, Saint-Gildas-des-Bois : *17, rue des Forges, 44530* ***Saint-Gildas-des-Bois.*** *☎ 02-40-01-40-10. • pontchateau-saintgildasdesbois.com • Proche de la gare. Lun-ven.* Infos complètes sur la région. Organise des randos-crêpes (2 €) le mercredi soir en été.

Point Infos de Guenrouët : *halte nautique au Port-Saint-Clair (direction Plessé). ☎ 02-40-87-68-09. Juil-août, tlj, w-e juin et début sept.* Bon accueil. Location d'embarcations à pédales et location de vélos. Gère aussi un gîte d'étape situé derrière le bâtiment (voir « Où dormir ? »).

Où dormir ?

Camping

Camping Saint-Clair : *☎ 02-40-87-61-52. • info@campingsaintclair.com • campingsaintclair.com • En bordure du canal de Nantes à Brest ; par Savenay, Blain, Redon ou Pontchâteau. Ouv avr-sept. Prix tente : 11-13 €*

selon saison. Mobile homes et caravanes 190-515 €/sem. Prix caravane : 30-36 €/nuit. 116 empl. Réduc de 10 % sur le camping, 5 % sur le locatif, sur présentation de ce guide. Camping spacieux et bien ombragé, proche du centre-ville et de la base de loisirs. Location d'embarcations à pédales, de canoës-kayaks et même accès libre, le matin, au tennis voisin. Épicerie à 500 m. Restaurant à 50 m. Piscine chauffée à 50 m surplombant le canal. Randonnées à pied, à vélo, à cheval.

De bon marché à prix moyens

Gîte d'étape Halte nautique Saint-Clair : *au Port-Saint-Clair. ☎ 02-40-87-68-09 (point infos) et 02-40-87-64-18 (mairie). • mairie-de-guenrouet@wanadoo.fr • Clé auprès de la mairie hors saison (sur résa) ou au* point infos *en été. Ouv avr-oct. Nuitée env 9 € ; env 4,50 € moins de 7 ans.* Grande salle, propre, avec lits en rang d'oignons. Nécessaire pour petit déj. Pour les randonneurs.

Chambres d'hôtes Au Petit Nid Douillet : *35, hameau de Rétaud. ☎ 02-40-87-45-83. • postmaster@aupetitniddouillet.fr • aupetitniddouillet.fr • À 7 km du centre de Guenrouët, 3e rue à droite après Le Cougou. Mai-oct. Compter 60-84 € pour 2.* À proximité du canal, dans une demeure du XIXe s recouverte de vigne vierge, chambres de charme avec accès indépendant répondant aux noms de « Douceur bambou » et « Ardoise violette » pour la familiale en duplex avec cuisine. Confortables, presque luxueuses, de vrais petits nids d'amour, au calme, autour d'une cour fleurie d'hortensias.

Où manger à Guenrouët et dans les environs ?

La Crêperie du Port – Le PK 73 : *60, rue du Pont-Saint-Clair. ☎ 02-40-87-69-00. Immanquable avec sa façade orange flashy, surplombant le port. Ouv tlj sf mar, service 12h-21h. Carte 10-15 €.* Bon choix d'excellentes galettes, certaines accompagnées de produits nobles comme la Saint-Jacques ou le saumon. Au dessert, on tentera la crêpe exotique à l'ananas flambée au rhum, un régal ! Bon accueil et agréable vue sur le port de la terrasse ensoleillée.

Le Paradis des Pêcheurs : *au Cougou. ☎ 02-40-87-64-10. • leparadisdespecheurs@wanadoo.fr • ♿ En sortant de Guenrouët, sur la route de Saint-Gildas, prendre la route de Fégréac à droite et continuer sur 6 km ; à côté d'une charmante chapelle, en pleine campagne. Congés vac scol fév. Tlj sf mer et soir lun-mar, jeu et dim. Menus 12,80 € (déj en sem), puis 24,70-40,80 €. Café offert sur présentation de ce guide.* Cuisine traditionnelle à base de produits frais, servie dans un cadre agréable ouvert sur un joli parc. Excellent foie gras maison et très bon accueil.

À voir. À faire à Guenrouët et dans les environs

L'église de Guenrouët : étonnante avec ses vitraux qui rappellent des lieux sacrés et leurs saints. Mais l'église est surtout célèbre pour ceux commémorant les combats de la poche de Saint-Nazaire. Très coloré et surprenant.

La base de loisirs de Guenrouët : *face au port. ☎ 02-40-87-64-18 (mairie). Juin-août, tlj 13h-19h. Entrée piscine : env 4 € ; réduc.* Environ 600 m² de bassin, avec toboggan aquatique, bain à remous et plages vertes. La piscine épouse la forme du vallon sur lequel elle a été construite, donnant l'impression aux baigneurs de se fondre dans le paysage. Également des tennis et un minigolf. Du pied de la base, depuis le port, une jolie balade le long du chemin de halage permet de rejoindre l'écluse de Melneuf (circuit du Canal). Parfait pour un pique-nique.

L'église de Saint-Gildas-des-Bois *(44530)* : *visite guidée gratuite en juil-août, jeu à 15h30 ; prévoir 1h30. Rens en saison à l'office de tourisme.* Église abbatiale des XIIe et XIIIe s. Bien restaurée après les bombardements du 12 août 1944, qui détruisirent la toiture. Enfin une église romane ! La nef remonte au XIIe s, le chœur aussi. L'ancienne clôture du chœur des moines porte la date de 1711. Elle a été aménagée en porche intérieur, lors de la transformation, en 1840, de l'ancienne église abbatiale en église paroissiale. Superbe grille en fer forgé style Louis XIV et stalles sculptées du XVIIIe s. On appréciera particulièrement les nouveaux vitraux en verre monochrome et en relief réalisés par Pascal Convert d'après des photos d'enfants aliénés du XIXe s. L'effet est saisissant !

– ***Location de canoës-kayaks :*** **Club Isac,** *☎ 02-40-87-64-23. 📱 06-63-46-85-57. Fin juin-début sept, tlj 14h-19h ; mai-juin et sept, le mat sur résa.* Prévoir une tenue de rechange. Bivouac possible.

➢ ***Balade guidée avec un âne :*** **Aux Ânes... etc.,** *hameau de L'Ongle. ☎ 02-40-51-70-16. • aux-anes-etc.com • À env 4 km du centre-ville, direction Quilly, à gauche. Tte l'année 10h-18h. Sur résa. Compter 47 €/j. et par âne.* Balade avec un âne bâté sur les bords du canal. Plaît beaucoup aux enfants. Propose également une formule 2-3 jours (hébergement en cabane ou yourte).

Manifestation

– ***Les Rencontres franco-américaines de musique de chambre :*** *15-20 août. • rencontresfrancoamericaines.fr •* Festival de musique classique. Outre les nombreux concerts gratuits, un pique-nique musical est organisé.

LA VALLÉE DU DON

Carte Loire-Atlantique, B-C1

Avant de se jeter dans la Vilaine, la rivière traverse des paysages variés offrant des promenades agréables aux randonneurs à pied, à vélo ou en canoë. Les rives, presque toujours boisées, sont parfois escarpées, ponctuées par quelque rocher hanté ou chapelle miraculeuse.

MARSAC-SUR-DON (marzheg ; 44170)

Tranquille bourgade agricole, riche encore de quelques petits châteaux.

Où dormir ?

Hôtel du Don : *16, rue du Général-de-Gaulle. ☎ 02-40-87-54-55. • hotel-du-don@wanadoo.fr • hotel-dudon.fr • Congés : 3 premières sem d'août. Double 48 €. Parking en face.* Ambiance cosy dans les 4 petites chambres tenues par Thérèse et accueil des plus chaleureux et attentionné.

GUÉMENÉ-PENFAO (gwenvenez-penfaou ; 44290)

À ne pas confondre avec Guémené-sur-Scorff (Morbihan), célèbre pour son andouille.
Guémené-Penfao est une petite ville qui se glorifie d'abriter une maison où a séjourné Du Guesclin. L'église a été reconstruite à la fin du XIXe s, comme

beaucoup d'autres de Loire-Atlantique, et s'est vu ajouter, il y a quelques années, un clocher extérieur, car, faute de moyens suffisants, elle en était jusqu'ici privée. Le Don traverse la ville, pour le plaisir des randonneurs. Un peu plus loin, le château de Juzet, tout droit sorti d'un conte de fées, domine la rivière.

Où dormir ?

⛺ ⌂ **Camping L'Hermitage :** *46, av. du Paradis.* ☎ *02-40-79-23-48.* 📱 *06-88-50-39-37.* • *camping.hermitage@orange.fr* • *campinglhermitage.com* • ♿ *Ouv avr-oct (tte l'année sf janv-fév pour le gîte). Résa conseillée en été. Prix tente : 13,50-19 €. Quelques mobile homes, bungalows toilés : 273-406 €/sem. Prix caravane : 245 €/sem. CB refusées. 80 empl.* Camping établi dans un cadre verdoyant et calme, à environ 1 km du bourg. Également un gîte de groupe pour 20 personnes *(16 €/pers).* Jeux et animations pour enfants, soirées en haute saison. Piscine.

À voir dans les environs

★★ ***Guénouvry*** *(44290) : à 5 km au sud de Guémené, par la D 125 ou en suivant l'itinéraire fléché.* Jolie petite *chapelle* dite *des Lieux-Saints,* perdue en pleine campagne, sur un site panoramique dominant la vallée *(ouv le dim ou sur demande à la Maison du tourisme).* Fresques surprenantes relatant le passage d'Anne de Bretagne dans les environs, et petit pèlerinage le dernier week-end de juillet. Étape de plusieurs randos.

★ ***La chapelle Saint-Benoît :*** *44290* ***Masserac.*** *À 10 km au nord-ouest de Guémené, dans l'un des derniers villages au nord du département.* Chapelle du XIe s, avec, à l'intérieur, le tombeau (et les reliques) de saint Benoît. On y entre par le cimetière et par une immense porte-baie vitrée.

➢ ***La voie romaine de Marsac*** *(44170) : en sortie de Marsac, route de Conquereuil.* Une fois passé le pont, on trouve cette voie romaine qui rejoint la forêt du Gâvre au site de Pont Veix, à 4 km. Un petit dépliant (remis dans les offices de tourisme), *Le Carnet de route de la fée Joyance,* détaille les différentes bornes croisées tout au long du trajet. Agréable promenade de 2h aller-retour.

LE PAYS DE CHÂTEAUBRIANT ET LE PAYS DE LA MÉE (DU MILIEU)

On arrive ici au bord de la vraie Bretagne. C'est le pays de la Mée, c'est-à-dire du Milieu, car au centre du triangle Nantes-Rennes-Angers. C'est un pays boisé, joliment vallonné, clairsemé d'anciennes forges, d'étangs et de rivières, où l'on peut faire de belles balades.

CHÂTEAUBRIANT [kastell-briant]

(44110) 12 800 hab. *Carte Loire-Atlantique, C1*

Au bord de la Chère, son imposant château féodal défendait les portes de la Bretagne. Avec ses petites rues bordées d'hôtels particuliers et ses maisons

à colombages, Châteaubriant retient l'attention... C'est bien d'ici que vient la pièce de viande du même nom. Terre d'élevage bovin, la bonne viande n'y est évidemment pas rare. Et pour ce qui est de l'écrivain Chateaubriand (avec un « d »), sa famille descend effectivement des Brient (avec un « t » et un « e » !), fondateurs de la ville. Autre figure célèbre liée à Châteaubriant, Françoise de Foix, gouvernante d'Anne de Bretagne et favorite de François Ier, qui a laissé son nom à un délicieux chocolat à la praline, inspiré de ceux qu'elle aimait offrir au roi. Désormais, une chaîne de chocolatiers japonais porte même le nom de *Châteaubriant.* Sophie Trébuchet, quant à elle, passa beaucoup de temps à Châteaubriant, où elle rencontra Léopold Sigisbert Hugo, en garnison. Ils deviendront les parents d'un petit Victor...

Comment y aller ?

➢ ***En train ou en bus :*** plusieurs possibilités. Soit le TER de Rennes à Châteaubriant ; soit le bus d'Angers à Châteaubriant ; soit le bus de Nantes à Châteaubriant via Nort-sur-Erdre ; soit le tram-train Nantes-Châteaubriant.

– ***Renseignements SNCF :*** *☎ 36-35 (0,34 € TTC/mn).*

– ***Renseignements bus réseau Lila :*** *☎ 0800-880-893 (n° Vert). Horaires sur • cg44.fr •*

Adresse et info utiles

ℹ ***Office de tourisme :*** *29, pl. Charles-de-Gaulle. ☎ 02-40-28-20-90. • accueil@tourisme-chateaubriant.fr • tourisme-chateaubriant.fr • Mar-sam.* Organise toute l'année des expos et visites de la ville *(mar en juil-août ; GRATUIT).* Propose également différentes billetteries. Très bon programme estival d'animations.

– ***Marché aux bovins :*** *ts les mer, à partir de 7h30, sur le foirail.* Le 3e marché de France pour les gros bovins et le 2e pour les bovins maigres. Très animé.

Où dormir ? Où manger ?

Camping

⛺ ***Camping municipal Les Briotais :*** *rue de Tugny. ☎ 02-40-81-14-38 ou 02-40-81-02-32. • h.menet@ville-chateaubriant.fr • ♿ À env 1,5 km au sud-est du centre-ville. Ouv mai-fin sept. Prix tente en hte saison : 8,50 €. CB refusées. 35 empl.* Camping aménagé en bordure du stade des Briotais et du bois de Tugny. Très calme. Emplacements délimités ou non. Blocs sanitaires bien tenus.

De bon marché à prix moyens

🏠 ***Hôtel Le Quai 3 :*** *3, rue de la Gare. ☎ 02-40-28-14-36. • e.herve973@laposte.net • Résa conseillée. Double 56 €.* 📶 Face à la gare mais au calme. Chambres au papier fleuri, bien entretenues et refaites progressivement par les nouveaux proprios.

🍴 ***Crêperie Le Bilig :*** *1, rue Joseph-Hervouet. ☎ 02-40-81-48-49. • lebilig@wanadoo.fr • Fermé dim-lun. Congés : 2 sem fin avr, 3 sem fin août et 1 sem fêtes de fin d'année. Formule déj en sem 12 € ; menus 16-28 €. Café offert sur présentation de ce guide.* Une crêperie-bistrot originale, à côté de l'église Saint-Nicolas, dans un cadre plaisant, avec murs en schiste et en grès et belle cheminée. Cuisine de maison et délicieuses galettes. Très chaleureux.

🍴 ***Au Vieux Castel :*** *25, rue Pasteur. ☎ 02-40-81-12-51. À deux pas de la pl. de la Motte. Ouv tlj sf lun tte la journée et mer soir, jusqu'à 23h. Congés : 2 sem fin avr-début mai et fin sept. Formules déj 10-13,90 € ; menu 19,90 €.*

La spécialité de la maison, c'est la cuisine au feu de bois, dont le châteaubriant accompagné de sa patate du *Vieux Castel.* Cadre sans façons avec vieux outils aux murs et terrasse fleurie à l'arrière où l'on va dès que le temps le permet.

De prix moyens à chic

L'Auberge Bretonne : *23, pl. de La Motte. ☎ 02-40-81-03-05. • auberge.bretonne@orange.fr • aubergebretonne.com • Sur la place centrale. Resto fermé dim soir, lun et mar. Doubles 58-140 € selon confort. Formule déj 19,80 € ; menus 27,80-38 €.* Plus classique relookée au goût du jour que bretonne, cette auberge tient la route : belles chambres flambant neuves. Table sans reproche, y compris le petit déj. Profitez-en pour goûter à leur excellent châteaubriant. Nos lecteurs peu portés sur la viande trouveront sûrement leur bonheur dans l'excellent choix de poissons proposé par la maison.

Le Poêlon d'Or : *30 bis, rue du 11-Novembre. ☎ 02-40-81-43-33. Près de l'hôtel de ville. Tlj sf dim soir et lun. Congés : 2 sem en juil-août. Menus 17 € (en sem) puis 26-55 €.* On conseille la formule la moins chère, plus que convenable. Ça sent bon les petits plats de pays, concoctés par le chef, à base de poissons, de produits frais et de saison, dont le châteaubriant au foie gras. Délicieux desserts maison et belle carte des vins. Bref, l'adresse classe en ville pour les routards gastronomes.

Où acheter des « Françoise-de-Foix » ?

Confiserie Merlet : *6, rue Aristide-Briand. ☎ 02-40-81-00-46. À deux pas de la mairie.* C'est ici qu'il faut acheter la délicieuse spécialité locale, la « Françoise-de-Foix ». On raconte que pour continuer de plaire à François Ier, son amant, la belle comtesse Françoise de Foix avait conçu cette friandise. Apparemment efficace puisque leur liaison dura 10 ans. Il s'agit d'une sorte de bouchée entourée de chocolat noir, doublé à l'intérieur d'une fine couche de praliné, et enveloppant des raisins macérés dans de l'alcool (péché mignon du roi !). Attention, ouvrez grande la bouche, ça coule !

À voir. À faire

Le château : *☎ 02-40-28-20-20. Accès gratuit au parc du château 7h30-18h (20h mai-sept). Visites guidées tte l'année : mai-sept, tlj sf mar à 11h, 14h30 et 16h ; hors saison, sam-dim à 15h30. Visite découverte : 2,50 € ; réduc. Gratuit moins de 10 ans. Demander le livret de jeux « Oh La L.A. Quelle aventure ! ». Expositions gratuites, nombreuses animations.*
Fondé au Xe s par Brient, le château s'impose très vite comme une place forte contrôlant l'une des principales routes d'accès à la Bretagne. Initialement bâti sur le modèle de la motte féodale, la forteresse s'affirme au fil des siècles et se dote d'éléments défensifs marquant sa présence face à l'ennemi français. Ainsi, son imposant donjon se dresse au-dessus de la Chère et défie toute tentative d'incursion. Mais ses épais remparts ne résistent pas à l'artillerie de l'armée française lors du siège d'avril 1488, lorsque Charles VIII entame une conquête des forteresses bretonnes, prémices du rattachement officiel du duché de Bretagne au royaume de France.
Malgré les coûteuses réparations engagées par Françoise de Dinan pour redonner à la vieille forteresse son prestige disparu, le château perd son rôle défensif pour laisser place à de nouvelles constructions témoignant du goût de l'époque pour l'architecture Renaissance encouragée par François Ier. Le château devient ainsi résidentiel, et sous l'impulsion de Jean de Laval, seigneur des lieux et gouverneur de Bretagne, se dote de bâtiments rivalisant d'élégance, où se rencontrent schiste,

brique et tuffeau. Au-delà de ces merveilles architecturales, le château renferme en ses murs secrets et autres légendes, dont celle de Françoise de Foix, épouse de Jean de Laval et maîtresse du roi François Ier, disparue soudainement dans la nuit du 16 au 17 octobre 1537... Allez vous asseoir sur « le siège qui parle » dans la chambre dorée et écoutez-le raconter que depuis cette nuit-là, un étrange cortège revient chaque nuit anniversaire de ce drame...

La vieille ville : *axée sur la Grande-Rue, prolongée par la rue de Couéré.* Quartier commerçant et semi-piéton qui garde quelques belles maisons. Au nº 24, rue de Couéré, notamment, celle dite « de l'Ange » où séjourna Sophie Trébuchet, mère de Victor Hugo. Nombreuses maisons à pans de bois. Plan détaillé et gratuit (avec explications et petit circuit) auprès de l'office de tourisme, ou visite accompagnée. Noter également la hauteur (67 m) de l'église Saint-Nicolas.

Le théâtre de Verre : *27, pl. Charles-de-Gaulle (face au château). ☎ 02-40-81-19-99.* Ce cube de verre de 12 m de haut, l'une des fiertés récentes de la ville, accueille concerts, spectacles... Il est soutenu par de massifs poteaux de bois rouge orangé plantés sur le sol schisteux de la ville. Dans la salle de spectacle, un procédé original de murs inclinés permet d'en diriger le son vers le centre.

L'église Saint-Jean-de-Béré : *rue du Prieuré-de-Béré, au nord de la ville, route de Bain-de-Bretagne. Visite commentée possible via l'office de tourisme (sur résa).* Cette belle église abritait au Moyen Âge (XIe s) le siège d'un doyenné important qui contrôlait quelque 70 paroisses. Sa conception architecturale en grès armoricain rompt avec les architectures habituelles et mérite un coup d'œil. Beau retable lavallois, triptyque en marbre noir et gris rosé.

La carrière des fusillés La Sablière : *à 2 km, sur la route de Pouancé ; indiqué sur la gauche. ☎ 02-40-28-60-36. Visite libre avec audiophone. Musée ouv tte l'année mer et sam 14h-17h. GRATUIT.* Vous voici sur les lieux où furent exécutés 27 otages par les nazis le 22 octobre 1941, en représailles à l'exécution du colonel Hotz à Nantes (en plus des 16 à Nantes et 5 à Paris). Les stèles du souvenir côtoient les poteaux d'exécution dans cette clairière en contrebas de la route. Parmi les victimes, Guy Môquet (17 ans !), Charles Michels, Jean-Pierre Timbaud, des noms tristement connus, que portent aujourd'hui rues et stations de métro. Les corps furent volontairement enterrés à la va-vite dans des villes voisines, afin que les familles ne puissent pas facilement venir se recueillir. Commémoration chaque année, le dimanche le plus proche du 22 octobre. Un ***musée*** sur place, fort bien aménagé, retrace les événements et expose quelques-uns des objets personnels des exécutés. Un lieu saisissant et plein d'émotion.

La maison Huard : *6, rue Guy-Môquet. Juil-août, mer et dim 14h30-18h, sam 9h-12h, 14h-18h. Entrée : 1 €.* La maison familiale Huard a été transformée en musée et retrace l'histoire de cette entreprise sur la période de 1863 à 1897. Elle représentait dans les années 1950 plus de la moitié de la production française de charrues.

➢ **La voie verte, de Châteaubriant à Rougé :** *accès libre.* Anciennement voie de chemin de fer de 11 km reliant Rougé, réservée aux randonneurs, vélos, rollers ou personnes en fauteuil roulant (interdit aux véhicules à moteur), pour une promenade à travers la campagne du pays de Châteaubriant en toute sécurité.

Manifestation

– **Foire de Béré :** *le 2e w-e de sept.* Elle se tient sur le champ de foire, à côté de l'église romane de Béré, depuis presque un millénaire (1049). Accueille quelque 50 000 visiteurs chaque année.

LE PAYS DE LA MÉE

Carte Loire-Atlantique, C-D1-2

Région historique très ancienne située à égale distance de Nantes, Rennes et Angers, le pays de la Mée, ou « pays du Milieu », est déjà mentionné dans les textes au début du XIe s. Il s'étend alors entre l'Erdre, au sud, et le Semnon, au nord. Il fut un lieu d'affrontements mais aussi de commerce et d'échanges.

Adresses utiles

Office de tourisme de la région de Nozay : *9, rue de l'Église, 44170* ***Nozay.*** *☎ 02-40-79-31-64. • accueil@tourisme-nozay.fr • tourisme-nozay.fr • Ouv tlj sf lun mat et dim en saison ; fermé lun, jeu, sam ap-m et dim hors saison.* Expos temporaires. Billetterie spectacles.

Office de tourisme de Derval : *20, pl. Bon-Accueil (pl. de l'église). ☎ 02-40-07-70-10. • info@tourisme-derval.fr • tourisme-derval.fr • Tlj sf lun mat, jeu, sam ap-m et dim.*

Association de sauvegarde du patrimoine historique et artistique de Nozay et sa région *(ASPHAN) : 25, rue du Vieux-Bourg, au vieux bourg de* ***Nozay.*** *☎ 02-40-79-34-29. • asphanozay@gmail.com • asphan.fr • En venant de l'église de Nozay, passer le long du jardin public, puis sur la droite. Permanence sam 10h-12h30. Enclos du vieux bourg et carrière de la Pierre bleue ouverts à la visite de mi-juin à mi-sept ; en dehors de cette période, les contacter.* Une association qui se bat pour préserver et valoriser le patrimoine de la commune et des environs.

Où dormir dans le coin ?

De bon marché à prix moyens

Gîtes ruraux chez Cécile et Armand Châtellier : *La Ferronnais, 44520* ***Moisdon-la-Rivière.*** *☎ 02-40-07-62-84. • armand.chatellier@orange.fr • gites-de-france-44.fr/la_ferronnais • À 2,5 km de la forge neuve. Compter 265-550 €/sem pour 6 pers ; également loc à la nuit ou w-e. Un verre de vin et un gâteau offerts sur présentation de ce guide.* Bon accueil. Animaux bienvenus. Possibilité de visiter la ferme sur place.

Chambres d'hôtes La Maison du Meunier : *6, rue des Acacias, 44590* ***Mouais.*** *☎ 02-40-07-08-07. 📱 06-26-48-32-98. • maisondumeunier@wanadoo.fr • maisondumeunier.fr • Au cœur du village. Fermé de mi-janv à mi-fév. Compter 52 € pour 2. Table d'hôtes sur résa 18 €.* 3 agréables chambres d'hôtes situées soit en rez-de-chaussée, soit au-dessus de l'ancienne maison du meunier (XVe s). L'une d'elles donne sur l'ancien auditoire de justice, flanqué d'une jolie tourelle. Petit déj et dîner servis dans la pièce principale, près de l'imposante cheminée. Cuisine préparée principalement avec les produits bio du potager de Jean-René. Délicieuses confitures maison, bien sûr. Charmant parc qui descend doucement jusqu'à la rivière. Possibilité de canoë et de visite du village avec Danielle, passionnée par son histoire (et par celle des environs) au point d'en écrire un livre. Une maison où l'on se sent bien, tout simplement.

Chambres d'hôtes chez Mme Habay : *1, rue de Nantes, 44590* ***Derval.*** *☎ 02-40-07-72-97. • annie.habay@wanadoo.fr • manoirdebellevue-derval.fr • Compter 52 € pour 2 selon confort. Table d'hôtes sur résa 17 €.* Cette belle et grande maison du XVIIe s, sagement lovée derrière de grands marronniers, est un refuge bienvenu. Vieilles comtoises, cheval à bascule et petite expo de faïences (7 000 pièces tout de même !) dans les écuries de la propriété. Accueil chaleureux. Également un gîte pour 4 personnes dans les dépendances.

Chambres d'hôtes chez Pierre et Monique Marzelière : *Grand-Jouan, 44170* ***Nozay.*** *☎ 02-40-79-45-85. • pierre.marzeliere@wanadoo.fr • grand-jouan.fr • Compter 55 € pour 2 ; familiale également.* 4 chambres dans une ancienne ferme-école d'agriculture créée au XIXe s. Salon et salle à manger réservés aux hôtes. Parc. Des box pour chevaux sont à la disposition des randonneurs équestres.

Chic

Chambres d'hôtes la Forgeraie : *La Hunaudière, 44590* ***Sion-les-Mines.*** *☎ 02-40-28-45-21. 06-74-69-35-16. • contact@laforgeraie.com • laforgeraie.com • Compter 70 € pour 2.* Sur le site de la mine, dans un ensemble de bâtiments du XVIIe s, avec un jardin paysager, des chambres d'hôtes de qualité. Renseignez-vous toutefois, la maison accueille parfois mariages et autres réceptions.

Où manger dans le coin ?

Le Relais Glainois : *1, rue Flavier, 44670* ***La Chapelle-Glain.*** *☎ 02-40-55-50-42. • contact@lerelais-glainois.com • Au centre du bourg. Tlj sf mer et soir des ven et dim. Congés : 15 j. en fév et 5 j. en juil-août. Formule déj en sem 11 € ; menu 15 €.* Les noceurs ne s'y trompent pas, puisqu'ils s'y retrouvent. Une bonne adresse sans caractère particulier mais avec parfois une touche exotique, où l'on travaille en famille, sans prétention. Accueil simple et agréable.

Crêperie La Bonne Éloi : *dans l'ancienne maison des maîtres de forge de la Hunaudière, 44590* ***Sion-les-Mines.*** *☎ 02-40-28-45-85. • labonneeloi@gmail.com • Pâques-juin et sept-fin vac Toussaint (ven soir, sam soir et dim ; en juil-août, tlj sf lun à partir de 16h. Carte 12-18 €.* Excellentes galettes et crêpes toutes fabriquées à la commande avec la farine du moulin du Pont Godalin (lire plus loin dans « À voir dans le coin »). Aux beaux jours, il est bien agréable de s'installer sous les arbres au bord de la rivière.

À voir dans le coin

L'église de Saint-Julien-de-Vouvantes *(44670) : tlj 10h-18h.* La plus vaste église de Loire-Atlantique après celle de Nantes. À la voir, on se dit qu'elle doit être bien vieille... eh bien, pas tant que cela. Elle n'a en fait qu'un peu plus de 100 ans, et c'est un modèle de style néogothique. Une vingtaine de gargouilles de cette église ont été classées Monument historique. Elle se trouve sur la route d'un vieux pèlerinage qui reliait Marseille à Brest. Le long de cette « route des galériens », on retrouve, notamment à Brioude, des saint Julien et des croix « julienne » en ardoise. Et c'est là que le miracle eut lieu. L'un de ces galériens, évoquant saint Julien, fut libéré de ses chaînes. Un petit circuit pédestre de 3 km permet, au départ de l'église, de faire le tour du village en passant par le cimetière, le lavoir, l'étang et la chapelle Sainte-Anne.

Le château de la Motte-Glain : *44670* ***La Chapelle-Glain.*** *☎ 02-40-55-52-01. De mi-juin à mi-sept, tlj sf mar 14h30-18h30. Compter 45 mn de visite. Entrée : 7,50 € ; réduc.* Ce château, en grès armoricain, pierre et tuffeau sculptés, vaut le détour, surtout pour l'extérieur à vrai dire, avec ses deux grandes tours. Au XIe s, le bouillant Warm de Rougé participe à la première croisade. Un de ses fils fait édifier une demeure fortifiée sur ce vaste terrain. De cette « motte » provient le nom de La Motte-Glain, puis La Chapelle-Glain, lieu de culte de l'actuelle commune du même nom. C'est principalement le maréchal de Gié (Pierre de Rohan) qui reconstruisit le château, vers la fin du XVe s, pour recevoir Charles VIII et Anne de Bretagne. Charles IX et Catherine de Médicis y séjournèrent également. De la cour centrale, on a un point de vue imposant sur les bâtiments, dont une partie a été restaurée. À l'intérieur, quelques pièces et trophées, des salles Renaissance et leurs belles cheminées, la chapelle du château ornée d'une fresque du XVe s, et un superbe escalier en pierre bleue de Nozay, dont la rusticité est aussi flagrante qu'élégante. À noter que le château n'a connu qu'une seule vente dans toute son histoire, en... 1635 ! Et si vous désirez découvrir la jolie petite ***église de Saint-Sulpice*** et ses fresques, à 2 km, dites-le à la châtelaine, qui en possède la clé.

Moisdon-la-Rivière (44250) : connu essentiellement pour ses forges et pour l'unique église romane fortifiée du département, avec, à l'intérieur, une statue de saint Éloi, patron des métallurgistes. Quant à la *forge neuve*, très bien conservée, elle fut fondée sur décision du prince de Condé en 1668. L'ancienne halle à charbon abrite un récent ***musée des Forges*** *(☎ 02-40-28-20-90 ; juin-sept, jeu-dim, 15h-19h ; GRATUIT).* Une exposition très didactique sur le passé minier du pays de Châteaubriant et la place importante qu'y occupe – jusqu'à aujourd'hui – la métallurgie.

SALE HISTOIRE

Initié par le gouvernement de Vichy dès avril 1940, généralisé par les nazis en octobre de cette même année, l'internement de ceux que l'on appelait alors « nomades » ou « tziganes » est un peu oublié des livres d'histoire (voir également nos pages sur Montreuil-Bellay en Maine-et-Loire). Pourtant... Dans les anciennes forges de Moisdon-la-Rivière ont été détenus entre 1940 et 1942 plusieurs centaines de « gens du voyage ». Avec des conditions d'hygiène déplorables entraînant un effarant taux de mortalité, notamment infantile...

Le grand réservoir de Vioreau : beau plan d'eau de 200 ha, le plus grand bassin artificiel du département, imaginé par Napoléon Ier et destiné à alimenter le canal de Nantes à Brest. On découvre ***Nort-sur-Erdre*** (44390) avec sa rigole alimentaire, aux quatre aqueducs, qui longe un sentier bordé de chênes et de châtaigniers. Plages aménagées, location de planches à voile, dériveurs, canoës, kayaks, embarcations à pédales. Aires naturelles de camping. Au nord, la forêt de Vioreau, l'une des plus agréables de Loire-Atlantique. Deux sentiers de randonnée traversent la commune : le circuit du Petit Vioreau et le circuit du Grand Vioreau.

Le site de l'ancienne mine d'étain : *44170* ***Abbaretz.*** Coincée entre deux couches de schiste, la cassitérite (pour ceux que ça intéresserait !) affleurait dans cette région. Le minerai, une fois extrait, n'était pas traité sur place. Le site est désaffecté depuis 1958 mais conserve un terril de couleur blanche qui culmine à 70 m de hauteur. En fait, le terril et le lac à côté sont nés simultanément : l'un s'arrondissait quand l'autre se creusait... La grimpette dure quelques minutes (209 marches quand même !), et du sommet, on profite d'une vue panoramique sympa sur la région. Circuit de randonnée de 8 km autour du terril, de l'étang et de l'ancienne cité minière. *Ponctuellement, sorties commentées en juil-août : rens auprès des offices de tourisme de Nozay ou de Derval (voir plus haut « Adresses utiles »).*

Le musée Agri-rétro : *au* ***Houx,*** *44170 Abbaretz. ☎ 02-40-55-19-71. À 8 km d'Abbaretz, sur la route entre Nort et Issé (D 69). Fin avr-début oct, ouv mar-dim 10h-19h ; hors saison, sur rdv. Entrée : 4 € ; gratuit moins de 12 ans.* Quelque 200 tracteurs, batteuses, charrues, matériel de traite, outils d'exploitation en tout genre... réunis et exposés sur 2 300 m^{2} par un passionné, Rogatien Mortier, depuis... hou ! bien longtemps ! Vous saurez tout ou presque sur le machinisme agricole de la région de 1910 à 1960.

Nozay (44170) : petit bourg localement célèbre pour ses anciennes carrières de schiste, appelé communément pierre bleue. C'est dans la partie ancienne du village qu'il faut se rendre pour découvrir ces singulières haies en schiste, les « palis », et leur utilisation dans l'habitat local. À voir également, l'enclos du vieux bourg dans lequel se trouve l'ancienne église fondée au XIIe s et agrandie aux XVe et XIXe s, qui possède des peintures murales de la Renaissance. *De mi-juin à mi-sept, mer et ven-dim 15h-19h ; le reste de l'année, sur rdv. Visite guidée conseillée avec un membre de l'ASPHAN (voir plus haut « Adresses utiles »).*

Mouais (44590) : le plus petit village de Loire-Atlantique est noyé dans la verdure. Voir la *chapelle Saint-Marcellin,* du IXe s (demander la clé à la mairie). Descendre la rue du Lavoir : belles demeures anciennes en pierre bleue, avec leur puits et leur four à pain. Balade le long de la Mée (lavoir, moulin avec roue à aubes), parcours avec jeux pour enfants...

Les forges de la Hunaudière : *44590* **Sion-les-Mines.** ☎ *02-40-28-94-29.* • *lesforgesdelahunaudiere.fr* • *Visites organisées par l'Association des amis des forges de la Hunaudière, mar ap-m sur rdv. Compter 4 € ; réduc.* Les forges ont cessé leur activité en 1882. Mais le site reste vraiment superbe. On y découvre l'atelier de fonderie où d'anciens ouvriers exécutent des copies d'anciennes pièces fabriquées à la Hunaudière, et forment leurs successeurs pour perpétuer ce savoir-faire. En été, le 2e dimanche d'août se déroule sur le site un marché campagnard.

L'écomusée du moulin du Pont Godalin : *sur la rivière de la Chère, au lieu-dit du Pont, à 4 km au sud-est de Sion (route de Saint-Aubin). L'association de sauvegarde du moulin y a installé un petit musée de la Meunerie et de la Boulangerie.* ☎ *02-40-28-99-84.* • *moulindupont.ouvaton.org* • *Ouv mar mat et certains dim en juil-août (visite guidée slt) ; également en juin pour la fête des moulins et aux Journées du patrimoine. Entrée : 3,50 € ; réduc.* L'activité du moulin avait cessé en 1968, mais grâce à l'association, il reprend du service lors des manifestations citées précédemment : ces journées-là, on peut déguster des galettes et emporter son pain de campagne au blé noir. La roue hydraulique (5,50 m de haut) est d'origine mais elle a été rénovée.

La chapelle des Templiers : *44110* **Saint-Aubin-des-Châteaux.** À voir surtout pour sa charpente taillée à la hache. Demander la clé à la mairie, ou au no 1, impasse des Templiers. Au passage, remarquer l'habitat rural. Les murs des vieilles maisons basses (longères) mélangent grès ferrugineux et schistes. Les huis ou les linteaux des portes sont en bois. L'accès à l'étage se fait par des chiens-assis, qu'on appelle ici « gerbières ».

La demeure de René-Guy Cadou *(1920-1951) : 44110* **Louisfert.** ☎ *02-40-81-22-64. Descendre la rue en face de l'église ; c'est sur la gauche à 50 m, à la cour d'école. 1er juil-1er sept, jeu-dim 14h-18h30. Compter 45 mn de visite. Entrée : 2 € ; réduc ; gratuit moins de 12 ans.* Les étudiants en littérature ou les amoureux de poésie iront visiter ce musée dédié à René-Guy Cadou, situé dans l'ancienne école où il était instituteur et où il mourut, très jeune, à 31 ans. Lieu émouvant, avec photos, recueils, correspondances, objets, dessins, qui rappellent cet artiste, ami de Paul Fort, Blaise Cendrars, Jean Giono, mais aussi de Max Jacob, avec lequel il correspondra jusqu'à sa mort. L'homme laissa son empreinte poétique dans la région, au point que de nombreux établissements scolaires portent aujourd'hui son nom.

les ROUTARDS sur la FRANCE 2015-2016

(dates de parution sur • **routard.com** •)

Découpage de la FRANCE par le ROUTARD

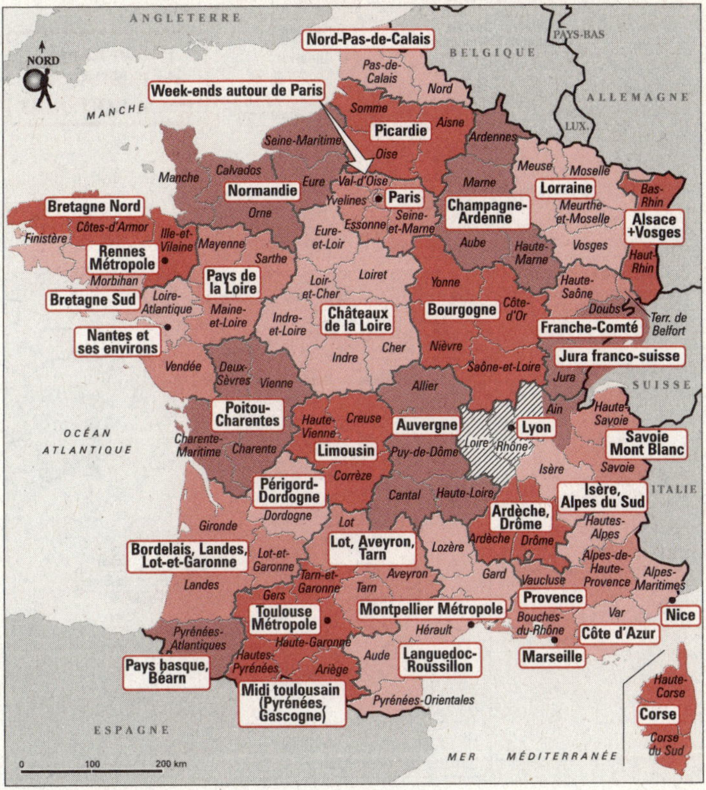

Autres guides nationaux

- La Loire à Vélo (février 2015)
- Les grands chefs du Routard
- Nos meilleurs campings en France
- Nos meilleures chambres d'hôtes en France
- Nos meilleurs hôtels et restos en France
- Nos meilleurs sites pour observer les oiseaux en France
- Tourisme responsable

Autres guides sur Paris

- Paris
- Paris à vélo
- Paris balades
- Restos et bistrots de Paris
- Le Routard des amoureux à Paris
- Week-ends autour de Paris

les ROUTARDS sur l'ÉTRANGER 2015-2016

(dates de parution sur • **routard.com** •)

Découpage de l'ESPAGNE par le ROUTARD

Découpage de l'ITALIE par le ROUTARD

Autres pays européens

- Allemagne
- Angleterre, Pays de Galles
- Autriche
- Belgique
- Budapest, Hongrie
- Crète
- Croatie
- Danemark, Suède
- Écosse
- Finlande
- Grèce continentale
- Îles grecques et Athènes
- Irlande
- Islande
- Madère (mai 2015)
- Malte
- Norvège
- Pologne
- Portugal
- République tchèque, Slovaquie
- Roumanie, Bulgarie
- Suisse

Villes européennes

- Amsterdam et ses environs
- Berlin
- Bruxelles
- Copenhague
- Dublin
- Lisbonne
- Londres
- Moscou
- Prague
- Saint-Pétersbourg
- Stockholm
- Vienne

les ROUTARDS sur l'ÉTRANGER 2015-2016

(dates de parution sur • *routard.com* •)

Découpage des ÉTATS-UNIS par le ROUTARD

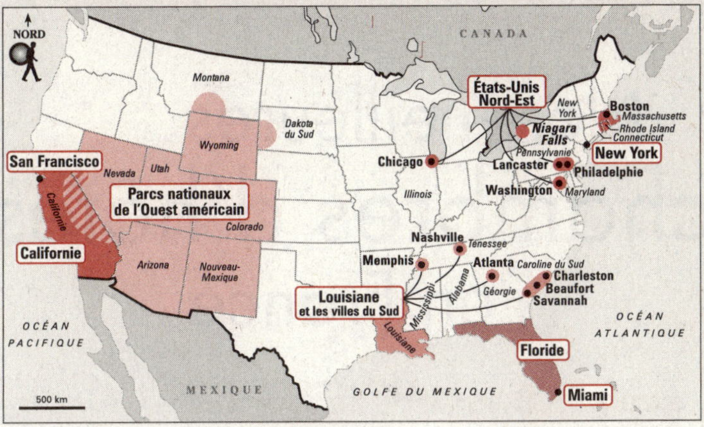

Autres pays d'Amérique

- Argentine
- Brésil
- Canada Ouest
- Chili et île de Pâques
- Équateur et les îles Galápagos
- Guatemala, Yucatán et Chiapas
- Mexique
- Montréal
- Pérou, Bolivie
- Québec, Ontario et Provinces maritimes

Asie

- Bali, Lombok
- Bangkok
- Birmanie (Myanmar)
- Cambodge, Laos
- Chine
- Hong-Kong, Macao, Canton
- Inde du Nord
- Inde du Sud
- Israël et Palestine
- Istanbul
- Jordanie
- Malaisie, Singapour
- Népal
- Shanghai
- Sri Lanka (Ceylan)
- Thaïlande
- Tokyo, Kyoto et environs
- Turquie
- Vietnam

Afrique

- Afrique de l'Ouest
- Afrique du Sud
- Égypte
- Kenya, Tanzanie et Zanzibar
- Maroc
- Marrakech
- Sénégal
- Tunisie

Îles Caraïbes et océan Indien

- Cuba
- Guadeloupe, Saint-Martin, Saint-Barth
- Île Maurice, Rodrigues
- Madagascar
- Martinique
- République dominicaine (Saint-Domingue)
- Réunion

Guides de conversation

- Allemand
- Anglais
- Arabe du Maghreb
- Arabe du Proche-Orient
- Chinois
- Croate
- Espagnol
- Grec
- Italien
- Japonais
- Portugais
- Russe
- G'palémo (conversation par l'image)

Le Routard Express

- Amsterdam (nouveauté)
- Barcelone
- Berlin
- Bruxelles (nouveauté)
- Florence (mars 2015)
- Istanbul (mars 2015)
- Lisbonne (nouveauté)
- Londres
- Madrid
- Marrakech (mars 2015)
- New York
- Prague
- Rome
- Venise

Nos 1200 coups de cœur

- France (nouveauté)
- Monde

PETITS TRUCS ET ASTUCES POUR ÉVITER LES ARNAQUES !

Un routard informé en vaut deux ! Pour éviter les arnaques en tous genres, il est bon de les connaître. Voici un petit vade-mecum destiné à parer aux coûts et aux coups de bambous. À commencer par **l'affichage des prix** : dans les hôtels comme dans les restos, il est **obligatoire** et doit être situé à l'extérieur de l'établissement, de manière visible. Vous ne pouvez donc contester des prix exorbitants que s'ils ne sont pas clairement affichés.

À L'HÔTEL

1 - Arrhes ou acompte ? : au moment de réserver votre chambre par téléphone – par précaution, toujours confirmer par écrit (ou mail) – il n'est pas rare que l'hôtelier vous demande de verser à l'avance une certaine somme, celle-ci faisant office de garantie. Il est d'usage de parler d'arrhes et non d'acompte (en fait, la loi dispose que « sauf stipulation contraire du contrat, les sommes versées d'avance sont des arrhes »). Légalement, aucune règle n'en précise le montant. Toutefois, ne versez que des arrhes raisonnables : 25 à 30 % du prix total, sachant qu'il s'agit d'un engagement définitif sur la réservation de la chambre. Cette somme ne pourra donc pas être remboursée en cas d'annulation de la réservation, sauf cas de force majeure qu'il vous faudra justifier (maladie ou accident) ou en accord avec l'hôtelier si l'annulation est faite dans des délais jugés raisonnables. Si, au contraire, l'annulation est le fait de l'hôtelier, il doit vous rembourser le double des arrhes versées. À l'inverse, l'acompte engage définitivement client et hôtelier.

2 - Subordination de vente : comme les restaurateurs, les hôteliers ont interdiction de pratiquer la subordination de vente. C'est-à-dire qu'ils ne peuvent pas vous obliger à réserver plusieurs nuits d'hôtel si vous n'en souhaitez qu'une. Dans le même ordre d'idées, on ne peut vous obliger à prendre votre petit déjeuner ou vos repas dans l'hôtel ; ce principe, illégal, est néanmoins répandu dans la profession, toléré en pratique, surtout en haute saison... notamment dans les zones touristiques, où la demande est bien plus importante que l'offre ! Bien se renseigner.

> **« QUI DORT DÎNE ! »**
>
> *Cet adage, venu du Moyen Âge, signifie que les hôteliers imposaient le couvert aux clients qui prenaient une chambre. Déjà de la vente forcée !*

3 - Les réservations en ligne : elles se sont généralisées. Par l'intermédiaire de sites commerciaux ou en direct sur les sites des hôtels, elles sont simples et rapides. Mais voilà, les promesses ne sont pas toujours tenues et l'on constate parfois des dérives, notamment via les centrales de résa telles que promos bidons, descriptifs exagérés, avis d'internautes truqués... Des hôteliers s'estiment étranglés par les commissions abusives. N'hésitez pas à contacter l'hôtel sur son site pour vous faire préciser le type de chambre que l'on vous a réservé (sur rue, sur jardin ?).

4 - Responsabilité en cas de vol : un hôtelier ne peut en aucun cas dégager sa responsabilité pour des objets qui auraient été volés dans la chambre d'un de ses clients, même si ces objets n'ont pas été mis au coffre. En d'autres termes, les éventuels panonceaux dégageant la responsabilité de l'hôtelier n'ont aucun fondement juridique.

5 - En cas d'annulation : si vous avez réservé une chambre (sans avoir rien versé) et que vous avez un empêchement, passez un coup de téléphone pour annuler, c'est la moindre des politesses. Trop peu de gens le font, ce qui rend les hôteliers méfiants.

AU RESTO

1 - Menus : très souvent, les premiers menus (les moins chers) ne sont servis qu'en semaine ou que le midi, et avant certaines heures (12h30 et 20h30 généralement). C'est parfaitement légal, à condition que ce soit clairement indiqué sur le panneau extérieur : à vous d'être vigilant et d'arriver dans les bons créneaux horaires ! Il peut arriver que ce soit écrit en tout petit. Par ailleurs, bien vérifier que le « menu d'appel », le moins cher donc, est toujours présent dans la carte qu'on vous donne une fois installé. Il arrive qu'il disparaisse comme par enchantement. N'hésitez pas à le réclamer si vous êtes entré pour ce menu précis.

2 - Le « fait maison » : cette grande « tendance culinaire » de ces dernières années s'oppose aux plats sous-vide ou congelés achetés par les restaurateurs, réchauffés sur place et « agrémentés » d'une petite touche personnelle pour noyer le poisson (ou la souris d'agneau). Depuis 2013, le label « fait maison » permet de vérifier si les plats sont réellement préparés ou non sur place.

3 - Commande insuffisante : il arrive que certains restos refusent de servir une commande jugée insuffisante. Sachez, toutefois, qu'il est illégal de pousser le client à la consommation. Mais l'on peut également comprendre que commander un seul plat pour 3 personnes peut agacer un tantinet le restaurateur. Tout est une question de juste équilibre.

4 - Eau : une banale carafe d'eau du robinet est gratuite – à condition qu'elle accompagne un repas – sauf si son prix est affiché. On ne peut pas vous la refuser, sauf si elle est jugée impropre à la consommation par décret. La bouteille d'eau minérale quant à elle doit, comme le vin, être ouverte devant vous. L'arnaque dans certains restos « pousse-conso » consiste à proposer d'emblée une eau minérale et de la facturer 7 €, voire plus… À la question du serveur : « …et pour l'eau, Badoit ou Vittel ? » vous êtes en droit de répondre « une carafe ! ».

5 - Vins : les cartes des vins ne sont pas toujours très claires. Exemple : vous commandez un bourgogne à 16 € la bouteille. On vous la facture 32 €. En vérifiant sur la carte, vous découvrez que 16 € correspondent au prix d'une demi-bouteille. Mais c'était écrit en petits caractères illisibles. Attention au prix parfois exorbitant des vins au verre. Abus bien courant, l'année de référence n'est plus disponible : on vous sert un millésime plus récent mais au même tarif ! Vous devez obligatoirement en être informé avant le débouchage de la bouteille.

6 - Couvert enfant : le restaurateur peut tout à fait compter un couvert par enfant, même s'il ne consomme pas, à condition que ce soit spécifié sur la carte. Parfois il est libellé « Enfant ne mangeant pas », tant d'euros ! Cela dit, ce n'est quand même pas courant et ça donne une petite idée de la générosité du restaurateur !

7 - Sous-marin : après le coup de bambou et le coup de fusil, celui du sous-marin. Le procédé consiste à rendre la monnaie en plaçant dans la soucoupe (de bas en haut) : les pièces, l'addition puis les billets. Si l'on est pressé, on récupère les billets en oubliant les pièces cachées sous l'addition. Malin !

N'oublions pas que l'hôtellerie et la restauration sont des métiers de service, qui ne souffrent ni l'approximation, ni les (mauvais) écarts. Nous supprimons de nos guides tous les établissements qui abusent. Mais la réciproque est aussi valable : tout est question de respect mutuel.

Bonne route !

INDEX GÉNÉRAL

LE MOT DE LA RÉDACTION

Nous avons divisé cette région en plusieurs titres, la grande majorité d'entre vous ne parcourant pas toute la région au cours d'un même séjour. De même, l'étendue géographique de certaines régions et leur richesse culturelle nécessiteraient, si elles étaient rassemblées en un seul volume, pas moins de 1 000, voire 1 500 pages ! Ce guide serait alors intransportable, indigeste et coûterait... 3 fois plus cher. Notre volonté est de conserver un format pratique et un prix économique, tout en vous proposant le maximum d'informations. Ne reste plus qu'à vous souhaiter bonne route !

A

B

C

D

E

F

G

H

I-J

K

L

M

N

O

INDEX GÉNÉRAL

P

Q

R

S

T-U

V

OÙ TROUVER LES CARTES ET LES PLANS ?

Les **Routards** parlent aux **Routards**

Faites-nous part de vos expériences, de vos découvertes, de vos tuyaux. Indiquez-nous les renseignements périmés. Aidez-nous à remettre l'ouvrage à jour. Faites profiter les autres de vos adresses nouvelles, combines géniales... On adresse un exemplaire gratuit de la prochaine édition à ceux qui nous envoient les lettres les meilleures, pour la qualité et la pertinence des informations. Quelques conseils cependant :

– Envoyez-nous votre courrier le plus tôt possible afin que l'on puisse insérer vos tuyaux sur la prochaine édition.
– N'oubliez pas de préciser l'ouvrage que vous désirez recevoir.
– Vérifiez que vos remarques concernent l'édition en cours et notez les pages du guide concernées par vos observations.
– Quand vous indiquez des hôtels ou des restaurants, pensez à signaler leur adresse précise et, pour les grandes villes, les moyens de transport pour y aller. Si vous le pouvez, joignez la carte de visite de l'hôtel ou du resto décrit.
– N'écrivez si possible que d'un côté de la lettre (et non recto verso).
– Bien sûr, on s'arrache moins les yeux sur les lettres dactylographiées ou correctement écrites !

En tout état de cause, merci pour vos nombreuses lettres.

Les Routards parlent aux Routards :
122, rue du Moulin-des-Prés, 75013 Paris

e-mail : • *guide@routard.com* •
Internet : • *routard.com* •

Routard Assurance 2015

Née du partenariat entre *AVI International* et le *Routard, Routard Assurance* est une assurance voyage complète qui offre toutes les prestations d'assistance indispensables à l'étranger : dépenses médicales, rapatriement médical, caution et défense pénale, responsabilité civile vie privée et bagages. Présent dans le monde entier, le plateau d'assistance d'*AVI International* donne accès à un vaste réseau de médecins et d'hôpitaux. Pas besoin d'avancer les frais d'hospitalisation ou de rapatriement. Numéro d'appel gratuit, disponible 24h/24. *AVI International* dispose par ailleurs d'une filiale aux États-Unis qui permet d'intervenir plus rapidement auprès des hôpitaux locaux. *AVI International* est un courtier reconnu qui gère lui-même ses dossiers et garantit une réponse rapide et simple. C'est aussi la filiale d'un groupe (SPB) présent à l'international. Pour toutes vos questions : ☎ 01-44-63-51-00 ou par mail • *routard@avi-international.com* • Conditions et souscription sur • *avi-international.com* •

Édité par Hachette Livre (43, quai de Grenelle, 75905 Paris Cedex 15, France)
Photocomposé par Jouve (45770 Saran, France)
Imprimé par Lego SPA Plant Lavis (via Galileo Galilei, 11, 38015 Lavis, Italie)
Achevé d'imprimer le 26 janvier 2015
Collection n° 15 - Édition n° 01
32/8889/7
I.S.B.N. 978-2-01-002754-3
Dépôt légal : janvier 2015